Festschrift für

WULF GOETTE

FESTSCHRIFT FÜR
WULF GOETTE
ZUM 65. GEBURTSTAG

herausgegeben von

Mathias Habersack

und

Peter Hommelhoff

VERLAG C. H. BECK MÜNCHEN 2011

Verlag C. H. Beck im Internet:
beck.de

ISBN 978 3 406 61754 6

Wilhelmstraße 9, 80801 München
Druck und Bindung: Druckhaus „Thomas Müntzer“,
Neustädter Straße 1–4, 99947 Bad Langensalza

Satz: Meta Systems, Wustermark

Gedruckt auf säurefreiem, alterungsbeständigem Papier
(hergestellt aus chlorfrei gebleichtem Zellstoff)

ZUEIGNUNG

Am 16. Mai 1946 in Lübeck als Kind eines Arztehepaares geboren und am Rand des Münsterlandes aufgewachsen, schlug Wulf Goette nach dem Wehrdienst bei der Panzertruppe die Laufbahn eines Juristen ein, studierte an der Rheinischen Friedrich Wilhelms-Universität Bonn und begann nach erfolgreich abgeschlossenem Referendariat als Richter am Landgericht Bonn seine juristische Karriere. Sie führte ihn über das nordrhein-westfälische Justizministerium an das Oberlandesgericht Köln.

Als vor gut zwanzig Jahren der Richter am Oberlandesgericht Dr. Goette von Köln nach Karlsruhe an den Bundesgerichtshof wechselte und dort dessen II. Zivilsenat zugewiesen wurde, dem gesellschaftsrechtlichen Fachsenat unter der Leitung des damaligen Senatspräsidenten Karlheinz Boujong, da machte sich bei nicht wenigen Wissenschaftlern des Gesellschaftsrechts eine gewisse Unruhe bemerkbar. Es ging nämlich das Gerücht um, dem Bonner Ordinarius Werner Flume sei es gelungen, die Regierung seines Bundeslandes von der Notwendigkeit zu überzeugen, über einen seiner Schüler, den er mit einer Untersuchung zur Gesamtschuld promoviert hatte, dem bisherigen Zusammenspiel zwischen dem II. Zivilsenat und gesellschaftsrechtlichen Kreisen eine andere Richtung und einen veränderten Inhalt zu verleihen. Das war für Kenner der Szene eine ernste Bedrohung; aber es kam ganz anders, als mancher befürchtet hatte. Der Flume-Schüler Goette pflegte schon als Bundesrichter und verstärkt ab 2005 als Vorsitzender des gesellschaftsrechtlichen Senats in guter Tradition seiner Amtsvorgänger eine Besonderheit des Rechtslebens in Deutschland, um die wir im Ausland weithin beneidet werden: den offenen und intensiven Dialog zwischen dem Bundesgerichtshof, der Wissenschaft und der Praxis in Anwaltschaft, Unternehmen und Ministerien. Ihn setzte Wulf Goette engagiert fort, vertiefte ihn und prägte diesen Dialog zwischen den gesellschaftsrechtlichen Professionen, ein Markenzeichen deutscher Rechtskultur, in ganz eigener Art kraft seiner Richterpersönlichkeit.

Denn in der Tat: dies andauernde Rechtsgespräch mit der Spruchtätigkeit des Bundesgerichtshofs in seinem Zentrum ist einzigartig in seiner Dichte, im gegenseitigen Respekt der an ihm Beteiligten und in seiner Offenheit. An ihm hat Wulf Goette nicht bloß als aufmerksamer Zuhörer teilgenommen, sondern, nicht anders als sein Amtsvorgänger Volker Röhricht, lebhaft aktiv in dem Bemühen, die Entscheidungen des Senats zu erläutern und, wenn er es für angezeigt hielt, auch zu verteidigen, ohne sich jedoch jeglicher Kritik zu versperren. Ganz im Gegenteil – mit besseren Argumenten waren er und die anderen Senatsmitglieder durchaus zu überzeugen. Bei alledem zeichnete Wulf Goette eines in besonderer Weise aus: Nie nahm er in öffentlichen Auftritten eine Entscheidung des Senates vorweg, sondern verwies mit Respekt auf die Notwendigkeit der Senatsberatung; die gemeinsame Anstrengung um die gerechte Entscheidung im Einzelfall, eingebettet in die Wertentscheidungen der Gesamtrechtsordnung war, wie wir auch aus einem erhellenden Vortrag vor Studenten wissen, ihm stets eine besondere Freude.

Das andauernde Rechtsgespräch in der guten Tradition des II. Zivilsenats, mitbegründet schon vor mehr als dreißig Jahren von seinem damaligen Präsidenten Robert Fischer, hat Wulf Goette multimedial geführt: in der bald unüberschaubaren Vielzahl seiner Urteilsanmerkungen bevorzugt in der DStR (Deutsche Zeitschrift für Steuerrecht), in den monographisch geschlossenen Darstellungen des GmbH- und speziell seines Ersatzkapitalrechts in der BGH-Rechtsprechung, in den kritisch erläuternden Einführungen in das neue GmbH-Recht des MoMiG von 2008 und nicht zuletzt in manchem tiefschürfenden Beitrag in den beiden gesellschaftsrechtlichen Archivzeitschriften ZGR und ZHR sowie in Festschriften. Sogar zum Binnenschifffahrtsfrachtrecht hatte Wulf Goette eine aus seiner internen Senatszuständigkeit gespeiste Kommentierung vorgelegt; die damit gesammelten Erkenntnisse kamen ihm dann, nachdem der II. Zivilsenat die Zuständigkeit für das Seefrachtrecht pp abgegeben hatte, bei der jährlichen Proviantierung des Zeesbootes „Hol dörch" auf dem Greifswalder Bodden zugute. Im Übrigen lieferte dies kontinuierlich ausgebaute Schrifttum der Heidelberger Juristenfakultät den Nachweis seiner auch wissenschaftlichen Befähigung, um Dr. Wulf Goette zum Honorarprofessor berufen zu lassen.

Im Hörsaal dozierte und diskutierte er überaus anspruchsvoll, so dass es nur die besten Studierenden wagten, sich auf ein Gespräch mit ihm einzulassen. Die meisten von ihnen prägen heute in bedeutenden Anwaltssozietäten deren gesellschaftsrechtliche Departments. Von stärkster Ausstrahlung jedoch waren und sind seine Auftritte vor der Gesellschaftsrechtlichen Vereinigung, zu deren Jahrestagungen regelmäßig mehr als 300 Teilnehmer zusammen kommen, aber auch seine Auftritte auf vielen anderen Fachkongressen. Hier stellte Wulf Goette die Rechtsprechung nicht bloß vor und erläuterte sie; vielmehr lieferte er sich (vor dem Senat) der Diskussion und Kritik aus: gewichtig und doch offen in der Überzeugung, das Karlsruher Palais dürfe kein Elfenbeinturm sein oder werden. Auf diese markante Weise lebt Wulf Goette (wie manch' andere Bundesrichter auch) die Dritte Gewalt im demokratischen Rechtsstaat. Darum werden wir in vielen anderen Ländern zu Recht bewundert und dafür gebührt dem Vorsitzenden Richter des II. Zivilsenats Professor Goette unser aller tiefer Dank. Er hat die eindrucksvolle Reihe seiner Amtsvorgänger glänzend fortgeführt.

In der Tat gilt, was ihm der amtierende Präsident des Bundesgerichtshofs bei seinem Ausscheiden aus dem Richterdienst hat zurufen lassen: „Herr Prof. Dr. Goette verbindet in seiner Person höchste juristische Kompetenz mit breit angelegten, fundierten wirtschaftlichen und betriebswirtschaftlichen Kenntnissen. Aufgrund seiner Fähigkeiten hat er die Rechtsprechung des II. Zivilsenats... maßgebend geprägt." Nun hat er sich in seiner unermüdlichen Schaffenskraft der Anwaltschaft im Schwäbischen zugewendet und leitet als Mitherausgeber Kommentar-Mannschaften. Auch hierfür gelten ihm die besten Wünsche aller Autoren dieser Festschrift und die ihrer Herausgeber. Mögen ungebrochene Schaffenskraft und andauernde Schaffensfreude, lieber Wulf Goette, eingebettet sein und bleiben in Lebensfreude, an der Ihre große Familie teilhaben möge, aber auch Ihre Freunde. Lassen Sie uns unverändert im Gespräch bleiben.

Tübingen/Heidelberg, im Februar 2011

Die Herausgeber

INHALTSVERZEICHNIS

AUTORENVERZEICHNIS

Altmeppen, Holger
Dr., Universitätsprofessor, Lehrstuhl für Bürgerliches Recht, Handels- und Wirtschaftsrecht I, Universität Passau

Bayer, Walter
Dr., Universitätsprofessor, Lehrstuhl für Bürgerliches Recht, Handels- und Gesellschaftsrecht, Privatversicherungsrecht und Internationales Privatrecht, Direktor des Instituts für Rechtstatsachenforschung zum Deutschen und Europäischen Unternehmensrecht, Friedrich-Schiller-Universität Jena

Breyer, Michael
Dr., LL.M. (Harvard), Rechtsanwalt, Hengeler Mueller, Düsseldorf

Casper, Matthias
Dr., Universitätsprofessor, Dipl.-Oec., Direktor des Instituts für Unternehmens- und Kapitalmarktrecht, Universität Münster

Dreher, Meinrad
Dr., LL.M., Universitätsprofessor, Lehrstuhl für Europarecht, Bürgerliches Recht, Handels- u. Wirtschaftsrecht, Rechtsvergleichung, Johannes Gutenberg-Universität Mainz

Druey, Jean Nicolas
Dr., LL.M. (Harvard), Universitätsprofessor (em.), vormals Lehrstuhl für Zivil- und Handelsrecht, Universität St. Gallen

Fleischer, Holger
Dr. LL.M. (Univ. of Michigan), Professor, Dipl.-Kfm., Geschäftsführender Direktor des Max-Planck-Instituts für ausländisches und Internationales Privatrecht, Hamburg

Goette, Constantin
Dr., Rechtsanwalt, Schilling Zutt & Anschütz Rechtsanwalts AG, Mannheim

Goette, Maximilian
Stud. jur., Albert-Ludwigs-Universität, Freiburg i. Br.

Grunewald, Barbara
Dr., Universitätsprofessorin, Lehrstuhl für Bürgerliches Recht und Wirtschaftsrecht, Universität zu Köln

Habersack, Mathias
Dr., Universitätsprofessor, Lehrstuhl für Bürgerliches Recht und Unternehmensrecht, Ludwig-Maximilians-Universität München

Henssler, Martin
Dr., Universitätsprofessor, Direktor des Instituts für Arbeits- und Wirtschaftsrecht, Universität zu Köln

Hirte, Heribert
Dr., LL.M. (Berkeley), Universitätsprofessor, Lehrstuhl für Bürgerliches Recht, Handels- und Gesellschaftsrecht, Wirtschaftsrecht, Universität Hamburg

Hoffmann-Becking, Michael
Dr., Rechtsanwalt, Hengeler Mueller, Düsseldorf, Honorarprofessor der Universität Bonn

Hommelhoff, Peter
Dr. Dr. h.c. mult., Universitätsprofessor (em.), vormals Direktor des Instituts für deutsches und europäisches Gesellschafts- und Wirtschaftsrecht sowie Rektor der Ruprecht-Karls-Universität Heidelberg, Richter am OLG a. D., nun Partner der KPMG AG Wirtschaftsprüfungsgesellschaft, Frankfurt am Main

Hopt, Klaus J.
Dr. Dr. Dr. h.c. mult., MCJ (NYU), Professor, vormals Direktor des Max-Planck-Instituts für ausländisches und internationales Privatrecht, Hamburg

Hüffer, Uwe
Dr., Universitätsprofessor (em.), vormals Lehrstuhl für Bürgerliches Recht, Handels- und Wirtschaftsrecht (einschließlich Berg- und Energierecht), Ruhr-Universität Bochum, nun Rechtsanwalt, SZA Schilling, Zutt & Anschütz Rechtsanwalts AG, Mannheim

Ihrig, Hans-Christoph
Dr., Rechtsanwalt, Allen & Overy LLP, Mannheim

Kalss, Susanne
Dr., LL.M. (Florenz), Universitätsprofessorin, Institut für Zivil- und Unternehmensrecht, Wirtschaftsuniversität Wien

Kindler, Peter
Dr., Universitätsprofessor, Lehrstuhl für Bürgerliches Recht, Wirtschafts- und Gesellschaftsrecht, Internationales Privatrecht und Rechtsvergleichung, Universität Augsburg

Kleindiek, Detlef
Dr., Universitätsprofessor, Lehrstuhl für Bürgerliches Recht, Handelsrecht, deutsches und europäisches Wirtschaftsrecht, Universität Bielefeld

Krämer, Achim
Dr., Honorarprofessor an der Georg-August-Universität Göttingen, Rechtsanwalt beim Bundesgerichtshof, Karlsruhe

Kreft, Gerhart
Dr., Vorsitzender Richter am Bundesgerichtshof a. D., Karlsruhe

Kurzwelly, Jens-Peter
Dr., Richter am Bundesgerichtshof a. D., Karlsruhe

Lutter, Marcus
Dr. Dr. h.c. mult., Universitätsprofessor (em.), vormals Direktor des Instituts für Handels- und Wirtschaftsrecht, Rheinische Friedrich-Wilhelms-Universität Bonn, Sprecher des Zentrums für Europäisches Wirtschaftsrecht der Universität Bonn, Rechtsanwalt in Berlin

Maier-Reimer, Georg
Dr. Dr. h.c., LL.M., Rechtsanwalt, Oppenhoff & Partner Rechtsanwälte, Köln

Merkt, Hanno
Dr., LL.M. (Univ. of Chicago), Universitätsprofessor, Direktor des Instituts für ausländisches und internationales Privatrecht, Abt. II, Albert-Ludwigs-Universität Freiburg i.Br.

Mülbert, Peter O.
Dr., Universitätsprofessor, Direktor des Instituts für deutsches und internationales Recht des Spar,- Giro- und Kreditwesens, Lehrstuhl für Bürgerliches Recht, Handels- und Wirtschaftsrecht, Bankrecht, Johannes Gutenberg-Universität Mainz

Noack, Ulrich
Dr., Universitätsprofessor, Lehrstuhl für Bürgerliches Recht, Handels- und Wirtschaftsrecht, Heinrich-Heine-Universität Düsseldorf

Ott, Nicolas
Dr., Rechtsanwalt, SZA Schilling, Zutt & Anschütz, Mannheim

Pentz, Andreas
Dr., Rechtsanwalt, Fachanwalt für Handels- und Gesellschaftsrecht, Rowedder Zimmermann Hass, Mannheim

Priester, Hans-Joachim
Dr., Professor, vormals Vizepräsident der Hamburgischen Notarkammer, Notar a.D., Honorarprofessor der Universität Hamburg

Raeschke-Kessler, Hilmar
LL.M. (Univ. of Chicago), Honorarprofessor der Universität zu Köln, Rechtsanwalt beim Bundesgerichtshof, Ettlingen

Reichert, Jochem
Dr., Rechtsanwalt, SZA Schilling, Zutt & Anschütz, Mannheim, Honorarprofessor der Friedrich-Schiller-Universität Jena

Rieder, Markus S.
Dr., Rechtsanwalt, Shearman & Sterling LLP, München

Riegger, Bodo
Dr., Rechtsanwalt, Gleiss Lutz Rechtsanwälte, Stuttgart

Schäfer, Carsten
Dr., Universitätsprofessor, Lehrstuhl für Bürgerliches Recht, Handels- und Gesellschaftsrecht, Direktor des Instituts für Unternehmensrecht (IURUM), Universität Mannheim

Schmidt, Karsten
Dr. Dres. h.c., Universitätsprofessor (em.), vormals Direktor des Instituts für Handels- und Wirtschaftsrecht, Rheinische Friedrich-Wilhelms-Universität Bonn, heute Präsident der Bucerius Law School, Hamburg

Schneider, Uwe H.
Dr. Dr. h.c., Universitätsprofessor, Direktor des Instituts für deutsches und internationales Recht des Spar,- Giro- und Kreditwesens an der Johannes Gutenberg-Universität Mainz; of Counsel Rechtsanwälte Dr. Bernd-Wilhelm Schmitz & Partner, Frankfurt/Main

Seibert, Ulrich
Dr., Ministerialrat, Leiter des Referats für Gesellschaftsrecht und Unternehmensverfassung, Bundesministerium der Justiz, Berlin, Honorarprofessor der Universität Düsseldorf

Semler, Johannes
Dr. Dr. h.c., Rechtsanwalt, Kronberg/Ts., Honorarprofessor der Wirtschaftsuniversität Wien

Spindler, Gerald
Dr., Universitätsprofessor, Lehrstuhl für Bürgerliches Recht, Handels- und Wirtschaftsrecht, Multimedia- und Telekommunikationsrecht, Georg-August-Universität Göttingen

Stilz, Eberhard
Präsident des Oberlandesgerichts Stuttgart, Präsident des Staatsgerichtshofs für das Land Baden-Württemberg

Ulmer, Peter
Dr. Dr. h.c. mult., Universitätsprofessor (em.), vormals Direktor des Instituts für deutsches und europäisches Gesellschafts- und Wirtschaftsrecht sowie Rektor der Ruprecht-Karls-Universität, Heidelberg; Rechtsanwalt (of Counsel), SZA Schilling, Zutt & Anschütz Rechtsanwalts AG, Mannheim

Wacker, Roland
Dr., Richter am Bundesfinanzhof, München

Wasmann, Dirk
Dr., Rechtsanwalt, Sozietät Gleiss Lutz, Stuttgart

Weller, Marc Philippe
Dr., Universitätsprofessor, Lehrstuhl für Bürgerliches Recht, Internationales Unternehmensrecht und Europäisches Wirtschaftsrecht, Universität Mannheim

Westermann, Harm Peter
Dr. Dres. h.c., Universitätsprofessor (em.), vormals Lehrstuhl für Bürgerliches Recht, Handels- und Wirtschaftsrecht, Rechtsvergleichung, Eberhard-Karls-Universität Tübingen

Wiedemann, Herbert
Dr., Universitätsprofessor (em.), vormals Direktor des Instituts für Arbeits- und Wirtschaftsrecht und Rektor der Universität zu Köln

Winter, Thomas
Dr., Rechtsanwalt, Polt Winter Rechtsanwälte, Karlsruhe

HOLGER ALTMEPPEN

Gegen „Fiskus-" und „Sozialversicherungsprivileg" bei Insolvenzreife

Übersicht

I. Einleitung

§ 61 Nr. 2 der KO vom 10. Februar 1877 (RGBl. S. 351) in der Fassung der Bekanntmachung vom 20. Mai 1898 (RGBl. S. 612) enthielt ein „Fiskusprivileg", kraft dessen die öffentliche Hand hinsichtlich ihrer Steuerforderungen, welche im letzten Jahr vor der Eröffnung des Verfahrens fällig geworden waren, Vorrang vor anderen Insolvenzgläubigern hatte. Die Forderung nach der Abschaffung der Fiskalvorrechte war seit jeher so alt wie die Konkursordnung selbst.[1] Erst die am 1. Januar 1999 in Kraft getretene Insolvenzordnung sollte das Fiskusprivileg abschaffen und dem fundamentalen Prinzip der par conditio creditorum zur Durchsetzung verhelfen.[2]

---

[1] S. nur die Nachweise bei *Kuhn/Uhlenbruck* KO, 11. Aufl. 1994, § 61 Rn. 51.

[2] Die Bundesregierung hat im Jahre 2010, elf Jahre nach Abschaffung des Fiskusprivilegs, im Rahmen ihres „Sparpakets" laut über eine Wiedereinführung des Fiskusprivilegs nachgedacht, um Haushaltslöcher zu stopfen. Unter Hinweis darauf, dass mit einem Fiskusprivileg in knapp zwei Dritteln der Insolvenzverfahren überhaupt nichts mehr für andere Gläubiger übrig bliebe, das von der InsO verfolgte Hauptziel der Sanierung damit in weite Ferne rücken würde, hat sich eine beachtliche Zahl von Wissenschaftlern, Insolvenzverwaltern, Insolvenzrichtern und weiteren Insolvenzpraktikern in einem Aufruf vom 16.7.2010 gegen dieses törichte Vorhaben der Bundesregierung gewendet („Wir protestieren gegen die Wiedereinführung des Fiskusprivilegs im Insolvenzverfahren", ZIP 2010, 1317). Die Bundesregierung will sich jetzt offenbar damit begnügen, die von der Gesellschaft abzuführende Umsatzsteuer zu Masseforderungen aufzuwerten, vgl. FAZ Nr. 202 vom 1.9.2010, S. 13. Dieses Vorhaben wurde während der Drucklegung dieses Beitrages umgesetzt (§ 55 Abs. 4 InsO). Auf die hier gefundenen Ergebnisse ist dies ohne Einfluss.

Gegenwärtig gibt es auf der Grundlage der Rechtsprechung des BFH ein „Fiskusprivileg" lediglich hinsichtlich der Lohnsteueranteile, welche die Geschäftsleiter einer Kapitalgesellschaft abzuführen haben (§§ 38 Abs. 3, 41a EStG iVm. § 34 AO): Diese Pflicht soll bei Meidung persönlicher Haftung der Geschäftsleiter (§ 69 AO) ungeachtet des Zahlungsverbotes bei Insolvenzreife (§§ 64 S. 1 GmbHG, 92 Abs. 2 S. 1 AktG) Bestand haben, der Geschäftsleiter soll also den Fiskus hinsichtlich dieses Lohnsteueranspruchs vor anderen Gläubigern befriedigen.[3]

Ein „Sozialversicherungsprivileg"[4] in der Insolvenz haben demgegenüber in erster Linie der 5. Strafsenat und der VI. Zivilsenat des BGH zu vertreten: Der Anspruch der Sozialversicherungsträger auf vorrangige Befriedigung betreffs der Weiterleitung von Arbeitnehmeranteilen soll sich aus § 266a Abs. 1 StGB ergeben, der nämlich auch bei Insolvenzreife die Strafbarkeit der Geschäftsleiter begründe, wenn sie mit Rücksicht auf die Insolvenzreife die geschuldete Zahlung an die Sozialversicherung einstellen.[5]

Der II. und IX. Zivilsenat des BGH hatten demgegenüber umgekehrt entschieden: Ab Insolvenzreife gelte das Gebot der Gleichbehandlung aller Gläubiger, folglich habe der Geschäftsleiter auch hinsichtlich der Lohnsteuer und Sozialversicherungsbeiträge das Zahlungsverbot bei Insolvenzreife zu beachten.[6] Die Folge war, dass die Geschäftsleiter einerseits mit Bestrafung und persönlicher Haftung für Lohnsteuer und Sozialbeiträge rechnen mussten, wenn sie das Zahlungsverbot bei Insolvenzreife beachteten, andererseits wegen Verletzung dieses Zahlungsverbotes in die persönliche Haftung gerieten, wenn sie die Beiträge noch zahlten.

Unter dem Vorsitz des *Jubilars* hat der II. Zivilsenat in einem Grundsatzurteil vom 14. Mai 2007[7] diesen für die Geschäftsleiter unhaltbaren Zustand beseitigt: Geschäftsleiter, welche die hier interessierenden Zahlungsgebote ungeachtet des insolvenzrechtlichen Zahlungsverbotes (§§ 92 Abs. 2 S. 1 AktG, 64 S. 1 GmbHG) noch erfüllen, handeln danach sorgfaltsgemäß (§§ 92 Abs. 2 S. 2 AktG, 64 S. 2 GmbHG).[8] Beunruhigend sind demgegenüber das Urteil vom 2. Juni 2008[9] sowie Passagen im Urteil des II. Zivilsenats vom 29. September 2008:[10] Der Senat erläutert sein Urteil vom 14. Mai 2007 in der Entscheidung vom 29. September 2008 dahin, er habe sich

> „der Ansicht des 5. Strafsenats des Bundesgerichtshofs … angeschlossen".[11]

---

[3] S. zuletzt BFH Urt. vom 23.9.2008, VII R 27/07, BFHE 222, 228 = DB 2009, 101 = ZIP 2009, 122 = ZInsO 2009, 151 = GmbHR 2009, 222.

[4] Auch ein solches sah die KO – bis zum Inkrafttreten der InsO – in § 61 Abs. 1 Nr. 1 lit.a KO vor.

[5] BGH Urt. vom 21.1.1997, VI ZR 338/95, BGHZ 134, 304, 310 ff. = NJW 1997, 1237, 1238 = ZIP 1997, 412 = GmbHR 1997, 305, 306 f. = DB 1997, 617 f. = BB 1997, 591, 592 = MDR 1997, 460, 461; BGH Beschluss vom 28.5.2002, 5 StR 16/02, BGHSt 47, 318 = NJW 2002, 2480 = NZI 2002 , 554 = NZG 2002, 721 = wistra 2002, 340 = ZIP 2002, 2143 = GmbHR 2002, 1026; BGH Beschluss vom 30.7.2003, 5 StR 221/03, BGHSt 48, 307 = NJW 2003, 3787 = ZIP 2003, 2213 = NZI 2004, 48 = wistra 2004, 26 = NZG 2004, 42 = GmbHR 2004, 122 = ZInsO 2004, 39 = BB 2004, 348 = NStZ 2004, 238; BGH Beschluss vom 9.8.2005, 5 StR 67/05, NJW 2005, 3650 = ZIP 2005, 1678 = NZG 2005, 892 = GmbHR 2005, 1419 = DStR 2005, 1867, jeweils mwN.

[6] BGH Urt. vom 8.1.2001 – II ZR 88/99, BGHZ 146, 264, 274 f. = NJW 2001, 1280, 1282 f. = DStR 2001, 175, 177; BGH Urt. vom 25.10.2001 – IX ZR 17/01, BGHZ 149, 100 = NJW 2002, 512; BGH Urt. vom 18.4.2005 – II ZR 61/03, ZIP 2005, 1026.

[7] II ZR 48/06, ZIP 2007, 1265 = DB 2007, 1455 = DStR 2007, 1174 = NJW 2007, 2118 = MDR 2007, 1085 = WM 2007, 1274 = NZG 2007, 545.

[8] BGH ZIP 2007, 1265, 1266 Tz. 12 (Fn. 7).

[9] II ZR 27/07, ZIP 2008, 1275 = DStR 2008, 1492 = WM 2008, 1403 = MDR 2008, 981 = GmbHR 2008, 815.

[10] II ZR 162/07, NJW 2009, 295 = NZG 2009, 32 = DStR 2009, 496 = DB 2008, 2527 = ZIP 2008, 2220 = ZInsO 2008, 1205 = MDR 2009, 50 = DZWiR 2009, 243.

[11] BGH ZIP 2008, 2220, 2221 Tz. 9 (Fn. 10).

Der II. Zivilsenat meint weiter, seine mit der Entscheidung vom 14. Mai 2007 eingeleitete Rechtsprechung stehe

„in Übereinstimmung auch mit der Rechtsprechung des Bundesfinanzhofs, der annimmt, dass die Pflicht zur Abführung der Steuern und die bei Nichterfüllung dieser Pflicht aus §§ 69, 34 AO folgende persönliche Haftung des Geschäftsführers grundsätzlich auch im Stadium der Insolvenzreife ... besteht.“[12]

Im Folgenden wird darzulegen sein, dass der II. Zivilsenat spätestens mit den Urteilen vom 2. Juni 2008[13] und vom 29. September 2008[14] einen Richtungswechsel vorgenommen hat, der zu korrigieren ist: Unzutreffend war, ist und bleibt die Rechtsprechung des 5. Strafsenats des BGH und diejenige des BFH. Allein zutreffend war die konsequente Beachtung der par conditio creditorum, die der II. Zivilsenat bis 2008 vertreten und durch sein im Ergebnis richtiges Urteil (s. III. 1.) vom 14. Mai 2007 noch gar nicht aufgegeben hatte. Der *Jubilar* hat zu diesem Urteil angemerkt, dass sich der II. Zivilsenat trotz der „guten zivilrechtlichen Gründe“, die für seine Gesetzesinterpretation sprachen,

„im Interesse der durch die bisherige Unsicherheit stark belasteten Organmitglieder“

veranlasst gesehen habe, sich auf die vom 5. Strafsenat vorgezeichnete Linie einzulassen.[15] Der II. Zivilsenat muss aber unbedingt zu seiner von „guten zivilrechtlichen Gründen“ getragenen, genauer: einzig richtigen Gesetzesinterpretation zurückkehren.

II. Keine strafrechtliche und steuerrechtliche Haftung der Geschäftsleiter bei unbedingter Beachtung der par conditio creditorum

1. Zur Rechtsprechung des 5. Strafsenats des BGH

Da es unter Geltung der InsO kein Fiskus- und Sozialversicherungsprivileg mehr gibt, gilt ab Insolvenzreife uneingeschränkt die par conditio creditorum: Alle Insolvenzgläubiger sind gleich zu behandeln. Dieses Gebot gilt unabhängig davon, ob der Geschäftsleiter die Insolvenzantragspflicht (heute § 15a InsO) bereits schuldhaft verletzt hat oder nicht (eingehend V.). Auch dann, wenn der Geschäftsleiter seiner Insolvenzantragspflicht rechtzeitig nachgekommen ist, darf er keinen Gläubiger bevorzugen, und er hat im Grundsatz alle Zahlungen einzustellen, wenn es nicht um den „Ausnahmefall“ der erlaubten Zahlungen (§§ 92 Abs. 2 S. 2 AktG, 64 S. 2 GmbHG) geht.

Vor diesem Hintergrund ist die Rechtsprechung des 5. Strafsenats des BGH[16] unhaltbar. Das zentrale Argument des 5. Strafsenats lautet, der „Vorrang“ der in § 266a Abs. 1 StGB genannten Ansprüche werde durch den „strafbewehrten“ Normbefehl deutlich, der bereits die nicht fristgerechte Erfüllung der Verbindlichkeiten erfasse:

„Durch ihren besonderen strafrechtlichen Schutz sind diese Ansprüche hervorgehoben. Das besondere Sicherungsbedürfnis dieser Ansprüche erschließt sich auch aus der Regelung des § 266a Abs. 5 StGB, die von dem Arbeitgeber im Falle wirtschaftlicher Schwierigkeiten verlangt, seine Bemühungen um die Begleichung der sozialversicherungsrechtlichen Verbindlichkeiten darzutun, um selbst im Falle einer späteren Zahlung eine Strafbefreiung zu erlangen. Auch diese Regelung wäre nicht verständlich, wären sämtliche Verbindlichkeiten jeweils gleichrangig; denn dann ließe bereits die bloße Erfüllung einer anderen (kongruenten) Verbindlichkeit die Tatbestandsmäßigkeit entfallen. Eines besonders ausgestalteten bedingten persönlichen Strafausschließungsgrundes, der zudem an weitere Voraussetzungen

---

[12] BGH ZIP 2008, 2220, 2221 Tz. 10 (Fn. 10).

[13] ZIP 2008, 1275 (Fn. 9).

[14] ZIP 2008, 2220 (Fn. 10).

[15] *Goette* DStR 2007, 1176.

[16] S. dazu die Nachweise in Fn. 5.

gebunden ist, bedürfte es dann nicht nur nicht mehr, es ergäbe sich sogar ein normativer Widerspruch."[17]

Diese Argumentation geht aus mehreren Gründen fehl. Ein Straftatbestand kann im Ansatz keinen „Vorrang" von Zahlungsansprüchen, gleich welcher Art, begründen. Der Straftatbestand kann nur daran anknüpfen, dass die von der Rechtsordnung für besonders bedeutsam erachtete Erfüllung einer Zahlungspflicht schuldhaft nicht erfüllt wird. Ob aber diese Zahlungspflicht trotz Insolvenzreife noch besteht bzw. vom Geschäftsleiter erfüllt werden soll, ist die für die Subsumtion des § 266a Abs. 1 StGB logisch vorrangige Frage, wie nicht näher erläutert werden muss.[18]

Ebenso unschlüssig ist das zweite Argument betreffs des Strafausschließungsgrundes (§ 266a Abs. 5 StGB aF = § 266a Abs. 6 StGB nF): Ein Absehen von Strafe wegen „ernsthaften Bemühens" um fristgemäße Bezahlung und nachträgliche Erfüllung der Zahlungspflicht setzt voraus, dass der Täter im Fälligkeitszeitpunkt eine Zahlungspflicht verletzt hat. Und daran fehlt es (selbstverständlich) dann, wenn die Zahlungspflicht wegen Insolvenzreife und des daran anknüpfenden Zahlungsverbotes (§§ 92 Abs. 2 S. 2 AktG, 64 S. 1 GmbHG) endet.[19] Davon aber ist aufgrund der par conditio creditorum auszugehen: Der Geschäftsleiter darf keine Zahlungen mehr leisten, es sei denn, sie sind mit der Sorgfalt eines ordentlichen Geschäftsleiters vereinbar.

Soweit sich der 5. Strafsenat des BGH auf die Rechtsfigur der „omissio libera in causa"[20] beruft, geht es um den Vorwurf, der angeklagte Geschäftsleiter habe sich nicht genügend darum gekümmert, am Fälligkeitstag über Mittel zu verfügen, um seine Abführungspflicht zu erfüllen.[21] Dieses Argument läuft im Ergebnis abermals auf die petitio principii hinaus, es gebe eine bestimmte Rangfolge zwischen zivil- und öffentlich-rechtlichen Zahlungspflichten, die der Geschäftsleiter bei Meidung strafrechtlicher Haftung iSd. § 266a Abs. 1 StGB zu beachten habe. Genau diese Rangfolge zivil- und öffentlich-rechtlicher Zahlungspflichten ist aber weder aus dem Zivilrecht, noch aus dem öffentlichen Recht, geschweige denn aus § 266a Abs. 1 StGB selbst abzuleiten.[22]

Maßgebend für eine Bestrafung nach § 266a Abs. 1 StGB ist allein, ob im Fälligkeitszeitpunkt eine Zahlungspflicht besteht, weil anderenfalls kein Raum mehr für eine Strafbarkeit nach § 266a Abs. 1 StGB ist. Sehr zu Recht hebt der 5. Strafsenat hervor, dass es bei

[17] BGHSt 47, 318, 321 (Fn. 5).

[18] So auch *Radtke* in: FS Otto, 2007, S. 695, 706: „Die vom 5. Strafsenat unternommene Herleitung des Vorrangs aus der Strafbewehrung ... als solcher mit dem Argument, der strafrechtliche Schutz eines Rechtsgutes begründe dessen Höherwertigkeit gegenüber einer bloß zivilrechtlichen Handlungspflicht, erweist sich ... bei näherer Betrachtung als zirkelschlüssig, weil gerade dieser Vorrang in dem vorhergehenden Argumentationsschritt dazu herangezogen wird, die Pönalisierung der Zahlungspflicht zu entfalten." Ebenso *Rönnau* wistra 1997, 13, 16; *Tag* in: NK-StGB, 2. Aufl. 2005, § 266a Rn. 71. Zumindest gegen einen generellen Vorrang strafrechtlich abgesicherter Pflichten: *Poelzig/Thole* ZGR 2010, 836, 860.

[19] So im Ergebnis auch *Radtke* in: FS Otto, 2007, S. 695, 707 f.; *Tag* in: NK-StGB, 2. Aufl. 2005, § 266a Rn. 75.

[20] BGHSt 47, 318, 320 ff. (Fn. 5), unter Hinweis auf *Stree* in: Schönke/Schröder, StGB, 26. Aufl. 2001, Vor §§ 13 ff. Rn. 144 f. mwN. Dazu ablehnend *Altmeppen* in: Roth/Altmeppen, GmbHG, 6. Aufl. 2009, § 43 Rn. 81 f. mwN.

[21] Vgl. dazu die Nachweise bei *Altmeppen* in: Roth/Altmeppen, GmbHG, 6. Aufl. 2009, § 43 Rn. 81 f.; *Radtke* NStZ 2003, 154, 155; hinsichtlich der Begründungsmodelle der omissio libera in causa vgl. *Baier* GA 1999, 272, 279 ff., der diese Rechtsfigur de lege lata ablehnt.

[22] Ebenso *Cahn* ZGR 1998, 367, 371 f.; *Stein* DStR 1998, 1055, 1060 f.; *Tag* BB 1997, 1115, 1117. Zutreffend auch *Radtke* NStZ 2003, 154, 156, der darauf hinweist, dass der Annahme eines Vorrangs der Pflicht zur Abführung der Sozialversicherungsbeiträge vor anderen Zahlungspflichten des Arbeitsgebers das Gläubigerschutzsystem des StGB in Gestalt der §§ 288, 283, 283c StGB entgegenstehe.

Zahlungsunfähigkeit[23] keine Zahlungspflicht mehr geben kann (tatsächliche Unmöglichkeit).[24] Nicht anders verhält es sich, wenn der Geschäftsleiter zwar noch über Zahlungsmittel verfügt, die Zahlung ihm aber wegen Insolvenzreife der Gesellschaft verboten ist (§§ 92 Abs. 2 S. 1 AktG, 64 S. 1 GmbHG): Dann liegt rechtliche Unmöglichkeit vor, weil von der par conditio creditorum auch im Interesse der Sozialversicherung als Gläubigerin keine Ausnahme gemacht werden darf.[25]

Auf die entscheidende Frage, woraus sich das von ihm angenommene „Vorrangverhältnis" ergeben soll, ist der 5. Strafsenat auch mit Beschluss vom 30. Juli 2003[26] nicht eingegangen. Es heißt dort:

> „Weshalb ein Vorrangverhältnis nur durch außerstrafrechtliche Normen … begründet werden kann … ist nicht nachvollziehbar. Vielmehr gebietet gerade die strafrechtliche Beurteilung eine Prüfung, ob trotz tatbestandlicher Verwirklichung eines Strafgesetzes (hier § 266a Abs. 1 StGB) die Strafbarkeit entfallen kann. In Betracht käme – von schuldbeseitigenden Gesichtspunkten abgesehen – nur der Rechtfertigungsgrund einer Pflichtenkollision. Hierfür wäre aber erforderlich, dass die Pflichten gleichgewichtig sind … Daran fehlt es indes, wenn die Nichterfüllung der alternativen Verbindlichkeiten nicht strafbewehrt ist."[27]

Einmal mehr übersieht der 5. Strafsenat des BGH, dass der Straftatbestand des § 266a Abs. 1 StGB ab dem Zeitpunkt der Insolvenzreife schon dem Grunde nach entfällt, weil die Zahlungspflicht der Geschäftsleiter wegen rechtlicher Unmöglichkeit endet. Ohne Zahlungspflicht gibt es aber kein strafbares Verhalten der Geschäftsleiter, welches „nur der Rechtfertigungsgrund einer Pflichtenkollision" beseitigen könnte.

Fehlt es schon am Tatbestand des § 266a Abs. 1 StGB, kommt es nicht mehr darauf an, dass der 5. Strafsenat des BGH gehalten gewesen wäre, eine Bestrafung der Geschäftsleiter jedenfalls wegen der damaligen Rechtsprechung des II. Zivilsenats abzulehnen. Wenn ein Zivilsenat des BGH in letzter Instanz entschieden hat, dass ein Geschäftsleiter ab Insolvenzreife keine Sozialbeiträge mehr abführen darf, kann ein Strafsenat eben dieses Bundesgerichtes nicht dahin entscheiden, die Zahlung sei bei Meidung von Strafe geboten! Selbst wenn der 5. Strafsenat an seiner – unzutreffenden – Rechtsauffassung zur Unbeachtlichkeit des Zahlungsverbotes festhalten wollte, hätte er den Angeklagten unbedingt freisprechen müssen.[28]

---

[23] Der 5. Strafsenat des BGH versteht diesen Begriff enger als § 17 Abs. 2 InsO: Es soll nicht auf die Gesamtbetrachtung aller zu erfüllenden Verbindlichkeiten, sondern nur darauf ankommen, ob überhaupt liquide Mittel zur Verfügung stehen, die an Sozialversicherungen gezahlt werden könnten. S. zur Terminologie auch *Hoyer* in: SK-StGB, 121. Lieferung, April 2010, § 266a Rn. 46; *U.H. Schneider/Brouwers* ZIP 2007, 1033, 1035.

[24] BGHSt 47, 318, 320 (Fn. 5).

[25] So auch *U.H. Schneider* in: Scholz, GmbHG, 10. Aufl. 2007, § 43 Rn. 401; MünchKommStGB/*Radtke* 2006, § 266a Rn. 47 mwN.

[26] BGHSt 48, 307 (Fn. 5); s. auch BGH NJW 2005, 3650, 3651 (Fn. 5): Abschaffung der Privilegien öffentlich-rechtlicher Gläubiger durch die InsO sei unerheblich, die Pflicht zur vorrangigen Erfüllung dieser Verbindlichkeiten ergebe sich „aus ihrer Strafbewehrung".

[27] BGHSt 48, 307, 311 (Fn. 5). *Liebscher* ZInsO 2009, 1386, 1391 hat nicht zu Unrecht darauf hingewiesen, dass diese Argumentation schon mit Rücksicht auf den Straftatbestand des § 283 StGB, der bei Verletzung des insolvenzrechtlichen Zahlungsverbots einschlägig sein kann, unschlüssig ist.

[28] Die Frage, ob der Angeklagte in diesem Fall „rechtmäßig" (§ 34 StGB; § 193 StGB analog; rechtfertigende Pflichtenkollision) oder zumindest mit Entschuldigungsgrund (Unzumutbarkeit normgemäßen Verhaltens) gehandelt hat (vgl. hierzu allgemein *Lenckner* in: Schönke/Schröder, StGB, 28. Aufl. 2010, Vor § 32 Rn. 71 ff.; *Stree/Bosch* in: Schönke/Schröder, StGB aaO Vor § 13 Rn. 155 f.; zum Streitstand betreffs der analogen Anwendung des § 193 StGB vgl. *Roxin* Strafrecht AT, Bd. I, 4. Aufl. 2006, § 18 Rn. 39), soll hier dahingestellt bleiben. Fest steht in jedem Fall, dass es aus strafrechtlicher Sicht indiskutabel ist, einen Angeklagten zu bestrafen, weil er sich so verhalten hat, wie es der zuständige Zivilsenat des BGH von ihm verlangt. Auch und gerade vor diesem Hintergrund ist die Rechtsprechung des 5. Strafsenats in hohem Maße beunruhigend.

Fehl geht endlich die Annahme des 5. Strafsenats des BGH, innerhalb der dreiwöchigen Frist zur Prüfung der Insolvenzantragspflicht (heute § 15a Abs. 1 InsO) sei die Vorenthaltung der Sozialversicherungsbeiträge straflos, weil Sanierungsbemühungen privilegiert seien und nicht zuletzt auch im Interesse der Sozialversicherungsträger lägen.[29] Denn die Frist, innerhalb derer die Geschäftsleiter ihre Insolvenzantragspflicht zu prüfen haben, hat gar nichts mit der Frage zu tun, welche Zahlungen sie noch leisten müssen und dürfen (eingehend V.).

2. Die Unrichtigkeit der Rechtsprechung des BFH

Der BFH hat sich mit Urteil vom 27. Februar 2007[30] dazu bekannt, dass es auch dann keinen „Vorrang der Massesicherung" iSd. § 64 Abs. 2 GmbHG aF geben könne, wenn „... der Abführung von Lohnsteueransprüchen kein Vorrang vor dem Gebot der Massesicherung zukommen sollte". Insbesondere ergebe sich aus dem Wegfall der Privilegierung des Fiskus im Insolvenzverfahren keineswegs ein Vorrang des Gebotes der Massesicherung. Wörtlich heißt es weiter:

> „Wie der 5. Strafsenat des BGH – unter Zurückweisung der Auffassung des II. Zivilsenats – zutreffend ausgeführt hat, können die Wertungsmaßstäbe des Insolvenzrechts nur für das Insolvenzverfahren Geltung beanspruchen, nicht aber ein Rangverhältnis außerhalb der dort geregelten Materie begründen."[31]

Auch diese Argumentation ist unhaltbar. Es geht nicht darum, einen „Vorrang der Massesicherung ... zu begründen", sondern um die unmissverständliche Anordnung eines Zahlungsverbotes für Geschäftsleiter einer insolvenzreifen Kapitalgesellschaft (§§ 92 Abs. 2 S. 1 AktG, 64 S. 1 GmbHG), welches zur rechtlichen Unmöglichkeit der Erfüllung einer Zahlungspflicht und damit zum Erlöschen dieser Pflicht führt. Insbesondere kann das Zahlungsverbot bei Insolvenzreife keineswegs „... nur für das Insolvenzverfahren Geltung beanspruchen", sondern das Zahlungsverbot gilt unter dem Aspekt der Einheit der Rechtsordnung für alle davon betroffenen Personen, namentlich auch für alle Bundesrichter, die darüber zu befinden haben, ob eine Zahlungspflicht verletzt wurde: Das geht gar nicht, wenn eine gültige Rechtsnorm dem Geschäftsleiter die Zahlung bei Meidung persönlicher Haftung untersagt.

Soweit der BFH – ebenso wie der 5. Strafsenat des BGH – eine Suspendierung der Zahlungspflicht innerhalb der dreiwöchigen Insolvenzantragsfrist (§ 15a Abs. 1 InsO) befürwortet hat,[32] ist zu wiederholen, dass das Gebot der Massesicherung nicht davon abhängt, ob die Insolvenzantragspflicht rechtzeitig erfüllt wurde oder nicht. Neuerdings behauptet der BFH denn auch, die Nichtzahlung fälliger Steuern sei entgegen seiner früheren Rechtsprechung auch innerhalb der „dreiwöchigen Schonfrist" haftungsbegründend.[33] Das soll sich aus dem Wechsel der Rechtsprechung des II. Zivilsenats des BGH ergeben, der die Abführung von Steuern trotz Insolvenzreife seit 2007 für „sorgfaltsgemäß" iSd. § 64 S. 2 GmbHG nF halte.[34] In Zukunft droht dem Geschäftsleiter also auch dann persönliche Haftung für Steuerschulden, wenn er die Normbefehle des § 64 S. 1 GmbHG und § 15a Abs. 1 InsO uneingeschränkt erfüllt, indem er rechtzeitig Insolvenzantrag stellt und keine

---

[29] BGHSt 48, 307, 309 f. (Fn. 5).

[30] VII R 67/05, BFHE 216, 491 = ZIP 2007, 1604 = DB 2007, 2122 = GmbHR 2007, 999 = NZG 2007, 953 = BB 2007, 1711 = NZI 2007, 599.

[31] BFHE 216, 491, 496 (Fn. 30).

[32] BFHE 216, 491, 496 ff. (Fn. 30).

[33] BFHE 222, 228, 233 (Fn. 3).

[34] BFHE 222, 228, 233 (Fn. 3). S. eingehend zur Rechtsprechung des II. Zivilsenats des BGH bei III.

Zahlungen mehr leistet, auch nicht an den Fiskus, weil es kein Fiskusprivileg mehr gibt.[35] Wer bis zum Urteil des II. Zivilsenats des BGH vom 14. Mai 2007[36] rechtzeitig Insolvenzantrag gestellt und das Zahlungsverbot auch gegenüber dem Fiskus beachtet hat, hätte danach lediglich einen „Entschuldigungsgrund" gehabt, den er dem II. Zivilsenat des BGH verdankte. Diesen „Entschuldigungsgrund" gegenüber dem Fiskus gibt es aber nach Auffassung des BFH künftig nicht mehr, weil der BFH sich heute in Übereinstimmung mit der Rechtsprechung des II. Zivilsenats des BGH fühlt, indem er vom Geschäftsleiter verlangt, nach rechtzeitiger Erfüllung der Insolvenzantragspflicht jedenfalls den Fiskus noch zu befriedigen.[37]

III. Die Rechtsprechung des II. Zivilsenats des BGH seit 2007

1. Das Grundsatzurteil vom 14. Mai 2007[38]

Der II. Zivilsenat hat am 14. Mai 2007 die Auffassung vertreten, Zahlungen der Geschäftsleiter, die der Vermeidung strafrechtlicher Verfolgung dienten, seien „mit den Pflichten eines ordentlichen gewissenhaften Geschäftsleiters" vereinbar.[39] Die Erklärung des *Jubilars*, der Senat habe mit diesem „Umschwenken" die Interessen der durch die bisherige Unsicherheit stark belasteten Organmitglieder schützen wollen,[40] ist plausibel und verständlich.

Bei genauer Betrachtung handeln aber Organwalter, welche ihre Massesicherungspflicht iSd. §§ 93 Abs. 2 S. 1 AktG, 64 S. 1 GmbHG aus Furcht vor Bestrafung und persönlicher Haftung für Sozialabgaben und Steuerschulden ihrer Gesellschaft vernachlässigen, nicht mit der Sorgfalt eines ordentlichen Geschäftsleiters.[41] Selbstverständlich ist andererseits, dass auch der II. Zivilsenat solche Geschäftsleiter nicht deswegen in eine persönliche Haftung bringen darf, weil sie sich den haftungsbewehrten Geboten des 5. Strafsenats des BGH und des BFH beugen, solche Zahlungen zu leisten. Die Haftung muss ausscheiden, weil die Zahlung der Geschäftsleiter unter solchen Umständen jedenfalls „entschuldigt" ist.[42]

Die „Sorgfalt eines ordentlichen und gewissenhaften Geschäftsleiters" hätten die betreffenden Personen in derartigen Fällen dann und nur dann beachtet, wenn der sozial- oder steuerrechtliche Normbefehl tatsächlich dahin lauten würde, trotz Insolvenzreife noch zu zahlen. Daran aber fehlt es, weil der Fiskus und die Sozialversicherung bei Insolvenzreife keine gegenüber anderen Insolvenzgläubigern privilegierten Gläubiger sind, insbesondere keinen „Vorrang" vor anderen Gläubigern genießen (dazu I. und II.).

2. Entwicklung der Rechtsprechung des II. Zivilsenats des BGH seit dem Urteil vom 14. Mai 2007

Mit seinen Urteilen vom 2. Juni und 29. September 2008[43] hat sich der II. Zivilsenat des BGH leider ganz der Rechtsprechung des 5. Strafsenats und des BFH zugewandt,

---

[35] S. hierzu eingehend V. In concreto vermied der BFH dieses untragbare Ergebnis unter Hinweis darauf, dass der Geschäftsleiter damals noch die alte Rechtsprechung des II. Zivilsenat auf seiner Seite gehabt und deshalb nicht schuldhaft gehandelt habe, BFHE 222, 228, 235 (Fn. 3).

[36] S. die Nachweise in Fn. 7.

[37] BFHE 222, 228, 234 f. (Fn. 3).

[38] S. die Nachweise in Fn. 7.

[39] BGH ZIP 2007, 1265, 1266 Tz. 12 (Fn. 7).

[40] *Goette* DStR 2007, 1176.

[41] Zutreffend noch BGHZ 146, 264, 274 f. = NJW 2001, 1280 = ZIP 2001, 235.

[42] S. dazu vorige Fn. 28 zur gleichgelagerten Frage der strafrechtlichen Verantwortlichkeit.

[43] S. Fn. 9 und 10.

offenbar in der Annahme, dies sei erforderlich, um die Geschäftsleiter der Kapitalgesellschaft vor unzumutbaren Zuständen zu bewahren.

Im Urteil vom 2. Juni 2008 entschied der II. Zivilsenat des BGH, dass ein Geschäftsführer, der in der Insolvenz das Zahlungsverbot beachtet und keine Sozialbeiträge abführt, den Sozialkassen persönlich aus § 823 Abs. 2 BGB iVm. § 266a StGB auf Schadensersatz hafte. Denn die Zahlung sei mit der Sorgfalt eines gewissenhaften Geschäftsführers vereinbar gewesen, das Gebot der Massesicherung hätte der Beitragszahlung nicht entgegengestanden.

Im anschließenden Urteil vom 29. September 2008 hat der II. Zivilsenat des BGH diesen Standpunkt erneut hervorgehoben und betont, er sei schon immer der Ansicht gewesen, dass die strafbewehrte und mit persönlicher Haftung bedrohte Pflicht, Sozialabgaben und Steuern zu entrichten, trotz Insolvenzreife der Gesellschaft jedenfalls dann bestanden habe, wenn der Geschäftsleiter andere Gläubiger unter Verstoß gegen das Zahlungsverbot befriedigt hat.[44] Aber auch dann, wenn die Geschäftsleiter das Zahlungsverbot bei Insolvenz konsequent – dh. gegenüber allen Gläubigern – beachten, machen sie sich nach der neuen Rechtsprechung des II. Zivilsenats strafbar und persönlich haftbar.[45]

Das Grundsatzurteil vom 14. Mai 2007 hatte demgegenüber nur den Sinn, einen Geschäftsleiter vor persönlicher Haftung wegen Verletzung des Zahlungsverbotes (§§ 92 Abs. 2 S. 2 AktG, 64 S. 1 GmbHG) zu bewahren. Das war im Ergebnis, nicht aber in der Begründung richtig, weil die Verletzung des Zahlungsverbotes auch dann kein „sorgfältiges Verhalten" darstellt, wenn es unter dem Druck einer unzutreffenden Rechtsprechung des 5. Strafsenats des BGH und des BFH erfolgte. „Sorgfältig" handelt der Geschäftsleiter nur dann, wenn sein Verhalten im Einklang mit den Geboten der §§ 92 Abs. 2 S. 2 AktG, 64 S. 1 GmbHG steht, und davon kann keine Rede sein, wenn das Zahlungsverbot bei Insolvenzreife auch im Verhältnis zum Fiskus und zu den Sozialversicherungen gilt.

Indem der II. Zivilsenat des BGH heute hervorhebt, sich dem 5. Strafsenat „angeschlossen" zu haben und „in Übereinstimmung" mit dem BFH zu judizieren,[46] gesteht er unfreiwillig, dass die alte Rechtsprechung des II. Zivilsenats zur Geltung des Zahlungsverbotes auch gegenüber Fiskus und Sozialversicherung im Ansatz falsch gewesen sei. Eine plausible Begründung dafür hat der II. Zivilsenat freilich nicht gegeben. Die Tatsache, dass der 5. Strafsenat des BGH und der BFH das Zahlungsverbot bei Insolvenzreife gegenüber dem Fiskus und der Sozialversicherung nicht anerkannt haben, ist als juristisches Argument nicht einzuordnen. Zu begründen ist allein, warum das Zahlungsverbot bei Insolvenzreife gegenüber dem Fiskus und der Sozialversicherung nicht gelten soll, obwohl das Fiskus- und Sozialversicherungsprivileg abgeschafft sind und § 266a StGB von vornherein nicht dazu geeignet ist, den Rang einer Forderung der Sozialversicherung im Verhältnis zu den Forderungen anderer Insolvenzgläubiger festzulegen (eingehend II. 1.). In Wahrheit hat der II. Zivilsenat seine zutreffende Rechtsprechung aufgegeben, um dem Konflikt mit dem

[44] BGH ZIP 2008, 2220, 2221 Tz. 7 f. (Fn. 10): „Er musste bei seinen Zahlungen vielmehr zumindest den Grundsatz der gleichmäßigen Befriedigung aller Gläubiger berücksichtigen" (sc. mit Hinweis auf BGHZ 146, 264, 277). Zuletzt bestätigt durch Beschluss vom 18.1.2010, II ZA 4/09, ZIP 2010, 368 = DB 2010, 436 = WM 2010, 409 = NZG 2010, 305 = NZI 2010, 235 = GmbHR 2010, 364 = NJW-RR 2010, 701 Tz. 4: „Nach der ständigen Rechtsprechung des Senats führt das Nichtabführen von Arbeitnehmeranteilen zur Sozialversicherung im Stadium der Insolvenzreife einer GmbH zu einem Schadensersatzanspruch der Einzugsstelle aus § 823 Abs. 2 BGB iVm. § 266a StGB, wenn der Geschäftsführer an andere Gesellschaftsgläubiger trotz der Insolvenzreife Zahlungen geleistet hat, die nicht mit der Sorgfalt eines ordentlichen Geschäftsmanns vereinbar waren. In einem solchen Fall konnte sich der Geschäftsführer schon nach der früheren Senatsrechtsprechung und auch der neueren Senatsrechtsprechung nicht auf eine Pflichtenkollision berufen (s. nur Senats-Urt. v. 29.9.2008 – II ZR 162/07, ZIP 2008, 2220 Tz. 6 ff.)."

[45] BGH ZIP 2008, 1275, 1275 f. Tz. 6 (Fn. 9); ZIP 2008, 2220, 2221 f. Tz. 9 ff. (Fn. 10).

[46] BGH ZIP 2008, 2220, 2221 Tz. 9 (Fn. 10). Zuletzt bestätigt durch BGH ZIP 2011, 422. Danach soll auch die Abführung rückständiger Arbeitnehmerbeiträge von § 64 S. 2 GmbHG gedeckt sein. Das Gleiche gelte neben der Lohnsteuerzahlung nunmehr auch für die Zahlung der Umsatzsteuer.

5. Strafsenat und dem BFH ein Ende zu bereiten. Und das war nicht nötig, weil sich interessengerechte Ergebnisse bei Meinungsverschiedenheiten der Bundesgerichte anders lösen lassen.[47]

Unzutreffend ist endlich auch der Standpunkt, den der II. Zivilsenat aus heutiger Sicht „früher" eingenommen haben will: Wenn der Geschäftsleiter das Zahlungsverbot bei Insolvenzreife gegenüber einem Gläubiger verletzt, kann die Einhaltung des Zahlungsverbotes gegenüber einem anderen Gläubiger nicht deshalb zu strafbarem oder haftungsbegründendem Verhalten werden. Haftungsbegründend bleibt vielmehr weiterhin die Verletzung des Zahlungsverbotes gegenüber den Gläubigern (§§ 92 Abs. 2 S. 1 AktG, 64 S. 1 GmbHG), auch wenn der Geschäftsleiter es bereits in einem oder mehreren Fällen verletzt hat.[48]

IV. Meinungsstand im Schrifttum

1. Für Fiskus- und Sozialversicherungsprivileg

Im Schrifttum ist der Wechsel der Rechtsprechung des II. Zivilsenats teilweise begrüßt worden. Man argumentiert, es handele sich dabei um eine „überzeugende Lösung", welche die Rechtsprechung zur Pflichtenkollision überholt habe. Die neue Rechtslage besage, dass gesetzlich gebotene Zahlungen durch Anwendung des Ausnahmetatbestandes für „sorgfältige" Zahlungen (§§ 92 Abs. 2 S. 2 AktG, 64 S. 2 GmbHG) „privilegiert" seien.[49] Teilweise wird argumentiert, die neue Rechtsprechung des II. Zivilsenats erfasse alle Zahlungen ab Insolvenzreife, insbesondere auch solche, die in der Drei-Wochen-Frist des § 64 Abs. 1 GmbHG aF (heute § 15a Abs. 1 InsO) zu leisten sind.[50] Teilweise wird darüber hinaus angenommen, das Fiskus- und Sozialversicherungsprivileg begründe einerseits die unbedingte Pflicht der Geschäftsleiter, die Gesellschaftsschuld gegenüber den öffentlich-rechtlichen Gläubigern trotz Insolvenzreife zu erfüllen. Diese Verpflichtung habe aber andererseits keinen Vorrang vor der Massesicherungspflicht iSd. §§ 92 Abs. 2 S. 1 AktG, 64 S. 1 GmbHG. Die Ersatzpflicht gegenüber der Gesellschaft wegen Verletzung der Massesicherungspflicht komme dann und deswegen hinzu, weil der Geschäftsleiter durch seine Insol-

---

[47] Das jeweilige Gericht hat zu unterstellen, dass der Geschäftsleiter, der das Ge- oder Verbot eines anderen obersten Gerichts beachtet, rechtmäßig, zumindest aber schuldlos, handelt. Der rechtliche Standpunkt des anderen Gerichts muss deswegen keineswegs „der richtige" sein, und die Rechtsprechung des 5. Strafsenats des BGH bzw. des BFH ist und bleibt rechtlich unhaltbar (eingehend II. und V).

[48] Unzutreffend deshalb auch *Klöhn* EWiR 2010, 223, 224; *Stapper/Jacobi* NJ 2010, 353, 355; *Gross/Schork* NZI 2004, 358, 360.

[49] *K. Schmidt* in: Scholz, GmbHG, 10. Aufl. 2010, Nachtrag MoMiG, § 64 Rn. 40: „Zwingende Zahlungsgebote haben Vorrang vor dem allgemeinen Zahlungsverbot. Dies gilt insbesondere für die Erfüllung steuerlicher Pflichten (§ 69 AO), namentlich für die Abführung von Lohnsteuer sowie für die strafbewehrte Pflicht zur Abführung von Sozialversicherungsbeiträgen (vgl. § 266a StGB)" (sc. mit Hinweis auf die neue Rechtsprechung des II. Zivilsenats des BGH). Im Ergebnis ebenso *Casper* in: Ulmer/Habersack/Winter, GmbHG, Ergänzungsband MoMiG, 2010, § 64 Rn. 96; *Kleindiek* in: Lutter/Hommelhoff, GmbHG, 17. Aufl. 2009, § 64 Rn. 13; *Haas* in: Baumbach/Hueck, GmbHG, 19. Aufl. 2010, § 64 Rn. 81 ff.; *ders./Ziemons* in: Michalski, GmbHG, 2. Aufl. 2010, § 43 Rn. 391; *Nerlich* in: Michalski aaO § 64 Rn. 46; *Perron* in: Schönke/Schröder, StGB, 28. Aufl. 2010, § 266a Rn. 10; *Streit/Byrk* DB 2008, 742, 745 f.; *Heeg* DStR 2007, 2134 ff.; *Bittmann* wistra 2007, 406, 407; *C. Schröder* GmbHR 2007, 759, 760 f.; *Sinn* NStZ 2007, 155 ff.; *Tiedtke/Peterek* GmbHR 2008, 617, 620; *Brand* GmbHR 2010, 237, 243 f.; *Bellen/Stehl* BB 2010, 2579, 2584.

[50] *Kleindiek* in: Lutter/Hommelhoff, GmbHG, 17. Aufl. 2009, § 43 Rn. 95, 103; *Haas/Ziemons* in: Michalski, GmbHG, 2. Aufl. 2010, § 43 Rn. 391; *Bittmann* wistra 2007, 406, 407.

venzverschleppung die für ihn bestehende Pflichtenkollision selbst schuldhaft herbeigeführt habe. Er könne sich durch Erfüllung der Insolvenzantragspflicht aus diesem Dilemma befreien.[51]

2. Gegen Fiskus- und Sozialversicherungsprivileg

Eine verbreitete Ansicht spricht sich demgegenüber gegen das bezeichnete Privileg von Fiskus und Sozialversicherung aus. Ganz überwiegend wird gegen das Fiskus- und Sozialversicherungsprivileg angeführt, man dürfe den Geschäftsleiter nicht für ein Unterlassen einer Handlung straf- und zivilrechtlich verantwortlich machen, die ihm die Rechtsordnung anderenorts gerade verbiete.[52] Der Gesetzgeber habe mit der Einführung der InsO Konkursvorrechte zugunsten des Fiskus und der Sozialkasse gerade abgeschafft.[53] Diese gesetzgeberische Entscheidung dürfe nicht mit der Privilegierung „durch die Hintertür" mittels postulierten Vorrangs von Sozialversicherungsbeiträgen und Steuern konterkariert werden.[54] Der Vorrang von Steuer- und Beitragspflicht ergebe sich auch nicht etwa daraus, dass es sich um dem öffentlichen Interesse dienende Pflichten handele, deren Erfüllung als mit der Sorgfalt eines ordentlichen Geschäftsmannes (§§ 92 Abs. 2 S. 2 AktG, 64 S. 2 GmbHG nF) vereinbar anzusehen sei.[55] Nach allem sei der Geschäftsleiter bei Verletzung der Massesicherungspflicht ersatzpflichtig iSd. §§ 92 Abs. 2 S. 1 AktG, 64 S. 1 GmbHG, wenn er nach Insolvenzreife noch Steuern oder Sozialversicherungsbeiträge zahle.[56]

Untauglich sei endlich der Einwand, dass sich der Geschäftsleiter durch pflichtwidriges und strafbares Vorverhalten selbst in die Pflichtenkollisionslage gebracht habe, die ihm obliegenden und in Konflikt miteinander stehenden Pflichten erfüllen zu müssen. Der eigentliche Vorwurf in diesem Zusammenhang könne nur auf Insolvenzverschleppung lauten, und dafür werde nur nach Maßgabe des § 823 Abs. 2 BGB iVm. § 15a Abs. 1 InsO auf Ersatz des negativen Interesses gehaftet. Sowohl die Sozialversicherung als auch der Fiskus hätten als gesetzliche Neugläubiger insoweit keinen relevanten Schaden erlitten, jedenfalls fehle es an der Kausalität zwischen der Pflichtverletzung (Insolvenzverschleppung) und dem eingetretenen Schaden.[57]

---

[51] So *Wilhelm* ZIP 2007, 1781, 1785; MünchKommGmbHG/*H.F. Müller* 2011, § 64 Rn. 143; *Bitter* ZInsO 2010, 1561, 1571; wohl zustimmend *Haas* in: Baumbach/Hueck, GmbHG, 19. Aufl. 2010, § 64 Rn. 82 f.

[52] So ausdrücklich *Zöllner/Noack* in: Baumbach/Hueck, GmbHG, 19. Aufl. 2010, § 43 Rn. 101 mzN in Fn. 778; vgl. auch *U.H. Schneider* in: Scholz, GmbHG, 10. Aufl. 2007, § 43 Rn. 401, 416: Massesicherungsgebot begründet rechtliche Unmöglichkeit; ebenso MünchKommStGB/*Radtke* 2006, § 266a Rn. 44 ff.; ablehnend gegenüber der Rechtsprechung auch *Fischer* StGB, 57. Aufl. 2010, § 266a Rn. 16 ff. Wohl für Wahlrecht des Geschäftsleiters, welcher Pflicht er nachkommen will: *Poelzig/Thole* ZGR 2010, 836, 864.

[53] *Zöllner/Noack* in: Baumbach/Hueck, GmbHG, 19. Aufl. 2010, § 43 Rn. 101 m. Fn. 780.

[54] *Zöllner/Noack* in: Baumbach/Hueck, GmbHG, 19. Aufl. 2010, § 43 Rn. 101.

[55] *Zöllner/Noack* in: Baumbach/Hueck, GmbHG, 19. Aufl. 2010, § 43 Rn. 101 mit Hinweis auf die aA von *Tiedtke/Peterek* GmbHR 2008, 617, 620 f., 626; wie *Zöllner/Noack* auch *Rönnau* JZ 2008, 46, 48 f., jeweils mwN.

[56] *Zöllner/Noack* in: Baumbach/Hueck, GmbHG, 19. Aufl. 2010, § 43 Rn. 101; *U.H. Schneider* in: Scholz, GmbHG, 10. Aufl. 2007, § 43 Rn. 416 aE.

[57] *Zöllner/Noack* in: Baumbach/Hueck, GmbHG, 19. Aufl. 2010, § 43 Rn. 102; im Ergebnis auch *U.H. Schneider* in: Scholz, GmbHG, 10. Aufl. 2007, § 43 Rn. 401; *ders./Brouwer* ZIP 2007, 1033, 1040: „Denn der eigentliche Vorwurf in dieser Fallkonstellation ist die pflichtwidrige Unterlassung der Beantragung der Eröffnung des Insolvenzverfahrens. Dieser Pflichtenverstoß bleibt indessen nicht ungesühnt. Einschlägig hierfür ist allerdings die Strafnorm des § 84 Abs. 1 Nr. 2 GmbHG (sc. heute § 15a Abs. 4 InsO) und nicht etwa § 266a Abs. 1 StGB." Ebenso *Liebscher* ZInsO 2009, 1386, 1391.

V. Stellungnahme

1. Rechtslage bei korrekter Erfüllung der Insolvenzantragspflicht

Der Geschäftsleiter einer Kapitalgesellschaft muss bei Insolvenzreife unverzüglich Insolvenzantrag stellen (§ 15a InsO). Das zweite Gebot an den Geschäftsleiter lautet in dieser Situation, dass er keine „Zahlungen“ mehr leisten darf (§ 92 Abs. 2 S. 1 AktG, § 64 S. 1 GmbHG). Das Zahlungsverbot hat mit der Insolvenzantragspflicht nichts zu tun, besteht insbesondere unabhängig von ihr.[58]

Wer aus § 69 AO und § 266a StGB einen „Vorrang“ von Fiskus und Sozialversicherung im Verhältnis zu anderen Insolvenzgläubigern ableitet, muss diesen Vorrang auch bei fristgerechter Erfüllung der Insolvenzantragspflicht bejahen.[59] Die Geschäftsleiter müssten dann den Fiskus und die Sozialversicherung bei Meidung strafrechtlicher und zivilrechtlicher Haftung vor den anderen Gläubigern befriedigen, und das soll sich aus der petitio principii ergeben, dass diese beiden Gläubiger einen „Vorrang“ hätten.

Der Umstand, dass die hier interessierende Frage in erster Linie im Zusammenhang mit der Insolvenzverschleppung diskutiert wird, dürfte darauf beruhen, dass bisher noch kein Geschäftsleiter verurteilt wurde, welcher seine Insolvenzantragspflicht pünktlich erfüllt hat und anschließend seiner Massesicherungspflicht (Zahlungsverbot) nachgekommen ist. Die neue Rechtsprechung des II. Zivilsenats des BGH und die sie befürwortende Lehrmeinung im Schrifttum sind aber nur dann konsequent, wenn sie einen solchen Geschäftsleiter mit strafrechtlicher und zivilrechtlicher Haftung überziehen, wenn und weil er den angeblichen Vorrang von Fiskus und Sozialversicherung nach Erfüllung der Insolvenzantragspflicht nicht beachtet hat.[60] Eine persönliche Haftung eines Geschäftsleiters für Steuerschulden und Sozialabgaben, die er in Übereinstimmung mit den Normbefehlen des Gesellschafts- und Insolvenzrechts nicht mehr abführt, nach Stellung des Insolvenzantrages vielmehr alle Zahlungen einstellt und Maßnahmen des Insolvenzgerichts abwartet, muss de lege lata aber ausscheiden. Die gegenteilige Ansicht ist mit dem Rechtsstaatsprinzip (Art. 20 Abs. 3 GG) schwerlich vereinbar.

Vor allem eine Bestrafung des Geschäftsleiters nach § 266a StGB, der nur alle Pflichten erfüllt hat, die der Gesetzgeber der InsO, des GmbHG und des AktG bei Insolvenzreife für ihn begründet, wäre verfassungswidrig (Art. 103 Abs. 2 GG ‚nulla poena sine lege'). Insbesondere handelt § 266a StGB nicht davon, dass der Geschäftsleiter, der sich iSd. §§ 15a InsO, 64 S. 1 GmbHG, 92 Abs. 2 S. 1 AktG normgerecht verhält, indem er nach Erfüllung der Insolvenzantragspflicht keine Zahlung mehr leistet, bestraft werden darf. Dieser Geschäftsleiter muss und darf darauf vertrauen, dass die Erfüllung der gesellschafts- und insolvenzrechtlichen Normbefehle keinen Verstoß gegen einen anderen Normbefehl in einer anderen Kodifikation, etwa des StGB oder der AO, begründet.

Dann aber können Fiskus und Sozialversicherung jedenfalls bei rechtzeitiger Erfüllung der Insolvenzantragspflicht keinen „Vorrang“ mehr vor anderen Insolvenzgläubigern haben. Ein solcher Vorrang kann schon gar nicht mit dem Straftatbestand des § 266a StGB oder mit einer entsprechenden Bußgeldvorschrift in der AO (§ 380 AO) begründet werden, weil diese Vorschriften einen Vorrang nicht begründen, sondern allein an einen anderweitig

---

[58] S. *Altmeppen* in: Roth/Altmeppen, GmbHG, 6. Aufl. 2009, § 64 Rn. 4; *Haas* in: Baumbach/Hueck, GmbHG, 19. Aufl. 2010, § 64 Rn. 67 mwN.

[59] Vgl. *Kutzner* NJW 2006, 413, 415; auf diese Konsequenz der Rechtsprechung und deren Fragwürdigkeit hinweisend auch *Rönnau* wistra 2007, 81, 84.

[60] Ein pflichtwidriges Verhalten hat in einem solchen Fall bisher nur der BFH unterstellt, jedoch eine Verurteilung des Geschäftsleiters nach § 69 AO unter Hinweis auf die alte Rechtsprechung des II. Zivilsenats des BGH vermieden, weil diese Rechtsprechung den Geschäftsleiter trotz ihrer Unrichtigkeit „entschuldigt“ habe, s. dazu II 2 m. Fn. 35.

geregelten Vorrang anknüpfen könnten (näher II.). Der deutsche Gesetzgeber hat ein „Fiskus-“ oder „Sozialversicherungsprivileg“ mit Inkrafttreten der InsO am 1. Januar 1999 aber abgeschafft (näher I.). Seitdem hat in der Insolvenz allein die par conditio creditorum „Vorrang“ (§§ 92 Abs. 2 S. 1 AktG, 64 S. 1 GmbHG).

2. Rechtslage nach Verletzung der Insolvenzantragspflicht

Zweifelhafter ist die Rechtslage in der Phase der Insolvenzverschleppung. Wenn der Geschäftsleiter seine Insolvenzantragspflicht bereits verletzt hat, kommt immerhin in Betracht, dass man ihm die Berufung auf „rechtliche Unmöglichkeit“ der Erfüllung von Abführungspflichten im Verhältnis zum Fiskus und zur Sozialversicherung aus dem Aspekt des ‚venire contra factum proprium' abschneidet. Darauf läuft letztlich die Lehrmeinung hinaus, die einen Gleichrang zwischen der Massesicherungspflicht (§§ 92 Abs. 2 S. 1 AktG, 64 S. 1 GmbHG) und den Abführungspflichten (§§ 266a StGB, 69 AO) erkennt und die Geschäftsleiter damit in ein endgültig unzumutbares Dilemma bringt,[61] vor dem der II. Zivilsenat des BGH die Geschäftsleiter im Mai 2007 gerade bewahren wollte.[62]

Doch übersieht diese Lehrmeinung, dass sie solche Geschäftsleiter zu Unrecht nicht nur wegen des von ihnen begangenen Deliktes der Insolvenzverschleppung, sondern darüber hinaus nach anderen Regelungen strafrechtlicher und zivilrechtlicher Natur haften lässt, nur weil diese Geschäftsleiter Insolvenzverschleppung begangen haben. Das läuft auf ein nach den allgemeinen Regeln der Schadensdogmatik und des Verschuldensprinzips grundsätzlich unstatthaftes ‚versari in re illicita' hinaus: Weil der Geschäftsleiter schon Insolvenzverschleppung begangen hat, soll er zivil- und strafrechtlich auch dafür in die Haftung genommen werden, dass er die Abführungspflicht gegenüber dem Finanzamt und der Sozialversicherung nicht mehr erfüllen darf, sondern die Masse sichern muss (§§ 92 Abs. 2 S. 1 AktG, 64 S. 1 GmbHG). Die Belehrung an den Geschäftsleiter, er hätte den Konflikt durch rechtzeitige Erfüllung der Insolvenzantragspflicht vermieden, ist zudem im Ansatz unschlüssig: Auch die rechtzeitige Erfüllung der Insolvenzantragspflicht ändert gar nichts daran, dass das Gesetz den Geschäftsleiter auf der Grundlage dieser Lehrmeinung in das Dilemma bringen würde, zwischen der Erfüllung der Massesicherungspflicht einerseits (§§ 92 Abs. 2 S. 1 AktG, 64 Abs. 1 GmbHG) und der Erfüllung der Zahlungspflicht gegenüber dem Fiskus und der Sozialversicherung andererseits (§§ 69 AO, 266a StGB) wählen und dabei stets eine der beiden nicht zu vereinbarenden Pflichten verletzen zu müssen.[63] Das argumentum ad absurdum lautet, dass der Geschäftsleiter nach dieser Lehrmeinung bei Insolvenz der Kapitalgesellschaft nicht mehr dazu in der Lage ist, die ihm vom Gesetzgeber auferlegten Pflichten zu erfüllen, namentlich auch dann nicht, wenn er rechtzeitig Insolvenzantrag gestellt hat.

Vor diesem rechtlich nicht vertretbaren Dilemma den Geschäftsleiter zu bewahren war die Absicht des II. Zivilsenats des BGH und der wohl überwiegenden Ansicht, die den Senat in seiner Prämisse unterstützt, der Geschäftsleiter handle bei Insolvenz „sorgfältig“, wenn er Fiskus und Sozialversicherung bevorzugt befriedige. Dieser Standpunkt lässt sich aber nur einnehmen, wenn eine Zahlungspflicht gegenüber Fiskus und Sozialversicherung trotz Insolvenzreife überhaupt besteht, weil die Zahlung anderenfalls gewiss sorgfaltswidrig wäre. Das Bestehen der Zahlungspflicht lässt sich wiederum nicht mit der Behauptung begründen, das insolvenzrechtliche Zahlungsverbot (§§ 92 Abs. 2 S. 1 AktG, 64 S. 1 GmbHG) gelte gegenüber Fiskus und Sozialversicherung gar nicht, weil dies nichts weiter als eine blanke petitio principii ist (eingehend II.). Vor allem müsste die Rechtsprechung und die sie unterstützende Lehrmeinung die Ungültigkeit des Zahlungsverbotes gegenüber Fiskus und Sozialversicherung auch dann annehmen, wenn der Geschäftsleiter rechtzeitig

---

[61] S. die Nachweise Fn. 51.

[62] S. dazu den Nachweis Fn. 40.

[63] Kritisch diesbezüglich auch *Kutzner* NJW 2006, 413, 414 f. S. hierzu V 1.

Insolvenzantrag gestellt hat, weil der Vorrang der Zahlungspflichten gegenüber den „privilegierten Gläubigern" davon nicht abhängen kann (dazu V. 1.).

Im dogmatischen Ansatz haltbar ist deshalb nur diejenige Lehrmeinung, die in Übereinstimmung mit der früheren Rechtsprechung des II. Zivilsenats am Vorrang des Massesicherungsgebotes und damit am Zahlungsverbot ab Insolvenzreife der Kapitalgesellschaft festhält.[64]

Auch diese Lehrmeinung kommt jedoch zu unbilligen Ergebnissen, wenn sie die Geschäftsleiter auf Erstattung der Zahlungen haften lässt, die nach Insolvenzreife an Fiskus und Sozialversicherung geleistet werden: Diese rechtliche Konsequenz der zutreffenden Prämisse, dass das Zahlungsverbot auch gegenüber Fiskus und Sozialversicherung gilt, ist gegenwärtig schon deswegen nicht haltbar, weil die Erfüllung der Zahlungspflicht nach gegenwärtig leider einheitlicher – wenn auch ganz unzutreffender – Rechtsprechung von BGH und BFH bei Meidung zivil- und strafrechtlicher Haftung der Geschäftsleiter geboten sein soll (dazu III.). Befolgt der Geschäftsleiter ein höchstrichterlich gefordertes Zahlungsgebot, dessen Verletzung zu strafrechtlicher und zivilrechtlicher Haftung führen soll, kann dies keine persönliche Haftung des Geschäftsleiters gegenüber seiner Kapitalgesellschaft begründen, wie hinreichend dargetan wurde.[65]

Die richtige Lösung ergibt sich, wenn man erkennt, dass der (auf einem Irrtum des historischen Gesetzgebers beruhende) Begriff „Zahlungen" in §§ 92 Abs. 2 S. 1 AktG, 64 S. 1 GmbHG im Rahmen normativer Auslegung zu korrigieren ist, weil er – dies bestätigt unser Problembeispiel einmal mehr – nur zu unsinnigen Ergebnissen führt.[66] Ab dem Zeitpunkt der Insolvenzverschleppung wirtschaftet der Geschäftsleiter nach dem anderweitig eingehend dargelegten, schlüssigen Konzept insofern auf eigenes Risiko, als er die Verluste erstatten muss, die er in der Verschleppungsphase zu Lasten der Masse der Kapitalgesellschaft erwirtschaftet.[67] Für Steuern und Sozialabgaben gilt insoweit keine Besonderheit. Die Ansprüche von Fiskus und Sozialversicherung sind ein Passivposten, der unabhängig davon in die Abrechnung einfließt, ob der Geschäftsleiter diese Gläubiger vorab befriedigt oder nicht, ob er auch andere Gläubiger noch befriedigt, teilweise befriedigt oder an diese ebenfalls keine Zahlungen mehr leistet. Das Zahlungsverbot kann nämlich entgegen der neuerdings vom II. Zivilsenat vertretenen Deutung[68] nicht davon abhängen, ob ein Geschäftsleiter unter Verletzung des Zahlungsverbotes einen oder mehrere Gläubiger ganz oder teilweise befriedigt hat. Die These, dass jedenfalls im Verhältnis zu Fiskus und Sozial-

---

[64] S. die Nachweise Fn. 52.

[65] S. Fn. 47.

[66] S. zuletzt *Altmeppen* ZIP 2010, 1973, 1975 ff.; *ders* in: Roth/Altmeppen, GmbHG, 6. Aufl. 2009, § 64 Rn. 21, 26 ff. mwN; zum hier interessierenden Problemfall aaO § 43 Rn. 45, 65 ff., 75 ff. Die gegen dieses Konzept vorgebrachte Kritik, der Verf. habe wohl übersehen, dass „Zahlungen" bisweilen durch §§ 64 S. 2 GmbHG, 92 Abs. 2 S. 2 AktG gedeckt seien (so *Habersack* JZ 2010, 1191 mit Fn. 9), erheitert (diese Bestimmungen sind nicht zu übersehen!) und nährt den Verdacht, dass der Kritiker offenbar glaubt, das Zahlungsverbot gelte bei für die Kapitalgesellschaft vorteilhaften Geschäften nicht. Wie „lautstark" (*Habersack* aaO) muss die Kritik gegen die Unschlüssigkeit des Konzepts der hM eigentlich noch ausfallen, damit ein jeder sie begreift?

[67] Eingehend *Altmeppen* ZIP 2001, 2201, 2206 ff.; *ders./Wilhelm* NJW 1999, 673, 678; *ders.* in: Roth/Altmeppen, GmbHG, 6. Aufl. 2009, § 64 Rn. 28 ff.; *ders.* ZIP 2010, 1973, 1975 ff.; im Ergebnis ähnlich *Karsten Schmidt* (zuletzt) GmbHR 2010, 1319 ff. mit umfassenden Nachweisen, der jedoch, indem er bei § 823 Abs. 2 BGB ansetzt, eine dogmatisch komplizierte Lösung präsentiert, die es nämlich erfoderlich macht, die Organhaftung gemäß §§ 64 S. 1 GmbHG, 93 Abs. 3 Nr. 6 AktG irgendwie in dem angeblichen Anspruch aus § 823 Abs. 2 BGB unterzubringen. Doch gibt es nicht den Anspruch aus § 823 Abs. 2 BGB, sondern nur die Organhaftung für quotenschmälernde Verluste, und daneben die Hauftung aus c.i.c. betreffs des Kontrahierungsschadens von Neugläubigern (*Altmeppen* in: Roth/Altmeppen, GmbHG, 6. Aufl. 2009, § 64 Rn. 26 ff., 39 ff. – betreffs der c.i.c.-Haftung auch dogmatisch übereinstimmend mit *Karsten Schmidt*).

[68] S. Fn. 44.

versicherung dann kein Zahlungsverbot mehr bestehe, lässt sich weder dogmatisch, noch wertungsmäßig begründen. Eine Pflicht zu „anteiliger Befriedigung“ besteht nach Eintritt des Zahlungsverbotes gerade nicht, die Frage lautet allein, welche Haftung bei Verletzung des Zahlungsverbotes droht.

Im hier interessierenden Zusammenhang ist hervorzuheben, dass der Verbindlichkeit gegenüber Fiskus und Sozialversicherung eine Arbeitsleistung gegenübersteht, die der Vermögensmasse der insolvenzreifen Kapitalgesellschaft zugute kommt oder zugute gekommen ist.[69] Steht der verbotenen Zahlung aber eine Gegenleistung gegenüber, welche in die Vermögensmasse der Kapitalgesellschaft gelangt ist, fließt diese Gegenleistung automatisch in die Berechnung des Ergebnisses pro rata der Insolvenzverschleppung ein.

Die Richtigkeit dieses mehrfach anderweitig eingehend dargelegten Konzeptes der Insolvenzverschleppungshaftung zeigt sich nicht zuletzt an unserem Problemfall: Wenn es dem Geschäftsleiter gelingt, die Gesellschaft aus der Verlustzone herauszuführen, steht außer Frage, dass er den Gläubigern jedenfalls nicht haftbar wird, obgleich er unzählige „Zahlungen“ iSd. §§ 92 Abs. 2 S. 1 AktG, 64 Abs. 1 GmbHG vorgenommen haben mag. Ist das Ergebnis, welches der Geschäftsleiter in der Verschleppungsphase für die Kapitalgesellschaft erwirtschaftet, demgegenüber negativ (Verluste), erhält jeder Gläubiger mit dem Verlustausgleich diejenigen Befriedigungsaussichten, die ihm zu bewahren der Sinn der Insolvenzantragspflicht ist. Nur vertragliche Neugläubiger können unter den Voraussetzungen der culpa in contrahendo einen darüber hinausgehenden Kontrahierungsschaden geltend machen, der sich aus ihrer Vorleistung an die insolvente Kapitalgesellschaft ergibt.[70]

VI. Ergebnisse

1. Mit Eintritt der Insolvenzreife gilt uneingeschränkt das Prinzip der par conditio creditorum. Weder der Fiskus noch die Sozialversicherungsträger haben hinsichtlich ihrer Ansprüche einen „Vorrang“. Die Behauptung, etwas anderes ergebe sich aus § 266a StGB, stellt sich als blanke petitio principii dar.

2. Solange der 5. Strafsenat des BGH und der BFH die gegenteilige Auffassung vertreten, handeln Geschäftsleiter, die trotz Insolvenzreife den Fiskus und die Sozialversicherung bevorzugt befriedigen, ohne Schuld. Davon, dass diese Zahlungen mit der Sorgfalt eines ordentlichen Geschäftsleiters vereinbar seien, kann aber keine Rede sein, weil der „Vorrang“ dieser Gläubiger in Wirklichkeit nicht besteht. Der II. Zivilsenat sollte insoweit zu seiner alten Rechtsprechung vor 2007 zurückkehren.

3. Im Rahmen einer Insolvenzverschleppung stellen sich die Verbindlichkeiten gegenüber Fiskus und Sozialversicherung als Passivposten dar, die unabhängig davon, ob der Geschäftsleiter sie bevorzugt bedient, in das Ergebnis pro rata der Verschleppungsphase einfließen. Erkennt man, dass der Begriff „Zahlungen“ in §§ 92 Abs. 2 S. 1 AktG, 64 S. 1 GmbHG im Rahmen normativer Auslegung zu korrigieren ist, um unsinnige Ergebnisse zu vermeiden, folgt daraus die schlüssige Lösung. Die Gläubiger werden nicht benachteiligt, wenn in der Insolvenzverschleppungsphase keine Verluste erwirtschaftet werden, und deshalb ist die Haftung der Geschäftsleiter iSd. §§ 92 Abs. 2 S. 1 AktG, 64 S. 1 GmbHG in Wirklichkeit auf Verlustausgleich betreffs der Verschleppungsphase gerichtet.

---

[69] Ebenso *Bittmann* wistra 2004, 327, der aus diesem Umstand aber zu Unrecht folgert, die Zahlung sei stets mit § 64 Abs. 2 S. 2 GmbHG aF vereinbar, weil sie der Weiterbeschäftigung der Arbeitnehmer und damit der Aufrechterhaltung des Geschäftsbetriebes dient.

[70] S. dazu die Nachweise Fn. 67.

WALTER BAYER

Neue und gebrauchte Mäntel, „gestreckte" und „mutierte" Gründungen – Die Rechtsfigur der „wirtschaftlichen Neugründung" in der Rechtsprechung des BGH

Übersicht

I. Einführung

Während der Zugehörigkeit von *Wulf Goette* zum BGH hat dessen II. Zivilsenat mehrere Entscheidungen zur Rechtsfigur der „wirtschaftlichen Neugründung" getroffen, die letzte vom 18. 1. 2010 unter dem Vorsitz des *Jubilars.*[1] Auch schriftstellerisch hat sich *Goette* mehrfach mit dieser rechtlichen Problematik beschäftigt. So lesen wir etwa in seinem Buch „Die GmbH" im Anschluss an BGHZ 117, 323: „Wird die in offener Form auf Vorrat gegründete Gesellschaft später einem geschäftlichen Zweck zugeführt, handelt es sich um eine wirtschaftliche Neugründung".[2] Neben zwei Urteilsanmerkungen[3] finden sich insbesondere in seinem Aufsatz „Haftungsfragen bei der Verwendung von Vorratsgesellschaften und ‚leeren' GmbH-Mänteln"[4] aufschlussreiche Erkenntnisse, die darin münden, „dass für die Vorratsgesellschaft sehr wohl ein Platz in unserem Gesellschaftsrecht ist, dass man dies für die sog. Mantelgesellschaft aber eher zu verneinen hat".[5] Da trotz der präzisierenden Entscheidung vom 18. 1. 2010 nach wie vor Abgrenzungsprobleme bestehen,[6] soll hier das auch vom *Jubilar* mitgeprägte, im Schrifttum indes teilweise hart kritisierte[7] Modell des BGH nochmals zusammenfassend dargelegt und mit ergänzenden Bemerkungen versehen werden.[8]

---

[1] BGH DStR 2010, 763 m. Anm. *Goette.*

[2] *Goette* Die GmbH, 2. Aufl. 2002, § 1 Rn. 20.

[3] DStR 2003, 298 (zu BGHZ 153, 158) und DStR 2010, 765 (zu BGH DStR 2010, 763).

[4] DStR 2004, 461 ff.

[5] *Goette* DStR 2004, 461.

[6] S. dazu bereits *Bayer* in: Lutter/Hommelhoff, GmbHG, 17. Aufl. 2009, § 3 Rn. 21; *Ulmer* in: Ulmer/Habersack/Winter, GmbHG, 2005, § 3 Rn. 140, 157.

[7] Zuletzt *K. Schmidt* ZIP 2010, 857 ff.; vgl. zuvor etwa *K. Schmidt* NJW 2004, 1345 ff.; *Priester* ZHR 168 (2004), 248 ff.; vgl. aber auch KG ZIP 2010, 582.

[8] Die Anregung hierzu gab eine Anfrage aus der Praxis.

II. Meinungsstand vor BGHZ 117, 323

Seit jeher hat die Praxis sowohl *neue Mäntel* von Kapitalgesellschaften der Rechtsform der AG und GmbH (sog. Vorratsgesellschaft) als auch *gebrauchte Mäntel* (sog. Mantelgesellschaft) „aktiviert", dh. erstmals oder wieder „mit Leben gefüllt", um auf diese Weise einerseits Zeit bei der Gründung zu sparen, andererseits aber auch die Haftung im Gründungszeitraum (Stichwort: Unterbilanzhaftung) zu vermeiden. Früher waren häufig beim gebrauchten Mantel auch Steuervorteile (Nutzung von Verlustvorträgen) ein Motiv. Missbräuchlich war der Erwerb und die nachfolgende Aktivierung eines gebrauchten Mantels nach verbreiteter Auffassung insbesondere dann, wenn auf diese Weise die (präventiven) Gründungsvorschriften umgangen und Gesellschaften auf unsolider Kapitalgrundlage ins Wirtschaftsleben eintraten.

Teile der Rechtsprechung – insbesondere das KG,[9] aber etwa auch das OLG Hamburg[10] – sowie Teile der Literatur[11] sprachen sich aus diesem Grund *gegen die Zulässigkeit* von Vorrats- und Mantelgesellschaften aus und erklärten den Erwerb von (neuen und/oder gebrauchten) Mänteln für nichtig (§§ 134, 138 BGB). Diese Auffassung wurde indes seit jeher auch kritisiert.[12] Im Schrifttum der 1970er und 1980er Jahre wurden Mantelerwerbe ganz überwiegend für zulässig angesehen,[13] während Vorratsgesellschaften überwiegend kritisch beurteilt wurden.[14] *Robert Fischer* – einer der früheren Vorsitzenden des II. Zivilsenats und Präsident des BGH – bemerkte hierzu: „Sog. *Mantelgründung*, bei der die Ausübung eines Geschäftsbetriebs zunächst nicht vorgesehen ist, ist unzulässig (heute hM); RegRichter hat ihre Eintragung abzulehnen. ... Praktisch bedeutsam der sog. *Mantelkauf*, dh der Erwerb der GeschAnteile an einer GmbH, die nur noch einen leeren Gesellschaftsmantel darstellt; hier nicht Fortführung des alten, sondern eines neuen Unternehmens durch Änderung des Gesellschaftsvertrages des bestehenden GmbH-Mantels. Zulässigkeit wird im Schrifttum überwiegend bejaht; Rspr aus letzter Zeit liegt nicht vor".[15]

III. Die Rechtsprechung des BGH im Überblick

1. Vorratsgesellschaft

a) Für die *Aktiengesellschaft* hat der BGH in seiner Grundsatzentscheidung vom 16. 3. 1992[16] festgestellt, dass die Gründung einer *Vorratsgesellschaft* nicht generell verboten, den geltend gemachten Bedenken der Umgehung der Gründungsvorschriften aber doch „durch eine sinngemäße entsprechende Anwendung der Gründungsvorschriften bei der Mantelverwendung" Rechnung zu tragen sei.[17] Der BGH führt dann fort: „Die dabei auftretende Schwierigkeit, Mantelverwendungen zu erkennen und in geeigneter Form zu kontrollieren, dürfte für das Registergericht im Ergebnis nicht wesentlich größer sein als diejenige festzustellen, ob es sich bei der zur erstmaligen Eintragung angemeldeten Gesellschaft um eine

---

[9] KG JW 1924, 1535, 1537; JW 1925, 635, 636; JFG 10, 152; JW 1934, 988, 989.

[10] OLG Hamburg DB 1983, 1140.

[11] Vgl. nur (für AG): *Baumbach/Hueck* AktG, 13. Aufl. 1968, § 23 Anm. 5; GroßkommAktG/*Barz* 3. Aufl. 1973, § 23 Anm. 13; *v. Godin/Wilhelmi* AktG, 3. Aufl. 1967, § 3 Anm. 12 aE; (für GmbH): *Emmerich* in: Scholz, GmbHG, 7. Aufl. 1986, § 3 Rn. 19.

[12] Vgl. nur *Hachenburg* JW 1924, 1536; *Breit* JW 1924, 635; OLG Dresden JFG 8, 157, 161; OLG Karlsruhe DB 1978, 1219.

[13] Vgl. nur *Ulmer* in: Hachenburg, GmbHG, 7. Aufl. 1975, § 3 Rn. 29.

[14] Vgl. nur *Ulmer* in: Hachenburg, GmbHG, 7. Aufl. 1975, § 3 Rn. 26.

[15] *Fischer* GmbHG, 9. Aufl. 1981, § 3 Anm. 3 aE.

[16] BGHZ 117, 323.

[17] BGHZ 117, 323, 331.

verdeckte Mantelgründung handelt".[18] Die Gründung von Vorratsgesellschaften ist nach Ansicht des BGH jedoch nur dann zulässig, wenn bei deren Errichtung die Anforderungen gemäß § 23 Abs. 3 Nr. 2 AktG im Hinblick auf den Unternehmensgegenstand eingehalten werden; ein fiktiver Unternehmensgegenstand führt zur Nichtigkeit der Satzung und damit zur Nichtigkeit der gesamten Gründung.[19] Dies gilt nicht nur dann, „wenn die Aufnahme des satzungsmäßigen Unternehmensgegenstandes nach aller Wahrscheinlichkeit für überhaupt keinen zukünftigen Zeitpunkt geplant ist", sondern auch dann, „wenn die Gründer nur vorerst nicht die Absicht haben, einen dem satzungsmäßigen Unternehmensgegenstand entsprechenden Geschäftsbetrieb innerhalb eines absehbaren Zeitraumes zu verwirklichen".[20] In beiden Fällen handelt es sich nach Ansicht des BGH um eine Vorratsgesellschaft: Dass die Gesellschaft „später irgendwann einmal aus ihrer Reservestellung heraustreten und den angegebenen Geschäftsgegenstand tatsächlich verwirklichen soll, kann nicht ausreichen, ihr den Charakter der Vorratsgründung zu nehmen".[21] Der BGH verlangt daher für die wirksame Errichtung einer Vorratsgesellschaft die satzungsmäßige Angabe des Unternehmensgegenstands „Verwaltung und Erhaltung des eigenen Vermögens"; nur dann besteht „ein Anspruch auf Eintragung in das Handelsregister".[22]

Auch im Schrifttum wird diese sog. *offene Vorratsgründung* seit BGHZ 117, 323 uneingeschränkt anerkannt.[23] Die in BGHZ 117, 323 genannten Grundsätze gelten in gleicher Weise für die *GmbH*,[24] was der BGH in seiner Grundsatzentscheidung vom 9. 12. 2002 nochmals ausdrücklich bestätigt hat.[25]

b) Wird die Vorratsgründung dagegen nicht offen gelegt, so führt die *verdeckte Vorratsgründung* nach ganz hM gemäß § 117 BGB zur Nichtigkeit der Satzung, so dass die Gesellschaft nicht eingetragen werden darf.[26] Wurde die verdeckt gegründete Vorratsgesellschaft dennoch eingetragen, so kommt bei der AG eine Klage auf Nichtigerklärung gemäß § 275 AktG in Betracht, sofern der Mangel nicht gemäß § 276 AktG geheilt wird;[27] vergleichbar ist die Rechtslage bei der GmbH.[28] Gleichgestellt wird im Schrifttum die Konstellation, dass die Gründer jedenfalls *auf absehbare Zeit* nicht ernstlich die Absicht haben, den von ihnen angegebenen Unternehmensgegenstand zu verfolgen.[29]

c) Noch wenig diskutiert wurde bislang die Konstellation, dass eine Gesellschaft, die *zunächst als aktiv tätiges Unternehmen konzipiert* und deshalb nicht als Vorratsgesellschaft offen ausgewiesen wurde, nach Gründung und Eintragung *nicht unternehmerisch tätig* wird, son-

---

[18] BGHZ 117, 323, 331 f.

[19] BGHZ 117, 323, 333 f.

[20] BGHZ 117, 323, 334.

[21] BGHZ 117, 323, 335.

[22] BGHZ 117, 323, 335.

[23] Vgl. im Anschluss an BGHZ 117, 323: GroßkommAktG/*Röhricht* 4. Aufl. 1996, § 23 Rn. 120 ff. mwN.

[24] Vgl. im Anschluss an BGHZ 117, 323 nur *Emmerich* in: Scholz, GmbHG, 9. Aufl. 2000, § 3 Rn. 20 mwN.

[25] BGHZ 153, 158, 161; vgl. dazu aus dem aktuellen Schrifttum nur *Bayer* in: Lutter/Hommelhoff, GmbHG, 17. Aufl. 2009, § 3 Rn. 8 mwN.

[26] GroßkommAktG/*Röhricht* 4. Aufl. 1996, § 23 Rn. 123 (für AG); *Emmerich* in: Scholz, GmbHG, 9. Aufl. 2000, § 3 Rn. 20 (für GmbH) zur Rechtslage nach BGHZ 117, 323; ebenso aus der aktuellen Kommentarliteratur: *Hüffer* AktG, 9. Aufl. 2010, § 23 Rn. 26; *Bayer* in: Lutter/Hommelhoff, GmbHG, 17. Aufl. 2009, § 3 Rn. 8.

[27] Vgl. nur GroßkommAktG/*Röhricht* 4. Aufl. 1996, § 23 Rn. 127 mwN; aA *Hüffer* AktG, 9. Aufl. 2010, § 275 Rn. 17.

[28] BayObLG GmbHR 2000, 872, 873 f.; *Bayer* in: Lutter/Hommelhoff, GmbHG, 17. Aufl. 2009, § 3 Rn. 8 aE.

[29] So etwa *Emmerich* in: Scholz, GmbHG, 10. Aufl. 2006, § 3 Rn. 26 aE; *Hueck/Fastrich* in: Baumbach/Hueck, GmbHG, 19. Aufl. 2010, § 3 Rn. 11; *Seibt* in: Schmidt/Lutter, AktG, 2. Aufl. 2010, § 23 Rn. 40; MünchKommGmbHG/*Wicke* 2010, § 3 Rn. 28.

dern der aktive Geschäftsbetrieb erst längere Zeit danach aufgenommen wird. Diese Konstellation der sog. *nachträglich verdeckten Vorratsgründung* wird unter IV. näher erörtert. Es wird zu zeigen sein, dass dieser Sachverhalt nicht anders zu beurteilen ist als die Normalfälle der offenen Vorratsgründung bzw. der Verwendung eines gebrauchten Mantels.

d) Der BGH hatte in BGHZ 117, 323 noch offen gelassen, wie der *Gläubigerschutz* aus Anlass der Mantelverwendung nach Vorratsgründung im Wege der analogen Anwendung der Gründungsvorschriften im Einzelnen ausgestaltet ist. Daher war in Rechtsprechung und Schrifttum lange Zeit umstritten, ob auf der formalrechtlichen registergerichtlichen Ebene eine Präventivkontrolle stattfinden und wie der Schutz auf der materiellrechtlichen (Haftungs-)Ebene verwirklicht werden soll. Diese Lücke hat der BGH in seiner Grundsatzentscheidung vom 2. 12. 2002 für die Vorratsgesellschaft teilweise geschlossen, indem er sich – anders als etwa das BayObLG[30] – für einen *registerrechtlichen Präventivschutz* ausgesprochen hat.[31]

Im Zeitpunkt der Aktivierung der Vorratsgesellschaft (sog. wirtschaftlichen Neugründung), die dadurch erfolgt, dass der „bisher ‚unternehmenslose' Mantel" verwendet wird,[32] hat die Geschäftsführung eine Anmeldung nach § 8 Nr. 2 GmbHG abzugeben und dabei zu versichern (sog. Anmeldeversicherung), dass „die in § 7 Abs. 2 und 3 GmbHG bezeichneten Leistungen auf die Stammeinlagen bewirkt sind und dass der Gegenstand der Leistungen sich endgültig in der freien Verfügung der Geschäftsführer befindet".[33] Auf diese Weise wird dem Registerrichter eine Gründungsprüfung ermöglicht, die sich ggf. auch auf die Frage zu erstrecken hat, „ob die GmbH im Zeitpunkt der Anmeldung der Mantelverwendung nicht bereits eine Unterbilanz aufweist".[34] Der BGH weist ausdrücklich darauf hin, dass eine registergerichtliche Nachprüfung der Mindestkapitalaufbringung nicht etwa deshalb überflüssig sei, weil in der Regel bei der Verwendung des Mantels einer Vorratsgesellschaft das satzungsmäßige Stammkapital, wenn es bar eingezahlt worden ist, noch unversehrt vorhanden sein wird. Es sei nämlich – so der BGH – „gerade unter Umgehungsgesichtspunkten … nicht auszuschließen, dass die Gesellschaft, insbesondere aufgrund vorzeitiger Geschäftsaufnahme unter dem neuen Unternehmensgegenstand, bereits zum Zeitpunkt der Anmeldung Verluste erlitten hat oder das ursprünglich eingezahlte Kapital wieder entnommen worden ist".[35] Die Entscheidung BGHZ 153, 158 hat im Schrifttum weithin Zustimmung erfahren.[36]

e) Heftig diskutiert wurde hingegen die Frage, ob die Grundsätze aus BGHZ 153, 158 nicht nur für die Vorratsgesellschaft, sondern auch für die Verwendung eines gebrauchten Mantels eingreifen.[37] Diese Frage hat der BGH alsbald in seiner Grundsatzentscheidung vom 7. 7. 2003 (BGHZ 155, 318) positiv beantwortet (dazu unter 2.).

---

[30] BayObLG GmbHR 1999, 607, 608 f.

[31] BGHZ 153, 158, 162 ff. = DStR 2003, 298 m. Anm. Goette.

[32] BGHZ 153, 158, 163.

[33] BGHZ 153, 158, 162.

[34] BGHZ 153, 158, 162.

[35] BGHZ 153, 158, 163 f.

[36] S. etwa *Altmeppen* NZG 2003, 145, 146: „Dem BGH ist zu folgen". Ebd. S. 146: „ … dass der BGH zu Recht … von den Geschäftsführern … im Zeitpunkt (der) Aktivierung (der GmbH) die Versicherung der Kapitalaufbringung verlangt". Vgl. weiterhin *Peetz* GmbHR 2003, 229 ff. (Anmerkung); *Schubert* NotBZ 2003, 383 ff. (mit Ratschlägen aus notarieller Sicht); *Thaeter/Meyer* DB 2003, 539 ff. (aus anwaltlicher Sicht). Ablehnend aber etwa *Kallmeyer* GmbHR 2003, 322 ff.; *Schaub* NJW 2003, 2125 ff. Auch die Kommentarliteratur ist ganz überwiegend dem BGH gefolgt (so etwa *Lutter/Bayer* in: Lutter/Hommelhoff, GmbHG, 16. Aufl. 2004, § 3 Rn. 10; *Ulmer* in: Ulmer/Habersack/Winter, GmbHG, 2005, § 3 Rn. 138, 141). In den aktuellen Kommentierungen wird die Rechtsprechung des BGH kaum noch in Frage gestellt (vgl. für die AG nur KölnerKommAktG/*Arnold* 3. Aufl. 2010, § 23 Rn. 98; für die GmbH *Bayer* in: Lutter/Hommelhoff, GmbHG, 17. Aufl. 2009, § 3 Rn. 11; *Emmerich* in: Scholz, GmbHG, 10. Aufl. 2006, § 3 Rn. 27 ff.; *Hueck/Fastrich* in: Baumbach/Hueck, GmbHG, 19. Aufl. 2010, § 3 Rn. 11).

[37] Vgl. etwa *Altmeppen* NZG 2003, 145 ff.; *Bohrer* DNotZ 2003, 888 ff.; *Meilicke* BB 2003, 857 ff.; *Bredow/Schumacher* DStR 2003, 1032, 1035 ff.

f) Nach wie vor offen geblieben sind in BGHZ 153, 158 noch die materiellen Rechtsfolgen im Falle einer wirtschaftlichen Neugründung, speziell auch im Falle einer Unterlassung der Offenlegung. Auch hierzu hat der BGH in seiner Grundsatzentscheidung vom 7. Juli 2003 (BGHZ 155, 318) eine Antwort gegeben (dazu unter 3.).

g) Auch die Frage, ob sich die Anmeldung nur auf das Vorhandensein des gesetzlichen Mindestkapitals[38] oder auf das satzungsmäßige Stamm- bzw. Grundkapital beziehen muss, hat der BGH erst in BGHZ 155, 318 im letzteren Sinne entschieden.[39]

2. Gebrauchter Mantel

a) Auf Vorlage des OLG Brandenburg hat der BGH in seiner Grundsatzentscheidung vom 7. 7. 2003[40] seine Rechtsprechung der Vorratsgesellschaft auf die Aktivierung eines gebrauchten Mantels *übertragen* und teilweise *präzisiert.* Eine wirtschaftliche Neugründung liegt danach vor, wenn ein „alter" Mantel einer existenten, im Rahmen ihres früheren Unternehmensgegenstandes tätig gewesenen, jetzt aber „unternehmenslosen GmbH" neu verwendet wird, wenn also ein alter, „leer gewordener Mantel", somit ein „unternehmensloser Rechtsträger" existiert „und sodann mit einem Unternehmen ausgestattet" wird.[41] Der BGH stellt fest: Es „macht bei wertender Betrachtung keinen Unterschied, ob die Unternehmenslosigkeit im Sinne des Fehlens eines Geschäftsbetriebs – wie bei der ‚offenen' Vorratsgründung – von Anfang an nicht vorgesehen ist und sodann die Gesellschaft erstmals den Betrieb eines Unternehmens aufnimmt, oder ob sie – wie bei den sog. alten Gesellschaftsmänteln – darauf beruht, dass der Betrieb eines (ursprünglich) vorhandenen Unternehmens mittlerweile eingestellt bzw. endgültig aufgegeben worden ist und sodann der gleichsam als ‚inhaltsloser Hülle' fortbestehenden juristischen Person ein neues Unternehmen ‚implantiert' wird".[42] Denn in beiden Fällen „besteht die Gefahr einer Umgehung der Gründungsvorschriften mit der Folge, dass die gesetzliche und gesellschaftsvertragliche Kapitalausstattung bei Aufnahme der wirtschaftlichen Tätigkeit nicht gewährleistet ist."[43]

Daher ist auch die Verwendung eines alten Gesellschaftsmantels der *registerrichtlichen Kontrolle* „nach denselben Maßstäben zu unterwerfen" wie im Falle der „Verwendung einer Vorrats-GmbH".[44] Dies bedeutet: Die „Wiederverwendung eines zwischenzeitlich leer gewordenen Gesellschaftsmantels (ist) gegenüber dem Registergericht offen zu legen"; diese Offenlegung „ist mit der Versicherung gemäß § 8 Abs. 2 GmbHG zu verbinden, dass die in § 7 Abs. 2 und 3 GmbHG bezeichneten Leistungen auf die Stammeinlagen bewirkt sind und dass der Gegenstand der Leistungen sich zu diesem Zeitpunkt endgültig in der freien Verfügung der Geschäftsführer befindet".[45]

Der BGH widerspricht insbesondere der Auffassung, wonach sich der Sachverhalt einer wirtschaftlichen Neugründung bei der Verwendung eines gebrauchten Mantels nicht sachgerecht abgrenzen lasse.[46] Entscheidend sei für die *Abgrenzung* gegenüber der Umorganisation oder Sanierung einer (noch) aktiven GmbH, „ob die Gesellschaft noch ein aktives Unternehmen betrieb, an das die Fortführung des Geschäftsbetriebs – sei es auch unter wesentlicher Umgestaltung, Einschränkung oder Erweiterung seines Tätigkeitsgebietes – in irgendeiner wirtschaftlich noch gewichtbaren Weise anknüpft oder ob es sich tatsächlich um einen leer gewordenen Gesellschaftsmantel ohne Geschäftsbetrieb handelt, der seinen – neuen oder alten – Gesellschaftern nur dazu dient, unter Vermeidung der rechtlichen Neu-

[38] So noch OLG Schleswig NZG 2003, 35.
[39] BGHZ 155, 318 Tz. 14.
[40] BGHZ 155, 318.
[41] BGHZ 155, 318 Tz. 7.
[42] BGHZ 155, 318 Tz. 7.
[43] BGHZ 155, 318 Tz. 7.
[44] BGHZ 155, 318 Tz. 9.
[45] BGHZ 155, 318 Tz. 9.
[46] BGHZ 155, 318 Tz. 10.

gründung einer die beschränkte Haftung gewährleistenden Kapitalgesellschaft eine gänzlich neue Geschäftstätigkeit – ggf. wieder – aufzunehmen".[47]

Indizien für eine wirtschaftliche Neugründung – in Abgrenzung zur Umorganisation – sind insbesondere die mit der wirtschaftlichen Neugründung einhergehenden eintragungspflichtigen Änderungen des Unternehmensgegenstands, die Neufassung der Firma, die Verlegung des Geschäftssitzes, die Neubestellung der Organmitglieder, die Veräußerung der Anteile.[48] Der BGH betont jedoch, dass eine wirtschaftliche Neugründung auch dann vorliegen kann, wenn keine entsprechende Veränderung eintritt („... gehen zwar typischerweise, aber keineswegs notwendig mit einer Mantelverwendung einher"). So hat denn auch das OLG Jena in seinem Urteil vom 1. 9. 2004[49] eine wirtschaftliche Neugründung in einem Fall bejaht, in dem die Aktivierung einer Vorrats-GmbH weder mit eine Veräußerung der Geschäftsanteile noch mit einer Änderung des Unternehmensgegenstandes verbunden war; die Wiederbelebung der Gesellschaft erfolge vielmehr innerhalb des vorgegebenen Unternehmensgegenstandes.[50] Auf der anderen Seite kann jedoch trotz Vorliegens der geschilderten Indizien eine wirtschaftliche Neugründung zu verneinen sein. *Goette* formuliert etwa folgendes Beispiel: Änderung des Unternehmensgegenstands von einer Futtermittelproduktion in einen Ruderbootverleih bzw. Überführung einer Hubschrauber- in eine Hosenknopfproduktion.[51]

b) Der BGH ergänzt die frühere Entscheidung in BGHZ 155, 318 dahin, dass sich die „Offenlegung der Mantelverwendung gegenüber dem Registergericht" am „satzungsmäßigen Stammkapital auszurichten (hat)", so dass „im Zeitpunkt der Offenlegung die Gesellschaft noch ein Mindestvermögen in Höhe der statutarischen Stammkapitalziffer besitzen muß, von dem sich ein Viertel – wenigstens in Höhe von 12.500 Euro – wertmäßig in der freien Verfügung der Geschäftsführung zu befinden hat".[52]

3. Vorbelastungshaftung (Unterbilanzhaftung)

a) Im Hinblick auf die materiellrechtliche (Haftungs-)Ebene erklärte der BGH: „Die reale Kapitalaufbringung ist sowohl bei der Mantelverwendung als auch bei der Aktivierung einer Vorratsgesellschaft durch entsprechende Anwendung des Haftungsmodells der Unterbilanzhaftung – bezogen auf den Stichtag der Offenlegung der wirtschaftlichen Neugründung gegenüber dem Registergericht – sicherzustellen".[53] Maßgeblicher Stichtag für die Unterbilanzhaftung der Gesellschafter bei der wirtschaftlichen Neugründung sei deren Offenlegung gegenüber dem Registergericht.[54]

Schon früh wurde erkannt, dass bei dieser Haftungskonzeption die fehlende Offenlegung der wirtschaftlichen Neugründung zu einer *„zeitlich unbegrenzten Unterbilanzhaftung"* führen könne.[55] Insbesondere das OLG Jena hat bereits mehrfach dezidiert festgestellt, dass sich die Vorbelastungshaftung nach ihrem Zweck nicht auf den Zeitpunkt der wirtschaftlichen Neugründung beschränke, sondern solange gelte, bis die Erklärung analog §§ 7 Abs. 3, 8

---

47 BGHZ 155, 318 Tz. 11.

48 BGHZ 155, 318 Tz. 12; vgl. weiter *Emmerich* in: Scholz, GmbHG, 10. Aufl. 2006, § 3 Rn. 29; *Limmer* in: Spindler/Stilz, AktG, 2. Aufl. 2010, § 23 Rn. 45; *Seibt* in: Schmidt/Lutter, AktG, 2. Aufl. 2010, § 23 Rn. 42; *Hueck/Fastrich* in: Baumbach/Hueck, GmbHG, 19. Aufl. 2010, § 3 Rn. 12; MünchKommGmbHG/*Wicke* 2010, § 3 Rn. 30.

49 OLG Jena ZIP 2004, 2327.

50 Zustimmend *Werner* EWiR 2005, 179.

51 *Goette* DStR 2004, 461, 465.

52 BGHZ 155, 318 Tz. 13.

53 BGHZ 155, 318 Tz. 15 unter Zitat von BGHZ 80, 129, 140; BGHZ 105, 300, 303; BGHZ 134, 333.

54 BGHZ 155, 318 Tz. 15.

55 So *Heidinger/Meyding* NZG 2003, 1129, 1134.

Abs. 2 GmbHG abgegeben wird[56]. In seinem Beschluss vom 29. 9. 2006 führt das OLG Jena näher aus: „Für diese Haftung ist der Zeitpunkt der Offenlegung der wirtschaftlichen Neugründung gegenüber dem Registergericht maßgeblich. Wenn zum Zeitpunkt der wirtschaftlichen Neugründung das satzungsmäßige Stammkapital der GmbH ... uneingeschränkt vorhanden war, jedoch eine Offenlegung unterblieben ist, kann bei späteren Vermögensminderungen der GmbH jederzeit die Vorbelastungshaftung eingreifen".[57] Ähnlich äußerte sich auch das OLG Köln in seinem Urteil vom 20. 12. 2007: „Der Zeitpunkt der Anmeldung beim Registergericht ist Stichtag für das Bestehen einer eventuellen Unterbilanz … Sähe man auch in diesen Fällen als maßgeblichen Stichtag die Anmeldung an, so hätte dies zur Konsequenz, dass – mangels Anmeldung – die Gesellschafter für die Unterbilanz im Insolvenzzeitpunkt, und damit praktisch unbegrenzt, haften".[58] Jüngst hat das OLG München die hM nochmals ausdrücklich bestätigt. Leitsatz 1 der Entscheidung vom 11. 3. 2010 lautet: „Unterbleibt – entgegen der Rechtsprechung des BGH – die Offenlegung der wirtschaftlichen Neugründung … gegenüber dem Registergericht, führt dies in entsprechender Anwendung des Haftungsmodells der Unterbilanzhaftung zu einer zeitlich unbeschränkten Haftung der Gesellschafter".[59] Allein das Kammergericht Berlin hat gegenteilig entschieden und eine Haftung nach den Grundsätzen der Vorbelastungshaftung für den Fall verneint, dass bei der wirtschaftlichen Neugründung das satzungsmäßige Stammkapital uneingeschränkt vorhanden ist.[60] Vermittelnde Ansichten wollen die Unterbilanzhaftung (abweichend vom Fall der „normalen" Gründung) nur auf Verbindlichkeiten erstrecken, die *ab dem Zeitpunkt der wirtschaftlichen Neugründung* neu begründet wurden,[61] oder jedenfalls dann die Haftung der Gesellschafter analog § 9 GmbHG nach den Grundsätzen der Differenzhaftung beschränken, wenn zum Zeitpunkt der wirtschaftlichen Neugründung noch Vermögen vorhanden ist; lediglich im Falle der Aktivierung eines Altmantels mit nur geringfügigem Vermögen soll die (uneingeschränkte) Unterbilanzhaftung eingreifen.[62] Das ganz überwiegende Schrifttum folgt indes der strengen Linie des BGH.[63] Auch unser

---

[56] OLG Jena ZIP 2004, 2327, 2328; bestätigend OLG Jena ZIP 2007, 124, 125.

[57] OLG Jena ZIP 2007, 124, 125.

[58] OLG Köln ZIP 2008, 973.

[59] OLG München BB 2010, 1240 m. zust. Anm. *Wachter.*

[60] KG ZIP 2010, 582, 583. In diesem Sinne bereits früher *Bärwald/Balda* GmbHR 2004, 350, 353. Zustimmung findet das KG im aktuellen Schrifttum bei *Wahl/Schult* NZG 2010, 611 ff; ausführlich gegen eine unbegrenzte Verlustdeckungshaftung neuerdings *Habersack* AG 2010, 845 ff.

[61] So zuerst *Heidinger* ZGR 2005, 101, 126 f.; zustimmend *Heckschen* in: Heckschen/Heidinger, Die GmbH in der Gestaltungs- und Beratungspraxis, 2009, § 3 Rn. 173; ebenso *Ulmer* in: Ulmer/Habersack/Winter, GmbHG, 2005, § 3 Rn. 168.

[62] So *Ulmer* in: Ulmer/Habersack/Winter, GmbHG, 2005, § 3 Rn. 169.

[63] S. etwa *Limmer* in: Spindler/Stilz, AktG, 2. Aufl. 2010, § 23 Rn. 45a explizit: „Entscheidender Stichtag ist dabei nicht die tatsächliche Aufnahme einer unternehmerischen Tätigkeit durch die Vorratsgesellschaft, sondern grundsätzlich der Zeitpunkt der Offenlegung der wirtschaftlichen Neugründung gegenüber dem Registergericht. Erfolgt mithin keine solche Offenlegung im unmittelbaren Zusammenhang mit der wirtschaftlichen Neugründung, sondern erst Jahre später, ist aber zum Zeitpunkt der Offenlegung gegenüber dem Registergericht das in der Satzung genannte Grund- oder Stammkapital nicht durch das Gesellschaftsvermögen gedeckt, haften die Gesellschafter bzw. die Aktionäre den Gläubigern der Gesellschaft gegenüber nach den Grundsätzen der für die Vorratsgesellschaft entwickelten Unterbilanzhaftung. … Desgleichen unerheblich ist auch die Tatsache, dass das Grundkapital noch zum Zeitpunkt der tatsächlichen Aufnahme der wirtschaftlichen Tätigkeit im Sinne einer wirtschaftlichen Neugründung unversehrt vorhanden gewesen ist. Erfolgt keine Offenlegung gegenüber dem Handelsregister und kann somit das Registergericht nicht die ordnungsgemäße Kapitalausstattung überprüfen, gelten ausschließlich die Grundsätze der Unterbilanzhaftung auf den Stichtag der Offenlegung gegenüber dem Registergericht mit den für die Gesellschafter gravierenden Folgen". Ebenso: *Bayer* in: Lutter/Hommelhoff, GmbHG, 17. Aufl. 2009, § 3 Rn. 14; *Hueck/Fastrich* in: Baumbach/Hueck, GmbHG, 19. Aufl. 2010, § 3 Rn. 13; vgl. weiter KölnerKommAktG/*Arnold* 3. Aufl. 2010, § 23 Rn. 98 („überzeugt"); *Emmerich* in: Scholz, GmbHG, 10. Aufl. 2006, § 3 Rn. 46; *Hüffer*

Jubilar hat mehrfach bestätigt, dass eine strenge Unterbilanzhaftung die Folge des Offenlegungsmodells des BGH ist: Die Unterlassung der Offenlegung – eine Pflicht hierzu unterstellt – „führte (dazu), dass die Gesellschafter über den … Zeitpunkt (der Aufnahme der wirtschaftlichen Aktivität) hinaus der Unterbilanzhaftung unterlägen und für sämtliche aufgehäuften Verluste bis zur Anmeldung/Offenlegung bzw. bis zur Insolvenzeröffnung haften müßten".[64] Bereits früher führte er aus: „Dass die Gesellschafter … für alle Verluste eintreten müssen, die bis zu dem genannten Stichtag [Anm.: Anmeldung und Offenlegung] entstanden sind, entspricht dem Unterbilanzhaftungs-Konzept".[65] Und weiter: „Kommt es … bei der Verwendung einer Vorratsgesellschaft oder einer GmbH-‚Hülse' zur Geschäftsaufnahme vor Anmeldung und Offenlegung, greift … die Unterbilanzhaftung hart zu."[66] Voraussetzung ist allerdings, dass die Gesellschafter mit dem Geschäftsbeginn vor Offenlegung der wirtschaftlichen Neugründung einverstanden waren.[67]

b) In der Tat entspricht allein eine unbeschränkte Vorbelastungshaftung bis zum Zeitpunkt der Offenlegung der wirtschaftlichen Neugründung der vom BGH gezogenen Parallele zum regulären Gründungsvorgang: Denn auch hier wird die Haftungsbegrenzung auf das Gesellschaftsvermögen durch eine umfassende Sicherung der realen Kapitalaufbringung und deren Schutz vor Umgehung gerechtfertigt. Dies erfolgt nicht nur durch eine registergerichtliche Präventivkontrolle, sondern weitergehend auch auf der materiellrechtlichen Haftungsebene durch die entsprechende Anwendung des Haftungsmodells der Unterbilanzhaftung.[68] Auf diese Weise wird das Vertrauen des Rechtsverkehrs auf den ungeschmälerten Bestand des Stammkapitals im Zeitpunkt der Aktivierung der Gesellschaft effektiv geschützt. Während die Anmeldung bei Neugründung der Gesellschaft ein gründungsrechtliches Eintragungsverfahren in Gang setzt, in dessen Verlauf die gesetzlichen Voraussetzungen der beantragten Eintragung geprüft werden, stellt die Offenlegung der Mantelverwendung eine Art „Selbstanzeige"[69] dar. Durch sie erhält das Registergericht einen Anstoß (nicht anders als bei der erstmaligen Eintragung der Gesellschaft in das Handelsregister) die Prüfung aufzunehmen, ob für das neue Unternehmen die Kapitalschutzvorschriften beachtet worden sind.[70] Bei einer Haftungsbegrenzung, wie sie das Kammergericht vorsieht, bliebe die Offenlegungspflicht gegenüber dem Registergericht zwar unverändert bestehen, allerdings würde ihre Bedeutung faktisch erheblich entwertet.[71]

AktG, 9. Aufl. 2010, § 23 Rn. 27; *Seibt* in: Schmidt/Lutter, AktG, 2. Aufl. 2010, § 23 Rn. 43 ff.; so auch – wenngleich kritisch – *K. Schmidt* ZIP 2010, 857, 858: „ … ergibt sich hieraus eine der vorgesellschaftlichen Gründerhaftung entsprechende Verlustdeckungspflicht der Gesellschafter, gerichtet auf Ausgleich jeder Unterbilanz bis zur Offenlegung der Mantelverwendung"; vgl. weiter *Heckschen* in: Heckschen/Heidinger, Die GmbH in der Gestaltungs- und Beratungspraxis, 2009, § 3 Rn. 139: „Bis zum Zeitpunkt der Offenlegung … und der damit verbundenen Erklärung über das Vorhandensein des satzungsmäßigen Stammkapitals trifft die Gesellschafter die volle Unterbilanzhaftung". In diesem Sinne auch schon (kritisch) *Altmeppen* DB 2003, 2050, 2051: „Gesellschafter einer Mantel-GmbH (nichts anderes gilt für die AG), die … (die Offenlegung gegenüber dem Registergericht) nicht beachten, und die nach Jahr und Tag mit ihrem Unternehmen scheitern, haften … bis zur restlosen Befriedigung aller Gesellschaftsgläubiger persönlich und unbegrenzt".

[64] *Goette* DStR 2010, 764, 765.

[65] So *Goette* DStR 2004, 461, 464.

[66] So *Goette* DStR 2004, 461, 466.

[67] Richtig BGHZ 155, 318 Tz. 16; *Goette* DStR 2004, 461, 464; *Heidinger* ZGR 2005, 101, 112; allgemein zum Einverständnis der Gesellschafter als Voraussetzung für die Vorbelastungshaftung *Bayer* in: Lutter/Hommelhoff, GmbHG, 17. Aufl. 2009, § 11 Rn. 33.

[68] Vgl. BGHZ 155, 318 Tz. 15; vgl. ferner BGHZ 80, 129, 140; BGHZ 105, 300, 303; BGHZ 134, 333.

[69] So *K. Schmidt* NJW 2004, 1345, 1348.

[70] Richtig *Goette* DStR 2004, 461, 463.

[71] So zutreffend *Podewils* GmbHR 2010, 684, 687.

Insbesondere haften auch im Falle der regulären Gründung die Gesellschafter für alle Verbindlichkeiten der (Vor-)Gesellschaft, die bis zum Zeitpunkt der Eintragung der Gesellschaft als GmbH im Handelsregister begründet werden, persönlich unbeschränkt (sog. Verlustdeckungshaftung).[72] Mit Eintragung der Gesellschaft geht diese Haftung in der Vorbelastungshaftung auf.[73] Diese persönliche und unbeschränkte Haftung trifft die Gesellschafter (Gründer) auch dann, wenn der Wille einer Haftungsbeschränkung gegenüber den Gläubigern der Vorgesellschaft aufgedeckt wurde, etwa indem die Vorgesellschaft als „GmbH i.G." oder sogar (unrichtig) als „GmbH" im Rechtsverkehr aufgetreten ist.[74] Grund hierfür ist, dass erst die Offenlegung der Gründung gegenüber dem Registergericht durch die Anmeldung die Möglichkeit der Kapitalaufbringungskontrolle schafft, die Grundlage für die Eintragung der Gesellschaft im Handelsregister ist.

Indem der BGH nach seiner Konzeption die wirtschaftliche Neugründung der regulären Gründung hinsichtlich des Registerverfahrens im Wesentlichen gleichstellt – es fehlt nur die nochmalige Eintragung –, kann er auch auf der materiellrechtlichen Haftungsebene nicht anders entscheiden: Die Gründer/Gesellschafter haften unbeschränkt für alle Verbindlichkeiten bis zur Offenlegung der wirtschaftlichen Neugründung.

IV. Präzisierung des Tatbestands der wirtschaftlichen Neugründung und Abgrenzung

Der BGH hat seine Rechtsprechung mehrfach, zuletzt in seiner Entscheidung vom 18. 1. 2010 nochmals ausdrücklich bestätigt.[75] Danach wird die Verwendung einer Mantelgesellschaft von der (nicht den Gründungsvorschriften unterfallenden) Umstrukturierung wie folgt abgegrenzt: Kennzeichnend für das Vorliegen einer Mantelgesellschaft im Sinne einer wirtschaftlichen Neugründung ist die Unternehmenslosigkeit bzw. das Fehlen eines Geschäftsbetriebs.[76] Eine *Vermögenslosigkeit* der Vorrats- bzw. Mantelgesellschaft ist dagegen *nicht erforderlich.*[77]

Keine Vorratsgründung ist es, wenn die Gründer – wie im Sachverhalt der Entscheidung vom 18. 1. 2010 – die „Absicht haben, einen dem satzungsmäßigen Unternehmensgegenstand entsprechenden Geschäftsbetrieb innerhalb eines absehbaren Zeitraums zu verwirklichen, wobei die üblichen Anlauf- und Vorlaufzeiten außer Betracht zu bleiben haben".[78] Eine *wirtschaftliche Neugründung* durch Verwendung eines *gebrauchten Mantels* liegt hingegen vor, „wenn die Gesellschaft eine ‚leere Hülse' ist, also kein aktives Unternehmen betreibt, an das die Fortführung des Geschäftsbetriebs – sei es auch unter wesentlicher Umgestaltung, Einschränkung oder Erweiterung seines Tätigkeitsgebiets – in irgendeiner wirtschaftlich noch gewichtbaren Weise anknüpfen kann".[79]

[72] Heute allgM: BGHZ 134, 333; *Bayer* in: Lutter/Hommelhoff, GmbHG, 17. Aufl. 2009, § 11 Rn. 16 ff. mzwN.

[73] Für alle: *Bayer* in: Lutter/Hommelhoff, GmbHG, 17. Aufl. 2009, § 11 Rn. 32.

[74] So ausdrücklich BGHZ 134, 333, 335 ff. unter Aufgabe der bisherigen Rechtsprechung.

[75] BGH DStR 2010, 763 m. Anm. *Goette.*

[76] KölnerKommAktG/*Arnold* 3. Aufl. 2010, § 23 Rn. 99; *Bayer* in: Lutter/Hommelhoff, GmbHG, 17. Aufl. 2009, § 3 Rn. 17; *Heckschen* in: Heckschen/Heidinger, Die GmbH in der Gestaltungs- und Beratungspraxis, 2009, § 3 Rn. 154; *Limmer* in: Spindler/Stilz, AktG, 2. Aufl. 2010, § 23 Rn. 45; MünchKommGmbHG/*Wicke* 2010, § 3 Rn. 30.

[77] KölnerKommAktG/*Arnold* 3. Aufl. 2010, § 23 Rn. 99; *Bayer* in: Lutter/Hommelhoff, GmbHG, 17. Aufl. 2009, § 3 Rn. 17; *Lieder* NZG 2010, 410, 412; MünchKommAktG/*Pentz* 3. Aufl. 2008, § 23 Rn. 97; *Ulrich* WM 2004, 915, 920; anders noch OLG Düsseldorf ZIP 2003, 1501, 1502; OLG Stuttgart GmbHR 1999, 610, 611; nach wie vor anders als der BGH *Ulmer* in: Ulmer/Habersack/Winter, GmbHG, 2005, § 3 Rn. 156 f. mwN.

[78] So BGH DStR 2010, 763 Tz. 2 im Anschluss an BGHZ 117, 323.

[79] So BGH DStR 2010, 763 Tz. 6 im Anschluss an BGHZ 155, 318.

Im *konkreten Fall* verneinte der BGH sowohl die Verwendung einer Vorratsgesellschaft als auch die Verwendung eines gebrauchten Mantels: Die im April gegründete und im Mai eingetragene Gesellschaft habe auch im Zeitraum bis zu ihrer (angeblichen) Aktivierung Mitte November „Vorbereitungstätigkeiten zur Verwirklichung der mit der Gründung angestrebten Geschäftstätigkeit entfaltet", so etwa durch einen „Anwaltsberatungsvertrag" und einen Beratungsvertrag mit einer K-GmbH, deren Beratungsleistungen auch vergütet worden seien.[80] Bis zur Aufnahme der eigentlichen Geschäftstätigkeit (Sprachenschule) nach der im Wege eines asset deals erfolgten Übernahme der A-GmbH (samt Arbeits- und Mietverträgen) im November habe keine ‚leere Hülse' bestanden.

Aufschlussreich sind hierzu die ergänzenden Anmerkungen des *Jubilars*:[81] Die Frage, „wie lange ein Gesellschaftsmantel ‚leer' sein muss, um ihn als ‚leere Hülse' zu qualifizieren, brauchte hier nicht entschieden zu werden, weil schon gar keine ‚leere Hülse' vorgelegen habe, was jedoch konstitutiv für eine wirtschaftliche Neugründung sei. Eine wirtschaftliche Neugründung sei beim vorliegenden Sachverhalt schon deshalb zu verneinen, weil die „neu gegründete Gesellschaft niemals in einer Weise aktiv gewesen sei, dass man von einer Mantelgesellschaft hätte sprechen können"; im Übrigen habe es an der ‚leeren Hülse' gefehlt. Hier sei vielmehr daran zu denken gewesen, dass die nicht explizit als Vorratsgesellschaft errichtete Insolvenzschuldnerin wegen des – nach Auffassung des Insolvenzverwalters – zu langen Zeitabschnitts zwischen der Gründung/Eintragung der Gesellschaft und der tatsächlichen Aufnahme der Geschäfte „zu einer Vorratsgesellschaft mutiert, die dann im Zeitpunkt der tatsächlichen Geschäftsaufnahme mit einem Unternehmen ausgestattet und damit ‚wirtschaftlich neu gegründet' worden sei."

Mit diesen Erwägungen wird zutreffend auch die unter II. 2. c angesprochene Konstellation erfasst, dass eine Gesellschaft gegründet und eingetragen wird mit der Absicht, zeitnah ein aktives Unternehmen zu betreiben, diese Absicht aber zunächst aufgegeben wird – so dass *im Wege der Mutation* zunächst eine Vorratsgesellschaft entsteht –, um dann später diese Vorratsgesellschaft doch noch mit einem aktiven Geschäftsbetrieb auszustatten. Diese Konstellation lässt sich als *nachträglich verdeckte Vorratsgründung* bezeichnen. Wertungsmäßig dürfen hier die Gründer nicht anders behandelt werden als im Falle der späteren Aktivierung einer offenen Vorratsgesellschaft: In beiden Fällen handelt es sich um eine sog. *„gestreckte Gründung"*,[82] die erst *mit dem Zeitpunkt der Ausstattung* der unternehmenslosen Gesellschaft *mit einem Geschäftsbetrieb abgeschlossen* ist und daher ebenso wie die Aktivierung einer offenen Vorratsgesellschaft der nochmaligen Gründungsprüfung unterworfen sein muss. Denn es wäre völlig widersprüchlich, diese Konstellation gegenüber einer offenen Vorratsgründung zu privilegieren. Der Sachverhalt ist richtigerweise auch nicht anders zu beurteilen als der Fall, dass die beabsichtigte aktive Geschäftstätigkeit kurzzeitig ausgeübt, dann aber zeitweilig eingestellt und diese nach den Anforderungen der Rechtsprechung nunmehr ‚leere Hülle' später mit demselben oder einer neuen Geschäftstätigkeit wieder aktiviert wurde.[83] Kurzum: Für den Tatbestand der wirtschaftlichen Neugründung spielt es keine Rolle, ob eine *offene* oder eine *verdeckte Vorratsgesellschaft* oder ein *gebrauchter Mantel* ‚aktiviert" wird. Entscheidend ist vielmehr, dass seit dem Zeitpunkt der Gründung entweder niemals eine aktive Geschäftstätigkeit vorgenommen wurde (Vorratsgesellschaft) oder ein zunächst aktiv betriebenes Unternehmen nach Einstellung jeglicher aktiven Unternehmenstätigkeit wieder mit einer neuen Geschäftstätigkeit belebt wird (Verwendung eines gebrauchten Mantels).

---

[80] BGH DStR 2010, 763 Tz. 8.

[81] *Goette* DStR 2010, 764 f.

[82] Zum Begriff: KölnerKommAktG/*Arnold* 3. Aufl. 2010, § 23 Rn. 98; MünchKommAktG/*Pentz* 3. Aufl. 2008, § 23 Rn. 96; *Ulmer* in: Ulmer/Habersack/Winter, GmbHG, § 3 Rn. 141; vgl. auch *Goette* DStR 2010, 763, 765.

[83] Vgl. zu einer weiteren, vergleichbaren Konstellation auch *Heckschen* (Fn. 76) § 3 Rn. 158 ff. mit Beispiel Rn. 159.

Ist somit allein die sog. Unternehmenslosigkeit konstitutives Merkmal der wirtschaftlichen Neugründung, so stellt sich *im Falle einer zunächst aktiven Gesellschaft* die Frage, ob der Geschäftsbetrieb über eine bestimmte, längere Zeitspanne „geruht" haben muss oder ob bereits eine kurze „Einstellungsphase" hierfür ausreicht.[84] Die Frage nach der Zeitspanne einer unternehmerischen Inaktivität stellt sich jedoch nicht nur im Falle einer zunächst aktiven Gesellschaft, sondern sie ist auch für die *Abgrenzung* zwischen einer nur *verzögerten Geschäftsaufnahme* einer ordnungsgemäß gegründeten Gesellschaft und der *wirtschaftlichen Neugründung einer nachträglichen verdeckten Vorratsgesellschaft* von ausschlaggebender Bedeutung. Denn der BGH hat den Sachverhalt einer wirtschaftlichen Neugründung gegenüber einer Vorratsgründung eindeutig und mehrfach danach abgegrenzt, ob die Gründer die Absicht haben, den satzungsmäßigen Geschäftsbetrieb „*innerhalb eines absehbaren Zeitraums* zu verwirklichen" oder nicht, wobei allein „die üblichen Anlauf- und Vorlaufzeiten außer Betracht zu bleiben haben".[85] Daher stellt sich auch hier die Frage, „wie lange sich die Unternehmensgründung hinziehen darf, ohne dass die Gerichte von der Existenz eines ‚leeren' Mantels sprechen".[86]

Analysiert man insbesondere die Ausführungen des BGH zum dort entschiedenen Sachverhalt, dann ist eine wirtschaftliche Neugründung auch bei einer länger andauernden Zeitspanne (dort: sieben Monate) dann abzulehnen, wenn zwischen Gründung und tatsächlicher Geschäftsaufnahme *vermittelnde Planungs- und Vorbereitungshandlungen verifiziert* werden können, die – wie im BGH-Fall – von der Gesellschaft selbst ausgingen und auch von dieser bezahlt wurden. Gelingt eine solche Verifizierung hingegen nicht, lag also der Geschäftsbetrieb völlig still, dann ist auch eine kürzere Zeitspanne ausreichend, um das Tatbestandsmerkmal der „unternehmenslosen Gesellschaft" zu erfüllen.[87] Diesen Standpunkt hat in der Besprechung der BGH-Entscheidung auch *Lieder* eingenommen: „Umgekehrt scheidet die Annahme einer bloß verzögerten Geschäftsaufnahme aus, wenn der bisherige Geschäftsbetrieb zwischenzeitlich – wenn auch nur für kurze Zeit – vollständig eingestellt oder stillgelegt worden war".[88] Ähnlich formuliert: *Podewils*: „Umgekehrt bleibt Raum für eine wirtschaftliche Neugründung, wenn die Planungs- und Vorbereitungshandlungen vollständig aufgegeben werden und die Gesellschaft damit tatsächlich zu einer ‚leeren Hülse' ohne Unternehmen wird".[89] Auch *K. Schmidt* scheint dies so zu sehen, wenn er folgenden Beispielsfall diskutiert: „Nach einer Phase der Ratlosigkeit stellen die Gründer die bisherigen Vorbereitungsgeschäfte ein, greifen aber aufgrund neuer Planung nach einer Phase der Ruhe für ihre Gründungsaktivität auf den bereits gegründeten und nicht etwa aufgelösten Rechtsträger zurück. Dieser Fall ist erkennbar gefährlicher, fehlt es doch an der vom BGH offenbar als essenziell eingeschätzten, von der GmbH-Gründung zur Unternehmensgründung reichenden Kontinuität".[90]

In der Tat ist diese *Kontinuität der Gründung* im Rahmen einer sog. „gestreckten Gründung" *das entscheidende Abgrenzungsmerkmal*: Solange bei der Gesellschaft durchgehende oder nur ganz gering unterbrochene Vorbereitungs- und Planungsmaßnahmen in Gang sind, liegen die Voraussetzungen einer wirtschaftlichen Neugründung nicht vor, denn es

---

[84] Dafür *Bayer* in: Lutter/Hommelhoff, GmbHG, 17. Aufl. 2009, § 3 Rn. 17 unter Bezugnahme auf LG Berlin BeckRS 2008, 10297 m. Anm. *Korsten/Hennig* EWiR 2008, 401; vgl. auch OLG Celle NotBZ 2005, 444. Nach *Emmerich* in: Scholz, GmbHG, 10. Aufl. 2006, § 3 Rn. 38 ist diese Frage „noch offen".

[85] BGH DStR 2010, 763 Tz. 2 im Anschluss an BGHZ 117, 323.

[86] So richtig *K. Schmidt* ZIP 2010, 857, 861 (in seiner insgesamt kritischen und ablehnenden Würdigung der BGH-Rechtsprechung).

[87] So bereits *Bayer* in: Lutter/Hommelhoff, GmbHG, 17. Aufl. 2009, § 3 Rn. 17 aE; vgl. auch OLG Jena ZIP 2004, 2327; *Heidinger/Meyding* NZG 2003, 1129, 1131.

[88] *Lieder* NZG 2010, 410, 411.

[89] *Podewils* GmbHR 2010, 684, 687.

[90] *K. Schmidt* ZIP 2010, 857, 862.

fehlt an dem Merkmal der „leeren Hülse". Finden sich hingegen Anhaltspunkte dafür, dass die Gesellschaft während einer länger andauernden Zeitspanne ruhte, so ist die in der Gesellschaft verkörperte juristische Person als unternehmensloser Rechtsträger zu qualifizieren. In diesem Fall ist der Gesellschaftsmantel „leer", so dass von einer Mantelverwendung im Sinne der höchstrichterlichen Judikatur auszugehen ist.

Dies bedeutet: Eine Gesellschaft, die zwar mit dem Ziel errichtet wurde, den in ihrer Satzung genannten Geschäftsbetrieb *irgendwann* zu verwirklichen, die aber zunächst auf *unabsehbare* Zeitdauer stillliegen soll, um erst in einem späteren ungewissen Zeitpunkt als Mantel für den Betrieb eines ihrer Satzung entsprechenden Unternehmens zu dienen, ist in der Sache *auf Vorrat* und nicht zum Betrieb eines *konkreten* Geschäfts[91] gegründet. Es handelt sich um eine *anfänglich verdeckte Vorratsgründung.*

Wurde die Gesellschaft hingegen in der Absicht gegründet, den satzungsmäßigen Geschäftsbetrieb zeitnah aufzunehmen wurde dann jedoch diese Absicht aufgegeben – so dass keinerlei Geschäftsaktivitäten oder auch nur Planungs-/Vorbereitungshandlungen erkennbar sind – und erst längere Zeit später wieder aufgegriffen, dann ist die zunächst ordnungsgemäß errichtete und eingetragene Gesellschaft *nachträglich zu einer verdeckten Vorratsgesellschaft mutiert,* die dann später wieder „aktiviert" und somit wirtschaftlich neu gegründet wurde.

V. Zusammenfassung

Eine wirtschaftliche Neugründung liegt dann vor, wenn eine offene Vorratsgründung erstmals mit einem aktiven Unternehmen ausgestattet wird. Handelt es sich um keine offene Vorratsgründung, sondern um eine Gesellschaft, die bereits einen aktiven Geschäftsbetrieb hatte, so liegt eine wirtschaftliche Neugründung vor, wenn der aktuell aufgenommenen Geschäftstätigkeit eine Zeitspanne inaktiver Geschäftstätigkeit vorausgegangen ist („leere Hülse"). Verzögert sich die Aufnahme der statutarischen Geschäftstätigkeit einer noch nicht aktiven Gesellschaft, dann ist dies im Rahmen der üblichen Vorlaufzeiten grundsätzlich unschädlich, wenn zwischen der Gründung und der späteren Geschäftsaufnahme vermittelnde Planungs- und Vorbereitungshandlungen verifiziert werden können, die von der Gesellschaft selbst ausgingen (so im BGH-Fall vom 18. 1. 2010); bei Planungs- und Vorbereitungshandlungen auf der Ebene der Gründer wird man dies nur dann als ausreichend erachten können, wenn diese Handlungen konkret und final im Hinblick auf die noch inaktive Gesellschaft erfolgen und durch ihre Sichtbarkeit nach außen auch objektiv auf die unternehmenslose Gesellschaft bezogen werden können. Umgekehrt scheidet die Annahme einer bloß verzögerten Geschäftsaufnahme aus, wenn der bisherige Geschäftsbetrieb zwischenzeitlich – wenn auch nur für kurze Zeit – vollständig eingestellt oder stillgelegt worden war. In diesem Fall handelt es sich um eine wirtschaftliche Neugründung, auf die das Gründungsrecht entsprechende Anwendung findet.

Die Anwendung des Gründungsrechts auf eine Vorrats- bzw. Mantelgesellschaft bedeutet im Falle ihrer Aktivierung: Das Grundkapital muss im Zeitpunkt der wirtschaftlichen Neugründung – abgesehen von den satzungsmäßig zulässigen Gründungskosten[92] – vollständig vorhanden sein. Im Zeitpunkt der wirtschaftlichen Neugründung ist die Kapitalaufbringung gegenüber dem Registergericht offen zu legen. Bei der Aktiengesellschaft haben die Mitglieder des Vorstands und des Aufsichtsrats den Hergang der Mantelverwendung im Rahmen der Gründungsprüfung zu prüfen und hierzu einen schriftlichen Gründungsbericht zu erstatten. Die Gründungsprüfung hat sich mindestens darauf zu beziehen, ob das

[91] S. dazu auch BGHZ 117, 323 Tz. 9.

[92] Dazu nur *Seibt* in: Schmidt/Lutter, AktG, 2. Aufl. 2010, § 26 Rn. 1 ff.; OLG Jena ZIP 2004, 2327.

satzungsmäßige Grundkapital (noch) vorhanden ist. Vorstand, Aufsichtsrat und Gründer (bei der AG) bzw. die Geschäftsführer (bei der GmbH) haben gegenüber dem Registergericht zu versichern und nachzuweisen, dass das statutarische Grundkapital wertmäßig durch das Vermögen der Gesellschaft gedeckt ist und sich in Höhe der Mindesteinzahlung zur freien Verfügung des Vorstands befindet.[93]

Unterbleibt die Offenlegung, so trifft die Gesellschafter *de lege lata* eine unbeschränkte Vorbelastungshaftung. *De lege ferenda* spricht allerdings viel dafür, das durch das MoMiG in wichtigen Teilbereichen aufgeweichte Kapitalaufbringungsrecht der *GmbH* auf eine gänzlich neue Grundlage zu stellen.[94] Für das Recht der *Aktiengesellschaft* ist hingegen am traditionellen, europarechtlich durch die 2. Gesellschaftsrechtliche Richtlinie abgesicherten System der realen Kapitalaufbringung[95] festzuhalten. Denn im Unterschied zur GmbH kommt bei der Aktiengesellschaft – speziell der börsennotierten (Publikums-)Gesellschaft – dem Schutz der aktuellen und künftigen Aktionäre herausragende Bedeutung zu.[96] Aus diesen Gründen des Anlegerschutzes verbietet es sich, das bereits bis an die Grenze des europarechtlich Zulässigen strapazierte Kapitalaufbringungsrecht für die AG noch weiter zu schwächen. Daher sind hier aus generalpräventiven Erwägungen heraus die bestehenden formellen und materiellen Pflichten unbedingt und mit der gebotenen Strenge durchzusetzen.

---

93 So (für AG) KölnerKommAktG/*Arnold* 3. Aufl. 2010, § 23 Rn. 103; *Limmer* in: Spindler/Stilz, AktG, 2. Aufl. 2010, § 23 Rn. 46 ff.; MünchKommAktG/*Pentz* 3. Aufl. 2008, § 23 Rn. 100 ff.; *Seibt* in: Schmidt/Lutter, AktG, 2. Aufl. 2010, § 23 Rn. 43; (für GmbH) *Bayer* in: Lutter/Hommelhoff, GmbHG, 17. Aufl. 2009, § 3 Rn. 12.

94 Ausführlich *Bayer* GmbHR 2010, 1289 ff., 1295 ff. mwN; vgl. bereits grundlegend *Bayer* ZGR 2007, 220 ff. sowie auch *J. Vetter* Referat 66. DJT 2006 Bd. II/1 2006 P 75, 89 ff.

95 Dazu näher *Bayer/J. Schmidt* in: Bayer/Habersack, Aktienrecht im Wandel, 2007, Bd. I, S. 944, 960 ff.

96 Ausführlich dazu nur *Bayer* in: Bayer/Habersack, Aktienrecht im Wandel, 2007, Bd. II, S. 708, 711 f.; *Bayer* Gutachten E für den 67. Deutschen Juristentag, 2008, E 22 ff, 100 mwN.

MATTHIAS CASPER

Die Anwendbarkeit der Business Judgment Rule bei Landesbanken

Übersicht

I. Problemaufriss

Landesbanken haben im Vorfeld der weltweiten Finanzmarktkrise durch ein teilweise massives Engagement im Bereich sog. strukturierter Wertpapiere, die auf einer Verbriefung von Forderungen (in der Regel als Asset Backed Securities, ABS-Transaktionen[1]) basierten, erhebliche Verluste erlitten. Die Einzelfälle sind bekannt und müssen hier nicht erneut wiederholt werden. Nach wie vor nicht abschließend geklärt ist, inwieweit sich die damals verantwortlichen Vorstände auf die Business Judgment Rule in § 93 Abs. 1 S. 2 AktG berufen können. Mit dieser Vorschrift hat der Gesetzgeber im Wesentlichen den mit der ARAG/Garmenbeck-Entscheidung[2] eingeschlagenen Weg kodifiziert.[3] Dieses Leiturteil des II. Zivilsenats des BGH wurde bereits von dem *Jubilar* mit verantwortet und ist ein Beispiel für die vielen Wegmarken, die er in seiner über 15jährigen Tätigkeit im gesellschaftsrechtlichen Senat gesetzt hat. Die Anwendbarkeit dieser durch das UMAG im Jahre 2005, also zu dem Zeitpunkt, als der *Jubilar* den Vorsitz des II. Zivilsenats übernahm, eingeführten Vorschrift auf Landesbanken ist bisher hingegen nicht abschließend geklärt. Sie soll deshalb im Folgenden auf drei Ebenen problematisiert werden.

In einem ersten Schritt ist der Frage nachzuspüren, ob die Business Judgment Rule auch auf solche Landesbanken anwendbar ist, die nicht in der Rechtsform einer Aktiengesellschaft organisiert sind. Dies sind derzeit immerhin noch sechs der verbliebenen neun Lan-

---

[1] Vgl. dazu etwa statt vieler *Büttner* Die wertpapiermäßige Verbriefung von Bankforderungen zu Asset-Backed Securities, 1999; *Zeising* BKR 2007, 311; zur ökonomischen Seite *Bartelt* Asset-Backed Securities, 1999.

[2] BGHZ 135, 244, 253 ff. = NJW 1997, 1926.

[3] Ausführlich zur Entwicklung sowie zur Rezeption der Business Jugdment Rule aus dem US-amerikanischen Recht vgl. etwa *Schlimm* Das Geschäftsleiterermessen des Vorstands einer Aktiengesellschaft, 2009, S. 55 ff., 107 ff.

desbanken. Nur die WestLB, die HSH Nordbank und die Landesbank Berlin (LBB) sind als Aktiengesellschaften organisiert, so dass dort der § 93 AktG unproblematisch gilt.

Zweitens gilt es zu untersuchen, ob das teilweise massive Engagement in riskante ABS-Transaktionen für Landesbanken aufgrund ihrer öffentlich-rechtlichen Zweckbindung und ihrer überwiegend staatlichen Eigner überhaupt zulässig war. Ein Verhalten, das von vornherein nicht den objektiv-rechtlichen Vorgaben der Satzung bzw. des öffentlichen Rechts entspricht, eröffnet grundsätzlich nicht den Anwendungsbereich des § 93 Abs. 1 S. 2 AktG. Dieser soll nach dem Willen des Gesetzgebers nur unternehmerische Entscheidungen erfassen, nicht aber Gesetzes- oder Satzungsverstöße legitimieren können.[4]

Schließlich gilt es drittens zu klären, ob das Eingehen eines übergroßen Risikos, das bei Zugrundelegung des sog. „worst-case"-Szenarios zu einer Existenzgefährdung führen kann, kein Handeln mehr zum Wohle der Gesellschaft darstellt, so dass der Tatbestand des § 93 Abs. 1 S. 2 AktG nicht erfüllt wäre. Insoweit handelt es sich freilich um ein übergreifendes Problem, dass sich in jüngerer Zeit allerdings bei den Landesbanken besonders gezeigt hat.

Der nachfolgende Beitrag beschränkt sich auf diese drei konkreten Fragestellungen, wobei die ersten beiden, landesbankspezifischen Gesichtspunkte im Mittelpunkt stehen sollen. Aufgabe dieses Beitrags kann es nicht sein, sämtliche Haftungsfragen im Zusammenhang mit ABS-Transaktionen im Vorfeld der Finanzmarktkrise aufzuarbeiten.[5] Auch bezieht sich die Untersuchung nicht auf die Fehlspekulationen einzelner bestimmter Landesbanken. Soweit die Satzungen einzelner Landesbanken zitiert werden, haben diese nur exemplarischen Charakter für verschiedene Fallgestaltungen.

II. Anwendbarkeit des § 93 AktG auf Landesbanken, die als Anstalt des öffentlichen Rechts verfasst sind

Regelungen zur Haftung von Vorständen der Landesbanken, die als Anstalten des öffentlichen Rechts verfasst sind, finden sich – wenn überhaupt – in der Satzung der jeweiligen Landesbank, exemplarisch sei § 6 Abs. 3 S. 1 der Satzung der Landesbank Baden-Württemberg (LBBW, Stand 2009) genannt. Bevor deren Tragweite untersucht werden kann, wobei insbesondere die Frage im Mittelpunkt stehen wird, ob diese Regelungen konstitutiver oder deklaratorischer Natur sind, gilt es der vorgelagerten Frage nachzuspüren, ob die Haftung auf eine Analogie zu § 93 AktG gestützt werden kann.

1. Analoge Anwendung des § 93 AktG auf Landesbanken

Die analoge Anwendung des § 93 AktG auf Landesbanken wird heute nur noch vereinzelt bestritten.[6] Es wird vor allem die Vergleichbarkeit zwischen einer Aktiengesellschaft und einer Anstalt des öffentlichen Rechts in Abrede gestellt, da zwischen beiden Organisationsformen unüberwindbare Differenzen bestünden. Unter anderem wird darauf verwiesen, dass die Vorstandsmitglieder von Landesbanken in der Organisationsform der Anstalt des öffentlichen Rechts nach der Rechtsprechung als Amtsträger zu qualifizieren seien.[7]

---

[4] *Ihrig* WM 2004, 2098, 2103; explizit auch RegE zum Entwurf eines Gesetzes zur Unternehmensintegrität und Modernisierung des Anfechtungsrechts (UMAG), BT Drucks 15/5092 S. 11 li. Sp.: „Für illegales Verhalten gibt es keinen ‚sicheren Hafen'".

[5] Vgl. hierzu in jüngerer Zeit etwa *Balthasar/Hamelmann* WM 2010, 589; *Böttcher* NZG 2009, 1047; *Florstedt* AG 2010, 315; *Lutter* ZIP 2009, 197; *Schäfer/Zeller* BB 2009, 1706; *Bosch/Lange* JZ 2009, 225; speziell zu einem möglichen Untreuevorwurf etwa *Schröder* NJW 2010, 1169 ff.

[6] Vgl. aus neuerer Zeit aber etwa *Preußner* LKV 2004, 299, 301; allgemein zur Haftung von Sparkassenvorständen auch *Berg* BayVBl. 2000, 385, 389.

[7] So *Preußner* LKV 2004, 299, 301 zur früheren LBB unter Verweis auf BGH NJW 1983, 2509 zur früheren Westdeutschen Landesbank vor ihrer Überführung in eine AG. Vgl. jetzt aber offenlassend

Landesbanken würden dem Allgemeinwohl dienen und seien Teil der öffentlichen Verwaltung. Insofern unterscheide sich die Tätigkeit eines Vorstandes einer Landesbank diametral von der einer Aktiengesellschaft, die in erster Linie auf Gewinnmaximierung ausgerichtet sei. Von anderer Seite werden kompetenzrechtliche Erwägungen ins Feld geführt. Für die Ausgestaltung der Haftung von Vorständen der Landesbanken seien die jeweiligen Länder zuständig. Soweit diese ihre Regelungskompetenz nicht ausüben, sei es systemwidrig, diese Lücke mit einer Norm des Bundesrechts zu schließen.[8]

Soweit man in diesem bisher wenig diskutierten Bereich von einer vorherrschenden Meinung sprechen kann, plädiert die Mehrheit der Stimmen in der Literatur zu Recht für eine analoge Anwendung. *Marcus Lutter* hat dieser Ansicht bereits 1991 den Weg bereitet.[9] Vorbehaltlich eventueller Haftungsregelungen in der Satzung wird in dem vollständigen Fehlen gesetzlicher Haftungsregelungen eine planwidrige Regelungslücke erblickt. Ein Lückenschluss muss entgegen *Berg* auch nicht an der vorrangigen Kompetenz des Landesgesetzgebers scheitern.[10] Ohne hier auf die umstrittene Frage eingehen zu müssen, ob sich Lücken in Landesgesetzen durch vergleichbare Normen des Bundesrechts schließen lassen,[11] lässt sich zumindest auf eine Lückenfüllung durch einen allgemeinen Rechtsgedanken ausweichen. Auch im deutschen Recht ist statt einer regelgeleiteten Analogie eine Lückenfüllung im Wege der Prinzipienbildung möglich. Man wird ohne Übertreibung die Kernaussagen des § 93 Abs. 1 und 2 AktG als Magna Charta körperschaftlich verfasster Verbände begreifen können. Für die Frage, ob dieser Rechtsgedanke auch bei Anstalten des öffentlichen Rechts fruchtbar gemacht werden kann, sind Funktion und Tätigkeit von Vorständen einer Landesbank in den Vordergrund zu rücken. Zumindest bei solchen Landesbanken, die nach ihrer Satzung auch die Funktion einer Geschäftsbank wahrnehmen (vgl. dazu noch sogleich im Text), besteht eine weitgehende Vergleichbarkeit zum unternehmerischen Handeln eines Vorstandes in einer Aktiengesellschaft.[12] Der Vorstand einer Landesbank muss oft Entscheidungen von einer ähnlichen Tragweite wie der Vorstand einer regulären privatrechtlich organisierten Geschäftsbank treffen. Dem Vorstand einer Landesbank obliegt außerdem eine vergleichbare Leitungskompetenz wie sie in §§ 76 ff. AktG verankert ist. In einigen Sparkassengesetzen finden sich vergleichbare Vorgaben für den Vorstand einer Landesbank bzw. einer Sparkasse.[13] Oftmals sind derartige Regelungen auch in der jeweiligen Satzung enthalten. So heißt es etwa in § 8 Abs. 1 S. 1 der Satzung der Nord/LB (Stand 2009) schlicht: „Der Vorstand leitet die Bank in eigener Verantwortung".[14] Landesbanken und Sparkassen sind gegenüber ihren Eigentümern bzw. Trägern heute ähnlich organisatorisch verselbständigt wie eine Aktiengesellschaft gegenüber ihren wirtschaftlichen Eigentümern – den Aktionären. Es besteht ein

---

BGH ZIP 2009, 2329, 2330 f. (Tz. 16) im Zusammenhang mit dem Verstoß von Forderungsabtretungen gegen das Bankgeheimnis durch Sparkassen.

[8] In diesem Sinne zur parallelen Problematik bei der Haftung von Vorständen öffentlich-rechtlich verfasster Sparkassen *Berg* BayVBl. 2000, 385, 389. *Berg* bestreitet weiterhin mit Hinweis auf hier nicht zu vertiefende Besonderheiten des bayrischen Sparkassengesetzes bereits das Vorliegen einer Regelungslücke.

[9] Vgl. *Lutter* Pflichten und Haftung von Sparkassenorganen, 1991, S. 10 ff.; zuvor bereits ebenso *Grimm* Organisationsrecht der Landesbanken im Spannungsfeld zwischen öffentlich-rechtlichem Organisationsrecht und Aktienrecht, Diss. Bochum 1988, S. 112 ff. Ansatzweise auch bereits *Rümker* in: FS Werner, 1984, S. 745, 775.

[10] *Berg* BayVBl. 2000, 385, 389.

[11] Zum Streitstand vgl. den Nachweis bei *Berg* BayVBl. 2000, 385, 389 in Fn. 25.

[12] So auch *Lutter* BB 2009, 786, 790 f.

[13] *Püttner* Das öffentliche Unternehmen, 2. Aufl. 1985, S. 231 unter Verweis auf den damaligen § 18 Abs. 1 SparkassenG Baden-Württemberg.

[14] Ebenso § 17 Abs. 1 S. 1 der Satzung der Helaba (Stand 2009), verfügbar unter http://www.helaba.de/de/misc/Download/HelabaSatzung.pdf (zuletzt aufgerufen am 22.7.2010) sowie der Sache nach auch § 8 Abs. 1 S. 1 der Satzung der Bremer Landesbank (Stand 1.1.2009), verfügbar unter http://www.recht-niedersachsen.de/45/205001,302.htm (zuletzt aufgerufen am 21.7.2010).

vergleichbarer Principal-Agent-Konflikt. Eine Privilegierung von Vorständen einer Landesbank durch das teilweise mildere öffentliche Recht ist nicht veranlasst.[15] Vielmehr ist es angebracht, die unternehmerisch handelnden Vorstände von Landesbanken den strengen Sorgfaltsanforderungen des § 93 Abs. 1 S. 1 AktG zu unterwerfen. Als Ausgleich ist ihnen wie im Aktienrecht der „sichere Hafen" für unternehmerische Entscheidungen zum Wohle der Gesellschaft auf Basis hinreichender Information des § 93 Abs. 1 S. 2 AktG zuzubilligen. Man kann mit *Lutter* von einem Gleichlauf zwischen Aufgabe und Haftungsverantwortlichkeit sprechen.[16] Schließlich trifft den Vorstand einer Landesbank eine ähnliche Treuepflicht gegenüber seiner Bank wie den Vorstand einer Aktiengesellschaft gegenüber seinem Unternehmen.[17] Angesichts der zunehmenden Überführung von Landesbanken in die Rechtsform einer AG wäre es im Übrigen auch wertungswidersprüchlich, die Vorstände von zwei Landesbanken, die im wesentlichen dieselben Aufgaben erfüllen, hinsichtlich der Haftung unterschiedlich zu behandeln. Diesem Argument kann man freilich entgegenhalten, dass nicht einige Landesgesetzgeber durch die Umwandlung von Anstalten des Öffentlichen Rechts in eine AG den Haftungsmaßstab für die verbliebenen Landesbanken und Sparkassen in einer öffentlich-rechtlichen Organisationsform bestimmen können. Dann müsste das Schweigen der Landesgesetze freilich als Beharren auf einer früheren Rechtsposition verstanden werden können. Dies dürfte angesichts der sich wandelnden Landschaft von Landesbanken jedoch nicht der Fall sein. Auch das seit der Finanzmarktkrise zu beobachtende Back-to-the-Roots-Syndrom, also die Beschränkung des Geschäftsfeldes auf die sog. Kernkompetenzen, spricht nicht gegen die Anerkennung eines in § 93 AktG zum Ausdruck kommenden allgemeinen Rechtsgedanken, der auf alle Landesbanken anzuwenden ist. Für eine entsprechende Prinzipienbildung spricht letztlich auch, dass die Satzungen von Landesbanken, die noch nicht in einer AG organisiert sind, soweit sie die Haftung überhaupt regeln, an dem aktienrechtlichen Modell Maß nehmen (dazu noch 2.). Gegen einen vollständigen Verzicht auf eine organschaftliche Haftung spricht schließlich, dass das dann eingreifende vertragsrechtliche Modell zur Disposition der Beteiligten stände, was nicht sachgerecht ist.[18]

2. *Einfluss von Satzungsregeln*

Verschiedene Satzungen von Landesbanken beinhalten zumindest ansatzweise ein dem § 93 AktG vergleichbares Regime. So heißt es zB in § 18 Abs. 2 der Satzung der Nord/LB (Stand 2009): „Die Vorstandsmitglieder haben bei ihrer Geschäftsführung die Sorgfalt eines ordentlichen und gewissenhaften Geschäftsleiters anzuwenden". Damit wird der Haftungsmaßstab des § 93 Abs. 1 S. 1 AktG kopiert, eine § 93 Abs. 2 AktG vergleichbare Haftungsnorm fehlt hingegen. Soweit man diese Vorschrift nicht analog anwendet, käme eine Haftung wegen Schlechterfüllung des Anstellungsvertrages in Betracht, nicht jedoch eine organschaftliche Haftung, da eine entsprechende landesrechtliche Regelung fehlt.[19] Eine explizite Regelung der Haftung findet sich nur in § 6 Abs. 3 S. 1 der Satzung der LBBW (Stand 2009): „Vertreter der Träger in der Trägerversammlung und Mitglieder des Verwaltungsrats sowie des Vorstands, die ihre Pflichten verletzen, sind der Landesbank zum Ersatz

[15] Vgl. zu den Haftungsunterschieden zwischen § 93 AktG einerseits und dem Beamtenrecht bzw. dem Recht für öffentlichen Angestellte *Lutter* (Fn. 9) S. 64 f. und *Helke/Vogel* ZfgKW 2008, 650, 652 f.: beamtete Sparkassenvorstände haften nur für grobe Fahrlässigkeit, Angestellte im öffentlichen Dienst seit 2005 nach den Grundsätzen der schadensgeneigten Arbeit. Vgl. dort auch den Nachweis zu einigen landesrechtlichen Spezialregelungen, die die Haftungsprivilegierung wieder beseitigt haben.

[16] *Lutter* (Fn. 9) S. 10 f.

[17] Vgl. abermals *Lutter* (Fn. 9) S. 11 f.

[18] So zutreffend bereits *Grimm* (Fn. 9) S. 114 f.

[19] Für eine organschaftliche Haftung von bayrischen Sparkassenvorständen aufgrund der Verweisung des Art. 20 Abs. 2 S. 1 BaySpkG auf Art. 49 Abs. 1 BayKWBG deshalb OLG Nürnberg BKR 2008, 470, 472 f. (Tz. 24 ff.) = WM 2009, 68. Eine entsprechende Regelung findet sich im BayLBG jedoch nicht.

des daraus entstehenden Schadens als Gesamtschuldner verpflichtet." Für die Mitglieder der Trägerversammlung und die des Verwaltungsrats, der bei Landesbanken oft die Funktion eines Aufsichtsrats übernimmt, im Jargon von Corporate Governance also für die „non-executive Directors", sieht der nachfolgende Satz jedoch eine Begrenzung des Verschuldensmaßstabes auf grobe Fahrlässigkeit und Vorsatz vor. Der Haftungsmaßstab der geschäftsführenden Verwaltungsratsmitglieder im Sinne der Sorgfaltspflicht des § 93 Abs. 1 S. 1 AktG findet sich in der Satzung jedoch nicht. Die anderen Satzungen beinhalten allenfalls punktuelle Regelungen. So findet sich zB in der Satzung der BayernLB (Stand 2009) zwar keine Haftungsregelung, wohl aber eine Nachbildung des § 91 Abs. 2 AktG. Danach hat der Vorstand „geeignete Maßnahmen zu treffen, insbesondere ein Überwachungssystem einzurichten, damit den Fortbestand der Bank gefährdende Entwicklungen früh erkannt werden" (§ 7 Abs. 8 der Satzung der BayernLB).

Damit stellt sich die Frage, ob diese nur vereinzelt zu findenden und obendrein rudimentären Haftungsregelungen einem vollumfänglichen Rückgriff auf § 93 AktG entgegenstehen, also insbesondere eine Anwendung des § 93 Abs. 1 S. 2 AktG sperren. Eine der Business Jugdment Rule entsprechende Regelung findet sich nämlich in keiner der Satzungen der nicht als AG verfassten Landesbanken. Da sich die vorhandenen Teilregelungen jeweils auffällig an den aktienrechtlichen Vorgaben orientieren, sprechen die besseren Gründe dafür, insoweit von einer lediglich deklaratorischen Regelung in der jeweiligen Satzung auszugehen, die einer Lückenfüllung durch eine analoge Heranziehung des § 93 AktG bzw. dessen Rechtsgedanken nicht entgegensteht. Etwas anderes kann sich nur insoweit ergeben, als eine Satzungsvorschrift explizit von einer der aktienrechtlichen Vorgaben abweicht. Dies ist – soweit ersichtlich – in den sechs Satzungen aber nicht der Fall. Auch dann käme es meines Erachtens nur zu einer Derogation der konkreten aktienrechtlichen Regelung, von der die Satzung explizit abweicht, nicht aber zu einer vollständigen Verdrängung des § 93 AktG. Letzteres wäre nur dann denkbar, wenn die Satzung der Landesbank ein in sich geschlossenes Haftungsregime aufstellen würde, das einen abschließenden Charakter aufweist.

Damit bleibt festzuhalten, dass derzeit hinsichtlich aller sechs als Anstalt des öffentlichen Rechts verfassten Landesbanken auf § 93 AktG und somit auch auf die Business Jugdment Rule zurückgegriffen werden kann.

III. Objektiv-rechtliche Zulässigkeit

Das Handeln des Vorstandes unterliegt einer Legalitätspflicht und ist daher durch objektiv-rechtliche Vorgaben gebunden.[20] Dabei können sich außer aus der Satzung (vgl. 1.) vor allem auch aus dem öffentlichen Recht objektive Grenzen hinsichtlich der Eingehung spekulativer strukturierter Wertpapiergeschäfte ergeben (siehe 2.). Hinsichtlich der Vorgaben der Satzung werden die Regelwerke einiger Landesbanken exemplarisch betrachtet.

1. Vorgaben in der Satzung

Weitgehend unproblematisch sind solche Satzungen, die der Landesbank die Aufgabe einer Universal- oder Vollbank zuweisen. Exemplarisch sind die Satzung der WestLB AG[21]

[20] Vgl. statt aller MünchKommAktG/*Spindler* 3. Aufl. 2008, § 93 Rn. 63 mwN.

[21] Die Satzung in ihrer Fassung vom 10.5.2010 lautet „§ 2 Gegenstand des Unternehmens. (1) Die WestLB AG betreibt bankmäßige Geschäfte aller Art und ergänzende Geschäfte einschließlich der Übernahme von Beteiligungen. ...". In Abs. 2 wird der Bank die Funktion als einer Sparkassenzentralbank und einer Kommunalbank zuerkannt. Die Satzung des WestLB ist verfügbar unter http://www.westlb.de/cms/sitecontent/westlb/westlb_de/de/wlb/ueber_uns/satzung.-bin.acq/qualStdArticleContentParSys.0005.Cc13AttachmentList.0001.AttachmentFile/20100511%20Satzung%20deutsch.pdf (zuletzt aufgerufen am 22.7.2010).

sowie die Satzung der Nord/LB[22] zu nennen. Formulierungen wie „bankmäßigen Geschäften aller Art" begründen einen sehr weiten Anwendungsbereich. Insbesondere geht der Kreis der „bankmäßigen" Geschäfte über den Begriff der „Bankgeschäfte" iSd. § 1 Abs. 1 S. 2 KWG hinaus. Als bankmäßig lassen sich alle Geschäfte charakterisieren, die banküblich sind. Hierzu gehören auch der Erwerb strukturierter Wertpapiere sowie die Beteiligung an ABS-Transaktionen. Eine Einschränkung ergibt sich unter systematischen Geschichtspunkten auch dann nicht, wenn – wie dies regelmäßig der Fall ist – im unmittelbaren Zusammenhang von einer Funktion als Sparkassenzentralbank gesprochen wird. Selbst wenn diese Aufgabenbeschreibung vor der Bestimmung steht, mit der der Landesbank das Betreiben aller bankmäßigen Geschäfte gestattet wird, folgt hieraus nicht automatisch eine Begrenzung oder Vorrangwirkung der öffentlich-rechtlichen Aufgabe als Sparkassenzentralbank. Ein derartiger Vorrang oder eine derartige Beschränkung müsste sich explizit aus der Satzung selbst ergeben. Als mögliches Beispiel wird insoweit die Satzung der IKB angeführt, bei der sich als öffentlich-rechtlicher Spezialbank vergleichbare Probleme wie für die Landesbanken stellen. Die Satzung der IKB enthielt zwar ebenfalls die Ermächtigung, Bankgeschäfte aller Art zu betreiben, nennt im selben Atemzug aber als Einschränkung: „Gegenstand des Unternehmens ist die Förderung der gewerblichen Wirtschaft, insbesondere durch Bereitstellung von mittel- und langfristigen Finanzierungen oder Eigenkapital bzw. Eigenkapitalsurrogaten und Leasingfinanzierungen sowie der damit verbundenen Beratungsleistungen. Den Finanzierungsbedürfnissen des Mittelstandes soll bevorzugt Rechnung getragen werden."[23] Vor diesem Hintergrund entschied das OLG Düsseldorf, dass ein massives Engagement in strukturierten Wertpapieren nicht mehr von dem Unternehmensgegenstand der Förderung der gewerblichen Wirtschaft und insbesondere der Förderung des Mittelstands gedeckt sei.[24]

Oftmals geben auch die Motive bei der Neustrukturierung der Landesbank und ihrer Überführung in eine Aktiengesellschaft einen Fingerzeig in Richtung des hier vertretenen weiten Verständnisses. Pars pro toto steht die Neuausrichtung der WestLB im Jahre 2001. Ausweislich des Gesetzesentwurfs der Landesregierung von Nordrhein-Westfalen zur Neuregelung der Rechtsverhältnisse der öffentlich-rechtlichen Kreditinstitute sollte das Wettbewerbsgeschäft in der WestLB und das öffentliche Auftragsgeschäft bei deren Mutter, der Landesbank NRW gebündelt werden.[25] Die Bündelung des Wettbewerbsgeschäfts ist als Ermächtigung zu verstehen, dass die Bank trotz ihrer Funktion als Sparkassenzentralbank jegliche banküblichen Geschäfte tätigen durfte.[26]

Teilweise sind die Satzungen oder die entsprechenden Landesgesetze jedoch etwas enger gefasst. So heißt es etwa in § 2 Abs. 1 S. 1 des Gesetzes über die Landesbank Baden-Württemberg (LBWG):[27] „Die Landesbank hat volle Geschäftsfreiheit. Sie kann alle Arten von Bank- und Finanzdienstleistungsgeschäften betreiben sowie alle sonstigen Geschäfte,

---

[22] § 5 Abs. 1 S. 1 der Satzung der Nord/LB lautet: „Der Bank obliegt nach Maßgabe dieser Satzung die Aufgabe einer Landesbank und Sparkassenzentralbank sowie einer Geschäftsbank." Ähnlich weit § 2 Abs. 1 der Satzung der HSH Nordbank (Stand 2009), verfügbar unter http://www.hsh-nordbank.de/media/pdf/konzern/corporategov/hshnordbanksatzung102009.pdf.

[23] Vgl. § 2 der Satzung der IKB (Stand April 2010), verfügbar unter http://www.ikb.de/content/de/ir/aktie/allgemeine_infos/Satzung.pdf (zuletzt aufgerufen am 22.7.2010).

[24] OLG Düsseldorf ZIP 2010, 28, 32 – IKB.

[25] Gesetzesentwurf der Landesregierung zur Neuregelung der Rechtsverhältnisse der öffentlich-rechtlichen Kreditinstitute in Nordrhein-Westfalen, Drucks. 13/2124 vom 9.1.2002 S. 104.

[26] So zur Satzung der WestLB auch *Lutter* BB 2009, 786, 788, der im Übrigen eine sehr kritische Haltung zu den Risikogeschäften von Landesbanken einnimmt; dazu sogleich im Text.

[27] Landesbankgesetz – LBWG vom 11.11.1998 (GBl. BaWü S. 589), zuletzt geändert durch das Gesetz zur Änderung des Landesbankgesetz vom 24.3.2009, verfügbar im Internet unter http://www.lbbw.de/imperia/md/content/lbbwde/ueberuns/Gesetz_LBBW_Fassung_2009_03_24.pdf (zuletzt aufgerufen am 21.7.2010).

die der Landesbank dienen.“[28] Damit wird eine Einschränkung vorgenommen, dass die Geschäfte der Funktion als Landesbank dienen müssen. Letztlich dürften gute Gründe dafür sprechen, dass die Landesbank in der Wahlheimat des *Jubilars* hinsichtlich der Bankgeschäfte frei schalten und walten kann und nur hinsichtlich der „sonstigen Geschäfte“, also der Nicht-Bankgeschäften, der Bindung aus dem Zweck und der Funktion als Landesbank unterliegt. Denn § 2 Abs. 3 LBWG bekräftigt nochmals „Die Landesbank ist Universalbank und internationale Geschäftsbank“. Deutlich klarer tritt eine Einschränkung hingegen schon beim bayerischen Gesetzgeber in der heutigen Fassung des Gesetzes über die Bayerische Landesbank (BayLBG)[29] zu Tage, dessen Art. 2 Abs. 1 wie folgt lautet: „Die Bank hat insbesondere die Aufgabe, in Bayern durch ihre Geschäftstätigkeit unter Beachtung der Markt- und Wettbewerbserfordernisse den Wettbewerb zu stärken und die angemessene und ausreichende Versorgung der Wirtschaft, insbesondere des Mittelstands, und der öffentlichen Hand mit geld- und kreditwirtschaftlichen Leistungen sicherzustellen. Sie ist eine im Wettbewerb stehende Geschäftsbank, die sich regional schwerpunktmäßig auf Bayern, Deutschland und die angrenzenden Wirtschaftsräume Europas konzentriert.“ Sodann ergänzt Art. 2 Abs. 3 BayLBG aber: „Die Bank kann alle Arten von Bank- und Finanzdienstleistungsgeschäften betreiben sowie alle sonstigen Geschäfte, die der Bank dienen. Die Geschäfte der Bank sind nach kaufmännischen Grundsätzen unter Beachtung ihres öffentlichen Auftrags zu führen.“

Damit könnte man geneigt sein, im Einzelfall aus den verschiedenen Satzungen der Landesbanken eine besondere Zweckbindung herzuleiten, die die Funktion als Geschäftsbank begrenzt. Dies könnte zur Folge haben, dass die Anwendung des § 93 Abs. 1 S. 2 AktG scheitert, soweit das Engagement in strukturierten Produkten nicht mehr von dem Geschäftszweck der jeweiligen Landesbank gedeckt war. Aus Raumgründen kann an dieser Stelle nicht in eine Detailwürdigung sämtlicher Satzungen der verschiedenen Landesbanken eingestiegen werden. Allerdings lässt sich verallgemeinernd festhalten, dass zuvörderst danach zu fragen ist, ob die Geschäftsbankfunktion selbständig neben der Funktion als Girozentrale bzw. Sparkassenzentralbank steht. Dafür sprechen gute Gründe. Im Laufe der letzten Jahrzehnte haben sich nicht nur die Sparkassen, sondern auch die Landesbanken zu regulären Geschäftsbanken entwickelt. Diese Entwicklung haben die verschiedenen Satzungsgeber mit unterschiedlichen Formulierungen nachvollzogen, weshalb regelmäßig davon auszugehen ist, dass die verschiedenen Aufgaben der Landesbanken zwei selbständig nebeneinander stehende Bereiche sind. Dies scheint auch für die Bayerische Landesbank zu gelten.[30] Es wird gerade nicht verlangt, dass sämtliche Bankgeschäfte auch einen Bezug zu der Aufgabe als Staats-, Kommunal- oder Sparkassenzentralbankfunktion aufweisen müssen. Im Gegenteil, der Hinweis, dass es sich um „eine im Wettbewerb stehende Geschäftsbank“ handelt, zeigt deutlich, dass diese Funktion auch solche Bankgeschäfte zulässt, die nicht durch den öffentlichen Auftrag bedingt sind. Etwas anderes folgt schließlich auch nicht aus der Formulierung in Art. 2 Abs. 3 BayLBG, wonach die nach kaufmännischen Grundsätzen geführten Geschäfte dem öffentlichen Zweck Rechnung zu tragen haben. Diese Norm dürfte vielmehr als Konfliktregelung zu begreifen sein, wonach bei einer Kollision zwischen den kaufmännischen Grundsätzen und dem öffentlichen Auftrag Letzterer Vorrang genießt. Man wird aber nicht soweit gehen können, dass jedes Bankgeschäft sich an dem öffentlichen Zweck messen lassen muss, auch wenn im konkreten Fall gar kein Konflikt zwischen den beiden Geschäftsfeldern der Landesbank erkennbar ist. Damit bleibt festzuhalten, dass die Landesbanken grundsätzlich Bankgeschäfte jeglicher Art betreiben

[28] Weitgehend ähnlich ist § 5 Abs. 1 der Satzung der SaarLB formuliert.

[29] Gesetz über die Bayerische Landesbank (Bayerisches Landesbank-Gesetz – BayLBG) in der Fassung der Bekanntmachung vom 1.1.2003 (GVBl. S. 54, berichtigt S. 316, BayRS 762-6-F), zuletzt geändert durch § 1 des Gesetzes vom 27.7.2009 (GVBl. S. 397), verfügbar unter http://by.juris.de/by/LBankGiroErG_BY_2003_Art2.htm (zuletzt aufgerufen am 21.7.2010).

[30] So im Ergebnis auch *Lutter* BB 2009, 786, 787 f.

dürfen und sich dabei auf die Business Judgment Rule des § 93 Abs. 1 S. 2 AktG berufen können. Eine Ausnahme ist wohl nur für die Helaba zu machen, deren Satzung in § 5 Abs. 6 eine unmittelbare Verknüpfung zwischen den zulässigen Bankgeschäften jeglicher Couleur und dem öffentlichen Zweck herstellt.[31]

2. *Öffentlich-rechtliche Schranken aus höherrangigem Recht*[32]

Ergibt sich aus der Satzung eine eigenständige Geschäftsbankfunktion der Landesbank, die auch den Kauf von strukturierten Wertpapieren deckt, so bleibt die Frage, ob diese Funktion mit höherrangigem Recht vereinbar ist.

a) Aufgrund der öffentlich-rechtlichen Eigentümerstruktur der meisten Landesbanken könnte man prima vista eine Beschränkung des zulässigen Handelns der Landesbanken in den Grundrechten erblicken. Dafür müssten die Grundrechte freilich insofern überhaupt einen validen Kontrollmaßstab darstellen. Unabhängig von der kontroversen Fragestellung, ob privatisierte Unternehmen überhaupt einer Grundrechtsbindung unterliegen,[33] kann diese Schranke jedoch bei näherem Hinsehen sofort wieder ausgeschieden werden. Die insofern relevanten „Wirtschaftsgrundrechte" der Art. 12 und Art. 14 GG schützen nicht vor jedweder erwerbswirtschaftlichen Tätigkeit des Staates. Ein Eingriff in den Schutzbereich dieser Vorschriften ist erst bei qualifizierten Tatbeständen gegeben, so etwa bei der Schaffung staatlicher Monopole.[34] Dies ist bei Öffnung des Tätigkeitsfeldes von Landesbanken für das reguläre Bankgeschäft jedoch ersichtlich nicht der Fall.

b) Verneint man somit die Eingriffsqualität der Etablierung einer Geschäftsbankfunktion, so kann auch die teilweise geäußerte These, ein erwerbswirtschaftliches Handeln des Staates außerhalb von Daseinsvorsorge, fiskalischen Randgeschäften und grundgesetzlichen Finanzmonopolen sei mangels Kompetenzzuweisung im Grundgesetz generell unzulässig,[35] nicht überzeugen. Zwar mag man mit *Scholz* noch festhalten, dass dem Staat keine Berechtigung aus Art. 12 GG zukommt, auf die er sich für erwerbswirtschaftliches Handeln berufen könnte. Allerdings ist Art. 12 GG auch nicht konstitutiv für die Möglichkeit, erwerbswirtschaftlich zu handeln, sondern begründet nur (vorwiegend Abwehr-)Ansprüche gegen den Staat. In diesem nicht grundrechtssensiblen Bereich bedarf es keiner expliziten Kompetenzzuweisung. So gibt es nach nahezu unbestrittener Auffassung keinen Totalvorbehalt für jegliches staatliche Handeln.[36]

c) Einer eigenständigen Geschäftsbankfunktion, die auch den Erwerb strukturierter Wertpapiere deckt, könnte jedoch die Finanzverfassung des Grundgesetzes entgegenstehen. Von Teilen der Literatur wird insofern ein Vorrang der Finanzierung des Staates durch Steuern postuliert, der einem rein erwerbswirtschaftlichen Handeln des Staates entgegenstehe.[37] Indes spricht gegen diese Ansicht zum einen, dass den Landesbanken ein rein erwerbswirtschaftliches Handeln schwerlich zu attestieren ist. Zum anderen findet die Doktrin vom „Steuerstaat" im Grundgesetz keine Stütze. Die Tatsache, dass das Grundgesetz die Steuern als die Haupteinnahmequelle des Staates ansieht, lässt keinen Rückschluss

---

[31] § 5 Abs. 6 S. 1 der Satzung der Helaba (Stand 2008) hat folgenden Wortlaut: „Die Bank kann Bankgeschäfte aller Art und weitere im kreditwirtschaftlichen Bereich übliche Dienstleistungen und Geschäfte betreiben, soweit die Bankgeschäfte und weiteren Dienstleistungen und Geschäfte unmittelbar oder mittelbar der Zweckerfüllung der Bank dienen." Im Ergebnis ebenso *Lutter* BB 2009, 786, 788.

[32] Für die nachfolgenden Abschnitte III. 2. bis 3. dankt *Verf.* Herrn Wiss. Mitarbeiter *Fabian Beckmann* für die Sichtung des Materials sowie für wertvolle Vorüberlegungen.

[33] Vgl. hierzu etwa *Hillgruber* in: BeckOK-GG, 6. Edition, Art. 1 Rn. 69 mwN zum Streitstand.

[34] Vgl. nur BVerwGE 39, 329, 337; BVerwG NJW 1995, 2938, 2939, jeweils mwN.

[35] In diesem Sinne vor allem *Scholz* in: Maunz/Dürig, GG (Loseblattsammlung, Stand: 57. Ergänzungslieferung 2010), Art. 12 Rn. 415.

[36] Ebenso zB *Otting* DVBl. 1997, 1258, 1260.

[37] In diesem Sinne etwa *Berg* GewArch 1990, 225, 229 f. mwN; *Ehlers* DVBl. 1998, 499 unter Verweis auf BVerfGE 93, 319, 342; 78, 249, 266 f.; 82, 159, 178.

zu, dass hiermit eine Ausschließlichkeit der Einnahmen durch Steuern beschrieben werden sollte.[38] Allenfalls ließe sich vertreten, dass die Steuereinnahmen die Hauptfinanzierungsquelle des Staates bleiben müssen.[39] Ferner ist zu berücksichtigen, dass das Grundgesetz in Art. 105 Abs. 1 GG selbst eine erwerbswirtschaftliche Tätigkeit des Staates und insofern gerade keine exklusive Steuerfinanzierung vorsieht.[40]

d) Der Finanzverfassung wird aber daneben zum Teil eine Verpflichtung zu einem risikoaversen Handeln entnommen.[41] Insofern könnte dieses einer Zulässigkeit von risikoreicheren Geschäften wie dem Erwerb strukturierter Wertpapiere im Rahmen der Geschäftsbankfunktion der Landesbanken entgegenstehen. Indes lassen auch jene Stimmen, die eine Risikovermeidungspflicht des Staates fordern, es genügen, wenn der Staat das Haftungsrisiko auf die jeweilige Gesellschaft beschränkt und es somit nicht zu einem „Haftungsdurchgriff" auf den Staat kommen kann. Selbst wenn man damit eine Pflicht zu risikoaversem Handeln in die Finanzverfassung des Grundgesetzes liest, so ist den Anforderungen, die hieran gestellt werden, zumindest für den Fall der als Aktiengesellschaft verfassten Landesbanken genügt.

3. Restriktion der zulässigen Geschäfte durch einen „öffentlichen Zweck"

Zu klären bleibt, ob der Zulässigkeit der satzungsmäßigen Etablierung einer Geschäftsbankfunktion, im Rahmen derer auch der Erwerb strukturierter Wertpapiere zulässig ist, nicht eine verfassungsrechtliche Verpflichtung formell privatisierter Unternehmen, einen „öffentlichen Zweck" bzw. das „Gemeinwohl" zu wahren, entgegensteht. Hieran knüpft namentlich *Lutter* an, wenn er von einer generellen Unzulässigkeit des Erwerbs strukturierter Wertpapiere durch Landesbanken ausgeht.[42] Kurz zusammengefasst, stellt er zunächst fest, dass jegliches staatliche Handeln, auch wenn es als mittelbare Staatsverwaltung zu charakterisieren ist, einem öffentlichen Zweck zu dienen verpflichtet sei. Ein solcher sei aber in der Geschäftsbankfunktion der Landesbanken nicht zu erkennen. Insbesondere sei der Erwerb strukturierter Wertpapiere nicht mehr von einem öffentlichen Zweck gedeckt, sondern nur Ausdruck eines für die öffentliche Hand unzulässigen Gewinnstrebens. Dieses Ergebnis gelte umso mehr, als dass viele der getätigten Geschäfte hochspekulativ gewesen seien. Zuletzt sei es auch den Gerichten gestattet, im Rahmen der Frage nach der Vorstandsverantwortlichkeit vollumfänglich zu kontrollieren, ob der Unternehmensgegenstand noch dem „öffentlichen Zweck" diene. Einen Beurteilungsspielraum, im Rahmen dessen nur eine eingeschränkte Kontrolle durch die Gerichte stattfindet, lehnt *Lutter* damit ab.[43]

Diese Ansicht überzeugt aus mehreren Gründen nicht. Bereits die normative Begründung, dass jegliches staatliche Handelns an einen gleichwie gearteten „öffentlichen Zweck" gebunden ist, kann nicht überzeugen. *Lutter* rekurriert insofern auf einem allgemeinen Grundsatz, der Staat könne nicht zum Privatmann werden. Allerdings ergeben sich die Bindungen des Staates nicht aus allgemeinen Grundsätzen, sondern vielmehr aus der verfassungsrechtlichen Ordnung. Insofern wird überwiegend auf die Staatsstrukturprinzipien des Art. 20 Abs. 1 und Abs. 3 GG abgestellt und hieraus eine Bindung jeglichen staatlichen Handelns an einen „öffentlichen Zweck" gefordert – unabhängig davon, in welcher Rechtsform er tätig wird.[44] Die Argumentation orientiert sich insbesondere daran, dass

[38] Ebenso *Schneider* DVBl. 2000, 1250, 1255; *Otting* DVBl. 1997, 1258, 1260; *Britz* NVwZ 2001, 380, 381; *Hellermann* Örtliche Daseinsvorsorge und gemeindliche Selbstverwaltung, 2000, S. 155.

[39] *Jarass* DÖV 2002, 489, 490.

[40] *Jarass* DÖV 2002, 489, 490.

[41] *Püttner* Die öffentlichen Unternehmen, 2. Aufl. 1985, S. 187.

[42] *Lutter* BB 2009, 786, 789 f.

[43] *Lutter* BB 2009, 786, 789 f.

[44] Vgl. etwa *Püttner* Die öffentlichen Unternehmen, 2. Aufl. 1985, S. 128 f. (Rechtsstaatsprinzip); *Berg* GewArch. 1990, 225, 228 („Staatszielbestimmungen des Art. 20 Abs. 1 GG"); *Huster/Rux* in: BeckOK-GG, 6. Edition, Art. 20 Rn. 190 („Republik"); für Gemeinwohlbindung auch BVerfGE 12, 354, 364 (Volkswagen).

neben dem bloß punktuellen Schutz vor staatlichem Handeln, den die Grundrechte gewähren, eine generelle Eindämmung staatlichen Handelns geboten sei, damit dieser nicht zu einem totalitären Staat werde.[45] Diese These erscheint insofern fraglich, als dass die Gefahren eines totalitären Staates in dem Eindringen in persönliche Schutzsphären bestehen. Diesen Gefahren aber sollen gerade die Grundrechte begegnen. Insbesondere muss ein Eingriff in diese durch einen legitimen Zweck gerechtfertigt sein. Inwiefern man daneben die Bindung an einen öffentlichen Zweck auch in jenem Bereich staatlichen Handelns benötigt, der (noch) nicht grundrechtssensibel ist, erscheint zweifelhaft. Zudem ist die sich aus dem Erfordernis eines öffentlichen Zwecks ergebende vermeintliche Absicherung des Rechtsstaates vor einer übermäßigen Staatstätigkeit eine bloße Fiktion. Selbst die Verfechter der These, jegliches staatliche Handeln sei einer Bindung an einen öffentlichen Zweck unterworfen, müssen eingestehen, dass die öffentlichen Zwecke derart mannigfaltig sind, dass letztlich jegliches staatliche Handeln zu rechtfertigen ist.[46] Wenn aber eine solche Restriktion letztlich sogar untauglich ist, den Rechtsstaat (Art. 20 Abs. 3 GG) zu sichern, oder eine Begrenzung auf die res publica iSd. Republikprinzips (Art. 20 Abs. 1 GG) zu erreichen, so muss angezweifelt werden, ob eine solche Beschränkung sich dann tatsächlich aus diesen Prinzipien ableiten lässt.[47]

Daneben bringt insbesondere im Bankensektor die Kontrolle der Zulässigkeit einer geschäftlichen Handlung anhand eines öffentlichen Zwecks die Problematik mit sich, dass sich der Zweck einer Handlung nicht immer eindeutig bestimmen lässt. Auch wenn man als Anknüpfungspunkt nicht die jeweilige Handlung wählt, sondern eine abstrakte Prüfung anhand des satzungsmäßigen Unternehmensgegenstandes vornimmt, gestaltet sich die Bestimmung des „Zwecks" des Unternehmensgegenstandes bei den meisten Landesbanken schwierig. Insbesondere erscheint es fragwürdig, den „Zweck" der Geschäftsbankfunktion unabhängig von der ebenfalls zugewiesenen Funktion als Sparkassenzentralbank und Kommunalbank zu beurteilen. Das aber zeigt schon, dass sich eine isolierte Betrachtung der Geschäftsbankfunktion verbietet. Selbst wenn man aber – mit *Lutter* – die Geschäftsbankfunktion isoliert betrachtet und ihr einen allein erwerbswirtschaftlichen Zweck attestiert, bedeutet dieses keinesfalls zwingend die Unzulässigkeit der Geschäftsbankfunktion. Den Erwägungen von *Lutter* liegt die Annahme zugrunde, dass die Erzielung von Gewinnen nie ein öffentlicher Zweck sein kann. Insofern wird man davon ausgehen dürfen, dass dahinter die Annahme steht, die Gewinnerzielung sei ein Zweck des Staates aber kein „öffentlicher" oder, dass eine Gewinnerzielung nicht der Allgemeinheit diene. In der Tat – so argumentiert *Lutter* – hätten sich die getätigten Geschäfte für die Allgemeinheit mit ihren negativen Auswirkungen als eher schädlich erwiesen. Diese Argumentation kann jedoch schon von daher nicht überzeugen, als dass hierbei die Frage der Zulässigkeit der Geschäftsbankfunktion mit der Frage der Zulässigkeit der einzelnen Geschäfte vermischt wird. Angesichts der oben dargestellten Problematik, dass der Zweck einer Einzelhandlung oftmals nicht klar hervortritt, sollte als Anknüpfungspunkt der abstrakte Unternehmensgegenstand dienen. Dann aber müssen die konkreten Auswirkungen ausgeblendet bleiben. Das konkrete Einzelgeschäft kann sodann immer noch nach wettbewerbs- und gesellschaftsrechtlichen Grundsätzen beurteilt werden. Der abstrakte Geschäftsgegenstand aber brachte für die Allgemeinheit keinesfalls Nachteile, sondern barg die Aussicht, Gewinne zu erzielen, die für die öffentlichen Funktionen wie die Funktion als Sparkassenzentralbank genutzt werden konnten.

Wenn dem zuweilen entgegengehalten wird, das bloße Finanzierungsinteresse des Staates, sei es zur Entlastung des Haushalts, sei es zur mittelbaren Finanzierung anderer Aufga-

---

[45] Vgl. vor allem *Püttner* Die öffentlichen Unternehmen, 2. Aufl. 1985, S. 128 f.

[46] So ausdrücklich *Berg* GewArch. 1990, 225, 229.

[47] Im Ergebnis ebenso – unter Berufung auf die Probleme der Definition einer öffentlichen Aufgabe – *Jarass* Kommunale Wirtschaftsunternehmen im Wettbewerb, 2002, S. 13.

ben, sei kein zulässiger öffentlicher Zweck,[48] vermag dieses nicht zu überzeugen. Wie oben (2. c)) bereits dargelegt, gibt es keine verfassungsrechtlichen Vorgaben derart, dass eine Finanzierung ausschließlich über Steuern erfolgen müsse. Ist das Grundgesetz aber in Bezug auf die Frage nach der Art der Finanzierung neutral, so geht es letztlich nur um die Frage, ob die Allgemeinheit ein berechtigtes Interesse daran hat, dass eine hinreichende Geldausstattung für die Wahrnehmung zweifelsohne öffentlicher Aufgaben besteht. Insofern aber bedingt gerade eine effiziente Ausübung dieser Aufgaben eine hinreichende Finanzierung. Solange damit das erwerbswirtschaftliche Handeln keine Grundrechte verletzt, bestehen keine verfassungsrechtlichen Bedenken gegen ein solches Handeln des Staates. Daher ist auch die Auffassung abzulehnen, das Finanzierungsinteresse des Staates sei kein zulässiger Zweck.

Schließlich ist der Frage nachzugehen, ob die Zivilgerichte in einem Rechtsstreit überhaupt beurteilen dürften, inwiefern die Geschäftsbankfunktion der Landesbank von einem öffentlichen Zweck gedeckt ist. *Lutter* nimmt – entgegen der herrschenden Rechtsprechung – an, die Gerichte könnten einen solchen unbestimmten Rechtsbegriff „selbstverständlich" prüfen.[49] Insofern obliege die Auslegung dieses unbestimmten Rechtsbegriffs als Rechtsfrage den Gerichten, die sich auch nicht auf den Standpunkt stellen könnten, dem Staat komme insofern ein Beurteilungsspielraum zu. Ansonsten würde dieser Rechtsbegriff regelmäßig leerlaufen. Somit drohe, dass der öffentlichen Hand eine „schrankenlose Einschätzungsprärogative" zukommen könnte. Diese Formulierung ist in Bezug auf die „Schrankenlosigkeit" zumindest insofern missverständlich, als sie impliziert, dass überhaupt keine gerichtliche Kontrolle stattfindet. Dagegen schränkt die Anerkennung eines Beurteilungsspielraums zwar die richterliche Kontrolldichte in Bereichen ein, bei denen der Gesetzgeber die Letztentscheidungsbefugnis der Exekutive übertragen wollte, sie hebt sie aber nicht völlig auf. Damit verbleibt aber ein Restbereich, der durchaus der richterlichen Kontrolle unterliegt. So kann überprüft werden, ob Verfahrensvorschriften eingehalten wurden, von einem zutreffenden Sachverhalt ausgegangen wurde und keine sachfremden Erwägungen vorliegen.[50] Diese Gesichtspunkte kann damit der Richter bei der Überprüfung, ob das Land den „öffentlichen Zweck" richtig ermittelt hat, zugrunde legen. Abgeschnitten ist dem Richter nur die Prüfung, ob die Beurteilung der öffentlichen Hand richtig ist, dass eine bestimmte Aufgabe dem Gemeinwohl dienen wird. Damit aber wird die Anforderung an einen öffentlichen Zweck auch nicht sinnentleert, wie *Lutter* dieses befürchtet, da eine solche (Rest-) Prüfung weiter besteht.

4. Ergebnis

Somit ist festzuhalten, dass objektiv-rechtliche Vorgaben der Anwendung der Business Judgment Rule auf das Handeln von Vorstandmitgliedern von Landesbanken nicht entgegenstehen. Damit können im Einzelfall die Engagements in strukturierte Wertpapiergeschäfte von dem unternehmerischen Ermessen gedeckt gewesen sein. Ob die einzelnen Tatbestandsvoraussetzungen des § 93 Abs. 1 S. 2 AktG in den konkreten Einzelfällen wirklich vorgelegen haben, kann vorliegend ohne genaue Kenntnis der einzelnen Sachverhalte freilich nicht beurteilt werden. Für die allgemeine Diskussion soll aber noch der Frage nachgegangen werden, ob ein Handeln zum Wohl der Gesellschaft dann ausscheidet, wenn sich bei einem Engagement schlimmstenfalls ein existenzbedrohendes Risiko ergibt.

---

[48] In diesem Sinne etwa *Löwer* DVBl. 2000, 1751, 1757, Leitsatz II 2; tendenziell auch BVerwGE 39, 329, 334.

[49] *Lutter* BB 2009, 786, 790 mit Verweis auf den insoweit entgegenstehenden Standpunkt von BGH WRP 1959, 83 und BVerwGE 39, 329, 334.

[50] Vgl. nur *Maurer* Allgemeines Verwaltungsrecht, 17. Aufl. 2009, S. 148.

IV. Das Tatbestandsmerkmal „Vernünftigerweise annehmen durfte, zum Wohle der Gesellschaft zu handeln“

§ 93 Abs. 1 S. 2 AktG setzt unter anderem voraus, dass der Vorstand annehmen durfte, zum Wohle der Gesellschaft zu handeln. Das Interesse der Gesellschaft richtet sich einerseits auf die Steigerung des Unternehmenswertes und der Rentabilität,[51] andererseits auf die Erhaltung des Unternehmens. An einer Orientierung am Gesellschaftswohl fehlt es, wenn der Vorstand sich von Sonderinteressen oder sachfremden Erwägungen leiten lässt.[52] In dem „vernünftigerweise annehmen durfte“ kommt zum Ausdruck, dass der Vorstand gutgläubig hinsichtlich der Auswirkung seiner Entscheidung auf das Unternehmenswohl sein musste. Hieran fehlt es, wenn die Entscheidung des Vorstandes objektiv betrachtet nicht nachvollziehbar wäre. Nicht nachvollziehbar ist eine Entscheidung, durch die der Vorstand ein übergroßes Risiko eingeht (sog. Moral-Hazard-Entscheidung).

Entgegen der Auffassung des OLG Düsseldorf[53] löst dabei nicht jedes Engagement, das theoretisch den Bestand des Unternehmens gefährden könnte, eine Haftung des Vorstandes wegen der Eingehung eines übergroßen Risikos aus.[54] Dies rührt aus der Überlegung, dass jeder umfangreicheren unternehmerischen Entscheidung seiner Natur nach eine potenzielle Existenzgefährdung innewohnt. Stellte man lediglich auf die schiere Größe des maximal innewohnenden Risikos ab, würde diese Ansicht im Ergebnis jede unternehmerische Tätigkeit lähmen. Die Berufung auf die Business Judgment Rule wäre dem Vorstand damit regelmäßig verwehrt. Das alleinige Abstellen auf ein „worst case“-Szenario erweist sich als ein zu grober Maßstab.[55]

Folglich musste der Vorstand vor der Investition in strukturierte Finanzprodukte das mit dem Engagement verbundene Risiko ausreichend in den Blick nehmen und sorgfältig Chancen und Risiken gegeneinander abwägen. In Bezug auf diese SWOT-Analyse[56] muss der für die Bankbranche übliche und somit ein höherer Sorgfaltsmaßstab als für ein herkömmliches Unternehmen angelegt werden. Diese Anforderung resultiert aus dem besonderen Vertrauen, das Banken wegen des Umgangs mit fremden Mitteln entgegengebracht wird.[57] Ob der Sorgfaltsmaßstab im Einzelfall eingehalten wurde, kann wiederum nicht abstrakt für alle Landesbanken gemeinsam beantwortet werden. Es kann aber festgehalten werden, dass vereinzelte kritische Aussagen zu den strukturierten Wertpapiergeschäften vor 2006 noch nicht dazu geeignet waren, ein Handeln der Vorstände zum Wohle der Gesellschaft a priori auszuschließen. Dies gilt entgegen der Ansicht des OLG Düsseldorfs[58] namentlich für die von *Warren Buffet* 2002 getätigte Aussage, es handele sich bei den Verbriefungen von Kreditforderungen durch sog. SIV (Special Investment Vehicles) um „Massenvernichtungswaffen“.[59] Zu diesem Zeitpunkt waren weder auf aufsichtsrechtlicher Seite, insbesondere auf Seiten der BaFin, noch innerhalb der Bankenbranche und der einschlägi-

---

[51] Vgl. *Bosch/Lange* JZ 2009, 225, 230.

[52] Vgl. *Hüffer* AktG, 9. Aufl. 2010, § 93 Rn. 4g; *Bosch/Lange* JZ 2009, 225, 232.

[53] OLG Düsseldorf ZIP 2010, 28, 32 – IKB; ebenso bereits *Lutter* ZIP 2009, 197, 199 in Anschluss an KölnerKommAktG/*Mertens* 2. Aufl. 1996, § 93 Rn. 48 f.

[54] Ebenso *Fleischer* NJW 2010, 1504, 1505 f.; *Westermann/Paefgen* JZ 2008, 988, 989; *Schäfer/Zeller* BB 2009, 1706, 1708; *Balthasar/Hamelmann* WM 2010, 589, 590; *Spindler* NZG 2010, 281, 284; *Florstedt* AG 2010, 315, 319; *Schlimm* Das Geschäftsleiterermessen des Vorstandes, 2009, S. 328 f.; *M. Roth* Unternehmerisches Ermessen und Haftung des Vorstands, 2001, S. 108 ff., jeweils mwN.

[55] *Fleischer* NJW 2010, 1504, 1506.

[56] Das englische Akronym stammt aus der Betriebswirtschaftslehre und steht für Strengths (Stärken), Weaknesses (Schwächen), Opportunities (Chancen) und Threats (Gefahren).

[57] Vgl. etwa *Böttcher* NZG 2009, 1047, 1049.

[58] OLG Düsseldorf ZIP 2010, 28, 32.

[59] Zitiert nach OLG Düsseldorf ZIP 2010, 28, 32.

gen Literatur ernsthafte Bedenken gegen dieses Geschäftsmodell angemeldet worden. Es ist zu Recht darauf hingewiesen worden, dass vereinzelte Äußerungen von sog. Rufern in der Wüste in entlegenen Medien für die Haftung nach § 93 AktG keine entscheidende Rolle spielen können.[60]

Eine Haftung ohne Rücksicht auf den Einzelfall könnte sich schließlich aus der Eingehung eines übergroßen Klumpenrisikos ergeben. Ein generelles Verbot für Kreditinstitute, Konzentrationsrisiken einzugehen, lässt sich indes nicht begründen. Auch aktienrechtlich besteht keine allgemeine Pflicht zur Risikodiversifizierung und die Regelungen zu Großkrediten in §§ 13 bis 13b KWG sehen lediglich eine Risikozerfällung vor. Gegen ein solch pauschales Verbot spricht auch die Analyse der Deutschen Bundesbank zu Konzentrationsrisiken, wonach deren Eingehung unter bestimmten Umständen sinnvoll sein könne.[61] Allerdings folgt aus investmentrechtlichen Grundsätzen ein Gebot zur Risikomischung, so dass die Eingehung von Klumpenrisiken einer Rechtfertigung bedarf.[62] Außerdem gilt es darauf hinzuweisen, dass das trotz der Zerlegung und Zusammenfassung verschiedener Kredite bestehende Klumpenrisiko vor 2007 auch in der MaK nur sehr rudimentär geregelt war. Erst durch die Umgestaltung der MaRisk nach der Finanzmarktkrise maß man der von einem Klumpenrisiko ausgehenden Gefahr größere Bedeutung bei, was darauf schließen lässt, dass die Gefahr selbst von aufsichtsrechtlicher Seite vor der Finanzmarktkrise unterschätzt wurde.[63] Auch insoweit wird es letztlich wieder auf den Einzelfall ankommen. Man wird zwischen Sektorkonzentration und Adressenkonzentration zu unterscheiden haben.[64] Im Rahmen der Sektorkonzentration wird man darauf zu achten haben, ob die Investition nicht ausschließlich in einen regionalen Markt erfolgt. Soweit ausschließlich in den US-amerikanischen Hypothekenmarkt investiert wurde, muss dies aber nicht zwingend eine unzulässige Sektorkonzentration bedeuten, sofern innerhalb des US-Marktes eine regionale Streuung stattfand und nicht nur Forderungen ein- und desselben Kreditgebers verbrieft und den Portfolien auch andere Papiere wie Staatsanleihen oder Industrieschuldverschreibungen beigemischt wurden. Bei der Adressenkonzentration geht es hingegen darum, dass nicht zu viele Forderungen gegen ein- und dieselbe Person verbrieft worden sind. Die These von *Fleischer,*[65] dass eine unzulässige Adressenkonzentration allein schon deshalb ausscheidet, da gleichartige Forderungen gegen verschiedene Kreditnehmer verbrieft wurden, die jedoch alle aus dem US-amerikanischen Hypothekenmarkt stammen, scheint dagegen zweifelhaft. Eine Adresskonzentration kann auch schon dann vorliegen, wenn eine Vielzahl von Kreditforderungen gegen gleichartige Kreditnehmer verbrieft wurde.

V. Ergebnis

1. Landesbanken haben sich in den vergangenen Jahren weitgehend zu normalen Geschäftsbanken entwickelt. Diese Entwicklung war mehr oder minder flächendeckend gewollt, indem in den Satzungen zusätzlich zu der Funktion als Sparkassenzentralbank bzw. Girozentrale auch die Tätigkeit als reguläre Geschäftsbank, die mit anderen Banken im Wettbewerb steht, gestattet wurde. Fast durchweg wurden sämtliche Bankgeschäfte erlaubt. Dazu zählen auch sog. Asset Backed Securities-Transaktionen.

---

[60] *Schäfer/Zeller* BB 2009, 1706, 1711; *Florstedt* AG 2010, 315, 319: „Das Zitat Warren Buffets ist bestenfalls als Koloration, nicht als Beweis brauchbar".

[61] Vgl. Deutsche Bundesbank, Monatsbericht Juni 2006, S. 35.

[62] Vgl. *Fleischer/Schmolke* ZHR 173 (2009), 649, 659 ff.; *Fleischer* NJW 2010, 1504, 1505.

[63] *Fleischer/Schmolke* ZHR 173 (2009), 649, 665.

[64] Vgl. dazu auch *Fleischer* NJW 2010, 1504, 1505.

[65] *Fleischer* NJW 2010, 1504, 1505.

2. In den meisten Satzungen der Landesbanken steht diese Geschäftsbankfunktion selbstständig neben dem öffentlich-rechtlichen Auftrag als Sparkassenzentralbank bzw. Girozentrale.

3. Die Haftung von Vorständen der Landesbank richtet sich auch dann nach § 93 AktG, wenn die Landesbank als Anstalt des öffentlichen Rechts organisiert ist, da eine Anwendung öffentlich-rechtlicher Haftungsmaßstäbe oder eine bloße vertragsrechtliche Haftung angesichts des Tätigkeitsfeldes von Landesbanken nicht sachgerecht wäre. Damit können sich die Vorstände von Landesbanken hinsichtlich strukturierter Wertpapiertransaktionen im Vorfeld der Finanzmarktkrise grundsätzlich auf die Business Judgment Rule in § 93 Abs. 1 S. 2 AktG berufen, sofern dessen Tatbestandmerkmale im Einzelfall vorliegen.

4. Das Engagement in strukturierte Wertpapiere begründete auch nicht automatisch eine objektiv-rechtliche Grenze, die einem Rückgriff auf die Business Judgment Rule entgegenstehen würde.

a) Soweit nicht die Satzung, wie im Fall der Helaba, den öffentlich-rechtlichen Zweck als explizite Begrenzung der Funktion als Geschäftsbank statuiert, ist davon auszugehen, dass die Funktion als Geschäftsbank selbständig neben der öffentlich-rechtlichen Aufgabe steht.

b) Eine Beschränkung der weiten Funktion als Geschäftsbank ergibt sich weder aus den Grundrechten noch aus der These, dass ein erwerbswirtschaftliches Handeln des Staates außerhalb von Daseinsvorsorge, fiskalischen Randgeschäften und den grundgesetzlichen Finanzmonopolen generell unzulässig sei. Ebenso wenig ist eine vorrangige Finanzierung des Staates allein oder ausschließlich durch Steuern anzuerkennen.

c) Schließlich ist auch kein Bedürfnis nach der Verfolgung eines übergeordneten öffentlichen Zwecks anzuerkennen, das einem Engagement in risikobehaftete Wertpapiere entgegenstehen würde, sofern der Landesbank in ihrer Satzung auch eine Kompetenz als vollumfängliche Geschäftsbank zugewiesen ist.

5. Ein Handeln zum Wohle der Gesellschaft iSd. § 93 Abs. 1 S. 2 AktG ist nicht automatisch ausgeschlossen, wenn der Vorstand ein Risiko eingegangen ist, das im Extremfall (worst case) zu einer Existenzbedrohung führen kann. Denn jeder umfangreicheren unternehmerischen Entscheidung wohnt eine potenzielle Existenzgefährdung inne. Allerdings muss der Vorstand auf Basis hinreichender Informationen im Wege einer SWOT-Analyse Risiken und Chancen gegeneinander abwägen. Dabei steigt der Sorgfaltsmaßstab mit zunehmendem Risiko an. Ob dies bei den verschiedenen risikoträchtigen Geschäften der Landesbanken im Einzelfall erfolgt ist, muss in dieser abstrakten Untersuchung naturgemäß unbeantwortet bleiben.

6. Entsprechendes gilt auch für die Frage, ob die Landesbanken im Einzelfall ein zu großes Klumpenrisiko im Zusammenhang mit Asset Backed Securities-Transaktionen eingegangen sind. Die Investition durch einzelne Zweckgesellschaften allein in den US-amerikanischen Hypothekenmarkt muss jedoch nicht automatisch ein solches Klumpenrisiko begründen, sofern innerhalb des Marktes eine hinreichende Durchmischung stattgefunden hat und den Portfolien der Zweckgesellschaften auch andere Papiere beigemischt wurden.

MEINRAD DREHER

Antikorruptionsuntersuchungen durch den Aufsichtsrat

Compliance und Bildung eines Antikorruptionsausschusses

Übersicht

I. Einleitung

Korruption gibt es grundsätzlich überall – und daher auch in und durch Unternehmen. Davon zeugen inzwischen nicht mehr nur wie früher Beispielsfälle aus dem Bereich der Bauwirtschaft, sondern auch zahlreiche Fälle, in die erste deutsche Industrieadressen verwickelt waren. Sie mussten Korruption in oder durch ihre Unternehmen leidvoll und kostenintensiv als Tatsache zur Kenntnis nehmen. Da derartige Vorgänge das Unternehmen als Ganzes, dh. alle Unternehmensmitarbeiter und im Extremfall auch Mitglieder des Leitungsorgans, betreffen können, stellt sich für viele Aufsichtsräte die Frage, ob sie nicht als von vornherein einzige, nicht operativ tätige und gleichwohl der Geschäftspraxis und der Geschäftsleitung nahe Unternehmensorgane eigene Aktivitäten zur Untersuchung und Bewältigung von Korruptionsvorgängen in den Unternehmen durchführen sollten. So hat der Aufsichtsrat der Rhön-Klinikum AG einen ständigen „Antikorruptionsausschuss" gebildet.[1] Dieser „ist in Korruptionsverdachtsfällen Ansprechpartner für Mitarbeiter, Liefe-

[1] Vgl. etwa die Einladungen zu den Hauptversammlungen der Rhön-Klinikum AG vom 10.6.2009, S. 21 und vom 9.6.2010, S. 25.

ranten und Patienten".[2] Und der Aufsichtsrat der Bilfinger Berger SE hat zur Untersuchung der Vorgänge um den Kölner U-Bahn-Bau einen „Sonderausschuss" eingesetzt, wobei der Aufsichtsratsvorsitzende zugleich betonte, dass darin „kein Misstrauensbeweis gegen den Vorstand liege".[3]

Gleichwohl wird schon damit deutlich, dass sich ein Aufsichtsrat mit derartigen Maßnahmen im Geflecht von eigenen Compliance-Bemühungen und rechtlichen Zuständigkeiten bewegt, die möglicherweise nicht ihm selbst zugewiesen sind. Grundsätzlich ist nämlich der Vorstand nach § 76 Abs. 1 AktG zur Leitung der Gesellschaft und nach § 78 Abs. 1 AktG zur Vertretung derselben berufen, während der Aufsichtsrat nach § 111 Abs. 1 AktG die Geschäftsführung – und damit auch den Vorstand – zu überwachen und zu beraten hat. Gleichzeitig darf er wegen des Verbots aus § 111 Abs. 4 S. 1 AktG nicht mit Aufgaben der Geschäftsführung betraut werden und die Gesellschaft grundsätzlich auch nur ausnahmsweise in den Fällen des § 112 AktG vertreten.

Vor dem Hintergrund dieser Aufgabentrennung ist zunächst zu klären, bei welchen der fraglichen Tätigkeiten zur Korruptionsbekämpfung es sich um Aufgaben handelt, die dem Aufsichtsrat übertragen werden können (s. II.). Sodann stellt sich die Frage, ob und in welchem Umfang der Aufsichtsrat dazu Kontakt mit Personen aufnehmen darf, die entweder Unternehmensangehörige oder unternehmensfremde Dritte sind, und ob eine solche Kontaktaufnahme auch ohne Wissen des Vorstands und damit „am Vorstand vorbei" möglich ist (s. III.). Schließlich ist noch zu erörtern, ob und in welchem Umfang dem Vorstand Informationen zugänglich zu machen sind, die der Aufsichtsrat erlangt hat (s. IV.). Mit diesen Themen sind Ausschnitte aus dem Bereich des Kapitalgesellschaftsrechts angesprochen. Ihm hat sich der mit dem Festschriftbeitrag zu Ehrende zusätzlich zu seiner richterlichen Haupttätigkeit seit langem in einer bemerkenswerten Intensität und einem entsprechenden Umfang wissenschaftlich gewidmet.[4] Die folgenden Ausführungen dürfen daher auf ein gewisses Interesse des Adressaten hoffen, dem der Verfasser seit längerem herzlich verbunden ist.

II. Die Leitung der Gesellschaft durch den Vorstand und die Befassung des Aufsichtsrats mit Antikorruptionsangelegenheiten

1. Die Ermittlungen des Aufsichtsrats zur Korruptionsbekämpfung

Zunächst ist mit Blick auf die verschiedenen Aufgabenbereiche und Zuständigkeiten der einzelnen Unternehmensorgane die Befassung mit Antikorruptionsangelegenheiten rechtlich zu qualifizieren und in das Aufgabenfeld eines der Gesellschaftsorgane einzuordnen.

Während dem Aufsichtsrat einer AG nach früherer Rechtslage auch Geschäftsführungsaufgaben zugewiesen waren, hat er seit dem AktG 1937 ausschließlich den Vorstand in dessen Tätigkeitsgebiet zu überwachen und – wie heute allgemein anerkannt ist – zu beraten. Allerdings war bereits in § 95 Abs. 5 S. 1 AktG 1937 ein Verbot der Übertragung von Geschäftsführungsmaßnahmen auf den Aufsichtsrat enthalten.[5] Bei dieser Aufgabenverteilung zwischen Vorstand und Aufsichtsrat ist es, wie §§ 111 Abs. 1, 76 bis 78 AktG in der aktuellen Fassung zeigen, bis heute geblieben. Damit stellt sich die Frage, ob die Antikorruptionsmaßnahmen der Leitung der Gesellschaft zuzuordnen sind und damit zwingend

---

[2] Ebenda.

[3] FAZ vom 16.4.2010, Nr. 88, S. 17.

[4] Vgl. pars pro toto die Kommentare von *Goette/Habersack* (Hrsg.), Münchener Kommentar zum AktG, 3. Aufl. 2008 ff. und *Fleischer/Goette* (Hrsg.), Münchener Kommentar zum GmbHG, 2009 f.

[5] Vgl. zur historischen Entwicklung etwa *Lutter* in: Bayer/Habersack (Hrsg.), Aktienrecht im Wandel, 2007, Kap. 8 Rn. 46; GroßkommAktG/*Kort* 4. Aufl. Stand 12/2002, Vor § 76 Rn. 5 ff.

dem Vorstand obliegen[6] oder ob sich auch der Aufsichtsrat mit diesen Fragen beschäftigen kann.

Leitungsaufgaben des Vorstands sind sowohl die gesetzlich ausdrücklich genannten als auch solche, die unter den allgemeinen Begriff der Unternehmensleitung zu fassen sind.[7] Bei den gesetzlich zugewiesenen Leitungsaufgaben handelt es sich insbesondere um diejenigen nach §§ 83, 90, 91, 92, 97 Abs. 1, 98 Abs. 1, 104 Abs. 1, 110 Abs. 1, 118 Abs. 2, 119 Abs. 2, 121, 170, 172, 203 Abs. 2, 245 Nr. 4, 314 Abs. 1 AktG. Darunter fällt auch die Vorschlagspflicht zur Beschlussvorlage in der Hauptversammlungstagesordnung nach § 124 Abs. 3 S. 1 AktG[8] sowie die Errichtung eines Aktienregisters nach § 67 AktG.[9] Zu den dem Vorstand explizit gesetzlich zugewiesenen Aufgaben zählt die Antikorruptionsüberwachung damit nicht.

In Betracht kommt aber die Zugehörigkeit zu den „sonstigen" Leitungsaufgaben des Vorstands. Bei ihnen handelt es sich nämlich nicht um genau festgelegte Arten von Aufgaben. Erfasst sind vielmehr alle Aufgaben, die sich bei typologischer Betrachtung als Entscheidungen im Sinne grundlegender Maßnahmen der Unternehmensführung darstellen.[10] Dazu zählen etwa Maßnahmen der Unternehmensplanung und Unternehmenskoordinierung, wichtige Kontrollaufgaben in Bezug auf die Unternehmenstätigkeit und die Besetzung von Führungsposten sowie alle Entscheidungen von wesentlicher Bedeutung für das gesamte Unternehmen.[11]

Bei der Korruptionsbekämpfung handelt es sich grundsätzlich um einen Teil der vorstehend genannten Kontrolle wesentlicher Aspekte der Unternehmenstätigkeit im Hinblick auf die Rechtmäßigkeit des Handelns der Gesellschaft und ihrer Mitarbeiter und damit um eine Frage der Compliance.[12] Im Rahmen der Compliance und aufgrund des Legalitätsprinzips sind die Gesellschaft und die für sie handelnden Personen verpflichtet, das geltende Recht sowohl im Innen- als auch im Außenverhältnis einzuhalten, diese Einhaltung durch Betriebsangehörige zu überwachen und sie notwendigenfalls auch durchzusetzen.[13] Zwar mag Korruption in manchen Konstellationen auf den ersten Blick ein für die Gesellschaft günstiges Verhalten sein,[14] etwa um an einen Auftrag zu gelangen oder Sonderkonditionen zu erhalten. Unabhängig von dieser, bei näherem Hinsehen ohnehin nicht tragfähigen Sicht

---

[6] Vgl. zu den nicht delegierbaren Vorstandsaufgaben ausführlich *Dreher* in: FS Hopt, 2010, S. 517 ff.

[7] Vgl. etwa *Dreher* in: FS Hopt, 2010, S. 517, 518 ff.; MünchHdb. AG/*Wiesner* 3. Aufl. 2007, § 19 Rn. 14; *Schiessl* ZGR 1992, 64, 67 f.; *Oltmanns* in: Heidel, AktG, 2. Aufl. 2007, § 76 Rn. 5; *Fleischer* in: Spindler/Stilz, AktG, 2007, § 76 Rn. 18 f.; *Fleischer* ZIP 2003, 1, 5 f.; *ders.* NZG 2003, 449, 450.

[8] BGH ZIP 2002, 172, 173.

[9] OLG München NZG 2005, 756, 757; zustimmend *Kort* NZG 2005, 963, 965.

[10] Vgl. etwa *Fleischer* in: Spindler/Stilz, AktG, § 76 Rn. 18; *Oltmanns* in: Heidel, AktG, 2. Aufl. 2007, § 76 Rn. 5; MünchHdb. AG/*Wiesner* 3. Aufl. 2007, § 19 Rn. 13; GroßkommAktG/*Kort* 4. Aufl. Stand 12/2002, § 76 Rn. 36.

[11] So zB *Fleischer* in: Spindler/Stilz, AktG, 2007, § 76 Rn. 18; GroßkommAktG/*Kort* 4. Aufl. Stand 12/2002, § 76 Rn. 36; *Henze* BB 2000, 209, 210; *Fleischer* ZIP 2003, 1, 5 f.; *Oltmanns* in: Heidel, AktG, 2. Aufl. 2007, § 76 Rn. 5.

[12] Vgl. etwa *Kremer/Klahold* in: Krieger/Schneider (Hrsg.), Hdb. Managerhaftung, 2. Aufl. 2010, § 21 Rn. 1 ff.; *Schneider* ZIP 2003, 645, 649.

[13] Vgl. *Dreher* in: FS Konzen, 2006, S. 85, 92; *ders.* in: FS Hüffer, 2010, S. 161, 168 f.; *ders.* WuW 2009, 133, 135; GroßkommAktG/*Kort* 4. Aufl. Stand 12/2002, § 76 Rn. 47; MünchKommAktG/*Spindler* 3. Aufl. 2008, § 93 Rn. 63 f.; *Fleischer* ZIP 2005, 141, 142; *ders.* NJW 2009, 2337 f.; *Bürkle* BB 2007, 1797, 1798; *Schneider/Schneider* ZIP 2007, 2061 f.; *Bachmann* in: VGR 2008, S. 65, 72 ff. sowie zuletzt *Thole* ZHR 173 (2009), 504 ff.; zur Pflicht zur Kontrolle und zur Abstellung der Verstöße bei gleichzeitiger Wahl der Mittel durch den Vorstand vgl. *Reichert/Ott* ZIP 2009, 2173, 2176 f. mwN; für die GmbH vgl. auch BGHZ 125, 366, 372.

[14] Vgl. in dem Zusammenhang zu der Debatte um die sog. nützlichen Pflichtverletzungen zB *Fleischer* ZIP 2005, 141, 145 f.; *ders.* NJW 2009, 2338; *Thole* ZHR 173 (2009), 504, 512 ff.

verstößt solches Verhalten gegen die Rechtsordnung. Es ist unzulässig und darf daher von den Mitarbeitern einer Aktiengesellschaft nicht praktiziert werden.

Allein die Einordnung der Korruptionsbekämpfung als Maßnahme im Rahmen der Compliance reicht aber für eine eindeutige Zuweisung zu Aufsichtsrat oder Vorstand noch nicht aus. Denn beide Organe der Gesellschaft – Vorstand und Aufsichtsrat – sind gleichermaßen, wenn auch mit sehr verschiedenen Anknüpfungspunkten, zur Überwachung der Compliance in der Gesellschaft verpflichtet.

Je nach Schwere eines möglichen Korruptionsfalls und nach dem bisherigen Auftreten von Korruptionsfällen in einem Unternehmen sind unterschiedliche Anforderungen an die Kontrolldichte zu stellen. Diese beginnen im Allgemeinen ex ante mit einer umfassenden Risikoanalyse aller Teile des Unternehmens und damit verbundenen eindeutigen Verhaltensanweisungen an alle Mitarbeiter, gehen über eine besonders sorgfältige Personalauswahl in gefährdeten Bereichen und entsprechende zusätzliche Vorsichtsmaßnahmen und enden im Falle des konkreten Eintritts oder Verdachts eines Korruptionssachverhalts als ultima ratio bei Personalmaßnahmen gegen die zuwiderhandelnden Mitarbeiter, wobei je nach Größe des Unternehmens im Einzelfall unterschiedlich hohe Anforderungen zu stellen sind.[15]

In diesem Umfeld ist der Aufgabenkreis für die einzelnen Organe der Gesellschaft durchaus unterschiedlich weit und intensiv ausgestaltet. Für den Vorstand ergibt sich die Complianceverpflichtung aus den gesellschaftsrechtlichen Anforderungen an seine Tätigkeit sowie – bei dessen Einschlägigkeit – jedenfalls deklaratorisch aus Ziff. 3.4 und 4.1.3 DCGK. Dagegen lässt sich die Compliance des Aufsichtsrats in zwei Teilbereiche aufspalten: zum einen die Überwachung der Compliance des Vorstands im Rahmen der Wahrnehmung der allgemeinen Überwachung und zum anderen in die Compliance hinsichtlich der eigenen Tätigkeit.[16]

2. *Die Bildung eines Antikorruptionsausschusses des Aufsichtsrats*

Soweit es vor diesem Hintergrund um die Bildung eines Antikorruptionsausschusses des Aufsichtsrats geht, erweist sich damit für dessen rechtliche Zulässigkeit sowohl die Überwachungsaufgabe des Aufsichtsrats als auch seine Fähigkeit, Ausschüsse zu bilden, als entscheidend. Innerhalb seines Aufgabenkreises kann ein Aufsichtsrat nach § 107 Abs. 3 AktG unter anderem beschließende Ausschüsse, denen Aufgaben zur eigenständigen Erledigung übertragen sind, vorbereitende Ausschüsse, die nicht anstelle des Gesamtaufsichtsrats, sondern nur zu dessen Unterstützung handeln, und sog. „überwachende Ausschüsse" einsetzen.[17] Da es sich bei der Überwachung des Vorstands um eine Kernzuständigkeit des Aufsichtsrats handelt, können auch die – missverständlich, aber verbreitet so bezeichneten – „überwachenden" Ausschüsse nur Hilfstätigkeiten für den Gesamtaufsichtsrat entfalten.

Bei einem Antikorruptionsausschuss des Aufsichtsrats in der eingangs praktizierten Form (s. I.) geht es einerseits auch um potentielle Korruptionsvorgänge auf Vorstandsebene. Andererseits greift die Ausschusstätigkeit weit darüber hinaus. Sie bezieht sich nämlich auf

---

[15] Vgl. dazu ausführlich zB *Dreher* in: Krieger/Schneider (Hrsg.), Hdb. Managerhaftung, 2. Aufl. 2010, § 31 Rn. 66 ff.; *Hauschka/Greeve* BB 2007, 165, 165 ff.; *Hauschka*, ZIP 2004, 877, 878 ff.; *Schneider* ZIP 2003, 645, 648 ff.; *Winter* in: FS Hüffer, 2010, S. 1103, 1110 mwN.

[16] So schon *Lutter* in: FS Hüffer, 2010, S. 617, 617 f.; vgl. weiter zB *Spindler* in: FS Hüffer, 2010, S. 985, 997 f.; *Winter* in: FS Hüffer 2010, S. 1103, 1108 f.; *Bachmann* in: VGR 2008, S. 65, 92 f.; *Bürkle* BB 2007, 1797, 1798 ff.; *Vetter* DB 2007, 1963 ff.; zu der Selbstevaluation vgl. auch Ziff. 8 der Kommissionsempfehlung 2005/162/EG; zum Informationsfluss im Unternehmen in Fragen der Compliance vgl. *Rodewald/Unger* BB 2007, 1629, 1630 ff.; zur Compliance im Unternehmensverbund vgl. *Koch* WM 2009, 1013, 1013 f.

[17] Vgl. ausführlich zB *Gittermann* in: Semler/von Schenk, Arbeitshandbuch für Aufsichtsratsmitglieder, 3. Aufl. 2009, § 6 Rn. 21 ff.; *Lutter/Krieger* Rechte und Pflichten des Aufsichtsrats, 5. Aufl. 2008, Rn. 743 ff.

sämtliche Unternehmensmitarbeiter[18] und erfasst sogar den Kontakt zu außenstehenden Dritten. Zulässig wäre es zwar ohne weiteres, einen Aufsichtsratsausschuss zu bilden, der die Compliance auf Vorstandsebene als Ausschnitt aus den Leitungsmaßnahmen des Vorstands mit überwacht. Denn dann würde sich die Ausschusstätigkeit – in Verbindung mit der Wahrnehmung der konkreten Überwachungsfunktion durch den Gesamtaufsichtsrat in dessen Letztverantwortung – sowohl gegenständlich als auch informationell im Rahmen der dem Aufsichtsrat zufallenden Zuständigkeiten bewegen. Denn der Aufsichtsrat kann seine Überwachungsaufgabe zwar mit allen ihm zur Verfügung stehenden, unterschiedlichen Mitteln wahrnehmen. Jedoch sind die Informationsquellen des Aufsichtsrats grundsätzlich auf bestimmte, im Aktiengesetz näher geregelte Einsichts- und Prüfungsrechte sowie vor allem die Vorstandsberichte beschränkt.[19]

Mit diesen rechtlichen Gegebenheiten kommt ein Antikorruptionsausschuss des Aufsichtsrats in der eingangs geschilderten Form jedoch in Konflikt. Zum einen ist – selbst nur bezogen auf Korruptionsverdachtsfälle auf Vorstandsebene – die Bildung eines ständigen Antikorruptionsausschusses des Aufsichtsrats, dem nicht ausdrücklich und begrenzend Hilfsfunktionen für den Gesamtaufsichtsrat attestiert werden, eine Grenzüberschreitung in gegenständlicher Hinsicht. Da ein solcher Ausschuss – entsprechend der Praxis, in der sich Korruptionsverdachtsfälle meist unterhalb der Vorstandsebene abspielen[20] – aber sämtliche potentiellen Korruptionsvorgänge in einem Unternehmen erfassen soll, überschreitet seine Bildung auch insoweit die gegenständlichen Grenzen der Aufsichtsratstätigkeit. Denn sie beziehen sich nur auf die – auch präventive im Sinne von Beratung – Überwachung der Leitung der Gesellschaft durch den Vorstand.[21] Die Implementierung von Antikorruptionsmaßnahmen und deren Überwachung sowie Durchsetzung im Unternehmen ist jedoch originäre und alleinige Aufgabe des Vorstands. In diese greift ein Antikorruptionsausschuss des Aufsichtsrats der geschilderten Art entgegen der gesetzlichen Aufgabenteilung ein. Der Aufsichtsrat zieht mit einer solchen Ausschussbildung die vom Vorstand zu leistende Compliance im Unternehmen unzulässigerweise an sich. Überwachung der Korruption im und durch das Unternehmen und Überwachung der Leitung der Gesellschaft in Bezug auf Antikorruptionscompliance sind zwei wesensmäßig verschiedene und nach der aktienrechtlichen Zuständigkeitsordnung auch unterschiedlichen Unternehmensorganen übertragene Aufgaben. Diese Zuständigkeitsordnung überspielt ein auf Anhieb als Antikorruptionsausschuss des Aufsichtsrats thematisch „unauffälliger" Ausschuss des Aufsichtsrats in der Aktiengesellschaft. Hinzu kommt, dass ein solcher Ausschuss nicht nur gegenständlich, sondern auch mit Blick auf das dafür notwendige Instrumentarium schnell auf rechtliche, nachfolgend näher zu betrachtende Grenzen (s. III.) stoßen kann. Denn der fragliche Ausschuss bezieht seine Informationen (auch) aus ganz anderen Quellen als den Berichten des Vorstands und den sonstigen aktienrechtlich vorgegebenen Informationsmitteln des Aufsichtsrats.

---

[18] Vgl. nur die Einladung zu der Hauptversammlung der Rhön-Klinikum AG vom 9.6.2010, S. 25: „In Folge eines Hinweises durch einen Mitarbeiter befasste sich der Ausschuss mit einem Vorfall aus der Materialwirtschaft bei einer Konzerngesellschaft, …".

[19] *Bürgers/Israel* in: Bürgers/Körber, AktG, 2008, § 111 Rn. 7 f.; *Spindler* in: Spindler/Stilz, AktG, 2007, § 111 Rn. 35 ff.; *Lutter/Krieger* Rechte und Pflichten des Aufsichtsrats, 5. Aufl. 2008, § 3 Rn. 85 ff.; *v. Schenck* in: Semler/v. Schenck, Arbeitshandbuch für Aufsichtsratsmitglieder, 3. Aufl. 2009, § 7 Rn. 105 ff.; MünchHdb. AG/*Hoffmann-Becking* 3. Aufl. 2007, § 29 Rn. 28; zu den Arten und den Kriterien der Überwachung vgl. zB *Henze* BB 2000, 209, 213 ff.

[20] Immerhin thematisiert aber selbst der DCGK seit Anbeginn in Ziff. 4.3.2 die Korruption auf Vorstandsebene.

[21] Vgl. zur Leitungsaufgabe zB *Goette* in: FS 50 Jahre BGH, 2000, S. 123, 125; *Fleischer* in: Spindler/Stilz, AktG, 2007, § 76 Rn. 46; *ders.* AG 2003, 291, 300; *Hüffer* AktG, 9. Aufl. 2010, § 76 Rn. 8; zur Korruptionsbekämpfung und Corporate Governance vgl. auch *Bachmann/Prüfer* ZRP 2005, 109 ff.

Keine Rolle spielt im vorliegenden Zusammenhang dagegen, ob ein Aufsichtsrat einen Antikorruptionsausschuss als – wie im Eingangsbeispiel – ständigen oder als ad hoc-Ausschuss einrichtet. Beide Vorgehensweisen sind rechtlich in gleicher Weise möglich – immer vorausgesetzt, dass der Aufsichtsrat die gegenständlichen, dh. die Beschränkung auf eine Überwachung der Leitung der Gesellschaft, und informationellen Grenzen, die dem Aufsichtsratshandeln gesetzt sind, beachtet.

Die Einrichtung des fraglichen Ausschusses fällt auch nicht unter die Ausnahme des § 111 Abs. 4 S. 2 AktG. Hiernach kann der Aufsichtsrat Zustimmungsvorbehalte für gewisse Geschäfte vorsehen und sich damit ausnahmsweise entgegen dem allgemeinen Verbot mit Aufgaben der Unternehmensleitung selbst befassen und diese nicht nur kontrollieren. Es handelt sich bei der Einsetzung eines derartigen Antikorruptionsausschusses nämlich nicht um die Etablierung eines Zustimmungsvorbehalts in anderem Gewand. Denn ein solcher Zustimmungsvorbehalt setzt notwendig voraus, dass der Vorstand selbst handelt und der Aufsichtsrat diesem Handeln zustimmt. Dies ist hier jedoch, da der Vorstand in den fraglichen Antikorruptionssachverhalten nicht tätig werden soll, gerade nicht der Fall.

III. Die konkreten Untersuchungsmöglichkeiten des Aufsichtsrats

1. Das Problem

Wie bereits zuvor ausgeführt (s. II.), ist neben dem Vorstand auch der Aufsichtsrat verpflichtet, sich mit dem Thema Compliance zu befassen. In Erfüllung dieser Aufgabe ist der Aufsichtsrat auf Informationen zu dem Verhalten des Unternehmens respektive seiner Mitarbeiter in rechtlich sensiblen Bereichen angewiesen. Aus der Sicht des Aufsichtsrats ergibt sich daher der Wunsch nach einer möglichst umfassenden Information. Denn bei einer Verletzung ihrer Pflichten drohen den Aufsichtsratsmitgliedern nach § 116 AktG haftungsrechtliche Konsequenzen. Und eine Pflichtverletzung kann gerade auch in der ungenügenden Kontrolle des Fehlverhaltens von Vorstandsmitgliedern liegen. Vor diesem Hintergrund ist fraglich, ob der Aufsichtsrat einen Informationsbedarf durch Aufnahme von direkten Kontrollen zu Unternehmensmitarbeitern oder Dritten decken kann. Dabei ist zwischen Kontakten zu Nichtvorstandsmitgliedern und unternehmensfremden Dritten zu trennen sowie auch zu fragen, ob der Aufsichtsrat am Vorstand vorbei eigene Untersuchungen führen darf.

2. Direktkontakte des Aufsichtsrats zu Unternehmensmitarbeitern und Dritten bei einem Korruptionsverdacht

a) Verdacht einer Beteiligung von Vorstandsmitgliedern oder nicht ordnungsgemäßer Vorstandsberichte

Der Kontakt mit dem Vorstand und dessen Berichte aufgrund von § 90 AktG stellen die gesetzlich vorgesehene Informationsgrundlage für den Aufsichtsrat dar.[22] Ausgangspunkt ist weiter, dass dem Aufsichtsrat bei der Wahl seiner Mittel zur Überwachung ein Handlungsermessen zusteht. Es ist allerdings durch den Rahmen des gesetzlich Zulässigen begrenzt.

Liegt aus der Sicht des Aufsichtsrats ein Korruptionsverdacht gegen ein Mitglied des Vorstands vor und/oder ist zu befürchten, dass Berichte des Vorstands in Angelegenheiten, die einen solchen Verdacht betreffen, nicht ordnungsgemäß – dh. unvollständig, unzutref-

---

[22] Vgl. dazu zB *Lutter/Krieger* Rechte und Pflichten des Aufsichtsrats, 5. Aufl. 2008, Rn. 191 ff.; MünchKommAktG/*Spindler* 3. Aufl. 2008, § 90 Rn. 1 ff.; *Lutter* Information und Vertraulichkeit im Aufsichtsrat, 3. Aufl. 2006, Rn. 311 ff.

fend oder überhaupt nicht existent – sind, hat der Aufsichtsrat zur effektiven Wahrnehmung seiner Kontrollfunktion diese Berichte in Zweifel zu ziehen, den Vorstand um Aufklärung zu bitten und ggf. Zusatzberichte anzufordern.[23] Können derartige Maßnahmen die Lage aus der Sicht des Aufsichtsrats allerdings nicht ausreichend aufklären, ist er grundsätzlich gezwungen, andere Informationsquellen als den Vorstand zu erschließen, um sich zunächst ein eigenes Bild machen und sodann auf einer verlässlichen Basis Entscheidungen treffen zu können.[24] Die überkommene hM lehnt einen direkten Zugriff des Aufsichtsrats auf dem Vorstand nachgeordnete Mitarbeiter zwar grundsätzlich ab, da der Vorstand nach § 90 AktG gegenüber dem Aufsichtsrat ein Informationsvermittlungsmonopol habe.[25] Für den Fall einer nicht ordnungsgemäßen Aufsichtsratsinformation lässt sie jedoch eine Ausnahme zu. Umstritten ist dabei, welches Maß an Misstrauen des Aufsichtsrats gegenüber dem Vorstand – Zweifel oder Unklarheiten einerseits und schwerwiegende Verdachtsmomente andererseits – eine solche Ausnahme legitimiert.[26] Im vorliegenden Zusammenhang, in dem ein Korruptionsverdacht in Frage steht, ist in jedem Fall auch die zuvor genannte, hoch gelagerte und vielfach vertretene Schwelle überschritten. Der Aufsichtsrat ist daher in solchen Fällen zu eigenen Aufklärungsbemühungen berechtigt.

Nach der im Vordringen befindlichen neueren Ansicht, die Direktkontakte des Aufsichtsrats zu dem Vorstand nachgeordneten Unternehmensmitarbeitern ohnehin großzügiger beurteilt,[27] muss dies erst recht gelten. Denn die dafür verbreitet vorausgesetzten Anforderungen eines entsprechenden Informationsbedürfnisses des Aufsichtsrats und der sachlichen Eignung der Auskunftspersonen[28] sind in den fraglichen Sachverhalten erfüllt. Die Mitarbeiter können vom Aufsichtsrat auf der Rechtsgrundlage von § 109 Abs. 1 AktG daher im Ergebnis erforderlichenfalls sowohl ohne Vermittlung des (Gesamt)Vorstands kontaktiert als auch ohne dessen Anwesenheit befragt werden.

Fraglich ist aber, ob auch unternehmensexterne Dritte im Sinne dieser Grundsätze in gleicher Weise als Auskunftspersonen in Betracht kommen, um einen entsprechenden Informationsbedarf des Aufsichtsrats zu decken. Problematisch erscheint dabei nicht die Stellung Dritter als Auskunftspersonen iSd. § 109 Abs. 1 S. 2 AktG. Diese Regelung unterscheidet nämlich bei den Auskunftspersonen nicht zwischen unternehmensangehörigen und unternehmensfremden Personen. Zu klären ist vielmehr allein, ob der Aufsichtsrat ohne Einschaltung des Vorstands selbst Kontakt zu Dritten aufnehmen kann. Denn die externe Informationsbeschaffung fällt grundsätzlich in den Aufgabenbereich des Vorstands.

Der Aufsichtsrat vertritt die Gesellschaft in den Fällen des § 112 AktG. Da es im vorliegenden Zusammenhang gerade um Verdachtsmomente gegenüber Vorstandsmitgliedern geht, könnte daher § 112 AktG eine Rechtsgrundlage für Direktkontakte des Aufsichtsrats zu Dritten bilden. Diese Regelung betrifft allerdings die Vertretung der Gesellschaft gegenüber Vorstandsmitgliedern und nicht isoliert gegenüber Dritten im Vorfeld einer konkreten Rechtsbeziehung von Vorstand und Gesellschaft. Soweit es daher um bloße Informations-

---

[23] Vgl. zB *Winter* in: FS Hüffer, 2010, S. 1103, 1121 f.

[24] Vgl. dazu zB *Dreher* in: FS Ulmer, 2003, S. 87, 89; *Marsch-Barner* in: FS Schwark, 2009, S. 219, 220; *Hüffer* AktG, 9. Aufl. 2010, § 90 Rn. 11 aE; KölnerKommAktG/*Mertens/Cahn*, 3. Aufl. 2010, § 90 Rn. 52; MünchHdb. AG/*Hoffmann-Becking* 3. Aufl. 2007, § 29 Rn. 29; *Spindler* in: Spindler/Stilz, AktG, 2007, § 111 Rn. 17; *Sünner* CCZ 2008, 56, 59 Fn. 41 sowie aus der Rechtsprechung LG Bielefeld ZIP 2000, 20 – Balsam.

[25] Vgl. statt vieler zuletzt *Marsch-Barner* in: FS Schwark, 2009, S. 219, 222 ff.

[26] Vgl. die Nachweise bei *Dreher* in: FS Ulmer, 2003, S. 87, 89.

[27] Vgl. *Dreher* in: FS Ulmer, 2003, S. 87, 92 ff.; *ders.* ZGR 2010, 496, 522 f.; GroßkommAktG/*Hopt/Roth* 4. Aufl. Stand 10/2005, § 109 Rn. 49 und § 111 Rn. 511; MünchKommAktG/*Habersack* 3. Aufl. 2008, § 111 Rn. 68; sehr viel weitgehender *Leyens* Information des Aufsichtsrats, 2006, S. 191 f.

[28] Vgl. *Dreher* in: FS Ulmer, 2003, S. 87, 98; MünchKommAktG/*Habersack* 3. Aufl. 2008, § 111 Rn. 68.

kontakte zu Dritten geht, muss die Vertretung der Gesellschaft gegenüber den Dritten auf einer anderen Rechtsgrundlage erfolgen. Da § 109 Abs. 1 S. 2 AktG den Aufsichtsrat berechtigt, Dritte als Auskunftspersonen zu seinen Sitzungen zuzuziehen, umfasst die Norm im Sinne einer Hilfs- oder Annexkompetenz auch die dafür erforderlichen Vertretungsakte.[29] Diese Norm ist daher auch für Ermittlungsakte des Aufsichtsrats in Form der Befragung Dritter einschlägig.

b) Verdacht einer Beteiligung nur dem Vorstand nachgeordneter Mitarbeiter

Einer rechtlich getrennten Betrachtung bedarf der Fall, dass sich ein Korruptionsverdacht nur gegen dem Vorstand nachgeordnete Mitarbeiter richtet. Grundsätzlich handelt es sich bei der Kontrolle der dem Vorstand nachgeordneten Ebenen nämlich um eine Aufgabe der Leitung der Gesellschaft und damit nicht um eine Aufgabe im Zuständigkeitsbereich des Aufsichtsrats, sondern um eine originäre Vorstandsaufgabe. Unerheblich ist insoweit die arbeitsrechtliche Einordnung der zu kontrollierenden Angestellten als „einfache" oder leitende Angestellte und die rechtlich umstrittene Frage, ob und unter welchen Voraussetzungen sich die Überwachungsaufgabe des Aufsichtsrats auch direkt auf leitende Angestellte erstreckt.[30] Denn im vorliegenden Zusammenhang geht es nicht um die – zulässige – Delegation von Leitungsbefugnissen an dem Vorstand nachgeordnete Führungsebenen und deren Überwachung durch den Aufsichtsrat. Vielmehr betreffen einschlägige Sachverhalte die jeweiligen Mitarbeiter sozusagen nur zufällig, dh. ohne spezifische Verknüpfung von hierarchischer Stellung und Korruptionsvorwurf.

Auch in derartigen Fällen stellt sich zunächst die Frage, ob der Aufsichtsrat direkt Kontakt zu den Unternehmensmitarbeitern aufnehmen kann – zB um sie zu befragen. Nach der tradierten, noch hM ist dies ausgeschlossen, da der Vorstand gegenüber dem Aufsichtsrat das Informationsvermittlungsmonopol habe.[31] Nach einer neueren, sich allmählich verbreitenden Ansicht kann der Aufsichtsrat dagegen – zunächst im Sinne einer ultima ratio – auf die Mitarbeiter als Auskunftspersonen direkt zugreifen.[32] In den vorliegend fraglichen Fällen besteht dafür aber regelmäßig kein Bedarf. Der Vorstand hat vielmehr ein eigenes Aufklärungsinteresse. Ihm stehen in Form der Revisions- und Complianceabteilung zudem auch geeignete und sofort einsatzbereite Aufklärungsmittel zur Verfügung. Für den Aufsichtsrat besteht daher kein Anlass, durch Ermittlungen „am Vorstand vorbei" das Vertrauensverhältnis zum Vorstand zu belasten.

Zwar könnte man darauf verweisen, dass zu Beginn von Ermittlungen, die auf dem Anfangsverdacht eines Fehlverhaltens dem Vorstand nachgeordneter Mitarbeiter beruhen, regelmäßig noch nicht feststeht, wer und in welchem Ausmaß – sofern sich der Verdacht bestätigt – rechtswidrig gehandelt hat. Infolgedessen ist zu dem Zeitpunkt nicht generell auszuschließen, dass einzelne Vorstandsmitglieder nachgeordneten Mitarbeitern gegenüber ihre Pflichten verletzt haben. So könnte ein Vorstandsmitglied das fragliche Handeln mangels Wahrnehmung der ordnungsgemäßen Aufsicht nicht verhindert oder aber sogar aktiv veranlasst haben. Allein daraus kann aber nicht gefolgert werden, dass eine Zuständigkeit des Vorstands für Korruptionsermittlungen nur dann gegeben sein kann, wenn bereits von

[29] So auch MünchKommAktG/*Habersack* 3. Aufl. 2008, § 107 Rn. 58 und § 109 Rn. 20 sowie ausführlich zur Annexkompetenz im Aktien- und GmbH-Recht *Fleischer/Wedemann* GmbHR 2010, 449 ff.

[30] Vgl. generell ablehnend zB MünchHdb. AG/*Hoffmann-Becking* 3. Aufl. 2007, § 29 Rn. 24; *Lutter/Krieger* Rechte und Pflichten des Aufsichtsrats, 5. Aufl. 2008, Rn. 68 f.; aA zB MünchKommAktG/*Habersack* 3. Aufl. 2008, § 111 Rn. 21; GroßkommAktG/*Hopt/Roth* 4. Aufl. Stand 10/2005, § 111 Rn. 252 f.; *Hüffer* AktG, 9. Aufl. 2010, § 111 Rn. 3; KölnerKommAktG/*Mertens* 2. Aufl. Stand 12/1995, § 111 Rn. 21.

[31] S. Fn. 25.

[32] S. Fn. 27.

Anfang an dessen fehlende Beteiligung an rechtswidrigem Tun ausgeschlossen ist. Denn dies würde einerseits den Vorstand unter einen – auf das Ganze gesehen – nahezu immer unbegründeten Generalverdacht stellen und schon im Hinblick auf die jedenfalls faktisch bestehende Vermutung der ordnungsgemäßen Erfüllung der Leitungspflichten,[33] dh. auch die Einhaltung der Legalitätspflicht der Gesellschaft,[34] unzulässig sein. Zum anderen würde damit die gesellschaftsrechtliche Zuständigkeitsordnung (s. I.) aufgrund bloßer allgemeiner Mutmaßungen über potentielle, aber höchst unwahrscheinliche Kausalverläufe ebenfalls rechtlich unzulässig überspielt.

Für Ermittlungen des Aufsichtsrats „am Vorstand vorbei" bei einem Verdacht nur gegen nachgeordnete Mitarbeiter ließen sich zwar weitere Fälle eines fehlenden Vertrauens von Mitarbeitern zu dem Vorstand bzw. einzelnen seiner Mitglieder anführen – zB wenn ein Informant bei früheren Kontaktversuchen seitens des Vorstands Ablehnung erfahren hat. Aber auch derartige einzelfallbezogene Erwägungen können die rechtlich allein zulässige Zuständigkeitsverteilung nicht aushebeln. Sie sind vielmehr lediglich Anlass, dass der Aufsichtsrat auf die Einrichtung einer gesellschaftsinternen oder -externen Stelle, die für offene oder anonyme Kontakte zur Verfügung steht, sog. Beratungshotline, whistle-blowing-Stelle oder Ombudsmann,[35] hinwirkt.

Soweit es sodann um Direktkontakte des Aufsichtsrats zu Dritten geht, gilt das zuvor sub specie eines Verdachts gegen Vorstandsmitglieder Ausgeführte (s. III. 2. a) erst recht. Es ist grundsätzlich allein Sache und Aufgabe des Vorstands, mit unternehmensfremden Dritten in Kontakt zu treten, um Fehlverhalten von Unternehmensmitarbeitern aufzuklären. Insoweit unterscheiden sich die vorliegend fraglichen Sachverhalte nicht von Sachverhalten, in denen ein Aufsichtsrat Kontakt zu Geschäftspartnern der Gesellschaft aufnimmt, „um Einzelheiten der Geschäftsbeziehungen zu erörtern".[36]

Etwas anderes gilt im Hinblick auf eine Informationssammlung durch den Aufsichtsrat nur dann, wenn es sich bei den Informationen „von außen" um solche aus öffentlich zugänglichen Quellen handelt.[37] Ausnahmen können im Einzelfall weiter zulässig sein, wenn ein Dritter als Sachverständiger für den Aufsichtsrat eingeschaltet werden soll. Dann hat der Aufsichtsrat die Befugnis, Dritte mit entsprechenden Tätigkeiten zur Unterstützung im Bereich der Erfüllung seiner gesetzlichen Aufgaben zu beauftragen. Diese Ausnahme gilt jedoch nur für die Einschaltung in einem konkreten Einzelfall. Auch kommt nicht jeder Dritte in Betracht, da die Kontaktperson den Anforderungen an die Person des Sachverständigen genügen muss.[38] Dies wird zB bei der einfachen Weitergabe von Informationen über Zahlungsflüsse noch nicht der Fall sein, da hierzu keine besondere Sachkunde notwendig ist. Eine Ausnahme könnte schließlich gelten, wenn ein Aufsichtsrat mit dem ausdrücklichen Einverständnis des Vorstands zu Dritten in Kontakt tritt. Denn dann handelt er mit dem Wissen und der Zustimmung des eigentlich zuständigen Organs. Jedoch widerspräche auch ein solches Vorgehen der grundsätzlichen Trennung der Aufgabenbereiche zwischen den Organen der Gesellschaft (s. I.).

---

[33] Vgl. für unternehmerische Entscheidungen auch § 93 Abs. 1 S. 2 AktG.

[34] Vgl. zB BGHZ 125, 366, 372; *Dreher* in: FS Konzen, 2006, S. 85, 92; *ders.* in: FS Hüffer, 2009, S. 161, 168 f.; *ders.* ZWeR 2009, 397, 401; *Fleischer* ZIP 2005, 141, 142; *Bürkle* BB 2007, 1797, 1798; *Thole* ZHR 173 (2009), 504.

[35] Vgl. näher zB *Kremer/Klahold* in: Krieger/Schneider (Hrsg.), Hdb. Managerhaftung, 2. Aufl. 2010, § 21 Rn. 45 f., 56 ff.; *Bürkle* in: ders. (Hrsg.), Compliance in Versicherungsunternehmen, 2009, § 1 Rn. 176; *ders.* DB 2004, 2158 ff. sowie zu der Rolle des Aufsichtsrats in dem Zusammenhang MünchKommAktG/*Habersack* 3. Aufl. 2008, § 111 Rn. 69.

[36] So im Fall OLG Zweibrücken AG 1991, 70.

[37] Vgl. zB GroßkommAktG/*Hopt/Roth* 4. Aufl. Stand 10/2005, § 111 Rn. 535; *Feddersen* in: Hommelhoff/Hopt/v. Werder, Hdb. Corporate Governance, 2003, S. 441, 462 f.

[38] Vgl. dazu zB *Dreher* in: FS Ulmer, 2003, S. 87, 96 f.

IV. Eigene Kenntnisse des Aufsichtsrats in Korruptionsverdachtsfällen und Informationspflichten des Aufsichtsrats gegenüber dem Vorstand

1. Die Informationspflicht des Aufsichtsrats gegenüber dem Vorstand

a) Das Problem

Sind Direktkontakte des Aufsichtsrats mit Nichtvorstandsmitgliedern und Dritten im Einzelfall zulässig, so stellt sich weiter die Frage, ob und wann dem Vorstand ein Informationsrecht hinsichtlich der durch den Aufsichtsrat so erlangten Erkenntnisse zusteht. Mit Blick auf die fraglichen Sachverhalte erscheint eine solche Informationspflicht des Aufsichtsrats gegenüber dem Vorstand nicht als selbstverständlich. Könnte sie doch den Zweck der Aufklärungsbemühungen des Aufsichtsrats vereiteln. Vor diesem Hintergrund muss sich die zuvor getroffene Unterscheidung (s. III. 1.) in Sachverhalte mit und ohne eventuelle Vorstandsbetroffenheit auch hier fortsetzen. Eine generelle Informationspflicht des Aufsichtsrats gegenüber dem Vorstand, sofern der Aufsichtsrat dem Vorstand bisher unbekannte Kenntnisse in Bezug auf einen Korruptionsverdacht besitzt, besteht also nicht.

b) Verdacht einer Beteiligung nur dem Vorstand nachgeordneter Mitarbeiter

Wenig problematisch erscheint auf Anhieb der Fall, dass lediglich ein Korruptionsverdacht gegen Mitarbeiter besteht, die dem Vorstand nachgeordnet sind. Hier entspricht eine Information des Vorstands durch den Aufsichtsrat ohnehin der Zweckmäßigkeit. Denn wenn der Vorstand im Rahmen seiner Leitungsbefugnisse die Korruptionsuntersuchungen führt, muss er soweit wie möglich auch im Besitz aller relevanten Informationen sein. Gleichwohl lässt sich gerade dann, wenn aus der Sicht des Aufsichtsrats anders als aus der Sicht zumindest der Mehrheit der Vorstandsmitglieder noch nicht geklärt ist, ob sich der Verdacht auch tatsächlich ausschließlich gegen dem Vorstand nachgeordnete Mitarbeiter richtet, die Frage stellen, ob eine entsprechende Informationspflicht des Aufsichtsrats gegenüber dem Vorstand – oder mit anderen Worten ein damit korrespondierendes Informationsrecht des Vorstands gegenüber dem Aufsichtsrat – auch aus Rechtsgründen besteht.

Ein solches Informationsrecht kann zunächst nicht auf eine aus § 90 AktG resultierende Berichtspflicht gestützt werden. § 90 AktG regelt zwar den Informationsfluss zwischen Vorstand und Aufsichtsrat der Gesellschaft durch zu erstattende Berichte. Dies gilt jedoch schon aufgrund des Wortlauts der Norm ausdrücklich nur für den Informationsfluss vom Vorstand an den Aufsichtsrat und damit in Bezug auf eine andere als die vorliegend fragliche Informationsflussrichtung.[39] Eine weitere Norm zum Informationsaustausch zwischen Aufsichtsrat und Vorstand fehlt. Daher kann sich ein Informationsrecht des Vorstands nur noch aus allgemeinen Rechtsgrundsätzen ergeben.

Im Entwurfsstadium des AktG 1965 war eine Pflicht des Aufsichtsrats, gegenüber dem Vorstand zu dessen Berichten Stellung zu nehmen, sowohl im Referentenentwurf (§ 85 Abs. 6 S. 1 RefE AktG 1965) als auch im folgenden Regierungsentwurf (§ 87 Abs. 6 RegE 1965) explizit vorgesehen. Sie wurde in den Ausschussberatungen jedoch mit der Begründung gestrichen, dass es dem Aufsichtsrat überlassen bleiben müsse, wie er sich zu den Berichten äußert.[40] Selbst wenn die Pflicht im Gesetz normiert worden wäre, würde sie die vorliegende Frage jedoch nicht erfassen.

Ansatzpunkt für eine entsprechende Ableitung kann daher nur die allgemeine Überwachungspflicht des Aufsichtsrats nach § 111 Abs. 1 AktG iVm. der interorganschaftlichen

---

[39] *Spindler* in: Spindler/Stilz, AktG, 2007, § 111 Rn. 29 f.

[40] *Kropff* AktG, 1965, S. 120.

Treuepflicht sein. Sie umfasst zum einen die Pflicht, den Vorstand zu kontrollieren und zu beraten. Zum anderen sind diese Aufgaben des Aufsichtsrats allein mit Kontroll- und Beratungshandlungen noch nicht erfüllt. Sofern der Aufsichtsrat dabei nämlich feststellt, dass es Missstände gibt oder zumindest aus seiner vorläufigen Sicht zu geben scheint, muss er mit dem Vorstand in Kontakt treten, um sie zu beseitigen.[41] Eine Informationspflicht des Aufsichtsrats gegenüber dem Vorstand in Bezug auf ihm bekannte Informationen zu – eventuellen – Korruptionssachverhalten in der Gesellschaft ist daher Teil und Folge der Überwachungs- und Beratungsaufgabe des Aufsichtsrats. Im Ergebnis hat der Aufsichtsrat also immer dann eine Informationspflicht gegenüber dem Vorstand, wenn er korruptionsbezogene Kenntnisse besitzt und davon ausgehen muss, dass auch der Vorstand dieser zur Erfüllung seiner Leitungspflicht, die die Korruptionsvermeidung und -bekämpfung umfasst, bedarf. Diese Pflicht ist durch den Aufsichtsratsvorsitzenden für den Gesamtaufsichtsrat ohne Zeitverzug nach Kenntniserlangung zu erfüllen.

c) Verdacht einer Beteiligung (auch) von Vorstandsmitgliedern

Soweit sich ein Korruptionsverdacht allerdings (auch) auf den Gesamtvorstand oder auf einzelne Vorstandsmitglieder bezieht, kann dies nicht in gleicher Weise gelten. Richtet sich ein solcher Verdacht gegen den Gesamtvorstand, muss und darf der Aufsichtsrat eigene Ermittlungen so lange fortführen, bis sich der Verdacht entweder konkretisiert oder zerschlägt. Denn nur so kann der Aufsichtsrat sichergehen, dass mögliche Beweismittel nicht unterdrückt oder beseitigt werden, und eine belastbare Haltung gegenüber dem Vorstand in Wahrnehmung seiner Vertretungsbefugnis nach § 112 AktG bei Rechtsgeschäften oder in Ausübung seiner Überwachungsaufgabe nach § 111 AktG im nicht rechtsgeschäftlichen Bereich einnehmen. Sobald ein solcher Sachstand erreicht ist, muss der Aufsichtsrat den Vorstand mit seinen Erkenntnissen konfrontieren, ihm Gelegenheit zur Äußerung geben und ihm ggf. zugleich zuvor gefasste Aufsichtsratsbeschlüsse – zB den Widerruf einer Bestellung nach § 84 Abs. 3 AktG und die fristlose Kündigung eines Dienstvertrags wegen Vorliegen eines wichtigen Grunds – bekanntgeben.

Ein wieder anderes Vorgehen könnten Sachverhalte bedingen, in denen sich korruptionsbezogene Kenntnisse des Aufsichtsrats nur auf einzelne Vorstandsmitglieder erstrecken. Denn dann stellt sich die Frage, ob der Aufsichtsrat seine Kenntnisse nicht unmittelbar, dh. schon vor weiteren Bemühungen um sachliche Aufklärung, an andere Vorstandsmitglieder – zB einen nicht betroffenen Vorstandsvorsitzenden und seinen ebenfalls nicht betroffenen Stellvertreter – weitergeben muss. Immerhin könnte ein solches Vorgehen dazu beitragen, weiteren Schaden von der Gesellschaft, zB durch Gewährleistung unauffälliger Entscheidungsblockaden im Vorstand, abzuwenden. Eine solche partielle Informationsweitergabe an einzelne, von einem Korruptionsverdacht eindeutig nicht betroffene Vorstandsmitglieder könnte allerdings mit der Verschwiegenheitspflicht der Vorstandsmitglieder nach § 93 Abs. 1 S. 3 AktG in ihrer derzeitigen Auslegung unvereinbar sein.

Zunächst geht es bei den fraglichen Informationen ohne weiteres um „vertrauliche Angaben und Geheimnisse der Gesellschaft" im Sinne dieser Vorschrift. Die sodann dafür geltende Verschwiegenheitspflicht der Vorstandsmitglieder soll jedoch innerhalb des Vorstands gegenüber anderen Vorstandsmitgliedern nicht gelten.[42] Müsste der Aufsichtsrat damit rechnen, dass an einzelne Vorstandsmitglieder weitergegebene Informationen, die einen Korruptionsverdacht zum Gegenstand haben, zur Unzeit an Betroffene gelangen,

---

[41] Vgl. zB *v. Schenk* in: Semler/von Schenk, Arbeitshandbuch für Aufsichtsratsmitglieder, 3. Aufl. 2009, § 7 Rn. 98; *Spindler* in: Spindler/Stilz, AktG, 2007, § 111 Rn. 29; MünchKommAktG/*Habersack* 3. Aufl. 2008, § 111 Rn. 30.

[42] Vgl. zB MünchKommAktG/*Spindler* 3. Aufl. 2008, § 93 Rn. 111; *Körber* in: Fleischer, Hdb. des Vorstandsrechts, 2006, § 10 Rn. 31.

wäre diese Informationsweitergabe weder zweckmäßig noch – im Hinblick auf mögliche Schadensfolgen für die Gesellschaft – ggf. rechtmäßig. Gleichwohl kann die Lösung in einem solchen Fall nicht in einem Informationsverweigerungsrecht des Aufsichtsrats gegenüber nicht betroffenen Vorstandsmitgliedern liegen. Der Aufsichtsrat hat vielmehr, um vorstehend genannte Schadensszenarien durch ein Gewährenlassen einzelner potentiell korruptionsanfälliger Vorstandsmitglieder zu vermeiden, die übrigen Vorstandsmitglieder über seinen Verdacht zu informieren. Dies gibt ihnen die Möglichkeit, die Legalitätspflicht der Gesellschaft (s. II. 1.) durchzusetzen. Gleichzeitig ist der Aufsichtsrat gehalten, seine Ermittlungen (s. III. 2. a) so schnell wie möglich zu beenden und dann das betreffende Vorstandsmitglied sowie den Gesamtvorstand mit den Ergebnissen zu konfrontieren, dh. ggf. auch die Unbegründetheit des anfänglichen Verdachts offenzulegen. Ob die vom Aufsichtsrat informierten Vorstandsmitglieder ihrerseits betroffene Vorstandsmitglieder mit dem Verdacht konfrontieren, ist eine Frage der Recht- und Zweckmäßigkeit – insbesondere im Hinblick auf weitere mögliche Schadensfolgen, die eventuelle Behinderung von Ermittlungen sowie die Gewährleistung der Rechtmäßigkeit des Gesellschaftsverhaltens. Ihre Beantwortung hat aus Anlass der Informationsübermittlung durch den Aufsichtsrat in enger Abstimmung mit diesem zu erfolgen. Damit zeigt sich zugleich, dass die verbreitet angenommene unbedingte Offenbarungspflicht aller Kenntnisse einzelner Vorstandsmitglieder innerhalb des Gesamtvorstands inhärente Grenzen haben kann und in den vorliegend fraglichen Fällen auch haben muss. Da die Offenbarungspflicht aus der Treuepflicht der einzelnen Vorstandsmitglieder untereinander abzuleiten ist, folgt diese Einschränkung zwanglos schon daraus, dass eine solche Treuepflicht gegenüber einem Vorstandsmitglied, das sich der Gesellschaft gegenüber – jedenfalls nach einem aus erster Sicht begründeten Verdacht – selbst treuwidrig verhält, nicht bestehen kann.

2. Die Informationspflicht eines Aufsichtsratsausschusses gegenüber dem Vorstand

Soweit in einer Gesellschaft rechtlich zulässig (s. II. 2.) ein Ausschuss des Aufsichtsrats gebildet ist, der sich mit Korruptionssachverhalten befasst, stellt sich weiter noch die Frage, ob auch derartigen Ausschüssen eine Informationspflicht gegenüber dem Vorstand obliegt, wenn sie entsprechende Kenntnisse gewinnen. Aufsichtsratsausschüsse sind nach § 107 Abs. 3 AktG Einrichtungen, die Aufsichtsräte in Wahrnehmung ihrer Organautonomie aus unterschiedlichen Sachgründen schaffen können (s. II. 2.). Eine vollständige Delegation der Aufsichtsratsüberwachungsaufgabe auf einen Ausschuss kommt im vorliegend fraglichen Zusammenhang aus Rechtsgründen nicht in Betracht (s. II. 2.). Daher kann dieser insoweit nur eine Hilfsfunktion für den Gesamtaufsichtsrat übernehmen.

Ansprechpartner des Vorstands ist nach §§ 107 ff. AktG grundsätzlich nur der Aufsichtsrat insgesamt. Für die Überwachungsaufgabe folgt dies explizit aus § 111 AktG. Deshalb hat der Vorstand gegenüber einem Aufsichtsratsausschuss mit Hilfsfunktion keine Informationsrechte, auch wenn ein solcher Ausschuss umgekehrt unter bestimmten Voraussetzungen Informationsrechte gegenüber dem Vorstand besitzt.[43] Im Ergebnis muss der Ausschuss nach § 107 Abs. 3 S. 4 AktG also nur dem Gesamtaufsichtsrat berichten. Dies gilt insbesondere für Informationen, die für die Arbeit des Gesamtaufsichtsrats – hier die Wahrnehmung der Überwachungsaufgabe – wesentlich sind. Über sie hat ein Aufsichtsratsausschuss den Gesamtaufsichtsrat unaufgefordert zu unterrichten.[44] Daraufhin hat dieser ggf. dem Vorstand die Informationen nach Maßgabe der zuvor genannten Kautelen (s. IV. 1. b) weiterzuleiten.

---

[43] Vgl. dazu zB MünchKommAktG/*Habersack* 3. Aufl. 2008, § 107 Rn. 157 mwN.

[44] MünchHdb. AG/*Hoffmann-Becking* 3. Aufl. 2007, § 32 Rn. 23 ff.; *Rellermeyer* Aufsichtsratsausschüsse, 1986, S. 207 ff.; OLG Hamburg ZIP 1995, 1673, 1675 f.

V. Zusammenfassung

Im Zuge zahlreicher Korruptionsaffären in Unternehmen greifen Aufsichtsräte zur Wahrnehmung ihrer Überwachungsaufgabe vermehrt selbst zu Korruptionsuntersuchungen. Teilweise setzen sie hierzu auch ständige oder ad hoc-Antikorruptionsausschüsse ein.

Eigene Antikorruptionsuntersuchungen durch einen Aufsichtsrat stoßen schnell auf rechtliche Grenzen. Denn die Aufgabe der Leitung der Gesellschaft ist allein dem Vorstand übertragen. Hierzu gehört auch die Korruptionsbekämpfung im Unternehmen als Teil der Compliance.

Vor diesem Hintergrund kann ein Aufsichtsrat Antikorruptionsuntersuchungen nur im Rahmen der ihm selbst zustehenden Complianceverpflichtungen durchführen, dh. die Compliance des Vorstands zu überwachen und die eigene Aufsichtsratstätigkeit entsprechend zu evaluieren.

Konkrete Folge hiervon ist zunächst, dass ein Aufsichtsrat nicht befugt ist, sich zur Anlaufstelle und Aufklärungsinstanz für Korruptionssachverhalte in der Gesellschaft allgemein zu erklären. Antikorruptionsuntersuchungen des Aufsichtsrats, die allein dem Vorstand nachgeordnete Unternehmensmitarbeiter betreffen, sind rechtlich unzulässig. Zuständig hierfür ist ausschließlich der Vorstand. Direktkontakte des Aufsichtsrats zu dem Vorstand nachgeordneten Mitarbeitern oder externen Dritten zur Aufklärung von potentiellen Korruptionssachverhalten würden gegen die gesellschaftsrechtliche Zuständigkeitsordnung verstoßen.

Rechtlich unzulässig ist es sodann auch, einen Antikorruptionsausschuss des Aufsichtsrats zu bilden, der (auch) für Korruptionssachverhalte der vorstehend genannten Art zuständig sein soll.

Rechtlich zulässig sind dagegen Antikorruptionsuntersuchungen durch einen Aufsichtsrat oder einen Aufsichtsratsausschuss, sofern Verdachtsfälle (auch) Vorstandsmitglieder betreffen. Dann kann ein Aufsichtsrat „am Vorstand vorbei" Kontakt direkt sowohl zu dem Vorstand nachgeordneten Mitarbeitern als auch zu externen Dritten aufnehmen, um dem Verdacht nachzugehen und ihn weiter aufzuklären.

Sofern ein Aufsichtsrat durch eigene Untersuchungen rechtlich zulässig Informationen zu einem Korruptionsverdacht gegenüber einzelnen Vorstandsmitgliedern gewinnt, hat er gegenüber nicht betroffenen Vorstandsmitgliedern eine Informationspflicht. Das weitere Vorgehen bestimmt sich in enger Abstimmung des Aufsichtsrats mit diesen Vorstandsmitgliedern. Leitende Kriterien dafür sind einerseits eine schnelle, weitestmögliche Sachverhaltsaufklärung und andererseits im Fall, dass sich ein Verdacht zu bestätigen scheint, eine Verhinderung weiterer Schäden für die Gesellschaft sowie Dritte und eine möglichst baldige Rückkehr der Gesellschaft zur Erfüllung der Legalitätspflicht.

Soweit ein Aufsichtsrat Kenntnisse zu einem Korruptionsverdacht gegenüber dem Vorstand nachgeordneten Mitarbeitern erlangt, sind diese dem Vorstand sofort weiterzugeben, damit dieser entsprechende Untersuchungen einleiten oder sie bei bereits laufenden Untersuchungen verwenden kann.

JEAN NICOLAS DRUEY

Standardisierung der Sorgfaltspflicht? Fragen zur Business Judgment Rule

Übersicht

Seite

Die Versuche, Rechtsprobleme über Landesgrenzen hinweg zu erörtern, sind nach eigener Erfahrung mit Hindernissen gespickt. Der Jurist ist überall vor allem Positivist; er argumentiert mit Texten. Die Diskussion über den eigenen Rechtsraum hinaus zwingt dagegen dazu, beim darunter liegenden Sachproblem anzusetzen. Der Versuch sei hier trotz allem wieder gewagt. Der Blick über die Grenzen lockert die durch Texte verhärteten nationalen Böden und macht sie fruchtbar nicht nur für das internationale, sondern durchaus auch das nationale (oder europäisch supranationale) Gespräch. Mögen die vorliegenden Darlegungen zur babylonischen Sprachverwirrung zumindest nicht zusätzlich beitragen, welche als ständige Gefahr lauert, weil der Jurist dort geholt werden muss, wo er ist: eben bei den Texten.

Mit dem hier vorgenommenen Thema der Business Judgment Rule (BJR) scheint es sich der Autor freilich leicht zu machen. Ein Sprachproblem scheint es von vornherein nicht zu geben; denn alle befleißigen sich schon bei der Benennung dieses Rechtsinstituts der englischen Sprache, und die sagt plastisch, worum es geht, nämlich um die Entscheide, die bei der Verfolgung von Geschäftsinteressen nötig sind. Der so rasch und global aufgetretene rechtsvergleichende Eifer um dieses Stichwort ist aber gerade meine Schwierigkeit. Zum einen haben solche Begriffe kurze Halbwertszeiten. Das zwingt zum Schreiben, solange die Kurve aufwärts geht. Ich treffe aber heute bereits auf eher ermüdete Kollegen.

Der Blick auf die Publikationsliste zur deutschen BJR[1] verschlägt dem ausländischen Kollegen schlicht den Atem. Ferner ist die transnationale Betrachtung dem Problem schon auf die Stirn geschrieben, so dass mein Vorstoß über die Grenzen keineswegs neu ist und offene Zollschranken einrennt.

Die Absicht, welche deshalb das Nachfolgende leitet, mag angesichts der zugrunde liegenden Intention geradezu paradox erscheinen. Sie zielt auf *Entkoppelung* der Rechtsräume. Der internationale Verkehr von Rechtsinstituten ist just keine Frage von Zollschranken, sie sind keine Ware, die im Land X hergestellt und vom Land Y eingekauft wird. Das bedeutet auch eine Entkoppelung der Rechts-Fragen. Rechtsinstitute sind Pakete; gesucht sind aber Lösungen für *einzelne* Rechtsfragen. Auf dieser Ebene der rechtlichen Antworten findet die notwendige Konfrontation von „übernommen" und „überkommen" statt. Was zunächst Konfrontation ist, endet dabei im gemeinsamen Reflektieren – keine Verdrängung, sondern eine Vertiefung des *Überkommenen.* In dem Sinn lautet meine eigentliche Frage hinsichtlich Leitungspflichten im Unternehmen: Was heißt Sorgfalt? Darin öffnen sich riesige weitere Kontexte.

I. Tendenz zur Formalisierung unternehmerischer Pflichten

1. Die allgemeine Tendenz zur Rationalisierung

Suchen wir also einleitend den Horizont dieser Kontexte abzusehen. Unsere Zeit als Informationszeitalter ist gekennzeichnet durch die Zunahme der Ansprüche an die Begründbarkeit und Nachvollziehbarkeit geistiger Vorgänge, an die Einbindung in das enorme Netz von Informationen, das dem menschlichen Bewusstsein zur Verfügung steht. Entwicklung der Rationalität des sozialen Handelns als Gewähr für die erfolgreiche Interaktion wird so nicht nur zur Vorgabe, sondern zur faktischen Tendenz. Exponenten der theoretischen Soziologie wie Max Weber, Talcott Parsons, Niklas Luhmann und Jürgen Habermas haben je aus ihrer Blickrichtung Zeichen gesetzt.[2]

Der Jurist lässt sich durch solche außerrechtlichen Perspektiven an sich wenig irritieren. Recht will ja per se rational sein. Doch das Rechts-Leben ist der Tendenz auf Vermehrung der Rationalität ebenfalls ausgesetzt. Die ungeheure Zunahme des Geschriebenen und Gespeicherten, die „Gesetzesflut", die ausdifferenzierten Behördenverfügungen und Gerichtsentscheide sind äußere Manifestationen der radikalen Verdammung des „hohlen Bauchs" als Ursprung rechtlicher Erkenntnis[3]; alles legitimiert sich aus einem vorbezogenen intellektuellen Stoff. Das muss sich auch in dem fortsetzen, was zur Wertung und Beurteilung ansteht, was also den Gegenstand rechtlicher Normen bildet. Und damit sind wir unter anderem auch beim Verhalten, das rechtlich von den Unternehmensleitungen gefordert wird. Weil sie ihr Tun zu rechtfertigen haben, ersticken sie, ebenso aber auch die Arztpraxen, ja selbst die Schullehrer, in den Daten, die sie aufzuhäufen und zu verarbeiten haben.

Die Business Judgment Rule, in diesem Kontext gesehen, stellt sich eigentlich als ein Aufbäumen gegen diese totale Papierisierung und Elektronisierung des Daseins dar. Die Unternehmensleitung soll sich auf ihr Geschäft, auf „performance instead of presentation" konzentrieren können. Wir wohnen mithin einer Mikro-Szene der Auseinandersetzung bei, wie sie vielerorts stattfindet.[4] Wer wird siegen? Es wird sich zeigen, dass einer mächtigen Welle sich entgegenzustellen leider wenig Chancen hat.

---

[1] KölnerKommAktG/*Mertens/Cahn* 3. Aufl. 2010, Vor § 93.

[2] Vgl. etwa *Lenk/Spinner* Rationalismustypen, Rationalitätskonzepte und Rationalitätstheorien im Überblick, in: Stachowiak (Hrsg.), Hdb. des pragmatischen Denkens, 1989, III, S. 1–31.

[3] Vgl. dagegen *Gigerenzer* Bauchentscheidungen, 4. Aufl. 2008.

[4] Ein weiter ausgreifendes Beispiel ist die Auseinandersetzung um einen abgeschirmten Privatbereich; vgl. *Druey* Basler Juristische Mitteilungen 2005, 57.

2. Die amerikanische Formalisierung

Die angelsächsische Idee an der geschichtlichen Basis der Business Judgment Rule ist die Respektierung von Beschlüssen in einem sehr allgemeinen Sinn. Wenn der Beschluss nach Zuständigkeit und Verfahren ordnungsgemäß ergeht, und „in good faith" das Wohl des Unternehmens verfolgt wird, geht der Inhalt des Beschlusses den Richter nichts an. Der englische Entscheid Turquand v. Marshall,[5] ein Grundstein der BJR, bringt es auf den Punkt: der Beschluss mag noch so „foolish" oder „ridiculous" sein, der Richter wird keine Haftung daraus ableiten.

Diese urliberale Selbstbeschränkung des Richters, welche den unternehmensinternen Organen ebenso einen Bereich des letztinstanzlichen Entscheids einräumt wie sich selbst („It is their business"), hatte aber von jeher ihr dialektisches Gegenstück in der Treue- (duty of loyalty) und der Sorgfaltspflicht (duty of care). Das Nebeneinander der duty of care und der BJR gibt dem kontinentalen Beobachter jene Rätsel auf, welche sich allgemein aus der Parallelität von law (die formellen Regeln) und equity (das „anständige" oder „richtige" Verhalten, hier also namentlich Sorgfalt) ergeben. Aber auch in England und den USA ist das Verhältnis der beiden Normquellen offensichtlich alles andere als klar. Dieses Nebeneinander läuft darauf hinaus, dass zwischen den Anforderungen an das Verhalten der Unternehmensorgane, einerseits, und ihrer Haftung für deren Nichtbeachtung, anderseits, ein Gefälle besteht. Die BJR steht voll in dieser Spannung, sie ist zur Rechtfertigung der Nichtbehaftung trotz Sorgfaltsmängeln herausgefordert.

Ein Element dieser Rechtfertigung bringt das Wort des großen amerikanischen Richters Learned Hand zum Ausdruck:[6] „After all it is the same corporation that chose him that now seeks to charge him ... Can a shareholder call him to account for deficiencies that their votes assured him did not disqualify him for his office?" Ein zweites Element wird am selben Ort angesprochen: „Directors (Verwaltungsräte) are not specialists like lawyers or doctors". Verwaltungsrat sein ist kein Beruf; es gibt keine Regeln der Kunst wie für die traditionellen Berufe. „They are general advisors of the business". Bezeichnend für das amerikanische Rechtsdenken wird zudem ökonomisch argumentiert, dass just der Gedanke, der hinter der Haftung für Sorgfalt steht, das Anvertrauen fremden Guts, im Fall der Unternehmensleitung für eine Einschränkung der Haftung spricht. Spürt das Leitungsorgan stets den Richter im Nacken, der hinterher aufgrund eines objektiven Maßstabs des ominösen „vernünftigen Dritten" eine andere Vorstellung von der in casu gebotenen Sorgfalt haben könnte, so fördert dies die Risikoaversion. Just um dieser Fremd-, also der Aktionärsinteressen willen, sollen darum die Organe vom nachträglichen Besserwissen des Richters befreit sein.[7]

Solche Argumente sind geeignet, die BJR plausibel zu machen, doch – wie es eben mit dem „arguing" ist – nicht mehr als das: Sie liefern nicht die ein für allemal feste Grundlage. Sie setzen auch verschieden an, indem die duty of care entweder als anwendbar, jedoch der Kläger nicht als aktivlegitimiert, oder aber als nicht anwendbar gekennzeichnet wird. Jedenfalls verbleibt die Peitsche nicht weniger als das Zuckerbrot in der Hand des Richters. Dass er einen Fall schlimm genug findet, um daraus eine Haftung für Verletzung der Sorgfaltspflicht abzuleiten, ist für die Manager ein fortdauerndes Risiko. Schrecken hatte für einige Zeit die repräsentative Supreme Court von Delaware mit ihren Entscheiden in Sachen Smith v. Van Gorkom[8] und nachfolgenden[9] verbreitet. Seither ist eher wieder

---

[5] 4 Ch.App. 376 (1869).

[6] Urteilsbegründung in Barnes v. Andrews, 208 Fed. 614, 619 (S.D.N.Y 1924).

[7] *William T. Allen* The Corporate Director's Fiduciary Duty of Care and the Business Judgment Rule under U.S. Corporate Law, in: Hopt/Kanda/Roe/Wymeersch/Prigge, Comparative Corporate Governance, 1998, S. 307, 317.

[8] 488 A2d 858 (1985).

[9] Eher beunruhigender noch hinsichtlich Erosion der BJR etwa Revlon v. MacAndrews & Forbes Holdings, Inc. 506 A2d 173 (1986).

Ruhe eingekehrt,[10] doch dürfte es bei der Zweipoligkeit der Regeln auch künftig Wellenbewegungen geben, aufgeschaukelt durch Heulen der Medien und Jammern der Unternehmen.

Die BJR ist aber auch gleichsam „von innen" bedroht. Sie unterliegt anerkanntermaßen Einschränkungen bzw. Bedingungen. Die Frage wird sich uns stellen, was übrigbleibt (s. Ziff. 2).

3. *Die deutsche Formalisierung*

Die Übernahme der BJR durch das UMAG in § 93 Abs. 1 S. 2 AktG gibt sich als schönes Beispiel eines legal transplant. Der angelsächsische Ursprung ist der Sache wie der Entstehungsgeschichte nach klar. Dennoch lassen sich das englische und das US-amerikanische Recht nicht als Mutter-Rechte ansprechen – „mater semper certa" gilt in der Fortpflanzung, nicht in der Verpflanzung. Ein legal transplant ist nicht dasselbe wie das Original, schon nur, weil es ein transplant ist. Das Original ist gewachsen, der transplant eingepflanzt in eine andere Rechtskultur und ein anderes Rechtssystem.[11] Schon die Feststellung des Bedarfs nach dem fremden Institut hat ihre Grundlage in der übernehmenden Rechtsordnung. Dabei wurde im Fall der BJR keineswegs materiell Fremdes übernommen. Dass den Gesellschaftsorganen Ermessen einzuräumen ist und dass nicht in einer ex post-Würdigung die Unsicherheit der Zukunftsbeurteilung beim Entscheiden übergangen wird, diese Motive des UMAG[12] waren zuvor schon von der Gerichtspraxis, namentlich dem Entscheid ARAG/Garmenbeck[13] festgehalten worden, galten aber seit viel früherer Zeit[14] und hätten keines transplant bedurft. Typischerweise für solche transplants aus den USA könnte auch eine sprachliche und wirtschaftskulturelle Faszination noch ihren Teil beigetragen haben.[15]

Der transplant erfolgte aber auch nicht aus dem USA-Recht als solchem. Der Vorgang hatte einen bloß formellen Charakter auch insofern, als nicht das case law mit seinen inhärenten Spannungen, sondern der (in den USA entsprechend auch stark angezweifelte)[16] Syntheseversuch des American Law Institute (ALI)[17] gleichsam als Fertigprodukt das Modell abgab. Dieses Kondensat auf Gesetzessprache erschien wohl als Chance, aus

---

[10] Drei Gründe mögen dafür massgebend sein: Die meisten Einzelstaaten erlauben nun die Wegbedingung der Sorgfaltshaftung in den Statuten; die strengere Praxis ist auf die Board-Pflichten bei Takeovers fokussiert; die American Bar Association (Revised Model Business Corporations Act § 8.31 mit Official Comment, 3. Aufl. 1996) wie auch das American Law Institute (Principles of Corporate Governance § 4.01(c), 1984) haben zusammenfassende Formulierungen der BJR herausgegeben. Dazu *Merkt/Göthel* US-amerikanisches Gesellschaftsrecht, 2. Aufl. 2006, Rn. 835–853.

[11] Treffend *Fleischer* Legal Transplants im deutschen Aktienrecht, in: Doralt/Kalss (Hrsg.), Franz Klein – Vorreiter des modernen Aktien- und GmbH-Rechts, 2004, S. 115, 136; mit Verweis auf den „Vater" des Themas: *Watson* Legal Transplants, 2. Aufl. 1993.

[12] *Ulmer* ZHR 1999, 290, 297–299.

[13] BGHZ 135, 244 = NJW 1997, 1926.

[14] Der *Jubilar* hat dem eine umgreifende Praxis-Synthese gewidmet: *Goette* Leitung, Aufsicht, Haftung – zur Rolle der Rechtsprechung bei der Sicherung einer modernen Unternehmensführung, in: FS BGH, 2000, S. 123, 141 f. u.a.; *Lutter* ZIP 2007, 841, 841 f.

[15] Auch *Fleischer* in: FS Wiedemann, 2002, S. 827, 836.

[16] *Block/Barton/Radin* The Business Judgment Rule, 5. Aufl. 1998 m. Suppl. 2002, S. 106; *Allen* (Fn. 6) S. 327.

[17] Fn. 9. Der englische Originaltext von 4.01(c) lautet:
„A director or an officer who makes a business judgment in good faith fulfills his duty if the director or officer
1) is not interested in the subject of his business judgment; and
2) is informed with respect to his business judgment to the extent he reasonably believes to be appropriate under the circumstances; and
3) rationally believes that his business judgment is in the best interest of the corporation."

dem Wirbel des Fallrechts herauszukommen. Dem ALI folgend, legt sich § 93 Abs. 1 S. 2 AktG in dem Sinne fest, dass

- die BJR eine materiellrechtliche Regel, also keine bloße Beweisvermutung oder richterliche Kognitionsbeschränkung ist;
- demgemäß der Umfang von Sorgfaltspflichten festgelegt, nämlich eingeschränkt wird;
- die BJR darum ein Privileg darstellt und die dafür formulierten Bedingungen keine bloße Vereinfachung des Beweisthemas sein, sondern eine echte Erleichterung der Haftung ermöglichen sollen.

Das deutsche Recht geht aber noch einen Schritt weiter, indem es aus dem Model Code ein eigentliches, unmittelbar verbindliches Gesetz macht. Die Synthesetexte des American Law Institute, wie auch der hier ebenfalls tätigen American Bar Association (ABA),[18] verstehen sich vor allem als Klärung des case law, mithin als Leitlinie in dem Wust von Fällen, und nicht als hoheitliche Festlegung oder als Grundlage dazu. Diese amerikanischen Texte tragen demnach zur Erkenntnis bei, wie die Sorgfaltspflicht sich konkret auswirkt, nicht was ihre begrifflichen Grenzen sind. Auch wenn der deutsche Text und das amerikanische Muster gleichermaßen erklären, dass die Erfüllung gewisser Bedingungen zur Erfüllung der Sorgfaltspflicht ausreicht, so ist der Tonfall verschieden. Der deutsche Gesetzgeber beruhigt den Unternehmer durch eine Erklärung von höchster Warte, dass keine weiteren Sorgfaltsanforderungen an ihn gestellt werden. Das ALI sagt nur gutachterlich: Ich meine, dass deine Sorgfaltspflicht nicht mehr verlangt.

Darf sich der deutsche Manager also in der besten aller Welten fühlen, gleichsam ausgestattet mit der goldenen Kreditkarte, vom Gesetzgeber höchstpersönlich unterzeichnet? Ich möchte darlegen, dass diese Welt weder besser noch schlechter ist als andere. Meine These wird lauten, dass der Sorgfaltsbegriff überhaupt nicht gestaltbar und in generellen Kategorien abschließend fassbar ist, weil er sich an die Verwaltung fremden Guts knüpft und von den Erforderlichkeiten aus dieser Zielsetzung endgültig bestimmt wird (s. unter III).

4. Seitenblick auf die Schweiz und Österreich

Auch im schweizerischen Gesellschaftsrecht – hier nur wegen der Vertrautheit des Verfassers herausgehoben – ist die BJR zum beliebten Stichwort geworden.[19] Gesetzliche Bestimmungen dazu gibt es nicht und sie werden auch nicht als nötig empfunden, da die Einräumung von Ermessen durch den Richter als sachimmanente, kein „Privileg" ausdrückende Regel anerkannt und praktiziert wird. Nicht auszuschließen ist freilich, dass eines Tages die Gesetzgebungsinstanzen auf die Idee verfallen, in irgendeinem Zusammenhang den Unternehmensleitungen eine BJR als „Zückerchen" anzubieten.

Orientiert am amerikanischen Muster wird die BJR in der Schweiz vornehmlich als Formalisierung des Streitthemas im gesellschaftsrechtlichen Haftungsprozess verstanden. Der Puls soll gleichsam nicht beim Herz sondern an den äußerlich wahrnehmbaren Stellen genommen werden. Damit erhalten die Einschränkungen der BJR, die hinreichende Information usw. (s. unter II), den Charakter weniger von Bedingungen für die Anwendbarkeit der BJR als von äußeren Manifestationen der Ordnungsmäßigkeit. Nicht selten wird darum auch gewarnt, die BJR im Ganzen als eine Besserstellung der verantwortlichen Organe zu sehen.[20]

Verhältnismäßig eingehend und dabei kritisch befassen sich mit der BJR das Standardwerk von *Böckli*[21] und die umfangreiche Monographie zum Minderheitenschutz von

---

[18] Fn. 9.

[19] Ausgelöst wurde die Beachtung vor allem durch die rechtsvergleichende Dissertation von *Grass* Business Judgment Rule, Schweizer Schriften zum Handels- und Wirtschaftsrecht, 1998, S. 186.

[20] Neuere Übersicht über die Literatur bei *Böckli* Schweizer Aktienrecht, 4. Aufl. 2009, § 13 Fn. 1519 und 1524.

[21] Schweizer Aktienrecht, 4. Aufl. 2009, § 13 Rn. 581–595.

Kunz.[22] Wie sie ausführen, geht es ohne die inhaltliche Überprüfung des Organverhaltens als einem zentralen Gegenstand des Haftungsprozesses nicht. Daraus spricht, dass das Thema der Sorgfalt nicht abgehandelt werden kann, ohne dass es als solches auf dem Tisch liegt, dh. eben aus dem Blickwinkel der allgemeinen Sorgfaltspflicht das persönliche Verhalten gewürdigt wird, das zu dem Schaden für die Gesellschaft geführt haben soll.

Bedenken gegen die Kodifizierung vernehmen wir auch aus Österreich.[23] Die vorliegende Abhandlung wird sich dem anschließen, mit dem Zusatz, dass die Prüfung der Entscheidungsinhalte selber durchaus auch als ein „Recht" der Verantwortlichen verstanden werden kann.

II. *Die Voraussetzungen – Das Bild im Negativ*

Was auch immer das Besondere an der BJR sei, bedarf sie der Abgrenzung. Es muss festgelegt werden, was der Gegenstand, was also eine Entscheidung sei, ob diese Kennzeichnung überhaupt hinreicht oder noch weitere Verhaltensweisen dazugehören, in welchem thematischen Feld („Geschäft", „Unternehmen") das Verhalten zu liegen habe und welche Personen die Regel in Anspruch nehmen können.

Was aber von alters her außerdem als Voraussetzungen hervorgehoben wird, ist noch von ganz anderer Art. Zentral in den angelsächsischen Entscheiden war immer die good faith, also zugespitzt: „Er spinnt zwar, aber er spinnt in guten Treuen". Abgesehen von der allgemeinen Schwierigkeit, die Elemente einer solchen Formel auf einen Nenner zu bringen, ist die große Frage, wie sie auf eine moderne arbeitsteilige Organisation anzuwenden ist. Das Zusammenspiel der vielen Beteiligten verlangt in jedem Augenblick danach, dass sich die Einzelnen den Andern gegenüber verständlich machen. Für Willkür ist von vornherein kein Platz. Das muss zur Folge haben, dass die BJR von diesen Anforderungen an die Rationalität der unternehmensinternen Abläufe zerrieben zu werden droht. Die schönste Inhaltsfreiheit bringt nichts, wenn aus den spezifischen Initiativ-, Konzept-, Abklärungs-, Mitteilungs-, Kontroll- und anderen Funktionen jeweils spezifische Beitragspflichten der Einzelnen hervorgehen. Wenn einer als Unternehmer alten Schrots und Korns reichlich persönliche Strategien verfolgen will, so lässt sich sagen: Das hinterfragen wir nicht. Wenn dagegen ein ganzes Gremium Gleiches beschließt, so geht das nicht, weil in Ermittlung der individuellen Beiträge die Vorphasen des Entscheids ganz in den Brennpunkt rücken. In diesen Vorphasen müssen die internen Kommunikationsakte überzeugend, dh. vernünftig begründet sein. Für wilde Fantasien ist von vornherein kein Platz. Das Blickfeld der maßgebenden Kriterien wird damit nach außen gekehrt; geprüft werden Vorgänge anstelle von Inhalten. Geprüft wird aber auch so, und zwar strenger – strenger darum, weil durch die Aufgliederung des einen Beschlusses in eine Vielzahl von Einzelakten die potenziellen Reibungsflächen mit den Sorgfalts-Vorgaben entsprechend vermehrt werden.[24]

Diese Verschiebung des Fokus ist die Funktion der Einschränkungen der BJR. Zwar ist der Inhalt nicht gänzlich ausgeblendet; was im angelsächsischen Modell die good faith-clause und der Vorbehalt des waste (Verschleuderns) anvisiert, drückt ähnlich, wenn auch teilweise in objektiver statt subjektiver Form und möglicherweise strenger,[25] das deutsche UMAG als inhaltliches Restkriterium für den Ausschluss mit „schlechthin unvertretbar" bzw. „in unverantwortlicher Weise überspannte Risiken" aus.[26] Frage ist, welche selbstän-

[22] *P.V. Kunz* Der Minderheitenschutz im schweizerischen Aktienrecht, 2001, Rn. 116–123.

[23] *Schima* GesRZ 2007, 93; auch *P. Kunz* GesRZ 2007, 91.

[24] Entscheidend aus praktischer Sicht wird damit die Frage, wer für den Zusammenhang solcher Einzelverstöße mit einem Schaden die Beweislast trägt (s. unten 4.).

[25] So *Ulmer* ZHR 1999, 290, 298.

[26] BGHZ 135, 244, 253 = NJW 1997, 1926 – ARAG/Garmenbeck; durch das UMAG nicht beseitigt (s. *Lutter* GesRZ 2007, Ziff. 2.5).

dige Aussage neben der prozeduralen Sicht in der heutigen Unternehmenswelt noch darin verbleibt.

Das Folgende will keine kommentarmäßige Besprechung der einzelnen Voraussetzungen liefern, sondern Einiges ins Licht setzen, das für eine Gesamtsicht von Bedeutung ist.

1. Ordnungsmäßiges Verfahren

Obwohl in der deutschen Regelung und derjenigen des American Law Institute nicht direkt erwähnt, ist in der Bedingung eines ordnungsmäßigen Verfahrens im Grund der allgegenwärtige und eigentliche Antagonist zur BJR zu sehen. Denn die verfahrensmäßige Überprüfung ist Alternative zur Inhaltsprüfung. Der Blick auf die Inhalte („In der Situation X durfte nicht Y entschieden werden") geht tiefer, die ausschließliche Relevierung der Verfahren schlägt bloß den Sack und meint den Esel; doch der BJR ist durchaus als Tugend anzurechnen, dass sie das in den Urteilen übliche Gemisch von Inhalt und Verfahren auf eine einigermaßen einheitliche Ebene der Verfahrensprüfung zu bringen sucht.[27]

Der Vorbehalt eines ordnungsmäßigen Verfahrens ist als Leitgedanke aus der amerikanischen Praxis ersichtlich.[28] Auch nach der deutschen und der ALI-Regelung sind Verfahrensfehler nicht einfach sakrosankt. Vorbehalten bleibt immer die Missachtung formellen Rechts;[29] der Vorstand kann für seine Beschlüsse an einer satzungswidrig einberufenen Sitzung die BJR nicht beanspruchen. Der Eindruck entsteht aber, dass die amerikanische Praxis mit dem Vorbehalt von Verfahrensmängeln noch etwas anderes meint: Mit der Verschiebung von der Inhalts- zur Verfahrensprüfung erhält der Begriff des Verfahrens eine andere, wesentlich weitere Bedeutung. Wenn die Grundidee ist, statt des Inhalts den Rahmen auf seine Tauglichkeit für Beschlüsse im Interesse der geschützten Personen zu prüfen, so kommt es nicht auf die Einhaltung formeller Texte, sondern auf die konkrete Gestaltung der Abläufe an. Besteht zu wenig Zeit zum Studium oder zur Diskussion der Vorlagen, wird eine Dringlichkeit vorgetäuscht, die in Wahrheit nicht besteht, oder gibt es ungehörige Stimmbindungen, usw., so werden oft nicht generelle Vorschriften verletzt – vielleicht je nach Rechtsordnung und Fall eine Generalklausel wie Treu und Glauben. Eine BJR ohne eine optimale Willensbildung kann es aber wohl ganz allgemein nicht geben. So würde sich unter deutschem Recht auch erklären, dass die Bedingung der Unabhängigkeit trotz Nichterwähnung in § 93 Abs. 1 S. 2 AktG als Voraussetzung für die BJR gilt.[30] Sie ist eine Voraussetzung von dieser qualitätsichernden Art. Die darin implizierte Verneinung des abschließenden Charakters der Norm durch die deutsche Lehre bezeugt zudem die Notwendigkeit, auch anderweitig auf den allgemeinen Grundgedanken zurückzugreifen.

Die Funktion des Verfahrens als Richtigkeitsgewähr verändert aber die Optik im Vergleich zum Vollzug von gesetzlichen Verfahrensvorschriften grundlegend. Es sind dann im Wesentlichen Normen, die sich die Beteiligten selbst geben oder – da liegt der Punkt – geben sollten. Verlangt wird damit eine Optimierung zwar nicht des Inhalts, aber des Umfelds des Beschlusses. Damit fallen wir jedoch in den Zustand vor der BJR zurück; die BJR löst sich ihrerseits in eine Sorgfaltsprüfung auf. Wie will man die Dringlichkeit eines Geschäfts und damit die Adäquanz des gewählten Beschlussverfahrens beurteilen? Doch nur, indem man sich in die Situation versetzt und die verschiedenen Gesichtspunkte mit all ihren Unsicherheiten abwägt. Und das Gebot, das dahinter steht, kann nicht anders

---

[27] In dem Sinne ist in der schweizerischen Diskussion der einflussreichen Analyse von *Grass* (Fn. 18, insbesondere 109–112, 126, auch 66–69) gegen die Kritik von *Böckli* (Fn. 19, insbesondere Rn. 587) durchaus Recht zu geben.

[28] S. *Grass* (Fn. 18) 59–61. Der berüchtigte Fall Smith v. Van Gorkom (Fn. 7) ging vornehmlich um viel zu rasches Handeln des Board; der Fall illustriert, weshalb die Verfahrensfrage in der Sicht der US-Praxis in die Informationsfrage eingeht; *Block/Barton/Radin* (Fn. 15) S. 18.

[29] Statt vieler *Lutter* GesRZ 2007, 81.

[30] *Lutter* GesRZ 2007, 83; *Fleischer* in: FS Wiedemann, 2002, S. 842.

lauten als – Sorgfalt. Die grundsätzliche Frage stellt sich damit, ob auf die Bedingungen der BJR ebenfalls die BJR angewendet werden soll. Wenden wir uns dafür der intensiver beackerten (in den USA synonymen[31]) Bedingung der hinreichenden Informationsversorgung zu, die ihrer Art nach nichts als ein (sehr breiter!) Einzelfall der hier dargelegten Erwägungen ist.

2. *Angemessene Information*

Zum eisernen Bestand der BJR gehört, dass sie nur greifen soll, wenn sich die Entscheidungsträger zuvor angemessen informiert haben. Nun eignen sich Vorgaben hinsichtlich Information äußerst schlecht als formale Kriterien. Die extrinsische Umschreibung erforderlicher Information scheitert an einer ganzen Reihe von Grundeigenschaften von Information, wozu die Subjektivität der Relevanz, die Beschränkung der Kapazitäten für Transport, Aufnahme und Verarbeitung, die Notwendigkeit des Abrufs durch den Nichtwissenden ebenso gehört wie die stete Abwägung von Aufwand und (wesensgemäß nicht bekanntem) Ertrag.[32] Das bedeutet nicht nur die Selbstverständlichkeit, dass es das Maximum, die Allwissenheit, nicht gibt, sondern auch, dass das objektive Optimum nicht verlangt werden kann, weil alles aus der Sicht des Entscheidenden zu sehen ist. Vielleicht entgeht ihm die überhaupt wichtigste Information, aber er hatte auch nicht die Information, dass es die Information gibt, und darum keinen Anlass, danach am richtigen Ort zu fragen.

Der deutsche[33] und der ALI[34]-Text realisieren diesen Zuschnitt auf den Entscheidungsträger unter Beibehaltung der für eine solche Norm erforderlichen Objektivität der Kriterien, indem eine auffällige doppelte Abfederung eingeführt wird: Maßgebend ist die „vernünftige" („reasonable") Annahme des Entscheidungsträgers, dass er über „angemessene" („appropriate") Information für den Entscheid verfügt. Qualifiziert wird also sowohl das Verhalten (die Annahme) wie die Information. Was heißt das angesichts dessen, dass jede Relevanzenkette ins Unendliche geht und das Wichtige oft nicht das unmittelbar Sichtbare ist?[35] Muss der Entscheidungsträger einem Verdacht nachgehen, muss er eine Annahme zu korroborieren suchen, darf er die Wettbewerbsvorteile der Konkurrenz über den Daumen einschätzen? Tröstend wird ihm gesagt, das alles müsse „bloß" „vernünftigerweise" abgeklärt werden. Doch alles Abschneiden von Relevanzen ist Willkür, weil das Ergebnis nicht vorausgesetzt, auch nicht in etwa abgeschätzt werden kann – die Information, die man sucht, kennt man nicht.[36]

Dazu eine erste Bemerkung: Die beiden Texte vollziehen eine klare, aber nicht selbstverständliche Weichenstellung. Tatbestand ist nicht die Information, sondern deren Beschaffung. Diese Ausrichtung auf das für den Entscheidungsträger Zumutbare ist eine Notwendigkeit, wenn mit der Norm ein Sorgfaltsmaßstab zu setzen ist. Die Informationsklausel in diesen Bestimmungen könnte aber auch anders verstanden werden. Die Informationsversorgung ist darin, jedenfalls zunächst, keine Verhaltensregel, sondern eine Bedingung für

---

[31] S. Fn. 27.

[32] Dazu *Druey* Information als Gegenstand des Rechts, 1995, 7. Kap. u.a.

[33] „...vernünftigerweise annehmen durfte, auf der Grundlage angemessener Information ... zu handeln".

[34] (Fn. 16), Section 4.01 (c)(2): „... is informed ... to the extent he reasonably believes to be appropriate under the circumstances; ...".

[35] Beispielsweise wirft jede Nachricht für die Beurteilung ihrer Verlässlichkeit die Frage nach der Quelle auf; je weiter sie entfernt ist, desto länger und mühevoller ist die Relevanzenkette und ihre Verfolgung (*Druey* Die Information des Outsiders, in: v. Büren u.a., Grundfragen des neuen Aktienrechts, 1993, S. 69, 75).

[36] Grundlegend zu Problem und Lösungschancen *Chou/Robbins/Siegmund* Great Expectations: The Theory of Optimal Stopping, 1971; *Shirayev* Optimal Stopping, 1978.

die Anwendbarkeit der BJR. Das richtige Maß ist insofern nicht die Zumutbarkeit, sondern kann sehr wohl durch objektive Gegebenheiten gesetzt sein, die außerhalb der Macht des Entscheidungsträgers liegen. Das entspricht der Idee des Rahmens, der die Entscheidqualität sichert (s. oben Ziff. 1). Das „Menschliche", die Zumutbarkeit, kommt dann erst zum Zug, wenn der Nachweis der BJR-Voraussetzungen misslingt und der reguläre Sorgfaltsmaßstab Platz greift.

Das Informationsrequisit ist denn auch nur aus einem Motiv solcher Art erklärbar; Information ist eine – und gewiss die wichtigste – dieser Qualitätsgrundlagen. Dann hätte es nur der einen Abfederung, der Angemessenheit der verarbeiteten Information, bedurft. Dass die Aktivposten der Bilanz wegen Anwendung einer abenteuerlichen Bewertungsmethode irreführend überhöht sind, lässt sich möglicherweise nicht ersehen. Unter dem objektiven Informationsmaßstab ist die Bedingung nicht erfüllt, unter dem subjektiven dagegen ist sie es. Die Einschränkung der Einschränkung auf „vernünftigerweise" („reasonably") angemessene Informationsbeschaffung spricht aber klar die subjektive Sicht an. Die Zweifel richten sich deshalb gegen die strukturelle Solidität des ganzen Instituts.

Das führt zur zweiten Bemerkung. Im Bereich der Informationsversorgung macht die subjektiv verstandene Klausel das Konstruktionsprinzip der BJR voll rückgängig. Wenn ein neuer CEO zu wählen ist: Was braucht es, dass sich ein Mitglied der Wahlinstanz als vernünftigerweise unterrichtet betrachten darf? Braucht es das graphologische Gutachten, den Auszug aus dem Straf- oder Betreibungsregister, die Nachverfolgung der Google-Einträge usw.? Ist die Lage anders, wenn von vornherein auf solche Quellen verzichtet wird, als wenn alles einverlangt, aber ausschließlich auf ein Vorstellungsgespräch abgestellt wird? Ich fürchte, die Antwort wird manchenorts sein, es müsse die „übliche" Dokumentation vorliegen. Das aber ist genau jene Schulmeisterei des Abhakens, welcher die BJR entgegentreten will.

Zu bedenken ist dabei, dass jeder Entscheid per se Verarbeitung von Information bedeutet. Schreibt man vor, was an Informationen beizuziehen ist, so trifft man in den Kern jener Ermessensfreiheit, die geschützt werden soll. Denn sie ist nichts anderes als die Freiheit des Relevierens, der Bestimmung dessen, worauf der Entscheid zu stützen ist. Zudem ist die relevante Information immer situationsbezogen. Wer ein neuartiges Produkt im Köcher hat, braucht für den Entscheid über die Vermarktung recht andere Unterlagen als derjenige, der mit dem zehnten Imitationserzeugnis in einen heißen Wettbewerbskampf eintreten will. Und verschieden sind natürlich die Personen: Der eine studiert Akten in vielen nächtlichen Stunden, der andere stellt als oraler Mensch am liebsten auf das Gespräch mit Kollegen auf der Fahrt zur Sitzung ab, und der Dritte hat seine besten Entscheidungen gefällt, wenn er seinem „Riecher" folgte.

Kurz: Informationsbeschaffung ist business judgment par excellence. Soll die BJR Tragweite haben, muss sie dorthin expandieren, wo sie just nicht gelten soll, nämlich in ihre eigenen Voraussetzungen hinein. Es muss eine Art BJR zweiter Ordnung geben, welche die Elemente des Organermessens einbezieht, die in den Voraussetzungen enthalten sind. Das ist vor allem in Deutschland längst erkannt,[37] wird dagegen in den USA[38] einfach unter der Rubrik enger Verschuldensvoraussetzungen für die Sorgfaltspflicht abgehandelt. Solche unschuldige, an sich kaum ergebnisrelevante Unterschiede lassen tief blicken. Es zeigt sich darin, dass die angelsächsische BJR nichts als eine Formulierung und nicht wie die deutsche eine Einschränkung der Sorgfaltspflicht sein will (s. Ziff. III.2.).

Doch die deutsche Optik, die klarer zwischen der Rule und ihren Voraussetzungen trennt, müsste die konzeptuelle Konsistenz zu Ende denken – und sich am einfachsten vom

---

[37] Deutlich bei der Schaffung des UMAG, s. Begr. RegE, BR-Drucks 3/05 S. 21, BT-Drucks 15/5092 S. 11 f.

[38] *Block/Barton/Radin* (Fn. 15) S. 75–80; *Merkt/Göthel* (Fn. 9) S. 872. Verlangt wird „gross negligence" oder gar „recklessness".

amerikanischen Modell lösen. Es kommt ja einem logischen „salto mortale" gleich, wenn ein Rechtsinstitut die Auslegung seiner eigenen Voraussetzungen bestimmt. Die Frage gegenüber einer zweiten Ordnung von BJR ist zudem, wie denn deren eigene Voraussetzungen bestimmt werden,[39] und – da auch diese Ermessenselemente enthalten dürfte – ob nicht eine dritte usw. Ordnung sich darauf türmen muss. Etwas stimmt nicht, und die Unstimmigkeit ist in irgendeiner Richtung „mortalis". Ich fürchte, es trifft die BJR als solche.

3. Unterlassung

Bevor wir aber zu allgemeinen Schlüssen kommen, lohnt es sich, den Blick noch auf andersartige Voraussetzungen zu richten. Unterlassung soll nach der Tradition der BJR vom Anwendungsbereich ausgeschlossen sein. Die Vorstellung war anscheinend, dass es sich dabei um eine sachnotwendige Einschränkung handle, weil das Risiko der Ungewissheit, die Erforderlichkeit von Mut, sich an ein Tun und nicht ein Nichts-Tun knüpfe. Das Argument hat penetranten Schimmelgeruch: Ist einmal erkannt, dass Unternehmensleitung in erster Linie ein Reagieren auf eine immense Anzahl interner und externer Faktoren ist, welche alle eigenen Leitgedanken einer brutalen „rollenden Planung" unterwirft, so gibt es diesen qualitativen Sprung von Handlung zu Unterlassung nicht mehr. Auch Stimmenthaltung, Schweigen, Fernbleiben einer Sitzung, ja das Wegwerfen der viel zu weitschweifigen und ungeordneten Akten in den Papierkorb sind unternehmerische Entscheidungen. Ob gut oder schlecht, ob taktische Klugheit oder fauler Minimalismus, ist eine andere Frage; aber gerade darum verfehlt eine BJR, die nicht auch die Unterlassung einbezieht, ihre Idee.

Darüber dürfte auch weitgehend Einigkeit bestehen. Die BJR soll die Unterlassung nicht normativ ausklammern, aber – so die wohl verbreitete Meinung – sie stößt ganz einfach an ihre Grenzen, weil man ein Nichts nicht zum Tatbestandsmerkmal erheben kann. Daraus wird abgeleitet, dass das Nichts-Tun zumindest die Struktur eines Beschlusses aufweisen muss,[40] gleichsam ein Beschluss mit negativem Ausgang. Muss es das? Das Erfordernis der Informationsbeschaffung, das seinerseits der BJR unterliegen soll (oben Ziff. 2), zeigt das Gegenteil. Verletzungen der Pflicht bzw. Obliegenheit zur Informationsbeschaffung und damit der Großteil der Haftungsfälle beruhen auf einem Unterlassen.[41] Die BJR lässt jedenfalls in der „zweiten Ordnung" keinen Unterschied zum aktiven Handeln zu und setzt dabei keinerlei Formalisierung voraus; Informationsentscheide sind innere (mit allen Widerborstigkeiten von Information als Rechtsgegenstand behaftete) Vorgänge,[42] die sich dem von Natur aus entziehen.

Die Grundüberlegung muss lauten: Durch Tradition und ständiges Weitertragen eingespurt, ist mit dem Ausschluss der Unterlassung verlorengegangen, dass es der BJR um eine Entlastung der Organe im Streit um die Bestimmung der Unternehmensinteressen geht. Ausgangspunkt ist nicht ein Entscheid, sondern der Vorwurf an ihre Adresse, diese Interessen falsch zu würdigen. Wo, im unternehmerischen Kontext, der Vorwurf möglich ist, muss auch die BJR beigezogen werden können.

---

[39] *Lutter* GesRZ 2007, Ziff. 2.4.3. empfiehlt gute Aktenaufbewahrung bezüglich der Informationsbeschaffung, damit die Beanspruchung der BJR auf der zweiten Ebene erfolgreich sein kann. Auf der zweiten Ebene müsste aber die Ermessensfreiheit just die Selektion der für relevant gehaltenen Information schützen.

[40] S. Begr. RegE, BR-Drucks. 3/05 S. 19.

[41] *Böckli* (Fn. 19) Rn. 594a.

[42] Auch die meines Erachtens zu recht stark ausweitende Umschreibung des Beschlusses durch *Schneider* (DB 2005, 707, 711) als „bewusste Auswahl ... aus ... Verhaltensalternativen" kann die Probleme des Subjekts als „black-box" und der Unbegrenztheit der Relevanzenketten nicht beseitigen.

4. Beweislast

Die BJR ist von ihrem Ursprung her eine Beweislastregel, eine Vermutung, indem Äußeres für Inneres, Verfahren für inhaltliche Beschlussqualität genommen wird. Darauf wird von den amerikanischen Kollegen immer wieder Wert gelegt, und die ALI-Kodifizierung mit ihrer materiellrechtlichen Bestimmung dessen, was als Sorgfalt zu gelten hat, wird entsprechend kritisiert.[43] Zu Unrecht, wie mir scheint; denn auch nach ALI, und ebenso im deutschen Recht, endet mit dem Scheitern des Nachweises der Voraussetzungen nicht alles, sondern bloß wird die Sorgfalt ganz „nackt" zum Thema.

§ 93 Abs. 1 S. 3 AktG auferlegt indessen die Beweislast für Anwendung der gehörigen Sorgfalt den Organmitgliedern. Damit ist klar, dass auch die Erfüllung der Voraussetzungen der BJR, die sich im vorangehenden Satz als Gestaltung der Sorgfaltspflicht bezeichnet, von diesen Personen zu beweisen ist. Da liegt nun ein schwerwiegender Unterschied[44] zum amerikanischen Konzept.[45] Beide Lösungen sind auf ihrer – eben verschiedenen – Basis konsequent. Die Regelung des Aktiengesetzes ergibt sich aus dem Verständnis der BJR als Privileg, wofür der Ansprecher die Erfüllung der Voraussetzungen nachweisen muss. Die amerikanische dagegen veranlasst den Richter dazu, die Frage der gehörigen Sorgfalt aus einer andern Perspektive anzusehen; die Voraussetzungen sind als Anspruchsgrundlagen Beweisthema der Klägerin.

Die Diskussion müsste nun aber über die BJR hinaus auf die Beweislastverteilung bei Sorgfaltsmängeln ausgedehnt werden, mit oder ohne Anwendbarkeit der Rule. Nehmen wir an, der Vorstand beschließt die Akquisition einer maroden ausländischen Gesellschaft. Weil es ihm vor allem darauf ankommt, ein Standbein im betreffenden Land zu haben, untersucht er nur kursorisch die Möglichkeiten einer betrieblichen Sanierung. Die Tochtergesellschaft schreibt denn auch chronisch in den Folgejahren Verluste. Der Vorstand ist eine Begründung dafür schuldig, dass das Argument des Standbeins ins Zentrum gestellt wurde. Er wird zu zeigen suchen, dass das Geschäft in einer Gesamtsicht doch Nutzen versprach. Dies kann er zwar aus einer Sicht ex ante tun, wird aber für seine Beurteilung der Wirkungsmechanismen und die Abwägung von Vor- und Nachteilen für alle einzelnen Verhaltenselemente die Nicht-Eignung zur Erzeugung von Schaden darzulegen haben. Oder hat, wenn die Beachtung der Information nicht nachgewiesen werden konnte, die geschädigte Gesellschaft, weil beweisbelastet hinsichtlich des Kausalzusammenhangs, nachzuweisen, dass hier die Ursache allen Übels liegt? Je größer der Betrieb, je differenzierter die Arbeitsteilung, desto weniger kann sich paradoxerweise die einzelne Organperson darin „verstecken", weil ihr tendenzweise der Nachweis der Kausalabläufe auferlegt wird.

Doch zurück zur BJR. Ich meine, dass solche Fragen – wie könnte es anders sein? – aus Alternativen in den Grundvorstellungen herrühren. Sorgfaltspflichten und so auch Informationsbeschaffungspflichten können formalisiert werden oder nicht. Die typische Formalisierung ist die checklist: Die nötigen Operationen werden im Voraus und generell festgelegt und im konkreten Fall abgehakt. So lassen sich dann Informationsbeschaffungspflichten von den Folgen ihrer Nichtbeachtung sauber trennen. Noch deutlicher ist dies, wo spezifische Gesetzes- oder Satzungsvorschriften das Verfahren regeln („An den Aufsichtsratssitzungen haben die Protokolle der sechs vorangehenden Sitzungen aufzuliegen"). Solche Ordnungsvorschriften sind darauf ausgerichtet, den Gesellschaftsinteressen zu dienen; dass trotz Nichtbeachtung in casu diese Interessen gewahrt wurden, ist billigerweise von den Beklagten zu beweisen.

---

[43] *Block/Barton/Radin* (Fn. 15) S. 106.

[44] Ist der entsprechende Hinweis von *Hopt* in: FS Mestmäcker, 1996, S. 909, 919–921, bei der Entstehung des UMAG zu wenig beachtet worden („Abschneiden der Relevanzenkette")?

[45] S. *Block/Barton/Radin* (Fn. 15) S. 18 et passim.

Anders ist es aber, wenn Informationsbeschaffung selber als Teil eines vielstufigen Entscheidvorgangs erscheint. Seine Rechtfertigung kann der einzelne Akt dann nicht durch Bezugnahme auf ein Schema finden, sondern nur auf die vor-vorhandene Information und die Aussichten für Nutzen und Ertrag der weiteren Informationsbeschaffung, die daraus hervorgeht. Ein Entscheid fächert sich, so gesehen, in eine Vielzahl von Einzelentscheidungen auf, und führt selbst in harmlosen Situationen, auch angesichts einer Vielzahl von entscheidenden Personen (die an der Vorbereitung Beteiligten gehören ebenfalls dazu), zu höchst komplexen Kausalitätsfragen. Wer trägt das Beweisrisiko?

Dass in der Sache, abgesehen von spezifischen Gesetzes- oder Satzungsnormen, meines Erachtens nur die zweite Sichtweise in Frage kommt, hoffe ich schon dargelegt zu haben (oben Ziff. 2). Informationsbeschaffung ist Teil des Entscheidens selbst. Was das Beweisrecht angeht, könnte aber in den Formulierungen der BJR, vor allem in der dem Organ aufgebürdeten Beweislast für das Vorliegen der Voraussetzungen nach deutschem Recht, die Vorstellung eines generellen Pflichtenkatalogs, einer Reihe von „Regeln der Kunst" mitgespielt haben.[46] Erinnern wir uns indessen an Learned Hand:[47] Es gibt keine Regeln der Kunst für den Manager. – Die Pflanze droht mit der Einsetzung in den andersartigen deutschen Boden abzusterben.

III. Fallbezogenheit der Sorgfaltspflicht

1. Gibt es den Sorgfaltsdispens?

Abs. 1 des § 93 AktG erklärt bestimmte Verhaltensweisen erst dann für unsorgfältig, wenn die Entlastungsvoraussetzungen von Abs. 2 nicht Platz greifen. Kann dasselbe Verhalten derselben Person im selben Zeitpunkt in gleicher Sache je nachdem sorgfältig oder unsorgfältig sein? Dahinter steht die Frage: Kann man die Sorgfaltspflicht überhaupt regeln? Gewiss, der Gesetzgeber kann im Rahmen der Verfassung alles, und so auch erklären, er betrachte die und jene Art des Handelns nicht als unsorgfältig. Ein Motiv dafür wird er indessen brauchen. Kann er also erklären, er sehe in der fahrlässigen Tötung durch Ärzte keinen Sorgfaltsmangel, sofern sie ihre Steuern regulär bezahlt haben? Gewiss nicht. Was gäbe es dann für zulässige, dh. sachbezogene Motive? Der Fall der BJR lässt an ein politisches Motiv denken: das Bonbon…

In sachbezogener Weise lässt sich jedoch die Sorgfaltspflicht gesetzlich nur modellieren, wenn das Modell sein Motiv in der Sorgfaltspflicht selber hat. Sorgfältig zu handeln liegt in der notwendigen Logik jeden Verhältnisses, in welchem ein Alter für einen Ego tätig werden soll. So haben denn auch die Amerikaner die Rechtfertigung der BJR darin gesucht, dass sie just der Idee der Sorgfalt dient: Forschergeist statt Beamtentum, Optimismus statt Risikoaversion fördern auch die Interessen des Aktionärs (s. Ziff. 1.2.).

Auch die deutsche Version der BJR dürfte so zu verstehen sein, dass sie den Sorgfaltsbegriff unberührt lässt, trotz dem wortlautmäßigen Eingriff.[48] Dafür spricht, dass die als Voraussetzungen statuierten „Ersatzpflichten" für die allgemeine Sorgfaltspflicht sehr weit gefasst sind und so, wie gesehen, zu einem ganz wesentlichen Teil, wenn nicht überhaupt gesamthaft, die Sorgfaltsgebote in Form von Sicherungen der Beschlussqualität wieder eingebracht werden, von denen grundsätzlich dispensiert wird. Und selbst wenn dem nicht so wäre, verlangt das *innere*

---

[46] S. noch unten bei und in Fn. 48–50.

[47] S. Fn. 5.

[48] Dies reduziert sich vermutlich auf eine terminologische Frage. Meines Erachtens ist durch die BJR weder der Sorgfalts-Begriff noch der Sorgfalts-Massstab (so aber *Ulmer* ZHR 1999, 297) tangiert, wohl aber ist es, entsprechend der aktuellen amerikanischen Sicht (s. *Fleischer* ZIP 2004, 685, 689 f.), das Auseinanderfallen des standard of conduct und des standard of review. Der Freiraum unterbindet einerseits gewisse rechtliche Sensoren, die BJR ersetzt sie in ihren Voraussetzungen aber durch andere.

Gleichgewicht der Regelung, dass das Misslingen des Beweises der erfüllten Voraussetzungen keine Pönalisierung, keinen Sturz vom Himmel zur Hölle darstellt. Anders gesagt: Die Unterschiede zwischen den BJR-Voraussetzungen und der allgemeinen Sorgfaltspflicht kann nur die Qualität der Kriterien, nicht die Strenge der rechtlichen Qualifizierung betreffen. Sie sollten zwei Seiten derselben Medaille sein. Dazu nun das Folgende.

2. BJR ist kein Privileg

Sollen Innovation und entrepreneurship (um gleich die beiden schlimmsten Plastikwörter zu verwenden) gefördert werden, so bleibt das Stichwort vom politischen Bonbon im Raum. BJR kann auch den Anstrich der wirtschaftspolitischen Ankurbelungsmaßnahme, ja des quid pro quo für schmerzhafte andere Gesetzesvorschriften erhalten. In der Tat ist der Gedanke an ein Privileg in der deutschen Literatur offensichtlich immer wieder mit der BJR verbunden.

Ob die BJR ein gutes Geschäft für die Unternehmensorgane ist, lässt sich bezweifeln. Abgesehen von der schweren Beweislast (s. Ziff. II.4.) bedeutet eine Vervielfältigung der Kriterien eine entsprechende Vermehrung der Akten. Diese Tendenz verstärkt sich nochmals dadurch, dass die Kriterien auf äußere Umstände abzielen, was angesichts der Dokumentierbarkeit auch eine Dokumentationsobliegenheit erzeugt, und die Unsicherheit der Kriterien und dabei das Bestreben, auf alle Fälle bestückt zu sein, wirken nochmals in derselben Richtung. Das erfordert Aufwand und – wichtiger noch – Aufmerksamkeit von Leitungspersonen, die anderswo fruchtbarer eingesetzt werden könnten. Das „Privileg" dürfte darum eher nur darin bestehen, dass den Beklagten durch Nichtbeanspruchung der BJR die Alternative des regulären Sorgfaltsprozesses offensteht. Dies erst recht, wenn die Kohärenz des ganzen Abs. 1 des § 93 AktG (oben Ziff. 1) gebietet, die BJR „zweiter Ebene" (s. Ziff. II.2.) auch im regulären Sorgfaltsprozess gelten zu lassen.

In der Tat: Sollten die Verantwortlichen nicht einen Anspruch auf eine volle Sorgfaltsüberprüfung haben? Große menschliche Anliegen können dahinter stehen, aber auch die Chance, dass in das Gesamtbild zusätzliche entlastende Momente einfließen.

Dabei besteht für die deutsche so wenig wie für die amerikanische Lösung eine Schwierigkeit, sie aus der Institution der Sorgfaltspflicht selber zu begründen, ohne dass es eines qualitativen Sprungs in ein Privileg, einen Gnadenakt oder ähnlich bedürfte. Das Anliegen von § 93 Abs. 1 S. 2 AktG tritt auch für den unbedarften Beobachter mit aller Deutlichkeit hervor: Die gesetzliche Festschreibung des richterlichen Ermessens, des Verschuldensprinzips und der ex ante-Optik. All dies galt, wie gesehen, zuvor schon ohne explizite Gesetzesbestimmung, der Sache nach gestützt auf das Wesen der Sorgfaltspflicht, spezifisch von Organmitgliedern. Sorgfalt verlangt von Unternehmensleitungen Entscheide. Jedes Amt bedeutet in einer oder der andern Form Entscheidungs-Zwang, mithin Handeln trotz fortbestehender Ungewissheit. Mit keiner Methode, mit keinen Prognosen, aber auch mit keinen „goldenen Regeln" von Betriebswirten oder „Pflichtenheften" juristischer Art lässt sich diese Lücke der Ungewissheit ausfüllen. Da gibt es nur noch das „Strampeln", jeder auf seine Art. Wollt Ihr den verurteilen, Ihr Gesetzgeber, Richter, Medienleute und Professoren, der in dieser Situation betet oder spazieren geht? Da gibt es nur respektvolles Beiseitestehen. Gewiss: Euer Respekt kann missbraucht werden. Die camera obscura der Entscheidungsträger möge darum durch die Voraussetzungen zur BJR soweit geöffnet werden, dass die Zeichen für zynische Abenteuerlust, puren Egoismus oder totale Schlampigkeit nach außen dringen können. Das ist nicht dasselbe wie die Zulassung der Heerscharen von Rechthabern, welche im Innern jeden Stein umwenden.

Also: Der Handlungszwang in Ungewissheit ist doch wohl die eigentliche Idee der BJR. Und das nicht, weil den Unternehmensleitungen irgendwelche Pflichten geschenkt würden, sondern ganz einfach weil der Kompass für die optimale Ausrichtung des Verhaltens nicht funktioniert. Wo kein Maßstab besteht, kann es auch keinen vorwerfbaren Fehler geben.

3. *Sorgfaltsbeurteilung: Aufgabe des Richters*

Sorgfaltspflicht ist ein Singular. Es gibt keinen abschließenden Katalog von Sorgfaltspflichten im Plural. Dem ist just deswegen so, weil sich die Einzelpflichten bis ins Unendliche auffächern. Sorgfaltsgebote erwachsen aus Situationen, welche im Licht eines Interesses erkundet werden. Sorgfaltspflicht ist ein Element jeden Amtes, wenn wir „Amt" als Pflicht zur Wahrnehmung der Interessen anderer verstehen wollen.

Beurteilung der Einhaltung der Sorgfaltspflicht bedeutet mithin Individualisierung in zwei Richtungen: Zum einen ist das Rechtsverhältnis und das daraus hervorgehende Verhaltensprogramm zu bestimmen, welches das Amt begründet. Dann aber wird der Amtsträger gleichsam auf die offene See geschickt und hat seine Mission in einem nicht programmierten individuellen Umfeld zu erfüllen.

Mischt sich der Gesetzgeber in diese notwendig individuelle Situationsbeurteilung ein, so kann er nur Ungerechtigkeit erzeugen. Blendet er gewisse Pflichten aus oder verabsolutiert er andere, so privilegiert oder benachteiligt er ohne Grundlage in der Sorgfaltspflicht. Wer als Unternehmensleiter oder auch als dessen Beurteiler nicht handeln kann ohne generelle Richtschnur, wem allgemeine, meist über das Ziel hinausschießende Empfehlungen irgendwelcher Instanzen, Autoren oder Seminarredner etwas bringen, der möge seine Ermessensfreiheit dafür in Anspruch nehmen! Das Fehlen eines eigentlichen Pflichtenkanons, der mehr aussagt als eine allgemeine Verpflichtung auf das Unternehmenswohl und einige gegeneinander abzuwägende Prinzipien, kann ich im Gegensatz zu *Marcus Lutter*[49] und *Peter Ulmer*[50] nicht bedauern; er wäre kontraproduktiv, je autoritärer, desto mehr. Am Schluss der Untersuchung angelangt, scheint mir, dass hier der Kern der Problematik einer Transplantation angerührt ist. Die Amerikaner denken in dieser entscheidenden Hinsicht anders: Der unternehmerische Entscheid hat in der Wettbewerbssituation seine Chance gerade durch seine Individualität, durch Teilnahme am Hayek'schen Entdeckungsprozess für neue Möglichkeiten. Es soll just kein Schema geben, auch keine Grundsätze wie „in dubio abstine": Handeln und Nicht-Handeln liegen äquivalent in der Waagschale.[51]

IV. Schluss: Lasst uns die Business Judgment Rule vergessen – Es lebe die Ermessensfreiheit

1. *Wandlung eines Rechtsinstituts*

Kehren wir an unsern Anfang zurück, zur Tendenz unserer Welt zur Rationalisierung. Würden wir *Talcott Parsons* die Geschichte der BJR erzählen, würde er sich gewiss darüber freuen. Was als Entlastung von der Begründung, geradezu als Emblem der Gestaltungswillkür begonnen hat, wurde zum Gebot der Rationalisierung des ganzen Betriebs, äußerlich zwar auf (sehr große und offene) Teilbereiche beschränkt, der Idee und entsprechend der Tendenz nach unbeschränkt. Das Motiv hat sich insofern in sein Gegenteil verwandelt. Das Willkürverbot des Staats hat auf die privaten Unternehmen übergegriffen. Erfasst wird zwar nicht der Entscheid als solcher, deswegen aber die unzähligen Vorgänge, auf denen er fußt.

---

[49] Haftung des GmbH-Geschäftsführers, Jahrestagung VGR 1998, 87, 89.

[50] ZHR 1999, 290, 326.

[51] *Allen* (Fn. 6) S. 317, drückt den zentralen Punkt repräsentativ aus: „There is .... a fundamental ... interest in conferring on corporate directors and corporate management wide discretion to react *in a timely way* (Hervorhebung im Original) to changing circumstances. Given the possibility of almost infinite variation in the possible context calling for decision, the time frames that may be presented within which action must be taken or foregone, and the blend of skills and information relevant to a decision, it is impossible to do more than to describe a duty to act as a reasonably prudent person would do in similar circumstances."

Diese Entwicklung gilt, mit großen Wellenbewegungen, für das amerikanische Modell. Für das noch junge deutsche UMAG ist die Situation differenzierter. Die BJR traf hier auf die uralte kontinentaleuropäische Figur des „ordentlichen Kaufmanns", dh. auf einen Grundsatz der Normgeleitetheit des Unternehmens. Die neue Bestimmung verstand sich insofern als Befreiung, die Voraussetzungen indessen als dafür zu bezahlender Preis. Ohne hier noch ausholen zu können, ist aber zu vermuten, dass die Grundvorstellung der Ordnungsmäßigkeit anhand der Interpretation der Voraussetzungen der BJR die Formalisierung und damit Rationalisierung stärker vorantreibt als die Befreiung.

2. Rule ist nicht Vorschrift

Als Produkt der Gerichtspraxis, und sei sie auch langjährig, ist eine Rule, und so die BJR, kein „ausgeklügelt Buch", sie stellt kein Konzept dar, sondern veranlasst die Gerichte, sich in einer bestimmten Richtung zu bewegen. Widersprüchliches, Undurchdachtes, in den Begründungen Überschießendes bleibt vielfach bestehen, und dabei kaut der Zahn der Zeit noch kräftig mit. Wenn eine amerikanische privatrechtliche Institution wie die American Bar Association (übrigens mit viel Scheu vor der Festlegung[52]) oder das American Law Institute sich anheischig machen, alles in einige Sätze zusammenzufassen, so bleibt es doch eine Wiedergabe der weiterhin maßgebenden Praxis.

Außer den inhaltlichen Wandlungen hat über dem Atlantik gleichsam ein Wechsel der Flughöhe stattgefunden. Aus der rule wurde eine Gesetzesbestimmung. Diese Bestimmung ist eleganter und dabei inhaltlich reicher als alle bekannten amerikanischen Formulierungen. Aber sie hebt die rule in eine Höhe, für die sie nicht gemacht ist.

Für die Auslegung von § 93 Abs. 1 S. 2 AktG entsteht daraus die Grundfrage, ob und inwieweit sie als deutscher Gesetzestext wie irgendein anderer oder aber unter Berücksichtigung ihrer Herkunft erfolgen soll. Das würde, reichlich pauschal gesagt, eine freie, lockere, an den Grundmotiven der Regelung nicht nur orientierte, sondern inspirierte Auslegung sein. Das will nicht heißen, dass zur Beurteilung deutscher Fälle amerikanische Entscheidkaskaden beizuziehen wären. Sondern es ginge um die Entwicklung jenes Verständnisses der rule, welche wie dargelegt über das Motiv eines wirtschaftspolitischen Privilegs hinaus- und in die Sorgfaltspflicht zurückführt.

Zentral dürften dabei die Voraussetzungen der rule sein. Ein Gesetzestext, und so auch § 93 Abs. 1 S. 2 AktG, gibt sich in solcher Hinsicht taxativ. Trotzdem zeigt sich die Literatur, zumindest hinsichtlich des weiteren Erfordernisses der Unabhängigkeit, mit erstaunlicher Selbstverständlichkeit offen (s. Ziff. II.1.). Das ist meines Erachtens richtig, ebenso, trotz gedanklicher Schwierigkeit, die Anwendung der BJR auch auf ihre eigenen Voraussetzungen (s. Ziff. II.2.). Auch hinter den Voraussetzungen ist die allgemeine Linie zu bestimmen. Dass dies notwendig die schon sehr weiten Streitthemen nochmals erweitert, liegt nun einmal in der Sache, aber eben nur als Indizien, als Spalt in der camera obscura, der bald einmal signalisiert, ob es drinnen stinkt. Nicht der streng abschließende Charakter der Voraussetzungen nach den Traditionen liberaler Gesetzeslehre sichert die Ermessensfreiheit, sondern die Handhabung der Vorschriften in ihrem Geist. Das reduziert die Selektion des Gesetzes nicht zur Bedeutungslosigkeit, sondern nur zur Informalität im Sinne einer Fokussierung.

3. Das Phänomen der Transplatlantik

Dasselbe anders herum gesagt: Die Bezugnahme auf die BJR hat nur Chancen sich zu lohnen, wenn auch der Umgang mit Trends, Texten und Traditionen übernommen wird oder jedenfalls bekannt ist.

---

52 American Bar Association, 2 Model Business Corporation Act § 8.30, Official Comment, 3. Aufl. 1995, S. 8–167.

§ 93 Abs. 1 S. 2 AktG ist das relativ seltene Beispiel gewaltloser „Transplatlantik“: Die rezipierende Rechtsordnung inspiriert sich aus eigenem Interesse an einer amerikanischen Institution. Wesentlich bedeutendere Impulse dieser Art sind von Druck begleitet, sei dieser gezielt eingesetzt oder einfach faktisch bestehend. Wie die USA den Sarbanes-Oxley-Act im Kapitalrecht globalisieren konnten, oder daran sind, ihre skandalerschütterten GAAP in die Rechnungslegungsnormen der IFRS einzubringen, sind Beispiele.[53] Wenn wir angesichts dessen in Europa im Sinne einer verbleibenden Eigenständigkeit des Wirtschaftsrechts darauf verzichten, zusätzliche freiwillige „Transplatlantik“ zu leisten, so braucht das nicht starrsinnige Eigenständigkeit zu sein, sondern kann sich durchaus mit einem Auge auf die internationale Harmoniefähigkeit ausrichten. Diese ist, was die Ermessensfreiheit angeht, mit oder ohne BJR keine Frage.

Liest man im Bericht der Regierungskommission zur Corporate Governance nach, so heißt es dort schlicht, es möge in § 93 AktG klargestellt werden, dass es sich um keine Erfolgshaftung handle.[54] Auch das Urteil Arag/Garmenbeck[55] und *Peter Ulmers* wegleitender Gesetzgebungsvorschlag[56] wie auch die Recht gewordene Bestimmung selbst lassen die Grundintention der rechtlichen Bewältigung des Entscheidungszwangs in Ungewissheit erkennen. Warum immer der Verweis auf die BJR? Für die Rechtfertigung der deutschen Lösung ist er keineswegs nötig. Und warum der „Einkauf“ von Struktur und Text der Bestimmung in Philadelphia?

Man braucht im Übrigen kein großer Gärtner zu sein um zu wissen, dass jede Pflanze unter einer Verpflanzung leidet; die Wurzeln kommen oft nicht hinreichend mit und der Boden schon gar nicht. Die angelsächsische BJR ist Manifestation eines eingewurzelten Liberalismus, die deutsche viel eher selber ein Befreiungsakt.

4. Der einsame Richter

Die sich anknüpfende Frage ist, ob der Gesetzgeber der Richtige ist, um hier zu regeln. Zweifel wurden schon angemeldet (s. Ziff. III.3., IV.2.). Es geht dabei nicht um jene Floskel in Gesetzgebungsverfahren „Das Übrige können wir der Gerichtspraxis überlassen“, welche nach vorangehenden Leerformeln der Hochnäsigkeit nicht entbehrt. Zwei Motive gibt es dafür, dass das Überlassen-Können im vorliegenden Fall ein Überlassen-Sollen sein müsste.

Grundsätzlich lässt sich fragen, ob die gesetzliche Fixierung von ergangener Judikatur gut ist. Für die Rechtsanwender werden Rechtssicherheit und Transparenz verbessert, und der Beifall des Gesetzgebers mag den Richtern wohltun. Doch das Misstrauen, das daraus spricht, dass die Gerichte wieder umkippen und dass dies die Dinge per se zum Schlechtern wenden würde, schadet der Institution des Gerichtswesens. Aber auch der Gesetzgeber holt sich keine Ehre, wenn nicht der Richter als „bouche de la loi“, sondern der Gesetzgeber als „bouche du juge“ funktioniert. Doch überlassen wir dies den Staatsrechtlern.

Zweitens und zum vorliegenden Thema: Sorgfalt ist eine Eigenschaft situationsbezogenen Verhaltens. Erst aus der Situation heraus können die Gebote der Sorgfalt bestimmt werden. Ungewissheit, objektiv oder beim Entscheidungssubjekt, ist eine Eigenschaft vieler Elemente der Situation. Ungewissheit der Situation setzt sich fort in der Ungewissheit des gebotenen Verhaltens und dieses in der Ungewissheit der Beurteilung des gebotenen Verhaltens. Es ergibt sich daraus mangels Richtmaßes eine Zone, in welcher der Vorwurf der Unsorgfalt eingeengt wird; diese Zone des ungewissen Richtmaßes ist im Fall des Unternehmensmanagements denkbar ausgeprägt. Auch und namentlich Informationsbeschaffung unterliegt, als „Katze im Sack“, immer der Ungewissheit.

---

[53] S. schon *Fleischer* in: Doralt/Kalss (Fn. 10) S. 137.
[54] *Baums* (Hrsg.), 2001, Rn. 70.
[55] BGHZ 135, 244, 253 f. = NJW 1997, 1926.
[56] ZHR 1999, 290, 299.

Solange es Sorgfalt als Rechtspflicht der Organe gibt und nicht irgendein rein präventives Sicherungssystem Platz greift, wird es am Richter sein, sich in das cockpit der Unternehmensleitung zu versetzen – ein cockpit ohne Blindflugeinrichtung –, unzählige Einzelheiten aufzunehmen und trotz nur annäherungsweisem Bild zu einem Schluss zu kommen. Er vollzieht damit, mutatis mutandis, die Unsicherheit der von ihm Beurteilten nach. Und die Einsamkeit. Aber auch ihm soll ja Ermessensfreiheit zukommen.

Allen Unternehmensverantwortlichen dürfte die Chance, dass sich die Richter solchermaßen in ihre Situation hineinbegeben, wichtiger sein als alle wie auch immer formulierten BJRs.

Ein solcher Richter ging dem BGH leider jetzt verloren. Seinen Reichtum an Wissen und Einfühlungsvermögen hat er aber mitgenommen, und dieser wird ihm und uns noch viel Freude machen.

HOLGER FLEISCHER

Zur Rolle der Gesetzesmaterialien in der Rechtsprechung des II. Zivilsenats des Bundesgerichtshofs

Übersicht

Wulf Goette ist nach seiner prägenden Assistentenzeit bei *Werner Flume* an der Universität Bonn im Jahre 1975 in den Richterdienst eingetreten und hat dort eine glänzende Karriere gemacht. Schon mit 44 Jahren wurde er 1990 Richter am Bundesgerichtshof. Im Juni 2005 ist er zum Vorsitzenden Richter des II. Zivilsenats ernannt worden und damit in die Fußstapfen so berühmter Vorgänger wie *Robert Fischer* oder *Walter Stimpel* getreten. Während seiner 20jährigen Senatszugehörigkeit hat er die gesellschaftsrechtliche Spruchpraxis maßgeblich mitbeeinflusst und deren hohes Ansehen in der Fachöffentlichkeit weiter gemehrt. Ich hoffe daher auf sein Interesse an einem kleinen methodologischen Streifzug durch die Senatsrechtsprechung, auch wenn erfahrene Richter die Brauchbarkeit der juristischen Methodenlehre für die praktische Rechtsanwendung gelegentlich in Zweifel ziehen.[1] Gewürdigt werden soll die Rolle der Gesetzesmaterialien in der Spruchpraxis des II. Zivilsenats, und zwar genau für jene Zeitspanne, in der unser Jubilar diesem Spruchkörper angehörte (1990 bis 2010). Zur Eingrenzung der enormen Stofffülle beschränkt sich die ausgewertete Stichprobe auf Entscheidungen in der Amtlichen Sammlung (BGHZ 113 bis BGHZ 180). Der Rechtsprechungsanalyse vorangestellt seien einige allgemeine Bemerkungen zum Ziel der Gesetzesauslegung und zur Bedeutung des historisch-genetischen[2] Auslegungskriteriums.[3]

I. Theoretische Grundlagen

1. Der Grundsatzstreit um das Ziel der Gesetzesauslegung

a) Subjektive versus objektive Theorie

„Von den Einzelproblemen der Gesetzesauslegung ist keines so eingehend und zum Teil so leidenschaftlich erörtert worden, als die Frage nach dem Werte und der Verwendung der sogenannten Gesetzesmaterialien", hieß es bereits im Jahre 1914 bei *Philipp Heck*.[4] Die leidenschaftliche Erörterung rührt daher, dass sich hinter dem vermeintlichen Einzelproblem die Ewigkeitsfrage nach dem *Ziel der Gesetzesauslegung* verbirgt,[5] die jede Juristengeneration stets aufs Neue beschäftigt.[6] Um die Vorherrschaft konkurrieren zwei widerstreitende Auslegungstheorien, für die sich – terminologisch nicht ganz glücklich[7] – die Bezeichnungen subjektive und objektive Theorie eingebürgert haben.[8]

[1] Vgl. jüngst etwa den Schweizer Bundesrichter *Seiler* Praktische Rechtsanwendung. Was leistet die juristische Methodenlehre?, 2009, S. 2: „Es scheint, dass man als Rechtspraktiker vermeiden sollte, seine knappe Zeit mit der ohnehin unnützen Lektüre von Werken über Rechtstheorie und juristische Methodenlehre zu verschwenden."; kritisch auch der langjährige Richter am BVerfG *Hassemer* in: FS Jung, 2007, S. 231, 233: „Hier werden sowohl Verbindlichkeit als auch Leistungskraft der juristischen Methodenlehre gewaltig überschätzt. Diese Lehre ist als alleiniger Maßstab rechtsstaatlicher Rechtsfindung in einem kodifizierten Rechtssystem untauglich."; wortgleich *ders.* Rechtstheorie 39 (2008), 1, 3.

[2] Zur Unterscheidung zwischen historischen und genetischen Auslegungselementen etwa *Müller/Christensen* Juristische Methodik, Bd. I, 10. Aufl. 2009, S. 93 ff.; s. auch *Grigoleit* ZNR 2008, 259, 262 ff.; für weitere Binnendifferenzierungen innerhalb der genetischen Auslegung *Röhl/Röhl* Allgemeine Rechtslehre, 3. Aufl. 2008, S. 619 f., die zwischen historisch-soziologischer, dogmengeschichtlicher und konkret historischer Auslegung unterscheiden.

[3] Zur Aufspaltung der juristischen Methodenlehren zwischen dem Auslegungsziel und den Auslegungskriterien *Rüthers/Fischer* Rechtstheorie, 5. Aufl. 2010, Rn. 725 ff.; *Wank* Die Auslegung von Gesetzen, 4. Aufl. 2008, S. 29. Für eine vertiefende rechtsvergleichende Analyse der Rolle der Gesetzesmaterialien bei der Gesetzesauslegung *Fleischer* AcP 211 (2011) (demnächst).

[4] *Heck* AcP 112 (1914), 1, 105 f.

[5] Tiefschürfend etwa *Mennicken* Das Ziel der Gesetzesauslegung. Eine Untersuchung zur subjektiven und objektiven Auslegungstheorie, 1970.

[6] Ganz ähnlich *Engisch* Einführung in das juristische Denken, 10. Aufl. 2005, S. 123: „Ich bin vielmehr der Meinung, dass das ganze Problem noch nicht endgültig gelöst ist und sich wie alle echten Grundlagenprobleme nie endgültig wird lösen lassen."

[7] Kritik etwa bei *Röhl/Röhl* (Fn. 2) S. 631: „‚Subjektive' Auslegung ist objektiv, ‚objektive' Auslegung ist subjektiv."; von „erstaunlich falsch gewählten und irreführenden Bezeichnungen" sprechen auch *Rüthers/Fischer* (Fn. 3) Rn. 796.

[8] Zum Folgenden die Darstellungen bei *Bydlinski* Juristische Methodenlehre und Rechtsbegriff, 2. Aufl. 1991, S. 428 ff.; *Engisch* (Fn. 6) S. 112 ff.; *Kramer* Juristische Methodenlehre, 3. Aufl. 2010, S. 116 ff.; *Larenz* Methodenlehre der Rechtswissenschaft, 6. Aufl. 1991, S. 316 ff.; *Rüthers/Fischer* (Fn. 3) Rn. 784 ff.; *Zippelius* Juristische Methodenlehre, 10. Aufl. 2006, S. 21 ff.

Die subjektive Theorie fragt mit Variationen im Einzelnen nach dem *historischen* Willen des Gesetzgebers. Einer ihrer prominentesten Fürsprecher, der große Pandektist *Bernhard Windscheid,* hat dies dahin zugespitzt, der Rechtsanwender habe „sich unter Beachtung aller erreichbaren Momente möglichst vollständig in die Seele des Gesetzgebers hineinzudenken".[9] Spätere Vertreter, namentlich *Philipp Heck* als Schulhaupt der Tübinger Interessenjurisprudenz, stellten nicht mehr auf den *tatsächlichen* Willen des historischen Gesetzgebers, sondern auf dessen *normativen* Willen ab.[10] Man spricht insoweit auch von entstehungszeitlicher[11] oder historisch-teleologischer[12] Interpretation. Die Subjektivisten pflegen ihre Ansicht mit der Verbindlichkeit der gesetzgeberischen Zwecke und Wertungen für den Richter zu begründen,[13] gelegentlich auch mit der größeren Wissenschaftlichkeit dieses Auslegungsverfahrens, weil dessen Ergebnisse rational kritisiert und falsifiziert werden könnten.[14]

Demgegenüber erblickt die objektive Theorie das Ziel der Gesetzesauslegung in der Erschließung des dem Gesetz selbst innewohnenden Sinnes, der objektiv-teleologisch zu ermitteln sei und sich im Zeitablauf wandeln könne. *Gustav Radbruch* hat dies in die geistreiche, aber nicht ganz ungefährliche Formel gekleidet, nach der „das Gesetz klüger sein [kann] als seine Verfasser – es muß sogar klüger sein als seine Verfasser".[15] Zur Begründung ließen sich die Objektivisten, unter ihnen das „Dreigestirn Binding, Wach und Kohler"[16] der Jahre 1885/1886,[17] dahin vernehmen, dass sich das Gesetz mit dem Akt der Gesetzgebung von seinem Schöpfer löse und in ein objektives Dasein erhoben werde: „Mit dem Momente der Gesetzespublikation verschwindet mit einem Schlage der ganze Unterbau von Absichten und Wünschen des geistigen Urhebers des Gesetzes, ja des Gesetzgebers selbst, und das Gesetz ruht von nun an auf sich, gehalten durch die eigene Kraft und Schwere, erfüllt von eigenem Sinn."[18] Darüber hinaus appellierten die Objektivisten an die wissenschaftliche Ehre der Juristen und wandten sich gegen eine kritiklose Materialiengläubigkeit: „Die Materialiennachsuche", so der Freirechtler *Ernst Fuchs* mit der ihm eigenen Schärfe, „ist doch nur fleißige Registratorenarbeit, keine Wissenschaft".[19]

---

[9] *Windscheid* Lehrbuch des Pandektenrechts, Bd. I, 7. Aufl. 1891, S. 52.

[10] Vgl. *Heck* AcP 112 (1914), 1, 50, 53, 64, 77; ihm hierin folgend etwa *Looschelders/Roth* Juristische Methodik im Prozeß der Rechtsanwendung, 1996, S. 46 f.; *Rüthers/Fischer* (Fn. 3) Rn. 790.

[11] Vgl. *Kramer* (Fn. 8) S. 116, näher dazu unten I 1 b.

[12] Vgl. *Bydlinski* (Fn. 8) S. 428.

[13] Pointiert *Heck* AcP 112 (1914), 1, 62: „Wer sich der objektiven Theorie anschließt, nimmt daher die bewußte Vereitelung legislativer Absichten in sein Programm auf."

[14] Vgl. *Baden* Gesetzgebung und Gesetzesanwendung im Kommunikationsprozeß, 1977, S. 186 ff.; *Rödig* Die Theorie des juristischen Erkenntnisverfahrens, 1973, S. 181 ff.; s. auch *Alexy* Theorie der juristischen Argumentation, 2. Aufl. 1991, S. 294, der die genetische Argumentation als einen besonderen Fall der *empirischen* Argumentation ansieht.

[15] *Radbruch* Rechtsphilosophie, 8. Aufl. 1973, S. 207; kritisch dazu etwa *Röhl/Röhl* (Fn. 2) S. 629: „Klüger ist natürlich nicht das Gesetz, sondern für klüger halten sich seine Interpreten. Sie wollen sich deshalb vom historischen Gesetzgeber lösen."

[16] *Kramer* (Fn. 8) S. 121.

[17] Vgl. *Binding* Handbuch des Strafrechts, Bd. I, 1885, S. 450 ff.; *Wach* Handbuch des deutschen Civilprozessrechts, Bd. I, 1885, S. 254 ff.; *Kohler* GrünhutsZ 13 (1886), 1 ff. Zum historisch-politischen Hintergrund dieser Werke näher *Caroni* Einleitungstitel des Zivilgesetzbuches, 1996, S. 92 ff.

[18] *Binding* (Fn. 17) S. 454 im Anschluss an *Thöl* Einführung in das deutsche Privatrecht, 1851, S. 150.

[19] *Fuchs* Recht und Wahrheit in unserer heutigen Justiz, 1908, S. 53.

b) Frühe Einwände gegen die subjektive Theorie

Gegen die subjektive Theorie hat man schon früh verschiedene Argumente vorgetragen,[20] die sich mittelbar auch gegen die Heranziehung der Gesetzesmaterialien richten. Manche meinen, es gäbe in der parlamentarischen Demokratie gar keinen willensfähigen Gesetzgeber:[21] Der moderne Gesetzgeber sei ein anonymes Wesen, das aus einer Vielzahl von Personen und damit aus einer Vielzahl von Willensrichtungen bestehe.[22] Dieses sog. *Willensargument* verkennt aber, dass es nicht um einen natürlichen Normgeberwillen geht,[23] sondern um die Lösung von Zurechnungsfragen,[24] die in rechtsphilosophische Höhen (oder Abgründe) führen mögen,[25] dem bodenständigen Aktienrechtler aber durchaus vertraut sind: So wie es einen normativen Willen der Aktiengesellschaft gibt, der durch den Mehrheitsbeschluss ihrer Organe begründet wird, gibt es auch einen normativen Gesetzgeberwillen kraft Mehrheitsentscheidung[26] als gedankliches Konstrukt[27] oder demokratietheoretisch gebotene Fiktion.[28]

Ein zweiter Einwand geht dahin, dass sich der Wille des Gesetzgebers wegen der zum Teil lückenhaften Quellenlage nicht mit hinreichender Sicherheit feststellen lasse. Dies kann im Einzelfall durchaus zutreffen, verfängt aber dort nicht, wo die Materialien dem Rechtsanwender ohne weiteres zur Verfügung stehen.[29] Der Rechercheaufwand im Rechtsalltag ist gerade bei jüngeren Gesetzesmaterialien mittels elektronischem Zugriff minimal; bei älteren Gesetzen mag man der Rechtspraxis eine „Auslegungsökonomie"[30] zugestehen, die nach dem Praktikablen und Zumutbaren fragt.[31] Eine Variante dieses sog. *Unsicherheitsarguments* lautet, die Materialien seien manipulations- und missbrauchsanfällig.[32] Auch das ist (leider) nicht ausgeschlossen, sei es, weil auf Betreiben interessierter Kreise bestimmte Aussagen in die Materialien „eingeschmuggelt" werden, sei es, weil der Rechtsanwender die Materialien später nicht vollständig, sondern selektiv auswertet. Beides rechtfertigt aber keineswegs, sie von vornherein beiseite zu lassen. Besondere Wachsamkeit ist vor allem bei

---

[20] Für ihre systematische Auflistung *Heck* Gesetzesauslegung und Interessenjurisprudenz, 1914, S. 67 ff., der vom Willens-, Form-, Vertrauens- und Ergänzungsargument spricht; ihm folgend *Hassold* ZZP 94 (1981), 192, 207 ff.; für eine abweichende Einteilung *Baden* in *Rödig* (Hrsg.), Studien zu einer Theorie der Gesetzgebung, 1976, S. 369, 384 ff., der von Promulgations-, Unsicherheits- und Flexibilitätsargumenten spricht; ihm folgend *Röhl/Röhl* (Fn. 2) S. 628.

[21] Zum Problem sog. „Collektiverklärungen" bereits *Bülow* Gesetz und Richteramt, 1885, S. 35 f.; aus neuerer Zeit *Thienel* in: FS Koja, 1998, S. 161, 178 ff.; *Schäffer* in: FS Rill, 1995, S. 595, 602 f.; s. zur „Inexistenz" eines Kollektivwillens auch *Kelsen* Hauptprobleme der Staatsrechtslehre, 2. Aufl. 1923, S. 169 ff.

[22] So *Zweigert* Studium generale 7 (1954), 380, 382.

[23] Dazu auch *Röhl/Röhl* (Fn. 2) S. 628: „Der Wille des Gesetzgebers ist nicht mehr als eine brauchbare Metapher für einen historischen Kontext."

[24] Überzeugend *Christensen* Was heißt Gesetzesbindung, 1989, S. 59; ebenso *Jestaedt* Grundrechtsentfaltung im Gesetz, 1999, S. 355: „normative Zurechnung, nicht realpsychische Zuschreibung".

[25] Dazu etwa *Dworkin* Law's Empire, 1986, S. 342 ff.

[26] Zum Mehrheits- oder Agentenmodell *MacCallum* in *Summers* (ed.), Essays in Legal Philosophy, 1968, S. 237 ff., 261 ff.; dem folgend *Cramer* AJP 2006, 515, 516; *Müller/Christensen* (Fn. 2) Rn. 361 f.

[27] In diesem Sinne *Hassold* ZZP 94 (1981), 192, 207: „Gesetzgeber ist ein normativer Begriff, ein gedachtes Subjekt, dem der Gesetzesbefehl zugerechnet wird."; ganz ähnlich *Hotz* Richterrecht zwischen methodischer Bindung und Beliebigkeit?, 2008, S. 80: „normatives Konstrukt".

[28] So *Looschelders/Roth* (Fn. 10) S. 47 mit dem Zusatz, dass die *natürliche Meinungspluralität* der Annahme einer *normativen Willenseinheit* nicht entgegenstehe.

[29] Wie hier *Rüthers/Fischer* (Fn. 3) Rn. 791.

[30] *Jabloner* in: FS Schambeck, 1994, S. 441, 447 f.

[31] So *v. Arnauld* Rechtstheorie 32 (2001), 465, 475.

[32] Vgl. etwa *Binding* (Fn. 17) S. 472 f.

der – fragwürdigen – Praxis des „Gesetzgebungs-Outsourcing“ von Bundes- oder Landesministerien geboten.[33]

Schließlich wurde der subjektiven Theorie immer wieder entgegengehalten, sie führe zu einer unerwünschten Orientierung des Auslegungsergebnisses am Vergangenen, einer „Herrschaft der Toten über die Lebenden“[34]. Nur die objektiv-teleologische Interpretation erlaube eine fortwährende Anpassung des Gesetzes an neue Normsituationen. Dieses sog. *Ergänzungs- oder Flexibilitätsargument* beruht auf einer Fehldeutung des Verhältnisses der subjektiven Theorie zur Rechtsfortbildung:[35] Auch die Subjektivisten beharren nicht ausnahmslos auf dem historisch bestimmten Normsinn,[36] verlangen aber, dass allfällige Anpassungen vom Rechtsanwender offengelegt und begründet werden.[37] Dieser „Begründungszwang“[38] ist kein unnötiger Ballast, sondern trägt im Gegenteil – mit einer vielstrapazierten, aber gleichwohl unverzichtbaren Vokabel – zur Methodenehrlichkeit bei.[39]

c) Heutiger Meinungsstand

Nach einem jahrzehntelangen Meinungskampf schienen die Kombattanten erschöpft und die wesentlichen Argumente ausgetauscht.[40] Im Schrifttum wird die objektive Theorie vielfach als herrschend bezeichnet,[41] doch überwiegen bei näherer Betrachtung vermittelnde Auffassungen,[42] die bald vom Boden der objektiven Auslegung,[43] bald von dem der subjektiven Auslegung[44] fortentwickelt werden. Eine „strenge“ objektive Theorie, wel-

---

[33] Dazu *Battis* ZRP 2009, 201; sowie *Krüper* JZ 2010, 655 unter der Überschrift „Law firm – legibus solutus“.

[34] *Ehrlich* Die juristische Logik, 2. Aufl. 1925, S. 160.

[35] Klar herausgearbeitet bei *Hassold* ZZP 94 (1981), 192, 210: „Die Abgrenzung zwischen der Befugnis des Richters zur Rechtsfortbildung und der Rechtssetzungsprärogative des Gesetzgebers ist *nicht* Gegenstand des Streits zwischen der subjektiven und der objektiven Auslegungstheorie.“

[36] Vgl. *Röhl/Röhl* (Fn. 2) S. 628: „Die subjektive Theorie ist nicht so rigide, dass sie den Richter auf ewig an ein Gesetz bindet.“

[37] Vgl. etwa *Kramer* (Fn. 8) S. 31 f.

[38] *Meier-Hayoz* in Berner Kommentar ZGB, 1962, Art. 1 Rn. 155.

[39] So auch *Rüthers/Fischer* (Fn. 3) Rn. 730d, 794, 813 und öfter; ferner *Neuner* Die Rechtsfindung contra legem, 2. Aufl. 2005, S. 113; sowie *Wank* (Fn. 3) S. 32: „Die Berufung auf die objektive Theorie setzt dann allerdings auch voraus, dass ein solcher Alterungsprozess für ein bestimmtes Gesetz nachgewiesen wird. Dieser Nachweis wird allerdings von den Anhängern der objektiven Theorie vielfach gar nicht erst geführt.“

[40] So schon *Stratenwerth* in: FS Germann, 1969, S. 257, 258; aus neuerer Zeit *Schluep* Einladung zur Rechtstheorie, 2006, Rn. 1117, wonach die Kontroverse in der gesamten Methodenlehre „bis zur Redundanz“ geführt werde.

[41] Vgl. etwa *Engisch* (Fn. 6) S. 113: „Heute ist die objektive Theorie – wenngleich in vielen Spielarten – durchaus herrschend.“; gleichsinnig *Rüthers/Fischer* (Fn. 3) Rn. 798.

[42] Charakteristisch und wohlabgewogen *Kramer* (Fn. 8) S. 127 ff., 133 ff.; ferner *Engisch* (Fn. 6) S. 114 mit Fn. 25 und S. 123 mit Fn. 47; sowie *Hassold* ZZP 94 (1981), 192, 209: „Es bietet sich daher an, in *vermittelnden Lehren* Elemente der subjektiven und der objektiven Auslegungstheorie zu kombinieren oder primär die eine, bei deren Versagen subsidiär die andere der beiden Theorien anzuwenden oder beide Theorien in einem abgestuften Verfahren der Rechtsfindung zu vereinigen.“; außerdem *Ott* Juristische Methode in der Sackgasse?, 2006, S. 54, wonach „in allen Fällen beide Sichtweisen zu berücksichtigen“ seien.

[43] Repräsentativ *Larenz* (Fn. 8) S. 316: „Jeder der beiden Theorien liegt eine Teilwahrheit zugrunde; daher kann keine ohne Einschränkung akzeptiert werden.“, und S. 318: „Viel zu weit würde es indessen gehen, der Regelungsabsicht des historischen Gesetzgebers und seinen erkennbaren Normvorstellungen jede Bedeutung für die Auslegung abzusprechen.“

[44] Repräsentativ *Rüthers/Fischer* (Fn. 3) Rn. 820: „Das juristische Methodenproblem läßt sich nicht auf die Alternative entstehungszeitliche oder geltungszeitliche Gesetzesanwendung reduzieren. Die ‚subjektive‘ wie die ‚objektive‘ Auslegungstheorie erfassen zutreffende Teilaspekte.“

che die Verwendung der Gesetzesmaterialien verbietet oder für wertlos erklärt,[45] wird heute von niemandem mehr vertreten,[46] ebenso wenig eine „reine" subjektive Theorie, die den Interpreten stets an die Vorstellungen des historischen Gesetzgebers bindet.[47] Häufig wird dem Alter des Gesetzes große Bedeutung beigemessen: Bei älteren Gesetzen habe der Wille des historischen Gesetzgebers weniger Gewicht als bei jüngeren.[48] Vertreter der Strukturierenden Rechtslehre begreifen die Heranziehung der Gesetzesmaterialien schließlich als Sonderfall des systematischen Arguments, weil der zunächst isolierte Normtext über die genetische Auslegung mit einer Auswahl weiterer Texte verknüpft und in ein semantisches Netz eingebunden werde.[49]

Das BVerfG bekennt sich traditionell zur objektiven Theorie. Seine stehende Formel zum Ziel der Gesetzesauslegung lautet seit einem frühen Urteil aus dem Jahre 1952: „Maßgebend für die Auslegung einer Gesetzesvorschrift ist der in dieser zum Ausdruck kommende objektivierte Wille des Gesetzgebers, so wie er sich aus dem Wortlaut der Gesetzesbestimmung und dem Sinnzusammenhang ergibt, in den diese hineingestellt ist. Nicht entscheidend ist dagegen die subjektive Vorstellung der am Gesetzgebungsverfahren beteiligten Organe oder einzelner ihrer Mitglieder über die Bedeutung der Bestimmung. Der Entstehungsgeschichte einer Vorschrift kommt für deren Auslegung nur insofern Bedeutung zu, als sie die Richtigkeit einer nach den angegebenen Grundsätzen ermittelten Auslegung bestätigt oder Zweifel behebt, die auf dem angegeben Weg allein nicht ausgeräumt werden können."[50] Außerdem soll der Wille des historischen Gesetzgebers „nur insoweit berücksichtigt werden, als er im Gesetz selbst einen hinreichend bestimmten Ausdruck gefunden hat"[51]. Bei jüngeren Gesetzen wird den Regelungsabsichten des Gesetzgebers tendenziell größere Bedeutung beigemessen.[52] Dessen ungeachtet erforscht das BVerfG auch bei älteren Gesetzen mit großer Sorgfalt deren Vor- und Entstehungsgeschichte und fragt immer wieder nach dem Willen des Gesetzgebers.[53] Theoretische Vorgaben und praktische Methode klaffen mithin nicht selten auseinander.[54] Dies ist misslich, auch wenn methodologische Äußerungen des BVerfG wohl keine Bindungswirkung im Sinne des § 31 BVerfGG entfalten.[55]

---

[45] So *Cosack* Lehrbuch des deutschen Bürgerlichen Rechts, Bd. 1, 4. Aufl. 1907, S. 38: „als Auslegungsbefehl" ohne „den mindesten Nutzen"; ähnlich *Kohler* Lehrbuch des bürgerlichen Rechts, Bd. 1, 1906, S. 131; weniger streng noch *ders.* GrünhutsZ 13 (1886), 1, 38.

[46] So sehr klar *Hassold* ZZP 94 (1981), 192, 202.

[47] So mit ebensolcher Klarheit *Wank* (Fn. 3) S. 32.

[48] Vgl. etwa *Kramer* (Fn. 8) S. 136 f.; *Wank* (Fn. 3) S. 34; *Zweigert* in: FS Bötticher, 1969, S. 442, 447; ferner *Schluep* (Fn. 40) Rn. 1119: „Ist nämlich ein Gesetz [...] vorgestern entstanden, gestern in Kraft getreten und heute anzuwenden, ist unter Vorbehalt höherer Gewalt nicht einzusehen, weshalb der Rechtsanwender von vorgestern bis heute eine neue Verständniswelt schaffen sollte."; kritisch aber *Baden* (Fn. 20) S. 369, 392.

[49] Näher *Christensen* (Fn. 24) S. 60 ff.

[50] BVerfGE 1, 301, 312; bestätigt in BVerfGE 10, 234, 244; 11, 126, 130; st. Rspr.

[51] BVerfGE 11, 126, 130.

[52] Vgl. BVerfGE 54, 277, 297: „Zumal bei zeitlich neuen und sachlich neuartigen Regelungen kommt den anhand des Gesetzgebungsverfahrens deutlich werdenden Regelungsabsichten des Gesetzgebers erhebliches Gewicht bei der Auslegung zu, sofern Wortlaut und Sinnzusammenhang der Norm Zweifel offen lassen. Über die erkennbare Regelungsabsicht darf die Auslegung in solcher Lage nicht hinweggehen."

[53] Ausführliche Rechtsprechungsanalyse bei *Sachs* DVBl. 1984, 73; für ein aktuelles Beispiel BVerfG NJW 2009, 1469, 1471 f. Tz. 45 ff.

[54] Gleichsinnig *Rüthers/Fischer* (Fn. 3) Rn. 800: „Rechtstatsächlich betrachtet gibt das BVerfG dem historischen Argument bei der Gesetzesauslegung in aller Regel ein besonderes, oft das entscheidende Gewicht. Insoweit ist seine theoretische Proklamation zur sog. objektiven Methode ein bloßes Lippenbekenntnis."

[55] Vgl. *Rennert* in *Umbach/Clemens* BVerfGG, 1. Aufl. 1992, § 31 Rn. 74: „Methodensätze sind keine Rechtssätze."

Wieder aufgeflammt ist der Meinungsstreit in jüngerer Zeit unter staatsphilosophischen[56] und verfassungsrechtlichen Vorzeichen. Unter Berufung darauf, dass Methodenfragen immer auch Verfassungsfragen sind,[57] befürworten einflussreiche Stimmen in der Lehre eine Rückbesinnung auf die subjektive Theorie oder zumindest eine stärkere Betonung der historischen Auslegung:[58] Die Verfassungsgrundsätze der Demokratie, Gewaltenteilung und richterlichen Gesetzesbindung verlangten von den Gerichten die Erforschung der Entstehungsgeschichte; diese sei der unverzichtbare erste (nicht der letzte) Schritt jeder verfassungsgemäßen Rechtsanwendung.[59]

Das BVerfG hat sich zuletzt in einem vielbeachteten Kammerbeschluss zur Rügeverkümmerung im Strafverfahren mit dem Fragenkreis befasst.[60] Dem *Mehrheitsvotum* zufolge ist die Auslegung des einfachen Gesetzesrechts einschließlich der Wahl der hierbei anzuwendenden Methode Sache der Fachgerichte und vom BVerfG nicht umfassend auf ihre Richtigkeit zu untersuchen. Das BVerfG beschränke seine Kontrolle, auch soweit es um die Kompetenzgrenzen aus Art. 20 Abs. 2 S. 2 und Abs. 3 GG geht, auf die Prüfung, ob das Fachgericht bei der Rechtsfindung die gesetzgeberische Grundentscheidung respektiere und von den anerkannten Methoden der Gesetzesauslegung in vertretbarer Weise Gebrauch gemacht habe.[61] Ein von den Professoren-Richtern *Voßkuhle, Osterloh* und *Di Fabio* verfasstes *Sondervotum* ist dem mit einem Brevier zur Methodenlehre entgegengetreten: Der unter dem Grundgesetz seit jeher anerkannten Befugnis der Gerichte zur Rechtsfortbildung seien ihrerseits Grenzen gezogen. Habe der Gesetzgeber eine eindeutige Entscheidung getroffen, so dürfe der Richter diese nicht auf Grund eigener rechtspolitischer Vorstellungen verändern und durch eine judikative Lösung ersetzen, die so im Parlament nicht erreichbar gewesen wäre.[62] Ob der Gesetzgeber eine solche eindeutige Entscheidung getroffen habe, könne nur durch Auslegung nach den anerkannten Methoden ermittelt werden. Ausgangspunkt der Auslegung sei der Wortlaut der Vorschrift, der allerdings nicht immer Hinweise auf „den (subjektiven oder objektivierten) Willen des Gesetzgebers"[63] gebe. Für die Beantwortung der Frage, welche Regelungskonzeption dem Gesetz zu Grunde liegt, komme neben den Gesetzesmaterialien und der Systematik des Gesetzes auch dem Verständnis der Vorschrift in der Praxis eine nicht unerhebliche Indizwirkung zu. Soweit der Gesetzgeber nach Erlass der Norm untätig geblieben sei, lasse sich aus diesem Umstand weder ohne Weiteres darauf schließen, er akzeptiere eine bestimmte bzw. die gerade aktuelle Normanwendungspraxis, noch könne gar daraus gefolgert werden, er habe unter Verzicht auf sein Gestaltungsprimat eine Lösung des Sachproblems der Rechtsprechung überantwortet. Dem Gesetzgeber obliege im Hinblick auf die Geltung einer Norm keine Pflicht, sein diesbezügliches Regelungsanliegen in bestimmten Zeitabständen aufs Neue zu bestätigen.[64]

---

[56] Vgl. *Zippelius* (Fn. 8) S. 23: „Zugespitzt könnte man also sagen: Welche Auslegung einer wählt, hängt davon ab, was für eine Staatsphilosophie er hat."

[57] Vgl. *Rüthers/Fischer* (Fn. 3) Rn. 705 ff.

[58] Vgl. *Depenheuer* DVBl. 1987, 809, 812 f.; *Hillgruber* Journal für Rechtspolitik 9 (2001), 281; *Jestaedt* (Fn. 24) S. 328 ff., 338 ff.; *Neuner* (Fn. 39) S. 112 ff.; *Rüthers/Fischer* (Fn. 3) Rn. 780 ff.; s. auch *Auer* ZEuP 2008, 516, 528 ff.

[59] So mit besonderem Nachdruck *Rüthers/Fischer* (Fn. 3) Rn. 812.

[60] Vgl. BVerfGE 122, 248 = NJW 2009, 1469; dazu *Möllers* JZ 2009, 668; *Rüthers* NJW 2009, 1461.

[61] Vgl. BVerfG NJW 2009, 1469, 1470 Tz. 30.

[62] Vgl. BVerfG NJW 2009, 1469, 1479 Tz. 97.

[63] BVerfG NJW 2009, 1469, 1477 Tz. 98.

[64] Vgl. BVerfG NJW 2009, 1469, 1477 Tz. 101.

2. Einzelfragen der Verwendung von Gesetzesmaterialien

Nach diesen allgemeinen Vorbemerkungen zum Ziel der Gesetzesauslegung sollen nun verschiedene Einzelfragen zur Verwendung von Gesetzesmaterialien betrachtet werden.

a) Auswahl und Stellenwert der „Gesetzesmaterialien"

Wie bereits angedeutet, werden (Bundes-)Gesetze heute von zahlreichen Mitwirkenden im Wege arbeitsteiligen Vorgehens erstellt. Beteiligt sind gewöhnlich das federführende Fachministerium, welches einen Referentenentwurf erarbeitet, die Bundesregierung, die nach interministerieller Abstimmung einen Regierungsentwurf in das Parlament einbringt, sowie Bundestag und Bundesrat mitsamt ihren jeweiligen Ausschüssen. Im Vorfeld wirken vereinzelt auch Expertenkommissionen mit.[65] Alle diese Vorarbeiten liegen regelmäßig in schriftlich dokumentierter und öffentlich zugänglicher Form vor. Welche von ihnen sind als „Gesetzesmaterialien" verwertbar und in welchem Umfang?

Eine erste Abschichtung könnte Dokumente der *Exekutive* und solche der *Legislative* unterscheiden.[66] Für sie spricht die Funktion des Parlaments als Gesetzgeber. Dessen höhere Legitimation steht allerdings in einem gewissen Spannungsverhältnis zu seiner geringeren Sach- und Fachkompetenz. Parlamentsabgeordnete äußern sich bei der Beratung und Diskussion von Gesetzgebungsvorschlägen häufig nur zu deren allgemeiner Stoßrichtung und mit Hilfe von Begriffen, die möglichst unbestimmt sind und deshalb von verschiedenen Hörern mit verschiedenen Vorstellungen gefüllt werden können.[67] Ihre Redebeiträge geben dem Rechtsanwender daher oft keine weiterführenden Fingerzeige für die *rechtliche* Bedeutung einer Einzelvorschrift; die Kompromisshaftigkeit der politischen Meinungsbildung erschwert die Suche nach einer juristisch verwertbaren Intention des Gesetzgebers.[68] Mithin verwundert es nicht, dass sich die Gerichte zumeist an die Materialien aus einem früheren Stadium des Gesetzgebungsverfahrens halten.[69]

Rechtstheoretisch pflegt man den Indizcharakter der (Regierungs-)Begründung für den Willen des Gesetzgebers mit der sog. *Paktentheorie* zu begründen: Danach billigt das Parlament, das bei der Beratung und Beschlussfassung eines neuen Gesetzes keine eigenen Vorstellungen entwickelt, denjenigen Sinn, den die Verfasser des Entwurfs in der (Regierungs-)Begründung kundgetan haben.[70] Hierin liegt ein tragfähiger Begründungsansatz, wenn man dieses Konzept von seinen impliziten Willens- und Vertragskonstruktionen ablöst und den Vorgang der *Gesetzgebung als arbeitsteiligen Prozess* in den Vordergrund rückt.[71] Berücksichtigt man ferner, dass Regierung und sie tragende Parlamentsmehrheit politisch zumeist deckungsgleich sind, ist es auch durchaus plausibel anzunehmen, dass die Regierungsbegründung die Abstimmung im Parlament maßgeblich mitgeprägt hat.[72]

b) Mündliche Auskünfte

Unter den Gesetzesmaterialien versteht man üblicherweise nur urkundliche Zeugnisse. Theoretisch denkbar ist freilich auch eine mündliche Vernehmung von Personen, die am

---

[65] Dazu *Cramer* AJP 2006, 515, 519.

[66] Vgl. *Cramer* AJP 2006, 515, 517.

[67] Eindringlich *Pawlowski* Methodenlehre für Juristen, 3. Aufl. 1999, Rn. 620; s. auch *Larenz* (Fn. 8) S. 329.

[68] Vgl. *Luhmann* Das Recht der Gesellschaft, 1995, S. 420.

[69] Vgl. *F. Schmidt* Zur Methode der Rechtsfindung, 1976, S. 24ff.; zustimmend *Pawlowski* (Fn. 67) Rn. 618.

[70] Vgl. *Bydlinski* (Fn. 8) S. 431f.; *Engisch* (Fn. 6) S. 122; MünchKommBGB/*Säcker* 5. Aufl. 2006, Einl. Rn. 110; kritisch *Larenz* (Fn. 8) S. 329.

[71] So *Müller/Christensen* (Fn. 2) Rn. 362, die von dem Gesetzgebungsverfahren als einem „kompetitiven Handlungsspiel" sprechen.

[72] Überzeugend *Looschelders/Roth* (Fn. 10) S. 159.

Gesetzgebungsverfahren mitgewirkt haben. Sie wird in der heutigen Methodenlehre nur selten erörtert und fast einhellig abgelehnt.[73] Der historische Erfahrungsschatz erweist sich freilich als reichhaltiger: So hatte das Kammergericht im Jahre 1910 Mitglieder einer Reichstagskommission, Reichstagsabgeordnete und Vertreter der Regierung über die Vorgänge in der Kommission eidlich (!) vernommen, um Material für die Auslegung zu gewinnen,[74] und mit dieser Vorgehensweise beim Reichsgericht durchaus Zuspruch gefunden: „[Der Richter] ist bei seiner Tätigkeit nicht beschränkt auf die Gesetzgebungsdrucksachen und sonstigen Urkunden, sondern gegebenenfalls auch in der Lage, bestimmte Vorgänge durch Anhörung von Zeugen oder Auskunftspersonen anderer Art aufzuklären und festzustellen."[75] Demgegenüber hat es der österreichische Oberste Gerichtshof in einer Entscheidung aus dem Jahre 1950 als unzulässig angesehen, die Verfasser eines Gesetzentwurfes als Zeugen „über die Absicht des Gesetzgebers" zu vernehmen:[76] „Die Ansicht [...] kann gar nicht energisch genug zurückgewiesen werden. Sie würde eine völlige Bagatellisierung der Rechtsprechung und eine Verletzung der verfassungsmäßigen Unabhängigkeit der Gerichte herbeiführen. Ist ein Gesetz einmal im Bundesgesetzblatt veröffentlicht, so unterliegt seine Interpretation nur mehr der Rechtsprechung. Die ehemaligen Gesetzesverfasser haben an ihr keinen Teil mehr."[77] Für diese Auffassung mag man anführen, dass Ministerialbeamte oder Regierungsmitglieder nachträglich geneigt sein könnten, ursprünglich übersehene Rechtsprobleme oder unerwünschte Auswirkungen eines neuen Gesetzes als Zeugen in eigener Sache zu ihren Gunsten zu korrigieren. Außerdem bestünde die Gefahr, dass der rechtspolitische Meinungskampf vor Gericht fortgesetzt würde.

c) Andeutungstheorie?

Nicht einheitlich beurteilt wird in der modernen Methodenlehre, ob der Wille des historischen Gesetzgebers nur insoweit berücksichtigt werden kann, als er im verkündeten Gesetzeswortlaut einen, wenn auch unvollkommenen, Ausdruck gefunden hat. Verschiedene Literaturstimmen halten bis heute an dieser Andeutungstheorie fest.[78] Sie versuchen dadurch das sog. *Form- oder Promulgationsargument* der Objektivisten zu entkräften, wonach den Adressaten nur der verfassungsgemäß veröffentlichte Gesetzestext bindet, nicht aber irgendwelche apokryphen Materialien.[79] Auch das BVerfG scheint dieser Leitlinie zu folgen.[80] Aus rechtsvergleichender Sicht weist Art. 9 Abs. 2 des portugiesischen *Código Civil* in dieselbe Richtung, wonach der Wille des Gesetzgebers unbeachtlich ist, wenn er im Wortlaut nicht einmal angedeutet wird.[81] Die vordringende Gegenmeinung hält die

[73] Vgl. etwa *Bydlinski* (Fn. 8) S. 449 f.: „Die Begrenztheit des menschlichen Erinnerungsvermögens und Lebens einerseits, die Anforderungen der Rechtssicherheit und Gleichbehandlung andererseits sprechen in der Tat sehr dagegen, die Auslegung generell-abstrakter Normen möglicherweise unterschiedlich ausfallen zu lassen, je nachdem, ob bestimmte Personen noch als Auskunftsquelle zur Verfügung stehen oder nicht."; abweichend *Reinicke/Reinicke* MDR 1952, 141, 142.

[74] Die Entscheidung des KG ist – soweit ersichtlich – nicht veröffentlicht, sondern wird nur in Zeitungsberichten erwähnt; ablehnend *Klein* JW 1911, 834; zustimmend *Salmann* JW 1912, 321.

[75] RGZ 81, 276, 282.

[76] Vgl. OGH JBl. 1950, 507 Leitsatz 2.

[77] OGH JBl. 1950, 507, 508.

[78] Vgl. *Hassold* ZZP 94 (1981), 192, 208; *Schäffer* in: FS Rill, 1995, S. 595, 615; wohl auch *Kramer* (Fn. 8) S. 129.

[79] Vgl. *Hassold* ZZP 94 (1981), 192, 208: „Diesem – an sich zutreffenden – Argument wird der Wind aus den Segeln genommen durch die Andeutungstheorie."

[80] Vgl. BVerfGE 11, 126, 130, wonach der Wille des historischen Gesetzgebers „nur insoweit berücksichtigt werden [kann], als er im Gesetz selbst einen hinreichend bestimmten Ausdruck gefunden hat."

[81] Wörtlich heißt es dort: „Não pode, porém, ser considerado pelo intérprete o pensamento legislativo que não tenha na letra da lei um mínimo de correspondência verbal, ainda que imperfeitamente expresso."

Andeutungstheorie für methodisch überholt[82] oder befürwortet sie nur in modifizierter Form.[83]

In der Tat billigt die Andeutungstheorie der Wortlautgrenze ein zu großes Gewicht zu. Jedenfalls Materialien „praeter verba legis"[84] können – wenn auch mit geringerer Aussagekraft – Anhaltspunkte für die Auslegung geben.[85] Anders verhält es sich grundsätzlich bei Materialien „contra verba legis",[86] weil sonst aus einem *Nicht-Normtext* gegen einen *Normtext* entschieden würde.[87] Möglich bleiben aber die Korrektur eines Redaktionsversehens und eine teleologische Reduktion.[88]

d) Bindung an die Gesetzesmaterialien?

Eine letzte Frage geht dahin, ob der Rechtsanwender an die Ausführungen und Erläuterungen in den Gesetzesmaterialien gebunden ist. Eine solche Bindung wird heute ganz überwiegend abgelehnt;[89] vielmehr besteht breite Übereinstimmung darüber, dass die Gesetzesmaterialien lediglich „Hilfsmittel der Forschung"[90] darstellen, gleichsam „Fährten"[91] auf der Suche nach dem historischen Willen des Gesetzgebers, die für den Rechtsanwender nur eine „Anleitungsfunktion"[92] haben. Die Meinungsverschiedenheiten beginnen bei der Frage nach dem Rangverhältnis des historisch-genetischen Auslegungskriteriums zu den anderen Auslegungskriterien. Von Vertretern der juristischen Diskurstheorie wird gelegentlich eine Vorrangregel dahin formuliert, dass Argumente, die an den Willen des Normgebers anknüpfen, anderen Argumenten grundsätzlich vorgehen.[93] Zudem mehren sich die Stimmen derer, die zwar keine unbedingte *Befolgungspflicht* der Gesetzesmaterialien, wohl aber eine *Konsultationspflicht* des Rechtsanwenders postulieren.[94]

---

[82] So *Rüthers/Fischer* (Fn. 3) Rn. 799 iVm. Rn. 734 ff.; kritisch auch *Jestaedt* (Fn. 24) S. 340 f., wonach die *Form* der Normerzeugung nicht ohne weiteres mit deren *Inhalt* identifiziert werden dürfe; Generalkritik mit 16 Einzelargumenten gegen die Andeutungstheorie bei *Simon* Gesetzesauslegung im Strafrecht. Eine Analyse der höchstrichterlichen Rechtsprechung, 2005, S. 232–257.

[83] So *Wank* (Fn. 2) S. 33: „Erweitert man die Theorie dahin, dass Anhaltspunkte für den Willen des Gesetzgebers mit Hilfe aller Auslegungskriterien gefunden werden können, [...] kann der Andeutungstheorie zugestimmt werden."

[84] *Kramer* (Fn. 8) S. 139.

[85] Abweichend *Kramer* (Fn. 8) S. 139, der solchen Erwägungen unter Berufung auf das Formargument der Objektivisten „keine eigentliche normative Relevanz" zubilligt.

[86] *Kramer* (Fn. 8) S. 139.

[87] Dazu *Müller/Christensen* (Fn. 2) Rn. 441, im Ergebnis auch *Kramer* (Fn. 8) S. 140.

[88] Zu beiden Fällen *Kramer* (Fn. 8) S. 140 f.

[89] Abweichend aber *Gelzer* recht 2 (2005), 37, 45.

[90] *Engisch* (Fn. 6) S. 123.

[91] *Cramer* AJP 2006, 515, 517.

[92] *F. Schmidt* (Fn. 69) S. 19.

[93] Vgl. *Alexy* (Fn. 14) S. 305: „Es gilt also als pragmatische Regel die Argumentationslastregel: Argumente, die eine Bindung an den Wortlaut des Gesetzes oder den Willen des historischen Gesetzgebers zum Ausdruck bringen, gehen anderen Argumenten vor, es sei denn, es lassen sich vernünftige Gründe dafür anführen, den anderen Argumenten den Vorrang einzuräumen."; dem folgend *v. Arnauld* Rechtstheorie 32 (2001), 467, 476 f.; *Grigoleit* ZNR 2008, 259, 263 f., 270: „Im Verhältnis zur objektiv-teleologischen Auslegung kommt dem historisch-genetischen Befund ein präsumtiver Vorrang zu, der aber durch überwiegend gewichtige teleologische Erwägungen aufgehoben werden kann."; ablehnend *Heun* AöR 116 (1991), 185, 206.

[94] Vgl. *Kramer* (Fn. 8) S. 138; *Rüthers/Fischer* (Fn. 3) Rn. 730c, 789, 794; in diese Richtung schon *Heck*, AcP 112 (1914), 1, 114 f., 206.

II. Praktizierte Methode

Den dargelegten theoretischen Leitlinien soll nun die gerichtliche Praxis gegenübergestellt werden. Dies geschieht nicht in der Absicht akademischer Besserwisserei, sondern in der Einsicht, dass die heutige Methodenlehre den Kontakt mit der Rechtsprechung und infolgedessen auch den Einfluss auf sie weithin verloren hat.[95] Wer dem abhelfen will, muss methodologische Theorie und praktizierte Methode wieder enger zusammenführen.[96] Zu diesem Zweck wird hier analysiert, in welchen Verwendungszusammenhängen und mit welcher Stoßrichtung der II. Zivilsenat des BGH auf die Gesetzesmaterialien zurückgreift.[97]

1. Rechtsfortbildung entgegen den Vorstellungen des historischen Gesetzgebers

a) GmbH als einzige Komplementärin einer KGaA (BGHZ 134, 392)

In einem vielbeachteten Beschluss aus dem Jahre 1997 hat der BGH entschieden, dass die Errichtung einer KGaA mit einer GmbH als persönlich haftender Gesellschafterin grundsätzlich zulässig ist.[98] Zwar gehe das Aktiengesetz in den §§ 278 ff. AktG ebenso wie frühere gesetzliche Regelungen entsprechend den Vorstellungen des historischen Gesetzgebers davon aus, dass der persönlich haftende Gesellschafter der KGaA eine natürliche Person sei. Ein solches Leitbild rechtfertige jedoch nicht die Annahme der Unzulässigkeit einer KGaA mit einer Kapitalgesellschaft in der Funktion des Komplementärs. Innerhalb der durch zwingende gesetzliche Regelungen und die unabweisbaren Bedürfnisse des Rechtsverkehrs gezogenen Grenzen müsse Freiheit zu privatautonomer Gestaltung bestehen, die auch vom Gesetz nicht vorgesehene Mischformen und atypische Lösungen zulasse.[99] Vertiefend heißt es an späterer Stelle, auch ein etwaiger Wille des historischen Gesetzgebers vermöge nicht die Unzulässigkeit einer KGaA mit einer GmbH in der Komplementär-Funktion zu begründen. Obwohl die Zulässigkeit dieser rechtlichen Gestaltung bereits damals lebhaft diskutiert wurde, sei der Gesetzgeber sowohl bei der Aktienrechtsreform 1937 als auch bei derjenigen des Jahres 1965 insoweit untätig geblieben.[100] Die spätere Absicht der Bundesregierung, § 278 Abs. 1 AktG im Rahmen der GmbH-Novelle von 1980 durch einen Satz 2 zu ergänzen, wonach persönlich haftender Gesellschafter nur eine natürliche Person sein kann, sei nicht Gesetz geworden. Zwar sei dies vor allem darauf zurückzuführen, dass seinerzeit für eine solche Regelung angesichts des damaligen Meinungsstandes und der geringen Zahl in Betracht kommender Gesellschaften kein dringendes Bedürfnis gesehen wurde. Dessen ungeachtet wäre es methodisch verfehlt, aus einer nicht Gesetz gewordenen Absicht eines früheren Regierungsentwurfs Schlüsse für oder gegen die Zulässigkeit der in Frage stehenden Gestaltungsform zu ziehen. Der Wille des Gesetzgebers sei bei der Auslegung nur insoweit zu berücksichtigen, wie er im Gesetz

---

[95] So treffend *Muscheler* in: FS Hollerbach, 2001, S. 99 mit dem Zusatz: „Wenn man über Methoden der Gesetzesauslegung redet, muss man drei Dinge auseinanderhalten: Methoden, die *gelehrt* werden; Methoden, die *praktiziert* werden; und Methoden, die als praktizierte *beschrieben* werden, sei es von dem, der sie praktiziert, sei es von einem Dritten."

[96] Für einen ersten Versuch im Hinblick auf die gesellschaftsrechtliche Spruchpraxis *Fleischer/Wedemann* AcP 209 (2009), 597; sowie MünchKommGmbHG/*Fleischer* 2010, Einl. Rn. 125 ff.

[97] Für eine vergleichbare Untersuchung auf thematisch breiterer Basis die Münchener Habilitationsschrift von *Thomas Honsell* Historische Argumente im Zivilrecht. Ihr Gebrauch und ihre Wertschätzung im Wandel unseres Jahrhunderts, 1982; aus strafrechtlicher Sicht auch *Simon* (Fn. 82) S. 204–386 zum Auslegungskriterium der Entstehungsgeschichte.

[98] Vgl. BGHZ 134, 392 Leitsatz a).

[99] Vgl. BGHZ 134, 392, 393.

[100] Vgl. BGHZ 134, 392, 395.

selbst hinreichend bestimmten Ausdruck gefunden habe.[101] Da dies in der Frage der Zulässigkeit der GmbH & Co. KGaA gerade nicht der Fall sei, bleibe ihre Beantwortung Rechtsprechung und Schrifttum überlassen. Dies gelte um so mehr, als der Gesetzgeber inzwischen in jüngeren Gesetzen, etwa im Gewerbesteuergesetz, von der Existenz von KGaA, deren persönlich haftender Gesellschafter eine Handelsgesellschaft ist, zumindest Kenntnis genommen habe, ohne dies zum Anlass zu gegen diese atypische Gestaltung gerichteten gesetzgeberischen Maßnahmen zu nehmen.[102]

In den zahlreichen Beschlussbesprechungen hat der BGH Zustimmung und Widerspruch erfahren. Die Befürworter betonen, dass der Gesetzgeber die Gestaltungsform der GmbH & Co. KGaA indirekt anerkannt habe,[103] und begrüßen, dass der BGH mit dem Willen des historischen Gesetzgebers ein „Phantom" vertrieben habe, das gelegentlich in der juristischen Argumentation sein Unwesen treibe, wenn aus dem Gesetz nicht direkt ableitbare Ordnungsvorstellungen begründet werden sollen.[104] Die Kritiker rügen, dass sich der BGH zum „Korrektor des Gesetzgebers" aufschwinge und der vermeintlichen Zweckmäßigkeit zum Sieg über die Gesetzmäßigkeit verhelfe,[105] und dass es weder angebracht noch geboten sei, aus dem Schweigen des Gesetzgebers bestimmte Rückschlüsse zu ziehen.[106]

Bei Lichte besehen sind die Begründungsmuster des BGH von unterschiedlicher Überzeugungskraft: Sein erstes Argument, der Gesetzgeber habe die GmbH & Co. KGaA in jüngeren Reformgesetzen nicht verboten und die Frage damit der Rechtsprechung überantwortet, läuft dem im Demokratieprinzip und im Gewaltenteilungsgrundsatz verankerten Gestaltungsprimat des Gesetzgebers zuwider.[107] Mit seinem Bekenntnis zur Andeutungstheorie kann sich der BGH dagegen, wie erwähnt,[108] auf autoritative Äußerungen des BVerfG stützen. Das dritte Argument einer stillschweigenden Billigung der Rechtspraxis in anderweitigen Gesetzgebungsverfahren ist demgegenüber bedenklich,[109] weil es beliebig dehnbare Unterstellungen erlaubt und Steuer- und Gesellschaftsrechtsgesetze ohne weiteres in eins setzt. Von einer echten *legitimatio per subsequentem legem* kann man erst sprechen, seit der Gesetzgeber durch Einfügung des § 279 Abs. 2 AktG im Rahmen des Handelsrechtsreformgesetzes vom Juni 1998 die in Rede stehende BGH-Entscheidung vom Februar 1997 ausdrücklich bestätigt hat.[110] Ein viertes Begründungselement steuert schließlich unser Jubilar in einer knappen Beschlussanmerkung bei: Auf den Willen des historischen Gesetzgebers könne bei der KGaA nicht abgestellt werden, weil dieser vor 100 Jahren die künftige wirtschaftliche Entwicklung und die damit einhergehenden Erfordernisse der Kapitalbeschaffung nicht habe absehen können.[111] Angesprochen ist damit die allseits anerkannte Argumentationsfigur des Wandels der Normsituation.[112]

b) Rechts- und Parteifähigkeit einer BGB-Gesellschaft (BGHZ 146, 341 – „ARGE Weißes Roß")

Nach einer Grundsatzentscheidung des II. Zivilsenats aus dem Jahre 2001 besitzt die (Außen-) Gesellschaft bürgerlichen Rechts Rechtsfähigkeit, soweit sie durch Teilnahme am

---

[101] Vgl. BGHZ 134, 392, 395.
[102] Vgl. BGHZ 134, 392, 395 f.
[103] Vgl. *Hennerkes/Lorz*, DB 1997, 1388, 1390.
[104] Vgl. *Herfs* WiB 1997, 688, 690.
[105] Vgl. *Steding* NZG 2000, 182, 183.
[106] Vgl. *Joost* ZGR 1998, 334, 339 im Zusammenhang mit Fragen der Mitbestimmung.
[107] Allgemein dazu BVerfGE 78, 20, 25; BVerfG NJW 2009, 1469, 1480 Tz. 137.
[108] Vgl. den Text zu Fn. 80.
[109] Allgemein kritisch auch *Achenbach* NJW 1979, 2021, 2022; *Simon* (Fn. 82) S. 376 f.
[110] Überzeugend BGHZ 165, 192, 197.
[111] Vgl. *Goette* DStR 1997, 1012, 1015.
[112] Dazu etwa *Wank* (Fn. 3) S. 33 f.

Rechtsverkehr eigene Rechte und Pflichten begründet. In diesem Rahmen ist sie zugleich im Zivilprozess aktiv und passiv parteifähig.[113] Die Urteilsbegründung beginnt mit der Feststellung, dass sich über die Rechtsnatur der Gesellschaft bürgerlichen Rechts im Gesetz keine umfassenden und abschließenden Regeln fänden.[114] Im ersten Entwurf des BGB war die Gesellschaft nach römischrechtlichem Vorbild als ein ausschließlich schuldrechtliches Rechtsverhältnis unter den Gesellschaftern ohne eigenes Gesellschaftsvermögen gestaltet. Die zweite Kommission konstituierte hingegen ein Gesellschaftsvermögen als Gesamthandsvermögen, ohne jedoch die aus dem Gesamthandsprinzip folgenden Konsequenzen im einzelnen zu regeln, wie der II. Zivilsenat mit einem Zitat aus den Protokollen belegt: „Die Kom. glaubte, zu der wissenschaftlichen Streitfrage über das Wesen der gesammten Hand nicht Stellung nehmen zu sollen, vielmehr nur entscheiden zu müssen, welche Bestimmungen sachlich den Vorzug verdienen."[115] Aus alledem folgert der II. Zivilsenat, dass die Unvollständigkeit der gesetzlichen Regelung und das erkennbare Bestreben des historischen Gesetzgebers, eine konkrete Festlegung zu vermeiden, Raum ließen für eine an den praktischen Bedürfnissen der Verwirklichung des Gesamthandsprinzips orientierten Beurteilung der Rechtsnatur der Gesellschaft bürgerlichen Rechts.[116] An späterer Stelle ergänzt er, dass der Wortlaut des § 714 BGB der Rechtsfähigkeit der BGB-Gesellschaft nicht entgegenstehe: Der Senat brauche insoweit nicht der Frage nachzugehen, ob bereits der historische Gesetzgeber in Ansehung der deutschrechtlichen Gesamthandslehre des 19. Jahrhunderts die Rechtsfähigkeit der BGB-Gesellschaft als ungeschriebenes geltendes Recht angesehen habe; entscheidend sei, dass er jedenfalls eine solche Annahme nicht habe ausschließen wollen.[117] Schließlich zeichnet der II. Zivilsenat auf drei Seiten die Entstehungsgeschichte des § 736 ZPO nach und bemüht sich so um den Nachweis, dass die Parteifähigkeit der BGB-Gesellschaft vom Gesetzgeber ebenso wenig abschließend geregelt worden sei wie das „Wesen der Gesamthand" allgemein.[118] Dementsprechend habe *Gottfried Planck*, Generalreferent der zweiten Kommission, bereits in der im Jahre 1900 erschienenen ersten Auflage seines BGB-Kommentars trotz Ablehnung der Parteifähigkeit ausgeführt, die §§ 736, 859 ZPO berührten die Parteifähigkeit der Gesellschaft nicht; sie seien lediglich mit Rücksicht auf das Gesamthandsprinzip in das Gesetz aufgenommen worden.[119]

Die Entscheidung des II. Zivilsenats hat unter Gesellschaftsrechtlern im Ergebnis überwiegend Zuspruch gefunden. Heftig gescholten werden dagegen seine Argumente aus der Entstehungsgeschichte. Aus den Gesetzesmaterialien zum BGB lasse sich für die Gruppenlehre nichts herleiten, bemängelt ein Kritiker,[120] eher sprächen sie sogar für die traditionelle Gesamthandslehre; die Gesetzesmaterialien zur ZPO zeigten ebenfalls, dass die Rechtsfähigkeit der BGB-Gesellschaft dem historischen Gesetzgeber fremd gewesen sein müsse; es wäre daher besser gewesen, wenn der II. Zivilsenat „offen dargelegt [hätte], dass er das Recht der GbR aus der ihm vor 100 Jahren verordneten Enge befreit".[121] Andere Autoren wenden ein, dass sich das BGH-Urteil vom Verständnis des historischen Gesetzgebers, so unentschieden und widersprüchlich seine Konzeption auch gewesen sein mag, „ein gutes Stück entfernt"[122] habe, oder werfen dem Senat gar vor, Formulierungen aus den Gesetzes-

[113] Vgl. BGHZ 146, 341 Leitsätze a) und b).
[114] Vgl. BGHZ 146, 341, 343.
[115] BGHZ 146, 341, 343 unter Hinweis auf Prot. II S. 430.
[116] Vgl. BGHZ 146, 341, 343 f.
[117] Vgl. BGHZ 146, 341, 347.
[118] Vgl. BGZ 146, 341, 353 – 355.
[119] Vgl. BGHZ 146, 341, 355.
[120] Vgl. *K. Schmidt* NJW 2001, 993, 997.
[121] *K. Schmidt* NJW 2001, 993, 997.
[122] *Westermann* NZG 2001, 289, 291.

materialien zu zitieren, ohne sie in den korrekten Textzusammenhang zu setzen.[123] Inwieweit einzelne Kommissionsmitglieder eine bestimmte Meinung hatten, sei irrelevant, weil es auf den objektivierten Willen des Gesetzgebers ankomme.[124]

Mit einem gewissen zeitlichen Abstand wäre es methodisch wohl vorzugswürdig gewesen, wenn sich der II. Zivilsenat zu einer Rechtsfortbildung *praeter* oder sogar *contra legem* bei der BGB-Gesellschaft bekannt hätte.[125] Die hierfür erforderlichen Voraussetzungen lagen vor.[126] Dies schmälert freilich keineswegs Rang und Bedeutung des Urteils, das man mit Recht in die Reihe der *grands arrêts* des (Personen-)Gesellschaftsrechts eingeordnet hat.[127] Methodisch bemerkenswert ist schließlich noch der Hinweis des II. Zivilsenats auf die einschlägige Kommentarstelle bei *Planck* unter Hervorhebung seiner herausgehobenen Stellung während der Vorarbeiten zum BGB. Ob der *Planck'schen* Meinung im juristischen Diskurs tatsächlich ein erhöhtes Gewicht zukommt, war schon zu Beginn des vergangenen Jahrhunderts umstritten: Während manche den Kommentierungen des „hoch verdienten Generalreferenten der 2. Kommission" besondere Bedeutung beimaßen,[128] erwiderten andere, „es wäre mißlich um unser bürgerliches Recht bestellt, wenn die Auslegung *Plancks* der Kanon wäre, nach dem wir uns zu richten haben".[129] Losgelöst von der Person *Plancks* stellt sich heute die Frage nach dem argumentativen Gehalt von Stellungnahmen in einem Referentenkommentar. Richtigerweise können nachträgliche Äußerungen der Gesetzesverfasser nur bestätigend oder informativ herangezogen werden.[130] Dies ergibt sich im Übrigen auch aus der Paktentheorie,[131] weil das Parlament nachträgliche Verlautbarungen von Kommissionsmitgliedern oder Ministerialbeamten nicht in seinen Willen hat aufnehmen können.

2. Verneinung einer Regelungslücke unter Rückgriff auf die Gesetzesmaterialien

a) Kreditgewährung an GmbH-Gesellschafter (BGHZ 157, 72 – „November-Urteil")

In einem weniger prominenten Teil des sog. *November*-Urteils hat der BGH ausgesprochen, dass sich der Regelungsbereich des § 43a GmbHG auf Geschäftsführer beschränke und entgegen einer im Schrifttum vertretenen Auffassung nicht in analoger Anwendung auf Gesellschafter übertragen werden könne.[132] Zur Begründung heißt es unter Hinweis auf den Regierungsentwurf zur GmbH-Novelle von 1980, dass der Gesetzgeber die Einbeziehung dieses Personenkreises in den Tatbestand der Vorschrift ausdrücklich abgelehnt habe.[133] In der Literatur hat dieses Argument durchweg Beifall gefunden:[134] Der BGH habe einer entsprechenden Anwendung des § 43a GmbHG „aus methodischen Gründen zu Recht eine Absage"[135] erteilt. Der Gesetzgeber habe die Problematik gesehen, die Einbeziehung von Gesellschaftern aber ausdrücklich abgelehnt, so dass sich die für eine

---

[123] Vgl. *Heil* NZG 2001, 300, 303.
[124] Vgl. *Heil* NZG 2001, 300, 303.
[125] Wie hier bereits *Hadding* ZGR 2001, 712, 738.
[126] Abweichend, aber nicht überzeugend, *Canaris* ZGR 2004, 69, 116 ff.
[127] So *Wiedemann* JZ 2001, 661.
[128] Vgl. *Landsberg* Das Recht des BGB, 1904, Bd. 1, S. 32.
[129] *Kohler* Lehrbuch des Bürgerlichen Rechts, 1906, Bd. I, S. 124; ähnlich *Dernburg* DJZ 1905, 10.
[130] Wie hier *Simon* (Fn. 82) S. 277.
[131] Vgl. oben den Text zu Fn. 70.
[132] Vgl. BGHZ 157, 72, 74.
[133] Vgl. BGHZ 157, 72, 74 unter Hinweis auf BT-Drucks. 8/1347 S. 74.
[134] Vgl. *Bayer/Lieder* ZGR 2005, 133, 136; *Hahn* Der Konzern 2004, 641, 642; *Helmreich* GmbHR 2004, 457, 461; *Langner/Mentgen* GmbHR 2004, 1121, 1122; *Saenger/Koch* NZG 2004, 271 f.; *J. Vetter* BB 2004, 1509, 1510.
[135] *J. Vetter* BB 2004, 1509, 1510.

Analogie erforderliche Lücke nicht begründen lasse.[136] Dagegen könne auch nicht eingewandt werden, der gewünschte Schutz werde durch § 30 Abs. 1 GmbHG nicht erreicht, und deshalb habe der „Motivirrtum"[137] des Gesetzgebers eine Regelungslücke aufgerissen.[138] Es gehe nämlich nicht an, eine planwidrige Gesetzeslücke bereits dann anzunehmen, wenn eine – möglicherweise durchaus begründete – Forderung an das Recht in ihm keine Erfüllung finde;[139] eine Änderung des § 43a GmbHG wäre Sache des Gesetzgebers, nicht der Rechtsprechung.[140]

Der Nachweis einer fehlenden Regelungslücke durch Belege aus den Gesetzesmaterialien ist ein ebenso häufiges wie überzeugendes Anwendungsfeld der historisch-genetischen Auslegung. Gelegentlich hält man dem entgegen, der historische Gesetzgeber sei einem „Motivirrtum" erlegen. Damit ist gemeint, dass er sich nicht bloß versehentlich im Ausdruck vergriffen hat, sondern von bestimmten Gegebenheiten ausging, auf die er seine Regelung bewusst und gewollt zugeschnitten hat, die aber in Wirklichkeit so nicht vorlagen.[141] Die Berichtigung eines solchen Motivirrtums durch den späteren Rechtsanwender ist nicht von vornherein ausgeschlossen; sie kommt aber nur unter engen Voraussetzungen in Betracht.[142]

b) Materielle Unterkapitalisierung (BGHZ 176, 204 – „GAMMA")

In einem Urteil aus dem Jahre 2008 hat der II. Zivilsenat eine allgemeine gesellschaftsrechtliche Haftung des GmbH-Gesellschafters wegen materieller Unterkapitalisierung im Wege höchstrichterlicher Rechtsfortbildung abgelehnt.[143] Zur Begründung zitiert er einen entsprechenden Passus aus dem Regierungsentwurf zur GmbH-Novelle von 1980 und verweist überdies auf eine Passage in der Regierungsbegründung zum MoMiG, wonach der Reformgesetzgeber eine Unterkapitalisierungshaftung bewusst nicht vorgesehen habe.[144] Das Schrifttum ist dem unter Berufung auf eine „richtig verstandene Gewaltenteilung zwischen Parlamentsgesetzgeber und Rechtsprechung"[145] überwiegend beigetreten:[146] Wenn der Gesetzgeber einer Unterkapitalisierungshaftung gerade eine Absage erteilt habe, sei es nicht Aufgabe der Rechtsprechung, im Wege der Rechtsfortbildung das Gegenteil für richtig zu halten.[147] Ergänzend wird darauf hingewiesen, dass der seinerzeitige Vorschlag der Arbeitsgruppe Recht der CDU/CSU-Bundestagsfraktion, die Einführung der Unternehmergesellschaft mit einer gesetzlichen Gesellschafterhaftung wegen evidenter Unterkapitalisierung zu verknüpfen, im Gesetzgebungsverfahren zum MoMiG nicht aufgegriffen worden sei.[148] Methodisch bewegt sich der II. Zivilsenat mit der referierten Begründung in vertrauten Bahnen. Sein prägnantes Urteil verdeutlicht, dass die Bezugnahme auf die Gesetzesmaterialien gelegentlich das knappste und klarste Verfahren ist, ein Ergebnis juristisch mitzuteilen.[149]

---

[136] Vgl. *J. Vetter* BB 2004, 1509, 1510.
[137] *Sotiropoulos* GmbHR 1996, 653, 655.
[138] So aber *K. Schmidt* Gesellschaftsrecht, 4. Aufl. 2002, § 37 III 6 b, S. 1149.
[139] Vgl. *Bähr/Hoos* GmbHR 2004, 304, 305 unter Hinweis auf *Müller* BB 1998, 1804, 1807.
[140] So *Bähr/Hoos* GmbHR 2004, 304, 305.
[141] Zum Begriff des gesetzgeberischen Motivirrtums *Bender* JZ 1957, 595, 600; *Engisch* (Fn. 6) S. 232; *Reinicke/Reinicke* MDR 1952, 141, 142; *Zimmermann* NJW 1952, 959.
[142] Vertiefend *Simon* (Fn. 82) S. 369 ff.
[143] Vgl. BGHZ 176, 204 Leitsatz.
[144] Vgl. BGHZ 176, 204, 213 Tz. 18 ff.
[145] *Waclawik* DStR 2008, 1486, 1490.
[146] Vgl. etwa *Kleindiek* NZG 2008, 686, 688; *Möller* BB 2008, 1697, 1701 f.; *Veil* NJW 2008, 3264, 3265 f.; kritisch, aber nicht aus methodischen Gründen, *Schäfer/Fischbach* LMK 2008, 267714.
[147] So *Waclawik* DStR 2008, 1486, 1490.
[148] Vgl. *Kleindiek* NZG 2008, 686, 688.
[149] Allgemein dazu *Naucke* in: FS Engisch, 1969, S. 274, 279.

3. *Gesetzesmaterialien als Orientierungshilfe zur Erhellung des Normzwecks*

a) Inhabilität des Wirtschaftsprüfers (BGHZ 135, 260 – „Allweiler")

In dem aufsehenerregenden *Allweiler*-Urteil hat der BGH entschieden, dass die Beratung eines Auftraggebers in wirtschaftlichen und steuerlichen Angelegenheiten mit einer Abschlussprüfung durch denselben Wirtschaftsprüfer grundsätzlich vereinbar ist; sie kann jedoch nach Art und Umfang im Einzelfall eine unzulässige Mitwirkung im Sinne des § 319 Abs. 2 Nr. 5 HGB darstellen.[150] Zwar habe der Gesetzgeber durch das Bilanzrichtliniengesetz von 1985 den schon früher geltenden Berufsgrundsatz, dass von der Prüfung ausgeschlossen ist, wer bei der Erstellung der zu prüfenden Unterlagen mitgewirkt hat, aus dem Kreis der nicht näher bezeichneten allgemeinen Befangenheitsgründe (§ 318 Abs. 3 HGB) herausgenommen und in den Katalog der gesetzlich besonders hervorgehobenen Ausschließungsgründe (§ 319 Abs. 2 und 3 HGB) aufgenommen, um im übergeordneten Sachinteresse eine zuverlässige und unabhängige Abschlussprüfung zu gewährleisten.[151] Trotzdem habe er ausweislich des Berichts und der Begründung des Rechtsausschusses bewusst auf eine obligatorische Trennung von Prüfung und Beratung durch Zurückweisung entsprechender Gesetzesanträge verzichtet.[152] Dabei sei er davon ausgegangen, dass es bisher nicht zu Beeinträchtigungen durch gleichzeitige Prüfung und Beratung gekommen sei und dass die von der Wirtschaftsprüferkammer erlassenen Richtlinien ausreichten, wonach der Abschlussprüfer verpflichtet sei, im Einzelfall selbst zu prüfen, ob er im Hinblick auf seine beratende Tätigkeit von der Prüfung wegen Besorgnis der Befangenheit ausgeschlossen sei. Zudem sollte vor allem eine zusätzliche Kostenbelastung der prüfungspflichtigen Unternehmen vermieden werden. Diese Auffassung des Gesetzgebers von einer grundsätzlichen Vereinbarkeit von Abschlussprüfung und Beratung in steuerlichen und wirtschaftlichen Angelegenheiten habe auch im Gesetz ihren Niederschlag gefunden (vgl. § 319 Abs. 2 Nr. 8 HGB).[153]

Das Echo in der Literatur auf diese höchstrichterliche Leitentscheidung ist unterschiedlich ausgefallen: Verschiedene Stimmen betonen, der BGH habe der Intention des Gesetzgebers den gebührenden Respekt gezollt[154] und die von diesem vorgenommene Güterabwägung korrekt aufgenommen und verarbeitet.[155] Andere Autoren halten dem entgegen, dass der BGH die von ihm in Bezug genommene Passage aus der Begründung des Rechtsausschusses überbewertet habe: Diese zielte keineswegs darauf ab, der Beratung den Vorrang vor dem Mitwirkungsverbot einzuräumen oder das Mitwirkungsverbot sogar zu verdrängen. Vielmehr sollte sie nur ein allgemeines und umfassendes Beratungsverbot für den Abschlussprüfer verwerfen helfen; weitergehende Aussagen wollte sie ersichtlich nicht treffen.[156]

Methodisch lässt sich im *Allweiler*-Urteil eine häufig verwendete Variante der entstehungsgeschichtlichen Argumentationspraxis beobachten: Danach wird eine bestimmte Verständnisweise des Normtextes deshalb verworfen, weil ein entsprechender Änderungs- oder Zusatzantrag in der Endfassung nicht übernommen wurde.[157] Rechtstheoretisch ist diese Abgrenzung des verabschiedeten Normtextes von alternativen Formulierungen sowohl mit der Paktentheorie als auch mit dem Konzept einer umfassenden diskursiven Strategie des

---

[150] Vgl. BGHZ 135, 260.
[151] Vgl. BGHZ 135, 260, 263 unter Hinweis auf Begr. RegE, BT-Drucks. 10/317 S. 97.
[152] Vgl. BGHZ 135, 260, 263 unter Hinweis auf BT-Drucks. 10/4268 S. 118.
[153] BGHZ 135, 260, 263.
[154] Vgl. *Schmidtmeier* DB 1998, 1625.
[155] Vgl. *Heni* DStR 1997, 1210, 1211.
[156] Vgl. *Hommelhoff* ZGR 1997, 550, 556.
[157] Allgemein dazu *Christensen* (Fn. 24) S. 62 f.; *Schlink* Der Staat 1980, 73, 102 f.; *Simon* (Fn. 82) S. 321 ff.

Gesetzgebers[158] vereinbar. Auffällig ist außerdem, dass sich der BGH abermals zur Andeutungstheorie bekennt.

b) Fehlerhafte Ad-hoc-Mitteilungen (BGHZ 160, 134 – „Infomatec")

In der *Infomatec*-Entscheidung zur persönlichen Außenhaftung von Vorstandsmitgliedern einer AG für fehlerhafte Ad-hoc-Mitteilungen hat der II. Zivilsenat die Schutzgesetzeigenschaft verschiedener Vorschriften aus dem Kapitalmarktrecht geprüft und unter Hinweis auf den entstehungsgeschichtlichen Befund zurückgewiesen:[159] § 15 WpHG bilde kein Schutzgesetz im Sinne von § 823 Abs. 2 BGB, weil dessen Normzweck „nach den Gesetzesmaterialien"[160] nicht der Schutz der Individualinteressen der Anleger sei, sondern ausschließlich die im öffentlichen Interesse liegende Sicherung der Funktionsfähigkeit des Kapitalmarktes. Gleiches gelte für § 88 BörsG aF: „Nach den Gesetzesmaterialien"[161] sei ein Schutz des einzelnen Anlegers durch diese Vorschrift nicht gewollt; „wie bereits in den Gesetzesmaterialien zum Ausdruck kommt",[162] stehe bei ihr allgemein die Zuverlässigkeit und Wahrheit der Preisbildung an Börsen und Märkten mit ihrer für das gesamte Wirtschaftsleben weitreichenden Bedeutung im Vordergrund. § 88 BörsG aF bezwecke deshalb „nach dem Willen des Gesetzgebers"[163] in erster Linie den Schutz der Allgemeinheit.

Im Schrifttum haben die Ausführungen des II. Zivilsenats überwiegend Zustimmung gefunden.[164] Zusätzlich wird der fehlende Schutzgesetzcharakter von § 88 BörsG aF damit begründet, dass es der Gesetzgeber auch bei der Fassung der Nachfolgevorschrift des § 20a WpHG unterlassen habe, die Schutzgesetzeigenschaft der Norm festzustellen.[165] Eine Einzelstimme kritisiert allerdings, dass es sich bei den Ausführungen des BGH zu § 88 BörsG aF um eine mögliche, freilich nicht um eine zwingende Interpretation der Gesetzesmaterialien handle.[166] Anstatt sich allein auf eine in jeder Richtung interpretierbare Äußerung der Gesetzesverfasser zu stützen, hätte es durchaus nahe gelegen, auch andere Auslegungsmethoden heranzuziehen.[167]

Methodisch weist die Entscheidung des BGH insofern keine Besonderheiten auf, als die Gesetzesmaterialien zur Erhellung des Normzwecks herangezogen werden. Sie wirft aber ein Schlaglicht auf die Interpretationsbedürftigkeit und fallweise Zweifelhaftigkeit der Gesetzesmaterialien.[168] Zudem deutet die in einer Entscheidungsbesprechung hergestellte Verbindung von § 88 BörsG aF und § 20a WpHG die Verschränkung von historischer und genetischer Auslegung an, die in eine *Kontinuitätsregel* einmünden kann.[169]

---

[158] Dazu *Christensen* (Fn. 24) S. 63: „Es wird dabei unterstellt, dass man den Normtext einbetten kann in einen semantischen Kampf um Rechtsbegriffe, in welchem der schließlich verabschiedete Normtext zumindest von einigen anderen Regelungsmöglichkeiten abgegrenzt wird. Nur im Hinblick auf diese unreflektierten Voraussetzungen sind die Schlüsse möglich, welche die Gerichte in ihrer entstehungsgeschichtlichen Auslegungspraxis ziehen."

[159] Vgl. BGHZ 160, 134, 138ff.

[160] BGHZ 160, 134, 138f.

[161] BGHZ 160, 134, 139.

[162] BGHZ 160, 134, 139.

[163] BGHZ 160, 134, 140.

[164] Vgl. *Gerber* DStR 2004, 1793, 1795; *Körner* NJW 2004, 3386; *Kort* AG 2005, 21, 23.

[165] Vgl. *Edelmann* BB 2004, 2031, 2032.

[166] Vgl. *Leisch* ZIP 2004, 1573, 1574.

[167] So *Leisch* ZIP 2004, 1573, 1574; auf die Schwäche der Argumentationskraft unklarer Äußerungen im Gesetzgebungsverfahren hinweisend auch *Ekkenga* ZIP 2004, 781, 785.

[168] Zur Interpretationsbedürftigkeit auch *Loos* in: FS Wassermann, 1974, S. 123, 125; *Stratenwerth* (Fn. 40) S. 257, 261.

[169] Allgemein dazu *Müller/Christensen* (Fn. 2) Rn. 361b; für die in Rede stehende Rechtsnorm *Fleischer* in: *Fuchs* WpHG, 2009, § 20a Rn. 154: „Daher liegt es im Lichte des § 88 BörsG aF nahe, von einem *droit constant* auszugehen und die Schutzgesetzqualität des § 20a WpHG zu verneinen."

c) Keine Rechtsbeschwerde im Freigabeverfahren (BGHZ 168, 48 – „T-Online/ Deutsche Telekom“)

Nach einem Beschluss des BGH aus dem Jahre 2006 ist die Rechtsbeschwerde in dem Freigabeverfahren nach § 16 Abs. 3 UmwG kraft Gesetzes ausgeschlossen.[170] Zwar treffe es zu, dass in einem Verfahren, in dem – wie hier – die Rechtsbeschwerde nicht schon kraft Gesetzes eröffnet ist, nach dem Wortlaut des § 574 ZPO die Rechtsbeschwerde statthaft sei, wenn sie von dem Beschwerdegericht zugelassen werde. Dies gelte aber nicht ausnahmslos. Vielmehr sei bei der Gesetzesauslegung der durch die Entstehungsgeschichte des Zivilprozessreformgesetzes von 2001 belegten Tatsache Rechnung zu tragen, dass es neben den beiden in § 574 Abs. 1 S. 1 Nr. 1 und 2 ZPO niedergelegten Fallgestaltungen einen unbenannten dritten Bereich gebe, in dem das Gesetz die Frage der Statthaftigkeit der Rechtsbeschwerde im negativen Sinn entschieden habe.[171] Der Gesetzgeber des Zivilprozessreformgesetzes sei nämlich – mag dies auch im Wortlaut des § 574 ZPO nicht in der im Interesse der Rechtssicherheit gebotenen Klarheit zum Ausdruck gekommen sein – als selbstverständlich, weil es sich aus der Natur der Sache ergebe, davon ausgegangen, dass in bestimmten Verfahrensarten ein Rechtsbeschwerdeverfahren nicht in Betracht kommen könne.[172] Ein solches Verfahren, in dem sich der Natur der Sache nach die Eröffnung des Rechtsbeschwerdeverfahrens verbiete, sei auch das Freigabeverfahren nach § 16 Abs. 3 UmwG.[173] Zwar habe der Gesetzgeber anlässlich der Einführung der Rechtsbeschwerde den § 16 Abs. 3 UmwG nicht ausdrücklich um eine Regelung ergänzt, dass die Rechtsbeschwerde in diesem Verfahren ausgeschlossen sei. Er habe sich aber im Gesetzgebungsverfahren, in dem nach den Ausführungen der Gesetzesverfasser[174] das Beschwerdeverfahren nicht im Mittelpunkt der Diskussion um die Reform der Frage gestanden habe, mit dieser Frage nicht befasst. Vielmehr könne die genannte Entstehungsgeschichte des Gesetzes nur dahin interpretiert werden, dass es für den Gesetzgeber selbstverständlich gewesen sei, dass das Freigabeverfahren der Natur der Sache nach nicht anders als zweizügig ausgestaltet sein konnte, für eine ausdrückliche negative Anordnung in dem beschriebenen Sinn also kein Anlass bestanden habe.[175]

Die Literatur stimmt dem Beschluss sachlich und methodisch weithin zu: Der BGH sei zu Recht nicht „sturem Gesetzespositivismus“ gefolgt, sondern aufgrund überzeugender Wertungsgesichtspunkte zu einem Rechtsmittelausschluss gelangt.[176] Die formale Eröffnung der Rechtsbeschwerde im Freigabeverfahren habe auf einem Redaktionsversehen des Gesetzgebers beruht.[177] Allerdings sei der BGH nicht rechtserkennend – wie im Leitsatz angedeutet: „kraft Gesetzes“ –, sondern rechtsfortbildend tätig geworden.[178]

Der Beschluss veranschaulicht die große Mühe, die der BGH im Interesse der Rechtspraxis auf sich genommen hat, um eine legislatorische Fehlleistung auszumerzen. Er reicht das mangelhafte Gesetzeswerk nicht an seinen Konstrukteur zurück, sondern versucht ihm durch akribische Auswertung der Gesetzesmaterialien die einzig sinnvolle Aussage eines Rechtsmittelausschlusses abzugewinnen. Vor diesem Hintergrund erscheint es zweitrangig, ob es zur Erreichung dieses Ergebnisses tatsächlich einer dreimaligen Berufung auf den –

---

[170] Vgl. BGHZ 168, 48 Leitsatz.

[171] Vgl. BGHZ 168, 48, 50 Tz. 5.

[172] Vgl. BGHZ 168, 48, 51 Tz. 6.

[173] Vgl. BGHZ 168, 48, 51 Tz. 7.

[174] Vgl. BGHZ 168, 48, 53 Tz. 9 unter Hinweis auf die Veröffentlichung von *Hannich/Meyer-Seitz/Engers* ZPO-Reform, Einführung – Texte – Materialien, 2001, S. 113.

[175] Vgl. BGHZ 168, 48, 53 Tz. 9.

[176] So *Gehrlein* BB 2006, 1587.

[177] Vgl. *Gehrlein* BB 2006, 1587.

[178] So *Waclawik* ZIP 2006, 1428, 1430.

fragwürdigen – Argumentationstopos der Natur der Sache[179] bedurft oder ob man methodisch nicht besser zu einer teleologischen Reduktion des § 574 ZPO gegriffen hätte. Der ergänzende Hinweis des BGH auf eine nachträgliche Publikation der Gesetzesverfasser hat keinen argumentativen Eigenwert.[180]

4. Relativierung von Gesetzesmaterialien

a) Konkursverschleppung (BGHZ 126, 181)

In einem Urteil zur Konkursverschleppungshaftung des GmbH-Geschäftsführers nach § 823 Abs. 2 BGB iVm. § 64 Abs. 1 GmbHG aF hat der II. Zivilsenat unter Aufgabe seiner früheren Rechtsprechung entschieden, dass Neugläubiger gegen den pflichtwidrig handelnden Geschäftsführer Anspruch auf Ausgleich des vollen Schadens haben.[181] Dabei musste er sich mit dem Einwand auseinandersetzen, dass der Deutsche Handelstag und die preußischen Handelskammern im Gesetzgebungsverfahren zum GmbHG von 1892 für diesen Fall eine persönliche Außenhaftung des Geschäftsführers für alle entstandenen Schäden gefordert hatten, der historische Gesetzgeber diesen Forderungen aber ausweislich der Gesetzesmaterialien nicht nachgekommen ist, sondern es bei dem durch § 64 Abs. 2 GmbHG aF geschaffenen Schadensersatzanspruch der Gesellschaft gegen die Geschäftsführer belassen hat. Der II. Zivilsenat sah hierin kein durchschlagendes Gegenargument, sondern verwies darauf, dass das Bürgerliche Gesetzbuch bei Erlass des GmbH-Gesetzes noch nicht in Kraft getreten war und die Vorschrift des § 823 Abs. 2 BGB noch nicht existierte. Die Frage, welche Schadensersatzansprüche sich aus dieser Bestimmung für die durch verspätete Konkursantragstellung geschädigten Gläubiger ergeben, könne nicht ohne weiteres mit dem Hinweis auf die – begrenzten – Ansprüche beantwortet werden, die vor Einführung jener Vorschrift gesetzlich vorgesehen waren.[182] Methodisch trägt diese Auswertung der Entstehungsgeschichte zwar nichts zur Lösung der konkreten Rechtsfrage bei; sie verfolgt aber den Zweck, die Spruchpraxis zu freiem Vorgehen zu autorisieren.[183]

b) Antragsbefugnis im Spruchverfahren (BGHZ 177, 131)

Nach einem Beschluss des BGH aus dem Jahre 2008 muss der Antragsteller seine Stellung als Aktionär im Spruchverfahren innerhalb der Anspruchsbegründungsfrist lediglich darlegen, aber nicht nachweisen.[184] Ein Wille des Gesetzgebers, einen Nachweis der Aktionärsstellung innerhalb der Antragsfrist zu verlangen, lasse sich den Gesetzesmaterialien nicht entnehmen. Zwar seien die Verfasser des Regierungsentwurfs des Spruchverfahrensneuordnungsgesetzes möglicherweise der Auffassung gewesen, dass mit dem Antrag oder der Antragsbegründung der Nachweis der Stellung als Aktionär vorzulegen sei.[185] Diese – unklare – Äußerung habe aber in § 3 SpruchG keinen Niederschlag gefunden. Darauf, dass aus dem Gesetzestext nicht hervorgehe, dass ein Antrag ohne Nachweis die Antragsfrist nicht wahrt, sei bereits während des Gesetzgebungsverfahrens vom DAV-Handelsrechtsausschuss hingewiesen worden, ohne dass der Gesetzgeber die Anregung aufgegriffen habe, zur gebotenen Klarstellung eine Nachweisfrist in den Gesetzestext aufzunehmen.[186]

---

[179] Allgemein dazu *Kramer* (Fn. 8) S. 168.
[180] Vgl. den Text zu Fn. 130.
[181] Vgl. BGHZ 126, 181 Leitsatz b).
[182] Vgl. BGHZ 126, 181, 195.
[183] Allgemein zu dieser Zielrichtung historischer Argumente *Honsell* (Fn. 97) S. 105.
[184] Vgl. BGHZ 177, 131 Leitsatz.
[185] Vgl. BGHZ 177, 131, 137 f. Tz. 17.
[186] Vgl. BGHZ 177, 131, 138 Tz. 18.

In der Literatur hat man die Lesart der Gesetzesmaterialien durch den BGH angezweifelt.[187] Methodisch ist der Rückgriff auf die Andeutungstheorie zur Relativierung der Gesetzesmaterialien vertretbar,[188] wenn auch im vorliegenden Fall nicht vollständig überzeugend. Man hat den Eindruck, dass der BGH sie gezielt zur Vermeidung eines ihm unerwünschten Ergebnisses einsetzt. Dies deckt sich mit dem generellen Befund, dass die Andeutungstheorie zum „methodischen Giftschrank“[189] der Praxis zählt, mit dem sich unangenehme Vorstellungen des historischen Gesetzgebers leicht beiseite schieben lassen.[190]

5. *Gesetzesmaterialien als „Türöffner“ für richterliche Rechtsfortbildung*

a) Schiedsfähigkeit von Beschlussmängelstreitigkeiten (BGHZ 132, 278 – „Schiedsfähigkeit I“)

In einem Urteil aus dem Jahre 1996 hat der II. Zivilsenat entschieden, dass §§ 248 Abs. 1 S. 1, 249 Abs. 1 S. 1 AktG auf Entscheidungen privater Schiedsgerichte nicht entsprechend anwendbar sind.[191] In Ermangelung ausreichender Vorgaben des Gesetzgebers zu den einschlägigen Fragen könne es nicht Aufgabe der Rechtsprechung sein, darüber zu befinden, wie das schiedsgerichtliche Verfahren und die Beteiligungsmöglichkeiten der von ihm subjektiv Betroffenen im Einzelnen ausgestaltet sein müssten, um eine tragfähige Grundlage für die analoge Anwendung der bisher einseitig auf die Entscheidungszuständigkeit eines staatlichen Gerichts ausgerichteten Normen der §§ 246 ff. AktG auf die Tätigkeit privater Schiedsgerichte zu bieten. Die Schaffung eines solchen Regelgefüges würde den Rahmen zulässiger richterlicher Rechtsfortbildung sprengen.[192]

b) Schiedsfähigkeit von Beschlussmängelstreitigkeiten (BGHZ 180, 221 – „Schiedsfähigkeit II“)

13 Jahre später urteilte der II. Zivilsenat, dass Beschlussmängelstreitigkeiten im Recht der GmbH auch ohne ausdrückliche gesetzliche Anordnung der Wirkungen der §§ 248 Abs. 1 S. 1, 249 Abs. 1 S. 1 AktG grundsätzlich kraft einer dies analog im Gesellschaftsvertrag festschreibenden Schiedsvereinbarung oder einer außerhalb der Satzung unter Mitwirkung aller Gesellschafter und der Gesellschaft getroffenen Individualabrede „schiedsfähig“ sind, sofern und soweit das schiedsgerichtliche Verfahren in einer dem Rechtsschutz durch staatliche Gerichte gleichwertigen Weise ausgestaltet ist.[193] Zur Rechtfertigung seiner geänderten Rechtsauffassung verweist der II. Zivilsenat auf den Regierungsentwurf des inzwischen verabschiedeten und in Kraft getretenen Schiedsverfahrens-Neuregelungsgesetzes, wonach der Gesetzgeber die Problematik „angesichts ihrer Vielschichtigkeit in tatsächlicher und rechtlicher Hinsicht weiterhin der Lösung durch die Rechtsprechung unter Berücksichtigung der konkreten Umstände des Einzelfalls überlassen“ hat.[194] Die ihm sol-

[187] Vgl. *Rezori* NZG 2008, 660 f.

[188] Allgemein-kritisch zu gleichlautenden Argumentationsmustern in anderen BGH-Entscheidungen *Muscheler* (Fn. 95) S. 99, 128: „Ich halte das für einen groben Kunstfehler. [...] Richtigerweise muss der wahre Wille des Gesetzgebers umfassend ermittelt und dargestellt werden, dann erst darf die Frage gestellt werden, ob der so ermittelte Wille im Gesetzeswortlaut hinreichenden Ausdruck gefunden hat.“

[189] *Muscheler* (Fn. 95) S. 99, 129.

[190] Gleichsinnig *Simon* (Fn. 82) S. 257; *Wedel* Die Rolle entstehungsgeschichtliche Argumente in der Rechtsprechung des BGH in Zivilsachen, 1988, S. 85 f.

[191] Vgl. BGHZ 132, 278 Leitsatz.

[192] Vgl. BGHZ 132, 278, 289 f.

[193] Vgl. BGHZ 180, 221 Leitsatz.

[194] Vgl. BGHZ 180, 221, 226 Tz. 13.

chermaßen überantwortete Aufgabe habe der Senat nunmehr aufgegriffen. Im Schrifttum ist dieser Schritt durchweg mit Beifall aufgenommen worden.[195] Unter dem Gesichtspunkt historischer Auslegung wirft eine solche Kompetenzzuweisung an die Gerichte keine besonderen Probleme auf.[196] Sie bildet vielmehr ein schönes Beispiel für ein gelungenes Wechselspiel von höchstrichterlicher Rechtsprechung und Reformgesetzgebung im Gesellschaftsrecht.[197]

III. Schluss

Die hier untersuchten BGH-Entscheidungen veranschaulichen den Facettenreichtum entstehungsgeschichtlicher Argumentationsmuster: Gesetzesmaterialien dienen dem II. Zivilsenat als Bezugsautoritäten zur Verneinung einer Regelungslücke, Orientierungshilfen zur Erhellung des Normzwecks und Legitimationsgrundlagen für richterliche Rechtsfortbildung. Zuweilen werden sie auch mit Hilfe der Andeutungstheorie beiseite geschoben oder durch sonstige Umstände relativiert. Dabei schwankt die Ausführlichkeit, mit der Gesetzesmaterialien in die Entscheidungen eingeführt werden: Die Spannbreite reicht von seitenfüllenden Wortlautzitaten bis zu nachgestellten Klammerverweisen, die nur in Umrissen erkennen lassen, wofür der Nachweis steht. Theoretische Methodensätze und Argumentationspraxis lassen sich in der vorgenommenen Stichprobe häufig, aber nicht immer zur Deckung bringen; Abweichungen sind insbesondere bei den Schlussfolgerungen aus der Untätigkeit des Gesetzgebers sowie bei nachträglichen Äußerungen der Gesetzesverfasser zu verzeichnen. Insgesamt nimmt der II. Zivilsenat in dem Grundsatzstreit zwischen subjektiver und objektiver Theorie einen vermittelnden, pragmatischen Standpunkt ein, der an die „goldenen“[198] Worte des Berliner Rechtsprofessors *Ernst Eck* erinnert: „Wer Gesetze lediglich nach Maßgabe der Materialien auslegt, läßt es freilich an der erforderlichen Selbständigkeit fehlen; aber wer sie ohne Berücksichtigung ihrer Entstehungsgeschichte auslegt, verfällt umgekehrt leicht der Willkür.“[199]

---

[195] Vgl. *Böttcher/Helle* NZG 2009, 700; *Duve/Keller* NJW 2009, 1966, 1967; *Habersack* JZ 2009, 797, 799; *Römermann* GmbHR 2009, 710; *Wolff* NJW 2009, 2021.

[196] Allgemein dazu auch *Simon* (Fn. 82) S. 355.

[197] Näher *Fleischer/Wedemann* AcP 209 (2009), 597, 624.

[198] *Crome* System des Deutschen Bürgerlichen Rechts, Bd. I, 1900, S. 102.

[199] *Eck* Vorträge über das Recht des BGB, Bd. I, 1903, S. 30.

CONSTANTIN GOETTE/MAXIMILIAN GOETTE

Markante Wendepunkte und Wegmarken im GmbH-Recht

Übersicht

I. Einleitung

Das Modell der GmbH erfreut sich in Deutschland größter Beliebtheit, bietet es doch im Vergleich zu sonstigen Gesellschaftsformen wie der GbR oder der OHG eine Haftungsbeschränkung, ohne gleichzeitig einen so großen Organisationsaufwand zu fordern, dass sie gerade für kleinere Unternehmen unattraktiv wird, wie dies etwa bei der AG der Fall sein kann. Dieser Umstand hat mit dazu beigetragen, dass die GmbH auf eine mehr als hundertjährige Erfolgsgeschichte zurückblicken kann: Lag die Anzahl der in Deutschland bestehenden Gesellschaften mit beschränkter Haftung um 1950 noch bei ca. 22.000,[1] wuchs sie bis zur Jahrtausendwende auf etwa 800.000 an.[2] Diese Entwicklung zeigt einerseits, welch große Akzeptanz und damit auch praktische Relevanz die Rechtsform der GmbH hierzulande erreicht hat. Andererseits wirft die weite Verbreitung der GmbH die Frage auf, welche Faktoren dazu beigetragen haben, dass es zu diesem „Siegeszug" kommen konnte. Denn hätten weder der Gesetzgeber durch zahlreiche Reformbemühungen – wie zuletzt im großen Umfang durch das MoMiG – noch die höchstrichterliche Rechtsprechung das Modell der GmbH stetig weiterentwickelt, ausdifferenziert und den sich verändernden äußeren Umständen angepasst, so wäre der tatsächlich eingetretene Erfolg der GmbH keineswegs als sicher anzusehen gewesen. Deshalb sollen die markanten Wendepunkte und Wegmarken des GmbH-Rechts beleuchtet und gewürdigt werden, die bis zum heutigen Zeitpunkt das GmbH-Recht geprägt haben.

---

[1] *Ulmer* in: Hachenburg, GmbHG, 8. Aufl. 1992, Einl. Rn. 67.
[2] *Hansen* GmbHR 2002, 148, 149.

Der nachfolgende Beitrag soll zunächst kurz auf die historischen Wurzeln des GmbHG und damit auf den Ausgangspunkt des GmbH-Rechts in Deutschland eingehen, auf dem die spätere Fortentwicklung dieses Rechtsinstituts aufbauen konnte. Anschließend sollen die wichtigsten Wegmarken des GmbH-Rechts, die durch die beiden großen Säulen der Reformgesetzgebung und der umfangreichen Rechtsprechungspraxis geprägt worden sind, näher beleuchtet werden.

II. Historische Entwicklung des GmbHG von 1892

Die Schaffung des GmbHG muss vor dem Hintergrund der Reform des Aktienrechts von 1884[3] gesehen werden.[4] Hierbei kam es als Reaktion auf die Gründerkrise zu erheblich verschärften Vorschriften im Aktienrecht, so dass die Gründung und Verwaltung der AG so teuer und kompliziert wurde, dass das Modell der AG insbesondere für kleinere Unternehmen unübersichtlich, teuer und damit unattraktiv wurde.[5] Dennoch bestand gerade auch für diese Unternehmen ein erheblicher Bedarf für eine Haftungsbeschränkung, so dass Forderungen zur Schaffung einer neuen, unkomplizierteren Gesellschaftsform erhoben wurden.[6] Durch die soeben beschriebene Entwicklung hatte sich nämlich zwischen den bis dort bestehenden Personengesellschaften und der Aktiengesellschaft eine Lücke aufgetan,[7] die aus Sicht der beteiligten Wirtschaftsorganisationen dringend geschlossen werden musste.[8] Die Herausforderung bestand im Folgenden darin, eine Gesellschaftsform zu entwickeln, die neben der erwähnten Haftungsbeschränkung eine im Vergleich zur AG weitgehendere Entfaltungsmöglichkeit bot[9] und zugleich auch in der Lage sein sollte, im Wettbewerb mit der englischen Limited bestehen zu können.[10]

Oechelhäuser, dem ein maßgeblicher Anteil an der Entwicklung und Umsetzung des GmbHG zugesprochen wird,[11] versuchte sich des Problems dadurch anzunehmen, dass er sich bezüglich der Ausgestaltung des Rechtsverhältnisses der Gesellschafter untereinander weitgehend am Modell der OHG orientierte, im Außenverhältnis aber die für die OHG typische persönliche Haftung durch die Haftung mit einer bestimmten Vermögenseinlage beschränkte.[12] Dagegen bediente sich *Esser* bei seinem 1886 entstandenen Entwurf aus Elementen von AG, OHG und bergrechtlicher Gewerkschaft, wobei er für die Errichtung der Gesellschaft mindestens fünf Personen mit einer Einlage von jeweils 5000 DM forderte.[13] Auch *Hammacher* orientierte sich bei seinem Vorschlag am Modell der bergrechtlichen Gewerkschaft,[14] während *Ring* eine neue Gesellschaftsform forderte, die sich aus Bestandteilen von Gewerkschaften und Aktiengesellschaften zusammensetzte.[15]

Das schließlich im Jahr 1892 verabschiedete und mit Wirkung zum 10. 5. 1892 in Kraft getretene GmbHG entfernte sich aus verschiedenen Erwägungen[16] sowohl von allen vor-

[3] Hierzu ausführlich *Koberg* Die Entstehung der GmbH in Deutschland und Frankreich, 1992, S. 16 ff.

[4] Begründung GmbHG, S. 24; MünchKommGmbHG/*Fleischer* 2010, Einl. Rn. 51 mwN.

[5] Begründung GmbHG, S. 27.

[6] Vgl. Begründung GmbHG, S. 24; vgl. auch *Koberg* (Fn. 3) S. 18.

[7] Vgl. *H.P. Westermann* in: Scholz, GmbHG, 10. Aufl. 2000, Einl. Rn. 45.

[8] *Oppenländer* in: Oppenländer/Trölitzsch, GmbH-Geschäftsführung, 2004, Rn. 1 mwN.

[9] Vgl. *Meyer* Haftungsbeschränkungen im Recht der Kapitalgesellschaften, S. 293.

[10] Dazu *Schubert* in: FS 100 Jahre GmbHG, 1992, S. 5.

[11] Vgl. *Zöllner* JZ 1992, 381; *Schubert* in: FS 100 Jahre GmbHG, 1992, S. 2; *Fleischer* GmbHR 2008, 1121.

[12] Entwurf abgedruckt bei *Schilling* in: FS Kunze, 1969, S. 205 f.

[13] Vgl. *Koberg* (Fn. 3) S. 41 ff.; *Schubert* in: FS 100 Jahre GmbHG, 1992, S. 6.

[14] *Koberg* (Fn. 3) S. 72 ff.; *Meyer* (Fn. 9) S. 297 f. mwN.

[15] *Schubert* in: FS 100 Jahre GmbHG, 1992, S. 6 f.; *Meyer* (Fn. 9) S. 298 f.

[16] Vgl. hierzu Begründung GmbHG, S. 31 ff.

gebrachten Vorschlägen wie auch von allen bis dahin bestehenden Gesellschaftsformen deutlich und wurde deshalb als Kunstschöpfung des Gesetzgebers bezeichnet.[17] Um die Eigenständigkeit der GmbH zu unterstreichen, erfolgte die Normierung – anders als bei den bereits bestehenden Gesellschaftsformen – bewusst nicht im Handelsgesetzbuch, sondern in einem eigenständigen Gesetz ohne Verweisungen auf das HGB.[18] Das GmbHG sollte nach dem Willen des Gesetzgebers die entstandene Lücke schließen, die zwischen den mit einer Vollhaftung verbundenen Personengesellschaften und der durch die Aktienrechtsreform 1884 kompliziert gewordenen Gesellschaftsform der Aktiengesellschaft entstanden war.[19] Dabei wurde aber, um den unter Umständen sehr verschiedenen Bedürfnissen der Gesellschaften Rechnung zu tragen, die Festlegung eines konkreten GmbH-Typus unterlassen, so dass die Gesellschafter bis heute bei der Gestaltung ihrer GmbH von einem großen Gestaltungsspielraum profitieren können.[20] Ziel war es zudem, nicht nur den kleineren Unternehmen, sondern auch größeren Zusammenschlüssen eine passende, nicht zu komplizierte, restriktive und teure Gesellschaftsform als Alternative zur Aktiengesellschaft bereitzustellen.[21] Besonderes Augenmerk wurde hierbei auch darauf gelegt, die neu geschaffene Rechtsform der GmbH für weite Teile der Bevölkerung nutzbar zu machen, indem das Mindeststammkapital auf nur 20.000 DM und die Mindeststammeinlage auf 500 DM festgesetzt wurde.[22] Allerdings stellt diese Summe – die Inflationsrate mit eingerechnet – im Vergleich zu den heute gesetzlich vorgeschriebenen 25.000 Euro einen wesentlich höheren Betrag dar,[23] so dass der finanzielle Aufwand zur Gründung einer GmbH im Vergleich zu früher nochmals deutlich gesunken ist.

Im Übrigen hat sich auch in jüngster Zeit gezeigt, dass sich das GmbHG von der soeben beschriebenen Zielsetzung bis in die Gegenwart nicht entfernt hat: Vielmehr ist durch das MoMiG und die Einführung der UG (haftungsbeschränkt) dem Bedürfnis erneut Rechnung getragen worden, dass gerade kleinere Unternehmen in der Phase ihrer Gründung in die Lage versetzt werden müssen, mit relativ geringem finanziellen Aufwand eine Haftungsbeschränkung zu erreichen, selbst wenn dies eine Reaktion auf die konkurrierende Limited gewesen sein mag. Der Gesetzgeber war nämlich mit dem Problem konfrontiert, dass viele Unternehmer ihre Gesellschaft in der Rechtsform einer englischen Limited gründeten, da sie damit vermeintlich weniger finanziellen Aufwand treiben mussten.

III. Reformen im GmbH-Recht

1. GmbH-Novelle 1980

Nachdem eine durch verschiedene Regierungsentwürfe von 1969, 1971 und 1973 angestoßene große Reform des GmbH-Gesetzes gescheitert war, sollten mithilfe der durch einen Regierungsentwurf von 1977 vorbereiteten und 1980 verabschiedeten GmbH-Novelle (BGBl. I S. 836) zumindest „einige dringliche Änderungen des reformbedürftigen GmbH-Gesetzes“[24] durchgesetzt werden. Die im Entwurf ausgewiesenen Ziele richteten sich neben der Verbesserung des Gläubigerschutzes und der Erweiterung der Rechte ein-

---

[17] MünchKommGmbHG/*Fleischer* 2010, Einl. Rn. 50; *K. Schmidt* GesR § 33 II 1.

[18] *Schubert* in: FS 100 Jahre GmbHG, 1992, S. 22.

[19] *Kober* GmbHR 1992, 403; MünchKommGmbHG/*Fleischer* 2010, Einl. Rn. 72; Begründung GmbHG, S. 35.

[20] *Oppenländer* in: Oppenländer/Trölitzsch, GmbH-Geschäftsführung, 2004, Rn. 5; *Immenga*, Die personalistische Kapitalgesellschaft, 1970, S. 68.

[21] *Schubert* in: FS 100 Jahre GmbHG, 1992, S. 45.

[22] *Schubert* in: FS 100 Jahre GmbHG, 1992, S. 45.

[23] Vgl. hierzu bereits *Zöllner* JZ 1992, 381 f.

[24] Vgl. Begründung RegE 1977, BT-Drucks. 8/1347 S. 27.

zelner Gesellschafter auf die Zulassung der Einpersonen-Gründung der GmbH[25] und zielten damit nicht mehr auf die Umgestaltung der GmbH zu einer kleinen AG,[26] sondern vielmehr auf die Beibehaltung der unterschiedlichen Strukturen der verschiedenen Gesellschaftsformen.[27] Die wesentlichen Änderungen[28] der Novelle befassten sich neben der Ermöglichung der Einpersonen-Gründung (§ 1 GmbHG) mit der Heraufsetzung des Mindeststammkapitals von 20.000 DM auf 50.000 DM (§ 5 Abs. 1 GmbHG) sowie der Verbesserung der Auskunfts- und Einsichtsrechte der Gesellschafter gegenüber dem Geschäftsführer gemäß § 51a, 51b GmbHG. Daneben wurde auch versucht, die durch die Rechtsprechung entwickelten Grundsätze der kapitalersetzenden Gesellschafterdarlehen mithilfe der §§ 32a, 32b GmbHG festzuschreiben, was allerdings nur teilweise gelungen ist.[29] Ausgelassen wurden hingegen wichtige Fragen wie die Anfechtung von Gesellschafterbeschlüssen oder das GmbH-Konzernrecht,[30] so dass die GmbH-Novelle von 1980 teilweise sogar lediglich als Nachtrag und Korrektur des GmbHG von 1892 gesehen wird.[31]

Dennoch stellt die GmbH-Novelle insofern einen markanten Wendepunkt dar, als sich die GmbH spätestens ab dem Inkrafttreten der Novelle nicht mehr als kleine AG bezeichnen lässt,[32] sondern als eine von personalistischen Komponenten geprägte Gesellschaft präsentiert, die sich von der AG weiter entfernt als von der OHG oder der KG.[33] Gerade durch die mit der GmbH-Novelle zugelassene Möglichkeit der Einpersonen-Gründung der GmbH ist deshalb ein neues, von der überkommenen Vorstellung der „kleinen AG" abgerücktes GmbH-Leitbild entstanden, welches von *Hommelhoff* treffend als „Tätigkeits- und Vermögensgemeinschaft" bezeichnet worden ist.[34]

Die GmbH-Novelle von 1980 darf somit trotz ihres nicht allzu großen Umfanges in der Liste der markanten Wendepunkte und Wegmarken des GmbH-Rechts nicht fehlen.

2. MoMiG 2008

Dagegen stellt das am 1. 11. 2008 in Kraft getretene Gesetz zur Modernisierung des GmbH-Rechts und zur Bekämpfung von Missbräuchen (MoMiG)[35] die seit Einführung des GmbHG im Jahre 1892 weitgehendste Reform dar,[36] weshalb es in der Reihe der markanten Wendepunkte und Wegmarken des GmbH-Rechts keinesfalls fehlen darf. Neben dem verbesserungswürdigen Schutz der GmbH vor Missbrauch,[37] dem sog. „Bestattungsunwesen",[38] stellt das MoMiG insbesondere eine Reaktion auf die EuGH-Rechtsprechung zur Niederlassungsfreiheit[39] dar, welche den Wettbewerb der verschiedenen Gesellschaftsformen innerhalb Europas verschärft hat und somit den Gesetzgeber zur

---

[25] Vgl. Begründung RegE 1977, BT-Drucks. 8/1347 S. 27 f.
[26] Hierzu MünchKommGmbHG/*Fleischer* 2010, Einl. Rn. 115.
[27] Ausschussbericht, BT-Drucks. 8/3908 S. 67; *K. Schmidt* NJW 1980, 1769.
[28] Weitere Änderungen vgl. MünchKommGmbHG/*Fleischer* 2010, Einl. Rn. 113.
[29] Hierzu ausführlich *W. Goette* Die GmbH, 2002, § 4 Rn. 9 ff.
[30] *Oppenländer* in: Oppenländer/Trölitzsch, GmbH-Geschäftsführung, 2004, § 1 Rn. 8.
[31] Vgl. *K. Schmidt* NJW 1980, 1769.
[32] MünchKommGmbHG/*Fleischer* 2010, Einl. Rn. 115; *ders.* GmbHR 2008, 1121, 1124.
[33] Vgl. hierzu BGHZ 104, 66, 71 = NJW 1988, 1844.
[34] Vgl. *Hommelhoff* in: Lutter/Wiedemann, Gestaltungsfreiheit im Gesellschaftsrecht, 1998, S. 36, 56 f.
[35] Vgl. BT-Drucks. 16/6140.
[36] *Schäfer* in: Bork/Schäfer, GmbHG, 2010, Einf. Rn. 15; *Ulmer* ZIP 2008, 45; *Wedemann* WM 2008, 1381.
[37] Vgl. BT-Drucks. 16/6140 S. 58; *Lutter* in: Lutter/Hommelhoff, GmbHG, 17. Aufl. 2009, Einf. Rn. 26.
[38] *W. Goette* Einführung in das neue GmbH-Recht, 2008, Rn. 2; *Kleindiek* ZGR 2007, 276 ff.
[39] Vgl. EuGH Rs. C-167/01, NZG 2003, 1064.

Modernisierung und Steigerung der Attraktivität der GmbH mithilfe verschiedener Maßnahmen herausgefordert hat.[40]

Bei der Missbrauchsbekämpfung setzt die Reform neben der Einführung verschärfter Voraussetzungen für Geschäftsführer gemäß § 6 Abs. 2 Nr. 3 GmbHG auf die Pflicht zur Angabe einer inländischen Geschäftsanschrift in § 8 Abs. 4 GmbHG und deren Eintragung ins Handelsregister (§ 10 Abs. 1 GmbHG), um die Möglichkeit der Zustellung von Schriftstücken an die Gesellschaft besser zu gewährleisten. Dem Phänomen der Führungslosigkeit wurde mithilfe des neu eingeführten § 35 Abs. 1 S. 2 GmbHG begegnet, wonach nun jeder Gesellschafter empfangszuständig ist und durch die Hinterlegung von Name und Adresse beim Handelsregister von Gläubigern auch eher aufgefunden werden kann.[41] Weiterhin wurde die Insolvenzantragspflicht bei Führungslosigkeit der GmbH mithilfe von § 15a InsO auf die Gesellschafter erstreckt. Der Gläubigerschutz wurde zudem durch § 64 Abs. 3 GmbHG verbessert, indem der Geschäftsführer für Vermögensverschiebungen an Gesellschafter haftet, die zur Zahlungsunfähigkeit der Gesellschaft führen.

Das zweite Reformanliegen sollte der bereits erwähnten Tatsache Rechnung tragen, dass die GmbH immer stärker im internationalen Wettbewerb steht und diesem standhalten muss. Hierzu wurde die Gründung der GmbH durch verschiedene Maßnahmen stark vereinfacht.[42] Darüber hinaus wurde das zuvor im internationalen Vergleich strenge Kapitalschutzrecht durch verschiedene Maßnahmen gelockert – etwa durch die Einführung der UG (haftungsbeschränkt) gemäß § 5a GmbHG oder geänderte Regeln zum Hin- und Herzahlen (§ 19 Abs. 5 GmbHG) und abgemilderte Rechtsfolgen der verdeckten Sacheinlage (§ 19 Abs. 4 GmbHG). Diese Maßnahmen werden im Folgenden noch näher dargestellt werden, da sie ebenfalls zu den wesentlichen Wegmarken des GmbH-Rechts gezählt werden müssen. Daneben diente auch die Abschaffung des Eigenkapitalersatzrechts (§§ 32 a, b GmbHG und „Rechtsprechungsregeln") der Lockerung des Kapitalschutzrechts.

3. Die UG (haftungsbeschränkt)

Durch die UG (haftungsbeschränkt) hat der Gesetzgeber eine neue Variante der GmbH[43] eingeführt, die als Reaktion auf den verstärkten internationalen Wettbewerb[44] der verschiedenen Rechtsordnungen gelten darf. Vor allem die konkurrierende englische Limited dürfte den deutschen Gesetzgeber zum Handeln gezwungen haben,[45] wurde diese Rechtsform doch in Deutschland aggressiv beworben und zunächst auch allenthalben häufig genutzt. Nun scheint sich die Limited hierzulande aber – wohl auch durch die hohen Folgekosten bedingt – wieder auf dem Rückzug zu befinden.[46]

Die in Deutschland durch das MoMiG eingeführte UG (haftungsbeschränkt) zeichnet sich zunächst dadurch aus, dass sie mit nur einer Sonderregelung in § 5a GmbHG auskommt, sich im Übrigen aber der von der GmbH bekannten und bewährten Regelungen bedienen kann. Die Gründung kann bereits ab einem Mindeststammkapital von einem Euro stattfinden, so dass hier die Reform erneut das bereits oben beschriebene historische Anliegen des Gesetzgebers aufgreift, die Neugründung von Unternehmen finanziell zu

[40] Hierzu *W. Goette* Einführung in das neue GmbH-Recht, 2008, Rn. 5.

[41] *Lutter* in: Lutter/Hommelhoff, GmbHG, 17. Aufl. 2009, Einf. Rn. 30.

[42] Vgl. hierzu *W. Goette* Einführung in das neue GmbH-Recht, 2008, Rn. 7; *Schäfer* in: Bork/Schäfer, GmbHG, 2010, Einf. Rn. 18 ff.

[43] *W. Goette* Einführung in das neue GmbH-Recht, 2008, Rn. 35; *Fastrich* in: Baumbach/Hueck, GmbHG, 19. Aufl. 2010, § 5a Rn. 3; *Just* Die englische Limited in der Praxis, 3. Aufl. 2008, Rn 282 ff.

[44] Ausgelöst durch die EuGH-Entscheidungen Centros (NJW 1999, 2027), Überseering (NJW 2002, 3614), Inspire Art (NJW 2003, 3331).

[45] Dazu *Lutter* in: Lutter/Hommelhoff, GmbHG, 17. Aufl. 2009, Einf. Rn. 25; *Schäfer* in: Bork/Schäfer, GmbHG, 2010, § 5a Rn.1.

[46] *W. Goette* Einführung in das neue GmbH-Recht, 2008, Rn. 38.

erleichtern. Der Gesetzgeber stellt somit in Verbindung mit dem Musterprotokoll nach § 2 Abs. 1a GmbHG ein „bislang unbekanntes Maß an Flexibilität, Schnelligkeit, Einfachheit und Kostengünstigkeit“[47] zur Verfügung, um eine Haftungsbeschränkung zu erreichen. Da es aber auch mithilfe der UG (haftungsbeschränkt) diese Haftungsbeschränkung nicht zum Nulltarif geben kann, werden sich die kapitalgebenden Banken andere Sicherheiten wie etwa Bürgschaften oder Pfandrechte versprechen lassen müssen, um die sorgsame Führung der Gesellschaft zu gewährleisten. Auch die beteiligten Verkehrskreise werden durch den Rechtsformzusatz „UG (haftungsbeschränkt)“ vor der niedrigen Kapitalausstattung gewarnt.[48] Eine baldige Kapitalerhöhung auf mindestens 25.000 Euro und damit Änderung der UG (haftungsbeschränkt) zur GmbH gemäß § 5a Abs. 5 GmbHG ist zwar nach § 5 Abs. 3 GmbHG ausdrücklich erwünscht, kann in der Praxis aber leicht umgangen werden, indem die Voraussetzungen für die Rücklage durch entsprechende Dispositionen im Laufe des Geschäftsjahres gar nicht erst eintreten.

Die Neueinführung der UG (haftungsbeschränkt) hat somit die Eintrittsschwelle für die Haftungsbeschränkung – zumindest vordergründig – fast auf null abgesenkt und damit das Kapitalschutzrecht radikal gelockert, so dass hierbei ohne Weiteres von einem markanten Wendepunkt in der Entwicklung des GmbH-Rechts gesprochen werden kann.

IV. Herausragende Wegmarken im GmbH-Recht

Nachfolgend sollen einige ausgewählte herausragende Meilensteine des GmbH-Rechts erwähnt werden, die in jüngerer Zeit Anlass zu Diskussionen gaben.

1. Cash Pooling

Bei einem Cash-Pool System, das seit längerer Zeit Gegenstand verschiedener Rechtsprechungen war (zB *Cash Pool I und II*), schließen zur Einführung eines physischen Cash-Pools die beteiligten Konzerngesellschaften und die kontoführenden Institute einen Cash-Management-Vertrag, auf dessen Grundlage die Salden der laufenden Bankkonten (Quellkonten) bankarbeitstäglich auf ein zentrales Bankkonto (Zentralkonto) übertragen und auf diese Weise ausgeglichen werden. Das Quellkonto schließt täglich mit einem Saldo von Null ab, während sich der Saldo auf dem Zentralkonto verändert. Rechtlich betrachtet besteht der physische Cash-Pool aus Darlehensbeziehungen: Bei einem positiven Saldo gewährt die Gesellschaft der Cash-Pool-Führerin ein Darlehen, bei einem negativen Saldo ist die Gesellschaft Empfängerin eines Darlehens.

Durch diese Vorgehensweise kann sich in bestimmten Situationen das Problem einer verdeckten Sacheinlage ergeben. Denn bei einer Barkapitalerhöhung im Cash Pool kommt es zu einer *verdeckten Sacheinlage,* wenn der Saldo auf dem vom Inferenten geführten Zentralkonto zu Lasten der Gesellschaft vor der Kapitalerhöhung negativ ist. Die Bareinlage, die auf das Quellkonto gezahlt wird, fließt am Ende des Arbeitstages automatisch zurück auf das Zentralkonto und begleicht den negativen Saldo. Wirtschaftlich betrachtet wird die Gesellschaft von einer Verbindlichkeit befreit, erhält aber keine Bareinlage. Die für das Vorliegen einer verdeckten Sacheinlage ferner erforderliche Abrede liegt nach höchstrichterlicher Rechtsprechung in der „Vereinbarung der Zahlung auf ein in einen Cash-Pool einbezogenes Konto“, weil damit der Mittelrückfluss an den Inferenten in Kauf genommen werde, wenn dieser das Zentralkonto führt.

Im Cash Pool liegt ein Fall des *Hin- und Herzahlens* gemäß § 19 Abs. 5 GmbHG vor, wenn das Zentralkonto vor der Kapitalerhöhung für die Gesellschaft einen positiven Saldo

[47] Begründung RegE, BT-Drucks. 16/6140 S. 31.

[48] *Schäfer* in: Bork/Schäfer, GmbHG, 2010, § 5a Rn. 12, 16; *W. Goette* Einführung in das neue GmbH-Recht, 2008, Rn. 43.

ausweist, sie also ein Darlehen gewährt. Leistet nun der über das Zentralkonto verfügungsbefugte Inferent in das Quellkonto und fließt abends die überschüssige Liquidität zurück an das Zentralkonto, handelt es sich um den klassischen Fall des Hin- und Herzahlens.

Grundsätzlich erfüllen verdeckte Sacheinlagen und das Hin- und Herzahlen der Einlagemittel die Einlageverpflichtung des Inferenten nicht. Liegen die Voraussetzungen der § 19 Abs. 4 und § 19 Abs. 5 GmbHG vor, können sie aber als Erfüllung der Einlageverbindlichkeit betrachtet werden.[49]

Die Einführung des MoMiG hat die Vorschriften des § 30 Abs. 1 S. 2 GmbHG nF mit sich gebracht. Dieser gilt nicht bei Leistungen, die bei Bestehen eines Beherrschungs- und Gewinnabführungsvertrages erfolgen oder durch einen vollwertigen Gegenleistungs- und Rückgewährungsanspruch gegen den Gesellschafter gedeckt sind. § 39 Abs. 1 S. 1 GmbHG nF findet sowohl bei Leistungen an unmittelbare als auch mittelbare Gesellschafter Anwendung, also nicht nur für Tochtergesellschaften, sondern auch für nachgeordnete Konzerngesellschaften.

In seiner viel diskutierten Grundsatzentscheidung vom 24. 11. 2003, die vielfach auch als *November*-Entscheidung oder *November*-Urteil bekannt wurde, entschied der BGH, auch bei Vereinbarung eines angemessenen Zinses liege ein Verstoß gegen § 30 Abs. 1 GmbHG aF vor, soweit die Gewährung des Kredits nicht aus Rücklagen oder Gewinnvorträgen, sondern zu Lasten des gebundenen Vermögens der GmbH erfolge.[50] Der BGH ließ seinerzeit die Frage offen, ob die Gewährung des Kredits aus gebundenem Vermögen ausnahmsweise dann zulässig sein könne, wenn dies im Interesse der Gesellschaft liege, die Kreditbedingungen dem Drittvergleich stand hielten und die Kreditwürdigkeit des Gesellschafters „außerhalb jedes vernünftigen Zweifels steht oder die Rückzahlung des Darlehens durch werthaltige Sicherheiten voll gewährleistet ist".[51]

Nach der überwiegenden Auffassung fanden dabei die Grundsätze der BGH-Rechtsprechung in Form des *November*-Urteils ebenfalls auf die Überlassung von Liquidität im Rahmen eines konzernweiten Cash-Managements Anwendung.[52] Dies hatte für die Praxis des konzernweiten Cash-Pooling erhebliche nachteilige Auswirkungen, weil die Gewährung von beim Tochterunternehmen vorhandener Liquidität an das Mutterunternehmen nur gestattet war, soweit die Stammkapitalziffer nicht tangiert wurde. Die Praxis entwickelte eine Reihe von alternativen Gestaltungsmöglichkeiten, die aber allesamt gegenüber dem Cash-Pooling in seiner vormals praktizierten Form Nachteile aufwiesen. Vielfach wurden nur noch solche GmbHs in das konzernweite Cash-Pooling einbezogen, mit denen Beherrschungs- oder Gewinnabführungsverträge bestanden, die allerdings wiederum die Obergesellschaft zum Ausgleich etwa anfallender Verluste der Tochtergesellschaft verpflichteten.

Um den damit in der Praxis verbundenen Schwierigkeiten entgegen zu wirken, wurde § 30 Abs. 1 S. 2 GmbHG nF im Rahmen der MoMiG-Reform in das GmbH-Gesetz eingefügt.

Im Hinblick auf die in § 30 Abs. 1 S. 2 Alt. 2 GmbHG nF enthaltene Ausnahme für Fälle des Bestehens eines vollwertigen Gegenleistungs- oder Rückgewähranspruchs sind die Anforderungen an die Bejahung der Vollwertigkeit zu beachten:

In den Fällen, in denen kein Beherrschungs- oder Gewinnabführungsvertrag besteht, gleichwohl aber ein Cash-Pooling-System praktiziert werden soll, kommt es entscheidend darauf an, ob die Leistung durch einen vollwertigen Gegenleistungs- oder Rückgewähranspruch gegen den Gesellschafter gedeckt ist. § 30 Abs. 1 S. 2 Alt. 2 GmbHG nF kehrt

---

[49] BGH NJW 2009, 3091 = BB 2009, 1705; *W. Goette* GWR 2009, 333; *Wachter* DStR 2010, 1240.

[50] BGHZ 157, 72, 75 = NJW 2004, 1111; vgl. hierzu auch *Burgard* AG 2006, 527, 528.

[51] BGHZ 157, 72, 77 = NJW 2004, 1111.

[52] OLG München BB 2006, 286, 287 f. = NZG 2006, 195; *Habersack/Schürnbrand* NZG 2004, 689, 690; *W. Goette* ZIP 2005, 1481, 1484 f.; *Hentzen* ZGR 2005, 480, 489 f.; aA *Schäfer* GmbHR 2005, 133, 135 ff.; *Ulmer* ZHR 169 (2005), 1, 3 ff.

insofern für Darlehen der GmbH an ihre Gesellschafter zu einer bilanziellen Betrachtungsweise zurück. Die Kreditgewährung an einen hinreichend solventen Gesellschafter ist nach neuem Recht mithin auch dann zulässig, wenn sich die GmbH bei Ausreichung des Darlehens bereits in der Unterbilanz befindet. Jedenfalls nach der strengeren Auffassung ist die Vollwertigkeit auch dann erforderlich, wenn das Stammkapital nicht tangiert wird.[53] Da im Rahmen von Cash-Pooling-Systemen ein Rückgewähranspruch gegen den unmittelbaren oder mittelbaren Gesellschafter besteht, verengt sich die Frage des Vorliegens der in § 30 Abs. 1 S. 2 Alt. 2 GmbHG nF stipulierten Ausnahme entscheidend auf die Vollwertigkeit des Rückgewähranspruchs. Hierfür ist die Realisierbarkeit der Forderung maßgebend, weil nur Forderungen, deren Realisierung gesichert erscheint, in der Bilanz zum Nennwert angesetzt werden dürfen.[54] Entscheidend ist, dass davon ausgegangen werden kann, dass der Gesellschafter die ihm gewährten Mittel bei Fälligkeit zurückerstatten wird.[55] Als vollwertig hat der BGH in anderem Kontext eine Gläubigerforderung bewertet, wenn das Vermögen des Schuldners ausreicht, um alle fälligen Forderungen zu erfüllen.[56]

Insofern wird deutlich, dass es bei der Einführung eines physischen Cash-Pool vorrangig auf die Einhaltung der aufgezeigten Vollwertigkeitsanforderungen der jeweiligen Rückgewährungsansprüche ankommt, wie die Rechtsprechung des BGH und die mit der Einführung des MoMiG entwickelten Regelungen zeigen.

a) Hin- und Herzahlen

Ein Fall des Hin- und Herzahlen liegt vor, wenn eine geleistete Einlage alsbald an den einlegenden Gesellschafter zurückgeführt wird. Entgegen dem bisherigen Rechtszustand gilt die Einlage nach § 8 Abs. 2 S. 2 GmbHG als erbracht, wenn sich der aus dem Herzahlen ergebende Anspruch der Gesellschaft als vollwertig und jederzeit fällig oder fällig zu stellen erweist.[57] Der Geschäftsführer darf somit ohne eine Haftungsfolge auch unmittelbar nach Leistung der Einlage ein Darlehen an den Gründungsgesellschafter oder Inferenten auszahlen, wenn sichergestellt ist, dass der entstehende Rückzahlungsanspruch vollwertig und jederzeit fällig ist oder zumindest jederzeit fällig gestellt werden kann. Denn nach der Neuregelung durch das MoMiG gilt, dass für den Fall, dass vor der Einlage eine Leistung an den Gesellschafter vereinbart worden ist, die wirtschaftlich einer Rückzahlung der Einlage entspricht und die nicht als verdeckte Sacheinlage im Sinne von § 19 Abs. 4 GmbHG zu beurteilen ist, dies den Gesellschafter nach § 19 Abs. 5 S. 1 GmbHG nF von seiner Einlageverpflichtung nur dann befreit, wenn die Leistung durch einen vollwertigen Rückgewähranspruch gedeckt ist, der jederzeit fällig ist oder durch fristlose Kündigung durch die Gesellschaft fällig werden kann.

Nach der Rechtsprechung vor Einführung des MoMiG leistete der Gesellschafter beim Hin- und Herzahlen unter dem Gesichtspunkt der Kapitalaufbringung nichts. Dies galt auch dann, wenn die „Herzahlung" als Darlehen bezeichnet wurde.[58] § 19 Abs. 5 S. 1 GmbHG nF führt ebenso wie im Bereich des § 30 Abs. 1 GmbHG nF eine bilanzielle Betrachtungsweise ein und lässt eine Befreiung von der Einlagepflicht dann eintreten, wenn die Leistung durch einen vollwertigen Rückgewähranspruch gedeckt ist, der – insoweit über die Anforderungen des § 30 Abs. 1 GmbHG nF hinausgehend – jederzeit fällig ist oder durch fristlose Kündigung durch die Gesellschaft fällig werden kann.

---

[53] *Altmeppen* ZIP 2009, 49, 53 mwN.

[54] BGHZ 137, 378, 380; *Kleindiek* in: Staub, HGB, 4. Aufl. 2002, § 252 Rn. 28; *Drygala/Kremer* ZIP 2007, 1289, 1293.

[55] *Freitag* WM 2007, 1681, 1685.

[56] BGH GmbHR 1994, 394; vgl. auch *Altmeppen* ZIP 2009, 49; zur AG in diesem Sinne auch BGH ZIP 2009, 70, 71 = NJW 2009, 850.

[57] *Bormann/Urlichs* GmbHR 2008, 119.

[58] BGH NJW 2009, 3091 = BB 2009, 1705; *Wicke* GmbHG, 2008, § 19 Rn. 32; *W. Goette* GWR 2009, 333; *Wachter* DStR 2010, 1240.

Gerade in Cash-Pool Situationen ist die Thematik des Hin- und Herzahlens von größter Bedeutung. Soll nämlich die Cash-Pooling-Vereinbarung auch im Zusammenhang mit der Erbringung von Einlagen anwendbar sein – etwa in der Weise, dass das Konto der GmbH (unter Umständen noch zum Ende des Einzahlungstags) vereinbarungsgemäß zugunsten des Cash-Pools auf Null gestellt wird,[59] ist der Anwendungsbereich von § 19 Abs. 5 S. 1 GmbHG nF dann eröffnet, wenn es sich nicht um eine Sacheinlage im Sinne von § 19 Abs. 4 GmbHG nF handelt.[60] Um die Anwendbarkeit der Cash-Pooling-Vereinbarungen auch auf derartige Konstellationen zu erstrecken, ist es erforderlich, jedenfalls für derartige Fälle vorzusehen, dass der Rückgewähranspruch jederzeit fällig ist oder durch fristlose Kündigung durch die Tochter-GmbH fällig gestellt werden kann.

b) Verdeckte Sacheinlage

Mit seinen Urteilen vom 16. 2. 2009[61] (*Qivive*) und vom 20. 7. 2009[62] (*Cash Pool II*) hat der II. Zivilsenat des BGH entschieden, dass es bei einer Barkapitalerhöhung im Cash Pool zu einer verdeckten Sacheinlage kommt, wenn der Saldo auf dem vom Inferenten geführten Zentralkonto zu Lasten der Gesellschaft vor der Kapitalerhöhung negativ ist. Denn die Bareinlage fließt am Ende des Arbeitstages automatisch zurück auf das Zentralkonto und begleicht den negativen Saldo. Wirtschaftlich gesehen wird die Gesellschaft von einer Verbindlichkeit befreit, erhält aber keine Bareinlage. Dabei sind Hin- und Herzahlen und die verdeckte Sacheinlage gedanklich zu trennen, was sich in den Vorschriften des § 19 Abs. 4 und 5 GmbHG niederschlägt. Dabei bleibt das Hin- und Herzahlen hinter der verdeckten Sacheinlage insofern zurück, als hierbei der Inferent unter dem Gesichtspunkt der Kapitalaufbringung nichts leistet, während bei der verdeckten Sacheinlage der Gesellschaft ein Sachwert zugeführt wird, der aber abends auf das Zentralkonto des Inferenten zu Lasten der Gesellschaft zurückgeführt wird.[63] Vermieden werden kann eine solche verdeckte Sacheinlage nur, indem die Bareinlage auf ein Konto außerhalb des Cash Pools gezahlt wird. Dabei ist sicherzustellen, dass unter dem Cash Pool keine Mittel an den Gesellschafter fließen, was gegeben ist, wenn das in den Cash Pool einbezogene Konto der Gesellschaft zum Zeitpunkt der Bareinlage einen positiven Saldo aufweist.[64] Dabei finden die Grundsätze über die verdeckte Sacheinlage keine Anwendung, wenn die mit der Bareinlage geleisteten Mittel dafür verwendet werden, eine nicht sacheinlagefähige Leistung des Gesellschafters zu vergüten. Die Unterscheidung des Hin- und Herzahlens und der verdeckten Sacheinlage hat der BGH mit seiner *Qivive*-Entscheidung als für die Praxis von höchster Bedeutung herausgestellt. Dabei ist zu beachten, dass die Sacheinlage jeweils auf sacheinlagefähige Gegenstände zu begrenzen ist. Darüber hinaus setzt die Annahme einer verdeckten Sacheinlage voraus, dass der Gesellschafter zu einem regelkonformen Verhalten in der Lage gewesen wäre. Nur so lässt sich der Vorwurf der Umgehung der Vorschriften über die Sacheinlage halten.[65] Insofern wird klar, dass es schwierig sein wird, innerhalb einer komplexen Cash-Pool-Konstellation Einlagen jeweils regelkonform zu klassifizieren und die verdeckte Sacheinlage vom Hin- und Herzahlen zu trennen.

---

[59] Vgl. *Wicke* GmbHG, 2008, § 56a Rn. 2.

[60] Zu der schwierigen Abgrenzungsproblematik *Wicke* GmbHG, 2008, § 19 Rn. 33.

[61] BGH NZG 2009, 463 = GmbHR 2009, 540.

[62] BGH NJW 2009, 3091 = BB 2009, 1705.

[63] BGHZ 165, 113, 116 = NZG 2006, 24; *Habersack* in: FS Priester, 2007, S. 157, 161, 167 ff. mwN; *Habersack* GWR 2009, 129.

[64] *Bormann/Urlichs* DStR 2009, 641.

[65] *Habersack* GWR 2009, 129.

2. ADCOCOM

Mit Fragen der verdeckten gemischten Sacheinlage hatte sich der II. Zivilsenat des BGH in seiner *ADCOCOM*-Entscheidung vom 22. 3. 2010 zu beschäftigen.[66] Dabei bekräftigte der Senat die von ihm entwickelte Rechtsprechung, wonach schuldrechtliche Absprachen zwischen dem Inferenten und der Gesellschaft über die Verwendung von Einlagemitteln bei der Kapitalerhöhung unter dem Gesichtspunkt der Kapitalaufbringung zwar grundsätzlich nicht verboten, aber dann schädlich sind, wenn die eingezahlten Mittel wieder an den Inferenten zurückfließen. Dabei ging es im konkreten Fall darum, dass durch die Gesellschaft Lizenzen ihres alleinigen Gesellschafters gegen eine Kaufpreiszahlung in Höhe von 3,9 Mio. Euro erworben worden waren, wobei dieser Betrag vereinbarungsgemäß aus einer Barkapitalerhöhung in Höhe von rund 739.000 Euro sowie einer Zahlung von 3 Mio. Euro in die Rücklage aufgebracht worden waren. Ausgewiesen war jedoch lediglich eine Barkapitalerhöhung. Vor Einführung des MoMiG war unzweifelhaft, dass in diesem Fall eine verdeckte gemischte Sacheinlage vorlag. § 19 Abs. 4 S. 1 GmbHG nF spricht davon, dass eine Geldeinlage bei wirtschaftlicher Betrachtung und aufgrund einer Abrede als Sacheinlage zu sehen ist, der BGH hat jedoch nicht auf den Gesetzestext abgestellt, sondern nach seiner bisherigen Definition das Vorliegen einer verdeckten gemischten Sacheinlage angenommen.

Herausragend an der *ADCOCOM*-Entscheidung des BGH ist jedoch dessen Befassung mit der Frage der Verfassungsmäßigkeit der durch § 3 Abs. 4 EGGmbHG angeordneten rückwirkenden Anwendung des § 19 Abs. 4 GmbHG. Dabei verneint der II. Zivilsenat den Verstoß gegen Art. 14 GG und das verfassungsrechtliche Rückwirkungsverbot. Zwar werde der Schutzbereich des Art. 14 GG berührt, doch handele es sich nicht um eine Enteignung, sondern um eine aus Gründen eines sachgerechten Interessensausgleichs zulässige Inhalts- und Schrankenbestimmung. Darüber hinaus sei auch das Vertrauensschutzprinzip nicht verletzt, da die Anrechnungslösung lediglich als unechte Rückwirkung zu qualifizieren und auch geeignet und erforderlich sei, um das vom Gesetzgeber erstrebte Ziel der Rechtssicherheit zu erreichen. Zudem fehle bereits ein schutzwürdiges Bestandsinteresse der Betroffenen, welches das gesetzgeberische Ziel überwiegen könnte.[67]

3. § 40 GmbHG – Einreichung einer korrigierten Gesellschafterliste durch den Geschäftsführer der GmbH

Ein weiterer wichtiger Meilenstein in der Entwicklung des GmbH-Rechts liegt in der Bedeutung der Gesellschafterliste der GmbH. Damit der Gesellschafterbestand für Außenstehende transparenter wird, betrachtet der MoMiG-Gesetzgeber nicht mehr die Anmeldung nach § 16 Abs. 1 GmbHG aF als Grundlage einer Legitimation des Gesellschafters gegenüber der Gesellschaft, sondern erachtet nun die im Handelsregister aufgenommene Gesellschafterliste als maßgeblich für den Nachweis des Gesellschafterstatus. Weiter ist die Gesellschafterliste seit 1. 11. 2008 vom Geschäftsführer (§ 40 Abs. 1 GmbHG) zu erstellen und beim Handelsregister einzureichen, im Falle des Mitwirkens eines Notars an einem Rechtsgeschäft ist dieser für die Erstellung und Einreichung einer neuen Liste zuständig (§ 40 Abs. 2 GmbHG). Gleichzeitig wurde die Haftung des Geschäftsführers verschärft (§ 40 Abs. 3 GmbHG).[68]

§ 40 Abs. 2 GmbHG nF begründet bei allen Änderungen keine Alleinzuständigkeit des die Annahmeerklärung beurkundenden Notars. Vielmehr ist die Gesellschaft durch ihren Geschäftsführer berechtigt und verpflichtet, eine fehlerhafte Liste zu überprüfen und zu korrigieren. Dies schließt auch die Einreichung der *korrigierten* Liste beim Handelsregister

---

[66] BGH NJW 2010, 1948 = NZG 2010, 702.
[67] *Bayer* in: *Lutter/Hommelhoff* GmbHG, 17. Aufl. 2009, § 19 Rn. 110.
[68] Hierzu ausführlich *Liebscher/C. Goette* DStR 2010, 2038.

ein. Dieses Ergebnis ergibt sich zwanglos aus der Gesetzeshistorie, der Gesetzessystematik und der ratio legis.

Es ist dem Geschäftsführer insofern nicht nur erlaubt, sondern entspricht seiner unbedingten Pflicht, die vom Notar gemäß § 40 Abs. 2 GmbHG beim Handelsregister eingereichte Gesellschafterliste zu überprüfen und diese beim Vorliegen von Fehlern gegenüber dem Registergericht zu korrigieren.

Hier hat der Gesetzgeber bewusst den Geschäftsführer in die Pflicht genommen, nachdem dieser den besten Informationsstand über die Zusammensetzung des Gesellschafterkreises seiner Gesellschaft hat. Das Gesetz hat dies bewusst nicht ausschließlich dem Notar überlassen, der sich auf den Geschäftsführer verlassen muss, zumal seitens des Notars eine entsprechende Nachforschungspflicht nicht angenommen werden kann. Dies würde nämlich dazu führen, dass der Notar vor Listenerstellung Informationen über die betroffene Gesellschaft und deren Gesellschafterkreis sowie über die Satzung und die in der Vergangenheit eingeholten Gesellschafterbeschlüsse einholen müsste. Nach Listenerstellung müsste er ständig sämtliche von seiner Seite beurkundeten und eingereichten Gesellschafterlisten kontrollieren und Nachforschungen anstellen, ob die Zusammensetzung des jeweiligen Gesellschafterkreises (noch) der Realität entspricht. Dies würde den Notar überfordern.

Aus diesem Grund hat der Gesetzgeber bewusst eine ständige Nachforschungspflicht des Notars als lebensfremd erachtet und nicht zuletzt aus diesem Grund vorgesehen, dass der Geschäftsführer für die spätere Korrektur der Gesellschafterliste verantwortlich ist und ihm demzufolge auch das Recht zusteht und ihn die Pflicht trifft, die Gesellschafterliste bei entdeckten Fehlern zu korrigieren und diese dann beim Handelsregister einzureichen. Diese Pflicht folgt aus den allgemeinen Sorgfaltspflichten des Geschäftsführers. Denn andernfalls wäre der Notar, der lediglich eine Anteilsübertragung beurkundet, gezwungen, sich in komplexe, möglicherweise schon Jahre dauernde Gesellschafterstreitigkeiten einzuarbeiten und eine hochkomplexe Auslegung von Beschlüssen und Satzungen sowie sonstigen Materialien vorzunehmen, wozu er nicht in der Lage sein kann, da ihm die entsprechenden Materialien nicht vollständig zugänglich sind.[69]

Die Einreichung einer *neuen* Gesellschafterliste durch einen Notar für den Fall, dass er an einer Anteilsübertragung mitgewirkt hat, sperrt im Übrigen nicht die Überwachungsfunktion des Geschäftsführers, die sich schon aus dessen allgemeinen Sorgfaltspflichten ergibt.[70]

Es handelt sich insofern um eine Daueraufgabe des Geschäftsführers, zu überwachen, dass im Handelsregister keine unrichtige Gesellschafterliste hinterlegt ist. Die dort liegenden Gesellschafterlisten hat er unabhängig von ihrer Herkunft auf ihre inhaltliche Richtigkeit hin zu überprüfen und Unrichtigkeiten ggf. zu korrigieren.[71]

Die vorgenannten Ausführungen werden dadurch bestätigt, dass nach § 40 Abs. 2 GmbHG eine mögliche Haftung der Geschäftsführer bei fehlender Einreichung, fehlender Korrektur, Einreichung einer falschen Gesellschafterliste oder bei schuldhaft verzögerter Einreichung derselben auf Schadensersatz gegenüber den Gläubigern der Gesellschaft und nach dem MoMiG auch gegenüber denjenigen besteht, deren Beteiligung sich geändert hat. Insofern trägt der Geschäftsführer das Haftungsrisiko und muss dem entgegensteuern, indem er die Gesellschafterliste – wenn nötig – korrigiert und dann beim Handelsregister einreicht. Selbst wenn der Notar *„an Stelle"* des Geschäftsführers im Falle seiner Mitwirkung handelt und die Liste einreichen kann, bedeutet das weder, dass der Geschäftsführer damit seiner Pflichten entbunden ist, noch, dass er nicht tätig werden darf oder gar haftungsbefreit wird. Die Formulierung des § 40 Abs. 2 GmbHG nF stellt nicht klar, dass

---

[69] Hierzu ausführlich *Liebscher/C. Goette* DStR 2010, 2038.

[70] *Bayer* in: Lutter/Hommelhoff, GmbHG, 17. Aufl. 2009, § 40 Rn. 31; s. auch *Preuß* ZGR 2008, 676, 681 f.; *Reymann* BB 2009, 506, 509.

[71] Vgl. *Schneider* in: Scholz, GmbHG, 10. Aufl. 2010, § 40 Rn. 41.

Erstellung und Einreichung der Gesellschafterliste allein im Verantwortungsbereich des Notars liegen, der bei einer Veränderung in der Person eines Gesellschafters oder des Beteiligungsumfangs mitgewirkt hat. Die Formulierung sagt auch nichts darüber aus, wer für die Einreichung einer *korrigierten* Gesellschafterliste zuständig ist. Die Gesetzesbegründung geht weiter davon aus, dass auch im Falle einer Anteilsübertragung der Geschäftsführer in der ihm obliegenden Primärverpflichtung bezüglich der Gesellschafterliste bleibt.[72]

Im Ergebnis kann dem Geschäftsführer allein aus haftungstechnischen Gründen die Korrektur und Einreichung einer Gesellschafterliste nicht abgenommen werden. Der Notar wird den Geschäftsführer dabei unterstützen, die Haftung trägt jedoch nach wie vor der Geschäftführer. Der Gesetzesentwurf hierzu ist so formuliert, so dass es keinen Zweifel daran geben kann, dass der Geschäftsführer berechtigt und verpflichtet ist, die Gesellschafterliste zu korrigieren und einzureichen. Hinzu kommt, dass der Geschäftsführer mit seinem Unternehmen vertraut ist, während dieses dem Notar fremd ist. Letzterer ist auf die Informationen, die er erhält, angewiesen und ist nicht in der Lage, ständig sämtliche Gesellschaften zu kontrollieren, bei denen er jemals an einer Änderung der Gesellschafterliste mitgewirkt hat. Dieser Meilenstein trägt erheblich zur besseren Transparenz der Gesellschafterliste der GmbH bei, die bis zur Einführung des MoMiG eher stiefbrüderlich behandelt wurde.[73]

4. *Existenzvernichtungshaftung (Trihotel/Gamma)*

Das Thema der Existenzvernichtungshaftung stellte längere Zeit einen erheblichen Diskussionsstoff dar. Wegweisend schuf der II. Zivilsenat des BGH mit seinen Entscheidungen *Trihotel* [74] und *Gamma* [75] das Haftungskonzept der Existenzvernichtungshaftung und machte deutlich, dass bei der Durchgriffshaftung nicht auf die aktienrechtlichen Regelungen des Konzernrechts abzustellen sei. Schon das Reichsgericht hatte versucht, einen Weg zu ebnen, um zur Stärkung des Gläubigerschutzes auf den Gesellschafter als Schuldner zurückzugreifen. Eine solche Haftung war bei unbilligem Verhalten der Gesellschafter gegenüber der Gesellschaft möglich und wurde unter der Rechtsfigur der Durchgriffshaftung diskutiert.[76] Mit seiner *Trihotel*-Entscheidung hat sich der II. Zivilsenat des BGH auf § 826 BGB als Anspruchsgrundlage für die Existenzvernichtungshaftung festgelegt und deren Haftungsform als eigenständige Fallgruppe der sittenwidrigen vorsätzlichen Schädigung gemäß § 826 BGB eingestuft. Dabei hat der BGH deutlich gemacht, dass die Haftung nach § 826 BGB in einer freien Anspruchsgrundlagenkonkurrenz[77] neben den Ansprüchen des GmbHG (§§ 30, 31) steht und hiermit die bis dahin bestehende Lücke im Kapitalschutzrecht der GmbH geschlossen werden sollte.

Dabei ist der zentrale Punkt der neuen Haftung die sittenwidrige Schädigung, die von der Rechtsprechung als „Anstandsgefühl aller billig und gerecht Denkenden“[78] definiert wird. Der II. Zivilsenat des BGH hat in seiner *Trihotel*-Entscheidung diesen Tatbestand als Fallgruppe konkretisiert: Er umschreibt diese als planmäßiges Entziehen von Gesellschaftsvermögen durch die Gesellschafter.[79] Weiter spricht der BGH von einer insolvenzverursachenden oder insolvenzvertiefenden „Selbstbedienung“ am Gesellschaftsvermögen bzw. einer rechtsmissbräuchlichen „Ausplünderung“ der Gesellschaft durch den Gesellschafter

---

[72] RegE vom 25. 7. 2007, BT-Drucks. 16/6140 S. 43 f. (= Begründung).

[73] Hierzu ausführlich *Liebscher/C. Goette* DStR 2010, 2038.

[74] BGH NJW 2007, 2689 = DStR 2007, 1586.

[75] BGH NJW 2008, 2437 = NZG 2008, 547.

[76] *Altmeppen* NJW 2007, 2657; *Hüffer* AktG, 9. Aufl. 2010, § 1 Rn. 15 ff.; hierzu umfassend *Gloger/C. Goette/van Huet* DStR 2008, 1141.

[77] *Weller* ZIP 2007, 1681, 1687.

[78] Ständige Rechtsprechung seit RGZ 48, 114, 124 f.

[79] BGH NJW 2007, 2689 = DStR 2007, 1586.

zum Nachteil der Gesellschaftsgläubiger.[80] Durch die Verankerung der Existenzvernichtungshaftung als Form der sittenwidrigen Deliktshaftung gemäß § 826 BGB tritt mit dem Vorsatzerfordernis ein zusätzliches Tatbestandsmerkmal hinzu, welches für die Eingriffsnormen (bilanziell vermögensneutraler Eingriff, Begünstigung Dritter und vermögensentziehender Eingriff zugunsten eines Gesellschafters) die nicht sanktionsbedürftigen von den sanktionsbedürftigen Verhaltensweisen abgrenzt. Dabei lässt der BGH es genügen, wenn dem Gesellschafter die Tatsachen bewusst sind, die den Eingriff sittenwidrig machen und stellt insofern recht niedrige Anforderungen an den Vorsatz.

Durch seine *Trihotel*-Entscheidung nimmt der BGH also dem Rechtsanwender die komplizierte Abgrenzung zwischen Existenzvernichtungshaftung und Kapitalschutzregeln ab, indem sich die Anspruchsgrundlagen nicht mehr gegenseitig ausschließen oder begrenzen, so dass der Kläger als einziges ergänzendes Element „nur" den Schädigungsvorsatz nachweisen muss.[81]

In der ebenfalls im Jahr 2008 ergangenen *Gamma*-Entscheidung[82] hat der BGH weiter entschieden, dass ein Gesellschafter nicht wegen vorsätzlicher sittenwidriger Schädigung der GmbH gemäß § 826 BGB belangt werden kann, wenn er es unterlässt, für eine hinreichende Kapitalausstattung der GmbH („Unterkapitalisierung") zu sorgen. Ein solches Verhalten stelle keine besondere Fallgruppe der Existenzvernichtungshaftung dar. Die *Gamma*-Entscheidung hat insbesondere deutlich gemacht, in welchen Fällen eine Innenhaftung des Gesellschafters gegenüber der GmbH in Frage kommt und zugleich auf die vorangegangene Kritik an der *Trihotel*-Entscheidung, in der von einer strikten Innenhaftung ausgegangen wurde, reagiert. Außerdem wurde festgelegt, wann der Gesellschafter den GmbH-Gläubigern im Außenverhältnis haften muss. Die *Gamma*-Entscheidung kann deshalb ebenfalls als wichtiger Wegweiser betrachtet werden und stellt somit für das deutsche GmbH-Recht einen Meilenstein dar.

Die existenzvernichtende Innenhaftung wurde vom BGH auf die Fälle beschränkt, in denen ein effektiver Vermögensentzug zu Gunsten der Gesellschafter stattgefunden hat.[83] Der BGH meint dazu, es sei notwendig, dass ein missbräuchlicher, zur Insolvenz der GmbH führender oder die Insolvenz vertiefender Eingriff in das der vorrangigen Befriedigung der Gläubiger dienende Gesellschaftsvermögen vorliege.[84] Hierbei nimmt der BGH an, dass stets ein Vermögensentzug vorzuliegen hat, wobei seit der *Gamma*-Entscheidung bilanziell vermögensneutrale Eingriffe nicht mehr eindeutig erfasst sind. Dabei ist das Versäumnis, den Anspruch der Schuldnerin auf Zahlung sog. Remanenzkosten gegen eine vorzeitige Insolvenz der anderen Gesellschaft abzusichern, laut dem BGH schon begrifflich kein „Eingriff in das zweckgebundene, den Gläubigern als Haftung dienende Gesellschaftsvermögen". Dadurch werde nämlich das Stammkapital der Schuldnerin von der Gesellschaft nicht angetastet.

Dabei lehnt der BGH eine Erweiterung der eng begrenzten Fallgruppe des existenzvernichtenden Eingriffs ab, bei der eine GmbH alle Chancen und einer anderen GmbH alle Risiken einer Geschäftstätigkeit zugewiesen werden. Dabei sei nach Meinung des BGH eine Ausweitung auf sog. „Aschenputtel-Konstellationen" systemwidrig.[85] Herausragend an dieser Entscheidung ist dabei, dass die „Selbstbedienung" des Gesellschafters an zweckgebundenen Gesellschaftsvermögen durch eine unbegrenzte Schadensersatzhaftung des Gesellschafters sanktioniert wird, und die Existenzvernichtungshaftung wie eine das gesetzliche Kapitalerhaltungssystem ergänzende, aber deutlich darüber hinausgehende „Entnah-

---

[80] BGH NJW 2007, 2689 = DStR 2007, 1586.

[81] Hierzu umfassend *Gloger/C. Goette/van Huet* DStR 2008, 1141.

[82] BGH NJW 2008, 2437; Zusammenfassung des Sachverhalts bei *Gloger/C. Goette/Japing* ZInsO 2008, 1051, 1052.

[83] Vgl. hierzu umfassend *Gloger/C. Goette/Japing* ZInsO 2008, 1051, 1052.

[84] Vgl. hierzu umfassend *Gloger/C. Goette/Japing* ZInsO 2008, 1051 ff.

[85] BGH NJW 2008, 2437 = NZG 2008, 547.

mesperre" wirkt.[86] Das GmbHG normiert die Pflicht der Gesellschaft, einmal zur Verfügung gestelltes Kapital nicht wieder zu entziehen (§§ 30, 31 GmbHG). Dabei kann der bloße Entzug von Geschäftschancen oder sonstigen bilanziell „vermögensneutralen" Eingriffen seit der *Gamma*-Entscheidung des BGH nicht mehr Grundlage einer Innenhaftung wegen Existenzvernichtung sein. Zuvor hatte der BGH bereits klargestellt, dass ein Gesellschafter den GmbH-Gläubigern gegenüber nicht verpflichtet sei, das Gesellschaftsunternehmen fortzuführen.

Der existenzvernichtende Vermögensabzug zugunsten Dritter fällt nach der *Gamma*-Entscheidung des BGH ebenfalls nicht mehr unter den Haftungstatbestand der Existenzvernichtung, da auch hier keine den §§ 30, 31 GmbHG vergleichbare „Selbstbedienung" am Gesellschaftsvermögen zum Vorteil eines Gesellschafters vorliegt.[87] Der BGH begründet dies damit, dass nach reinem Haftungsmodell ein zumindest mittelbarer Vermögensvorteil bei einem Gesellschafter und damit eine „Auszahlung" in Sachen des § 30 GmbHG vorauszusetzen ist.

Insofern bleibt festzuhalten, dass es seit der *Gamma*-Entscheidung des BGH eine Innenhaftung wegen materieller Unterkapitalisierung nicht geben kann, weil eine zu geringe Kapitalausstattung keinen Entzug vom Gesellschaftsvermögen darstellt.

5. Europäische Rechtsprechung (Centros, Überseering, Inspire Art)

Die EuGH-Rechtsprechung hat mit den Urteilen *„Centros"*, *„Überseering"* und *„Inspire Art"* den Wettbewerb der verschiedenen Rechtsordnungen stark gefördert und somit wie oben bereits erwähnt auch in Deutschland die Reform des GmbH-Rechts durch das MoMiG provoziert.

Im *Centros*-Urteil[88] wurde darum gestritten, ob eine unter den in Großbritannien herrschenden kostengünstigen Bedingungen gegründete Limited in einem anderen Land der EU eine Zweigniederlassung eröffnen kann, auch wenn am offiziellen Hauptsitz in Großbritannien keinerlei Geschäftstätigkeit stattfindet, sondern der dortige Hauptsitz nur dem Zweck dient, eine Zweigniederlassung in einem anderen europäischen Land eröffnen zu können, um die dortigen strengeren nationalen Regeln für die Gründung einer Gesellschaft zu umgehen – vorliegend ging es insbesondere um die Umgehung der Einzahlung eines Mindestgesellschaftskapitals in Dänemark in Höhe von 200.000 DRK. Indem der EuGH ein solches Vorgehen aufgrund der europäischen Grundfreiheiten – hier der Niederlassungsfreiheit – für zulässig erklärte, solange kein missbräuchliches, betrügerisches Verhalten vorliege,[89] öffnete er die Möglichkeit, die verschiedenen nationalen Vorschriften zur Gründung einer Gesellschaft zu vergleichen und die für das jeweilige Unternehmen günstigste Regelung auszuwählen. Weiterhin betonte der EuGH, dass die Mitgliedstaaten nur unter ganz bestimmten Voraussetzungen Maßnahmen zur Behinderung oder Schwächung der Attraktivität der Grundfreiheiten einsetzen dürfen.[90] Durch die *Centros*-Entscheidung wurde also die Wahlmöglichkeit zwischen den verschiedenen Rechtsordnungen innerhalb der EU eröffnet und somit der Wettbewerbsdruck auch auf das deutsche GmbH-Recht stark erhöht. Einen derart scharfen Konkurrenzkampf mit anderen europäischen Rechtsordnungen kannte das deutsche GmbH-Recht bis dahin nicht, so dass es sich bei der *Centros*-Entscheidung zweifelsohne um eine sehr wichtige Wegmarke auch für das nationale GmbH-Recht handelt, zumal dieses Urteil auch mit dazu beigetragen hat, das deutsche GmbH-Recht mit dem MoMiG zu reformieren.

---

[86] Vgl. dazu umfassend *Gloger/C. Goette/Japing* ZInsO 2008, 1051 ff.
[87] *Weber/Sieber* ZInsO 2008, 952, 954.
[88] Vgl. NJW 1999, 2027.
[89] Vgl. dazu NJW 1999, 2027, 2028 f.; NJW 2003, 3331, 3333.
[90] Näheres hierzu NJW 1999, 2027, 2029.

In der später ergangenen *Überseering*-Entscheidung[91] knüpfte der EuGH an die soeben beschriebene Linie an und stellte fest, dass eine in einem Mitgliedstaat der EU ordnungsgemäß gegründete Gesellschaft, die von ihrer Niederlassungsfreiheit in einem anderen Mitgliedstaat Gebrauch macht, von diesem auch als rechts- und parteifähig anerkannt werden muss. Er hat sich für diese Fälle also der sog. Gründungstheorie angeschlossen,[92] so dass sich die Rechtsfähigkeit der Gesellschaft dann nach dem Recht ihres Gründungsstaates bestimmt.

Kurz darauf wurde mit der *Inspire-Art*-Entscheidung[93] klargestellt, dass es mit der Niederlassungsfreiheit nicht vereinbar ist, wenn die Errichtung der Zweitniederlassung von einer in einem anderen Mitgliedstaat ordnungsgemäß gegründeten Gesellschaft von bestimmten, in dem Staat der geplanten Zweitniederlassung geltenden Voraussetzungen abhängig gemacht wird. Denn wenn der Staat der Zweitniederlassung bestimmte, eigene Bedingungen etwa bezüglich des erforderlichen Mindestkapitals etc. aufstellen könnte, würde dies der Niederlassungsfreiheit und der Rechtsprechung der *Centros*-Entscheidung zuwiderlaufen. Denn die Niederlassungsfreiheit solle gerade gewährleisten, aus dem vielfältigen Angebot der im EU-Raum zur Verfügung stehenden Gesellschaftsformen auszuwählen und deren Vorzüge auch im Bezug auf abgeleitete Zweitniederlassungen genießen zu können.

Die *Inspire-Art*-Entscheidung war somit die konsequente Fortschreibung von *Centros* und *Überseering*. Alle drei Entscheidungen haben erheblich zur Belebung des Wettbewerbs der verschiedenen Gesellschaftsformen in Europa beigetragen. Ob allerdings das hierdurch erheblich erleichterte Ausweichen etwa auf die zumindest vordergründig kostengünstige Limited dauerhaft sinnvoll ist, ist dagegen eine ganz andere Frage, die auch vom Empfänger dieser Festschrift kritisch betrachtet worden ist.[94] Dennoch haben die soeben beschriebenen EuGH-Entscheidungen im nationalen GmbH-Recht erhebliche Wellen geschlagen und dürfen somit in der Liste markanter Wegmarken des GmbH-Rechts keinesfalls fehlen.

6. Trabrennbahn

Erst vor kurzer Zeit hatte sich der BGH in seiner *Trabrennbahn*-Entscheidung[95] mit der Frage zu beschäftigen, ob die vom EuGH festgelegten Grundlinien zur Niederlassungsfreiheit von Gesellschaften, die soeben beschrieben worden sind, auch im Hinblick auf eine schweizerische AG gelten sollen, die ihren Verwaltungssitz nach Deutschland verlegt. Es war zu entscheiden, ob auch im Verhältnis von Deutschland und der Schweiz nunmehr die Gründungstheorie Anwendung finden kann, oder ob in diesem Fall nicht weiterhin die bis dato in Deutschland geltende Sitztheorie zur Anwendung gelangen solle.

Die Anwendung der Gründungstheorie würde bewirken, dass die schweizerische AG die auch für Gesellschaften aus EU-Mitgliedstaaten geltende Niederlassungsfreiheit in Deutschland in Anspruch nehmen und somit ihr Heimatrecht mit nach Deutschland überführen könnte. Dagegen würde die Anwendung der in Deutschland grds. geltenden Sitztheorie dazu führen, dass sich die schweizerische AG bei Grenzübertritt auflösen würde, da ihr Recht in Deutschland nicht anerkannt wird. Sie würde somit auch ihre Rechts- und Parteifähigkeit verlieren, so dass sie ihre Rechte nicht klageweise geltend machen könnte.

Das Berufungsgericht war davon ausgegangen, dass es aus Gründen der Rechtssicherheit und Rechtsklarheit zweckmäßig sei, die Leitlinien des EuGH auch auf Fälle zwischen Deutschland und der Schweiz auszudehnen, da durch mehrere Abkommen deren Recht

---

[91] NJW 2002, 3614.
[92] Vgl. BGH NJW 2009, 289, 290 mwN.
[93] Vgl. NJW 2003, 3331.
[94] Vgl. *W. Goette* DStR 2005, 197, 201.
[95] BGH NJW 2009, 289.

dem EU-Recht stark angenähert sei.[96] Dem hat der BGH in seiner *Trabrennbahn*-Entscheidung allerdings eine Absage erteilt[97] und damit auch dazu beigetragen, die im deutschen GmbH-Recht bisher geltende Sitztheorie nicht vollständig aufzugeben. Ein Grund hierfür war sicherlich, dass sich der BGH nicht in die bestehenden Reformpläne der Bundesregierung einschalten wollte, welche sich mit der Frage beschäftigen, ob grundsätzlich die Gründungstheorie in Deutschland kodifiziert werden sollte.[98] Gestützt hat er seine Entscheidung außerdem mit der Begründung, dass zwischen Deutschland und der Schweiz keine völkerrechtlichen Verträge oder Abkommen sonstiger Art bestehen, die die Anwendung der Gründungstheorie erforderlich machen. Somit ist die schweizerische AG nach Grenzübertritt in Deutschland nicht als AG rechtsfähig. Der BGH hat allerdings das daraus resultierende Problem, dass der vollständige Verlust der Rechts- und Parteifähigkeit dazu führen würde, dass es trotz Teilnahme am Rechtsverkehr in Deutschland nicht möglich wäre, Rechte zu begründen und klageweise geltend machen zu können, erkannt und hierfür Abhilfe geschaffen, indem er eine solche Gesellschaft dann einer GbR oder OHG gleichstellt, die ebenfalls keiner Eintragung in das Handelsregister bedürfen.[99]

Mit seiner *Trabrennbahn*-Entscheidung hat der BGH jedenfalls dafür Sorge getragen, dass die Sitztheorie, die einen für das deutsche GmbH-Recht wichtigen Eckpfeiler darstellt, bis auf weiteres außerhalb des Geltungsbereichs des EU-Rechts erhalten bleibt und nicht aufgeweicht wird. Denn der Sinn der Sitztheorie liegt darin, den Schutz der Gläubiger und Minderheitsgesellschafter nach deutschen Standards zu gewährleisten und zu verhindern, dass Gesellschaften dorthin flüchten, wo die niedrigsten Anforderungen an sie gestellt werden.[100] Dies ist ein wichtiger Grundsatz im deutschen GmbH-Recht, so dass die wegweisende *Trabrennbahn*-Entscheidung hier ebenfalls nicht unerwähnt bleiben darf.

---

[96] Vgl. hierzu BGH NJW 2009, 289 aE.
[97] BGH NJW 2009, 289, 290.
[98] S. hierzu auch BGH NJW 2009, 289, 291 und Anm. *Kieninger* NJW 2009, 292.
[99] BGH NJW 2009, 289, 291; so auch schon BGH DStR 2002, 1678.
[100] Sog. „race to the bottom" – kritisch hierzu Anm. *Kieninger* NJW 2009, 289, 292 f.

BARBARA GRUNEWALD

Die Haftungsrisiken des Mittelverwendungskontrolleurs

Übersicht

Seite

I. Fallgestaltung

Ende 2009/Anfang 2010 hat der BGH in elf Entscheidungen zu der Frage Stellung genommen, unter welchen Voraussetzungen ein sog. Mittelverwendungskontrolleur den Anlegern einer Publikumsgesellschaft haftet.[1] Die Kläger waren Gesellschafter einer Fonds-Gesellschaft bürgerlichen Rechts. Die Beteiligungen waren mit Hilfe eines Prospektes vertrieben worden, in dem ein Vertrag mit einem Mittelverwendungskontrolleur (MVK) abgedruckt war, den die Gesellschaft mit dem beklagten Wirtschaftsprüfer geschlossen hatte. In dem Vertrag heißt es:

§ 1 Sonderkonto
Die Fonds-Gesellschaft richtet ein Sonderkonto bei einem Kreditinstitut ein, über das sie nur gemeinsam mit dem Beauftragten verfügen kann (‚Sonderkonto'). Auf das Sonderkonto sind die Gesellschaftereinlagen einzuzahlen und die von der Fonds-Gesellschaft ausgereichten Darlehen zu tilgen.

---

[1] Veröffentlicht sind soweit ersichtlich nur zwei Entscheidungen (BGH ZIP 2009, 2446; ZIP 2009, 2449); in den anderen neun wird auf diese zwei Urteile verwiesen, s. *Koch* WM 2010, 1057.

§ 4 Haftung
Dieser Vertrag wird als Vertrag zu Gunsten Dritter, und zwar zu Gunsten aller Gesellschafter abgeschlossen. Die Gesellschafter können aus diesem Vertrag eigene Rechte herleiten. Schadensersatzansprüche gegen den Beauftragten können nur geltend gemacht werden, wenn die Fonds-Gesellschaft oder die Gesellschafter nicht auf andere Weise Ersatz zu erlangen vermögen.

In dem Vertrag waren auch die Bedingungen festgelegt, unter denen Zahlungen von dem Sonderkonto geleistet werden durften. Auch das hatte der MVK zu überwachen. Entgegen der geschilderten vertraglichen Vereinbarung konnte die Gesellschaft dann aber doch über das Sonderkonto ohne Beteiligung des Beklagten verfügen. Die Gesellschaft wurde liquidiert. Die Kläger verlangten Schadensersatz von dem Beklagten. Diesen berechneten sie so, dass sie Rückzahlung der geleisteten Einlage Zug um Zug gegen Übertragung der Beteiligung an den Beklagten verlangten.

Der BGH hat die Klageabweisung der Vorinstanz aufgehoben und die Sache an das Berufungsgericht zurückverwiesen. Ansprüche der Anleger – so das Urteil – könnten sich aus dem Mittelverwendungskontrollvertrag (MVKV) ergeben. Der Beklagte hätte die Kläger bei ihrem Beitritt darüber informieren müssen, dass die Mittelverwendungskontrolle bislang nicht erfolgt sei. Dies hätte er dadurch erreichen können, dass er entweder auf eine Änderung des Prospekts, mit dem die Kläger geworben worden waren, drängte, oder aber die Presse entsprechend informierte. Die Subsidiaritätsklausel halte der Inhaltskontrolle nicht stand und stehe daher Schadensersatzansprüchen der Anleger nicht entgegen.

II. Fragestellungen

Dieser Sachverhalt wirft zahlreiche Fragen auf. Zu klären ist, welche Pflichten der MVK im Verhältnis zu den Anlegern hat und wie sich eventuelle Schadensersatzansprüche berechnen. Dabei soll in einem ersten Schritt der Fall betrachtet werden, dass der MVK einen direkten Vertrag mit den Anlegern geschlossen hat. In einem zweiten Schritt wird dann untersucht, ob sich die Rechtslage anders darstellt, wenn die Anleger wie im Fall des BGH durch einen Vertrag zu Gunsten Dritter, den der MVK mit der Gesellschaft geschlossen hatte, geschützt sind. Zu klären ist auch, welche Rechte die Anleger haben, wenn der MVKV zwischen der Gesellschaft und dem MVK sie gar nicht erwähnt. Abschließend wird dann untersucht, wie sich eventuelle Schadensansprüche berechnen.

III. Pflichten des Mittelverwendungskontrolleurs aus einem Vertrag zwischen Mittelverwendungskontrolleur und Anleger/Inhaltskontrolle bei Verwendung von Allgemeinen Geschäftsbedingungen

1. Die Pflichten

Welche Pflichten den MVK im Verhältnis zu den Anlegern treffen, kann nicht pauschal gesagt werden. Vielmehr muss der Vertrag insoweit ausgelegt werden. In einer älteren Entscheidung hat der BGH[2] beispielsweise ausgeführt, dass aus der Bezeichnung des Vertrages als Mittelverwendungskontrollvertrag nicht geschlossen werden kann, dass der Kontrolleur auch die Seriosität der Geschäftspartner der Gesellschaft zu überprüfen habe. Nur wenn entsprechende Bedenken in Wirtschaftskreisen aufkommen oder sich aufdrängen, dürfe sich der Kontrolleur dem nicht verschließen. In dem Urteil wird zu Recht betont, dass der konkrete Inhalt der versprochenen Mittelverwendungskontrolle sich erst aus den einzelnen Bestimmungen des Vertrages, nicht aber schon aus einem vorgegebenen klaren Leitbild für Kontrollmaßnahmen ergibt.

---

[2] ZIP 2007, 873, 874.

In den geschilderten Urteilen von 2009/2010[3] hatte der MVK nach dem MVKV sicherzustellen, dass über ein bestimmtes Konto der Gesellschaft nur verfügt werden konnte, wenn er dem zugestimmt hatte. Daher musste er – so die zutreffende Ansicht des BGH – auch dafür sorgen, dass es keine von seiner Mitwirkung unabhängigen Zeichnungsberechtigten für dieses Konto gab.

Darüber hinaus meint der BGH, dass den MVK, falls er nicht so wie geschuldet verfahren sei, die Pflicht treffe, ggf. auch in der Presse darauf hinzuweisen, dass eine solche Kontrolle nicht stattgefunden habe. Auf diese Pflicht kommt es insbesondere dann an, wenn der MVK ab einem bestimmten Zeitpunkt seine Kontrollpflichten erfüllt. Denn gegenüber Gesellschaftern, die erst danach ihre Anlage zeichnen, liegt in dem früheren Fehlverhalten keine Pflichtverletzung, da zu diesem Zeitpunkt noch kein Schuldverhältnis bestand. Für diese Personengruppen können sich daher nur dann Ansprüche ergeben, wenn über die geschuldete Kontrolle hinaus weitere Pflichten bestehen.

Die Annahme des BGH, es treffe den Kontrolleur eine entsprechende Hinweispflicht, erscheint aber doch sehr weitgehend.[4] Eine Pflicht, auf eigene Fehler hinzuweisen, wurde längere Zeit für Rechtsanwälte bei Mandatsende postuliert. Diese Pflicht hatte nur den Sinn, die als zu kurz empfundene Verjährungsfrist von § 51b BRAO aF zu unterlaufen.[5] Ansonsten müssen Schuldner auf ihre Fehler regelmäßig nicht – und erst Recht nicht in der Presse – aufmerksam machen. Näher liegt die Annahme, in der Erklärung bei Abschluss des MVKV sei auch die – ggf. falsche – Aussage des MVK enthalten, bislang sei über die Mittel nicht anders als bei ordnungsgemäßer Kontrolle auch verfügt worden. Sofern das nicht zutrifft, müsste der MVK den Anlegern gegenüber dafür einstehen.

2. *Inhaltskontrolle bei der Verwendung von Allgemeinen Geschäftsbedingungen*

Der Hinweis des BGH, dass es kein klares Leitbild für einen MVKV gebe, lässt zugleich erkennen, dass eine Inhaltskontrolle anhand von § 307 Abs. 2 BGB schwierig ist. Denn weder existiert eine gesetzliche Regelung für einen solchen Vertrag noch kann man sich problemlos Klauseln vorstellen, die Rechte und Pflichten einschränken, die sich aus „der Natur des Vertrages" – was sollte das sein? – ergeben. Es verwundert daher auch nicht, dass die in dem Urteil des BGH[6] für unwirksam erklärte Klausel nicht an der Generalklausel, sondern an einem Klauselverbot (§ 309 Nr. 7b BGB) gescheitert ist. Denkbar ist allerdings auch ein Verstoß gegen die Generalklausel von § 307 BGB. So wäre etwa eine Bestimmung in einem MVKV unwirksam, nach der ein Verstoß gegen eine konkret beschriebene Verpflichtung zur Kontrolle etwa von Zahlungsflüssen trotz fahrlässigen Verhaltens nicht zu Schadensersatzansprüchen führt (Verstoß gegen eine Kardinalpflicht).[7]

IV. Pflichten eines Mittelverwendungskontrolleurs im Falle eines echten Vertrages zu Gunsten Dritter

1. Die Pflichten

Sollte der MVKV wie im Fall des BGH als Vertrag zu Gunsten Dritter ausgestaltet sein, so gilt im Grunde nichts anderes als bei einem direkten Vertrag zwischen MVK und Anleger. Erneut muss durch Auslegung festgestellt werden, welche Pflichten den MVK treffen. Zu berücksichtigen ist allerdings, dass die Willenserklärungen des MVK bei dieser Fallge-

[3] BGH ZIP 2009, 2446; ZIP 2009, 2449.

[4] Kritisch auch *Erne/Bracht* GWR 2010, 115; *Zoller* BB 2010, 147, 148.

[5] Sog. sekundärer Ersatzanspruch, *Prütting* in: Henssler/Prütting, BRAO, 2. Aufl. 2004, § 51b Rn. 65 ff.

[6] ZIP 2009, 2449, 2452.

[7] *Fuchs* in: Ulmer/Brandner/Hensen, AGB-Recht, 10. Aufl. 2006, § 307 BGB Rn. 287 ff.

staltung gegenüber der Gesellschaft und nicht gegenüber den Anlegern abzugeben sind und daher die Auslegung gemäß den allgemeinen Regeln den Empfängerhorizont der Gesellschaft und nicht den der Anleger zu berücksichtigen hätte. Allerdings ist den Vertragsparteien bekannt, dass der MVKV die Rechtsstellung der Anleger in der Gesellschaft maßgeblich ausgestaltet und für diese von großer Bedeutung ist. Genau das ist ja der Sinn des MVKV. Daher kann die Auslegung, wie die Vertragspartner wissen, nicht an den Interessen der Anleger vorbeigehen. Vielmehr ist auf den Empfängerhorizont der Beitretenden abzustellen. Weiß also etwa die Gesellschaft – nicht aber die Anleger – um ein besonderes Verständnis, das der MVK hat, so kann dieses besondere Verständnis bei der Auslegung nicht berücksichtigt werden.[8]

Wie geschildert, geht der BGH von vorvertraglichen Pflichten des MVK gegenüber den künftigen Anlegern aus. Der MVK hat nach Ansicht des BGH ggf. darauf hinzuweisen, dass er die Mittelverwendungskontrolle bislang nicht ordnungsgemäß durchgeführt hat.[9] Dies ist schon deshalb nicht wirklich überzeugend, weil es ja gar nicht zu einem Vertragsschluss zwischen MVK und Anlegern kommt und folglich vorvertragliche Pflichten in diesem Verhältnis auch nur schwer vorstellbar sind. Der hier vorgeschlagene Ansatz vermeidet diese Unstimmigkeit. Wenn der MVK konkludent miterklärt, bislang seien die Buchungen so wie bei ordnungsgemäßer Kontrolle erfolgt, so hat diese Erklärung eben richtig zu sein. Dies gilt auch dann, wenn sie gegenüber der Gesellschaft abgegeben wird. In den Schutzbereich einer solchen Aussage sind gemäß der vertraglichen Absprache zwischen Gesellschaft und MVK die Anleger dann auch mit einbezogen.[10]

2. *Inhaltskontrolle bei der Verwendung von Allgemeinen Geschäftsbedingungen*

Eine ähnliche Problematik wie bei der Auslegung taucht im Zusammenhang mit der Frage auf, ob der MVKV der Inhaltskontrolle nach §§ 307 ff. BGB unterliegt. Da weder der MVK noch die Gesellschaft Verbraucher sind, greift § 310 Abs. 3 Nr. 2 BGB nicht ein. Meist werden die Kriterien von § 305 Abs. 1 S. 1 BGB (Vorformulierung für eine Vielzahl von Verträgen) im Verhältnis Gesellschaft/MVK nicht erfüllt sein. Gleichwohl unterzieht der BGH den MVKV der Inhaltskontrolle. Zur Begründung weist er darauf hin,[11] dass auch Klauseln, die nicht im engeren Sinne Vertragsbedingungen sind, sofern sie im Zusammenhang mit einer vertraglichen Beziehung stehen, der Inhaltskontrolle unterliegen. Die angeführten Beispiele (Überweisungsvordrucke,[12] Einverständniserklärung des Kunden mit telefonischer Werbung[13] oder telefonischer Beratung[14]) liegen allerdings vollkommen anders.[15] Denn im vorliegenden Fall geht es sehr wohl um Vertragsklauseln (nämlich um Bestandteile des Vertrages zwischen der Gesellschaft und dem MVK), die lediglich nicht Bestandteil eines Vertrages mit dem zu schützenden Anleger sind.

Im Ergebnis ist der Entscheidung aber gleichwohl zuzustimmen.[16] Denn die Klausel gestaltet die Rechtsposition der Anleger aus und ist an sie gerichtet. Denn Sinn des MVKV ist es ja gerade, die Anleger von der Sicherheit ihres Investments zu überzeugen. Daher muss auch aus ihrer Sicht beurteilt werden, ob Allgemeine Geschäftsbedingungen vorlie-

---

[8] S. zu dem gleichen Phänomen im Rahmen eines anderen echten Vertrages zu Gunsten Dritter (Abfindung in Beherrschungsverträgen) *Grunewald* ZGR 2009, 647, 654.

[9] BGH ZIP 2009, 2449, 2451.

[10] Ähnlich *Ebke* WuB 2001, S. 299 IG 8 Prospekthaftung 2.01.

[11] ZIP 2009, 2446, 2447.

[12] BGHZ 98, 24.

[13] ZIP 1999, 846.

[14] BGH ZIP 2000, 1113.

[15] Kritisch zu dieser Parallele auch *Koch* WM 2010, 1057, 1060 unter Hinweis darauf, dass bei einseitigen Erklärungen des Verwenders nur eigene Gestaltungsmacht in Anspruch genommen werde. Dieses Argument überzeugt aber nicht; s. *Grunewald* in: FS Graf v. Westphalen, 2010, S. 229, 231 f.

[16] So auch *Frisch* EWiR 2010, 140 § 305 BGB 1/10, 140.

gen. Auch der BGH betont, dass der MVKV Ausdruck einer die Vertragsfreiheit einschränkenden überlegenen Verhandlungsmacht der Gesellschaft und des MVK sei und die Bedingungen des Vertrages gegenüber einer unbestimmten Vielzahl von Anlegern Verwendung finden sollen.[17] Der Anleger sehe sich – so das Urteil – in zumindest gleicher Weise den vorformulierten Bedingungen ausgeliefert wie bei einem unmittelbaren Vertragsschluss mit dem Beklagten. Das entspricht der hier vertretenen Linie und erinnert daran, dass nach allgemeiner Ansicht Emissionsbedingungen, die oftmals zwischen Emittent und Emissionsbank ausgehandelt werden, ebenfalls zu Gunsten der Anleger einer Inhaltskontrolle zu unterziehen sind.[18]

Damit ist zugleich auch gesagt, welcher Maßstab für die Inhaltskontrolle gilt. Da es um den Schutz der Anleger geht, sind die für Verbraucher einschlägigen Normen und nicht etwa die für Verträge gegenüber Unternehmern anwendbaren Regeln heranzuziehen. Das ist auch der Grund, warum der BGH auf § 309 Nr. 7b BGB und nicht auf die Generalklausel abstellt.

V. Pflichten des Mittelverwendungskontrolleurs, falls kein echter Vertrag zu Gunsten Dritter vorliegt/Inhaltskontrolle bei Verwendung von Allgemeinen Geschäftsbedingungen

In dem der Entscheidung des BGH zu Grunde liegenden Fall war der MVKV ausdrücklich als Vertrag zu Gunsten Dritter ausgestaltet. Denkbar ist aber auch, dass sich eine solche Klausel in dem Vertragswerk zwischen Gesellschaft und MVK nicht findet. Im Ergebnis würde dies aber keinen Unterschied machen. Vielmehr ist der Vertrag dann im Wege der ergänzenden Vertragsauslegung – jedenfalls wenn er sich an die Anleger richtet (etwa durch Veröffentlichung in einem Prospekt) – als Vertrag mit Schutzwirkung zu Gunsten Dritter zu verstehen.[19] Denn auch wenn es an einer ausdrücklichen Einbeziehung der Anleger fehlt, ist doch klar, dass es ganz maßgeblich um ihren Schutz geht.

Diese Fallgestaltung ist durchaus mit einem Sachverhalt vergleichbar, den der BGH vor einigen Jahren zu entscheiden hatte.[20] Damals war ein Wirtschaftsprüfer verklagt, der – wie im Prospekt angekündigt – im Auftrag des Initiators den Werbeprospekt für die Anleger prüfen sollte. Der Bericht sollte den Interessenten auf Wunsch zugeschickt werden. Auch in diesem Fall ging es also darum, dass eine Kontrolle für den Prüfer erkennbar im Interesse der Anleger erfolgen sollte und die entsprechenden Aussagen an die Anleger gerichtet waren. Der BGH hat in der Vereinbarung zwischen Gesellschaft und Wirtschaftsprüfer einen Vertrag mit Schutzwirkung zu Gunsten der Anleger gesehen. Dieses Ergebnis lässt sich auf den MVKV problemlos übertragen.

Diesem Ergebnis ist entgegengehalten worden, dass es nicht um Vertrags- sondern um Vertrauenshaftung gehe, zumal nur auf der Basis der Vertrauenshaftung begründet werden könne, dass die Gesellschaft und der MVK die Rechte der Anleger nicht beliebig ausgestalten könnten.[21] Dem ist nicht zu folgen. Denn eine Vertrauenshaftung setzt voraus, dass der Anleger tatsächlich vertraut und insoweit lässt sich sagen, dass er eben nur auf das vertrauen kann, was der MVKV zusagt. Eine Begründung dafür, dass der Anleger sich auf mehr als das schriftlich Niedergelegte verlassen darf, liefert auch der Hinweis auf die Regeln

[17] BGH ZIP 2009, 2246, 2247.

[18] S. den Hinweis bei *Koch* WM 2010, 1057, 1060; allgemein *Pfeiffer* in: Wolf/Lindacher/Pfeiffer, AGB-Recht, 5. Aufl. 2009, § 305 BGB Rn. 15; *Ulmer* in: Ulmer/Brandner/Hensen, AGB-Recht, 10. Aufl. 2006, § 305 BGB Rn. 19.

[19] So auch *Podewils* EWiR 2010, 137 § 280 BGB 3/10.

[20] WM 2004, 1869; ähnlich BGH WM 2007, 1503; WM 2007, 1507, 1510.

[21] *Koch* WM 2010, 1057, 1061 ff.; gegen eine Vertrauenshaftung auch *Podewils* EWiR 2010, 137, 138 § 280 BGB 3/10.

der Vertrauenshaftung nicht. Zwar soll Gegenstand des Vertrauens nicht das Haftungsversprechen, sondern die vertrauenswerbende Erklärung selbst, also die Ankündigung, über die Verwendung der Gelder zu wachen, sein. Aber da es – wie in dem Urteil des BGH zutreffend dargelegt – keinen klassischen MVKV gibt, bildet sich durch eine solche Werbemaßnahme auch kein Vertrauen mit einem bestimmten Inhalt, das dann durch eine Subsidiaritätsklausel enttäuscht werden könnte.

Der Umfang der Pflichten des MVK ist wiederum durch Auslegung zu ermitteln. Da es wiederum maßgeblich auf die Sicht der Anleger ankommt, bestehen keine Unterschiede zu dem Fall des echten Vertrages zu Gunsten Dritter. Dies gilt auch für die Inhaltskontrolle.

VI. Rechtsfolgen

1. Ansprüche der Anleger, die im Moment der Pflichtverletzung schon Gesellschafter sind

Sofern der Schuldner seine Pflichten schuldhaft verletzt, schuldet er Schadensersatz. Für den MVK folgt daraus die Verpflichtung gegenüber den Anlegern, den Schaden zu ersetzen, den diese durch die unterlassene Kontrolle erlitten haben. Dies erfolgt zweckmäßigerweise durch Leistung der entsprechenden Summe in das Gesellschaftsvermögen, da damit zugleich der parallel liegende Anspruch der Gesellschaft erfüllt wird und der MVK so davor bewahrt wird, doppelt leisten zu müssen. Zugleich wird auf diese Weise sichergestellt, dass das Gesellschaftsvermögen (auch im Interesse der Gläubiger) auf jeden Fall aufgefüllt wird.[22] Die Entwertung der Beteiligung der Anleger wird als bloßer Reflexschaden eingestuft mit der Folge, dass der Anleger Zahlungen an sich persönlich nicht verlangen kann. Sofern der Anleger geltend machen sollte, er hätte seine Beteiligung gekündigt, wenn er von der Pflichtverletzung des MVK gewusst hätte, gilt das Gleiche wie für Anleger, die nach der Pflichtverletzung des MVK der Gesellschaft beigetreten sind.

2. Anleger, die nach der Pflichtverletzung des Mittelverwendungskontrolleurs der Gesellschaft beigetreten sind

Anleger, die erst nach der unterlassenen Kontrolle der Gesellschaft beitreten, sollen nach Ansicht des BGH einen Anspruch auf Rückzahlung der Einlage Zug um Zug gegen Übertragung ihres Anteils auf den MVK haben.[23] Die naheliegende Parallele zu der Haftung von Personen, die Aufklärung über bestimmte Einzelaspekte der Anlage schulden und die nur Ersatz für die Schäden leisten müssten, die in diesem Punkt eingetreten sind,[24] zieht das Urteil bewusst nicht. Denn – so die Entscheidungen – die Prüfungspflicht des MVK beziehe sich nicht nur auf einen Einzelaspekt.

Diese Wertung erscheint zweifelhaft. Dies wird besonders deutlich, wenn man den alles andere als unwahrscheinlichen Fall betrachtet, dass zwar Verfügungen ohne Beteiligung des MVK erfolgt sind, diese aber vollkommen in Ordnung waren und daher auch erfolgt wären, wenn der MVK um sie gewusst hätte. Hier hat sich die fehlende Überprüfung durch den MVK ersichtlich nicht ausgewirkt. Die Vorstellung des Anlegers, alles sei bis zu seinem Beitritt sachgerecht abgewickelt worden, trifft folglich zu. Warum hier der MVK – wie vom BGH verlangt – darauf hinweisen sollte, dass er die Ausgaben nicht kontrolliert hat, erscheint nicht ersichtlich. Dem Anleger kommt es darauf an, dass die Kasse stimmt. Die Kontrolle als solche ist demgegenüber nicht wirklich maßgeblich. Versteht man die

---

[22] BGHZ 129, 136, 165 (AG); BGH ZIP 1987, 1316, 1318 (stille Gesellschaft).

[23] So auch schon BGH NJW 1995, 1025, 1027 in einem vergleichbaren Fall.

[24] S. etwa BGH ZIP 2001, 230, 231; ZIP 2003, 806; ZIP 1998, 1306, 1308; BGHZ 116, 209, 213.

Erklärung des MVK richtig und geht, wie hier vertreten, davon aus, dass er eine Aussage über die Verfügungen über das Konto (nicht aber über sein Verhalten) trifft (s. III. 1.), dann muss ihm aber auch die Möglichkeit eröffnet werden, Ersatz an die Gesellschaft in Höhe der bei wirksamer Kontrolle nicht abgeflossenen Summe zu leisten.[25] Zugleich wird damit dem bereits geschilderten Aspekt Rechnung getragen, dass der MVK auch der Gesellschaft verpflichtet ist und ihr gegen den MVK gerichteter Schadensersatzanspruch auf diese Weise „miterfüllt" wird.

VII. Zusammenfassung

1. Welche Pflichten einen Mittelverwendungskontrolleur treffen, muss im Wege der Auslegung ermittelt werden. Dabei ist das Verständnis der Anleger auch dann zu berücksichtigen, wenn sie zwar nicht Vertragspartner des MVK, wohl aber in den Schutzbereich des Vertrages zwischen Gesellschaft um MVK einbezogen sind.

2. Der Vertrag zwischen MVK und Gesellschaft unterliegt in Bezug auf die Rechtsstellung der Anleger auch dann der Inhaltskontrolle nach §§ 307 ff. BGB, wenn er nicht die Kriterien von § 305 Abs. 1 S. 1 BGB erfüllt.

3. Der MVK schuldet – falls er seine Pflichten gegenüber den Anlegern schuldhaft verletzt hat – diesen Schadensersatz. Der Anspruch ist durch Zahlung der Summe an die Gesellschaft zu erfüllen, die bei ordnungsgemäßer Mittelverwendungskontrolle im Gesellschaftsvermögen zusätzlich enthalten wäre.

---

[25] Im Ergebnis so auch *Podewils* EWiR 2010, 137, 138; dem BGH folgend *Koch* WM 2010, 1057, 1063; dem BGH ebenfalls folgend OLG München BeckRS 2010, 9796.

MATHIAS HABERSACK

„Kirch/Deutsche Bank" und die Folgen – Überlegungen zu § 100 Abs. 5 AktG und Ziff. 5.4, 5.5 DCGK –

Übersicht

I. Einführung

Zu den besonders bedeutsamen, weil das Recht fortbildenden Entscheidungen des II. Zivilsenats des BGH, die unter dem Vorsitz *Wulf Goettes* ergangen sind, darf ohne Zweifel das Urteil vom 16. Februar 2009 in Sachen „Kirch/Deutsche Bank" gerechnet werden.[1] In ihm hat der Senat unter anderem entschieden, dass die gemäß § 161 AktG vom Vorstand und Aufsichtsrat abzugebende Entsprechenserklärung nicht nur einen Vergangenheits-, sondern auch einen Gegenwarts- und Zukunftsbezug und damit den Charakter einer „Dauererklärung" habe, die jeweils binnen Jahresfrist zu erneuern und im Fall vorheriger Abweichung von den Empfehlungen des DCGK umgehend zu berichtigen sei. Geschehe dies nicht oder entspreche die Erklärung von vornherein in einem nicht unwesentlichen Punkt nicht der tatsächlichen Praxis der Gesellschaft, liege darin ein Gesetzesverstoß, der dem Verstoß zuwider gefasste Entlastungsbeschlüsse anfechtbar mache.[2] Damit hat der Senat, ohne generell zu den Folgen eines Verstoßes gegen § 161 AktG Stellung zu beziehen,[3] dem „soft law" des Kodex Zähne verliehen. Schon in der – gleichfalls Grundsatzcharakter aufweisenden – Entscheidung in Sachen „Umschreibungsstopp" vom 21. September 2009 hatte der Senat Gelegenheit, die Grundsätze des Kirch/Deutsche Bank-Urteils dahin gehend zu präzisieren, dass ein zur Anfechtbarkeit des Entlastungsbeschlusses führender Verstoß gegen § 161 AktG in Fällen, in denen entgegen der Empfehlung in Ziff. 5.5.3 DCGK nicht über das Vorliegen und/oder die praktische Behandlung eines Interessenkon-

---

[1] BGHZ 180, 9.

[2] BGHZ 180, 9 Tz. 19; so auch *Hüffer* AktG, 9. Aufl. 2010, § 161 Rn. 20; *Seibert* BB 2002, 581, 583; aA *Heckelmann* WM 2008, 2146, 2148 f.; gegen den Dauercharakter der Erklärung auch *Ederle* NZG 2010, 655 ff.; gegen Anfechtbarkeit auch *Leuering* DStR 2010, 2255 ff.

[3] Ausdrücklicher Vorbehalt in BGHZ 180, 9 Tz. 19.

flikts in der Person eines Organmitglieds berichtet wird, nur dann vorliege, wenn die unterbliebene Information für einen objektiv urteilenden Aktionär für die sachgerechte Wahrnehmung seiner Teilnahme- und Mitgliedschaftsrechte relevant sei.[4]

Wulf Goette, dem diese Zeilen in herzlicher Verbundenheit gewidmet sind, hat in einem kürzlich erschienenen Aufsatz Hintergrund und Tragweite des „Kirch/Deutsche Bank"-Urteils nachgezeichnet und das sodann im „Umschreibungsstopp"-Urteil aufgegriffene Erfordernis der Relevanz des Kodexverstoßes entwickelt.[5] Ein Beitrag zu einigen offenen Fragen im Kontext der „Kirch/Deutsche Bank"-Thematik darf deshalb auf das Interesse des *Jubilars* hoffen. Zu diesen Zweifelsfragen gehört zunächst diejenige nach der Maßgeblichkeit der – bislang allein Entlastungsbeschlüsse betreffenden – BGH-Rechtsprechung für Wahlbeschlüsse der Hauptversammlung.[6] Darüber hinaus gilt es, die besonders bedeutsame, sowohl in Sachen „Kirch/Deutsche Bank" als auch in Sachen „Umschreibungsstopp" einschlägigen Empfehlungen des DCGK betreffend die Information über und den Umgang mit Interessenkonflikten des Aufsichtsratsmitglieds näher zu betrachten und von dem Erfordernis der Unabhängigkeit, wie es in § 100 Abs. 5 AktG für den Finanzexperten des Aufsichtsrats einer kapitalmarktorientierten Gesellschaft postuliert wird, abzugrenzen. Schließlich soll mit Blick auf die mögliche Anfechtung des Beschlusses der Hauptversammlung über die Wahl von Aufsichtsratsmitgliedern zu den Rechtsfolgen einer erfolgreichen Beschlussanfechtung Stellung genommen werden.

II. Anfechtbarkeit von Wahlbeschlüssen wegen Verstoßes gegen § 161 AktG

Was zunächst die Frage anbelangt, ob auch Wahlbeschlüsse der Hauptversammlung, mithin Beschlüsse über die Wahl von Aufsichtsratsmitgliedern oder des Abschlussprüfers, nach den Grundsätzen der „Kirch/Deutsche Bank"-Rechtsprechung anfechtbar sein können, so wird sie vom Schrifttum überwiegend verneint.[7] Die instanzgerichtliche Rechtsprechung ist nicht einheitlich. Bereits vor Erlass des „Kirch/Deutsche Bank"-Urteils des BGH hat sich das OLG München für die Anfechtbarkeit des Beschlusses über die Wahl von Aufsichtsratsmitgliedern ausgesprochen;[8] das LG Hannover ist ihm mit seinem in Sachen Continental AG ergangenen Urteil vom 17. März 2010 gefolgt.[9] Demgegenüber hat das LG München I – wiederum vor Erlass der „Kirch/Deutsche Bank"-Entscheidung des BGH – die Anfechtbarkeit des Wahlbeschlusses verneint.[10]

Die Stellungnahme hat zunächst davon auszugehen, dass sich die Anfechtbarkeit keineswegs aus der Missachtung einer Kodexempfehlung selbst ergeben kann. Denn bekanntlich verfügen die Kodexempfehlungen weder über Gesetzes- noch über Satzungscharakter,[11] so dass die Wahl eines Aufsichtsratsmitglieds oder auch eines Abschlussprüfers, die in Widerspruch zu einer Kodexempfehlung erfolgt, weder gesetzes- noch satzungswidrig ist

---

[4] BGHZ 182, 272 Tz. 16 ff.; s. ferner BGH ZIP 2010, 879; OLG München ZIP 2008, 742.

[5] *Goette* in: FS Hüffer, 2010, S. 225 ff.

[6] Offen gelassen von *Goette* in: FS Hüffer, 2010, S. 225, 234 f. („eventuell auch Wahl- oder Wiederwahlentschließungen").

[7] *Hüffer* AktG, 9. Aufl. 2010, § 161 Rn. 31; *ders.* ZIP 2010, 1979, 1980 f.; *Goslar/von der Linden* DB 2009, 1691, 1696; *Marsch-Barner* in: FS K. Schmidt, 2009, S. 1109, 1112 f.; *Rieder* NZG 2010, 737, 738 f.; *Thümmel* CCZ 2008, 141, 142 f.; aA *Kirschbaum* ZIP 2007, 2362, 2364; *E. Vetter* NZG 2008, 121, 123 f.; *ders.* in: FS Schneider, 2011, S. 1345, 1350 ff.; im Grundsatz auch *Mutter* ZGR 2009, 788 ff.

[8] OLG München WM 2009, 658, 659 f.

[9] LG Hannover ZIP 2010, 833, 834 f.

[10] LG München I NZG 2008, 150, 151 f.

[11] *Hüffer* AktG, 9. Aufl. 2010, § 161 Rn. 3; MünchKommAktG/*Semler* 2. Aufl. 2003, § 161 Rn. 10; näher *Ulmer* ZHR 166 (2002), 150, 158 ff.

und es deshalb insoweit an einem Anfechtungsgrund iSd. § 251 Abs. 1 S. 1 AktG fehlt.[12] Dies sehen freilich auch das OLG München und das LG Hannover nicht anders.[13] Wenn überhaupt, dann kann die Anfechtung des Wahlbeschlusses allein auf der fehlerhaften Entsprechenserklärung gründen.[14] Dies ist im Übrigen auch der Ansatz des II. Zivilsenats des BGH, der in der Abgabe oder Aufrechterhaltung einer fehlerhaften Entsprechenserklärung zu Recht einen Gesetzesverstoß – nämlich einen Verstoß gegen § 161 Abs. 1 AktG – erblickt, der wiederum die Fehlerhaftigkeit der gleichwohl ausgesprochenen Entlastung der verantwortlichen Vorstands- und Aufsichtsratsmitglieder nach sich ziehen kann. Diese im Einklang mit allgemeinen Grundsätzen zu § 120 Abs. 1 AktG stehende Erkenntnis[15] lässt sich zwar für die Frage der Anfechtbarkeit von Wahlbeschlüssen nicht fruchtbar machen.[16] Denn die Wahl eines Aufsichtsratsmitglieds oder Abschlussprüfers ist nicht schon deshalb anfechtbar, weil Vorstand und Aufsichtsrat (zumal ohne Mitwirkung des zu wählenden Aufsichtsratsmitglieds) einen Gesetzes- oder Satzungsverstoß begangen haben.[17] Doch schließt es dieser Befund selbstredend nicht aus, dass der Wahlbeschluss der Hauptversammlung aufgrund ihm anhaftender Mängel anfechtbar ist.

Einen solchen Mangel hat das OLG München in der Nichtigkeit des dem Wahlbeschluss der Hauptversammlung vorangehenden und der zuvor anerkannten Empfehlung der Ziff. 5.4.1 DCGK widersprechenden Beschlusses des Aufsichtsrats über den Wahlvorschlag gesehen.[18] Danach soll bei Vorschlägen zur Wahl von Aufsichtsratsmitgliedern darauf geachtet werden, dass dem Aufsichtsrat jederzeit Mitglieder angehören, die über die zur ordnungsgemäßen Wahrnehmung der Aufgaben erforderlichen Kenntnisse, Fähigkeiten und fachlichen Erfahrungen verfügen, wobei namentlich auf potenzielle Interessenkonflikte geachtet werden soll. Soweit dem OLG München entgegengehalten wird, dass der Aufsichtsratsbeschluss erst die Pflicht begründe, die Entsprechenserklärung zu aktualisieren, und erst das Unterlassen dieser Aktualisierung einen Gesetzesverstoß darstelle, weshalb der Aufsichtsratsbeschluss nicht seinerseits gegen § 161 AktG verstoßen könne,[19] kann dem nicht gefolgt werden. Geht man mit dem BGH vom „Dauercharakter" der Entsprechenserklärung aus (s. im Einzelnen unter I.), so erscheint die Annahme, der Wahlvorschlag und der ihm zugrunde liegende Beschluss widerspreche nicht § 161 AktG, sondern nur früheren – nicht bindenden – Beschlüssen des Aufsichtsrats zur Befolgung des Kodex, so dass erst hierdurch die Pflicht zur Aktualisierung der Entsprechenserklärung begründet werde,[20] reichlich konstruiert. Das OLG München verweist zu Recht darauf, dass die Aktionäre, die auf der Grundlage eines Wahlvorschlags des Aufsichtsrats über die Wahl von Aufsichtsratsmitgliedern – Entsprechendes gilt für die Wahl des Abschlussprüfers – Beschluss fassen, davon ausgehen dürfen, dass sich der Aufsichtsrat an seine zuvor verlautbarte Entsprechenserklärung hält, wenn nicht der Aufsichtsrat zeitgleich mit dem Beschluss über den Wahlvorschlag auch die Abweichung von der bisher abgegebenen Entsprechenserklärung und

12 Statt aller *Hüffer* AktG, 9. Aufl. 2010, § 161 Rn. 31.

13 OLG München WM 2009, 658, 659; LG Hannover ZIP 2010, 833, 835; s. ferner LG München I NZG 2008, 150, 151.

14 Vgl. die Nachweise in Fn. 12 f., ferner *Rieder* NZG 2010, 737, 738; *E. Vetter* in: FS Schneider, 2011, S. 1345, 1351 ff.

15 Vgl. BGHZ 153, 47, 50 ff.; 160, 385, 388; *Hüffer* AktG, 9. Aufl. 2010, § 120 Rn. 12 mwN.

16 *Rieder* NZG 2010, 737, 738.

17 Zu den gesetzlichen Bestellungsvoraussetzungen und -hindernissen s. MünchKommAktG/*Habersack* 3. Aufl. 2008, § 100 Rn. 8 ff., 13 ff., 32 ff.

18 OLG München WM 2009, 658, 660; so auch LG Hannover ZIP 2010, 833, 834 ff., 838; *E. Vetter* NZG 2008, 121, 123 f.

19 *Rieder* NZG 2010, 737, 738; *Marsch-Barner* in: FS K. Schmidt, 2009, S. 1109, 1112 f.; *Thümmel* CCZ 2008, 141, 142 f.; *Goslar/von der Linden* DB 2009, 1691, 1696; *Hüffer* AktG, 9. Aufl. 2010, § 161 Rn. 31; s. ferner *dens.* ZIP 2010, 1979, 1980 f.

20 So namentlich *Rieder* NZG 2010, 737, 738; *Marsch-Barner* in: FS K. Schmidt, 2009, S. 1109, 1112 f.

deren Bekanntmachung beschlossen hat.[21] Mag man auch davon ausgehen, dass der Wahlvorschlag, der ohne Hinweis auf die mit ihm verbundene Abweichung vom Kodex erfolgt, nicht unter einem Mangel der Bekanntmachung iSd. §§ 121 ff. AktG leidet,[22] so kann doch nicht bezweifelt werden, dass die Informationen, auf deren Grundlage die Aktionäre über den Wahlvorschlag abstimmen, mangelhaft sind. Man kann es drehen und wenden, wie man will: Setzt sich der Aufsichtsrat – was er zweifellos darf – über seine Entsprechenserklärung hinweg und beschließt er einen Wahlvorschlag, der in Widerspruch zur Empfehlung der Ziff. 5.4.1 DCGK steht, so muss diese Abweichung von der Entsprechenserklärung unverzüglich – und damit noch vor Beschlussfassung der Hauptversammlung – ordnungsgemäß verlautbart werden.

Das Bestreben der hL, den Beschluss der Hauptversammlung über die Wahl des Aufsichtsratsmitglieds von dem Verstoß gegen § 161 AktG fernzuhalten, ist angesichts der möglichen Folgen einer erfolgreichen Anfechtung des Wahlbeschlusses nachvollziehbar, unter dem Gesichtspunkt einer verbesserten Überwachungstätigkeit des Aufsichtsrats und der Transparenz aller Umstände, die der unvoreingenommenen und ausschließlich am Gesellschaftsinteresse orientierten Wahrnehmung des Amtes entgegenstehen könnten, indes kontraproduktiv. Anzusetzen ist vielmehr, wie im weiteren Verlauf der Ausführungen zu zeigen sein wird (s. unter IV.), bei den Rechtsfolgen der erfolgreichen Anfechtung des Wahlbeschlusses selbst.

III. Unabhängigkeit und Freiheit von Interessenkonflikten

1. Überblick

Steht hiernach fest, dass nicht nur Entlastungsbeschlüsse, sondern auch Wahlbeschlüsse unter dem Gesichtspunkt einer fehlerhaften Entsprechenserklärung anfechtbar sein können, so rücken im Zusammenhang mit der Wahl von Aufsichtsratsmitgliedern die Empfehlungen der Ziff. 5.4 und 5.5 DCGK in das Zentrum des Interesses. Es ist denn auch alles andere als Zufall, dass es die Rechtsprechung zu den Folgen eines Kodexverstoßes[23] schon wiederholt mit diesen Empfehlungen zu tun hatte. Dabei hat sie sich – verständlicherweise – von einer den jeweiligen Einzelfall in den Blick nehmenden Herangehensweise leiten lassen.

Das „Kirch/Deutsche Bank"-Urteil etwa sieht einen Interessenkonflikt iSd. Ziff. 5.5.3 DCGK, über den der Aufsichtsrat in seinem Bericht an die Hauptversammlung informieren soll,[24] bereits darin, dass „ein Dritter eine Schadensersatzklage gegen die Gesellschaft erhebt, die auf einen Gesetzesverstoß des betreffenden Aufsichtsratsmitglieds während seiner früheren Vorstandstätigkeit gestützt wird".[25] Denn es liege auf der Hand, dass bei den vom Aufsichtsrat zu treffenden Entscheidungen im Zusammenhang mit der Prüfung und ggf. Verfolgung von Schadensersatzansprüchen der Gesellschaft gegen ein – jetzt den Aufsichtsratvorsitz innehabendes – früheres Vorstandsmitglied objektiv ein Interessengegensatz zwischen der Gesellschaft und dem betroffenen Aufsichtsratsmitglied bestehe und deshalb ein Aufsichtsratsvorsitzender, der selbst Betroffener ist, daran nicht unbefangen mitwirken könne.[26] Ein „wesentlicher und nicht nur vorübergehender Interessenkonflikt", der nach Ziff. 5.5.3 DCGK zur Beendigung des Mandats führen soll, könne freilich nur bei „breitflä-

[21] OLG München WM 2009, 658, 660; ähnlich LG Hannover ZIP 2010, 833, 834, 835 ff.

[22] *Rieder* NZG 2010, 737, 738.

[23] Überblick bei *Mutter* ZGR 2009, 788, 789 ff.; speziell zu möglichen Kodexverstößen im Zusammenhang mit Aufsichtsratswahlen *E. Vetter* in: FS Schneider, 2011, S. 1345, 1356 ff.; jüngst OLG Frankfurt ZIP 2011, 24, 30 ff.

[24] Näher zu den Empfehlungen der Ziff. 5.5.3 DCGK *Kremer* in: Ringleb/Kremer/Lutter/v. Werder, DCGK, 4. Aufl. 2010, Rn. 1135 ff.

[25] BGHZ 180, 9 Leitsatz d).

[26] BGHZ 180, 9 Tz. 23.

chigen Auswirkungen auf weite Teile der Organtätigkeit angenommen werden“, was auf den Konflikt in der Person des nunmehrigen Aufsichtsratsvorsitzenden nicht zutreffe.[27]

Auch das „Umschreibungsstopp“-Urteil des BGH betraf die Empfehlung der Ziff. 5.5.3 DCGK. Den danach berichtsbedürftigen Interessenkonflikt hat der II. Zivilsenat in dem Umstand erblickt, dass ein Mitglied des Aufsichtsrats der kapitalmarktorientierten Gesellschaft zugleich Mitglied des Aufsichtsrats einer anderen Gesellschaft war, die von der kapitalmarktorientierten Gesellschaft übernommen werden sollte.[28]

Das LG Hannover schließlich hat in seinem in Sachen „Continental“ ergangenen Urteil vom 17. März 2010 einen wesentlichen und nicht nur vorübergehenden Interessenkonflikt iSd. Ziff. 5.5.3 DCGK in der Person eines gewählten Aufsichtsratsmitglieds erblickt, das den Hauptaktionär in dessen gesellschaftsrechtlichen Angelegenheiten – auch und gerade im Zusammenhang mit der Beteiligung an der AG – anwaltlich berät.[29] Die Gefahr dauerhafter Interessenkollisionen lasse sich, so das LG Hannover, auch nicht dadurch in Abrede stellen, „dass der Hauptaktionär einer Gesellschaft stets ein eigenes vitales Interesse an dem Unternehmen hat, an dem seine Beteiligung besteht“; denn dies besage nichts für die Auswahl der Wege, auf denen dieses Interesse verwirklicht werden soll.[30]

Während die Entscheidungen des BGH in den Urteilen „Kirch/Deutsche Bank“ und „Umschreibungsstopp“, was speziell die Frage eines Interessenkonflikts anbelangt, ohne Weiteres einleuchten, hat das Urteil des LG Hannover gerade aufgrund der in ihm angestellten Erwägungen zum Interessenkonflikt in der Person des den Großaktionär beratenden Rechtsanwalts große Aufmerksamkeit erfahren.[31] Dies kann nicht verwundern, sind doch die Erwägungen des LG Hannover geeignet, bislang zu den Eckpfeilern des deutschen Aktien- und Konzernrechts zählende Grundsätze zwar nicht außer Kraft zu setzen, wohl aber nicht unerheblich zu relativieren. Wäre nämlich davon auszugehen, dass der Berater des Großaktionärs an einem dauerhaften Interessenkonflikt leidet, so könnte für den Großaktionär selbst – mithin für den Fall, dass der Aktionär selbst ein Aufsichtsratsmandat in „seiner“ Gesellschaft innehat – schwerlich etwas anderes gelten. Es erscheint deshalb reizvoll, die Annahme, der Großaktionär oder sein Berater leide per se unter einem dauerhaften und deshalb nach Maßgabe des § 161 AktG offenlegungspflichtigen Interessenkonflikt, einer kritischen Überprüfung zu unterziehen und hierbei zugleich die Vorschrift des § 100 Abs. 5 AktG betreffend den unabhängigen Finanzexperten des Aufsichtsrats einer kapitalmarktorientierten AG in die Betrachtung einzubeziehen.

2. Vorgaben des § 100 Abs. 5 AktG und des DCGK im Einzelnen

a) Unabhängiger Finanzexperte

Die bereits erwähnte Vorschrift des § 100 Abs. 5 AktG – bekanntlich durch das BilMoG[32] eingefügt – schreibt zwingend vor, dass bei einer kapitalmarktorientierten Gesellschaft iSd. § 264d HGB mindestens ein unabhängiges Mitglied des Aufsichtsrats über Sachverstand auf den Gebieten Rechnungslegung oder Abschlussprüfung verfügen muss. Sie steht im gedanklichen Zusammenhang mit der – gleichfalls durch das BilMoG eingefügten – Vorschrift des § 107 Abs. 4 AktG, dem zufolge immer dann, wenn der Aufsichtsrat einer kapitalmarktorientierten Gesellschaft einen Prüfungsausschuss iSd. § 107 Abs. 3 S. 2 AktG einrichtet, mindestens ein Mitglied dieses Ausschusses die Voraussetzungen des § 100 Abs. 5 AktG erfüllen muss.

---

[27] BGHZ 180, 9 Tz. 25.

[28] BGHZ 182, 272 Tz. 19.

[29] LG Hannover ZIP 2010, 833, 837.

[30] LG Hannover ZIP 2010, 833, 837.

[31] Kritisch *Bröcker* GWR 2010, 275; *Reger/Theusinger* EWiR § 161 AktG 2/10, 345; *Rieder* NZG 2010, 737 ff.; zustimmend *Henze* Der Aufsichtsrat 2010, 91; *Lutter* BB 2010, 2267 f.

[32] Bilanzrechtsmodernisierungsgesetz vom 25.9.2009, BGBl. I S. 1102.

Beide Vorschriften gehen auf die Abschlussprüferrichtlinie[33] zurück.[34] Art. 41 Abs. 1 Unterabs. 1 S. 1 dieser Richtlinie bestimmt zunächst, dass jedes Unternehmen von öffentlichem Interesse – nach Art. 2 Nr. 13 der Richtlinie fallen hierunter neben kapitalmarktorientierten Unternehmen insbesondere auch Kreditinstitute und Versicherungsunternehmen[35] – einen Prüfungsausschuss hat.[36] Dieser Grundsatz gilt freilich keineswegs ausnahmslos.[37] Eine wichtige Ausnahme findet sich in Art. 41 Abs. 5 der Richtlinie, der es den Mitgliedstaaten ganz allgemein gestattet, zuzulassen oder zu beschließen, dass die Vorschriften des Art. 41 Abs. 1 bis 4 nicht auf Unternehmen von öffentlichem Interesse angewandt werden, die über ein Gremium verfügen, das die einem Prüfungsausschuss obliegenden Aufgaben erfüllt und nach Maßgabe der einzelstaatlichen Vorschriften gebildet worden ist. Dass hierunter auch der Aufsichtsrat als solcher fällt, ist zwar nicht völlig zweifelsfrei, nachdem Art. 41 Abs. 1 Unterabs. 2 der Richtlinie für kleine und mittlere Unternehmen – und nur für sie – ausdrücklich die Wahrnehmung der Aufgaben des Prüfungsausschusses durch den Aufsichts- oder Verwaltungsrat erlaubt und Art. 41 Abs. 5 der Richtlinie ganz allgemein von einem anderen „Gremium" spricht. Doch hat Art. 41 Abs. 5 der Richtlinie ersichtlich Kompromisscharakter, weshalb sich eine Auslegung im Sinne eines Vorrangs des Art. 41 Abs. 1 Unterabs. 2 (mit der Folge, dass der Aufsichtsrat oder Verwaltungsrat kein „Gremium" iSd. Art. 41 Abs. 5 der Richtlinie wäre) verbietet. Erwägungsgrund 24 der Richtlinie spricht denn auch ganz allgemein – und ohne Beschränkung auf kleine und mittlere Unternehmen – von der Befugnis der Mitgliedstaaten, die Funktionen des Prüfungsausschusses durch den Verwaltungs- oder Aufsichtsrat als Ganzes wahrnehmen zu lassen. Die Konzeption des deutschen Rechts, in § 100 Abs. 5 AktG zunächst den Aufsichtsrat in seiner Gesamtheit anzusprechen, diesem es indes zu gestatten, in Ausübung seines Selbstorganisationsrechts einen Prüfungsausschuss einzurichten, dessen Zusammensetzung sodann den Vorgaben der Richtlinie zu entsprechen hat, steht deshalb im Einklang mit der Abschlussprüferrichtlinie.[38]

Was das Erfordernis der Unabhängigkeit des Finanzexperten anbelangt,[39] so hat das BilMoG bewusst auf eine Legaldefinition verzichtet.[40] In den Materialien findet sich freilich ein ausdrücklicher Hinweis auf Erwägungsgrund 24 der Abschlussprüfer-Richtlinie, wonach sich die Mitgliedstaaten auf die Empfehlung der Kommission vom 15. 2. 2005 zu den Aufgaben von nicht geschäftsführenden Direktoren/Aufsichtsratsmitgliedern börsennotierter Gesellschaften sowie zu den Ausschüssen des Verwaltungs-/Aufsichtsrats[41] „berufen" kön-

---

[33] Richtlinie 2006/43/EG des Europäischen Parlaments und des Rates vom 17. 5. 2006 über Abschlussprüfungen von Jahresabschlüssen und konsolidierten Abschlüssen, zur Änderung der Richtlinien 78/660/EWG und 83/349/EWG des Rates und zur Aufhebung der Richtlinie 84/253/EWG des Rates, ABl. EG Nr. L 157 S. 87.

[34] Näher zum gemeinschaftsrechtlichen Hintergrund *Habersack* AG 2008, 98.

[35] Nach Art. 2 Nr. 13 der Richtlinie zählen zu den Unternehmen von öffentlichem Interesse (i) Unternehmen, die unter das Recht eines Mitgliedstaates fallen und dessen übertragbare Wertpapiere zum Handel auf einem geregelten Markt zugelassen sind, (ii) Kreditinstitute, (iii) Versicherungsunternehmen und (iv) von den Mitgliedstaaten bestimmte andere Unternehmen.

[36] Allgemein zum Prüfungsausschuss GroßkommAktG/*Hopt/Roth* 4. Aufl. 2005, § 107 Rn. 309 ff.; MünchKommAktG/*Habersack* 3. Aufl. 2008, § 107 Rn. 109 f.; *Maushake* Audit Committess, 2009, passim; jüngst *E. Vetter* ZGR 2010, 751 ff.; zur Einbettung in die allgemeine Corporate Governance-Debatte *Leyens* JZ 2007, 1061, 1064 ff.

[37] Zu den Ausnahmen im Einzelnen *Habersack* AG 2008, 98.

[38] So auch *Hüffer* AktG, 9. Aufl. 2010, § 100 Rn. 11.

[39] Allgemein zu ihm im Rahmen der Corporate Governance-Diskussion *Säcker* AG 2004, 180, 182 ff.; zum Erfordernis des Sachverstands OLG München ZIP 2010, 1082.

[40] Vgl. Begr. RegE, BT-Drucks. 16/10067 S. 101 f.

[41] ABl. EG Nr. L 52 S. 51 vom 25.2.2005; dazu *Habersack* ZSR 124 (2005) II, 533, 558 ff.; *Hüffer* ZIP 2006, 637, 638 ff.; *Kropff* in: FS K. Schmidt, 2009, S. 1023, 1025 ff.; *Nagel* NZG 2007, 166 ff.; *Spindler* ZIP 2005, 2033, 2034 ff.; *Nowak* Die Unabhängigkeit des Aufsichtsratsmitglieds nach § 100 Abs. 5 AktG, 2010, S. 135 ff.

nen.[42] Man wird deshalb davon ausgehen dürfen, dass der Tatbestand der Unabhängigkeit iSd. § 100 Abs. 5 AktG nicht ohne Berücksichtigung der Kommissionsempfehlung auszulegen ist. Zwar sind Empfehlungen nach Art. 288 Abs. 5 AEUV „nicht verbindlich". Sie sollen den Adressaten vielmehr nur ein bestimmtes Verhalten nahelegen. Nach Ansicht des EuGH müssen die nationalen Gerichte indes Empfehlungen bei Auslegung des zur Durchführung von Gemeinschaftsrecht ergangenen nationalen Rechts sowie zur Ergänzung verbindlicher gemeinschaftsrechtlicher Vorschriften heranziehen,[43] so dass ihnen doch gewisse normative Wirkung zukommt. Diese bleibt freilich hinter der Bindungswirkung von Richtlinien zurück. Es ist deshalb gemeinschaftsrechtlich nicht zu beanstanden und in der Sache zutreffend, wenn es in der Amtlichen Begründung zu § 100 Abs. 5 AktG heißt, dass es sich bei den Bestimmungen der Empfehlung zur Unabhängigkeit, nämlich bei Ziff. 13.1 und dem Kriterienkatalog des Anhangs II der Empfehlung, „weder um abschließende noch um zwingende abstrakte Vorgaben handelt, sondern um Hinweise auf Beziehungen und Umstände, die für die Beurteilung der Unabhängigkeit relevant sein können. Sie sollen es zunächst dem Aufsichtsrat ermöglichen, zu klären, was unter Unabhängigkeit zu verstehen ist, wobei den inhaltlichen Aspekten Vorrang vor formalen Kriterien gegeben werden solle und begründete Abweichungen im Einzelfall möglich sind."[44] Soll der Aufsichtsrat davon ausgehen können, dass ein auf dem Gebiet der Rechnungslegung oder der Abschlussprüfung sachverständiges, indes nach den Kriterien des Anhangs II der Empfehlung nicht unabhängiges Mitglied des Aufsichtsrats die Anforderungen des § 100 Abs. 5 AktG erfüllt, so bedarf es hierzu des Vorliegens besonderer Umstände.[45]

Die erforderliche Unabhängigkeit liegt nach Ziff. 13.1 der Kommissionsempfehlung vor, wenn das Aufsichtsratsmitglied in keiner geschäftlichen, familiären oder sonstigen Beziehung zu der Gesellschaft, ihrem Mehrheitsaktionär oder deren Geschäftsführung steht, die einen Interessenkonflikt begründet, der sein Urteilsvermögen beeinflussen könnte. Von den im Anhang II aufgelisteten Kriterien, die die Unabhängigkeit zu beeinträchtigen geeignet sind,[46] ist aus Sicht des deutschen Rechts zunächst die Wahrnehmung von Vorstandsfunktionen vor Ablauf einer „cooling off"-Periode von fünf Jahren von Interesse; ein ehemaliges Vorstandsmitglied, das vor Ablauf von fünf Jahren in den Aufsichtsrat wechselt, ist danach also nicht unabhängig, so dass der Aufsichtsrat oder ein von ihm gebildeter Prüfungsausschuss über ein anderes unabhängiges – und zugleich sachverständiges – Mitglied verfügen muss. Entsprechendes gilt bei Wahrnehmung von Führungsfunktionen in der Gesellschaft innerhalb einer Periode von drei Jahren vor Bestellung zum Aufsichtsratsmitglied; hiervon betroffen sind namentlich Arbeitnehmervertreter. Hinter diesen Vorgaben bleibt der durch das VorstAG[47] eingefügte § 100 Abs. 2 S. 1 Nr. 4 AktG zwar deutlich zurück, was freilich schon deshalb nicht schädlich ist, weil es sich bei ihm um ein allgemeines, dh. nicht nur den Finanzexperten betreffendes Bestellungshindernis handelt.[48]

Vor allem wird die Unabhängigkeit durch die Eigenschaft als Großaktionär gefährdet. In Ziff. 1 lit. d) des Anhangs heißt es insoweit recht apodiktisch, dass die betreffende Person „keinesfalls … ein Anteilseigner mit einer Kontrollbeteiligung sein oder einen solchen vertreten" darf. Der Aufsichtsrat kapitalmarktorientierter Tochtergesellschaften müsste danach also über ein unabhängiges und zugleich sachverständiges Mitglied verfügen, das

---

42 Begr. RegE, BT-Drucks. 16/10067 S. 101 f.

43 EuGH Slg. 1989, 4407 Tz. 18.

44 Begr. RegE, BT-Drucks. 16/10067 S. 102 mit zutreffendem Hinweis auf Erwägungsgrund 18 und Ziff. 13.2 der Kommissionsempfehlung.

45 *Hüffer* AktG, 9. Aufl. 2010, § 100 Rn. 11; *Gruber* NZG 2008, 12, 13 f.; *Nowak* (Fn. 41) S. 134 ff.

46 Eingehend dazu *Nowak* (Fn. 41) S. 146 ff.

47 Gesetz zur Angemessenheit der Vorstandsvergütung vom 31.7.2009, BGBl. I S. 2509.

48 Näher zu ihm *Hüffer* AktG, 9. Aufl. 2010, § 100 Rn. 7a f. mzN; (zu) kritisch *Sünner* AG 2010, 111 ff. – Zum Verhältnis zwischen § 100 Abs. 2 S. 1 Nr. 4 AktG und § 100 Abs. 5 AktG s. noch unter III. 3.

nicht dem Lager des herrschenden Unternehmens zuzurechnen ist.[49] Dieses Verständnis entspräche zwar den nunmehr in § 6 Abs. 2a InvG für – vielfach in einem Abhängigkeitsverhältnis stehende – Investmentgesellschaften vorgesehenen Anforderungen,[50] distanzierte sich indes deutlich von der Konzeption des deutschen Konzernrechts[51] und der damit im Einklang stehenden – restriktiven – Fassung der Ziff. 5.4.2 S. 2 DCGK, auf die sogleich zurückzukommen ist. Es kommt hinzu, dass sich auf der Grundlage dieses Verständnisses für den mitbestimmten Aufsichtsrat eine nicht unproblematische Verschiebung der Kräfteverhältnisse ergäbe, käme es doch, da der Finanzexperte im Allgemeinen aus dem Kreis der Anteilseignervertreter rekrutiert wird,[52] zu einer weiteren Fraktionierung – und damit zugleich Schwächung – der Anteilseignerbank.[53] Und doch erschiene es – ungeachtet aller konzern- und mitbestimmungsrechtlichen Implikationen[54] – mit Blick auf die besondere Funktion des Prüfungsausschusses[55] einer kapitalmarktorientierten Gesellschaft problematisch, Repräsentanten des Großaktionärs abweichend von der Kommissionsempfehlung als unabhängig iSd. § 100 Abs. 5 AktG anzusehen und die außenstehenden Aktionäre und Gläubiger auf die Funktionsfähigkeit der konzernrechtlichen Instrumentarien zu verweisen.[56] Weder die Abschlussprüferrichtlinie noch die Kommissionsempfehlung nehmen auf die besagten Besonderheiten des deutschen Konzern- und Mitbestimmungsrechts Rücksicht. Ihnen geht es vielmehr darum, in der Person des Finanzexperten jeglichen Interessenkonflikt auszuschließen, worauf auch immer dieser Konflikt beruhen mag. Dass sich aber ein Großaktionär insbesondere dann, wenn es zur Ausübung von Leitungsmacht oder auch nur zu Austauschbeziehungen mit der abhängigen Gesellschaft gekommen ist, in einem Widerstreit von Interessen befindet, liegt auf der Hand. Unerheblich ist insoweit auch, dass sich Abschlussprüferrichtlinie und Kommissionsempfehlung gedanklich von der monistisch verfassten Gesellschaft leiten lassen und deshalb möglicherweise das Geschäftsführungsverbot des § 111 Abs. 4 S. 1 AktG sowie den Nebenamtscharakter des Aufsichtsratsmandats[57] nicht hinreichend berücksichtigen. Das gemeinschaftsrechtliche Postulat des unabhängigen Finanzexperten zielt auf den Schutz der außenstehenden Aktionäre und Gläubiger einer kapitalmarktorientierten Gesellschaft, ohne sich für die Organisationsverfassung dieser Gesellschaft oder konzernrechtliche Schutzinstrumentarien zu interessieren. Zumindest unter gemeinschaftsrechtlichem Blickwinkel wäre es deshalb nicht angängig, einem Großaktionär oder dessen Repräsentanten die Rolle des unabhängigen Finanzexperten iSd. § 100 Abs. 5 AktG zuzuweisen.

---

[49] Näher dazu *Nowak* (Fn. 41) S. 171 ff.

[50] Näher dazu *Nowak* (Fn. 41) S. 100 ff.

[51] Vgl. dazu die Nachweise in Fn. 41; ferner § 308 Abs. 3 AktG und dazu *Emmerich* in: *Emmerich/Habersack* Aktien- und GmbH-Konzernrecht, 6. Aufl. 2010, § 308 Rn. 70 ff.

[52] Vgl. *Bürgers/Schilha* AG 2010, 221, 228; *von Falkenhausen/Kocher* ZIP 2009, 1601; *Kort* AG 2008, 137, 145; s. aber auch Begr. RegE, BT-Drucks. 16/10067 S. 102; *Wardenbach* GWR 2010, 207, 208 f. – Zur Frage der Unabhängigkeit von Arbeitnehmervertretern s. III. 2. b; ferner *Nowak* (Fn. 41) S. 152 ff.

[53] Vgl. *Bürgers/Schilha* AG 2010, 221, 228; *Kropff* in: FS K. Schmidt, 2009, S. 1023, 1028; *E. Vetter* ZGR 2010, 751, 783 f.

[54] Und der rechtspolitischen Beurteilung der Kommissionsempfehlung; dazu *Habersack* ZHR 168 (2004), 373 ff.

[55] Beim Fehlen eines solchen: der in diesem Fall dem Gesamtaufsichtsrat zukommenden Aufgaben iSd. § 107 Abs. 3 S. 2 AktG.

[56] So bereits *Habersack* AG 2008, 98, 105 f.; ferner *Nowak* (Fn. 41) S. 171 ff.; *Bröcker/Mosel* GWR 2009, 132; aA namentlich *Bürgers/Schilha* AG 2010, 221, 228 f.; *Ihrig/Meder* in: FS Hellwig, 2010, S. 163, 166 ff.; s. ferner *Hüffer* ZIP 2006, 637, 642; *Wirth* ZGR 2005, 327, 339; *Lieder* NZG 2005, 569, 571 f.; *Spindler* ZIP 2005, 2033, 2041; *E. Vetter* BB 2005, 1689 ff.

[57] Näher dazu sowie zu den Folgen für den Umgang mit Interessenkonflikten *Ulmer/Habersack* in: Ulmer/Habersack/Henssler, Mitbestimmungsrecht, 2. Aufl. 2006, § 25 MitbestG Rn. 97 f.; MünchKommAktG/*Habersack* 3. Aufl. 2008, § 100 Rn. 61 ff.

b) Kodexempfehlungen

Von §§ 100 Abs. 5, 107 Abs. 4 AktG und § 6 Abs. 2a InvG abgesehen ist die Unabhängigkeit des Aufsichtsratsmitglieds im deutschen Recht in keinem Falle vorausgesetzt.[58] Sie bildet indes den Gegenstand der Empfehlung in Ziff. 5.4.2 S. 1 DCGK, wonach dem Aufsichtsrat eine nach seiner Einschätzung ausreichende Zahl[59] unabhängiger Mitglieder angehören soll.[60] Diese Empfehlung richtet sich nicht nur an die wahl- und entsendungsberechtigten Aktionäre, sondern auch an den Aufsichtsrat selbst, der sein Vorschlagsrecht aus § 124 Abs. 3 S. 1 AktG primär an dem Gebot der Effizienz der Überwachung auszurichten und deshalb auch die Frage der Unabhängigkeit zu berücksichtigen hat.[61] Mit der Empfehlung in Ziff. 5.4.2 S. 1 DCGK in engem Zusammenhang steht denn auch die bereits erwähnte Empfehlung in Ziff. 5.4.1 DCGK, wonach Wahlvorschläge des Aufsichtsrats unter anderem auf „potenzielle Interessenkonflikte" Rücksicht nehmen sollen (s. unter II.). Im Übrigen kann sich die Empfehlung in Ziff. 5.4.2 DCGK nur auf die Anteilseignerseite beziehen; die Arbeitnehmervertreter (einschließlich der Vertreter der Gewerkschaften) sind angesichts des in ihrer Person verkörperten Interessenkonflikts[62] nicht mitzurechnen, so dass die Zahl der unabhängigen Mitglieder in das Verhältnis zur Zahl der Anteilseignervertreter zu setzen ist.[63] Der Umgang mit Interessenkonflikten schließlich ist Gegenstand der gleichfalls schon erwähnten Empfehlung in Ziff. 5.5.3 DCGK (s. unter III. 1), ferner der Empfehlung in Ziff. 5.5.2 DCGK, wonach das Aufsichtsratsmitglied Interessenkonflikte, „insbesondere solche, die auf Grund einer Beratung oder Organfunktion bei Kunden, Lieferanten, Kreditgebern oder sonstigen Geschäftspartnern entstehen können", dem Aufsichtsrat gegenüber offenlegen soll.

Den Zusammenhang zwischen dem Vorliegen eines Interessenkonflikts in der Person des Aufsichtsratsmitglieds und der (fehlenden) Unabhängigkeit dieses Mitglieds stellt Ziff. 5.4.2 S. 2 DCGK her, dem zufolge ein Aufsichtsratsmitglied als unabhängig iSd. DCGK anzusehen ist, wenn es in keiner geschäftlichen oder persönlichen Beziehung zu der Gesellschaft oder deren Vorstand steht, die einen Interessenkonflikt begründet.[64] Das mitgliedschaftliche Rechtsverhältnis als solches – und damit die Aktionärsstellung – beeinträchtigt danach also die Unabhängigkeit nicht.[65] Dem entspricht es, dass nach Ziff. 5.5.2 DCGK insbesondere Interessenkonflikte, „die auf Grund einer Beratung oder Organfunktion bei Kunden, Lieferanten, Kreditgebern oder sonstigen Geschäftspartnern entstehen können", dem Aufsichtsrat gegenüber offengelegt werden sollen. Beiden Empfehlungen

---

[58] *Hüffer* AktG, 9. Aufl. 2010, § 100 Rn. 2, 2a.

[59] Speziell dazu *Hüffer* ZIP 2006, 637, 640 f., aber auch *Lieder* NZG 2005, 569, 572.

[60] Dazu neben den Nachweisen in Fn. 54 und 56 GroßkommAktG/*Hopt/Roth* 4. Aufl. 2005, § 100 Rn. 190 ff.

[61] Zur „Vorschlagsverantwortung" des Aufsichtsrats s. *Lutter* ZIP 2003, 417 ff.; *Götz* AG 1995, 337, 345 f.; *Sünner* ZIP 2003, 834 ff.; *v. Werder/Wieczorek* DB 2007, 297, 302 f.; *Wirth* ZGR 2005, 327, 342 f.

[62] *Bernhardt* ZHR 159 (1995), 310, 316 f.; *Habersack* ZHR 168 (2004), 373, 377; *ders.* ZSR 124 (2005) II, 533, 558; *Krause* WM 2003, 762, 769 f.; *Kübler* in: FS Döser, 1999, S. 237 ff.; *Ulmer* ZHR 166 (2002), 271 ff.; *Zöllner* AG 1994, 336, 338; GroßkommAktG/*Hopt/Roth* 4. Aufl. 2005, § 100 Rn. 90, 194; vgl. aber auch *Hanau/Wackerbarth* Unternehmensmitbestimmung und Koalitionsfreiheit, S. 64 ff.; *Lieder* NZG 2005, 569, 571; *Schiessl* AG 2002, 593, 601.

[63] MünchKommAktG/*Habersack* 3. Aufl. 2008, § 100 Rn. 56; *Hüffer* AktG, 9. Aufl. 2010, § 100 Rn. 2b; *ders.* ZIP 2006, 637, 639 f.; *E. Vetter* BB 2005, 1689, 1691.

[64] Näher zu konfliktträchtigen Beziehungen *E. Vetter* BB 2005, 1689, 1691; *Lieder* NZG 2005, 569, 572.

[65] Vgl. *Kremer* in: Ringleb/Kremer/Lutter/v. Werder, DCGK, 4. Aufl. 2010, Rn. 1038; *Spindler* ZIP 2006, 2033, 2041; *Lieder* NZG 2005, 569, 571; *Habersack* ZIP 2006, 445, 450; eingehend *Ihrig/Meder* in: FS Hellwig, 2010, S. 163, 166 ff.; *Hüffer* ZIP 2010, 1979, 1982 f. (aA wohl noch *ders.* ZIP 2006, 637, 642); aA *E. Vetter* BB 2005, 1689, 1691.

lässt sich klar entnehmen, dass es der Kodex auch für die börsennotierte Gesellschaft[66] dabei bewenden lässt, dass dem Konzernkonflikt mit den spezifischen Instrumentarien der §§ 291 ff., 311 ff. AktG, nicht dagegen mit einer Relativierung der Eigentümerbefugnisse, zu begegnen ist. Diese Diskrepanz zwischen § 100 Abs. 5 AktG und der Kommissionsempfehlung einerseits und dem DCGK andererseits ist im Übrigen weder unbeabsichtigt noch willkürlich. Während nämlich der Kommissionsempfehlung ein Konzept zugrunde liegt, das in jeglichem Interessenkonflikt eine Gefährdung oder Beeinträchtigung der Unabhängigkeit erblickt, wählt der Kodex bewusst einen punktuellen, eine bestimmte Art des Interessenkonflikts aufgreifenden Ansatz,[67] der auf die bereits erwähnten (s. unter III. 2. a) Gegebenheiten des deutschen Aktienrechts Rücksicht nimmt, darunter namentlich das dualistische System und der Nebenamtscharakter des Aufsichtsratsmandats, aber auch mitbestimmungs- und konzernrechtliche Grundsätze.

Diese Zusammenhänge hat das LG Hannover verkannt, soweit es in seinem Urteil vom 17. März 2010 – unter Hinweis auf einen ein Jahr zuvor im Rahmen eines gerichtlichen Bestellungsverfahrens ergangenen Beschluss einer anderen Kammer[68] – einen nach § 161 AktG offenlegungspflichtigen, weil wesentlichen und nicht nur vorübergehenden Interessenkonflikt in der Person des die Hauptaktionärin der Continental AG beratenden Rechtsanwalts darin erblickt, dass sich die fortdauernde Beratung der Hauptaktionärin auf gesellschaftsrechtliche Angelegenheiten auch und gerade im Zusammenhang mit der Beteiligung an der Continental AG beziehe und unter ausschließlicher Wahrung des Interesses der Hauptaktionärin zu erfolgen habe, was wiederum mit der Pflicht, das Aufsichtsratsmandat im Interesse der Continental AG wahrzunehmen, kollidiere.[69] Noch im Beschluss vom März 2009 hat das LG Hannover hingegen sehr zu Recht darauf hingewiesen, dass das Gesetz, wie namentlich § 100 Abs. 2 S. 2 AktG zeigt, davon ausgeht, dass das herrschende Unternehmen seinen Einfluss durch „Entsendung" seiner gesetzlichen Vertreter in den Aufsichtsrat der abhängigen Gesellschaft geltend machen darf und die Interessengegensätze innerhalb eines faktischen Konzerns durch die Vorschriften der §§ 311 ff. AktG bewältigt werden, weshalb der „Konzernkonflikt" für sich genommen keine Pflicht zur Mandatsniederlegung zu begründen vermag.[70] Wird hiernach in der Person des herrschenden Unternehmens oder seines gesetzlichen Vertreters – und erst recht natürlich in der Person des gewöhnlichen Aktionärs – ein aktienrechtlich relevanter Interessenkonflikt nicht schon durch die Mitgliedschaft als solche begründet,[71] so kann für den Berater des herrschenden Unternehmens, mag er auch gehalten sein, die Beratung am Interesse des herrschenden Unternehmens auszurichten, nichts anderes gelten; im einen wie im anderen Falle bewendet es bei den – insbesondere auch durch §§ 311 ff. AktG geprägten – Pflichten des Aufsichtsratsmitglieds.[72] Diesen Gegebenheiten des Aktien- und Konzernrechts trägt namentlich Ziff. 5.4.2 DCGK Rechnung, soweit nach seinem S. 2 das Aufsichtsratsmitglied immer dann als unabhängig iSd. Kodex anzusehen ist, wenn es „in keiner geschäftlichen oder

[66] Entsprechendes gilt für Gesellschaften iSd. § 161 Abs. 1 S. 2 AktG; dazu *Hüffer* AktG, 9. Aufl. 2010, § 161 Rn. 6b.

[67] Vgl. in: Ringleb/Kremer/Lutter/v. Werder, DCGK, 4. Aufl. 2010, Rn. 1037 f.; *Lieder* NZG 2005, 569, 570; *Nowak* (Fn. 41) S. 118 f.

[68] LG Hannover ZIP 2009, 761.

[69] LG Hannover ZIP 2010, 833, 837; zustimmend *Henze* Der Aufsichtsrat 2010, 91; *Lutter* BB 2010, 2267 f.

[70] LG Hannover ZIP 2009, 761, 762 f., dort auch Ausführungen zur Bedeutung einer den Einfluss des herrschenden Unternehmens begrenzenden Investorenvereinbarung.

[71] So – in anderem Zusammenhang – auch BGHZ 175, 365 Tz. 11 – UMTS (unternehmerisches Ermessen des Vorstands der abhängigen AG auch im Rahmen von Geschäften mit dem herrschenden Unternehmen); s. ferner BGHZ 180, 105 Tz. 14 ff. – Vorstandsdoppelmandat; näher *Ihrig/Meder* in: FS Hellwig, 2010, S. 163, 166 ff..

[72] LG Hannover ZIP 2009, 761, 763; *Bröcker* GWR 2010, 275; *Hüffer* ZIP 2010, 1979, 1982.

persönlichen Beziehung zu der Gesellschaft oder deren Vorstand steht, die einen Interessenkonflikt begründet", und damit das mitgliedschaftliche Interesse – mag es das eines herrschenden Unternehmens oder das eines gewöhnlichen Aktionärs sein – von vornherein als mögliche Quelle eines relevanten Interessenkonflikts ausklammert.[73]

Von dem hiernach anzuerkennenden Konzernprivileg ist zunächst das Beherrschungs- oder Konzernverhältnis als solches erfasst. Das herrschende Unternehmen und seine Repräsentanten sind also nicht verpflichtet, die Tatsache, dass ein Beherrschungs- oder Konzernverhältnis besteht, offenzulegen oder gar zum Anlass für die Niederlegung des Amtes zu nehmen. Entsprechendes hat für alle Maßnahmen des Aufsichtsrats zu gelten, die sich als unmittelbare Folge des Abhängigkeits- oder Konzernverhältnisses – insbesondere aufgrund der §§ 311 ff. AktG – ergeben. So versteht es sich, dass das herrschende Unternehmen und seine Repräsentanten bei der Beschlussfassung des Aufsichtsrats über die Prüfung des Abhängigkeitsberichts oder über die Erteilung der Zustimmung zu vom herrschenden Unternehmen veranlassten Geschäftsführungsmaßnahmen gleichfalls im Bewusstsein einer möglichen Divergenz von Gesellschafts- und Aktionärsinteresse agieren; §§ 311, 314, 318 AktG und die aus ihnen folgenden Verhaltenspflichten des Aufsichtsrats tragen aber exakt diesem möglichen Konflikt Rechnung, so dass es nach der Konzeption des Aktienrechts keiner weiteren Schutzvorkehrungen bedarf.

Anderes gilt für Interessenkonflikte, die nichts oder allenfalls mittelbar mit dem Beherrschungs- oder Konzernverhältnis zu tun haben, sei es, dass die Maßnahme des Aufsichtsrats die Sphäre des herrschenden Unternehmens überhaupt nicht berührt, sei es, dass die Sphäre des herrschenden Unternehmens zwar berührt wird, es aber an einem Bezug zur Möglichkeit der Ausübung beherrschenden Einflusses oder an einer entsprechenden Veranlassung der Maßnahme durch das herrschende Unternehmen fehlt. In Fällen dieser Art tritt der allgemeine Konzernkonflikt neben den besonderen Interessenkonflikt, ohne seine privilegierende Wirkung zu entfalten; die Bewältigung des besonderen, dh. konzernunabhängigen Konflikts richtet sich dann nach allgemeinen Grundsätzen.

3. Zwischenfazit

Unabhängigkeit des Finanzexperten iSd. § 100 Abs. 5 AktG auf der einen Seite und Unabhängigkeit sowie Freiheit von Interessenkonflikten iSd. Ziff. 5.4 und 5.5 DCGK auf der anderen Seite beurteilen sich nicht nach denselben Maßstäben. Zurückzuführen ist diese Diskrepanz auf den gemeinschaftsrechtlichen Hintergrund des § 100 Abs. 5 AktG, dem bei Auslegung des Merkmals der Unabhängigkeit Rechnung zu tragen ist und der zur Folge hat, dass Repräsentanten eines Großaktionärs – wie im Übrigen auch der Großaktionär selbst – nicht über die nach dieser Vorschrift erforderliche Unabhängigkeit verfügen. Demgegenüber stehen Ziff. 5.4 und 5.5 DCGK im gedanklichen Zusammenhang mit tragenden Prinzipien des deutschen Aktien- und Konzernrechts, soweit danach das mitgliedschaftliche Rechtsverhältnis von vornherein als Grundlage eines die Unabhängigkeit gefährdenden Interessenkonflikts ausscheidet. Damit gehen die Anforderungen, die § 100 Abs. 5 AktG an die Unabhängigkeit des Finanzexperten stellt, nicht unerheblich über diejenigen hinaus, die der DCGK allgemein in Bezug auf Aufsichtsratsmitglieder statuiert. Dies gilt im Übrigen auch in anderem Zusammenhang. So kann ein früheres Vorstandsmitglied nach Ablauf einer Karenzzeit von zwei Jahren oder nach Wahl auf Vorschlag von Aktionären, die mehr als 25% der Stimmrechte an der Gesellschaft halten, zwar nach § 100 Abs. 2 S. 1 Nr. 4 AktG Mitglied des Auf-

[73] S. neben den Nachweisen in Fn. 65 namentlich BGHZ 180, 105 Tz. 14 ff. – Vorstandsdoppelmandat, aber auch *Hoffmann-Becking* in: FS Hüffer, 2010, S. 337, 349 f., der es für möglich hält, das mitgliedschaftliche Verhältnis als „geschäftliche Beziehung" iSd. Ziff. 5.4.2 S. 2 DCGK zu qualifizieren.

sichtsrats einer börsennotierten Gesellschaft werden; nicht aber kann es die Stellung eines unabhängigen Finanzexperten iSd. § 100 Abs. 5 AktG einnehmen.[74]

IV. Rechtsfolgen einer erfolgreichen Anfechtung des Wahlbeschlusses

1. Anwendbarkeit der Lehre vom fehlerhaften Organ

Lassen sich nach den bislang getroffenen Feststellungen die Grundsätze des „Kirch/Deutsche Bank"-Urteils auf Wahlbeschlüsse der Hauptversammlung übertragen, so birgt dies für die Wahl von Aufsichtsratsmitgliedern durch die Hauptversammlung gesteigerte Anfechtungsrisiken, und zwar ungeachtet des Umstands, dass die Anforderungen an die Unabhängigkeit und die Freiheit von Interessenkonflikten, die der DCGK an die Aufsichtsratsmitglieder stellt, hinter denen des § 100 Abs. 5 AktG zurückbleiben. Im Übrigen kann der Wahlbeschluss, ohne dass dies an dieser Stelle vertieft werden kann, auch wegen Missachtung des § 100 Abs. 5 AktG angefochten werden.[75] Bedenkt man zudem die allgemeinen Anfechtungs- und Nichtigkeitsrisiken – das OLG Frankfurt hat jüngst die Wahl von Aufsichtsratsmitgliedern durch die Hauptversammlung der Deutsche Bank AG wegen angeblicher Mängel der Einladung als nichtig iSd. § 241 Nr. 1 AktG angesehen[76] –, so verleiht dies den Rechtsfolgen eines nichtigen oder auf Anfechtungsklage hin für nicht erklärten Wahlbeschlusses gesteigertes Interesse. Mit ihnen hatte sich der II. Zivilsenat schon wiederholt zu befassen,[77] zuletzt eher beiläufig in dem unter dem Vorsitz *Wulf Goettes* ergangenen Urteil vom 3. Juli 2006, in dem der Senat die Grundsätze über Beratungsverträge zwischen einer Aktiengesellschaft und einem ihrer Aufsichtsratsmitglieder in beeindruckender Art und Weise fortentwickelt hat.[78] Zur Problematik der fehlerhaften Bestellung heißt es in dem besagten Urteil, dass das auf Rückzahlung geleisteter Vergütungen in Anspruch genommene, indes nicht wirksam wiedergewählte Aufsichtsratsmitglied „weiterhin amtierte und es für seine Organpflichten unter Einschluss der Kautelen der §§ 113, 114 AktG auf die tatsächlich ausgeübte Funktion ankommt";[79] der Beschluss des Aufsichtsrats über die Zustimmung zum Beratungsvertrag sei indes deshalb unwirksam, weil das in Anspruch genommene Aufsichtsratsmitglied nicht wirksam bestellt worden sei und deshalb nicht die erforderliche Zahl von Aufsichtsratsmitgliedern zugestimmt habe.[80]

Diese „gespaltene" Sichtweise – dem fehlerhaft bestellten Aufsichtsratsmitglied werden Pflichten und Haftungsrisiken auferlegt, Mitverwaltungsrechte indes vorenthalten – stößt

---

[74] Vgl. *Nowak* (Fn. 41) S. 150 f.; *Möllers/Christ* ZIP 2009, 2278, 2279.

[75] Näher *v. Falkenhausen/Kocher* ZIP 2009, 1601 ff.; *Jaspers* AG 2009, 607, 611 ff.; *Staake* ZIP 2010, 1013, 1018 ff.; *E. Vetter* ZGR 2010, 751, 787 f.; *Habersack* AG 2008, 98, 106; einschränkend *Kropff* in: FS K. Schmidt, 2009, S. 1023, 1032 ff.; aA – gegen beschlussrechtliche Folgen – *Gruber* NZG 2008, 12, 14; *Hüffer* AktG, 9. Aufl. 2010, § 100 Rn. 15.

[76] OLG Frankfurt ZIP 2010, 1390. – Der guten Ordnung halber sei darauf hingewiesen, dass der Verfasser zur Frage eines Einladungsfehlers ein Rechtsgutachten erstattet hat, das freilich auf die Folgen einer etwaigen Nichtigkeit nicht eingeht.

[77] Vgl. neben BGHZ 168, 188 Tz. 14 (dazu sogleich im Text) namentlich BGHZ 47, 341, 345 f.; ferner BGHZ 41, 282; BGHZ 11, 231, 246; BGHZ 112, 327, 330 f.

[78] BGHZ 168, 188; s. sodann BGHZ 170, 60; BGH AG 2009, 661; s. dazu auch *Hüffer* AktG, 9. Aufl. 2010, § 114 Rn. 2 ff.; GroßkommAktG/*Hopt/Roth* 4. Aufl. 2005, § 114 Rn. 10 ff.; MünchKommAktG/*Habersack* 3. Aufl. 2008, § 114 Rn. 8 ff.

[79] BGHZ 168, 188 Tz. 14 unter Hinweis unter anderem auf BGHZ 41, 282, BGHZ 47, 341.

[80] BGHZ 168, 188 Tz. 15, 19. – Die Frage eines Stimmrechtsausschlusses des den Beratungsvertrag schließenden Aufsichtsratsmitglieds (dazu einerseits GroßkommAktG/*Hopt/Roth* 4. Aufl. 2005, § 114 Rn. 53, *Vetter* AG 2006, 173, 179, andererseits MünchKommAktG/*Habersack* 3. Aufl. 2008, § 114 Rn. 30) scheint weder vor den Instanzgerichten noch vor dem BGH eine Rolle gespielt zu haben; zur Beschlussfähigkeit des dreiköpfigen Aufsichtsrats bei Stimmrechtsausschluss eines seiner Mitglieder s. BGH AG 2007, 484 Tz. 13.

zwar im Schrifttum überwiegend auf Zustimmung.[81] Schon andernorts war indes darauf hinzuweisen, dass sich die Lösung des BGH und des überwiegenden Schrifttums erheblichen Bedenken ausgesetzt sieht;[82] diese Bedenken werden in Rechtsprechung und Schrifttum zunehmend geteilt.[83] Allein der Umstand, dass der Aufsichtsrat jedenfalls im Innenverhältnis an zahlreichen bedeutenden Maßnahmen beteiligt ist, legt es nahe, die für den fehlerhaft bestellten Geschäftsleiter einer Kapitalgesellschaft entwickelten und in §§ 84 Abs. 3 S. 4, 121 Abs. 2 S. 2 AktG ansatzweise zum Ausdruck kommenden Grundsätze über das fehlerhaft bestellte Organ[84] auch auf ihn zu erstrecken und – vorbehaltlich sogleich anzusprechender Ausnahmen – davon auszugehen, dass seine Mitglieder ungeachtet etwaiger Mängel des Bestellungsaktes wie wirksam bestellte Organwalter zu behandeln sind.[85] In der Folge unterliegt das fehlerhaft bestellte[86] Aufsichtsratsmitglied nicht nur den Pflichten eines Aufsichtsratsmitglieds; es nimmt vielmehr auch seine organschaftlichen Rechte und Pflichten wie ein ordnungsgemäß bestelltes Aufsichtsratsmitglied wahr, so dass insbesondere für die Beschlussfassung seine Mitwirkung nicht der Mitwirkung eines Dritten entspricht, die Wirksamkeit des Beschlusses vielmehr in keinem Fall durch die fehlerhafte Bestellung berührt wird.[87] Das auf Grundlage eines erfolgreich angefochtenen Wahlbeschlusses bestellte Aufsichtsratsmitglied ist somit bis zur Beendigung des Mandates einem fehlerfrei bestellten Aufsichtsratsmitglied gleichzustellen.[88]

2. *Schranken*

Die Lehre vom fehlerhaften Organ gilt auch im Zusammenhang mit Aufsichtsratsmitgliedern nicht ausnahmslos. Je nach Art und Gewicht des Bestellungsmangels kann es vielmehr geboten sein, dem fehlerhaften Bestellungsakt auch mit Wirkung ex tunc seine Anerkennung zu versagen.[89] Bei bloßer Anfechtbarkeit des Wahlbeschlusses – etwa bei Verstoß gegen § 161 AktG – ist allerdings ein solcher Ausnahmefall im Allgemeinen nicht gegeben. Auch die Nichtigkeit des Wahlbeschlusses vermag als solche das Eingreifen der Lehre vom fehlerhaften Organ nicht zu hindern;[90] von Bedeutung ist dies namentlich bei die Nichtig-

---

[81] KölnerKommAktG/*Mertens* 2. Aufl. 1995, § 101 Rn. 96; GroßkommAktG/*Hopt/Roth* 4. Aufl. 2005, § 101 Rn. 220; *Spindler* in: Spindler/Stilz, AktG, 2007, § 101 Rn. 109; *E. Vetter* in: Marsch-Barner/Schäfer, Hdb. börsennotierte AG, 2. Aufl. 2009, § 25 Rn. 74 ff.

[82] MünchKommAktG/*Habersack* 3. Aufl. 2008, § 101 Rn. 70; zuvor *Schürnbrand* Organschaft im Recht der privaten Verbände, 2007, S. 286 ff.; s. ferner *dens.* NZG 2008, 609, 610 f.; *Stein* Das faktische Organ, 1984, S. 100 ff.; *Zöllner* AG 2004, 397, 403.

[83] OLG Frankfurt ZIP 2011, 24, 27; *Hüffer* AktG, 9. Aufl. 2010, § 101 Rn. 18, § 252 Rn. 8; *Happ* in: FS Hüffer, 2010, S. 293, 305 ff.; *Staake* ZIP 2010, 1013, 1020.

[84] Vgl. namentlich BGHZ 41, 282, 284 ff.; BGH ZIP 1989, 294, 295; NJW 2000, 2983; allgemein zur Lehre von der fehlerhaften Gesellschaft *Goette* DStR 1996, 266 ff.; *Kort* Bestandsschutz fehlerhafter Strukturänderungen im Kapitalgesellschaftsrecht, 1998; *Schäfer* Die Lehre vom fehlerhaften Verband, 2002.

[85] Vgl. die Nachweise in Fn. 82 f.

[86] Speziell zum fehlerhaft abberufenen Aufsichtsratsmitglied s. *Schürnbrand* (Fn. 82) S. 291 f.; MünchKommAktG/*Habersack* 3. Aufl. 2008, § 101 Rn. 73 mwN.

[87] Eingehend *Schürnbrand* (Fn. 82) S. 286 ff.; für den angefochtenen Wahlbeschluss auch GroßkommAktG/*Hopt/Roth* 4. Aufl. 2005, § 101 Rn. 228; s. ferner KölnerKommAktG/*Mertens* 2. Aufl. 1995, § 101 Rn. 97 (ex nunc-Wirkung des Anfechtungsurteils).

[88] Vgl. die Nachweise in Fn. 82 f., 86. – Erst Recht gilt dies vor Rechtskraft des der Anfechtungsklage stattgebenden Urteils (KölnerKommAktG/*Mertens* 2. Aufl. 1995, § 101 Rn. 97); die bloße Anfechtbarkeit des Wahlbeschlusses lässt die Wirksamkeit der Organstellung unberührt.

[89] Allgemein dazu *Goette* DStR 1996, 266, 270 ff.; speziell zum Vorstand KölnerKommAktG/*Mertens* 2. Aufl. 1995, § 84 Rn. 32.

[90] MünchKommAktG/*Habersack* 3. Aufl. 2008, § 101 Rn. 72; *Schürnbrand* (Fn. 82) S. 290 f.; *ders.* NZG 2008, 609, 611.

keit begründenden Einberufungsmängeln.[91] Erfüllt allerdings das Aufsichtsratsmitglied nicht die gesetzlichen Bestellungsvoraussetzungen der §§ 100 Abs. 1, 2, 105 AktG, so dass es kraft Gesetzes nicht Organmitglied sein kann und der Wahlbeschluss aus diesem Grund nach § 250 Abs. 1 Nr. 4 AktG nichtig ist, oder liegt einer der Nichtigkeitsgründe des § 250 Abs. 1 Nr. 1, 2, 3 AktG vor, so ist mit Blick auf höherrangige Interessen auch die nur vorläufige Anerkennung der Bestellung zum Aufsichtsratsmitglied nicht veranlasst.[92] Hiervon zu unterscheiden ist wiederum der Verstoß gegen § 100 Abs. 5 AktG. Anders als § 100 Abs. 1, 2 AktG regelt diese Vorschrift nicht auf das einzelne Aufsichtsratsmitglied bezogene Bestellungsvoraussetzungen oder -hindernisse. Regelungsgegenstand ist vielmehr die Zusammensetzung des Gesamtorgans. Eine Missachtung dieser Besetzungsregel hindert das Eingreifen der Lehre vom fehlerhaften Organ nicht,[93] zumal der Verstoß nicht die Nichtigkeit des Wahlbeschlusses nach § 250 Abs. 1 Nr. 4 AktG, sondern nur die Anfechtbarkeit des Wahlbeschlusses nach § 251 Abs. 1 S. 1 AktG nach sich zieht.

V. Fazit

Die „Kirch/Deutsche Bank"-Entscheidung des II. Zivilsenats des BGH hat dem DCGK Biss verliehen und darf schon deshalb zu den „grands arrêts" des Aktienrechts gerechnet werden. Ihre Grundsätze lassen sich auf Wahlbeschlüsse der Hauptversammlung übertragen, was dem Kodex nochmals gesteigerte Bedeutung bescheren dürfte. Freilich darf die Einbettung der Kodexempfehlungen in das deutsche Konzern- und Mitbestimmungsrecht nicht aus den Augen verloren werden. Namentlich der Großaktionär und sein Repräsentant kommen zwar nicht als unabhängige Finanzexperten iSd. § 100 Abs. 5 AktG in Betracht, leiden indes nicht unter einem offenlegungspflichtigen Interessenkonflikt iSd. Ziff. 5.5.3 DCGK; der Kodex und die – gemeinschaftsrechtlich inspirierte – Vorschrift des § 100 Abs. 5 AktG folgen insoweit unterschiedlichen Pfaden. Soweit allerdings der Beschluss über die Wahl von Aufsichtsratsmitgliedern mit Erfolg angefochten wird, sollte die Rechtsprechung die Lehre vom fehlerhaften Organ zur Anwendung bringen und in der Folge das auf der Grundlage des angefochtenen Wahlbeschlusses bestellte Aufsichtsratsmitglied bis zur Beendigung des Mandates einem fehlerfrei bestellten Aufsichtsratsmitglied gleichstellen, sofern nicht der Wahlbeschluss nach § 250 Abs. 1 AktG nichtig ist. Hierdurch würden die Folgen einer Anfechtung des Wahlbeschlusses auf ein für die Gesellschaft erträgliches Maß beschränkt, ohne dass dem Kodex ein allzu enger Maulkorb verpasst würde.

---

[91] Für ein Beispiel s. Fn. 76.

[92] MünchKommAktG/*Habersack* 3. Aufl. 2008, § 101 Rn. 72; *Schürnbrand* (Fn. 82) S. 290 f.; für §§ 100, 105 AktG auch *Hüffer* AktG, 9. Aufl. 2010, § 101 Rn. 18; s. ferner *E. Vetter* (Fn. 81) § 25 Rn. 75 betreffend den Vergütungsanspruch.

[93] So auch *Staake* ZIP 2010, 1013, 1020. – Der Anfechtbarkeit eines § 100 Abs. 5 AktG zuwiderlaufenden Wahlbeschlusses steht dies freilich nicht entgegen, s. die Nachweise in Fn. 75.

MARTIN HENSSLER

Beratungsverträge von Aufsichtsräten mit Vorstandsmitgliedern und Gesellschaftern einer Aktiengesellschaft

Übersicht

I. Einleitung

§ 113 AktG regelt die Frage, unter welchen Voraussetzungen Aufsichtsratsmitglieder für ihre Aufsichtsratstätigkeit eine Vergütung erhalten. Parallele, weiter gehende Vertragsbeziehungen zwischen der Gesellschaft und dem Aufsichtsratsmitglied sind – „außerhalb seiner Tätigkeit im Aufsichtsrat" – im Grundsatz ohne Weiteres möglich.[1] Eine wichtige Ausnahme sieht § 114 Abs. 1 AktG für Beratungsverträge vor, in denen sich ein Aufsichtsratsmitglied zu einer Dienst- oder Werkleistung höherer Art verpflichtet.[2] Die Wirksamkeit eines solchen Vertrags hängt gemäß § 114 Abs. 1 AktG von der Zustimmung, also Einwilligung oder Genehmigung, des Aufsichtsrats ab. Dem Gremium wird auf diese Weise die Kontrolle ermöglicht, ob der betreffende Vertrag nur (unproblematische) Dienstleistungen außerhalb der organschaftlichen Tätigkeit oder aber eine verdeckte[3] Sonderzuwendung zum Gegenstand hat.

---

[1] So kann die Gesellschaft dem Aufsichtsratsmitglied etwa ohne Weiteres ein Kraftfahrzeug oder eine Immobilie verkaufen oder eine Wohnung vermieten, vgl. *Hoffmann-Becking* in: FS K. Schmidt, 2009, S. 657.

[2] § 115 AktG enthält eine weitere Sondervorschrift für die Kreditgewährung an Aufsichtsratsmitglieder.

[3] Zu diesem vom BGH (BGHZ 126, 340, 347 = NJW 1994, 2484, 2486) aus dem systematischen Zusammenhang mit § 113 AktG und dem negativen Tatbestandsmerkmal „außerhalb seiner Tätigkeit im Aufsichtsrat" abgeleiteten Schutzzweck, *verdeckte* Aufsichtsratsvergütungen zu vermeiden, s. *Hoffmann-Becking* in: FS K. Schmidt, 2009, S. 657, 658.

Mehrere höchstrichterliche Entscheidungen aus der jüngeren Vergangenheit haben dieser höchst praxisrelevanten Norm Konturen verliehen. Der II. Zivilsenat unter dem Vorsitz von *Wulf Goette,* dem dieser Beitrag in hoher Wertschätzung und persönlicher Verbundenheit gewidmet ist, hatte insbesondere der Frage nachzugehen, inwieweit die §§ 113, 114 AktG auch den Abschluss eines Beratungsvertrags mit einem Unternehmen (zB einer Anwalts- oder Steuerberatersozietät) betreffen, an dem ein Aufsichtsratsmitglied – nicht notwendig beherrschend – beteiligt ist. Der Senat hat es mit Rücksicht auf das Regelungsanliegen des Gesetzgebers für unerheblich erachtet, ob eine ungerechtfertigte Sonderleistung unmittelbar oder nur mittelbar über die Beteiligung an einem Beratungsunternehmen an das Aufsichtsratsmitglied fließe. Die Gefahrenlage sei aus der Sicht der Gesellschaft identisch. Ohne Belang sei im Grundsatz auch der Umfang der Beteiligung des Aufsichtsratsmitglieds an der Vertragspartnerin der AG, ob es zur Geschäftsführung oder Vertretung der Beratungsgesellschaft berechtigt ist und ob es die geschuldeten Vertragsleistungen persönlich zu erbringen hat (dazu im Einzelnen III.2. a).[4]

Noch keine Gelegenheit hatte der II. ZS, sich mit der spiegelverkehrten Konstellation zu befassen, in der ein Aufsichtsratsmitglied nicht mit der AG selbst, sondern mit einem Vorstandsmitglied oder (Mehrheits-)Aktionär der Gesellschaft einen Beratungsvertrag schließt. Führt auch hier eine weite Auslegung des § 114 AktG zum Erfordernis einer Zustimmung des Aufsichtsrats? Wie divergierende Stellungnahmen aus dem jüngeren Schrifttum zeigen,[5] ist die Praxis in dieser Frage erheblich verunsichert. Der Verfasser hofft daher mit den nachfolgenden Ausführungen das Interesse *Wulf Goettes* zu finden und zugleich eine Anregung für die höchstrichterliche Klärung der Streitfrage geben zu können.

II. Grundsätze für die Wirksamkeit von Beratungsverträgen mit der AG

§ 114 Abs. 1 AktG ist in den Kontext der §§ 95 bis 116 AktG über die Rechtsstellung des Aufsichtsrats eingebettet. Geltungsbereich und Reichweite der Vorschrift sind anhand einer systematischen Gesamtbetrachtung der Vorschriften dieses Abschnitts, insbesondere der §§ 111, 113, 115 AktG, zu bestimmen. § 114 Abs. 1 AktG steht dabei in engem sachlichem Zusammenhang zu § 113 AktG, der neben dem Schutz der Gesellschaftsgläubiger und der Aktionäre vor überhöhten Bezügen der Aufsichtsratsmitglieder auch der inneren Ordnung der Gesellschaft dient, indem er einerseits der *Selbstbedienung* von einzelnen Aufsichtsratsmitgliedern vorbeugt und andererseits die Kompetenz des Vorstands einschränkt, über die Vergütung seines Überwachungsorgans zu befinden.[6]

Für die AG, bei der die Bildung eines Aufsichtsrats vorgeschrieben ist, gilt § 113 AktG uneingeschränkt und zwingend. Die Vorschrift legt fest, dass einem Aufsichtsratsmitglied eine Vergütung gewährt werden kann, wenn diese in der Satzung festgesetzt oder durch einen Beschluss der Hauptversammlung bewilligt worden ist. Aufgrund ihres Verbotsnormcharakters sind vertragliche Zusagen einer Sondervergütung für die Aufsichtsratstätigkeit durch den Vorstand oder den Aufsichtsrat nach § 134 BGB nichtig.[7] Aus dem Zusammenspiel der §§ 113, 114 Abs. 1 AktG ergibt sich ein Kernbereich von Beratungsleistungen,

---

[4] BGHZ 168, 188, 193 ff. = NJW-RR 2006, 1410, 1411 ff.; BGHZ 170, 60, 62 = NJW 2007, 298.

[5] S. einerseits *Hüffer* AktG, 9. Aufl. 2010, § 114 Rn. 2b; *Hoffmann-Becking* in: FS K. Schmidt, 2009, S. 657, 667 ff. (gegen eine solche Extension) und andererseits MünchKommAktG/*Habersack* 3. Aufl. 2008, § 114 Rn. 18; *Spindler* in: FS Graf von Westphalen, 2010, S. 641, 647 f., *Säcker* AG 2004, 180, 183 (dafür).

[6] BGHZ 168, 188, 192 f. = NJW-RR 2006, 1410, 1411.

[7] BGHZ 114, 127, 129 ff. = NJW 1991, 1830, 1831 ff.; BGHZ 126, 340, 344 = NJW 1994, 2484, 2485; BGHZ 168, 188, 197 = NJW-RR 2006, 1410, 1413; KölnerKommAktG/*Mertens* 2. Aufl. 1996, § 114 Rn. 5; GroßkommAktG/*Hopt/Roth* 4. Aufl. 2006, § 113 Rn. 97.

die kein zulässiger Gegenstand einer gesonderten vertraglichen Vereinbarung sein können, weil die Organpflichten eines Aufsichtsratsmitglieds gesetzlich festgelegt sind und die Aufsichtsratsvergütung durch § 113 AktG abschließend geregelt ist.[8] Nur gegenständlich über diesen Kernbereich hinausreichende Beraterverträge dürfen auf Vertragsbasis honoriert werden. Die Wirksamkeit solcher Vergütungsvereinbarungen hängt indes aufgrund des in § 114 Abs. 1 AktG statuierten Zustimmungserfordernisses von der Entscheidung des Aufsichtsrats ab.

III. Wirksamkeit von Beratungsverträgen mit einem Vorstandsmitglied oder Aktionär

1. Wortlautgetreue Anwendung des § 114 Abs. 1 AktG

§ 114 Abs. 1 AktG verlangt seinem Wortlaut nach, dass als Vertragspartner des Aufsichtsratsmitglieds die *Gesellschaft* selbst auftritt, eine Voraussetzung, die im Fall eines Vertragsschlusses mit einem Vorstandsmitglied oder Aktionär eindeutig nicht erfüllt ist.

Teile des Schrifttums sehen gleichwohl einen Dienst- oder Werkvertrag, den das Aufsichtsratsmitglied mit einem Vorstandsmitglied persönlich oder mit einer von diesem beherrschten Gesellschaft schließt, als von § 114 Abs. 1 AktG erfasst an. Der auf Sicherung der Unabhängigkeit des Aufsichtsratsmitglieds gerichtete Schutzzweck des § 114 AktG führe sogar dann zum Eingreifen des Zustimmungserfordernisses, wenn ein Bezug der Beratungstätigkeit zur Gesellschaft nicht bestehe. Insoweit wird auf den identischen Ansatz der Inhabilitätsvorschriften der §§ 319 Abs. 3 S. 1 Nr. 5, 319a Abs. 1 S. 1 Nr. 1 HGB verwiesen, die ganz allgemein darauf abstellen, dass der Prüfer einen wesentlichen Teil seiner Einkünfte aus Mandatsverhältnissen mit demselben Mandanten (einschließlich verbundener Unternehmen) bezieht und ihn deshalb die Beendigung des Mandatsverhältnisses finanziell stark trifft. Entsprechendes müsse für § 114 AktG gelten; auch hier sei der Gefahr zu begegnen, dass das Aufsichtsratsmitglied mit Blick auf seine *Sonderbeziehungen* zum Vorstand dem Interesse am Fortbestand dieser Beziehungen den Vorrang gegenüber einer effizienten und vorbehaltslosen Überwachung einräume.[9] Ähnliche Tendenzen sind in der Literatur im Hinblick auf Vertragsbeziehungen zu (Mehrheits-)Gesellschaftern festzustellen (vgl. ausführlich II.2 b) aa) und 3.).

2. Erweiternde Auslegung des § 114 Abs. 1 AktG

Um die Verträge mit einem Vorstandsmitglied oder Aktionär entgegen dem eindeutigen Wortlaut der Norm unter § 114 AktG zu subsumieren, bedarf es entweder einer ergänzenden bzw. erweiternden Auslegung der Vorschrift oder aber ihrer Erstreckung im Wege der Analogie. Über die vorrangig zu prüfende erweiternde Auslegung der Vorschrift intra legem (teleologische Extension) wird eine Norm auf Fälle erstreckt, die nicht mehr vom Begriffskern des Gesetzeswortlauts erfasst werden, sondern nur noch in dessen Randbereich liegen. Die Grenze für die Gesetzesauslegung bildet in jedem Fall der denkbare Wortsinn.[10] Jenseits des Wortsinns beginnt die Rechtsfortbildung. Raum bleibt hier nur für die Analogie, die indes an strengere Voraussetzungen, insbesondere das Vorliegen einer planwidrigen Regelungslücke geknüpft ist (s. 3.).

---

[8] Zur Abgrenzung s. *Henssler* in: Henssler/Strohn, Gesellschaftsrecht, 2011, § 114 AktG Rn. 2 f., 5 mwN.

[9] MünchKommAktG/*Habersack* 3. Aufl. 2008, § 114 Rn. 18.

[10] Vgl. statt vieler *Larenz* Methodenlehre der Rechtswissenschaft, 6. Aufl. 1991, S. 322, 366; *ders.* in: FS Olivecrona, 1964, S. 384, 400; *Canaris* Die Feststellung von Lücken im Gesetz, 2. Aufl. 1983, S. 19. Offen lässt diese methodische Differenzierung *Spindler* in: FS Graf von Westphalen, 2010, S: 641, 644.

a) Erweiterungen aufseiten des Aufsichtsratsmitglieds

In Rechtsprechung und Literatur sind Tendenzen erkennbar, den Anwendungsbereich des § 114 Abs. 1 AktG im Wege einer teleologischen Extension sehr weit auszudehnen.[11] Gegenstand entsprechender Überlegungen waren in jüngerer Zeit insbesondere Fälle, in denen die vertragliche Vereinbarung nicht mit dem Aufsichtsratsmitglied selbst, sondern mit einem Beratungsunternehmen, dessen gesetzlicher Vertreter oder geschäftsführender (Allein-)Gesellschafter das Aufsichtsratsmitglied ist, geschlossen wurde. In diesen Konstellationen soll § 114 Abs. 1 AktG zur Vermeidung von Umgehungsgeschäften anwendbar sein.[12]

Um den von § 114 Abs. 1 AktG bezweckten Schutz zu verwirklichen, hat die Rechtsprechung auf dieser Grundlage schon bei lediglich mittelbarer Zuwendung ein Zustimmungserfordernis nach § 114 Abs. 1 AktG konstatiert, sofern nur die erbrachte Vergütung dem Aufsichtsratsmitglied in irgendeiner Weise zufließen konnte.[13] Diese Sichtweise ist im Schrifttum grundsätzlich auf breite Zustimmung gestoßen,[14] wobei allerdings sowohl die dogmatische Begründung für die erweiternde Anwendung von § 114 Abs. 1 AktG als auch deren Umfang im Einzelnen umstritten sind. Während teilweise eine Analogie zu § 115 Abs. 2 AktG gezogen wird, das Aufsichtsratsmitglied also entweder gesetzlicher Vertreter der Beratungsgesellschaft oder – sofern es sich um eine Personengesellschaft handelt – deren Gesellschafter sein muss,[15] fordern andere Stimmen lediglich eine *Abhängigkeit* der beratenden Gesellschaft von dem Aufsichtsratsmitglied.[16] Nach wieder anderer Ansicht soll es ausreichend sein, wenn ein Aufsichtsratsmitglied, das nicht zugleich gesetzlicher Vertreter einer als juristische Person organisierten Beratungsgesellschaft ist, an dieser eine nicht nur *marginale* Beteiligung hält.[17]

Die Rechtsprechung hat zu diesen Kriterien im Detail bislang nicht abschließend Stellung genommen. Sie erkennt immerhin zwei Fälle an, in denen es mangels unmittelbaren Zuflusses der Beratungsvergütung nicht zur Anwendung der §§ 113, 114 AktG kommen soll. Dies gilt zum einen, wenn die Zuwendungen abstrakt betrachtet geringfügig sind, und zum anderen, wenn sie im Vergleich zur regulären Aufsichtsratsvergütung nur einen

---

[11] BGHZ 168, 188, 193 ff. = NJW-RR 2006, 1410, 1411 ff.; BGH NJW-RR 2007, 1483; OLG Hamburg AG 2007, 404, 405. Der BGH verwendet in seiner Entscheidung BGHZ 170, 60, 62 f. = NJW 2007, 298 ausdrücklich den Begriff der „erweiternden Auslegung".

[12] BGHZ 168, 188, 195 = NJW-RR 2006, 1410, 1412; KG AG 1997, 42, 44 f.; OLG Köln AG 1995, 90; OLG Naumburg OLGR 2002, 29; LG Stuttgart ZIP 1998, 1275, 1280; LG Köln ZIP 2002, 1296; KölnerKommAktG/*Mertens* 2. Aufl. 1996, § 114 Rn. 7; MünchHdb. AG/*Hoffmann-Becking* 3. Aufl. 2007, § 33 Rn. 30; *Lutter/Kremer* ZGR 1992, 87, 106.

[13] BGHZ 170, 60, 65 = NJW 2007, 298, 299; OLG Frankfurt AG 2005, 925, 926; LG Köln AG 2003, 167; LG Stuttgart ZIP 1998, 1275, 1280.

[14] GroßkommAktG/*Hopt/Roth* 4. Aufl. 2006, § 114 Rn. 42; *Hüffer* AktG, 9. Aufl. 2010, § 114 Rn. 2a; *Breuer/Fraune* in: Heidel, AktG, 2. Aufl. 2007, § 114 Rn. 5; *Spindler* in: Spindler/Stilz, AktG, 2007, § 114 Rn. 9; *Bosse* NZG 2007, 172, 173; *Goette* DStR 2007, 124; *Hoffmann-Becking* in: FS K. Schmidt, 2009, S. 657, 662 ff.; *Lutter* in: FS H.P. Westermann, 2008, S. 1171, 1179; *Müller* NZG 2002, 797, 798; *Peltzer* ZIP 2007, 305, 306; *Rellermeyer* ZGR 1993, 77, 86 f.; *E. Vetter* AG 2006, 173, 176 f.; *Weiss* BB 2007, 1853, 1854; *Werner* DB 2006, 935, 936; aA soweit ersichtlich nur *Raiser/Wiesner* AG 1976, 266 f.

[15] *Oppenhoff* in: FS Barz, 1974, S. 283, 287 ff.; KölnerKommAktG/*Mertens* 2. Aufl. 1996, § 114 Rn. 7.

[16] MünchHdb. AG/*Hoffmann-Becking* 3. Aufl. 2007, § 33 Rn. 29; GroßkommAktG/*Hopt/Roth* 4. Aufl. 2006, § 114 Rn. 42; *Spindler* in: Spindler/Stilz, AktG, 2007, § 114 Rn. 7; *Lutter/Kremer* ZGR 1992, 87, 106; *Lutter/Drygala* in: FS Ulmer, 2003, S. 381, 384 f.

[17] OLG Frankfurt ZIP 2005, 2322; *Lutter* in: FS H.P. Westermann, 2008, S. 1171, 1180; *Rellermeyer* ZGR 1993, 77, 86, 89; *Wissmann/Ost* BB 1998, 1957, 1960; *Müller* NZG 2002, 797, 798.

zu vernachlässigenden Umfang haben.[18] Bemerkenswert erscheint immerhin, dass die Rechtsprechung, soweit die Person des Aufsichtsratsmitglieds als Vertragspartner betroffen ist, keine pauschale Erstreckung der Vorschrift über ihren Wortlaut hinaus anerkennt. Generell wird man davon ausgehen müssen, dass der nur mittelbar zufließende Vorteil geeignet sein muss, die Unabhängigkeit des Aufsichtsratsmitglieds zu beeinflussen.[19]

b) Erweiterungen aufseiten der Gesellschaft

Ob sich diese Ergebnisse der Rechtsprechung auf die hier beleuchtete *spiegelverkehrte* Konstellation übertragen lassen, erscheint wegen der unterschiedlichen Interessenlage von vornherein zweifelhaft und bedarf jedenfalls einer sorgfältigen Überprüfung. In den vom BGH entschiedenen Sachverhalten bezog sich die teleologische Erweiterung stets auf den Begriff *Aufsichtsratsmitglied* in § 114 Abs. 1 AktG. Ein Umgehungsvorwurf lag hier nahe, da die von der Gesellschaft gewährten wirtschaftlichen Vorteile über Umwege dem Aufsichtsratsmitglied zufließen sollten. Damit lässt es sich methodologisch rechtfertigen, den Begriff *Aufsichtsratsmitglied* auf eine wirtschaftlich vollständig oder jedenfalls in erheblichem Umfang kongruente Gesellschaft zu erstrecken. Entgegen der Rechtsprechung handelt es sich freilich nicht mehr um eine erweiternde Gesetzesauslegung, sondern bereits um eine den Wortsinn klar überschreitende Analogie.

Die hier in Frage stehende Erweiterung des gesetzlichen Tatbestandsmerkmals *gegenüber der Gesellschaft* lässt sich dagegen nicht ohne Weiteres und jedenfalls nicht mittels pauschalen Verweises entsprechend handhaben. Vielmehr bestehen gegen die Einbeziehung von Verträgen des Aufsichtsratsmitglieds mit einem Gesellschafter gleich unter mehreren Gesichtspunkten Bedenken.

aa) Erstreckung der Vorschrift auf Verträge mit (Mehrheits-)Aktionären

(1) Grundsatz: Trennungsbedarf

Eine Gleichstellung der *Gesellschaft* und ihrer *Gesellschafter* erscheint zunächst schon unter systematischen Gesichtspunkten problematisch. Bei der AG findet eine weitreichende Versachlichung der Mitgliedschaftsrechte statt, die in diesem Maß bei anderen Körperschaften nicht anzutreffen ist. Für Verbindlichkeiten der AG haftet nach § 1 Abs. 1 S. 2 AktG allein das Gesellschaftsvermögen. Die AG besitzt nach § 1 Abs. 1 S. 1 AktG eine eigene Rechtspersönlichkeit, ist also eine in ihrem Bestand vom personellen Wechsel ihrer Anteilsinhaber unabhängige, überindividuelle Ziele verfolgende juristische Person. Als Körperschaft ist sie ohne Rücksicht auf ihren Entstehungstatbestand nicht Gesellschaft im engeren Sinn, sondern auf das Grundmodell des Vereins gemäß §§ 21 ff. BGB rückführbar und damit selbst Trägerin von Rechten und Pflichten.[20]

Dass der Gesellschafter einerseits und die Gesellschaft andererseits voneinander nicht nur sprachlich, sondern auch materiell-rechtlich zu trennen sind, kann auch ohne entsprechende ausdrückliche Gesetzesregelung kaum bezweifelt werden. Die Beratung eines Gesellschafters stellt sich *per se* nicht als Beratung der Gesellschaft dar und kann zu völlig unterschiedlichen, unter Umständen sogar gegenteiligen Handlungsempfehlungen führen. Hinsichtlich des Gesellschaftsvermögens und des Privatvermögens gilt das Trennungsprinzip.[21] Nur ganz ausnahmsweise kennt das Gesellschaftsrecht die Gleichstellung einer besonderen gesellschaftsrechtlichen Bindungen unterliegenden Person mit dem Unternehmen,

---

[18] BGHZ 170, 60, 62 f. = NJW 2007, 298; kritisch zur Sachmäßigkeit und (Un-)Bestimmtheit dieser Grenzen *Drygala* in: Schmidt/Lutter, AktG, 2008, § 114 Rn. 16; *Happ* in: FS Priester, 2007, S. 175, 179 ff.; *v. Schenck* DStR 2007, 395, 397 f.

[19] So auch *Breuer/Fraune* in: Heidel, AktG, 2. Aufl. 2007, § 114 Rn. 5; *Vetter* AG 2006, 173, 177.

[20] *Hüffer* AktG, 9. Aufl. 2010, § 1 Rn. 4; *K. Schmidt* Gesellschaftsrecht, 4. Aufl. 2002, § 3 I 2; *Windbichler* Gesellschaftsrecht, 22. Aufl. 2009, § 25 I 1.

[21] BGH NJW-RR 1990, 738, 739.

an dem sie maßgeblich beteiligt ist, so etwa im Rahmen von § 62 AktG,[22] bei den §§ 30, 31 GmbHG sowie früher im Recht des Eigenkapitalersatzes.[23]

(2) Verwertbarkeit der jüngeren Rechtsprechung? – Bedeutung der wirtschaftlichen Einheit

Das entscheidende Kriterium, auf das die Rechtsprechung in der spiegelverkehrten Konstellation mehrfach abgestellt hat, ist die *wirtschaftliche Einheit* von Aufsichtsratsmitglied und Beratungsgesellschaft.[24] Das Abstellen auf eine wirtschaftliche Einheit erscheint aufseiten des Zuwendungsempfängers sachgerecht, weil hier diese Einheit dazu führt, dass die Zuwendung dem Aufsichtsratsmitglied mittelbar zugutekommt. Der Normzweck des § 114 Abs. 1 AktG greift – so lässt sich vertreten – auch dann, wenn zur Umgehung des Zustimmungserfordernisses aus dieser Vorschrift ein Dritter als Zahlungsempfänger zwischen der Gesellschaft und dem Aufsichtsratsmitglied eingeschaltet wird, der quasi als Strohmann fungiert. Insoweit lässt sich eine erweiternde Auslegung bzw. Analogie selbst für einen Fall begründen, bei dem die zum Zwecke der Zahlungsannahme operierende Mittelsperson nicht einmal aus der Rechtssphäre des Aufsichtsratsmitglieds stammt, sondern von der Gesellschaft zu diesem Zweck eingesetzt wird. Ein Beispiel für derartige Umgehungskonstellationen bietet etwa der Fall der Honorarzahlung der Gesellschaft an einen Gesellschafter, der das empfangene Honorar wiederum an das Aufsichtsratsmitglied auskehrt. Maßgebliches Kriterium ist stets, ob das Beratungshonorar *mittelbar* dem beratenden Aufsichtsratsmitglied zugutekommt.

Aufseiten des *Beratenen* ist eine Erstreckung über das Kriterium der wirtschaftlichen Einheit dagegen nicht vergleichbar plausibel. Zunächst einmal gibt vor allem die Person des Beratenen dem Beratungsvertrag sein inhaltliches Gepräge. Der Empfänger der Beratungsleistung ist damit nicht beliebig austauschbar. Der Berater, namentlich ein anwaltlicher Berater, ist verpflichtet, gerade die Interessen seines Mandanten zu vertreten (vgl. § 3 Abs. 1 BRAO). Die Interessen eines Aktionärs sind aber mit denjenigen der Gesellschaft nicht identisch.[25] Dagegen ist aufseiten des Beraters trotz des Charakters als Dienst höherer Art eine persönliche Beratung meist nicht zwingend. In den vom BGH entschiedenen Fällen wurden die Beratungsleistungen daher auch von Sozietätspartnern des Aufsichtsratsmitglieds oder angestellten Rechtsanwälten erbracht.

Auch im Übrigen führt das von der Rechtsprechung als maßgeblich entwickelte Kriterium der wirtschaftlichen Einheit aufseiten des Empfängers der Beratungsleistung nicht weiter. Zwischen dem Aktionär und der AG besteht nämlich gerade keine *wirtschaftliche Identität,* die eine erweiternde Auslegung von § 114 Abs. 1 AktG rechtfertigen könnte. Ersichtlich kann unter Berücksichtigung des Normzwecks dieser Vorschrift nicht jede irgendwie geartete wirtschaftliche Verflechtung zwischen unternehmerisch tätigen Personen relevant sein.[26] Als problematisch angesehen werden können unter dem Aspekt der *wirtschaftlichen Einheit* allenfalls Konstellationen, die zur Folge haben, dass die Zuwendung an das Aufsichtsratsmitglied mittelbar aus dem Vermögen der Gesellschaft erbracht wird. Ein entsprechender Vermögensabfluss ist aber nur zu befürchten, wenn Beratungsverträge mit von der *Gesellschaft* abhängigen Gesellschaften geschlossen werden.[27] Wird die Vergü-

---

[22] Vgl. GroßkommAktG/*Henze* 4. Aufl. 2008, § 62 Rn. 22.

[23] Vgl. hierzu BGHZ 81, 311, 315 = NJW 1982, 383, 384; BGH NJW 1999, 2822.

[24] BGHZ 168, 188, 193 ff. = NJW-RR 2006, 1410, 1412.

[25] *Raiser/Veil* Recht der Kapitalgesellschaften, 5. Aufl. 2010, § 13 Rn. 1 ff., § 14 Rn. 14 mwN.

[26] Zu weit gerät insofern die Formulierung des BGH (BGHZ 126, 340, 347 = NJW 1994, 2484, 2486), der Zustimmungsvorbehalt sei auch deshalb geboten, weil „besondere Beziehungen zwischen dem Vorstand und einzelnen Aufsichtsratsmitgliedern auch außerhalb der Gewährung rechtswidriger Sondervorteile zu engen Beziehungen und Verflechtungen zwischen den an ihnen beteiligten Personen (führen), die Einfluss auf die Ausübung der Überwachungstätigkeit haben können"; zu Recht ablehnend hierzu *Hoffmann-Becking* in: FS K. Schmidt, 2009, S. 657, 658 f.

[27] Zu dieser höchstrichterlich noch ungeklärten Konstellation *Hoffmann-Becking* in: FS K. Schmidt, 2009, S. 657, 664 f.; *Lutter* in: FS H.P. Westermann, 2008, S. 1171, 1181 ff.

tung von einer Tochtergesellschaft gezahlt, dann kann die Minderung des Vermögens der Tochtergesellschaft zu einer Vermögensminderung bei der Muttergesellschaft führen, so dass davon gesprochen werden kann, die Zuwendung gegenüber dem Aufsichtsratsmitglied werde mittelbar aus dem Vermögen der Muttergesellschaft erbracht. In diesem Fall könnten nämlich der Gewinn der abhängigen Gesellschaft durch das Beratungshonorar reduziert und damit zugleich die Ausschüttungsrechte bzw. der Wert der Beteiligung der Obergesellschaft vermindert werden.[28]

Um eben diese Konstellation geht es vorliegend indes nicht. Vielmehr führt die Leistung eines (beherrschenden) Aktionärs an das Aufsichtsratsmitglied unter keinem denkbaren Gesichtspunkt zu einer Vermögensminderung bei der Gesellschaft. Bei natürlichen Personen bzw. Gesellschaften, die ihrerseits an der *Gesellschaft* im Sinne von § 114 AktG Aktien halten, wirken sich Leistungen, die diese aus ihrem Vermögen erbringen, grundsätzlich nicht auf die (Unter-)Gesellschaft aus. Die von Gesellschaftern erbrachte Vergütung für die Beratungsleistung stellt sich damit nicht als Sonderzuwendung dieser Gesellschaft dar.

Die hL nimmt dementsprechend bei Konzernkonstellationen aufseiten der Gesellschaft eine Unterscheidung vor. Nur bei Verträgen zwischen einem Aufsichtsratsmitglied des herrschenden Unternehmens und einem abhängigen Unternehmen soll § 114 Abs. 1 AktG greifen.[29] Dagegen soll eine Anwendung des § 114 AktG nicht geboten sein, wenn ein Aufsichtsratsmitglied des abhängigen Unternehmens einen Beratungsvertrag mit einem seine AG beherrschenden Unternehmen schließt. Dem ist zuzustimmen. Selbst insoweit argumentiert das Schrifttum allerdings nicht mit dem nur für die spiegelverkehrte Konstellation passenden Gedanken der *wirtschaftlichen Einheit,* sondern mit dem Hinweis, der Vorstand der abhängigen AG habe keinen Einfluss auf Geschäfte des herrschenden Unternehmens. Verträge, die mit Aktionären geschlossen werden, die nicht einmal eine beherrschende Stellung in der Gesellschaft haben, deren Aufsichtsratsmitglied der Vertragspartner ist, werden damit erst recht nicht erfasst.[30]

Die von der Rechtsprechung zur erweiternden Auslegung des Merkmals *Aufsichtsratsmitglied* in § 114 AktG entwickelte Argumentationslinie lässt sich nach alledem weder von der vertraglichen Stellung noch von dem gedanklichen Anknüpfungspunkt der *wirtschaftlichen Einheit* auf die hier zu beurteilende Problematik übertragen.

(3) Gefährdung der Unabhängigkeit des Aufsichtsratsmitglieds?

Die erweiternde Auslegung des § 114 AktG wird durch die Vertreter der Gegenansicht mit dem Normzweck begründet. Dieser ziele darauf ab, eine *Gefährdung der Unabhängigkeit der Aufsichtsratsmitglieder* zu vermeiden.[31] Eine derart allgemeine und weit gefasste Umschreibung des Normzwecks ist indes irreführend; sie entspricht ersichtlich nicht dem gesetzlichen Regelungsanliegen.[32] Ginge es in der Regelung des § 114 AktG ganz allgemein darum, Gefährdungen der Unabhängigkeit von Aufsichtsratsmitgliedern entgegenzu-

---

[28] *Hüffer* AktG, 9. Aufl. 2010, § 114 Rn. 2b; MünchHdb. AG/*Hoffmann-Becking* 3. Aufl. 2007, § 33 Rn. 41 (beschränkt auf Fälle tatsächlicher missbräuchlicher Umgehung); tendenziell weiter jetzt: *Hoffmann-Becking* in: FS K. Schmidt, 2009, S. 657, 665; noch weiter MünchKommAktG/*Habersack* 3. Aufl. 2008, § 100 Rn. 17; *Lutter* in: FS H.P. Westermann, 2008, S. 1171, 1182.

[29] OLG Hamburg ZIP 2007, 814, 818 f.; *Breuer/Fraune* in: Heidel, AktG, 2. Aufl. 2007, § 114 Rn. 4; GroßkommAktG/*Hopt/Roth* 4. Aufl. 2006, § 114 Rn. 41, 44; *Vetter* in: Marsch-Barner/Schäfer, Hdb. börsennotierte AG, 2. Aufl. 2009, § 30 Rn. 9; *Oppenhoff* in: FS Barz, 1974, S. 283, 289; *Lutter/Kremer* ZGR 1992, 87, 106; *Lutter* in: FS H.P. Westermann, 2008, S. 1171, 1181 ff.; *Deckert* WiB 1997, 561, 565; *Rellermeyer* ZGR 1993, 77, 87 f.; *Semler* NZG 2007, 881, 885 f.; *Vetter* ZIP 2008, 1, 9.

[30] Vgl. auch *Breuer/Fraune* in: Heidel, AktG, 2. Aufl. 2007, § 114 Rn. 4.

[31] Vgl. nur MünchKommAktG/*Habersack* 3. Aufl. 2008, § 114 Rn. 16, 18.

[32] Ebenso *Hoffmann-Becking* in: FS K. Schmidt, 2009, S. 657, 661 („§ 114 AktG schützt die Unabhängigkeit …, aber er zielt nicht auf einen generellen und umfassenden Schutz.“).

wirken, so hätte sich eine völlig andersartige Gestaltung des Tatbestands angeboten.[33] Die Gesetzesmaterialien geben für eine entsprechende weite Zielsetzung ebenfalls nichts her. Nicht irgendwelche Gefahren, die von Dritten für die Unabhängigkeit der Mitglieder des Kontrollorgans ausgehen, sollen danach unterbunden werden. Es geht vielmehr – deutlich enger – nur darum, „sachlich ungerechtfertigte Sonderleistungen der Gesellschaft an einzelne Aufsichtsratsmitglieder und damit eine unsachliche Beeinflussung eines Aufsichtsratsmitglieds im Sinne des Vorstands" zu unterbinden.[34]

Nicht sämtliche Verträge, die das Aufsichtsratsmitglied zu erwerbswirtschaftlichen Zwecken mit an der Gesellschaft interessierten Dritten schließt, sind dementsprechend von der Zustimmung des Aufsichtsrats abhängig. Sie werden vielmehr nicht einmal dann automatisch erfasst, wenn sie tatsächlich die Sphäre der Gesellschaft betreffen. Denkbar sind in diesem Zusammenhang etwa Verträge über eine Rechtsanwaltstätigkeit mit dem in dem Betrieb oder den Betrieben der Gesellschaft gebildeten Betriebsrat oder Gesamtbetriebsrat. Der Kreis der Personen, die mittels finanzieller Zuwendungen auf die Tätigkeit einzelner Mitglieder des Aufsichtsrats Einfluss nehmen können, ist a priori nahezu unbeschränkt. Jegliche Kunden, Lieferanten, Angehörige der Gesellschafter, Arbeitnehmer, kurz alle Angehörigen des großen Kreises der sog. stakeholder können potenziell die ordnungsgemäße Mandatsausübung beeinträchtigen, wenn sie mit dem Aufsichtsratsmitglied einen Beratungsvertrag abschließen.

Trotz dieser Gefahren werden Verträge mit diesen Personen eindeutig und unstreitig nicht von § 114 Abs. 1 AktG erfasst. Der Gesetzgeber nimmt im Gegenteil all diese Gefährdungen bewusst in Kauf. Die Grenze zwischen einer Beeinflussung in unlauterer Weise und einer zulässigen Inanspruchnahme von Dienstleistungen des Aufsichtsratsmitglieds verläuft außerhalb der unmittelbaren Beratung der Gesellschaft fließend und könnte nur jeweils im Einzelfall anhand der konkreten Umstände ermittelt werden. Gerade eine solche für einen Zustimmungsvorbehalt kaum praktikable Einzelfallwürdigung sieht das Gesetz in § 114 Abs. 1 AktG aus guten Gründen nicht vor. Der Zustimmungsvorbehalt soll auf eine klar umrissene typisierte Vertragskonstellation beschränkt bleiben, bei der der pauschale Eingriff in die Vertragsfreiheit gerechtfertigt werden kann.

Auch in Bezug auf Verträge mit Aktionären der Gesellschaft, als deren Aufsichtsratsmitglied ein Rechtsanwalt tätig ist, lässt sich der lex lata nach diesen Grundsätzen kein generelles Zustimmungserfordernis entnehmen. Insbesondere muss ein als Aufsichtsratsmitglied einer Publikumsgesellschaft oder sogar börsennotierten Gesellschaft tätiger Anwalt nicht jeden Mandanten fragen, ob er zufälligerweise Aktien dieser Gesellschaft besitzt, um sodann ggf. vor der endgültigen Vertragsannahme die Zustimmung des Aufsichtsrats nach § 114 Abs. 1 AktG einzuholen

Es ist ganz im Gegenteil sogar üblich und im Einklang mit dem Gesetz, dass Gesellschafter versuchen, Personen ihres Vertrauens in dem Aufsichtsrat des Unternehmens zu platzieren, an dem sie beteiligt sind. Häufig werden sogar Vorstandsmitglieder des Gesellschafters in den Aufsichtsrat entsandt.[35] Verwiesen sei beispielhaft auf den Fall der Beteiligung von Porsche an VW oder auf die Beteiligung von Fonds an der Deutschen Börse AG, in deren Folge Aufsichtsratsmitglieder durch Wunschkandidaten der Gesellschafter ausgetauscht wurden. Diese Personen stehen regelmäßig in einer weit engeren Abhängigkeit von dem Gesellschafter, als dies bei einem anwaltlichen Berater der Fall ist, dessen Beziehung zu seinem Mandanten gerade die Unabhängigkeit auszeichnet. Gleichwohl äußert das Gesetz insoweit keine grundsätzlichen Bedenken. Nur in der anders gelagerten Konstellation eines

---

[33] *Hoffmann-Becking* in: FS K. Schmidt, 2009, S. 657, 661 f., unterstreicht diesen beschränkten, lückenhaften Unabhängigkeitsschutz des § 114 AktG durch eine exemplarische Auflistung weiterer nur fragmentarischer Vorschriften zum Schutz der Unabhängigkeit des Aufsichtsrats, insbesondere §§ 100 Abs. 2 S. 1 Nr. 2 und 3, 105 Abs. 1, §§ 113, 115 und § 124 Abs. 3 S. 1 AktG.

[34] Ausschussbericht zu § 114 AktG, abgedruckt bei *Kropff* AktG, 1965, S. 158.

[35] So etwa auch *Roth/Wörle* ZGR 2004, 565, 596 („geradezu typisch"); *Langenbucher* ZGR 2007, 571, 594.

gesetzlichen Vertreters eines von der Gesellschaft abhängigen Unternehmens verbietet § 100 Abs. 2 S. 1 Nr. 2 AktG eine Bestellung zum Aufsichtsrat.[36]

Gesetzliche Vertreter und leitende Angestellte eines herrschenden Unternehmens können dem Aufsichtsrat eines abhängigen Unternehmens dagegen unproblematisch angehören. Durch die Konzernklausel des § 100 Abs. 2 S. 2 AktG wird eine solche Gestaltung sogar begünstigt, denn sie entspricht dem *natürlichen Organisationsgefälle*.[37] Die gesetzliche Regelung in § 100 AktG bestätigt damit eindrucksvoll die hier entwickelte Auffassung, nach der nur Beratungsverträge mit abhängigen Gesellschaften, nicht aber solche mit Gesellschaftern problematisch sind. Das gilt selbst dann, wenn es sich um herrschende Gesellschafter handelt.[38]

Zusammenfassend lässt sich festhalten, dass es geradezu widersprüchlich wäre, es einerseits zuzulassen, dass gesetzliche Vertreter eines herrschenden Unternehmens trotz der permanenten Gefährdung ihrer Unabhängigkeit die Stellung eines Aufsichtsratsmitglieds in einer abhängigen Gesellschaft übernehmen können, es andererseits aber als problematisch einzustufen, wenn ein kraft Berufs (§§ 1, 3 BRAO) unabhängiges Aufsichtsratsmitglied einen Beratungsvertrag mit einem beherrschenden Gesellschafter abschließt. Die Normzwecke nicht nur des § 114 AktG, sondern auch der parallelen, die Unabhängigkeit des Aufsichtsrats sichernden Vorschriften stehen damit einer Erstreckung des Zustimmungserfordernisses auf Beratungsverträge mit Gesellschaftern entgegen.

(4) Ergebnis

Im Ergebnis scheidet danach eine erweiternde Auslegung des Merkmals *gegenüber der Gesellschaft* im Sinne eines Verständnisses als *gegenüber der Gesellschaft oder einem ihrer Gesellschafter* aus. Der Wortsinn bildet hier eine absolute Grenze, die einer Rechtsfortbildung intra legem entgegensteht.

bb) Erstreckung auf Verträge mit Vorstandsmitgliedern durch erweiternde Auslegung

Soll das Merkmal *gegenüber der Gesellschaft* in § 114 Abs. 1 AktG als *gegenüber dem Vorstand der Gesellschaft* oder *gegenüber einem Vorstandsmitglied der Gesellschaft* gelesen und verstanden werden, so müsste zum einen der Vorstand einer AG bei einem weiten Begriffsverständnis mit der *Gesellschaft* gleichgesetzt werden können. Überdies setzt die entsprechend extensive Auslegung voraus, dass bei Verträgen mit Vorständen gemäß dem Normzweck der Regelung *sachlich ungerechtfertigte Sonderleistungen der Gesellschaft* die Unabhängigkeit gefährden könnten. Eine Übertragbarkeit der höchstrichterlichen Rechtsprechung käme wiederum nur dann in Betracht, wenn AG und Vorstandsmitglied in gleicher Weise *identisch* wären wie ein Beratungsunternehmen und das an ihm beteiligte Aufsichtsratsmitglied. Keine dieser Voraussetzungen lässt sich bejahen.

Säcker[39] hat die Anwendung von § 114 Abs. 1 AktG auf Geschäfte zwischen dem Aufsichtsratsmitglied und einem Vorstandsmitglied empfohlen, sofern eine erhebliche Diskrepanz zwischen der beratungsvertraglichen Vergütung und der Vergütung aufgrund der Organstellung besteht. Einen ähnlichen Standpunkt vertreten nunmehr *Habersack* und *Spindler*.[40]

---

[36] Der Grund hierfür liegt in dem Widerspruch zum Organisationsgefälle; statt vieler GroßkommAktG/*Hopt/Roth* 4. Aufl. 2006, § 100 Rn. 51; MünchKommAktG/*Habersack* 3. Aufl. 2008, § 100 Rn. 24; ErfK/*Oetker* 11. Aufl. 2011, § 100 AktG Rn. 3.

[37] Vgl. auch MünchKommAktG/*Habersack* 3. Aufl. 2008, § 100 Rn. 26; angelehnt an die Terminologie des Gesetzgebers, vgl. Ausschussbericht, abgedruckt bei *Kropff* AktG, 1965, S. 136.

[38] So auch *Hoffmann-Becking* in: FS K. Schmidt, 2009, S. 657, 666 f., der darauf hinweist, dass andernfalls auch der Vorstandsvertrag des Aufsichtsratsmitglieds mit der Muttergesellschaft – unzweifelhaft ein Dienstvertrag zur Leistung von Diensten höherer Art – dem Aufsichtsrat der Tochter vorgelegt werden müsste.

[39] *Säcker* AG 2004, 180, 183.

[40] MünchKommAktG/*Habersack* 3. Aufl. 2008, § 114 Rn. 18; *Spindler* in FS: Graf von Westphalen, 2010, S. 641, 647 f.

Eine inhaltliche Gleichbehandlung der Begriffe *Gesellschaft* und *Vorstand* bzw. *Vorstandsmitglied* sprengt nicht nur sprachlich, sondern auch sachlich die Grenzen der Auslegung. Gegen eine entsprechende erweiternde Auslegung des § 114 Abs. 1 AktG sprechen gleich mehrere Erwägungen. Zum einen besteht zwischen der Gesellschaft und ihrem Vorstand keine juristische Identität, vielmehr ist das Kapitalgesellschaftsrecht vom Prinzip der Fremdorganschaft beherrscht. Zum anderen besteht auch in wirtschaftlicher Hinsicht keine Überschneidung. Weder können Leistungen der Gesellschaft als Leistungen des Vorstands oder gar eines seiner Mitglieder angesehen werden noch sind umgekehrt Leistungen eines Vorstands Leistungen der Gesellschaft. Sonderzuwendungen aus dem Gesellschaftsvermögen können bei Verträgen mit Vorstandsmitgliedern per se nicht erbracht werden. Der Vorstand ist nach § 76 AktG dazu berufen, die Gesellschaft *unter eigener Verantwortung* zu leiten. Der in Rede stehende Sachverhalt wird danach nicht mehr vom Wortsinn des § 114 Abs. 1 AktG erfasst.

Insofern spielt es keine Rolle, ob bei Verträgen mit Vorstandsmitgliedern ebenfalls eine Einflussnahme auf ein Aufsichtsratsmitglied zu befürchten ist. Diese Gefahren liegen auf einer anderen Ebene und können damit keinesfalls über eine bloße erweiternde Auslegung unter § 114 Abs. 1 AktG subsumiert werden. Mit dem aufgezeigten Regelungsanliegen des § 114 Abs. 1 AktG, eine Einflussnahme durch *sachlich ungerechtfertigte Sonderzuwendungen der Gesellschaft* zu verhindern, hat diese Fallkonstellation nichts mehr gemein.

c) Ergebnis

Eine Erstreckung des § 114 Abs. 1 AktG auf Verträge mit Gesellschaftern oder mit Vorstandsmitgliedern im Wege der erweiternden Auslegung kommt nicht in Betracht. Sie scheitert sowohl an der Auslegungsgrenze des denkbaren Wortsinns als auch am Normzweck der Regelung.

3. Entsprechende Anwendung des § 114 Abs. 1 AktG

Um die Rechtsfolge des § 114 Abs. 1 AktG auf Verträge von Aufsichtsratsmitgliedern mit Dritten zu erstrecken, bleibt – nachdem eine extensive Auslegung nach den vorstehenden Überlegungen ausscheidet – nur die Möglichkeit einer entsprechenden bzw. analogen Anwendung praeter legem. Sie ist – anders als eine gesetzesübersteigende Rechtsfortbildung contra legem – grundsätzlich zulässig. Um eine Analogie handelt es sich, wenn der zu beurteilende Sachverhalt nach gewöhnlichem Sprachgebrauch nicht mehr unter den Gesetzesbegriff subsumiert werden kann. Voraussetzung jeder Analogie ist, dass das Gesetz nach seinem denkbar weitesten sprachlichen Verständnis den in Rede stehenden Sachverhalt nicht erfasst (Lückenhaftigkeit), dass diese Lücke planwidrig ist, der Gesetzgeber also, wenn ihm der Fall vor Augen gestanden hätte, diesen geregelt hätte und dass die Ähnlichkeit der Interessenlage die Anwendung der Rechtsfolge der analog anzuwendenden Norm gebietet.[41]

a) Erster Prüfungsschritt: Lückenfeststellung – Vorliegen einer planwidrigen Regelungslücke

aa) Grundsätzliches

In der Praxis ist sehr häufig zu beobachten, dass die Bedeutung der Lückenfeststellung im Verhältnis zum Akt der Lückenausfüllung grundlegend unterschätzt und demzufolge

---

[41] BGH NJW 1988, 2109, 2110; BGHZ 105, 140, 143 = NJW 1988, 2734; BGHZ 110, 183, 192 = NJW 1990, 2546, 2548; BGHZ 120, 239, 252 = NJW 1993, 925, 928; BGHZ 149, 165, 174; BGH NJW 2003, 1932, 1933; *Larenz* (Fn. 10) S. 370 f., 373 ff., 381, 383; *Müller/Christensen* Juristische Methodik, Bd. I, 10. Aufl. 2009, S. 357 ff.

vernachlässigt wird. Bereits die Lückenfeststellung ist aber regelmäßig die entscheidende Weichenstellung, da sie erst den Raum für die rechtsgestaltende Tätigkeit des Rechtsanwenders jenseits der expliziten Gestaltung des parlamentarisch legitimierten Gesetzgebers eröffnet. Mit Rücksicht auf das Gewaltenteilungsprinzip darf sie folglich nur erfolgen, wenn tatsächlich ausnahmsweise konkrete Anhaltspunkte dafür bestehen, dass der Regelungsplan des Gesetzgebers entgegen dessen Vorstellungen unvollständig ist.[42]

bb) Bedeutung des § 115 AktG im gesetzlichen Regelungsplan

Der Regelungskontext, in den § 114 AktG gestellt ist, enthält demgegenüber klare Anhaltspunkte, die in eine entgegengesetzte Richtung deuten. Während nämlich die unmittelbar benachbarte und inhaltlich verwandte Vorschrift des § 115 AktG den Zustimmungsvorbehalt für Kreditgewährungen an Aufsichtsratsmitglieder ausdrücklich auf eine Reihe von Umgehungssachverhalten ausdehnt, hat der Gesetzgeber in § 114 AktG auf eine entsprechende Regelung verzichtet. Die Rechtsprechung hat – wie bereits eingehend dargelegt (s. 2. a) – bislang nur die Frage behandelt, inwieweit auf der Seite des Dienstleistungspflichtigen und Empfängers der Zahlungen anstelle des Aufsichtsratsmitglieds auch dritte Personen in Betracht kommen. Nur insoweit soll die explizite Regelung in § 115 AktG für die Vertragsseite des Aufsichtsrats, als dem Erbringer der Beratungsleistung, nicht den Schluss zulassen, dass der Gesetzgeber *bewusst* davon abgesehen hat, offenbare Umgehungen der §§ 113, 114 AktG in diesen Vorschriften zu regeln.[43]

Zwar soll ein numerus clausus der gesetzlichen Zustimmungstatbestände eine gesetzesübersteigende Rechtsfortbildung nicht generell ausschließen.[44] Vorliegend sprengen die genannten Auffassungen jedoch die anerkannten Grenzen für eine – die Gesetzesbindung des Richters achtende – Rechtsfortbildung de lege lata, da sie dem Gesetzgeber selbst ein Mindestmaß an gedanklicher Stringenz bei der redaktionellen Gestaltung der verabschiedeten Normen absprechen. Immerhin stehen §§ 113 f. AktG einerseits und § 115 AktG andererseits in einer derart engen systematischen Verbindung, dass sich einem sorgfältigen Gesetzgeber die Gleichbehandlung geradezu aufdrängen musste, wenn er sie denn tatsächlich gewollt hätte. Da die Gleichstellung gleichwohl unterblieben ist, spricht alles dafür, dass der Gesetzgeber in § 114 AktG bewusst auf eine Erstreckung des Zustimmungsvorbehalts auf Verträge mit Dritten verzichtet und im Übrigen auf den allgemeinen Umgehungsschutz vertraut hat. Die Erstreckung des § 114 Abs. 1 AktG auf Verträge mit Dritten ist damit eine rechtspolitisch motivierte Rechtsgestaltung, welche die Grenzen zulässiger Rechtsanwendung überschreitet.

b) Zweiter Prüfungsschritt: Lückenausfüllung – Vergleichbarkeit der Interessenlagen

Voraussetzung für eine Lückenfüllung im Wege der analogen Anwendung einer nach ihrem Wortlaut nicht einschlägigen Norm ist die Vergleichbarkeit des geregelten mit dem ungeregelten Sachverhalt. Die Vergleichbarkeit muss dabei jeweils vor dem Hintergrund des der Vorschrift zugrunde liegenden Regelungszwecks ermittelt werden. Darüber hinaus ist zu beachten, dass eine Analogie stets nur im Einklang mit den leitenden Prinzipien der Gesamtrechtsordnung erfolgen darf.[45]

---

[42] Zu diesen besonderen Schwierigkeiten der Lückenfeststellung auch *Hoffmann-Becking* in: FS K. Schmidt, 2009, S. 657, 660. Von einer Lücke im Gesetz kann man nur dann sprechen, wenn das Gesetz eine vollständige Regelung anstrebt, *Larenz* (Fn. 10) S. 371.

[43] BGHZ 168, 188, 193 f. = NJW-RR 2006, 1410, 1412; OLG Frankfurt ZIP 2005, 2322, 2333 mwN.

[44] MünchKommBGB/*Schramm* 5. Aufl. 2006, Vor §§ 182 ff. Rn. 12; *Gursky* in: Staudinger, BGB, Neubearbeitung 2009, § 182 Rn. 27.

[45] *Larenz* (Fn. 10) S. 366.

aa) Normzwecke des § 114 AktG

Die Argumentation der Rechtsprechung zum Tatbestandsmerkmal Aufsichtsrat in § 114 Abs. 1 AktG orientiert sich – wie gezeigt – maßgeblich am Schutzzweck der Norm. Danach soll es aufseiten des Aufsichtsratsmitglieds „unerheblich [sein], ob eine ungerechtfertigte Sonderleistung unmittelbar oder nur mittelbar über die Beteiligung an einem Beratungsunternehmen an das Aufsichtsratsmitglied fließt, weil aus der Sicht der Gesellschaft die Gefahrenlage dieselbe ist".[46] Es wurde bereits im Rahmen der Ausführungen zur erweiternden Auslegung dargelegt, dass diese *Gefahrenlage* in der hier beleuchteten spiegelverkehrten Fallkonstellation nicht in gleicher Weise besteht. Auch für die Lückenausfüllung lässt sich damit festhalten, dass die Rechtsprechungsgrundsätze nicht übertragbar sind.

Eine Lückenfüllung, die nicht mehr auf die Gewährung von *Sondervorteilen* abstellt, sondern ganz allgemein auf eine Gefährdung der Unabhängigkeit der Aufsichtsratsmitglieder, verlässt den Boden des § 114 Abs. 1 AktG. Sie erstreckt nicht mehr den Normzweck auf einen gesetzlich ungeregelten Sachverhalt, sondern nimmt eine Veränderung des Normzwecks vor. Damit überschreitet sie die Grenze zur unzulässigen Rechtsfortbildung contra legem.

bb) Speziell: der Begriff der Sonderleistung

Wenn in der Rechtsprechung in Anlehnung an die Gesetzesbegründung von *Sonderleistungen* oder *Sondervorteilen* die Rede ist, spricht einiges dafür, dass diese nur in einem Verhältnis erbracht werden können, in dem üblicherweise auch eine *Regelleistung* erbracht wird. Sondervergütungen sind lediglich solche Vergütungen, die Aufsichtsratsmitglieder für die Erledigung besonderer Aufgaben erhalten.[47] Setzte man allgemein jeglichen wirtschaftlichen Vorteil damit gleich, so verlöre der spezifische Begriff der *Sonderleistung* gänzlich an Kontur. Dies aber widerspräche dem in der Schutzvorschrift des § 114 Abs. 1 AktG zum Ausdruck kommenden gesetzgeberischen Regelungswillen und zöge weitreichende Rechtsunsicherheit nach sich. Sofern in diesem Kontext in der Rechtsprechung angedeutet wird, dass § 114 Abs. 1 AktG den Schutz des Gesellschaftsvermögens bezwecke und auf die Verhinderung eines sachlich nicht gerechtfertigten Vermögensabflusses gerichtet sei,[48] spricht dies gerade gegen die Erstreckung des Zustimmungserfordernisses in der hier interessierenden Konstellation. Selbst ein nur mittelbarer Abfluss von Gesellschaftsvermögen ist bei Beratungsverträgen mit Vorstandsmitgliedern nicht zu befürchten.[49] Die Leistungen, die ein Mitglied des Vorstands für eigene Rechnung an ein Aufsichtsratsmitglied erbringt, gehen grundsätzlich nicht zu Lasten der Gesellschaft.[50] Gleiches gilt erst recht für Leistungen eines Gesellschafters, da dessen Beratung im Eigeninteresse erfolgt, ein Regress bei der Gesellschaft damit regelmäßig ausscheidet.

cc) Bedeutung des § 115 AktG für die Lückenausfüllung

Auch wenn man entgegen der hier vertretenen Auffassung von einer planwidrigen Gesetzeslücke ausgeht, ist schließlich zu berücksichtigen, dass die Wertung des § 115 AktG zumindest im Rahmen der Lückenausfüllung nicht vollständig ausgeblendet werden darf. Aus dem Vergleich mit § 115 AktG (s. a) bb)) ergibt sich nämlich die klare Einschätzung des Gesetzgebers, dass Vorstand und Gesellschafter nicht pauschal der Gesellschaft gleichgestellt werden können.

---

[46] BGHZ 170, 60, 64 = NJW 2007, 298, 299.

[47] *Wilhelmi* BB 1966, 1172.

[48] So etwa KG AG 1997, 42, 44.

[49] Wie hier *Hoffmann-Becking* in: FS K. Schmidt, 2009, S. 657, 666, der vor allem darauf abstellt, dass deshalb keine Umgehung des § 114 AktG drohe.

[50] Ausnahmen gelten allenfalls, sofern das Organmitglied geschäftsbesorgend für die Gesellschaft tätig wurde.

c) Berufsrechtliche Wertungen

Von ausschlaggebender Bedeutung ist vor dem Hintergrund des Regelungsanliegens des § 114 Abs. 1 AktG zudem, dass sich eine weitreichende Durchsetzung des Zustimmungsvorbehalts massiv zu Lasten der rechtsuchenden Mandanten auswirken würde, denen ohne sachliche Notwendigkeit und gegen ihren Willen der Anwalt des Vertrauens entzogen würde. Nach § 3 Abs. 3 BRAO hat im Rahmen der gesetzlichen Vorschriften jedermann das Recht, sich in Rechtsangelegenheiten aller Art durch einen Rechtsanwalt seiner Wahl beraten und vor Gerichten, Schiedsgerichten oder Behörden vertreten zu lassen. Das Spannungsverhältnis zwischen dem in § 3 Abs. 3 BRAO normierten Recht auf freie Anwaltswahl und § 114 Abs. 1 AktG darf nicht einseitig und ohne Abwägung der kollidierenden Schutzinteressen zu Lasten des rechtsuchenden Bürgers gelöst werden.

Zwar statuiert § 3 Abs. 3 BRAO kein allgemeines Recht des Rechtsuchenden auf Beistand durch einen bestimmten Rechtsanwalt.[51] Hat sich der Rechtsuchende aber für einen bestimmten Rechtsanwalt als Berater und Vertreter seines Vertrauens in seinen Rechtsangelegenheiten entschieden, so ist seine Wahl zu respektieren. Daraus folgt die Drittwirkung des § 3 Abs. 3 BRAO auch im privaten Bereich, zumal in Zeiten ausufernder Gesetzgebung und der in ihrer Folge gewachsenen Komplexität der rechtlichen Rahmenbedingungen in den häufig ohne den Fachmann kaum noch zu durchdringenden rechtlichen Situationen gerade der Auswahl des Vertrauensanwalts herausragende Bedeutung zukommt. Die verfassungsrechtliche Absicherung des § 3 Abs. 3 BRAO im Rechtsstaatsprinzip bedeutet zudem, dass selbst dann, wenn man der gesetzlichen Regelung keine unmittelbare zivilrechtliche Drittwirkung über § 134 BGB zuerkennen will, den durch diese Norm geschützten Interessen der Bürger im Rahmen der Generalklausel des § 138 BGB Rechnung getragen werden muss.[52]

Nur wenn es um die Gesellschaft selbst geht, als deren Aufsichtsratsmitglied der Rechtsanwalt tätig ist, lässt sich pauschal eine Zustimmungspflicht rechtfertigen. Bei allen sonstigen Personen ist dagegen ein genereller Zustimmungsvorbehalt nicht gerechtfertigt. Vielmehr muss im Einzelfall festgestellt werden, ob eine Zustimmung des Aufsichtsrats zwingend geboten ist, um schwer wiegende Gefahren für die Gesellschaft abzuwenden. Die Vorgaben der Rechtsprechung sind angesichts dieser verfassungsrechtlich abgesicherten berufsrechtlichen Wertungen dahingehend zu konkretisieren, dass gemäß §§ 113, 114 AktG eine Kontrolle von Beratungsverträgen mit Rechtsanwälten im Aufsichtsrat nur insoweit stattfindet, als dies nach Sinn und Zweck der Norm zwingend nötig ist. Grundsätzlich ist die Vertragsfreiheit zu respektieren.

Des Weiteren ist zu berücksichtigen, dass schon das Mandatsverhältnis als solches und mithin auch der Name des Mandanten Gegenstand des anwaltlichen Berufsgeheimnisses ist.[53] Nach § 43a Abs. 2 S. 2 BRAO bezieht sich die Verschwiegenheitsverpflichtung des Rechtsanwalts auf alles, was ihm in Ausübung seines Berufs bekannt geworden ist. Diese anwaltliche Verpflichtung ist sehr weit gefasst und gilt grundsätzlich gegenüber jedermann.[54] Eingriffe in diese umfassende Schweigepflicht sind bislang nur bei vorrangigen gesetzlichen Normen – etwa bei Abgabe einer eidesstattlichen Versicherung nach § 807 ZPO, im Rahmen der Anzeigepflicht nach § 138 StGB oder nach den Vorschriften des Geldwäschegesetzes – oder berechtigten Eigeninteressen des Rechtsanwalts gebilligt wor-

---

[51] BVerfGE 38, 105, 115 = NJW 1975, 103, 104; *Koch* in: Henssler/Prütting, BRAO, 3. Aufl. 2010, § 3 Rn. 25 ff.

[52] *Henssler* in: FS Geiß, 2000, S. 271, 278.

[53] *Henssler* in: Henssler/Prütting, BRAO, 3. Aufl. 2010, § 43a Rn. 45; hierauf weist zu Recht auch *Hoffmann-Becking* in: FS K. Schmidt, 2009, S. 657, 668, hin: § 114 AktG sei in seiner Intention gerade nicht mit Offenlegungsvorschriften wie § 15a WpHG vergleichbar.

[54] *Henssler* in: Henssler/Prütting, BRAO, 3. Aufl. 2010, § 43a Rn. 58.

den.[55] Allein der Mandant ist *Herr des Geheimnisses* und kann den Anwalt von dieser Verpflichtung entbinden.[56] Das Aufsichtsratsmitglied gerät aufgrund der Pflichten aus dem Mandatsverhältnis einerseits und der Schweigepflicht gemäß §§ 93, 116 AktG andererseits damit in eine aus eigener Kraft unlösbare Konfliktsituation.

Folgt man der Gegenansicht, nach der das Zustimmungserfordernis generell eingreift,[57] dann müssten sogar Beratungsmandate, die keinerlei Bezug zur Gesellschaft haben, also zB die Beratung des Vorstandsmitglieds in familien- oder erbrechtlichen Angelegenheiten gegenüber dem gesamten Aufsichtsrat offengelegt werden, um wirksam sein zu können.[58] Müsste der Anwalt bei jeder Mandatierung durch Vorstand oder Gesellschafter zunächst die Zustimmung des Aufsichtsrats einholen, käme es nicht nur zu unerwünschten Indiskretionen. Für die Entscheidung des Aufsichtsratsplenums über die Erteilung der Zustimmung gäbe es auch keinen vernünftigen Beurteilungsmaßstab.[59] Vor allem aber würde das anwaltliche Berufsgeheimnis in einem wesentlichen Bereich massiv ausgehöhlt, ohne dass es hierfür einen anerkennenswerten Rechtfertigungsgrund gäbe.

d) Ergebnis

§ 114 Abs. 1 AktG kann daher auch im Wege der Analogie nicht auf solche Verträge erstreckt werden, die nicht zwischen einem Aufsichtsrat und der Gesellschaft, sondern mit einem Mitglied des Vorstands oder einem Gesellschafter geschlossen werden. Zunächst fehlt es nach dem Regelungszusammenhang bereits an einer Gesetzeslücke. Im Übrigen scheitert eine Analogie auch an der fehlenden Vergleichbarkeit von geregeltem und ungeregeltem Sachverhalt.

Allein der Umstand, dass bei jedem shareholder oder stakeholder, der einen entgeltlichen Vertrag mit einem Aufsichtsrat abschließt, eine gewisse Gefahr einer Einflussnahme auf die Aufsichtsratstätigkeit besteht, reicht nach der klaren gesetzlichen Wertung nicht aus, um eine Zustimmungspflicht zu begründen. Bei Aktionären der Gesellschaft, als deren Aufsichtsrat der Vertragspartner tätig ist, bestehen keine generellen Gefährdungen, die derjenigen vergleichbar wären, die sich bei einem Vertragsschluss mit der Gesellschaft ergeben. Nur der Gesetzgeber selbst könnte festlegen, in welchen eng umgrenzten Ausnahmekonstellationen er auch bei Verträgen mit Vorstandsmitgliedern oder Aktionären eine Zustimmungspflicht des Aufsichtsrates statuieren möchte. Hierauf hat er bislang bewusst verzichtet. Die Rechtsprechung würde dagegen die Grenzen zulässiger Rechtsfortbildung überschreiten, wollte sie sich insoweit als Ersatzgesetzgeber betätigen.

IV. Zusammenfassung

1. § 114 Abs. 1 AktG kann nicht im Wege einer extensiven Auslegung auf Verträge mit Gesellschaftern erstreckt werden. Eine solche Erweiterung würde die Grenze des objektiven Wortsinns sprengen und steht mit dem Normzweck nicht in Einklang. Gleiches gilt für Verträge mit Vorstandsmitgliedern.

---

[55] *Henssler* in: Henssler/Prütting, BRAO, 3. Aufl. 2010, § 43a Rn. 88 ff.

[56] *Henssler* in: Henssler/Prütting, BRAO, 3. Aufl. 2010, § 43a Rn. 62 ff.

[57] MünchKommAktG/*Habersack* 3. Aufl. 2008, § 114 Rn. 18.

[58] *Hoffmann-Becking* in: FS K. Schmidt, 2009, S. 657, 668 f., mit dem plastischen Beispiel des Scheidungsverfahrens eines Vorstandsmitglieds, über das sich der Aufsichtsrat ein „eigenständiges Urteil" (vgl. BGHZ 126, 340, 344 f. = NJW 1994, 2484, 2485; BGH NJW-RR 2007, 1483, 1485) bilden müsste.

[59] *Hoffmann-Becking* in: FS K. Schmidt, 2009, S. 657, 669, weist insoweit zutreffend darauf hin, dass der Aufsichtsrat nur über die Verhältnisse der Gesellschaft urteilen und nur über Rechtsgeschäfte befinden könne, aus denen die Gesellschaft selbst berechtigt oder verpflichtet werde.

2. Das Regelungsanliegen des § 114 Abs. 1 AktG ist nicht allgemein darauf gerichtet, jede Gefährdung der Unabhängigkeit von Aufsichtsratsmitgliedern zu verhindern. Vielmehr soll nur eine solche Einflussnahme auf das Aufsichtsratsmitglied unterbunden werden, die spezifisch durch *sachlich ungerechtfertigte Sonderleistungen* der Gesellschaft entstehen könnte. Eine entsprechende Gefahr kann pauschal nur bei Verträgen mit der Gesellschaft selbst, nicht dagegen bei Verträgen mit Vorständen oder Gesellschaftern unterstellt werden.

3. § 100 Abs. 2 AktG, der es selbst gesetzlichen Vertretern herrschender Gesellschafter trotz der permanenten Gefährdung ihrer Unabhängigkeit erlaubt, ein Aufsichtsratsmandat in der abhängigen Gesellschaft zu übernehmen, bestätigt diese Wertung. Danach müssen erst recht anwaltliche Beratungsverträge zwischen einem kraft Berufs unabhängigen anwaltlichen Aufsichtsratsmitglied und einem Gesellschafter als unbedenklich eingestuft werden.

4. Der Rechtsprechung zu der spiegelverkehrten Konstellation der Auslegung des Begriffs *Aufsichtsratsmitglied* lassen sich keine verwertbaren Anhaltspunkte für eine entsprechend extensive Auslegung des Begriffs *Gesellschaft* entnehmen. Weder bei der Gegenleistung eines Gesellschafters noch bei derjenigen eines Vorstandsmitglieds liegt eine Sonderzuwendung aus dem Gesellschaftsvermögen vor.

5. Die pauschale Erstreckung des § 114 Abs. 1 AktG im Wege der Analogie auf Vorstände und Gesellschafter widerspricht anerkannten Grundsätzen der Lückenfeststellung und -ausfüllung. Sie stellt sich damit als rechtspolitisch motivierte Rechtsgestaltung und nicht mehr als Rechtsanwendung dar, die zudem einschlägige berufsrechtliche Wertungen vernachlässigt.

6. Zunächst fehlt es nach dem Regelungszusammenhang bereits an einer Gesetzeslücke. Ihre Annahme würde dem Gesetzgeber selbst ein Mindestmaß an gedanklicher Stringenz bei der Gestaltung der eng miteinander verbundenen Vorschriften der §§ 113 bis 115 AktG absprechen.

7. Im Übrigen scheitert eine Analogie an der fehlenden Vergleichbarkeit von geregeltem und ungeregeltem Sachverhalt. Allein der Umstand, dass bei jedem shareholder oder stakeholder, der einen entgeltlichen Vertrag mit einem Aufsichtsrat abschließt, eine gewisse Gefahr einer Einflussnahme auf die Aufsichtsratstätigkeit besteht, reicht nach der klaren gesetzlichen Wertung nicht aus, um eine Zustimmungspflicht zu begründen.

8. Zu berücksichtigen sind schließlich berufsrechtliche Wertungen: Ein pauschaler Zustimmungsvorbehalt praeter legem geriete in Konflikt mit der freien Wahl eines Rechtsanwalts des Vertrauens nach § 3 Abs. 3 BRAO. Er wirkte sich daher massiv zu Lasten der rechtsuchenden Mandanten aus.

9. Ein Zustimmungserfordernis auch für private Beratungsmandate eines Vorstandsmitglieds, wie es teilweise im Schrifttum gefordert wird, provoziert Indiskretionen und überantwortet dem Aufsichtsratsplenum eine Entscheidung, für die ihm jede sachliche Grundlage fehlt. Zudem würde das anwaltliche Berufsgeheimnis ohne anerkennenswerten Rechtfertigungsgrund gefährdet.

HERIBERT HIRTE

Ein kleiner „Binnen-Rechtsvergleich“ der Kapitalgesellschaften mit den natürlichen Personen

Übersicht

I. Einleitung

Einem hohen Richter ein kleines „Geschenk“ zu seinem Ausscheiden aus dem Amt zu machen, ist nicht immer ganz einfach: Die von ihm geprägte Rechtsprechung undifferenziert zu loben, wäre in akademischer Hinsicht unbefriedigend; sie zu kritisieren, wäre demgegenüber ungerecht, weil sich der Geehrte nicht mehr mit den ihm bislang dafür zur Verfügung stehenden Mitteln gegen eine solche Kritik verteidigen könnte. Vor allem aber würde eine solche Auseinandersetzung – gleich mit welcher Schlussrichtung – der Breite des Wirkens eines hohen Richters nicht gerecht, der anders als manche Vertreter der akademischen Zunft das ganze Feld des gesellschaftsrechtlichen Lebens bearbeiten muss – so wie es auf den Richtertisch gelangt. *Wulf Goette* hat daher nicht zu Unrecht seine Kollegen aus der Wissenschaft immer wieder ermahnt, sich genau aus diesem Grunde auch der praktischen richterlichen Tätigkeit mindestens zeitweise zu widmen.

Nicht zuletzt vor diesem Hintergrund – der Breite des Wirkens eines Bundesrichters – möchte der Unterzeichner an dieser Stelle Überlegungen vortragen, die er gelegentlich in seinen Lehrveranstaltungen zur Illustration des gesellschaftsrechtlichen Panoramas verwendet, wenn es – wie so oft in einer immer weiter gestrafften Ausbildung – darum geht, Rechtsfragen nur noch verkürzt und „im Überblick“ bzw. im Kernbereich[1] darzustellen. Ein besonders dankbares Bild gibt dabei nach Ansicht des Unterzeichners der Vergleich des Gesellschaftsrechts als eines Sonderrechts des wirtschaftlichen Vereins[2] mit dem Recht der natürlichen Personen ab. Dieser Vergleich drängt sich für jemanden, der wie der Unterzeichner immer wieder jungen Studierenden das Recht des Allgemeinen Teils des Bürgerlichen Gesetzbuchs nahe bringen muss, geradezu auf. Denn im Allgemeinen Teil des BGB werden die juristischen Personen in Titel 2 des Abschnitts 1 ganz selbstverständlich gegen die natürlichen Personen gestellt, wie sie in Titel 1 des Abschnitts 1 des BGB angesprochen werden. Von daher liegt die Frage nahe, ob und wie weit die Regeln, die das BGB auch in seinem weiteren Verlauf für natürliche Personen trifft, bei den als juristische Person

[1] So ausdrücklich etwa § 12 Abs. 2 S. 2 Hamburgisches Juristenausbildungsgesetz.
[2] Dazu *Hirte* Kapitalgesellschaftsrecht, 6. Aufl. 2009, Rn. 1.5.

konstruierten Gesellschaften eine Entsprechung finden.[3] Der Sache nach geht es also um einen kleinen „Binnen-Rechtsvergleich".

II. „Geburt", Geschäftsfähigkeit und Sitz natürlicher und juristischer Personen

Die Rechtsfähigkeit ist die Fähigkeit einer Person, Träger von Rechten und Pflichten zu sein.[4] Sie kommt natürlichen Personen (Menschen) und juristischen Personen gleichermaßen zu. Als erste Parallele drängt sich insofern die Frage auf, ob denn die Entstehung einer Gesellschaft ebenso im Zeitpunkt ihrer „Geburt" anzunehmen ist, wie dies § 1 BGB für die Rechtsfähigkeit der natürlichen Personen tut.[5] Die Antwort fällt zweigeteilt aus: Denn einerseits entstehen Gesellschaften natürlich schon mit ihrem Willensakt (wobei hierin die „Zeugung" der Gesellschaft zu sehen ist), andererseits erfolgt die eigentliche Geburt erst mit der Eintragung in das Handelsregister, wie dies § 41 Abs. 1 S. 1 AktG, § 11 Abs. 1 GmbHG ausdrücklich klarstellen. Auf den ersten Blick wird damit von den Kapitalgesellschaften mehr verlangt als von den natürlichen Personen, doch relativiert sich dies auf den zweiten Blick: Denn mit der Geburt eines Menschen mag zwar bürgerlichrechtlich seine Rechtsfähigkeit begründet sein, faktisch erlangt er sie aber erst, nachdem die Geburt auch dem Standesamt angezeigt wurde (§§ 18 ff. PStG); denn ohne „amtlich bestätigte Geburt" ist auch die natürliche Person jedenfalls in vielen Fällen des Lebens nicht handlungsfähig.

Eine weitere Parallele lässt sich zwischen der Vorgesellschaft und dem nasciturus bzw. der Frage ziehen, ob und wie weit ihm bereits Rechtsfähigkeit entsprechend (bzw. analog) § 1 BGB zugestanden werden kann. Die Vorgesellschaft wird entgegen den Regelungen von § 41 Abs. 1 S. 1 AktG und § 11 Abs. 1 GmbHG als weitgehend – aber nicht vollständig – rechtsfähig angesehen,[6] obwohl die „Geburt" einer Kapitalgesellschaft erst mit der Eintragung geschieht. Dem nasciturus wird diese „vorgreifende" Rechtsfähigkeit zwar nicht in dem gleichen Maße zugestanden. Auch der nasciturus soll aber begrenzt rechtsfähig sein.[7] So bestehen zu seinen Gunsten Sonderregeln, die ihn einem bereits lebenden Menschen rechtlich gleichstellen bzw. annähern. Dies gilt nicht nur für die Frage nach dem Schutz der Würde des Menschen.[8] Beispielsweise kann der nasciturus unter anderem nach § 1923 Abs. 2 BGB bereits Erbe sein. Auch soll er ggf. anspruchsberechtigt nach dem Bundesversorgungsgesetz (BVG) sein[9] sowie gar – über einen Pfleger – einem Vaterschaftsanerkenntnis zustimmen (und damit eine rechtlich erhebliche Erklärung abgeben[!]) können.[10] Die scharfe Trennung zwischen geborenem und ungeborenem Kind verwischt sich also in Bezug auf die Frage nach der Rechtsfähigkeit ähnlich wie bei der Vorgesellschaft.

---

[3] Dabei wird nicht verkannt, dass man sich auch juristische Personen konzeptionell anders, nämlich als Sonderformen der Vertretung vorstellen kann, wie dies insbesondere das *common law* tut, das das Stellvertretungsrecht als Organisationsrechtsproblem ansieht; vgl. nur *Allen/Kraakman* Commentaries and Cases on the Law of Business Organization (*sic!*), 2004, S. 13 ff.

[4] Ausführlich zum Begriff der Rechtsfähigkeit statt vieler *Weick* in: Staudinger, BGB, 2004, Vor § 1 Rn. 2 ff.

[5] Das war nicht immer so: das antike römische Recht folgte der Lehre von den drei „Status" des Menschen (frei oder unfrei, Bürger oder Nicht-Bürger, einer Personengewalt unterworfen oder nicht) und wem keiner der drei „Status" zukam, war nach römischem Recht keine Person, sondern eine Sache; vgl. Digesten 4.5.11 (Paulus); dazu auch (freilich kritisch) *v. Savigny* System des heutigen Römischen Rechts, Bd. II, Berlin 1840, S. 443 ff.

[6] *Hirte* Kapitalgesellschaftsrecht, 6. Aufl. 2009, Rn. 2.22.

[7] *Weick* in: Staudinger, BGB, 2004, § 1 Rn. 15.

[8] Vgl. hierzu BVerfG Urt. v. 25.2.1975 – 1 BvF 1-6/74, BVerfGE 39, 1.

[9] BSG Urt. v. 15.10.1963 – 11 RV 1292/61, BSGE 20, 41 = NJW 1964, 470.

[10] *Weick* in: Staudinger, BGB, 2004, § 1 Rn. 13.

Schließlich wird als weitere Parallele in diesem Bereich auch die Vorgesellschaft als mit der eigentlich erst durch die Eintragung entstandenen Gesellschaft identisch angesehen.[11]

Blättern wir weiter im BGB, findet sich dort in § 2 eine Regelung über die Volljährigkeit. Die Volljährigkeit bedeutet privatrechtlich die volle Geschäftsfähigkeit. Die im Interesse des Heranwachsenden eingeführten Beschränkungen der §§ 106 ff. BGB entfallen. Der Mensch muss also erst wachsen, bis er voll im Rechtsverkehr handlungsfähig ist. „Wachsen" muss aber auch die juristische Person, freilich nicht in Längeneinheiten, wohl aber an Stärke: Denn ihre volle unbeeinträchtigte Handlungsfreiheit erlangt sie erst, wenn gewisse Mindestanforderungen an die Kapitalisierung erfüllt sind. Der Gesetzgeber hat dies im MoMiG freilich für die neu eingeführte Unternehmergesellschaft (§ 5a GmbHG) relativiert, und letztlich auf das sonst erforderliche „starke Wachstum" verzichtet. *Wulf Goette* wird man sicherlich aus der Seele sprechen, wenn man dies im Vergleich mit den natürlichen Personen so beschreibt, dass der Gesetzgeber damit „noch nicht erwachsene Kinder" durch Staatsakt für volljährig erklärt – also fast so, wie es vor 1975 die Einrichtung der Volljährigkeitserklärung in den §§ 3 bis 5 BGB vorsah.[12]

Natürliche Personen haben einen Wohnsitz, an der Stelle, an der sie sich niederlassen (§ 7 Abs. 1 BGB).[13] Ganz ähnlich geht es den Gesellschaften, für die die lange Zeit herrschende Sitztheorie im Internationalen Privatrecht davon ausging, dass sie dort ihren „Sitz" haben, wo sich tatsächlich ihr Verwaltungssitz befindet.[14] Spricht nun der Vergleich mit den natürlichen Personen und der dort maßgeblichen Regelung des § 7 BGB dafür, auch bei den Gesellschaften an der Sitztheorie festzuhalten? Auf den ersten Blick wird man dies sicher als ein Argument anführen können, da es für die Begründung des bürgerlichrechtlichen Wohnsitzes weder ausreichend noch genügend ist, dass man sich bei der zuständigen Polizei oder Meldebehörde angemeldet hat.[15] In diesem Zusammenhang kommt es vielmehr darauf an, ob an diesem Ort auch ein dauerhafter und nicht nur ein vorübergehender Lebensmittelpunkt begründet wurde. Bei näherem Hinsehen kann dieses Argument allerdings nicht sonderlich überzeugen. Denn Vergleichsmaßstab zwischen natürlicher und juristischer Person dürfte in internationaler bzw. grenzüberschreitender Hinsicht eher die Staatsbürgerschaft sein – und dieser entspricht bei juristischen Personen der Satzungssitz. Und die Staatsbürgerschaft ist bekanntermaßen ebenso wenig leicht zu wechseln wie der Satzungssitz einer Gesellschaft. Der Vergleich zeigt aber zugleich die Schwierigkeiten in

---

11 *Hirte* Kapitalgesellschaftsrecht, 6. Aufl. 2009, Rn. 2.29.

12 Auf § 2 BGB folgt im BGB heute eine Lücke. Hier fand sich noch bis 1975 die Einrichtung der Volljährigkeitserklärung, dh. die Verleihung der vollen Geschäftsfähigkeit durch Staatsakt. Mit der Absenkung des Volljährigkeitsalters auf das vollendete 18. Lebensjahr mit dem Gesetz zur Neuregelung des Volljährigkeitsalters vom 31.7.1974 (BGBl. I S. 1713), in Kraft seit 1.1.1975, wurde das Bedürfnis nach einer Volljährigkeitserklärung fortan verneint.

13 Zur mannigfaltigen Unterscheidung der örtlichen Beziehungen von Menschen im Bürgerlichen Recht s. *Weick* in: Staudinger, BGB, 2004, Vor §§ 7–11 Rn. 1 ff.

14 Zur Sitztheorie im Internationalen Privatrecht BGH Urt. v. 5.11.1980 – VIII ZR 230/79, BGHZ 78, 318, 334 = NJW 1981, 522, 525; *Hirte* in: Hirte/Bücker (Hrsg.), Grenzüberschreitende Gesellschaften, 2. Aufl. 2006, § 1 Rn. 2. Der Ort des tatsächlichen Verwaltungssitzes ist der Tätigkeitsort der Geschäftsführung und der dazu berufenen Vertretungsorgane, also der Ort, an dem die grundlegenden Entscheidungen der Unternehmensleitung effektiv in laufende Geschäftsführungsakte umgesetzt werden, s. dazu BGH Urt. v. 21.3.1986 – V ZR 10/85, BGHZ 97, 269, 271 f. = NJW 1986, 2194 = ZIP 1986, 643, 644 = JZ 1986, 651 = EWiR 1986, 627 *(Großfeld)* = WuB VII A § 50 ZPO 2.86 *(Hafke)* mit Verweis auf *Sandrock* in: FS Beitzke, 1979, S. 669, 683 sowie *Großfeld* in: Staudinger, 1998, IntGesR Rn. 167. Zur Fortgeltung der Sitztheorie im Verhältnis zu Nicht-EU-/EWR-Gesellschaften jüngst BGH Urt. v. 27.10.2008 – II ZR 158/06, BGHZ 178, 192 = ZIP 2008, 2411 („Trabrennbahn"; für die Schweiz); BGH Beschl. v. 8.10.2009 – IX ZR 227/06 Tz. 4, ZIP 2009, 2385, 2386 = ZInsO 2009, 2154 = EWiR § 11 GmbHG 1/10, 117 *(Lieder/Kliebisch)* für Singapur.

15 BGH Beschl. v. 21.12.1994 – XII ARZ 35/94, NJW-RR 1995, 507; ausführlich zur Begründung des Wohnsitzes nach § 7 Abs. 1 BGB *Weick* in: Staudinger, BGB, 2004, § 7 Rn. 3 ff.

der Abgrenzung von bürgerlichem und öffentlichem Recht, denn sowohl für die juristische als auch für die natürliche Person kommen Regelungen aus beiden Gebieten zur Anwendung, die sich bei grenzüberschreitenden Sachverhalten teilweise nur schwer begründen lassen. Was bei den natürlichen Personen insofern die in vielen – aber eben nicht allen – Staaten bestehende Melde- und Ausweispflicht ist, findet bei den Kapitalgesellschaften in Form der Registerpublizität und deren Durchsetzung eine Parallele. Während ersteres typischerweise aus deutscher Sicht als öffentliches Recht begriffen wird, würde man letzteres ebenfalls wieder aus deutscher Sicht als Privatrecht begreifen. Auch wenn derlei Abgrenzungen meist nur für kontinentaleuropäische Rechtsordnungen von Bedeutung sind, gewinnen diese in Fragen der (Verwaltungs-)Vollstreckung große Bedeutung.

Natürliche Personen müssen einen Namen haben und dieser Name unterliegt dem Schutz des § 12 BGB. Dass der bürgerlichrechtliche Name in der Firma für den Kaufmann und die Handelsgesellschaften (§ 17 HGB iVm. § 6 Abs. 1 HGB) eine Parallele findet, wurde schon oft erörtert.[16] Die Namensfunktion der Firma im Sinne einer Kennzeichnungsfähigkeit und Unterscheidungskraft kommt jetzt ausdrücklich in § 18 Abs. 1 HGB zum Ausdruck. Faszinierend aber ist es dann, einmal die personenstandsrechtlichen Vorgaben, nach denen der Vorname einer natürlichen Person grds. geschlechtseindeutig sein muss und nicht willkürlich, anstößig, unverständlich oder herabwürdigend sein darf,[17] neben die handelsrechtlichen Regelungen zu legen, die einerseits Kennzeichnungseignung und andererseits Unterscheidungskraft verlangen (§ 18 Abs. 1 HGB).

Name und Firma genießen den Schutz der Verfassung: Das Namensrecht ist Teil des allgemeinen Persönlichkeitsrechts. Es ist durch Art. 2 Abs. 1 iVm. Art. 1 Abs. 1 GG verfassungsrechtlich geschützt. Auch die Möglichkeit der Gesellschaft, sich „ihren Namen" frei wählen zu können, ist letztlich Bestandteil der in der Verfassung geschützten Vereinigungsfreiheit nach Art. 9 Abs. 1 GG.[18] Den eine Firma muss ins Handelsregister eingetragen werden. Die Eintragung hat freilich nur deklaratorische Bedeutung.[19] Denn eine Firma entsteht originär durch Annahme und Gebrauch. Ähnlich ist es mit dem bürgerlichen Vornamen: Die Wahl des Vornamens selbst ist formlos möglich. Allerdings ist die Wahl endgültig, dh. nicht mehr ohne behördliche Genehmigung abänderbar, wenn der Vorname in das Geburtenbuch eingetragen ist (§ 21 PStG). Letztlich ist dies bei Gesellschaften aber ebenso, da eine Änderung der Firma, da sie Bestandteil der Satzung ist (§§ 4, 23 Abs. 3 Nr. 1 AktG, §§ 4, 3 Abs. 1 Nr. 1 GmbHG), nur noch durch Satzungsänderung und damit ebenfalls mit einer – freilich eingeschränkten – behördlichen Genehmigung möglich ist.[20] Beide Bücher werden übrigens elektronisch geführt (vgl. § 3 Abs. 2 S. 1 PStG und § 8 Abs. 1 HGB).

Bemerkenswert ist auch, wie sich die Probleme ähneln: Denn so wie im bürgerlichen Namensrecht für natürliche Personen heute eine deutlich größere Liberalität eingetreten

---

[16] Statt vieler *Hopt* in: Baumbach/Hopt, HGB, 34. Aufl. 2010, § 17 Rn. 4, freilich nicht ohne den Hinweis auf das gewandelte Verständnis von der Rechtsnatur der Firma als eines Mischrechts, das nicht allein wie das Namensrecht Persönlichkeitsrecht ist, sondern auch als Immaterialgüterrecht (Vermögensrecht) verstanden wird, mithin eine „Doppelnatur" besitzt (s. dort Rn. 5).

[17] S. dazu *Diederichsen* in Palandt, BGB, 69. Aufl. 2010, Einf. § 1616 Rn. 10. Eine ausdrückliche gesetzliche Regelung des Vornamenrechts gibt es allerdings nicht; dieses wird vielmehr bestimmt durch die Verwaltungspraxis der Standesämter und die Rechtsprechung.

[18] BVerfG Urt. v. 24.2.1971 – 1 BvR 438/68 u.a., BGBl. 1971 I S. 384 = BVerfGE 30, 227, 241 ff. = NJW 1971, 1123, 1124 ff. (zum Verein).

[19] *Hopt* in: Baumbach/Hopt HGB, 34. Aufl. 2010, § 17 Rn. 16.

[20] Zu den in diesem Punkt erfolgten Liberalisierungen hinsichtlich der Festlegung des Unternehmensgegenstandes (und damit häufig auch der Firma) durch das MoMiG *Hirte* in: FS Hüffer, 2010, S. 329 ff.

ist (zB Emelie-Extra oder Biene als jeweils weibliche Vornamen[21]), so finden wir dies auch beim Firmenrecht: Durch das Handelsrechtsreformgesetz[22] erfolgte hier bekanntlich eine weitgehende Liberalisierung und Deregulierung des Firmenrechts, mit der Folge, dass die Anforderungen an die Firmenwahrheit gemäß § 18 Abs. 2 HGB herabgesenkt sind.[23] In der Gesetzesbegründung zu § 18 Abs. 2 HGB heißt es hierzu, durch die Neuregelung werde das in § 18 Abs. 2 HGB verankerte Irreführungsverbot im Interesse eines vorbeugenden Verkehrsschutzes zwar beibehalten, aber in zweifacher Hinsicht entschärft:[24] In materiellrechtlicher Hinsicht könnten Angaben künftig nicht mehr als irreführend beanstandet werden, die nur von geringer wettbewerblicher Relevanz oder für die wirtschaftliche Entscheidung der angesprochenen Verkehrskreise nur von nebensächlicher Bedeutung seien; durch die verfahrensbezogene Einschränkung (*ersichtliche* Eignung zur Irreführung) werde ferner zum Ausdruck gebracht, dass im Registerverfahren nur ein gewisses „Grobraster" an die Prüfung der Irreführungseignung gelegt werden solle.[25] Im Ergebnis hindert das Gebot der Firmenwahrheit die Eintragung einer Firma durch das Registergericht heute nur noch dann, wenn der Name Angaben enthält, die geeignet sind, über die Verhältnisse der Gesellschaft, die für die angesprochenen Verkehrskreise *wesentlich* sind, irrezuführen und diese Irreführung *ersichtlich* ist (vgl. § 18 Abs. 2 HGB). Trotz der eben genannten Liberalisierung des Firmenrechts kann zB die Verwendung des Zusatzes „gemeinnützig" dort an Grenzen der Firmenwahrheit stoßen, wo nicht die Allgemeinheit auf materiellem, geistigem oder sittlichem Gebiet selbstlos gefördert werden soll (vgl. die abgabenrechtliche Legaldefinition der Gemeinnützigkeit in § 52 Abs. 1 AO). Ähnlich verhält es sich trotz grundsätzlicher Wahlfreiheit mit Blick auf die Namenswahrheit bei Vornamen natürlicher Personen: Für Jungen können zB grundsätzlich keine Mädchennamen gewählt werden und umgekehrt.[26] Die endgültige Beurteilung der Eintragungsfähigkeit einer Firma wie die Wahl eines bürgerlichen Vornamens erfordert stets eine Ermittlung der Gesamtwirkung des Namens, der auch aus mehreren Bestandteilen bzw. Vornamen zusammengesetzt ist. Lässt etwa der ausländische Vorname das Geschlecht des Kindes nicht erkennen, so kann er gleichwohl einem Knaben gegeben werden, wenn dieser einen weiteren, eindeutig männlichen Vornamen erhält.[27]

Ferner stößt die Wahlfreiheit hinsichtlich der Firma – ebenso wie die Wahlfreiheit hinsichtlich des Vornamens als Teil des bürgerlichen Personenamens – an ihre Grenzen, wenn ihre Namensfunktion schlechterdings nicht mehr erfüllt wird, wenn sie also nicht einmal über ein Minimum an Unterscheidungs- und Kennzeichnungskraft verfügt. So wird nur ein Name den Erfordernissen der Kennzeichnungsfähigkeit und Unterscheidungskraft gerecht, der als wörtliche Bezeichnung der Individualisierung einer Person oder eines Gegenstandes durch die Sprache dienen kann. Dazu gehört grundsätzlich auch, dass der Name aussprechbar ist und durch die klangliche Wirkung eine bestimmte Vorstellung von dem Objekt seiner Benennung hervorruft.[28] Eine Vielzahl von „A-Blöcken" zwecks Erreichens der ersten Stelle in den einschlägigen Datenbanken, weil die Einträge dort unter Zugrundelegung ihres Namens in alphabetischer Reihenfolge gelistet werden, erfüllt diese

---

[21] So im ersten Fall das OLG Schleswig Beschl. v. 13.8.2003 – 2 W 110/03, OLGR 2003, 461 und im zweiten Fall das AG Nürnberg Beschl. v. 27.3.2000 – UR III 283/99, StAZ 2001, 143.

[22] Gesetz zur Neuregelung des Kaufmanns- und Firmenrechts und zur Änderung anderer handels- und gesellschaftsrechtlicher Vorschriften (Handelsrechtsreformgesetz – HRefG) vom 22.6.1998, BGBl. I S. 1474; allgemein zu dieser „großen" Handelsrechtsreform *K. Schmidt* NJW 1998, 2161.

[23] Allgemein zur Liberalisierung und Europäisierung des Firmenrechts *Fezer* ZHR 161 (1997), 52; ferner *Möller* Neues Kaufmanns- und Firmenrecht, 1998.

[24] Vgl. Begr. RegE HRefG, BT-Drucks. 13/8444 S. 38.

[25] Vgl. Begr. RegE HRefG, BT-Drucks. 13/8444 S. 53 f.

[26] BGH Beschl. v. 17.1.1979 – IV ZB 39/78, BGHZ 73, 239, 241 = NJW 1979, 2463.

[27] BGH Beschl. v. 17.1.1979 – IV ZB 39/78, BGHZ 73, 239, 241 = NJW 1979, 2463.

[28] *Müther* GmbHR 1998, 1058, 1059 mwN.

Anforderungen zB nicht.[29] andererseits hat der BGH im Firmenrecht kürzlich die bloße Aussprechbarkeit einer Firma genügen lassen[30] – möglicherweise weil es dort an dem in einem anderen Fall naheliegenden „anrüchigen Beigeschmack" fehlte.

Schließlich zeigen sich aber auch Unterschiede, wenn man der Frage nach der Einordnung des Namensrechtes als Persönlichkeitsrecht oder als Immaterialgüterrecht und damit Vermögensrecht nachgeht. Letztlich geht es hier um die Frage, ob in der Insolvenz der Insolvenzverwalter aus eigenem Recht das Geschäft des Gemeinschuldners und dessen Firma veräußern kann, wenn diese den bürgerlichen Namen des Gemeinschuldners enthält. Die im Vordringen begriffene Meinung bejaht die Übertragbarkeit der Firma und mithin auch die Verwertbarkeit in der Insolvenz der Gesellschaft.[31] Die Firma habe nämlich eine Doppelnatur (Mischrecht), sie sei nicht allein Persönlichkeitsrecht wie das Namensrecht, sondern auch Immaterialgüterrecht (Vermögensrecht). Die Übertragbarkeit des bürgerlichen Namens mit dinglicher Wirkung ist und bleibt indes unmöglich.[32] Möglich ist allenfalls eine schuldrechtlich wirkende Gestattung.[33]

III. Familienrecht

1. Ehe- und Scheidungsrecht

Besonders interessant erscheint vor dem Hintergrund des hier anzustellenden „Binnen-Rechtsvergleichs" allerdings ein Blick in das Familienrecht. So lässt sich unschwer die Eheschließung von natürlichen Personen mit der Verschmelzung von juristischen Personen vergleichen – bis hin zu der Tatsache, dass der eine wie der andere Akt unter Mitwirkung des zuständigen „Registers" zu schließen ist (§ 1310 Abs. 1 BGB einerseits; §§ 19, 20 UmwG andererseits). Und auch die Regelungen über die Verlobung einschließlich ihrer Rechtsfolgen sind dem Gesellschaftsrechtler nicht unbekannt: Denn wenn aus einem Verlöbnis nicht auf die Eingehung der Ehe geklagt werden kann (§ 1287 Abs. 1 BGB), dann ist das nicht viel anders, als wenn allein auf der Grundlage eines *Business Combination Agreement* ohne Zustimmung der zuständigen Gesellschaftsorgane (§ 13 Abs. 1 UmwG) nicht schon das irreversible Faktum einer Unternehmenszusammenführung geschaffen werden darf[34] – und erst Recht nicht auf eine Verschmelzung geklagt werden kann. Und natürlich muss auch im Gesellschaftsrecht der Verlobte, wenn er von dem Verlöbnis zurück-

---

[29] OLG Celle Beschl. v. 19.11.1998 – 9 W 150/98 NJW-RR 1999, 543 = GmbHR 1999, 412 (Unzulässigkeit der Firma „AAA AAA AAA AB ins Lifesex-TV.de GmbH").

[30] BGH Beschl. v. 8.12.2008 – II ZB 46/07 ZIP 2009, 168 = NZG 2009, 192 = WM 2009, 235 = WuB IV E § 18 HGB 1.09 *(Koch)*: Der Aneinanderreihung einer Buchstabenkombination komme, so der BGH, gemäß § 18 Abs. 1 HGB neben der Unterscheidungskraft auch die erforderliche Kennzeichnungseignung und damit zugleich Namensfunktion (§ 17 Abs. 1 HGB) im Geschäftsverkehr für die Firma von Kaufleuten zu, wenn sie im Rechts- und Wirtschaftsverkehr zur Identifikation der dahinter stehenden Gesellschaft ohne Schwierigkeiten akzeptiert werden kann. Hierfür reiche als notwendige, aber zugleich hinreichende Bedingung die *Aussprechbarkeit* der Firma im Sinne der Artikulierbarkeit (im konkreten Fall: „HM & A" bei einer GmbH & Co. KG). Ähnlich wird etwa auch das Sonderzeichen „@" mittlerweile bei einem ganz erheblichen und weiter zunehmenden Teil der angesprochenen Verkehrskreise als Wortzeichen mit spezifischer Bedeutung aufgenommen und ist daher als Bestandteil einer Firma im Handelsregister eintragungsfähig; so ausdrücklich LG München I Beschl. v. 12.2.2009 – 17 HKT 920/09, MittBayNot 2009, 315.

[31] *Hirte* in: Uhlenbruck, InsO, 13. Aufl. 2010, § 35 Rn. 275; ausführlich dazu MünchHdb. GesR Bd. 5 / *Butzer/Knof* 3. Aufl. 2009, § 85 Rn. 38 ff.

[32] MünchKommBGB/*Bayreuther* 5. Aufl. 2006, § 12 Rn. 131: „Der bürgerliche Name ist *unverzichtbar unveräußerlich und unübertragbar";* vgl. auch BGH Urt. v. 23.9.1992 – I ZR 251/90, BGHZ 119, 237, 240.

[33] *Habermann* in: Staudinger, BGB, 2004, § 12 Rn. 113 ff.

[34] *Hirte* Kapitalgesellschaftsrecht, 6. Aufl. 2009, Rn. 6.117 und 6.129.

tritt, das „negative Interesse“ ersetzen (§ 1298 BGB) und die Verlobungsgeschenke zurückgewähren (§ 1301 BGB) – in Form von *break fees*.[35]

Und so wie wir die Eheschließung im Gesellschaftsrecht kennen, kennen wir natürlich auch die Scheidung – in Form der Spaltung (§§ 123 ff. UmwG). Bemerkenswert ist dabei, dass das eine wie das andere Instrument erst deutlich später ins Gesetz aufgenommen wurde – und das, obwohl doch die Verschmelzung als „Hochzeit von Gesellschaften“ ganz bestimmt nicht auf Gottes Segen angewiesen war.

Dass aber die gesellschaftsrechtliche Scheidung ebenso wie die zivilrechtliche Scheidung schwieriger ist als der Akt der Zusammenführung, lässt sich unschwer den bürgerlichrechtlichen Regelungen entnehmen: Es beginnt damit, dass die Scheidung nur durch richterliche Entscheidung möglich ist (§ 1564 BGB), was im Gesellschaftsrecht insoweit eine Parallele findet, als der Spaltungs- und Übernahmevertrag bzw. Spaltungsplan deutlich komplizierter in der Regelung ist als der Verschmelzungsvertrag. Dass die Scheidung nicht das Ende der gegenseitigen Rechtsbeziehung ist, hat mancher geschiedene Ehegatte in Form nachehelicher Unterhaltspflichten (§§ 1569 ff. BGB) leidvoll erfahren müssen. Im Gesellschaftsrecht aber ist es genauso: Denn die aufgespaltenen Gesellschaften haften noch für fünf Jahre für die Verbindlichkeiten der anderen nach (§ 133 Abs. 1 S. 1 UmwG), und den Gläubigern ist insoweit Sicherheit zu leisten, als sie glaubhaft machen können, dass die Erfüllung ihrer Forderung durch die Spaltung gefährdet wird (§§ 125, 135 Abs. 1 iVm. § 22 UmwG sowie § 133 Abs. 1 S. 2 Halbs. 1 UmwG). Freilich ist die Haftung nach § 133 UmwG eine gesamtschuldnerische, und man könnte sich vor dem Hintergrund des auch verfassungsrechtlichen Subsidiaritätsprinzips, nach dem Eigenverantwortung vor Fremdverantwortung geht,[36] fragen, ob nicht auch hier (wie bei dem noch anzusprechenden § 302 AktG) eine subsidiäre Haftung ausreichend bzw. angemessen wäre, wie es auch bei der Scheidung der bürgerlichrechtlichen Ehe der Fall ist, wo der Grundsatz der Eigenverantwortung gegenüber dem Unterhaltsanspruch gegen den anderen Ehegatten vorrangig ist (§ 1569 S. 1 BGB). Sicher: Die Haftung nach § 133 UmwG dient dem Schutz der Gläubiger vor nachteilhaften Spaltungen und ist ein Ausgleich zur Spaltungsfreiheit;[37] aber auch die Gläubiger eines Ehegatten werden durch eine von ihnen nicht beeinflussbare Scheidung benachteiligt. Richtig und ausreichend wäre vielmehr in beiden Fällen ein Rückgriff auf die Insolvenzanfechtung.[38]

2. *Verwandtschaft*

Blicken wir als nächstes auf die Verwandtschaft. Diese definiert § 1589 BGB wie folgt: „Personen, deren eine von der anderen abstammt, sind in gerader Linie verwandt. Personen, die nicht in gerader Linie verwandt sind, aber von derselben dritten Person abstammen, sind in der Seitenlinie verwandt.“ Halten wir dagegen die §§ 15 ff. AktG, stellen wir sogleich fest, dass auch dort die „Schwestergesellschaften“ im Verhältnis zueinander

---

[35] Wobei bekanntlich die Frage kontrovers behandelt wird, ob und wie weit deren Festlegung durch vertragliche Vereinbarung über das eigentlich nach dem Gesetz geschuldete Maß nach oben hinausgehen darf.

[36] Zur Geltung dieses Prinzips auch im Privatrecht *Franz Bydlinski* System und Prinzipien des Privatrechts, 1996, S. 97 f.

[37] Dazu allgemein *Hirte* Kapitalgesellschaftsrecht, 6. Aufl. 2009, Rn. 6.200; *Maier-Reimer* in: Semler/Stengel, UmwG, 2. Aufl. 2007, § 133 Rn. 1.

[38] Zur Anwendbarkeit der Insolvenzanfechtung bei Umwandlungsmaßnahmen *Hirte* in: Uhlenbruck, InsO, 13. Aufl. 2010, § 129 Rn. 68, 113; *Heckschen* ZInsO 2008, 824, 829; abw. OLG Jena Urt. v. 3.3.1998 – 8 U 1166/96 OLG-NL 1998, 160, 163 f. (für Verhältnis von § 10 Abs. 1 Nr. 3 GesO zu § 11 SpTrUG), bestätigt durch Nichtannahmebeschluss BGH v. 2.3.2000 – IX ZR 126/98 R DDR-GesO § 10 Abs. 1 Anfechtungsgrund 2 SpTrUG § 11 Abs. 1 Abspaltung 2; *Lwowski/Wunderlich* NZI 2008, 595, 596 ff. (für Vorrang des gesellschaftsrechtlichen Gläubigerschutzes ab Zeitpunkt der Handelsregistereintragung).

grundsätzlich keine verbundenen Unternehmen bilden,[39] sofern sie nicht beide gleichermaßen unter der *einheitlichen Leitung* eines dritten Unternehmens zusammengefasst sind (§ 18 Abs. 1 AktG). „Verwandtschaft" in der Seitenlinie gibt es im Gesellschaftsrecht also nur, wenn die Eltern (noch) ihre „elterliche Gewalt"[40] ausüben können.

Bei der Verwandtschaft müssen wir im Übrigen zunächst unterscheiden zwischen leiblichen Kindern und angenommenen Kindern (§ 1741 BGB). Mit einer Annahme (aber auch erst dann) bekommt ein angenommenes Kind die Stellung eines gemeinschaftlichen Kindes der Ehegatten (§ 1754 Abs. 1 BGB) – und damit die eines Verwandten. Das kommt dem Gesellschaftsrechtler bekannt vor: Tochtergesellschaften können als „leibliche Kinder" der Muttergesellschaft entstehen durch Ausgliederung oder Sachgründung, aber ebenso durch Erwerb einer bereits vorhandenen Gesellschaft.

Wie das Familienrecht mit den nichtehelichen Kindern (§§ 1615a ff. BGB) tut sich auch das Gesellschaftsrecht schwer damit, wenn sich die Eltern nicht in rechtlich klar fassbarer Weise miteinander verbunden haben. Das beginnt etwa bei Gemeinschaftsunternehmen[41] bzw. der Mehrmütterherrschaft[42] mit dem Problem, dass in solchen Fällen die Elternschaft nicht klar feststellbar ist. Und ganz wie im Konzernrecht der faktische Konzern im Rahmen der §§ 311 ff. AktG den Familienmitgliedern nur deutlich schwächere Ansprüche gegeneinander einräumt, kennen wir es auch im Familienrecht. So steht verheirateten Eltern die elterliche Sorge gemeinsam zu, bei nichtverheirateten Eltern gilt dies nur, wenn diese eine gemeinsame Sorgeerklärung abgegeben haben (§ 1626a BGB). Auch bei der Trennung „nicht verheirateter Personen" lassen sich Parallelen zwischen Familien- und Gesellschaftsrecht aufzeigen: Denn mit Ausnahme der schon angesprochenen Regelungen bzgl. des Kindesunterhalts (also hinsichtlich Dritter) sieht die Rechtsordnung weder im Recht des faktischen Konzerns (anders für den Vertragskonzern in § 303 AktG) noch im Familienrecht ausgleichende Regelungen für den Fall einer Trennung vor. Und ebenfalls in beiden Feldern wird diese gesetzgeberische Zurückhaltung als unbefriedigend empfunden, worauf die Rechtsprechung im Gesellschaftsrecht zu einem großen Teil durch die vom *Jubilar* mitgeprägte Rechtsprechung zum existenzvernichtenden Eingriff,[43] im Familienrecht bemerkenswerterweise dadurch reagiert hat, dass sie bei Auflösung nichtehelicher Lebensgemeinschaften zum Teil auf das Gesellschaftsrecht (Stichwort BGB-Gesellschaft) ausweicht.[44]

Geradezu „pikant" sind aber die aus der Verwandtschaft abgeleiteten weiteren Folgen, insbesondere bezüglich der Unterhaltspflicht. Denn hier normiert § 1601 BGB: „Ver-

---

[39] Vgl. nur *Schall* in: Spindler/Stilz, AktG, 2. Aufl. 2010, § 15 Rn. 2, § 17 Rn. 2.

[40] Bis 1980 sprach § 1676 BGB von der „elterlichen Gewalt". Der Begriff wurde dann durch den der „elterlichen Sorge" ersetzt.

[41] Dazu BGH Beschl. v. 8.5.1979 – KVR 1/78, BGHZ 74, 359, 366 f. – WAZ.

[42] Vgl. *Schall* in: Spindler/Stilz, AktG, 2. Aufl. 2010, § 17 Rn. 14.

[43] Grundlegend die vom *Jubilar* geprägte Neukonzeption als deliktische Innenhaftung nach § 826 BGB durch BGH Urt. v. 16.7.2007 – II ZR 3/04, BGHZ 173, 246 = ZIP 2007, 1552 = NJW 2007, 2689 = EWiR § 826 BGB 3/07, 557 *(Wilhelm)* = WuB II C. § 13 GmbHG 1.08 *(Reiner)* – Trihotel. Aus der umfassenden, in der Grundtendenz der Deliktshaftung überwiegend zustimmenden Literatur *Altmeppen* NJW 2007, 2657; *Dauner-Lieb* ZGR 2008, 34; *Gloger/C. Goette/van Huet* DStR 2008, 1141; *Habersack* ZGR 2008, 533; *J. Vetter* BB 2007, 1965; *Weller* ZIP 2007, 1681; kaum minder bemerkenswert auch die erneute Ablehnung einer Durchgriffshaftung für materielle Unterkapitalisierung in BGH Urt. v. 28.4.2008 – II ZR 264/06, BGHZ 176, 204 = ZIP 2008, 1232, 1233 ff.= NJW 2008, 2437 = EWiR § 13 GmbHG 1/2008, 493 (*Bruns*) – Gamma; hierzu *Altmeppen* ZIP 2008, 1201. Zur Entwicklung des neuen Konzepts aus der vormaligen Konzernhaftung eingehend *Schall* Kapitalgesellschaftsrechtlicher Gläubigerschutz – Grund und Grenzen der Haftungsbeschränkung nach Kapitaldebatte, MoMiG und Trihotel, 2009, S. 213 ff.

[44] So können im Fall einer nichtehelichen Lebensgemeinschaft gesellschaftsrechtliche Ansprüche angenommen werden, ohne dass ein über den typischen Rahmen einer solchen Gemeinschaft hinausgehender Zweck verfolgt werden müsste, sofern die Parteien die Absicht verfolgt haben, mit dem

wandte in gerader Linie sind verpflichtet, einander Unterhalt zu gewähren.“ Überträgt man dies ins Gesellschaftsrecht, würde daraus eine (im Übrigen nur interne)[45] Verlustdeckungshaftung einer Mutter- gegenüber einer Tochtergesellschaft wie auch umgekehrt einer Tochter- gegenüber einer Muttergesellschaft folgen. Freilich greift diese Unterhaltspflichtigkeit nur subsidiär: Denn unterhaltsberechtigt ist nur, wer außer Stande ist, sich selbst zu unterhalten (§ 1602 Abs. 1 BGB) und unterhaltspflichtig ist andererseits nicht, wer bei Berücksichtigung seiner sonstigen Verpflichtungen außer Stande ist, ohne Gefährdung seines eigenen angemessenen Unterhalts den Unterhalt zu gewähren (§ 1603 Abs. 1 BGB). Das sind Überlegungen, die dem Gesellschaftsrechtler vertraut vorkommen: Denn einerseits setzt auch im Konzernrecht ein Verlustausgleichsanspruch gegen die Mutter nach § 302 AktG voraus, dass ein entstandener Verlust nicht aus eigenen Mitteln gedeckt werden kann, wobei freilich die Einschränkung gilt, dass insofern nur Beträge aus Gewinnrücklagen entnommen werden dürfen, die während der Vertragsdauer eingestellt wurden (§ 302 Abs. 1 S. 1 AktG).[46] Dies entspricht bei genauer Betrachtungsweise dem Prinzip der Zugewinngemeinschaft, bei der für die Berechnung des Zugewinns Anfangs- und Endvermögen gegenübergestellt werden (§§ 1374 f. BGB). Denn nur das, was während des Bestehens der Ehe bzw. des Konzerns erwirtschaftet wurde, darf als (Verlust-)Ausgleich eingesetzt werden. Und andererseits trägt das Gesetz dem Interesse einer „Mutter“, nicht unbegrenzt für ein „Kind“ aufkommen zu müssen, dadurch Rechnung, dass es für das potentielle Eingreifen eines Verlustausgleichsanspruchs deren Zustimmung (in Form der Zustimmung zum Abschluss des Beherrschungs- oder Gewinnabführungsvertrages) verlangt (§ 293 Abs. 2 AktG).

Andererseits: Verwandtschaft allein begründet bereits die Unterhaltspflicht, und zwar ohne Wenn und Aber. Anders ist dies nur bei den „Angeheirateten“, den Schwagern und Schwägerinnen; denn diese sind keine Verwandte (s. § 1590 BGB). Soll (kann) man daraus ableiten, dass man bei „eigenen Kindern“ eine Verlustausgleichsverpflichtung nie in Abrede stellen können soll bzw. dass – umgekehrt – eine Verlustausgleichspflicht nur dadurch ausgeschlossen werden kann, dass es an einer mehrheitlichen Beteiligung fehlt?

IV. Ergebnisse

Was die vorstehenden Überlegungen zeigen sollten: Auch ein „schlichter Binnenrechtsvergleich“ in der eigenen Rechtsordnung fördert bisweilen erstaunliche Anregungen zutage und trägt damit – ganz wie der „grenzüberschreitende Rechtsvergleich“ – dazu bei, den „Vorrat an Ideen“ zu erweitern. Wenn diese Überlegungen dem *Jubilar* damit auch einige Inspirationen für die weitere Arbeit – und vielleicht auch ein wenig Spaß – in hoffentlich noch vielen weiteren schaffensreichen Jahren bieten können, haben sie ihre Aufgabe erfüllt.

Erwerb eines Vermögensgegenstandes (zB eines Wohnhauses) einen – wenn auch nur wirtschaftlich – gemeinschaftlichen Wert zu schaffen, der von ihnen für die Dauer der Partnerschaft nicht nur gemeinsam benutzt werden würde, sondern der ihnen nach ihrer Vorstellung auch gemeinsam gehören sollte (BGH Urt. v. 24.3.1980 – II ZR 191/79, BGHZ 77, 55; BGH Urt. v. 9.7.2008 – XII ZR 179/05, BGHZ 177, 193).

[45] S. dazu die Nachweise in Fn. 43.

[46] Zur Verlust- (aber eben auch nur Verlust-)ausgleichspflicht nach § 302 AktG und ihrer Berechnung GroßkommAktG/*Hirte* 4. Aufl. 2005, § 302 Rn. 13 ff.

MICHAEL HOFFMANN-BECKING/MICHAEL BREYER

Irrungen und Wirrungen bei Änderungen der §§ 171, 175, 176 AktG zur Umsetzung von Richtlinien

Übersicht

Die Mühlen des Gesetzgebers mahlen immer schneller; es kann nicht ausbleiben, dass sich dabei die Qualität seiner Produkte verschlechtert. Das ist auch im Gesellschafts- und Kapitalmarktrecht zu beobachten. Angesichts der geradezu wuchernden Gesetzgebung zum Kapitalmarktrecht und der zahlreichen Änderungen des AktG und der Vorschriften zur Rechnungslegung im HGB tun sich die Unternehmen und ihre Berater, aber auch die Gerichte immer schwerer, mit den Gesetzesänderungen Schritt zu halten und sich in dem kaum noch überschaubaren Geflecht der Normen zurechtzufinden. Insbesondere erfolgen immer häufiger kapitalmarktrechtlich motivierte Eingriffe des Gesetzgebers in das Recht der AG, die dazu angetan sind, die systematische Geschlossenheit des Aktienrechts Stück für Stück aufzulösen. Das betrifft nicht nur die schon jetzt zu weit gehende Differenzierung zwischen börsennotierten und nicht börsennotierten Gesellschaften in den Aktienrechtsnovellen der letzten Jahre, sondern es betrifft auch viele andere Regelungskomplexe, in denen neue Vorschriften zu erst kürzlich beschlossenen Regelungen hinzuaddiert werden, wie zB bei den Erfordernissen einer ordnungsgemäßen Einberufung und Vorbereitung der Hauptversammlung in §§ 121 bis 128 AktG und §§ 30a bis 30 g WpHG. Viele dieser Gesetzesänderungen und -ergänzungen beruhen auf Vorgaben in Richtlinien der EU und sind deshalb dem deutschen Gesetzgeber nur bedingt anzulasten, aber vieles entspringt auch dem unseligen Drang zu einer „Aktienrechtsreform in Permanenz", von dem sich die deutsche Gesetzgebung seit Mitte der 90er-Jahre treiben lässt.

Diese Entwicklung belastet nicht nur die Rechtsanwender über Gebühr, sondern auch den Gesetzgeber selbst. Immer zahlreicher werden die Gesetzesvorhaben, und immer kürzer werden die Zeiträume, die für eine sorgfältige Vorbereitung und Beratung zur Verfügung stehen. Es nimmt deshalb nicht wunder, dass sich handwerkliche Fehler häufen und auch eher technische Vorgaben des Gemeinschaftsrechts nicht mit der gebotenen Klarheit und der richtigen systematischen Einordnung in deutsches Recht umgesetzt werden. Ein Beispiel ist die missglückte mehrfache Änderung der §§ 171, 175, 176 AktG, deren Geschichte hier nachgezeichnet werden soll.

I. Juli 2006: Ursprüngliche Umsetzung von Art. 10 Abs. 3 der Übernahmerichtlinie

Nach Art. 10 Abs. 1 der Übernahmerichtlinie vom 21. April 2004[1] müssen börsennotierte Gesellschaften eine Reihe von Umständen offenlegen, die Übernahmehindernisse begründen können. Zur Erleichterung von Übernahmen sollen potentielle Bieter durch die Angaben besser über die Struktur der Zielgesellschaft und mögliche Übernahmehindernisse informiert werden, als dies bislang gewährleistet war.[2] Nach Art. 10 Abs. 2 der Richtlinie müssen die Angaben im Lagebericht offengelegt werden. Art. 10 Abs. 3 bestimmt zudem, dass „das Leitungs- bzw. Verwaltungsorgan der Jahreshauptversammlung der Aktionäre einen erläuternden Bericht zu den in Abs. 1 genannten Punkten vorlegt". Die Übernahmerichtlinie musste bis zum 20. Mai 2006 umgesetzt werden.

Das federführende Bundesministerium der Finanzen legte mit einiger Verspätung erst am 19. Dezember 2005 einen „Diskussionsentwurf" zur Umsetzung vor. Entsprechend knapp bemessen war die Aufforderung an die Fachwelt, bis zum 24. Januar 2006 Stellungnahmen abzugeben, und die Terminierung einer Anhörung im Bundesministerium der Finanzen auf den 26. Januar 2006. Erklärtes Ziel des Diskussionsentwurfs war es, die Übernahmerichtlinie „eins zu eins" umsetzen. Zur Umsetzung von Art. 10 Abs. 1 und 2 der Übernahmerichtlinie sollten §§ 289, 315 HGB jeweils um einen neuen Abs. 4 ergänzt werden. Diese Ergänzungen übernahmen weitgehend unverändert den Wortlaut von Art. 10 der Übernahmerichtlinie, ohne allerdings begrifflichen und systematischen Besonderheiten des deutschen Rechts Rechnung zu tragen. Insbesondere wurde es unterlassen, die neuen Informationspflichten mit bereits bestehenden, inhaltlich nahezu deckungsgleichen Informationspflichten nach §§ 285, 314 HGB und § 160 AktG abzustimmen, um Doppelungen zu vermeiden.[3]

Besonders misslich war die vorgeschlagene Umsetzung von Art. 10 Abs. 3 der Übernahmerichtlinie. § 171 Abs. 2 S. 2 AktG sollte neu gefasst werden und vorschreiben, dass der Aufsichtsrat die Angaben des Lageberichts und Konzernlageberichts zu den Übernahmehindernissen in seinem Bericht an die Hauptversammlung erläutert. Dies entsprach nicht der Übernahmerichtlinie, deren Art. 10 Abs. 3 bestimmt, dass das *„Leitungs- bzw. Verwaltungsorgan"* die Angaben zu den Übernahmehindernissen erläutern soll. In den Mitgliedstaaten mit dualistischer Organisationsverfassung ist damit der Vorstand gemeint. Der Aufsichtsrat einer deutschen Aktiengesellschaft ist weder *„Leitungsorgan"* noch *„Verwaltungsorgan"* der Aktiengesellschaft, sondern Überwachungsorgan. Der Begriff *„Verwaltungsorgan"* betrifft ausschließlich Gesellschaften mit monistischer Organisationsverfassung.

Auch der Sache nach macht nur die Zuständigkeit des Vorstands Sinn. Der Vorstand stellt den Lagebericht und den Konzernlagebericht einschließlich der Angaben zu den Übernahmehindernissen auf. Dabei lässt sich kaum vernünftig trennen, welche Information eine „Angabe" und welche eine „Erläuterung" ist. Es liegt daher nahe, dass der Vorstand die insgesamt gebotenen Informationen zu Übernahmehindernissen zusammenhängend im Lagebericht und Konzernlagebericht darstellt. Art. 10 Abs. 3 der Übernahmerichtlinie lässt sich auch nicht entnehmen, dass der „erläuternde Bericht" ein gesonderter Bericht sein muss, der nicht im Lagebericht enthalten sein kann.

---

[1] Richtlinie 2004/25/EG betreffend Übernahmeangebote, ABl. Nr. L 142 S. 12.

[2] Vgl. Erwägungsgrund 18 der Übernahmerichtlinie („um die geltenden Vorschriften über den freien Handel mit Wertpapieren und die freie Stimmrechtsausübung in ihrer Wirkung zu stärken").

[3] Vgl. die Kritik in der Stellungnahme des DAV-Handelsrechtsausschusses zum Diskussionsentwurf eines Gesetzes zur Umsetzung der Übernahmerichtlinie, NZG 2006, 177, 182. Durch das BilMoG hat der Gesetzgeber mittlerweile einige Doppelungen ausgeräumt, indem es nunmehr ausreicht, dass die Angaben nach Ziff. 1, 3 und 9 im Anhang gemacht werden und im Lagebericht insoweit auf den Anhang verwiesen wird.

Der Handelsrechtsausschuss des Deutschen Anwaltsvereins kritisierte deshalb in seiner Stellungnahme im Februar 2006 die vorgeschlagene Ergänzung des § 171 Abs. 2 S. 2 AktG.[4] Bereits am 15. Februar 2006 beschloss jedoch das Bundeskabinett den Regierungsentwurf,[5] und am 27. März 2006 legten der Finanz-, der Rechts- und der Wirtschaftsausschuss des Bundestags eine gemeinsame Stellungnahme vor.[6] An der im Diskussionsentwurf vorgeschlagenen Neufassung von § 171 Abs. 2 S. 2 AktG wurde festgehalten. Angesichts des Zeitdrucks blieb auch im weiteren Gesetzgebungsverfahren offenbar kein Raum mehr für eine nähere Befassung mit solchen Kleinigkeiten. Das Gesetz zur Umsetzung der Übernahmerichtlinie wurde am 19. Mai 2006 vom Bundestag beschlossen, am 13. Juli 2006 im Bundesgesetzblatt verkündet und trat am 14. Juli 2006 in Kraft (BGBl. I S. 1426). § 171 Abs. 2 S. 2 Halbs. 2 AktG zum Inhalt des Berichts des Aufsichtsrats lautete von diesem Tage an:

„...; bei börsennotierten Gesellschaften hat er insbesondere anzugeben, welche Ausschüsse gebildet worden sind, sowie die Zahl seiner Sitzungen und die der Ausschüsse mitzuteilen *und auch die Angaben nach § 289 Abs. 4, § 315 Abs. 4 des Handelsgesetzbuchs zu erläutern.*"

II. April 2007: Missglückte Korrektur durch das Zweite Gesetz zur Änderung des Umwandlungsgesetzes

Nur wenige Monate nach der Umsetzung der Übernahmerichtlinie änderte der Gesetzgeber das Umwandlungsgesetz und damit zwangsläufig erneut das Aktiengesetz.[7] Der Vorsitzende des Handelsrechtsausschusses hatte Gelegenheit, als Sachverständiger in einem Berichterstattergespräch des Rechtsausschusses des Deutschen Bundestags vom 23. November 2006 nochmals auf die verfehlte Regelung in dem ergänzten § 171 Abs. 2 S. 2 AktG hinzuweisen.[8] Er schlug vor, die Ergänzung von § 171 Abs. 2 S. 2 AktG zu streichen und stattdessen jeweils im einleitenden Satz von § 289 Abs. 4 und § 315 Abs. 4 HGB hinter dem Wort *„anzugeben"* die Worte *„und zu erläutern"* anzufügen.

Seitens des Bundesministeriums der Justiz wurde hiergegen eingewandt, dass sich damit die Abschlussprüfung auch auf die Erläuterung im Lagebericht des Vorstands erstrecke, während eine Erläuterung im Bericht des Aufsichtsrats nicht der Abschlussprüfung unterliege. Das ist zwar richtig, aber kein durchschlagendes Argument. Wie bereits erläutert lassen sich „Angabe" und „Erläuterung" praktisch kaum vernünftig trennen, und die Übernahmerichtlinie sieht nun einmal vor, dass nicht der Aufsichtsrat, sondern der Vorstand seine eigenen Angaben zu den Übernahmehindernissen erläutern muss. Die Erstreckung der Abschlussprüfung auf die „Erläuterung" führt deshalb zu keiner nennenswerten Erweiterung des Umfangs der Abschlussprüfung.

Der Rechtsausschuss des Deutschen Bundestags schloss sich dem in seinem Bericht vom 31. Januar 2007 an. Er führte aus, dass die Angabe- und Erläuterungspflichten beim Vorstand konzentriert werden sollten, um unnötige Doppelangaben zu vermeiden und die relevanten Informationen für die Aktionäre an einer Stelle übersichtlich zugänglich zu machen.[9] Gesetzestechnisch wurde dieses Ziel jedoch nicht konsequent umgesetzt. Statt die Angabe- und Erläuterungspflicht zusammen in §§ 289 Abs. 4, 325 Abs. 4 HGB zu verankern, sollte sich die Erläuterungspflicht allein aus den insoweit geänderten §§ 120

[4] NZG 2006, 177, 183.

[5] BT-Drucks. 16/1003 vom 17.3.2006.

[6] BR-Drucks. 154/1/2006.

[7] Beraten wurde das Zweite Gesetz zur Änderung des Umwandlungsgesetzes (näher Fn. 10).

[8] Vgl. *Neye* BB 2007, 389, 390.

[9] Beschlussempfehlung und Bericht des Rechtsausschusses, BT-Drucks. 16/4193 vom 31.1.2007 S. 12.

Abs. 3 S. 2, 175 Abs. 2 S. 1 AktG ergeben. Diese Lösung wurde im April 2007 Gesetz.[10] Die im Jahr zuvor beschlossene Ergänzung des § 171 Abs. 2 S. 2 AktG wurde gestrichen. Stattdessen wurde § 120 Abs. 3 S. 2 und 3 AktG wie folgt ergänzt:

„Der Vorstand hat den Jahresabschluss, den Lagebericht, den Bericht des Aufsichtsrats *und bei börsennotierten Aktiengesellschaften einen erläuternden Bericht zu den Angaben nach § 289 Abs. 4, § 315 Abs. 4 des Handelsgesetzbuchs* der Hauptversammlung vorzulegen. Für die Auslegung dieser Vorlagen und für die Erteilung von Abschriften gilt § 175 Abs. 2 sinngemäß."

§ 175 Abs. 2 S. 1 AktG erhielt die folgende Fassung:

„Der Jahresabschluss, ein vom Aufsichtsrat gebilligter Einzelabschluss nach § 325 Abs. 2a des Handelsgesetzbuchs, der Lagebericht, der Bericht des Aufsichtsrats, der Vorschlag des Vorstands für die Verwendung des Bilanzgewinns *und bei börsennotierten Aktiengesellschaften ein erläuternder Bericht zu den Angaben nach § 289 Abs. 4, § 315 Abs. 4 des Handelsgesetzbuchs* sind von der Einberufung an in dem Geschäftsraum der Gesellschaft zur Einsicht der Aktionäre auszulegen."

Trotz des missglückten Gesetzeswortlauts wurde im Schrifttum, gestützt auf den Bericht des Rechtsausschusses, klargestellt, dass der „erläuternde Bericht" nach §§ 120 Abs. 3 S. 2, 175 Abs. 2 S. 1 AktG mit den Angaben des Lageberichts zusammengefasst werden kann.[11] Ein getrenntes Dokument war und ist also nicht erforderlich. Die Abschlussprüfung erstreckt sich dann natürlich auf den gesamten Lagebericht, auch soweit es sich um „nur" aktienrechtlich gebotene Erläuterungen handelt.[12] Auch die Praxis hat sich mittlerweile vielfach dafür entschieden, „Angaben" und „Erläuterung" im Lagebericht zusammenzufassen und auf einen gesonderten „erläuternden Bericht" zu verzichten.[13]

III. Mai 2009: Unnötige Ergänzungen durch das BilMoG

Die handwerklichen Schwierigkeiten bei der Verzahnung von handels- und aktienrechtlichen Informationspflichten setzten sich mit dem BilMoG fort. Nach Art. 46a Abs. 1 lit. c der Bilanzrichtlinie[14] und parallel Art. 36 Abs. 2 lit. f der Konzernbilanzrichtlinie sollen börsennotierte Gesellschaften in ihrem Lagebericht und Konzernlagebericht die wichtigsten Merkmale des internen Kontroll- und des Risikomanagementsystems im Hinblick auf den Rechnungslegungsprozess beschreiben. Der deutsche Gesetzgeber setzte dies im BilMoG mit der Ergänzung von § 289 HGB um einen neuen Abs. 5 und der Ergänzung von § 315 Abs. 2 HGB um eine neue Ziff. 5 um.[15]

---

[10] Das Zweite Gesetz zur Änderung des Umwandlungsgesetzes wurde am 19.4.2007 vom Deutschen Bundestag beschlossen, am 24.4.2007 im Bundesgesetzblatt verkündet (BGBl. I S. 542) und trat am 25.4.2007 in Kraft.

[11] *Horn/Parameswaran* NZG 2007, 248, 249. Im Ergebnis ebenso *Neye* als zuständiger Referent im BMJ, BB 2007, 389, 390 Fn. 21 und *Liese/Theusinger* BB 2007, 2528, 2532.

[12] *Neye* BB 2007, 389, 390 in Fn. 21.

[13] Vgl. etwa die Konzernlageberichte 2009 der RWE AG unter „Bericht zur Übernahmesituation: Angaben nach §§ 315 Abs. 4, 289 Abs. 4 HGB und Bericht des Vorstands nach § 176 Abs. 1 S. 1 AktG", der Deutsche Bank AG unter „Angaben nach § 315 Abs. 4 HGB und erläuternder Bericht" und der Metro AG unter „Angaben gemäß § 289 Abs. 4 HGB sowie erläuternder Bericht des Vorstands". Anders aber etwa der Konzernlagebericht 2009 der Deutsche Telekom AG, der die gemäß § 289 Abs. 4 HGB erforderlichen Angaben unter dem Punkt „Rechtliche Konzernstruktur" enthält. Folgerichtig legte die Telekom in ihrer ordentlichen Hauptversammlung 2010 eine gesonderte Unterlage mit dem Titel „Erläuternder Bericht des Vorstands zu den Angaben nach § 289 Abs. 4 und § 315 Abs. 4 des Handelsgesetzbuchs (HGB)" vor. Es überrascht nicht, dass in diesem Bericht der Wortlaut ganzer Passagen mit Angaben aus dem Lagebericht identisch ist.

[14] Richtlinie 78/660/EWG in der Fassung der Richtlinie 2006/46/EG vom 14. 6. 2006, ABl. Nr. L 224 S. 1.

[15] Gesetz zur Modernisierung des Bilanzrechts vom 25. 5. 2009, BGBl. I S. 1102.

Als reine Folgeänderung deklarierte der Referentenentwurf des BilMoG, dass der „erläuternde Bericht" nach §§ 120 Abs. 3 S. 2, 175 Abs. 2 S. 1 AktG nunmehr auch die Angaben im Lagebericht nach § 289 Abs. 5 HGB erfassen sollte. Die entsprechenden Angaben im Konzernlagebericht nach der neuen Vorschrift des § 315 Abs. 2 Nr. 5 HGB sollten hingegen von dem „erläuternden Bericht" nicht erfasst werden. Das wurde vom Regierungsentwurf übernommen und in den weiteren Beratungen offenbar nicht mehr diskutiert.[16] § 120 Abs. 3 S. 2 AktG wurde wie folgt ergänzt:

„... und bei börsennotierten Aktiengesellschaften einen erläuternden Bericht zu den Angaben nach § 289 Abs. 4 *Nr. 1 bis 5, Abs. 5,* § 315 Abs. 4 des Handelsgesetzbuchs der Hauptversammlung vorzulegen."

Entsprechend wurde auch die Aufzählung in § 175 Abs. 2 S. 1 AktG ergänzt:

„... und bei börsennotierten Gesellschaften ein erläuternder Bericht zu den Angaben nach § 289 Abs. 4 *Nr. 1 bis 5 und Abs. 5* sowie § 315 Abs. 4 des Handelsgesetzbuchs ..."

Die Umsetzung der Bilanzrichtlinie „eins zu eins"[17] hätte indes keinerlei „erläuternden Bericht" neben den Informationen im Lagebericht nach § 289 Abs. 5 HGB erfordert. Anders als Art. 10 Abs. 3 der Übernahmerichtlinie sieht Art. 46a lit. c der Bilanzrichtlinie nämlich keine besondere Erläuterungspflicht vor. Die Bilanzrichtlinie begnügt sich vielmehr mit der Vorgabe, dass die wichtigsten Merkmale „zu beschreiben" sind.

IV. Juli 2009: Unterbliebene Abstimmung des ARUG auf die zwischenzeitlichen Änderungen des BilMoG

Dem BilMoG folgte wenige Monate später das ARUG, mit dem unter anderem die Vorgaben der Aktionärsrechterichtlinie umgesetzt werden sollten.[18] Das ARUG regelte nunmehr in § 176 Abs. 1 S. 1 AktG, dass der Vorstand der Hauptversammlung außer den in § 175 Abs. 2 genannten Vorlagen, *„bei börsennotierten Gesellschaften einen erläuternden Bericht zu den Angaben nach § 289 Abs. 4, § 315 Abs. 4 HGB zugänglich"* zu machen hat. Gleichzeitig ordnete das ARUG an, in § 175 Abs. 2 S. 1 AktG die Wörter *„ein erläuternder Bericht zu den Angaben nach § 289 Abs. 4, § 315 Abs. 4 des Handelsgesetzbuchs"* zu streichen. § 120 Abs. 3 S. 2 und 3 AktG wurde als überflüssig erkannt und mit Recht gestrichen.[19]

In seiner Stellungnahme zum Referentenentwurf des ARUG hatte der Handelsrechtsausschuss erneut und wiederum vergeblich vorgeschlagen, die Pflicht zur Erläuterung der Angaben weder in § 175 noch in § 176 AktG, sondern in §§ 289 Abs. 4, 314 Abs. 4 HGB selbst zu regeln, indem jeweils im Eingangssatz dieser Vorschriften nach dem Wort *„anzugeben"* die Worte *„und zu erläutern"* angefügt werden.

Der Gesetzgeber des ARUG wollte, dass sich die Pflicht zur Erstellung und Offenlegung des erläuternden Berichts künftig allein aus § 176 Abs. 1 S. 1 AktG ergibt. Zur Begründung wurden vor allem systematische Erwägungen geltend gemacht.[20] Übersehen wurde dabei jedoch, dass der zu streichende Passus in § 175 Abs. 2 S. 1 AktG seit dem BilMoG mittler-

---

[16] Begr. RefE zu Art. 4 Nr. 12 BilMoG und gleichlautend Begr. RegE, BT-Drucks. 16/10067 vom 30.7.2008, S. 105: „Die Änderung in § 175 Abs. 2 S. 1 AktG folgt aus der Änderung des § 289 HGB". Zutreffend führte der RefE in der Fußnote zur Einleitung des RefE Art. 4 Nr. 12 nicht als Vorschrift auf, die der Umsetzung europäischer Richtlinienvorgaben dient. Die Beschlussempfehlung und der Bericht des Rechtsausschusses vom 24.3.2009, BT-Drucks. 16/12407 S. 48 f. übernahm die „Folgeänderungen" in §§ 120, 175 AktG unverändert.

[17] So wiederum das Leitmotiv in der Einleitung zur Begründung des RegE des BilMoG, BT-Drucks. 16/10067 vom 30. 7.2008 S. 1.

[18] Gesetz zur Umsetzung der Aktionärsrechterichtlinie vom 30.7.2009, BGBl. I S. 2479.

[19] Begr. RegE, BT-Drucks. 16/11642 vom 21.1.2009 S. 27.

[20] Begr. RegE, BT-Drucks. 16/11642 vom 21.1.2009 S. 35: „Börsennotierte Gesellschaften sind künftig verpflichtet, den Jahresabschluss und die sonstigen in der ordentlichen Hauptversammlung

weile lautete: „ein erläuternder Bericht zu den Angaben nach § 289 Abs. 4 *Nr. 1 bis 5 und Abs. 5* sowie § 315 Abs. 4 des Handelsgesetzbuchs".[21] Damit zielte die beabsichtigte Streichung auf einen überholten Gesetzeswortlaut. Es spricht daher viel dafür, dass die Streichung ins Leere geht und damit schlicht unwirksam ist. Das Bundesministerium der Justiz jedenfalls vertritt in seiner gemeinsam mit Juris betreuten Online-Ausgabe des AktG in einer Fußnote zu § 175 Abs. 2 S. 1 AktG die Auffassung, die Änderungsanweisung des ARUG sei „wegen eines Redaktionsversehens nicht ausführbar". Folgt man dem, gilt derzeit § 175 Abs. 2 S. 1 AktG in der Fassung des BilMoG und § 176 Abs. 1 S. 1 AktG in der Fassung des ARUG.

In der Literatur wird zwar vertreten, dass das ARUG trotz der missglückten Fassung der Änderungsanweisung jeden Bezug auf den erläuternden Bericht in § 175 Abs. 2 S. 1 AktG „eliminiert" hat.[22] Zur Begründung wird ausgeführt, dass die gesetzgeberische Intention ins Leere liefe, wenn man die unzureichende inhaltliche Abstimmung zwischen BilMoG und ARUG als unüberbrückbares Umsetzungshindernis ansehen würde.[23] In der Sache ist man zwar geneigt zuzustimmen, weil auf diese Weise die nach der Richtlinie nicht erforderliche, jedoch in § 175 Abs. 2 AktG idF des BilMoG enthaltene Pflicht zur Erläuterung der Angaben nach § 289 Abs. 5 AktG beseitigt wird. Es ist aber die Frage, ob und wie sich dies methodisch rechtfertigen ließe. Mit den anerkannten Methoden der Gesetzesauslegung wäre das schwerlich möglich.

Inzwischen hat das Bundesministerium der Justiz am 2. November 2010 einen Reformenentwurf für eine Aktienrechtsnovelle 2011 vorgelegt und in diesem Entwurf vorgeschlagen, das Redaktionsversehen des ARUG zu korrigieren, indem in § 175 Abs. 2 AkH jeder Betrug auf einen erläuternden Bericht zu den Angaben nach §§ 289, 315 HGB gestrichen wird. Das ist zu begrüßen, geht aber nicht weit genug, da sowohl § 176 Abs. 1 AkH als auch §§ 289 Abs. 4, 315 Abs. 4 HGB unverändert bleiben sollen.

V. Ergebnis

Die wechselnden Bemühungen des Gesetzgebers zur Umsetzung von Art. 10 Abs. 3 der Übernahmerichtlinie haben zu einem verwirrenden und unnötig komplizierten Rechtszustand geführt, der nur noch mit Hilfe „rechtshistorischer Analyse" nachvollziehbar ist. Viel gewonnen wäre schon mit der naheliegenden Erkenntnis, dass sich „Angaben" und „Erläuterung der Angaben" des Vorstands inhaltlich nicht vernünftig trennen lassen und daher auch nicht getrennt geregelt werden sollten. Die Einleitung von Abs. 4 in §§ 289, 315 HGB kann folglich schlicht jeweils hinter dem Wert *„anzugeben"* um die Worte *„und zu erläutern"* ergänzt werden. Damit wäre Art. 10 Abs. 3 der Übernahmerichtlinie „eins zu eins" umgesetzt. Im Aktiengesetz sollte im Gegenzug sowohl in § 175 Abs. 2 AktG als auch in § 176 Abs. 1 AktG jeder Bezug auf einen erläuternden Bericht zu den Angaben nach §§ 289, 315 HGB ersatzlos gestrichen werden.

---

zugänglich zu machenden Vorlagen alsbald ab der Einberufung über ihre Internetseite zu veröffentlichen. Sie können eine Auslegung in den Geschäftsräumen daher nicht mehr alternativ, sondern nur „freiwillig" und zusätzlich anbieten. Einer gesetzlichen Regelung in § 175 Abs. 2 S. 1 AktG bedarf es hierzu nicht. Für die Versammlung selber ist dann allerdings eine Regelung in § 176 AktG erforderlich." Deutlicher zur primär systematischen Motivation noch der RefE in der Begründung zu Nr. 19 lit. a: „daher ist es systematisch richtiger, die nur börsennotierte Gesellschaften betreffenden Unterlagen nicht in § 175 Abs. 2 S. 1 AktG zu benennen, sondern nach § 176 AktG zu verschieben".

[21] Nur am Rande sei darauf hingewiesen, dass sich die zwischenzeitliche Beschränkung der Erläuterungspflicht auf die Angaben nach § 289 Abs. 4 Nr. 1 bis 5 mit der umfassenden Erläuterungspflicht des Art. 10 Abs. 3 der Übernahmerichtlinie nur schwer in Einklang bringen lässt, vgl. dazu *Ziemons* GWR 2009, 106, 107 sowie *Kiefner* NZG 2010, 692, 694.

[22] *Kiefner* NZG 2010, 692, 693; im Ergebnis ebenso *Hüffer* AktG, 9. Aufl. 2010, § 175 Rn. 5.

[23] *Kiefner* NZG 2010, 692, 693.

Zu § 289 Abs. 5 und § 315 Abs. 2 Nr. 5 HGB erübrigt sich eine entsprechende Ergänzung durch die Worte „und zu erläutern". Wie ausgeführt ist eine gesonderte „Erläuterung" nach der Bilanzrichtlinie/Konzernbilanzrichtlinie nicht erforderlich und in der Sache auch schadlos verzichtbar.

PETER HOMMELHOFF

Vorstandsbezüge in der Konzerntochter

Übersicht

In der Unternehmenspraxis beschäftigt das Gesetz zur Angemessenheit der Vorstandsbezüge[1] die Aufsichtsräte in Aktiengesellschaften momentan intensiv und führt trotz einer reichen Einführungsliteratur[2] immer noch zu neuen Fragen – so etwa zu dieser: wie wirkt sich das Gesetz auf die Rechtslage in konzernabhängigen Tochteraktiengesellschaften kompetentiell und materiell aus? Lassen sich die praktisch offenbar weit verbreiteten Konzernanstellungsverträge[3] unverändert fortführen, die der Vorstand der Konzernspitze (für diese) mit den Vorstandsmitgliedern der Töchter abzuschließen pflegt? Nach welchen Kriterien bemisst sich die Höhe der Gesamtbezüge in den Tochtervorständen: inwieweit kann (und muss) der Konzernverflechtung der Tochter Rechnung getragen werden? Ist dabei nach der Qualität der Konzernverbindung vom faktischen bis zum Eingliederungskonzern zu unterscheiden[4]? In der Unternehmens- und Konzernpraxis resultiert aus diesen Fragen in manchem Tochteraufsichtsrat beträchtliche Unruhe; zweifeln doch viele Ratsmitglieder angesichts der expliziten Haftungsdrohung aus § 116 S. 3 AktG daran, ob sie die Anstellungsverträge der Tochtervorstände, ihre Ausgestaltung und ihren Abschluss unverändert der Konzernmutter überlassen dürfen[5] und damit insoweit im Status der Unverantwortlichkeit verbleiben können. Vor hieraus herrührender Haftung sollten die Ratsmitglieder in den Konzerntöchtern möglichst bewahrt werden; hierzu möchte die nachfolgende Skizze einen *Wulf Goette,* dem wissenschaftlichen und persönlichen Freund, gewidmeten Beitrag leisten.

---

[1] Gesetz zur Angemessenheit der Vorstandsvergütung vom 31. 7. 2009, BGBl. I S. 2509.

[2] *Annuß/Theusinger* BB 2009, 2434 ff.; *Bauer/Arnold* AG 2009, 717 ff.; *Bosse* BB 2009, 1650 ff.; *Dauner-Lieb/v. Preen/Simon* DB 2010, 377 ff.; Deutsche Industrie- und Handelskammer NZG 2009, 538 ff.; *Jaeger/Balke* ZIP 2010, 1471 ff.; *Fleischer* BB 2010, 67 ff.; *ders.* NZG 2009, 801 ff.; Handelsrechtsausschuss des DAV NZG 2009, 612 ff.; *Hoffmann-Becking/Krieger* NZG-Beilage 2009, 1 ff.; *Hohenstatt* ZIP 2009, 1349 ff.; *Lingemann* BB 2009, 1918 ff.; *Nießen* NJW-Spezial 2009, 479 ff.; *Seibert* WM 2009, 1489 ff.; *Thüsing* AG 2009, 517 ff.; *Wagner/Wittgens* BB 2009, 906 ff.

[3] Insbesondere in dem Fall, dass die Vorstandsmitglieder der Tochter noch weitere Funktionen im Konzern innehaben; vgl. *Peltzer* in: Semler/Peltzer, Arbeitshandbuch für Vorstandsmitglieder, 2005, § 2 Rn. 138; ähnlich *Thüsing* in: Fleischer, Handbuch des Vorstandsrechts, 2006, § 4 Rn. 67.

[4] Vgl. vorerst nur *Hüffer* AktG, 9. Aufl. 2010, § 84 Rn. 14.

[5] In der Praxis ist die Zulässigkeit noch nicht abschließend geklärt; vgl. *Thüsing* (Fn. 3) § 4 Rn. 67; *Hüffer* AktG, 9. Aufl. 2010, § 84 Rn. 14.

I. Eckpunkte im Vergütungsrecht und ihre Konzernerstreckung

Zu den Vorstandsbezügen hat der Gesetzgeber 2009 für sämtliche Aktiengesellschaften eine Reihe von Eckpunkten mit dem Ziel festgelegt, zwischen den Aufgaben und Leistungen des einzelnen Vorstandsmitglieds sowie der Lage der Gesellschaft auf der einen Seite und seinen Gesamtbezügen und ihrer Höhe auf der anderen ein angemessenes Verhältnis herstellen zu lassen (§ 87 Abs. 1 S. 1 AktG). Über diesen Angemessenheits-Ausgleich sollen nicht bloß in der Vergangenheit erbrachte Leistungen vergolten werden; darüber hinaus und vor allem will der Gesetzgeber über diesen Ausgleich das Verhalten der Vorstandsmitglieder in der Zukunft steuern lassen.[6]

1. Für dies Grundanliegen nimmt das Gesetz jedes Aufsichtsratsmitglied auf der Anteilseigner- und auf der Arbeitnehmerseite gleichermaßen in Verantwortung, indem es die Festsetzung der Gesamtbezüge dem Aufsichtsratsplenum als obligatorische Aufgabe zuweist (§ 107 Abs. 3 S. 3 AktG) und damit die bislang übliche Praxis unterbindet, die Festsetzung der Vergütung einem Aufsichtsratsausschuss zur endgültigen Erledigung zu übertragen. Unterstrichen wird diese Verantwortung jedes einzelnen Aufsichtsratsmitglieds durch die (rechtssystematisch an sich überflüssige[7]) ausdrückliche Haftungsandrohung in § 116 S. 3 AktG; sie soll als besonderes Signal in die Unternehmenspraxis hineinwirken und betont zugleich die herausragende Bedeutung, die nach Ansicht des Gesetzgebers der Steuerungswirkung der Vorstandsbezüge zukommt.

Diese Steuerungswirkung der Bezüge hat der Gesetzgeber selbst genutzt, um ein weiteres Ziel in börsennotierten Gesellschaften materiell zu unterlegen: die Ausrichtung der Vorstandstätigkeit in diesen Unternehmen von öffentlichem Interesse auf deren nachhaltige Entwicklung (arg. § 87 Abs. 1 S. 2 AktG). Auch sie wird allen Aufsichtsratsmitgliedern als spezielle Vorgabe zur Ausgestaltung der Vorstandsverträge (§ 107 Abs. 3 S. 3 AktG) und konsequent zugleich zur Wahrnehmung der Überwachungsaufgabe (§ 111 Abs. 1 AktG) überantwortet. Wie der Gesamtaufsichtsrat diese seine Kompetenz bei den einzelnen Vorstandsmitgliedern tatsächlich wahrgenommen hat und wie sich die Festsetzung ihrer Gesamtbezüge effektiv auswirkt, kann im Einzel- und im Konzernabschluss der börsennotierten Gesellschaften jahresperiodisch abgelesen werden (§§ 285 Nr. 9a S. 5/314 Abs. 1 Nr. 6a S. 5 HGB). Über diese Transparenzvorgaben in ihrem Individualzuschnitt ist das Gesetz auf Steuerung in umgekehrter Wirkrichtung hin angelegt: Die Aufsichtsratsmitglieder, namentlich die der Arbeitnehmer werden mit Sorgfalt darauf bedacht sein, die individuellen Gesamtbezüge einzelner Vorstandsmitglieder nicht übermäßig „ins Kraut schießen zu lassen".[8] Hinter diesem Regelungsgeflecht für börsennotierte Gesellschaften schimmert deshalb zusätzlich der Gedanke der „sozialen Gerechtigkeit"[9] auf.

2. Den Konzern nimmt das Vorstandsvergütungsgesetz (wenigstens nach seinem Wortlaut) nicht in Bezug. Nur in seinem Umfeld tauchen die Aufgaben, die ein Organmitglied im Mutter- und in den Tochterunternehmen wahrnimmt, und die hierfür gewährten Gesamtbezüge im Rahmen der Konzernpublizität auf (§ 314 Abs. 1 Nr. 6a S. 1 HGB). Aber damit sind die Vorstandsbezüge in Konzerntöchtern und die Aufgaben des Tochteraufsichtsrats mit Blick auf sie noch nicht einmal im Ansatz angedeutet; denn in der genannten Vorschrift zur Konzernpublizität sind allein die Organmitglieder des Mutterunternehmens angesprochen: zu nennen sind auch die Bezüge, die sie *zusätzlich* in Tochterunternehmen beziehen. Nicht erfasst sind dagegen jene Organmitglieder, die aus-

---

[6] Vgl. RegE VorstAG, BT-Drucks. 16/12278 S. 6.

[7] *Hüffer* AktG, 9. Aufl. 2010, § 116 Rn. 10.

[8] Die Steuerungsfunktion durch Transparenz für Öffentlichkeit und Aktionäre ist ein grundlegender Gedanke des VorstAG; RegE VorstAG, BT-Drucks. 16/12278 S. 6.

[9] S. *Seibert* WM 2009, 1489.

schließlich in einem Tochterunternehmen agieren; deren Bezüge sind nicht im Konzernabschluss zu nennen (arg § 285 Abs. 1 Nr. 6 vor a HGB: ... des Mutterunternehmens).

3. Wenn somit die Bezüge von Tochtervorständen keine konzernspezifisch gesonderte Regelung im Vorstandsvergütungsgesetz gefunden haben, lässt sich dieser Umstand in zwei gegensätzlichen Richtungen deuten: Entweder wollte der Gesetzgeber die Vorstände und Aufsichtsräte in Tochtergesellschaften denselben Regeln wie die in konzernfreien Gesellschaften unterwerfen. Oder das Gesetz enthält eine erhebliche Lücke, die ihrer Füllung bedarf. In welcher Richtung die interpretatorische Weiche gestellt werden muss, wird maßgeblich von zwei Umständen abhängen: zum einen davon, ob sich die Vergütungsregeln für konzernfreie Aktiengesellschaften ohne größere Brüche auf die konzernabhängigen Tochtergesellschaften übertragen lassen; und zum anderen davon, ob sich mögliche Sonderprobleme aus der Konzerneinbindung durch eine konzernspezifische Fortschreibung des Vergütungsrechts angemessen bewältigen lassen. Sollte das so sein, besteht kein Anlass, für Tochtervorstände und -aufsichtsräte von einer Regelungslücke auszugehen.

II. Die Plenarkompetenz für die Vorstandsbezüge

Die obligatorische Plenarzuständigkeit des Aufsichtsrats für die Vorstandsvergütung (§ 107 Abs. 3 S. 3 AktG) revolutioniert die bisherige Aufsichtsratspraxis; in ihr waren die Vorstandsbezüge bisher in fast jeder Aktiengesellschaft nicht vom Gesamtaufsichtsrat festgelegt worden, sondern von einem ersetzenden Ausschuss (Personalausschuss, Präsidium, compensation committee) oder gar vom zum Abschluss des Anstellungsvertrages besonders ermächtigten Aufsichtsratsvorsitzenden.

1. Diesen Umbruch hat der Gesetzgeber des Vorstandsvergütungsgesetzes mit dem Ziel begründet, die Festsetzung der Vergütung solle transparenter gehandhabt und die Verantwortung des Gesamtaufsichtsrats gestärkt werden.[10] Hiervon hat sich der Gesetzgeber auch nicht durch Bedenken abbringen lassen, die gegen die obligatorische Plenarkompetenz im Gesetzgebungsverfahren erhoben worden sind: Gefährdung der Vertraulichkeit, eingeschränkte Kompetenz mancher Aufsichtsratsmitglieder, erschwerte Einwerbung insbesondere ausländischer Vorstandsmitglieder, kompliziertere Entscheidungsverfahren. Zwar lassen sich diese Momente wesentlich im Zusammenwirken zwischen einem bloß vorbereitenden Ausschuss und dem Aufsichtsratsplenum entschärfen. Aber dennoch will nicht ohne weiteres einleuchten, warum die Einschaltung aller Aufsichtsratsmitglieder und die daraus herrührende Transparenz innerhalb des Organs die Zurückstellung dieser Bedenken soll rechtspolitisch begründen können.

Ganz maßgeblich legitimiert wird die obligatorische Plenarkompetenz durch das Ziel des Vorstandsvergütungsgesetzes, die Verantwortung des Gesamtaufsichtsrates zu stärken. Und das ist richtig so; denn dieser ist bereits für die Besetzung der einzelnen Vorstandspositionen einschließlich der möglichen Berufung eines Vorstandsvorsitzenden zwingend zuständig (§§ 107 Abs. 3 S. 3/84 Abs. 1 und 2 AktG). Die Vorstandsbesetzung ist die bedeutendste Aufgabe des Aufsichtsrats und jedes seiner Mitglieder. Denn in Ausübung seiner Besetzungskompetenz legt der Aufsichtsrat zugleich die Richtung fest, in der sich nach seiner Vorstellung die Gesellschaft und ihr Unternehmen in der näheren und ferneren Zukunft entwickeln sollen. Schon in der Vorstandsbesetzung sind deshalb wesentliche Impulse angelegt, das unternehmerische Geschehen in Zukunft zu steuern. Diese Steuerungsimpulse werden durch die Vergütung und ihre konkrete Ausgestaltung namentlich der variablen Vergütungsbestandteile feinmotorisch ergänzt und sollen dies nach der Vorstellung des Vorstandsvergütungsgesetzes auch.[11] Mithin bilden Vorstandsbesetzung und

[10] Vgl. RegE VorstAG, BT-Drucks. 16/12278 S. 6.
[11] S. RegE VorstAG, BT-Drucks. 16/12278 S. 5.

Vorstandsvergütung mit Blick auf die Steuerung des unternehmerischen Geschehens eine funktionale Einheit.[12] Daraus folgt zugleich der Stellenwert, der der Festsetzung der Vorstandsvergütung im Rahmen der Aufsichtsratsaufgaben zukommt. Deshalb hat der Gesetzgeber aus seiner vornehmlich im Bankenbereich gewonnenen Erkenntnis, welche Steuerungswirkungen aus der konkreten Ausgestaltung der Vorstandsvergütung resultieren, zutreffend den rechtspolitischen Schluss gezogen, auch die Vergütung der obligatorischen Plenarkompetenz zu unterstellen und die Verantwortung jedes einzelnen Aufsichtsratsmitglieds nicht allein für die Vorstandsbesetzung, sondern auch und vor allem für die Vergütung der Vorstandsmitglieder zu betonen (§ 116 S. 3 AktG).

2. Was folgt aus alledem für die Vergütung der Tochtervorstände? Ihre Mitglieder werden vom Aufsichtsrat der Konzerntochter nicht anders berufen als in der konzernfreien Aktiengesellschaft. Das gilt für die faktisch konzernierte Tochter gleichermaßen wie für die vertraglich konzernierte und die eingegliederte. Sogar für diese sieht das Aktiengesetz bekanntlich kein Sonderregime zur Vorstandsbesetzung vor – etwa ein gesetzliches oder potentiell statutarisches Besetzungsrecht für die Hauptgesellschaft. Wegen der funktionalen Verkoppelung zwischen Vorstandsbesetzung und Vorstandsvergütung (s. unter II. 1.) scheint daher alles dafür zu sprechen, auch die Festsetzung der Vergütung in jedem Fall der Konzernierung dem Gesamtaufsichtsrat der Tochteraktiengesellschaft zwingend zuzuweisen. Allerdings bleibt die Frage der Feinsteuerung des Geschehens im Tochterunternehmen, ihre Ausübung durch den Tochteraufsichtsrat und deren Notwendigkeit.

a) Im faktischen AG-Konzern fungiert die Tochter nach dem gesetzlichen Grundkonzept als weithin selbständiger Konzernbaustein, der im Wesentlichen dezentral eingebunden bleiben muss und nicht zu eng von der Konzernmutter geführt werden darf. Die Tochterorgane sind auf das Tochtereigeninteresse ausgerichtet und dürfen das Konzerninteresse bloß im Rahmen der Eigeninteressen der Tochter verfolgen; ob der Tochtervorstand dies im konkreten Einzelfall tun will, entscheidet er eigenverantwortlich (§ 76 Abs. 1 AktG).[13] Auf Rechtsgeschäfte und Maßnahmen, die für die Tochter nachteilig sind, darf sich der Tochtervorstand bloß gegen Nachteilsausgleich einlassen (§ 311 Abs. 2 AktG). Auch dies hat der Tochteraufsichtsrat überwachend sicherzustellen (arg § 314 AktG).

Der Tochtervorstand im faktischen Konzern ist somit ein normaler, wenn auch eingebundener Vorstand nach dem Aktienrecht mit einigen aus der Konzernverflechtung seiner Gesellschaft herrührenden Sonderaufgaben (§§ 311 f. AktG). Wegen seiner grundsätzlichen Normalität ist konsequent der Tochteraufsichtsrat aufgerufen, mit der Besetzung der Vorstandspositionen das unternehmerische Geschehen in der Konzerntochter vorzusteuern, und ebenso konsequent ist der Gesamtaufsichtsrat für die Festsetzung der Tochtervorstandsbezüge als Maßnahme der Feinsteuerung zuständig.

Deshalb muss der gesamte Tochteraufsichtsrat im faktischen AG-Konzern selbst und maßgeblich über die Gesamtbezüge der Tochtervorstandsmitglieder befinden.[14] Das schließt Konzernanstellungsverträge aus, in denen allein die Konzernmutter mit dem einzelnen Mitglied des Tochtervorstands unter anderem dessen Bezüge vereinbart. Die Einschaltung des Mutteraufsichtsrats hilft nicht weiter, weil die Kompetenzen des Tochteraufsichtsrats nicht gegen die des Mutteraufsichtsrats ausgetauscht werden können. Jedes Organ

---

[12] Die Steuerungswirkung auch und gerade der variablen Vergütungsbestandteile haben schon *Fonk* in: Semler/v. Schenck, Arbeitshandbuch für Aufsichtsratsmitglieder, 2. Aufl. 2004, § 9 Rn. 199; *Lutter/Krieger* Rechte und Pflichten des Aufsichtsrats, 5. Aufl. 2008, § 7 Rn. 405 herausgestellt.

[13] KG ZIP 2003, 1042, 1049; *Fleischer* in: Fleischer, Handbuch des Vorstandsrechts, 2006, § 18 Rn. 104; MünchHdb. AG/*Krieger* 3. Aufl. 2007, § 69 Rn. 24; *Raiser/Veil* Recht der Kapitalgesellschaften, 5. Aufl. 2010, § 53 Rn. 10; MünchKommAktG/*Spindler* 3. Aufl. 2008, § 76 Rn. 47.

[14] Bereits nach altem Recht *Fonk* (Fn. 12) § 9 Rn. 198. Wenigstens einen Zustimmungsvorbehalt – doch auch vor dem VorstAG – verlangen *Lutter/Krieger* (Fn. 12) § 7 Rn. 405; MünchHdb. AG/*Wiesner* 3. Aufl. 2007, § 21 Rn. 3.

hat seinen eigenen und nicht abgebbaren Aufgabenbereich.[15] Dagegen steht es im Einklang mit der Plenarkompetenz des Tochteraufsichtsrats, wenn Repräsentanten der Konzernmutter im Tochteraufsichtsrat als dessen vorbereitender Ausschuss fungieren und mit den einzelnen Mitgliedern des Tochtervorstands deren Anstellungsbedingungen einschließlich der Gesamtbezüge und deren Strukturierung vorverhandeln – nicht zuletzt mit dem Ziel, die Bezüge der Tochtervorstandsmitglieder mit dem Gesamtgefüge der Vorstandsbezüge im Konzern harmonisch abzustimmen. Allerdings müssen dann die nicht an den Vorverhandlungen beteiligten Mitglieder des Tochteraufsichtsrats so qualifiziert zu den Vertragseinzelheiten, deren Beweggründen und effektiven Auswirkungen informiert werden, dass sie nach sorgfältiger Beratung und Abwägung im Aufsichtsratsplenum in der Lage sind, den Entscheidungsvorschlag des Aufsichtsratsausschusses als eigene Entscheidung in individueller Verantwortung (§ 116 S. 3 AktG) zu übernehmen.

b) Gelten diese Grundsätze in gleicher Weise für den Tochteraufsichtsrat im Eingliederungskonzern? In ihm fungiert die eingegliederte Gesellschaft bloß als nachgeordnete Betriebsabteilung der Hauptgesellschaft.[16] Auf deren Interessen und die des Konzerns ist die eingegliederte Tochter ausgerichtet (§ 323 Abs. 1 S. 1 AktG); die Hauptgesellschaft kann dem Tochtervorstand ganz weithin frei Weisungen erteilen, die dieser befolgen muss (§§ 323 Abs. 1 S. 2/308 Abs. 2 S. 1 AktG).[17] Im Gegenzug ist die Hauptgesellschaft nicht nur zum Verlustausgleich verpflichtet (§ 324 Abs. 3 AktG), sondern haftet darüber hinaus gegenüber den Gläubigern der eingegliederten Gesellschaft als Gesamtschuldnerin (§ 322 Abs. 1 AktG).

Im Eingliederungskonzern agieren die Geschäftsleiter der eingegliederten Gesellschaft nur formal als Vorstand, in der Sache fungieren sie als weisungsunterworfene Angehörige der Konzernmutter (wenn auch mit einigen weisungsfesten Restkompetenzen). Auf diese Einordnung ist der Tochtervorstand im Eingliederungskonzern schon deshalb von Rechts wegen angelegt, weil die Hauptgesellschaft für die Aktionen der Tochter unmittelbar, unbeschränkt, sogleich und mithin mit vollem Risiko einstehen muss. Steuerungsimpulse auf die eingegliederte Gesellschaft und auf das unternehmerische Geschehen in ihr entfaltet deshalb die Hauptgesellschaft über ihre Weisungen in der Form von generellen Vorgaben zur Unternehmenspolitik einerseits und durch Einzelvorgaben ad hoc andererseits. Demgegenüber bleibt schon von Rechts wegen für den Tochteraufsichtsrat kein Raum, dem unternehmerischen Geschehen in der eingegliederten Gesellschaft durch die Besetzung ihrer Vorstandspositionen Richtung und Tempo zu verleihen.[18] Wegen der im Eingliederungskonzern fehlenden Steuerungseffekte bedarf es auch keiner Feinsteuerung durch die Vorstandsbezüge und ihre Ausgestaltung. Konsequent ist es nicht zwingend, dass sich der Gesamtaufsichtsrat mit ihrer Festsetzung befasst; dies kann einem ersetzenden Aufsichtsratsausschuss übertragen werden. Für den Tochteraufsichtsrat im Eingliederungskonzern ist

---

[15] Vgl. *Fonk* (Fn. 12) § 9 Rn. 198; *Thüsing* (Fn. 3) § 4 Rn. 68; MünchHdb. AG/*Wiesner* 3. Aufl. 2007, § 21 Rn. 3.

[16] Zum Status der eingegliederten Gesellschaft MünchKommAktG/*Grunewald* 3. Aufl. 2010, Vor § 319 Rn. 3 f.; *Emmerich/Habersack* Konzernrecht, 9. Aufl. 2008, § 10 Rn. 51 ff.; *Habersack* in: Emmerich/Habersack, Aktien- und GmbH-Konzernrecht, 6. Aufl. 2010, § 319 Rn. 3.

[17] Die eingegliederte Gesellschaft wird allein im Interesse der Konzernmutter geführt, weshalb auch existenzgefährdende Weisungen zulässig sein sollen; *Fett* in: Bürgers/Körber, AktG, 2008, § 323 Rn. 1; MünchKommAktG/*Grunewald* 3. Aufl. 2010, § 323 Rn. 3; *Habersack* in: Emmerich/Habersack, Aktien- und GmbH-Konzernrecht, 6. Aufl. 2010, § 323 Rn. 2; KölnerKommAktG/*Koppensteiner* 3. Aufl. 2004, § 323 Rn. 4; MünchHdb. AG/*Krieger* 3. Aufl. 2007, § 73 Rn. 56; zweifelnd *Hüffer* AktG, 9. Aufl. 2010, § 323 Rn. 3; *Singhof* in: Spindler/Stilz, AktG, 2007, § 323 Rn. 2 ff.; aA *Ziemons* in: Schmidt/Lutter, AktG, 2. Aufl. 2010, § 323 Rn. 6.

[18] Der Überwachungsauftrag des Aufsichtsrats in der abhängigen Gesellschaft konkretisiert sich beim Vorliegen einer Weisung auf die Prüfung, ob der Vorstand der Untergesellschaft die Grenzen seiner Folgepflicht eingehalten hat; *Hommelhoff* ZGR 1996, 144, 147; *Lutter/Krieger* (Fn. 12) Rn. 157.

§ 107 Abs. 3 S. 3 AktG teleologisch zu reduzieren: Für ihn gilt die obligatorische Plenarkompetenz nicht. Ebenso sind Konzernanstellungsverträge mit der Hauptgesellschaft rechtens.[19]

Freilich steht nichts entgegen, dass dennoch sämtliche Aufsichtsratsmitglieder an der Festsetzung der Gesamtbezüge verantwortlich beteiligt werden. Um für die Handlungspflichten der Tochteraufsichtsratsmitglieder, ihre Verantwortlichkeit und für ihre mögliche Haftung eine rechtssichere Grundlage zu schaffen, wird es sich empfehlen, die Zuständigkeit für die Festsetzung der Vorstandsbezüge (und ggf. die weiteren Bedingungen der Anstellungsverträge) innerhalb der Gesellschaft/des Konzerns eindeutig im Voraus zu bestimmen und schriftlich zu fixieren.

c) Konzern-organisationsrechtlich steht der Vertragskonzern zwischen dem faktischen und dem Eingliederungskonzern. Für die Vorstandsbezüge in der vertraglich konzernierten Tochter stellt sich daher die Frage, ob für die Aufsichtsratskompetenz die Regeln des faktischen Konzerns Anwendung finden oder die des Eingliederungskonzerns. Ausgerichtet auf die Stellung der abhängigen Tochter im Konzern und auf die Position ihres Vorstands liegt der Vertragskonzern näher am Eingliederungs- als am faktischen Konzern.[20] Für diese Einordnung streiten der Vorrang des Konzerninteresses in der vertraglich konzernierten Tochter (§ 308 AktG), das ganz weithin unbeschränkte[21] Weisungsrecht des herrschenden Unternehmens und vor allem seine Verpflichtung zum jahresperiodischen Verlustausgleich (§ 302 Abs. 1 AktG), welche die am Vertragskonzern beteiligten Unternehmen zu einer Risikoeinheit zusammenbindet.

Deshalb gehen auch in dieser Konzernform die Steuerungsimpulse nach dem Konzept des Aktiengesetzes primär von den leitenden Weisungen des herrschenden Unternehmens aus und allenfalls nachgeordnet von der Besetzung der Vorstandspositionen in der Tochtergesellschaft. Gewiss – das mag im konkreten Einzelfall einmal anders sein – etwa wenn die Konzernmutter in einem betont dezentral organisierten Konzern die Tochter weithin eigenverantwortlich „at arm's length" laufen lässt.[22] Aber Grenzlinien lassen sich weder hinreichend scharf, noch auf Dauer ziehen. Deshalb ist es im Interesse der Rechtssicherheit geboten, für die Zuständigkeit zur Festsetzung der Tochtervorstandsbezüge allein auf die Konzernierungsform abzustellen: Auch im Vertragskonzern gilt insoweit die Vorgabe obligatorischer Plenarkompetenz im Aufsichtsrat (§§ 107 Abs. 3 S. 3/87 Abs. 1 AktG) nicht. Auch hier können sich die Tochtervorstandsmitglieder im Extremfall unmittelbar mit dem herrschenden Unternehmen über ihre Bezüge und deren Ausgestaltung im Einzelnen verständigen.

3. Zur praktischen Handhabung der Plenarkompetenz in Konzerntochtergesellschaften ergibt sich nach allem ein differenziertes Bild: In vertraglich konzernierten und eingegliederten Tochtergesellschaften kann an der weithin gepflegten Gewohnheit festgehalten werden: Über die Gesamtbezüge der Tochtervorstandsmitglieder können unverändert ein Ausschuss des Tochteraufsichtsrats, Repräsentanten des herrschenden Unternehmens in ihm oder das herrschende Unternehmen in Konzernanstellungsverträgen entscheiden. In diesen Konzernierungsformen gilt die obligatorische Plenarkompetenz aus §§ 107 Abs. 3 S. 3/87 Abs. 1 AktG nicht.

---

[19] Für eine Unterscheidung nach der spezifischen Konzernierungsform auch schon *Fonk* (Fn. 12) § 9 Rn. 198; *Hüffer* AktG, 9. Aufl. 2010, § 84 Rn. 14; *Seibt* in: Schmidt/Lutter, AktG, 2. Aufl. 2010, § 84 Rn. 26.

[20] Vgl. *Fleischer* (Fn. 13) § 18 Rn. 85, 102, 104; MünchKommAktG/*Spindler* 3. Aufl. 2008, § 76 Rn. 45 ff.

[21] Zu den Grenzen *Emmerich* in: Emmerich/Habersack, Aktien- und GmbH-Konzernrecht, 6. Aufl. 2010, § 308 Rn. 36 ff.; KölnerKommAktG/*Koppensteiner* 3. Aufl. 2004, § 308 Rn. 37 f.; *Veil* in: Spindler/Stilz, AktG, 2007, § 308 Rn. 28 ff.

[22] Zu den Vor- und Nachteilen der unterschiedlichen Holdingkonzepte *Scheffler* in: Lutter, Holding Handbuch, 4. Aufl. 2004, S. 34 ff.

Anders dagegen in der faktisch konzernierten Tochteraktiengesellschaft. In ihr ist der Gesamtaufsichtsrat für die Festsetzung der Tochtervorstandsbezüge und ihre Ausgestaltung zwingend zuständig und dementsprechend jedes Aufsichtsratsmitglied ebenso zwingend verantwortlich. Deshalb wird sich in nicht wenigen Tochteraufsichtsräten jetzt die Aufgabe für jedes Ratsmitglied stellen, dafür zu sorgen, dass die Vorstandsbezüge im Gesamtgremium beraten und über sie beschlossen wird. Vor allem muss es Sorge des Aufsichtsratsvorsitzenden sein, der neuen Rechtslage Rechnung zu tragen. Aber unabhängig hiervon bleiben alle Aufsichtsratsmitglieder, auch die der Arbeitnehmerseite, individuell verantwortlich (§ 116 S. 3 AktG).

III. Zur Angemessenheit von Tochtervorstandsbezügen

Unabhängig von der Kompetenzfrage und ihrer Konzernform-spezifischen Beantwortung gilt die Vorgabe des Vorstandsvergütungsgesetzes, dass die Gesamtbezüge in einem angemessenen Verhältnis zur Aufgabe und Leistung der Vorstandsmitglieder sowie zur Lage der Gesellschaft stehen müssen, nicht bloß für die konzernfreie Gesellschaft, sondern im Grundsatz unverändert auch für die konzernierte Tochtergesellschaft – unabhängig von der Form der Konzernierung. Denn es ist nicht anzunehmen, dass der Gesetzgeber freistellen wollte, den Vorstandsmitgliedern etwa einer eingegliederten Aktiengesellschaft unangemessene Bezüge zukommen zu lassen.[23] Im Weiteren jedoch ist konzernspezifisch zu fragen, ob und in welcher Richtung bei der Festsetzung der Vorstandsbezüge der Tatsache Rechnung getragen werden kann (und ggf. muss), dass die von den Vorstandsmitgliedern geleitete Tochtergesellschaft in einen Konzern eingebunden ist.

1. In der faktisch konzernierten Gesellschaft bemessen sich die angemessenen Vorstandsbezüge nach den für die konzernfreie Gesellschaft in Konkretisierung der Vorgaben aus § 87 Abs. 1 S. 1 AktG entwickelten Kriterien, wenn auch ergänzt um jene Besonderheiten, die aus dem faktischen Konzernverbund folgen: Der Tochtervorstand hat trotz (und gerade wegen) der Konzerneinflechtung seiner Gesellschaft permanent dafür zu sorgen, dass ihr Eigeninteresse nicht beeinträchtigt wird, mögliche Nachteile erfasst und dann auch tatsächlich ausgeglichen werden (§ 311 Abs. 1 AktG).[24] Dadurch wird nicht allein der Aufgabenbereich des Tochtervorstands konzernspezifisch erweitert. Darüber hinaus wird seinen Mitgliedern ebenso andauernd „Mannesmut vorm Königsthron" abgefordert: Wenn und soweit notwendig, müssen der Tochtervorstand und seine Mitglieder dem Ansinnen des herrschenden Unternehmens, von dem sie bekanntlich in ihrer Vorstandsposition abhängen, zumeist überdies diplomatisch geschmeidig widerstehen.

Dies hochdifferenzierte Handlungs- und Pflichtenprogramm für den Tochtervorstand dürfen dessen Bezüge in ihrer konkreten Ausgestaltung nicht konterkarieren und erst recht nicht leer laufen lassen. Das jedoch ist zu befürchten, wenn die konkreten Bezugsparameter darauf angelegt sind, den Konzerninteressen ohne gebührende Rücksicht auf die Tochtereigeninteressen Raum zu geben – so etwa, wenn wesentliche Parameter sich an Kenndaten der Konzernspitze mit übergroßer Gewichtung ausrichten. Darauf, ob die konkrete Gestaltung der Vorstandsbezüge tatsächlich zu Nachteilen für die Konzerntochter führt, kommt es nicht an.[25] Denn schon die generelle Eignung, die Tochtereigeninteressen zu gefährden, reicht für den Verstoß gegen das Schutzprogramm der §§ 311 ff. AktG aus und damit für

---

[23] Vgl. die einleitenden Bemerkungen im RegE VorstAG, BT-Drucks. 16/12278 S. 1.

[24] S. Nachweise in Fn. 13.

[25] Zutreffend OLG München ZIP 2008, 1237, 1239 – RWE Energy; die Nichtzulassungsbeschwerde wurde verworfen: BGH ZIP 2009, 2436 m. krit. Anm. *Wackerbarth*: Rückbezüglichkeit ist Rechtsverweigerung. Nach Drucklegung *Reichert/Balke* in FS Hellwig, 2010, S. 285 ff.

den Verstoß der Vorstandsbezüge gegen die Vorgaben aus § 87 Abs. 1 AktG: fundamentale Fehlsteuerung.[26]

All das sind Vorstandsaufgaben, deren erfolgreiche Bewältigung als Leistung im Sinne des § 87 Abs. 1 S. 1 AktG bei der Festsetzung seiner Bezüge zu berücksichtigen sind. Dass daran die Repräsentanten des herrschenden Unternehmens im Tochteraufsichtsrat (in aller Regel bestimmend) beteiligt sind, steht dem nicht entgegen.

Für die Lage der Tochtergesellschaft als Bemessungskriterium gelten im Normalfall keine Besonderheiten; sie ist ein Marktakteur wie andere, wenn auch ein faktisch konzernverflochtener. Deshalb fließt die Gesamtlage des Konzerns weder positiv, noch negativ maßgeblich prägend in die Bezugsfestsetzung für die Tochtervorstandsmitglieder ein, sondern allenfalls in marginal abrundender Ergänzung. Anders jedoch dann, wenn etwa die angespannte Tochterlage auf Veranlassungen des herrschenden Unternehmens zurück zu führen ist; das darf dem Tochtervorstand und seinen Mitgliedern nicht negativ angerechnet werden. – Sollte die Tochtergesellschaft börsennotiert sein, kommen das Zusatzziel der Nachhaltigkeit und die damit verbundenen Zusatzanforderungen (§ 87 Abs. 1 S. 2/3 AktG) zum Zuge. Konzernspezifisches ergibt sich soweit nicht.

2. Im Eingliederungskonzern bestimmen sich Aufgaben und Leistungen des Tochtervorstands und seiner Mitglieder ganz wesentlich nach den unternehmenspolitischen und sonstigen Vorgaben der Hauptgesellschaft.[27] Ihre mehr oder minder erfolgreiche Umsetzung ist namentlich bei der Fortschreibung der Vorstandsverträge maßgeblich. Nur geringes Gewicht kann demgegenüber der Lage der Tochtergesellschaft für die Bemessung der Vorstandsbezüge zukommen; wird diese doch im Wesentlichen von den Akteuren in der Hauptgesellschaft verantwortet: Die Leiter bloßer „Betriebsabteilungen" beeinflussen nur eingeschränkt den Erfolg oder Misserfolg eines ganzen Unternehmens. Deshalb darf das Kriterium der Tochterlage im Eingliederungskonzern auch nicht vollständig durch das der Konzernlage ersetzt werden; in Betracht kommt jedoch eine Kombination aus Tochter- und Konzernlage, falls im konkreten Einzelfall das Gesamtergebnis des Konzerns erkennbar auch auf das Wirken des Tochtervorstands zurückzuführen sein sollte.

3. Im Vertragskonzern hängt es wesentlich vom konkreten Zuschnitt der Konzernverbindung ab, ob sich Aufgaben, Leistungen und Tochterlage mehr an den Kriterien des faktischen oder des Eingliederungskonzerns für die Bemessung der Tochtervorstandsbezüge zu orientieren haben. Grosso modo steht im Zentrum die Frage, ob die Tochtergesellschaft trotz ihrer beherrschungsvertraglichen Einbindung dezentral geführt werden soll. Die Bemessungskriterien aus § 87 Abs. 1 S. 1 AktG sind offen genug, um in ihrer geschmeidigen Anwendung sicherzustellen, dass den Vorstandsmitgliedern der vertraglich konzernierten Tochtergesellschaft die im konkreten Einzelfall angemessenen Gesamtbezüge zugesprochen werden können. In dieser Flexibilität unterscheidet sich die Rechtslage nach § 87 AktG von der zur Kompetenzzuweisung nach § 107 Abs. 3 S. 3 AktG: Hier ist scharfkantig Rechtssicherheit geboten.

IV. Zusammenfassung

1. Allein in faktisch konzernierten Aktiengesellschaften ist der Tochteraufsichtsrat verpflichtet, über die Gesamtbezüge der Vorstandsmitglieder im Plenum zu beraten und zu

[26] So auch *Tröger* ZGR 2009, 447, 460ff. (mwN) in Auseinandersetzung mit *Habersack* zuletzt NZG 2008, 634, 635; diesem ist freilich zuzugestehen, dass nicht schon an der Vereinbarung Mutter-spezifischer Erfolgsziele allein die Rechtsunverträglichkeit festgemacht werden kann; diese folgt vielmehr erst aus der wertenden Gesamtbetrachtung aller steuernden Komponenten der Vorstandsvergütung in der faktisch konzernierten Tochtergesellschaft (näher *Waldhausen/Schüller* AG 2009, 179, 183f.).

[27] S. dazu Fn. 16.

beschließen. Nur in diesen Gesellschaften sind sämtliche Aufsichtsratsmitglieder, auch die der Arbeitnehmerseite, in gleicher Weise und unmittelbar verantwortlich. Ein vorbereitender Aufsichtsratsausschuss kann ihnen diese Verantwortung nicht abnehmen.

2. Dagegen dürfen in Eingliederungs- und Vertragskonzernen die Vorstandsbezüge in der Tochter von einem Aufsichtsratsausschuss, dem besonders bevollmächtigten Aufsichtsratsvorsitzenden oder Repräsentanten der Konzernmutter mit dem einzelnen Vorstandsmitglied verhandelt und vereinbart werden. In diesen Konzernierungsformen stößt die Praxis der Konzernanstellungsverträge auf keine Bedenken.

3. Für die Aufgaben und Leistungen des Tochtervorstands und seiner Mitglieder im faktischen Konzern sind zusätzlich die Beiträge zu berücksichtigen, die sie in Verfolg der §§ 311 f. AktG zu erbringen haben. Diese Bestimmungen verbieten es zugleich, die wesentlichen Bezugsparameter an Kenndaten der Konzernspitze mit übergroßer Gewichtung auszurichten.

4. Im Eingliederungskonzern bemessen sich Aufgaben und Leistungen des Tochtervorstands ganz maßgeblich nach den Weisungen und sonstigen Vorgaben der Hauptgesellschaft. Deshalb steht nichts entgegen, in die Vorstandsbezüge neben der Tochterlage auch die des Konzerns einfließen zu lassen.

5. Für die Bemessung der Vorstandsbezüge im Vertragskonzern kommt es ganz auf die konkrete Ausgestaltung der Konzernbeziehung zwischen Tochter- und Mutterunternehmen an, um die Einzelkriterien der Bemessung im konkreten Fall angemessen zu subsumieren.

KLAUS J. HOPT*

Verbot von Erwerbs- oder Veräußerungsgeschäften in Insiderpapieren unter Verwendung von Insiderinformationen (§ 14 Abs. 1 Nr. 1 WpHG)

Übersicht

Insiderrecht ist in Deutschland gesetzlich erst auf europäischen Druck geregelt worden. Maßgeblich waren die Insiderrichtlinie von 1989 und dann die diese ersetzende Marktmissbrauchsrichtlinie von 2003.[1] Diese Richtlinie ist eine Rahmenrichtlinie, die im sog. Lamfalussy-Prozess umgesetzt wird.[2] Zur Marktmissbrauchsrichtlinie sind vier europäische Durchführungsregelungen der Europäischen Kommission ergangen: eine Verordnung von

* Dieser Beitrag ist *Wulf Goette*, dem langjährigen Weggenossen bei der Herausgabe der ZGR und gemeinsamen Publikationen, gewidmet. Er ist Teil einer umfassenderen Darstellung der Insiderrechts- und Ad-hoc-Publizitätsprobleme in *Schimansky/Bunte/Lwowski* (Hrsg.), Bankrechts-Handbuch, 3. Aufl. 2011, § 107.

[1] Insiderrichtlinie vom 13. 11. 1989, ABl. vom 18. 11. 1989 Nr. L 334 S. 30; dazu *Hopt* ZGR 1991, 17. Marktmissbrauchsrichtlinie 2003/6/EG vom 28. 1. 2003, ABl. vom 12. 4. 2003 Nr. L 96 S. 16; dazu *Ferrarini* Common Market Law Review 41 (2004), 711. Umsetzung durch das AnsVG vom 28. 10. 2004, BGBl. I S. 2630, dazu *Ziemons* NZG 2004, 537, *Holzborn/Israel* WM 2004, 1948, *Spindler* NJW 2004, 3449. Zur Umsetzung der Insiderrichtlinie in den Mitgliedstaaten *Black* Company Financial and Insolvency Law Review 2 (1998), 1. Die Marktmissbrauchsrichtlinie ist für 2011/12 in Überarbeitung, NZG 2010, 822. Dabei stellt sich auch die für die Insiderrichtlinie verneinte Frage der Vollharmonisierung, die der EuGH bisher offen gelassen hat, EuGH 23. 12. 2009, ZIP 2010, 78 (Spector Photo Group; dazu Fn. 8) Tz. 63 f.; diese bejahend zB *Möllers* in: FS Horn, 2006, S. 473, 484 ff.; offen *Veil* ZHR 172 (2008), 239, 259.

[2] Vier Ebenen: Rahmenrichtlinie, DurchführungsVO und –Richtlinien, unverbindliche Leitlinien durch CESR, nunmehr ESMA, und Umsetzungskontrolle durch die Kommission. Näher *Schmolke* NZG 2005, 912.

2003,[3] die Ausnahmeregelungen für Rückkaufprogramme und Kursstabilisierungsmaßnahmen enthält, und drei Richtlinien von 2003 und 2004.[4] Aus dieser Aufzählung lässt sich unschwer ersehen, dass das deutsche Insiderrecht nicht mehr allein aus der eigenen nationalen Rechtsordnung heraus, sondern im Lichte des europäischen Rechts, also insbesondere richtlinienkonform auszulegen ist.[5] Das hat materielle und prozessuale Konsequenzen. Materiell bedeutet das, dass die Bestimmung der Begriffe und der einzelnen Tatbestandsmerkmale der §§ 12 ff. WpHG jeweils an den genannten europäischen Regelungen auszurichten ist. Prozessual sind Fragen der Auslegung des europäischen Rechts letztlich die Domäne des EuGH nach dem Vorlageverfahren des Art. 267 AEUV (früher Art. 234 EGV). Die damit verbundenen Streitfragen werden allerdings solange nicht akut, als es in Deutschland immer noch verhältnismäßig wenig Rechtsprechung zu §§ 12 ff. WpHG gibt.[6] Die wenigen einschlägigen Urteile des EuGH gehen auf Vorlageverfahren aus anderen Ländern zurück.[7] Das jüngste dieser Urteile des EuGH in der Sache Spector Photo Group vom 23. 12. 2009[8] hat entschieden, was „unter Nutzung" im Sinne von Art. 2 Abs. 1 der Marktmissbrauchs-Richtlinie zu verstehen ist, und hat damit in Deutschland Wellen geschlagen und auch Kritik hervorgerufen, die bis dahin geht, dem EuGH die Gefolgschaft zu verweigern. Auch wenn, wie im folgenden zu zeigen sein wird, die Aufregung zu hoch gehängt ist, ist doch das bisherige Verständnis des Verbots von Erwerbs- und Veräußerungsgeschäften in Insiderpapieren unter Verwendung von Insiderinformationen,

---

[3] VO vom 22.12.2003 ABl. vom 23.12.2003 Nr. L 336 S. 33.

[4] Zwei Richtlinien der Kommission 2003/124/EG vom 22.12.2003, ABl. vom 24.12.2003 Nr. L 339 S. 70 und 73, die erstere „betreffend die Begriffsbestimmung und die Veröffentlichung von Insider-Informationen und die Begriffsbestimmung der Marktmanipulation", die letztere „in Bezug auf die sachgerechte Darbietung von Anlageempfehlungen und die Offenlegung von Interessenkonflikten"; Richtlinie der Kommission 2004/72/EG vom 29.4.2004 über „Zulässige Marktpraktiken, Definition von Insider-Informationen in Bezug auf Warenderivate, Erstellung von Insider-Verzeichnissen, Meldung von Eigengeschäften und Meldung verdächtiger Transaktionen", ABl. vom 30.4.2004 Nr. L 162 S. 70.

[5] Zur richtlinienkonformen Auslegung *W.-H. Roth* EWS 2005, 385; *Auer* NJW 2007, 1106; *Höpfner/Rüthers* AcP 209 (2009), 1. Zur Auslegung des europäischen Rechts *Grundmann* Europäisches Gesellschaftsrecht, 2004, § 4 I 3. Zur Vorlagepflicht *Kokott/Henze/Sobotta* JZ 2006, 633.

[6] ZB BGH 17. 9. 1996, AG 1997, 40 (Auslieferung); BGHSt 6. 11. 2003, WM 2004, 69 = NJW 2004, 302 (Sascha-Opel, Scalping); BGH 25. 2. 2008, ZIP 2008, 639 (DaimlerChrysler) = BB 2008, 855 m. Anm. *Widder*; BGHSt 22. 1. 2010 AG 2010, 249 (Insiderstraftat); BGHSt 27. 1. 2010 ZIP 2010, 426 = WM 2010, 399 = NZG 2010, 349 m. Anm. *Stoffers* (freenet, zur aF, Verfall); Hess. VGH AG 1998, 436 m. Anm *Assmann* (Gerüchte als Insidertatsachen); VG Frankfurt ZIP 2004, 1417; OLG Düsseldorf AG 2005, 44, WM 2009, 1655; OLG Frankfurt NJW 2001, 982 (Prior); OLG Karlsruhe ZIP 2004, 1360; OLG Schleswig AG 2005, 212; OLG München NZG 2007, 811; OLG Stuttgart ZIP 2007, 481 und ZIP 2009, 962 (DaimlerChrysler); OLG Frankfurt ZIP 2009, 563 (DaimlerChrysler); LG Frankfurt NJW 2000, 301 (Prior).

[7] Erste Vorlageverfahren zur EG-Insiderrichtlinie aus Belgien EuGH 3. 5. 2001 EuZW 2001, 376: (unter aF) strengere nationale Insidervorschriften zulässig; EuGH 22. 11. 2005 (Grøngaard und Bang) ZIP 2006, 123 = NJW 2006, 133 = WM 2006, 612: Weitergabe von Insiderinformationen durch einen Arbeitnehmervertreter im Verwaltungsrat; EuGH 10. 5. 2007 (Georgakis) ZIP 2007, 1207 = NZG 2007, 749 = AG 2007, 542: Ausnutzung von Insiderinformationen zur Kursstützung; EuGH 23. 12. 2009 (Spector Photo Group) ZIP 2010, 78 = AG 2010, 74 = BB 2010, 329 m. Anm. *Voss* u.a.

[8] EuGH 23. 12. 2009 (Spector Photo Group) ZIP 2010, 78 = AG 2010, 74 = BB 2010, 329 m. Anm. *Voß* = LS EWiR 2010, 129 m. Anm. *Forst* = WuB I G 7. – 1.10 *Hammen*; dazu *Arden* ECFR 2010, 342; *Bonin/Glos* WM 2010, 1821; *Bussian* WM 2011, 8; *Cascante/Bingel* AG 2009, 894; *dies.* NZG 2010, 161; *Desch/Bunnemann* BB 2010, 1882; *Flick/Lorenz* RIW 2010, 381; *Gehrmann* ZBB 2010, 48; *Heusel* BKR 2010, 77; *Klöhn* ECFR 2010, 347; *Lau Hansen* European Company Law 7 (2010), 98; *Nietsch* ZHR 174 (2010), 556; *Opitz* BKR 2010, 71; *Rolshoven/Renz/Hense* BKR 2010, 74; *Schulz* ZIP 2010, 609; *Widder* BB 2010, 515; *ders.* WM 2010, 1882; *Widder/Bedkowski* GWR 2010, 35.

also § 14 Abs. 1 Nr. 1 WpHG, zu überprüfen und dieses insgesamt unter Berücksichtigung des Urteils des EuGH zusammenfassend neu darzustellen. Dabei wird sich zeigen, dass die praktischen Auswirkungen geringer sind als teilweise befürchtet. Im Gegenteil erlaubt die vom EuGH ausdrücklich nicht nur erlaubte, sondern geforderte Beurteilung des Tatbestandsmerkmals „Nutzung derselben" (dh. Insiderinformation), dem im deutschen Recht das der Verwendung entspricht, eine ganze Reihe von in der Praxis besonders wichtigen Fallgruppen unter dem Insiderrecht teleologisch richtig und praktisch sachgerecht zu behandeln.

I. Erfasste Geschäfte

1. Erwerbs- und Veräußerungsgeschäfte

Verboten sind Erwerbs- und Veräußerungsgeschäfte in Insiderpapieren unter Verwendung von Insiderinformationen. Das gilt auch, wenn diese Geschäfte nicht an der Börse, sondern im Telefonhandel oder face to face erfolgen. Bereits das bloße obligatorische Geschäft genügt, falls es bindend ist,[9] sonst liegt nur ein ebenfalls strafbarer Versuch vor (§ 38 Abs. 3 WpHG). Auch Pensionsgeschäfte und Wertpapierleihe sind Erwerbs- und Veräußerungsgeschäfte, wenngleich nur auf Zeit.[10] Allerdings mag es bei der konkreten Geschäftsdurchführung an der Ausnutzung der Insiderinformation fehlen, etwa wenn die Insiderinformation für den Abschluss und die Durchführung des Geschäfts gänzlich irrelevant ist.

2. Andere Geschäfte, bedingte Geschäfte

Andere Geschäfte als Erwerbs- und Veräußerungsgeschäfte sind nicht erfasst. Kein Erwerbs- oder Veräußerungsgeschäft sind danach zB die Verpfändung von Insiderpapieren,[11] ihre Schenkung und Vererbung sowie das Unterlassen des Erwerbs oder der Veräußerung von Insiderpapieren auf Grund von Insiderinformationen.[12] Dem Unterlassen stehen gleich die Rücknahme einer noch nicht durchgeführten Kauf- oder Verkaufsorder und die Nichtausübung einer Kauf- oder Verkaufsoption.[13]

Dasselbe soll für die bedingte Übertragung von Insiderpapieren gelten, sofern die aufschiebende oder auflösende Bedingung an eine Willenserklärung des Vertragspartners geknüpft ist, weil dann der Gewinn noch nicht vertraglich abgesichert sei.[14] Das ist, auch wenn das Geschäft endgültig zustandekommt, wichtig für den Zeitpunkt, in dem Kenntnis von der Insiderinformation schadet. Auch die Nichtausübung einer Kauf- oder Verkaufsoption und die Rücknahme einer Verkaufsorder auf Grund einer Insiderinformation fallen nicht unter § 14 Abs. 1 Nr. 1 WpHG.[15]

---

[9] OLG Karlsruhe ZIP 2004, 1360: gesicherte Rechtsposition auch ohne Veränderung der dinglichen Rechtslage; auch BaFin, Emittentenleitfaden 2009 III.2.2.1.1, S. 36. AA *Schäfer* in: Schäfer/Hamann, Kapitalmarktgesetze, 2. Aufl. 2006, § 14 WpHG Rn. 12; *Casper* WM 1999, 362, 364.

[10] BaFin, Emittentenleitfaden 2009 III.2.2.1.1, S. 36.

[11] *Claussen* Insiderhandelsverbot und Ad-hoc-Publizität, 1996, Rn. 38; *Schwark/Kruse* in: Schwark/Zimmer, Kapitalmarktrechtskommentar, 4. Aufl. 2010, § 14 WpHG Rn. 9, § 14 WpHG Rn. 9.

[12] *Hopt* in: FS Heinsius, 1991, S. 293; *Schwark/Kruse* in: Schwark/Zimmer, 4. Aufl. 2010, § 14 WpHG Rn. 11; aA wohl *Claussen* ZBB 92, 267, 281. Aber auch ein solches nach § 14 Abs. 1 Nr. 1 WpHG nicht tatbestandsmäßiges Unterlaufen kann außerhalb des WpHG relevant sein, zB der Bankaufsichtsbehörde Anlass zum Einschreiten gegen eine Bank geben, die auf diese Weise Insiderinformationen ausnutzt.

[13] *Assmann* in: Assmann/Schneider, WpHG, 5. Aufl. 2009, § 14 Rn. 17.

[14] BaFin, Emittentenleitfaden 2009 III.2.2.1.1, S. 36.

[15] *Assmann* in: Assmann/Schneider, WpHG, 5. Aufl. 2009, § 14 Rn. 17; unten III. 4. aE.

II. Das Verwenden von Insiderinformationen

1. Das Merkmal des Verwendens

Der Insider verwendet die Insiderinformation für eigene oder fremde Rechnung oder für einen anderen, wenn er in Kenntnis der Information handelt und dabei die Information in sein Handeln mit einfließen lässt.[16] In aller Regel wird er dabei sich oder dem anderen einen wirtschaftlichen Vorteil aus seinem Wissensvorsprung verschaffen wollen. Nach der alten Fassung musste der Insider also gerade in der Absicht handeln, für sich einen Sondervorteil aus seinen Insiderkenntnissen zu erlangen.[17] Da nach dem AnSVG an die Stelle des Merkmals „Ausnutzung" der Begriff „Verwendung" getreten ist, ist eine derartige Absicht de lege lata jedoch nicht mehr notwendig, es genügt die objektive Eignung des Geschäfts zur Erlangung des Sondervorteils und die Kausalität, dass der Insider ohne die Kenntnis der Insiderinformation das Geschäft nicht vorgenommen hätte.[18] Bestimmte schon in der Präambel der EG-Marktmissbrauchsrichtlinie genannte und bewusst nicht erfasste Tätigkeiten wie Market Making ua werden nicht erst mit dem Merkmal des Verwendens, sondern schon vorher auf Tatbestandsebene ausgegrenzt (unter III. 6.). Die Kenntnis der Insiderinformation muss aber (mit)ursächlich für das Handeln sein.[19]

2. Das Urteil des EuGH in Sachen Spector Photo Group vom 23.12.2009

Dazu hat der EuGH in der Sache Spector Photo Group vom 23.12.2009[20] entschieden. Danach ist „unter Nutzung" im Sinne von Art. 2 Abs. 1 der Marktmissbrauchs-Richtlinie dahin auszulegen, dass ein Ursachenzusammenhang zwischen der Kenntnis der Insiderformation und dem Geschäft nicht bewiesen werden muss, sondern die Nutzung, dh. dass der Urheber des Geschäfts mit Vorsatz gehandelt hat, vermutet wird, aber widerlegt werden kann.[21] Der Besitz der Insiderinformation ist danach ein integraler Bestandteil des Entscheidungsprozesses.[22] Nach der Zielsetzung der Richtlinie (Schutz der Integrität der Finanzmärkte und Stärkung des Vertrauens der Investoren auf Gleichstellung und Schutz vor unrechtmäßiger Verwendung der Insiderinformation)[23] ist zu prüfen, ob das Geschäft (tatbestandsmäßig) wirklich dagegen verstößt. Zwecks wirksamer Verhinderung von Insidergeschäften genügt also der objektive Verstoß ohne ein ausdrückliches subjektives Tatbestandselement; diese Auslegung verstößt nach dem EuGH wegen der Widerlegbarkeit nicht

[16] BaFin, Emittentenleitfaden 2009 III.2.2.1.2, S. 36.

[17] BGH ZIP 2010, 426 zur aF, aber in Kenntnis der Spector Photo Group-Entscheidung des EuGH, ebenda 428.

[18] So auch nach der Spector Photo Group-Entscheidung des EuGH *Schwark/Kruse* in: Schwark/Zimmer, 4. Aufl. 2010, § 14 WpHG Rn. 13 ff., 18 mwN.

[19] HL, *Assmann* in: Assmann/Schneider, WpHG, 5. Aufl. 2009, § 14 Rn. 25 f.; BaFin, Emittentenleitfaden III.2.2.1.2 S. 36: Handeln in Kenntnis der Information und Miteinfließenlassen der Information in das Handeln; auch *Cahn* Der Konzern 2005, 8; aA KölnerKommWpHG/*Pawlik* § 14 Rn. 17 ff.: keine Kausalität, Motiv genügt.

[20] S. Fn. 8.

[21] Zu den Unterschieden zu den Schlussanträgen der Generalanwältin *Kokott* Rs. C-45/08, 19. 9. 2009, http://www.curia.europa.eu = BeckRS 2009, 70983; *Cascante/Bingel* AG 2009, 894, 896; *Hansen* European Company Law 7 (2010), 98, 99 ff.; *Klöhn* ECFR 2010, 342, 355. Rechtsvergleichend *Klöhn* ECFR 2010, 347, 351 ff.

[22] Tz. 36. Von einer psychisch vermittelten Kausalität spricht *Mennike* in: Fuchs, WpHG, 2009, § 14 Rn. 56; auch *Cascante/Bingel* NZG 2010, 161, 162.

[23] Leitsatz 1 der Entscheidung und Tz. 54.

gegen die Unschuldsvermutung des Art. 6 Abs. 2 der EMRK.[24] Die Literatur lehnt teilweise die Auslegung des Merkmals „unter Verwendung" im Sinne dieser Rechtsprechung des EuGH de lege lata wegen Art. 103 Abs. 2 GG, Art. 6 Abs. 2 EMRK und dem historischen Willen des Gesetzgebers von § 14 Abs. 1 Nr. 1 WpHG ganz ab.[25] Indessen geht Europarecht in der Letztauslegungszuständigkeit des EuGH vor, und das Merkmal „unter Verwendung" muss schon de lege lata nicht zwingend im Sinne der bisherigen hL ausgelegt werden. Vielmehr geht es jetzt darum, das Merkmal „unter Verwendung" so auszulegen, dass die Fälle, in denen nach Sinn und Zweck des Insiderhandelsverbots objektiv kein Insiderdelikt vorliegt, von vornherein nicht erfasst werden und damit nicht zu einer Tat mit vermutetem Verwendungsvorsatz führen können.

Der EuGH verweist dazu selbst auf die Erwägungsgründe 18, 29 und 30 der Marktmissbrauchs-Richtlinie, wonach es darauf ankommt, was eine normale, vernünftige Person „unter den gegebenen Umständen" wusste oder hätte wissen müssen, und dass Marketmaking, befugtes Auftreten als Gegenpartei, Ausführung von Kundengeschäften, Zugang und Verwendung der Insider-Information für den Kontrollerwerb und die vorangehende Entscheidung für späteren Erwerb oder Veräußerung nicht erfasst werden.[26] Weitere Ausnahmen sind durch diese Beispiele des EuGH nicht ausgeschlossen, zB wie schon bisher die Face-to-Face-Geschäfte, bei denen beide Vertragspartner die Insiderinformation kennen,[27] aber auch das Handeln am Markt entgegen der Insiderinformation,[28] zB bei Geldbedarf. In solchen Fällen fehlt es entweder schon an der objektiven Eignung des Geschäfts zur Erlangung des Sondervorteils oder an der Kausalität zwischen (vermuteter) Kenntnis der Information und Erlangung eines Sondervorteils. Die EuGH-Rechtsprechung wird danach zwar die Verfolgung von Insiderdelikten erleichtern, aber an der Behandlung der für die Praxis wirklich wichtigen Fallgruppen wenig ändern[29]. Die allgemeine Formel, bestimmte Situationen könnten eine vertiefte Prüfung der tatsächlichen Umstände verlangen, ob tatsächlich eine mit der Integrität der Finanzmärkte und dem Vertrauen der Investoren unvereinbare Nutzung der Insiderinformation vorliege, ist allerdings wenig rechtssicher.[30]

3. *Der maßgebliche Zeitpunkt*

Maßgeblich ist der Zeitpunkt der Kenntnis. Ob die Insiderinformation verwendet wird, ist wie schon die Geeignetheit zur Kursbeeinflussung zum Zeitpunkt der Ordererteilung zu beurteilen. Es kommt also darauf an, ob der Insider unter Verwendung der Insiderinformation gehandelt hat, nicht ob er dann einen Kursgewinn macht oder nicht. Es ist sogar unschädlich, dass er tatsächlich einen Verlust erlitten hat. § 14 Abs. 1 Nr. 1 WpHG ist ein

---

[24] Das wird teils als bloße Beweiserleichterung im Gegensatz zu einer unzulässigen Beweislastumkehr interpretiert, *Flick/Lorenz* RIW 2010, 381, 384, teils als bloßer Erfahrungssatz, *Widder* WM 2010, 1882, 1886.

[25] *Schwark/Kruse* in: Schwark/Zimmer, 4. Aufl. 2010, § 14 WpHG Rn. 16a; *Gehrmann* ZBB 2010, 48; *Opitz* BKR 2010, 71; *Rolshoven/Renz/Hense* BKR 2010, 74; *Schulz* ZIP 2010, 609, 612.

[26] Zu diesen Ausnahmen unten III. 6. (Market-making), III. 5. (Kundenorder), III. 3. (Übernahmeangebote), III. 2. (Paketerwerb nach Due Diligence-Prüfung).

[27] Tz. 48 und schon EuGH 10. 5. 2007 (Georgakis) ZIP 2007, 1207. Ganz hM, *Assmann* in: Assmann/Schneider, WpHG, 5. Aufl. 2009, § 14 Rn. 42; BaFin, Emittentenleitfaden 2009 III.2.2.1.4.2, S. 36; *Schwark/Kruse* in: Schwark/Zimmer, 4. Aufl. 2010, § 14 WpHG Rn. 25; *Cascante/Bingel* NZG 2010, 161, 163; *Versteegen/Schulz* ZIP 2009, 110, 113; *Cahn* Der Konzern 2005, 5, 7.

[28] Schlussanträge der Generalanwältin *Kokott* Rs. C-45/08, 19. 9. 2009, http://www.curia.europa.eu = BeckRS 2009, 70983, Tz. 66–67, Beispiel der britischen Regierung.

[29] Ebenso *Flick/Lorenz* RIW 2010, 381, 385; *Widder* WM 2010, 1882, 1886; im Ergebnis auch *Schulz* ZIP 2010, 609, 613: Ergebnisse in den allermeisten Fällen identisch.

[30] Tz. 55 ff.; kritisch zB *Klöhn* ECFR 2010, 347, 356 ff.: standard statt rule; *Forst* EWiR 2010, 129, 130.

Gefährdungsdelikt; die Erzielung eines Vermögensvorteils ist keine Strafbarkeitsvoraussetzung. Hatte der Marktteilnehmer also im Zeitpunkt der Ordererteilung die Insiderinformation noch nicht, zB bei Erteilung einer Dauer-Order gegenüber seiner Bank zum Bezug von Insiderpapieren für ihn, so ist der tatsächliche Bezug kein verbotenes Verwenden.[31]

Das gilt auch für Mitarbeiterprogramme.[32] Werden dem Mitarbeiter nach dem Programm die Papiere automatisch eingebucht, so schadet die Kenntnis von Insiderinformationen zu diesem Zeitpunkt, also bei Gutschrift, nicht. Anders ist es, wenn der Mitarbeiter zum Zeitpunkt der Erklärung, an dem Programm teilhaben zu wollen, Insiderinformationen hat. Dann kann darin eine Verwendung liegen. Für die Unternehmen bedeutet das, dass sie bei Zeichnung des Mitarbeiterprogramms jedenfalls ihre Organe, dagegen im Regelfall nicht auch andere Mitarbeiter, die typischerweise keine Insiderinformation haben, auf das Verbot von Insidergeschäften hinweisen sollten.[33]

Entsprechendes gilt auf der Unternehmens- bzw. der Verkäuferseite. Hat der Verkäufer sich ohne Kenntnis einer Insiderinformation zum Verkauf einer bestimmten Menge Aktien zu einem bestimmten Termin und festen Preis verpflichtet, schadet es nicht, wenn er später vor der Lieferung eine für den Verkauf wesentliche Insiderinformation erhält.[34] Anders kann es sein, wenn einer der genannten Parameter noch nicht festgelegt ist.

III. Im Lichte der Zielsetzung der Richtlinie nach dem Spector Photo Group-Urteil des EuGH erlaubte oder besonders zu behandelnde Fallgruppen

In den im Folgenden genannten Fällen ergibt sich das Nichtvorliegen eines Verstoßes gegen das Verbot von Insidergeschäften erst aus Sinn und Zweck der als solchen rechtmäßigen und je nachdem sogar erwünschten oder notwendigen unternehmerischen oder beruflichen Tätigkeit. Das bedeutet in der Praxis, dass der derart an Börse und Kapitalmarkt Tätige von vornherein darauf achten muss, dass er den Nachweis einer unternehmerischen Entscheidung (Dokumentation) bzw. der rechtskonformen Berufsausübung führen kann.[35] Sonst ist ihm dringend zu raten, von solchen Geschäften Abstand zu nehmen.

1. Verwertung von Sicherheiten durch den Kreditgeber

Die Bank, die einen Kredit ausgegeben und diesen mit Insiderpapieren besichert hat und nunmehr eine Insiderinformation über den Kreditempfänger erhält, wäre nach dem Wortlaut von § 14 Abs. 1 Nr. 1 WpHG blockiert, diese zu verwerten. Das hätte die sinnwidrige Konsequenz, dass der Sicherungsgeber durch gezielte Weitergabe von Insiderinformationen an die Bank, wenn der Kredit notleidend wird, die Verwertung verhindern könnte und allgemeiner dass in der Bankpraxis Insiderpapiere als Sicherheiten ausscheiden würden. Die BaFin hat deshalb zu Recht klargestellt, dass die Verwertung von Sicherheiten in der Regel kein Verwenden der Insiderinformation ist. Das Vertrauen der Marktteilnehmer in die Funktionsfähigkeit des Kapitalmarkts wird durch die Verwertung von Sicherheiten nicht verletzt.[36]

---

[31] BaFin, Emittentenleitfaden 2009 III.2.2.1.3, S. 36.

[32] BaFin, Emittentenleitfaden 2009 III.2.2.1.3, S. 37; *Merkner/Sustmann* NZG 2005, 729, 730.

[33] BaFin, Emittentenleitfaden 2009 III.2.2.1.3, S. 37.

[34] BaFin, Emittentenleitfaden 2009 III.2.2.1.3, S. 37. So auch ausdrücklich Art. 2 Abs. 3 der Marktmissbrauchsrichtlinie. Daraus weitere Schlüsse ziehend *Widder* BB 2010, 515, 517.

[35] *Assmann* in: Assmann/Schneider, WpHG, 5. Aufl. 2009, § 14 Rn. 41; *Cascante/Bingel* NZG 2010, 161, 165; *Flick/Lorenz* RIW 2010, 381, 3384 f.; *Voß* BB 2010, 334; *Widder* BB 2010, 515, 516.

[36] *Assmann* in: Assmann/Schneider, WpHG, 5. Aufl. 2009, § 14 Rn. 30 aE; BaFin, Emittentenleitfaden 2009 III.2.2.1.4.1, S. 37; *Hopt* in: FS Heinsius, 1991, S. 293, 307 ff. AA differenzierend zwischen positiven und negativen Insiderinformationen *Nietsch* ZHR 174 (2010), 556, 589 f.

2. Paketerwerb nach Due Diligence-Prüfung

Nach der Begründung des WpHG[37] ist die Kenntnisverschaffung und Kenntniserlangung von Insiderinformationen im Rahmen von Vertragsverhandlungen über den Erwerb eines Aktienpakets (Pakethandel) gedeckt,[38] so etwa wenn sich der Interessent im Rahmen der Due Diligence-Prüfung die Unterlagen des zu veräußernden Unternehmens vorlegen lässt und dadurch Insiderinformationen erhält.[39] Der Grund dafür ist wiederum, dass das Schutzgut, nämlich das Vertrauen der Öffentlichkeit in Integrität und Funktionsfähigkeit des Kapitalmarkts,[40] dadurch nicht beeinträchtigt wird. Denn durch die Due Diligence-Prüfung soll der Interessent insoweit gerade den gleichen Kenntnisstand erhalten wie der Paketverkäufer.[41] Führt der Paketerwerber also auf Grund dieser Informationen seinen Erwerbsplan aus, also aufgrund vorheriger Entscheidung,[42] dann verstößt er nicht gegen das Verbot von Insidergeschäften. Etwas anderes gilt aber dann, wenn der Paketerwerber in Kenntnis solcher Tatsachen über die ursprüngliche Planung hinaus weiter Aktien im börslichen oder außerbörslichen Handel erwirbt (Alongside Purchases).[43] Allgemeiner sind Handlungen, die der Ausführung eines Gesamtplans dienen, der schon vor Kenntniserlangung gefasst wurde, zulässig (Masterplan-Ausnahme), auch wenn der Gesamtplan einen Änderungsvorbehalt umfasst und auch wenn er später nicht im einzelnen nicht plangemäß ausgeführt worden ist.[44]

---

[37] RegE WpHG zu § 14 Abs. 1.

[38] *Assmann* in: Assmann/Schneider, WpHG, 5. Aufl. 2009, § 14 Rn. 162 ff.; *Hammen* WM 2004, 1753; *Hopt* ZHR 159 (1995), 135, 155 Fn. 88; *Krauel* Insiderhandel, 2000, S. 298 f.

[39] Mit Unterschieden im Einzelnen GroßkommAktG/*Hopt* 4. Aufl. 1999, § 93 Rn. 213; *Assmann* in: Assmann/Schneider, WpHG, 5. Aufl. 2009, § 14 Rn. 45, 164; *Schäfer* in: Schäfer/Hamann, 2. Aufl. 2006, § 14 WpHG Rn. 74 ff.; *Hopt* ZGR 2002, 333, 356; *Hammen* WM 2004, 1753; *Hemeling* ZHR 169 (2005), 274, 284 f.; *Cascante/Bingel* NZG 2010, 161, 164 f. Dazu ausführlich *Angersbach* Due Diligence beim Unternehmenskauf, 2002, Teil 4; *Liekefett* Due Diligence bei M&A-Transaktionen, 2005; *I. Koch* Due Diligence und Beteiligungserwerb aus Sicht des Insiderrechts, 2006; *Bussian* Due Diligence bei Pakettransaktionen, 2008; *Kemnitz* Due Diligence und neues Insiderrecht, 2008; *Klie* Die Zulässigkeit einer Due Diligence im Rahmen des Erwerbs von börsennotierten Gesellschaften ..., 2008; *Christoph* Insiderhandel unter besonderer Berücksichtigung von M & A-Transaktionen, 2009. Die Gestattung der Due Diligence bei Paket- und Kontrollerwerb ist sowohl aktienrechtlich nach § 93 Abs. 1 S. 1, 2 AktG als auch insiderrechtlich grundsätzlich zulässig, GroßkommAktG/*Hopt* 4. Aufl. 1999, § 93 Rn. 213, üL, Einzelheiten sind streitig.

[40] Erwägungsgrund 12 der EG-Marktmissbrauchsrichtlinie.

[41] Wenn die BaFin, Emittentenleitfaden 2009 III.2.2.1.4.2, S. 38, von dem „gleichen Kenntnisstand" des Paketveräußerers und des Paketerwerbes spricht, ist das im Hinblick auf das angesprochene Schutzgut gesagt und darf nicht dahin überinterpretiert werden, dass etwa der Verkäufer selbst eine Due Diligence-Prüfung durchführen muss, um diesen Gleichstand herzustellen; aA *Merkner/Sustmann* NZG 2005, 29, 32; vgl. dazu auch *Cahn* Der Konzern 2005, 11. Auch folgen daraus keine insiderrechtlichen Informationspflichten der Partner einander gegenüber.

[42] EuGH 23. 12. 2009 (Spector Photo Group) ZIP 2010, 78, 82 Tz. 60 im Anschluss an Erwägungsgrund 30.

[43] BaFin, Emittentenleitfaden 2009 III.2.2.1.4.2 aE, S. 38 und schon BAWe/Deutsche Börse 2. Aufl. 1.2.2.1, S. 20; *Assmann* in: Assmann/Schneider, WpHG, 5. Aufl. 2009, § 14 Rn. 165; *Mennike* in: Fuchs, WpHG, 2009, § 14 Rn. 77 f. Vgl. auch GroßkommAktG/*Hopt* 4. Aufl. 1999, § 93 Rn. 213. Auch unten III. 3., 6.

[44] *Assmann* in: Assmann/Schneider, WpHG, 5. Aufl. 2009, § 14 Rn. 35; *Widder* BB 2010, 515: auch nach der Spector Photo Group-Entscheidung des EuGH; auch *Schwark/Kruse* in: Schwark/Zimmer, 4. Aufl. 2010, § 14 WpHG Rn. 23; *Cascante/Bingel* NZG 2010, 161, 163 f.; zum Stakebuilding *Cascante/Topf* AG 2009, 53. AA *KöKo/Pawlik* WpHG § 14 Rn. 20 ff.; *Bachmann* ZHR 172 (2008), 597, 628 ff. sowohl für due diligence wie für sukzessiven Beteiligungsaufbau, dagegen *Assmann* ZHR 172 (2008), 635, 651 ff.

Entsprechend kann die Weitergabe von Insiderinformationen an eigene Aktionäre mit wesentlicher Beteiligung bei der Vorbereitung sonstiger Transaktionen der Gesellschaft gedeckt sein, zB wenn sich die Gesellschaft bei einer geplanten Kapitalerhöhung vorher der Mitwirkung eines Großaktionärs vergewissert.[45] Doch muss diese Weitergabe nach der EuGH-Rechtsprechung unerlässlich sein, weil sonst die Transaktion gefährdet wäre, bloße Zweckmäßigkeitserwägungen reichen nicht aus.[46] Dieselben Grundsätze gelten im Rahmen von Aktienoptionsprogrammen und Management Buy-Outs für den Erwerb eigener Aktien und entsprechend für ihren späteren Verkauf.[47] Sie stellen also für die Gesellschaft kein verbotenes Insidergeschäft dar, wenn sie im Rahmen der Umsetzung einer vorher getroffenen, eigenen unternehmerischen Entscheidung getätigt werden und sich in dem von dieser antizipierten Umfang bewegen. Für die Begünstigten ist grundsätzlich nicht schon die Ausübung der Option, sondern erst die Disposition über die daraus erlangten Papiere insiderrechtlich relevant.[48] Das ist nach der Ersetzung der „Ausnutzung" durch „Verwendung" (unter II. 1.) bestritten worden, aber im Hinblick auf die Masterplan-Ausnahme nach wie vor zu bejahen.[49]

Ein Verstoß gegen das Verbot von Insidergeschäften kann in solchen Fällen aber seitens der Organe, Großaktionäre und anderer Insider vorliegen. Zur Entschärfung wird vorgeschlagen, dass eigene Aktien nur in bestimmten, eventuell von der Hauptversammlung in ihrem Beschluss nach § 71 Abs. 1 Nr. 8 AktG festgelegten Zeitfenstern (Trading Windows), zB drei Tage nach den Vierteljahresberichtsterminen und den Hauptversammlungen bzw. Bilanzpressekonferenzen und dann ein bis zwei Wochen, gekauft oder verkauft werden dürfen, weil dann die übrigen Marktteilnehmer aktuelle Unternehmenszahlen haben.[50] Hier wie auch bei den übrigen hier behandelten Sonderfällen empfiehlt sich dringend eine genaue Dokumentation der unternehmerischen Entscheidung, des Gesamtplans ihrer Umsetzung und ihrer Durchführung im Einzelnen.[51] Nach der Spector Photo Group-Entscheidung des EuGH ist das noch dringlicher geworden (unter III. vor 1). Chinese Walls sind dabei hilfreich.[52]

Eine neuere Fallgruppe ist der Beteiligungserwerb durch Beteiligungsgesellschaften. Er ist nach denselben Grundsätzen wie der Pakethandel zu behandeln. Ebenso wie dort die Due Diligence-Prüfung nicht am Erwerb des Pakets hindert – diesen soll sie gerade professionell vorbereiten –, verstoßen Beteiligungsgesellschaften, die im Rahmen von Bonitätsprüfungen bei dem Zielunternehmen positive Insiderinformationen erfahren und später die Beteiligung im geplanten Umfang erwerben, nicht gegen das Verbot von Insidergeschäften.

---

[45] Zu diesen und ähnlichen Fällen *Schneider/Singhof* in: FS Kraft, 1998, S. 585, 600 ff., die für die Befugtheit auf den Schwellenwert des § 21 WpHG abstellen wollen; *Assmann* in: Assmann/Schneider, WpHG, 5. Aufl. 2009, § 14 Rn. 84, 92.

[46] EuGH 22. 11. 2005, ZIP 2006, 123 (Grøngaard und Bang); *Assmann* in: Assmann/Schneider, WpHG, 5. Aufl. 2009, § 14 Rn. 84.

[47] Dazu *Assmann* in: Assmann/Schneider, WpHG, 5. Aufl. 2009, § 14 Rn. 170, 172 ff.; *Schwark/Kruse* in: Schwark/Zimmer, 4. Aufl. 2010, § 14 WpHG Rn. 28 ff.; *Widder* WM 2010, 1882, 1886 ff. Vorher zB *Feddersen* ZHR 161 (1997), 269, 287; *Casper* WM 1999, 363; *Klasen* AG 2006, 24.

[48] *Assmann* in: Assmann/Schneider, WpHG, 5. Aufl. 2009, § 14 Rn. 177; *v. Dryander/Schröder* WM 2007, 534, 538; differenzierend *Klasen* AG 2006, 29; aA *Casper* WM 1999, 363, 366. Auch oben I. 2.

[49] *Assmann* in: Assmann/Schneider, WpHG, 5. Aufl. 2009, § 14 Rn. 173 ff. zu den verschiedenen Sachverhaltsvarianten; differenzierend zwischen positiven und negativen Insiderinformationen *Versteegen/Schulz* ZIP 2009, 110, 114 ff.; *Widder* WM 2010, 1882, 1887, was aber praktisch nur bei Selbstbefreiung des Emittenten nach § 15 Abs. 3 WpHG relevant wird; Präventionsmechnismen *ders.* WM 2010, 1888 ff.

[50] Vgl. RegE KonTraG, BT-Drucks. 13/9712 S. 14; näher *Feddersen* ZHR 161 (1997), 269, 294.

[51] BaFin, Emittentenleitfaden 2009 III.2.2.1.4.3, S. 39, ausdrücklich für Übernahmetransaktionen.

[52] *Cascante/Bingel* AG 2009, 894, 903.

3. Unternehmenskauf, Kontrollerwerb, öffentliche Übernahmeangebote

Für Unternehmenskauf, Kontrollerwerb, öffentliche Übernahmeangebote[53] gilt dasselbe, wie soeben für den Pakethandel ausgeführt, das Unter- oder Überschreiten der 30%-Grenze (Kontrolle im Sinne von § 29 Abs. 2 WpÜG) kann insoweit keinen Unterschied machen. Alle diese am Markt gängigen Transaktionen, insbesondere auch öffentliche Übernahmeangebote einschließlich eines vorausgehenden sukzessiven Aufkaufs einer Beteiligung oder Mehrheit, dürfen nicht dem Verbot von Insidergeschäften zum Opfer fallen. Sonst würde dieses im Interesse des Kapitalmarkts und der Anleger liegende Verbot kontraproduktiv wirken. Erwägungsgrund 29 der EG-Marktmissbrauchsrichtlinie besagt das ausdrücklich für öffentliche Übernahmeangebote.[54] Die Vorschriften des europäischen und des deutschen Übernahmerechts und die insiderrechtlichen stehen also grundsätzlich gleichberechtigt nebeneinander, also ohne Verdrängung der einen oder der anderen, aber auch ohne dass es eine umfassende insiderrechtliche Bereichsausnahme für Übernahmeangebote gäbe. Die Vorschriften sind aber aufeinander abzustimmen und entsprechend auszulegen.[55] Sonach kann die Zielgesellschaft ohne Insiderverstoß im Rahmen der Due Diligence-Prüfung Insiderinformationen an den Bieter weitergeben, so wie auch der Bieter (nicht aber dessen Organe und Mitarbeiter)[56] diese Insiderinformationen ohne Verstoß zur Vorbereitung seines öffentlichen Übernahmeangebots nutzen kann.[57] Die Abgabe des letzteren soll nach einer beiläufigen Bemerkung der BaFin allerdings voraussetzen, dass der Emittent eine entsprechende Ad-hoc-Mitteilung nach § 15 WpHG veröffentlicht hat, was zu Recht kritisiert wird.[58] Allgemeiner enthält Erwägungsgrund 30 der EG-Marktmissbrauchsrichtlinie[59] einen ausdrücklichen Hinweis darauf, dass die Umsetzung einer eigenen unternehmerischen Entscheidung keine Verwertung von Insiderwissen ist. Wer weiß, dass er demnächst ein größeres Paket von Aktien erwerben oder ein öffentliches Übernahmeangebot abgeben und damit voraussichtlich erheblich den Kurs der Papiere beeinflussen wird, kann nicht an eben dieser Transaktion gehindert sein. Aber auch das Vorkaufen einzelner Stücke im Hinblick auf die spätere Transaktion ist jedenfalls nicht nach der EG-Marktmiss-

---

[53] *Assmann* in: Assmann/Schneider, WpHG, 5. Aufl. 2009, § 14 Rn. 133 ff.; *Mennike* in: Fuchs, WpHG, 2009, Rn. 85 ff., 317 ff.; *Assmann* ZGR 2002, 697; *Brandi/Süßmann* AG 2004, 642, 644 ff.; *Hasselbach* NZG 2004, 1087; *Hopt* ZGR 2002, 333, 335, 358 f.; *Merkner/Sustmann* NZG 2005, 729, 732 f.; *Parmentier* NZG 2007, 407 (Aktienplazierung). Anders *Nietsch* ZHR 174 (2010), 556, 587 ff. Allgemeiner *Hopt* in: FS Heinsius, 1991, S. 296 ff., 310 ff.; auch *ders.* ZGR 1991, 17, 37 f.; für M&A *Uhl* Anlegerschutz durch Transparenz, Auswirkungen der Marktmissbrauchsrichtlinie auf das deutsche Insiderrecht und die daraus resultierenden Folgeprobleme für M&A-Transaktionen, 2008; *Cahn* ZHR 162 (1998), 1, 18.

[54] Erwägungsgrund 29 lautet: „Der Zugang zu Insider-Informationen über eine andere Gesellschaft und die Verwendung dieser Informationen bei einem öffentlichen Übernahmeangebot mit dem Ziel, die Kontrolle über dieses Unternehmen zu erwerben oder einen Zusammenschluss mit ihm vorzuschlagen, sollten als solche nicht als Insider-Geschäft gelten." Darauf Bezug nehmend EuGH 23. 12. 2009 (Spector Photo Group) ZIP 2010, 78 Tz. 59.

[55] *Hopt* ZHR 161 (1997), 368; *ders.* in: FS Zöllner, 1998, S. 253. Vgl schon lege lata GroßkommAktG/*Hopt* 4. Aufl. 1999, § 93 Rn. 122 ff.

[56] *Assmann* ZGR 2002, 697, 704.

[57] BaFin, Emittentenleitfaden 2009 III.2.2.1.4.3, S. 38; *Hopt* ZGR 2002, 333, 356 f., hL.

[58] BaFin, Emittentenleitfaden 2009 III.2.2.1.4.3, S. 38; kritisch *Merkner/Sustmann* NZG 2005, 729, 733; *Widder* BB 2010, 515, 516 f. Das Überschreiten einer meldepflichtigen Beteiligungsschwelle stellt aber selbst eine Insiderinformation dar, *Hopt* ZGR 2002, 333, 351; *Assmann* in: Assmann/Schneider, WpHG, 5. Aufl. 2009, § 14 Rn. 46.

[59] Erwägungsgrund 30 lautet: „Da dem Erwerb oder der Veräußerung von Finanzinstrumenten notwendigerweise eine entsprechende Entscheidung der Person vorausgehen muss, die erwirbt bzw. veräußert, sollte die Tatsache dieses Erwerbs oder dieser Veräußerung als solche nicht als Verwendung von Insider-Informationen gelten." Ebenso schon die Präambel der Insider-Richtlinie von 1989, auf die sich die Begründung zum WpHG beruft, RegE WpHG zu § 14 Abs. 1.

brauchsrichtlinie und § 14 WpHG unzulässig. Ob sich ein solches Verbot aus anderen Vorschriften, etwa solchen über die Übernahmeangebote, ergibt, ist eine andere Frage.

Auch wenn danach das sukzessive Aufkaufen einer Beteiligung oder Mehrheit als solches kein Ausnutzen von Insiderwissen darstellt, kann doch das Weiterkaufen in Überschreitung einer Beteiligungsschwelle ohne die vorgeschriebene Meldung eine Insidertatsache darstellen, die bei weiteren Käufen ausgenutzt wird.[60] Problematisch ist auch die Weitergabe der Insiderinformation über das bevorstehende Übernahmeangebot durch den Bieter an befreundete Aktionäre und Banken, die im Vorfeld mit aufkaufen und als Verbündete bei der Übernahme dienen sollen (sog. Warehousing),[61] und durch die Zielgesellschaft an ihr Nahestehende zwecks Verteidigungskäufen und Einspringen als weißer Ritter (White Knights).[62] Ersteres, und zwar Weitergabe und Aufkaufen, ist außer im Rahmen einer Bietergemeinschaft (arg e § 2 Abs 5 WpÜG, gemeinsam handelnde Personen)[63] unzulässig, auch sind Wertpapiertransaktionen der von dem Bieter gezielt angesprochenen potentiellen Inhaber von Paketen von Aktien der Zielgesellschaft (Dawn Raid) insiderrechtlich relevant.[64] Doch sind andere, unschädliche Gestaltungen vorstellbar, je nachdem etwa Finanzierung der Aufkäufe durch den künftigen Bieter oder Bildung eines Bieterpools. Im letzteren Fall kann zwar ebenfalls ein Verstoß gegen Insiderrecht vorliegen, so wenn es gar nicht um ein konkurrierendes Angebot, sondern um bloße Hilfe bei der Abwehr geht,[65] dagegen ist eine Verteidigung im üblichen Rahmen, also Vorbereitung der Verteidigung zusammen mit Aktionären und Banken und Suche nach einem weißen Ritter,[66] möglich. Das wird in Erwägungsgrund 28 der EG-Missbrauchsrichtlinie ausdrücklich festgehalten. Ebenso wie bei dem Bieter selbst sind aber jedenfalls Käufe, die über die vorherige unternehmerische Entscheidung hinausgehen (Alongside-Käufe), wenn sie unter Ausnutzung der Insiderinformation getätigt werden, unzulässig.[67] Die BaFin weist zu Recht darauf hin, dass bei Übernahmetransaktionen immer eine umfassende und genaue Dokumentation der einzelnen Schritte von der Planfassung bis zur Durchführung der unternehmerischen Entscheidung empfehlenswert ist.[68]

4. *Rückkaufprogramme und Stabilisierungsmaßnahmen (§ 14 Abs. 2 WpHG)*

Besonderheiten gelten nach § 14 Abs. 2 WpHG für Rückkaufprogramme und Stabilisierungsmaßnahmen.[69] Inwieweit Kurspflege als solche kein Ausnutzen der Kenntnis einer Insiderinformation darstellten, war vor dem AnSVG höchst unsicher und kontrovers. Sicher war nur die Aussage, dass ein Verstoß gegen das Insiderverbot vorliegt, wenn vor Ende der

---

[60] *Assmann* in: Assmann/Schneider, WpHG, 5. Aufl. 2009, § 14 Rn. 46, 167 f.

[61] *Hopt* in: FS Heinsius, 1991, S. 289, 297; *ders.* ZGR 2002, 333, 338 ff.; *Cascante/Topf* AG 2009, 57 ff.; *Assmann* in: Assmann/Schneider, WpHG, 5. Aufl. 2009, § 14 Rn. 147; *Schwark/Kruse* in: Schwark/Zimmer, 4. Aufl. 2010, § 14 WpHG Rn. 77; *Mennike* in: Fuchs, WpHG, 2009, § 14 Rn. 97, 323. Vgl. auch *Krauel* Insiderhandel, 2000, S. 252 f. (Gruppenbildung). Weiter *Tippach* Das Insider-Handelsverbot und die besonderen Rechtspflichten der Banken, 1995, S. 209 ff. mit der problematischen Vorstellung einer Freistellung von Käufen bis zum Schwellenwert für gesetzliche Meldepflichten.

[62] *Hopt* ZGR 2002, 33, 356; *Assmann* in: Assmann/Schneider, WpHG, 5. Aufl. 2009, § 14 Rn. 150.

[63] *Schwark/Kruse* in: Schwark/Zimmer, 4. Aufl. 2010, § 14 WpHG Rn. 77; *Meyer/Kiesewetter* WM 2009, 340 für insiderrechtliche Zulässigkeit von irrevocabe undertakings.

[64] *Assmann* in: Assmann/Schneider, WpHG, 5. Aufl. 2009, § 14 Rn. 139; *Brandi/Süßmann* AG 2004, 642, 644.

[65] *Assmann* in: Assmann/Schneider, WpHG, 5. Aufl. 2009, § 14 Rn. 150 aE.

[66] Näher *Brandi/Süßmann* AG 2004, 642, 646 f., dort auch zum Dawn Raid.

[67] BaFin, Emittentenleitfaden 2009 III.2.2.1.4.3, S. 38; *Assmann* in: Assmann/Schneider, WpHG, 5. Aufl. 2009, § 14 Rn. 165. Einengend *Brandi/Süßmann* AG 2004, 642, 646 f.

[68] BaFin, Emittentenleitfaden 2009 III.2.2.1.4.3, S. 39; *Merkner/Sustmann* NZG 2005, 29, 32.

[69] Dazu und zum Folgenden *Assmann* in: Assmann/Schneider, WpHG, 5. Aufl. 2009, § 14 Rn. 38 ff., 51 f.; *Mennike* in: Fuchs, WpHG, 2009, § 14 Rn. 115 ff.; *Widder* BB 2010, 515, 517 f. und schon *Hopt* in: FS Heinsius, 1991, S. 289, 290 f.; *Assmann* WM 1996, 1337, 1344 f.

Aktion noch Transaktionen zur Erzielung von Sondervorteilen, zB Dumpen der restlichen Bestände, vorgenommen werden oder wenn das Wissen um Kurspflegemaßnahmen für zusätzliche fremde oder eigene Insidergeschäfte genutzt wird. Art. 8 der EG-Marktmissbrauchsrichtlinie iVm. der EG-Verordnung vom 22. 12. 2003 über Ausnahmeregelungen für Rückkaufprogramme und Kursstabilisierungsmaßnahmen[70] und § 14 Abs. 2 idF AnSVG haben insoweit Klarheit geschaffen. Nach dieser EG-Verordnung erlaubte Maßnahmen, die auch im Emittentenleitfaden der BaFin näher beschrieben sind,[71] stellen in keinem Fall einen Verstoß gegen das Verbot des § 14 Abs. 1 WpHG dar.

Zu beachten ist aber, dass Fallgestaltungen, die von der EG-Verordnung nicht erfasst werden, dem Insiderrecht unterfallen können, aber nicht automatisch unterfallen.[72] Das gilt beispielsweise für einen Rückkauf von Aktien zwecks späteren Einsatzes als Akquisitionswährung oder zur Durchführung eines Mitarbeiterbeteiligungsprogramms, das das Unternehmen jedoch vorher noch nicht bekannt geben möchte.[73] Hier wird in der Regel erst ein Vorstandsbeschluss, von der Rückkaufsermächtigung Gebrauch zu machen, eine (hinreichend konkrete) Insiderinformation darstellen können. Diese besteht zwar nicht in der Tatsache der Rückkaufsabsicht, weil dies nur die Umsetzung einer eigenen unternehmerischen Entscheidung gemäß Erwägungsgrund 30 der EG-Marktmissbrauchsrichtlinie darstellt.[74] Aber zu diesem Zeitpunkt können andere Insiderinformationen vorliegen, die dann unvermeidbar in die Rückkaufentscheidung einfließen. Ein Verwenden dieser Insiderinformationen liegt dann nicht vor, wenn die Gesellschaft bereits vorher eine bindende, nach Menge und Zeit bereits bestimmte, rechtliche Verpflichtung zum Rückkauf eingegangen ist und die Bank bzw. ein sonst beauftragter Dritter auf dieser Basis über die Ausführung selbstständig entscheidet.[75] Das gilt auch für die Kurspflege von Konsortialbanken[76], für die jedoch die Regeln zur Marktmanipulation (§ 20a WpHG mit EG-Verordnung vom 22. 12. 2003) zu beachten sind. Das Stoppen des Rückkaufprogramms auf Grund negativer Insiderinformationen ist mangels eines rechtsgeschäftlichen Vorgangs – wie auch das Unterlassen einer Transaktion sonst – kein Insiderverstoß.

5. Ausführung von Kundenordern

Für das Ausführen von Kundenordern gilt Folgendes.[77] Wenn ein Kreditinstitut weisungsgemäß eine Kundenorder ausführt, ohne seinerseits bei der Auftragsausführung Insiderwissen einfließen zu lassen, dann liegt darin auch dann kein Verstoß gegen das Verbot von Insidergeschäften, wenn die Kundenorder von einem Insider stammt, der mit ihr seine Insiderinformation ausnutzt. Das Kreditinstitut ist auch nicht verpflichtet, von sich aus Nachforschungen anzustellen, ob die Kundenorder auf Insiderinformationen beruht oder nicht.[78] Auch die allgemeine Vermutung, der Kunde könne auf Grund von Insiderinformationen handeln, ohne dass die Bank dafür einen Beweis hat, kann daran nichts ändern, sonst hätte das die Folge, dass die Banken jeweils sicherstellen müssten, ob der Kunde tatsächlich auf Grund von Insiderinformationen handelt oder nicht.

---

[70] Art. 3 bis 6 behandeln Rückkaufprogramme, Art. 7 bis 11 die Stabilisierung eines Finanzinstruments.

[71] BaFin, Emittentenleitfaden 2009 III.2.2.1.5, S. 39; *Assmann* in: Assmann/Schneider, WpHG, 5. Aufl. 2009, § 14 Rn. 212 ff.

[72] Sie können dann aber zB nach der Masterplan-Ausnahme (oben III. 2.) zulässig sein, *Schwark/Kruse* in: Schwark/Zimmer, 4. Aufl. 2010, § 14 WpHG Rn. 26; *Widder* BB 2010, 515, 518.

[73] Beispiele der BaFin, Emittentenleitfaden 2009 III.2.2.1.5, S. 39.

[74] Oben III. 3. Aber unter Umständen Ad-hoc-Publizitätspflicht, *Seibt/Bremkamp* AG 2008, 469.

[75] Näher BaFin, Emittentenleitfaden 2009 III.2.2.1.5.2, S. 39.

[76] *Schwark/Kruse* in: Schwark/Zimmer, 4. Aufl. 2010, § 14 WpHG Rn. 27. Schon oben III. 4.

[77] *Assmann* WM 1996, 1337, 1346; *Assmann* in: Assmann/Schneider, WpHG, 5. Aufl. 2009, § 14 Rn. 53, 55.

[78] Ebenso *Assmann* in: Assmann/Schneider, WpHG, 5. Aufl. 2009, § 14 Rn. 55.

Etwas anderes gilt erst dann, wenn das Kreditinstitut dieses positiv und greifbar weiß[79] und den Auftrag trotzdem ausführt. Darin liegt dann aber nicht ohne weiteres ein eigenes Insidergeschäft des Kreditinstituts im Sinne von § 14 Abs. 1 Nr. 1 WpHG, sondern eine Beihilfehandlung.[80] Das zeigt sich deutlich an dem Fall, dass die Bank auf Grund eigenen Insiderwissens erkennt, dass der Kunde, wenngleich ohne solches Insiderwissen, eine im Sinne dieser Information treffende Kundenorder abgibt. Hier darf (und – bankvertraglich gesehen – muss) die Bank die Kundenorder ausführen. Sie tätigt damit weder selbst für fremde Rechnung oder für einen anderen im Sinne von § 14 Abs. 1 Nr. 1 WpHG ein Insidergeschäft noch macht sie sich mangels vorsätzlicher Haupttat einer Beihilfehandlung schuldig.

Bei Kundenordern, die interessewahrend erteilt werden, kommt die Bank, die selbst Insiderwissen hat, jedoch in Schwierigkeiten. Im Rahmen ihrer interessewahrenden Ermessensausübung müsste sie dann nämlich ihr eigenes Insiderwissen zugunsten des Kunden ausnutzen, was sie nach § 14 Abs. 1 Nr. 1 WpHG nicht darf. Sie wird deshalb in solchen Fällen die Kundenorder an einen Börsenmakler oder eine andere Bank weitergeben[81] oder dem Kunden zurückgeben müssen.[82] Verfolgt die Bank etwa als Vermögensverwalterin aber einen Gesamtplan und erfährt sie die Insiderinformation erst nach Beginn ihrer ersten Teiltransaktion, kann sie die gesamten Transaktionen ohne Insiderverstoß zu Ende bringen.[83]

6. Tätigkeit als Kursmakler, Freimakler und Market Maker

Nicht tangiert werden sodann berufliche Tätigkeiten, auf Grund derer der Berufsangehörige zwangsläufig über Insiderinformationen verfügt und sie beruflich korrekt verwendet. Das ist der Fall bei Berufsträgern[84] wie zB bei Kursmaklern, skontoführenden Freimaklern und Market Makers[85] an der Deutschen Terminbörse. Die Begründung zum WpHG stellt im Anschluss an EG-Recht klar, dass diese Personen nicht gegen das Verbot von Insidergeschäften verstoßen, wenn sie bei Ausübung ihrer Tätigkeit den börsenrechtlich vorgegebenen Rahmen einhalten.[86] Das gilt auch für Hedginggeschäfte von Kreditinstituten, bei denen es nicht um Ausnutzung von Insiderinformationen zu einem Sondervorteil, sondern um Sicherung gegen Preisschwankungen geht.[87]

---

[79] Oder bösgläubig die Augen davor verschließt, dann wird dolus eventualis und nicht nur grobe Fahrlässigkeit vorliegen.

[80] Beihilfe zu Insiderstraftaten ist möglich, aber nur bei Vorsatz, § 27 StGB.

[81] RegE WpHG zu § 14 Abs. 1.

[82] *Assmann* in: Assmann/Schneider, WpHG, 5. Aufl. 2009, § 14 Rn. 54.

[83] *Assmann* in: Assmann/Schneider, WpHG, 5. Aufl. 2009, § 14 Rn. 35; *Cramer* AG 1997, 59, 62.

[84] BGH ZIP 2010, 426, 428.

[85] EuGH 23. 12. 2009 (Spector Photo Group) ZIP 10, 78 Tz. 57, 58 im Anschluss an Erwägungsgrund 18; BGH ZIP 2010, 426, 428.

[86] Erwägungsgrund 18 der EG-Marktmissbrauchsrichtlinie und zuvor schon EG-Insiderrichtlinie; RegE WpHG zu § 14 Abs. 1; *Hopt* in: FS Heinsius, 1991, S. 290 f.; *Assmann* in: Assmann/Schneider, WpHG, 5. Aufl. 2009, § 14 Rn. 34, 53.

[87] *Assmann* in: Assmann/Schneider, WpHG, 5. Aufl. 2009, § 14 Rn. 34, 35; *Schwark/Kruse* in: Schwark/Zimmer, 4. Aufl. 2010, § 14 WpHG Rn. 22: *Cascante/Bingel* NZG 2010, 161, 163. Die Erweiterung der Käufe über den Gesamtplan hinaus ist aber nicht mehr gedeckt, auch oben III. 2. zu Alongside Purchases.

UWE HÜFFER

Qualifiziert faktisch konzernierte Aktiengesellschaften nach dem Übergang zur Existenzvernichtungshaftung bei der GmbH?

Übersicht

I. Einführung

Das Aktienkonzernrecht ist, abgesehen vom Schutz der außenstehenden Aktionäre nach §§ 304, 305 AktG und von der privilegierenden Wirkung des Nachteilsausgleichs nach § 311 AktG, weithin zum Vorbild des GmbH-Konzernrechts geworden.[1] In einer wichtigen Teilmaterie, nämlich in den Fällen einer qualifizierten faktischen Konzernierung der Tochtergesellschaft, konnte das Recht der GmbH allerdings vorübergehend als Schrittmacher auch des Aktienkonzernrechts erscheinen. Die charakteristischen Rechtsfolgen einer Verlustausgleichspflicht ohne Beherrschungsvertrag und im praktischen Regelfall einer Direkthaftung des Gesellschafters gegenüber den Gläubigern nach dem Vorbild eines auch als Haftungsnorm verstandenen § 303 AktG wurden nämlich für die GmbH entwickelt,[2] sollten aber auch für den Aktienkonzern eintreten.[3] Seither hat die hM unter Führung des BGH andere Wege des Gläubigerschutzes gefunden, die unter dem Stichwort der Existenzvernichtungshaftung erörtert werden.[4] Fraglich geblieben ist, ob die Rechtsfigur der qualifizierten faktischen Konzernierung (oder Abhängigkeit) in der einen oder der anderen Form auch für das Aktienrecht ihre Bedeutung verloren hat oder dort noch Brauchbares leisten kann.[5]

Damit ist das Thema des Beitrags angesprochen: Es geht darum, ob die Rechtsfigur qualifizierter faktischer Konzernierung oder Beherrschung im Aktienrecht noch gebraucht wird. Die Untersuchung dieser Frage bietet zugleich Gelegenheit, zur Verabschiedung der Rechtsfigur jedenfalls bei der GmbH mit einigen Bemerkungen Stellung zu beziehen. Nicht beabsichtigt ist dagegen, einen tiefergehenden Beitrag zur gegenwärtig praktizierten Existenzvernichtungshaftung nach § 826 BGB[6] zu leisten.[7]

Der *Jubilar* hat die skizzierte Entwicklung seit 1990 als Mitglied, seit 2005 als Vorsitzender des II. Zivilsenats mitgeprägt und auch als Autor begleitet.[8] Ein Beitrag zur qualifizierten Konzernierung vornehmlich aus aktienrechtlicher Perspektive darf deshalb auf sein Interesse, vielleicht auch auf seine Zustimmung hoffen. Er umfasst zwei eher deskriptive und zwei eher analytische Abschnitte. In den ersten beiden Stationen ist die Entwicklung im Recht der GmbH und im Recht der AG nachzuzeichnen. Im dritten Abschnitt soll der Frage nachgegangen werden, ob der Abschied vom pauschalen Verlustausgleich und von der Direkthaftung des (herrschenden) Gesellschafters zu Recht erfolgt ist. Damit ist der Boden bereitet für das Hauptthema der Abhandlung, nämlich für die Frage nach dem

---

[1] Repräsentativ etwa die Kommentierungen von *Zöllner* in: Baumbach/Hueck/Zöllner, GmbHG, 19. Aufl. 2010, Schlussanh. GmbH-Konzernrecht; *Ulmer/Casper* in: Ulmer/Habersack/Winter, GmbHG, 2008, Anh. § 77; *K. Schmidt* Gesellschaftsrecht, 4. Aufl. 2002, § 39.

[2] Grundlegend BGHZ 95, 330 = NJW 1986, 188 – Autokran; Darstellung bei *Goette* Die GmbH, 2. Aufl. 2002, § 9 Rn. 11 ff.; *Liebscher* GmbH-Konzernrecht, 2006, Abschnitt F Rn. 441 ff.

[3] S. noch *Hüffer* AktG, 5. Aufl. 2002, § 302 Rn. 30; KölnerKommAktG/*Koppensteiner* 3. Aufl. 2004, Anh. § 318 Rn. 61 mwN in Fn. 175.

[4] Vgl. vor allem BGHZ 151, 181, 186 ff. = NJW 1986, 3024 – KBV, zur Durchgriffsvariante; BGHZ 173, 246 Tz. 15 ff. = NJW 2007, 2689 – Trihotel, zur deliktischen Innenhaftung (§ 826 BGB); Überblick bei *Hüffer* AktG, 9. Aufl. 2010, § 1 Rn. 22 ff.; kritisch zur Terminologie *Zöllner* in: FS Konzen, 2006, S. 999, 1003 f.

[5] Str.; s. zum Meinungsstand III 2.

[6] BGHZ 173, 246 Tz. 15 ff. = NJW 2007, 2689 – Trihotel; dazu *Goette* DStR 2007, 1586 ff.; *ders.* in: VGR (Hrsg.), Gesellschaftsrecht in der Diskussion 2007, 2008, S. 1, 19 ff.; ferner zB *Dauner-Lieb* ZGR 2008, 34 ff.; *Habersack* ZGR 2008, 533 ff.

[7] Teilweise kritisch *Hüffer* AktG, 9. Aufl. 2010, § 1 Rn. 26; *Hueck/Fastrich* in: Baumbach/Hueck, GmbHG, 19. Aufl. 2010, § 13 Rn. 59; *Dauner-Lieb* ZGR 2008, 34, 41 ff.

[8] *Goette* (Fn. 2) § 9 Rn. 11 ff.; ferner die in Fn. 6 genannten Beiträge sowie *Goette* ZInsO 2007, 1177 ff.

angeblichen Fortbestand der genannten Rechtsfolgen im qualifizierten Nichtvertragskonzern mit einer AG als beherrschter Gesellschaft.

II. Entwicklungsstufen im (Konzern-)Recht der GmbH

1. Pauschaler Verlustausgleich und Direkthaftung des Unternehmensgesellschafters bei Vermögenslosigkeit der GmbH

a) Autokran

Mit seinem Autokran-Urteil vom 16. September 1985 hat der II. Zivilsenat dem sog. qualifizierten faktischen Konzern zum (aus späterer Sicht: vorübergehenden) Durchbruch verholfen.[9] Genauer hat der Senat bei der mehrgliedrigen GmbH eine Pflicht des Unternehmensgesellschafters zum pauschalen Verlustausgleich analog § 302 Abs. 1 AktG und bei Vermögenslosigkeit der Einmann-GmbH zur unmittelbaren Zahlung an den Gläubiger unter Fortentwicklung des § 303 AktG anerkannt.[10] Dabei liegt das Problem weniger in den der Rechtsordnung grundsätzlich bekannten Folgen als in ihren Voraussetzungen. Das Gericht musste sich dazu in seiner zurückverweisenden Entscheidung nicht abschließend festlegen. Stattdessen lehnte es sich an einen Gesetzesvorschlag des Arbeitskreises GmbH-Reform an, verlangte nämlich das Vorliegen eines Konzernverhältnisses, die dauernde und umfassende Geschäftsführung durch den Unternehmensgesellschafter und die darauf zurückgehende nachhaltige Beeinträchtigung des Eigeninteresses der abhängigen GmbH, deren Feststellung es bei der Einmann-GmbH durch eine – widerlegbare – tatsächliche Vermutung erleichtern wollte.[11]

Der angesprochene Gesetzesvorschlag des Arbeitskreises GmbH-Reform ist schon 1972 vorgelegt worden.[12] Das Scheitern der zunächst geplanten umfassenden GmbH-Gesetzgebung,[13] das mit der Novelle von 1980 deutlich wurde,[14] hat auch sein Schicksal besiegelt. Daneben konnte das Autokran-Urteil auf relativ umfangreiche Vorarbeiten des Schrifttums aufbauen.[15] Eine einheitliche Linie begegnet allerdings nur insoweit, als es um die gewollten, am Vertragskonzern orientierten Rechtsfolgen und um das vorausgesetzte Konzernverhältnis geht. Im Übrigen zeigen sich in der Beschreibung der Haftungsvoraussetzungen durchaus unterschiedliche Auffassungen, bei denen es materiell-rechtlich im Wesentlichen um Zustands- oder Verhaltenselemente des Haftungsgrundes geht.[16] Das Autokran-Urteil kombiniert beide Ansätze, lässt sich aber im Kern als Etablierung einer Zustands- oder Strukturhaftung begreifen; denn das Verhaltenselement erscheint erst im Rahmen des Gegenbeweises, der dem Unternehmensgesellschafter offengehalten wird.[17]

---

[9] BGHZ 95, 330 = NJW 1986, 188 – Autokran; vgl. dazu außer den schon Genannten *Heinsius* AG 1986, 99; *Lutter* ZIP 1985, 1425; *K. Schmidt* BB 1985, 2074; *dens.* ZIP 1986, 146; *Stimpel* AG 1986, 117; *Ulmer* AG 1986, 123; *dens.* NJW 1986, 1579; *Wiedemann* ZGR 1986, 656.

[10] BGHZ 95, 330, 334 ff. = NJW 1986, 188 – Autokran.

[11] BGHZ 95, 330, 344 = NJW 1986, 188 – Autokran; *Goette* (Fn. 2) § 9 Rn. 15.

[12] *Arbeitskreis GmbH-Reform* Thesen und Vorschläge zur GmbH-Reform, Bd. II, 1972, S. 59 f.

[13] Regierungsentwurf von 1971/1973, BT-Drucks. 6/3088 bzw. BT-Drucks. 7/253; Überblick bei *Ulmer* in: Ulmer/Habersack/Winter, GmbHG, 2005, Einl. A Rn. 57.

[14] Gesetz zur Änderung des GmbH-Gesetzes und anderer handelsrechtlicher Vorschriften vom 4.7.1980, BGBl. I S. 836; Begr. RegE, BT-Drucks. 8/1347; Überblick bei *Ulmer* in: Ulmer/Habersack/Winter, GmbHG, 2005, Einl. A Rn. 58 ff.

[15] Zu nennen sind etwa *Lutter* ZGR 1982, 244, 263 ff.; *K. Schmidt* ZGR 1981, 455, 472 ff.; *Ulmer* ZHR 148 (1984), 391, 422 ff.

[16] Eingehende Darstellung bei *Büscher* Die qualifizierte faktische Konzernierung – eine gelungene Fortbildung des Rechts der GmbH?, 1999, S. 18 ff.

[17] BGHZ 95, 330, 344 f. = NJW 1986, 188 – Autokran; gegen Verhaltenselemente im Haftungstatbestand namentlich *Ulmer* AG 1986, 123, 128.

b) Tiefbau und Video

Aus der Folgerechtsprechung ragen die Entscheidungen Tiefbau[18] und Video[19] heraus. Sie behalten die Grundkonzeption des Autokran-Urteils zwar bei, modifizieren aber den zugelassenen Gegenbeweis. Während es nach dem Autokran-Urteil Beweisthema sein sollte, dass „der pflichtgemäß handelnde Geschäftsführer einer selbständigen GmbH ... deren Geschäfte unter den gegebenen Umständen nicht anders geführt haben“ würde,[20] soll das herrschende Unternehmen nach der Tiefbau-Entscheidung nur noch mit der Darlegung von verlustbringenden Umständen gehört werden, „die mit der Ausübung der Leitungsmacht nichts zu tun haben“.[21] Auch diese Einschränkung des Gegenbeweises folgt Vorarbeiten des Schrifttums.[22] Sie trägt, wie nicht zuletzt der *Jubilar* herausgearbeitet hat,[23] dem Umstand Rechnung, dass die vorbildgebenden §§ 302, 303 AktG den durch § 291 Abs. 3 AktG suspendierten Kapitalschutz ausgleichen sollen[24] und es für die Kapitalerhaltung nicht auf die ordnungsgemäße Erfüllung der Organpflichten ankommen könne. Wendet man die Einschränkung anders, so erweist sich die in der nachhaltigen Beeinträchtigung des Eigeninteresses der beherrschten GmbH eingeschlossene Unterstellung unter das übergeordnete Interesse des herrschenden Unternehmens als nicht mehr widerlegbar.[25]

Diese – dogmatisch gut begründete – Einschränkung des Gegenbeweises ist auch die Basis des Video-Urteils vom 23. September 1991,[26] in dem die Konsequenzen für denjenigen Unternehmensgesellschafter gezogen werden, der sich auch als Geschäftsführer der GmbH und zugleich anderweitig, etwa als Einzelkaufmann, unternehmerisch betätigt. Er hafte, so hat der Senat gemeint, grundsätzlich nach den im qualifizierten faktischen Konzern geltenden Regeln.[27] Das ist folgerichtig, weil die dauernde und umfassende Geschäftsführung bei einem Alleingesellschafter-Geschäftsführer nicht verneint werden kann und damit – Tiefbau – auch die Unterstellung unter das übergeordnete Interesse des herrschenden Unternehmens unwiderlegbar vermutet wird. Haftungsvermeidend könnte es demnach nur noch sein, verlustbringende Umstände darzulegen und zu beweisen, die mit der Ausübung der Leitungsmacht nichts zu tun haben. Diesen Annahmen ist das Schrifttum weitgehend nicht mehr gefolgt.[28] Dafür war und ist vor allem der Gedanke leitend, dass die Grundentscheidung des § 13 Abs. 2 GmbHG in den Fällen vertragsloser Konzernierung weitgehend entwertet würde, wenn dem Haftungsausschluss schon eine an die Unternehmenseigenschaft anknüpfende Vermutungskette entgegenstände.

---

[18] BGHZ 107, 7 = NJW 1989, 1610.

[19] BGHZ 115, 187 = NJW 1991, 3142.

[20] BGHZ 95, 330, 344 = NJW 1986, 188 – Autokran.

[21] BGHZ 107, 7, 18 = NJW 1989, 1610; *Goette* (Fn. 2) § 9 Rn. 16 f.

[22] *Stimpel* in: FS Goerdeler, 1987, S. 601, 618 f.; *Ulmer* AG 1986, 123, 127 f.; *ders.* JNW 1986, 1579, 1585.

[23] *Goette* (Fn. 2) § 9 Rn. 17.

[24] BGHZ 103, 1, 10 = NJW 1988, 1326; BGHZ 107, 7, 18 = NJW 1989, 1610; *Hüffer* AktG, 9. Aufl. 2010, § 302 Rn. 3; *Stimpel* in: FS Goerdeler, 1987, S. 601, 614 ff.; *ders.* ZGR 1991, 144, 151 ff.; *Ulmer* AG 1986, 123, 126; *ders.* NJW 1986, 1579, 1584 li. Sp.; offenlassend *Cahn* Kapitalerhaltung im Konzern, 1998, S. 86; aA MünchKommAktG/*Altmeppen* 3. Aufl. 2010, § 302 Rn. 11.

[25] *Goette* (Fn. 2) § 9 Rn. 17.

[26] BGHZ 115, 187 = NJW 1991, 3142.

[27] BGHZ 115, 187, 192 ff. = NJW 1991, 3142.

[28] Vgl. dazu mit unterschiedlichen Standpunkten die Beiträge in *Hommelhoff/Stimpel/Ulmer* (Hrsg.), Heidelberger Konzernrechtstage: Der qualifizierte faktische GmbH-Konzern, 1992; *Büscher* (Fn. 16) S. 57 ff.; prägnant *Röhricht* in: FS 50 Jahre BGH, 2000, S. 83, 85; Zusammenstellung des an die Video-Entscheidung anknüpfenden Schrifttums etwa bei *Ulmer* in: Hachenburg, GmbHG, 8. Aufl. 7. Lfg. 1994, Anh. § 77 vor Rn. 97; *Hirte* Der qualifizierte faktische Konzern – Stand und Perspektiven (RWS-Dokumentation 12), 1992.

c) TBB

Der Fall TBB hat dem II. Zivilsenat Gelegenheit geboten, seine im Video-Urteil eingenommene Position zu überdenken und der daran geübten Kritik Rechnung zu tragen. Das Urteil vom 22. März 1992[29] hält zwar an einer Haftung des Unternehmensgesellschafters nach dem Vorbild der §§ 302, 303 AktG fest und belässt es auch bei einer pflichtwidrigen Ausübung seiner Konzernleitungsmacht als Haftungsvoraussetzung, versteht diese aber als „objektiven Missbrauch der beherrschenden Gesellschafterstellung"[30] und fügt „klarstellend" hinzu, dass dieser Missbrauch und nicht (mehr) „die dauernde und umfassende Leitung der abhängigen Gesellschaft" den Haftungstatbestand ausmache.[31] Praktisch mindestens ebenso wichtig wie die Umformulierung der materiellen Haftungsvoraussetzungen ist die Aufgabe der früher für richtig gehaltenen tatsächlichen Vermutung. Vielmehr habe der Kläger Umstände darzulegen und zu beweisen, die eine Missbrauchsannahme nahelegen, wobei seine Substantiierungslast nach dem Prinzip der Tatsachennähe erleichtert werden könne.[32]

Die zwar nicht nur, aber doch wesentlich von einer Strukturhaftung geprägte Autokran-Doktrin hat sich damit zu einer Verhaltenshaftung gewandelt, in der Strukturelemente wie namentlich die fehlende Isolierbarkeit einzelner schädigender Eingriffe nur noch bei der Konkretisierung des Missbrauchsvorwurfs eine Rolle spielen. In dieser im Schrifttum verbreitet mit Zustimmung[33] aufgenommenen Gestalt hat sich das besondere Haftungsregime des qualifizierten faktischen Konzerns immerhin ein rundes Jahrzehnt „gehalten".

2. Durchgriffshaftung des herrschenden Gesellschafters

Vorbereitet durch die Bremer Vulkan-Entscheidung vom 17. September 2001,[34] hat sich die Rechsprechung mit dem Urteil in Sachen KBV vom 24. Juni 2002[35] neu orientiert. Sie knüpft an den grundlegenden Beitrag von *Röhricht* an[36] und bringt den Übergang von der im qualifizierten faktischen Konzern im Prinzip bestehenden Innenhaftung des Unternehmensgesellschafters gegenüber der beherrschten GmbH (§ 302 Abs. 1 AktG analog) zur Außenhaftung gegenüber dem Gläubiger, der seinen Anspruch gegen die Gesellschaft gegenüber dem Gesellschafter verfolgen darf. Das Haftungskonzept der §§ 128, 129 HGB tritt also an die Stelle des Haftungsausschlusses nach § 13 Abs. 2 GmbHG.[37] Dogmatisch handelt es sich dabei um eine selbständige Fallgruppe des Haftungsdurchgriffs, die subsidiär zum Tragen kommt, nämlich dann, wenn der Kapitalschutz nach §§ 30, 31 GmbHG nicht eingreift und der Gläubigerschutz auch nicht reflexartig durch mitgliedschaftliche Treupflichten[38] geleistet werden kann (Einmann-GmbH; einverständliches Handeln aller Gesellschafter).

Der Übergang zur Durchgriffshaftung führt namentlich aus dem ursprünglichen Verständnis der Haftung als einer spezifischen Konzernfolge heraus, was entschieden als Vorzug

---

[29] BGHZ 122, 123 = NJW 1993, 1200.

[30] BGHZ 122, 123, 130 = NJW 1993, 1200; *Goette* (Fn. 2) § 9 Rn. 19.

[31] BGHZ 122, 123, 131 = NJW 1993, 1200; *Goette* (Fn. 2) § 9 Rn. 19.

[32] BGHZ 122, 123, 131 = NJW 1993, 1200; *Goette* (Fn. 2) § 9 Rn. 20.

[33] Vgl. *Ulmer* in: Hachenburg, GmbHG, 8. Aufl. 7. Lfg. 1994, Anh. § 77 Rn. 110: „mit Erleichterung als Rückkehr zur Normalität verstanden"; Nachweise aaO vor Rn. 97.

[34] BGHZ 149, 10 = NJW 2001, 3622.

[35] BGHZ 151, 181 = NJW 1986, 3024 – KBV; Folgerechtsprechung: BGH NZG 2004, 1107; NZG 2005, 177; NZG 2005, 214.

[36] *Röhricht* in: FS 50 Jahre BGH, 2000, S. 83, 92 ff.

[37] BGHZ 151, 181, 186 f. = NJW 1986, 3024 – KBV; *Hüffer* AktG, 9. Aufl. 2010, § 1 Rn. 24.

[38] Dazu und zum Verhältnis solcher Pflichten zu §§ 311 ff. AktG *Hüffer* AktG, 9. Aufl. 2010, § 53a Rn. 20; s. ferner GroßkommAktG/*Henze/Notz* 4. Aufl. 22. Lfg. 2004, Anh. § 53a Rn. 152 ff.; *Zöllner* ZHR 162 (1998), 235, 237 ff.

betrachtet werden muss.[39] Wie schon die Missbrauchshaftung nach TBB so hat auch die konzeptionell deutlich abweichende Durchgriffshaftung im Schrifttum verbreitet Zustimmung gefunden.[40] Indessen hat auch sie sich nur als Übergangslösung erwiesen.

3. *Deliktische Innenhaftung des herrschenden Gesellschafters*

In seiner Trihotel-Entscheidung vom 16. Juli 2007[41] hat es der II. Zivilsenat für richtig gehalten, die allgemeinen Grundsätzen folgende, den Haftungsausschluss des § 13 Abs. 2 GmbHG reduzierende Außenhaftung durch eine Innenhaftung zu ersetzen – insoweit könnte man von einer Rückkehr zur ursprünglichen Konzernhaftung sprechen -, die ihre Basis aber nicht in analoger Anwendung des § 302 Abs. 1 AktG, sondern in § 826 BGB finden soll. Der II. Zivilsenat spricht insoweit von einem „richterlichen Gestaltungsakt“,[42] durch den eine besondere Fallgruppe sittenwidriger Schädigung der GmbH etabliert werde. Die vor allem angestrebte Bereinigung der Rechtsfolgenseite wird durch den Verzicht auf die Subsidiarität der Durchgriffshaftung gegenüber dem Kapitalschutz nach §§ 30, 31 GmbHG erreicht.[43] Die Innenhaftung nach diesen Vorschriften schlägt also nicht mehr um in eine Außenhaftung nach Durchgriffsgrundsätzen. Stattdessen stehen kapitalschützende Erstattungsansprüche und Schadensersatzansprüche nach § 826 BGB in Anspruchsgrundlagenkonkurrenz.[44]

Inwieweit die (gut nachvollziehbare) Annahme einer Innenhaftung mit der gewählten deliktsrechtlichen Anspruchsgrundlage zusammenpasst, ist ebenso eine offene Frage wie die, ob der Haftungstatbestand infolge seiner Beschränkung auf vorsätzliche Schädigungen nicht etwas eng gewählt ist. Auch muss es nicht schlechthin einleuchten, dass die mitgliedschaftliche Sonderverbindung (Treupflicht), in welcher der herrschende Gesellschafter zur GmbH steht, bei der Problemlösung schlechthin ausgeblendet[45] bleiben soll.[46] Indessen mögen das Randprobleme sein. Das Schrifttum folgt dem BGH jedenfalls weitgehend auch auf dem nunmehr eingeschlagenen Weg.[47]

III. *Entwicklungsstufen im (Konzern-)Recht der AG*

1. *Übertragung der Rechtsprechungsgrundsätze bis TBB in den aktienrechtlichen Zusammenhang*

Für das Aktienrecht lässt sich eine der Rechtsprechung zur GmbH[48] vergleichbare höchstrichterliche Judikatur nicht nachweisen, was die Vermutung nahelegt, dass es sich bei der qualifizierten faktischen Konzernierung oder Nachteilszufügung in der Praxis um ein Phänomen der für Fremd- oder genauer für Sondereinflüsse besonders anfälligen GmbH handelt, vor allem, aber nicht nur der ein- oder zweigliedrigen GmbH mit über-

---

[39] *Hüffer* AktG, 9. Aufl. 2010, § 1 Rn. 24; *Röhricht* in: FS 50 Jahre BGH, 2000, S. 83, 118 ff.; *K. Schmidt* AG 1994, 189, 190 f.; *M. Winter* Mitgliedschaftliche Treubindungen im GmbH-Recht, 1988, S. 205 ff.; *ders.* ZGR 1994, 570, 590 f.

[40] Nachweise bei *Hüffer* AktG, 9. Aufl. 2010, § 1 Rn. 24.

[41] BGHZ 173, 246 Tz. 15 ff. = NJW 2007, 2689 – Trihotel; bestätigt von BGHZ 176, 204 Tz. 10 ff. = NJW 2008, 2437 – Gamma; BGH NJW 2009, 2127 Tz. 15 ff. – Existenzvernichtungshaftung auch in der Liquidation; Schrifttum in Fn. 6.

[42] BGHZ 173, 246 Tz. 23 = NJW 2007, 2689 – Trihotel.

[43] BGHZ 173, 246 Tz. 38 ff. = NJW 2007, 2689 – Trihotel.

[44] BGHZ 173, 246 Tz. 40 = NJW 2007, 2689 – Trihotel.

[45] BGHZ 173, 246 Tz. 15, 17: Haftung „ausschließlich“ oder „allein“ nach § 826 BGB.

[46] Vgl. zu diesen Gesichtspunkten schon *Hüffer* AktG, 9. Aufl. 2010, § 1 Rn. 26; ähnlich *Hueck/Fastrich* in: Baumbach/Hueck, GmbHG, 19. Aufl. 2010, § 13 Rn. 59.

[47] Nachweise bei *Hüffer* AktG, 9. Aufl. 2010, § 1 Rn. 25 aE.

[48] Nachweise in Fn. 2, 4, 18, 19, 29, 34, 35, 41.

schaubarer unternehmerischer Betätigung.[49] Gleichwohl hat bis zur Wende der Rechtsprechung in den Urteilen Bremer Vulkan und KBV[50] weitgehend darüber Einigkeit bestanden, dass es kein Schutzgefälle von der GmbH zur AG geben dürfe und daher die Rechtsfigur der qualifizierten faktischen Konzernierung (oder Abhängigkeit) für das Aktienrecht zu übernehmen sei.[51] Einzelne Gegenstimmen[52] haben sich zunächst nicht durchsetzen können. Die eingangs erwähnte Schrittmacher-Rolle des GmbH-Rechts (s. I.) lässt sich danach zwar nicht für die Gerichtspraxis, wohl aber für die Dogmatik des Aktienkonzernrechts konstatieren.

2. Qualifizierte faktische Konzernierung nach Aufgabe der Rechtsprechung zur GmbH?

Weil sich der BGH unter weitgehender Zustimmung des Schrifttums spätestens im KBV-Urteil von dem Versuch verabschiedet hat, eine spezifische, besonders auf pauschalen Verlustausgleich gerichtete Konzernhaftung an einen Tatbestand qualifizierter faktischer Konzernierung zu knüpfen (s. II. 2.) und daran ungeachtet des neuerlichen Konzeptionswechsels auch im Trihotel-Urteil festgehalten hat (s. II. 3.), stellt sich die Frage, ob die für die GmbH aufgegebene Rechtsfigur für das Aktienrecht aufrechterhalten werden kann oder gar soll. Die wohl hM verneint diese Frage.[53] Auch die Gegenansicht findet aber gewichtige Anhänger, und zwar durchweg in der Weiterentwicklung, dass es nicht auf die durchgeführte Konzernierung (§ 18 Abs. 1 AktG), sondern auf den Missbrauch des nur in den Schranken des Einzelausgleichskonzepts bestehenden Rechts zur Nachteilszufügung ankommen soll, was – insoweit unverändert – bei Feststellung des Missbrauchs in eine entsprechende Anwendung der §§ 302, 303 AktG einzumünden habe.[54]

IV. Mangelnde Bewährung einer Haftung nach den §§ 302, 303 AktG ohne Beherrschungs- und/oder Gewinnabführungsvertrag

1. Vorüberlegungen

Das zuletzt angesprochene eigentliche Thema des Beitrags, also das Schicksal einer an die §§ 302, 303 AktG angelehnten Konzernhaftung des eine AG beherrschenden Unternehmensgesellschafters, ohne dass die von den Normen vorausgesetzten unternehmensvertraglichen Grundlagen gegeben wären, kann nur sinnvoll erörtert werden, wenn man vorab

[49] So etwa die Entscheidungssachverhalte in BGHZ 95, 330 = NJW 1986, 188 – Autokran; BGHZ 115, 187 = NJW 1991, 3142; BGHZ 122, 123 = NJW 1993, 1200; BGHZ 151, 181 = NJW 1986, 3024 – KBV; BGHZ 173, 246 = NJW 2007, 2689 – Trihotel.

[50] BGHZ 149, 10 = NJW 2001, 3622; BGHZ 151, 181 = NJW 1986, 3024 – KBV.

[51] OLG Hamm NJW 1987, 1030; *Hüffer* AktG, 9. Aufl. 2010, § 302 Rn. 30; *Lutter* ZGR 1982, 244, 262 ff.; *Stimpel* AG 1986, 117, 121 f.; *Timm* NJW 1987, 977, 978 ff.; *Zöllner* in: GS Knobbe-Keuk, 1997, S. 369 ff.

[52] KölnerKommAktG/*Koppensteiner* 2. Aufl. Bd. 6 1. Lfg. 1987, Vor § 311 Rn. 24; *Bälz* AG 1992, 277, 291 ff.; *Welf Müller* in: FS Rowedder, 1994, S. 277, 287 f.

[53] OLG Stuttgart AG 2007, 633, 636 li. Sp.; KölnerKommAktG/*Koppensteiner* 3. Aufl. 2004, Anh. § 318 Rn. 72 ff.; *Liebscher* in: BeckHdb. AG, 2. Aufl. 2009, § 14 Rn. 97; *Decher* ZHR 171 (2007), 126, 137; *Henze* AG 2004, 405, 415; wohl auch *Lutter* in: Schmidt/Lutter, AktG, 2. Aufl 2010, § 1 Rn. 22; *Westermann* in: Bürgers/Körber, AktG, 2008, § 1 Rn. 31; offenlassend („sofern ... überhaupt sinngemäß ... übertragbar") BGH AG 2008, 779, 780 re.Sp.

[54] *Habersack* in: Emmerich/Habersack, Aktien- und GmbH-Konzernrecht, 6. Aufl. 2010, Anh. § 317 Rn. 5, 7; *H.-F. Müller* in: Spindler/Stilz, AktG, 2. Aufl. 2010, Vor § 311 Rn. 25; MünchHdb. AG/*Krieger* 3. Aufl. 2007, § 69 Rn. 134; *K. Schmidt* Gesellschaftsrecht, 4. Aufl. 2002, § 31 IV 4 a bei Fn. 126; *Schürnbrand* ZHR 169 (2005), 35, 58, s. auch (zu §§ 302, 303 AktG nicht weiterführend) OLG Köln AG 2009, 416, 418 ff., LG Köln AG 2008, 327, 334 f.

zu dem die praktischen Anschauungen beherrschenden GmbH-Komplex einen Standpunkt gewonnen hat. Mag nämlich auch ein Gleichlauf der beiden Teilmaterien nicht schlechthin zwingend sein, so spricht doch vieles unverändert dafür, ein Rechtsschutzgefälle von der GmbH zur AG zu vermeiden. Umgekehrt tut man sich schwer, eine Lösung in das kodifizierte Aktienkonzernrecht zu implementieren, die sich bei der GmbH als nicht mehr „state of the art" erweist.

Um Missverständnisse zu vermeiden, bleibt der nachfolgenden Einzelkritik noch vorauszuschicken: Der Sache nach ging es nicht um eine eigentliche analoge Anwendung der §§ 302, 303 AktG, sondern um eine an diese Vorschriften angelehnte Rechtsfortbildung, wobei der Weg zur pauschalen Verlustübernahme im Innenverhältnis deutlich kürzer war als der Weg zur Außenhaftung gegenüber dem Gläubiger, bei der mehr die praktische Evidenz des Ergebnisses als seine rechtliche Ableitung überzeugt.[55] Im Konzernrecht der GmbH bestand und besteht für eine Rechtsfortbildung auch Bedarf,[56] weil die Interessen der Gesellschaftsgläubiger sonst gegenüber einem „durchregierenden" Unternehmensgesellschafter zu kurz kommen. Schließlich war der BGH an einer gläubigerschützenden Rechtsfortbildung auch keineswegs gehindert, nachdem sich das Projekt einer großen GmbH-Reform in der inhaltlich bescheidenen Novelle von 1980 nicht verwirklicht hatte.[57] Der vereinzelte Versuch, der Selbstbeschränkung des Gesetzgebers eine Aussage dahin zu entnehmen,[58] dass es eine Konzernhaftung nicht geben solle („beredtes Schweigen"), hat sich zu Recht nicht durchgesetzt.[59]

2. *Autokran-Doktrin*

a) Zur Rechtsfolgenseite

Weil es mit Autokran und TBB zwei Varianten einer Haftung wegen qualifizierter faktischer Konzernierung gibt (s. II. 1. a, II. 1. c), empfiehlt es sich, die kritische Würdigung getrennt vorzunehmen, und zwar zunächst für die Autokran-Doktrin. Insoweit hat das Problem vor allem darin bestanden, den zur Konzernhaftung führenden Sachverhalt tatbestandlich auszuformulieren. Diese Tatbestandsprobleme sind ihrerseits auf die angestrebte spezifische Rechtsfolge zurückzuführen, auf die deshalb zunächst einzugehen ist. Schon im Gesetzesvorschlag des Arbeitskreises GmbH-Reform heißt es im einschlägigen § 255a Abs. 2:[60]

> „Das herrschende Unternehmen hat jeden während der Dauer seiner Einflußnahme entstehenden Jahresfehlbetrag auszugleichen. ..."

Die Haftung wegen qualifizierter faktischer Konzernierung richtet sich also seit ihren Ursprungstagen auf eine pauschale Verlustübernahme durch das herrschende Unternehmen. Anders ausgedrückt ging es darum, für die Haftung nach § 302 Abs. 1 AktG einen zweiten Anwendungsbereich zu eröffnen, in dem die interne Verlustübernahme ebenso gerechtfertigt ist wie bei einer Folgepflicht auch gegenüber nachteiligen Weisungen (§ 308 Abs. 1 S. 2 AktG) oder wie bei einer Pflicht zur Abführung des ganzen Gewinns (§ 291

---

[55] Vgl. etwa die Kritik von *Heinsius* AG 1986, 99, 101 ff., die allerdings den rechtsfortbildenden Charakter der Autokran-Entscheidung vernachlässigt.

[56] S. statt vieler *Röhricht* in: FS 50 Jahre BGH, 2000, S. 83 f.

[57] In diesem Sinne steht, was heute leicht übersehen wird, BGHZ 95, 330 = NJW 1986, 188 – Autokran, in einer Reihe mit BGHZ 80, 129, 135 f. = NJW 1981, 1373 (Aufgabe des Vorbelastungsverbots) und BGHZ 90, 370, 376 ff. = NJW 1984, 1891 (Beibehaltung der Rechtsprechungsregeln zu kapitalersetzenden Darlehen); vgl. dazu auch *Röhricht* in: FS 50 Jahre BGH, 2000, S. 83, 84 f.

[58] *Kleinert* in: FS Helmrich, 1994, S. 667, 674 f.

[59] *Ulmer* in: Hachenburg, GmbHG, 8. Aufl. 7. Lfg. 1994, Anh. § 77 Rn. 12 f.; *Boujong* in: FS Brandner, 1996, S. 23 ff.; *Büscher* (Fn. 16) S. 108.

[60] Thesen und Vorschläge (Fn. 12) S. 59.

Abs. 1 S. 1 Alt. 2 AktG). Dabei wird nicht verkannt, dass es schon im Autokran-Urteil und wohl in allen Folgeentscheidungen nicht um die pauschale Verlustübernahme im Innenverhältnis ging, sondern um den direkten Zugriff des Gläubigers auf das herrschende Unternehmen nach dem gänzlichen Zusammenbruch des abhängigen Schuldnerunternehmens. Diese Tatsache hat ihre eigene Problematik,[61] stellt aber für die dogmatische Konzeption der qualifizierten faktischen Konzernierung in Umkehrung der tatsächlichen Verhältnisse nur eine Ausnahme dar, die bei der vermögenslosen GmbH im Alleinbesitz des herrschenden Unternehmens für richtig gehalten wurde.[62]

b) Tatbestandsprobleme

Die vorbildgebende Haftung nach § 302 Abs. 1 AktG setzt eine bestimmte Organisationsstruktur oder eine (im gesellschaftsrechtlichen Sinne) finanzielle Eingliederung der abhängigen Gesellschaft voraus. Sie knüpft also an die Struktur des Unternehmensverbunds an, weshalb der II. Zivilsenat im Rahmen der Autokran-Doktrin auch ganz zu Recht den Versuch unternommen hat, wenigstens im wesentlichen eine Strukturhaftung zu umschreiben. Nur ist es auch nicht annähernd gelungen, einen Tatbestand zu formulieren, der es rechtfertigen könnte, „das Unternehmensrisiko der abhängigen Gesellschaft auf die Konzernspitze“ zu verlagern.[63]

Ein Tatbestand im Sinne der generellen Umschreibung des die Rechtsfolge tragenden Lebenssachverhalts, dessen Verwirklichung im großen und ganzen durch Subsumtion festgestellt werden kann, dürfte sich auch kaum gewinnen lassen. Den Tatbestandsmerkmalen des Beherrschungs- und/oder Gewinnabführungsvertrags in § 302 Abs. 1 AktG steht mit verbreiteten Umschreibungen wie dauernder und umfassender Geschäftsführung, nachhaltiger Beeinträchtigung der Eigeninteressen der abhängigen GmbH, Behandlung als unselbständiger Betriebsabteilung oder Versagen des Einzelausgleichskonzepts nichts in ähnlicher Weise Subsumtionsfähiges gegenüber. Der deshalb in § 255a Abs. 3 des Gesetzesvorschlags des Arbeitskreises GmbH-Reform unternommene Versuch, an die Feststellung eines Konzernverhältnisses (die ihrerseits über die Doppelvermutung der §§ 17, 18 AktG auf den bloßen Mehrheitsbesitz [§ 16 AktG] und die Unternehmenseigenschaft des mehrheitlich Beteiligten zurückgeht) die Vermutung anzuknüpfen, „daß das Eigeninteresse der abhängigen Gesellschaft nachhaltig beeinträchtigt wird“,[64] ist vor diesem Hintergrund verständlich, schießt aber, wie vor allem die Erfahrungen mit dem Video-Urteil gezeigt haben,[65] seinerseits über das Ziel hinaus.

Die damit angesprochenen Probleme sind auch nicht „nur“ dogmatischer Natur, sondern hatten unmittelbare praktische Bedeutung. Diese resultierte daraus, dass es das Vorbringen einer qualifizierten faktischen Konzernierung erlaubte, mit dem Anspruch auf pauschale Verlustübernahme eine für den Kläger wenig arbeitsintensive Forderung zu erheben, weil es dafür nur auf den fiktiven Bilanzverlust ankommt.[66] Dem tatsächlichen Zahlungs- und Leistungsverkehr zwischen den Mitgliedern einer Unternehmensgruppe in manchmal mühsamer Weise nachzugehen, konnte sich also durch die Annahme einer qualifizierten faktischen Konzernierung erübrigen. Wenn man wie der Autor dieser Zeilen erlebt hat, dass die angebliche qualifizierte faktische Konzernierung auf dem Wege war, zum klägerischen Standardvorbringen zu avancieren, dass auf diese Weise auch landgerichtliche Urteile zustande kommen konnten, von der zugesprochenen Klageforderung aber nach Aufklärung

---

[61] S. III 1 bei Fn. 55.

[62] BGHZ 95, 335, 345 ff. = NJW 1986, 188 – Autokran.

[63] BGHZ 95, 335, 345 = NJW 1986, 188 – Autokran.

[64] Thesen und Vorschläge (Fn. 12) S. 59.

[65] BGHZ 115, 187 = NJW 1991, 3142.

[66] *Hüffer* AktG, 9. Aufl. 2010, § 302 Rn. 11; MünchKommAktG/*Altmeppen* 3. Aufl. 2010, § 302 Rn. 16; *Emmerich* in: Emmerich/Habersack, Aktien- und GmbH-Konzernrecht, 6. Aufl. 2010, § 302 Rn. 28; KölnerKommAktG/*Koppensteiner* 3. Aufl. 2004, § 302 Rn. 18.

des Sachverhalts nur bescheidene Reste blieben, und auch weitgehend unterlegene Kläger das zweite Urteil nicht mit der seinerzeit möglichen Streitwertrevision angriffen, kann man den Gedanken nicht unterdrücken, dass die von der qualifizierten faktischen Konzernierung wegen ihres theoretischen Charmes ausgehende Faszination wohl größer gewesen ist als ihre Praxistauglichkeit.

3. *Haftung nach TBB-Grundsätzen*

Die mit dem TBB-Urteil eingeleitete Rechtsprechungsphase (s. II. 1. c) ist dadurch gekennzeichnet, dass es der II. Zivilsenat zwar auf der Rechtsfolgenseite grundsätzlich bei der internen Verlustübernahmepflicht nach dem Vorbild des § 302 Abs. 1 AktG belässt, aber auf der Voraussetzungsseite zum objektiven Missbrauch der beherrschenden Gesellschafterstellung übergeht, also auf die Formulierung eines Tatbestands gänzlich verzichtet, soweit es um eine Strukturhaftung geht, und die Voraussetzungen einer Verhaltenshaftung mit dem Missbrauchserfordernis auch eher durch eine Generalklausel umschreibt als durch subsumtionsfähige Elemente benennt.

Nach dem Scheitern des Versuchs, im Rahmen der Autokran-Doktrin einen Tatbestand der Konzernhaftung zu formulieren (s. IV. 2.), lässt sich der Übergang zu einer am Missbrauch orientierten Beschreibung der Haftungsvoraussetzungen für sich genommen kaum kritisieren. Störend ist jedoch, dass die am Missbrauchsvorwurf orientierte Verhaltenshaftung und die jedenfalls für die Dogmatik zentrale Rechtsfolge einer pauschalen Verlustübernahmepflicht nicht voll zusammenpassen; denn letztere ist die Folge eines in § 302 Abs. 1 AktG vorausgesetzten legalen Organisationsverhältnisses,[67] nicht die Sanktion für ein objektives, durchweg auch schuldhaftes Fehlverhalten. Durchaus zu Recht hat sich der BGH also daran gemacht, für die Wahrung der berechtigten Gläubigerbelange erst mit der Durchgriffshaftung, dann mit § 826 BGB neue Wege zu suchen.

4. *Zwischenfazit*

Zieht man ein Zwischenfazit, so muss man von einem Scheitern des Versuchs sprechen, den qualifizierten faktischen Konzern als Grund einer pauschalen Verlustübernahmepflicht zu etablieren. Soweit es um die Autokran-Doktrin als die ursprüngliche Variante des Rechtsinstituts geht, ist es nicht gelungen, den Tatbestand einer Strukturhaftung brauchbar zu umschreiben. Ohne sie lässt es sich aber nicht rechtfertigen, das Unternehmensrisiko der abhängigen GmbH auf den sie beherrschenden Unternehmensgesellschafter zu verlagern. Der Übergang zu einer Missbrauchshaftung im TBB-Urteil ist angesichts des Scheiterns der Strukturhaftung zwar konsequent. Dazu will aber nicht passen, dass an der Rechtsfolge einer pauschalen Verlustübernahmepflicht unverändert festgehalten worden ist.

V. Qualifizierte faktische Konzernierung als Baustein des Aktienkonzernrechts?

1. *Existenzvernichtung und Existenzgefährdung*

Soweit im aktienrechtlichen Schrifttum befürwortet wird, an der Rechtsfigur des qualifizierten faktischen Konzerns trotz ihrer Aufgabe im GmbH-Bereich festzuhalten, ist zum einen der Gedanke leitend, dass die AG gegenüber Eingriffen des herrschenden Unternehmens eines Existenzschutzes bedürfe, und zwar wegen des Sonderrechts der §§ 311 ff. AktG eher noch als die GmbH, bei der es eine vergleichbare Einschränkung eines allgemeinen treupflichtgestützten Schädigungsverbots nicht gebe.[68] Ergänzend wird zum anderen geltend gemacht, dass es bei der AG wegen des von §§ 311 ff. AktG vorausgesetzten Einzelaus-

---

[67] Dazu unverändert zutreffend *Ulmer* AG 1986, 123, 126; *ders.* NJW 1986, 1579, 1584.
[68] *Habersack* (Fn. 54) Anh. § 317 Rn. 5, 7; MünchHdb. AG/*Krieger* 3. Aufl. 2007, § 69 Rn. 34.

gleichs auch geboten sei, solche Nachteilszufügungen durch eine pauschale Verlustübernahme zu kompensieren, die dem Einzelausgleich nicht zugänglich seien.[69] Dabei würde es sich gegenüber der Existenzvernichtung um eine Art Vorfeldschutz handeln. Es empfiehlt sich, die beiden Aspekte getrennt zu erörtern.

2. Keine rechtsfortbildende Anwendung der §§ 302, 303 AktG zum Schutz gegen Existenzvernichtung

a) Notwendigkeit des Rechtssatzes?

Die Annahme einer Verlustausgleichspflicht nach dem Vorbild der §§ 302, 303 AktG ohne das Vorliegen des einen oder des anderen dort vorausgesetzten Unternehmensvertrags stellt keine analoge Anwendung der Vorschriften, sondern eine eigentliche Rechtsfortbildung dar.[70] Zu deren Voraussetzungen gehört die Notwendigkeit des durch Fortbildung zu gewinnenden Rechtssatzes.[71] Schon sie ist im Aktienrecht fragwürdig und mit Hinweisen auf Gefahren und Funktionsschwächen der §§ 311 ff. AktG nicht dargetan.

Entscheidend für die innere Berechtigung einer auf pauschalen Verlustausgleich gerichteten Rechtsfortbildung ist weniger, ob die Sicherung der AG und ihrer Gläubiger allein durch die §§ 311 ff. AktG in ausreichender Weise geschieht, als vielmehr, ob es dazu gerade der Verlagerung des Unternehmensrisikos auf das Spitzenunternehmen bedarf, die mit den §§ 302, 303 AktG verwirklicht wird. Das ist entgegen den dafür vorgetragenen Argumenten eher zu verneinen als zu bejahen. Erstens dürfte man nämlich erwarten, dass sich das in der Theorie darstellbare Schutzdefizit auch in praktischen Fällen niederschlägt. Die nicht geringe Zahl einschlägiger Entscheidungen betrifft aber stets die GmbH, nicht die AG. Zweitens ist es gerade ein unzureichender Schutz der Vermögensgrundlagen der Kapitalgesellschaft, der die Entwicklung von Schutzinstrumenten praeter legem rechtfertigt.[72] In dieser wichtigen Frage befindet sich das Aktienrecht aber mit der strikten Vermögensbindung nach §§ 57, 62 AktG und der Pflicht zur Rücklagenbildung nach § 150 AktG auf einem anderen Niveau als der bloße Kapitalschutz nach §§ 30, 31 GmbHG. Weiterhin besteht bei fehlender Ausgleichsgewährung noch die Schadensersatzpflicht des herrschenden Unternehmens und derjenigen Organmitglieder, welche die nachteilige Veranlassung durchgesetzt haben, nach §§ 117, 317 AktG.[73] Diese Vorschriften leisten mehr oder minder dasselbe wie das bei der GmbH bestehende, auf die Ergänzung des bloßen Kapitalschutzes abzielende mitgliedschaftliche Schädigungsverbot, weshalb es auch nicht zutrifft, dass infolge des durch §§ 311 ff. AktG begründeten Sonderrechtsverhältnisses ein Schutzbedürfnis besteht, dem nur unter Anwendung der §§ 302 ff. AktG Rechnung getragen werden könnte.[74] Schließlich bleiben die mitgliedschaftlichen Treubindungen zu bedenken, denen das herrschende Unternehmen in seiner Rolle als Aktionär unterliegt, wobei die Einzelheiten allerdings noch wenig geklärt sind.[75]

---

[69] *Habersack* (Fn. 54) Anh. § 317 Rn. 7; MünchHdb. AG/*Krieger* 3. Aufl. 2007, § 69 Rn. 34; *Schürnbrand* ZHR 169 (2005), 35, 58.

[70] Gesetzesübersteigende Rechtsfortbildung im Sinne von *Larenz* Methodenlehre der Rechtswissenschaft, 6. Aufl. 1991, S. 413 ff.; s. auch *dens.* NJW 1965, 1, 2 f.

[71] *Ulmer* Richterrechtliche Entwicklungen im Gesellschaftsrecht 1971–1985 (Heidelberger Forum 45), 1986, S. 47 f.

[72] *Röhricht* in: FS 50 Jahre BGH, 2000, S. 83, 92 ff.; *Ulmer* ZHR 148 (1984), 391, 399 ff.

[73] S. zur Anwendung der §§ 117, 317 AktG bei fehlendem Einzelausgleich *Hüffer* AktG, 9. Aufl. 2010, § 117 Rn. 14; § 311 Rn. 50; § 317 Rn. 17; *Ulmer* in: FS Hüffer, 2010, S. 999, 1010 f.

[74] So aber *Habersack* (Fn. 54) Anh. § 317 Rn. 5 unter Inanspruchnahme von *Röhricht* in: VGR (Hrsg.), Gesellschaftsrecht in der Diskussion 2001, 2002, S. 3, 13 f. und 43.

[75] Vgl. dazu BGH NZG 2008, 831 Tz. 16 f.; *Hüffer* AktG, 9. Aufl. 2010, § 53a Rn. 20; *dens.* in: FS Röhricht, 2005, S. 251, 259; *Röhricht* in: Hdb. Corporate Governance, 2003, S. 513, 530 (in der 2. Aufl. 2009 nicht mehr enthalten); teilweise abweichend *Zöllner* ZHR 162 (1998), 235, 237 ff.

Schon angesichts dieser normativen Ausgangslage dürfte es kaum möglich sein, dem herrschenden Unternehmen die Verluste der Tochtergesellschaft ohne Unternehmensvertrag zuzuweisen, nachdem das dafür früher bestehende Argument eines anzustrebenden gleichen Schutzniveaus bei GmbH und AG mit der Aufgabe des qualifizierten faktischen Konzerns entfallen ist.

b) Mangelnde Praxistauglichkeit auch im Aktienkonzernrecht

Käme man darüber hinweg, dass schon die Notwendigkeit eines die pauschale Verlustübernahmepflicht aussprechenden Rechtssatzes nicht eben evident ist, so bliebe es jedenfalls dabei, dass die tatbestandliche Ausformung einer zur Verlustübernahme hinführenden Strukturhaftung bei der GmbH nicht gelungen ist (s. IV. 2. b) und keine Anhaltspunkte dafür bestehen, dass diese Ausformung bei der AG gelingen könnte. Ein weitgehender, die geglückte Rechtsfortbildung auszeichnender Konsens ließe sich deshalb nicht erwarten, so dass auch dieser Gesichtspunkt gegen eine Verlustübernahmepflicht nach dem Vorbild der §§ 302, 303 AktG spricht. Wollte man stattdessen mit dem TBB-Urteil den Vorwurf eines objektiven Missbrauchs der Gesellschafterstellung mit einer Pflicht zur Verlustübernahme verbinden, so wäre die zur GmbH entwickelte Kritik, dass Verhaltenshaftung und Rechtsfolge nicht zusammenpassen (s. IV. 3.), bei der AG ganz ebenso zutreffend.

c) Existenzvernichtungshaftung nach § 826 BGB und Haftung nach §§ 117 Abs. 1, 317 AktG

Kurz einzugehen ist noch auf das Verhältnis einer Existenzvernichtungshaftung in der aktuellen Variante einer Innenhaftung nach § 826 BGB zur Haftung des Einflussnehmers nach § 117 Abs. 1 AktG und zu der bei einer Verletzung der Ausgleichspflicht eintretenden Haftung des herrschenden Unternehmens nach § 317 AktG. Eine nähere Betrachtung des § 117 AktG zeigt, dass der II. Zivilsenat das GmbH-Recht in seinem Trihotel-Urteil[76] auf das Niveau der seit § 101 AktG 1937 bestehenden aktienrechtlichen Lage gehoben hat; denn auch die Haftung nach § 117 AktG ist eine Innenhaftung deliktischen Ursprungs, die mit dem Ziel eingeführt wurde, den Rückgriff auf § 826 BGB, der den Gerichten seinerzeit offenbar schwer fiel, überflüssig zu machen.[77] Die Haftung nach dem Deliktstatbestand wird durch § 117 AktG aber auch nicht verdrängt. Vielmehr besteht Anspruchskonkurrenz, wenn beide Normen verwirklicht sind. Allerdings steht nicht zu erwarten, dass die Haftung nach § 826 BGB über diejenige nach § 117 AktG wesentlich hinausführt.[78]

Während der „richterliche Gestaltungsakt“, auf den sich der II. Zivilsenat für die Einführung einer Innenhaftung nach § 826 BGB im GmbH-Bereich beruft,[79] durch § 117 AktG eine gewisse Legitimation erfährt, lässt sich umgekehrt fragen, ob damit – und bei Hinzutreten der Unternehmenseigenschaft mit einer Haftung nach § 317 AktG, ferner ergänzend mit einer Haftung aus der Verletzung mitgliedschaftlicher Treubindungen, soweit sich der konzernrechtliche Haftungstatbestand als zu eng erweisen sollte (s. V. 2. a) – der Schutz der abhängigen AG und ihrer Gläubiger vor existenzvernichtenden nachteiligen Maßnahmen ausreichend verwirklicht ist. Das entspricht der Gesetzeslage. Sie in Richtung der §§ 302, 303 AktG weiterzuentwickeln, ist aus den dargelegten Gründen nicht angezeigt, sofern die Schadensersatzansprüche ggf. durch eine Schätzung nach § 287 ZPO effektuiert und durch

---

[76] BGHZ 173, 246 = NJW 2007, 2689 – Trihotel.

[77] Vgl. dazu BGH NJW 1992, 3167, 3172 li.Sp.; *Hüffer* AktG, 9. Aufl. 2010, § 117 Rn. 2; *ders.* in: FS Kropff, 1997, S. 127, 135 f.; *Lehmann* in: FS Hedemann, 1938, S. 399, 400.

[78] *Hüffer* AktG, 9. Aufl. 2010, § 1 Rn. 26a; § 117 Rn. 14.

[79] BGHZ 173, 246 Tz. 23 = NJW 2007, 2689 – Trihotel.

Unterlassungsansprüche analog § 1004 Abs. 1 S. 2 BGB flankiert werden, was jedenfalls auf der Basis des § 826 BGB keine Schwierigkeit darstellt.[80]

3. Schutz gegen existenzgefährdende Maßnahmen als Legitimation einer Verlustübernahmepflicht?

Schließlich lässt es sich entgegen der im Schrifttum vorgebrachten These[81] auch nicht rechtfertigen, §§ 302, 303 AktG rechtsfortbildend anzuwenden, um die abhängige AG vor nachteiligen Maßnahmen zu schützen, die dem von §§ 311 ff. AktG vorausgesetzten Einzelausgleich nicht zugänglich sind. Das versteht sich nach den bisherigen Darlegungen eigentlich von selbst. Findet der pauschale Verlustausgleich nämlich selbst bei Existenzvernichtung nicht statt (s. V. 2.), so wäre es unstimmig, wenn es die bloße Existenzgefährdung rechtfertigen sollte, das Unternehmensrisiko insgesamt auf das herrschende Unternehmen zu verlagern. Auch bleibt es dabei, dass ein die Anwendung der §§ 302, 303 AktG rechtfertigender praxistauglicher Haftungstatbestand nicht existiert. Und am unabweisbaren Rechtsfortbildungsbedarf muss angesichts des verfügbaren Einzelrechtsschutzes ebenfalls gezweifelt werden. Insbesondere entfallen Schadensersatzansprüche nach §§ 117, 317 AktG, die bei Unmöglichkeit des Einzelausgleichs nicht an § 311 AktG scheitern,[82] auch nicht an Schwierigkeiten der Schadensfeststellung, sofern, wie zulässig und notwendig, mit § 287 ZPO geholfen wird.

4. Zwischenfazit

Der aktienrechtliche Untersuchungsabschnitt zeigt, dass es nicht gerechtfertigt ist, insoweit – anders als bei der GmbH – an der Rechtsfigur der qualifizierten faktischen Konzernierung festzuhalten. Das gilt zunächst für die sog. Existenzvernichtungsfälle. Die andere aktienrechtliche Ausgangslage lässt einen Rechtssatz, nach welchem die pauschale Verlustübernahme durch das herrschende Unternehmen notwendig wäre, schon als wenig plausibel erscheinen. Auch bleibt es dabei, dass es in vielen Jahren nicht gelungen ist, die Tatbestandsseite eines solchen Rechtssatzes brauchbar zu formulieren. Systemkonform ist nicht die den Gesetzesplan durchbrechende vertragslose Anwendung der §§ 302, 303 AktG, sondern die Gewährung von Schadensersatz nach §§ 117, 317 AktG, und zwar auch dann, wenn es nicht um existenzvernichtende Maßnahmen geht, sondern um solche, die nicht einzelausgleichsfähig sind.

VI. Schlussbemerkung

Überblickt man die Rechtsprechung des II. Zivilsenats zur qualifizierten faktischen Konzernierung insgesamt, so zeigt sich, dass bis TBB für ein konzernrechtliches Problem auch eine konzernrechtliche Lösung gesucht wurde. Seit Bremer Vulkan/KBV bleibt die übermäßige, nämlich in ihren wirtschaftlichen Untergang mündende Indienstnahme der abhängigen Gesellschaft zwar ein konzernrechtlicher Sachverhalt, doch zeigt sich, dass seine Bewältigung mit allgemeinen Instrumenten des Gesellschafts- oder des Zivilrechts besser gelingt als mit der Übertragung einer für bestimmte Unternehmensverträge statuierten Lösung. Ob dabei der Durchgriffshaftung oder der deliktischen Innenhaftung der Vorzug gebührt, kann man unterschiedlich beurteilen; beide Lösungen haben Stärken und Schwächen.

---

[80] *Ebbing* in: Erman, BGB, 12. Aufl. 2008, § 1004 Rn. 10; *Bassenge* in: Palandt, BGB, 69. Aufl. 2010, § 1004 Rn. 4.

[81] *Habersack* (Fn. 54) Anh. § 317 Rn. 5, 7.

[82] *Hüffer* AktG, 9. Aufl. 2010, § 311 Rn. 25, 42; *Habersack* (Fn. 54) § 311 Rn. 43, 58; KölnerKommAktG/*Koppensteiner* 3. Aufl. 2004, § 311 Rn. 56, 89; *Ulmer* in: FS Hüffer, 2010, S. 999, 1002 f.

HANS-CHRISTOPH IHRIG

Zur Entscheidungskompetenz der Hauptversammlung in Fragen der Versammlungsleitung

Übersicht

I. Einführung

1. „Umschreibestopp"-Entscheidung des BGH

Rechtsfragen der Hauptversammlung haben den BGH in der Periode, in der *Wulf Goette* die Entscheidungen des II. Zivilsenats – zunächst als einfaches Mitglied und ab 2005 als dessen Vorsitzender – aufgrund seines ausgeprägten Verständnisses für die Belange der Wirtschaftspraxis nachhaltig befruchtet und geprägt hat, wiederholt beschäftigt. Dazu gehört nicht zuletzt auch die Abgrenzung der Kompetenzen des Hauptversammlungsleiters von den Entscheidungsbefugnissen der Hauptversammlung.[1] In einer aktuellen, wegen eines anderen Schwerpunkts unter dem Titel „Umschreibestopp“ bekannt gewordenen Entscheidung vom 21. September 2009[2] hat der BGH zu der Frage Stellung genommen, ob der Versammlungsleiter von sich aus die Entscheidung für eine gesonderte Abstimmung über die Entlastung einzelner Aufsichtsratsmitglieder treffen darf, ob er also befugt ist, Einzelentlastung für alle oder einzelne Organmitglieder anzuordnen, auch wenn die Voraussetzungen von § 120 Abs. 1 S. 2 AktG nicht gegeben sind, weil weder ein entsprechender Beschluss der Hauptversammlung gefasst noch ein Minderheitsverlangen gestellt wurde.

Der BGH bejaht dies und stellt die Entscheidung, ob über die Entlastung der Mitglieder des Aufsichtsrats zusammen oder über die Entlastung einzelner oder aller Aufsichtsratsmitglieder getrennt abzustimmen ist, in das freie Ermessen des Versammlungsleiters. Es handle sich um eine „Frage der Zweckmäßigkeit“; auf das Vorliegen eines sachlichen Grundes für die Einzelentlastung komme es nicht an. Das steht in Übereinstimmung mit der inzwischen ganz hM in der Literatur[3] und verdient Zustimmung. Beachtung ist indessen der Einschränkung zu schenken, die der BGH in diesem Zusammenhang wie folgt formuliert: Die sachgerechte und zweckmäßige Leitung der Hauptversammlung obliege grundsätzlich dem Versammlungsleiter, „soweit sie weder durch Gesetz noch durch Satzung noch durch einen Geschäftsordnungsbeschluss der Hauptversammlung geregelt ist“.

Die Leitungskompetenz des Versammlungsleiters steht danach also nicht nur unter Gesetzesvorbehalt, sondern offenbar auch unter dem Vorbehalt einer von der Hauptversammlung in der Satzung oder kraft Geschäftsordnungsbeschluss getroffenen Verfahrensbestimmung.

2. *Widerspruch zu BGHZ 44, 245?*

Wenn damit der Hauptversammlung in Angelegenheiten der Versammlungsleitung eine umfassende Letztentscheidungskompetenz zugewiesen werden sollte, stünde dies allerdings in Widerspruch zu der ganz hM, wonach dem Versammlungsleiter kraft seines gesetzlich vorausgesetzten Amtes ein Bündel an eigenen Rechten zukommt, das der Disposition der Hauptversammlung entzogen ist.[4] In seiner Grundlagenentscheidung, die dieses Dogma höchstrichterlich bestätigt hat, hatte es der BGH sogar noch ausdrücklich für zweifelhaft gehalten, ob der Versammlungsleiter auch nur berechtigt sei, Fragen der Versammlungsleitung der Hauptversammlung zur Entscheidung zu überlassen:[5]

> „Es ist zweifelhaft, ob der Leiter einer Hauptversammlung seine Entscheidungsbefugnis in Fragen der Versammlungsleitung punktuell auf die Hauptversammlung delegieren kann. Insoweit fragt sich, ob die Beschränkung der Zuständigkeit der Hauptversammlung auf die ihr im Gesetz oder in der

---

[1] Beispiele einschlägiger Rechtsprechung aus früheren Jahren sind etwa BGH WM 2003, 1896 = NZG 2003, 1023 zur Entscheidung über die Zusammenfassung mehrerer Beschlussgegenstände zur einheitlichen Abstimmung; außerdem BGHZ 180, 9 zur Zulassung der Listenwahl durch Satzungsregelung.

[2] ZIP 2009, 2051 = WM 2009, 2085; bestätigt durch BGH WM 2010, 848 f.; dazu *Goette* DStR 2009, 2602, 2606.

[3] Vgl. *Hüffer* AktG, 9. Aufl. 2010, § 120 Rn. 10; MünchKommAktG/*Kubis* 2. Aufl. 2004, § 120 Rn. 12 mwN in Fn. 37; *Bub* in: FS Derleder, 2005, S. 221, 226; einschränkend aber *Spindler* in: Schmidt/Lutter, AktG, 2008, § 120 Rn. 26; wohl auch *Pluta* in: Bürgers/Körber, AktG, 2008, § 120 Rn. 2; aA *Stützle/Walgenbach* ZHR 155 (1991), 516, 534.

[4] Vgl. im Anschluss an BGHZ 44, 245, 248 nur *Hüffer* AktG, 9. Aufl. 2010, § 129 Rn. 1c; *Bezzenberger* ZGR 1998, 352, 358; *Dietrich* NZG 1998, 921, 923 sowie sogleich unter II 2.

[5] BGHZ 44, 245, 248. Gegen eine solche Delegationsbefugnis *Wicke* in: Spindler/Stilz, AktG, 2007, Anh. § 119 Rn. 5 (lediglich Einholung eines unverbindlichen Meinungsbildes sei zulässig); für eine entsprechende Delegationsbefugnis demgegenüber die wohl hM, vgl. MünchKommAktG/*Kubis* 2. Aufl. 2004, § 119 Rn. 115; GroßkommAktG/*Mülbert* 4. Aufl. Stand 1.9.1999, Vor §§ 118–147 Rn. 93, jeweils mwN zum Meinungsstand.

Satzung übertragenen Fälle (§ 103 AktG) auch für versammlungsleitende Maßnahmen gilt, für die das Aktiengesetz keine Vorschriften gibt, und ob die Verantwortung, die den Leiter einer Hauptversammlung für die Richtigkeit der ihm obliegenden Entscheidungen trifft, übertragbar ist."

Wenn der BGH die Versammlungsleitung durch den Vorsitzenden der Hauptversammlung nunmehr unter den Vorbehalt stellt, dass die zu treffende Entscheidung, abgesehen von einer gesetzlichen Vorgabe, weder durch Satzung noch durch Geschäftsordnungsbeschluss der Hauptversammlung geregelt ist, bekennt er sich offenbar zu einer Entscheidungsprärogative der Hauptversammlung in Fragen der Versammlungsleitung. Zur Reichweite der Regelungskompetenz, die der BGH der Hauptversammlung insoweit zuweisen will, lässt sich der Entscheidung freilich nichts Konkretes entnehmen. Zu konstatieren ist aber jedenfalls, dass es aus Sicht des BGH Entscheidungen der Versammlungsleitung gibt, für die die Hauptversammlung Regelungen treffen kann, die den Versammlungsleiter binden.

Weil es in concreto an einer solchen von der Hauptversammlung getroffenen Verfahrensbestimmung fehlte, bestand für den BGH kein Anlass zur weiteren Ausleuchtung der Reichweite und der Grenzen einer der Hauptversammlung etwa zukommenden Regelungskompetenz in Angelegenheiten der Versammlungsleitung. Wäre eine solche im Hinblick auf die dem BGH zur Entscheidung vorgelegte Wahl zwischen Gesamt- oder Einzelentlastung zu bejahen, hätte dies aber offensichtlich die Konsequenz, dass der Versammlungsleiter im Wege der Gesamtentlastung hätte beschließen lassen müssen, sofern die Hauptversammlung eine solche bevorzugt und einen entsprechenden Geschäftsordnungsbeschluss gefasst hätte. Das bedeutete weiter, dass der Versammlungsleiter über einen Geschäftsordnungsantrag eines einzelnen Aktionärs, die Hauptversammlung möge beschließen, dass über die Entlastung des Aufsichtsrats im Wege der Gesamtentlastung Beschluss gefasst wird, hätte abstimmen lassen müssen, und zwar vor Eintritt in die Sachabstimmung.[6] Und schließlich könnte eine entsprechende Entscheidungskompetenz der Hauptversammlung, wenn man sie anerkennt, ihren Ausdruck auch in einer Satzungsbestimmung oder in einer Geschäftsordnungsregelung nach § 129 Abs. 1 S. 1 AktG finden. Dort könnte etwa bestimmt werden, dass dann, wenn die Voraussetzungen von § 120 Abs. 1 S. 2 AktG nicht gegeben sind, über die Entlastung von Vorstand und Aufsichtsrat im Wege der Gesamtentlastung abzustimmen ist. Oder die Entscheidung hierüber könnte in der Satzung oder einer Geschäftsordnung abschließend dem Versammlungsleiter zugewiesen werden. In einer ebenfalls denkbaren Gestaltungsalternative könnte dessen Entscheidung auch unter den Widerspruchsvorbehalt der Hauptversammlung, einer qualifizierten Minderheit oder einzelner Aktionäre gestellt werden, zB wie folgt:

„Der Versammlungsleiter kann, wenn die Voraussetzungen des § 120 Abs. 1 S. 2 AktG nicht gegeben sind, nach seinem Ermessen die gesonderte Abstimmung über die Entlastung einzelner Mitglieder von Vorstand und Aufsichtsrat anordnen. Das gilt nicht, wenn die Hauptversammlung beschließt, dass über die Entlastung im Wege der Gesamtentlastung abgestimmt werden soll, oder eine Minderheit dies verlangt, deren Anteile zusammen den zehnten Teil des Grundkapitals oder den anteiligen Betrag von einer Million Euro erreichen."

Ein Beispiel für eine solche abschließende Zuweisung des Letztentscheidungsrechts bei der Behandlung einer Verfahrensfrage bietet der der Entscheidung des BGH vom 16. Februar 2009[7] zugrundeliegende Sachverhalt. Dort war der Versammlungsleiter von der Hauptversammlung durch Satzungsbestimmung ausdrücklich dazu ermächtigt worden, im Rahmen der Aufsichtsratswahlen über eine von der Verwaltung vorgelegte Liste mit Wahl-

---

[6] Zum grundsätzlichen Vorrang der Abstimmung über den Verfahrensantrag vor der Behandlung des Sachantrags vgl. GroßkommAktG/*Mülbert* 4. Aufl. Stand 1.9.1999, Vor §§ 118–147 Rn. 117; MünchHdb. AG/*Semler* 3. Aufl. 2007, § 39 Rn. 10; MünchKommAktG/*Kubis* 2. Aufl. 2004, § 119 Rn. 143, jeweils mwN.

[7] BGHZ 180, 9 = WM 2009, 459.

vorschlägen abstimmen zu lassen. Der BGH stellt dazu fest, dass die Befugnis des Versammlungsleiters, die Wahl der Aufsichtsratsmitglieder im Wege der Listenwahl durchzuführen, nicht durch einen Geschäftsordnungsantrag einzelner Aktionäre, stattdessen eine Einzelwahl durchzuführen, außer Kraft gesetzt werden könne.[8] Die Hauptversammlung hatte also zulässigerweise in der Satzung eine abschließende Verfahrensregel im Sinne einer Zuweisung der Entscheidungskompetenz an den Versammlungsleiter vorgegeben. Dass eine entsprechende Satzungsregelung wirksam ist und insbesondere nicht gegen § 23 Abs. 5 AktG verstößt, folgert der BGH daraus, dass das Gesetz in § 101 AktG keine Regelung zur Art der Abstimmung trifft. In erster Linie kompetenzbegründend wirkt demgegenüber zum Beispiel eine Satzungs- oder Geschäftsordnungsregelung, mit der in Ausfüllung von § 131 Abs. 2 S. 2 AktG der Versammlungsleiter ermächtigt wird, das Fragerecht zeitlich angemessen zu beschränken. Damit wird nämlich nicht darüber entschieden, ob eine bestehende Letztentscheidungskompetenz in einer Frage der Versammlungsleitung bei dem Versammlungsleiter oder aber bei der Hauptversammlung liegen soll, sondern es wird in einem kompetenzbegründenden Sinne die Grundlage für den Eingriff in die Mitgliedschaftsrechte der Aktionäre überhaupt erst geschaffen. Außerdem erlaubt es das Gesetz nur, diese Kompetenz dem Versammlungsleiter zuzuweisen. Eine Ermächtigung an die Hauptversammlung wäre, abgesehen von ihrer praktischen Unbrauchbarkeit, unzulässig.

3. Aufgabenstellung

Die vorstehend kurz referierten Feststellungen des BGH legen es nahe, der Frage nachzugehen, inwieweit der Hauptversammlung eine Regelungskompetenz in Angelegenheiten der Versammlungsleitung zukommt. Dabei kann es im vorliegenden Rahmen angesichts der Vielzahl von Entscheidungsgegenständen, die sachlich dem Bereich der Versammlungsleitung zuzuweisen sind – von der Zulassung von Gästen zur Versammlungsteilnahme über die Bestimmung der Reihenfolge der Redner, die Anordnung von Ordnungsmaßnahmen gegenüber Versammlungsteilnehmern bis hin zur Bestimmung der Art der Abstimmung und der Entscheidung über die Schließung der Hauptversammlung – nicht um Vollständigkeit gehen. Vielmehr kann nur der Versuch unternommen werden, anhand ausgewählter Beispielsfälle den maßgeblichen Grundprinzipien der Gewaltenteilung zwischen Versammlungsleiter und Hauptversammlung in Fragen der Versammlungsleitung nachzugehen.

Der damit aufgenommene Problemkreis ist zuletzt anlässlich des KontrTraG Gegenstand einer breiteren Diskussion gewesen, mit dem der Gesetzgeber in § 129 Abs. 1 S. 1 AktG bekanntlich die Möglichkeit eröffnet hat, dass sich die Hauptversammlung eine Geschäftsordnung mit Regeln für die Vorbereitung und Durchführung der Hauptversammlung gibt.[9] Als Ergebnis dieser Diskussion hat sich der Meinungsstand verfestigt, dass Fragen der Versammlungsleitung der Einwirkungsmöglichkeit durch die Hauptversammlung weithin entzogen sind.[10]

II. Grundlegung

1. Versammlungsleiter als notwendiger Funktionsträger in der Hauptversammlung

Die Abgrenzung der Kompetenzen des Versammlungsleiters im Verhältnis zu den Entscheidungsbefugnissen der Hauptversammlung ist im Gesetz allenfalls rudimentär geregelt.

[8] Vgl. zum disparaten Meinungsstand in der Literatur MünchKommAktG/*Habersack* 3. Aufl. 2008, § 101 Rn. 21 ff. mzN.

[9] Nachweis des Gesetzes zur Kontrolle und Transparenz im Unternehmensbereich (KonTraG) nebst Gesetzesmaterialien bei *Ernst/Seibert/Stuckert* Textausgabe 1998.

[10] Wohl deshalb ist von der Option, eine Geschäftsordnung für die Hauptversammlung zu verabschieden, in der Praxis bislang kaum Gebrauch gemacht worden.

Bekanntlich beantwortet das Gesetz nicht einmal die Grundsatzfrage, wer der Versammlungsleiter ist.[11] Klar ist insoweit nur, dass es einen Versammlungsleiter geben muss. Das hat der Gesetzgeber mit dem ARUG in § 118 Abs. 4 AktG und § 130 Abs. 2 S. 3 AktG jüngst explizit bestätigt.[12]

Regelmäßig enthält die Satzung eine Bestimmung darüber, wer die Hauptversammlung leitet. Tut sie dies ausnahmsweise nicht und liegt auch kein Fall der gerichtlichen Bestellung nach § 122 Abs. 2 S. 3 AktG vor, obliegt die Bestellung des Versammlungsleiters nach allgemeiner Auffassung der Hauptversammlung, die hierüber durch Wahlbeschluss mit einfacher Stimmenmehrheit entscheidet.[13] Diese Entscheidungsbefugnis ergibt sich aus der Kompetenz der Hauptversammlung zur Regelung ihrer eigenen Angelegenheiten; sie ist Ausprägung ihres Selbstorganisationsrechts.

2. *Leitungskompetenz des Versammlungsleiters*

Weil der Versammlungsleiter sein Amt danach im Regelfall aus einer Entscheidung der Hauptversammlung ableitet, liegt es prima vista nahe, anzunehmen, dass die Hauptversammlung den Versammlungsleiter in seinem Wirkungskreis auch durch eigene Beschlüsse binden und ihren Willen an die Stelle des Versammlungsleiters setzen kann. Die ganz hM in der Literatur und die bislang maßgebliche höchstrichterliche Rechtsprechung vertreten indessen den gegenläufigen Standpunkt.

a) Meinungsstand

Nach der hM stehen dem Versammlungsleiter alle Kompetenzen zu, die er für die Erfüllung seiner Aufgaben benötigt. Bei diesen Leitungsbefugnissen soll es sich um originäre Rechte des Versammlungsleiters handeln, die sich nicht von den Rechten der Hauptversammlung ableiten.[14] Zwar ist umstritten, ob der Versammlungsleiter ein eigenes („nichtständiges") Organ der Gesellschaft ist,[15] oder ob er einen Teil der Hauptversammlung verkörpert.[16] Zu unterschiedlichen Ergebnissen hinsichtlich der Befugnisse des Versammlungsleiters kommen diese divergierenden Auffassungen jedoch nicht. Wegen § 23 Abs. 5 AktG könne in die Kompetenzen des Versammlungsleiters weder durch die Satzung noch durch eine Geschäftsordnung eingegriffen werden, da es sich um, wenn auch ungeschriebene, so doch gesetzliche Kompetenzen handelt.[17] Insofern ist von einem „beredten

[11] Immerhin indiziert aber § 130 Abs. 1 S. 3 und Abs. 3 AktG, dass der Gesetzgeber im Regelfall von einer Leitung der Hauptversammlung durch den Vorsitzenden des Aufsichtsrats ausgeht.

[12] Schon davor stand außer Streit, dass es einen Versammlungsleiter geben muss, wofür mit Recht auf § 130 Abs. 2 AktG verwiesen wurde, wonach die Feststellung des Vorsitzenden der Versammlung in das notarielle Protokoll aufzunehmen ist, sowie auf § 122 Abs 3 S. 2 AktG, wonach das Gericht den Vorsitzenden der Versammlung bestimmen kann, wenn eine Hauptversammlung aufgrund gerichtlicher Ermächtigung einberufen wird.

[13] Vgl. nur *Hüffer* AktG, 9. Aufl. 2010, § 129 Rn. 18 mwN.

[14] *Wicke* in: Spindler/Stilz, AktG, 2007, Anh. § 119 Rn. 5, § 129 Rn. 7; MünchHdb. AG/*Semler* 3. Aufl. 2007, § 36 Rn. 40; MünchKommAktG/*Kubis* 2. Aufl. 2004, § 129 Rn. 6; *Dietrich* NZG 1998, 921, 922; *Hennerkes/Kögel* DB 1999, 81, 82; *Schaaf* ZIP 1997, 1324, 1325; *ders* ZIP 1999, 1339, 1340; *Bezzenberger* ZGR 1998, 352, 358.

[15] Dafür GroßkommAktG/*Mülbert* 4. Aufl. Stand 1.9.1999, Vor §§ 118–147 Rn. 86; *Stützle/Walgenbach* ZHR 155 (1991), 516, 521 f.

[16] So *Ziemons* in: Schmidt/Lutter AktG, 2008, § 129 Rn. 35; MünchKommAktG/*Kubis* 2. Aufl. 2004, § 119 Rn. 112. Zur Rechtslage in der GmbH (Versammlungsleiter als Funktionsgehilfe der Gesellschafter, die in der Regel gegenüber dem Versammlungsleiter weisungsberechtigt sind, vgl. nur *K. Schmidt/Seibt* in: Scholz, GmbHG, 10. Aufl. 2007, § 48; Rn. 32.

[17] *Wicke* in: Spindler/Stilz, AktG, 2007, § 129 Rn. 7; GroßkommAktG/*Mülbert* 4. Aufl. Stand 1.9.1999, Vor §§ 118–147 Rn. 180 ff.; *Ziemons* in: Schmidt/Lutter, AktG, 2008, § 129 Rn. 3; MünchKommAktG/*Kubis* 2. Aufl. 2004, § 119 Rn. 116, § 129 Rn. 6; *Dietrich* NZG 1998, 921, 922 f.; *Stützle/Walgenbach* ZHR 155 (1991), 516, 521 f.

Schweigen" des Gesetzes die Rede. Deshalb soll § 23 Abs. 5 AktG nach allgemeiner Auffassung auch insoweit gelten.[18]

Eine andere Meinung hat dazu – soweit ersichtlich – lediglich *Bachmann* vertreten. Er ist unter Berufung auf die Neufassung des § 129 Abs. 1 S. 1 AktG durch das KonTraG der Auffassung, dass § 23 Abs. 5 AktG einem Eingriff in die Leitungskompetenzen des Versammlungsleiters durch eine von der Hauptversammlung verabschiedete Geschäftsordnung nicht entgegenstehe.[19]

b) Stellungnahme

Der hM ist, freilich nur im Ausgangspunkt (dazu sogleich c), zuzustimmen. Dabei ist freilich nicht zu verkennen, dass die Begründung für den weitgehenden Ausschluss der Hauptversammlung von Entscheidungen betreffend die Versammlungsleitung auf wenig gesichertem Grund steht. Dieser Ausschluss kollidiert nämlich mit dem Grundprinzip, dass der Hauptversammlung – wie anderen Organen auch – im eigenen Binnenbereich ein Selbstorganisationsrecht zuzubilligen ist. Die Berufung auf ungeschriebene Kompetenzen des Versammlungsleiters und die Erstreckung von § 23 Abs. 5 AktG auf eine im Gesetz nicht leicht nachweisbare Kompetenzzuweisung an diesen erscheint deshalb brüchig. Denn dass das Gesetz die Existenz eines Versammlungsleiters voraussetzt, sagt noch nicht zwingend etwas über ihm unentziehbar zugewiesene Regelungsbefugnisse aus und lässt die entscheidende Frage offen, inwieweit die Hauptversammlung aufgrund ihres Selbstorganisationsrechts insoweit vorrangige Regelungskompetenzen hat.

Auch aus § 119 Abs. 1 AktG und dem dort grundsätzlich enumerativ aufgeführten Katalog der der Hauptversammlung zugewiesenen Entscheidungskompetenzen, lässt sich für die vorliegende Frage nichts ableiten. Dort geht es um das Verhältnis zwischen der Hauptversammlung einerseits und den Gesellschaftsorganen im Übrigen, also Vorstand und Aufsichtsrat,[20] nicht aber um die Kompetenzabgrenzung innerhalb der Hauptversammlung. Deshalb ist auch der zur Begründung der hM gegebene Hinweis darauf, dass die Hauptversammlung ebenso wenig in den Kompetenzbereich des Versammlungsleiters eingreifen könne, wie sie in die innere Ordnung von Vorstand und Aufsichtsrat hineinregieren könne,[21] nur vordergründig einleuchtend, aber bei näherem Zusehen kein Argument, wenn es um das Verhältnis zwischen Hauptversammlung und Versammlungsleiter und die Ausgestaltung der Gewaltenteilung im Rahmen der inneren Ordnung der Hauptversammlung geht.[22] Auch die These, die Hauptversammlung brauche einen Leiter, der unter Wahrung des Gleichbehandlungsgrundsatzes und gleichsam zum Schutze der Aktionäre vor sich selbst die Versammlungsleitung objektiv, unvoreingenommen und eigenverantwortlich ausübe,[23] überzeugt nicht wirklich, denn es mag der Hauptversammlung selbst überlassen bleiben, ob und in welchem Umfang sie sich einer solchen Leitung unterwerfen oder hierauf verzichten will.[24] Es ist auch nicht ersichtlich, dass die Entscheidung des Versammlungsleiters inhaltlich eine höhere Richtigkeitsgewähr verspricht als diejenige der Hauptversammlung. Die Entscheidung über die Zulassung oder Nichtzulassung von Gästen beispielsweise kann mit guten Gründen positiv oder negativ getroffen werden, und es gibt

---

[18] S. die Nachweise in Fn. 17.
[19] *Bachmann* AG 1999, 210, 211.
[20] Vgl. *Hüffer* AktG, 9. Aufl. 2010, § 119 Rn. 1.
[21] So *Bezzenberger* ZGR 1998, 352, 364.
[22] Zutreffend *Bachmann* AG 1999, 211.
[23] *Bezzenberger* ZGR 1998, 352, 364.
[24] Mit Recht kritisch deshalb *Bachmann* AG 1999, 211.

keinen Anlass zu der Annahme, der Versammlungsleiter sei im Zweifel besser als die Hauptversammlung geeignet, diese Entscheidung zu treffen.[25]

Als richtig und im Ergebnis durchgreifend erweist sich aber der Befund, dass die Funktionsfähigkeit der Hauptversammlung in Frage gestellt ist, wenn der Hauptversammlung eine weit reichende Regelungskompetenz in Fragen der Versammlungsleitung zugewiesen würde.[26] Wäre eine Letztentscheidungskompetenz in diesem Sinne zu bejahen, wäre der Versammlungsleiter bei entsprechenden Geschäftsordnungsanträgen nämlich stets gezwungen, jeweils auch eine Abstimmung über die vorgelegte Verfahrensfrage durchzuführen, und zwar auch dann, wenn eine Ablehnung des Antrags von vornherein absehbar ist. Eine Hauptversammlung könnte so durch eine Flut von Geschäftsordnungsanträgen über Gebühr in die Länge gezogen und die Erledigung der ihr primär zugewiesenen Sachentscheidungen gefährdet werden.[27] Es ist deshalb, wenn die Satzung schweigt und eine Geschäftsordnung der Hauptversammlung fehlt, in der Tat von der umfassenden Leitungskompetenz des Versammlungsleiters auszugehen. Dann hat der Versammlungsleiter Anträge zur Geschäftsordnung nur ausnahmsweise zur Abstimmung zu bringen, nämlich nur in den Fällen, in denen die Verfahrensentscheidung die Sachentscheidung der Hauptversammlung unmittelbar berührt (s. III.). Noch nicht entschieden ist damit die Frage, inwieweit die Hauptversammlung Angelegenheiten der Versammlungsleitung durch Satzungsbestimmung oder in einer Geschäftsordnung nach § 129 Abs. 1 S. 1 AktG regeln kann (s. c).

c) Verfahrensregelung durch Satzung oder Geschäftsordnung

Weil sich die Anerkennung einer der Einwirkung durch die Hauptversammlung entzogenen Leitungskompetenz des Versammlungsleiters nur mit dem notwendigen Schutz der Funktionsfähigkeit der Hauptversammlung begründen lässt, verbleibt weitergehender Raum für die Statuierung von den Versammlungsleiter bindenden Verfahrensregeln, wenn die Hauptversammlung diese Bestimmungen im Rahmen ihrer Satzungskompetenz oder aufgrund ihrer Befugnis zum Erlass einer Geschäftsordnung nach § 129 Abs. 1 S. 1 AktG trifft. Ankündigungsfrei – und damit unter Gefährdung der Funktionsfähigkeit der Hauptversammlung – kann dann nämlich nicht, auch nicht unter dem Gesichtspunkt der Satzungsdurchbrechung oder der Durchbrechung der Geschäftsordnung, ad hoc in der Hauptversammlung eine Abweichung beschlossen werden; etwa hierauf gerichtete Anträge zur Geschäftsordnung müssen vom Versammlungsleiter nicht aufgegriffen werden und gehen ins Leere.

Die damit vorskizzierte Kompetenzhierarchie in Angelegenheiten der Versammlungsleitung hat der Gesetzgeber selbst paradigmatisch in der oben bereits angesprochenen Regelung zur Begrenzung des Fragerechts in § 131 Abs. 2 AktG wertungsgerecht abgebildet: Die Begrenzung des Fragerechts, ein Paradebeispiel für eine versammlungsleitende Maßnahme, muss sich auf eine von der Hauptversammlung zu statuierende Verfahrensregel abstützen. Diese ist durch Satzung oder Geschäftsordnung zu erlassen. Die Exekution obliegt indessen dem Versammlungsleiter, und sie kann, insofern ist das Gesetz abschließend, in der Hauptversammlung auch nur dem Versammlungsleiter obliegen. Danach erkennt das Gesetz zwar einerseits ein Prärogativrecht der Hauptversammlung bei der

---

[25] Nach wohl einhelliger Auffassung steht die Entscheidungskompetenz über die Zulassung oder Nichtzulassung von Gästen, sofern Satzung oder Geschäftsordnung keine Bestimmung treffen, zunächst in der Kompetenz des Versammlungsleiters. Streitig ist indessen, ob bei Widerspruch gegen die Zulassung von Gästen von Seiten der Aktionäre eine Entscheidung der Hauptversammlung herbeizuführen ist. Gegen eine solche Letztentscheidungszuständigkeit der Hauptversammlung etwa GroßkommAktG/*Mülbert* 4. Aufl. Stand 1.9.1999, § 118 Rn. 75, einerseits, für eine solche *Stützle/Walgenbach* ZHR 155 (1991), 516, 526 f. andererseits, jeweils mwN.

[26] Vgl. *Bachmann* AG 1999, 210, 211.

[27] Geschäftsordnungsanträge sind seit jeher ein wesentliches Instrument kritischer Aktionäre, wenn es darum geht, den Fortgang der Versammlung zu erschweren und Verfahrensfehler zu provozieren.

Regelung ihrer eigenen Angelegenheiten an, beschränkt sie insoweit aber andererseits auf die Satzung oder Geschäftsordnung als einzige Instrumente der Regelsetzung.

III. Umfassende Leitungskompetenz des Versammlungsleiters bei Fehlen einer Satzungs- oder Geschäftsordnungsregelung

1. Ausgangspunkt

Sofern weder die Satzung noch eine Geschäftsordnung nach § 129 Abs. 1 S. 1 AktG eine die Leitung der Hauptversammlung regelnde Verfahrensbestimmung zugunsten einer Mitwirkung der Hauptversammlung trifft, muss dem Versammlungsleiter also, wie gezeigt (s. II. 2. b), eine umfassende Entscheidungskompetenz in Fragen der Versammlungsleitung zukommen, weil andernfalls die Funktionsfähigkeit der Hauptversammlung gefährdet wäre. Diese umfassende Leitungskompetenz findet ihre Grenze nur und erst dort, wo der Bereich der Sachentscheidung beginnt. Der bei Fehlen von Verfahrensregeln in Satzung oder Geschäftsordnung auch vom Versammlungsleiter anzuerkennende Bestand an Letztentscheidungsrechten der Hauptversammlung in Verfahrensfragen, die ad hoc in Geltung gesetzt werden können, ist mit anderen Worten aus der Kernkompetenz der Hauptversammlung zur Beschlussfassung über die materiellen Beschlussgegenstände der Tagesordnung abzuleiten. Die Entscheidung über verfahrensleitende Maßnahmen liegt also, vorbehaltlich einer Bestimmung in Satzung oder Geschäftsordnung, dann, aber auch nur dann bei der Hauptversammlung bzw. kann von der Hauptversammlung durch ad hoc in der Versammlung gefassten Geschäftsordnungsbeschluss nur dann an sich gezogen werden, wenn diese auf das Ob oder den Inhalt der Sachentscheidung einwirken.

Zu diesen die Versammlungsleitung betreffenden, aber die Sachentscheidung präjudizierenden Entscheidungsgegenständen gehören insbesondere: die Vertagung eines Tagesordnungspunktes oder der Hauptversammlung insgesamt; die Schließung der Hauptversammlung vor vollständiger Erledigung der Tagesordnung;[28] die Wahl zwischen Einzel- und Gesamtentlastung; die Listenwahl zum Aufsichtsrat und generell die Zusammenfassung mehrerer Beschlussgegenstände zu einer zur Abstimmung gestellten Entscheidung.

Dazu gehören nicht: die Entscheidung über die Zulassung von Teilnehmern und deren Stimmrecht;[29] die Entscheidung über die Zulassung von Gästen;[30] die Abwahl des Versammlungsleiters, es sei denn, er wäre ausnahmsweise durch Hauptversammlungsbeschluss bestellt worden; die Änderung der Reihenfolge der Tagesordnungspunkte;[31] die Bestimmung der Reihenfolge der Worterteilungen;[32] die Beendigung der Debatte; die Entscheidung über die Reihenfolge der Abstimmung;[33] die Entscheidung über Ordnungsmaßnahmen; die Wiederaufnahme eines bereits durch festgestellten Beschluss erledigten Tagesordnungspunktes zur Neuentscheidung.

---

[28] Die Unterbrechung gehört demgegenüber nicht dazu, aA *Fischer* in: Semler/Volhard, Arbeitshandbuch für die Hauptversammlung, 2. Aufl. 2003, Rn. 67 mit Rn. 103.

[29] Zutreffend *Stützle/Walgenbach* ZHR 155 (1992), 516, 525 mN auch zu Gegenstimmen.

[30] Und zwar auch dann, wenn aus dem Kreis der Aktionäre Widerspruch gegen eine Zulassung angemeldet wird; in diesem Fall für Entscheidungskompetenz der Hauptversammlung demgegenüber *Stützle/Walgenbach* ZHR 155 (1992) 516, 526 mwN.

[31] Zutreffend *Stützle/Walgenbach* ZHR 155 (1992), 516, 529.

[32] AA *Fischer* in: Semler/Volhard, Arbeitshandbuch für die Hauptversammlung, 2. Aufl. 2003, Rn. 102 mit Rn. 103.

[33] Richtig *Stützle/Walgenbach* ZHR 155 (1992), 516, 533.

2. Ausgewählte Einzelfälle einer vorrangigen Entscheidungskompetenz der Hauptversammlung

a) Vertagung der Hauptversammlung

Als Paradigma für eine Verfahrensentscheidung, mit der in die der Hauptversammlung zugewiesene Sachentscheidungskompetenz eingegriffen wird, kann die Vertagung der Hauptversammlung angeführt werden. Die Vertagung hat nämlich zur Konsequenz, dass eine Beschlussfassung der Hauptversammlung über die von der Tagesordnung umfassten Entscheidungsgegenstände ausgeschlossen wird.

aa) Prärogativrecht der Hauptversammlung

Die Vertagung einer ordnungsgemäß einberufenen Hauptversammlung kann deshalb nach allgemeiner und richtiger Auffassung nicht von dem Versammlungsleiter angeordnet werden. Ihm fehlt die Kompetenz dazu.[34] Eine Vertagung kommt nur in Betracht, wenn die Hauptversammlung sie beschließt. Ist der Versammlungsleiter der Auffassung, dass die Versammlung vertagt werden sollte, muss er die Vertagung der Hauptversammlung zur Entscheidung vorlegen, die hierüber mit einfacher Stimmenmehrheit beschließt. Fraglich ist demgegenüber, ob der Versammlungsleiter einen aus der Mitte der Hauptversammlung gestellten Antrag auf Vertagung auch zur Abstimmung stellen muss, oder ob er hiervon nach seinem Ermessen oder zumindest dann absehen kann, wenn nach seiner Einschätzung kein sachlicher Grund für eine Vertagung vorliegt. Die Literatur behandelt die Frage streitig.[35] Richtigerweise ist im Falle eines aus dem Kreis der Aktionäre gestellten Vertagungsantrags eine Beschlussfassung der Hauptversammlung herbeizuführen, weil die Hauptversammlung frei darin ist, auch ohne sachlichen Grund eine Vertagungsentscheidung zu treffen. Anderes gilt nur dann, wenn der Antrag evident rechtsmissbräuchlich ist, zB weil er ersichtlich nur zu dem Zweck gestellt wird, die Hauptversammlung möglichst über 24 Uhr hinaus zu verzögern.

bb) Sonderfall eines Minderheitsverlangens

Uneinheitlich beurteilt wird die Frage der Vertagung in dem Fall, in dem die Hauptversammlung aufgrund eines Minderheitsverlangens einberufen wurde oder auf der Tagesordnung Beschlussgegenstände stehen, die auf Verlangen einer Minderheit in die Tagesordnung aufgenommen wurden. Für diesen Fall wird teilweise angenommen, dass eine Vertagung nur mit Zustimmung der Minderheit in Betracht kommt oder es des Vorliegens eines wichtigen Grundes bedarf.[36] Nach anderer Auffassung kann auch in diesem Fall die Hauptversammlung mit Mehrheitsentscheidung die Vertagung beschließen.[37] Der letzten Auffassung ist zu folgen. Das Recht der Minderheit, die Einberufung einer Hauptversammlung durchsetzen zu können, beschränkt sich in der Befugnis, eine Befassung der Hauptversammlung mit dem Anliegen der Minderheit zu erzwingen. Wie alsdann die Hauptversammlung mit dem Anlie-

[34] *Fischer* in: Semler/Volhard, Arbeitshandbuch für die Hauptversammlung, 2. Aufl. 2003, § 11 Rn. 324; *Hüffer* AktG, 8. Aufl. 2008, § 129 Rn. 19; *Marsch-Barner* in: Marsch-Barner/Schäfer, Hdb. börsennotierte AG, 2. Aufl. 2009, § 34 Rn. 83; MünchHdb. AG/*Semler* 3. Aufl. 2007, § 36 Rn. 47; *Volhard* in: Semler/Volhard, Arbeitshandbuch für die Hauptversammlung, 2. Aufl. 2003, § 50 Anlage 14.

[35] Für Notwendigkeit eines sachlichen Grundes GroßkommAktG/*Mülbert* 4. Aufl. Stand 1.9.1999, Vor §§ 118–147 Rn. 130; „im Belieben" der Hauptversammlung dagegen *Martens* Leitfaden für die Leitung der Hauptversammlung, 3. Aufl. 2003, S. 77.

[36] Vgl. *Martens* Leitfaden für die Leitung der Hauptversammlung, 3. Aufl. 2003, S. 78; *Fischer* in: Semler/Volhard, Arbeitshandbuch für die Hauptversammlung, 2. Aufl. 2003, § 11 Rn. 326; noch weitergehend generell gegen eine Vertagung in diesem Fall MünchKommAktG/*Kubis* 2. Aufl. 2004, § 119 Rn. 132.

[37] Vgl. *Butzke* in: Obermüller/Werner/Winden, Die Hauptversammlung der AG, 4. Aufl. 2001, D; *Stützle/Walgenbach* ZHR 155 (1993), 516, 538 f.

gen der Minderheit verfährt, ist ihrer Mehrheitsentscheidung überlassen. Ebenso, wie die Hauptversammlung das Anliegen der Minderheit und den von ihr vorgelegten Beschlussantrag ablehnen kann, kann sie a maiore ad minus ihre Sachentscheidung hierüber auch vertagen. Der Versammlungsleiter muss einen Vertagungsantrag also auch dann zur Abstimmung stellen, wenn die Hauptversammlung auf Verlangen einer Minderheit einberufen worden ist oder sich auf der Tagesordnung Beschlussgegenstände befinden, deren Aufnahme eine Minderheit verlangt hat. Dass die Aktionäre bei der Beschlussfassung über einen Vertagungsantrag der Treuebindung unterliegen, versteht sich im Übrigen ebenso von selbst wie die Notwendigkeit, eine Aussprache über den Vertagungsantrag herbeizuführen, damit der Minderheit Gelegenheit gegeben ist, ihr Anliegen vorzubringen und zu begründen.

cc) Satzungs- oder Geschäftsordnungsregeln

Aus dem Vorstehenden ergibt sich, dass weder in der Satzung noch in der Geschäftsordnung dem Versammlungsleiter die Letztentscheidungskompetenz zugewiesen werden kann, über eine Vertagung der Hauptversammlung zu entscheiden. Umgekehrt könnte die Satzung oder eine Geschäftsordnungsregelung aber bestimmen, dass der Versammlungsleiter über einen Vertagungsantrag nur dann eine Entscheidung der Hauptversammlung herbeiführen muss, wenn der Vertagungsantrag von einer qualifizierten Minderheit, zB einem Aktionär mit einem auf ihn entfallenden anteiligen Grundkapital von 10%, beantragt wird. Relevante Minderheitsrechte wären von einer solchen Regelung nicht berührt, weil die Entscheidung über die Vertagung ohnedies der Beschlussfassung mit Stimmenmehrheit bedarf. Eine solche Regelung kann aber verfahrensvereinfachend wirken, weil damit willkürlich gestellten Anträgen, deren Erfolgsaussichten von vornherein begrenzt sind und die nur dazu dienen, die Versammlung in die Länge zu ziehen, der Boden entzogen wird.

b) Vertagung oder Absetzung eines Tagesordnungspunkts

Wie für die Vertagung der Hauptversammlung insgesamt fehlt dem Versammlungsleiter nach ganz vorherrschender Meinung auch die Kompetenz, über die Vertagung einzelner Tagesordnungspunkte zu entscheiden.[38] Wiederum ist streitig, ob der Versammlungsleiter über einen entsprechenden Antrag nur dann abstimmen lassen muss, wenn nach seinem pflichtgemäßen Ermessen ein sachlicher Grund hierfür gegeben ist.[39] Ebenso ist streitig, wie zu verfahren ist, wenn der entsprechende Tagesordnungspunkt auf Verlangen einer Minderheit auf die Tagesordnung gesetzt wurde. Das unter a) zur Vertagung der Hauptversammlung insgesamt Gesagte gilt hier entsprechend.

c) Schließung der Hauptversammlung vor Erledigung der Tagesordnung

Die Schließung der Hauptversammlung zu einem Zeitpunkt, zu dem die Tagesordnung noch nicht vollständig abgehandelt ist, wirkt wie die Vertagung. Die Befugnis der Hauptversammlung, im Wege der Beschlussfassung ihren Willen zu den angekündigten Tagesordnungspunkten zu bilden, wird damit beschnitten. Mit Recht geht die ganz hM deshalb davon aus, dass die vorzeitige Schließung nur von der Hauptversammlung beschlossen wer-

---

[38] *Butzke* in: Obermüller/Werner/Winden, Die Hauptversammlung der AG, 4. Aufl. 2001, D 82; *Fischer* in: Semler/Volhard, Arbeitshandbuch Hauptversammlung, 2. Aufl. 2003, § 11 Rn. 81; *Hüffer* AktG, 8. Aufl. 2008, § 129 Rn. 19; *Marsch-Barner* in: Marsch-Barner/Schäfer, Hdb. börsennotierte AG, 2. Aufl. 2009, § 34 Rn. 83; GroßkommAktG/*Mülbert* 4. Aufl. 2008, Vor § 118–147 Rn. 130; MünchHdb. AG/*Semler* 3. Aufl. 2007, § 36 Rn. 46 mwN; *Volhard* in: Semler/Volhard, Arbeitshandbuch für die Hauptversammlung, 2. Aufl. 2003, § 50 Anlagen 15 und 16; KölnerKommAktG/*Zöllner* 1973, § 119 Rn. 65.

[39] Vgl einerseits MünchKommAktG/*Kubis* 2. Aufl. 2004, § 119 Rn. 132; *Marsch-Barner* Hdb. börsennotierte AG, 2. Aufl. 2009, § 34 Rn. 83; andererseits *Stützle/Walgenbach* ZHR 155 (1991), 516, 538 f.

den kann; dem Hauptversammlungsleiter fehlt die Kompetenz dazu, sie anzuordnen.[40] Auch insoweit gilt also das oben zur Vertagung Ausgeführte entsprechend.

d) Wahl zwischen Einzel- und Gesamtentlastung, Listenwahl und Blockabstimmung

Weil die Entscheidung, ob über die Entlastung der Mitglieder von Vorstand und Aufsichtsrat im Wege der Einzelabstimmung oder en bloc-Beschluss gefasst werden soll, den Abstimmungsgegenstand, zu dem mit Ja oder Nein gestimmt werden kann, verändert, gehört sie ebenfalls zum Kreis der verfahrensleitenden Maßnahmen, die die Hauptversammlung an sich ziehen kann. Vorbehaltlich einer anderen Regelung in Satzung oder Geschäftsordnung muss der Versammlungsleiter deshalb Anträge, die auf das eine oder das andere zielen, zur Abstimmung bringen. Nur wenn die Hauptversammlung, wie im Fall der Umschreibestopp-Entscheidung (s. I. 1.), dazu keinen eigenen Willen bildet, kann der Versammlungsleiter die Wahl nach seinem eigenem Ermessen treffen. Für die Beschlussfassung im Wege der Listenwahl und der Blockabstimmung gilt entsprechendes.

3. Ausgewählte Einzelfälle einer nicht ad hoc entziehbaren Entscheidungskompetenz des Versammlungsleiters

a) Beschluss über die Beendigung der Debatte

Nicht in die Kategorie der die Sachentscheidungskompetenz der Hauptversammlung berührenden verfahrensleitenden Maßnahmen gehört zB die Entscheidung über die Beendigung der Debatte.[41] Die Beendigung der Debatte greift nämlich nicht in die abschließende und unentziehbare Befugnis der Hauptversammlung ein, die von der Tagesordnung umfassten Sachentscheidungen zu treffen. Die Entscheidung über die Schließung der Aussprache liegt deshalb, sofern Satzung oder Geschäftsordnung nicht anderes bestimmen (dazu sogleich) bei dem Versammlungsleiter. Anderenfalls wäre die Feststellung in Ziff. 2.2.4 S. 1 DCGK, wonach der Versammlungsleiter für eine zügige Abwicklung der Hauptversammlung sorgt, Makulatur, und die Anregung des Kodex, dass sich der Versammlungsleiter davon leiten lassen sollte, dass eine ordentliche Hauptversammlung spätestens nach vier bis sechs Stunden beendet ist, nicht realisierbar.

Eine andere Frage ist, ob in der Satzung oder in einer Geschäftsordnung für die Hauptversammlung etwa bestimmt werden kann, dass es für die Beendigung der Debatte einer Entscheidung der Hauptversammlung bedarf, sofern eine qualifizierte Minderheit einer durch den Versammlungsleiter angeordneten Schließung der Debatte widerspricht, oder ähnliches. Dies ist zu bejahen.

b) Beschränkung der Redezeit, generell oder individuell

Streitig behandelt worden ist die Frage, inwieweit der Versammlungsleiter eine allgemeine Redezeitbeschränkung anordnen kann oder ob es hierfür eines Beschlusses der Hauptversammlung bedarf.[42] Die Frage ist insofern durch den Gesetzgeber geklärt, als § 131 Abs. 3 S. 2 AktG inzwischen ausdrücklich bestimmt, dass die Satzung oder die Geschäftsordnung den Versammlungsleiter ermächtigen kann, das Frage- und Rederecht

---

[40] Vgl. *Fischer* in Semler/Volhard, Arbeitshandbuch für die Hauptversammlung, 2. Aufl. 2003, § 11 Rn. 324; *Hüffer* AktG, 9. Aufl. 2010, § 129 Rn. 29; *Marsch-Barner* in: Marsch/Barner/Schäfer, Hdb. der börsennotierten AG, 2. Aufl. 2009, § 34 Rn. 83; MünchHdb. AG/*Semler* 3. Aufl. 2007, § 36 Rn. 47; ob es eines sachlichen Grundes für die Vertagung bedarf, ob der Versammlungsleiter einen entsprechenden Antrag also nicht zur Beschlussfassung stellen muss, wenn ein solcher nach seinem pflichtgemäßen Ermessen nicht vorliegt, ist streitig, s. die Nachweise zuvor.

[41] Für eine Entscheidungskompetenz der Hauptversammlung aber *Martens* WM 1981, 1013.

[42] Dafür *Martens* WM 1981, 1013 bei Fn. 23 mzN in Fn. 22.

des Aktionärs zeitlich angemessen zu beschränken, und Näheres dazu bestimmen kann. Den Umkehrschluss, dass ohne eine entsprechende Bestimmung eine solche Befugnis des Versammlungsleiters nicht besteht, zieht die hM – mit Recht – indessen nicht. Eine der gesetzlichen Ermächtigungsnorm folgende Bestimmung in der Satzung oder Geschäftsordnung stellt aber klar, dass die Entscheidung des Versammlungsleiters nicht durch einen Geschäftsordnungsbeschluss der Hauptversammlung korrigiert werden kann. Die Zuweisung der Entscheidungskompetenz ist insoweit abschließend. Deshalb empfiehlt sich auch eine entsprechende Bestimmung in der Satzung oder in der Geschäftsordnung.

c) Saalverweis

Hinsichtlich der Entscheidung über einen Saalverweis als Paradigma einer versammlungsleitenden Ordnungsmaßnahme ist unbestritten, dass die Kompetenz hierfür beim Versammlungsleiter liegt; er bedarf hierfür keines Beschlusses der Hauptversammlung.[43] Noch nicht entschieden ist damit indessen darüber, ob die Hauptversammlung ihrerseits einen Saalverweis beschließen darf (mit der Folge, dass der Hauptversammlungsleiter über einen entsprechenden Antrag abstimmen lassen müsste), und ob umgekehrt die Hauptversammlung einen vom Versammlungsleiter ausgesprochenen Saalverweis revozieren kann (mit der Folge, dass auch insoweit über einen entsprechenden Antrag abgestimmt werden müsste und der Versammlungsleiter, sofern die Mehrheit sich gegen den Saalverweis ausspricht, dem des Saales Verwiesenen wieder den Zutritt gewähren müsste). Beide Fragen sind, sofern Satzung und Geschäftsordnung hierzu schweigen, zu verneinen. Der Saalverweis berührt nicht die Sachentscheidungskompetenz der Hauptversammlung (s. oben). Dass er als Eingriff in das Mitgliedschaftsrecht sachlich gerechtfertigt sein muss, steht auf einem anderen Blatt und versteht sich von selbst.

Freilich könnte in der Satzung oder in einer Geschäftsordnung für die Hauptversammlung Abweichendes geregelt werden. Denkbar, freilich nur für Gesellschaften mit geschlossenem Gesellschafterkreis sachgerecht, wäre etwa eine Regelung, dass der Versammlungsleiter einen Saalverweis nur aussprechen darf, wenn er den hiervon Betroffenen zuvor wenigstens zweimal abgemahnt hat, oder eine Regelung, wonach ein von dem Versammlungsleiter ausgesprochener Saalverweis wieder aufzuheben ist, wenn dies die Hauptversammlung beschließt, wobei die Beschlussfassung hierüber von einem entsprechenden Verlangen eines bestimmten Quorums abhängig gemacht werden könnte.

d) Änderung der Reihenfolge der Tagesordnung

Fraglich ist, ob der Hauptversammlung ein Letztentscheidungsrecht zukommt, über die Reihenfolge der Tagesordnung zu entscheiden. Auf die Sachentscheidungskompetenz der Hauptversammlung hat eine Änderung der Reihenfolge der Beschlussfassung keinen Einfluss, diese bleibt hiervon unberührt. Deshalb obliegt die Entscheidung hierüber dem Versammlungsleiter, und zwar auch dann, wenn die Satzung oder Geschäftsordnung ihm die Befugnis hierzu entgegen verbreiteter Praxis nicht explizit zuweist. Einen Antrag, darüber Beschluss zu fassen, dass die Tagesordnung in geänderter Reihenfolge abgehandelt wird oder umgekehrt die Anordnung einer geänderten Reihenfolge durch den Versammlungsleiter nicht befolgt werden soll, muss der Versammlungsleiter also nicht zur Abstimmung stellen.[44]

Wenn die Hauptversammlung die Befugnisse des Hauptversammlungsleiters insoweit einschränken will, kann und muss sie dies durch entsprechende Satzungs- oder Geschäftsordnungsregelung tun.

---

[43] Vgl. nur *Martens* WM 1981, 1014.

[44] Für vorrangige Entscheidungskompetenz der Hauptversammlung aber *Martens* WM 1981, 1014 mwN.

e) Entscheidung über den Abstimmungsmodus

Die Entscheidung über die Art des Abstimmungsverfahrens obliegt wiederum dem Versammlungsleiter, das Vorstehende zur Abweichung von der Reihenfolge der Tagesordnung Gesagte gilt entsprechend.[45]

f) Beendigung der Hauptversammlung

Auch hierfür bejaht eine verbreitete Auffassung eine Entscheidungskompetenz der Hauptversammlung im Sinne einer Befugnis, die Fortsetzung zu beschließen.[46] Dem ist nicht zu folgen, es sei denn, der Versammlungsleiter beendet die Hauptversammlung, bevor über alle Sachentscheidungen Beschluss gefasst worden ist (s. oben).

g) Abwahl des Versammlungsleiters

Auch die Entscheidung über die Person des Versammlungsleiters kann die Hauptversammlung nicht ad hoc an sich ziehen. Es fehlt an der präjudizierenden Wirkung für die der Hauptversammlung vorbehaltenen Sachentscheidungen. Nur in den praktisch kaum anzutreffenden Fällen, in denen der Versammlungsleiter in Ermanglung einer entsprechenden Satzungsbestimmung durch die Hauptversammlung selbst bestimmt worden ist, geht die ganz hM mit Recht davon aus, dass die Hauptversammlung den Versammlungsleiter jederzeit mit einfacher Stimmenmehrheit auch wieder abberufen kann.[47]

Ist, wie regelmäßig, die Person des Versammlungsleiters in der Satzung festgelegt, hat die Hauptversammlung eine Verfahrensregel getroffen, an die sie vorbehaltlich einer Satzungsänderung gebunden ist.[48] Ad hoc kann die Hauptversammlung in diesem Fall keinen anderen Versammlungsleiter bestimmen.[49] Das gilt auch dann, wenn für die Abwahl ein wichtiger Grund behauptet wird. Der bei pflichtwidrigem Verhalten des Versammlungsleiters gebotene Schutz der Aktionäre ist durch Beschlussmängelklage zu verfolgen. Die hM sieht dies indessen anders. Sie bejaht die Möglichkeit der Abwahl, sofern ein wichtiger Grund hierfür gegeben ist.[50]

---

[45] AA auch hier *Martens* WM 1981, 1014.

[46] *Martens* WM 1981, 1014.

[47] *Butzke* ZIP 2005, 1164, 1165; MünchKommAktG/*Kubis* 2. Aufl. 2004, § 119 Rn. 108; GroßkommAktG/*Mülbert* 4. Aufl. Stand 1.9.1999, Vor §§ 118–147 Rn. 82; *Wicke* in: Spindler/Stilz, AktG, 2007, Anh. § 119 Rn. 4; *Butzke* in: Obermüller/Werner/Winden, Hauptversammlung der AG, 4. Aufl. 2001, D Rn. 13; MünchHdb. AG/*Semler* 3. Aufl. 2007, § 36 Rn. 38; vgl. *Ek* Praxisleitfaden für die Hauptversammlung, 2. Aufl. 2010, § 10 Rn. 243; differenzierend *Fischer* in: Semler/Volhard, Arbeitshandbuch Hauptversammlung, 2. Aufl. 2003, § 11 Rn. 16 f., der für die Abberufung die gleiche Mehrheit wie für die Bestellung fordert; einschränkend, Abwahl nur bei Vorliegen eines wichtigen Grundes, KölnerKommAktG/*Zöllner* 1973, § 119 Rn. 48.

[48] *Krieger* AG 2006 355, 356; *Hüffer* AktG, 9. Aufl. 2010, § 243 Rn. 16; *Ek* Praxisleitfaden für die Hauptversammlung, 2. Aufl. 2010, § 10 Rn. 241; *Ziemons* in: Schmidt/Lutter, AktG, 2008, § 124 Rn. 56; *Butzke* in: Obermüller/Werner/Winden, Hauptversammlung der AG, 4. Aufl. 2001, D Rn. 14.

[49] *Krieger* AG 2006 355, 356; *Hüffer* AktG, 9. Aufl. 2010, § 243 Rn. 16; *Ziemons* in: Schmidt/Lutter, AktG, 2008, § 124 Rn. 56; *Butzke* in: Obermüller/Werner/Winden, Hauptversammlung der AG, 4. Aufl. 2001, D Rn. 14.

[50] OLG Bremen BeckRS 2010, 281 Rn. 32; LG Köln BeckRS 2005, 8759 Rn. 140; GroßkommAktG/*Mülbert* 4. Aufl. Stand 1.9.1999, Vor §§ 118–147 Rn. 83; MünchKommAktG/*Kubis* 2. Aufl. 2004, § 119 Rn. 109; *Fischer* in: Semler/Volhard, Arbeitshandbuch Hauptversammlung, 2. Aufl. 2003, § 11 Rn. 21 f.; *Wicke* in: Spindler/Stilz, AktG, 2007, Anh. § 119 Rn. 4; MünchHdb. AG/*Semler* 3. Aufl. 2007, § 36 Rn. 38; *Butzke* ZIP 2005, 1164, 1166; *von Falkenhausen/Kocher* BB 2005, 1068, 1069; *Priester* DNotZ 2006, 403, 414. Anders – Abwahl mit einstimmigem Beschluss der anwesenden Aktionäre – KölnerKommAktG/*Zöllner* 1973, § 119 Rn. 48; für Möglichkeit der Abwahl mit satzungsändernder Mehrheit MünchKommAktG/*Kubis* 2. Aufl. 2004, § 119 Rn. 104 sowie *Ek* Praxisleitfaden für die Hauptversammlung, 2. Aufl. 2010, § 10 Rn. 242; großzügiger hinsichtlich des gebotenen Sachgrundes *Rose* NZG 2007, 243, 244.

IV. Summa

Zusammenfassend und etwas vereinfachend lässt sich also festhalten: Vorbehaltlich Gesetz, Satzungsbestimmung oder Geschäftsordnungsregel liegt die Entscheidungsbefugnis in Fragen der Versammlungsleitung bei dem Versammlungsleiter, sofern in der Hauptversammlung nicht ausnahmsweise eine Verfahrensentscheidung zu treffen ist, die geeignet ist, die der Hauptversammlung obliegenden Sachentscheidung zu präjudizieren. Diese umfassende Leitungskompetenz ist von der Hauptversammlung zu respektieren und kann nicht ad hoc durch einen Geschäftsordnungsantrag überwunden werden. Vorbehaltlich einer zwingenden gesetzlichen Regelung hat die Hauptversammlung aber auch in Fragen der Versammlungsleitung ein weitreichendes, der Entscheidungskompetenz des Versammlungsleiters vorgehendes Prärogativrecht: Dessen Ausübung kann freilich nur durch Satzungsbestimmung oder Regelung in einer Geschäftsordnung nach § 129 Abs. 1 S. 1 AktG erfolgen.

SUSANNE KALSS

Die nachträgliche Ausstattung von Genussrechten mit einem Wandlungsrecht nach österreichischem Recht

Übersicht

I. Einleitung

Das deutsche und österreichische Aktienrecht sind beginnend mit den Nürnberger Verhandlungen durch eine lange gemeinsame Tradition geprägt. Nach 1856/1857, dem AHGB 1861 und den wechselseitigen Befruchtungen in den folgenden Jahrzehnten markierte die Übernahme des deutschen Aktiengesetzes 1937 im Frühsommer 1938 in Österreich eine weitgehende Gleichstellung. Seit den Aktiengesetzen 1965 entwickeln sich die beiden Aktienrechtsordnungen parallel, aber nicht ganz gleichförmig, wie die zahlreichen, geradezu stakkatohaften Novellen in beiden Ländern belegen. Der Münchener Kommentar zum Aktiengesetz, durch den ich mich Herrn *Goette* besonders verbunden fühle, bietet mit den jeweiligen Annexkommentierungen des österreichischen Rechts zu den deutschen Bestimmungen dafür ein anschauliches Forum. Die vorliegende Fragestellung zeigt die aktienrechtlichen Parallelitäten ebenso wie unterschiedliche Anknüpfungspunkte in anliegenden Rechtsbereichen.

II. Qualifikation des Genussrechts

1. Zivilrechtliche Grundlage

Genussrechte sind schuldrechtliche Beteiligungen an einer Gesellschaft oder an einem Unternehmen, die den Inhabern keine gesellschaftsrechtlichen Mitgliedschaftsrechte vermitteln. Bei der Ausgestaltung der Genussrechte genießt der Emittent eine weitgehende

Gestaltungsfreiheit. Nach der österreichischen Judikatur und Literatur werden Genussbedingungen ebenso wie Anleihebedingungen als allgemeine Geschäftsbedingungen qualifiziert.[1] Gegenüber den Genussberechtigten setzen nur die allgemeinen zivilrechtlichen Regelungen gemäß § 864a, § 879 ABGB und – sofern anwendbar – das Konsumentenschutzgesetz (KSchG) die maßgeblichen Grenzen.[2] Das KSchG gilt bei Geschäften zwischen Unternehmen und Verbrauchern. Der OGH anerkennt für Genussrechte ebenso wie für Anleihebedingungen neben den Regelungen des ABGB die Anwendung des KSchG mit seinen besonderen Schutzregeln.[3] Vielfach verbriefen die Genussscheine einen schuldrechtlichen, jährlichen Ergebnisanspruch und einen Rückzahlungsanspruch bei Beendigung, Auflösung oder Kündigung der Genussscheine; eine Mindestausschüttung für den Genusschein wird regelmäßig ausgeschlossen. Das Genusskapital wird häufig nachrangig gegenüber anderen nicht nachrangigen Gläubigern, deren Ansprüche als Fremdkapital ausgewiesen sind, festgelegt. Teilweise wird gleichzeitig eine vorrangige Reihung vor weiteren nachrangigen Gläubigern, deren Ansprüche als Eigenkapital ausgewiesen sind und vorrangig gegenüber Ansprüchen der Aktionäre vorgenommen. Die Genussscheine nehmen vielfach am Verlust teil. Je nach konkreter Gestaltung sind Genussscheine, somit die verbrieften Genussrechte, als Eigen- oder Fremdkapital zu qualifizieren.

2. Gesellschaftsrechtliches Substrat

Nach ganz hM können Genussrechte auf schuldrechtlicher Basis auch mit einem Wandlungsrecht in Aktien der emittierenden Gesellschaft ausgestattet werden.[4] Ein Wandlungsrecht des Genussberechtigten berechtigt den Inhaber eines Genussrechts nach seiner Entscheidung, das Genussrecht in Aktien zu wandeln, somit aus der schuldrechtlichen eine gesellschaftsrechtliche Beteiligung mit den damit einhergehenden Mitgliedschaftsrechten zu machen. Das Recht auf Wandlung bedeutet das Recht des Genussrechtsinhabers für das Genussrecht eine gesellschaftsrechtliche Beteiligung zu beziehen, dh. das Genussrecht durch ein Gesellschaftsrecht zu ersetzen. Das Wandlungsrecht ist ein Unterfall des Bezugsrechts, so dass die beiden Begriffe synonym verwendet werden können.[5]

Das Wandlungsrecht des Genussrechts muss mit einem unterliegenden Aktiensubstrat (underlying) versehen werden. Den Bezugsberechtigten können Aktien eines Dritten (Großaktionärs) angeboten werden oder eigene Aktien der Gesellschaft, sowie kann die Gesellschaft neue Aktien in Form von bedingtem Kapital gemäß § 159 Abs. 2 Nr. 1 AktG zur Verfügung stellen.[6] Die erste Alternative von § 159 Abs. 2 Nr. 1 AktG bietet gerade für schuldrechtliche Beteiligungstitel, wie Wandelanleihen oder Genussrechte, die Möglichkeit des Bezugs von neuen Aktien. Vielfach wird das underlying aus einer Kombination von Aktien aus einem bedingten Kapital und eigenen Aktien zur Verfügung gestellt. Das

---

[1] OGH RIS Justiz RS 0117292; *Kalss* Anlegerinteressen, 2001, S. 94 ff.; *Nagele/Lux* in: Jabornegg/Strasser, AktG, 5. Aufl. 2010, § 174 Rn. 39.

[2] OGH RdW 2003, 328; OGH wbl 2006, 278; OGH 7 Ob 15/10x; OGH 1 Ob 105/10p; ÖBA 2010, 762.

[3] OGH 7 Ob 15/10x.

[4] MünchKommAktG/*Winner* 2. Aufl. 2005, § 192 Rn. 181; *Winner* in: Doralt/Nowotny/Kalss, AktG, 2003, § 161 Rn. 11, § 159 Rn. 42; MünchKommAktG/*Fuchs* 2. Aufl. 2005, § 194 Rn. 11; MünchKommAktG/*Habersack* 2. Aufl. 2005, § 221 Rn. 21; *Rieckers* in: Spindler/Stilz, AktG, 2007, § 194 Rn. 11; *van Husen* Genussrechte, Genussscheine, Partizipationskapital, 1998, S. 387.

[5] GroßkommAktG/*Frey* 4. Aufl. 2001, § 192 Rn. 42, 50.

[6] MünchKommAktG/*Winner* 2. Aufl. 2005, § 192 Rn. 181; *Winner* in: Doralt/Nowotny/Kalss, AktG, § 159 Rn. 42; *van Husen* Genussrechte, Genussscheine, Partizipationskapital, 1998, S. 387; *Hüffer* AktG, 9. Aufl. 2010, § 192 Rn. 9; GroßkommAktG/*Frey* 4. Aufl. 2001, § 192 Rn. 61; MünchKommAktG/*Fuchs* 2. Aufl. 2005, § 192 Rn. 44; MünchKommAktG/*Habersack* 2. Aufl. 2005, § 221 Rn. 216.

bedingte Kapital muss so gestaltet und zweckgewidmet sein, dass die Aktien aus dem bedingten Kapital auch für Wandlungen von Genussberechtigten zur Verfügung stehen.

III. Ursprüngliche Bedienung des Wandlungsrechts mit neuen Aktien

1. Bedingte Kapitalerhöhung

Nach ganz überwiegender Meinung kann ein Genussrecht bzw. das Wandlungsrecht des Genussrechts nur mit einer bedingten Kapitalerhöhung abgesichert werden, wenn diesem Instrument eine genuine Finanzierungsfunktion zukommt.[7] Genussrechte können nach hM von Anfang an bei der Emission mit bedingtem Kapital unterlegt werden,[8] damit die Inhaber das Wandlungs- bzw Bezugsrecht ausüben können, unabhängig davon, ob sie mit Eigen- oder Fremdkapitalcharakter ausgestattet sind.[9] Nur solche eigenkapitalbezogenen Gläubigerrechte iSd. § 174 AktG können mit einer bedingten Kapitalerhöhung unterlegt und damit deren Ausübung abgesichert werden, die zumindest auch eine Finanzierungsfunktion haben.[10] Durch die Möglichkeit, ein Genussrecht oder eine sonstige schuldrechtliche Beteiligung mit einem Wandlungsrecht auszustatten, sollen die Interessen der schuldrechtlich Berechtigten ebenso wie die der emittierenden Gesellschaft bedient werden. Die Genussberechtigten sollen die Möglichkeit erhalten, entweder auf den aktuellen Wert bei Kündigung oder Auslaufen der Geltungsdauer bar zu liquidieren oder durch die Wandlung an der künftigen Entwicklung der Gesellschaft unmittelbar teilzunehmen. Die Gesellschaft wiederum soll durch die Einräumung des Wandlungsrechts in die Lage versetzt werden, günstigere Bedingungen auf dem Kapitalmarkt bei den Zeichnern eines derartigen Instruments durchzusetzen, als dies bei Genussrechten ohne das Wandlungsrecht möglich wäre.[11] Daraus wird deutlich, dass die Wandeloption für sich einen Wert hat, der bei Festlegung des Emissionspreises berücksichtigt wird. Entsprechend ist der aus der Emission von Genussrechten mit Wandlungsrecht generierte Betrag in eine gebundene Kapitalrücklage gemäß § 220 Abs. 2 UGB einzustellen.[12]

Die Einschränkung der Einräumung des bedingten Kapitals beruht auf dem Mechanismus des gesetzlichen Ausschlusses des Bezugsrechts der alten Aktionäre. Den Aktionären steht nämlich bei der bedingten Kapitalerhöhung kein gesetzliches Bezugsrecht auf die Bezugsaktien zu, widrigenfalls würde nämlich der Zweck, die Absicherung der begünstigten Inhaber von Umtauschrechten, somit der Genussrechtsinhaber, verfehlt.[13] Den Genussberechtigten kann gemäß § 159 Abs. 6 AktG das Wandlungsrecht nachträglich nicht einseitig entzogen werden. Die Altaktionäre haben bei der bedingten Kapitalerhöhung – wegen der spezifischen Zweckgebundenheit – überhaupt kein Bezugsrecht, es ist daher auch ein Ausschluss des Bezugsrechts nicht erforderlich.[14] Die bezugsberechtigten Personen sind im Beschluss gemäß § 160 Abs. 2 Nr. 2 AktG zu bestimmen.

---

[7] MünchKommAktG/*Fuchs* 2. Aufl. 2005, § 192 Rn. 46; *Fuchs* AG 1995, 433, 449.

[8] MünchKommAktG/*Fuchs* 2. Aufl. 2005, § 192 Rn. 56 f.; *Veil* in: Schmidt/Lutter, AktG, 2008, § 192 Rn. 14; *Winner* in: Doralt/Nowotny/Kalss, AktG, § 159 Rn. 19.

[9] Ausdrücklich MünchKommAktG/*Fuchs* 2. Aufl. 2005, § 192 Rn. 47; MünchKommAktG/*Habersack* 2. Aufl. 2005, § 221 Rn. 40; enger KölnerKommAktG/*Lutter* 2. Aufl. 1994, § 221 Rn. 213, § 192 Rn. 5 (allerdings bei Fremdkapitalcharakter).

[10] MünchKommAktG/*Fuchs* 2. Aufl. 2005, § 192 Rn. 46; *Fuchs* AG 1995, 433, 449; *Winner* in: Doralt/Nowotny/Kalss, AktG, § 159 Rn. 42; *Karollus* in: Geßler/Hefermehl/Eckardt/Kropff, AktG, § 221 Rn. 31, Rn. 263.

[11] *Karollus* in: Geßler/Hefermehl/Eckhardt/Kropff, AktG, § 221 Rn. 14; *Winner* in: Doralt/Nowotny/Kalss, AktG, § 159 Rn. 40.

[12] Dazu *Hübner-Schwarzinger/Konezny* in: Hirschler, Bilanzrechts-Kommentar, 2010, § 220 UGB Rn. 22.

[13] MünchKommAktG/*Fuchs* 2. Aufl. 2005, § 192 Rn. 19; *Hüffer* AktG, 9. Aufl. 2010, § 192 Rn. 3.

[14] MünchKommAktG/*Winner* 2. Aufl. 2005, § 159 Rn. 23.

Formal ist mangels des Erfordernisses eines Bezugsrechtsausschlusses kein Bezugsrechtsausschluss notwendig. Materiell betrachtet ist aber die Beschlussfassung über die Einräumung des bedingten Kapitals mit dem inhärenten Bezugsrechtsausschluss der Altaktionäre einem Bezugsrechtsausschluss gemäß § 153 AktG gleichwertig.[15]

Die jungen Aktien sind für den ausgewählten Personenkreis bestimmt, denen rechtsgeschäftlich ein Bezugsrecht eingeräumt wird. Der Effekt ist für die alten Aktionäre der gleiche. Die Beteiligungsquote der Altaktionäre verringert sich in gleicher Weise wie bei einer ordentlichen oder genehmigten Kapitalerhöhung mit aktuell beschlossenem Bezugsrechtsausschluss.[16]

Das Fehlen des mitgliedschaftlichen Bezugsanspruchs der Altaktionäre auf die Bezugsrechte der Aktien führt daher generell nicht zum Fehlen des Erfordernisses der sachlichen Rechtfertigung der bedingten Kapitalerhöhung.[17] Vielmehr verlangt bereits der gesetzlich vorgegebene Ausschluss des Bezugsrechts die sachliche Rechtfertigung.[18] Der Beschluss über die bedingte Kapitalerhöhung bedarf somit – allgemein betrachtet – der sachlichen Rechtfertigung.[19] Das Erfordernis der sachlichen Rechtfertigung beschränkt sich auf die Variante des bedingten Kapitals zugunsten von Wandelschuldverschreibungen oder Genussrechten, da eine Verschmelzung ohnehin die sachliche Rechtfertigung in sich trägt und daher der Bezugsrechtsausschluss zugunsten der Aktionäre der übernehmenden Gesellschaft keiner besonderen sachlichen Rechtfertigung bedarf.[20] Der Bezugsrechtsausschluss bei der Einräumung von Aktienoptionen zugunsten von Arbeitnehmern oder Organträgern trägt gemäß § 153 Abs. 5 AktG bereits nach der ausdrücklichen Regelung die sachliche Rechtfertigung in sich.[21]

2. *Bezugsrecht der Aktionäre*

Werden Genussrechte bereits ursprünglich mit einem Wandlungsrecht zugunsten der Aktien der Gesellschaft ausgegeben, bedarf die Unterlegung des bedingten Kapitals aber – trotz der grundsätzlichen Überlegungen – keiner besonderen sachlichen Rechtfertigung, wenn und da die Aktionäre gemäß § 174 Abs. 4 AktG ohnehin ein Bezugsrecht auf derartige Genussrechte haben und sie insofern ihre Beteiligungsinteressen unmittelbar durch Bezug derartiger schuldrechtlicher Instrumente wahren können.[22] Wenn von Anfang an ein Wandlungsrecht eingeräumt wird, wird durch die Beschlussfassung über die Gewährung von Genussrechten, das mit bedingtem Kapital bedient wird, die mitgliedschaftliche Position der Aktionäre nicht berührt, wenn ihr Bezugsrecht auf Genussrechte mit Wandlungsrecht nicht ausgeschlossen ist.

Eine sachliche Rechtfertigung ist bei Ausgabe von Wandelgenussrechten ebenso wenig erforderlich wie bei Wandelschuldverschreibungen,[23] wenn die Aktionäre gemäß § 174 Abs. 4 AktG ohnehin ein Bezugsrecht auf derartige Instrumente, dh. auf die Genussrechte, haben. Die vorgelagerte Bezugsberechtigung gemäß § 174 Abs. 4 AktG der Aktionäre sichert damit die Ansprüche und Position der Aktionäre auf Wahrung ihrer mitgliedschaftlichen Rechte und ihrer Vermögensquote.

---

[15] MünchKommAktG/*Winner* 2. Aufl. 2005, § 159 Rn. 23.

[16] MünchKommAktG/*Fuchs* 2. Aufl. 2005, § 192 Rn. 31.

[17] *Winner* in: Doralt/Nowotny/Kalss, AktG, § 159 Rn. 23.

[18] *Winner* in: Doralt/Nowotny/Kalss, AktG, § 159 Rn. 23.

[19] *Winner* in: Doralt/Nowotny/Kalss, AktG, § 159 Rn. 34; GroßkommAktG/*Frey* 4. Aufl. 2001, § 192 Rn. 121 ff.; *Hüffer* AktG, 9. Aufl. 2010, § 192 Rn. 18.

[20] *Kalss* Verschmelzung – Spaltung – Umwandlung, 2. Aufl. 2010, § 223 AktG Rn. 22; KölnerKommUmwG/*Simon* 2009, § 69 Rn. 12.

[21] *Winner* in: Doralt/Nowotny/Kalss, AktG, § 153 Rn. 133.

[22] MünchKommAktG/*Fuchs* 2. Aufl. 2005, § 192 Rn. 33.

[23] *Winner* in: Doralt/Nowotny/Kalss, AktG, § 159 Rn. 35.

Allein in dem Fall, in dem das Bezugsrecht gemäß § 174 Abs. 4 AktG zu Lasten der alten Aktionäre der Gesellschaft ausgeschlossen werden würde, bedürfte bereits die Ausgabe der Wandelgenussrechte, die mit bedingtem Kapital bedient werden sollen, der sachlichen Rechtfertigung. Wenn das Bezugsrecht der anderen Aktionäre ausgeschlossen ist, ist jedenfalls die Finanzierungsfunktion des Genussrechts zu verlangen.

IV. Nachträgliche Einräumung des Wandlungsrechts

1. Sachkapitalerhöhung

Die nachträgliche Einräumung des Wandlungsrechts zugunsten der Genussberechtigten berechtigt diese zur Einbringung einer Forderung – an dem Genussrecht – gegenüber der Gesellschaft. Diese Möglichkeit der nachträglichen Einbringung wird erst nachträglich geschaffen, so dass sie in keinem Zusammenhang mit der ursprünglichen Barleistung bei Ausgabe des Titels steht.

Die nachträgliche Möglichkeit der Einbringung verlangt daher die Einhaltung der Sacheinlagevorschriften.[24] Dies bedeutet abgesehen von der Einhaltung von besonderen Bekanntmachungsvorschriften und der Prüfung durch die Gesellschaftsorgane insbesondere die Beiziehung eines externen Sachverständigen, der vom Gericht bestellt wird, damit dieser die Werthaltigkeit der eingebrachten Forderungen überprüft und bestätigt. Die Beiziehung ist umso eher gerechtfertigt, wenn die betroffenen Genussrechte Eigenkapital darstellen. Generell wird bei Einräumung des Wandlungsrechts zugunsten von Genussrechten mit Eigenkapitalcharakter die Einhaltung der Sacheinlagevorschriften verlangt.[25] § 102 Bankwesengesetz (BWG) bestätigt dies für einen Sonderfall von Genussrechten, nämlich für das Partizipationskapital (vgl. noch Ziff. 3.a).

2. Generelle Zulässigkeit

Weiterführende Überlegungen sind anzustellen, wenn das Wandlungsrecht und damit der Bezugsanspruch der Genussberechtigten nicht von Anfang an besteht, sondern diese erst nachträglich eingeräumt werden. Die Aktionäre haben naturgemäß in einer derartigen Situation nicht mehr die Möglichkeit, die bereits ausgegebenen Genussrechte zu beziehen, vielmehr sind diese bereits im Eigentum der jeweiligen Inhaber. Die nachträglich und zusätzlich eingeräumte Möglichkeit des Umtausches von Genussscheinen in Aktien führt damit unmittelbar zu dem oben beschriebenen Effekt, nämlich dass die Genussscheininhaber durch die nachträgliche Einführung des Wandlungsrechts in durch bedingte Kapitalerhöhung geschaffene Aktien tatsächlich eine Beteiligungsquote erreichen und Aktien beziehen können, wodurch die Rechtsposition der Aktionäre berührt und beeinträchtigt werden kann.

Trotz Fehlens einer ausdrücklichen Regelung ist mit der ganz hL davon auszugehen, dass das Bezugsrecht bzw. Wandlungsrecht für Genussrechte nicht von Anfang an eingeräumt sein muss, sondern auch nachträglich gewährt werden kann.[26]

3. Kriterien der Zulässigkeit

Was sind nun die maßgeblichen Voraussetzungen für die nachträgliche Einräumung des Bezugs- oder Wandlungsrechts? Hilfreich ist es, auf die allgemeinen Kriterien des Bezugs-

---

[24] *Winner* in: Doralt/Nowotny/Kalss, AktG, § 161 Rn. 14.

[25] MünchKommAktG/*Fuchs* 2. Aufl. 2005, § 194 Rn. 13; *Rieckers* in: Spindler/Stilz, AktG, 2008, § 194 Rn. 12.

[26] *Winner* in: Doralt/Nowotny/Kalss, AktG, § 161 Rn. 14; MünchKommAktG/*Habersack* 2. Aufl. 2005, § 221 Rn. 307, 308; GroßkommAktG/*Frey* 4. Aufl. 2001, § 194 Rn. 72.

rechtsausschlusses zurückzugreifen, zumal bei Ausschluss des Bezugsrechts der Aktionäre zugunsten der Genussberechtigten die allgemeinen Kriterien des Bezugsrechtsausschlusses gemäß § 153 AktG anzuwenden sind.[27] Die Intensität der Inhaltskontrolle ist am Ausmaß der Gefährdung der Aktien der mitgliedschaftsrechtlichen Interessen der Aktionäre auszurichten.[28] Grundsätzlich unterscheidet sich der Bezugsrechtsausschluss zugunsten von Genussrechten gemäß § 174 AktG nicht von dem allgemeinen Bezugsrechtssausschluss gemäß § 153 AktG.[29] Was sind nun die maßgeblichen Kriterien? Das geltende Recht anerkennt die Notwendigkeit der sachlichen Rechtfertigung, welche unterschiedliche Kriterien umschließt:[30]

- Das verfolgte Ziel muss im Interesse der Gesellschaft liegen;
- der Bezugsrechtsausschluss muss zur Zweckverfolgung geeignet sein und das gelindeste Mittel sein (Tauglichkeit);
- die Interessen der Gesellschaft müssen gegenüber den Interessen der vom Bezugsrecht ausgeschlossenen Aktionäre überwiegen (Verhältnismäßigkeit);
- und schließlich ist der Gleichbehandlungsgrundsatz zu wahren.[31]

a) Gesellschaftsinteresse

Ein Bezugsrechtsausschluss muss im Interesse der Gesellschaft liegen, es muss somit eine Maßnahme sein, die das Wohl der Gesellschaft fördert.[32] Die Maßnahme der nachträglichen Gewährung eines Bezugsrechts zugunsten der Genussberechtigten liegt im Regelfall im Interesse der Gesellschaft.

Zunächst ist an den Markteffekt zu denken, wenn eine Gesellschaft eine Mehrzahl unterschiedlicher am Kapitalmarkt notierender Titel verringert und eine einheitliche Wertpapierstruktur schafft. Durch den vereinheitlichten Auftritt eines Titels steigt die Liquidität, somit die Handelbarkeit, was den Umsatz, zugleich das Vertrauen des Marktes und somit einen Kursanstieg fördert, was wiederum für die Gesellschaft von Vorteil ist, will sie zusätzlich Kapital aufnehmen, fließt doch dadurch mehr Geld in die Gesellschaftskasse. Je unterschiedlicher die angebotenen und gehandelten Kapitalanlagen gerade eines Emittenten sind, desto schwieriger und aufwendiger wird ein Vergleich, desto höher sind die Transaktionskosten.[33]

Vereinheitlicht somit ein Emittent sein Angebot von Kapitalanlagen, vergrößert er damit automatisch das Angebot in diesem Titel, wodurch die Liquidität gesteigert wird. Dadurch wird der Vergleich zu anderen Werten gefördert. Die Akzeptanz und das Vertrauen werden erhöht und dadurch senken sich wiederum die Transaktionskosten.[34]

Die Ausstattung der Genussscheine mit Wandlungsrechten steht aber nicht nur wegen der Titelbereinigung im Interesse der Gesellschaft, vielmehr ist sie auch eine wesentliche Finanzierungsmaßnahme. Diese greift zwar nicht unmittelbar durch die Einräumung des

---

[27] MünchKommAktG/*Winner* 2. Aufl. 2005, § 221 Rn. 414 ff.; *Zollner* in: Doralt/Nowotny/Kalss, AktG, § 174 Rn. 50; *Nagele/Lux* in: Jabornegg/Strasser, AktG, 5. Aufl. 2010, § 174 Rn. 43; MünchKommAktG/*Habersack* 2. Aufl. 2005, § 221 Rn. 186.

[28] MünchKommAktG/*Habersack* 2. Aufl. 2005, § 221 Rn. 187; *Karollus* in: Geßler/Hefermehl/Eckardt/Kropff, AktG, § 221 Rn. 351; *Hüffer* AktG, 9. Aufl. 2010, § 221 Rn. 43.

[29] MünchKommAktG/*Habersack* 2. Aufl. 2005, § 221 Rn. 188.

[30] *Kalss* in: Kalss/Nowotny/Schauer, Österreichisches Gesellschaftsrecht, 2008, Rn. 3/761; *Winner* in: Doralt/Nowotny/Kalss, AktG, § 153 Rn. 114.

[31] *Nagele/Lux* in: Jabornegg/Strasser, AktG, 5. Aufl. 2010, § 153 Rn. 31; *Ofner* GesRZ 1987, 24; *Kalss* in: Kalss/Nowotny/Schauer, Österreichisches Gesellschaftsrecht, 2008, Rn. 3/761.

[32] *Winner* in: Doralt/Nowotny/Kalss, AktG, § 153 Rn. 118.

[33] *Kalss* Anlegerinteressen, 2001, S. 47; *Hirte* in: Lutter/Wiedemann, Gestaltungsfreiheit im Gesellschaftsrecht, 1992, S. 79.

[34] *Kalss* Anlegerinteressen, 2001, S. 48; *Horber* in: FS Bär II, 1998, S. 163, 164 f.

Bezugsrechts selbst, sie wird aber mittelbar bei Ausübung des Bezugsrechts wirksam. Bei Ausübung des Wandlungs- oder Bezugsrechts verliert der Genussberechtigte sein vertraglich regelmäßig eingeräumtes Kündigungsrecht,[35] das ihn berechtigt, das Genussverhältnis zu kündigen und einen entsprechenden Abwicklungs- oder Abschichtungsbetrag zu generieren. Ein weiterer finanzieller Vorteil der Gesellschaft liegt vielfach darin, dass der Ergebnisanspruch und die Ausschüttung zugunsten der Genussberechtigten wegfallen. Die *Ausschüttung* zugunsten der Genussberechtigten geht regelmäßig Aktionären vor. Der Abbau des schuldrechtlichen Anspruchs der Genussberechtigten, stärkt auch die Bilanz und die Eigenkapitalbasis der Gesellschaft. Damit wird das Cash-Flow-Profil der Gesellschaft verbessert und kann die Dividendenfähigkeit zugunsten der Aktionäre gefördert werden. In der Literatur wird ausdrücklich ein *Finanzierungseffekt* verlangt, der gerade beim *Eigenkapital* mit der erleichterten Aufbringung auch tatsächlich anerkannt wird.[36]

Das Genusskapital ist nachrangig gegenüber anderen schuldrechtlichen Beteiligungen, die als Fremdkapital ausgewiesen sind, im Regelfall vorrangig gegenüber Aktienkapital. Dennoch liegt angesichts der Verlustbeteiligung und Nachrangigkeit gegenüber Fremdkapital die Qualifikation als Eigenkapital vor. Die Finanzierungsfunktion liegt etwa in der Aufgabe des Kündigungsrechts, in der Verlängerung der Zurverfügungstellung des Kapitals,[37] in der Ermöglichung des Wegfalls des bevorrangten Gewinnanspruchs und der Gewinnausschüttung sowie in der realistischen Möglichkeit des Wegfalls einer Bar-Rückzahlung im Falle der Kündigung des Genusskapitals durch die genussberechtigten Investoren. Schließlich werden durch eine derartige Maßnahme vielfach das Cash-Flow-Profil der Gesellschaft verbessert und die Dividendenfähigkeit zugunsten der Aktionäre gefördert.

Genau aus diesen beiden Erwägungen wurde im Zuge der Novelle des österreichischen Bankwesengesetzes (BWG) 1999 § 102a BWG geschaffen, der es Kreditinstituten, die Partizipationsscheine emittiert hatten, ermöglicht, Partizipationskapital nachträglich in Aktien umzuwandeln.[38] Partizipationskapital ist ein aufsichtsrechtlich geregeltes Instrument mit Eigenkapitalcharakter zugunsten von Kreditinstituten (und Versicherungsunternehmen), das gemäß § 23 BWG besonderen Regelungen unterworfen ist.[39] Der Vergleich ist im vorliegenden Zusammenhang deshalb wichtig, weil Partizipationskapital nach ganz einhelliger Meinung Genusskapital iSd. § 174 AktG ist[40] und der Gesetzgeber somit für den genannten Zweck den Gestaltungsmodus klar vorzeichnet.

Den Kreditinstituten sollte zum einen ermöglicht werden, die vom Markt nicht wirklich angenommenen Titel, nämlich die einflusslose Partizipationsmöglichkeit an Gewinn und Verlust, wieder zu beseitigen; vor allem aber soll dies für die Emittenten möglich sein, ohne Geld in die Hand nehmen zu müssen. Zu diesem Zweck muss für die Umwandlung des Partizipationskapitals ein angemessenes Wertverhältnis zum Aktienkapital ermittelt werden[41] und muss nunmehr die Wandlungsmöglichkeit in das Aktienkapital bei Festlegung des Umtauschverhältnisses berücksichtigt werden; derart kann der Finanzierungseffekt, somit der vermögensmäßige Vorteil zugunsten der Gesellschaft, erreicht werden.

---

[35] Vgl OGH 24.1.2006, 10 Ob 34/05 f.

[36] GroßkommAktG/*Frey* 4. Aufl. 2001, § 194 Rn. 72; *Winner* in: Doralt/Nowotny/Kalss, AktG, § 161 Rn. 14.

[37] *Winner* in: Doralt/Nowotny/Kalss, AktG, § 161 Rn. 14.

[38] 1793 BlgNR 20. GP 18, § 102a BWG idF Novelle 1999.

[39] S. dazu *Nowotny* in: FS Laurer, 2009, S. 207 ff.

[40] *Zollner* in: Doralt/Nowotny/Kalss, AktG, § 174 Rn. 20; *Nagele/Lux* in: Jabornegg/Strasser, AktG, 5. Aufl. 2010, § 174 Rn. 55; *van Husen* Genussrechte, Partizipationskapital, Genussscheine, 1998, S. 302 ff.; MünchKommAktG/*Winner* 2. Aufl. 2005, § 221 Rn. 398.

[41] *Laurer* in: Laurer/Borns/Schütz/Schütz, BWG, 3. Aufl. 2008, § 102 Rn. 4.

b) Eignung – gelindestes Mittel

Die Kapitalerhöhung unter Bezugsrechtsausschluss muss tauglich sein, das gelindeste Mittel darstellen und in ihrer Gesamtheit verhältnismäßig sein.[42] Die Kapitalerhöhung unter Bezugsrechtsausschluss zur Sicherung des Wandlungsrechts der Genussberechtigten ist jedenfalls geeignet, den angestrebten Zweck, nämlich die Vereinheitlichung der Wertpapierstruktur für die Gesellschaft herzustellen und sie damit in die Lage zu versetzen einheitlich am Markt aufzutreten. Damit wird auch der vorhin dargestellte Finanzierungseffekt gesichert, wird doch die Möglichkeit geschaffen, den Liquiditätsabfluss aus der Gesellschaft zu verhindern. Dies ist etwa in und unmittelbar nach der Finanzkrise von Bedeutung, da diese Liquidität gerade angesichts des schwierigen Marktumfelds vielfach schwer aufzubringen wäre. Die Kapitalerhöhung unter Bezugsrechtsausschluss ist jedenfalls geeignet, den angestrebten Zweck herzustellen.

Das Kriterium des gelindesten Mittels ist zu bejahen, wenn eine derartige Maßnahme für die Gesellschaft die bestmögliche ist, im Interesse der Gesellschaft liegt und keine gleichwertige Alternative vorliegt. Die Einführung des Wandlungsrechts kann insbesondere nicht durch einen schlichten Rückkauf der verbrieften Genussrechte durch die Emittenten oder durch die Einziehung hergestellt werden. Die Bereinigung ist regelmäßig auch nicht in gleichwertiger Weise durch eine Kündigung von Seiten der Gesellschaft zu erreichen. Sowohl mit dem Rückkauf als auch mit dem Gestaltungsinstrument der Kündigung ist ein Liquiditätsabfluss im Ausmaß des aktuellen Werts der Genussscheine verbunden. Diese Liquidität fehlt der Gesellschaft aber regelmäßig bei Einräumung des Wandlungsrechts gerade. Das Entwicklungspotential der Gesellschaft würde für die Zukunft beeinträchtigt und damit auch das aller beteiligten Aktionäre. Der Liquiditätsaufwand führt vielfach dazu, dass Fremdkapital aufgenommen werden muss, was in der Phase labiler Märkte nicht im Interesse der Gesellschaft steht, darf doch die Fremdkapitalbelastung insgesamt nicht zu hoch werden.

Die Alternative, Aktien unter Wahrung des Bezugsrechts auszugeben, um mit dem damit erzielten Emissionserlös die verbrieften Genussrechte (Genussscheine), sei es durch Rückkauf, sei es durch Kündigung, abzuschichten, ist keine gleichwertige Alternative. Bei einem schwierigen Börsenumfeld ist ein hoher Emissionserlös nicht erzielbar, so dass durch die dadurch eingeworbenen Eigenmittel das Ziel des vollständigen Rückkaufs kaum erreicht werden kann. Die Rechtssicherheit der Vereinheitlichung der Wertpapierstruktur wird dadurch nicht höher. Der Rückkauf kann wiederum nur aufgrund der Entscheidung der Genussberechtigten vollzogen werden. Insbesondere führt der so ermöglichte Rückkauf aber auch jedenfalls zu einem Mittelabfluss der Gesellschaft, der mit der Unsicherheit der Höhe der eingeworbenen Mittel aus der Kapitalerhöhung behaftet ist. Dieser zweistufige Weg ist bei einem schwierigen Marktumfeld und der damit einhergehenden Unsicherheit keine vergleichbare und zur nachträglichen Einführung des Wandlungsrechts für die Genussrechte keine gleichwertige Alternative. Die Kapitalerhöhung als solche führt nicht zum Effekt der Beseitigung des Titels der Genussrechte und hat auch nicht den gleichen Finanzierungseffekt wie die schlichte Einräumung des Wandlungsrechts.

c) Verhältnismäßigkeit

Die Abwägung des Interesses der Gesellschaft an der Einräumung des Wandlungsrechts zugunsten der Genussberechtigten gegenüber den Interessen der Aktionäre am Erhalt ihrer Beteiligung muss zugunsten der Gesellschaft ausfallen. Das Interesse der Gesellschaft an der Titelbereinigung und der Finanzierungseffekt einschließlich der Beseitigung des Liquiditätsabflusses die Beseitigung der Liquiditätsabflüsse sind dabei wesentliche Aspekte.

---

[42] *Winner* in: Doralt/Nowotny/Kalss, AktG, § 153 Rn. 128; *Kalss* in Kalss/Nowotny/Schauer, Österreichisches Gesellschaftsrecht, Rn. 3/761; *Ofner* GesRZ 1987, 24, 26.

Auf Basis der Bejahung des Interesses der Gesellschaft ist die Beeinträchtigung der Aktionärsrechte durch den Bezugsrechtsausschluss zu beurteilen. Einerseits ist auf die Verminderung der Mitgliedschaftsrechte (*Quotenverwässerung*), dh. auf die Verringerung des Liquidations-, Dividenden- und Stimmrechtsanteils sowie der sonstigen Einflussrechte, insbesondere der Minderheitspositionen sowie der Sperrminorität einzugehen, andererseits auf die *vermögensmäßige Verwässerung.*[43]

Je schwerer der Eingriff in die Mitgliedschaft und die vermögensrechtliche Stellung der ausgeschlossenen Aktionäre, desto triftiger muss die Begründung für den Bezugsrechtsausschluss sein und desto strengeren Anforderungen muss sie genügen. Umgekehrt bedeutet dies, dass das Kriterium der Verhältnismäßigkeit umso leichter eingehalten werden kann, je geringer der Eingriff in die mitgliedschafts- und vermögensrechtliche Position der ausgeschlossenen Aktionäre ist.[44]

aa) Verwässerung der Mitgliedschaftsrechte

Denknotwendig führt jeder Bezugsrechtsausschluss zu einer Verwässerung der Beteiligung und damit der mitgliedschaftsrechtlichen Rechte in entsprechendem Umfang. Werden Genussrechte in Aktien gewandelt, verschiebt sich damit die relative Beteiligungshöhe der bisherigen Aktionäre. Allerdings ist nicht jede Beteiligungsverschiebung bzw. Verdünnung unverhältnismäßig, sondern hängt vom Ausmaß der möglichen Verschiebung, dh. Inanspruchnahme des Wandlungsrechts, ab. Der Verwässerungseffekt wird im Verhältnis zur ordentlichen Kapitalerhöhung oder Kapitalerhöhung mittels genehmigten Kapitals auch dadurch gebremst, dass die Kapitalerhöhung bedingt vorgenommen wird, sie wird daher erst bei Ausübung durch den Genussscheininhaber wirksam. Ein zusätzlicher Abfederungseffekt kann dadurch erzielt werden, indem die Möglichkeit der Wandlung nicht zu einem einzigen Zeitpunkt, sondern in mehreren Tranchen eingeräumt wird, dh. der Wandlungsprozess insgesamt gestreckt wird. Bei Beurteilung der Quotenverwässerung ist zu prüfen, ob die Durchführung des Wandlungsrechts der Aktionäre zu einem Unterschreiten der aktienrechtlich maßgeblichen Schwellen von 5%, 10%, 25% oder 50% der bestehenden Aktionäre führt.

Das Gesetz nennt in § 91 öBörsG eine Reihe von Schwellen, die für börsenotierte Gesellschaften melde- und offenlegungspflichtig sind. Dabei geht es um Schwellen mit unterschiedlichem Gewicht, die darauf zielen, ein unentdecktes Anschleichen an eine Gesellschaft zu verhindern.[45] Die Schwellen haben aber eine verschiedene Bedeutung für die Mitwirkung und Einflussnahme in der Gesellschaft. Von herausragender Bedeutung sind im vorliegenden Zusammenhang insbesondere die Schwellen von 5%, 10%, 25% und 50%. Bei einer Schwelle von 5% ist ein Aktionär gemäß § 105 Abs. 3 AktG (in der Fassung von 2009) berechtigt, eine Hauptversammlung einzuberufen, sofern der Vorstand seinem Verlangen nicht nachkommt. Einem mit 5% beteiligten Aktionär kommt gemäß § 109 Abs. 1 AktG auch das Recht zu, Tagesordnungspunkte in einer Hauptversammlung zu beantragen. Damit kann ein Aktionär tatsächlich Rechte der Aktionäre wahrnehmen und im öffentlichen Forum der Hauptversammlung zum Gegenstand der Diskussion und der Beschlussfassung machen.

Von herausragender Bedeutung ist die Schwelle von 25%. Die maßgeblichen Grundlagenentscheidungen, die von der Hauptversammlung zu treffen sind, nämlich die Satzungsänderung, die Kapitalerhöhung, Kapitalherabsetzung, Verschmelzung, Spaltung, Ausgliederung bedürfen der qualifizierten Mehrheit, somit von drei Viertel des in der Hauptversammlung vertretenen Grundkapitals sowie der einfachen Stimmenmehrheit. Dies

---

[43] *Kalss* in: Kalss/Schauer, Reform des österreichischen Kapitalgesellschaftsrechts, Gutachten zum 16. ÖJT 2006, S. 570 ff.; *Kalss* in: Kalss/Nowotny/Schauer, Österreichisches Gesellschaftsrecht, Rn. 3/761; MünchKommAktG/*Peifer* 2. Aufl. 2005, § 186 Rn. 79.

[44] MünchKommAktG/*Peifer* 2. Aufl. 2005, § 186 Rn. 79.

[45] S. nur *Kalss/Oppitz/Zollner* Kapitalmarktrecht, 2005, § 17 Rn. 2 ff.

bedeutet umgekehrt, dass eine 25%-ige Minderheit genau diese Beschlüsse verhindern kann. Insofern kommt einer derartigen Mehrheit ein Verhinderungs- oder Blockierungsrecht zu (Sperrminorität). Verliert ein Aktionär die Schwelle von 25%, verliert er daher einen ganz maßgeblichen Einfluss in der Gesellschaft.

Von ähnlicher Bedeutung ist die Schwelle von 50%. Damit erlangt ein Aktionär beherrschenden Einfluss in der Gesellschaft gemäß § 228 iVm. § 244 UGB und kann die Vorteile eines beherrschenden Unternehmens etwa in der Informationserlangung in Anspruch nehmen.[46] Ein 50%-iger Aktionär hat aber insbesondere etwa auch die Möglichkeit, den gesamten Aufsichtsrat (Kapitalvertreter) zu bestellen und kann ohne weiteres alle Beschlussfassungen, die der einfachen Stimmenmehrheit bedürfen, wie etwa die Gewinnverwendung, Entlastung oder die Bestellung des Abschlussprüfers durchsetzen. Verliert ein Aktionär seine 50%-ige Beteiligung, verliert er insofern auch ganz maßgebliche Einflusspositionen und Gestaltungsmöglichkeiten.

Auch andere Schwellen, wie die 1%-ige Schwelle gemäß § 119 und § 225c öAktG, sind zu berücksichtigen, sie sind aber von deutlich herabgesetzter Bedeutung. Die ergänzende Antragstellung von Beschlüssen vor der Hauptversammlung kann durch einen einzelnen Aktionär auch in der Hauptversammlung nachgeholt werden (§ 119 öAktG). Die Befugnis, das Umtauschverhältnis auf seine Angemessenheit im Rahmen einer Verschmelzung überprüfen zu lassen, steht nicht nur einem mit 1% beteiligten Aktionär, sondern auch einem Aktionär, der mit 70.000 Euro beteiligt ist, zu. Zudem handelt es sich dabei nur um ergänzende Rechte zugunsten der Aktionäre für die Durchsetzung der Rechtsposition, die ohnehin kraft Gesetzes besteht.

Schließlich ist die Schwelle von 10% zu beurteilen. Die 10%-Schwelle sichert einen Gesellschafter vor dem unfreiwilligen Ausschluss (Squeeze out) ab, umgekehrt setzt aber der Gesellschafterausschluss gemäß § 1 Abs. 1 Gesellschafterausschlussgesetz (GesAusG) die Innehabung von 90% der Aktien in einer Hand oder zumindest in der Hand eines verbundenen Unternehmens voraus. Bei einem breitgestreuten Aktienbesitz hat daher die 10%-ige Abwehrschwelle gegenüber einem Squeeze out keine oder nur geringe Bedeutung.

Das Gesetz berechtigt einen 10%-igen Gesellschafter gemäß § 130 Abs. 2 öAktG zur Bestellung eines Sonderprüfers sowie gemäß § 134 öAktG zur Geltendmachung von Ersatzansprüchen. Dieses Minderheitsrecht setzt voraus, dass vorher die Hauptversammlung diesem Begehren nicht zugestimmt hat. De facto greift dieses Minderheitsrecht nicht, sondern wird schon in der Hauptversammlung wegen des Effekts des Stimmverbots zu Lasten des dominierenden Aktionärs wirksam. In vielen Konstellationen hat der Aktionär, zu dessen Angelegenheiten eine Sonderprüfung durchgeführt werden soll, etwa wegen Related Party Transactions oder wegen einer Sonderdividende, ohnehin gemäß § 130 Abs. 1 letzter Satz AktG kein Stimmrecht.[47] Die Stimmrechte jedes einzelnen Minderheitsaktionärs erhalten dadurch ein viel höheres Stimmgewicht. Daher sind diese Aktionäre in der Lage, bereits durch Hauptversammlungsbeschluss ihre Rechte auf Bestellung eines Sonderprüfers und auf Geltendmachung von Ersatzansprüchen geltend zu machen. Die Schwelle von 10% ist im Licht der konkreten Beteiligungsstruktur „beweglicher" und hängt jeweils von der Gesellschaft ab.

Durch das nachträglich eingeräumte Wandlungsrecht zugunsten der Genussberechtigten und den damit einhergehenden Bezugsrechtsausschluss zu Lasten der Aktionäre darf gegen den Willen der betroffenen Aktionäre eine strategische Schwelle nicht verloren gehen noch eine neue Mehrheitsposition aufgebaut werden.[48]

---

[46] S. dazu MünchKommAktG/*Doralt/Diregger* Österreichisches Konzernrecht Rn. 67; *Kalss* GesRZ 2010, 137, 140.

[47] HG Wien vom 7.4.2010 – 46 CG 103/09f; *Kalss* in: Kalss/Nowotny/Schauer, Österreichisches Gesellschaftsrecht, Rn. 3/574.

[48] *Schroer* in: Semler/Volhard, Arbeitshandbuch für die Hauptversammlung, 2. Aufl. 2003, § 22 Rn. 50; *Winner* in: Doralt/Nowotny/Kalss, AktG, § 153 Rn. 121.

Wenn die Gesellschaft über ein hohes Grundkapital verfügt, liegt darin bereits ein Indiz für die generelle geringe Auswirkung auf das Stimmrecht einer einzelnen Aktie. Ein deutliches Indiz ist etwa der Umstand, dass die Zugangsschwelle für den Prime Market, den freiwillig gesetzten höchsten Standard für das erste Marktsegment (Amtlicher Handel) der Wiener Börse, deutlich überschritten wird. Die Aktionäre erleiden in einem derartigen Fall auch deshalb keine Einbuße des Stimmrechts, da sie bei einer börsenotierten Gesellschaft im Prime Market-Segment der Wiener Börse mit entsprechend hoher Liquidität ohne weiteres Aktien über die Börse zukaufen können, ohne dass allein dadurch der Börsenkurs beeinträchtigt wird. Aktionäre können daher generell am Kapitalmarkt in angemessener Zeit die notwendigen Aktien erwerben, um die potentielle bzw. abstrakt gegebene Verminderung ihres Stimmrechts wieder auszugleichen. Den Aktionären ist es daher möglich, Aktien über die Börse zuzukaufen, so dass der Zukauf über die Börse als vollkommen gleichwertiges Alternativinstrument anzusehen ist.[49] Die vom Bezugsrecht ausgeschlossenen Aktionäre können daher ohne die Gefahr des Entstehens eines dadurch spürbaren Marktdrucks entsprechend der Wandlungen die Aktien über die Börse zukaufen.[50] Der Zukauf zu marktadäquaten Bedingungen ist auch deshalb möglich, da aufgrund einer Ad hoc-Publizitätsmeldung die informationelle Gleichbehandlung der Aktionäre sichergestellt wird und somit alle Aktionäre der Gesellschaft auf der Basis der gleichen Information handeln können. Dies gilt insbesondere dann, wenn das Kapital nur in einem überschaubaren Ausmaß und insgesamt über einen längeren Zeitraum in mehreren Schüben erhöht wird.

Generell ist aus § 153 AktG abzuleiten, dass bei einem hohen Kapitalisierungsgrad die breite Streuung und eine angemessene Liquidität insofern keine Beeinträchtigung der Aktionärsrechte gegeben ist. Wenn die Erhöhung des Grundkapitals durch die Umwandlung der Genussrechte in einem relativ geringen Ausmaß über einen längeren Zeitraum getätigt wird, der den Zukauf von Aktien durch die ausgeschlossenen Aktionäre nicht beeinträchtigt, erleiden die Altaktionäre durch die Kapitalerhöhung kraft Wandlung der Genussberechtigten überhaupt keinen Nachteil. Der Zukauf ist in einem angemessenen Zeitrahmen ohne Kursbeeinflussung möglich.

In Deutschland wird eine derartige Wertung einer geringen Beeinflussung in § 186 Abs. 3 S. 4 dAktG ausdrücklich ausformuliert. Sie entspricht aber auch der Wertung nach österreichischem Recht gemäß § 153 AktG.[51] Da damit dem Bezugsrechtausschluss keine reale Gefahr für die Verwässerung des Stimmrechts und auch nicht für die sonstigen Herrschafts- sowie der Vermögensrechte innewohnt, ist er unter diesem Blickwinkel rechtmäßig.

bb) Verwässerung der Vermögensrechte

Das Kriterium der Verhältnismäßigkeit/Vermögensrechte ist gegeben, wenn ein Vermögensverlust der alten Aktionäre ausgeschlossen werden kann.[52] Ist der Ausgabepreis der Aktien höher als der aktuelle Börsewert der Aktien, erleiden die vom Bezugsrecht ausgeschlossenen Aktionäre gerade keinen vermögensrechtlichen Nachteil durch den Ausschluss der Bezugsrechte, da die Aktien ohnehin jedenfalls voll abgegolten werden.[53] Maßgeblich ist es daher, dass das Umtauschverhältnis für die Genussberechtigten in einem angemessenen Verhältnis zum Wert, dh. zum aktuellen Börsekurs der Aktien, steht. Genau dies verlangt das BWG für die Umwandlung des Partizipationskapitals. Erforderlich ist daher eine entsprechende Bewertung der Genussscheine im Verhältnis zum aktuellen Börsenkurs der

---

[49] *Henze* ZHR 167 (2003), 1, 3 f.; *Lutter* AG 1994, 429, 441; *Straube* in: Habersack/Mülbert/Schlitt, Unternehmensfinanzierung am Kapitalmarkt, 2. Aufl. 2009, § 5 Rn. 32.

[50] *Schlitt/Schäfer* AG 2005, 67, 68; *Henze* ZHR 167 (2003), 1, 5.

[51] *Kalss* in: Kalss/Schauer, Reform des österreichischen Kapitalgesellschaftsrechts, Gutachten zum 16. ÖJT 2004, S. 594 ff.

[52] *Ekkenga* AG 1994, 59; *Mülbert* Aktiengesellschaft, Unternehmensgruppe und Kapitalmarkt, 1996, S. 324 ff.

[53] *Henze* ZHR 167 (2003), 1, 5.

Aktien. Der Umwandlungspreis für die Genussrechte muss auf Basis einer Prämie zum Börsenkurs so gestaltet sein, dass die Aktien keine Beeinträchtigung erfahren. Damit das Wandlungsrecht gerechtfertigt ist, muss dessen neu geschaffener Wert in das Umtauschverhältnis miteinbezogen werden. Je höher der Wert des Wandlungsrechts, desto deutlicher muss sich dies im Umtauschverhältnis zu Lasten der Genussberechtigten niederschlagen.

Die Sicherstellung dieser Wertrelation kommt auch in § 102 BWG zum Ausdruck. Dort wird eine Gleichbehandlung der unterschiedlichen Partizipationskapitalgeber sichergestellt, hingegen das Verhältnis gegenüber den Aktien egalisiert.[54] Um eine Verwässerung der Vermögenswerte der Aktien hintanzuhalten, ist somit der aktuelle Wert der Genussscheine im Verhältnis zum aktuellen Börsenwert der Aktien zu setzen, um dann je nach Wertverhältnis das Ausmaß der Bezugsrechte zugunsten der Genussscheinberechtigten festzulegen und eine Verwässerung der Aktionäre zu verhindern. Wird das Wertverhältnis in angemessener Weise festgelegt, so verhindert dies eine vermögensmäßige Verwässerung der Aktionäre. Bei einer adäquaten Festlegung des Wandlungsverhältnisses der Genussberechtigten zu den Aktien (Umtauschverhältnis) ist davon auszugehen, dass keine vermögensmäßige Verwässerung der Aktionäre stattfindet.

cc) Gleichbehandlung

Sind Genussberechtigte bereits beteiligt, so stellt sich zusätzlich zur Frage der Unverhältnismäßigkeit jene der Gleichbehandlung zu den übrigen alten Aktionären in gleicher Weise wie für das Bezugsrecht insgesamt. Wenn anerkannt wird, dass der Bezugsrechtsausschluss insgesamt sachlich gerechtfertigt ist, weil ein maßgebliches Interesse der Gesellschaft an diesem Wandlungsrecht besteht, weil damit die Kapitaltitelstruktur bereinigt und ein Finanzierungseffekt zugunsten der Gesellschaft geschaffen wird, ist diese Wertung auch auf das allgemeine Gleichbehandlungsgebot zu übertragen. Durch die alleinige Möglichkeit der Wandlung zur Verwirklichung der anerkannten Ziele ist eine ausreichende Differenzierung hergestellt, um diese Gesellschafter von anderen Aktionären abzuheben.

Die Gefahr der Ungleichbehandlung ist überhaupt nur im Grundsatz gegeben, wenn Aktionäre Aktien zu marktadäquaten Bedingungen über die Börse kaufen können. Aufgrund der Ad hoc-Meldepflicht wird die informationelle Gleichbehandlung der Marktteilnehmer hergestellt.[55] Die Ad hoc-Publizität sichert die informationelle Gleichbehandlung, so dass nicht nur das gesellschaftsrechtliche, sondern auch das kapitalmarktrechtliche Gleichbehandlungsgebot[56] eingehalten wird. Die Einhaltung der kapitalmarktrechtlichen Gleichbehandlung indiziert die Einhaltung des aktienrechtlichen Gleichbehandlungsgebots für börsenotierte Gesellschaften.

V. Zusammenfassung

Die nachträgliche Einräumung eines Wandlungsrechts zugunsten der Inhaber von Genussscheinen ist zulässig, wenn die Maßnahme im Interesse der Gesellschaft liegt. Sie kann damit ihre Struktur der Kapitalmarkttitel vereinfachen und damit die Liquidität und somit das Vertrauen in die Kapitalmarkttitel erhöhen; die Wandlung kann einen Finanzierungseffekt leisten, da der Wert des Wandlungsrechts der Gesellschaft und den Aktionären bei der Festlegung des Bezugsverhältnisses zugute kommt, Barkapitalabflüsse hintangehalten und bevorrangte Ausschüttungen beseitigt werden. Wird das Wandlungsrecht nachträglich eingeräumt, sind die Regelungen über die Sachkapitalerhöhung anzuwenden, da nachträglich eine Forderung in die Gesellschaft eingebracht wird.

---

[54] Vgl. *Laurer* in: Laurer/Borns/Strobl/Schütz/Schütz, BWG, 3. Aufl. 2008, § 102 Rn. 4.
[55] *Kalss/Oppitz/Zollner* Kapitalmarktrecht, 2005, § 14 Rn. 2.
[56] *Kalss/Oppitz/Zollner* Kapitalmarktrecht, 2005, § 1 Rn. 32, § 14 Rn. 2.

PETER KINDLER

Vorstands- und Geschäftsführerhaftung mit Augenmaß – Über einige neuere Grundsatzentscheidungen des II. Zivilsenats des BGH zu §§ 93 AktG und 43 GmbHG

Übersicht

I. Einleitung

Blickt man auf die Zeit zurück, in der der *Jubilar* dem für das Gesellschaftsrecht zuständigen II. Zivilsenat des BGH als dessen Vorsitzender Richter angehörte, so finden sich auf dem Gebiet der Vorstands- und Geschäftsführerhaftung eine ganze Reihe bemerkenswerter Entscheidungen, mit denen das Gericht wichtige Akzente gesetzt hat. Dabei hat *Wulf Goette,* dem die nachfolgenden Zeilen in fachlicher und persönlicher Hochschätzung zugeeignet sind, auch hier die höchsten richterlichen Tugenden gezeigt: Zur – selbstverständlichen – Gesetzestreue gesellt sich bei ihm ein Sinn für das praktische (Wirtschafts-)Leben, wie er seinesgleichen sucht. Im Einzelnen betreffen diese Entscheidungen die Haftungsfreistellung bei unternehmerischem Ermessen (s. II.), die Darlegungs- und Beweislast im Hinblick auf Pflichtverletzungen (s. III.), den Ausbau der organschaftlichen Treuepflicht (s. IV.), das Vertrauen auf Informationen und Einschätzungen Dritter (s. V.) und den Beginn der gesellschaftsrechtlichen Sonderverjährung für Organhaftungsansprüche (s. VI.). Vollständigkeit ist mit dieser Auswahl schon angesichts der Materialfülle naturgemäß nicht angestrebt; herausgegriffen wurden vor allem aktuelle Entscheidungen und bislang weniger stark diskutierte Einzelfragen.

II. Grundlagen und Grenzen des unternehmerischen Ermessens im Rahmen der „Business Judgment Rule"

Nach § 93 Abs. 1 S. 2 AktG liegt eine Pflichtverletzung des Vorstands nicht vor, wenn das Vorstandsmitglied eine unternehmerische Entscheidung trifft und dabei angenommen hat, auf der Grundlage angemessener Information zum Wohl der AG zu handeln und dies auch vernünftigerweise annehmen durfte („Business Judgment Rule").[1] Ohne sorgfältige Ermittlung der Entscheidungsgrundlagen ist demgemäß der unternehmerische Ermessenspielraum von vorneherein nicht eröffnet und eine Haftungsfreistellung nach der zitierten Vorschrift scheidet aus.[2] Was eine unternehmerische Entscheidung ist, wird aus dem konzernrechtlich geprägten UMTS-Urteil vom 3. März 2008 deutlich. Dort bescheinigte der II. Zivilsenat dem Vorstand der Deutsche Telekom AG, dass er sich bei der Teilnahme an der Versteigerung der UMTS-Lizenzen im Rahmen des pflichtgemäßen unternehmerischen Ermessens bewegt habe.[3] Dem kann man nur beipflichten: Gerade Investitionsentscheidungen in neue Technologien haben einen ausgeprägten Prognosecharakter, wenn nicht gar Spekulationscharakter – dazu muss man sich nur die Entwicklung der TecDAX-Unternehmen in den letzten Jahren ansehen. Investitionsentscheidungen sind unternehmerische Entscheidungen in Reinform. Dass sich im UMTS-Fall die Milliardeninvestitionen im nachhinein als Fehlschlag erwiesen, spielt bei der gesetzlich angeordneten ex ante-Betrachtung keine Rolle; die Business Judgment Rule soll ja gerade auch der verbreiteten Gefahr vorbeugen, dass die Gerichte in Kenntnis der später eingetretenen Tatsachen überhöhte Anforderungen an die organschaftliche Sorgfaltspflicht stellen (sog. Rückschaufehler, englisch hindsight bias).[4]

Nach einem – weniger managerfreundlichen – Urteil vom 14. Juli 2008[5] setzt die Haftungsprivilegierung eines GmbH-Geschäftsführers im Rahmen des ihm zustehenden unternehmerischen Ermessens freilich voraus, dass das unternehmerische Handeln auf einer sorgfältigen Ermittlung der Entscheidungsgrundlagen beruht; das soll erfordern, dass er in der konkreten Entscheidungssituation *alle verfügbaren Informationsquellen* tatsächlicher und rechtlicher Art ausschöpft und auf dieser Grundlage die Vor- und Nachteile der bestehenden Handlungsoptionen sorgfältig abschätzt und den erkennbaren Risiken Rechnung trägt. Im Streitfall hatte der beklagte GmbH-Geschäftsführer Darlehensverbindlichkeiten der Gesellschaft durch Eingehung kurzfristiger Kredite umfinanziert; dabei war er die Verpflichtung zur Zahlung einer Vorfälligkeitsentschädigung eingegangen, ohne vorab das Risiko des Engagements abgeschätzt noch sich um eine sachgerechte Anschlussfinanzierung bemüht zu haben.

Das Urteil ist zunächst einmal deshalb bemerkenswert und beifallswürdig, weil es die Geltung der „Business Judgment Rule" analog § 93 Abs. 1 S. 2 AktG für das GmbH-Recht bestätigt,[6] und es trifft den entschiedenen Sachverhalt: Zur Beurteilung der Risiken der Umfinanzierungsmaßnahme in der von dem Geschäftsführer durchgeführten Größenordnung hätte in der Tat nach den anerkannten betriebswirtschaftlichen Grundsätzen eine detaillierte finanzwirtschaftliche Plan(-ergebnis)rechnung zu den Vor- und Nachteilen der Umfinanzierung aufgestellt werden müssen. Allerdings fragt man sich, ob der Verweis des Geschäftsführers auf *alle verfügbaren Informationsquellen* (so auch der Leitsatz 1 der Entscheidung) in dieser Allgemeinheit nicht zu weit geht. Denn unter Zeitdruck kann es durchaus vertretbar sein, auf unvollständiger Tatsachengrundlage zu entscheiden, etwa wenn eine umfassende Tatsachenermittlung zuviel Zeit kostet, so dass die Gesellschaft Gefahr läuft,

---

[1] Die mit dem UMAG vom 22.9.2005 (BGBl. I S. 2802) in das AktG eingefügte Vorschrift geht auf das ARAG./.Garmenbeck-Urteil des BGH vom 21.4.1997 – II ZR 175/95 zurück, BGHZ 135, 235, 244 = DStR 1997, 880 m. Anm. *Goette* = NJW 1997, 1926; dazu statt aller *Kindler* ZHR 162 (1998), 101; zu Entwicklung und jüngstem Stand der Unternehmensleiterhaftung etwa *Habersack* Managerhaftung, in: E. Lorenz (Hrsg.), Karlsruher Forum 2009: Managerhaftung, 2010, S. 5 ff., zur Business Judgment Rule insbesondere S. 14 ff.

[2] Dazu statt aller *Hüffer* AktG, 9. Aufl. 2010, § 93 Rn. 4e.

[3] II ZR 124/06, BGHZ 175, 365 = DStR 2008, 1104 m. Anm. *Goette* = NZG 2008, 389 Tz. 11 ff.

[4] Wie hier *Fleischer* NJW 2009, 2237, 2238; zur Gefahr von Rückschaufehlern auch *Habersack* (Fn. 1) S. 15.

[5] II ZR 202/07, NZG 2008, 751 = DStR 2008, 1839 m. Anm. *Goette* = JuS 2008, 1128 m. zust. Anm. *K. Schmidt*: „Resultat des gesunden Menschenverstandes".

[6] BGH (vorige Fn.) Tz. 11 im Anschluss an *Goette* in: FS 50 Jahre BGH, 2000, S. 123, 140 f.; näher *U.H. Schneider* in: *Krieger/U.H. Schneider* (Hrsg.), Hdb. Managerhaftung, 2007, § 2 Rn. 14ff.

ein lukratives Geschäft zu versäumen. So kann sich insbesondere bei M&A-Transaktionen die Notwendigkeit einer Eilentscheidung auf unvollständiger Tatsachengrundlage ergeben, bei der bewusst zwischen Chancen und Risiken des Geschäfts abgewogen wird.[7] Das wird auch aus dem Wortlaut des § 93 Abs. 1 S. 2 AktG deutlich, wonach nur eine „angemessene" Informationsgrundlage bestehen muss. Nach dem Gesetz besteht also keine generelle Pflicht zur Beschaffung aller nur denkbaren Informationen; ferner muss das Vorstandsmitglied lediglich „vernünftigerweise annehmen dürfen", auf der Grundlage angemessener Information zu handeln.[8]

Dass eine durchgängige Verpflichtung zur Erhebung aller einschlägigen Entscheidungsgrundlagen – sei dies noch so zeit- und kostenintensiv – ohne Betrachtung des konkreten Einzelfalls zu weit geht, scheint denn auch der kurz darauf ergangene Senatsbeschluss vom 3. November 2008 zu beherzigen. Mit deutlich mehr Augenmaß heißt es dort nur noch, für die Ausübung unternehmerischen Ermessens durch den Vorstand sei dann Raum, wenn er die Entscheidungsgrundlagen *sorgfältig* ermittelt und das Für und Wider verschiedener Vorgehensweisen abgewogen hat.[9] Damit schafft der Senat den notwendigen Raum für nicht sorgfaltswidrige Eilentscheidungen auch auf unvollständiger Tatsachengrundlage: diese Handlungsform darf nicht a priori ausgeschlossen sein, denn bestimmte unternehmerische Situationen sind anders nicht zu meistern.

III. Darlegungs- und Beweislast

Nach § 93 Abs. 2 S. 2 AktG liegt die Beweislast für die Anwendung der Sorgfalt eines ordentlichen und gewissenhaften Geschäftsleiters bei den Vorstandsmitgliedern.[10] Die entsprechende Anwendung der Vorschrift für GmbH-Geschäftsführer ist unstreitig.[11] Darin liegt – ähnlich wie bei § 280 Abs. 1 S. 2 BGB hinsichtlich des Verschuldens – eine für die geschädigte Gesellschaft günstige Abweichung von den allgemeinen Grundsätzen der sog. Normentheorie, nach der jede Partei alle Voraussetzungen der ihr günstigen Norm zu beweisen hat.[12] Zur Klärung der Tragweite dieser Abweichung hat gerade der *Jubilar* auch literarisch Grundlegendes beigetragen.[13] Nach herrschender Literatur und Rechtsprechung muss die Gesellschaft grundsätzlich Eintritt und Höhe des Schadens beweisen, ferner die Handlung des beklagten Organmitglieds, schließlich die adäquate Kausalität zwischen Handlung und Schaden. Dabei versteht die Rechtsprechung spätestens seit BGHZ 152, 280 unter „Handlung" dasjenige positive Tun oder Unterlassen, das die Gesellschaft dem Vorstandsmitglied als möglicherweise pflichtwidrig vorwerfen will.[14] Gelingt der Gesellschaft die Darlegung und ggf. der Beweis der so verstandenen „Handlung", so ist es Sache des beklagten Organmitglieds, seinerseits darzulegen und ggf. zu beweisen, dass die Handlung nicht pflichtwidrig oder nicht schuldhaft gewesen ist oder dass der Schaden auch bei pflichtgemäßem Verhalten eingetreten wäre. Nach diesem Verständnis des § 93 Abs. 2 S. 2 AktG trifft das Organmitglied

---

[7] *Hüffer* AktG, 9. Aufl. 2010, § 93 Rn. 4b mN; ferner *Habersack* (Fn. 1) S. 18, der hinsichtlich der Angemessenheit des Informationsniveaus dem Organmitglied „einen gewissen Beurteilungsspielraum" belässt; gleichsinnig etwa noch *Koch* ZGR 2006, 769, 789.

[8] Vgl. Begr. RegE UMAG, BT-Drucks. 15/5092 S. 11; dazu *Seibert/Schütz* ZIP 2004, 253, 254; methodisch-historisch argumentierend auch Fleischer NJW 2009, 2237, 2239; wie im Text – dh. auf den Einzelfall abstellend – ferner *Saenger* Gesellschaftsrecht, 2010, Rn. 1087 aE und *Habersack* ZGR 2009, 347, 362.

[9] II ZR 236/07, DStR 2009, 176 m. Anm. *Goette* = NZG 2009, 117.

[10] Zum Folgenden nur *Hüffer* AktG, 9. Aufl. 2010, § 93 Rn. 16.

[11] *Altmeppen* in: Roth/Altmeppen, GmbHG, 6. Aufl. 2009, § 43 Rn. 104.

[12] *Hüffer* AktG, 9. Aufl. 2010, § 93 Rn. 16.

[13] *Goette* ZGR 1995, 648 ff.

[14] Urt. v. 4.11.2002 unter II 1 b = DStR 2003, 124 m. Anm. *Goette* = NZG 2003, 81; vorbereitend *Goette* ZGR 1995, 648, 671 ff.

die Beweislast nicht nur für fehlendes Verschulden, sondern auch für fehlende Pflichtwidrigkeit.[15] Es nimmt nicht Wunder, dass der Senat die durch den *Jubilar* literarisch mit vorbereitete Linie zur Darlegungs- und Beweislast seit 2005 fortgesetzt hat:

Nach einem Beschluss vom 8. Januar 2007[16] trifft eine Genossenschaft im Rechtsstreit um Schadensersatzansprüche gegen ihren Vorstand (§ 34 Abs. 2 S. 2 GenG) die Darlegungs- und Beweislast nur dafür, dass und inwieweit ihr durch ein – sich als „möglicherweise" pflichtwidrig darstellendes – Verhalten des Vorstands in dessen Pflichtenkreis ein Schaden erwachsen ist; dabei kommen dem Verband die Erleichterungen des § 287 ZPO zugute; demgegenüber hat der Geschäftsleiter darzulegen und erforderlichenfalls zu beweisen, dass er seinen Sorgfaltspflichten gemäß § 43 Abs. 1 GenG nachgekommen ist oder ihn kein Verschulden trifft, oder dass der Schaden auch bei pflichtgemäßem Alternativverhalten eingetreten wäre. Für die Beweislastumkehr schon hinsichtlich der Pflichtwidrigkeit soll ein Sachvortrag der Gesellschaft genügen, der eine Pflichtwidrigkeit des Organmitglieds „überhaupt in Betracht kommen" lässt.[17]

Auf der gleichen Linie liegt das bereits angesprochene Urteil vom 14. Juli 2008,[18] wonach der aus § 43 Abs. 2 GmbHG in Anspruch genommene Geschäftsführer zu beweisen hat, dass die Schaden stiftende Geschäftsführungsmaßnahme – hier: Umfinanzierung von Krediten der Gesellschaft – auf einer sorgfältigen Ermittlung der Entscheidungsgrundlagen und ausreichender Information (§ 93 Abs. 1 S. 2 AktG analog) beruhte. Auch hier wird deutlich, dass das Organmitglied die Beweislast schon für das Fehlen einer Pflichtwidrigkeit treffen soll.[19] Vor einer Überspannung seiner Darlegungs- und Beweislast soll es allein dadurch geschützt sein, dass die Gesellschaft die angebliche Pflichtverletzung im Rahmen ihrer sekundären Darlegungslast näher zu bezeichnen hat. Soweit zu dessen Verteidigung erforderlich, hat die Gesellschaft dem Organmitglied Einsicht in die dafür maßgeblichen Unterlagen zu gewähren.[20] Bestätigt hat der Senat diese Grundsätze in nachfolgenden Urteilen vom 16. März 2009[21] und vom 22. Juni 2009[22].

Mit diesem Einsichtsrecht erscheinen die Interessen des in Anspruch genommenen Organmitglieds indessen nicht hinreichend gewahrt. Entgegen hL und Rechtsprechung[23] gibt es nämlich keinen Anlass, im Rahmen der Organhaftung dem Vorstandsmitglied die Beweislast schon für die fehlende *Pflichtwidrigkeit* aufzuerlegen, wenn die Gesellschaft nur Eintritt und Höhe des Schadens dargetan habe, ferner eine adäquat kausale Handlung des in Anspruch genommenen Vorstandsmitglieds.[24] Die herrschende Auslegung von § 93 Abs. 2 S. 2 AktG weicht hier von der grundsätzlichen Haftung für Pflichtverletzungen nach § 280 BGB ab. Bei § 280 BGB trifft den Gläubiger als Anspruchsteller die Darlegungs- und Beweislast für die Pflichtverletzung (Angreiferprinzip).[25] Warum sollte der Anspruchsteller einer solchen Darlegungs- und Beweislast gerade bei der Organhaftung enthoben sein? Ein Wortlautvergleich von § 280 Abs. 1 BGB und § 93 Abs. 2 AktG legt eine solche Abweichung jedenfalls nicht nahe. Der Wortlaut des § 93 Abs. 2 S. 2 AktG spricht vielmehr eher dafür, dass eine Abweichung von den allgemeinen Regeln nur hinsichtlich des Verschul-

[15] *Hüffer* AktG, 9. Aufl. 2010, § 93 Rn. 16; zN bei *Goette* ZGR 1995, 648, 649 in Fn. 3.
[16] DStR 2007, 402 m. Anm. *Goette* = NZG 2007, 231 Tz. 28; unter Berufung auf BGH vom 4.11.2002 – II ZR 224/00, BGHZ 152, 280 = NZG 2003, 81.
[17] BGH (wie vorige Fn.) Tz. 7.
[18] DStR 2008, 1839 m. Anm. *Goette* (Fn. 5).
[19] *Hüffer* AktG, 9. Aufl. 2010, § 93 Rn. 16.
[20] So wörtlich BGHZ 152, 280.
[21] II ZR 280/07, NZG 2009, 550 Tz. 16.
[22] Az. II ZR 143/08, DStR 2009, 1709 m. Anm. Goette = NZG 2009, 912 Tz. 5.
[23] Nachweise etwa bei *Hüffer* AktG, 9. Aufl. 2010, § 93 Rn. 16.
[24] So aber BGHZ 152, 280, 284 f. und *Hüffer* AktG, 9. Aufl. 2010, § 93 Rn. 16 aE.
[25] MünchKommBGB/*Ernst* 5. Aufl. 2007, § 280 Rn. 30a.

dens, nicht aber bezüglich der objektiven Pflichtwidrigkeit hat angeordnet werden sollen. Diese Einschätzung teilt im Ausgangspunkt auch der *Jubilar.* [26]

Allerdings – so *Goette* weiter – sei die Vermutung schon der Pflichtwidrigkeit des Vorstandsverhaltens deshalb geboten, weil die Gesellschaft regelmäßig mangels Beweismaterials nicht in der Lage sein wird, die zur Begründung der Pflichtwidrigkeit nötigen Tatsachen zu beweisen.[27] Dass dies regelmäßig so sein soll, dürfte indessen empirisch nicht zu belegen sein. Meist wird vielmehr umgekehrt das frühere Organmitglied Beweisschwierigkeiten haben, etwa bei einem – typischerweise – bestehenden Hausverbot und dem deshalb fehlenden Zugriff auf Geschäftsunterlagen. Die Interessen der Gesellschaft sind daher schon mit der Zuweisung der Darlegungs- und Beweislast nach Verantwortung- und Gefahrenbereichen oder nach den Regeln des Anscheinsbeweises gewahrt. Im Einzelfall können durchaus auch nach § 242 BGB die zwischen den Parteien bestehenden Rechtsbeziehungen zu einer Verlagerung mindestens der Darlegungslast führen, wenn die Gesellschaft entschuldbar über Bestehen oder Umfang ihrer Rechte im Ungewissen ist, das Organmitglied aber unschwer in der Lage ist, Auskunft zu erteilen. Einer erweiternden Auslegung des § 93 Abs. 2 S. 2 AktG bedarf es hierfür nicht.[28]

Für eine solch restriktive Handhabung von Beweiserleichterungen spricht auch die Überlegung, dass Gerichte im Rückblick – in Kenntnis der nach dem inkriminierten Verhalten eingetretenen Tatsachen – häufig geneigt sein werden, eine Pflichtverletzung zu bejahen, weil ja ein Schaden eingetreten ist (ein klassischer Rückschaufehler; s. II. bei Fn. 4).[29] *Medicus* hat dazu im Zusammenhang mit der Außenhaftung von Organmitgliedern schon 1998 völlig zutreffend festgestellt, dass sich wohl in den meisten Fällen das Versagen eines Unternehmens durch eine entsprechend vorsichtige, aber meist auch aufwendige Organisation verhindern hätte lassen.[30] Das gelte vor allem, wenn man hierüber im Nachhinein urteile: „Rückschauend hat eben sogar das zunächst kaum Erwartbare eine gewisse Wahrscheinlichkeit für sich, *weil es ja wirklich eingetreten ist.* Wenn man aus der derart wahrscheinlichen Gefahr eines Schadenseintritts eine Garantenstellung und daraus eine nach außen wirkende Organisationspflicht herleitet, kommt man mit geringem Begründungsaufwand geradezu *regelmäßig* zu einer Ersatzpflicht." Eine derart zirkuläre Argumentation ist aber weder für die Außen- noch für die Innenhaftung von Organmitgliedern der richtige Ansatz, führt sie doch zu einer tendenziell uferlosen Haftung.[31] In ihrer Grundhaltung risikoaverse Manager wären die Folge, und das kann niemandem gefallen: weder den Aktionären noch den Gläubigern, noch einem Staat, der erfolgreiche Unternehmen braucht, schon weil er sich zu einem guten Teil über die Unternehmenssteuern finanziert.

IV. Ausbau der organschaftlichen Treuepflicht

Uneingeschränkte Unterstützung verdient hingegen die Rechtsprechung des II. Zivilsenats zum Ausbau der organschaftlichen Treuepflicht in besonders besorgniserregenden Fallkonstellationen. Im Gegensatz zur Sorgfaltspflicht geht es hier gerade nicht um unternehmerische Fehlentscheidungen („mismanagement"), sondern um die missbräuchliche

---

[26] Näher *Goette* ZGR 1995, 648, 672 ff.

[27] *Goette* ZGR 1995, 648, 672 f.; MünchKommAktG/*Spindler* 3. Aufl. 2008, § 93 Rn. 162.

[28] Insoweit zutreffend *Fleck* GmbHR 1997, 237, 239; zurückhaltend auch *Baums* ZHR 174 (2010), 593, 606 ff.

[29] Dazu etwa *Fleischer* in: FS Immenga, 2004, S. 575, 579 f.; *Koch* ZGR 2006, 769, 782; *Fleischer* in: Spindler/Stilz, AktG, 2. Aufl. 2010, § 93 Rn. 56.

[30] *Medicus* ZGR 1998, 570, 585, Hervorhebung durch den *Verf.*; zurückhaltend auch *Bachmann* VGR 2007, 2008, S. 65, 83 f.

[31] *Medicus* (vorige Fn.) unter Berufung auf *Lutter* GmbHR 1997, 329, 335.

Aneignung von Gesellschaftsvermögen („misappropriation").[32] Damit ist die organschaftliche Treuepflicht berührt, wonach der Geschäftsleiter in allen Angelegenheiten, die das Interesse der Gesellschaft betreffen, allein deren Wohl und Wehe und nicht seinen eigenen Nutzen oder den Vorteil anderer im Auge zu haben hat.[33] Diese Pflicht konkretisiert eine Senatsentscheidung vom 26. November 2007.[34] Danach verletzt ein GmbH-Geschäftsführer seine (Treue-)Pflicht nicht nur bei einem unmittelbaren „Griff in die Kasse", sondern auch dann, wenn er darauf hinwirkt, sich eine nach dem Anstellungsvertrag nicht zustehende Vergütung von der Gesellschaft anweisen zu lassen. Eine derartige „Selbstbedienung" scheint bei geschlossenen Kapitalgesellschaften kein Einzelfall zu sein, wie zwei weitere Senatsentscheidungen aus den Jahren 2006 und 2008 zu eigenmächtigen Gehaltserhöhungen eines GmbH-Geschäftsführers zeigen.[35]

V. Vertrauen auf Informationen und Einschätzungen Dritter

Eine naheliegende Verteidigungsstrategie der Geschäftsleiter besteht darin, sich im Haftungsprozess auf Auskünfte, Berichte und Gutachten von dritter Seite zu berufen. Rechtlich stellt sich dann die Frage, ob sie sich auf die Richtigkeit und Vollständigkeit der ihnen übermittelten Äußerungen Dritter verlassen durften. Der II. Zivilsenat hatte hierzu in einem Urteil vom 14. Mai 2007 Stellung zu beziehen; bezeichnenderweise spielte auch dieser Fall im Bereich der neuen Technologien:[36] Das Vorstandsmitglied einer AG hegte im Hinblick auf § 15a InsO Zweifel, ob sein Start-Up-Unternehmen insolvenzreif war und holte dazu ein Wirtschaftsprüfer-Gutachten ein. Dieses verneinte eine Insolvenzreife. Der Senat bewies hier erneut Augenmaß und lehnte überzeugend eine Schadensersatzpflicht des Vorstandsmitglieds unter dem Gesichtspunkt der Insolvenzverschleppung ab: „Ein organschaftlicher Vertreter einer Gesellschaft verletzt seine Insolvenzantragspflicht nicht schuldhaft, wenn er bei fehlender Sachkunde zur Klärung des Bestehens der Insolvenzreife der Gesellschaft den Rat eines unabhängigen, fachlich qualifizierten Berufsträgers einholt, diesen über sämtliche für die Beurteilung erheblichen Umstände ordnungsgemäß informiert und nach eigener Plausibilitätskontrolle der ihm daraufhin erteilten Antwort dem Rat folgt und von der Stellung des Insolvenzantrags absieht."[37] Dazu muss der Geschäftsführer im Prozess aber wenigstens behaupten – so der Senat in einer nachfolgenden Entscheidung –, dass eine kompetente Person zu einer Stellungnahme zur Insolvenzreife der Gesellschaft aufgefordert und über die Vermögenslage in der gebotenen umfassenden Weise informiert worden ist.[38]

Damit hat der II. Zivilsenat eine Art bereichsübergreifenden, extern wirkenden Vertrauensgrundsatz im Kapitalgesellschaftsrecht geschaffen.[39] Der inhärenten Missbrauchsgefahr eines informationsbezogenen Vertrauensgrundsatzes („opinion shopping") ist freilich durch strenge Anforderungen an die Auswahl der Auskunftsperson Rechnung zu tragen,[40] wobei

---

[32] Zutreffende Unterscheidung bei *Fleischer* NJW 2009, 2337, 2338.

[33] *Hüffer* AktG, 9. Aufl. 2010, § 84 Rn. 9.

[34] II ZR 161/06, DStR 2008, 158 m. Anm. Goette = NZG 2008, 104.

[35] BGH vom 11. 12. 2006 – II ZR 166/05 DStR 2007, 310 m. Anm. *Goette* = NZG 2007, 185; BGH vom 21. 7. 2008 – II ZR 39/07, DStR 2008, 1974 m. Anm. Goette = NZG 2008, 783.

[36] BGH vom 14. 5. 2007 – II ZR 48/06, DStR 2007, 1174 m. Anm. Goette = NZG 2007, 545 – Digitalsignatursoftware.

[37] Wie vorige Fn., Leitsatz 2.

[38] BGH vom 16. 7. 2007 – II ZR 226/06, DStR 2007, 1641 m. Anm. Goette.

[39] Zutreffend *Fleischer* NJW 2009, 2337, 2339 mit rechtsvergleichenden Hinweisen; weiterführend *ders.* in: FS Hopt, 2010, S. 2753 ff. (zur Fairness Opinion bei M&A-Transaktionen).

[40] *Fleischer* NJW 2009, 2337, 2339; eingehend zur verwandten Problematik des Vertrauens auf eingeholten Rechtsrat *ders.* in: FS Hüffer, 2010, S. 187, 188 ff.; ferner etwa *Binder* AG 2008, 274 ff.

die Befangenheitstatbestände des § 319 Abs. 2 und 3 HGB für Abschlussprüfer Indizfunktion haben könnten. Ist etwa der zur Beurteilung der Insolvenzreife hinzugezogene Wirtschaftsprüfer zugleich Gesellschafter und/oder Kreditgeber der Gesellschaft (vgl. § 319 Abs. 3 Nr. 1 HGB), so kommt er für eine – das Organmitglied entlastende – Stellungnahme nicht in Betracht. Auch für die Plausibilitätskontrolle der erhaltenen Auskunft ist Rechnung zu tragen. Auskünfte eines Sachverständigen mit reiner „Feigenblattfunktion" vermögen die Geschäftsleiter nicht zu exkulpieren.[41] Es geht hier um den Nachweis fehlenden Verschuldens, der dem Organmitglied nur gelingt, wenn Unabhängigkeit, fachliche Qualifikation und umfassende Information des Dritten über den zu bewertenden Sachverhalt – zB die Vermögens-, Finanz- und Ertragslage der Gesellschaft – zur Überzeugung des Gerichts dargetan werden.[42]

VI. Beginn der gesellschaftsrechtlichen Sonderverjährung von Organhaftungsansprüchen

Nach § 93 Abs. 6 AktG verjähren Ansprüche aus dem Grundtatbestand der Vorstandshaftung (§ 93 AktG) in fünf Jahren, bei börsennotierten Gesellschaften in zehn Jahren. Eine entsprechende Vorschrift enthält § 43 Abs. 4 GmbHG für die Haftung des GmbH-Geschäftsführers. Auch unter der Ägide des *Jubilars* setzte der Senat im Urteil vom 29. September 2008[43] seine Rechtsprechung fort, wonach die Verjährungsfrist für Schadensersatzansprüche gegen Organmitglieder mit der Entstehung des Anspruchs beginnt, dh. mit Eintritt des Schadens dem Grunde nach, ohne dass der Schaden in dieser Phase schon bezifferbar sein muss; es genügt die Möglichkeit einer Feststellungsklage.[44] Subjektive Elemente sind hier – anders als nach § 199 Abs. 1 BGB – bedeutungslos: Auf die Kenntnis der Gesellschafter oder der Gesellschaft von den anspruchsbegründenden Tatsachen kommt es – selbst bei deren Verheimlichung durch den Geschäftsführer – nicht an.[45] Denn die subjektive Anknüpfung des Verjährungsbeginns in § 199 Abs. 1 BGB gilt nur für die „regelmäßige" (§ 195 BGB), nicht aber für die spezialgesetzliche Verjährungsfrist (§§ 93 Abs. 6 AktG, 43 Abs. 4 GmbHG), die wie schon vor dem Schuldrechtsmodernisierungsgesetz (vgl. § 198 S. 1 BGB in der bis zum 31. Dezember 2001 geltenden Fassung) bereits mit der Entstehung des Anspruchs zu laufen beginnt. Dies folgt aus § 200 S. 1 BGB und entspricht auch dem Willen der Urheber des Gesetzes zur Anpassung von Verjährungsvorschriften an das Schuldrechtsmodernisierungsgesetz:[46] In der Regierungsbegründung zu diesem Gesetz wird betont, dass Geschäftsleiter für ihre unternehmerische Tätigkeit nach objektiven Kriterien Gewissheit benötigen, ab welchem Zeitpunkt keine Inanspruchnahme mehr droht; zugleich soll die objektiv beginnende Fünfjahresfrist die Risikokalkulation für D&O-Versicherer erleichtern und damit letztlich den Abschluss derartiger Versicherungen vereinfachen.[47] Diesem Normzweck wird auch die Senatsentscheidung vom 29. September 2008 vollauf gerecht.

---

[41] *Fleischer* NJW 2009, 2337, 2339.

[42] *Henkel/Mock* EWiR 2007, 495, 496 zu BGH aaO.

[43] BGH vom 29.9.2008 – II ZR 234/07, DStR 2008, 2378 m. Anm. *Goette* = NZG 2008, 908; dazu *Hüffer* AktG, 9. Aufl. 2010, § 93 Rn. 37.

[44] So schon BGH vom 23.3.1987 – ZR II 190/86, BGHZ 100, 228 = NJW 1987, 1887.

[45] Ähnlich schon der II. Zivilsenat in DStR 2005, 659 m. Anm. *Goette* (Urt. v. 21. 2. 2005 – II ZR 112/03).

[46] Gesetz vom 9.12.2004, BGBl. I S. 3214; dazu *Thiessen* ZHR 168 (2004), 503 ff.; zur Hervorhebung des objektiven Beginns der Fünfjahresfrist in der Begr. RegE (BT-Drucks. 36/53 S. 12) s. *Hüffer* AktG, 9. Aufl. 2010, § 93 Rn. 37.

[47] Näher MünchKommAktG/*Spindler* 3. Aufl. 2008, § 93 Rn. 255; *Zöllner/Noack* in: Baumbach/Hueck, GmbHG, 18. Aufl. 2010, § 43 Rn. 57; *Hüffer* AktG, 9. Aufl. 2010, § 93 Rn. 3.

VII. Fazit

Gesetzgebung wie Rechtsprechung haben bei der Ausgestaltung der Managerhaftung einen andauernden Spagat zu leisten: Sie müssen durch verbindliche Vorgaben für eine verantwortungsvolle Unternehmensführung sorgen (vgl. Ziff. 4.1.1 DCGK), ohne zugleich die unternehmerische Handlungsfreiheit der Geschäftsleiter übermäßig einzuengen. Schon früh hatte der BGH festgehalten, dass Unternehmensleiter nicht gehalten oder auch nur berechtigt sind, jedes Geschäft zu verhindern, das mit einem Risiko verbunden ist; denn mit Risiken behaftete Geschäfte seien im kaufmännischen Leben nicht ungewöhnlich.[48] In diesem Sinne hat gerade die Rechtsprechung bei der Ausgestaltung der Haftung im Einzelfall Augenmaß zu bewahren – die Ausgestaltung weitreichender gesetzlicher Unternehmensleiterpflichten auf abstrakt-genereller Ebene kann so ein Stück weit auf ein lebensnahes, dem Wirtschaftsgeschehen angemessenes Maß zurückgeführt werden. Augenmaß hat der II. Zivilsenat unter der Ägide von *Wulf Goette* bei der Handhabung der Business Judgment Rule bewiesen (s. II.), ferner im Hinblick auf die entlastende Wirkung von Informationen und Einschätzungen Dritter (s. V.) und das frühe – kenntnisunabhängige – Eingreifen der gesellschaftsrechtlichen Sonderverjährung von Organhaftungsansprüchen (s. VI.). Mit der gebotenen Strenge hat der Senat die organschaftliche Treuepflicht weiter verschärft (s. IV.). Weniger überzeugend ist die Fortschreibung der Rechtsprechung zur Beweispflichtigkeit des beklagten Organmitglieds schon hinsichtlich der fehlenden Pflichtwidrigkeit seines Tuns (s. III.).

---

[48] Grundlegend insoweit BGHZ 69, 207 = NJW 1977, 2311 unter I 3 a bb – Kaffee-Großrösterei.

DETLEF KLEINDIEK

Anfechtbarkeit von Entlastungsbeschlüssen wegen unrichtiger Entsprechenserklärung nach § 161 AktG

Übersicht

Seite

I. Einleitung

Nach § 161 AktG in der Fassung des TransPuG aus dem Jahre 2002[1] haben Vorstand und Aufsichtsrat börsennotierter Aktiengesellschaften jährlich zu erklären, dass den vom Bundesministerium der Justiz bekannt gemachten Empfehlungen der „Regierungskommission Deutscher Corporate Governance Kodex" (DCGK) entsprochen wurde und wird oder welche Empfehlungen nicht angewendet wurden oder werden. Die Erklärung ist den Aktionären dauerhaft zugänglich zu machen. Im Zuge des BilMoG[2] ist diese Erklärungspflicht auf weitere kapitalmarktaktive Gesellschaften ausgedehnt und um die Verpflichtung ergänzt worden, die etwaige Nichtanwendung der Kodex-Empfehlungen zu begründen (§ 161 Abs. 1 AktG nF); zudem schreibt § 161 Abs. 2 AktG nF jetzt vor, die Erklärung auf der Internetseite der Gesellschaft dauerhaft öffentlich zugänglich zu machen.[3]

---

[1] Gesetz zur weiteren Reform des Aktien- und Bilanzrechts, zu Transparenz und Publizität (Transparenz- und Publizitätsgesetz) vom 19. 7. 2002, BGBl. I S. 2681.

[2] Gesetz zur Modernisierung des Bilanzrechts (Bilanzrechtsmodernisierungsgesetz) vom 25. 5. 2009, BGBl. I S. 1102.

[3] Zum europarechtlichen Hintergrund dieser Änderungen s. etwa *Spindler* in: Schmidt/Lutter, AktG, 2. Aufl. 2010, § 161 Rn. 3.

Der II. Zivilsenat des BGH hatte, noch unter dem Vorsitz des Jubilars, in zwei Grundsatzentscheidungen des Jahres 2009 zu wesentlichen Teilaspekten der Erklärungspflicht gemäß § 161 AktG – respektive zu den Folgen unrichtiger Entsprechenserklärungen – Stellung zu nehmen: In den Verfahren *„Kirch/Deutsche Bank“*[4] und *„Umschreibungsstopp“*[5] ging es jeweils um Anfechtungsklagen gegen Hauptversammlungsbeschlüsse über die Entlastung von Vorstand und Aufsichtsrat (§ 120 AktG) wegen fehlerhafter Entsprechenserklärungen. Die nachfolgenden Zeilen gehen grundsätzlichen Aspekten sowie einigen Detailfragen der beiden Entscheidungen des BGH nach.

II. Die BGH-Entscheidungen „Kirch/Deutsche Bank“ und „Umschreibungsstopp“

Beide Urteile thematisieren nicht allein die Rechtsfolgen fehlerhafter Entsprechenserklärungen, sondern behandeln auch eine Reihe weiterer, praktisch wichtiger Fragen des Hauptversammlungsrechts. Denn es war über Anfechtungsklagen gegen verschiedene Beschlüsse der Jahreshauptversammlung 2003 der Deutsche Bank AG (*„Kirch/Deutsche Bank“*) bzw. der Jahreshauptversammlung 2006 der Axel Springer AG (*„Umschreibungsstopp“*) zu entscheiden, für die sich die Kläger auf eine Vielzahl (behaupteter) Beschlussmängel stützten. Für die Zwecke dieses Beitrags sind indes allein die Feststellungen des BGH hinsichtlich der Anfechtbarkeit von Entlastungsbeschlüssen wegen unrichtiger Entsprechenserklärungen zum DCGK (§ 161 AktG) von Interesse. Die jeweiligen Hintergründe dieses Teilaspekts beider Verfahren sind schnell in Erinnerung gerufen.

1. Hintergründe

Nach Ziff. 5.5.3 DCGK in seinen für beide Verfahren maßgeblichen Fassungen soll der Aufsichtsrat im Bericht an die Hauptversammlung (§ 171 Abs. 2 AktG) über aufgetretene Interessenkonflikte und deren Behandlung informieren. Wesentliche und nicht nur vorübergehende Interessenkonflikte in der Person eines Aufsichtsratsmitglieds sollen zur Beendigung des Mandats führen. Jene Formulierung, bei der es sich – wie die Verwendung des Wortes „soll“ zum Ausdruck bringt (vgl. Abs. 6 der Präambel des DCGK) – um Empfehlungen im Sinne von § 161 AktG handelt, ist auch in der aktuellen Kodex-Fassung vom 26. 5. 2010 (Ziff. 5.5.3) nach wie vor unverändert enthalten.

Weder die Deutsche Bank AG noch die Axel Springer AG hatten in ihren seinerzeit aktuellen Entsprechenserklärungen bekundet, dass den Empfehlungen des DCGK in dessen Ziff. 5.5.3 (Interessenkonflikte im Aufsichtsrat) nicht oder nur eingeschränkt entsprochen wurde und wird. Tatsächlich waren in den Aufsichtsräten beider Gesellschaften aber Interessenkonflikte aufgetreten, über die im jeweiligen Bericht des Aufsichtsrats an die Hauptversammlung nicht informiert wurde. Eine Korrektur der Entsprechenserklärungen war gleichfalls nicht vorgenommen worden.

Im Fall *„Kirch/Deutsche Bank“* resultierte der Interessenkonflikt daraus, dass Leo Kirch – Gründer und Namensgeber der im Mediengeschäft engagierten Kirch-Gruppe – gegen

---

[4] BGH Urt. v. 16.2.2009 – II ZR 185/07, BGHZ 180, 9 = NJW 2009, 2207 = ZIP 2009, 460 = AG 2009, 285; erläuternd *Goette* DStR 2009, 2602, 2604 f.; Goette in: Gesellschaftsrechtliche Vereinigung (Hrsg), Gesellschaftsrecht in der Diskussion 2009, Köln 2010, S. 1, 38 ff; Vorinstanz: OLG Frankfurt ZIP 2007, 1463 = BeckRS 2007, 12657.

[5] BGH Urt. v. 21.9.2009 – II ZR 174/08, BGHZ 182, 272 = NZG 2009, 1270 = ZIP 2009, 2051 = AG 2009, 824; erläuternd *Goette* DStR 2009, 2602, 2605 ff.; *Goette* GWR 2009, 459 ff.; Goette in: Gesellschaftsrechtliche Vereinigung (Hrsg), Gesellschaftsrecht in der Diskussion 2009, Köln 2010, S. 1, 40 ff; Vorinstanz: KG NZG 2008, 788.

die Deutsche Bank AG Schadensersatzansprüche geltend gemacht hatte; Auslöser waren Äußerungen, die der damalige Vorstandssprecher der Deutschen Bank, Dr. Breuer, in einem Fernseh-Interview vom 3. 2. 2002 zur Finanzlage der Kirch-Gruppe gemacht hatte.[6] Vor diesem Hintergrund war der Aufsichtsrat der Deutsche Bank AG – nach den Grundsätzen, die der BGH in seiner *ARAG/Garmenbeck*-Entscheidung vom 21. 4. 1997[7] entwickelt hatte – verpflichtet, etwaige Regressansprüche gegen Dr. Breuer zu prüfen. Das wiederum führte zu einem Interessenkonflikt im Sinne von Ziff. 5.3.3 DCGK, denn im Jahre 2002 war Dr. Breuer in den Aufsichtsrat der Deutsche Bank AG gewechselt und hatte dort den Vorsitz übernommen.

Im Fall „Umschreibungsstopp" war der Interessenkonflikt in dem Umstand begründet, dass die Axel Springer AG die Übernahme einer anderen Aktiengesellschaft erwogen hatte, deren Aufsichtsrat Herr P angehörte. P war zugleich Mitglied des Aufsichtsrats der Springer AG und Vorstandsvorsitzender einer Gesellschaft, die sowohl an der Übernahmekandidatin als auch an der Springer AG beteiligt war. Die erwogene Übernahme (die später aus kartellrechtlichen Gründen scheiterte) war im Springer-Aufsichtsrat im Laufe des Sommers 2005 erörtert worden, wobei sich P bei der Beschlussfassung der Stimme enthalten hatte.

2. Zentrale Urteilsfeststellungen

Der BGH hat seine im *„Kirch/Deutsche Bank"*-Urteil entwickelten Feststellungen in der Entscheidung „Umschreibungsstopp" bestätigt und (in Teilaspekten) weiter konkretisiert. In der Gesamtschau beider Urteile lassen sich die zentralen Feststellungen zu den Folgen fehlerhafter Entsprechenserklärungen leitsatzartig so zusammenfassen:

(1.) Die Entsprechenserklärung nach § 161 AktG hat den Charakter einer „Dauererklärung", die jeweils „binnen Jahresfrist" zu erneuern und im Fall vorheriger Abweichungen von den DCGK-Empfehlungen „umgehend" zu berichtigen ist.[8]

(2.) Entspricht die Erklärung von vornherein in einem nicht unwesentlichen Punkt nicht der tatsächlichen Praxis der Gesellschaft oder wird die Erklärung bei einer später eintretenden Abweichung von den Kodex-Empfehlungen in einem nicht unwesentlichen Punkt nicht umgehend berichtigt, liegt darin ein Gesetzesverstoß im Sinne von § 243 Abs. 1 AktG.[9] Diesem Verstoß zuwider gefasste Beschlüsse über die Entlastung von Vorstand und Aufsichtsrat sind anfechtbar,[10] wenn die Erklärung „in einer für die Organentlastung relevanten Hinsicht" unrichtig war.[11]

(3.) Die Verpflichtung zur Information über aufgetretene Interessenkonflikte und ihre Behandlung im Aufsichtsratsbericht an die Hauptversammlung (Ziff. 5.5.3 DCGK) ist grundsätzlich ein nicht unwesentlicher Punkt der Entsprechenserklärung.[12] Da hier die Unrichtigkeit der Erklärung auf einer Informationspflichtverletzung beruht, muss die unterbliebene Information aber (entsprechend der Wertung in § 243 Abs. 4 S. 1 AktG) für einen objektiv urteilenden Aktionär für die sachgerechte Wahrnehmung seiner Teilnahme- und Mitgliedschaftsrechte darüber hinaus relevant sein, um die schwere Folge der Anfechtbarkeit auszulösen.[13] Da nur eindeutige und schwerwiegende Gesetzesverstöße die Entlastungsentscheidung anfechtbar machen, muss der in der unrichtigen Entsprechenserklärung

---

[6] Zu Einzelheiten s. BGHZ 166, 84.

[7] BGHZ 135, 244, 252 = NJW 1997, 1926.

[8] BGHZ 180, 9 = NJW 2009, 2207 Tz. 19.

[9] BGHZ 180, 9 = NJW 2009, 2207 Tz. 19; BGHZ 182, 272 = NZG 2009, 1270 Tz. 16.

[10] So die Formulierung in BGHZ 182, 272 = NZG 2009, 1270 Tz. 16 unter Bezugnahme auf BGHZ 180, 9 = NJW 2009, 2207 Tz. 19.

[11] In diesem Sinne BGHZ 180, 9 = NJW 2009, 2207 Tz. 26.

[12] BGHZ 180, 9 = NJW 2009, 2207 Tz. 19; BGHZ 182, 272 = NZG 2009, 1270 Tz. 18.

[13] BGHZ 182, 272 = NZG 2009, 1270 Tz. 18.

liegende Verstoß über einen Formalverstoß hinausgehen und auch im konkreten Einzelfall Gewicht haben.[14]

(4.) An der Relevanz für den (objektiv urteilenden) Aktionär kann es fehlen, wenn der Interessenkonflikt *und* seine Behandlung bereits aus allgemeinen Quellen bekannt sind oder beides – etwa wegen Geringfügigkeit – nicht geeignet ist, die Entscheidungen eines objektiv urteilen Aktionärs zu beeinflussen.[15]

(5.) Wenn in der Hauptversammlung der Interessenkonflikt (und die daraus resultierende Unrichtigkeit der Entsprechenserklärung) zur Sprache kommt, ändert dies – „schon im Hinblick auf die in der Hauptversammlung nicht erschienenen Aktionäre, die gleichermaßen einen Anspruch auf eine zutreffende Unterrichtung hatten" – nichts daran, dass wegen des Gesetzesverstoßes eine Billigung des Verhaltens der Organmitglieder ausgeschlossen war und die gleichwohl gefassten Entlastungsbeschlüsse anfechtbar sind.[16] Auf die Mehrheitsverhältnisse im Sinne einer Kausalbetrachtung kommt es nicht an.[17]

(6.) Anfechtbar sind die Beschlüsse über Entlastung von Vorstand und Aufsichtsrat insgesamt, jedenfalls wenn die unrichtige Entsprechenserklärung von beiden Organen gemeinsam abgegeben worden ist, soweit die Mitglieder der beiden Organe die anfängliche oder später eintretende Unrichtigkeit der Erklärung kannten oder kennen mussten, sie aber gleichwohl nicht für eine Richtigstellung gesorgt haben; die Anfechtbarkeit beschränkt sich dann also nicht auf die Beschlussfassung über die Entlastung der Mitglieder desjenigen Organs, das im konkreten Fall von der DCGK-Empfehlung abgewichen ist.[18]

(7.) Nach Ziff. 5.5.3 Satz 1 DCGK ist über den jeweiligen Interessenkonflikt und dessen Behandlung zu berichten. Ein Interessenkonflikt, der nach Satz 2 jener Empfehlung zur Beendigung des Aufsichtsratsmandats führen soll, kann „nur bei breitflächigen Auswirkungen auf weite Teile der Organtätigkeit" angenommen werden; es genügt nicht, dass der Konflikt – wie in den beiden vom BGH zu beurteilenden Fallkonstellationen – lediglich „einen Ausschnitt" der Amtsführung des betreffenden Aufsichtsratsmitglieds betrifft.[19]

III. Anfechtungsrisiko: Verstoß gegen die Erklärungspflichten aus § 161 AktG

1. Organpflicht zu wahrheitsgemäßer Erklärung

Gegen den vom BGH gewählten Ansatz für eine drohende Anfechtbarkeit der Hauptversammlungsbeschlüsse über die Entlastung von Vorstand und Aufsichtsrat ist nichts zu erinnern. Anknüpfungspunkt ist – selbstverständlich – *nicht* die mangelnde Befolgung einer Empfehlung des DCGK. Denn das AktG lässt auch den Organen kapitalmarktaktiver Aktiengesellschaften freie Hand bei ihrer Entscheidung, den Kodex-Empfehlungen zu entsprechen oder sie nicht anzuwenden – jedenfalls soweit diese nicht im Einzelfall ohnehin nur aussprechen, was sich schon aus zwingenden Verhaltensmaximen des Aktienrechts ergibt. Aber der Gesetzgeber verpflichtet Vorstand und Aufsichtsrat, eine Erklärung über ihren Umgang mit den DCGK-Empfehlungen abzugeben. Diese Erklärung muss – auch das ist selbstverständlich – im Einklang mit der tatsächlichen Verfahrenspraxis in der Gesellschaft stehen. Und die Aufforderung des Gesetzgebers zur wahrheitsgemäßen Erklärung nach § 161 AktG beschreibt keine unverbindliche Verhaltensanregung, sondern eine gesetzliche

[14] So BGHZ 182, 272 = NZG 2009, 1270 Tz. 18 unter Bezugnahme auf BGHZ 153, 47, 51 = NJW 2003, 1032.
[15] BGHZ 182, 272 = NZG 2009, 1270 Tz. 18 im Anschluss an BGHZ 180, 9 = NJW 2009, 2207 Tz. 22.
[16] BGHZ 180, 9 = NJW 2009, 2207 Tz. 28; BGHZ 182, 272 = NZG 2009, 1270 Tz. 20.
[17] BGHZ 182, 272 = NZG 2009, 1270 Tz. 20.
[18] BGHZ 180, 9 = NJW 2009, 2207 Tz. 26 und 27.
[19] BGHZ 180, 9 = NJW 2009, 2207 Tz. 25.

(Organ-)Pflicht;[20] eine Verletzung dieser Pflicht begründet einen Gesetzesverstoß im Sinne von § 243 Abs. 1 AktG. *Daraus* resultiert das Risiko der Anfechtbarkeit eines gleichwohl gefassten Mehrheitsbeschlusses über die Entlastung der Organmitglieder.[21]

2. *Erklärungsturnus*

Jene gesetzliche Erklärungspflicht wird verletzt, wenn die Entsprechenserklärung nicht zeitgerecht abgegeben wird. Nicht ganz zweifelsfrei hatte der BGH in den beiden referierten Urteilen zu der – umstrittenen – Frage Stellung bezogen, in welchem Turnus sich Vorstand und Aufsichtsrat zu erklären haben. In der Entscheidung *„Kirch/Deutsche Bank“* formulierte der Senat immerhin, die Erklärung sei „binnen Jahresfrist“ zu erneuern.[22] Im Schrifttum wird für den Erklärungsturnus indes verbreitet auf das Kalenderjahr, zum Teil aber auch auf das Geschäftsjahr abgestellt.[23] Läuft etwa das Geschäftsjahr von Anfang März bis Ende Februar und ist die letzte Entsprechenserklärung am 1.November des Jahres 01 abgegeben worden, könnten sich Vorstand und Aufsichtsrat für die Abgabe der nächsten Erklärung (sofern sie die zuletzt erklärte Praxis nicht ändern) bis zum 28. bzw. 29. Februars des Jahres 03 Zeit lassen, würde sich das Gesetz tatsächlich mit einer wenigstens einmal im Geschäftsjahr abgegebenen Erklärung begnügen. Zwischen der Abgabe zweier aufeinander folgender Erklärungen könnte also ggf. ein Zeitraum von deutlich mehr als zwölf Monaten liegen. Entsprechendes könnte eintreten, wollte man eine Erklärung einmal im Kalenderjahr genügen lassen: Wäre die letzte am 1. Februar des Jahres 01 abgegeben worden, könnten Vorstand und Aufsichtsrat mit der nächsten ggf. bis zum Jahresende 02 zuwarten.

Dass der Gesetzgeber dies hat zulassen wollen, ist jedoch nicht zu erkennen. Er spricht in § 161 AktG weder vom „Kalenderjahr“ noch vom „Geschäftsjahr“, sondern verlangt eine „jährliche“ Erklärung. Die Formulierung impliziert, dass Vorstand und Aufsichtsrat jedenfalls im Abstand eines Jahres („jährlich“), dh. im Turnus von höchstens zwölf Monaten zur Erklärung über den Umgang mit den DCGK-Empfehlungen verpflichtet werden sollen, zwischen der letzten und der nächsten Entsprechenserklärung also nicht mehr als ein Jahr verstreichen lassen dürfen.[24] Jene zeitraumbezogene Auslegung dürfte auch der *Kirch/Deutsche Bank*-Entscheidung zugrunde gelegen haben, wenn dort eine (neuerliche) Erklärung „binnen Jahresfrist“ verlangt wird. Das OLG München hatte schon zuvor (in einer Entscheidung vom 23. 1. 2008) geurteilt, zwischen zwei Erklärungen dürfe nicht mehr als ein Jahr liegen.[25] Und der II. Zivilsenat des BGH hat mittlerweile deutlich gemacht, dass er ebenfalls in eben diesem Sinne verstanden werden will. In seinem Hinweisbeschluss vom 7. 12. 2009 zu den mangelnden Erfolgsaussichten einer Revision gegen jene Entscheidung des OLG München hat er formuliert:

> „Da im April 2005 eine Entsprechenserklärung abgegeben wurde, war eine neue jährliche Entsprechenserklärung erst wieder im April 2006 abzugeben (vgl. Senat BGHZ 180, 9 Tz. 19 – Kirch/ Deutsche Bank).“

Für die Praxis sollte die Frage damit geklärt sein.

---

[20] Statt aller *Lutter* in: FS Hopt, 2010, S. 1025, 1026.

[21] Überzeugend BGHZ 180, 9 = NJW 2009, 2207 Tz. 19 im Anschluss – unter anderem – an KölnerKommAktG/*Lutter* 3. Aufl. 2006, § 161 Rn. 65 und 67; s. aus der aktuellen Kommentarliteratur auch *Hüffer* AktG, 9. Aufl. 2010, § 161 Rn. 31; *Spindler* in: Schmidt/Lutter, AktG, 2. Aufl. 2010, § 161 Rn. 64, jeweils mwN; ablehnend jüngst *Leuering* DStR 2010, 2255, 2256 ff. (Ausschluss der Anfechtbarkeit analog § 30g WpHG).

[22] BGHZ 180, 9 = NJW 2009, 2207 Tz. 19.

[23] Einzelnachweise bei *Hüffer* AktG, 9. Aufl. 2010, § 161 Rn. 15; *E. Vetter* NZG 2009, 561, 562.

[24] Gleichsinnig etwa *Lutter* in: FS Hopt, 2010, S. 1025, 1027 f.; *Ihrig* ZIP 2009, 853; im Grundsatz auch *Spindler* in: Schmidt/Lutter, AktG, 2. Aufl. 2010, § 161 Rn. 39, der jedoch „geringfügige Überschreitungen“ der Jahresfrist zulassen will. Gegen eine Höchstfrist von zwölf Monaten etwa *Hüffer* AktG, 9. Aufl. 2010, § 161 Rn. 15; *Rosengarten/Sven Schneider* ZIP 2009, 1837, 1940 f.; *E. Vetter* NZG 2009, 561, 562.

[25] OLG München ZIP 2008, 742, 743 = NZG 2008, 337.

3. *Unterjähriger Erklärungsbedarf*

Die in § 161 AktG kodifizierte Rechtspflicht wird ebenso verletzt, wenn die Entsprechenserklärung zwar rechtzeitig, aber mit unzutreffendem Erklärungsinhalt abgegeben wird, wenn das Erklärte der tatsächlich geübten Verfahrenspraxis in der Gesellschaft also nicht entspricht. Das gilt selbstverständlich für den Vergangenheitsbezug der Erklärung: Die Aussage „Wir haben den Kodex-Empfehlungen entsprochen" ist unrichtig, wenn tatsächlich einzelne Kodex-Empfehlungen nicht befolgt worden sind. Es gilt aber ebenso für den Zukunftsbezug der Erklärung („Wir werden den Kodex-Empfehlungen auch künftig entsprechen"). Eine solche Erklärung begründet zwar keine Bindung hinsichtlich der künftigen Verwaltungspraxis; die Mitglieder von Vorstand und Aufsichtsrat bleiben in ihrer Entscheidung frei, Kodex-Empfehlungen in der Zukunft (entgegen bisheriger Praxis, bisheriger Absicht oder auch nur bisheriger Erklärung) nicht anzuwenden. Aber sie müssen dann umgehend eine neuerliche Erklärung veröffentlichen, in der dies (den Kapitalmarktteilnehmern gegenüber) offen gelegt wird. Denn jetzt entspricht die alte Erklärung der tatsächlichen Übung gerade nicht mehr. Sie ist unrichtig geworden und muss richtig gestellt werden.

Auch der BGH hat eine solche – im Schrifttum schon bislang ganz überwiegend anerkannte[26] – unterjährige Erklärungspflicht aus dem Zukunftsbezug der Entsprechenserklärung nach § 161 AktG hergeleitet und ergänzend auf ihren Charakter als „Dauererklärung" verwiesen.[27] Der Begriff der „Dauererklärung" mag an die Verpflichtung zum „dauerhaft zugänglich machen" nach § 161 Abs. 2 AktG nF (bzw. § 161 S. 2 AktG aF) anknüpfen. Ob er den Argumentationshaushalt substantiell anzureichern vermag, ist gleichwohl zweifelhaft. Doch kann das dahinstehen. Schon allein weil der im Gesetz vorgeschriebene Erklärungsinhalt auch Zukunftsbezug hat, bedarf es einer unterjährigen Korrektur, wenn sich nach Abgabe der Erklärung die tatsächliche Praxis in der Gesellschaft dem Erklärungsinhalt zuwider entwickelt.

4. *Kriterien für die Relevanz der Erklärungsunrichtigkeit*

Noch nicht hinreichend konsolidiert sind die Formulierungen, mit denen sich der BGH in den Gründen beider Entscheidungen darum bemüht, die Anfechtbarkeit von Entlastungsbeschlüssen wegen unrichtiger Entsprechenserklärungen sachgerecht einzugrenzen (vgl. das Referat unter II. 2. (3.)). Gefordert wird Unrichtigkeit der Erklärung „in einem nicht unwesentlichen Punkt" und – im selben Atemzug – ein „eindeutiger und schwerwiegender Gesetzesverstoß".[28] Die zweite Formulierung greift die Voraussetzungen auf, unter denen der II. Zivilsenat – seit seiner *Macrotron*-Entscheidung vom 25. 11. 2002[29] – die Anfechtbarkeit von Entlastungsbeschlüssen der Hauptversammlung anerkennt.[30] Zugleich wird – in der Entscheidung *„Kirch/Deutsche Bank"* – Unrichtigkeit der Erklärung „in einer für die Organentlastung relevanten Hinsicht" gefordert.[31] Jenes Relevanzerfordernis wird im *Umschreibungsstopp*-Urteil – für Konstellationen, in denen die Unrichtigkeit der Entsprechenserklärung erst auf einer Informationspflichtverletzung beruhe – unter Hinweis auf § 243 Abs. 4 S. 1 AktG davon abhängig gemacht, dass ein objektiv urteilender Aktionär die (unterbliebene) Informationserteilung als Voraussetzung für die sachgerechte Wahrneh-

[26] Einzelnachweise, auch zu Gegenstimmen, etwa bei *Hüffer* AktG, 9. Aufl. 2010, § 161 Rn. 20; *Spindler* in: Schmidt/Lutter, AktG, 2. Aufl. 2010, § 161 Rn. 16, 29 und 43 f.; kritisch zuletzt *Ederle* NZG 2010, 655, 658.

[27] BGHZ 180, 9 = NJW 2009, 2207 Tz. 19; s. auch schon *Seibert* BB 2002, 581, 583.

[28] BGHZ 182, 272 = NZG 2009, 1270 Tz. 16 und 18.

[29] BGHZ 153, 47, 51 = NJW 2003, 1032.

[30] S. zusammenfassend *Decher* in: FS Hopt, 2010, S. 499, 501 f.; *Hüffer* AktG, 9. Aufl. 2010, § 120 Rn. 12.

[31] BGHZ 180, 9 = NJW 2009, 2207 Tz. 26.

mung seines Teilnahme- und Mitgliedschaftsrechts ansehen würde.[32] Und das wiederum entspricht den Voraussetzungen, unter denen der Senat schon bisher – seit seiner *Thyssen-Krupp*-Entscheidung vom 18. 10. 2004[33] – die Anfechtbarkeit von Entlastungsbeschlüssen wegen Verletzung des Informationsrechts der Aktionäre zugelassen hat.[34]

Mit seinem unter Bezugnahme auf § 243 Abs. 4 S. 1 AktG formulierten Kriterium der Relevanz der unterbliebenen Information für einen objektiv urteilenden Aktionär knüpft der BGH konzeptionell an die Feststellung in der *Kirch/Deutsche Bank*-Entscheidung an, durch den Bericht über aufgetretene Interessenkonflikte und deren Behandlung solle „die Informationsgrundlage für die Entlastung des Aufsichtsrats (§ 119 Abs. 1 Nr. 3 AktG) verbessert werden".[35] Dagegen lässt sich nicht überzeugend einwenden, § 243 Abs. 4 S. 1 AktG enthalte allein eine Regelung zu Informationsmängeln (und damit zu Verfahrensfehlern bei der Beschlussfassung), während der trotz unrichtiger Entsprechenserklärung gefasste Entlastungsbeschluss einen inhaltlichen Beschlussmangel betreffe.[36] Denn bei Licht besehen stellt schon *jede* unrichtige Entsprechenserklärung eine Informationspflichtverletzung der erklärungspflichtigen Organe dar. § 161 AktG kodifiziert eine gesetzliche Pflicht zu wahrheitsgemäßer Information über den tatsächlichen Umgang mit den Kodex-Empfehlungen: Es soll darüber informiert werden, ob Vorstand und Aufsichtsrat die jeweils an sie adressierten DCGK-Empfehlungen befolgt oder sie nicht angewendet haben. Mit gutem Grund hatte deshalb schon der Jubilar festgestellt, es liege nicht fern, die Entsprechenserklärung „als einen gesondert geregelten Fall der Informationserteilung anzusehen".[37]

Vor diesem Hintergrund liegt in einer unrichtigen Entsprechenserklärung nicht erst dort ein Fall der Informationspflichtverletzung, wo die konkrete Kodex-Empfehlung, auf die sich die Fehlinformation bezieht, zur Information verpflichtet. Der BGH grenzt in der *Umschreibungsstopp*-Entscheidung deshalb zu eng ab, sollte er die Relevanzkriterien entsprechend § 243 Abs. 4 S. 1 AktG nur dort für einschlägig halten, wo die Unrichtigkeit der Entsprechenserklärung auf dem Verstoß gegen ein in der konkreten Empfehlung enthaltenes (weiteres) Informationsgebot beruht: so wenn entgegen Ziff. 5.5.3 DCGK ein tatsächlich bestehender Interessenkonflikt und seine Behandlung im Bericht des Aufsichtsrates an die Hauptversammlung unerwähnt bleiben.[38] Ein Verstoß gegen die Erklärungspflichten aus § 161 AktG – und in diesem Sinne eine Informationspflichtverletzung – liegt vielmehr in jeder nicht rechtzeitigen Entsprechenserklärung sowie jeder Erklärung, die unrichtig darüber informiert, inwieweit die Gesellschaft im Einklang mit den Kodex-Empfehlungen geleitet wurde bzw. wird. Folgerichtig ist es sachgerecht, relevante von nicht relevanten Fehlern der Entsprechenserklärung grundsätzlich nach den Kriterien zu scheiden, die im Kontext der §§ 131, 243 Abs. 4, 120 AktG entwickelt worden sind[39] – jedenfalls wenn die Fehlinformation in der Entsprechenserklärung gerade DCGK-Empfehlungen betrifft, die sich an dasjenige Organ (Vorstand oder Aufsichtsrat) richten, auf das sich der angefochtene Entlastungsbeschluss bezieht (zu anderen Fällen s. unter IV.).

---

[32] BGHZ 182, 272 = NZG 2009, 1270 Tz. 18.

[33] BGHZ 160, 385, 392 = NJW 2005, 828.

[34] Zusammenfassend *Decher* in: FS Hopt, 2010, S. 499, 502 f.; *Hüffer* AktG, 9. Aufl. 2010, § 243 Rn. 46a.

[35] BGHZ 180, 9 = NJW 2009, 2207 Tz. 21.

[36] So aber die Kritik bei *Goslar/von der Linden* DB 2009, 1691, 1693 f.; *Goslar/von der Linden* NZG 2009, 1337, 1338.

[37] *Goette* in: FS Hüffer, 2010, S. 225, 232 f.

[38] Vgl. die Formulierung in BGHZ 182, 272 = NZG 2009, 1270 Tz. 18.

[39] Überzeugend *Goette* in: FS Hüffer, 2010, S. 225, 232 f.; gleichsinnig *Decher* in: FS Hopt, 2010, S. 499, 514; ganz ähnlich auch schon *Mutter* ZGR 2009, 788, 796 f. - Die gebotene Anknüpfung an §§ 131, 243 Abs. 4, 120 AktG steht im Übrigen der im Schrifttum (*Leuring* NZG 2010, 2255, 2256 ff.; s. schon Fn. 21) jüngst verfochtene Analogie zu § 30g WpHG (und dem daraus gefolgerten Anfechtungsausschluss) entgegen.

Im Lichte dieser Kriterien sind dann auch jene Voraussetzungen zu bewerten, an die der Senat die Anfechtbarkeit von Entlastungsbeschlüssen wegen unrichtiger Entsprechenserklärungen außerdem knüpfen will:[40] Die Formulierungen „Unrichtigkeit in einem nicht unwesentlichen Punkt", „eindeutiger und schwerwiegender Gesetzesverstoß", „Verstoß, der auch im konkreten Einzelfall Gewicht hat" umschreiben in den soeben genannten Fällen (in denen sich die konkrete Empfehlung an das Organ richtet, dessen Entlastung der Beschluss betrifft) keine kumulativ zu prüfenden Voraussetzungen. Sie können vielmehr nur der Prüfung dienen, ob – wie schon in *„Kirch/Deutsche Bank"* zutreffend formuliert wurde – die Entsprechenserklärung „in einer für die Organentlastung relevanten Hinsicht unrichtig" war.[41] Eine in diesem Sinne relevante Informationspflichtverletzung liegt immer dann (aber auch erst dann) vor, wenn das Unterbleiben der richtigen Entsprechenserklärung – also der zutreffenden Information darüber, inwiefern die Praxis in der Gesellschaft von den Kodex-Empfehlungen abweicht – den gleichwohl gefassten Entlastungsbeschluss aus der Warte eines objektiv urteilenden Aktionärs wegen Verletzung seiner Mitgliedschaftsrechte unter einem Legitimationsdefizit leiden lässt.[42] Und für eine solche Wertung kommt es in der Tat darauf an, mit welcher konkreten Kodex-Empfehlung die defizitäre Information in der Entsprechenserklärung verknüpft ist. So wird man, wo entgegen Ziff. 5.5.3 DCGK über einen aufgetretenen Interessenkonflikt im Aufsichtsrat und dessen Behandlung nicht informiert, die Nichtanwendung dieser Kodex-Empfehlung aber auch nicht erklärt wurde, Anfechtbarkeit des gleichwohl gefassten Beschlusses über die Entlastung der Aufsichtsratsmitglieder nur bei einem Interessenkonflikt von gewissem Gewicht befürworten können. Denn die fehlende Information über einen unbedeutenden Konflikt beeinflusst die Entscheidung eines objektiv urteilenden Aktionärs über die Aufsichtsratsentlastung typischerweise noch nicht. Ebenso ist aber auch schon eine Differenzierung in (für die Organentlastung) unwesentliche und wesentliche DCGK-Empfehlungen angezeigt:[43] Die mangelnde Information über die Nichtanwendung einer Empfehlung, die keine wesentliche Bedeutung für die Entscheidung eines objektiv urteilenden Aktionärs über die Organentlastung (Vorstand oder Aufsichtsrat) hat, kann von vornherein nicht zur Anfechtbarkeit des Entlastungsbeschlusses führen.

Als in diesem Sinne unwesentlich dürften insbesondere jene Empfehlungen anzusehen sein, die bloße „Ordnungsvorgaben" enthalten; etwa Ziff. 6.7 DCGK (Terminpublikation mit ausreichender Zeitvorgabe in einem „Finanzkalender") oder gar – ohnehin bemerkenswert – Ziff. 6.8 (Empfehlung zur übersichtlichen Gliederung der Internetseite), aber wohl auch Ziff. 5.4.3 Satz 1 (Aufsichtsratswahlen sollen als Einzelwahlen durchgeführt werden). Entsprechendes würde für Ziff. 5.1.2 Satz 2 gelten (Aufsichtsrat soll gemeinsam mit dem Vorstand für eine langfristige Nachfolgeplanung im Vorstand sorgen), wenn man darin lediglich einen Appell sehen will.[44] Empfehlungen von grundsätzlich wesentlicher Bedeutung sind demgegenüber etwa Ziff. 5.5.3 (Information über aufgetretene Interessenkonflikte im Aufsichtsrat) oder Ziff. 5.4.2 Satz 4 (Aufsichtsratsmitglieder sollen keine Organfunktion oder Beratungsaufgaben bei wesentlichen Wettbewerbern wahrnehmen). – Solchen Unterscheidungen lässt sich nicht mit dem Hinweis begegnen, dass der Kodex zwischen Empfehlungen und bloßen Anregungen differenziere und deshalb schon selbst

---

[40] Vgl. BGHZ 182, 272 = NZG 2009, 1270 Tz. 18.

[41] BGHZ 180, 9 = NJW 2009, 2207 Tz. 26.

[42] Dazu allgemein *Hüffer* AktG, 9. Aufl. 2010, § 243 Rn. 46a mwN.

[43] Im Ansatz wie hier schon *Decher* in: FS Hopt, 2010, S. 499, 515; *Goette* in: FS Hüffer, 2010, S. 225, 234; *Mutter* ZGR 2009, 788, 796 ff. – Die Ausführungen in BGHZ 182, 272 = NZG 2009, 1270 Tz. 18 deuten darauf hin, dass auch der Senat im hier verfochtenen Sinn verstanden wissen will: Die Empfehlung gemäß Ziff. 5.5.3 DCGK, so heißt es dort, betreffe einen grundsätzlich nicht unwesentlichen Punkt der Entsprechenserklärung.

[44] So *Goette* in: FS Hüffer, 2010, S. 225, 235; anders aber *Mutter* ZGR 2009, 788, 800.

eine Differenzierung hinsichtlich der Wichtigkeit vorgenommen habe.[45] Gewiss: Mit jeder unrichtigen Entsprechenserklärung verletzen die erklärungspflichtigen Organe ihre Rechtspflicht; *insofern* kommt es auf die Unterscheidung zwischen unwesentlichen und wesentlichen Kodex-Empfehlungen nicht an. Aber nicht jede unrichtige Entsprechenserklärung macht einen gleichwohl gefassten Entlastungsbeschluss der Hauptversammlung anfechtbar; *hier* hat die Unterscheidung zwischen (für die Organentlastung) wesentlichen und unwesentlichen Empfehlungen sehr wohl ihren Platz.

5. Folgerungen

Teilt man diese Überlegungen zur Relevanz einer unrichtigen Entsprechenserklärung für die Anfechtbarkeit von Entlastungsbeschlüssen, lassen sich auch weitere Zweifelsfragen folgerichtig lösen, die in der Folge der referierten BGH-Entscheidungen erörtert worden sind:

a) Mangelnde Relevanz der unrichtigen Entsprechenserklärung bei allgemeiner Kenntnis

Unterbleibt eine in der Kodex-Empfehlung (wie in Ziff. 5.5.3 DCGK) vorgesehene Informationserteilung, ohne dass die Nichtanwendung jener Empfehlung erklärt worden ist, so ist die Relevanz jener Informationspflichtverletzung gleichwohl zu verneinen, wenn die entsprechenden Vorgänge schon allgemein bekannt waren. Hier verfügen alle zur Entscheidung über die Entlastung berufenen Aktionäre (wenn auch aus anderen Quellen) über die gebotenen Informationen; der von der Hauptversammlung gefasste Beschluss leidet also unter keinem Legitimationsdefizit. Im Beispiel (Ziff. 5.5.3 DCGK) muss dann aber der konkrete Interessenkonflikt *und* dessen Behandlung im Aufsichtsrat allgemein bekannt sein. Und daran fehlte es im Fall *„Kirch/Deutsche Bank"* gerade.[46]

b) „Heilung" des Informationsmangels in der Hauptversammlung?

Zu Recht hat der BGH aber auch deutlich gemacht, dass der zur Anfechtbarkeit des Entlastungsbeschlusses führende Gesetzesverstoß im Kontext der Empfehlung nach Ziff. 5.5.3 DCGK nicht durch Aufdeckung des Informationsmangels in der Hauptversammlung „geheilt" werden kann;[47] auch die Nachholung der Information auf der Hauptversammlung, etwa in den Erläuterungen des Aufsichtsratsberichts durch den Aufsichtsratsvorsitzenden, hilft nicht. Denn das Legitimationsdefizit, unter dem ein gleichwohl gefasster Entlastungsbeschluss leidet, wird dadurch nicht beseitigt. Die Mitgliedsrechte aller zur Entscheidung berufenen Aktionäre (und das sind nicht nur die auf der Hauptversammlung erschienenen) umfassen den Anspruch auf Information in der gesetzlich vorgeschriebenen Weise: Der Aufsichtsratsbericht ist von der Einberufung der Hauptversammlung an zur Einsicht der Aktionäre auszulegen; jedem Aktionär ist auf Verlangen eine Abschrift zu erteilen (s. § 175 Abs. 2 AktG).

c) Kenntnis oder Erkennbarkeit des Informationsmangels seitens der Hauptversammlung?

Ebenso wenig wie es der Anfechtbarkeit des Entlastungsbeschlusses entgegen steht, dass die abstimmenden Aktionäre zuvor auf die Unrichtigkeit der Entsprechenserklärung hingewiesen worden sind, kann die Anfechtbarkeit allerdings – in umgekehrter Richtung – davon abhängen, dass die Unrichtigkeit der Erklärung (und der daraus resultierende Geset-

---

[45] So aber *Goslar/von der Linden* DB 2009, 1691, 1693 f.; *Goslar/von der Linden* NZG 2009, 1337, 1338.

[46] BGHZ 180, 9 = NJW 2009, 2207 Tz. 22; dazu auch *Goette* in: FS Hüffer, 2010, S. 225, 233; *E. Vetter* NZG 2009, 561, 564.

[47] BGHZ 180, 9 = NJW 2009, 2207 Tz. 28; BGHZ 182, 272 = NZG 2009, 1270 Tz. 20.

zesverstoß) den Teilnehmern der Hauptversammlung bekannt oder aufgrund der ihnen zugänglichen Information doch wenigstens erkennbar war.[48] Diese, in der obergerichtlichen Rechtsprechung für Konstellationen materieller Rechtsverstöße entwickelte Einschränkung[49] wird man jedenfalls nicht auf die Anfechtbarkeit von Entlastungsbeschlüssen wegen Informationspflichtverletzung übertragen dürfen. Auch dort Kenntnis oder Kenntnismöglichkeit der (über die Entlastung entscheidenden) Aktionäre hinsichtlich der Unrichtigkeit der Entsprechenserklärung verlangen zu wollen, würde den Verstoß gegen die Erklärungspflicht – und das daraus resultierende Legitimationsdefizit des Entlastungsbeschlusses – in vielen Fällen folgenlos lassen. Der Gefahr von „Ausforschungsversuchen" ist dadurch zu begegnen, dass der Anfechtungskläger substantiiert darlegen muss, woraus die Unrichtigkeit der Entsprechenserklärung ableitbar sein soll.

d) Informationspflichtverletzung und Entlastungszeitraum

Schließlich ist auf einen Aspekt einzugehen, der in Teilen des Schrifttums schon im Fall *„Kirch/Deutsche Bank"* kritisch zur Sprache gekommen ist: Zwar hätte, so ist geltend gemacht worden, entweder über den Interessenkonflikt und seine Behandlung im Aufsichtsratsbericht (abgefasst im März 2003) informiert oder die Entsprechenserklärung korrigiert werden müssen. Dieser Handlungsbedarf sei aber jedenfalls erst außerhalb des auf der Hauptversammlung 2003 zur Abstimmung stehenden Entlastungszeitraums (dies war das Jahr 2002) entstanden. Das entsprechende Versäumnis habe deshalb noch nicht die Anfechtbarkeit der streitgegenständlichen Entlastungsbeschlüsse begründen können.[50]

Der BGH war in den Gründen der Entscheidung *„Kirch/Deutsche Bank"* ebenso wenig wie in „Umschreibungsstopp" auf diese Problematik eingegangen. Im Ergebnis hat der referierte Einwand aber zu Recht keine Berücksichtigung gefunden. Denn in beiden Fällen war die nämliche Entsprechenserklärung vor Ende des Entlastungszeitraums abgegeben worden; hier wie dort bestand der (die Berichtspflicht nach Ziff. 5.5.3 DCGK begründende) Interessenkonflikt schon im Entlastungszeitraum: So hatte Dr. Breuer sein Interview in Sachen Kirch-Gruppe Anfang Februar 2002 gewährt und war noch im selben Jahr in den Aufsichtsrat berufen worden. Die maßgebliche Entsprechenserklärung wurde von Vorstand und Aufsichtsrat der Deutsche Bank AG im Oktober 2002 abgegeben; Entlastungszeitraum war das Jahr 2002. Die Entsprechenserklärungen von Vorstand und Aufsichtsrat der Axel Springer AG wurden im Dezember 2004 und Dezember 2005 publiziert; der maßgebliche Interessenkonflikt im Aufsichtsrat bestand während dessen Beratungen im Sommer 2005; Entlastungszeitraum war hier das Jahr 2005.

Wenn aber über einen im Entlastungszeitraum liegenden Interessenkonflikt zum maßgeblichen Zeitpunkt nicht im Aufsichtsratsbericht informiert wird, so ist die auf den Entlastungszeitraum bezogene Erklärung, (auch) der Empfehlung Ziff. 5.5.3 DCGK werde entsprochen, gerade falsch. Das gilt gewiss dort, wo der Aufsichtsrat schon bei der Entstehung des Interessenkonflikts seine Absicht, später über den Konflikt und seine Behandlung zu informieren, aufgibt und gleichwohl keine korrigierte Entsprechenserklärung abgibt. Die (schon im Entlastungszeitraum gegebene) Fehlinformation führt zur Anfechtbarkeit des gleichwohl gefassten Entlastungsbeschlusses, sofern es sich nicht lediglich um einen unbedeutenden Interessenkonflikt handelt. Soll die Anfechtbarkeit aber anders zu beurteilen sein, falls der Aufsichtsrat sich erst später – nämlich wenn (nach Ablauf des Entlastungszeitraums) sein Bericht an die Hauptversammlung zu fertigen ist – entschließt, über den Interessenkonflikt nicht zu informieren und er die damit verbundene Nichtanwendung der Kodex-Empfehlung gleichwohl unerklärt lässt? Oder sollen sich die Aufsichtsratsmitglieder

---

[48] S. dazu die Diskussion bei *Lutter* in: FS Hopt, 2010, S. 1025, 1029 f.

[49] OLG Köln ZIP 2009, 1999; OLG Frankfurt BeckRS 2008, 2652.

[50] *Goslar/von der Linden* DB 2009, 1691, 1692 f.; s. auch *Goslar/von der Linden* NZG 2009, 1337, 1338; *Oxe* EWiR 2008, 547, 548.

mit dem Vorbringen entlasten können, dass ihnen der objektiv bestehende Interessenkonflikt gar nicht bewusst geworden sei und sie eine absichtlich falsche Entsprechenserklärung deshalb gar nicht abgegeben hätten? Beide Fragen sind zu verneinen. Denn in allen Fällen werden den Aktionären Informationen vorenthalten, die aus der Sicht eines objektiv urteilenden Aktionärs für den Entlastungsentscheid wesentlich sind. Das gilt auch, wo die Erklärung, die Kodex-Empfehlung in der Vergangenheit nicht befolgt zu haben, ausbleibt: Zwar muss der Aufsichtsrat die Empfehlung in Ziff. 5.5.3 DCGK nicht befolgen. Aber eine rechtzeitige Information über diesen Umstand würde in der Hauptversammlung zu der berechtigten Frage führen (oder jedenfalls führen können), ob und welche Interessenkonflikte im Entlastungszeitraum aufgetreten und wie sie behandelt worden seien. Kurzum: In *allen* erörterten Fällen werden den Aktionären für die Beurteilung des Entlastungszeitraums wesentliche Informationen vorenthalten, so dass – wie in den Entscheidungsgründen *„Kirch/Deutsche Bank"* formuliert wird – „eine Billigung des Verhaltens der Organmitglieder ausgeschlossen" ist.[51]

Nicht anders lagen die Dinge in dem vom OLG München durch Urteil vom 23. 1. 2008[52] entschiedenen Sachverhalt, wo die Entsprechenserklärung nach § 161 AktG nicht rechtzeitig abgegeben worden war: Sie hätte spätestens am 29. 4. 2006 (nämlich längstens zwölf Monate nach der Vorjahreserklärung vom 29. 4. 2005) publiziert werden müssen, lag zum Hauptversammlungstermin am 25. 8. 2006 aber noch immer nicht vor. Den Aktionären fehlte mithin die Information darüber, ob den Kodex-Empfehlungen auch im nach der Vorjahreserklärung liegenden Teil des Entlastungszeitraums (dies war das Jahr 2005) tatsächlich entsprochen worden war oder nicht; aus der Sicht eines objektiv urteilenden Aktionärs stand das einer Entscheidung über die Entlastung von Vorstand und Aufsichtsrat ebenfalls entgegen. Folglich waren die gleichwohl gefassten Entlastungsbeschlüsse anfechtbar; dass die ausstehende Entsprechenserklärung erst nach dem Ende des Entlastungszeitraums hätte abgegeben werden müssen, änderte daran nichts. Zu Recht hat das OLG München in eben diesem Sinne entschieden;[53] der II. Zivilsenat des BGH hat jene Sicht der Dinge in seinem Hinweisbeschluss vom 7. 12. 2009 zu den mangelnden Erfolgsaussichten einer Revision gebilligt.[54]

Das Informationsversäumnis soll allein der Entlastung jener Aufsichtsratsmitglieder nicht entgegen stehen, die schon zum 9. 5. 2005 ausgeschieden waren: Als die nächste Entsprechenserklärung hätte abgegeben werden müssen, seien sie nicht mehr im Amt gewesen;[55] das spätere Unterlassen einer Information über den tatsächlichen Umgang mit den Kodex-Empfehlungen in der Vergangenheit war – so wird man jenes Argument wohl zu verstehen haben – diesen Aufsichtsräten also nicht zuzurechnen. Indes ist eine solche Begründung angreifbar, weil es für die Frage der Anfechtbarkeit des Entlastungsbeschlusses wegen fehlender Information über die Amtsführung der zur Entlastung stehenden Organmitglieder nicht entscheidend darauf ankommen kann, ob gerade jene Organmitglieder selbst für das Informationsdefizit verantwortlich zu machen sind. Die demgegenüber vom Berufungsgericht gegebene Begründung für die mangelnde Anfechtbarkeit ist im Ansatz tragfähiger: Das OLG München stellte darauf ab, dass die ausgeschiedenen Aufsichtsräte nach der Vorjahreserklärung nur noch sehr kurze Zeit (gut zehn Tage) im Amt geblieben und auf der Hauptversammlung, die ihre Entlastung beschlossen habe, kritische Fragen zu ihrer Tätigkeit in diesem Zeitraum nicht gestellt worden seien. Die Relevanz des bestehenden Informationsdefizits für die Abstimmung über ihre Entlastung sei vor diesem Hintergrund nicht dargetan.[56]

---

[51] BGHZ 180, 9 = NJW 2009, 2207 Tz. 28.
[52] OLG München ZIP 2008, 742 = NZG 2008, 337.
[53] OLG München ZIP 2008, 742, 744 = NZG 2008, 337.
[54] BGH ZIP 2010, 879 = NZG 2010, 618.
[55] So BGH ZIP 2010, 879 f. = NZG 2010, 618.
[56] So OLG München ZIP 2008, 742, 744 = NZG 2008, 337.

IV. Gesamtverantwortlichkeit von Vorstand und Aufsichtsrat?

Schon in der Entscheidung *„Kirch/Deutsche Bank"* – und ebenso im Urteil *„Umschreibungsstopp"* – hatte der BGH die Anfechtbarkeit der Beschlüsse über die Entlastung von Aufsichtsrat und Vorstand bejaht, obwohl die streitgegenständliche Kodex-Empfehlung (nämlich Ziff. 5.5.3) nur an den Aufsichtsrat adressiert ist. Das ist denn auch mit dem Hinweis kritisiert worden, dass der Vorstand weder in Ziff 5.5.3 DCGK noch in § 171 Abs. 2 AktG (Aufsichtsratsbericht an die Hauptversammlung) angesprochen werde.[57]

Indes ist zu berücksichtigen, dass die ursprüngliche (und später unrichtig gewordene) Entsprechenserklärung nach § 161 AktG im Fall *„Kirch/Deutsche Bank"* nach der ausdrücklichen Feststellung des Senats von Vorstand und Aufsichtsrat *gemeinsam* abgegeben worden war.[58] Zumindest in solchen Fällen[59] bleibt der Vorstand auch dann in der Verantwortung, für eine umgehende unterjährige Korrektur der Erklärung zu sorgen, wenn später die tatsächliche Praxis im Aufsichtsrat von einer Kodex-Empfehlung (deren Befolgung erklärt worden ist) abweicht. Wird eine solche Korrektur versäumt, kann nach Ansicht des BGH auch der Beschluss über die Entlastung des Vorstands anfechtbar sein, sofern – wie der Senat einschränkt – seine Mitglieder „die anfängliche oder später eintretende Unrichtigkeit der Erklärung kannten oder kennen mussten und sie gleichwohl nicht für eine Richtigstellung gesorgt haben".[60]

Allerdings: Wenn sich die Fehlinformation in der Entsprechenserklärung – wie im Fall *„Kirch/Deutsche Bank"* – allein auf eine Kodex-Empfehlung bezieht, welche die Praxis des *Aufsichtsrats* betrifft, kann die Entlastung des *Vorstands* noch nicht mit der Begründung angefochten werden, dass ein objektiv urteilender Aktionär die richtige Information als für seine Entlastungsentscheidung wesentlich ansehen würde. Denn um den Umgang des Vorstands mit einer an ihn adressierten Kodex-Empfehlung geht es ja gerade nicht. Die im Kontext der §§ 131, 243 Abs. 4, 120 AktG zur Anfechtbarkeit wegen Informationspflichtverletzungen entwickelten Grundsätze sind in solchen Fällen also nicht tragfähig. Hier geht es vielmehr um einen materiellen Rechtsverstoß: Dem Vorstand ist (jedenfalls) im Falle einer durch beide Organe gemeinsam abgegebenen Erklärung ggf. auch die Fehlinformation über den Umgang mit einer allein an den Aufsichtsrat gerichteten Kodex-Empfehlungen durch diesen zuzurechnen, wenn die Vorstandsmitglieder die Unrichtigkeit der Erklärung kannten oder kennen mussten. Jener materielle Rechtsverstoß kann aber nur dann zur Anfechtbarkeit des Beschlusses über die Vorstandsentlastung führen, wenn es sich um einen „eindeutigen und schwerwiegenden Verstoß" (s. unter III. 4.) gegen die Erklärungspflicht aus § 161 AktG handelt. Und dabei ist durchaus von Bedeutung, ob der materielle Rechtsverstoß durch den Vorstand innerhalb oder außerhalb des Entlastungszeitraums lag (vgl. unter III. 5. d). Und ebenso kann dann eine Rolle spielen, ob diese materielle Rechtsverletzung durch den Vorstand den Teilnehmern der Hauptversammlung bekannt oder aufgrund der ihnen zugänglichen Information doch wenigstens erkennbar war (s. unter III. 5. c).

Welche Vorkehrungen beide Organe im Übrigen zu treffen haben, um der in diesen Grenzen bestehenden Gesamtverantwortlichkeit nachkommen zu können, bedarf noch ver-

---

[57] *Lutter* in: FS Hopt, 2010, S. 1025, 1030.

[58] BGHZ 180, 9 = NJW 2009, 2207 Tz. 27.

[59] Zur umstrittenen Frage, ob sich beide Organe auch gemeinsam erklären *müssen,* eine Gesamtverantwortlichkeit also schon ex lege besteht, musste der Senat nicht Stellung nehmen (Nachweise zum Meinungsstand in BGHZ 180, 9 = NJW 2009, 2207 Tz. 27); die Ausführungen des BGH aaO scheinen aber anzudeuten, dass er eine Gesamtverantwortlichkeit auch bei getrennten Erklärungen annehmen will.

[60] So BGHZ 180, 9 = NJW 2009, 2207 Tz. 27.

tiefender Diskussion.[61] Etwaigen Anhaltspunkten für ein Auseinanderfallen zwischen Erklärung und tatsächlicher Praxis ist jedenfalls nachzugehen. Darüber hinaus dürfte aber auch eine gewisse vorsorgende Kontrolle erforderlich sein, wofür die Einrichtung eines Corporate Governance – Beauftragten eine geeignete Option sein mag.[62] Eine Rechtspflicht zur „Überwachung" des Aufsichtsrats durch den Vorstand kann aber auch § 161 AktG sicher nicht begründen.

V. Unterjährige Änderungen des Kodex oder der gesetzlichen Rahmendaten

Ob eine Pflicht zur Anpassung der aktuellen Entsprechenserklärung auch aus einer (unterjährigen) Änderung des Kodex selbst resultieren kann, war vom BGH nicht zu beurteilen. Hier ist zu differenzieren: Eine Pflicht zur Anpassung der Erklärung vor Ablauf des Zwölf-Monats-Turnus (dazu unter III. 2.) besteht sicher nicht, wenn die Entsprechenserklärung ausdrücklich die zum Zeitpunkt seiner Abgabe gültige Kodex-Fassung in Bezug genommen hat, etwa wenn sich die Erklärung auf die „Empfehlungen der ‚Regierungskommission Deutscher Corporate Governance Kodex' in seiner Fassung vom 26. 5. 2010" bezieht. Gewiss anders ist es, wenn die Entsprechenserklärung ausdrücklich eine (dynamische) Verweisung auf den Kodex in seiner jeweils aktuellen Fassung enthält.

Was aber gilt, wenn die Erklärung – ohne ausdrückliche statische Verweisung – nur allgemein auf die Kodex-Empfehlungen Bezug nimmt? Man wird das nicht im Sinne einer dynamischen Verweisung interpretieren dürfen. Bezugspunkt der Erklärung ist dann vielmehr (auch hinsichtlich ihres in die Zukunft gerichteten Erklärungsgehalts) die im Zeitpunkt der Abgabe der Entsprechenserklärung im elektronischen Bundesanzeiger veröffentlichte Fassung des DCGK, so dass aus einer unterjährigen Änderung der Kodex-Empfehlungen noch keine Notwendigkeit zur Korrektur der Erklärung resultiert.[63] Denn der Entsprechenserklärung nach § 161 AktG geht die Willensbildung in den erklärungspflichtigen Organen (Vorstand und Aufsichtsrat) hinsichtlich des Umgangs mit den DCGK-Empfehlungen voraus.[64] Die Organmitglieder können diesem Willensbildungsprozess aber nur die aktuell gültige Kodex-Fassung zugrunde legen. Ihre Absicht, in der Zukunft auch veränderte (gegenwärtig noch gar nicht bekannte) Empfehlungen zu befolgen, darf nicht einfach unterstellt werden. Erst wenn sie diese Absicht ausdrücklich erklären, eine später geänderte (oder neue) Empfehlung der revidierten Kodex-Fassung aber gleichwohl unangewendet lassen, wird ihre bestehende Entsprechenserklärung unrichtig. Dann ist sie umgehend zu korrigieren.

Im Zuge des BilMoG ist § 161 AktG (bei Erweiterung seines Anwendungsbereiches: § 161 Abs. 1 S. 2 AktG nF) um die Verpflichtung zur Begründung einer etwaiger Abweichungen von den DCGK-Empfehlungen ergänzt worden (§ 161 Abs. 1 S. 1 AktG am Ende). Ob daraus eine sofortige Verpflichtung resultiert, die Erklärung dergestalt zu ergänzen, dass schon erklärte Abweichungen vom Kodex (soweit nicht ohnehin schon geschehen) begründet werden (oder ob die Begründung erst in die nächste turnusgemäße Entsprechenserklärung aufgenommen werden muss), wird im Schrifttum ebenfalls kontrovers diskutiert.[65] Richtigerweise ist eine sofortige Ergänzung nicht erforderlich, weil für die

---

[61] S. hierzu etwa einerseits *E. Vetter* NZG 2009, 561, 563 f.; andererseits *Goslar/von der Linden* DB 2009, 1691, 1694.

[62] Dazu auch *Lutter* in: FS Hopt, 2010, S. 1025, 1030; *Spindler* in: Schmidt/Lutter, AktG, 2. Aufl. 2010, § 161 Rn. 28; *E. Vetter* NZG 2009, 561, 564, jeweils mN.

[63] Gleichsinnig etwa *Goslar/von der Linden* DB 2009, 1691, 1694; *Hüffer* AktG, 9. Aufl. 2010, § 161 Rn. 7, 15 und 21; *Spindler* in: Schmidt/Lutter, AktG, 2. Aufl. 2010, § 161 Rn. 40 und 44.

[64] Hierzu etwa *Hüffer* AktG, 9. Aufl. 2010, § 161 Rn. 10 ff.

[65] Nachweise bei *Goslar/von der Linden* DB 2009, 1691, 1695; *Hüffer* AktG, 9. Aufl. 2010, § 161 Rn. 17a.

Gesetzmäßigkeit der Erklärung (auch hinsichtlich ihres Zukunftsbezugs) allein die bei Erklärungsabgabe aktuelle Gesetzesfassung maßgeblich ist.

VI. Fazit

Die hier erörterten Grundsatzentscheidungen des II. Zivilsenats sind mit dem Bemerken gewürdigt worden, der Bundesgerichtshof habe den Kodex in die Rechtssphäre gehoben, indem er die Erklärung nach § 161 AktG und deren aktuelle Richtigkeit zu den Rechtspflichten der Organe einer AG und ihrer Mitglieder zähle.[66]

Gewiss haben jene Entscheidungen das Bewusstsein für die rechtliche Relevanz geschärft, welche der Entsprechenserklärung nach § 161 AktG zukommt. Dass die Erklärungspflicht nach § 161 AktG zu den Rechtspflichten von Vorstand und Aufsichtsrat zählt, beruht freilich nicht originär auf der Erkenntnis des BGH. Der Gesetzgeber selbst hat vielmehr so entschieden. Und das Gesetz hat damit – mittelbar – auch den Kodex in die Sphäre des Rechts erhoben.

Die rechtspolitischen Bedenken gegen die Verknüpfung von DCGK-Empfehlungen und gesetzlichem Aktienrecht wiegen damit nicht weniger schwer. Denn die (intransparente) private Normsetzung durch die Kodex-Kommission weist beträchtliche Legitimationsdefizite auf.[67] Dass diese mittlerweile auch außerhalb der Fachöffentlichkeit kritisch diskutiert werden,[68] mag nicht zuletzt eine Folge der aktuellen Entscheidungen des BGH sein. An den II. Zivilsenat ist jene Kritik aber nicht zu adressieren. Mit seiner Rechtsprechung zur Anfechtbarkeit von Entlastungsbeschlüssen wegen unrichtiger Entsprechenserklärung hat er den Weg eingeschlagen, den der Gesetzgeber in § 161 AktG weist.

---

[66] So *Lutter* in: FS Hopt, 2010, S. 1025, 1031.

[67] Weiterführend etwa *Hüffer* AktG, 9. Aufl. 2010, § 161 Rn. 4 f.; *Spindler* in: Schmidt/Lutter, AktG, 2. Aufl. 2010, § 161 Rn. 11, jeweils mwN.

[68] Stellvertretend dazu: „Widerstand gegen den Corporate Governance Kodex", FAZ Nr. 236 vom 11. 10. 2010, S. 17.

ACHIM KRÄMER/THOMAS WINTER

Die eigenverantwortliche Mitgliedschaft im Aufsichtsrat der fakultativen, insbesondere der fakultativen kommunalen GmbH*

Übersicht

In der letzten Sitzung unter dem Vorsitz des *Jubilars* hat der II. Zivilsenat des BGH ein Grundsatzurteil zur Haftung der Mitglieder eines fakultativen Aufsichtsrats einer GmbH verkündet.[1] Die vom Senat so betitelte *Doberlug*-Entscheidung ist in zweifacher Hinsicht von herausgehobener Bedeutung: Der Senat bestätigt und vertieft im ersten Teil der Urteilsgründe seinen Standpunkt, dass die Mitglieder des Aufsichtsrats einer AG oder des obligatorischen Aufsichtsrats einer GmbH bei einer pflichtwidrig versäumten Überwachung der Beachtung des Zahlungsverbots Ersatz gemäß §§ 116 S. 1, 93 Abs. 3 Nr. 6 AktG zu leisten haben.[2] Im zweiten Teil der Entscheidung führt der II. Zivilsenat aus, diese strengen Haftungsfolgen könnten – trotz identischer Pflichtenbindung[3] – für die Mitglieder des fakultativen Aufsichtsrats einer GmbH nicht gelten. Sie seien vielmehr nur ersatzpflichtig, wenn die Gesellschaft durch die versäumte Pflicht in ihrem Vermögen im Sinne der §§ 249 ff. BGB geschädigt wurde. Begründet hat der Senat diese Einschränkung mit dem Wortlaut des § 52 Abs. 1 GmbHG, der § 93 Abs. 3 AktG von seinem Verweis auf die aktienrechtlichen Vorschriften ausnimmt, mit der Entstehungsgeschichte der Norm sowie Sinn und Zweck des Gesetzes. Anders als der obligatorische Aufsichtsrat werde der fakultative Aufsichtsrat nicht im Interesse der Allgemeinheit in die Pflicht genommen und habe auch keine über seine ihm von der Gesellschafterversammlung übertragenen Aufgaben hinausgehenden öffentlichen Belange zu wahren, sondern nehme die ihm von der Gesellschafterversammlung übertragenen Aufgaben ausschließlich im wohlverstandenen Interesse der Gesellschaft und nicht etwa gesellschaftsfremder Dritter wahr.[4]

Da es nach diesen Maßstäben im Fall *Doberlug* an einem Schaden fehlte, hat der BGH die Klage abgewiesen. Für die Entscheidung war damit ohne Bedeutung, dass alleiniger Gesellschafter der GmbH, gegen deren Aufsichtsratsmitglieder sich die Klage richtete, die Stadt

* Der Beitrag wurde Ende November 2010 abgeschlossen.

[1] BGH Urt. v. 20.9.2010 – II ZR 78/09, NZG 2010, 1186 = ZIP 2010, 1988; vgl. hierzu Anm. *Flitsch* GWR 2010, 496 – unter Hinweis auf RGZ 161, 129, 138 f.; *Habersack* JZ 2010, 1191 f.

[2] BGH Urt. v. 20.9.2010 – II ZR 78/09, NZG 2010, 1186 Tz. 12 ff.

[3] BGH Urt. v. 20.9.2010 – II ZR 78/09, NZG 2010, 1186 Tz. 21.

[4] BGH Urt. v. 20.9.2010 – II ZR 78/09, NZG 2010, 1186 Tz. 20 ff.

Doberlug-Kirchhain war. Unter Hinweis auf den kommunalen Charakter der GmbH hatten die Beklagten in allen Instanzen eine Haftungsprivilegierung für sich reklamiert. Nach ihrer Auffassung sollte ein Schadensersatzanspruch bereits aufgrund ihres quasi ehrenamtlichen politischen Engagements in der kommunalen Gesellschaft ausgeschlossen sein. Der *Jubilar* hat schon in der mündlichen Verhandlung zu erkennen gegeben, dass der II. Zivilsenat diesen Standpunkt nicht teilt.[5] Der Berechtigung dieser ablehnenden Auffassung soll im Folgenden ebenso nachgegangen werden wie der in den Urteilsgründen[6] angedeuteten Möglichkeit, die Haftungstatbestände für den fakultativen Aufsichtsrat der GmbH in der Satzung abweichend vom gesetzlichen Regelfall zu bestimmen. Damit ist zugleich die Frage nach der Stellung der Aufsichtsratsmitglieder gegenüber der Gesellschafterversammlung, insbesondere gegenüber dem (Allein-)Gesellschafter aufgeworfen. Das darin liegende Konfliktpotential tritt in besonders deutlicher Form bei der kommunalen GmbH zutage.

I. Der Aufsichtsrat der kommunalen GmbH

Die Gemeindeordnungen sämtlicher Bundesländer erlauben den Kommunen die Errichtung von Unternehmen in der Rechtsform des privaten Rechts. Von dieser Erlaubnis haben die Städte und Gemeinden umfangreich Gebrauch gemacht. Dass sie sich zur Erfüllung kommunaler Aufgaben insbesondere der Gesellschaften mit beschränkter Haftung bedienen, ist Allgemeingut.[7] Der Landesgesetzgeber gibt den Kommunen allerdings auf, einen angemessenen Einfluss auf die privatrechtlich organisierten Unternehmen sicherzustellen. Ein Mittel zur Erreichung dieses Zwecks ist die Besetzung des zwar regelmäßig nur fakultativen, in der Praxis aber häufigen Aufsichtsrats (s. zB § 103 Abs. 1 Nr. 3 GemO BW).

Nicht selten werden insbesondere die Verwaltungsspitze oder die Ratsmehrheit den gemeindlichen Einfluss erst dann sichergestellt wissen, wenn sie die Aufsichtsratsmitglieder nicht nur ausgewählt und entsandt haben, sondern bei Ausübung der konkreten Tätigkeit auch instruieren können.[8] In zahlreichen Gemeindeordnungen sind Weisungsrechte daher ausdrücklich verankert.[9] Für die Organpersonen stellt sich die mit diesem Kontrollbedürfnis korrespondierende Frage, ob sie den Weisungen folgen dürfen oder gar müssen[10] und ob Gehorsam auch geboten ist, wo die Weisung dem Gesellschaftsinteresse widerspricht. Eng verbunden ist dies mit der weiteren Frage nach einer persönlichen Haftung des Aufsichtsratsmitglieds, wenn der befürchtete Nachteil tatsächlich eintritt. Aber auch losgelöst von einem durch Weisungen ausgelösten Entscheidungskonflikt erhebt sich die Frage nach der Pflichtenbindung des Aufsichtsratsmitglieds, deren Verletzung einen in der *Doberlug*-Entscheidung grundsätzlich bejahten Anspruch der Gesellschaft auf Ersatz der ihr gemäß §§ 249 ff. BGB entstandenen Schäden auslöst.

II. Weisungsfreie Mandatsausübung im fakultativen Aufsichtsrat

Die haftungsrechtliche Verantwortlichkeit der Aufsichtsratsmitglieder hängt namentlich von den ihnen übertragenen Aufgaben ab. Darüber, welche Kompetenzen dem Aufsichtsrat

[5] Ebenso hatte bereits das Berufungsgericht entschieden, vgl. OLG Brandenburg Urt. v. 17.2.2009, ZIP 2009, 866, 867.

[6] BGH Urt. v. 20.9.2010 – II ZR 78/09, NZG 2010, 1186 Tz. 27.

[7] *Altmeppen* NJW 2003, 2561.

[8] *Schwintowski* NJW 1995, 1316f.

[9] Vgl. zu den in Anspruch genommenen Weisungsrechten des Gemeinderats *Strobel* DVBl. 2005, 77f. sowie die Nachweise bei *Altmeppen* NJW 2003, 2561, 2564 Fn. 27.

[10] So zuletzt etwa OVG Münster Urt. v. 24.4.2009 – 15 A 2592/07, ZIP 2009, 1718. (Nichtzulassungsbeschwerde anhängig unter 8 B 78/09); vgl. demgegenüber die Kritik an der gleich lautenden Entscheidung der Vorinstanz *Lutter* ZIP 2007, 1991f.; ebenso *Schodder* EWiR 2009, 715f.

zustehen, entscheiden die Gesellschafter weitgehend frei.[11] Von dieser Aufgabenzuweisung *an* den Aufsichtsrat ist die Wahrnehmung der übertragenen Aufgaben *durch* ihn zu unterscheiden. Dabei findet die Satzungsautonomie in der typisierten Funktion der Organstellung[12] ihre Grenze: Eine Ausgestaltung des Aufsichtsratsmandats als weisungsgebunden ist auch mit der Mitgliedschaft im nur fakultativen Aufsichtsrat der GmbH unvereinbar.

1. Keine Weisungsbefugnis gegenüber dem obligatorischen Aufsichtsrat

In der Rechtsprechung des BGH ist geklärt, dass die in den Aufsichtsrat einer *Aktiengesellschaft* entsandten Mitglieder dieselben Pflichten haben wie die gewählten Organträger. Sie haben den Belangen der Gesellschaft den Vorzug vor denen der Entsendungsberechtigten zu geben und die Interessen der Gesellschaft wahrzunehmen, ohne an Weisungen des Entsendungsberechtigten gebunden zu sein.[13] Gleiches gilt für die Mitglieder des *obligatorischen* Aufsichtsrats einer GmbH.[14] Auch die durch eine Gebietskörperschaft entsandten Aufsichtsratsmitglieder sind daher ungeachtet der anders lautenden Vorgaben der Gemeindeordnungen nicht weisungsgebunden.[15]

Die fehlende Verbindlichkeit der in den Gemeindeordnungen verankerten Weisungsrechte ergibt sich dabei aufgrund der Normenhierarchie. Der Bund hat von seiner konkurrierenden Zuständigkeit für das Aktien- und Gesellschaftsrecht sowie das bürgerliche Recht (Art. 74 Abs. 1 Nr. 1 und Nr. 11 GG) umfassend Gebrauch gemacht.[16] Die landesrechtlichen Bestimmungen der Gemeindeordnungen treten daher hinter den Regelungen des AktG und des GmbHG zurück (Art. 31 GG), wenn und soweit dem Gesellschaftsrecht die Weisungsunterworfenheit des Aufsichtsratsmitglieds widerspricht.[17] Allein der Umstand, dass es die öffentliche Hand ist, die sich privatwirtschaftlich betätigt, rechtfertigt daher keine Ausnahme von den Vorgaben des Gesellschaftsrechts.[18]

2. Weisungsbefugnis gegenüber dem fakultativen Aufsichtsrat?

Die kommunale Aktiengesellschaft sowie die GmbH mit obligatorischem Aufsichtsrat sind die Ausnahme, der in der Praxis wichtigste Fall ist die (Einpersonen-)GmbH mit fakultativem Aufsichtsrat. Ob auch die Mitglieder dieses Organs Weisungsfreiheit genießen, ist streitig. Die Befürworter berufen sich auf einen allgemeinen Rechtsgrundsatz, die Unabhängigkeit der Mitglieder sei der Funktion als Aufsichtsrat eigen und entspreche der Verkehrserwartung.[19] Die Gegenauffassung stellt einen solchen Grundsatz in Abrede und verweist darauf, dass § 52 GmbHG die eigenständige – vom Leitbild der §§ 95 ff. AktG abweichende – Regelung der Rechtsverhältnisse des Aufsichtsrats explizit erlaube; der Bezugspunkt des Unternehmensinteresses seien die Gesellschafter selbst.[20] Es sei daher möglich, die Tätigkeit der Mitglieder des fakultativen Aufsichtsrats weisungsgebunden auszugestalten, so dass auch der Beachtung der in den Gemeindeordnungen enthaltenen Wei-

---

[11] *Zöllner/Noack* in: Baumbach/Hueck, GmbHG, 19. Aufl. 2010, § 52 Rn. 24 ff.

[12] Vgl. dazu allgemein *Zöllner/Noack* in: Baumbach/Hueck, GmbHG, 19. Aufl. 2010, § 52 Rn. 27.

[13] BGH Urt. v. 29.1.1962 – II ZR 1/61, BGHZ 36, 296, 306; Urt. v. 18.9.2006 – II ZR 137/05, BGHZ 169, 98, 106 f. Tz. 18; s. dazu auch MünchKommAktG/*Habersack* 3. Aufl. 2008, § 111 Rn. 139 mwN.

[14] Insoweit zutreffend OVG Münster Urt. v. 24.4.2009 – 15 A 2592/07, ZIP 2009, 1718, 1721.

[15] *Schwintowski* NJW 1995, 1316, 1317 f.; *Altmeppen* NJW 2003, 2561, 2564; *Strobel* DVBl. 2005, 77, 79 f.; *Banspach/Nowak* Der Konzern 2008, 195, 198; *Keßler* GmbHR 2000, 71, 76, jeweils mwN.

[16] BVerfG Beschl. v. 5.6.1998 – 2 BvL 2/97, BVerfGE 98, 145, 157.

[17] *Raiser* ZGR 1978, 391, 402; *Schwintowski* NJW 1995, 1316, 1317.

[18] BGH Urt. v. 13.10.1977 – II ZR 123/76, BGHZ 69, 334, 338 f.

[19] *Banspach/Nowak* Der Konzern 2008, 195, 198; *Schwintowski* NJW 1995, 1316, 1318; *Keßler* GmbHR 2000, 71, 77; *Harder/Ruter* GmbHR 1995, 813, 814; *Wilhelm* DB 2009, 944, 948, jeweils mwN.

[20] *Altmeppen* ZIP 2010, 1973, 1975.

sungsrechte jedenfalls dann nichts entgegenstehe, wenn sie in die Satzung der GmbH aufgenommen würden.[21] Da entsprechende Satzungsregelungen auch außerhalb kommunaler Gesellschaften denkbar sind, beantwortet sich die Frage nach der Weisungsfreiheit der Aufsichtsratsmitglieder also erneut nicht nach dem durch Art. 31 GG ohnehin verdrängten Kommunal-, sondern ausschließlich nach dem Gesellschaftsrecht, konkret nach der Reichweite des durch § 52 GmbHG eröffneten Gestaltungsspielraums.

a) Die mit dieser Bestimmung eröffnete Möglichkeit, die Verweisung auf die aktienrechtlichen Vorschriften auszuschließen,[22] spricht prima vista dafür, die Befugnisse der Aufsichtratsmitglieder durch ein Weisungsrecht auch einschränken zu können.[23] Das gleiche Argumentationsmuster liegt dem Schluss a maiore ad minus zugrunde, dass es den Gesellschaftern möglich ist, den fakultativen Aufsichtsrat jederzeit zu beseitigen, so dass erst recht ein weniger schwerer Eingriff in Form der Weisung möglich sein müsse.[24] Schließlich erwarte auch der Rechtsverkehr jedenfalls bei der Einpersonen-GmbH keine Weisungsfreiheit.[25]

b) An dieser Lesart des § 52 GmbHG bestehen erhebliche Zweifel. Zwar hat bereits das Reichsgericht ausgeführt, der fakultative Aufsichtsrat „unterstehe" der Gesellschafterversammlung.[26] Wie aus der *Doberlug*-Entscheidung erhellt, bezieht sich dieses Subordinationsverhältnis allerdings nur auf die Aufgaben*übertragung* an den Aufsichtsrat; die *Wahrnehmung* der zugewiesenen Aufgaben erfolgt hingegen *„im wohlverstandenen Interesse der Gesellschafter"*.[27] Dieses Interesse zu erkennen und bei seinen Entscheidungen zu wahren, obliegt dem Aufsichtsrat in eigener Verantwortung.

aa) In der zivilrechtlichen Judikatur und Literatur besteht zu Recht Einigkeit, dass Weisungsrechte eines Gesellschafters in der Mehrpersonen-GmbH ausgeschlossen sind.[28] Sähe man den fakultativen Aufsichtsrats nur als verlängerten Arm der Gesellschafter, ist dieser Weisungsausschluss indessen nicht zu rechtfertigen. Insbesondere wäre nicht einsichtig, weshalb die Gesellschafterversammlung eine Anweisung an den Aufsichtsrat nicht mit Mehrheit soll beschließen können. Hätte damit aber der Mehrheitsgesellschafter etwa in der zweigliedrigen GmbH die Möglichkeit, seinen Willen im Aufsichtsrat zur Geltung zu bringen, stünde dies einem unmittelbaren Weisungsrecht an von ihm entsandte Aufsichtsratsmitglieder in nichts nach. Dass ein solches Weisungsrecht dennoch ausgeschlossen ist, ist daher nur damit zu begründen, dass der Aufsichtsrat nicht die Partikularinteressen des entsendenden Gesellschafters, sondern das Interesse der Gesellschaft zu wahren hat. Aus diesem Grund verbietet sich erst recht das bei kommunalen Aufsichtsratsmitgliedern nicht selten anzutreffende Verständnis, weisungsgebundener Vertreter ihrer Gemeinderatsfraktion zu sein.[29]

---

[21] *Altmeppen* NJW 2003, 2561, 2564; *ders.* ZIP 2010, 1973, 1975; OVG Münster Urt. v. 24.4.2009 – 15 A 2592/07, ZIP 2009, 1718, 1721, jeweils mwN.

[22] *Schneider* in: Scholz, GmbHG, 10. Aufl. 2006, § 52 Rn. 68.

[23] So *Lutter* ZIP 2007, 1991, dort Fn. 5; differenzierend *Altmeppen* NJW 2003, 2561 f.: bejahend für Einpersonen-GmbH, verneinend für mehrgliedrige GmbH; ebenso *Zöllner/Noack* in: Baumbach/Hueck, GmbHG, 19. Aufl. 2010, § 52 Rn. 130.

[24] *Altmeppen* NJW 2003, 2561, 2565.

[25] *Altmeppen* NJW 2003, 2561, 2565; *Zöllner/Noack* in: Baumbach/Hueck, GmbHG, 19. Aufl. 2010, § 52 Rn.130.

[26] RG Urt. v. 7.6.1939 – II 139/38, RGZ 161, 129, 139.

[27] BGH Urt. v. 20.9.2010 – II ZR 78/09 Tz. 26.

[28] RGZ 165, 68/79; *Altmeppen* NJW 2003, 2561, 2564; *Lutter* ZIP 2007, 1991 f.; aA aber OVG Münster Urt. v. 24.4.2009 – 15 A 2592/07, ZIP 2009, 1718, 1721 m. abl. Anm. *Schodder* EWiR 2009, 715 f.

[29] Diesem Fehlverständnis leistet etwa § 104 Abs. 2 GemO BW Vorschub, der für die Besetzung der Aufsichtsratsmandate im Zweifel auf die Bestimmungen zur Zusammensetzung beschließender Ausschüsse des Gemeinderats verweist.

bb) Ebenso wenig wie die Gesamtheit der Gesellschafter in der mehrgliedrigen GmbH gegenüber dem Aufsichtsrat weisungsbefugt ist, ist es der Alleingesellschafter. Es überzeugt bereits nicht, weshalb die – empirisch ohnehin nicht belegte – Verkehrserwartung an die Einpersonen-GmbH eine andere sein soll als diejenige an die mehrgliedrige Gesellschaft. Eine solche Differenzierung ist auch dem Gesetz nicht zu entnehmen. Im Gegenteil sind zum Beispiel die Publikationspflichten des § 52 Abs. 2 GmbHG für alle Gesellschaften gleich. Das hierdurch geschützte Vertrauen des Rechtsverkehrs bildet sich also unabhängig von der Anzahl der Gesellschafter. Es ist unter anderem darauf gerichtet, dass dem Aufsichtsrat als unentziehbare Minimalkompetenz die Kontrolle der Geschäftsführer zugewiesen wird und er an der Wahrnehmung dieser Kontrollaufgabe nicht durch Kompetenzkonflikte gehindert ist.[30] Mit dieser Unabhängigkeit verträgt sich eine Weisungsgebundenheit der Organmitglieder nicht, weshalb auch das Argument nicht stichhaltig ist, die Einrichtung eines fakultativen Aufsichtsrats diene nicht dazu, den Gläubigern der Gesellschaft einen *„zusätzlichen Schuldner"* zu verschaffen.[31] Die Haftung ist vielmehr Konsequenz des Vertrauens des Rechtsverkehrs, das sich aufgrund der Veröffentlichung über die Einrichtung und Zusammensetzung eines Kontrollorgans bildet.[32]

cc) Für eine statutarische Ausgestaltung des Aufsichtsrats als weisungsabhängiges Hilfsorgan der Gesellschafter besteht auch kein Bedürfnis. Dem Umstand, dass ein Gesellschafter ein besonderes Interesse daran hat, seine Belange im Aufsichtsrat durch Personen seines Vertrauens gewahrt zu wissen, wird bereits durch sein Entsendungsrecht Rechnung getragen.[33]

Geht es den Gesellschaftern ausschließlich um Arbeitsentlastung, können sie sich in der Gesellschafterversammlung vertreten lassen. Dass ein dort auftretender Bevollmächtigter weisungsgebunden ist, ist eindeutig.[34] Ebenso können die Gesellschafter einen Beirat oder sonstige nur beratende Gremien einrichten. Es fehlt daher der Anlass, das gesetzliche Leitbild des weisungsfreien Mitglieds eines Aufsichtsrats zu verwässern und das Organ seiner typisierten Funktion als unabhängiges Überwachungsorgan zu entkleiden. Ein fakultativer Aufsichtsrat ist nur dann ein Aufsichtsrat, wenn er selbständig und eigenverantwortlich agiert.[35]

Das Argument, die Gesellschafter könnten den Aufsichtsrat jederzeit abschaffen, ist nicht stichhaltig. Die Weisung an das einzelne Aufsichtsratsmitglied ist gegenüber der Abschaffung des gesamten Gremiums kein „Minus", sondern etwas qualitativ anderes:[36] Wollen die Gesellschafter eine Entscheidung selbst treffen oder gar den Aufsichtsrat auflösen, mögen sie dies in der Form eines Gesellschafterbeschlusses tun;[37] im Fall von Zustimmungsvorbehalten gewährt selbst das Aktienrecht in § 111 Abs. 4 S. 3 AktG der Hauptversammlung das letzte Wort. Erst recht können Zustimmungsvorbehalte des Aufsichtsrats in der GmbH von den Gesellschaftern überspielt werden.[38] Machen die Gesellschafter von dieser Möglichkeit Gebrauch, wird zugleich ihre Verantwortlichkeit für das Handeln der Gesellschaft und/oder das Misstrauen in die Kompetenz der von ihnen entsandten Aufsichtsratsmitglieder

---

[30] *Zöllner/Noack* in: Baumbach/Hueck, GmbHG, 19. Aufl. 2010, § 52 Rn. 27 f.; *Keßler* GmbHR 2000, 71, 77; *Schürnbrand* NZG 2010, 1207, 1211 f.

[31] So aber *Altmeppen* ZIP 2010, 1973, 1977.

[32] Es ist daher konsequent, dass die Veröffentlichungspflicht des § 52 Abs. 2 GmbHG entfällt, wenn dem Organ der Gesellschaft (zB einem Beirat) keine Überwachungsaufgaben übertragen worden sind, vgl. dazu *Schneider* in: Scholz, GmbHG, 10. Aufl. 2006, § 52 Rn. 549.

[33] BGH Urt. v. 29.1.1962 – II ZR 1/61, BGHZ 36, 296, 307.

[34] Vgl. für die Gesellschafterversammlung der kommunalen GmbH *Strobel* DVBl. 2005, 77, 79.

[35] *Banspach/Nowak* Der Konzern 2008, 195, 197; GroßkommAktG/*Hopt/Roth* 4. Aufl. 2005, § 111 Rn. 38.

[36] Ebenso *Keßler* GmbHR 2000, 71, 77;

[37] Ebenso *Schodder* EWiR 2009, 715, 716.

[38] BGH Beschl. v. 6.3.1997 – II ZB 4/96, BGHZ 135, 48, 55.

transparent. Nicht zuletzt auch diese Transparenz spricht dagegen, den Mitgliedern eines eingerichteten Aufsichtsrats zuzumuten, den Willen der Gesellschafter – im Einzelfall sogar gegen ihre eigene Überzeugung – lediglich zu exekutieren, sei es auch frei von Haftung.

dd) Kein Argument für eine Weisungsgebundenheit der Aufsichtsratsmitglieder ist eine Parallele zur Weisungsgebundenheit des Geschäftsführers.[39] Diese hat ihren Grund darin, dass die Gesellschaft nach außen durch den Geschäftsführer vertreten wird, die Gesellschafterversammlung also zur Umsetzung ihres Willens auf das Handeln des Geschäftsführers angewiesen wird. Eine entsprechende Notwendigkeit besteht gegenüber dem Aufsichtsrat nicht.[40]

ee) Das mit einer statutarisch festgelegten Weisungsabhängigkeit zum Ausdruck gebrachte Kontrollverlangen zeitigt auch höchst zufällige Ergebnisse, wie sich anhand des folgenden Beispiels zeigt: Hat eine städtische Verkehrsbetriebe GmbH mehr als 500 Arbeitnehmer, ist die Einrichtung des Aufsichtsrats zwingend. Über eine dem Aufsichtsrat vorbehaltene Zustimmung – etwa zur Stilllegung einer Buslinie – entscheidet das von der Gemeinde entsandte Mitglied in diesem Fall weisungsfrei in eigener Verantwortung. Weshalb man ihm diese Entscheidung dann nicht zutraut oder abverlangt, wenn die Zahl der Beschäftigten nur 499 beträgt, erhellt nicht. Besteht solches Misstrauen, ist es konsequenter, von vorneherein die dem Aufsichtsrat statutarisch zur Entscheidung zugewiesenen Beschlussgegenstände zu begrenzen oder die Entscheidung in der Sache – nicht mittels Weisung – durch Gesellschafterbeschluss an sich zu ziehen.

ff) Nur so lässt sich auch einer ansonsten ebenso unvermeidbaren wie streitträchtigen Rechtsunsicherheit vorbeugen. Da auch dem fakultativen Aufsichtsrat unentziehbare Minimalkompetenzen, namentlich die eigenverantwortliche Überwachung der Geschäftsführung, zustehen,[41] sehen sich die Anhänger eines statutarischen Weisungsrechts der Schwierigkeit gegenüber, die weisungsfreien von den weisungsgebundenen Befugnissen der Aufsichtsratsmitglieder abzugrenzen.[42] Nimmt man hinzu, dass etwa Zustimmungsvorbehalte des Aufsichtsrats zu Maßnahmen der Geschäftsführung nichts anderes sind als die Ausübung präventiver Kontrolle und sich Beratung und Überwachung der Geschäftsführung durch den Aufsichtsrat nicht trennen lassen,[43] lässt sich die Schwierigkeit dieser Abgrenzung erahnen.

gg) Schließlich hat es der Gesellschafter in der Hand, bei der Gründung der Gesellschaft den Gesellschaftszweck, an dem sich die Aufsichtsratsmitglieder auszurichten haben, festzulegen. Insbesondere die Kommune ist gehalten, den mit der Aufgabenauslagerung in die Gesellschaft verfolgten Zweck eindeutig zu bestimmen und somit Divergenzen zwischen dem Interesse der Gesellschaft und der Gesellschafter von vorneherein zu vermeiden.[44] Ob der oft beschworene Gegensatz dieser Interessen tatsächlich besteht, ist ohnehin zu bezweifeln, würde eine trennscharfe Abgrenzung doch Klarheit über den Begriff des Gesellschafts- oder Unternehmensinteresses voraussetzen. Hieran fehlt es.[45]

---

[39] So aber *Altmeppen* ZIP 2010, 1973, 1975.

[40] Der Aufsichtsrat ist ein „Innenorgan" der Gesellschaft, vgl. dazu *Schneider* in: Scholz, GmbHG, 10. Aufl. 2006, § 52 Rn. 80 ff.

[41] *Zöllner/Noack* in: Baumbach/Hueck, GmbHG, 19. Aufl. 2010, § 52 Rn. 28; *Lutter* in: Lutter/Hommelhoff, GmbHG, 17. Aufl. 2009, § 52 Rn. 13; *Banspach/Nowak* Der Konzern 2008, 195, 197.

[42] Dieser Abgrenzungsschwierigkeit sieht sich auch die vermittelnde Ansicht von *Raiser* in: Hachenburg, GmbHG, 8. Aufl., § 52 Rn. 143, ausgesetzt, der eine Weisungsbefugnis im Bereich der Überwachung ausschließt, bei der Übertragung weiterer Aufgaben jedoch zulassen möchte.

[43] Vgl. dazu BGH Urt. v. 25.3.1991 – II ZR 188/89, BGHZ 114, 127, 129 f.; *Schneider* in: Scholz, GmbHG, 10. Aufl. 2006, § 52 Rn. 93; *Hüffer* AktG, 9. Aufl. 2010, § 111 Rn. 5; *Lutter* in: Lutter/Hommelhoff, GmbHG, 17. Aufl. 2009, § 52 Rn. 18.

[44] *Stober* NJW 1984, 449, 455.

[45] Vgl. zum Diskussionsstand MünchKommAktG/*Spindler* 3. Aufl. 2008, § 76 Rn. 69 ff.

III. Rechtsfolgen weisungsfreier Mandatsausübung

Müssen und dürfen sich die Mitglieder des Aufsichtsrats Weisungen nicht beugen, können sie sich auf eine solche Weisung zur Rechtfertigung ihres Handelns auch nicht berufen.[46] Auch für die Mitglieder des fakultativen (kommunalen) Aufsichtsratsrats gilt daher das Gebot der persönlichen und eigenverantwortlichen Amtsausübung.[47] Haftungserleichterungen oder -verschärfungen kann die Satzung vorsehen.

1. Allgemeine Pflichtenbindung

a) Eine eigenverantwortliche Amtsausübung setzt zunächst voraus, dass das Aufsichtsratsmitglied diejenigen Mindestkenntnisse und -fähigkeiten besitzen oder sich aneignen muss, die es benötigt, um die normal anfallenden Geschäftsvorgänge zu bewältigen.[48] Da es die von ihm insbesondere verlangte Überwachung der Geschäftsführung an den Maßstäben der Rechtmäßigkeit, Ordnungsmäßigkeit, Zweckmäßigkeit und Wirtschaftlichkeit auszurichten hat,[49] sind die Anforderungen an die Eignung keineswegs gering. Fehlende Sachkunde und Qualifikation mögen der Wirksamkeit der Bestellung zum Aufsichtsratsmitglied nicht entgegenstehen, sie begründen unter Umständen aber ein Übernahmeverschulden des Mandatsträgers, das zur Haftung oder Abberufung führen kann.[50] Eine entsendungsberechtigte Kommune sollte daher an der Auswahl geeigneter Mitglieder nicht zuletzt im Hinblick auf die in den Gemeindeordnungen verankerten Regelungen zur Haftungsfreistellung bei fahrlässigem Fehlverhalten interessiert sein.

Der Aufgabenkreis richtet sich maßgeblich nach den Bestimmungen der Satzung. Daneben unterliegen auch die Mitglieder des fakultativen Aufsichtsrats den allgemeinen Loyalitäts-, Überwachungs- und Berichtspflichten.[51]

b) Können sich die Aufsichtsratsmitglieder nicht auf ein weisungsgebundenes Abstimmungsverhalten zurückziehen, müssen sie die Interessen der Gesellschaft in eigener Verantwortung erkennen und wahren. Fehlt es an einer anders lautenden Satzungsbestimmung, gilt hierbei der Sorgfaltsmaßstab des § 93 Abs. 1 S. 1 AktG; die Aufsichtsratsmitglieder müssen ihre Überwachungsfunktion ordentlich und gewissenhaft ausüben.[52] Bei einem Widerstreit der Interessen zwischen der entsendungsberechtigten Kommune einerseits und der Gesellschaft andererseits haben sie letzterer den Vorzug zu geben.[53] Da es allerdings die Verpflichtung der Gesellschaftsorgane auf das Wohl des Unternehmens nicht ausschließt,

---

[46] Vgl. für den umgekehrten Fall einer postulierten Weisungsgebundenheit konsequent *Altmeppen* NJW 2003, 2561, 2567.

[47] *Schneider* in: Scholz, GmbHG, 10. Aufl. 2006, § 52 Rn. 544; vgl. dazu allgemein auch BGH Urt. v. 21.12.1979 – II ZR 244/78, NJW 1980, 1629, 1630; Urt. v. 18.9.2006 – II ZR 137/05, BGHZ 169, 98, 106 f. Tz. 18

[48] BGH Urt. v. 15.11.1982 – II ZR 27/82, BGHZ 85, 293, 295 f.; *Banspach/Nowak* Der Konzern 2008, 195, 205.

[49] BGH Urt. v. 15.11.1982 – II ZR 27/82, BGHZ 85, 293, 295 f.; *Schneider* in: Scholz, GmbHG, 10. Aufl. 2006, § 52 Rn. 95; *Hüffer* AktG, 9. Aufl. 2010, § 111 Rn. 6, jeweils mwN.

[50] MünchKommAktG/*Habersack* 3. Aufl. 2008, § 100 Rn. 11; für die Praxis wird man daher wenigstens erwarten müssen, dass das Aufsichtsratsmitglied die Berichte der Geschäftsleitung entgegenzunehmen und kritisch zu würdigen weiß, einen Jahresabschluss mit Verstand zu lesen vermag und ihm die Unterscheidung zwischen der bloßen Überwachung der Geschäftsführung und einer eigenverantwortlichen Entscheidung im Falle eines Zustimmungsvorbehalts geläufig ist; vgl. dazu ausführlich GroßkommAktG/*Hopt/Roth* 4. Aufl. 2005, § 100 Rn. 20 ff.; kritisch *Thümmel* DB 1999, 1891.

[51] Vgl. dazu sowie zu öffentlich-rechtlichen Besonderheiten ausführlich *Banspach/Nowak* Der Konzern 2010, 195, 199 ff.; zur Verschwiegenheitspflicht *Zieglmeier* ZGR 2007, 144, 159 ff.; *Wilhelm* DB 2009, 944 ff.

[52] *Zöllner/Noack* in: Baumbach/Hueck, GmbHG, 19. Aufl. 2010, § 52 Rn. 72.

[53] *Schneider* in: Scholz, GmbHG, 10. Aufl. 2006, § 52 Rn. 544.

bei den Entscheidungen auch das Allgemeinwohl sowie die gesamtwirtschaftlichen Belange der Gemeinde im Rahmen des satzungsmäßigen Zwecks angemessen zu berücksichtigen, und die Kommune ihrerseits haushaltsrechtlich gehalten ist, bei der Verwaltung ihres Vermögens die Grundsätze der Wirtschaftlichkeit zu beachten,[54] sollten derartige Interessenkonflikte und Pflichtenkollisionen die Ausnahme – nicht die Regel – sein.[55] Dies gilt namentlich bei der Einpersonen-GmbH, so dass sich der Streit um die Weisungsgebundenheit der Mitglieder des Aufsichtsrats darauf reduziert, ob die Gemeinde ihnen zutraut, ihre Interessen in eigener Verantwortung zu erkennen. Fehlt es an diesem Vertrauen, ist es – wie dargelegt – konsequent, auf die Einrichtung eines fakultativen Aufsichtsrats zu verzichten.

c) In der Satzung kann der Sorgfaltsmaßstab in den Grenzen des § 276 BGB herabgesetzt werden.[56] Ein vollständiger Verzicht auf Schadensersatzansprüche ist hingegen erst nachträglich durch Gesellschafterbeschluss möglich. Da § 93 Abs. 4 S. 3 AktG von der Verweisung in § 52 Abs. 1 GmbHG nicht umfasst ist, ist der Verzichtsbeschluss ohne Einhaltung einer Karenzzeit möglich. Da § 93 Abs. 4 AktG keine Anwendung findet, entfaltet auch bereits der Entlastungsbeschluss zugunsten der Aufsichtsratsmitglieder weitergehende Verzichtswirkung als beim obligatorischen Aufsichtsrat.[57]

Umgekehrt ist es nach der *Doberlug*-Entscheidung auch denkbar, dass die Satzung Haftungstatbestände verschärft, insbesondere eine der Regelung des § 93 Abs. 3 AktG nachgebildete Bestimmung trifft.[58]

2. Haftung als Rechtsfolge eines schuldhaften Pflichtenverstoßes

Folge der allgemeinen Pflichtenbindung für die Mitglieder des fakultativen (kommunalen) Aufsichtsrats ist die Geltung der allgemeinen Haftungsregeln,[59] soweit § 52 Abs. 1 GmbHG hierauf verweist.[60] Die Haftung der Aufsichtsratsmitglieder bei Pflichtverletzungen stellt sich als die zwingende Konsequenz dar, die mit der Aufgabenzuweisung an sie einhergeht.[61] Hiervon gehen offenkundig auch die Gemeindeordnungen der Länder aus, die im Falle fahrlässiger Pflichtverletzung durchgängig eine Haftungsfreistellung zugunsten der Organmitglieder vorsehen (vgl. § 104 Abs. 4 GemO BW). Aufgrund dieser das persönliche Risiko minimierenden Freistellung können die Mitglieder des Aufsichtsrats gegenüber einer Inanspruchnahme auch nicht einwenden, sie erhielten für ihre Tätigkeit eine nur geringe Aufwandsentschädigung.[62] Die Regelungen zur Haftungsfreistellung sind zugleich ein weiterer Beleg dafür, dass die Aufsichtsratsmitglieder nicht weisungsunterworfen sind.

---

[54] Vgl. insoweit zur öffentlichen Hand allgemein BGH Urt. v. 13.10.1977 – II ZR 123/76, BGHZ 69, 334, 339; *Schneider* in: Scholz, GmbHG, 10. Aufl. 2006, § 52 Rn. 328.

[55] Vgl. zu dieser Übereinstimmung – wenngleich mit anderer Schlussfolgerung – auch *Altmeppen* NJW 2003, 2561, 2564 f.

[56] *Lutter* in: Lutter/Hommelhoff, GmbHG, 17. Aufl. 2009, § 52 Rn. 32 mwN; restriktiver *Zöllner/Noack* in: Baumbach/Hueck, GmbHG, 19. Aufl. 2010, § 52 Rn. 72, die für eine Herabsetzung nicht unter die Schwelle grober Fahrlässigkeit vertreten.

[57] *Zöllner/Noack* in: Baumbach/Hueck, GmbHG, 19. Aufl. 2010, § 52 Rn. 77 ff.; *Lutter* in: Lutter/Hommelhoff, GmbHG, 17. Aufl. 2009, § 52 Rn. 36.

[58] BGH Urt. v. 20.9.2010 – II ZR 78/09 Tz. 27.

[59] *Schneider* in: Scholz, GmbHG, 10. Aufl. 2006, § 52 Rn. 544; *Schodder* EWiR 2009, 479, 480; zur inhaltlichen Ausgestaltung der Haftung vgl. *Zöllner/Noack* in: Baumbach/Hueck, GmbHG, 19. Aufl. 2010, § 52 Rn. 70 ff. mwN.

[60] Neben § 93 Abs. 3 AktG ist von der Verweisung auch dessen Abs. 5 ausgenommen, so dass der Ersatzanspruch nicht von den Gläubigern der Gesellschaft geltend gemacht werden kann; vgl. dazu BGH Urt. v. 20.9.2010 – II ZR 78/09 Tz. 26.

[61] OLG Brandenburg Urt. v. 17.2.2009, ZIP 2009, 866, 867 m. zust. Anm. *Schodder* EWiR 2009, 479 f.; *Bormann* GmbHR 2009, 662, 663

[62] *Schodder* EWiR 2009, 479, 480; vgl. auch *Schürnbrand* NZG 2010, 1207, 1212.

Es ist widersinnig, die Gemeinde zur Übernahme des Schadens anzuhalten, den ein nach ihren Weisungen handelndes Aufsichtsratsmitglied durch sein Verhalten verursacht.[63]

IV. Zusammenfassung

Die Mitglieder des fakultativen Aufsichtsrats üben ihre Tätigkeit weisungsfrei aus. Dies gilt ungeachtet der Bestimmungen in den Gemeindeordnungen der Länder auch in der kommunalen GmbH. Sie unterliegen mangels abweichender Bestimmungen in der Satzung der gleichen Pflichtenbindung wie die Mitglieder „gewöhnlicher" Aufsichtsräte, so dass sie im Zweifel auch in gleichem Maße für etwaige Pflichtverstöße haften. Die persönlichen Folgen einer Inanspruchnahme von Aufsichtsratsmitgliedern kommunaler Gesellschaften werden durch die Haftungsfreistellung in den Gemeindeordnungen in ausreichendem Maß gemindert. Zu einer weiteren Privilegierung besteht kein Anlass.

---

[63] *Raiser* ZGR 1978, 391, 402 f.

GERHART KREFT

Die neue Rechtsprechung zur Gesellschaft bürgerlichen Rechts im Spiegel von Entscheidungen zur Rechtsberatersozietät

Übersicht

I. Einleitung

In Abwandlung des berühmten Ausspruchs *Julius von Kirchmanns,* „drei berichtigende Worte des Gesetzgebers und ganze Bibliotheken werden zu Makulatur",[1] ließe sich bei einer Wirkungsbetrachtung der Urteile des II. Zivilsenats des BGH vom 27. September 1999[2] und insbesondere vom 29. Januar 2001[3] zur Rechtsfähigkeit der Gesellschaft bürgerlichen Rechts und zur Haftung ihrer Gesellschafter formulieren: Zwei Entscheidungen des BGH und ein hundertjähriges Gesetzesverständnis wird Makulatur. Die Entscheidungen ergingen ohne Anrufung des beim BGH gebildeten Großen Senats für Zivilsachen[4] und des Gemeinsamen Senats der obersten Gerichtshöfe des Bundes.[5] Allerdings hat auch kein anderer Senat des BGH den Großen Zivilsenat und kein anderer oberster Gerichtshof den Gemeinsamen Senat bemüht. Vielmehr wurde die neue Rechtsprechung von allen Senaten des BGH sowie den anderen obersten Bundesgerichten, soweit sie mit ihr befasst waren, und darüber hinaus angenommen.[6] Der in der Literatur erhobene Vorwurf einer Verfas-

[1] *Julius v. Kirchmann* Die Wertlosigkeit der Jurisprudenz als Wissenschaft, ein Vortrag gehalten in der Juristischen Gesellschaft zu Berlin 1848, Sonderausgabe MCMLX, Wissenschaftliche Buchgesellschaft Darmstadt, S. 25.

[2] BGH Urt. v. 27.9.1999 – II ZR 371/98, BGHZ 142, 315 = NJW 1999, 3483 = WM 1999, 2071 = ZIP 1999, 1755 m. Anm. *Altmeppen* S. 1758.

[3] BGH Urt. v. 29.1.2001 – II ZR 331/00, BGHZ 146, 341 = NJW 2001, 1056 = WM 2001, 408 = ZIP 2001, 330 m. Bespr. *K. Schmidt* NJW 2001, 993 und *Ulmer* ZIP 2001, 585.

[4] Vgl. insoweit *Sieg* in: Zugehör/Fischer/Sieg/Schlee, Hdb. der Anwaltshaftung, 2. Aufl. 2006, Rn. 347 bis 349.

[5] Vgl. BGH Beschl. v. 18.2.2002 – II ZR 331/00, NJW 2002, 1207 = ZIP 2002, 614 = NZA 2002, 405.

[6] Vgl. außer der Entscheidung in Fn. 5 etwa BGH Urt. v. 19.6.2008 – III ZR 46/06, WM 2008, 1553, 1555 = ZIP 2008, 1582, 1584 = NJW-RR 2008, 1484 Tz. 30; BGH Beschl. v. 17.9.2008 – IV ZR 343/07, NJW 2009, 440 m. Anm. *Horn* S. 442, zur Möglichkeit der Beiordnung einer als Gesellschaft bürgerlichen Rechts betriebenen Rechtsanwaltssozietät im Rahmen der Bewilligung von Prozesskostenhilfe (vgl. auch *Schultz* in: Gaier/Wolf/Göcken, Anwaltliches Berufsrecht, Kommentar,

sungswidrigkeit[7] ist vereinzelt geblieben.[8] Freilich gab es retardierende Tendenzen, die sich in erster Linie auf den Gesichtspunkt des Vertrauensschutzes zurückführen lassen. Dies gilt vor allem, wenn auch nicht ausschließlich,[9] für den Bereich solcher Gesellschaften bürgerlichen Rechts, in denen sich Angehörige freier Berufe, namentlich Rechtsanwälte, Steuerberater oder Rechtsberater unterschiedlicher Profession, zu gemeinsamer Berufsausübung zusammengeschlossen haben. Unterdessen laufen diese Übergangsfälle, die am BGH wegen der hier häufig zu behandelnden Haftungsfragen im Allgemeinen in den Zuständigkeitsbereich des IX. Zivilsenats fielen, zumindest weitgehend aus. Dies mag es rechtfertigen, insoweit eine Summe zu ziehen und einen Ausblick auf noch offene Fragen zu werfen.

II. Der Kern der Entscheidungen vom 27. September 1999[10] und vom 29. Januar 2001[11]

1. In dem durch Urteil vom 27. September 1999[12] entschiedenen Fall wurden die drei Beklagten, die sich zum Zweck des gemeinsamen Betriebes einer Deponie- und Bauschuttrecyclinganlage und der Vermarktung von Recycling-Baustoffen zu einer Gesellschaft bürgerlichen Rechts zusammengeschlossen hatten, persönlich als Gesamtschuldner auf Zahlung von Mietzins für die Überlassung einer Betonbrecheranlage an die Gesellschaft in Anspruch genommen. In dem Gesellschaftsvertrag war die Vertretungs- und Verpflichtungsbefugnis der Gesellschafter, welche je einzeln zur Geschäftsführung und Vertretung der Gesellschaft berechtigt waren, auf das Gesellschaftsvermögen beschränkt worden. In dem von ihm abgeschlossenen Mietvertrag hatte der Beklagte zu 1 auf das Vertragsformular neben seine Unterschrift den Stempelaufdruck „Bauschutt Recycling N. GbR mbH“ gesetzt. Die Klage der Vermieterin hatte in allen Instanzen Erfolg. Nach der bisherigen höchstrichterlichen Rechtsprechung war die gesellschaftsvertraglich festgelegte Beschränkung der Vertretungsmacht der Geschäftsführer einer Gesellschaft bürgerlichen Rechts darauf, nur die Gesellschaft mit ihrem gesamthänderisch gebundenen Gesellschaftsvermögen, nicht aber auch die Gesellschafter persönlich mit ihrem Privatvermögen zu verpflichten, wirksam, wenn die eingeschränkte Vertretungsbefugnis für den Vertragspartner erkennbar, er insbesondere vor Vertragsschluss darauf hingewiesen worden war. Dem lag die sog. Doppelverpflichtungstheorie, dh. die Annahme zugrunde, zur Begründung einer persönli-

---

2010, Die Zivilrechtliche Haftung des Anwalts, Rn. 408); BGH Beschl. v. 4.12.2008 – V ZB 74/08, BGHZ 179, 102 = NJW 2009, 594 = WM 2009, 171 = ZIP 2009, 66 zur Grundbuchfähigkeit der Gesellschaft bürgerlichen Rechts (zu der Änderung von § 47 Abs. 2 GBO und der Neueinführung des § 899a BGB durch Gesetz vom 11.8.2009, BGBl. I S. 2713, vgl. *Scherer* NJW 2009, 3063, 3065; *Hirte* NJW 2010, 2177, 2182; *Wertenbruch* ZIP 2010, 1884; auch KG Beschl. v. 14. 9. 2010 - 1W 243/10, ZIP 2010, 2294, 2295); BGH Urt. v. 24.6.2003 – VI ZR 434/01, BGHZ 155, 205 = NJW 2003, 2984 = WM 2003, 1821 = ZIP 2003, 1604; BVerfG (1. Kammer des Ersten Senats), Beschl. v. 2.9.2002 – 1 BvR 1103/02, NJW 2002, 3533 = JZ 2003, 43 m. Anm. *Stürner* S. 44; BAG Urt. v. 1.12.2004 – 5 AZR 597/03, BAGE 113, 50 = NZA 2005, 318; BAG Urt. v. 30.10.2008 – 8 AZR 397/07, NJW 2009, 1997 (Leitsatz) = NZA 2009, 485 zur Arbeitgebereigenschaft einer als Gesellschaft bürgerlichen Rechts betriebenen Anwaltssozietät (dazu bereits *Diller* NZA 2003, 401); BFH Beschl. v. 28.1.2005 – III B 91/04, BFH/NV 2005, 1141; BFH Urt. v. 9.5.2006 – VII R 50/05, BFHE 213, 194.

[7] *Canaris* ZGR 2004, 69, 116 ff.

[8] Vgl. *Altmeppen* NJW 2004, 1563 f.

[9] Etwa BGH Urt. v. 21.1.2002 – II ZR 2/00, BGHZ 150, 1 = NJW 2002, 1642 = WM 2002, 958 = ZIP 2002, 403 zu Anlagegesellschaftern bereits existierender, als Gesellschaften bürgerlichen Rechts ausgestalteter geschlossener Immobilienfonds.

[10] BGHZ 142, 315 (Fn. 2).

[11] BGHZ 146, 341 (Fn. 3).

[12] BGHZ 142, 315 (Fn. 2).

chen Verpflichtung der Gesellschafter einer Gesellschaft bürgerlichen Rechts sei neben dem Vertragsschluss durch die Gesellschaft eine besondere rechtsgeschäftliche Verpflichtung der Gesellschafter persönlich erforderlich. Dieser Verpflichtungsakt erfolgte im Rechtsverkehr zwar regelmäßig zugleich mit dem rechtsgeschäftlichen Handeln namens der Gesellschaft, kam aber bereits bei einem Hinweis des für die Gesellschaft Handelnden auf eine anderweitige Regelung des Gesellschaftsvertrags nicht zustande, weil in diesem Falle die insoweit fehlende Vertretungsmacht des Handelnden für den Vertragspartner erkennbar war, so dass auch der Rechtsschein einer persönlichen Verpflichtung der Gesellschafter nicht entstand. Davon rückte der BGH nunmehr ab. Die Annahme widerspreche dem allgemeinen Grundsatz des bürgerlichen Rechts und des Handelsrechts, dass derjenige, der als Einzelperson oder in Gemeinschaft mit anderen Geschäfte betreibe, für die daraus entstehenden Verpflichtungen mit seinem gesamten Vermögen hafte, solange sich aus dem Gesetz nichts anderes ergebe oder die Haftung nicht durch eine individualvertragliche Vereinbarung mit dem Vertragspartner ausgeschlossen werde. Der möglicherweise aus dem Auftreten als „GbR mbH" oder einer ähnlichen Bezeichnung ersichtliche Wille der Gesellschafter, nur mit ihrem Anteil am Gesellschaftsvermögen zu haften, vermöge angesichts dieses Grundgedankens der geltenden Rechtsordnung eine Beschränkung der Haftung auf das Gesellschaftsvermögen nicht herbeizuführen.

Zu einem anderen Ergebnis gelange man auch nicht von dem Standpunkt aus, die Gesellschaft bürgerlichen Rechts sei eine verpflichtungsfähige Rechtsperson und in dieser Eigenschaft primär aus den sie betreffenden Schuldverhältnissen verpflichtet, die Gesellschafter selbst hafteten aber kraft Gesetzes gegenüber Dritten generell für die Verbindlichkeiten der Gesellschaft (sog. Akzessorietätstheorie). Die Annahme einer solchen gesetzlichen Haftung der Gesellschafter für die Gesellschaftsschulden führe ebenfalls dazu, dass im Hinblick auf vertragliche Verbindlichkeiten die persönliche Haftung der Gesellschafter nur im Konsens mit dem Vertragspartner abbedungen werden könne. Eine Haftungsbeschränkung durch einseitigen Akt der Gesellschaft würde entgegen dem System des geltenden Rechts im Ergebnis wie die Schaffung einer neuen Gesellschaftsform wirken, bei der den Gläubigern nur das – ungesicherte – Gesellschaftsvermögen hafte. Hierfür bestehe für die Gesellschaft bürgerlichen Rechts kein Bedürfnis. Das Gesetz ermögliche denjenigen, die unabhängig von einer Zustimmung ihrer Vertragspartner einen Ausschluss der persönlichen Haftung erreichen möchten, dies durch die Wahl der Rechtsform der GmbH oder der Kommanditgesellschaft zu erreichen. Freiberufliche Sozietäten könnten außer der für sie möglichen GmbH auch mit Hilfe der Partnerschaftsgesellschaft eine Haftungsbeschränkung für die Folgen von beruflichen Fehlern der anderen Gesellschafter herbeiführen (§ 8 Abs. 2, 3 PartGG).

2. Das Urteil vom 29. Januar 2001[13] richtete sich gegen eine bauwirtschaftliche Arbeitsgemeinschaft (ARGE) in der Rechtsform einer Gesellschaft bürgerlichen Rechts, die einen Wechsel akzeptiert hatte, und gegen zwei Gesellschafterinnen sowie gegen eine angebliche Scheingesellschafterin. Nach neuerer höchstrichterlicher Rechtsprechung konnte die Gesellschaft bürgerlichen Rechts als Gesamthandsgemeinschaft ihrer Gesellschafter zwar im Rechtsverkehr – soweit nicht spezielle Gesichtspunkte entgegenstanden – jede Rechtsposition einnehmen. Gleichwohl wurden nach der überkommenen Auffassung ausschließlich die einzelnen Gesellschafter als Zuordnungssubjekte der die Gesellschaft betreffenden Rechte und Pflichten angesehen. Die Gesellschaftsverbindlichkeiten wurden als gemeinschaftliche Verbindlichkeiten der Gesellschafter nach § 427 BGB betrachtet. Die auch nach dieser traditionellen Auffassung notwendige Differenzierung zwischen Gesellschaftsschuld und Gesellschafterschuld erfolgte derart, dass die für die Gesellschaft abgeschlossene Verbindlichkeit als eine „einheitliche Verpflichtung mit doppelter Wirkung" für das Gesamthandsvermögen einerseits und das persönliche Vermögen der Gesellschafter andererseits

[13] BGHZ 146, 341 (Fn. 3).

verstanden wurde. Diese Sichtweise gibt das Urteil auf. Der (Außen-)Gesellschaft bürgerlichen Rechts wird nunmehr Rechtsfähigkeit (Rechtssubjektivität) – wenn auch nicht die Eigenschaft einer juristischen Person – zuerkannt[14] mit der Folge, dass ein Wechsel im Mitgliederbestand keinen Einfluss auf den Fortbestand der mit der Gesellschaft bestehenden Rechtsverhältnisse hat und sie – nicht mehr nur die Gesellschafter in notwendiger Streitgenossenschaft – im Zivilprozess parteifähig und prozessführungsbefugt ist,[15] auch wenn es – so der BGH – grundsätzlich ratsam sein möge, neben der Gesellschaft die Gesellschafter persönlich zu verklagen. Diese könnten auch ausschließlich persönlich in Anspruch genommen werden. Ungeachtet des Wortlauts von § 736 ZPO könne sowohl aus einem gegen die Gesellschaft als auch aus einem gegen alle Gesellschafter ergangenen Urteil in das Gesellschaftsvermögen vollstreckt werden. Die im Urteil vom 27. September 1999[16] noch offen gelassene Frage der rechtlichen Einordnung der Gesellschafterhaftung entscheidet der BGH jetzt in Konsequenz der Anerkennung der beschränkten Rechtsfähigkeit der Gesellschaft bürgerlichen Rechts im Sinne einer akzessorischen Haftung der Gesellschafter für die Gesellschaftsverbindlichkeiten. Demzufolge sei der jeweilige Bestand der Gesellschaftsschuld entsprechend §§ 128 f. HGB auch für die persönliche Haftung der Gesellschafter maßgebend, soweit diese Haftung nicht ausnahmsweise durch Gesetz oder eine individualvertraglich getroffene Vereinbarung mit dem Vertragspartner ausgeschlossen sei. Danach sei eine unmittelbare Anwendung der §§ 420 ff. BGB nicht möglich, weil kein echtes Gesamtschuldverhältnis bestehe; es sei aber zu prüfen, ob unter Berücksichtigung der jeweils verschiedenartigen Interessen der Beteiligten der Rechtsgedanke der §§ 420 ff. BGB im Einzelfall zur Anwendung komme oder nicht. Für die Gesellschaft als originär Verpflichtete sei die entsprechende Anwendung der Gesamtschuldregeln – zB des § 425 BGB – im Verhältnis zur Gesellschafterhaftung grundsätzlich angebracht. Die Voraussetzungen einer Rechtsscheinhaftung seien im Streitfall nicht schlüssig dargetan.

III. Die bisherige höchstrichterliche Rechtsprechung zur Haftung der Gesellschafter einer in der Rechtsform der Gesellschaft bürgerlichen Rechts betriebenen Rechtsberatersozietät

1. Mit Urteil vom 30. April 1979[17] hat der BGH für eine „Bauherrengemeinschaft“ als Gesellschaft des bürgerlichen Rechts entschieden, die Übertragung eines Gesellschafteranteils auf die später wieder aus der Gesellschaft ausgeschiedene Beklagte führe nicht dazu, dass diese für die Restwerklohnforderung aus einem vor Erlangung ihrer Gesellschafterstellung geschlossenen Werkvertrag hafte. Allein wegen ihrer Beteiligung an der „Bauherrengemeinschaft“ habe sie nicht für die Schulden dieser Gesellschaft einzustehen. Zwar hafte ein noch vorhandenes Gesellschaftsvermögen dem Vertragspartner fort; die Beklagte könne aber insoweit nicht verurteilt werden, weil sie aus der Gesellschaft ausgeschieden sei und deshalb über dieses Vermögen nicht mehr (mit-)verfügen könne. Eine persönliche Gesellschafterhaftung mit dem Privatvermögen könne – abgesehen von der Möglichkeit eines Schuldbeitritts – nur durch Mitwirkung des Gesellschafters am Vertragsschluss oder dadurch begründet werden, dass der geschäftsführende Gesellschafter bei Vertragsschluss für ihn handele und dazu eine entsprechende Vertretungsmacht besitze. Beides komme hier nicht in

[14] Dies hat mit dazu beigetragen, dass der V. Zivilsenat des BGH die Teilrechtsfähigkeit der Wohnungseigentümergemeinschaft anerkannt hat: BGH Beschl. v. 2.6.2005 – V ZB 32/05, BGHZ 163, 154, 170 = NJW 2005, 2061, 2066 = WM 2005, 1423, 1428 = ZIP 2005, 1233, 1238 f.

[15] Zu den mit der Parteifähigkeit der BGB-Außengesellschaft verbundenen prozessualen Fragen ausführlich *K. Schmidt* in: Liber amicorum Walter F. Lindacher, 2007, S. 143; *ders.* NJW 2008, 1841; ferner *Lenenbach* WM 2011, 385 zur Bedeutung des § 736 ZPO für die BGB-Gesellschaft.

[16] BGHZ 142, 315 (Fn. 2).

[17] BGH Urt. v. 30.4.1979 – II ZR 137/78, BGHZ 74, 240 = NJW 1979, 1821 = WM 1979, 774.

Betracht. Trotz gewisser Vorteile scheine es nicht sachgerecht, die handelsrechtlich durch §§ 128, 129 HGB vorgezeichnete Akzessorietät der Gesellschafterhaftung zur Gesellschaftsschuld auf das Recht der Gesellschaft bürgerlichen Rechts zu übertragen und deren Gesellschafter ähnlich wie nach § 130 HGB auch für die vor seinem Beitritt begründeten Gesamthandsverbindlichkeiten haften zu lassen. Vielmehr sei der rechtsgeschäftlichen Haftungsbegründung der Vorzug zu geben. Das Recht der Gesellschaft bürgerlichen Rechts sei für eine Vielzahl von Personenverbindungen bereitgestellt, die von klein- und nichtkaufmännischen Erwerbsgesellschaften bis hin zu Gelegenheitsgesellschaften reichten und sich nach Art, Größe, Personenkreis, Organisation, Zwecken, ideeller und wirtschaftlicher Bedeutung in hohem Grade voneinander unterscheiden könnten. Zur Vielgestaltigkeit der Erscheinungsformen passe die unterschiedslose Strenge der handelsrechtlichen Haftungsbestimmungen wenig, sie werde dem Interesse der beteiligten Gesellschafter häufig nicht gerecht und sei in zahllosen Fällen auch im Rechtsverkehr nicht geboten. Belasse man es dagegen bei den allgemeinen Grundsätzen des bürgerlichen Rechts, so seien diejenigen differenzierenden Haftungsfolgen zu erzielen, die diesem Bereich – wenn nötig auch unter Berücksichtigung des Gläubigerinteresses – jeweils adäquat seien. Auch verdiene der Altgläubiger regelmäßig nicht den Schutz der Mithaftung des neu eingetretenen Gesellschafters, weil er aufgrund seiner Verpflichtung geleistet habe oder leiste, die er (nur) im Vertrauen auf die Leistungsfähigkeit der bisherigen Gesellschafter übernommen habe. Soweit er nach Eintritt des neuen Gesellschafters Kredit wegen einer Altverbindlichkeit gewährt habe, möge dies anders liegen und im Einzelfall eine Haftung des Neugesellschafters begründen. Hieraus aber generalisierend eine Haftung des neu eingetretenen Gesellschafters für Altschulden herzuleiten, ginge zu weit und ließe die unterschiedliche Schutzwürdigkeit des Rechtsverkehrs bei den verschiedenen Gestaltungsformen der Gesellschaft bürgerlichen Rechts außer Betracht. Freilich komme in Fällen dieser Art der Prüfung der Frage besondere Bedeutung zu, ob sich der eingetretene Gesellschafter den Umständen nach im Einzelfall die Gesellschaftsschuld dem Gläubiger gegenüber „zu eigen gemacht" habe, wenn dieser – wie im vorliegenden Falle – die Leistung erst nach dem Beitritt erbracht habe. Das treffe im Streitfall jedoch nicht zu.

2. Unter anderem auf diese Entscheidung nahm der IX. Zivilsenat des BGH mit Urteil vom 4. Februar 1988[18] Bezug. Der verklagte Rechtsanwalt wurde im Jahre 1977 oder 1978 Sozius des Rechtsanwalts K, der im Jahre 1973 von der Klägerin mandatiert worden und im Jahre 1979 verstorben war. Wegen Schlechterfüllung des Anwaltsvertrages verlangte die Klägerin von dem Beklagten Schadensersatz. Die Klage hatte beim BGH keinen Erfolg. Das Mandat sei zunächst nur K erteilt worden. Die spätere Gründung einer Sozietät habe nicht ohne weiteres zu einer Einbeziehung des Beklagten in das Auftragsverhältnis geführt. Der einem Einzelanwalt erteilte Auftrag erstrecke sich nicht automatisch auf seinen später hinzutretenden Sozius. Dazu bedürfe es vielmehr einer zumindest stillschweigenden Einbeziehung des Sozius in das bestehende Einzelmandat. Wer bei einer bereits bestehenden Anwaltssozietät einen der Sozien beauftrage, schließe den Anwaltsvertrag allerdings nicht nur mit diesem Rechtsanwalt ab, sondern mit allen der Sozietät angehörenden Anwälten. Alle hafteten ihm auf Schadensersatz, auch wenn nur der sachbearbeitende Anwalt den Schaden verursacht habe. Das beruhe auf dem insoweit übereinstimmenden Willen der Vertragschließenden. Sowohl der Mandant als auch der von ihm aufgesuchte Sozius hätten im Zweifel den Willen, dass das Mandatsverhältnis mit allen Mitgliedern der Sozietät geschlossen werde. Das gelte jedoch nur bei einer im Zeitpunkt der Auftragserteilung bereits bestehenden Sozietät. Anders sei es bei der Gründung einer Anwaltssozietät bezüglich der bereits vorher den einzelnen Anwälten erteilten Einzelmandate. Hier hätten bei Auftragserteilung weder der Mandant noch der Anwalt den Willen gehabt, das Auftragsver-

[18] BGH Urt. v. 4.2.1988 – IX ZR 20/87, NJW 1988, 1973 = WM 1988, 457 = ZIP 1988, 315. Vgl. auch *Schultz* in: Gaier/Wolf/Göcken (Fn. 6) Rn. 401 ff.

hältnis mit allen Mitgliedern bzw. für alle Mitglieder der – noch gar nicht bestehenden – Sozietät abzuschließen. Ein entsprechender Wille der Vertragschließenden könne auch bei der späteren Gründung der Sozietät nicht vorliegen. Damit vertragliche Beziehungen auch zwischen dem Mandanten und dem bei Gründung der Sozietät neu hinzutretenden Anwaltssozius entstünden, bedürfe es vielmehr einer nachfolgenden irgendwie gearteten – auch stillschweigenden – Willensübereinstimmung zwischen dem Mandanten und dem Sozius. Dieses Erfordernis entspreche auch dem Grundsatz, dass derjenige, der in eine Gesellschaft bürgerlichen Rechts wie die Anwaltssozietät eintrete, für vorher begründete Verbindlichkeiten nur kraft besonderer Vereinbarung mit dem Gläubiger hafte. Eine Einbeziehung des Beklagten in das Auftragsverhältnis zur Klägerin zu Lebzeiten von K sei aus tatsächlichen Gründen nicht festgestellt worden. Durch den Tod des K habe sich daran nichts geändert. Denn mit dem Tod von K sei das zwischen ihm und der Klägerin bestehende Einzelmandat kraft Gesetzes erloschen. Eine „Fortsetzung" dieses erloschenen Mandats wäre nur in der Weise möglich gewesen, dass die Klägerin mit dem Beklagten – zumindest stillschweigend – einen neuen Vertrag geschlossen hätte. Das sei nicht geschehen.

3. Bei in der Rechtsform einer Gesellschaft bürgerlichen Rechts betriebenen Sozietäten unterschiedlicher Berufsangehöriger kam nach der bisherigen Rechtsprechung des IX. Zivilsenats des BGH der Vertrag im Zweifel nur mit denjenigen Sozien zustande, die auf dem zu bearbeitenden Gebiet tätig werden durften.[19]

IV. Neuere Entscheidungen des IX. Zivilsenats und ihre Anpassung an die Rechtsprechung des II. Zivilsenats des BGH

1. Die Rechtsfähigkeit einer (Außen-)Gesellschaft bürgerlichen Rechts hat der IX. Zivilsenat spätestens mit Urteil vom 26. Januar 2006[20] für eine Rechtsberatersozietät anerkannt. Es handelte sich um den im Berufsregister der Wirtschaftsprüferkammer eingetragenen Zusammenschluss eines deutschen Steuerberaters und Wirtschaftsprüfers mit einer weiteren Person, die in Griechenland als „Ortokos Elektis" sowie „Logistis Forotechnikos" zugelassenen war. Diese Sozietät klagte einen Restanspruch aus einem Vertrag über steuerberatende Tätigkeiten ein. Der BGH führt bei der Prüfung der Wirksamkeit des Mandatsvertrages im Zusammenhang mit § 56 StBerG aus, der Gesetzgeber sei davon ausgegangen, dass Steuerberatungsleistungen nicht von einer Sozietät erbracht werden könnten, sondern ausschließlich von ihren Sozien. Diese Konzeption sei nach der Anerkennung der BGB-(Außen-)Gesellschaft durch die Rechtsprechung überholt. Daher könnte an eine analoge Anwendung des § 3 Nr. 1 bzw. Nr. 2 StBerG, welche zur geschäftsmäßigen Hilfe in Steuersachen befugte natürliche Personen und Partnerschaftsgesellschaften beträfen, auf Sozietäten gedacht werden. Von einer abschließenden Stellungnahme zu dieser Frage sieht das Gericht ab, weil die Erstreckung des § 3 StBerG auf Sozietäten allenfalls dann in Betracht komme, wenn sämtliche Sozien – was hier nicht zutreffe – in eigener Person nach § 3 StBerG zur Hilfeleistung in Steuersachen befugt seien. Darauf könne nicht verzichtet werden, weil bei

[19] Vgl. BGH Urt. v. 16.12.1999 – IX ZR 117/99, NJW 2000, 1333, 1334 = WM 2000, 963, 964 f. = ZIP 2000, 545, 546 f.; BGH Urt. v. 17.2.2000 – IX ZR 50/98, NJW 2000, 1560, 1561 = WM 2000, 1342, 1344; *Zugehör* Grundsätze der zivilrechtlichen Haftung der Rechtsanwälte, Steuerberater und Wirtschaftsprüfer, 2009, S. 6 Rn. 11; *Schultz* in: Gaier/Wolf/Göcken (Fn. 6) Rn. 409. Vgl. nunmehr BGH Urt. v. 9. 12. 2010 – IX ZR 44/10, ZIP 2011, 129 Tz. 8 ff.

[20] BGH Urt. v. 26.1.2006 – IX ZR 225/04, WM 2006, 830 = ZIP 2006, 1101 = NJW-RR 2006, 1204 Tz. 9. Zu dieser Entscheidung BGH Urt. v. 9. 12. 2010 – IX ZR 44/10, ZIP 2011, 129 Tz. 6 f., 12. Vgl. bereits BGH Urt. v. 22.1.2004 – IX ZR 65/01, BGHZ 157, 361, 364 = NJW 2004, 836, 837 = WM 2004, 483, 484 = ZIP 2004, 458, 459 zur Anwendung von § 28 HGB auf den Zusammenschluss eines Rechtsanwalts mit einem bisher als Einzelanwalt tätigen anderen Rechtsanwalt in einer Gesellschaft bürgerlichen Rechts.

einer Gesellschaft bürgerlichen Rechts die rechtliche und tatsächliche Verantwortung für die Hilfeleistung bei den Gesellschaftern liege, denen die Geschäftsführung regelmäßig gemeinschaftlich zustehe (§ 719 Abs. 1 BGB). Aus dem vorbehaltlosen Verweis auf die „Anerkennung der BGB-(Außen-)Gesellschaft durch die Rechtsprechung", wonach die gesetzgeberische Konzeption des § 56 StBerG überholt sei, sowie daraus, dass der IX. Zivilsenat die Parteifähigkeit der Sozietät nicht in Zweifel zieht, ist zu folgern, dass er die Rechtsprechung des II. Zivilsenats im Grundsatz übernehmen wollte.

2. a) Mit Urteil vom 24. Februar 2003[21] hat der II. Zivilsenat des BGH entschieden, dass die Gesellschaft bürgerlichen Rechts (im Streitfall eine Grundstücksgesellschaft) sich – abweichend von der bisherigen höchstrichterlichen Rechtsprechung – das zu Schadensersatz verpflichtende Handeln ihrer (geschäftsführenden) Gesellschafter entsprechend § 31 BGB zurechnen lassen muss und dass die Gesellschafter grundsätzlich auch für gesetzlich begründete Verbindlichkeiten ihrer Gesellschaft persönlich und als Gesamtsschuldner einzustehen haben. Dies folge aus dem mit Zustimmung aller anderen Zivilsenate des BGH vollzogenen Wandel im Verständnis der Rechtssubjektivität der Gesellschaft bürgerlichen Rechts und ihrer Haftungsverfassung. Es gebe keinen überzeugenden Grund, diese Haftung – anders als bei der OHG, bei der die Haftung der Gesellschaft auch für gesetzliche Verbindlichkeiten, insbesondere auch für ein zum Schadensersatz verpflichtendes Verhalten ihrer Gesellschafter, und die entsprechende Anwendbarkeit des § 31 HGB heute allgemein anerkannt seien – auf rechtsgeschäftlich begründete Verbindlichkeiten zu beschränken. Das wird näher ausgeführt.

b) Mit Urteil vom 3. Mai 2007[22] hat der IX. Zivilsenat die Anwendung von § 31 BGB auf eine Anwaltssozietät in der Rechtsform einer Gesellschaft bürgerlichen Rechts, bei der ein Scheinsozius Mandantengelder veruntreut hatte, mit der Folge einer persönlichen Haftung der Gesellschafter im Anschluss an die Entscheidung des II. Zivilsenats vom 24. Februar 2003[23] und des VI. Zivilsenats vom 24. Juni 2003[24] ebenfalls bejaht. Für berufshaftungsrechtliche Verbindlichkeiten der Gesellschaft könne keine Ausnahme bei der Anwendung des § 31 BGB anerkannt werden. In Ermangelung einer gegenteiligen Regelung sei bei einer Anwaltssozietät jeder Sozius, dem die selbständige und eigenverantwortliche Bearbeitung von Mandaten überlassen sei, „verfassungsmäßig berufener Vertreter" iSd. § 31 BGB. Das gelte auch für einen berufsrechtlichen Zusammenschluss von Rechtsanwälten, der – ohne eine Gesellschaft zu sein – nach außen hin diesen Anschein erwecke (Scheinsozietät). Eine solche Sozietät sei für die Zurechnung vertraglicher Haftungstatbestände nach den Grundsätzen zur Anscheins- und Duldungsvollmacht grundsätzlich ausreichend. Die Sozietät, die den Scheinsozius nach außen wie einen Sozius handeln lasse, gebe damit auch zu erkennen, dass sie für dessen Handeln grundsätzlich einstehen wolle. Fehler des Scheinsozius bei der Bearbeitung eines Mandats würden als solche der Sozietät behandelt. Das Ergebnis sei nicht anders, wenn der Scheinsozius deliktisch handele. „Organ" iSd. § 31 BGB könne auch ein Nichtgesellschafter sein. Die persönliche Haftung der (wirklichen) Gesellschafter mit ihrem Privatvermögen setze neben der (analogen) Geltung des § 31 BGB voraus, dass die Vorschrift des § 128 HGB (oder des § 8 PartGG) auf die Gesellschafter der Gesellschaft bürgerlichen Rechts, namentlich auf anwaltliche Sozien, analog anwendbar sei. In der neueren Rechtsprechung des II. Zivilsenats des BGH werde dies grundsätzlich bejaht. § 128 HGB umfasse nach seinem Wortlaut unterschiedslos vertragli-

[21] BGH Urt. v. 24.2.2003 – II ZR 385/99, BGHZ 154, 88 = NJW 2003, 1445 = WM 2003, 830 = ZIP 2003, 664. Dazu – im Hinblick auf die persönliche Haftung der Gesellschafter kritisch – *Altmeppen* NJW 2003, 1553. Dem BGH zustimmend *K. Schmidt* NJW 2003, 1897.

[22] BGH Urt. v. 3.5.2007 – IX ZR 218/05, BGHZ 172, 169 = NJW 2007, 2490 = WM 2007, 1530 = ZIP 2007, 1460. Dazu *K. Schmidt* JuS 2007, 1066 f.; *Ganter* AnwBl. 2008, 94, 98 f. Zur Scheinsozietät *Schultz* in: Gaier/Wolf/Göcken (Fn. 6) Rn. 454 ff.; auch *Tauchert* in: Gaier/Wolf/Göcken (Fn. 6) § 51a BRAO Rn. 24 f.

[23] BGHZ 154, 88 (Fn. 21).

[24] BGHZ 155, 205 (Fn. 6).

che und deliktische Verbindlichkeiten. Der Grundgedanke dieser Norm treffe auch für die Gesellschafter einer Gesellschaft bürgerlichen Rechts zu. Ihr Haftungsprinzip gelte auch für die berufshaftungsrechtlichen Verbindlichkeiten einer Anwaltssozietät. Wenn im Allgemeinen ein Gesellschafter für ein fremdes Delikt einstehen müsse, sei nicht einzusehen, weshalb dies bei einem anwaltlichen Sozius anders sein solle. Die Rechtsanwälte, die sich in einer Sozietät zusammenschlössen und werbend als solche aufträten, nähmen auch das Risiko auf sich, dass ein Sozius das in sie gesetzte Vertrauen missbrauche. Auch insoweit verdiene eine Scheinsozietät keine besondere Behandlung. Gäben die Sozien der Sozietät den Anschein, größer zu sein, als sie in Wirklichkeit sei, gingen die Folgen mit ihnen heim; denn sie hätten es in der Hand gehabt, dem Mandanten gegenüber rechtzeitig klarzustellen, dass der sachbearbeitende Rechtsanwalt nicht zu den Mitgliedern der Sozietät gehöre.

Danach gibt es bei der Anwendung von § 31 BGB auf die Gesellschaft bürgerlichen Rechts zwischen dem II. und dem IX. Zivilsenat keine Differenzen.

3. a) Mit Urteil vom 7. April 2003[25] hat der II. Zivilsenat erstmals ausdrücklich zur entsprechenden Anwendung von § 130 HGB auf die Gesellschaft bürgerlichen Rechts Stellung bezogen. Es ging um eine Klage auf Rückzahlung eines Honorarvorschusses gegen drei als Gesamtschuldner in Anspruch genommene Rechtsanwälte, die sich am 1. Juli 1998 zu einer Sozietät zusammengeschlossen hatten. Die Klägerin hatte den Vorschuss Anfang Mai 1997 gezahlt. Zu diesem Zeitpunkt war der Beklagte zu 2 noch nicht als Rechtsanwalt zugelassen. Das Landgericht hatte der Klage in vollem Umfang stattgegeben. Die nach Rücknahme der Berufungen der Beklagten zu 1 und 3 nur von dem Beklagten zu 2 begründete Berufung hatte Erfolg. Der BGH wies die Klage gegen den Beklagten zu 2 auf dessen zugelassene Revision ab, soweit sie seine Verurteilung zur Zahlung aus seinem Privatvermögen betraf. Das Gericht geht davon aus, dass ein neu in eine schon bestehende Gesellschaft bürgerlichen Rechts eintretender Gesellschafter grundsätzlich auch für die bereits vor seinem Eintritt begründeten Verbindlichkeiten der Gesellschaft (sog. Altverbindlichkeiten) haftet. Es lässt offen, ob dies bereits aus dem – an die Stelle der Doppelverpflichtungslehre getretenen – Akzessorietätsprinzip folgt. Jedenfalls entspreche der Gedanke, dass ein neu in eine Gesellschaft bürgerlichen Rechts eintretender Gesellschafter auch ohne besondere Verpflichtungserklärungen gegenüber den Gläubigern mit dem Erwerb der Mitgliedschaft auch in die bestehenden Verbindlichkeiten der Gesellschaft eintrete und damit wie ein Altgesellschafter für alle Verbindlichkeiten der Gesellschaft ohne Unterscheidung nach dem Zeitpunkt ihrer Begründung hafte, sowohl dem Wesen der Personengesellschaft als auch – damit innerlich zusammenhängend – einer im Verkehrsschutzinteresse zu Ende gedachten Akzessorietät der Haftung. Das führt der BGH im Folgenden für sämtliche (Außen-)Gesellschaften bürgerlichen Rechts näher aus. Danach wendet er sich solchen Gesellschaften bürgerlichen Rechts zu, die von Angehörigen freier Berufe zur gemeinsamen Berufsausübung gegründet worden sind, und legt dar, dass der Grundsatz der persönlichen Haftung des Neugesellschafters für Altverbindlichkeiten auch für diese Gesellschaften gelte. Der Gesetzgeber habe in § 8 Abs. 1 PartGG die Haftung für Verbindlichkeiten der Partnerschaft dahin geregelt, dass neben deren Vermögen die Partner als Gesamtschuldner den Gläubigern hafteten (S. 1) und insoweit die Vorschriften der §§ 129 und 130 HGB entsprechend anzuwenden seien (S. 2), also ein neu in die Partnerschaft eintretender Gesellschafter auch für bereits bestehende Verbindlichkeiten der Partnerschaft hafte. Da mit dem Partnerschaftsgesellschaftsgesetz eine spezielle Rechtsform geschaffen worden sei, die gerade den besonderen Verhältnissen und legitimen Bedürfnissen der freien Berufe Rechnung tragen solle, könne diese Regelung nur dahin verstanden werden, dass aus Sicht

---

[25] BGH Urt. v. 7.4.2003 – II ZR 56/02, BGHZ 154, 370 = NJW 2003, 1803 = WM 2003, 977 = ZIP 2003, 899. Dazu *K. Schmidt* NJW 2003, 1897; *Goette* DStR 2006, 139. Vgl. auch *Schultz* in: Gaier/Wolf/Göcken (Fn. 6) Rn. 400, 418 ff.

des Gesetzgebers keine Bedenken dagegen bestünden, die Angehörigen der freien Berufe grundsätzlich einer Haftung zu unterwerfen, die hinsichtlich Altverbindlichkeiten derjenigen des Gesellschafters einer offenen Handelsgesellschaft gleiche. Für Verbindlichkeiten vertraglicher, quasi-vertraglicher und gesetzlicher Art stehe danach der Annahme einer persönlichen Haftung der Neugesellschafter für Altverbindlichkeiten einer von Angehörigen freier Berufe gebildeten Gesellschaft bürgerlichen Rechts im Grundsatz nichts im Wege. Danach folgt jedoch eine gewichtige Einschränkung: „Eine Ausnahme könnte lediglich für Verbindlichkeiten aus beruflichen Haftungsfällen in Betracht kommen, da sie, wie die Bestimmung des § 8 Abs. 2 PartGG zeigt, eine Sonderstellung einnehmen." Allerdings lässt der BGH offen, ob der Grundsatz der persönlichen Haftung für Altverbindlichkeiten auch insoweit Anwendung finde, weil dies für die Entscheidung des Falles unerheblich sei. Denn mit Rücksicht auf die seit langem bestehende gefestigte Rechtsprechung des BGH, wonach der Neugesellschafter einer Gesellschaft bürgerlichen Rechts für deren Altverbindlichkeiten nicht mit seinem Privatvermögen hafte, geböten es Erwägungen des Vertrauensschutzes, den Grundsatz der persönlichen Haftung des in eine Gesellschaft bürgerlichen Rechts Eintretenden für Altverbindlichkeiten der Gesellschaft erst auf künftige Beitrittsfälle anzuwenden. Neugesellschafter hätten sich nach der überkommenen Rechtsprechung vor ihrem Gesellschaftsbeitritt weder um Informationen über etwa bestehende Gesellschaftsschulden zu bemühen noch wirtschaftliche Vorkehrungen für eine eventuelle persönliche Haftung für solche Verbindlichkeiten zu treffen brauchen. Es träfe sie daher unverhältnismäßig hart, wenn sie nunmehr rückwirkend der persönlichen Haftung für Altverbindlichkeiten unterworfen würden, wie sie sich als Folge des geänderten Verständnisses von der Haftungsverfassung der Gesellschaft bürgerlichen Rechts ergebe.[26] Aspekte, die der Gewährung von Vertrauensschutz entgegenstünden, seien nicht ersichtlich.

b) Mit Urteil vom 12. Dezember 2005[27] hat der II. Zivilsenat den Vertrauensschutz gegen eine Haftung entsprechend § 130 HGB im Fall einer Gesellschaft bürgerlichen Rechts, in deren Eigentum zwei Mietshäuser standen, in die noch unbezahltes Gas geliefert worden war, zutreffend eingeschränkt. Der verklagte Gesellschafter, der zwischenzeitlich aus der Gesellschaft ausgeschieden war, stellte seine Haftung mit der Behauptung in Frage, das Gas sei zu einer Zeit geliefert worden, als er nicht Gesellschafter gewesen sei. Der BGH bejaht seine Haftung mit mehreren Erwägungen. Zum Vertrauensschutz bei einer Haftung nach § 130 HGB führt er aus, der Entscheidung vom 7. April 2003[28] sei vor dem tatsächlichen Hintergrund des Falles nicht zu entnehmen, ein Neugesellschafter hafte bis zur Publikation dieser Entscheidung für Altverbindlichkeiten der Gesellschaft unter keinen Umständen. Ein derartiges Verständnis gehe weit über die Aussage jener Entscheidung hinaus. In jedem Fall einer mit Rückwirkung verbundenen Rechtsprechungsänderung sei zu prüfen, ob den Interessen des auf die Rechtslage Vertrauenden Vorrang einzuräumen sei gegenüber der materiellen Gerechtigkeit. So sei der Senat in der Entscheidung vom 7. April 2003[29] verfahren und habe in dem zugrunde liegenden Fall des Eintritts eines Junganwalts in eine Anwaltssozietät, die einem dem eintretenden Anwalt nicht bekannten Anspruch auf Rückzahlung eines ohne Rechtsgrund geleisteten Honorarvorschusses ausgesetzt gewesen sei, einen Vertrauensschutz bejaht, weil der Neugesellschafter von dem Bestehen dieses Anspruchs nicht ausgehen musste, von dem Anspruch nur durch Nachfrage hätte erfahren können, zu der er aber nach der damaligen Rechtslage nicht verpflichtet gewesen sei. Derartige Altverbindlichkeiten könne der Neugesellschafter weder in seine Beitrittsentscheidung einbeziehen noch könne er entsprechende Vorkehrungen für den Fall der per-

---

[26] Dabei beruft sich der BGH auf sein Urt. v. 21.1.2002, BGHZ 150, 1 (Fn. 9).

[27] BGH Urt. v. 12.12.2005 – II ZR 283/03, NJW 2006, 765, 766 = WM 2006, 187, 188 = ZIP 2006, 82, 84. Dazu *Segna* NJW 2006, 1566.

[28] BGHZ 154, 370 (Fn. 25).

[29] BGHZ 154, 370 (Fn. 25).

sönlichen Inanspruchnahme treffen. Dies habe es gerechtfertigt, ihn aus Vertrauensgesichtspunkten nicht haften zu lassen. Daran halte der Senat fest. Anders habe die Abwägung zwischen Rechtssicherheit und materieller Gerechtigkeit auszufallen, wenn der Neugesellschafter die Altverbindlichkeit der Gesellschaft im Beitrittszeitpunkt kenne oder wenn er sie bei auch nur geringer Aufmerksamkeit hätte erkennen können; das gelte erst recht, wenn sich dem Beitretenden das Bestehen von Altverbindlichkeiten aufdrängen müsse, weil sie typischerweise vorhanden seien. So liege der Fall hier.

c) Zu einer Haftung des Gesellschafters einer Anwaltssozietät in der Rechtsform einer Gesellschaft bürgerlichen Rechts entsprechend § 130 HGB hat der IX. Zivilsenat sich noch nicht ausdrücklich geäußert. Allerdings hat er in der Entscheidung vom 3. Mai 2007[30] zur Anwendung von § 31 BGB auf eine solche Anwaltssozietät bemerkt, der II. Zivilsenat habe (in der Entscheidung vom 24. Februar 2003)[31] wiederum offen gelassen, ob das in § 128 HGB zum Ausdruck kommende Haftungsprinzip auf die berufshaftungsrechtlichen Verbindlichkeiten der Gesellschaft zutreffe. Der IX. Zivilsenat verweist dabei auf das Urteil des II. Zivilsenats vom 7. April 2003.[32] In der Entscheidung vom 24. Februar 2003[33] ist von einer solchen Einschränkung nicht die Rede. Aber auch im Urteil vom 7. April 2003[34] wird nicht das in § 128 HGB zum Ausdruck kommende Haftungsprinzip für berufshaftungsrechtliche Verbindlichkeiten in Frage gestellt. Vielmehr geht es in dieser Entscheidung allein um die analoge Anwendung von § 130 HGB auf eine derartige Rechtsanwaltssozietät. Das könnte darauf hindeuten, der IX. Zivilsenat wolle – sofern die Voraussetzungen für einen Vertrauensschutz fehlen – § 130 HGB uneingeschränkt auch auf berufshaftungsrechtliche Verbindlichkeiten von Rechtsanwaltssozietäten in der Rechtsform einer Gesellschaft bürgerlichen Rechts entsprechend anwenden. Eine solche Interpretation steht aber doch wohl auf nicht hinreichend festem Boden. Allerdings lässt die Entscheidung des IX. Zivilsenats vom 19. November 2009[35] zu § 8 PartGG erkennen, dass der Senat die in Abs. 1 S. 2 dieser Norm angeordnete entsprechende Anwendung von § 130 HGB auf berufshaftungsrechtliche Verbindlichkeiten der mit der Sache befassten Partner (§ 8 Abs. 2 PartGG) sehr weit versteht. Nach diesem Urteil kann ein Partner, der mit der Bearbeitung eines Auftrags befasst ist, auch für vor seinem Eintritt in die Partnerschaftsgesellschaft begangene berufliche Fehler eines anderen mit dem Auftrag befassten Partners haften, selbst wenn er sie nicht mehr korrigieren kann. Dies könnte dafür sprechen, dass der IX. Zivilsenat § 130 HGB auch auf berufshaftungsrechtliche Verbindlichkeiten einer in der Rechtsform einer Gesellschaft bürgerlichen Rechts betriebenen Anwaltssozietät ohne Einschränkungen entsprechend anzuwenden gedenkt.[36]

Gleichwohl ist die Frage, inwieweit § 130 HGB auf Rechtsberatersozietäten in der Rechtsform einer Gesellschaft des bürgerlichen Rechts entsprechend anzuwenden ist, wenn es um Verbindlichkeiten aus beruflichen Haftungsfällen geht, als höchstrichterlich noch offen anzusehen. In der Literatur ist die Frage umstritten.[37] Die Antwort wird auch davon abhängen, ob man es Rechtsberatern zur Vermeidung einer Haftung für derartige Verbindlichkeiten entsprechend § 130 HGB zumuten will, die überkommene Rechtsform der Gesellschaft bürgerlichen Rechts zu verlassen und stattdessen die Rechtsform einer Partner-

---

[30] BGHZ 172, 169 (Fn. 22).

[31] BGHZ 154, 88 (Fn. 21).

[32] BGHZ 154, 370 (Fn. 25).

[33] BGHZ 154, 88 (Fn. 21).

[34] BGHZ 154, 370 (Fn. 25).

[35] BGH Urt. v. 19.11.2009 – IX ZR 12/09, NJW 2010, 1360 = WM 2010, 139 = ZIP 2010, 124 mit zum Teil krit. Anm. *Henssler/Deckenbrock* EWiR 2010, 89 f.

[36] AA wohl *Borgmann* NJW 2010, 1924, 1926.

[37] Vgl. etwa *K. Schmidt* NJW 2005, 2801, 2806 ff. (bejahend); *Sieg* (Fn. 4) Rn. 357 f. (verneinend). Vgl. auch MünchKommBGB/*Ulmer/Schäfer* 5. Aufl. 2009, § 714 Rn. 72 f.; *Habersack* in: Staub, HGB, 5. Aufl. 2009, § 130 Rn. 5.

schaftsgesellschaft, wenn nicht einer GmbH (oder Aktiengesellschaft) zu wählen, wie dies bereits in der Entscheidung des BGH vom 27. September 1999[38] anklingt.[39] Freilich haftet der in eine Partnerschaftsgesellschaft eingetretene neue Partner nach der Entscheidung des BGH vom 19. November 2009[40] nur dann nicht für vor seinem Eintritt begangene berufliche Fehler, wenn er sich der Bearbeitung von Mandaten enthält, die bereits vor seinem Eintritt (fehlerhaft) bearbeitet wurden. Jedenfalls dann, wenn man einen Rechtsformwechsel für zumutbar hält, dürfte einer durchgängigen Anwendung von § 130 HGB auf Rechtsberatersozietäten in der Rechtsform einer Gesellschaft bürgerlichen Rechts nichts entgegenstehen.

4. In dem Urteil vom 26. Juni 2008[41] hat sich der IX. Zivilsenat mit der Haftung von Gesellschaftern einer Gesellschaft bürgerlichen Rechts befasst, bei denen es sich um einen Rechtsanwalt und eine Steuerberaterin handelte. Beide wurden auf Schadensersatz in Anspruch genommen mit dem Vorbringen, der Rechtsanwalt habe den Anwaltsvertrag schuldhaft verletzt. Der BGH gewährte der verklagten Steuerberaterin Vertrauensschutz, weil der Anwaltsvertrag spätestens im Laufe des Jahres 2000 geschlossen wurde und die Rechtsfortbildung zur eigenständigen Rechtspersönlichkeit der Gesellschaft bürgerlichen Rechts erst mit der Entscheidung vom 29. Januar 2001[42] beginne. Der BGH legt dar, dass nach der bisherigen höchstrichterlichen Rechtsprechung bei Sozietäten unterschiedlicher Berufsangehöriger – sog. interprofessionelle oder gemischte Sozietäten – der Vertrag im Zweifel nur mit denjenigen Berufsangehörigen zustande komme, die auf dem zu bearbeitenden Rechtsgebiet tätig werden dürften, weil sie berufsrechtlich und fachlich dazu befugt seien. Der Vertrag sei regelmäßig dahin auszulegen, dass nur diese Mitglieder der Sozietät die Vertragserfüllung übernehmen sollten. Das treffe hier allein auf den Rechtsanwalt zu; denn eine reine Besorgung fremder Rechtsangelegenheiten iSd. Art. 1 § 1 RBerG sei dem Steuerberater verwehrt. Verpflichte sich ein Wirtschaftsprüfer oder Steuerberater geschäftsmäßig zu einer ihm nicht gestatteten Rechtsbesorgung, sei der Vertrag nach § 134 BGB iVm. Art. 1 § 1 RBerG nichtig. Der BGH spricht in diesem Zusammenhang die im Schrifttum entstandene Kontroverse[43] an, ob die neue Rechtsprechung zur Rechtssubjektivität der Gesellschaft bürgerlichen Rechts und zu der hieraus folgenden akzessorischen Haftung ihrer Gesellschafter auch auf gemischte Sozietäten anzuwenden sei mit der Folge, dass der Mandatsvertrag ohne Rücksicht auf die internen Zuständigkeits- und Zulässigkeitsfragen mit der Sozietät zustande komme (und alle Sozien für sämtliche Verbindlichkeiten der Sozietät hafteten), oder ob die persönliche Haftung der Sozietätsmitglieder (für berufsbedingte Verbindlichkeiten) analog § 128 HGB im Wege konkreter Auslegung des Vertrages auf diejenigen Sozien zu begrenzen sei, die Vertragspartner nach den bisherigen Grundsätzen des Einzelmandats wären. Der BGH entscheidet die Frage indes nicht, weil eine rückwirkende Haftung von berufsfremden Sozietätsmitgliedern aus dem Gesichtspunkt des Vertrauensschutzes nicht in Betracht komme.

Demnach ist die Frage der Gesellschafterhaftung für berufsbezogene Verbindlichkeiten bei gemischten Gesellschaften bürgerlichen Rechts von Rechtsberatern weiter offen. Ob

---

[38] BGHZ 142, 315, 322 f. (Fn. 2).

[39] Ähnlich MünchKommBGB/*Ulmer/Schäfer* 5. Aufl. 2009, § 714 Rn. 61 zur Haftung entsprechend § 128 HGB.

[40] BGH NJW 2010, 1360 (Fn. 35).

[41] BGH Urt. v. 26.6.2008 – IX ZR 145/05, WM 2008, 1563 = ZIP 2008, 1432 = NJW-RR 2008, 1594. Bestätigt durch BGH Urt. v. 5.2.2009 – IX ZR 18/07, NJW 2009, 1597 = WM 2009, 669 = ZIP 2009, 725 m. krit. Anm. *Deckenbrock* EWiR 2009, 333, 334; vgl. ferner *Borgmann* NJW 2010, 1924, 1926; neuerdings auch BGH ZIP 2011, 129 (Fn. 19) Tz. 15.

[42] BGHZ 146, 341 (Fn. 3).

[43] Vgl. außer den in der Entscheidung des BGH angegebenen Belegstellen etwa *Sassenbach* AnwBl. 2006, 304. Zur Mischsozietät auch *Schultz* in: Gaier/Wolf/Göcken (Fn. 6) Rn. 449 ff.; *Römermann* NJW 2009, 1560, 1561 f.

eine Lösung – wie im Schrifttum vorgeschlagen[44] – darin liegen könnte, das Mandatsverhältnis nach §§ 133, 157 BGB so zu verstehen, dass der Vertrag mit der Gesellschaft geschlossen wird und das Gesellschaftsvermögen auch für berufsbezogene Verbindlichkeiten haftet, aber nur diejenigen Gesellschafter persönlich mit ihrem Vermögen für diese Verbindlichkeiten einzustehen haben, die auf dem zu bearbeitenden Rechtsgebiet tätig werden dürfen, erscheint zweifelhaft. Der Grundkonzeption der neuen Rechtsprechung zur Gesellschaft bürgerlichen Rechts dürfte es eher entsprechen, für gemischte Rechtsberatersozietäten nach dem Vorbild der Entscheidung des II. Zivilsenats vom 21. Januar 2002[45] zu geschlossenen Immobilienfonds eine weitere Ausnahme von dem Grundsatz zuzulassen, dass für Haftungseinschränkungen nach den Urteilen BGHZ 142, 315[46] und 146, 341[47] eine Individualvereinbarung notwendig ist, und diesen Sozietäten zu erlauben, die persönliche Haftung derjenigen Gesellschafter, die nicht auf dem zu bearbeitenden Rechtsgebiet tätig werden dürfen, im Wege formularmäßiger Vereinbarungen insoweit auszuschließen. Dieser Lösung wäre auch aus Gründen der Rechtsklarheit und deshalb der Vorzug vor einer entsprechenden, notwendig generalisierenden Auslegung des Mandantenvertrages zu geben, weil ein partieller Haftungsausschluss nicht in allen Fällen dem Gesellschafts- und Gesellschafterinteresse entsprechen muss. Die Berechtigung einer Haftungsbeschränkung im Wege Allgemeiner Geschäftsbedingungen wäre schwerlich mit Rücksicht darauf zu verneinen, dass es nach § 51a Abs. 2 S. 2, 3 BRAO, § 67a Abs. 2 S. 1 StBerG und § 54a Abs. 2 WPO möglich ist, die persönliche Schadensersatzhaftung auf einzelne Mitglieder einer Sozietät, die das Mandat im Rahmen ihrer eigenen beruflichen Befugnisse bearbeiten und namentlich bezeichnet sind, klauselmäßig zu beschränken.[48] Die genannten Normen sind für homogene Rechtsberatergesellschaften bürgerlichen Rechts konzipiert und lassen eine Beschränkung der Haftung auf die bearbeitenden Gesellschafter zu. Bei einer gemischten Sozietät bürgerlichen Rechts soll sich die Haftungseinschränkung auf diejenigen Gesellschafter beziehen, die nicht auf dem zu bearbeitenden Rechtsgebiet tätig werden dürfen, während sämtliche Gesellschafter, die das Rechtsgebiet bearbeiten dürfen, der Haftung unterliegen sollen. Das kann durchaus den Gesellschafts- und Gesellschafterinteressen entsprechen. Wenn die zuletzt genannten Gesellschafter darüber hinaus noch die Haftungsbeschränkung nach § 51a Abs. 2 S. 2, 3 BRAO und vergleichbaren Vorschriften in Anspruch nehmen wollen, steht es ihnen frei, dies auf dem dafür vorgesehenen Wege zu vereinbaren.

5. Mit Urteil vom 22. Januar 2004[49] hat der IX. Zivilsenat entschieden, dass ein Rechtsanwalt, der sich mit einem bisher als Einzelanwalt tätigen anderen Rechtsanwalt zur gemeinsamen Berufsausübung in einer Sozietät in der Form einer Gesellschaft bürgerlichen Rechts zusammenschließt, nicht entsprechend § 28 Abs. 1 S. 1 iVm. § 128 S. 1 HGB für die im Betrieb des bisherigen Einzelanwalts begründeten Verbindlichkeiten haftet. Diese Entscheidung ist in der Literatur kritisiert worden.[50] Dass das Urteil innerhalb des BGH in Frage gestellt würde, ist mir nicht bekannt. Ggf. müsste – sofern nicht der IX. und mit

---

[44] Vgl. *Deckenbrock* (Fn. 41) mwN.

[45] BGHZ 150, 1 (Fn. 9).

[46] BGHZ 142, 315 (Fn. 2).

[47] BGHZ 146, 341 (Fn. 3).

[48] Vgl. Vgl. aber MünchKommBGB/*Ulmer/Schäfer* 5. Aufl. 2009, § 714 Rn. 67.

[49] BGHZ 157, 361 (Fn. 20).

[50] Kritisch etwa *K. Schmidt* BGH Report 2004, 593; *ders.* BB 2004, 785; *ders.* NJW 2005, 2801, 2807; MünchKommHGB/*Lieb* 2. Aufl. 2005, § 28 Rn. 9; *Knöfel* AnwBl. 2006, 373; gegen eine analoge Anwendung zB *Hopt* in: Baumbach/Hopt, HGB, 33. Aufl. 2008, § 28 Rn. 2, Einl. vor § 105 Rn. 14; *Zimmer* in: Ebenroth/Boujong/Joost/Strohn, HGB, 2. Aufl. 2008, § 28 Rn. 16; *Burgard* in: Staub, HGB, 5. Aufl. 2009, § 28 Rn. 21; *Roth* in: Koller/Roth/Morck, HGB, 6. Aufl. 2007, § 28 Rn. 5; *Ruß* in: Heidelberger Kommentar zum HGB, 7. Aufl. 2007, § 28 Rn. 3. Vgl. auch MünchKommBGB/*Ulmer/Schäfer* 5. Aufl. 2009, § 714 Rn. 75 mwN; *Schultz* in: Gaier/Wolf/Göcken (Fn. 6) Rn. 425 ff., 500 mwN; *Borgmann* NJW 2005, 22, 24.

Rücksicht auf das Urteil vom 18. Januar 2000[51] wohl auch der XI. Zivilsenat zu einem Abrücken von ihren Entscheidungen bewegt werden könnten – der Große Senat für Zivilsachen und zusätzlich möglicherweise – etwa wegen der Entscheidung des BSG vom 7. Februar 2007,[52] das sich dem Urteil des IX. Zivilsenats des BGH ausdrücklich angeschlossen hat – der Gemeinsame Senat der obersten Gerichtshöfe des Bundes entscheiden.

V. Resümee

Die mit den Entscheidungen des II. Zivilsenats vom 27. September 1999[53] und 29. Januar 2001[54] eingeleitete Neuorientierung der Rechtsprechung zur Struktur der Gesellschaft bürgerlichen Rechts, an welcher der *Jubilar* maßgeblich beteiligt war, wurde von berufenem Mund „als ‚Markstein' auf dem Wege zur Enträtselung der GbR" begrüßt und als „eine erfreuliche Bestätigung für die Fruchtbarkeit des Dialogs zwischen Wissenschaft und höchstrichterlicher Rechtsprechung" gelobt.[55] Dass mit einem solchen Schritt Folgeprobleme verbunden sind, die insbesondere aus der in dem Urteil vom 30. April 1979[56] anschaulich beschriebenen Vielgestaltigkeit der Erscheinungsformen der Gesellschaft bürgerlichen Rechts resultieren, liegt auf der Hand. Auch wenn die überzeugend begründete Rechtssubjektivität der Gesellschaft bürgerlichen Rechts und das damit verbundene Akzessorietätsprinzip es rechtfertigen, die für die persönliche Haftung der Gesellschafter einer OHG bestehenden Normen im Grundsatz entsprechend auf die persönliche Haftung der Gesellschafter einer Gesellschaft bürgerlichen Rechts anzuwenden – was der IX. Zivilsenat auch für Rechtsberatersozietäten schon bisher weitgehend anerkannt hat –, sollte dies nicht schematisch geschehen. Vielmehr sollte der besondere Zuschnitt bestimmter Gesellschaften bürgerlichen Rechts Einschränkungen der prinzipiellen Gleichstellung der Haftungsregime von bürgerlich-rechtlicher Gesellschaft und OHG zulassen, wenn dies zur Vermeidung unangemessener Ergebnisse geboten erscheint. Diesem Petitum hat der II. Zivilsenat des BGH mit dem Urteil vom 21. Januar 2002[57] zu geschlossenen Immobilienfonds überzeugend Rechnung getragen, indem er bei derartigen Gesellschaften bürgerlichen Rechts aufgrund ihrer Besonderheiten eine Ausnahme von dem Grundsatz anerkannte, dass Haftungsbeschränkungen nur durch individuelle vertragliche Regelungen und nicht durch Allgemeine Geschäftsbedingungen vereinbart werden können. Aus meiner Sicht könnte diese Ausnahme – wie dargelegt (s. IV. 4.) – auf gemischte Rechtsberatergesellschaften bürgerlichen Rechts übertragen werden. Im Übrigen würde ich der uneingeschränkten entsprechenden Anwendung des § 130 HGB auf die persönliche Haftung der Sozien einer Rechtsberatersozietät in der Form der Gesellschaft bürgerlichen Rechts auch für berufsbezogene Verbindlichkeiten der Gesellschaft nach Auslaufen des Vertrauensschutzes nicht (mehr) widersprechen.

---

[51] BGH Urt. v. 18.1.2000 – XI ZR 71/99, BGHZ 143, 314 = NJW 2000, 1193 = WM 2000, 526 = ZIP 2000, 411.

[52] BSG Urt. v. 7.2.2007 – B 6 KA 6/06 R, MedR 2007, 669, 671 f. Tz. 21, 22.

[53] BGHZ 142, 315 (Fn. 2).

[54] BGHZ 146, 341 (Fn. 3).

[55] *Ulmer* ZIP 2001, 585, 599.

[56] BGHZ 74, 240 (Fn. 17).

[57] BGHZ 150, 1 (Fn. 9).

JENS-PETER KURZWELLY

Die Existenzvernichtungshaftung – Entwicklung und Abschluss einer höchstrichterlichen Rechtsfortbildung

Übersicht

Die durch höchstrichterliche Rechtsfortbildung geschaffene Rechtsfigur der sog. Existenzvernichtungshaftung im GmbH-Recht hat eine lange – wechselvolle und nicht immer geradlinige – Vorgeschichte und Entwicklung hinter sich, die der *Jubilar* selbst als Mitglied des für das Gesellschaftsrecht zuständigen II. Zivilsenats des BGH „hautnah" erfahren und mitgestaltet hat und die dieser Senat schließlich unter seinem Vorsitz in der rechtsgrundsätzlichen „Trihotel"-Entscheidung[1] durch einen einschneidenden dogmatischen Systemwechsel zu einem Abschluss gebracht hat. Eine Analyse und Bewertung der Entwicklung des neuen Konzepts sollen dazu beitragen zu klären, ob durch die Neuausrichtung nunmehr ein konsolidierter Zustand erreicht ist, der eine längere „Haltbarkeitsdauer" des Haftungsmodells gewährleistet.

I. Von „Autokran" zu „TBB": Das konzernrechtlich fundierte Vorläufermodell

Das Vorläufermodell zur Existenzvernichtungshaftung, die Haftung im sog. qualifiziert faktischen Konzern analog §§ 302, 303 AktG, nahm in der „Autokran"-Entscheidung[2] des II. Zivilsenats des BGH ihren Ausgang. Sie basierte auf dem Postulat der Notwendigkeit eines besonderen Konzernhaftungsrechts, das daraus abzuleiten sei, dass sich in bestimmten Konzernlagen wegen der infolge der Dichte der Einflussnahme des herrschenden Unternehmens unübersichtlich gewordenen Verhältnisse einzelne schädigende Eingriffe nicht mehr isolieren ließen und deshalb die sonstigen Haftungsnormen des Gesellschaftsrechts (Kapitalerhaltungsrecht, Schadensersatz wegen Treupflichtverletzung) und des allgemeinen bürgerlichen Rechts (insbesondere deliktsrechtliche Ansprüche) als Schutzinstrumente nicht ausreichten.[3] Freilich weitete der II. Zivilsenat die durchgriffsähnliche Außenhaftung des faktisch herrschenden Konzernunternehmens bei Vermögenslosigkeit der abhängigen

[1] BGHZ 173, 246 = NJW 2007, 2689 – Trihotel.
[2] BGHZ 95, 330 = NJW 1986, 188 – Autokran.
[3] Vgl. BGHZ 122, 123, 127 = NJW 1993, 1200 – TBB.

GmbH und Forderungsausfall ihrer Gläubiger bereits in den folgenden Grundsatzentscheidungen „Tiefbau“[4] und insbesondere „Video“[5] durch beweisrechtliche Vermutungen derart aus, dass sie mit den grundlegenden Bestimmungen über die Haftungsbeschränkung bei der GmbH in Konflikt zu geraten drohte: Nicht nur sollte schon die anderweitige unternehmerische Betätigung des alleinigen Gesellschafter-Geschäftsführers der zahlungspflichtigen, aber zahlungsunfähigen GmbH die Konzernvermutung analog §§ 17, 18 AktG auslösen; vielmehr sollte weitergehend dessen Ausübung der dauernden, umfassenden Leitungsmacht die unwiderlegliche Vermutung begründen, dieser habe seine Leitungsmacht allein im Konzerninteresse ohne die gebotene Rücksichtnahme auf die Belange der abhängigen GmbH zu deren Nachteil missbraucht und dadurch den zu seiner Haftung führenden Verlust verursacht.

In der Erkenntnis, dass eine solche „Vermutungskaskade“ einen zur uferlosen Haftungsausweitung führenden Irrweg darstellte, sah sich der II. Zivilsenat in der nachfolgenden „TBB“-Entscheidung[6] zu einer „klarstellenden“ Korrektur veranlasst, die – richtig betrachtet – eine Neuformulierung seines Konzernhaftungsmodells darstellte: Danach haftete der eine GmbH beherrschende Unternehmensgesellschafter analog §§ 302, 303 AktG, wenn er die Konzernleitungsmacht in einer – als objektiven Missbrauch zu qualifizierenden – Weise ausübte, die keine angemessene Rücksicht auf die eigenen Belange der abhängigen Gesellschaft nahm, ohne dass sich der ihr insgesamt zugefügte Nachteil durch Einzelausgleichsmaßnahmen kompensieren ließ.[7] Unter Beseitigung der „Vermutungskaskade“ wies der II. Zivilsenat nunmehr dem Kläger die Darlegungs- und Beweislast dafür zu, dass der in Anspruch genommene herrschende Gesellschafter sich im Konzerninteresse über die berechtigten Belange der GmbH hinweggesetzt hatte und diese „infolge“[8] der objektiv missbräuchlichen Ausübung der Konzernleitungsmacht ihren Verbindlichkeiten nicht mehr nachkommen konnte. Neben dieser deutlichen Korrektur der Darlegungs- und Beweislast und der Betonung des Kausalitätserfordernisses bedeutete aber besonders die vom II. Zivilsenat angenommene Subsidiarität der Konzernhaftung im Verhältnis zu dem (vorrangigen) Einzelausgleichssystem die entscheidende Einschränkung des uferlos gewordenen Haftungsmodells.

Freilich erwies sich gerade der vom II. Zivilsenat aufgestellte Subsidiaritätsgrundsatz des Konzernhaftungsmodells in der Folgezeit als maßgebliche, schwierig zu überwindende Hürde für die anspruchstellende Partei, und zwar nicht zuletzt deshalb, weil das vorrangige Einzelausgleichssystem zugunsten der abhängigen Gesellschaft Innenhaftungsregeln folgte, während die Konzernhaftung des Gesellschafters gegenüber dem Gesellschaftsgläubiger als Außenhaftung begriffen wurde. Festzuhalten bleibt jedenfalls, dass es seit der eingrenzenden Modifizierung der Haftung im qualifiziert faktischen Konzern durch die „TBB“-Entscheidung bis zur Aufgabe des konzernrechtlichen Ansatzes im Urteil „Bremer Vulkan“[9] keine einer Klage aus diesem Haftungsgrund stattgebende höchstrichterliche Entscheidung gegeben hat.

II. Von „Bremer Vulkan“ bis „Trihotel“: Das Existenzvernichtungshaftungsmodell in der Entwicklung

Der Abschied der Senatsrechtsprechung von dem Modell der Haftung im qualifiziert faktischen Konzern vollzog sich in einem „obiter dictum“ des Urteils „Bremer Vulkan“,[10]

[4] BGHZ 107, 7 – Tiefbau.
[5] BGHZ 115, 187 – Video.
[6] BGHZ 122, 123 = NJW 1993, 1200 – TBB.
[7] BGHZ 122, 123 = NJW 1993, 1200 – TBB.
[8] Vgl. insbesondere BGH Urt. v. 25.11.1996 – II ZR 352/96, NJW 1997, 943 – Wochenkonzern.
[9] BGHZ 149, 10 = NJW 2001, 3622 – Bremer Vulkan.
[10] BGHZ 149, 10 = NJW 2001, 3622 – Bremer Vulkan.

demzufolge der Schutz einer abhängigen GmbH gegen Eingriffe ihres Alleingesellschafters nicht dem Haftungssystem des Aktienkonzernrechts (§§ 291 ff., 311 ff. AktG) folge, sondern auf die Erhaltung ihres Stammkapitals und die Gewährleistung ihres Bestandsschutzes beschränkt sei, der eine angemessene Rücksichtnahme auf die Eigenbelange der GmbH erfordere. In enger Anlehnung an die Diktion des „TBB"-Urteils sollte es an einer solchen Rücksichtnahme fehlen, wenn die GmbH „infolge der Eingriffe ihres Alleingesellschafters ihren Verbindlichkeiten nicht mehr nachkommen kann".[11] Auch die Subsidiaritätsklausel wurde aus der aufgegebenen Konzernhaftung in das neue System insoweit übernommen, als die Haftung des Alleingesellschafters wegen „bestandsvernichtenden Eingriffs" im Falle einer – vorrangigen – Möglichkeit der Wiederherstellung der Schuldendeckungsfähigkeit der Gesellschaft gemäß § 31 GmbHG ausscheiden sollte.

Der strukturelle Wechsel zu einer konzernunabhängigen Haftung wurde erst in der „KBV"-Entscheidung[12] deutlich: Dort wurden erstmals die tatbestandlichen Voraussetzungen der neuen Haftungsfigur des sog. „existenzvernichtenden Eingriffs" als einer – nach wie vor – im Verhältnis zu den §§ 30, 31 GmbHG subsidiären Durchgriffs-Außenhaftung näher präzisiert:

Danach hat der Gesellschafter einer GmbH für die Gesellschaftsschulden persönlich einzustehen, wenn er auf die Zweckbindung des Gesellschaftsvermögens keine Rücksicht nimmt und der Gesellschaft ohne angemessenen Ausgleich – offen oder verdeckt – Vermögenswerte entzieht, die sie zur Erfüllung ihrer Verbindlichkeiten benötigt. Greift er in das der Gesellschaft überlassene und als Haftungsfonds erforderliche Vermögen gleichwohl ein und bringt dadurch die Gesellschaft in die Lage, ihre Verbindlichkeiten nicht mehr oder nur noch in geringerem Maße erfüllen zu können, so soll das einen Missbrauch der Rechtsform der GmbH darstellen, der zum Verlust des Haftungsprivilegs nach § 13 Abs. 2 GmbHG führt, soweit die der Gesellschaft durch den Eingriff insgesamt zugefügten Nachteile nicht bereits nach §§ 30, 31 GmbHG ausgeglichen werden können.

Der mit dieser Präzisierung auch dogmatisch vollzogene Systemwechsel von der Rechtsfigur der Haftung im qualifiziert faktischen Konzern zu dem – wiederum als eigenständiger gesellschaftsrechtlicher Haftungstatbestand formulierten – Haftungsmodell einer konzernunabhängig strukturierten Existenzvernichtungshaftung beruht[13] auf der Erkenntnis der Notwendigkeit einer speziellen Haftung des Gesellschafters für kompensationslose, zur Insolvenz führende – oder diese vertiefende – Eingriffe in das auch als Haftungsfonds für die Gläubiger dienende Gesellschaftsvermögen. In Bezug auf derartige Eingriffe des Gesellschafters besteht eine Lücke im Kapitalschutzrecht der GmbH insoweit, als diese nicht oder nicht in vollem Umfang durch die §§ 30, 31 GmbHG ausgeglichen werden können. Dabei handelt es sich namentlich um Eingriffe des Gesellschafters, die als solche oder deren Folgen in der für § 30 GmbHG maßgeblichen Stichtagsbilanz zu fortgeführten Buchwerten nicht oder nur ungenügend abgebildet werden, so dass die Schutzfunktion der Kapitalerhaltungsvorschriften von vornherein versagt; ferner geht es um Eingriffe, bei denen eine Rückgewähr nach § 31 GmbHG allein die Insolvenz nicht mehr zu beseitigen vermag.[14]

Das neue Haftungskonzept versuchte erkennbar Fehlentwicklungen in Richtung einer unangemessenen, uferlosen Haftungsfolge – wie sie bei der Konzernhaftung in Form der „Vermutungskaskade" nach „Video" drohten und erst mühsam durch das „TBB"-Urteil wieder eingefangen und korrigiert werden konnten – zu vermeiden, indem von dem Vor-

[11] BGHZ 149, 10, 16 = NJW 2001, 3622 – Bremer Vulkan.

[12] BGHZ 151, 181 = NJW 2002, 3024 – KBV.

[13] Im Anschluss an grundlegende Ausführungen von *Röhricht* in: FS 50 Jahre BGH, Bd. I, 2000, S. 83, 92 ff.

[14] Vgl. dazu *Röhricht* in: FS 50 Jahre BGH, Bd. I, 2000, S. 93 f.; *ders.* ZIP 2005, 505, 514; vgl. auch *Hueck/Fastrich* in: Baumbach/Hueck, GmbHG, 18. Aufl. 2006, § 13 Rn. 18; *Zöllner* in: FS Konzen, 2006, S. 999, 1011 f.; *Dauner-Lieb* DStR 2006, 2034, 2037 f.

gängermodell die Subsidiaritätsklausel[15] übernommen wurde. Damit setzte auch dieses Modell mit einer Innenhaftung nach den Kapitalerhaltungsvorschriften der §§ 30, 31 GmbH an. Versagen diese Grundregeln des Kapitalschutzes der GmbH, weil die eingriffsbedingte Schädigung des Gesellschaftsvermögens durch jene Primäransprüche nicht ausgeglichen werden kann, sondern deren negative Folgen darüber hinausreichen (insbesondere: sog. Kollateralschäden) oder bilanziell nicht angemessen abgebildet werden, so soll es – (erst) dann – zu einem „Umschlagen" in eine durchgriffsrechtlich strukturierte, unbeschränkte Außenhaftung wegen Verlustes des Haftungsprivilegs des § 13 Abs. 2 GmbHG kommen.

Eine derartige, bei Versagen der Schutzfunktion der primären Kapitalerhaltungsansprüche nach §§ 31, 30 GmbHG eingreifende uneingeschränkte Durchgriffs-Außenhaftung gegenüber den Gläubigern[16] – wie sie in „KBV" noch strikt formuliert ist – liefe freilich Gefahr, in einer Vielzahl von Fällen weit über das Ziel hinauszuschießen und der Gesellschaftsform der GmbH – entgegen den Zielen des Gesetzgebers – den Boden zu entziehen.

In Erkenntnis dessen hat der II. Zivilsenat in der „Autovertragshändler"-Entscheidung[17] das Konzept einer reinen Erfolgshaftung – zur Abmilderung des zunächst unbegrenzten Durchgriffs und zur Vermeidung von Überreaktionen der Rechtsordnung[18] – eingeschränkt, indem dem Gesellschafter die Möglichkeit des Nachweises eröffnet wird, dass bei ordnungsgemäßem Vorgehen ein geringerer Schaden entstanden wäre, der dann nur in diesem Umfang auszugleichen ist. Durch die Zulassung dieses Einwandes des gebotenen Alternativverhaltens und die damit verbundene Beschränkung der Ersatzpflicht mündet die zunächst unbegrenzte Durchgriffshaftung schließlich faktisch in eine verschuldensabhängige Schadensersatzpflicht ein.

Es liegt auf der Hand, dass die Struktur dieses Haftungsmodells durch seine unterschiedlichen Elemente auf der Rechtsfolgenebene von einer Inhomogenität und dogmatischen Unschärfe gekennzeichnet ist, die zwangsläufig zu Unsicherheiten in der praktischen Anwendung durch die betroffenen Parteien wie auch die Instanzgerichte führen mussten und ersichtlich auch geführt haben.

III. „Trihotel" – Die grundlegende Neuausrichtung der Existenzvernichtungshaftung

Vor dem aufgezeigten Hintergrund dieser „inhomogenen" Entwicklung nimmt es nicht Wunder, dass der Senat sein bisheriges Konzept – das schon in seiner Entstehung und Ausformung nicht unumstritten war – nochmals einer kritischen Analyse unterzog und bei der nächsten sich bietenden Gelegenheit anhand eines geeigneten Revisionsfalles versuchen würde, seine Rechtsprechung nunmehr in ein dogmatisch stimmiges und vor allem auch praktisch handhabbares Haftungsinstrument umzuformen.

Der Befund des „brainstorming" zu dem mit dem bisherigen Konzept Erreichten ließ deutlich die Schwachpunkte dieses gesellschaftsrechtlich fundierten Modells erkennen: Die Friktionen der mit dem Subsidiaritätsprinzip verbundenen Kombination von Innen- und Außenhaftung sowie ein von schadensersatzrechtlichen Exculpationsmomenten durchbrochenes Erfolgshaftungsprinzip.

---

[15] Vgl. dazu die Leitentscheidung BGHZ 122, 123, 131 = NJW 1993, 1200 – TBB.

[16] Vgl. auch die ähnliche Durchgriffskonstruktion einer Analogie zu §§ 128 HGB, wie sie der II. Zivilsenat weiterhin für die Fälle der Vermögensvermischung (s. dazu BGH Urt. v. 14. 11. 2005 – II ZR 178/03, ZIP 2006, 467 im Anschluss an BGHZ 125, 366) bejaht.

[17] BGH Urt. v. 13. 12. 2004 – II ZR 206/02, ZIP 2005, 117 – Autovertragshändler.

[18] Vgl. *Röhricht* ZIP 2005, 505, 514.

Der schließlich in der „Trihotel"-Entscheidung[19] gefundene Ausweg aus der „Sackgasse" des bisherigen dogmatisch unübersichtlichen und vor allem praktisch nur schwer handhabbaren Modells bedeutet den Abschied von diesem besonders konstruierten eigenständigen „gesellschaftsrechtlichen" Haftungstatbestand und zugleich die Rückbesinnung auf die schon vorhandenen „Bordmittel" des Gesetzes:

Die Einordnung des existenzvernichtenden Eingriffs allein als besondere Fallgruppe im Rahmen der allgemeinen deliktischen Anspruchsnorm des § 826 BGB, und zwar – im Gleichlauf mit den gesellschaftsrechtlichen Schutznormen der §§ 30, 31 GmbHG – als (primäre) Innenhaftung des Gesellschafters gegenüber der Gesellschaft selbst.

1. Die Wahl des § 826 BGB als „sedes materiae" der Haftung wegen existenzvernichtenden Eingriffs ist – für sich genommen – wenig spektakulär. Schon zuvor – wie auch bei dem Vorgängermodell der Haftung im qualifiziert faktischen Konzern – hatte der II. Zivilsenat stets eine – freilich als konkurrierende Außenhaftung begriffene – Verantwortlichkeit des Gesellschafters aus dem Gesichtspunkt der sittenwidrigen vorsätzlichen Schädigung (§ 826 BGB) in Betracht gezogen[20] und mit denselben begrifflichen Merkmalen wie bei dem Haftungsinstitut des existenzvernichtenden Eingriffs gekennzeichnet, indem er den planmäßigen Entzug von Gesellschaftsvermögen im Sinne der Verringerung der Zugriffsmasse zu Lasten der Gläubiger und zum eigenen Vorteil des Gesellschafters als dem Anstandsgefühl aller billig und gerecht Denkenden widersprechend und damit sittenwidrig eingestuft hat.[21]

2. Es ist daher nur konsequent, wenn der II. Zivilsenat wegen der weiterhin potentiell bestehenden Schutzlücke im Kapitalschutzrecht der §§ 30, 31 GmbHG „an der Tatbestandsebene" der bisherigen Haftungsfigur, dh. an dem Erfordernis einer als „Existenzvernichtungshaftung" bezeichneten Haftung des Gesellschafters für missbräuchliche, zur Insolvenz der GmbH führende oder diese vertiefende kompensationslose Eingriffe in das der Zweckbindung zur vorrangigen Befriedigung der Gesellschaftsgläubiger dienende Gesellschaftsvermögen festgehalten hat.[22]

3. An dieser „Tatbestandsebene", bei der unmittelbares Eingriffsobjekt der im Gläubigerinteresse zweckgebundene Haftungsfonds ist, richtet der BGH konsequent auch die Rechtsgrundlage und Ausgestaltung der Rechtsfolgenseite seines neuen Haftungskonzepts aus: Das Modell zur Schließung der bei Versagen der Schutzfunktion der Kapitalerhaltungsvorschriften der §§ 30, 31 GmbHG entstehenden Lücke hat an dem durch den Verstoß des Gesellschafters gegen seine Rücksichtnahmepflicht verletzten Schutzobjekt, dh. an dem namentlich im Gläubigerinteresse gebundenen Gesellschaftsvermögen selbst – und nicht etwa bei den „mittelbar", dh. reflexartig durch den Haftungsfonds geschützten Forderungen des einzelnen bzw. der Vielzahl der Gläubiger – anzusetzen.

---

[19] BGHZ 173, 246 = NJW 2007, 2689 – Trihotel; vgl. dazu u.a. *Burg/Müller-Seils* ZInsO 2007, 929, 931; *Gehrlein* WM 2008, 761; *Heitsch* ZInsO 2007, 961; *Hölzle* DZWiR 2007, 397 ff.; *Leuering/Rubner* NJW-Spezial 2007, 363; *Noack* LMK 2007, 240726; *Paefgen* DB 2007, 1907 ff.; *Schaefer/Steinmetz* WM 2007, 2265, 2271; *H. Schröder* GmbHR 2007, 934, 936; *Spindler* in: Bamberger/Roth, BGB, 2. Aufl. 2008, § 826 Rn. 57; *Suppliet* NotBZ 2007, 359; *Terlau* BGHReport 2007, 1040 f.; *Theiselmann* GmbHR 2007, 904 ff.; *Vetter* BB 2007, 1965 ff.; *Weller* ZIP 2007, 1681, 1689; *Altmeppen* NJW 2007, 2657, 2659; *J. Wilhelm* EWiR 2007, 557, 558; *Rubner* Der Konzern 2007, 635, 645; *Sester* RIW 2007, 787 ff.; *Krolop* NotBZ 2007, 265, 275; *Schanze* NZG 2007, 681 ff.; *Schilling* ZVglRWiss. 2007, 484 ff.; *M. Schwab* ZIP 2008, 341 ff.

[20] Sämtliche der vom II. Zivilsenat im Rahmen der Entwicklung der Existenzvernichtungshaftung entschiedenen Fälle betrafen – auch – Konstellationen, die eine derartige potentiell konkurrierende Haftung aus § 826 BGB nach sich ziehen konnten, s. BGHZ 149, 10 = NJW 2001, 3622 – Bremer Vulkan; BGHZ 151, 181 = NJW 2002, 3024 – KBV; insbesondere BGH ZIP 2004, 2138 – Rheumaklinik.

[21] Vgl. zB BGHZ 151, 181, 185 = NJW 2002, 3024 – KBV; BGH Urt. v. 20. 9. 2004, ZIP 2004, 2138, 2139 – Rheumaklinik.

[22] BGHZ 173, 246, Leitsatz a) = NJW 2007, 2689 – Trihotel.

Das führte unmittelbar zum Zusammenbruch der bisherigen Haftungskonstruktion einer speziellen „Durchgriffshaftung wegen Missbrauchs der Rechtsform der GmbH".[23] Denn der missbräuchliche Eingriff in das Gesellschaftsvermögen unter Verstoß gegen die Verpflichtung zur Respektierung seiner Zweckbindung zur vorrangigen Gläubigerbefriedigung ist schon begrifflich und auch funktionell kein Missbrauch der Rechtsform, der als solcher an den Fehlgebrauch der Rechtsform selbst anknüpft und nur bei ihrer Schaffung oder beim Gebrauchmachen von ihr, also beim Abschluss von Geschäften, denkbar ist.[24]

Stattdessen musste dieser Ansatz folgerichtig zu einem – das Kapitalgesellschaftsrecht auch sonst grundsätzlich beherrschenden – Innenhaftungssystem führen: Die Innenhaftung des Gesellschafters gegenüber der GmbH ist im Bereich der §§ 30, 31 GmbHG unumstritten. Aber auch für die darüber hinausgehenden Ansprüche wegen Existenzvernichtung aus § 826 BGB kommt als gebotener Ausgleich für den kompensationslosen, durch missbräuchlichen Eingriff verursachten Entzug des Gesellschaftsvermögens entsprechend dem grundsätzlich geltenden präventiven „Basisschutzkonzept" der §§ 30, 31 GmbHG nur eine Ersatzhaftung gegenüber der Gesellschaft selbst als Trägerin des geschädigten Gesellschaftsvermögens und damit eine Innenhaftung in Betracht.

Diese Prämisse des II. Zivilsenats ist von selbstverständlicher Richtigkeit:[25] Die Gläubiger einer Kapitalgesellschaft dürfen deren Schaden nicht selbst liquidieren, weil sie nur Reflexschäden daraus erleiden, dass ihre Schuldnerin nicht mehr solvent ist. In solchen Fällen dürfen noch nicht einmal mittelbar geschädigte Opfer, geschweige denn gewöhnliche, unbefriedigte Gläubiger einer Kapitalgesellschaft den Schädiger ihrer Schuldnerin direkt in Anspruch nehmen, es sei denn, es liegt die Situation des Gläubigerverfolgungsrechts vor. Jede andere Betrachtungsweise verstieße gegen das Fundamentalprinzip des Kapitalgesellschaftsrechts, nach dem Reflexschäden niemals vom mittelbar Geschädigten liquidiert werden dürfen (arg. § 117 Abs. 1 S. 2, § 317 Abs. 1 S. 2 AktG).

Durch die Ausgestaltung der Existenzvernichtungshaftung nach § 826 BGB als Innenhaftung wird somit die im Hinblick auf den engen Anwendungsbereich der §§ 30, 31 GmbHG entstehende Schutzlücke für das Gesellschaftsvermögen auch jenseits der Stammkapitalziffer, soweit es zur Gläubigerbefriedigung benötigt wird, systemkonform geschlossen: Die deliktische Existenzvernichtungshaftung soll wie eine das gesetzliche Kapitalerhaltungssystem ergänzende, aber deutlich darüber hinausgehende „Entnahmesperre" wirken, indem sie die sittenwidrige, weil insolvenzverursachende oder -vertiefende „Selbstbedienung" des Gesellschafters vor den Gläubigern der Gesellschaft durch die repressive Anordnung der Schadensersatzpflicht in Bezug auf das beeinträchtigte Gesellschaftsvermögen ausgleicht.

4. Dieser gedanklich-konstruktive Ansatz führt folgerichtig zugleich zu einem Wegfall des im Rahmen des früheren gesellschaftsrechtlichen Spezialtatbestandes so problembehafteten Subsidiaritätsprinzips gegenüber den Kapitalerhaltungsvorschriften der §§ 30, 31 GmbHG:

Schon die Schutzfunktion der deliktsrechtlichen Norm des § 826 BGB steht grundsätzlich einer Schadensersatzbegrenzung entgegen. Zwar dient die Existenzvernichtungshaftung als solche und ihre Einordnung nunmehr in § 826 BGB der Schließung einer Schutzlücke für die durch den Eingriff veranlassten Schäden „jenseits der Stammkapitalziffer", also insbesondere die weitergehenden sog. Kollateralschäden als Folge des Eingriffs. Eine Ausgestaltung des neuen Haftungsmodells dahingehend, die Schadensersatzhaftung auch nur jenseits der Grenze der §§ 30, 31 GmbHG beginnen zu lassen, ist jedoch schon deswegen nicht geboten, weil die Haftung an dem einheitlichen, zur Insolvenz der Gesellschaft führenden Eingriff in das Gesellschaftsvermögen anknüpft. Auf der Rechtsfolgenseite umfasst der zu ersetzende Schaden den nach §§ 30, 31 GmbHG bestehenden Erstattungsanspruch gegen den Gesellschafter auf Rückgewähr der empfangenen verbotenen Leistungen.

---

[23] Seit BGHZ 151, 181 = NJW 2002, 3024 – KBV.

[24] So zutreffend *Zöllner* in: FS Konzen, 2006, S. 999, 1009.

[25] Vgl. *Altmeppen* ZIP 2008, 1201, 1204 f.

Nach dem neuen Haftungskonzept des II. Zivilsenats besteht daher zwischen beiden Ansprüchen, soweit sich diese überschneiden, Anspruchsgrundlagenkonkurrenz.[26]

5. Die Einordnung der Existenzvernichtungshaftung als besondere Fallgruppe des § 826 BGB macht schon formal den Systemwechsel zur Innenhaftung gegenüber dem bis dahin praktizierten Außenhaftungskonzept im Rahmen dieser Deliktsnorm deutlich. Ebenso wirkt sie schon im Ansatz Befürchtungen entgegen, dass sich § 826 BGB wegen der generalklauselartigen Weite des Tatbestandes und der daraus resultierenden, nicht leicht greifbaren Anforderungen an die „sittenwidrige vorsätzliche Schädigung" im Allgemeinen als zu unspezifisch zur Lösung des Problems des existenzvernichtenden Eingriffs erweisen könnte. Die Einordnung dieser speziellen Haftung ausschließlich als Sonderfallgruppe des § 826 BGB macht zugleich deutlich, dass es nach Auffassung des II. Zivilsenats eines selbständigen, im Wege der Rechtsfortbildung zu schaffenden gesellschaftsrechtlich fundierten Haftungsinstituts zur Schließung der durch die §§ 30, 31 GmbHG offen gelassenen Schutzlücke nicht bedarf. Darin liegt auch eine eindeutige Absage an weiter gehende Haftungskonstruktionen, wie etwa einer auf dem Erfolgsprinzip beruhenden reinen Durchgriffshaftung analog § 128 HGB oder einer schadensersatzrechtlichen Innenhaftung wegen Verstoßes gegen gesellschafterliche Treupflichtbindungen, die als Verschuldensmaßstab auch jegliche Fahrlässigkeit umfassen würde.

Die Begrenzung der Schadensersatzpflicht nach § 826 BGB auf mindestens eventualvorsätzliches Handeln ergibt sich nämlich – was bislang in der Diskussion kaum beachtet wurde – aus der Natur der Sache: Sie ist die folgerichtige Beschränkung der Haftung entsprechend dem objektiven Haftungstatbestand des existenzvernichtenden Eingriffs, der einen gezielten, betriebsfremden Zwecken dienenden Entzug von Vermögenswerten voraussetzt, die die Gesellschaft zur Begleichung ihrer Verbindlichkeiten benötigt.[27] Das natürliche Korrelat dieses „gezielten Eingriffs" auf der subjektiven Tatbestandsebene ist Vorsatz, nicht auch Fahrlässigkeit.

6. Um die Fortentwicklung des neugeformten Haftungsmodells in die richtigen Bahnen zu lenken, hat sich der II. Zivilsenat nicht mit der Formulierung der allgemeinen Haftungsgrundsätze begnügt, sondern darüber hinaus für die Praxis wesentliche, konkrete Anwendungshinweise[28] gegeben.

Der Existenzvernichtungstatbestand in § 826 BGB setzt danach – schematisch zusammengefasst – Folgendes voraus:

- Ein Gesellschafterverhalten in Form eines existenzvernichtenden Eingriffs, dh. regelmäßig: die Entziehung von Gesellschaftsvermögen, die fehlende Rechtfertigung oder Kompensation der Vermögensentziehung sowie eine durch den Vermögensentzug verursachte oder vertiefte Insolvenz.
- Die Sittenwidrigkeit dieses Gesellschafterverhaltens, die regelmäßig durch die tatbestandsmäßige „insolvenzverursachende oder -vertiefende „Selbstbedienung" des Gesellschafters vor den Gläubigern der Gesellschaft" indiziert wird.
- Mindestens Eventualvorsatz des Gesellschafters, der vorliegt, wenn dieser die Insolvenz der Gesellschaft oder deren Vertiefung als voraussehbare, weil naheliegende Folge seines Eingriffs erkennt und billigend in Kauf nimmt.
- Ein durch den existenzvernichtenden Eingriff kausal verursachter Schaden der Gesellschaft, der regelmäßig den Wert der entzogenen Vermögensposition einschließlich des entgangenen Gewinns, die insolvenzbedingten Kollateralschäden (Zerschlagungsverluste) sowie die Kosten des Insolvenzverfahrens umfasst.

Dabei hat als Grenze der Schadenshöhe die Wiederherstellung der durch den existenzvernichtenden Eingriff geschmälerten oder aufgehobenen Schuldendeckungsfähigkeit der Gesellschaft zu gelten.

---

26 BGHZ 173, 246, Leitsatz c) = NJW 2007, 2689 – Trihotel.

27 Vgl. nur BGH Urt. v. 13. 12. 2004 – II ZR 256/02, NZG 2005, 214 – Handelsvertreter.

28 BGHZ 173, 246 Tz. 30 ff. = NJW 2007, 2689 – Trihotel.

7. Hinsichtlich der Darlegungs- und Beweislast gilt im Rahmen von § 826 BGB grundsätzlich, dass die Gesellschaft als Gläubigerin alle objektiven und subjektiven Tatbestandsmerkmale des Delikts darzulegen und zu beweisen hat,[29] ihr mithin in diesem Rahmen insbesondere auch der volle Kausalitätsnachweis obliegt.

8. Bei Insolvenzreife ist im Fall der Eröffnung des Insolvenzverfahrens der – originär der Gesellschaft zustehende – Anspruch wegen Existenzvernichtung aus § 826 BGB prozessual vom Insolvenzverwalter geltend zu machen. Damit besteht auch insoweit ein Gleichlauf mit den „Basisschutzansprüchen" aus §§ 30, 31 GmbHG, deren Durchsetzung als genuinen Innenhaftungsansprüchen im Insolvenzverfahren ebenfalls dem Insolvenzverwalter obliegt.

Dadurch wird im Übrigen der Gesellschaft bzw. dem Insolvenzverwalter die Rechtsverfolgung in zulässiger Weise erleichtert, weil auch dann, wenn etwa der Nachweis eines existenzvernichtenden Eingriffs iSd. § 826 BGB nicht gelingt, die Rechtsverfolgung – ohne Änderung des prozessualen Streitverhältnisses – immer noch wenigstens im Umfang des Vorliegens verbotener Auszahlungen iSd. §§ 30, 31 GmbHG erfolgreich sein kann.

9. Freilich hat diese Innenhaftung sowohl bezüglich der Ansprüche aus §§ 31, 30 GmbHG als auch hinsichtlich derjenigen wegen Existenzvernichtung aus § 826 BGB zur Konsequenz, dass den Gesellschaftsgläubigern, da es um den Ausgleich des unmittelbaren Entzugs des Vermögens der Gesellschaft durch ihren Gesellschafter geht, hinsichtlich beider Anspruchsnormen eine eigene Forderungszuständigkeit fehlt, so dass sie im Fall der Nichteröffnung des Insolvenzverfahrens – insbesondere bei masseloser Insolvenz – den Gesellschafter nicht ohne weiteres unmittelbar selbst in Anspruch nehmen können. Dies ist indessen eine Folge des gerade auch in der Insolvenz der Gesellschaft wirksam werdenden Trennungsprinzips (§ 13 Abs. 2 GmbHG), das grundsätzlich nicht dadurch durchbrochen werden darf, dass dem Gesellschaftsgläubiger der unmittelbare Zugriff auf den Gesellschafter gestattet wird. Das ist im Bereich der §§ 31, 30 GmbHG unumstritten, gilt aber auch für die darüber hinausgehenden Ansprüche der Gesellschaft wegen Existenzvernichtung aus § 826 BGB. Außerhalb des Insolvenzverfahrens sind daher die Gläubiger auf den „Umweg" verwiesen, erst aufgrund eines Titels gegen die Gesellschaft nach Pfändung und Überweisung der Gesellschaftsansprüche gegen den Gesellschafter vorgehen zu können.[30]

In der Praxis wird diese – innenhaftungsbedingte – Erschwernis für die Gesellschaftsgläubiger ohnehin eine geringere Rolle spielen, als in der Literatur hervorgehoben wird, weil im Regelfall bei Insolvenzreife der Gesellschaft der Insolvenzverwalter erfolgversprechende Ansprüche aus Existenzvernichtungshaftung im Insolvenzstatus aktivieren und dann auch gegen den Gesellschafter verfolgen wird. Ist hingegen ein existenzvernichtender Eingriff eher unwahrscheinlich oder schwer belegbar, so dass der Insolvenzverwalter von der Rechtsverfolgung Abstand nimmt und die Insolvenz „masselos" bleibt, so ist es für den Gesellschaftsgläubiger nicht unzumutbar, wenn er bei dem – von dem Insolvenzverwalter als dem berufenen Vertreter der Verfolgung der Gläubigerinteressen ohnehin als wenig erfolgversprechend eingestuften – Versuch einer Realisierung seiner Forderung auf den beschriebenen prozessualen Umweg angewiesen ist.

IV. Von „Trihotel" über „Gamma" zu „Sanitary": Das neue Haftungsmodell in der praktischen Erprobung

Nach Erlass der Grundsatzentscheidung „Trihotel" hatte der II. Zivilsenat wiederholt Gelegenheit das neue Modell zur Existenzvernichtungshaftung nach § 826 BGB in ihm vorgelegten Revisionsverfahren zu erproben und zu festigen.

[29] St. Rspr., vgl. nur BGHZ 30, 226; 160, 134, 145; hM, vgl. nur *Greger* in: Zöller, ZPO, 26. Aufl. 2007, Vor § 284 Rn. 20 mwN.

[30] Vgl. auch BGH Urt. v. 24. 10. 2005 – II ZR 129/04, ZIP 2005, 2257 – zur Unterbilanzhaftung als Innenhaftung.

1. In zwei Beschluss-Entscheidungen hat der Senat zunächst die tatbestandlichen Voraussetzungen der besonderen Fallgruppe der Existenzvernichtungshaftung nochmals bekräftigt und sie zugleich gegen sonstige sittenwidrige Handlungen des Gesellschafters im Rahmen von § 826 BGB abgegrenzt.[31]

So fehlt es an einem die Haftung nach § 826 BGB begründenden existenzvernichtenden Eingriff, wenn der Gesellschafter zwar Forderungen der GmbH gegen Dritte auf ein eigenes Konto einzieht, mit diesen Mitteln jedoch Verbindlichkeiten der Gesellschaft begleicht und zusätzlich in beträchtlichem Umfang aus eigenem Vermögen weitere Gesellschaftsschulden tilgt. Von einer sittenwidrigen, weil insolvenzverursachenden oder -vertiefenden „Selbstbedienung" des Gesellschafters vor den Gläubigern der Gesellschaft durch planmäßige Entziehung von – der Zweckbindung zur vorrangigen Befriedigung der Gesellschaftsgläubiger unterliegendem – Gesellschaftsvermögen kann in einem derartigen Fall nicht die Rede sein.

Andererseits kann aber der Tatbestand des § 826 BGB auch in sonstiger Weise erfüllt sein, wenn etwa vom Gesellschafter vereinnahmte Forderungen Bestandteil des Vermögens der Gesellschaft waren und er diese „auf sich umgeleitet hat", um sie dem Zugriff der Gesellschaftsgläubiger zu entziehen, ohne dass weitergehend die besonderen Voraussetzungen einer Existenzvernichtungshaftung – Insolvenzverursachung oder -vertiefung – gegeben sind.

2. In der sog. „Gamma"-Entscheidung[32] hat der II. Zivilsenat es abgelehnt, eine Haftung wegen sog. materieller Unterkapitalisierung als einen Anwendungsfall der Existenzvernichtungshaftung[33] einzuordnen oder gar im Wege der Rechtsfortbildung als ein gesellschaftsrechtlich fundiertes Rechtsinstitut anzuerkennen, das faktisch – retrospektiv – einer Erweiterung der Kapitalaufbringung gleichkäme.

Unter Bezugnahme auf seine grundlegenden Ausführungen im „Trihotel"-Urteil hebt der II. Zivilsenat nochmals hervor, dass die als besondere Fallgruppe der sittenwidrigen vorsätzlichen Schädigung in § 826 BGB einzuordnende Existenzvernichtungshaftung des Gesellschafters tatbestandlich einen kompensationslosen „Eingriff" in das im Gläubigerinteresse zweckgebundene Gesellschaftsvermögen der GmbH voraussetzt. Dem steht – anders als das Berufungsgericht im konkreten, eine Gesellschaft für Personalentwicklung und Qualifizierung (sog. BQG) betreffenden Fall gemeint hatte – ein Unterlassen hinreichender Kapitalausstattung im Sinne einer „Unterkapitalisierung" der GmbH nicht gleich. Das Versäumnis des Gesellschafters, der GmbH zur Vermeidung einer finanziellen Krisensituation oder sogar Insolvenz über das statutarische Stammkapital hinaus ein am jeweiligen konkreten Kapitalbedarf orientiertes Finanzpolster zur Verfügung zu stellen, stellt schon begrifflich keinen „Eingriff" in das zweckgebundene, den Gläubigern als Haftungsfonds dienende Gesellschaftsvermögen dar und steht einem derartigen „Eingriff" auch nicht gleich. Durch ein solches Unterlassen wird das als Haftungsfonds dienende Stammkapital noch nicht einmal angetastet.

Auch bei wertender Betrachtung kommt eine Gleichstellung des existenzvernichtenden „Eingriffs" mit einem „Unterlassen" ausreichender Kapitalisierung nicht in Betracht: Die Existenzvernichtungshaftung wirkt wie eine das gesetzliche Kapitalerhaltungssystem ergänzende Entnahmesperre, indem sie die sittenwidrige, weil insolvenzverursachende oder-vertiefende „Selbstbedienung" des Gesellschafters vor den Gläubigern der Gesellschaft durch die repressive Anordnung der Schadensersatzpflicht in Bezug auf das beeinträchtigte Gesellschaftsvermögen ausgleicht. Demgegenüber ist die unzureichende finanzielle Ausstat-

---

[31] BGH Beschl. v. 7. 1. 2007 – II ZR 314/05, ZIP 2008, 308; BGH Beschl. V. 2. 6. 2008 – II ZR 104/07, ZIP 2008, 1329.

[32] BGHZ 176, 204 = NJW 2008, 2437 – Gamma.

[33] BGHZ, 173, 246 = NJW 2007, 2689 – Trihotel.

tung der GmbH jenseits des Stammkapitals eine „Unterkapitalisierung", deren Einordnung als besondere Fallgruppe der Existenzvernichtungshaftung systemwidrig wäre.

3. In der „Sanitary"-Entscheidung[34] schließlich geht es um die Haftungsgrundlage für einen existenzvernichtenden Eingriff in den Haftungsfonds einer GmbH in der besonderen Fallkonstellation des Liquidationsstadiums.

a) Der II. Zivilsenat hat angenommen, dass eine Existenzvernichtungshaftung des GmbH-Gesellschafters aus § 826 BGB für missbräuchliche, zur Insolvenz der GmbH führende oder diese vertiefende kompensationslose Eingriffe in das der Zweckbindung zur vorrangigen Befriedigung der Gesellschaftsgläubiger dienende Gesellschaftsvermögen[35] auch im Stadium der Liquidation der Gesellschaft (§§ 69 ff. GmbHG) in Betracht kommt.

Diese Grundaussage der „Sanitary"-Entscheidung ist schon deshalb bedeutsam, weil sie zeigt, dass das in „Trihotel" entwickelte neue Haftungsmodell in der Rechtswirklichkeit, und zwar auch in einer extremen Sondersituation funktioniert. Vor allem aber ist das Urteil für die Rechtsanwendungspraxis hilfreich, weil der II. Zivilsenat den komplexen Fall exemplarisch unter die einzelnen Tatbestandsmerkmale der Existenzvernichtungshaftung nach § 826 BGB subsumiert und damit eine Art Musterschema für die Prozessbeteiligten von Rechtsstreitigkeiten über Existenzvernichtungshaftung, namentlich für die zur Entscheidung hierüber berufenen Instanzgerichte, zur Verfügung gestellt hat.

So lag in dem „Sanitary"-Fall der missbräuchliche kompensationslose Eingriff des beklagten Gesellschafters in das im Gläubigerinteresse zweckgebundene Gesellschaftsvermögen in der prozessualen Vereitelung der Durchsetzung des gegen ihn selbst als Alleingesellschafter bestehenden Anspruchs der Gesellschaft durch Herbeiführung eines der Rechtskraft fähigen klageabweisenden Versäumnisurteils unter gleichzeitigem Missbrauch seiner Organstellung als Liquidator der klagenden Gesellschaft. Die Einflussnahme des Beklagten auf den Rechtsstreit unter Verstoß gegen prozessuale Vertretungsvorschriften auf der Klägerseite war geeignet, die Gesellschaft sittenwidrig iSd. § 826 BGB zu schädigen. In dem Prozess der Gesellschaft gegen sich selbst als Gesellschafter konnte und durfte der Beklagte diese nicht organschaftlich vertreten.[36] Der Verstoß gegen die aus der Organstellung resultierenden Pflichten war als sittenwidrig[37] zu qualifizieren, weil diese zur Durchsetzung eigener Interessen unter grober Missachtung des Mindestmaßes an Loyalität und Rücksichtnahme missbraucht wurde. Denn die Einflussnahme des Gesellschafters auf die GmbH als in ihren Interessen verselbständigte Prozessgegnerin geschah mit dem Ziel einer sittenwidrigen „Selbstbedienung" in Form der unlauteren, eigennützigen Vernichtung der Forderung durch einen der materiellen Rechtskraft fähigen Titel.

Ein solcher Vermögensentzug wirkte auch in der besonderen Situation des sich an eine Einstellung des Insolvenzverfahrens anschließenden Liquidationsstadiums insolvenzverursachend oder -vertiefend, weil die Gesellschaft durch die prozessuale Forderungsvereitelung infolge des klageabweisenden, nicht mehr anfechtbaren Versäumnisurteils (erneut) nicht mehr imstande ist, die berechtigten Forderungen ihrer eigenen Gläubiger zu begleichen.

Auch die Voraussetzungen der subjektiven Kriterien und des Schadens für den Existenzvernichtungsanspruch aus § 826 BGB konnte der II. Zivilsenat erneut bekräftigen: Für den mindestens erforderlichen Eventualvorsatz reichte es aus, dass die faktische dauerhafte Beeinträchtigung des Vermögens der klagenden Gesellschaft im Hinblick auf die Erfüllung ihrer Verbindlichkeiten die voraussehbare Folge des Eingriffs war und der beklagte Gesellschafter diese Rechtsfolge in Erkenntnis ihres möglichen Eintritts billigend in Kauf nahm.[38] Der Schaden der Gesellschaft wiederum war im Verlust ihrer Schuldendeckungsfähigkeit

[34] BGHZ 179, 344 = NJW 2009, 2127 – Sanitary.

[35] BGHZ, 173, 246 = NJW 2007, 2689 – Trihotel.

[36] RGZ 7, 404, 405; 66, 240, 243; BGH Beschl. v. 27. 11. 1974 – IV ZB 42/73, NJW 1975, 345, 346; Urt. v. 11. 12. 1995 – II ZR 220/94, ZIP 1996, 227, 228.

[37] BGH Urt. v. 12. 6. 1989 – II ZR 334/87, DB 1989, 1762, 1764.

[38] BGHZ 173, 246 Tz. 30 = NJW 2007, 2689 – Trihotel.

gegenüber den Gesellschaftsgläubigern infolge der vom Gesellschafter sittenwidrig herbeigeführten Abweisung ihrer Klage gegen ihn durch das Versäumnisurteil zu sehen.

Der II. Zivilsenat bestätigt in „Sanitary" auch prozessual erneut den Innenhaftungscharakter des neuen Haftungsmodells: Da der klagende Gesellschaftsgläubiger hinsichtlich der Innenhaftungsansprüche der Gesellschaft aus existenzvernichtendem Eingriff (§ 826 BGB) gegen den beklagten Gesellschafter im Liquidationsstadium weder eine eigene Forderungszuständigkeit noch ein Gläubigerverfolgungsrecht hat, hat er verfahrensrechtlich zutreffend diese Ansprüche pfänden und sich zur Einziehung überweisen lassen.[39]

b) Weitergehende Bedeutung hat die „Sanitary"-Entscheidung[40] deshalb, weil der II. Zivilsenat für das Liquidationsstadium der GmbH außerdem eine neue Fallgruppe (konkurrierender) deliktsrechtlicher Innenhaftung des Gesellschafters aus § 826 BGB in Gestalt der sittenwidrigen Verletzung von Liquidationsvorschriften hinzugefügt hat.

Der in dem neuen Haftungsmodell zum existenzvernichtenden Eingriff im Rahmen des § 826 BGB anerkannte Grundsatz eines verselbständigten Vermögensinteresses der werbenden Gesellschaft gilt erst recht für eine Gesellschaft in Liquidation, für die § 73 Abs. 1 und 2 GmbHG den Erhalt des Gesellschaftsvermögens im Interesse der Gläubiger in besonderer Weise hervorhebt.[41] Der Liquidationsgesellschaft kann daher ein eigener (Innenhaftungs-)Anspruch aus § 826 BGB gegen den Gesellschafter schon dann zustehen, wenn dieser unter Verstoß gegen § 73 Abs. 1 GmbHG in sittenwidriger Weise das im Interesse der Gesellschaftsgläubiger zweckgebundene Gesellschaftsvermögen schädigt, ohne dass zugleich die speziellen „Zusatzkriterien" einer Insolvenzverursachung oder -vertiefung erfüllt sind.[42]

V. Resümee und Ausblick: Schlusspunkt der Rechtsfortbildung

Vor dem Hintergrund der dargestellten bisherigen Entwicklung der vom II. Zivilsenat im Wege der Rechtsfortbildung geschaffenen Rechtsfigur der Existenzvernichtungshaftung kann gesagt werden, dass mit der Änderung des Modells durch die „Trihotel"-Entscheidung in einen mit den Kapitalerhaltungsansprüchen nach §§ 31, 30 GmbHG gleichlaufenden, konkurrierenden Innenhaftungsanspruch auf Schadensersatz im Rahmen einer besonderen Fallgruppe des § 826 BGB ein – jedenfalls vom Senat so beabsichtigter – Schlusspunkt der Rechtsfortbildung gesetzt wurde.

Wirft man den Blick zurück auf die Kunstfigur der Haftung im qualifiziert faktischen Konzern und die ähnlich „kunstvolle", ja zum Teil verwirrende Konstruktion des Ausgangsmodells der Existenzvernichtungshaftung, so wirkt der „geordnete Rückzug" zu den „Bordmitteln" des Gesetzes in § 826 BGB geradezu schlicht und „bodenständig". Eingefleischte Gesellschaftsrechtler mögen enttäuscht sein, dass der Senat in „Trihotel" Abstand und zugleich Abschied von einem selbständigen gesellschaftsrechtlich fundierten Haftungsinstitut genommen und sich zur Lösung des Problems allein auf die allgemeine Deliktsnorm des § 826 BGB zurückgezogen hat. Indessen: Höchstrichterliche Rechtsprechung muss nicht durch kunstvolle, juristisch anspruchsvolle Konstruktionen wirken, sondern stets versuchen, das Recht einfach, verständlich und für die Rechtsuchenden handhabbar anzuwenden, zu gestalten und – wo erforderlich – fortzubilden, um so ein möglichst hohes Maß an Rechtssicherheit zu gewährleisten. So gesehen, dürfte die „Frontbegradigung" durch das Trihotel-Urteil ein entscheidender Schritt in die richtige Richtung gewesen sein: Mit den §§ 826 BGB, 30, 31 GmbHG als Grundlage nebeneinander bestehender, konkurrieren-

[39] Vgl. BGHZ 173, 246 Tz. 36 = NJW 2007, 2689 – Trihotel.

[40] BGHZ 179, 344 = NJW 2009, 2127 – Sanitary.

[41] Sog. Kapitalerhaltungsgebot in der Liquidation, vgl. dazu *Schulze-Osterloh/Noack* in: Baumbach/Hueck, GmbHG, 18. Aufl. 2006, § 73 Rn. 13, 17 mwN.

[42] BGHZ 179, 344, Leitsatz b) = NJW 2009, 2127 – Sanitary.

der Ansprüche der GmbH selbst wurde eine Rückkehr zur klaren Anbindung an das geltende Gesetzesrecht ermöglicht, wo zuvor durch die Argumentation mit dem Missbrauch der Rechtsform Unsicherheit über Grund und Reichweite der Haftung des Gesellschafters bestand.

Die neue Anknüpfung der Existenzvernichtungshaftung des Gesellschafters an die missbräuchliche Schädigung des im Gläubigerinteresse zweckgebundenen Gesellschaftsvermögens und ihre Einordnung als primäre schadensersatzrechtliche Innenhaftung gegenüber der Gesellschaft allein in § 826 BGB als eine besondere Fallgruppe der sittenwidrigen vorsätzlichen Schädigung zeichnen sich – gemessen an der früheren Konzeption – durch Geschlossenheit, Geradlinigkeit und Folgerichtigkeit aus: Angefangen bei den gut überschaubaren und praxisgerecht zu subsumierenden Tatbestandsmerkmalen des existenzvernichtenden Eingriffs im Rahmen von § 826 BGB, über die für diese Norm geltende klare Regelung der Darlegungs- und Beweislast der Gesellschaft als Anspruchsgläubigerin für sämtliche Tatbestandsmerkmale bis hin zur Innenhaftung in Übereinstimmung mit den „Basisschutzansprüchen" der §§ 30, 31 GmbHG und zur Anspruchsgrundlagenkonkurrenz – an Stelle der früher angenommenen Subsidiarität – mit diesen Kapitalerhaltungsansprüchen.

Das straffe, durch Einbettung in eine besondere Fallgruppe zusätzlich eingegrenzte neue Haftungsmodell wirkt auch dem ansonsten weit verbreiteten Eindruck entgegen, im Rahmen der Generalklausel von § 826 BGB seien die Parteien einer weitgehend unberechenbaren „Kadi-Justiz" ausgeliefert. Der II. Zivilsenat hat insoweit nicht nur von Anfang an in „Trihotel" die Tatbestandsvoraussetzungen der Existenzvernichtungshaftung klar umrissen, sondern diese auch in den Folgeentscheidungen „Gamma" und „Sanitary" bestätigt und – wo erforderlich – abgegrenzt. Die nunmehr klare Anknüpfung an einen gesetzlichen Haftungstatbestand berechtigt zu der Hoffnung, dass mit dem jetzt vorliegenden „Trihotel"-Konzept" als Schlusspunkt der Entwicklung ein beständiges dogmatisches Grundgerüst gefunden wurde, auf dem aufbauend eine weitere Ausdifferenzierung der Fallgruppe der Existenzvernichtungshaftung – beispielsweise zu der in „Trihotel" nur angedeuteten Einordnung und Reichweite der sog. Mittäter- und Beteiligtenhaftung gemäß § 830 BGB[43] – möglich wird.

So gesehen kann man in der Neuausrichtung der Existenzvernichtungshaftung durch „Trihotel" einen Markstein auf dem Weg zu einer praxisgerechten, rechtssicheren Anwendung des Rechts und – damit zusammenhängend – einer verlässlichen (ständigen) Rechtsprechung sehen: Ziele, die der *Jubilar* stets bei der Gestaltung der – von ihm maßgeblich geprägten – Rechtsprechung des II. Zivilsenats des BGH in den Vordergrund gestellt hat.

[43] BGHZ 173, 246 Tz. 46 = NJW 2007, 2689 – Trihotel.

MARCUS LUTTER

Konzernphilosophie vs. konzernweite Compliance und konzernweites Risikomanagement

Übersicht

I. Einleitung

Das Konzernrecht des Aktiengesetzes nähert sich seinem 50. Geburtstag, und seine Philosophie gilt unverändert fort: Da gibt es den sog. Vertragskonzern mit seinem Weisungsrecht der Obergesellschaft und dementsprechend dem Übergang des wirtschaftlichen Risikos (Pflicht zum Verlustausgleich) von der Tochter auf die Obergesellschaft: das Musterbild eines zentralisierten Verbundes (§§ 291 ff. AktG).[1]

Da gibt es andererseits aber auch den praktisch viel häufigeren Fall des faktischen Konzerns. Er ist vom Aktiengesetz dezentral gedacht mit dem lässlichen Verbot des Eingriffs der Obergesellschaft in die abhängige Aktiengesellschaft, es sei denn, der Vorstand „unten" akzeptiere den Eingriff und erhalte dafür die volle Kompensation für seine Gesellschaft (§ 311 AktG). Vor allem aber: Es gilt weiter das Trennungsprinzip, die Obergesellschaft haftet nicht für die Schulden der Tochter – auch nicht nach Eingriffen in diese. Allenfalls schuldet sie den soeben erwähnten Ausgleich für nachteilige Eingriffe in Vermögen oder Interessen der Tochter.

II. Neue Entwicklungen

In dieses klar dezentral gedachte Konzept des faktischen Konzerns greifen zwei Entwicklungen mit ebenso klar zentralistischer Tendenz ein.[2]

---

[1] Das bedeutet selbstverständlich nicht, dass der Vertragskonzern nicht auch dezentral organisiert werden könnte, was dann der Fall ist, wenn die Obergesellschaft von ihrem Weisungsrecht gar keinen oder nur sporadischen Gebrauch macht; das Weisungsrecht ist nämlich nur ein Recht und keine Pflicht, vgl. *Emmerich* in: Emmerich/Habersack, Aktien- und GmbH-Konzernrecht, 6. Aufl. 2010, § 308 Rn. 34; *Hüffer* AktG, 9. Aufl. 2010, § 76 Rn. 17a; *Kleindiek* in: Hommelhoff/Hopt/v. Werder, Hdb. Corporate Governance, 2. Aufl. 2009, S. 787, 794 f.; KölnerKommAktG/*Koppensteiner* 3. Aufl. 2004, § 308 Rn. 60.

[2] Diese Entwicklungen sind allerdings nicht nur für den faktischen Konzern, sondern – aufgrund des bestehenden Weisungsrechts – gerade auch für den Vertragskonzern von Bedeutung, wenngleich sie für diesen nicht so sehr als Besonderheit empfunden werden dürften. Zu den Folgerungen s. unten III.

1. Nach Art. 81 EG (jetzt Art. 101 AEUV) ist es „Unternehmen" verboten, sich an Kartellen oder abgestimmten Verhaltensweisen zu beteiligen. Vorsätzliche und fahrlässige Verstöße gegen dieses Verbot können nach Art. 23 Abs. 2 lit. a VO (EG) 1/2003 durch die Europäische Kommission mit einer Geldbuße geahndet werden. In diesem Zusammenhang hatten die Konzern-Obergesellschaften ThyssenKrupp und Akzo Nobel hohe Bußgelder zu zahlen, obwohl ihnen selbst kein Verstoß vorgeworfen worden war: Die Verstöße geschahen auf der Ebene von Tochter- und Enkel-Gesellschaften – ohne Kenntnis der Obergesellschaft.

Der Europäische Gerichtshof hat in seinem Urteil vom 10. September 2009 diesen Begriff des „Unternehmens" als „jede eine wirtschaftliche Tätigkeit ausübende Einrichtung unabhängig von ihrer Rechtsform und der Art ihrer Finanzierung" interpretiert[3] und nochmals klargestellt, dass diese wirtschaftliche Einrichtung auch aus mehreren natürlichen oder juristischen Personen gebildet werden kann.[4] Obergesellschaften könne das gesetzwidrige Verhalten ihrer Tochtergesellschaften insbesondere dann zugerechnet werden, wenn diese trotz ihrer eigenen Rechtspersönlichkeit ihr Marktverhalten nicht autonom bestimmen, sondern dem bestimmenden Einfluss der Obergesellschaft unterliegen.[5] Dafür bestehe eine widerlegliche Vermutung, wenn die Obergesellschaft 100% des Kapitals der Tochtergesellschaft hält.[6] Kurzum: Die schuldigen Töchter und die unschuldigen Mütter haften als Gesamtschuldner auf die verhängte Geldbuße.[7]

2. Nach § 130 Abs. 1 OWiG gilt:

> „Wer als Inhaber eines Betriebes oder Unternehmens vorsätzlich oder fahrlässig die Aufsichtsmaßnahmen unterlässt, die erforderlich sind, um in dem Betrieb oder Unternehmen Zuwiderhandlungen gegen Pflichten zu verhindern, die den Inhaber treffen und deren Verletzung mit Strafe oder Geldbuße bedroht ist, handelt ordnungswidrig, wenn eine solche Zuwiderhandlung begangen wird, die durch gehörige Aufsicht verhindert oder wesentlich erschwert worden wäre. Zu den erforderlichen Aufsichtsmaßnahmen gehören auch die Bestellung, sorgfältige Auswahl und Überwachung von Aufsichtspersonen."

Die schreckliche Bestechungsgeschichte bei Siemens ist vor allem in Tochter- und Enkelgesellschaften entwickelt und ausgeführt worden. Sowohl die amerikanische SEC als auch die deutsche Staatsanwaltschaft haben sich nur an die Muttergesellschaft, die Siemens AG, gehalten: Diese wurde mit hohen Bußgeldern belegt.

In gleicher Weise hat das Bundeskartellamt am 9. Februar 2009 gegen die Etex Holding GmbH ein Bußgeld in zweistelliger Millionenhöhe erlassen wegen Verletzung der Aufsichtspflicht über die Tochtergesellschaften nach § 130 OWiG:[8] Nicht die Etex, sondern

---

[3] EuGH Urt. v. 10.9.2009 – C-97/08 P, EuZW 2009, 816, 820 Rn. 54 (Akzo Nobel); so bereits EuGH Urt. v. 23.4.1991 – C-41/90, Slg. 1991, I-1979 Rn. 21 (Höfner und Elser); s. auch EuGH Urt. v. 10.1.2006 – C-222/04, Slg. 2006, I-289 Rn. 107 (Cassa di Risparmio di Firenze); EuGH Urt. v. 11.7.2006 – C-205/03 P, Slg. 2006, I-6295 Rn. 25 (FENIN/Kommission).

[4] EuGH Urt. v. 10.9.2009 – C-97/08 P, EuZW 2009, 816, 821 Rn. 55 (Akzo Nobel); so auch schon EuGH Urt. v. 14.12.2006 – C-217/05, Slg. 2006, I-11987 Rn. 40 (Confederación Espanola de Empresarios de Estaciones de Servicio).

[5] EuGH Urt. v. 10.9.2009 – C-97/08 P, EuZW 2009, 816, 820 Rn. 58 (Akzo Nobel); s. auch schon EuGH Urt. v. 14.7.1972 – C-48/69, Slg. 1972, 619 Rn. 132/135 (ICI/Kommission); EuGH Urt. v. 14.7.1972 – C-52/69, Slg. 1972, 787 Rn. 44 (Geigy/Kommission); EuGH Urt. v. 16.11.2000 – C-286/98 P, Slg. 2000, I-9925 Rn. 26 (Stora).

[6] EuGH Urt. v. 10.9.2009 – C-97/08 P, EuZW 2009, 816, 821 Rn. 60 (Akzo Nobel); s. auch schon EuGH Urt. v. 16.11.2000 – C-286/98 P, Slg. 2000, I-9925 Rn. 29 (Stora).

[7] EuGH Urt. v. 10.9.2009 – C-97/08 P, EuZW 2009, 816, 821 f. Rn. 61, 77 (Akzo Nobel).

[8] Vgl. den Fallbericht zur Entscheidung des Bundeskartellamtes vom 9.2.2009 zum Bußgeldverfahren gegen Unternehmen der Tondachziegelbranche – Az. B1-200/06, S. 2, abrufbar unter http://www.bundeskartellamt.de/wDeutsch/download/pdf/Kartell/Kartell09/Fallberichte/B1-200-06-Fallbeschreibung.pdf?navid=38 (zuletzt aufgerufen am 28.4.2010).

die Töchter hatten Kartellabsprachen getroffen; dennoch wurde die Etex in Anspruch genommen.

Die MAN AG ist eine Holding-Gesellschaft; sie übt selbst keine wirtschaftliche Tätigkeit aus, sondern leitet vier Unterkonzerne mit je eigenen Obergesellschaften. In dem ebenfalls höchst unerfreulichen Bestechungsfall bei MAN hat sich die Staatsanwaltschaft an diese Zwischen-Obergesellschaften gehalten, diese und ihre Töchter durchsucht und diese Zwischen-Obergesellschaften mit Bußen belegt. Da die Holding ihrer Struktur nach dezentral ist und das eigentliche unternehmerische Geschehen bei den Unterkonzernen erfolgt, dürfte diese Behandlung richtig sein.

3. Aber: Kann die Leitung der Obergesellschaft dessen auch sicher sein? Im Siemens-Fall hat die Staatsanwaltschaft nicht gezögert, gegen die Obergesellschaft aus § 130 Abs. 1 OWiG vorzugehen. Und die SEC in den USA[9] unterscheidet da sowieso nicht, wie auch der EuGH zwar verbal unterscheidet, mit seiner Vermutung des Einflusses der Obergesellschaft und der Erschwerung der Widerlegung dieser Vermutung[10] der Obergesellschaft jedoch jede reale Chance der Entlastung nimmt.[11] Im Übrigen spricht § 130 Abs. 1 OWiG genau wie Art. 81 EG (Art. 101 AEUV) von „Unternehmen". Und so verwundert es nicht, wenn in der Literatur zu § 130 Abs. 1 OWiG der Konzern teilweise als ein solches „Unternehmen" verstanden wird[12] mit der Folge, dass die Handhabung im Siemens-Fall und im Etex-Fall dem so verstandenen Gesetz entsprach und auch im MAN-Fall so hätte ablaufen können.

Die Obergesellschaften von Konzernen und selbst die sog. „Führungsholding"[13] können also ganz und gar nicht sicher sein, aus § 130 Abs. 1 OWiG schon von Rechts wegen nicht in Anspruch genommen zu werden.

4. Aus den §§ 76 Abs. 1, 93 Abs. 1 und 2 AktG, 43 Abs. 1 und 2 GmbHG ergibt sich die Verpflichtung aller Vorstandsmitglieder und Geschäftsführer, ihre Gesellschaft vor Schaden zu bewahren. Sie müssen also dafür sorgen, dass ihre Gesellschaft *nicht* wie Akzo, Etex und Siemens wegen Verstößen ihrer Töchter und Enkel mit hohen Bußgeldern belegt werden. Zu den Sorgfaltspflichten der Vorstandsmitglieder und Geschäftsführer von Konzern-Obergesellschaften gehört in diesem Zusammenhang daher die Kontrolle und Überwachung der Tochtergesellschaften.[14] Das umfasst selbstverständlich auch die Frage, inwieweit in den Tochtergesellschaften das geltende (deutsche oder ausländische) Recht beachtet

---

[9] Sie ist zuständig, weil Siemens auch an der New York Stock Exchange gelistet ist.

[10] Vgl. EuGH Urt. v. 10.9.2009 – C-97/08 P, EuZW 2009, 816, 821 f. Rn. 67 ff. (Akzo Nobel).

[11] Ähnliche Interpretation der Rechtsprechung des EuGH bei *Kremer/Klahold* in: Krieger/U. H. Schneider, Hdb. Managerhaftung, 2. Aufl. 2010, § 21; *Murach* Der Konzern 2009, 482, 483; *Riesenkampff* WuW 2001, 357, 358.

[12] *Lemke/Mosbacher* OWiG, 2. Aufl. 2005, § 130 Rn. 7; *Raum* in: Langen/Bunte, Kommentar zum deutschen und europäischen Kartellrecht, Bd. I, 10. Aufl. 2006, § 81 GWB Rn. 20; *Rogall* in: KK-OWiG, 3. Aufl. 2006, § 130 Rn. 25; aA *Deselaers* WuW 2006, 118, 123; *Förster* in: Rebmann/Roth/Herrmann, OWiG, 3. Aufl. 2009, § 130 Rn. 5; *Koch* ZHR 171 (2007), 554, 570 ff.; *ders.* AG 2009, 564, 567 ff.; *ders.* WM 2009, 1013, 1018; *Vogt* Die Verbandsgeldbuße gegen eine herrschende Konzerngesellschaft, Diss. Konstanz 2009, S. 286 ff.; grundsätzlich ebenso ablehnend – wenngleich eine Ausnahme für den Fall des 100%-igen Anteilsbesitzes erwägend – *Tiedemann* NJW 1979, 1849, 1852; zwischen Vertragskonzern und faktischem Konzern differenzierend *Achenbach* in: Frankfurter Kommentar zum Kartellrecht, 2006, Vor § 81 Rn. 69; *Bohnert* OWiG, 2. Aufl. 2007, § 130 Rn. 7; *Dreher* ZWeR 2004, 75, 101 ff.; *Gürtler* in: Göhler, OWiG, 15. Aufl. 2009, § 130 Rn. 5a; *Mansdörfer/Timmerbeil* WM 2004, 362, 368; *Spindler* in: Fleischer, Hdb. des Vorstandsrechts, 2006, § 15 Rn. 127 f.; *Wirtz* WuW 2001, 342, 348.

[13] Vgl. *Lutter* in: Lutter, Holding-Hdb., 4. Aufl. 2004, § 1 Rn. 16.

[14] Vgl. OLG Jena GWR 2009, 449; GroßkommAktG/*Hopt* 4. Aufl. 2008, § 93 Rn. 98, 114; *Löbbe* Unternehmenskontrolle im Konzern, Diss. Heidelberg 2003, S. 75 ff., 102 ff.; KölnerKommAktG/*Mertens/Cahn* 3. Aufl. 2010, § 76 Rn. 65; MünchHdb. AG/*Wiesner* 3. Aufl. 2007, § 19 Rn. 12, 14; *Rogall* (Fn. 12).

wird. Damit ergibt sich letzten Endes – ungeachtet des weiten Organisationsermessens hinsichtlich der konkreten Ausgestaltung[15] – eine Pflicht der Vorstandsmitglieder und Geschäftsführer gegenüber ihrer Gesellschaft, im Konzern ein effizientes Compliance-System zu installieren.[16] In diese Richtung weist auch Ziff. 4.1.3 DCGK, der zufolge der Vorstand für die Einhaltung der gesetzlichen Bestimmungen zu sorgen hat und auf deren Beachtung durch die Konzernunternehmen hinwirkt,[17] wenngleich dieser Vorschrift mangels gesetzgeberischer Legitimation kein rechtlich bindender Charakter zukommt.[18] Wie weit die „Pflicht zur konzerndimensionalen Legalitätskontrolle"[19] reicht und ob ggf. konzernrechtliche Grenzen bestehen, ist im Folgenden zu erläutern.

III. Folgerungen

1. Schadensfälle wie ThyssenKrupp (700 Mio. Euro Buße) und Siemens (2,5 Mrd. Euro Bußen und Kosten) und auch die 150 Mio. Euro Bußen bei MAN dürfen sich – wenn irgend möglich – nicht wiederholen. Daher muss durch den Konzernvorstand wie soeben beschrieben eine konzernweite Compliance-Organisation aufgebaut werden. Dafür genügt es nicht, konzernweit bestimmte Maßnahmen anzuordnen, sondern die Durchführung dieser Maßnahmen bei den 3000 (RWE) oder gar 4000 (Deutsche Bank) Tochter- und Enkelgesellschaften etc. setzt deren Überwachung voraus: Warum sollte bei einer dieser Gesellschaften in Bulgarien, Griechenland oder Zypern nicht die Compliance-Organisation lax gehandhabt und ein neues Kartell- oder Bestechungssystem aufgebaut werden? Auf die Aussagen der Tochter-Geschäftsführer und der örtlichen Compliance-Verantwortlichen ist gerade wegen dieser Gefahr kein sicherer Verlass.

Also muss die Muttergesellschaft jedenfalls bei großen und größeren Gruppen selbst die Aufsicht konzernweit übernehmen, will sie vor unangenehmen Überraschungen einigermaßen sicher sein und wollen die Mitglieder des Vorstands bzw. der Geschäftsführung – anders als der Siemens-Vorstand – einer Haftung nach §§ 93 Abs. 2 AktG, 43 Abs. 2 GmbHG entgehen. Das aber bedeutet: Der Konzernvorstand bzw. die Konzerngeschäftsführung muss diese Aufgabe konzernweit einheitlich organisieren, konzernweit für einheit-

---

[15] Dazu *Bürkle* BB 2005, 565, 569 f.; *Fleischer* AG 2003, 291, 300; *Koch* WM 2009, 1013, 1015; *Meier-Greve* BB 2009, 2555, 2557; *U. H. Schneider* NZG 2009, 1321, 1325; MünchKommAktG/*Spindler* 3. Aufl. 2008, § 91 Rn. 36, 38; umfassend *Kremer/Klahold* ZGR 2010, 113, 118 ff.; *Spindler* Unternehmensorganisationspflichten, 2001, S. 945 ff.

[16] Vgl. OLG Jena GWR 2009, 449; *Bürkle* BB 2007, 1797, 1799; *Fleischer* DB 2005, 759, 763 f.; *ders.* CCZ 2008, 1, 5; GroßkommAktG/*Hopt* 4. Aufl. 2008, § 93 Rn. 98; *Kremer/Klahold* (Fn. 11) § 21 Rn. 8; *Krieger/Sailer* in: Schmidt/Lutter, AktG, 2008, § 93 Rn. 6; *Löbbe* (Fn. 14) S. 180 ff.; *Lutter* in: FS Hüffer, 2010, S. 617, 618 ff.; *Reichert/Ott* ZIP 2009, 2173; *U. H. Schneider* ZIP 2003, 645, 648 ff.; *ders.* NZG 2009, 1321, 1323 ff.; aA *Bachmann/Prüfer* ZRP 2005, 109, 111; *Hauschka* ZIP 2004, 877, 878; *Koch* WM 2009, 1013, 1017 ff.; GroßkommAktG/*Kort* 4. Aufl. 2008, § 91 Rn. 65 ff.; *ders.* NZG 2008, 81, 84; *Ringleb* in: Ringleb/Kremer/Lutter/v. Werder, DCGK, 4. Aufl. 2010, Rn. 618; *Dreher* in: FS Hüffer, 2009, S. 161, 168 ff. Zu den strafrechtlichen Risiken vgl. nur *Bittmann* ZGR 2009, 931 ff. und *Hart-Hönig* Verteidigung von Unternehmen und Compliance im globalisierten Strafrecht, in Arbeitsgemeinschaft Strafrecht im CAV (Hrsg.), Strafverteidigung im Rechtsstaat, 2009, S. 530 ff. Zur Verantworung des Aufsichtsrats für die Compliance im Unternehmen s. *Winter* in: FS Hüffer, 2010, S. 1103 ff.

[17] Ziff. 4.1.3 DCGK in Bezug nehmend auch *Bürkle* BB 2007, 1797, 1799; *Fleischer* CCZ 2008, 1, 3; *Kremer/Klahold* (Fn. 11) § 18 Rn. 8; *Löbbe* (Fn. 14) S. 182; *U. H. Schneider* NZG 2009, 1321, 1325.

[18] Dazu s. *Ringleb* in: Ringleb/Kremer/Lutter/v. Werder, DCGK, 4. Aufl. 2010, Rn. 42, 51 ff.

[19] *Fleischer* CCZ 2008, 1, 5.

liche Information „nach oben“ sorgen,[20] Konzern-Beauftragte zur Überprüfung schicken, um sich von der Einhaltung der Compliance-Vorgaben zu überzeugen,[21] und ggf. konzernweit die Abschlussprüfer mit zusätzlichen Kontrollen beauftragen.

2. Das hat wiederum zur Folge, dass jedenfalls in diesem Bereich der Unternehmensleitung eine dezentrale Konzernführung nicht mehr möglich ist.[22] Die Frage ist also: Wie lässt sich die so verstandene konzernweite Compliance verwirklichen? Kann sich die Obergesellschaft mit ihrem Anliegen konzernweit durchsetzen? Müssen die Untergesellschaften den Besuch eines Kontrolleurs der Obergesellschaft hinnehmen, ihre Bücher öffnen und Fragen beantworten?

a) Selbst im *Vertragskonzern* der §§ 291 ff. AktG, die für Aktiengesellschaften und GmbHs gleichermaßen gelten,[23] als dem Prototyp des zentralisierten Verbundes bleibt die Untergesellschaft rechtlich selbstständig. Es könnte also durchaus fraglich sein, ob Compliance-Kontrollen der Mutter oder Dritter im Auftrag der Mutter konzernrechtlich zulässig sind.

Die Beantwortung dieser Frage hängt von der Reichweite des Weisungsrechts der Obergesellschaft nach § 308 Abs. 1 AktG ab. Hierzu ist viererlei anzumerken: *Erstens* wird der Weisungsbegriff von der hM grundsätzlich extensiv ausgelegt, so dass jede rechtmäßige Maßnahme darunter fällt, durch die die Obergesellschaft Einfluss auf die Leitung der Tochtergesellschaft nehmen möchte und die für den Vorstand der Tochtergesellschaft verbindlich sein soll.[24] *Zweitens* besteht das Weisungsrecht des herrschenden Unternehmens hinsichtlich der „Leitung“ der Gesellschaft. Es umfasst mithin den gesamten Bereich, in dem der Vorstand der Tochtergesellschaft diese nach § 76 Abs. 1 AktG zu leiten hat.[25] Erfasst werden daher gerade auch Fragen der Organisation, also etwa die Einführung einer Compliance-Ordnung bestimmter Art.[26] Begrifflich fällt darunter aber auch die Weisung, Compliance-Kontrollen seitens der Obergesellschaft zu dulden bzw. bei solchen Kontrollen zu kooperieren. *Drittens* umfasst das Weisungsrecht der Obergesellschaft zugleich auch ein Auskunftsrecht hinsichtlich aller Umstände, die für die Ausübung des Weisungsrechts relevant werden können.[27] Die Obergesellschaft kann demnach im Rahmen eines konzernweiten Berichtssystems auch Auskünfte über den Stand der Umsetzung des Compliance-Systems bzw. über seine Befolgung verlangen.[28] Und selbst wenn man Weisungen hinsichtlich Compliance-Maßnahmen als nachteilig iSd. § 308 Abs. 1 S. 2 AktG einstufte, dürfte sich – *viertens* – die Implementierung eines Compliance-Systems und dessen Kontrolle durch die Obergesell-

[20] Zu einem konzernweiten Berichtssystem *Fleischer* CCZ 2008, 1, 6; *ders.* in: Fleischer, Hdb. des Vorstandsrechts, § 18 Rn. 34; *Kremer/Klahold* (Fn. 11) § 18 Rn. 45 ff.; *dies.* ZGR 2010, 113, 122 ff.; *Löbbe* (Fn. 14) S. 204; *U. H. Schneider* NZG 2009, 1321, 1326; *ders./S. H. Schneider* ZIP 2007, 2061, 2065.

[21] Vgl. *Fleischer* CCZ 2008, 1, 6; *Kremer/Klahold* (Fn. 11) § 18 Rn. 49 ff.; *U. H. Schneider* ZIP 2003, 645, 649 f.

[22] Die MAN SE ist keine Führungs-Holding. Dennoch hatte sie die konzernweite Compliance-Organisation an sich gezogen.

[23] Vgl. *Emmerich* (Fn. 1) Vor § 291 Rn. 7 f., § 293 Rn. 39 ff.; MünchKommGmbHG/*Liebscher* 2010, § 13 Anh. Rn. 36 ff.; *Lutter* in: Lutter/Hommelhoff, GmbHG, 17. Aufl. 2009, Anh. § 13 Rn. 40 ff.

[24] MünchKommAktG/*Altmeppen* 3. Aufl. 2010, § 308 Rn. 9; *Emmerich* (Fn. 1) § 308 Rn. 23 f.; GroßkommAktG/*Hirte* 4. Aufl. 2005, § 308 Rn. 18 f.; *Raiser/Veil* Recht der Kapitalgesellschaften, 5. Aufl. 2010, § 54 Rn. 37.

[25] MünchKommAktG/*Altmeppen* 3. Aufl. 2010, § 308 Rn. 83 ff.; *Hüffer* AktG, 9. Aufl. 2010, § 308 Rn. 12; KölnerKommAktG/*Koppensteiner* 3. Aufl. 2004, § 308 Rn. 27 f.; *Langenbucher* in: Schmidt/Lutter, AktG, 2008, § 308 Rn. 21.

[26] Vgl. auch *Fleischer* (Fn. 20) § 18 Rn. 43.

[27] *Emmerich* (Fn. 1) § 308 Rn. 39; MünchHdb. AG/*Krieger* 3. Aufl. 2007, § 70 Rn. 151; *Löbbe* (Fn. 14) S. 148 ff.; *Veil* in: Spindler/Stilz, AktG, 2007, § 308 Rn. 20.

[28] Vgl. die Nachweise in Fn. 20.

schaft im Hinblick auf die Eingriffsintensität im Rahmen der Verhältnismäßigkeit halten.[29] Es spricht somit vieles dafür, dass die Tochtergesellschaften nicht nur Compliance-Auskünfte an die Obergesellschaft geben, sondern auch Kontrollen durch die Muttergesellschaft dulden und Fragen beantworten müssen.

b) Ist abhängige Gesellschaft eine GmbH, hat ihre Gesellschafterversammlung und damit faktisch die Obergesellschaft ein Weisungsrecht,[30] das aus § 37 Abs. 1 GmbHG folgt und in seiner Art dem Weisungsrecht des Vertragskonzerns entspricht. Insoweit gilt gleiches wie soeben ausgeführt.

c) Schwierig ist die Rechtslage in der faktisch abhängigen Aktiengesellschaft. Hier steht der Obergesellschaft kein Weisungsrecht zu (arg. § 311 AktG)[31] und erst recht kein unmittelbares Kontrollrecht. Die Obergesellschaft ist hier also rechtlich auf die freiwillige Mitwirkung des Vorstands der Untergesellschaft angewiesen. Damit aber ist zu rechnen.[32] Immerhin hat sie überall unmittelbar oder mittelbar die Personalhoheit und kann auf diesem Wege die erforderliche Kontrolle sicherstellen. Im Übrigen muss die Obergesellschaft die ihr zustehenden rechtlichen und tatsächlichen Befugnisse so weit wie möglich ausnutzen.[33]

d) Ohne Zweifel sind auch ausländische Tochtergesellschaften in das konzerneigene Compliance-System einzubeziehen.[34] Die Sicherstellung der Befolgung der Compliance-Vorgaben ist hier gleichwohl besonders schwierig, da der Vertragskonzern im Ausland bis auf ganz wenige Ausnahmen (Brasilien, Portugal, Tschechien, Kroatien, Slowenien) unbekannt ist.[35] In der GmbH gibt es das Weisungsrecht der Gesellschafterversammlung und mithin der Konzern-Obergesellschaft immerhin häufiger.[36] Keinesfalls aber ist es überall gesichert. Immerhin wird auch hier gelten, was schon oben gesagt wurde: Die Obergesellschaft kann faktisch mit der Befolgung rechnen, weil sie über die Personalhoheit bezüglich der Vorstände und Geschäftsführer verfügt. Aber das genügt nicht, denn die weit entfernte Enkelin kann gerade im gegenteiligen Verhalten mit Kartellen und Bestechungen ihre wirtschaftliche Chance sehen. Daher muss die Obergesellschaft mit den ihr zur Verfügung stehenden Mitteln sicherstellen, dass sie aktiv kontrollieren kann.

3. Die soeben getroffenen konzernrechtlichen Feststellungen führen zu weiteren Folgerungen. Entspricht nämlich die konzernweite Compliance-Organisation und Compliance-Überwachung den Pflichten eines sorgfältigen Vorstands der Obergesellschaft, dann ist auch der Aufsichtsrat der Obergesellschaft angesprochen. Denn er hat gerade die sorgfältige Unternehmensführung des Vorstands zu überwachen, auch und gerade in seiner Führung des Konzerns.[37] Dann also muss der Aufsichtsrat überwachen, dass es eine konzernweite Compliance-Organisation nach einheitlichen Regeln gibt, die ihm, dem Aufsichtsrat, in ihrer Wirksamkeit mindestens plausibel erscheint und die von den jeweiligen Abschlussprü-

---

[29] Zum Erfordernis der Beachtung des Verhältnismäßigkeitsgrundsatzes bei nachteiligen Weisungen s. *Emmerich* (Fn. 1) § 308 Rn. 49, 51; *Hüffer* AktG, 9. Aufl. 2010, § 308 Rn. 17; KölnerKommAktG/*Koppensteiner* 3. Aufl. 2004, § 308 Rn. 47; MünchHdb. AG/*Krieger* 3. Aufl. 2007, § 70 Rn. 148; *Raiser/Veil* (Fn. 24) § 54 Rn. 36.

[30] Vgl. *Altmeppen* in: Roth/Altmeppen, GmbHG, 6. Aufl. 2009, § 37 Rn. 3 ff.; *Kleindiek* in: Lutter/Hommelhoff, GmbHG, 17. Aufl. 2009, § 37 Rn. 17 ff.; *U.H. Schneider* in: Scholz, GmbHG, 10. Aufl. 2007, § 37 Rn. 30 f.; *Zöllner/Noack* in: Baumbach/Hueck, GmbHG, 19. Aufl. 2010, § 37 Rn. 20.

[31] Ganz hM, vgl. *Fleischer* (Fn. 20) § 18 Rn. 104; *Habersack* (Fn. 1) § 311 Rn. 1; *Hüffer* AktG, 9. Aufl. 2010, § 311 Rn. 8.

[32] S. auch *Fleischer* CCZ 2008, 1, 6; *Wirtz* WuW 2001, 342, 349.

[33] Vgl. *Fleischer* CCZ 2008, 1, 6; *ders.* (Fn. 20) § 18 Rn. 36; *Löbbe* (Fn. 14) S. 206.

[34] So auch *Bürkle* BB 2007, 1797, 1799; *Fleischer* CCZ 2008, 1, 6.

[35] Vgl. dazu KölnerKommAktG/*Koppensteiner* 3. Aufl. 2004, Vor § 291 Rn. 115 ff.

[36] *Lutter* in: International Encyclopedia of Comparative Law, Vol. XIII/2 „Limited Liability Companies and Private Companies", s. 211 mit Fn. 795 ff.

[37] Vgl. dazu *Bürkle* BB 2007, 1797, 1800; *Kleindiek* (Fn. 1) S. 787, 808 f.; *Kort* NZG 2008, 81, 84; *Löbbe* (Fn. 14) S. 235 ff.; *Lutter* AG 2006, 517; darauf hinweisend auch *U. H. Schneider* ZIP 2003, 645, 647.

fern der Konzerngesellschaften überprüft wird. Diese Aufgabe weist Ziff. 5.3.2 DCGK einem Prüfungsausschuss (Audit Committee) zu.[38] Wenngleich dort dem ersten Anschein nach nur die unverbundene Aktiengesellschaft angesprochen wird, beansprucht die Empfehlung über Ziff. 5.3.1 DCGK (wo vom „Unternehmen" die Rede ist) iVm. Abs. 9 der Präambel Geltung auch für Konzerne.

4. Im Ergebnis bedeutet das, dass Organisation und Verantwortung in der Konzernspitze immer mehr zentral werden und zentral werden müssen, sollen die evidenten Gefahren so weit wie nur möglich minimiert werden.

IV. Risiko-Management

1. Man muss auf die beschriebenen Unglücke aber nicht nur mit konzernweiter Compliance reagieren, man muss auch aus ihnen lernen. Man muss also zur Kenntnis nehmen, dass sich solche Unglücke üblicherweise bei den Tochter- und Enkelgesellschaften ereignen und dass man darauf mit einer Konzentration der Gegenmaßnahmen bei der Konzernspitze reagieren muss. Denkt man das weiter, so kann für die allgemeinen wirtschaftlichen Risiken nichts anderes gelten. Auch hier entstehen die wirtschaftlichen Unglücke üblicherweise bei den Töchtern und Enkeln: Die einstige Metallgesellschaft ist an den Fehlspekulationen ihrer amerikanischen Tochtergesellschaft nahezu zugrunde gegangen,[39] der Klöckner-Konzern an Fehlentwicklungen seiner Tochtergesellschaften in Afrika, die Sächsische Landesbank an „toxischen" Wertpapieren ihrer irischen Tochter.[40]

2. In diesem Zusammenhang schreibt § 91 Abs. 2 AktG vor, der Vorstand habe „ein Überwachungssystem einzurichten, damit den Fortbestand der Gesellschaft gefährdende Entwicklungen früh erkannt werden". Der Text der Vorschrift ist ganz auf die einzelne Gesellschaft bezogen, die Amtliche Begründung zum Regierungsentwurf des KonTraG von 1998[41] versteht diese Pflicht des Vorstands aber durchaus konzernweit.[42]

3. Daran anknüpfend versteht eine Ansicht in der Literatur § 91 Abs. 2 AktG in dem Sinne, dass der Vorstand der Obergesellschaft zur Implementierung eines konzernweiten Risikofrüherkennungssystems verpflichtet sei.[43] Für ein derartiges Verständnis spricht auch Ziff. 4.1.4 DCGK, die den Vorstand zu einem angemessenen Risikomanagement und Risikocontrolling „im Unternehmen" anhält und damit ausweislich des Abs. 9 der Präambel den Konzern meint.[44] Die Gegenansicht lehnt die Verpflichtung zur Einführung eines konzernumfassenden Früherkennungssystems ab und orientiert sich an der Konzernbilanz: Auf der Ebene der Obergesellschaft müssten nur solche Entwicklungen erfasst werden, die bei einer Konsolidierung gemäß § 297 Abs. 3 HGB im Rahmen der Konzernbilanz relevant wären. Diese Auffassung versteht die Pflicht des Vorstands lediglich dahin, dass wesentliche

---

[38] Zu dieser Regelung *Kremer Ringleb* in: Ringleb/Kremer/Lutter/v. Werder, DCGK, 4. Aufl. 2010, Rn. 992.

[39] Vgl. *Forster* AG 1995, 1; *Seibert* ZBB 1994, 349, 350.

[40] Vgl. *Lutter* ZIP 2009, 197.

[41] Gesetz zur Kontrolle und Transparenz im Unternehmensbereich (KonTraG) vom 27.4.1998, BGBl. I S. 786.

[42] Vgl. RegE KonTraG, BT-Drucks. 13/9712 S. 15: „[…] sofern von Tochtergesellschaften den Fortbestand der Gesellschaft gefährdende Entwicklungen ausgehen können."

[43] *Endres* ZHR 163 (1999), 441, 451; *Löbbe* (Fn. 14) S. 197 ff., 213 ff.; *Kleindiek* (Fn. 1) S. 787, 798 ff.; *W. Müller* in Semler/Peltzer, Arbeitshandbuch für Vorstandsmitglieder, 2005, § 8 Rn. 103; *Preußner/Becker* NZG 2002, 846, 848; *Th. Schneider* Möglichkeiten und Grenzen der Umsetzung der gesellschaftsrechtlichen und bankaufsichtsrechtlichen Anforderungen an Risikomanagement auf Gruppenebene, Diss. Mainz 2009, S. 80 ff., 140 ff., 250 ff.

[44] Ebenso *Ringleb* in: Ringleb/Kremer/Lutter/v. Werder, DCGK, 4. Aufl. 2010, Rn. 642.

Risiken für diese Bilanz bedacht werden müssen.[45] Das aber trifft so sicher nicht zu. Denn nach § 315 Abs. 2 Nr. 2 HGB soll der Konzernlagebericht eingehen auf die „Risikomanagementziele und -methoden des Konzerns [...]". Das aber ist nur möglich, wenn ein solches System besteht, und das umso mehr, als der Abschlussprüfer bei börsennotierten Gesellschaften die Leistung und Leistungsfähigkeit dieses *konzernweiten Systems* zu prüfen und darüber zu berichten hat.[46]

4. Nun kann es kaum einem Zweifel unterliegen, dass es auf die Ursache der Gefahr nicht ankommen kann. Bricht die irische Tochter zusammen, so führt das wegen ausgelegter Garantien und Bürgschaften zum Zusammenbruch der sächsischen Mutter. Gerade das aber will § 91 Abs. 2 AktG möglichst verhindern. Bei Unternehmensverträgen nach §§ 291 ff. AktG müssen diese Konzernteile schon wegen § 302 AktG (Verlustübernahme) und den oben geschilderten Risiken ganz selbstverständlich in das Überwachungssystem einbezogen werden.[47] Ähnliches gilt, wenn der Konzern beim Zusammenbruch einer Tochter seine Kreditwürdigkeit verlieren würde – TUI könnte den Zusammenbruch von Hapag Lloyd kaum überstehen. Auch insoweit muss § 91 Abs. 2 AktG konzernweit verstanden werden, wie es die Vertreter einer konzernbilanziellen Betrachtung richtig sehen.[48] Aber auch die irische Zweckgesellschaft der Sächsischen Landesbank,[49] die dort gerade nicht in die Konzernbilanz einbezogen war, hätte wegen der milliardenschweren Garantien und Bürgschaften der Landesbank zu ihren Gunsten jedenfalls in das Risikoüberwachungssystem einbezogen werden müssen.

5. Unter dem Aspekt mangelnder Bestandsgefährdung könnte man meinen, die eher unbedeutenden Konzerngesellschaften könnten aus dem System ausgeschieden werden.[50] Zwei Argumente sprechen dagegen:

Zum einen muss die Compliance-Ordnung alle Konzerngesellschaften erfassen. Das wurde oben geklärt. Dann aber ist es schon aus organisatorischen Gründen angebracht, auch das Risiko-Überwachungssystem lückenlos anzulegen, zumal niemand sicher sein kann, dass sich nicht auch Zusammenbrüche kleinerer Töchter gefährlich auf die Mutter und den Konzern auswirken.

Zum anderen geht die rechtliche Entwicklung in Europa ganz offenbar einen allgemein strengeren Weg.[51] Hier verlangen die Änderungsrichtlinien zur 8. (Prüfer-)Richtlinie[52] und zur 4. und 7. (Jahres- und Konzernabschluss-) Richtlinie[53] die Einrichtung eines

---

[45] *Hüffer* AktG, 9. Aufl. 2010, § 91 Rn. 6; GroßkommAktG/*Kort* 4. Aufl. 2008, § 91 Rn. 40, 43; MünchKommAktG/*Spindler* 3. Aufl. 2008, § 91 Rn. 41; *ders.* (Fn. 12) § 19 Rn. 62.

[46] *Hopt/Merkt* in: Baumbach/Hopt, HGB, 34. Aufl. 2010, § 317 Rn. 10: „Bei Konzernen ist das Überwachungssystem konzernweit zu prüfen; [...]."; *Wiedmann* in: Ebenroth/Boujong/Joost/Strohn, HGB, 2. Aufl. 2007, § 317 Rn. 29: „Ein solches Überwachungssystem ist auch auf Konzernebene zu etablieren und zu prüfen, sofern von Tochterunternehmen den Fortbestand des Mutterunternehmens gefährdende Entwicklungen ausgehen können."; *Zimmer* in: Staub, HGB, 4. Aufl. 2002, § 317 Rn. 37.

[47] Zutreffend *Krieger/Sailer* in: Schmidt/Lutter, AktG, 2008, § 91 Rn. 10.

[48] Vgl. die Nachweise in Fn. 45.

[49] Vgl. dazu *Lutter* ZIP 2009, 197; *ders.* BB 2009, 786.

[50] So *Windbichler* in: Hommelhoff/Hopt/v. Werder (Fn. 1) S. 825, 838 f.

[51] Vgl. MünchKommAktG/*Spindler* 3. Aufl. 2008, § 91 Rn. 44 ff.

[52] Richtlinie 2006/43/EG des Europäischen Parlaments und des Rates vom 17.5.2006 über Abschlussprüfungen von Jahresabschlüssen und konsolidierten Abschlüssen, zur Änderung der Richtlinien 78/660/EWG und 83/349/EWG des Rates und zur Aufhebung der Richtlinie 84/253/EWG des Rates, ABl. EU Nr. L 157 S. 87 vom 9.6.2006.

[53] Richtlinie 2006/46/EG des Europäischen Parlaments und des Rates vom 14.6.2006 zur Änderung der Richtlinien des Rates 78/660/EWG über den Jahresabschluss von Gesellschaften bestimmter Rechtsformen, 83/349/EWG über den konsolidierten Abschluss, 86/635/EWG über den Jahresabschluss und den konsolidierten Abschluss von Banken und anderen Finanzinstituten und 91/674/EWG über den Jahresabschluss und den konsolidierten Abschluss von Versicherungsunternehmen, ABl. EU Nr. L 224 S. 1 vom 16.8.2006.

Risikomanagement-Systems ohne eine Beschränkung auf bestandsgefährdende Entwicklungen. Dieses Element ist bei richtlinienkonformer Auslegung also heute schon aus dem Text des § 91 Abs. 2 AktG zu streichen. Darüber hinaus sprechen beide Richtlinien in diesem Kontext von „Unternehmen" und können daher im Sinne eines hier vertretenen konzernweiten Risikomanagements verstanden werden. Alles andere wäre auch wenig sinnvoll.

6. Nur der Vollständigkeit halber sei zuletzt an § 25a Abs. 1a KWG erinnert, wonach die Geschäftsleiter der Obergesellschaft einer Instituts-Gruppe, Finanzholding-Gruppe oder Finanz-Konglomerat, für die Einrichtung eines angemessenen und wirksamen Risiko-Managements auf Gruppenebene verantwortlich sind.[54] Und das Gleiche gilt für die Geschäftsleiter der Obergesellschaft einer Versicherungsgruppe. Diese Spezialvorschriften können und sollen keine Analogie tragen. Aber sie machen deutlich, wie selbstverständlich das Gesetz hier konzernweit denkt.

V. Ergebnis

1. Im Hinblick auf § 130 Abs. 1 OWiG, auf die Rechtsprechung des EuGH, die Praxis der Europäischen Kommission[55] und des Bundeskartellamts[56] sind die Obergesellschaften von Konzernen schon aus §§ 93 Abs. 1 AktG, 43 Abs. 1 GmbHG (Sorgfaltspflicht von Vorstand und Geschäftsführern) gezwungen, ein konzernweites Compliance-System einzurichten, durchzusetzen und laufend zu kontrollieren, wobei Berichte aus den Tochtergesellschaften allein nicht genügen. Die Konzernobergesellschaften müssen aktiv überwachen.

2. Das Gleiche gilt für das von § 91 Abs. 2 AktG geforderte Risikofrüherkennungssystem, das im Hinblick auf Rechtsakte des europäischen Gesetzgebers und angesichts von § 315 Abs. 2 Nr. 2 HGB heute vernünftigerweise als konzernweites Risikomanagement-System zu verstehen ist.

3. Beide Maßnahmen sind vom Aufsichtsrat laufend zu überwachen, der sich von ihrer Existenz und der Plausibilität ihrer Wirksamkeit überzeugen muss.

4. Damit sind Konzern-Obergesellschaften entgegen der Philosophie unseres Konzernrechts zu durchaus zentralistischen Maßnahmen gezwungen. Und das gilt selbst für betont dezentral agierende Holding-Obergesellschaften, wie der EuGH-Fall Akzo Nobel zeigt.

5. Es zeigt sich aber auch, dass sich der Widerstand gegen die von *Hommelhoff* schon vor langer Zeit entwickelte Konzernleitungspflicht[57] heute nicht mehr halten lässt. Jedenfalls in den hier erörterten Bereichen sind Vorstände und Geschäftsführer von Obergesellschaften gehalten, konzernweit zu handeln.

---

[54] Näher dazu *Fleischer/Schmolke* ZHR 173 (2009), 649, 664; *Fischer/Klanten* Bankrecht, 4. Aufl. 2010, Rn. 2.200.

[55] Vgl. Pressemitteilung der Europäischen Kommission vom 24.1.2007, IP/07/80 (Siemens u.a.); Pressemitteilung der Europäischen Kommission vom 21.2.2007, IP/07/209 (ThyssenKrupp u.a.).

[56] Vgl. Fn. 8.

[57] Vgl. *Hommelhoff* Die Konzernleitungspflicht, 1982 (Nachdruck 1988); ihm folgend *Timm* Die Aktiengesellschaft als Konzernspitze, 1980, S. 95 ff.; *ders.* NJW 1987, 977, 980; wohl auch *U. H. Schneider/S. H. Schneider* ZIP 2007, 2061, 2062; MünchHdb. AG/*Wiesner* 3. Aufl. 2007, § 19 Rn. 12; gegen eine Konzernleitungspflicht des Vorstands der Obergesellschaft die noch hM, vgl. MünchKommAktG/*Altmeppen* 3. Aufl. 2010, § 309 Rn. 51 ff.; *Fleischer* (Fn. 20) § 18 Rn. 10 ff.; *Hüffer* AktG, 9. Aufl. 2010, § 76 Rn. 17, § 309 Rn. 10; GroßkommAktG/*Kort* 4. Aufl. 2008, § 76 Rn. 139; MünchHdb. AG/*Krieger* 3. Aufl. 2007, § 69 Rn. 24; *Kropff* ZGR 1984, 112 ff.; *Langenbucher* in: Schmidt/Lutter, AktG, 2008, § 291 Rn. 40 ff.; KölnerKommAktG/*Mertens/Cahn* 3. Aufl. 2010, § 76 Rn. 65; MünchKommAktG/*Spindler* 3. Aufl. 2008, § 76 Rn. 49.

GEORG MAIER-REIMER

Zwangswandlung von Schuldverschreibungen in deutsche Aktien

Übersicht

I. Einleitung

Das am 5. August 2009 in Kraft getretene neue Schuldverschreibungsgesetz (SchVG) hat die Möglichkeit von Mehrheitsbeschlüssen der Inhaber von Schuldverschreibungen einer bestimmten Emission gegenüber dem bis dahin geltenden Recht aufgrund eines Gesetzes von 1899 erheblich erweitert. Mit diesem Gesetz kam die Bundesrepublik Wünschen der Weltbank/des internationalen Währungsfonds nach. Diesem ging es im Zuge der Schuldenkrise verschiedener, überwiegend lateinamerikanischer, Staaten zur Vermeidung eines Staatsbankrotts darum sicherzustellen, dass die Umschuldung auch gegen den Widerspruch einzelner Gläubiger sollte durchgesetzt, dh. von den Gläubigern sollte mit Mehrheit beschlossen werden können. Soweit Schuldverschreibungen deutschem Recht unterlagen, bestand hierfür keine verlässliche Grundlage. Überdies sollte unter anderem durch die Ermöglichung solcher Mehrheitsbeschlüsse die internationale Wettbewerbsfähigkeit des deutschen Rechts erhöht werden.[1]

Mehrheitsbeschlüsse der Gläubiger binden nach dem Schuldverschreibungsgesetz alle Gläubiger nur dann, wenn dies in den Anleihebedingungen ausdrücklich vorgesehen ist (§ 5 Abs. 1 SchVG). Zu den Maßnahmen, die aufgrund einer solchen Bestimmung durch Mehrheit der Gläubiger beschlossen werden können, gehört gemäß § 5 Abs. 3 Nr. 5 SchVG auch die Umwandlung der Schuldverschreibungen in Gesellschaftsanteile des Schuldners. Eine solche Umwandlung – üblicherweise Englisch als „Debt-Equity-Swap" bezeichnet –

[1] Nachweise bei *Hannes Schneider* Die Änderung von Anleihebedingungen durch Beschluss der Gläubiger, in: Baums/Cahn (Hrsg.), Die Reform des Schuldverschreibungsrechts, 2004, S. 69 ff. S. auch Begr. RegE, BT-Drucks. 16/12814 S. 13 ff.

ist ein international bekanntes und auch bewährtes Mittel für die finanzielle Sanierung notleidender Schuldner.[2] Wenn die Sanierung den Verzicht der Gläubiger auf einen Teil ihrer Ansprüche voraussetzt und aufgrund eines solchen Verzichts zum Erfolg führt, ist es nur sachgerecht, die Gläubiger an diesem Erfolg zu beteiligen – und eben dies ist der Sinn des Umtauschs der Forderungen in Eigenkapital.

1. *Angebot des Schuldners*

Das Schuldverschreibungsgesetz regelt nur die Willensbildung auf der Seite der Anleihegläubiger und bindet alle Anleihegläubiger an den mit der erforderlichen Mehrheit gefassten Beschluss (§ 5 Abs. 2 S. 1 SchVG). Es regelt nicht dessen Umsetzung. Die Umsetzung läge auch außerhalb der Regelungskompetenz des Schuldverschreibungsgesetzes, da dieses – anders als das Schuldverschreibungsgesetz von 1899 – nicht nur für Anleihen deutscher Emittenten gilt. Die Gläubiger können nicht eigenmächtig die Umwandlung ihrer Forderungen in Eigenkapital beschließen, beschließen können sie vielmehr nur die Zustimmung hierzu, dh. die Zustimmung zu einem dahin gehenden Angebot des Schuldners (§ 5 Abs. 3 SchVG). Ein solches Angebot wird der Schuldner nur unterbreiten, wenn er darauf angewiesen, dh. wenn er in Not ist. Die Gläubiger werden es dann nur annehmen, wenn die Not so groß ist, dass sie riskieren, mit der Ablehnung mehr zu verlieren, als sie durch die Annahme – an Chancen – gewinnen.

2. *Willensbildung des Schuldners*

Ist der Schuldner eine deutsche Aktiengesellschaft, so bedarf ein solches Angebot nach geltendem Recht auch einer Beschlussfassung der Hauptversammlung, da neues Kapital oder neue Aktien geschaffen werden sollen. Ob und unter welchen Voraussetzungen die Aktionäre verpflichtet sind, eine solche Zustimmung zu erteilen, und wie eine solche durchsetzbar ist,[3] ist nicht Gegenstand der folgenden Überlegungen. Auch wenn die Aktionäre ein solches Angebot beschließen, ist damit noch nicht geklärt, wie sich die Umwandlung der Schuldverschreibungen vollzieht. Denn die Umwandlung scheint auf den ersten Blick mit fundamentalen Grundsätzen des Kapitalaufbringungsrechts zu kollidieren. Unter dem Vorsitz von *Wulf Goette* hat „sein" Senat zu einigen grundlegenden Fragen des Gesellschaftsrechts neue Akzente gesetzt und Überkommenes in Frage gestellt. Wenn in den folgenden Überlegungen zum Teil an Grundsteinen, wenn nicht gerüttelt, so doch gefeilt wird, so geschieht dies deshalb in der Überzeugung, dass jedenfalls die Fragestellung von dem *Jubilar* als legitim anerkannt wird, verbunden mit der Hoffnung, dass er die vorgeschlagene Antwort mindestens erwägenswert findet.

3. *Sanierungsbedürfnis des Schuldners*

Zu der hier nicht weiterbehandelten Frage einer Zustimmungspflicht der Aktionäre sei hier nur nochmals der zentrale Punkt hervorgehoben: Wenn es der finanziellen Sanierung dadurch bedarf, dass Gläubiger auf einen Teil ihrer Ansprüche verzichten, verlieren die Aktionäre durch die Beteiligung der Gläubiger am Eigenkapital nichts, was sie nicht ohnehin bereits verloren hätten. Sofern nicht die Zuständigkeit für die erforderlichen Maßnahmen ohnehin auf einen Insolvenzverwalter übergeht,[4] kann deshalb unterstellt werden, dass die Aktionäre zu einer entsprechenden Mitwirkung verpflichtet sind.

---

[2] Ausführlich dazu *Eidenmüller/Engert* ZIP 2009, 541.

[3] Dazu BGHZ 129, 136, 143 ff. – Girmes; zu den Pflichten der Aktionäre in der Insolvenz MünchKommInsO/*Edenmüller* 2. Aufl. 2008, § 217 Rn. 65 ff.; anders jedoch *Bitter* ZGR 2010, 147, 186 ff.

[4] So *Bitter* ZGR 2010, 147, 189 ff.; s. dazu den Diskussionsentwurf des BMJ für ein „Gesetz zur weiteren Erleichterung der Sanierung von Unternehmen", abgedruckt in ZIP 2010, Beilage zu Heft 28 vom 16.7.2010 – s. dort Art. 1 Nr. 12 – neuer § 225a InsO.

Vorausgesetzt für die folgenden Überlegungen ist deshalb, dass einerseits der erforderliche Beschluss der Gläubiger zustande gekommen ist und andererseits die Aktionäre, den ihrerseits erforderlichen Beschluss gefasst haben, um die Umwandlung oder den Umtausch der Schuldverschreibungen in Aktien zu ermöglichen.[5] Es bleibt dann die Frage, wie dieser Umtausch aktienrechtlich zu bewerkstelligen sei. Dies soll uns im Folgenden beschäftigen. Dabei geht es insbesondere darum, ob das aktienrechtliche Instrumentarium ausreicht, sachgerechte Ergebnisse zu erzielen, oder ob es hier noch ergänzender gesetzlicher Regelungen bedarf. Die Fragestellung beschränkt sich auf den Fall, dass Schuldner der zu wandelnden Schuldverschreibungen eine deutsche Aktiengesellschaft ist. Entsprechende Fragen für ausländische Emittenten oder deutsche Emittenten anderer Rechtsformen bleiben außer Betracht.

II. Verfassungsrechtliche Zulässigkeit

§ 5 Abs. 3 Nr. 5 SchVG bestimmt lapidar, dass die Gläubiger – mit der Bindungswirkung gemäß § 5 Abs. 2 SchVG – die Zustimmung zur Umwandlung oder zum Umtausch der Schuldverschreibungen in Gesellschaftsanteile beschließen können. Demgegenüber bestimmt § 230 Abs. 2 InsO für den Fall der Planinsolvenz, dass ein Umtausch der Forderungen in Beteiligungen an dem Schuldner der Zustimmung jedes einzelnen Gläubigers bedarf, dessen Rechte in dieser Weise umgewandelt werden sollen. Daran hält auch der Diskussionsentwurf für ein „Gesetz zur weiteren Erleichterung der Sanierung von Unternehmen" fest.[6] Diese Voraussetzung ergibt sich nach hM zwingend aus dem Grundrecht der sog. negativen Vereinigungsfreiheit gemäß Art. 9 Abs. 1 GG.[7] Das wirft die Frage auf, ob die in dem Schuldverschreibungsgesetz vorgesehene „Zwangswandlung" von Schuldverschreibungen in Aktien ebenfalls auf verfassungsrechtliche Bedenken stößt. Obwohl der Verfasser dieser Zeilen nicht qualifiziert ist, sich zu verfassungsrechtlichen Fragen zu äußern, wagt er doch, diese Frage mindestens näher zu beleuchten und an den bisherigen Äußerungen des BVerfG zu messen. Dabei ist zunächst zu prüfen, wie weit solche verfassungsrechtlichen Probleme objektiv nach der Methode der Zwangswandlung und subjektiv nach dem Kreis der Betroffenen reichen würden, bevor auf die einschlägigen Entscheidungen des BVerfG eingegangen wird.

1. Zwangsmittel

Der Beschluss der Umwandlung der Schuldverschreibungen in Aktien braucht diese Umwandlung nicht unmittelbar zu vollziehen. Er kann so ausgestaltet werden, dass der Schuldner die Zahlung verweigern kann, wenn der Gläubiger ein ihm eingeräumtes Wandlungs- oder Umtauschrecht nicht ausübt. Wenn allerdings die Umwandlung von Schuldverschreibungen in Aktien ohne Zustimmung des einzelnen Gläubigers gegen Art. 9 GG verstieße, müsste wohl auch eine Regelung gegen diese Bestimmung verstoßen, die einen wirtschaftlichen Zwang zur Wandlung dadurch bewirkt, dass der Gläubiger alle seine Rechte verliert, wenn er nicht wandelt.

Ein – jetzt zunächst einmal unterstelltes –verfassungsrechtliches Problem würde also nicht dadurch vermieden, dass die Gläubiger nicht absolut zur Wandlung gezwungen werden, sondern sie „nur" ihre Rechte insgesamt und ersatzlos verlieren, wenn und soweit sie nicht wandeln. Müssten die Gläubiger deshalb – soweit sie nicht wandeln – ihre Rechte behalten, so wäre ein mehrheitlich beschlossener Debt-Equity-Swap im Anwendungsbereich des

---

[5] Zum sinnvollen Inhalt dieses Beschlusses s. III 3.

[6] S. Fn. 4: Art. 1 Nr. 14 des Entwurfs: Ergänzung des § 230 Abs. 2 InsO.

[7] MünchKommInsO/*Eidenmüller* 2. Aufl. 2008, § 230 Rn. 46; kritisch dazu *Pleister/Kindler* ZIP 2010, 503, 511 („echtes Sanierungshindernis").

Art. 9 GG (s. 2.) nicht durchsetzbar. Ein wesentliches Ziel des Schuldverschreibungsgesetzes wäre damit verfehlt. Insbesondere würde einzelnen Gläubigern die Möglichkeit gegeben, als Akkordstörer oder sog. Trittbrettfahrer die Vorteile der Sanierung vorrangig vor den anderen für sich selbst zu realisieren. Würde in Erwartung solcher Probleme beschlossen, dass die Gläubiger ein Wahlrecht zwischen Wandlung und Kürzung ihrer Ansprüche haben, so wäre damit das Ziel gleich mehrfach verfehlt: Auch die gekürzten Schuldverschreibungen würden den Schuldner belasten; außerdem müsste das Maß der Kürzung gerechtfertigt werden, wenn ein wirtschaftlicher Zwang zur Wandlung verfassungswidrig wäre. Ein Vorschlag – in anderem Zusammenhang – geht dahin, Forderungen nach Wahl des Gläubigers in Gesellschaftsbeteiligungen oder in schuldrechtlich zu qualifizierende Genussrechte mit entsprechender finanzieller Ausstattung zu wandeln.[8] Dabei erscheint doch fraglich, ob ein Verfassungsverstoß dadurch vermieden werden kann, das den Gläubigern weniger gegeben wird, nämlich die gleiche finanzielle Ausstattung, aber keine Mitverwaltungsrechte.[9] Dieser Zweifel lässt sich umkehren: Kann sich ein Verfassungsverstoß gerade daraus ergeben, dass den Betroffenen mehr gegeben wird?

2. *Subjektive Reichweite*

Wenn ein verfassungsrechtliches Problem besteht, müsste dessen subjektive Reichweite abgegrenzt werden:

a) Bei Wandelschuldverschreibungen mit obligatorischer Wandlung, sog. Pflichtwandlern, kann ein Verstoß gegen Art. 9 GG nicht angenommen werden, weil der Gläubiger die Schuldverschreibungen von vorneherein mit dieser Modalität erworben hat, also die Pflicht zur Wandlung freiwillig eingegangen ist oder einen Dritten unwiderruflich ermächtigt hat, seine Schuldverschreibungen zu wandeln.[10] Ob mit der gleichen Begründung ein Verfassungsverstoß für Schuldverschreibungen verneint werden kann, die nach dem Inkrafttreten des Schuldverschreibungsgesetzes begeben werden und die Möglichkeit solcher Mehrheitsbeschlüsse zulassen, erscheint zweifelhaft. Mit gleichem Recht könnte dann auch gegenüber einer allgemeinen insolvenzrechtlichen Zwangswandlungsmöglichkeit geltend gemacht werden, jeder Gläubiger eines deutschen Unternehmens müsste damit rechnen, dass in der Planinsolvenz seine Rechte in Beteiligungen am Schuldner umgewandelt werden. Lässt man dieses Argument jedoch gelten, so würde immer noch ein Verfassungsproblem bei Altanleihen verbleiben. Diese können nämlich gemäß § 24 Abs. 2 SchVG durch Mehrheitsbeschluss der Gläubiger dem Regime des neuen Schuldverschreibungsrechts unterstellt werden. Damit kann auch ein Gläubiger nachträglich dieser Mehrheitsmacht unterworfen werden. Von ihm könnte unter keinem denkbaren Gesichtpunkt gesagt werden, er habe bei dem Erwerb der Schuldverschreibung schon mit dieser Möglichkeit rechnen müssen.

b) Art. 9 ist ein sog. „Bürger-Grundrecht". Geschützt sind deutsche natürliche Personen und – über Art. 19 Abs. 3 GG – auch inländische juristische Personen als Gläubiger. Nach Art. 18 AEUV müssten Angehörige anderer Mitgliedstaaten der europäischen Union gleichgestellt werden.[11] Auch sie dürften dann nicht unmittelbar oder wirtschaftlich zur Wandlung gezwungen werden.

c) Gibt es ein solches verfassungsrechtliches Problem, dann wäre der durch Art. 9 GG in den genannten Erweiterungen geschützte Personenkreis nicht nur gegen eine Zwangs-

---

[8] *Eidenmüller/Engert* ZIP 2009, 541, 552.

[9] *Eidenmüller/Engert* ZIP 2009, 541, 547.

[10] Dazu *Groß* in: Marsch-Barner/Schäfer, Hdb. börsennotierte AG, 2. Aufl. 2009, § 51 Rn. 7; s. dazu auch den Referentenentwurf einer „Aktienrechtsnovelle 2011", der in Art. 1 Nr. 11, 12 und 14 durch Änderung der §§ 192, 194 und 221 AktG die Möglichkeit korporationsrechtlich begründeter Umtauschrechte der Gesellschaft eröffnen will.

[11] *Sachs* GG, 4. Aufl. 2007, Art. 9 Rn. 32; s. auch Art. 11 EMRK.

wandlung in Beteiligungen an deutschen Gesellschaften geschützt. Dasselbe müsste in gleicher Weise auch für die Zwangswandlung in Beteiligungen an ausländischen Rechtsträgern gelten. Überdies müssten die gleichen Grundsätze nicht nur dann gelten, wenn die Bedingungen der Schuldverschreibungen deutschem Recht unterliegen, sondern in gleicher Weise, wenn sie ausländischem Recht unterliegen. Zwar würde in letzterem Fall ein deutsches Gericht nicht zwangsläufig mit der Frage befasst werden können. Wenn aber deutsche Erwerber von hier angebotenen Wertpapiere potentiellen Zwängen ausgesetzt wären, die deutsche Grundrechte verletzen, so ergäben sich daraus nochmals Fragen einer anderen Ebene.

3. Rechtsprechung

Bei Verabschiedung des Schuldverschreibungsgesetzes ist ein verfassungsrechtliches Problem offenbar nicht gesehen worden. Und vielleicht besteht es auch gar nicht.

a) Im Grundsatz ist die sog. negative Vereinigungsfreiheit oder negative Koalitionsfreiheit anerkannt. Zum Schutzbereich des Art. 9 GG:

„gehört die Gründungs- und Beitrittsfreiheit, die Freiheit des Austritts und des Fernbleibens von einem Verein (vgl. BVerfGE 50, 290, 356)".[12]

Anerkannt ist weiter, dass die negative Verreinigungsfreiheit nicht weiter reicht als die positive Vereinigungsfreiheit. Deshalb gilt die negative Vereinigungsfreiheit grundsätzlich nicht für öffentlich-rechtliche Körperschaften.[13]

b) Damit ist noch nichts darüber gesagt, ob Art. 9 GG auch die zwangsweise Beteiligung an einer Aktiengesellschaft zum Gegenstand hat. In einer frühen Entscheidung verneinte das BVerfG einen Verstoß gegen Art. 9 GG durch die Zwangszuteilung von Aktien mit folgender Begründung:

„Im Wirtschaftsleben wird die Aktie jedoch überwiegend als bloßes Vermögensrecht angesehen. Das ist umso mehr gerechtfertigt, als sich aus dem Erwerb voll eingezahlter Aktien bestehender Aktiengesellschaften für den Aktionär mitgliedschaftliche Pflichten in aller Regel nicht ergeben."[14]

Diese Betonung der Aktie als Vermögensanlage im Gegensatz zur mitgliedschaftlichen Beteiligung war maßgebend auch für die Entscheidung in Sachen DAT/Altana.[15] Im Mitbestimmungsurteil formulierte das BVerfG wie folgt:

„Ob das Schutzgut und der Inhalt des Art. 9 Abs. 1 GG eine Anwendung der Gewährleistung auch auf größere Kapitalgesellschaften zulassen, kann zweifelhaft erscheinen. Im Unterschied zu dem Typus der Vereinigung, den das Grundrecht der Vereinigungsfreiheit seiner Geschichte und seiner heutigen Geltung nach primär schützen will, tritt bei diesen das personale Element bis zur Bedeutungslosigkeit zurück. ... Dem entspricht es, wenn das BVerfG in seiner bisherigen Rechtsprechung die Aktie primär als bloßes Vermögensrecht betrachtet und demgemäß weder die Zwangszuteilung von Aktien (BVerfGE 4, 7, 26) noch dem Entzug der Mitgliedschaft in einer Aktiengesellschaft im Fall der Mehrheitsumwandlung (BVerfGE 14, 263, 273 ff.) als Verstoß gegen Art. 9 Abs. 1 GG gewertet hat."[16]

In einem seiner Urteile zur Reform der Krankenversicherung knüpfte das BVerfG hieran an mit der Formulierung:

„Dieser Aspekt ist auch bei den großen Versicherungsgesellschaften auf Gegenseitigkeit von Bedeutung, deren Mitgliederzahl sich im sechs- bis siebenstelligen Bereich bewegt ... Ein solcher Versicherungsverein auf Gegenseitigkeit wird von seinen Mitgliedern kaum anders wahrgenommen als die

---

[12] BVerfG NJW 2009, 2033 Tz. 158.

[13] BVerfGE 10, 89, 102; 38, 281, 297 f.; BVerfG NVwZ 2002, 335, 336; kritisch *Sachs* GG, 4. Aufl. 2007, Art. 9 Rn. 21 f. mwN.

[14] BVerfGE 4, 7, 26.

[15] BVerfGE 100, 289.

[16] BVerfGE 50, 290, 355f.

das gleiche Geschäft betreibende Aktiengesellschaft."[17] Geschützt werde „das Prinzip freier sozialer Gruppenbildung."[18]

Damit scheint impliziert, dass eine Aktiengesellschaft oder die zwangsweise Aufnahme von Aktionären nicht in den Schutzbereich des Art. 9 GG fällt.

c) Als Ergebnis kann festgehalten werden: Das BVerfG äußert erhebliche Zweifel an der Anwendbarkeit des Art. 9 Abs. 1 GG auf die zwangsweise Beteiligung an Aktiengesellschaften. Maßgebender Gesichtspunkt ist dabei vor allem, dass die Zwangszuteilung voll eingezahlter Aktien nicht zu irgendwelchen Verpflichtungen des Zwangsaktionärs führt. Der vom BVerfG betonte Gesichtspunkt der Freiheit „sozialer Gruppenbildung" ist durch die zwangsweise Umwandlung von Schuldverschreibungen in Aktien ganz offensichtlich nicht tangiert, jedenfalls dann nicht, wenn die Aktien frei veräußerlich sind.

4. *Vergleich mit anderen Fällen*

Eine vergleichbare Frage stellt sich im Umwandlungsrecht. Bei jeder Verschmelzung werden die überstimmten Anteilseigner in eine andere Gesellschaft gezwungen. Gemäß § 29 UmwG steht den überstimmten Gesellschaftern ein Austrittsrecht zu, jedoch nur, wenn der aufnehmende Rechtsträger eine andere Rechtsform hat als der Übertragende oder die Beteiligungen an dem aufnehmenden Rechtsträger Verfügungsbeschränkungen unterliegen oder mangels Börsennotierung weniger fungibel sind als diejenigen an dem übertragenden Rechtsträger. Für Art. 9 GG kann es aber keinen Unterschied machen, ob der Einzelne vorher an einer anderen Vereinigung derselben Rechtsform beteiligt war (dann gilt vorbehaltlich Veräußerungserschwerung § 29 UmwG nicht) oder nicht. Maßgeblich kann allein sein, dass der Einzelne gegen seinen Willen in eine Vereinigung gezwungen wird, der er vorher nicht angehörte. Ein Problem aus Art. 9 GG wird, soweit ersichtlich, im Verschmelzungsrecht nicht gesehen. Offenbar wird in dem Austrittsrecht die Lösung eines etwaigen Problems gesehen.[19]

Ist die Zwangsbeteiligung an dem neuen oder übernehmenden Rechtsträger aufgrund einer Verschmelzung unter dem Aspekt des Art. 9 GG unproblematisch, so kann für die Zwangswandlung von Schuldverschreibungen nichts anderes gelten: Die Gläubiger können eine Zwangswandlung von vornherein dadurch vermeiden, dass sie ihre Schuldverschreibungen veräußern, bevor die Zwangswandlung wirksam wird. Überdies können sie die Aktien, die sie durch die Zwangswandlung erhalten, jederzeit veräußern. Voraussetzung dafür ist, dass die Aktien frei veräußerlich sind (insbesondere keiner Vinkulierung unterliegen) und dass es einen Markt für die Aktien ebenso wie für die Schuldverschreibungen gibt. Das ist idealtypisch der Fall, wenn sie börsennotiert sind. Jedenfalls unter diesen Voraussetzungen kann ein Verstoß gegen Art. 9 GG nicht angenommen werden.

Wenn allerdings die Wandlung zur Nachrangigkeit sonstiger Forderungen des Gläubigers – etwa auch in dem Fall, dass nur ein Teil Schuldverschreibungen zwangsgewandelt werden soll – führt (§ 39 Abs. 4 InsO),[20] so kann dies fraglich erscheinen. Die Frage betrifft aber wohl eher den Art. 14 als den Art. 9 GG. Jedenfalls sollte ein überstimmter Gläubiger in den Schutz des entsprechend auszulegenden Sanierungsprivilegs kommen, wenn er nicht ohnehin unter die Ausnahme für Kleinanleger fällt (§ 39 Abs. 5 InsO).

Vorausgesetzt ist weiter, dass – wie vom BVerfG in seinen Entscheidungen unterstellt – die Zwangswandlung nicht zu irgendwelchen Leistungspflichten des vormaligen Gläubigers führt. Dieser Aspekt soll uns im Folgenden beschäftigen. Dabei bleibt die mögliche Folge

---

[17] BVerfG VersR 2009, 1057 Tz. 38.

[18] BVerfG VersR 2009, 1057 Tz. 31 und 39.

[19] So zB *Eidenmüller/Engert* ZIP 2009, 541, 547.

[20] Dazu *Eidenmüller/Engert* ZIP 2009, 541, 552.

eines Pflichtangebots gemäß §§ 35 ff. WpÜG außer Betracht.[21] Ein Gläubiger, der einen so hohen Anteil der Schuldverschreibungen hatte, dass er durch die Zwangswandlung in diese Lage geraten könnte, ist entweder bereits substanziell an dem Emittenten beteiligt oder kann den Gläubigerbeschluss[22] verhindern.

III. Aktienrechtliche Durchführung

Mit der verfassungsrechtlichen Zulässigkeit eines Beschlusses zur Zwangsumwandlung ist noch nichts dafür gewonnen, wie dieser Beschluss aktienrechtlich umzusetzen ist.

1. Kapitalaufbringung

Die Zwangswandlung soll im Rahmen einer finanziellen Sanierung der Gesellschaft erfolgen. Es wird deshalb im Folgenden davon ausgegangen, dass nach der Zwangswandlung die Gesellschaft bilanziell nicht nur nicht überschuldet ist, sondern ihr Eigenkapital mindestens dem Grundkapital entspricht. Das Umtauschverhältnis zwischen den der Zwangswandlung unterliegenden Schuldverschreibungen und den dafür ausgegebenen Aktien ist entsprechend auszurichten.[23] Auch dies setzt wiederum voraus, dass die Zwangswandlung für alle Schuldverschreibungen gelten muss und nicht die Schuldverschreibungen von widersprechenden Gläubigern mit einem – wenn auch ggf. geminderten – Barzahlungsanspruch übrig bleiben. Sonst könnte die durch die Wandlung bezweckte Sanierung insgesamt gefährdet werden. Um den Gläubigern, deren Schuldverschreibungen in dieser Weise gewandelt werden, einen sachgerechten Anteil am gesamten Kapital zu gewähren, wird es ggf. einer entsprechend dimensionierten Kapitalherabsetzung bedürfen. Einer „Unter-Pari-Emission" der neuen Aktien bedarf es rechnerisch nicht – vorbehaltlich der Fragen zur Differenzhaftung, denen im Folgenden nachzugehen ist.

Werden die Forderungen gegen die Gesellschaft in Aktienkapital umgewandelt, so bedeutet dies nach hM eine Sacheinlage.[24] Diese müsste nach allgemeinen Grundsätzen einer Wertprüfung unterzogen werden (§§ 33 Abs. 3 bis 5, 34 Abs. 2 und 3, 35 iVm. § 183 Abs. 3 AktG). Im Falle ihrer Unterwertigkeit dürfte die Kapitalerhöhung nicht eingetragen werden.[25] Wird die Unterwertigkeit erst später festgestellt, so ergäbe sich daraus eine verschuldens-unabhängige Differenzhaftung der Betroffenen.[26] Auch wenn – wie hier unterstellt – nach der Zwangswandlung das Eigenkapital der Gesellschaft mindestens ihrem Grundkapital entspricht, ist nicht sichergestellt, dass ein solches Risiko ausgeschlossen wäre. Denn der Wert der Forderung soll nach den Verhältnissen vor der Kapitalerhöhung bemessen werden.[27] Schon wenn die Gesellschaft nicht über die erforderlichen liquiden Mittel zur Begleichung der Forderung verfügt, sind Zweifel an der Vollwertigkeit möglich. Führt die Sanierung im Ergebnis nicht zum Erfolg, so ist nicht auszuschließen, dass auch dieser Misserfolg bei der naturgemäß ex post angestellten Betrachtung berücksichtigt wird.[28]

---

[21] Auf diese mögliche Konsequenz eines Debt-Equity-Swap weist *Ekkenga* ZGR 2009, 581, 588 zutreffend hin.

[22] Dieser bedarf einer Mehrheit von 75% (§ 5 Abs. 4 SchVG).

[23] Zu den maßgebenden Kriterien s. 3 f).

[24] S. nur BGHZ 113, 335, 341; 166, 8 Tz. 12 ff.; BGH NJW 2009, 3091 Tz. 10; *Ekkenga* ZGR 209, 581 ff.; zur Umwandlung von Schuldverschreibungen *Baums* in: FS Canaris, 2007, S. 3, 27 f.

[25] *Hüffer* AktG, 9. Aufl. 2010, § 183 Rn. 16 ff.

[26] *Hüffer* AktG, 9. Aufl. 2010, § 183 Rn. 21.

[27] So nochmals ausdrücklich BGH NJW 2009, 3091.

[28] Nach *Priester* DB 2010, 1445, 1447 ff. besteht Vollwertigkeit jedenfalls, wenn handelsbilanziell keine Überschuldung vorliegt; ähnlich *Ekkenga* ZGR 2009, 581, 600; zweifelnd *Cahn/Simon/Theiselmann* DB 2010, 1692 f.

Das Risiko einer Differenzhaftung für die betroffenen Gläubiger ist nach dem Vorgesagten beträchtlich. Daraus ergibt sich nun ein weiteres Problem. Denn in den hier erörterten Fällen haben sich die Gläubiger zu dem Erwerb der Aktien nicht freiwillig entschieden, sondern sie wurden dazu – unmittelbar oder bei Meidung des vollkommenen Verlustes ihrer Forderungsrechte – „gezwungen". Das ist dann nicht mehr vertretbar, wenn sich für den Gläubiger, der in dieser Weise zum Aktienerwerb gezwungen wird, nicht nur das Risiko eines Totalverlustes seiner bisherigen Anlage ergibt, sondern darüber hinaus möglicherweise das Risiko, noch zuzahlen zu müssen. Könnte die Zwangswandlung diese Folge haben, so wären die Gründe, aus denen das BVerfG die Zwangszuteilung von Aktien zugelassen hat, nicht einschlägig. Verfassungsrechtliche Probleme könnten dann bestehen.

2. *Spezialität des SchVG?*

Gemäß § 5 Abs. 1 S. 3 SchVG kann durch Mehrheitsbeschluss für die Gläubiger eine Verpflichtung zur Leistung nicht begründet werden. Würde sich aus der Zwangswandlung der Schuldverschreibungen ein Differenzhaftungsrisiko für die Gläubiger ergeben, wäre dies mit dieser Vorschrift unvereinbar. Es fragt sich deshalb zunächst, ob § 5 Abs. 1 S. 3 iVm. § 5 Abs. 3 Nr. 5 SchVG als lex specialis oder lex posterior die Vorschriften über die Kapitalaufbringung modifiziert. Ein eindeutiges Spezialitätsverhältnis besteht nicht. Denn diese Bestimmungen wie das ganze Schuldverschreibungsgesetz gelten nicht nur für (deutsche) Kapitalgesellschaften. Jedoch sollte die Frage der Spezialität auf der Grundlage beurteilt werden, dass der gesamte Sachverhalt deutschem Recht unterliegt. Bezieht man deshalb die Vorschrift ausschließlich auf deutsche Emittenten, so liegt die Annahme einer Spezialität näher. Allerdings lässt die Fassung der Vorschrift Zweifel. Die Verbindung zu § 5 Abs. 3 Nr. 5 SchVG ist nicht eindeutig. Die Vorschrift lautet nicht: „Verpflichtungen zu Leistungen entstehen für die Gläubiger durch einen solchen Beschluss und seine Durchführung nicht", sondern die Regelung geht vielmehr dahin, dass eine Verpflichtung nicht begründet werden kann. Die Gläubigerversammlung kann also keine Beschlüsse fassen, die die einzelnen Gläubiger zu Nachschüssen verpflichten. Würde die Zwangswandlung notwendig zur Einbringung der Forderungen als Sacheinlage und damit zu einer Differenzhaftung führen, so könnte deshalb § 5 Abs. 3 Nr. 5 SchVG auf Schuldverschreibungen deutscher Kapitalgesellschaften keine Anwendung finden, sondern wäre auf Schuldverschreibungen ausländischer Emittenten beschränkt. Es kann nicht angenommen werden, dass dies dem Willen des Gesetzgebers entspreche. Daher ist nach einem Weg zu suchen, der eine solche Differenzhaftung vermeidet. Jedenfalls ist aus § 5 Abs. 3 Nr. 5 iVm. § 5 Abs. 1 S. 3 SchVG die Vorstellung des Gesetzgebers zu entnehmen, dass eine Umwandlung, wie sie in § 5 Abs. 3 Nr. 5 vorgesehen ist, nicht zu zusätzlichen Leistungspflichten führt.

3. *Bedingtes Kapital*

Im Falle eines bedingten Kapitals gilt die „Hingabe von Schuldverschreibungen im Umtausch gegen Bezugsaktien" nicht als Sacheinlage (§ 194 Abs. 1 S. 2 AktG). Der Wortlaut sagt nicht ausdrücklich, dass hiermit nur Wandelschuldverschreibungen gemeint seien. Dies ergibt sich aber aus dem Zusammenhang von § 194 Abs. 1 S. 2 mit § 192 AktG. Die Schuldverschreibungen, die aufgrund eines Gläubigerbeschlusses gewandelt werden sollen, waren – zunächst – jedenfalls keine Wandelschuldverschreibungen.

a) Aufgrund des Gläubigerbeschlusses und dessen verbindlicher Wirkung für alle Gläubiger derselben Anleihe gemäß § 5 Abs. 2 SchVG verwandeln sich die ursprünglichen Schuldverschreibungen in Wandelschuldverschreibungen, und zwar sog. Pflichtwandler. Das Wandlungsrecht setzt deshalb einen Beschluss der Aktionäre gemäß § 221 AktG voraus. Die Möglichkeit einer nachträglichen Umwandlung von Schuldverschreibungen in Wandelschuldverschreibungen ergibt sich nicht aus § 221 AktG, aber aus § 5 Abs. 3 Nr. 5 SchVG als lex specialis/lex posterior, die dies zulässt.

b) Zu prüfen ist dann, ob § 194 Abs. 1 S. 2 AktG auch für die Hingabe von Schuldverschreibungen gilt, die erst nachträglich die Wandlungsfähigkeit erhalten haben.[29] Über die Erklärung des § 194 Abs. 1 S. 2 AktG besteht Streit. Nach heute hM liegt darin nur eine Klarstellung und gilt die Bestimmung daher nur unter der Voraussetzung, dass bei Ausgabe der Schuldverschreibungen die entsprechenden Barmittel tatsächlich an die Gesellschaft geflossen seien. Die eingezahlten Mittel würden nur später durch die Wandlung umgewidmet.[30] Nicht anders liegt es in den hier behandelten Fällen. Auch hier sind die Mittel für die Ausgabe der Schuldverschreibungen in aller Regel in bar an die Gesellschaft geflossen und sie werden später umgewidmet. Der Anwendungsbereich des Schuldverschreibungsgesetzes ist auf „Schuldverschreibungen aus Gesamtemissionen" beschränkt (§ 1 SchVG). Gesamtemissionen sind praktisch nur gegen Einzahlungen in Geld vorstellbar. Das Einzige, was diesen Fall von der Hingabe ursprünglicher Wandelschuldverschreibungen unterscheidet, ist, dass die Möglichkeit der Umwidmung erst nachträglich – verbindlich – durch Gläubigerbeschluss auf der Grundlage eines Beschlusses der Hauptversammlung eingeführt wurde. Da das Schuldverschreibungsgesetz nicht davon ausgeht, dass ein solcher Beschluss potentielle Nachzahlungspflichten für die Gläubiger aufgrund einer Differenzhaftung zur Folge haben könnte, kann in diesem Unterschied kein Grund gesehen werden, die erst nachträglich zu Wandelschuldverschreibungen gewordenen Schuldverschreibungen anders zu behandeln als die ursprünglichen. Sieht man dagegen in § 194 Abs. 1 S. 2 AktG eine konstitutive tatbestandseinschränkende Regelung,[31] so muss diese angesichts des § 5 Abs. 3 Nr. 5 SchVG erst recht für die kraft verbindlichen Gläubigerbeschlusses zu wandelnden Schuldverschreibungen gelten.

c) Das bedingte Kapital bedarf eines Beschlusses der Hauptversammlung. Dieser Beschluss ist notwendiger Bestandteil des in § 5 SchVG vorausgesetzten Angebotes des Schuldners. Gemäß § 192 Abs. 3 AktG darf das bedingte Kapital höchstens die Hälfte des bisherigen Kapitals ausmachen. Maßgeblich ist das Kapital im Zeitpunkt der Beschlussfassung über das bedingte Kapital. Selbst wenn das bisherige Grundkapital gleichzeitig drastisch herabgesetzt wird, setzt also das bisherige Kapital die Grenze für den Betrag des möglichen bedingten Kapitals.

d) Hinzu kommen muss ein Beschluss der Hauptversammlung gemäß § 221 AktG, die in Betracht kommenden Schuldverschreibungen – unter der Voraussetzung einer entsprechenden Beschlussfassung der Gläubigerversammlung – in Wandelschuldverschreibungen mit festzulegendem Wandelungsverhältnis umzuwandeln. Auf Wandelschuldverschreibungen steht den Aktionären ein Bezugsrecht zu (§ 221 Abs. 4 AktG). Da die Schuldverschreibungen bereits ausgegeben sind, kann ein Bezugsrecht nicht eingeräumt werden. Der Beschluss der Hauptversammlung muss deshalb auch das Bezugsrecht gemäß § 186 Abs. 3 iVm. § 221 Abs. 4 S. 2 AktG ausschließen. An der sachlichen Rechtfertigung für den Ausschluss kann unter den hier unterstellten Prämissen eines „Debt-Equity-Swap" zum Zwecke der Sanierung nicht ernsthaft gezweifelt werden.

Dennoch liegt hier eine Schwäche. Diese Schwäche würde in gleicher Weise gelten, wenn die Wandlung als Sacheinlage erfolgen sollte. Denn der Bezugsrechtsausschluss ist immer ein beliebter Gegenstand von Anfechtungsklagen sog. räuberischer Aktionäre. Gerade in Sanierungsfälle, wie sie hier unterstellt werden, ist Eile geboten. Eine Verzögerung durch Anfechtungsklagen könnte deshalb die Sanierung zum Scheitern bringen. Es empfiehlt sich deshalb, zweistufig vorzugehen.[32] Danach werden den Aktionären mit

---

[29] Dieselbe Frage würde sich nach § 194 Abs. 1 Satz 2 AktG-E in der Fassung des Referentenentwurfs einer „Aktienrechtsnovelle 2011" stellen.

[30] KölnerKommAktG/*Lutter* 2. Aufl. 1989, § 194 Rn. 3 f.; MünchKommAktG/*Fuchs* 2. Aufl. 2005, § 194 Rn. 6 ff. unter Hinweis auf § 199 Abs. 2 AktG.

[31] Offen gelassen von *Hüffer* AktG, 9. Aufl. 2010, § 194 Rn. 4.

[32] In Anlehnung an den Vorschlag von *Hüffer* AktG, 9. Aufl. 2010, § 186 Rn. 35 zur Verbindung einer Barkapitalerhöhung mit Bezugsrecht mit einer Sachkapitalerhöhung unter Bezugsrechtsausschluss.

Bezugsrecht Wandelschuldverschreibungen gegen Bareinlagen angeboten, deren Erlös zur Tilgung der bestehenden Schuldverschreibungen verwendet wird. Die auf diese Weise nicht getilgten Schuldverschreibungen werden gleichzeitig mit den neu ausgegebenen Wandelschuldverschreibungen gewandelt. Die Ausgabe der (neuen) Wandelschuldverschreibungen steht unter der Bedingung eines Gläubigerbeschlusses zur Wandlung der nicht durch Barzahlung (aus dem Ausgabeerlös der neuen Wandelschuldverschreibungen) getilgten alten Schuldverschreibungen.

e) Es sollte dafür ein einheitliches bedingtes Kapital geschaffen werden. Zur Sicherstellung der Gleichbehandlung der Gläubiger sollte bestimmt werden, dass sich Auszahlungen auf die alten Schuldverschreibungen proportional auf alle Gläubiger dieser Emission verteilen und die verbleibenden Schuldverschreibungen dann der Wandlung unterliegen. Nach solchen Beschlüssen der Hauptversammlung und Eintragung des bedingten Kapitals kann dann die Gläubigerversammlung die entsprechende Umwandlung beschließen. Erst danach sollten die neuen Wandelschuldverschreibungen den Aktionären angeboten werden.

f) Die Gläubiger, deren Schuldverschreibungen gewandelt werden, müssen im Ergebnis in einem Verhältnis am Grundkapital beteiligt sein, das den wirtschaftlichen Gegebenheiten entspricht. Dieses Verhältnis ist vorab festzulegen. Um es zu erreichen, ist ggf. das Grundkapital der Gesellschaft so weit herabzusetzen und der Ausgabebetrag für die bei der Wandlung auszugebenden Aktien so festzulegen, dass das gewünschte Verhältnis entsteht und mit dem Ausgabebetrag der volle Nennbetrag der zu wandelnden Schuldverschreibungen aufgezehrt wird.[33] Das kann dazu führen, dass das Grundkapital durch den Gesamtvorgang per Saldo nicht erhöht, sondern sogar gemindert wird. Ergibt sich aus der Gesamttransaktion ein bilanzielles Eigenkapital in Höhe des neuen Grundkapitals, so entfallen einige der im Folgenden erörterten Bedenken, wenn die Vollwertigkeit allein nach Bilanzwerten beurteilt wird.[34]

g) Die für die (alten) Schuldverschreibungen erforderliche Bezugserklärung kann für alle Gläubiger ein Anleihevertreter abgeben. Wenn ein solcher nicht in den Anleihebedingungen bestimmt oder anderweitig bestellt worden war, kann er für diesen Zweck von der Gläubigerversammlung bestellt werden; jedenfalls kann die Gläubigerversammlung ihm diese Befugnis der Bezugserklärung für alle Gläubiger erteilen (§ 7 Abs. 2 SchVG).

4. *Vereinbarkeit mit dem Kapitalaufbringungsrecht*

Die hier vertretene Lösung scheint mit den ehernen Grundsätzen der realen Kapitalaufbringung unvereinbar zu sein. Diese behandelt die Umwandlung von Forderungen in Nennkapital als Sacheinlage.[35] Eine Ausnahme hiervon normiert § 194 Abs. 1 S. 2 AktG. Diese Vorschrift soll nicht verallgemeinerungsfähig sein.[36] Dass allerdings der Unterschied zwischen einer von vornherein bestimmten Wandlungsmöglichkeit und einer nachträglich aufgrund ausdrücklicher Gesetzesbestimmung durch Beschlüsse der Hauptversammlung und der Gläubiger begründeten Wandlungspflicht insoweit eine unterschiedliche rechtliche Behandlung legitimiere oder gar erzwinge, leuchtet nicht ein (s. III. 3. b). Unabhängig davon bestehen aber zwischen der Einbringung von Forderungen gegen die Gesellschaft gleich welcher Form und „einer normalen" Sacheinlage fundamentale Unterschiede. Diese sollen im Folgenden eher stichwortartig zusammengefasst werden.[37] Diese Unterschiede

---

[33] Dadurch wird der Ausweis eines ausschüttungsfähigen Ertrages vermieden (s. 4 aE.).

[34] S. Fn. 29.

[35] S. die Nachweise in Fn. 25.

[36] S. nur *Hüffer* AktG, 9. Aufl. 2010, 194 Rn. 4; aA *Karollus* ZIP 1994, 589 ff.

[37] Zum Folgenden ausführlich *Cahn/Simon/Theiselmann* Forderungen gegen die Gesellschaft als Sacheinlage? – Zum Erfordernis der Forderungsbewertung beim „Debt-Equity-Swap", CF 2010, 238 ff.; im gleichen Sinne bereits *Karollus* ZIP 1994, 589, 591 ff.; dagegen *Priester* DB 2010, 1445 mit Entgegnung *Cahn/Simon/Theiselmann* DB 2010, 1629.

legitimieren jedenfalls die oben aufgrund des § 5 SchVG für die Zwangswandlung begründete Ausnahme von den Sacheinlagevorschriften.

Auch wenn die Einbringung einer Forderung gegen die Gesellschaft (ob durch Zession mit anschließender Konfusion oder durch Aufrechung) etwas anderes ist als Bargeld, unterscheidet sie sich doch grundlegend von der Übertragung eines sonstigen Sachwerts. Denn als Ergebnis führt die Einbringung einer Forderung lediglich zu einem Passiventausch. Die Frage der „Vollwertigkeit" der Forderung könnte sich nur stellen, wenn man danach fragen würde, welchen Wert das Einbringungsobjekt für den Inferenten hat – darauf kann es aber sinnvollerweise nicht ankommen, sondern nur auf den Wert, den die Einbringung für die Gesellschaft darstellt.[38] Für diese bedeutet die Befreiung von einer fälligen und nach Grund und Höhe unstreitigen Verbindlichkeit immer einen Wert in Höhe des Nennwerts dieser Verbindlichkeit – außer, wenn sie insolvent ist, und dann muss sie Insolvenzantrag stellen. Es ist im Grundsatz aber nicht Aufgabe des Kapitalaufbringungsrechts, die Verpflichtung zum Insolvenzantrag mit weiteren Sanktionen auszustatten.

Sofern die Gesellschaft nicht überschuldet ist, führt die Befreiung von einer fälligen Schuld zu einer stärkeren Verbesserung ihrer Schuldendeckungsquote als die Zuführung entsprechender Barmittel in demselben Betrag ohne entsprechende Minderung der Schulden. Das ergibt eine schlichte Berechnung, die sich daraus ergibt, dass der relative Effekt einer absolut gleich hohen Veränderung eines der beiden Faktoren einer Verhältnisrechnung größer ist, wenn er bei der niedrigeren Größe stattfindet.[39] Schon aus diesen Überlegungen ergibt sich, dass Gläubigerinteressen durch eine solche Umwandlung von Fremd- in Eigenkapital nicht betroffen sein können. Ist die Verbindlichkeit aus der Sicht der Gesellschaft nicht vollwertig, so folgt daraus notwendig die Insolvenzreife der Gesellschaft und daraus die Wertlosigkeit der Anteile der bisherigen Gesellschafter. Gesellschafterinteressen können deshalb auch nicht betroffen sein.

Das Prinzip der realen Kapitalaufbringung ist neben dem Prinzip der Kapitalerhaltung eine der Säulen, auf denen der Haftungsausschluss der Gesellschafter beruht.[40] Das darf aber nicht dahin verstanden werden, dass sich die Gesellschafter mit einem Vermögensopfer der Kapitalaufbringung den Haftungsausschluss erkaufen und damit ihre Zuversicht in das Geschäftsmodell unter Beweis stellen müssten.[41] Deshalb kommt es auch nicht darauf an, welchen Wert der Einlagegegenstand für den Inferenten hat. Maßgeblich ist vielmehr der Wert aus Sicht der Gesellschaft. Für die Einbringung von Forderungen gegen die Gesellschaft kommt hinzu: Für die Gläubiger spielt niemals eine Rolle, was eingebracht wurde, sondern nur das, was noch vorhanden ist. Diese Überlegung macht auch keineswegs den Kapitalaufbringungsschutz im Interesse der Gläubiger insgesamt obsolet. Denn die Momentaufnahme im Zeitpunkt der Kapitalaufbringung prüft, ob – bei Unterstellung des bisherigen Vermögensstands – die Veränderung stattgefunden hat und das daraus abgeleitete Bild die Lage zutreffend darstellt. Wird ein Aktivum zugeführt, so muss dieses bewertet

---

[38] MünchKommAktG/*Pentz* 3. Aufl. 2008, § 27 Rn. 37; GroßkommAktG/*Röhricht* 4. Aufl. 1996, § 27 Rn. 89.

[39] Bespiel: Betragen die Aktiva 100 und die Passiva 80 (Schuldendeckungsquote 1,25), so erhöht sich die Schuldendeckungsquote durch weitere Aktiva von 10 auf 110/80 = 1,375, während die Minderung der Schulden um 10 die Quote auf 100/70 = 1,43 erhöht. Betrugen dagegen die Aktiva 80 und die Schulden 100 (Schuldendeckungsquote 0,8), so ergibt die Erhöhung der Aktiva um 10 eine Quote von 0,9, während eine Minderung der Schulden um 10 die Quote nur auf 80/90 = 0,89 verbessert; macht die Veränderung dagegen mehr als die bisherige Unterdeckung aus, so ergibt sich wieder der Effekt des ersten Beispiels: Werden Aktiva von 40 zugeführt, so erhöht sich die Deckungsquote auf 120/100 = 1,2; werden die Schulden um 40 gemindert, so verbessert sich die Quote auf 80/60 = 1,33.

[40] MünchKommAktG/*Pentz* 3. Aufl. 2008, § 27 Rn. 4; GroßkommAktG/*Röhricht* 4. Aufl. 1996, § 27 Rn. 2.

[41] So aber *Priester* DB 2010, 1445, 1446.

werden. Bleibt die Aktivseite unverändert und es mindert sich ausschließlich die Passivseite, hat die daraus resultierende Veränderung jedenfalls stattgefunden. Einer Wertprüfung bedarf es nicht. Eine Irreführung von Gläubigern ist nur denkbar, wenn die Aktivseite überbewertet ist – aber dies ist nicht Gegenstand der Einlage.

Schließlich wird darauf hingewiesen, dass Parallelinvestoren (oder spätere Investoren) sich möglicherweise auf die Beteiligung anderer als Indikation von deren Einschätzung der Gesellschaft verlassen.[42] Dabei ist aber schon fraglich, ob eine solche Trittbrettfahrermotivation noch im Schutzbereich der Kapitalaufbringungsvorschriften liegt. Ferner ist die Überlegung jedenfalls für Parallelinvestoren unschlüssig, wenn derjenige, dessen Einschätzung aus seiner Kapitalzufuhr erfolgen soll, sich an einer Gesamtkapitalzufuhr mit einem geringeren Anteil beteiligt, als es seiner bisherigen Beteiligung am Kapital entspräche. Denn in diesem Fall übersteigt sein Vorteil aus dem überhöhten Ausgabebetrag, den die anderen Investoren zahlen, den Nachteil, den er dadurch hat, dass auch er einen überhöhten Ausgabebetrag zahlt. In keinem Fall spricht dieser Gesichtspunkt gegen die hier vorgeschlagene Lösung, da diese sowohl einen ausdrücklichen Hauptversammlungsbeschluss als auch einen Gläubigerbeschluss verlangt, der die Umwandlung der Schuldverschreibungen in Aktien zum Gegenstand hat.[43]

Nur ergänzend sei darauf hingewiesen, dass der Ansatz eines unter dem Nennbetrag liegenden Wertes der Forderung zu einem Ertrag führen würde, der auch in der AG ausschüttungsfähig wäre, weil er eben nicht als Agio bezeichnet werden könnte und deshalb nicht der Bindung gemäß § 150 Abs. 4 AktG unterläge. Eine Vorschrift über eine besondere Ausschüttungssperre gibt es nicht. Dieses Problem wird vermieden, wenn die neuen Aktien unabhängig von der „Werthaltigkeit" der gewandelten Schuldverschreibungen zu einem Betrag in Höhe des Nennbetrags der Schuldverschreibungen ausgegeben und der den Nennbetrag (anteiligen Betrag des Grundkapitals) übersteigende Betrag als sog. Agio-Rücklage gemäß § 272 Abs. 2 Nr. 1 AktG ausgewiesen wird. Damit wird die Ausschüttung solcher Beträge vermieden (§ 150 Abs. 4 AktG). Nicht vermieden wird dadurch die Behandlung des – unterstellt – nicht werthaltigen Teils der gewandelten Schuldverschreibung als steuerpflichtiger Ertrag.[44] Einschub s. 199a

Neuerdings wird das Erfordernis der Vollwertigkeit noch anders gesehen: Die Forderung könne nur insoweit zur Kapitalerhöhung verwendet werden, als die Befreiung der Gesellschaft von dieser Verbindlichkeit bilanziell „Aktiva freisetzt", dh. nur, soweit sich daraus ein positives Eigenkapital ergibt. Diese Sicht leugnet in Wirklichkeit die Einlagefähigkeit von Forderungen gegen die Gesellschaft. Denn nach ihr sollen gleichsam – nicht identifizierbare – Aktiva in Höhe des sich aus der Einlage ergebenden Überschusses der Aktiva über die Verbindlichkeiten als eingebracht gelten. Diese Auffassung ignoriert den tatsächlichen Einlagegegenstand und den Wert dieser Einlage für die Gesellschaft.[45] Sie könnte die eingebrachte Forderung auch nicht mit einem Teil ihres Wertes ansetzen, sondern müsste sie mit Null bewerten, solange durch ihre Einbringung nicht ein Eigenkapital entsteht, welches das bisherige Grundkapital übersteigt.[46]

---

[42] BGH NJW 1992, 3167, 3172 ff.; s. auch *Cahn/Simon/Theiselmann* CF 2010, 238, 247.

[43] So sehen auch *Cahn/Simon/Theiselmann* CF 2010, 238, 247 nur die Notwendigkeit einer Offenlegung des Vorgangs, nicht aber einer Werthaltigkeitsprüfung.

[44] BFH GrS NJW 1997, 2837; dazu ausführlich *Wochinger* in: Dötsch/Jost/Pung/Witt, Die Körperschaftsteuer, Kommentar zum KStG und EStG, 2009, § 8 Abs. 3 KStG Teil B Rn. 60 ff.

[45] *Priester* DB 2010, 1445, 1447 ff.; ähnlich schon *Ekkenga* ZGR 2009, 581, 598 f., der zwar einerseits von „Schuldendeckungsquote" (S. 599), andererseits aber auch davon spricht, dass die Schuldbefreiung „genügend Aktivvermögen freisetzen" müsse (S. 598). Dagegen mit Recht *Cahn/Simon/Theiselmann* DB 2010, 1629, 1630 ff.

[46] *Ekkenga* ZGR 2009, 581, 597 f. sieht eine Parallele zu § 210 Abs. 1 S. 2 AktG und § 57i Abs. 1 S. 2 GmbHG. Dort geht es aber schlicht darum, ob die in Nennkapial zu wandelnden Kapital- oder Gewinnrücklagen noch gerechtfertigt sind, also – bei aktualisierter Bilanzierung – noch vorhanden sind.

5. *Vereinbarkeit mit Gemeinschaftsrecht*

Die hier vorgeschlagene Lösung ist schließlich noch auf ihre Vereinbarkeit mit dem Gemeinschaftsrecht, namentlich mit der Kapitalrichtlinie zu überprüfen.

Dabei stellt sich zunächst die Frage, ob die Umwandlung von Schuldverschreibungen in Nennkapital als Sacheinlage zwingend einer Bewertung unterliegt.[47] Ob die Umwandlung von Forderungen gegen die Gesellschaft in Nennkapital gemeinschaftsrechtlich als Sacheinlage zu werten ist, ist, soweit ersichtlich, vom EuGH bisher nicht entschieden. Der Generalanwalt *Tesauro* hat die Frage verneint.[48] Nach englischem Recht gilt die Befreiung von einer Geldschuld als Bareinlage.[49] Es ist nicht bekannt geworden, dass dies zum Gegenstand einer Beanstandung seitens der Kommission geworden sei. Wäre die Befreiung von einer Schuld gemeinschaftsrechtlich als Sacheinlage zu qualifizieren, so könnte auch § 194 Abs. 1 S. 2 AktG keinen Bestand haben. Nach allem kann davon ausgegangen werden, dass der „Debt-Equity-Swap" gemeinschaftsrechtlich nicht als Sacheinlage zu gelten hat.[50]

Dann besteht gemeinschaftsrechtlich zwingend ein Bezugsrecht (Art. 29 Abs. 1, 6 der Kapitalrichtlinie). Dieses kann jedoch ausgeschlossen werden (Art. 29 Abs. 4 der Kapitalrichtlinie). Das ist in der hier vorgeschlagenen Lösung vorgesehen.

IV. Ergebnisse

1. Die Zwangswandlung von Schuldverschreibungen in frei handelbare Aktien verstößt nach der bisherigen Judikatur des BVerfG nicht gegen deutsches Verfassungsrecht.

2. Die Zwangswandlung setzt ein Angebot des Schuldners voraus. Dieses muss auf einem Beschluss seiner Hauptversammlung beruhen, welcher unter dem Vorbehalt der Zustimmung der Gläubiger die zu wandelnden Schuldverschreibungen in Wandelschuldverschreibungen umwandelt und ein entsprechendes bedingtes Kapital schafft. Er sollte die Ausgabe von neuen Wandelschuldverschreibungen mit Bezugsrecht der Aktionäre zur Ablösung der – mangels Ablösung – zwangsweise zu wandelnden Schuldverschreibungen vorsehen.

3. Die Zwangswandlung ist keine Sacheinlage. Interessen von gegenwärtigen oder künftigen Gläubigern oder Aktionären werden dadurch nicht beeinträchtigt.

---

[47] Richtlinie 77/91/EWG des Rates vom 13.12.1976 – „Kapitalrichtlinie" – Art. 10.

[48] Schlussanträge in Sachen Meilicke ./. ADV/Orga AG, ZIP 1992, 1036.

[49] Section 583 (3) (c) des Companies Act 2006: „A cash consideration means ... (c) a release of a liability of the company for a liquidated sum ..."; wörtlich gleich bereits Section 738 (2) des Companies Act 1985.

[50] Jedenfalls für Wandelschuldverschreibungen ebenso MünchKommAktG/*Fuchs* 2. Aufl. 2005, § 194 Rn. 7; GroßkommAktG/*Frey* 4. Aufl. 2001, § 194 Rn. 11.

HANNO MERKT

Kreditinstitute und ihre Transparenzpflichten

Übersicht

I. Grundlagen

Das Thema „Bankentransparenz" wurde in der praktischen, rechtspolitischen und wissenschaftlichen Diskussion lange Zeit defensiv behandelt. Im Mittelpunkt der Suche nach dem rechten Maß an institutioneller und transaktionsbezogener Transparenz stand die Frage, ob „...die Vertrauensempfindlichkeit des Kreditgewerbes bankenspezifische Bilanzvorschriften" erfordert.[1] Daraus sprach die nachvollziehbare, wenn auch nicht unbedingt begründete Befürchtung, dass Transparenz- bzw. Publizitätsanforderungen etwa des Bilanzrechts nicht nur nützen, sondern auch schaden können, wenn sie ohne Rücksicht auf die besonderen Anforderungen einer bestimmten Branche gleichförmig an alle Unternehmen gerichtet werden.[2] Andere gingen noch einen Schritt weiter und sahen das deutsche Bankrechtsverständnis noch Anfang der neunziger Jahre von einem „ungeschriebenen Prinzip eines Bankengeheimnisses" geprägt.[3] Indessen hat sich die Grundhaltung zu Transparenzanforderungen im Bankensektor zunächst ganz allgemein[4] und sodann besonders auch im

[1] So der Titel des Beitrags von *Bieg* WPg 1986, 257 (Teil 1), 299 (Teil 2).

[2] In diese Richtung Bedenken bei *Schön* Corporate Disclosure in a Competitive Environment – The ECJs Axel Springer Case and the Quest for a European Framework for Mandatory Disclosure, European Corporate Governance Institute Working Paper No. 55/2006, February 2006.

[3] *Reifner* JZ 1993, 273.

[4] S. etwa *Reifner* JZ 1993, 273, der das Postulat größerer Bankentransparenz aus dem Prinzip einer „demokratischen Wirtschaftsgesellschaft" bzw. aus einem „verfassungsrechtlich gebotenen Öffentlichkeitsprinzip" und als „Regelungsziel des EG-Binnenmarktes" ableitet.

Zuge der Corporate Governance-Debatte,[5] fundamental geändert.[6] Exemplarisch für diesen bemerkenswerten Bewusstseinswandel sind die vom Basler Ausschusses für Bankenaufsicht in den letzten Jahren vorgelegten Eigenkapitalempfehlungen (Basel II),[7] die aus drei Säulen zusammengesetzt sind, deren erste (Mindesteigenkapitalanforderungen) und zweite (bankaufsichtlicher Überprüfungsprozess) durch erweiterte Offenlegung als dritte Säule ergänzt werden. Inhaltlich betreffen die Grundsätze des Basler Ausschusses zwar nahezu ausschließlich die interne Corporate Governance, also Management und Kontrolle in der Bank selbst.[8] Die externe Corporate Governance, also die Kontrolle und Disziplinierung durch die Märkte und insbesondere den Markt für Unternehmenskontrolle, kommt nur ganz am Rande zur Sprache. Allerdings wird der Transparenz im Einklang mit früheren Stellungnahmen dazu zu Recht ein besonderer Stellenwert zugemessen, was in einem eigenen Grundsatz zum Ausdruck kommt. Gefordert wird generell ein transparentes Management. Konkret soll die Bank auf ihrer Web-Seite, in ihrer Jahresberichterstattung und in den Mitteilungen an die Bankenaufsicht Angaben über die Struktur ihrer Leitungs- und Aufsichtsgremien, ihrer Eigentümer- und Organisationsstruktur, über das Anreiz- und Vergütungssystem, über einen etwa maßgeblichen Business Conduct-Kodex oder einen Ethik-Kodex, über etwa maßgebliche Grundsätze zur Behandlung von Interessenkonflikten oder Geschäften mit eigenen Mitarbeitern sowie über Grundsätze betreffend Staatsbeteiligungen, so weit der Staat beteilig ist.[9] Eine solche Betonung der Transparenz, sozusagen paritätisch neben den materiellen Anforderungen und der Aufsicht, wäre noch vor wenigen Jahren jedenfalls in Deutschland und wohl auch im sonstigen Kontinentaleuropa kaum vorstellbar gewesen. Schließlich hat die Finanzmarktkrise, die auch und besonders als Bankenkrise wahrgenommen wurde, gezeigt, dass und in welcher Weise Transparenz als regulatorisches Instrument der Korrektur und der Verbesserung bedarf, um die großen Erwartungen, denen sie ausgesetzt ist, auch unter Krisenbedingungen gerecht zu werden.[10]

Den besonderen praktischen Stellenwert der Transparenz im Bereich der Banken-Corporate Governance verdeutlicht die Tatsache, dass, wie Analysten relativ übereinstimmend bestätigen, große Teile der von der externen Rechnungslegung zur Verfügung gestellten Daten mangels Relevanz nicht genutzt werden, und dass Ratingagenturen vielfach umfangreiche Sonderauswertungen von den Banken anfordern, um die nach ihrer Einschätzung relevanten Informationen für eine aussagekräftige Bewertung zu erhalten.[11]

---

[5] S. allgemein zur Rolle der Transparenz für die Corporate Governance die Beiträge von *Pellens/Strzyz, Mattheus, Cromme/Claaasen* in: Hommelhoff/Hopt/v. Werder, Handbuch Corporate Governance, 2. Aufl. 2010, S. 533 ff., 563 ff. und 603 ff.

[6] Näher *Merkt* Unternehmenspublizität, 2001; *ders.* ZfbF Sonderheft 54/2006, 24.

[7] Zu Basel II s. *Bieg/Krämer/Waschbusch* Bankenaufsicht in Theorie und Praxis, 3. Aufl. 2009; *Cluse/Engels* Basel II – Handbuch zur praktischen Umsetzung des neuen Bankenaufsichtsrecht, Berlin, 2005.

[8] *Hopt* in: FS Nobbe, 2009, S. 853, 862.

[9] S. Basel Committee on Banking Supervision, Enhancing Corporate Governance for Banking Organisations, Basel 2006, Principle 7, S. 15 ff.: „The bank should be governed in a transparent manner. Disclosure should be made on the bank's website, in its annual/periodic reports and/or in reports to supervisors about:
- Board and senior management structure
- Basic ownership structure & organisational structure
- Incentive structures (e.g. remuneration policies)
- Code of business conduct and/or ethics code
- Bank policies relating to conflicts of interest and related party transactions
- State's ownership policy, if the bank is state-owned."

[10] *Avgouleas* What Future for Disclosure as a Regulatory Technique? Lessons from the Global Financial Crisis and Beyond, Draft March 26, 2009, zugänglich auf SSRN.

[11] *Wohlmannstetter* in: Hommelhof/Hopt/v. Werder, Handbuch Corporate Governance, 2. Aufl. 2010, S. 905.

Zur Erläuterung und Eingrenzung der hier behandelten Thematik ist Folgendes vorauszuschicken: Transparenz ist ein Thema der externen Corporate Governance. Denn es geht um die Darstellung und Kontrolle der Bank und ihrer Geschäfte nach bzw. von außen. Interne Mechanismen und Regelungen, die der Information im Bankunternehmen und damit der internen Kontrolle und Überwachung dienen, also etwa Informations- und Meldepflichten gegenüber der Leitungsebene, zwischen den Leitungsorganen oder im Bereich des internen Kontroll- und Überwachungssystems bzw. der Internen Revision oder Kommunikationssysteme zur rechtzeitigen unternehmensinternen Übermittlung risikorelevanter Informationen[12] werden vom Begriff der Transparenz[13] – jedenfalls in dem hier verstandenen Sinn – nicht erfasst. Mitbehandelt wird im Folgenden ferner die Schaffung von Transparenz durch Bilanzierung. Ebenso einzugehen ist hier auf die Bankenaufsicht, denn das Konzept der Transparenz der Banken und des Bankgeschäfts wird vielfach über aufsichtsrechtliche Instrumente und Regelungen sowie durch die Bankenaufsicht umgesetzt. Schließlich geht es beim Thema Transparenz auch um die Transparenz innerhalb der Geschäftsverbindung mit den einzelnen Bankkunden. Diese anleger- bzw. verbraucherschutzrechtliche Dimension der Transparenz soll im Folgenden zumindest am Rande mitbehandelt werden.

II. Bankentransparenz in der Corporate Governance-Forschung

In der allgemeinen Corporate Governance-Forschung herrscht bislang keine Einigkeit in der Frage, ob es ein spezifisches Transparenzdefizit im Bereich der Bankunternehmen gibt. Ausgangspunkt der Diskussion um die spezifische „Opaqueness" von Bankunternehmen ist der Befund, dass Bankunternehmen üblicherweise von Kapitalgesellschaften getragen werden, für die grundsätzlich die allgemeinen Regeln guter Corporate Governance gelten. Insofern bestehen in Bankunternehmen prinzipiell die gleichen Probleme der assymetrischen Informationsverteilung zwischen Management, Mehrheits-, Minderheitsaktionären und Fremdkapitalgebern wie in anderen Unternehmen auch. Während aber das Problem der Informationsassymetrie in Unternehmen außerhalb der Finanzbranche im Grundsatz über Marktmechanismen und insbesondere durch vielfältige Erscheinungsformen der Unternehmenspublizität gelöst wird, sind Kreditinstitute deutlich strengerer Gesetzesregulierung unterworfen, die implizit davon ausgeht, dass Banken wegen der Vertraulichkeit der Kreditgeschäftsbeziehung und der Probleme bei der Bewertung komplexer Finanzinstrumente als Bestandteile des Bankvermögens inhärent undurchsichtig sind.[14] Hinzu kommt, dass das Bankgewerbe anders als viele andere Branchen eine Schlüsselfunktion für praktisch alle Sektoren der Volkswirtschaft erfüllt und die Verantwortung des Staa-

[12] Reformvorschläge dazu etwa in Europäische Kommission, Grünbuch Corporate Governance in Finanzinstituten und Vergütungspolitik, 2. 6. 2010, KOM(2010) 284 endgültig, 15.

[13] Von diesem Begriff der Transparenz zu unterscheiden ist der sehr technische und enge bankrechtliche Begriff der Transparenz im Zusammenhang mit dem sog. „Transparenzansatz" bei der Bestimmung des Kreditnehmers für Anteile eines Kreditinstituts an Investmentvermögen in Abhängigkeit von dem durch das Institut festzulegenden Zurechnungsansatz; dazu näher *Meyer-Ramloch* in: Boos/ Fischer/Schulte-Mattler, KWG, 3. Aufl. 2008, § 6 GroMiKV Rn. 1.

[14] *Mülbert* EBOR 10 (2009), 411, 420 f.; vgl. aber andererseits auch *Flannery/Kwan/ Niamlendran* Market Evidence on the Opaqueness of Banking Firms' Assets, Eleventh Annual Utah Winter Conference, 2004, S. 4 ff.: „Loan illiquidity and private information about specific borrowers need not necessarily make banks more difficult to value than nonfinancial firms are. Just as many loans do not trade in active secondary markets, neither do many assets of nonfinancial firms: e.g., plant and equipment, patents, managers' human capital, or accounts receivable. How can outside investors accurately value the public securities issues by these firms?".

tes für die Bankbranche besonders groß ist, eine Überzeugung, die durch den unerwarteten und raschen (Beinahe-) Zusammenbruch vieler Kreditinstitute in der Finanzkrise in der Öffentlichkeit und in der Politik bestärkt wurde.[15] Dies wiederum führt zu der verbreiteten Überzeugung, dass Marktmechanismen allein kaum geeignet und in der Lage sind, die Aufgabe der Kontrolle der Banken und ihres Geschäftsbetriebs zu erfüllen.[16]

Gleichwohl hat die empirische Forschung zu der Frage, ob der Banksektor ein besonderes Transparenzproblem hat, bislang keine eindeutigen Ergebnisse erbracht. Einzelne Untersuchungen haben zwar sowohl für den US-amerikanischen als auch für den europäischen Obligationsmarkt ergeben, dass Rating-Agenturen bei der Bewertung von Bankobligationen häufiger zu unterschiedlichen Resultaten gelangen als bei Industrieobligationen.[17] Eine Ursache für diese Unsicherheit bei der Bewertung von Bankobligationen wird in der staatlichen Aufsicht über Banken gesehen und die daraus folgende bzw. implizit unterstellte Staatshaftung. Allerdings liege eine solche Staatshaftung jenseits rechtlicher Verbindlichkeit und sei mithin ungewiss bzw. unklar.[18] Dieser Befund findet gewisse Bestätigung in der Beobachtung, dass es einzelne Bankunternehmen gibt, die – etwa aufgrund ihrer tatsächlichen oder behaupteten „Systemrelevanz" oder ihrer gesamtwirtschaftlichen Bedeutung – als „to big to fail" gelten und damit in den Genuss faktischer Staatsgarantien kommen.[19] Andere hingegen sehen in der starken staatlichen Beaufsichtigung nicht den Grund, sondern die Folge mangelnder Transparenz. Falls Banken und ihre Geschäfte wirklich weniger transparent sein sollten, sei die Staatsaufsicht äußerst effektiv darin, dieses Defizit auszugleichen.[20] Wenn man aus diesem Befund einen Schluss ziehen mag, dann den, dass es einen gewissen Handlungsspielraum für staatliche Intervention gibt, um mangelnde Transparenz, sei sie Ursache oder Folge starker staatlicher Regulierung, abzubauen.[21]

III. Zur dogmatischen Begründung des bankrechtlichen Transparenzgebots

Bei der dogmatischen Begründung des Transparenzgebots im Bankrecht lassen sich im Wesentlichen vier Ansätze unterscheiden:

1. Bankentransparenz als konkretisiertes Demokratieprinzip

So wurde der Versuch unternommen, das Prinzip der Bankentransparenz in einem sehr grundsätzlichen Sinn für die marktwirtschaftliche Ordnung aus dem Demokratieprinzip abzuleiten. Öffentlichkeit und Publizität sind – so der Gedanke – im Staat Grundvoraussetzungen dafür, dass Wähler ihr Urteil in einem freien, offenen Prozess der Meinungsbildung gewinnen und fällen können.[22] Was für die demokratische Legitimation staatlicher Macht

[15] *Wöhlmannstetter* in: Hommelhof/Hopt/v. Werder, Handbuch Corporate Governance, 2. Aufl. 2010, S. 905, 784.

[16] *Polo* Corporate Governance of Banks: The Current State of the Debate, 2007 (abrufbar auf SSRN).

[17] *Morgan* American Economic Review 92 (2002), 874–888; *Iannotta* SDA Bocconi Working Paper No. 122/04; unklar ist, welche Folgen aus diesem Befund für die Forderung zu ziehen sind, zur Förderung der Transparenz interne Kreditratings offen zu legen, so *Hertig* EBOR 7 (2006), 625, denn es ist offen, ob interne Ratings der Banken mit derselben Unsicherheit behaftet sind wie externe Ratings von Rating Agenturen.

[18] *Iannotta* SDA Bocconi Working Paper No. 122/04.

[19] *Kunz* TBTF – Überlegungen zur „Too big to fail"-Problematik, abrufbar unter www.jusletter.ch; früher bereits *Reifner* JZ 1993, 273, 276.

[20] *Flannery/Kwan/Niamlendran* Market Evidence on the Opaqueness of Banking Firms' Assets, Eleventh Annual Utah Winter Conference, 2004, passim.

[21] *Polo* Corporate Governance of Banks: The Current State of the Debate, 2007, 6 (abrufbar auf SSRN).

[22] So *Reifner* JZ 1993, 273 unter Verweis auf BVerfGE 44, 125.

gelte, gelte analog für die Zügelung privater Macht. An die Stelle der politischen Wahl trete im Privatrecht die (Aus-) Wahl auf dem Markt, dessen Wettbewerbsmechanismen die Macht des Privateigentums in Schranken zu halten haben. Öffentlichkeit und Publizität sei auch hierfür die Grundvoraussetzung in einer Informationsgesellschaft. Transparenz im Wettbewerb sei daher eine verfassungsrechtlich notwendige Grundlage privater Verfügungsmacht über Kapital und ergänze insoweit die Rechtsinstitute der Gewerbefreiheit und des Privateigentums.[23]

2. *Transparenzpflicht als Ausformung staatlicher Verantwortung*

Mit dieser Begründung verwandt ist die Ableitung des Transparenzgebots für Banken aus dem Grundsatz der staatlichen Verantwortung. Wo nämlich der Staat die Pflicht zur Überwachung der Einhaltung des rechtlichen Rahmens wirtschaftlichen Handelns durch die Strafverfolgung, den Schutz der öffentlichen Sicherheit und Ordnung, den Schutz der Währung sowie die Herstellung von Steuergerechtigkeit übernommen hat, könnte man den Staat ebenso verpflichtet sehen, im Wege von Transparenzgeboten dafür Sorge zu tragen, dass die Einhaltung wirkungsvoll flankiert wird.[24] Danach wäre Transparenz sozusagen ein Reflex staatlicher Verantwortung für Wirtschaftsaufsicht. Indessen vermögen beide Begründungen nicht zu überzeugen. Der Meinungsbildungsprozess bei der Wahl von demokratisch legitimierten Parlamenten ist nicht mit dem Markt und seinem Auswahl- und Wettbewerbsmechanismus vergleichbar. Während es hier um die Ausübung staatsbürgerlicher Verantwortung im Interesse des gesamten Gemeinwesens geht, trifft der Nachfrager dort eine gänzlich subjektive Entscheidung in rein privatem Interesse. Die vielfältigen verfassungsrechtlichen Bindungen bei der demokratischen Wahl sind im freien Wettbewerb am Markt unbekannt. Und das Transparenzgebot ist auch nicht lediglich Reflexwirkung staatlicher Verantwortung. Vielmehr wird mit dem Transparenzgebot Information direkt und unmittelbar im Interesse der Marktteilnehmer selbst vermittelt. Dass der Staat dabei im Wege der Aufsicht für die Beachtung des Transparenzgebots sorgt, hat seinerseits unterstützende Funktion und lässt sich nur damit legitimieren, dass den Staat die Aufgabe trifft, den Markt in seinem Bestand und seiner Funktionsfähigkeit zu schützen.

3. *Transparenz als allgemeines Prinzip des Privatrechts*

Ein dritter Begründungsansatz leitet das Transparenzgebot aus allgemeinen Instituten des Privatrechts ab, etwa aus den Transparenz- und Aufklärungspflichten des Schuld- und AGB-Rechts, die §§ 242, 305 Abs. 2 BGB entnommen werden, sowie aus korporationsrechtlichen Transparenzregeln.[25] Die Pflicht zur Transparenz ist danach eine Nebenpflicht, die das Schuldverhältnis ganz allgemein begleitet. So zutreffend die zugrunde liegende Beobachtung sein mag, dass es einzelne Schuldverhältnisse gibt, denen eine Transparenzpflicht typischerweise innewohnt, so wenig kann dieser Ansatz erklären, bei welchen Schuldverhältnissen und unter welchen konkreten Voraussetzungen eine solche Pflicht greift. Sicher erscheint nur umgekehrt, dass eine allgemeine und undifferenzierte Transparenzpflicht in vielen Schuldverhältnissen deplaziert wäre, insbesondere dort, wo sich die betroffene Partei die fragliche Information einfacher und kostengünstiger selbst besorgt. Aber schon die Frage, ob auch aus gesetzlichen Schuldverhältnissen entsprechende Transparenzpflichten entspringen, was durchaus zweifelhaft erscheint, kann mit diesem Konzept kaum befriedigend beantwortet werden.

---

[23] *Reifner* JZ 1993, 273.
[24] Wiederum *Reifner* JZ 1993, 273.
[25] BGH JZ 1992, 640 m. Anm. *Köndgen*; dazu bereits *Merkt* Unternehmenspublizität, 2001, S. 11.

4. Transparenz als Korrelat der Marktteilnahme

Ein vierter Begründungsansatz sieht schließlich in der Pflicht zur Transparenz bzw. zur Offenlegung unternehmensbezogener Informationen ein Korrelat der Marktteilnahme.[26] Ein Unternehmen, das den Güter-, Dienstleistungs- oder Kapitalmarkt in Anspruch nimmt, sei es als Anbieter oder Nachfrager, ist zu einem gewissen Maß an Transparenz gegenüber dem Markt und seinen Teilnehmern verpflichtet. Transparenz stellt sozusagen den Ausgleich oder den Preis dafür dar, dass das Unternehmen am Markt teilnimmt. Wichtig ist dabei, dass sich der Umfang der Transparenzpflicht nach dem Maß der Inanspruchnahme des Marktes richtet. Unternehmen, die den Markt in besonders intensiver Weise in Anspruch nehmen, sind zu besonders großer Transparenz verpflichtet. So wird etwa die allgemeine Marktteilnahmepublizität für bestimmte Branchen durch besondere, branchenspezifische Anforderungen an den Inhalt der offen zu legenden Jahresabschlüsse ergänzt. Dies gilt namentlich für Kreditinstitute und Finanzdienstleistungsunternehmen (§§ 340 ff. HGB, insbesondere § 340 Abs. 1 HGB für die Offenlegung), für Versicherungsunternehmen und Pensionsfonds (§§ 341 ff. HGB, insbesondere § 341 Abs. 1 HGB für die Offenlegung) und für Kapitalanlagegesellschaften, Investmentaktiengesellschaften und Depotbanken (§ 19d InvG). Hier besteht ein enger Zusammenhang zwischen der strengeren Publizität und der besonderen Inanspruchnahme des Marktes: Die Produkte dieser Branchen sind für die Konsumenten bzw. Anleger ebenso wie für den gesamten Markt erfahrungsgemäß mit besonderen Risiken verbunden.[27]

Dieser Ansatz trägt der modernen Funktionsdogmatik der Unternehmenspublizität Rechnung. Danach legitimiert sich die Offenlegung von Unternehmensdaten – ohne Umweg über die Mediatisierung staatlicher Aufgaben oder Interessen – sowohl mit dem Individualschutz des einzelnen Marktteilnehmers als auch mit dem Funktionsschutz des Marktes in seiner Gesamtheit.[28] Es sind nicht die Privaten, die in den Dienst der staatlichen Aufgabenerfüllung gestellt werden, sondern es ist der Staat, dessen Aufgabe im Schutz des Marktes und der Interessen seiner Teilnehmer liegt. Schon der Baseler Ausschuss für Bankenaufsicht hat 1998 zutreffend erkannt, dass Marktteilnahme und Offenlegung in unmittelbarer Wechselbeziehung zueinander stehen und welchen Stellenwert die regelmäßige Offenlegung von verlässlichen und aussagekräftigen Informationen für den Markt hat: Transparenz könne Vertrauenskapital aufbauen, den Zugang zu den Kapitalmärkten verbessern, eine günstigere Refinanzierung ermöglichen und helfen, Marktunsicherheiten leichter zu überstehen. Wenn Geschäftspartner und Anteilseigner sachgerechtere Entscheidungen treffen können, fördere dies ein vorsichtigeres und effizienteres Verhalten aller Markteilnehmer. Dies soll auch unter Berücksichtigung der immanenten Grenzen einer Informationsgewährung gelten, die darin besteht, dass Ermessensspielräume bestehen, die Vergleichbarkeit beeinträchtigt sein kann, Vertraulichkeitsaspekte zu berücksichtigen sind und zudem Marktdisziplin nicht immer vollständig gewährleistet werden könne, etwa infolge fehlender Kapitalmarktorientierung oder infolge einer Absicherung einzelner Marktteilnehmer gegen Ausfallrisiken. Die höheren Kosten einer umfassenderen Informationsversorgung und die möglichen Folgen der Offenlegung negativer Informationen werden dagegen für hinnehmbar gehalten.[29] Schließlich stimmt dieser Ansatz auch mit der empirischen Erkenntnis überein, dass gerade die hohe Komplexität der von Banken vertriebenen Finanzprodukte eine gesteigerte Transparenz erforderlich macht.

---

[26] Umfassend zu diesem Begründungsansatz Merkt, Unternehmenspublizität, 2001.

[27] *Apelt* Die Publizität der GmbH, 1991, 26.

[28] Näher *Merkt* Unternehmenspublizität, 2001, S. 296 ff.

[29] Transparency Group des Baseler Ausschusses für Bankenaufsicht, Enhancing Bank Transparency, September 1998.

IV. Transparenzanforderungen nach geltendem Recht

1. Übersicht

Das geltende Recht setzt ganz wesentlich auf den Gedanken der Kontrolle der Banken (institutionelle Kontrolle) und des Bankgeschäfts (transaktionsbezogene Kontrolle) durch Transparenz. Dabei bilden die allgemeinen institutionellen Transparenzanforderungen, denen alle von Kapitalgesellschaften getragenen Unternehmen unterworfen sind, den Ausgangsbestand, auf dem die spezifischen Transparenzanforderungen aufbauen. Es fällt sogleich auf, dass die allgemeinen, nicht bankspezifischen Transparenzanforderungen nur institutsbezogen und nicht transaktionsbezogen sind. Darin zeigt sich, dass es vor allem die intransparente Natur vieler Bankgeschäfte ist, die ergänzende, bank- bzw. bankgeschäftsspezifische Transparenzanforderungen nötig erscheinen lässt.

a) Allgemeine (nicht bankspezifische) Transparenzanforderungen

Grundsätzlich haben Kreditinstitute in der Rechtsform der Kapitalgesellschaft zunächst wie alle anderen Formkaufleute in der Rechtsform der Kapitalgesellschaft die Anforderungen der Handelsregisterpublizität (§§ 8 ff. HGB, insbesondere § 39 AktG) zu erfüllen, die Grundsätze des Firmenrechts zu beachten (§§ 17 ff. HGB, insbesondere § 4 AktG) und den Vorschriften der Bilanzpublizität (Offenlegung und Prüfung des Jahresabschlusses, § 325 HGB) zu genügen. Allerdings ist – worauf hier nur am Rande hingewiesen sei – die Rechnungslegung speziell für Kreditinstitute und Finanzdienstleistungsunternehmen wie auch die Rechnungslegung der Versicherungsunternehmen aufgrund EU-rechtlicher Vorgaben besonderen Anforderungen unterworfen, die sich in Deutschland in §§ 340 ff. und §§ 341 ff. HGB finden. In diesem gestuften System der Rechnungslegungs- und Publizitätsanforderungen – Einzelkaufleute, Kapitalgesellschaften, Kreditinstitute als Kapitalgesellschaften – manifestiert sich das an der Intensität der Inanspruchnahme des Marktes ausgerichtete Publizitätskonzept.

Der Vollständigkeit halber zu nennen sind hier schließlich noch die Konzernpublizität und die aktienrechtliche Beteiligungspublizität (§§ 20 Abs. 1 S. 1, 21 Abs. 1 S. 1 AktG) sowie die Hauptversammlungspublizität (§ 131 AktG), die auch in dem von einer Aktiengesellschaft getragenen Kreditinstitut wichtige Instrumente der Transparenz darstellen.

Sofern sich Kreditinstitute über den Kapitalmarkt finanzieren, gelten für sie die entsprechenden börsenrechtlichen Publizitätspflichten nach dem Börsengesetz und der Börsenzulassungsverordnung sowie die kapitalmarktrechtlichen Publizitätspflichten, so etwa die Vorschriften zur Prospektpflicht nach dem WpPG, die Regelungen zur Zwischenberichtspublizität (§§ 37v bis 37z WpHG) in Ergänzung zur handelsrechtlichen periodischen Rechnungslegungspublizität, die Anforderungen der Quartalsberichterstattung nach der jeweiligen Börsenordnung,[30] die Ad-hoc-Publizitätspflicht nach §§ 15f. WpHG, ferner die zusammenfassende kapitalmarktrechtliche Publizität (§ 10 WpPG) sowie die in §§ 30e bis 30g WpHG enthaltene Pflicht zur unverzüglichen Veröffentlichung jeder Änderungen der aus zugelassenen Wertpapieren resultierenden Rechte und Pflichten und schließlich die kapitalmarktrechtliche Beteiligungspublizität (§§ 21 ff. WpHG). Aber auch weitere Transparenzpflichten sind zu beachten, wobei exemplarisch die Pflichten nach dem WpÜG genannt seien, etwa die Pflicht zur Information der Inhaber von Wertpapieren der Zielgesellschaft nach § 3 Abs. 2 WpÜG oder die Pflicht zur Veröffentlichung der Entscheidung

[30] So verlangt etwa die Frankfurter Wertpapierbörse von den im Prime Standard notierten Gesellschaften Quartalsberichte in deutscher und englischer Sprache, die Anwendung internationaler Rechnungslegungsstandards (IFRS/IAS oder US-GAAP), die Veröffentlichung eines Unternehmenskalenders, die Durchführung mindestens einer Analystenkonferenz pro Jahr und schließlich, dass Ad-hoc-Mitteilungen auch in englischer Sprache veröffentlicht werden.

zur Abgabe eines Angebots (§ 10 WpÜG) oder die Veröffentlichung der Angebotsunterlage (§ 11 WpÜG).

b) Jahresabschlusspublizität zwischen allgemeinen und bankspezifischen Transparenzanforderungen

Das Rechnungslegungsrecht der Kreditinstitute und Finanzdienstleistungsinstitute einschließlich der Offenlegungsvorschriften ist im Dritten Buch des HGB bzw. in den IFRS geregelt. Insoweit gelten also dieselben Grundsätze und Regelungen, die auch für Unternehmen anderer Branchen anzuwenden sind.[31] Der Jahrsabschluss ist für Kreditinstitute wie für sonstige Unternehmen die entscheidende Unterlage für den Einblick und die Beurteilung der Liquiditätslage (speziell für Kreditinstitute § 11 KWG).[32] Zwar ergänzen die spezifischen Transparenzanforderungen der „laufenden Selbstaufschlüsse"[33] anhand des Monatsausweises (§ 25 KWG), der Kreditanzeigen (§§ 13 ff. KWG) und der Offenlegungspflichten (§ 26a KWG, zu diesen sogleich unter b) den Einblick, doch können sie den Jahresabschluss schon deshalb nicht ersetzen, weil ausschließlich aus ihm eine hinsichtlich der Wertansätze durchgehend überprüfte Gegenüberstellung der Vermögenswerte und Verbindlichkeiten sowie der Aufwendungen und Erträge des abgelaufene Geschäftsjahres (Gewinn- und Verlustrechung) erkennbar wird. Allein aus der geprüften Bilanz und durch Einsicht in den Prüferbericht lässt sich die Entwicklung von Eigenkapital, Liquidität und Rentabilität eines Kreditinstituts zuverlässig beurteilen.

Allerdings wird die Geltung des allgemeinen HGB-Bilanzrechts für Kreditinstitute vom Gesetzgeber modifiziert.[34] Während nämlich Form und Umfang der Offenlegung nach den allgemeinen Vorschriften des 3. Buches des HGB von der Größe der Kapitalgesellschaft bestimmt werden, richtet sich die Verpflichtung zur Publizität bei Kreditinstituten und Finanzdienstleistungsinstituten, soweit letztere von Kapitalgesellschaften getragen werden, nach § 340l HGB.[35] Da diese Bestimmung auf die §§ 325 Abs. 2 bis 5, 328 und 329 Abs. 1 HGB verweist (§ 340 l Abs. 1 S. 1 HGB), nicht dagegen auf die §§ 326 und 327 HGB, die größenabhängige Publizitätserleichterungen für kleine und mittelgroße Kapitalgesellschaften enthalten, wird für alle Kreditinstitute und Finanzdienstleistungsinstitute, soweit letztere von Kapitalgesellschaften getragen werden, eine der Publizität großer Kapitalgesellschaften entsprechende Veröffentlichung des handelsrechtlichen Jahresabschlusses vorgeschrieben. Damit sind im Kreditgewerbe für die Offenlegung und für den Umfang der offen zu legenden Unterlagen Rechtsform und Größe des Kreditinstituts bzw. des von einer Kapitalgesellschaft getragenen Finanzdienstleistungsunternehmen grundsätzlich unbeachtlich (vgl. aber § 340l Abs. 4 HGB).[36] Allerdings sind gleichwohl gewisse rechtsformspezifische Besonderheiten nach dem GenG, den Landessparkassengesetzen, dem AktG und dem GmbHG zu beachten. Für Spezialkreditinstitute enthalten das Bausparkassengesetz und das

---

[31] *Schmieszeck* in: Beck/Samm/Kokemoor, KWG, Stand: Juli 2010, § 26a Rn. 6.

[32] Näher dazu *Bieg* Bankbilanzierung nach HGB und IFRS, 2. Aufl. 2010; *Scharpf/Schaber* Handbuch Bankbilanz, 3. Aufl. 2009; s. aber auch bereits *Schwartze* Deutsche Bankenrechnungslegung nach europäischem Recht, 1991.

[33] *Wohlschieß* in: Szagunn/Haug/Enzinger, KWG, 6. Aufl. 1997, § 26 Rn. 1.

[34] Speziell für Kreditinstitute gelten zusätzlich zum Rechnungslegungsrecht des HGB und der IFRS die Prüfungsberichtsverordnung vom 23. 11. 2009 (BGBl. I S. 3793) und die Kreditinstituts-Rechnungslegungsverordnung (RechKredV, in der Fassung vom 11. 12. 1998, BGBl. I S. 3658), die auf der Grundlage von § 330 Abs. 2 HGB erlassen worden ist. Allerdings enthalten beide Regelwerke keine gesonderten Bestimmungen über die Offenlegung von Rechnungslegungsdaten.

[35] Ergänzend zu beachten ist die Verordnung über die Rechnungslegung der Kreditinstitute und Finanzdienstleistungsinstitute (RechKredV) vom 11. 12. 1998, BGBl. I S. 3658.

[36] *Bieg* Bankbilanzierung nach HGB und IFRS, 2. Aufl. 2010, S. 923 f.

Pfandbriefgesetz weitere Regelungen.[37] Und schließlich findet sich in § 17 des Gesetzes über die Beaufsichtigung von Zahlungsdiensten[38] eine Parallelvorschrift zu § 26 KWG.

Diese einheitliche Rechnungslegungspflicht für sämtliche Kreditinstitute war bereits im Expertenvorschlag für eine Bankbilanzrichtlinie, auf die dieses Konzept zurückgeht, enthalten und ist im weiteren Verlauf des Verfahrens nie umstritten gewesen. Sie wird mit der „Vielzahl der Rechtsformen bei den im Bankgeschäft miteinander im Wettbewerb stehenden Kreditinstituten"[39] begründet. Indessen trifft diese Argumentation auch für andere Branchen und andere Märkte in gleicher, wenn nicht sogar gesteigerter Weise zu.[40] Vielgestaltiger wird der Wettbewerb in der Kreditbranche in erster Linie durch den hohen Anteil öffentlich-rechtlicher Unternehmen,[41] wodurch sich aber keine bilanzielle Gleichstellung aller Kreditinstitute rechtfertigen lässt. Eine plausible Rechtfertigung der gesteigerten Anforderungen an die Kreditwirtschaft im Bereich der Bilanzierung und der Bilanzpublizität ergibt sich hingegen aus dem bereits angesprochenen Grundgedanken, dass Publizität in Relation zur Marktteilnahme steht und gesteigerte Publizitätsanforderungen mithin Folge einer besonders intensiven Inanspruchnahme des Marktes ist. Diese gesteigerte Inanspruchnahme ergibt sich bei den Kreditinstituten zum einen aus der besonderen Bedeutung des Individualschutzes und des Funktionsschutzes. Die Besonderheit der Bankentätigkeit liegt in der Annahme und Verwaltung von Publikumsgeldern[42] und in ihrer Schlüsselstellung für die Versorgung der Gesamtwirtschaft mit Finanzmitteln. Leitet man daraus ein Schutzbedürfnis der betroffenen Einleger und des Marktes für Finanzmittel insgesamt ab,[43] so folgt die Notwendigkeit zu gemeinsamen Bilanzierungs- und Offenlegungsbestimmungen für den Bereich der Kreditinstitute aller Organisationsformen aus identischen Anforderungen an den Gläubiger- und den Marktschutz, soweit sich beide Schutzfunktionen durch Maßnahmen der Rechnungslegung verwirklichen lassen. Mit dem Gesichtspunkt des Einlegerschutzes hat bereits die Expertengruppe der Wirtschaftsprüfer ihren Vorschlag zur rechtsformunabhängigen Bankenrechnungslegung begründet.[44] Erst die moderne Dogmatik des Kapitalmarktrechts hat indessen gezeigt, dass neben den Individualschutz der Einleger auch der Funktionsschutz des Marktes als Legitimation für besondere regulatorische (Transparenz)Anforderungen an Bankinstitute tritt. Besonders deutlich wurde das schon sehr frühzeitig an der Begründung der sog. Konditionenregelung in § 23 Abs. 1 KWG 1961. Dort war vorgesehen, dass der Bundeswirtschaftsminister bestimmte Anordnungen über die Bedingungen der Kreditvergabe zur Wahrung der Funktionsfähigkeit des Kreditgewerbes erlassen konnte. In dieser staatliche Einflussnahme auf die Kreditwirtschaft, die auf die Bankenkrise von 1931 zurückging, spiegelt sich schon recht früh die neu gewonnene Einsicht in die Verantwortung des Gesetzgebers für die Gewährleistung eines funktionsfähigen Kapitalmarkts für die Volkswirtschaft im Allgemeinen und eine hinreichende Fremdkapitalversorgung der Wirtschaft im Besonderen wider.

Soweit es die grundsätzliche Pflicht der Kreditinstitute zur Rechnungslegung betrifft, ging die Bankbilanzrichtlinie für die privatrechtlich organisierten Banken nicht über die zuvor bereits bestehenden Regelungen im deutschen Recht hinaus, denn diese waren

---

37 *Schmieszeck* in: Beck/Samm/Kokemoor, KWG, Stand: Juli 2010, § 26 Rn. 27.

38 Zahlungsdiensteaufsichtsgesetz (ZAG) vom 25. 6. 2009, BGBl. I S. 1506.

39 So Ziff. 4 der Präambel der Bankbilanzrichtlinie, Richtlinie über den Jahresabschluss und den konsolidierten Abschluss von Banken und anderen Finanzinstituten vom 8. Dezember 1996 (86/635/EWG), ABl. EG Nr. L 372 vom 31. 12. 1986 S. 1.

40 *Friedmann* ZKredW 1986, 456, 458.

41 Kritisch dazu *Möschel* Das Wirtschaftsrecht der Banken, 1972, S. 377 ff.

42 S. bereits Art. 1 der Ersten Bankrechtskoordinierungsrichtlinie, Erste Richtlinie des Rates zur Koordinierung der Rechts- und Verwaltungsvorschriften über die Aufnahme und Ausübung der Tätigkeit der Kreditinstitute vom 12. 12. 1977 (77/780/EWG), ABl. EG Nr. L 322 vom 17. 12. 1977 S. 30.

43 *Schwartze* Deutsche Bankenrechnungslegung nach europäischem Recht, 1991, S. 130 ff.

44 Erläuterung zu Art. 1 Abs. 1 des Expertenvorschlags.

bereits zuvor zur Aufstellung eines Jahresabschlusses verpflichtet. Hinsichtlich des Umfangs der Rechnungslegung hat also die Vereinheitlichung des Bankbilanzrechts durch die Bankbilanzrechtrichtlinie vor allem eine Erhöhung der Anforderungen für Kreditinstitute in der Rechtsform der Personengesellschaft gebracht, denn von diesen (und auch von den Niederlassungen ausländischer Banken) wird seither ebenfalls die Erstellung eines Anhangs sowie eines Lageberichts verlangt (Art. 1 Abs. 1 Bankbilanzrichtlinie iVm. Art. 2 Abs. 1, Art. 46 Bilanzrichtlinie).

c) Besondere (bankspezifische) Transparenzanforderungen

Das etablierte System der bankspezifischen Transparenzanforderungen arbeitet im Prinzip mit denselben Instrumenten, mit denen auch das allgemeine System arbeitet. Den Kern bilden die Vorschriften über die Vorlage von Rechnungslegungsunterlagen (§ 26 KWG), über Offenlegung (§ 26a KWG) und über die Prüfung (§§ 28 bis 30 KWG).

aa) Vorlage des Jahresabschlusses

Das Kreditinstitut muss den Jahresabschluss, den Lagebericht und den Prüfungsbericht (§ 26 KWG) der BaFin und der Bundesbank vorlegen. Mit dieser Vorschrift wird die Abschlusspublizität, deren Funktion herkömmlich im Gläubigerschutz bzw. nach den IFRS in der Information der Anleger gesehen wird, mit dem Regime der Bank- und Finanzmarktaufsicht verknüpft. Rechnungslegung dient damit nicht nur unmittelbar den Interessen des Marktes und seiner Teilnehmer, sondern bezweckt auch die Effektuierung einer wirkungsvollen Aufsicht, deren Aufgabe wiederum im Schutz des Marktes und seiner Teilnehmer besteht. Auf diesem Weg gewinnt die Rechnungslegung für den Bereich der Banken eine doppelte Funktion als Informations- und als Aufsichts- und Kontrollinstrument.[45] In dieser Aufsichts- und Kontrollfunktion dient der Jahresabschluss der Solvenzaufsicht, und zwar primär der laufenden Aufsicht, die von der Bundesbank ausgeübt wird. Die besondere Bedeutung der nach § 26 KWG vorzulegenden Dokumente liegt darin, dass es sich um eine von einem unabhängigen Dritten (Wirtschaftsprüfer oder WP-Gesellschaft) überprüfte Gegenüberstellung der Vermögenswerte und Schulden (Bilanz) sowie der Aufwendungen und Erträge des abgelaufenen Geschäftsjahrs (Gewinn- und Verlustrechnung) handelt. Aus der testierten Bilanz lässt sich die Entwicklung von Eigenkapital, Liquidität und Rentabilität eines Instituts zuverlässiger beurteilen als aus den bloßen Angaben des Instituts. Nach Art. 14 der Aufsichtsrichtlinie[46] wertet die Bundesbank die bei ihr nach § 26 KWG eingehenden Jahresabschlüsse und Prüfungsberichte aus. Die Auswertungskriterien sind gemeinsam von Bundesbank und BaFin erarbeitet worden. Dabei kann die BaFin Auswertungsschwerpunkte angeben. Das Ergebnis der Auswertung geht in das Risikoprofil des Instituts ein. Für jedes Institut wird ein Auswertungsbericht angelegt. Bei unproblematischen Instituten genügt ein Kurzvermerk. Einzelheiten werden in einer Aufsichtsplanung festgelegt. Auf der Grundlage des Risikoprofils der Institute ergreift die BaFin ggf. aufsichtrechtliche Maßnahmen.[47]

Allerdings gehen die Pflichten über das Programm hinaus, das das HGB in puncto Publizität den Kapitalgesellschaften auferlegt. Nach § 26 Abs. 1 KWG sind Kreditinstitute verpflichtet,

den Jahresabschluss innerhalb der ersten drei Monate aufzustellen (Aufstellungsfrist),

---

[45] *Häberle* in: Erbs/Kohlhaas, Strafrechtliche Nebengesetze, 177. Aufl. 2008, § 26 KWG, 1; *Eyles* WM 2000, 1217, 1232.

[46] Richtlinie zur Durchführung und Qualitätssicherung der laufenden Überwachung der Kredit- und Finanzdienstleistungsinstitute durch die Deutsche Bundesbank – Aufsichtsrichtlinie – in der Fassung der Bekanntmachung vom 21. 2. 2008, abgedruckt bei Beck/Samm/Kokemoor, KWG, Stand: Juli 2010, A 7/3b.

[47] *Schmieszeck* in: Beck/Samm/Kokemoor, KWG, Stand: Juli 2010, § 26 Rn. 13.

den aufgestellten Jahresabschluss innerhalb dieser drei Monate bei den Aufsichtsbehörden einzureichen (Einreichungsfrist für den aufgestellten Jahresabschluss) und

den geprüften und festgestellten Jahresabschluss mit dem Lagebericht zusammen unverzüglich nach seiner Feststellung einzureichen (Einreichungsfrist für den festgestellten Jahresabschluss und Lagebericht).

Mithin besteht die Verschärfung des KWG gegenüber dem HGB darin, dass für die einzelnen Schritte vergleichsweise kurze Fristen vorgegeben werden, dass mit anderen Worten Aufsicht und Marktteilnehmer besonders zügig mit den Abschlussinformationen versorgt werden.

Inhaltlich verstärkt und gesichert wird der Aussagewert des Jahresabschlusses durch Vorschriften zur Prüfung und zur Prüferbestellung (§§ 28 und 29 KWG).[48]

bb) Monatsberichte

Wesentliche Informationsquellen für die Bankenaufsicht sind neben den Unterlagen nach § 26 KWG die Monatsberichte und die weiteren Angaben nach § 25 KWG sowie die Informationen, die nach § 26a KWG zu publizieren sind. Die Monatsausweise sollen den mit der Bankaufsicht im Sinne der Institutsaufsicht befassten Stellen einen laufenden Einblick in die geschäftliche Entwicklung der Institute verschaffen. Die Pflicht zur Einreichung von Jahresabschlüssen genügt allein nicht den Anforderungen an eine effiziente Bankenaufsicht, die darin bestehen, das Zahlenmaterial eines Kreditinstituts kontinuierlich und in kurzen Zeitabständen zu analysieren. Bundesbank und BaFin wären im Gegenteil überfordert, wenn ihnen lediglich die Bilanzzahlen des Jahresabschlusses zur Verfügung gestellt würden.[49] Die Institute haben daher gemäß § 25 Abs. 1 der Bundesbank Monatsausweise zu übermitteln.

cc) Qualitative und Quantitative Informationen

Nach § 26a Abs. 1 S. 1 KWG muss ein Kreditinstitute regelmäßig qualitative und quantitative Informationen über sein Eigenkapital, die eingegangenen Risiken und seine Risikomanagementverfahren einschließlich der internen Modelle, der Kreditrisikominderungstechniken und der Verbriefungstransaktionen veröffentlichen und über förmliche Verfahren und Regelungen zur Erfüllung dieser Offenlegungspflichten verfügen. Die Vorschrift bezweckt, die Marktdisziplin der Institute zu stärken. Die in der Vorschrift in allgemeiner Form geregelten Offenlegungspflichten sollen die Institute veranlassen, ihre Risikostreuung und ihr internes Risikomanagement zu verbessern, um nicht durch eine Offenlegung schlechter Daten von den Marktteilnehmern abgestraft zu werden. Marktteilnehmer sollen sich über die Risikostruktur der Institute informieren können und dadurch eine Basis für Anlageentscheidungen erhalten.[50]

Nähere Anforderungen an den Inhalt der offen zu legenden Informationen und die Verfahren und Regelungen zur Erfüllung der Offenlegungspflicht hat der Verordnungsgeber auf der Grundlage der Ermächtigung in § 26a Abs. 1 S. 3 KWG in der Solvabilitätsverordnung (SolvV) geregelt. In ihrem „Teil 5 Offenlegung" (§§ 319 bis 337 SolvV) enthält die SolvV umfassende Bestimmungen zum Offenlegungsmedium, zum Offenlegungsintervall, zu den allgemeinen inhaltlichen Anforderungen an die Offenlegung sowie betreffend „Qualifizierenden[51] Anforderungen bei der Nutzung besonderer Instrumente oder Methoden".

---

[48] *Samm* in: Beck/Samm/Kokemoor, KWG, Stand: Juli 2010, § 44 Rn. 4.

[49] *Samm* in: Beck/Samm/Kokemoor, KWG, Stand: Juli 2010, § 25 Rn. 4.

[50] *Schmieszeck* in: Beck/Samm/Kokemoor, KWG, Stand: Juli 2010, § 26a Rn. 6.

[51] So die Überschrift zu Kapitel 3 von Teil 5 der SolvV; richtiger muss es wohl heißen: „qualifizierten".

dd) Ergänzende Transparenzanforderungen

Zu den eben genannten Pflichten treten umfangreiche Anzeige- und Meldepflichten gegenüber den beiden zuständigen Aufsichtsbehörden, der BaFin und der Bundesbank (§§ 5 ff., 13 ff., 24 ff. KWG) betreffend die Angemessenheit der Eigenmittel nach §§ 10 und 10a KWG, betreffend Groß-, Millionen- und Organkredite (§§ 13 bis 15 KWG), sowie Pflichten zur Abgabe spezifischer Anzeigen gemäß §§ 24 und 24a KWG, ferner Meldepflichten gegenüber der Bundesbank nach § 11 KWG iVm. der Liquiditätsverordnung (LiqV) hinzu. Diese Regelungen sind flankiert durch Vorschriften über Auskünfte und Prüfungen (§§ 44 ff. KWG), die sicherstellen, dass die Kreditinstitute den Aufsichtsbehörden Auskünfte erteilen und Unterlagen vorlegen („Sachverhaltsermittlungsrechte“[52]). Umgekehrt sieht § 46d KWG vor, dass die BaFin vor Erlass einzelner aufsichtsrechtlicher Maßnahmen die zuständigen Behörden anderer Staaten des EWR unterrichtet. Für den Fall des Insolvenzverfahrens schreibt § 46f KWG die Unterrichtung der Gläubiger durch die BaFin vor.

Darüber hinaus enthält das KWG in §§ 23 f. Vorschriften über Werbung und Hinweispflichten der Kreditinstitute, also Regelungen zum Inhalt der Kommunikation mit den Marktteilnehmern.

2. Einzelheiten

a) Adressaten der Transparenz

Als erste Adressatengruppe zu nennen sind die Marktteilnehmer. An sie richten sich unmittelbar insbesondere die qualitativen und quantitativen Informationen, die die Kreditinstitute nach § 26a KWG offen zu legen haben. Ferner sind sie die „natürlichen“ Adressaten der Rechnungslegung (§ 26 KWG), jedenfalls soweit man die Funktion des Jahresabschlusses in der Information der Eigen- und Fremdkapitalgeber (kapitalmarktorientierte Rechnungslegung) sieht.[53] Zu den Fremdkapitalgebern zählen – bankbranchenspezifisch – die Einlagengläubiger. Allerdings ergeben sich aus diesem Adressantenkreis durchaus Probleme für die Transparenz, ihre Gegenstände und ihre Inhalte, denn die Fremdkapitalgeber verfolgen typischerweise längerfristige Ziele, während die Eigenkapitalgeber typischerweise an Aktienkurssteigerungen und der kurzfristigen Profitmaximierung interessiert sind.[54]

Aus der Verknüpfung insbesondere der Rechnungslegungspublizität mit der Aufsicht und Kontrolle durch die Kapitalmarktaufsicht (§ 26 KWG), aber auch aus den vielfältigen Anzeige-, Melde- und Berichtspflichten der Kreditinstitute gegenüber der Bundesbank und der BaFin, etwa in Gestalt der Monatsausweise (§ 25 KWG) ergibt sich darüber hinaus, dass Adressaten der Banktransparenz auch die Bundesbank und die BaFin sind. Die Erfüllung der Aufgaben aus dem KWG ist nur in enger Zusammenarbeit zwischen beiden Behörden möglich. Dies wird schon durch die zahlreichen Vorschriften des KWG deutlich, die die Bundesbank in die Institutsaufsicht einbeziehen. Allerdings ergeben sich hier Fragen der Funktionsabgrenzung zwischen der laufenden Kontrolle des Bankgeschäftsbetriebs einerseits und der institutionellen Aufsicht über die Banken andererseits, zumal Bundesbank und BaFin bei Aufsicht und Überwachung gemeinsam agieren.[55] Durch das Gesetz über die integrierte Finanzdienstleistungsaufsicht, das § 7 KWG umfassend geändert hat, wurde die Zusammenarbeit zwischen beiden Aufsichtsbehörden eingehender als früher geregelt.[56]

---

[52] *Braun* in: Boos/Fischer/Schulte-Mattler KWG, 3. Aufl. 2008, § 44 Rn. 1 und 5.

[53] *Pellens/Strzyz* in: Hommelhoff/Hopt/v. Werder, Handbuch Corporate Governance, 2. Aufl. 2010, S. 533, 535.

[54] Europäische Kommission, Grünbuch Corporate Governance in Finanzinstituten und Vergütungspolitik, 2. 6. 2010, KOM(2010) 284 endgültig, 4; *Mülbert* EBOR 10 (2009), 411, 427 f.

[55] *Lindemann* in: Boos/Fischer/Schulte-Mattler, KWG, 3. Aufl. 2008, § 7 Rn. 1.

[56] *Samm* in: Beck/Samm/Kokemoor, KWG, Stand: Juli 2010, § 44 Rn. 18a.

Hinzu treten als Adressaten der Transparenz die zuständigen Aufsichtsstellen anderer Mitgliedstaaten des EWR, wie sich aus der umfassenden Regelung dieser Thematik in § 8 Abs. 3 bis 9 KWG ergibt. Nach Art. 13 der Zweiten Bankrechtskoordinierungsrichtlinie sowie Art. 23 der Bankenrichtlinie ist für die Beaufsichtigung Niederlassungen und der grenzüberschreitenden Dienstleistungen innerhalb der EU die Behörde am Sitz des Instituts zuständig (Herkunfts- oder Sitzlandaufsicht).[57]

b) Instrumente der Transparenz

An erster Stelle ist hier die unmittelbare Offenlegung gegenüber dem Publikum zu nennen wie sie etwa in § 26a KWG und hinsichtlich des Jahresabschlusses vorgesehen ist. Ziel dieser Offenlegung gegenüber den Marktteilnehmern ist es, die Marktdisziplin zu stärken und die Kreditinstitute zu veranlassen, ihre Marktstrategie, ihre Risikostreuung und ihr internes Management zu verbessern.[58] Dabei geht man von der Annahme aus, dass durch Publizität Vertrauenskapital aufgebaut werden könnte, der Zugang zu den Kapitalmärkten verbessert werden könnte, eine günstigere Refinanzierung möglich sei und Marktunsicherheiten leichter zu überstehen seien. Wenn Geschäftspartner und Anteilseigner der Kreditinstitute sachgerechtere Entscheidungen treffen könnten, fördere dies ein vorsichtigeres und effizienteres Verhalten aller Marktteilnehmer. Dies gelte auch unter Berücksichtigung der immanenten Grenzen einer Informationsgewährung, die darin bestehe, dass Ermessensspielräume bestünden, dass die Vergleichbarkeit der Informationen beeinträchtigt sein könne, dass die Vertraulichkeit zu beachten sei und dass zudem Marktdisziplin nicht in allen Fällen vollumfänglich zum Tragen kommen könne, etwa bei fehlender Kapitalmarktorientierung oder gegen Ausfallrisiken geschützter Geschäftspartner. Die höheren Kosten einer umfassenden Informationsgewährung hält man demgegenüber für hinnehmbar.[59] Es sollen alle Informationen offen gelegt werden, mit denen das Risikoprofil der Bank vom Markt hinreichend beurteilt werden kann. Kerngedanke ist, dass die von diesen Informationen ausgehende Marktdisziplin genutzt werden soll, um die Banken im Interesse der Stabilität des gesamten Bankensektors insgesamt zu verantwortungsvollem Handeln zu bewegen.[60]

Dieser Gedankenführung liegt die Annahme zugrund, dass sich Marktteilnehmer von den offen gelegten Informationen leiten lassen, dass sie sich mit anderen Worten offenlegungskonform verhalten, und dass sich die offen legenden Institute dann wiederum von der erwarteten Reaktion der Marktteilnehmer disziplinieren lassen. Indessen haben empirische Untersuchungen jedenfalls für Deutschland keinen eindeutigen Beleg für diese Disziplinierungswirkung ergeben. So hat eine Ereignisstudie aus dem Jahre 2003 zu dem Ergebnis geführt, dass ein hoher Score mit hoher Marktkapitalisierung und höherer Aktienrendite korreliert,[61] während eine Ereignisstudie für den Prime Standard der Deutschen Börse keine signifikanten Kursreaktionen bei der Akzeptanz des Deutschen Corporate Governance Kodex feststellen konnte,[62] während eine Untersuchung aus dem Jahr 2006 zu dem Schluss kommt, dass die Beachtung des Deutschen Corporate Governance Kodex keine

57 *Lindemann* in: Boos/Fischer/Schulte-Mattler, KWG, 3. Aufl. 2008, § 8 Rn. 13.

58 *Hillen* in: Boos/Fischer/Schulte-Mattler, KWG, 3. Aufl. 2008, § 8 Rn. 13.

59 Basler Ausschuss für Bankenaufsicht, Core Principles for Effective Banking Supervision, September 1997, Disclosure; Transparency Group des Basler Ausschusses für Bankenaufsicht, Enhancing Bank Transparency, September 1998; Basler Ausschuss für Bankenaufsicht, Core Principles Methodology, October 2006.

60 S. den Allgemeinen Teil der Begründung eines Entwurfs der Bundesregierung zum Gesetz zur Umsetzung der neu gefassten Bankenrichtlinie, BT-Drucks. 17/1720 vom 17. 5. 2010 S. 42 ff.

61 *Drobetz/Schillhofer/Zimmermann* ZfB 74 (2004), 5; *Zimmermann/Goncherov/Werner* Does Compliance with the German Corporate Governance Code have an Impact on Stock Valuation? An Empirical Analysis, Bremen Working Papers on Finance and Control, December 2004.

62 *Nowak/Rott/Mahr* ZGR 2005, 252 ff.

grundsätzliche Wirkung auf den Kapitalmarkt hat, sondern nur beschränkt auf Entlohnungskomponenten des Vorstands.[63] Es ist unklar, ob aus diesen Ergebnissen wiederum Schlüsse auf die Wirksamkeit des Offenlegungsregimes des KWG auf die Corporate Governance der Kreditinstitute gezogen werden können. Umgekehrt erscheint aber keineswegs sicher, dass die Erwartungen, die der Gesetzgeber in die Offenlegung setzt, erfüllt werden.

Neben die Offenlegung gegenüber den Marktteilnehmern treten die Anzeigepflichten der Kreditinstitute gegenüber der Aufsicht, etwa die Anzeigepflichten bei Großkrediten (§§ 13 bis 13b KWG iVm. GroMiKV), die Anzeigepflichten bei gruppeninternen Transaktionen (§§ 13c bis 13d KWG), bei Millionenkredite (§ 14 KWG iVm. GroMiKV) und bei Organkredite (§ 15 KWG) sowie die allgemeinen Anzeigepflichten (§§ 24 ff. KWG).[64] Die Anzeigepflichten sind Bestandteil der laufenden Aufsicht über die Institute. Sie sollen die laufenden Informationen über wesentliche personelle, organisatorische, rechtliche oder wirtschaftliche Veränderungen bei den beaufsichtigten Unternehmen sicherstellen. In engem Zusammenhang damit stehen auch die Anzeigepflichten nach § 24a KWG, die für die Aufnahme und Änderung der Geschäftstätigkeit in anderen Ländern des EWR gelten.[65] Zu beachten ist, dass sich Anzeigepflichten der Kreditinstitute auch außerhalb des KWG aus einer Vielzahl von Gesetzen ergeben können.[66]

c) Gegenstände, Inhalte und Grenzen der Transparenz

Inhaltlich lassen sich die bankrechtlichen Transparenzanforderungen zunächst danach unterteilen, ob sie sich auf das Kreditinstitut selbst (institutionelle Anforderungen) oder auf die Bankgeschäfte (transaktionsbezogene Anforderungen) beziehen. (Bank-)Ökonomische Untersuchungen zu der Frage, ob sich das Ziel der Transparenz besser durch diese oder jene Informationen erreichen lässt bzw. ob und inwieweit zwischen beiden Informationen ein Substitutionsverhältnis besteht, sind nicht ersichtlich. Einstweilen gehen Wissenschaft und Rechtspolitik davon aus, dass eine Mischung aus institutionellen und transaktionsbezogenen Informationen erforderlich ist, um die nötige Transparenz herzustellen.

Bei den institutionellen Transparenzanforderungen an erster Stelle zu nennen sind Rechnungslegungsinformationen. Das Gesetz fordert – wie dargelegt – von Kreditinstituten die Offenlegung von Informationen zum Eigenkapital und zu den eingegangenen Risiken und Risikomanagementverfahren, wobei die internen Risikomessverfahren nach § 10 Abs. 1 S. 2 KWG zum Adressenausfallrisiko, zu Marktrisiko und zum operationellen Risiko sowie die Kreditrisikominderungstechniken und die Verbriefungstransaktionen besonders erwähnt werden, weil ihnen für die jeweilige bankaufsichtliche Eigenkapitalanforderung eine besondere Bedeutung zukommt und zum Teil ihre bankaufsichtliche Anerkennung als Berechnungsgrundlage für die Eigenkapitalunterlegung von der Erfüllung der darauf bezogenen Offenlegungspflichten abhängt.[67] Damit wird den Offenlegungspflichten über die Information der Marktteilnehmer hinaus eine Sicherungsfunktion für die Eigenkapitalunterlegung gegeben.[68]

Ein weiterer wichtiger Gegenstand institutioneller Transparenz ist die Vergütung des Managements des Kreditinstituts. So hat etwa die Europäische Kommission bereits 2004 eine erste Empfehlung zur Verschärfung der Transparenz in Bezug auf die Regelung der

---

[63] *Bassen/Kleinschmidt/Prigge/Zöllner* DBW 66 (2006), 375.

[64] Detaillierter und strukturierter Überblick bei *Braun* in: Boos/Fischer/Schulte-Mattler, KWG, 3. Aufl. 2008, § 24 Rn. 7; die Bundsbank veröffentlicht auf ihrer Homepage eine jeweils aktualisierte Übersicht über die Anzeigepflichten des KWG mit allen Einzelheiten.

[65] *Braun* in: Boos/Fischer/Schulte-Mattler, KWG, 3. Aufl. 2008, § 24 KWG Rn. 1.

[66] Etwa dem GeldwäscheG, dem WpHG, dem BBankG, dem AußenwirtschaftsG, dem HGB, dem AktG, dem PfandBG oder dem BausparkassenG, dazu *Braun* in: Boos/Fischer/Schulte-Mattler, KWG, 3. Aufl. 2008, § 24 Rn. 10.

[67] *Schmieszeck* in: Beck/Samm/Kokemoor, KWG, Stand: Juli 2010, § 26a Rn. 17.

[68] *Hillen* in: Boos/Fischer/Schulte-Mattler, KWG, 3. Aufl. 2008, § 26a Rn. 9.

Vorstandsgehälter und der individuellen Vergütung vorgelegt und die Mitgliedstaaten aufgerufen, eine obligatorische oder fakultative Abstimmung über die Managervergütung vorzusehen. Die EU-Kommission stellt im Juni 2010 in ihrem Grünbuch „Corporate Governance in Finanzinstituten und Vergütungspolitik" fest, dass zwar mehrere Mitgliedstaaten Rechtsetzungsmaßnahmen zur Steigerung der Transparenz in Bezug auf die Vergütung von Managern börsennotierter Unternehmen umgesetzt haben, dass aber weitere Maßnahmen und auch in anderen Mitgliedstaaten erforderlich seien. In der Tat scheint dieser Weg Erfolg versprechend, zumal, wie bereits dargelegt, die Ergebnisse einzelner empirischer Studien den Schluss nahe legen, dass zumindest die Offenlegung von Regelungen zur Managervergütung Einfluss auf den Börsenkurs des Instituts hat.[69]

De lege ferenda vorgeschlagen wird darüber hinaus eine Pflicht, das Funktionieren des Leitungsmanagements des Kreditinstituts durch einen externen Prüfer bewerten zu lassen und das Ergebnis der Bewertung den Aufsichtsbehörden und den Aktionären mitzuteilen. Ebenso zu prüfen wäre die Einführung einer Pflicht zur Erklärung über die Beherrschung der Risiken und die Pflicht zur Offenlegung dieser Erklärung, und schließlich eine Pflicht, die Aufsichtsbehörden über die der Leitung des Kreditinstituts gegebenenfalls bekannt gewordenen materiellen Risiken zu unterrichten.[70]

In den Fokus der rechtspolitischen Diskussion ist darüber hinaus die Transparenz des Kreditinstituts gegenüber seinen Aktionären gelangt. Insbesondere das Verhalten der institutionellen Bankinvestoren hat bedingt durch die Finanzkrise zu der Frage geführt, ob nicht auch hier verstärkte Transparenz zur Krisenvermeidung und zur Verbesserung der Corporate Governance führen kann. So wird seitens der EU-Kommission zur Debatte gestellt, ob und ggf. in welchem Rhythmus das Abstimmungsverhalten und die Abstimmungsstrategie der institutionellen Kapitalanleger in den Hauptversammlungen offen gelegt werden sollte, ob auch etwaige Interessenkonflikte seitens institutioneller Anleger ermittelt und publiziert werden sollten, ob darüber hinaus Gepflogenheiten in Bezug auf die Vergütung von Intermediären (insbesondere der Geschäftsführer von Vermögensverwaltungsgesellschaften) durch die institutionellen Anleger offen gelegt werden sollten und schließlich ob Bankaktionäre generell besser über Risiken der Bank informiert werden sollten.[71] Erwogen wird dabei, institutionelle Anleger auf einen nationalen oder internationalen Verhaltenskodex zu verpflichten.

Analog zur Transparenz gegenüber den Aktionären stellt sich, sozusagen in Verlängerung und Ergänzung der Transparenz gegenüber den Gläubigern durch Rechnungslegungspublizität die Frage, inwieweit Ratings der Banken offen gelegt werden sollten. Da die Banken von sich aus keinen Anreiz hätten, dies zu tun, wurde in jüngerer Zeit eine gesetzliche Pflicht zur Offenlegung interner Ratings vorgeschlagen. Begründet wird dies mit dem Hinweis darauf, dass die Offenlegung interner Ratings die Kapitalkosten zugunsten der Banken senken würde und die Diversifikation der Fremdkapitalgeber steigern würde.[72] Allerdings stellt sich dann, wenn der Gesetzgeber Ratings in sein Pflichtenprogramm aufnimmt, automatisch die Frage nach der staatlichen Verantwortung für die Qualität solcher Ratings und damit die Frage der Regulierung von Ratings. Umgekehrt gilt: Wer die Regulierung von Ratingagenturen ablehnt, der kann schwerlich verlangen, dass Ratings offen gelegt werden müssen. Es gilt mutatis mutandis, was für Abschluss und Abschlussprüfung anerkannt ist.

Bei den transaktionsbezogenen Transparenzpflichten an erster Stelle zu nennen sind die bereits zuvor im Kontext der Transparenzinstrumente genannten zahlreichen Anzeige- und

---

[69] So insbesondere die Studie von *Bassen/Kleinschmidt/Prigge/Zöllner* DBW 66 (2006), 375.

[70] In diesem Sinne Europäische Kommission, Grünbuch Corporate Governance in Finanzinstituten und Vergütungspolitik, 2. 6. 2010, KOM (2010) 284 endgültig, 14f.

[71] Europäische Kommission, Grünbuch Corporate Governance in Finanzinstituten und Vergütungspolitik, 2. 6. 2010, KOM (2010) 284 endgültig, 18f.

[72] *Hertig* EBOR 7 (2006), 625ff.

Meldepflichten in Bezug auf einzelne Kredittransaktionen, so insbesondere Anzeigepflichten bei Großkrediten (§§ 13 bis 13b KWG iVm. GroMiKV), die Anzeigepflichten bei gruppeninternen Transaktionen (§§ 13c bis 13d KWG), bei Millionenkrediten (§ 14 KWG iVm. GroMiKV) und bei Organkrediten (§ 15 KWG).

Ein weiterer wichtiger Bereich transaktionsbezogener Transparenz ist die Transparenz im Einzelkundengeschäft und hier insbesondere die Transparenz von Geschäftsbedingungen, etwa von Zinsanpassungsklauseln und von Kosten. Die umfangreiche und langjährige Rechtsprechung des Bankensenats des BGH zum AGB-rechtlichen Transparenzgebot im Kreditgeschäft kann hier nur als Merkposten Erwähnung finden.[73]

Die Grenzen der Offenlegung wurden auf Betreiben des Kreditgewerbes sowohl in den Basler Rahmenvereinbarungen (Abs. 817, 819) als auch in der Richtlinie 2006/48/EG (Art. 146) konkretisiert und im deutschen Recht entsprechend in § 26a KWG kodifiziert. Danach müssen Informationen nicht offen gelegt werden, wenn sie nicht wesentlich sind, wenn sie rechtlich geschützt oder vertraulich sind. Während der Wesentlichkeitsgrundsatz auch in der externen Rechnungslegung konkretisiert ist, finden sich vergleichbare allgemeine Einschränkungen rechtlich geschützter oder vertraulicher Daten dort nicht. Das hat seinen Grund darin, dass die Anforderungen der externen Rechnungslegung in ihrer Ausprägung der Offenlegung solche Daten praktisch nicht enthalten. Dies gilt nach Einschätzung des Basler Ausschusses für Bankenaufsicht auch für die Offenlegungsanforderungen nach Säule 3 (s. Fn. 3), die einen tragfähigen Kompromiss darstellen sollen zwischen der Offenlegung aussagekräftiger Informationen und dem Schutz vertraulicher Informationen.

Es trifft zwar zu, dass diese Grenzen der Offenlegung erst auf nachhaltiges Insistieren der Bankwirtschaft Eingang in das Gesetz gefunden haben.[74] Indessen sollte die positive Bedeutung gerade der Wesentlichkeitsschranke keineswegs unterschätzt werden. Ein zentrales Problem des Transparenzgrundsatzes besteht darin, dass Adressaten der Transparenz zunehmend Schwierigkeiten haben, aus der Vielzahl offen gelegter Informationen die für sie bedeutsamen Informationen herauszufiltern. Angesichts der schieren Masse an Informationen, die gerade die Kreditinstitute dem Markt bzw. der Aufsicht zur Verfügung zu stellen haben, stellt sich dieses Problem gerade im Bereich der bankrechtlichen Transparenz in verschärfter Form. Man kann dem Problem der Informationsüberflutung („informational overkill")[75] auf der Tatbestandsseite der Transparenzpflichten zunächst nur dadurch beikommen, dass man den Informations-Emittenten selbst verpflichtet, die verfügbaren Informationen auf ihre Wesentlichkeit für den Adressaten zu prüfen (unter Berücksichtigung der Funktion der Transparenzpflicht im konkreten Zusammenhang) und sodann nur die wesentliche Information auch offen zu legen.[76] Besonders deutlich wurde die Problematik nach der Neueinführung der Ad-hoc-Publizitätspflicht in § 15 WpHG im Jahre 1995. Viele junge Unternehmen missbrauchten anfänglich die Ad-hoc-Mitteilung als Instrument der Investor Relations. Den Rückgang der Ad-hoc-Mitteilungen seit Beginn des neuen Jahrtausends führte die Aufsichtsbehörde darauf zurück, dass die Anzahl der überflüssigen Meldungen abnahm.[77]

Ergänzt wird der „institutsinterne" Geheimnisschutz durch einen „externen" Geheimnisschutz in Gestalt der Verschwiegenheitspflicht nach § 9 KWG. Danach trifft die bei der BaFin und bei der Bundesbank Beschäftigten im Rahmen ihrer Tätigkeit nach dem KWG

[73] Näher *Bunte* in: Schimanski/Bunte/Lwowski, Bankrechts-Handbuch, 3. Aufl. 2007, § 5 Rn. 11 ff.; *Samm* in: Beck/Samm/Kokemoor, KWG, Stand: Juli 2010, § 23 Rn. 11; *Schwintowski/Schäfer* Bankrecht, 2. Aufl. 2004, 497 ff.

[74] *Hillen* in: Boos/Fischer/Schulte-Mattler, KWG, 3. Aufl. 2008, § 26a Rn. 12.

[75] Dazu *Möllers/Kernchen* vorgesehen für ZGR 2011, Heft 1.

[76] Allgemein zum Grundsatz der Wesentlichkeit bei der Publizität *Merkt* Unternehmenspublizität, 2001, S. 453 ff.

[77] *Assmann* in: Assmann/Uwe H. Schneider, WpHG, 5. Aufl. 2009, § 15 Rn. 23.

die Pflicht, Geschäfts- und Betriebsgeheimnisse nicht unbefugt zu offenbaren oder zu verwerten (§ 9 Abs. 1 S. 1 KWG).

d) Sanktionierung der Transparenz

Das KWG sieht unterschiedliche Sanktionen für die Verletzung von Transparenzpflichten vor. Der Schwerpunkt liegt allerdings auf Straf- und Bußgeldvorschriften. Während §§ 54 bis 55b KWG diejenigen Gesetzesverstöße aufführt, die nach Auffassung des Gesetzgebers kriminelles Unrecht darstellen, enthält § 56 KWG einen umfangreichen Katalog von Verstößen, die lediglich bußgeldbewährt sind. Im Bereich der strafbewehrten Verstöße finden sich mit der Verletzung der Pflicht zur Anzeige der Zahlungsunfähigkeit und der unbefugten Offenbarung von Angaben über Millionenkredite zwei sehr unterschiedliche Bestimmungen betreffend Transparenzpflichten, geht es doch nur im ersten Fall um die Strafbewehrung einer Transparenzpflicht des Kreditinstituts, während im zweiten Fall das Verbot auf die Verletzung einer Verschwiegenheitspflicht und damit auf den umgekehrten Fall bezogen ist.

Soweit ein Institut einen Monatsausweis nach § 25 Abs. 1 KWG schuldhaft nicht, nicht rechtzeitig, nicht richtig oder nicht vollständig einreicht, ist dies eine Ordnungswidrigkeit im Sinne von § 56 Abs. 2 Nr. 5 iVm. Abs. 4 KWG mit einer Geldbuße geahndet werden kann. Daneben bestehen für die bankstatistischen Meldepflichten der Monetären Finanzinstitute (MFI) gesonderte Überwachungsvorschriften hinsichtlich Übermittlung, Genauigkeit, konzeptioneller Erfüllung und Beachtung von Korrekturen. Bei Verstößen gegen diese Meldepflichten kann das sog. EZB-Sanktionsverfahren eingeleitet werden.[78] Verstöße gegen § 26 Abs. 1 S. 1, 3 oder 4 oder Abs. 3 KWG sind Ordnungswidrigkeiten im Sinne von § 56 Abs. 2 Nr. 5 KWG, die mit einer Geldbuße geahndet werden können (§ 56 Abs. 5 KWG). Für die Offenlegungspflichten nach § 26a KWG gibt § 26a Abs. 3 KWG der BaFin bei Zuwiderhandlungen die Möglichkeit, die Offenlegung durch eine geeignete Anordnung durchzusetzen. Wird diese Anordnung schuldhaft nicht befolgt, kann nach § 56 Abs. 3 Nr. 5 KWG ein Bußgeld verhängt werden. Darüber hinaus unterbleibt bei fehlender Ofenlegung der Informationen über die angewendeten Internal Ratings Based-Ansätze beim Adressenausfallrisiko, die Kreditrisikominderungstechniken und die fortgeschrittenen Messansätze für das operationelle Risiko deren bankaufsichtliche Anerkennung. Das Fehlen der Anerkennung wiederum hat zur Folge, dass eine unter Umständen niedrigere Eigenkapitalanforderung nicht in Anspruch genommen werden kann.[79] Auch die schuldhafte Verweigerung von Auskünften nach § 44 KWG erfüllt den Tatbestand der Ordnungswidrigkeit und kann mit einer Geldbuße geahndet werden (§ 56 Abs. 4 iVm. Abs. 3 Nr. 9 und 10 KWG). Zuständig für die Verfolgung der Ordnungswidrigkeiten nach dem KWG ist die BaFin (§ 36 OWiG, § 60 KWG).

Daneben kommen Schadensersatzansprüche nach § 823 Abs. 2 BGB iVm. den soeben dargestellten Straf- und Bußgeldbestimmungen in Betracht. Das gilt etwa für den Fall der Verletzung der Schweigepflicht gemäß § 9 KWG, die aber zugleich eine Amtspflichtverletzung im Sinne von § 839 Abs. 1 BGB iVm. Art. 34 GG darstellen kann mit der Folge eines Amtshaftungsanspruchs gegen die anstellende Aufsichtsbehörde.[80]

Eine weitere Sanktion besteht in der Versagung der Erlaubnis zum Betrieb von Bankgeschäften (§ 33 KWG). Hier kommt insbesondere der Tatbestand der Unzuverlässigkeit eines Geschäftsleiters in Betracht,[81] die sich im Zusammenhang mit Transparenzpflichten allerdings nur bei ganz gravierenden bzw. nachhaltigen Verletzungen bejahen lassen wird. Nicht

---

[78] Nach der Verordnung Nr. 2532/98 des Rates vom 23. 11. 1998 über das Recht der EZB, Sanktionen zu verhängen, ABl. EG Nr. L 318 S. 4.

[79] *Hillen* in: Boos/Fischer/Schulte-Mattler, KWG, 3. Aufl. 2008, § 26a Rn. 17.

[80] *Lindemann* in: Boos/Fischer/Schulte-Mattler, KWG, 3. Aufl. 2008, § 9 Rn. 25.

[81] *Fischer* in: Boos/Fischer/Schulte-Mattler, KWG, 3. Aufl. 2008, § 33 Rn. 26 ff.

unproblematisch ist, dass diese Sanktion nur als Alles-oder-Nichts Option vorgesehen ist. Zu erwägen wäre, dass auch unterhalb des ganz gravierenden Verstoßes eine lediglich vorübergehende Entziehung der Erlaubnis als Sanktionsvariante möglich ist.

V. Zusammenfassung

Transparenz der Banken und des Bankgeschäfts zählt zu den zentralen Instrumenten der Optimierung der Corporate Governance von Banken. Dogmatisch lassen sich Transparenzpflichten der Kreditinstitute am überzeugendsten aus dem Gedanken der Publizität als dem Korrelat der Marktteilnahme ableiten. Dass Banken insoweit strengeren Anforderungen als Unternehmen anderer Branchen unterliegen, erklärt sich in Übereinstimmung mit dieser dogmatischen Begründung aus der größeren Komplexität der von ihnen vertriebenen Produkte und der Tatsache, dass Kreditinstitute einen höheren Grad an „Opaqueness" aufweisen.

Bei den Transparenzanforderungen lassen sich nach geltendem Recht allgemeine Anforderungen, denen Unternehmen aller Branchen unterworfen sind, von bankspezifischen Transparenzanforderungen, insbesondere den Anzeigepflichten nach § 13 KWG, den Monatsausweisen nach § 25 KWG und der Offenlegung nach § 26a KWG, unterscheiden. Die Rechnungslegung der Banken nimmt eine Mittelstellung ein, weil Kreditinstitute inhaltlich zwar denselben Bilanzierungsregeln unterworfen sind, weil sie aber in verschiedener Hinsicht verschärften Anforderungen unterliegen und ihre Abschlüsse auch der BaFin vorlegen müssen.

Als Adressaten der Transparenz von Kreditinstituten lassen sich die Marktteilnehmer (Eigen- und Fremdkapitalgeber einschließlich der Einlagegläubiger) und die Aufsichtsbehörde im Inland (Bundesbank und BaFin) sowie im Ausland nennen. Verwirklicht wird Transparenz zum einen durch unmittelbare Offenlegung direkt gegenüber den Marktteilnehmern, zum anderen durch Anzeigepflichten gegenüber den Aufsichtbehörden. Inhaltlich lassen sich die bankrechtlichen Transparenzanforderungen danach unterteilen, ob sie sich auf das Kreditinstitut selbst oder auf die Bankgeschäfte beziehen. Bei den institutionellen Pflichten ist die Rechnungslegung, aber auch die Vergütung des Managements Monatsausweise nach § 25 KWG, die Vorlage des Jahresabschlusses nach § 26 KWG und die Offenlegung nach § 26a KWG zu nennen. De lege ferenda vorgeschlagen wird darüber hinaus eine Pflicht, das Funktionieren des Leitungsmanagements des Kreditinstituts durch einen externen Prüfer bewerten zu lassen und das Ergebnis der Bewertung den Aufsichtsbehörden und den Aktionären mitzuteilen. In den Fokus der rechtspolitischen Diskussion ist darüber hinaus die Transparenz des Kreditinstituts gegenüber seinen Aktionären gelangt. Insbesondere das Verhalten der institutionellen Bankinvestoren hat bedingt durch die Finanzkrise zu der Frage geführt, ob nicht auch hier verstärkte Transparenz zur Krisenvermeidung und zur Verbesserung der Corporate Governance führen kann. Analog zur Transparenz gegenüber den Aktionären stellt sich, sozusagen in Verlängerung und Ergänzung der Transparenz gegenüber den Gläubigern durch Rechnungslegungspublizität die Frage, inwieweit Ratings der Banken offen gelegt werden sollten.

Bei den transaktionsbezogenen Transparenzpflichten an erster Stelle zu nennen sind die bereits zuvor im Kontext der Transparenzinstrumente genannten zahlreichen Anzeige- und Meldepflichten in Bezug auf einzelne Kredittransaktionen. Ein weiterer wichtiger Bereich transaktionsbezogener Transparenz ist die Transparenz im Einzelkundengeschäft und hier insbesondere die Transparenz von Geschäftsbedingungen, etwa von Zinsanpassungsklauseln und von Kosten.

Die Grenzen der Offenlegung wurden auf Betreiben des Kreditgewerbes konkretisiert und im deutschen Recht entsprechend in § 26a KWG kodifiziert. Danach müssen Informationen nicht offen gelegt werden, wenn sie nicht wesentlich sind, wenn sie rechtlich geschützt oder vertraulich sind. Ergänzt wird der „institutsinterne" Geheimnisschutz durch einen „externen" Geheimnisschutz in Gestalt der Verschwiegenheitspflicht nach § 9 KWG.

Das KWG sieht unterschiedliche Sanktionen für die Verletzung von Transparenzpflichten vor. Der Schwerpunkt liegt allerdings auf Straf- und Bußgeldvorschriften. Daneben kommen Schadensersatzansprüche nach § 823 Abs. 2 BGB iVm. den soeben dargestellten Straf- und Bußgeldbestimmungen in Betracht. Eine weitere Sanktion besteht in der Versagung der Erlaubnis zum Betrieb von Bankgeschäften (§ 33 KWG). Zu erwägen wäre, dass auch unterhalb des ganz gravierenden Verstoßes eine lediglich vorübergehende Entziehung der Erlaubnis als Sanktionsvariante möglich ist.

PETER O. MÜLBERT

Verbraucher kraft Organmitgliedschaft?

Übersicht

I. Einleitung

Ob der Geschäftsführer einer GmbH für die AGB-Kontrolle seines Anstellungsvertrags als Verbraucher im Sinne der §§ 310 Abs. 3, 13 BGB anzusehen ist, gehört zu den Rechtsfragen, für deren Beantwortung der vom Jubilar bis vor kurzem präsidierte II. Zivilsenat des BGH prädestiniert erscheint. Gleichwohl hat erstmals der 5. Senat des BAG im Laufe des Jahres 2010 diese Frage höchstrichterlich bejaht,[1] wobei er sich auf eine gefestigte Rechtsprechung zweier Zivilsenate des BGH beziehen konnte, die den GmbH-Geschäftsführer noch zum längst in den §§ 491 ff. BGB aufgegangenen früheren Verbraucherkreditgesetz selbst dann als Verbraucher im Sinne des § 1 Abs. 1 VerbKrG einstuften, wenn dieser zugleich Alleingesellschafter ist.[2] Schlagwortartig lautet die Antwort zur Verbrauchereigenschaft von Organwaltern damit wie folgt: Verbraucher kraft Organmitgliedschaft im Falle eines objektiv zum Zwecke der Organwaltertätigkeit abgeschlossenen Rechtsgeschäfts.

Diese Rechtsprechungslinie könnte erhebliche Auswirkungen mit sich bringen. In ersten Reaktionen auf das Urteil des BAG wurden eine ganze Palette bislang üblicher Vertragsgestaltungen in Geschäftsführeranstellungsverträgen aufgelistet, deren Wirksamkeit bei einer Inhaltskontrolle anhand der Maßstäbe der §§ 307 ff. BGB auch im Falle individualvertraglicher Vereinbarung (arg. § 310 Abs. 3 Nr. 2 BGB) in Zweifel stehen könnte:[3] Klauseln

[1] BAG NJW 2010, 2827 = NZA 2010, 939, 940 Rn. 23.

[2] BGHZ 165, 43, 47 ff. = NJW 2006, 431 = DStR 2006, 574 = NZG 2006, 114 = WM 2006; 81; BGH NJW-RR 2007, 1673, 1675 = DStR 2007, 2022 = NZG 2007, 820 = WM 2007, 1833; implizit schon BGHZ 144, 370, 380 = NJW 2000, 3133 = DStR 2000, 1572 = WM 2000, 1632. Näher II.1.a.

[3] S. insbesondere *Gaul/Ludwig* GmbHR 2010, R321 f. und *Neufeld/Behrendt* BB 2010, 2639 f.; weitere Anmerkungen etwa von *Walk* GWR 2010, 411 f.; *Grimm* ArbRB 2010, 307 f.; *Mauer* BAG EWiR § 13 BGB 2/10, 696 f.; *Schmitt-Rolfes* AuR 2010, 631; *Arnold* ArbRAktuell 2010, 423 f.; *Fabritius* BB 2010, 2768.

über die Abgeltung von Arbeitszeit (Überstunden) bereits durch das Grundgehalt sowie Versetzungsklauseln; Widerrufsvorbehalte bei Leistungen, insbesondere für Boni, Tantiemen und sonstige Incentive-Programme, sowie Klauseln über den Wegfall der Zahlungspflicht solcher Leistungselemente für den Fall der Vertragsbeendigung, der Abberufung oder der Freistellung; Koppelungsklauseln über die automatische Beendigung des Anstellungsvertrags bei Beendigung der gesellschaftsrechtlichen Bestellung zum Geschäftsführer; Vertragsstrafeversprechen für den Fall des Nichtantritts oder der Niederlegung der Amtsführung ohne sachlichen Grund, aber auch nachvertragliche Wettbewerbsverbote. Die Kontrollfestigkeit solcher individuell vereinbarter Klauseln könnte insbesondere auch dann zum Problem werden, wenn ein GmbH-Geschäftsführer im Rahmen der AGB-Kontrolle dadurch stärker als ein Arbeitnehmer geschützt würde, dass man von einer analogen Anwendung des § 310 Abs. 4 S. 2 BGB absieht,[4] der Arbeitsverträge von der Anwendung der § 305 Abs. 2, 3 BGB ganz ausnimmt und im Übrigen eine angemessene Berücksichtigung der im Arbeitsrecht geltenden Besonderheiten gebietet.

Über diese Auswirkungen hinaus hat eine Einstufung von Organmitgliedern als Verbraucher neben der analogen Anwendung der verbraucherkreditrechtlichen Vorschriften (§§ 491 ff. BGB) auf den sichernden Schuldbeitritt zu einer Kreditverbindlichkeit der Gesellschaft[5] weitere, bislang in der Praxis teils kaum wahrgenommene Konsequenzen. Zum einen können dann Organkredite (§§ 89, 115 AktG) als Verbraucherkredite zu qualifizieren sein, für deren Gewährung die besonderen Anforderungen der §§ 491 ff. BGB gelten,[6] und zum anderen sind für die Wirksamkeit von Schiedsvereinbarungen mit Organmitgliedern die Erfordernisse des § 1031 Abs. 5 ZPO zu wahren.

Die Sachgerechtigkeit einer solch extensiven Anwendung verbraucherschützender Vorschriften drängt sich allerdings nicht gerade auf, wenn man etwa den Geschäftsführer einer GmbH in den Blick nimmt, der zugleich deren Mehrheits- oder gar Alleingesellschafter ist, oder die Mitglieder des Vorstands von DAX30-Aktiengesellschaften oder auch die Vorstandsmitglieder von großen Wirtschaftsvereinen (ADAC, GfK). Andererseits sind die Möglichkeiten für entsprechende Eingrenzungen beschränkt. Auf den ersten Blick bleibt nur, Organmitgliedern beim Vorliegen qualifizierender Momente, etwa dem Halten einer Beteiligung, die Eigenschaft als Verbraucher im Sinne des § 13 BGB abzusprechen. Bei einer kritischen nochmaligen[7] Diskussion der These von der Verbrauchereigenschaft kraft Organmitgliedschaft wird sich freilich erweisen, dass hierin eine grundsätzliche Missdeutung des (gesellschaftsrechtlichen) Instituts des Organhandelns liegt und die Tätigkeit als Organmitglied von vornherein keine Verbraucherqualifikation zu begründen vermag (II.). Daran anknüpfend wird noch zu fragen sein, ob Geschäftsführer- und Vorstandsdienstverträge als „Verträge auf dem Gebiet des Gesellschaftsrechts“ im Sinne des § 310 Abs. 4 S. 1

---

[4] So die wohl hM, etwa *Fuchs* in: Ulmer/Brandner/Hensen, AGB-Recht, 11. Aufl. 2011, § 310 BGB Rn. 146; MünchKommBGB/*Basedow* 5. Aufl. 2007, § 310 Rn. 97; *Roloff* in: Erman, BGB, 12. Aufl. 2008, § 310 Rn. 36; *Berger* in: Prütting/Wegen/Weinreich, BGB, 5. Aufl. 2010, § 310 Rn. 20; *Hümmerich* NZA 2006, 709, 712; *Schmitt-Rolfes* in: FS Hromadka, 2008, S. 393, 406; aA mit Unterschieden im Detail etwa *Gaul/Ludwig* GmbHR 2010, R321, R322; *Bauer* Arbeitsrechtliche Aufhebungsverträge, 8. Aufl. 2007, Rn. III. 3e; *Bauer/Arnold* ZIP 2006, 2337, 2338; *Bühlow/Artz* Verbraucherkreditrecht, 7. Aufl. 2011, § 491 BGB Rn. 122a; wohl auch *Grüneberg* in: Palandt, BGB, 70. Aufl. 2011, § 310 Rn. 11.

[5] Für einen Überblick s. *Kessal-Wulff* in: Staudinger, BGB, Neub. 2004, § 491 Rn. 21; ferner *Gerd Müller* in: FS Nobbe, 2009, S. 415 ff. mit umfangreichen Nachweisen der „zum Teil scharf formulierte[n] Ablehnung“ (S. 418 Fn. 9); ablehnend ferner etwa MünchKommBGB/*Schürnbrand* 5. Aufl. 2008, § 491 Rn. 37; *Mirza Khanian* GmbHR 2011, 116 ff.; *Kleindiek* in: FS Otte, 2005, S. 185, 190 ff.

[6] Schon *Mülbert* WM 2004, 905, 911 Fn. 67.

[7] Das impliziert auch eine kritische Überprüfung der Überlegungen bei *Mülbert* in: FS Hadding, 2004, S. 575 ff.

BGB anzusehen sind, womit diese Verträge einer AGB-Kontrolle in toto entzogen wären (III.).

II. Mitglieder des Geschäftsführungsorgans als Verbraucher?

1. Meinungsstand

a) Rechtsprechung

Der XI. Zivilsenat[8] des BGH geht unter Zustimmung des III.[9] und des VIII. Zivilsenats[10] in ständiger Rechtsprechung davon aus, dass die Geschäftsführung einer GmbH eine angestellte berufliche Tätigkeit und nicht eine gewerbliche oder selbständige berufliche Tätigkeit ist und daher der GmbH-Geschäftsführer, der im eigenen Namen ein Geschäft abschließt, sei es auch im Zusammenhang mit seiner Tätigkeit als GmbH-Geschäftsführer, ein Verbraucher im Sinne des § 1 Abs. 1 VerbrKrG – und also auch im Sinne des § 13 BGB[11] – ist. Eine Begründung hierfür unterblieb zunächst ganz.[12] In jüngeren Urteilen betonte der Senat dann, dass einem GmbH-Geschäftsführer sogar als Alleingesellschafter einer werbenden GmbH keine Kaufmannseigenschaft (§ 1 HGB) oder Unternehmereigenschaft (§ 14 HGB) zukomme. Selbst ein solcher würde im Rahmen der Geschäftsführung nicht wie ein Kaufmann oder Unternehmer für den eigenen Betrieb, sondern allein für die Gesellschaft tätig und übe daher nach der Wertung der §§ 1 ff. HGB und des § 14 BGB keine unternehmerische Tätigkeit im Handelsverkehr aus.[13] Daher, so die vom Senat freilich nicht explizit formulierte Folgerung, ist die Geschäftsführung mit Notwendigkeit nicht als eine gewerbliche oder selbständige berufliche Tätigkeit im Sinne des § 13 BGB anzusehen.[14]

Demgegenüber hat der 5. Senat des BAG die Verbrauchereigenschaft eines GmbH-Gesellschafters nunmehr wie folgt positiv begründet:

> „Maßgeblich für die Einordnung einer beruflichen Tätigkeit als selbständig ist neben der weitgehenden Freiheit von Weisungen, dass die Tätigkeit im eigenen Namen, auf eigene Rechnung und im eigenen Verantwortungsbereich ausgeübt wird, so dass das wirtschaftliche Risiko der Tätigkeit unmittelbar selbst getragen wird. Der Geschäftsführer einer GmbH übt aber seine Tätigkeit im Namen und auf Rechnung der Gesellschaft aus. Überdies unterliegt er im Innenverhältnis den Weisungen der Gesellschafter. Wenn demgemäß die Geschäftsführung einer GmbH keine selbständige Tätigkeit i.S. des § 13 BGB darstellt, so gilt dies erst recht für den Abschluss eines Anstellungsvertrags, jedenfalls

---

[8] BGHZ 133, 71, 78 = NJW 1996, 2156 = DStR 1996, 1615 = WM 1996, 1258; BGHZ 133, 220, 223 = NJW 1996, 2865 = WM 1996, 1781; BGHZ 165, 43, 47 ff. = NJW 2006, 431 = DStR 2006, 574 = NZG 2006, 114 = WM 2006; 81; BGH NJW 1997, 1442, 1444 = WM 1997, 710; NJW-RR 2007, 1673, 1675 = DStR 2007, 2022 = NZG 2007, 820 = WM 2007, 1833.

[9] BGH NJW 2004, 3039, 3040 = NZG 2005, 139 = WM 2004, 1887.

[10] BGHZ 144, 370, 380 = NJW 2000, 3133 = DStR 2000, 1572 = WM 2000, 1632.

[11] Ausdrücklich BGH NJW-RR 2007, 1673, 1675 = DStR 2007, 2022 = NZG 2007, 820 = WM 2007, 1833.

[12] S. BGHZ 133, 71, 78 = NJW 1996, 2156 = DStR 1996, 1615 = WM 1996, 1258 (mit Hinweis „aA ohne Begründung *Godefroid* BB 1994 Beil. 6 S. 16"); BGHZ 133, 220, 223 = NJW 1996, 2865 = WM 1996, 1781; BGHZ 144, 370, 380 = NJW 2000, 3133 = DStR 2000, 1572 = WM 2000, 1632; BGH NJW 1997, 1442, 1444 = WM 1997, 710; WM 2004, 3039, 3040 = NZG 2005, 139 = WM 2004, 1887.

[13] Ausführlich BGHZ 165, 43, 47 ff. = NJW 2006, 431 = DStR 2006, 574 = NZG 2006, 114 = WM 2006, 81; bestätigend BGH NJW-RR 2007, 1673, 1675 = DStR 2007, 2022 = NZG 2007, 820 = WM 2007, 1833.

[14] Zur damit implizierten Dichotomie von Verbraucher- und Unternehmereigenschaft s. noch II.2.b bei Fn. 30.

dann, wenn – wie hier – der Geschäftsführer nicht zugleich als Gesellschafter über eine Sperrminorität verfügt und Leitungsmacht über die Gesellschaft ausüben kann."[15]

b) Schrifttum

Zustimmung zur Rechtsprechung ohne vertiefte eigenständige Begründungen dominiert zumindest im jüngeren Schrifttum.

Der GmbH-Geschäftsführer im Besonderen wird verbreitet mit dem BGH ganz unabhängig vom Umfang seiner Gesellschafterbeteiligung als Verbraucher angesehen.[16] Andere wollen ihm ähnlich wie das BAG lediglich ab dem Erreichen bestimmter Beteiligungsschwellen – wobei die im Einzelnen als maßgeblich angesehenen Schwellenwerte divergieren[17] – die Verbrauchereigenschaft versagen. Grundsatzkritik ist demgegenüber wohl auch angesichts einer verfestigten Rechtsprechung selten (geworden).

Was die Verbrauchereigenschaft der Organmitglieder sonstiger Gesellschaftsformen anbelangt, finden sich nur spärliche Aussagen. Das gilt insbesondere für die Mitglieder von Vereinsvorständen, aber auch für die Geschäftsführer von Personengesellschaften, deren Verbrauchereigenschaft nach der Judikatur zu bejahen sei[18] bzw. nur entfalle, soweit sich ein Geschäftsführer nach der gesellschaftsvertraglichen Gestaltung gegenüber seinen Mitgesellschaftern durchsetzen kann.[19] Die Einordnung von Vorstandsmitgliedern einer AG findet demgegenüber etwas stärkere Beachtung. Die im Unterschied zur Rechtslage bei der GmbH gegebene Weisungsfreiheit des Vorstands (§§ 76 Abs. 1, 119 Abs. 2 AktG) ändert dabei im Ergebnis nichts daran, dass Vorstandsmitglieder ganz überwiegend ebenso wie GmbH-Geschäftsführer generell[20] bzw., nach anderer Auffassung, vorbehaltlich des Haltens einer substantiellen Beteiligung an „ihrer" Gesellschaft[21] als Verbraucher eingeordnet werden.[22]

---

[15] BAG NJW 2010, 2827 = NZA 2010, 939, 940 Rn. 23.

[16] *Ellenberger* in: Palandt, BGB, 70. Aufl. 2011, § 13 Rn. 3; *Kessal-Wulff* in: Staudinger, BGB, Neub. 2004, § 491 Rn. 37; MünchKommBGB/*Micklitz* 5. Aufl. 2006, § 13 Rn. 49; *Prütting* in: Prütting/Wegen/Weinreich, BGB, 5. Aufl. 2010, § 13 Rn. 9; *Pfeiffer* in: Soergel, BGB, 13. Aufl, 2002, § 13 Rn. 40; MünchKommBGB/*Müller-Glöge* 5. Aufl. 2009, § 611 Rn. 46; *Altmeppen* in: Roth/Altmeppen, GmbHG, 6. Aufl. 2009, § 6 Rn. 5; *Kleindiek* in: FS Otte, 2005, S. 185, 188; möglicherweise auch *Weick* in: Staudinger, BGB, Neub. 2004, § 13 Rn. 33 iVm. 51.

[17] Für maßgebliche Schwellenwerte s. etwa MünchKommBGB/*Schürnbrand* 5. Aufl. 2008, § 491 Rn. 37 (Mehrheitsgesellschafter); *Mülbert* in: FS Hadding, 2004, S. 575, 579 f. (wenn Ausübung des Weisungsrechts der Gesellschaftergesamtheit determiniert werden kann, also im gesetzlichen Normalfall bei einfacher Stimmenmehrheit); *Kurz* NJW 1997, 1828, 1829 (Mehrheitsgesellschafter); *Hümmerich* NZA 2006, 709, 710 (wenn Gesellschafter Leitungsmacht ausüben kann); *Wackerbarth* Betrieb 1998, 1950, 1954 (Minderheitsgesellschafter mit der statutarischer Alleingeschäftsführungsbefugnis oder Stimmrechtsmehrheit kraft Stimmbindungsverträgen); großzügiger – Sperrminorität ausreichend – etwa *Schmitt-Rolfes* in: FS Hromadka, 2008, S. 396; *Gaul/Ludwig* GmbHR 2010, R321 (im Anschluss an das BAG); zu § 310 Abs. 3 BGB sogar nur den Dienstvertrag mit einem GmbH-Fremdgeschäftsführer erwähnend *Grüneberg* in: Palandt, BGB, 70. Aufl. 2011, § 310 Rn. 11; *Fuchs* in: Ulmer/Brandner/Hensen, AGB-Recht, 11. Aufl. 2011, § 310 BGB Rn. 146 Fn. 386.

[18] So, wenn auch kritisch, *Dauner-Lieb/Dötzsch* Betrieb 2003, 1666, 1668.

[19] So *Mülbert* in: FS Hadding, 2004, S. 575, 585 f.; s. auch MünchKommBGB/*Schürnbrand* 5. Aufl. 2008, § 491 Rn. 38: geschäftsführende OHG/KG-Gesellschafter sind regelmäßig Unternehmer im Sinne des § 14 BGB.

[20] MünchKommBGB/*Micklitz* 5. Aufl. 2006, § 13 Rn. 49; MünchKommBGB/*Müller-Glöge* 5. Aufl. 2009, § 611 Rn. 46; wohl auch *Kessal-Wulff* in: Staudinger, BGB, Neub. 2004, § 491 Rn. 37; *Kleindiek* in: FS Otte, 2005, S. 185, 188.

[21] ZB *Mülbert* in: FS Hadding, 2004, S. 575, 582 ff. (kein Verbraucher bei Anteil in Höhe der Hauptversammlungsmehrheit); *Schmitt-Rolfes* in: FS Hromadka, 2008, S. 397 (Mehrheitsaktionär).

[22] Verbrauchereigenschaft generell ablehnend aber *Bauer/Arnold* ZIP 2006, 2337, 2339.

2. *Kritik und eigene Lösung*

a) Gesellschaftsrechtliche Verbundbetrachtung statt Trennungstheorie

Gegenüber der Rechtsprechung des XI. Zivilsenats des BGH, die dem GmbH-Geschäftsführer selbst dann Verbraucherqualität zuerkennt, wenn er zugleich Mehrheits- oder Alleingesellschafter ist, wurde im Vorfeld der auf das Fehlen der Kaufmanns- und Unternehmereigenschaft abhebenden jüngeren Entscheidungen darauf hingewiesen, dass das Gericht die beiden Rollen Gesellschafter und Geschäftsführer für die Frage der Verbrauchereigenschaft unabhängig von der Beteiligungshöhe strikt trenne und dass diese Form der Trennungstheorie kontraintuitive Ergebnisse zeitige.[23]

Der Senat gehe, was die Qualifizierung der Geschäftsführungstätigkeit angeht, daran vorbei, dass der Gesellschaftergeschäftsführer einer Einpersonen-GmbH zwar nicht de iure, wohl aber de facto als Angestellter seiner selbst agiere.[24] Das gelte auch im Falle eines geschäftsführenden Gesellschafters, der aufgrund seiner Beteiligung über die einfache Stimmenmehrheit verfügt. Mangels eines Stimmverbots nach § 47 Abs. 4 GmbHG[25] erlaube ihm die einfache Abstimmungsmehrheit, die Ausübung des Weisungsrechts der Gesellschaft gegenüber sich selbst inhaltlich zu determinieren. Das impliziere das Vorliegen einer selbständigen Tätigkeit. Wertungsmäßig absichern lasse sich diese Kritik mit einer einfachen Kontrollüberlegung. Ein Darlehensvertrag, den ein Einzelunternehmer zur Finanzierung seiner gewerblichen oder selbständigen beruflichen Tätigkeit abschließt, ist kein Verbraucherdarlehensvertrag im Sinne der §§ 491 ff. (iVm. § 13) BGB. Dabei bewendet es im Ergebnis auch, wenn der Unternehmer seine Tätigkeit in eine Einpersonen-GmbH verlagert und die GmbH selbst als Darlehensnehmerin auftritt. Hingegen sollen die §§ 491 ff. (iVm. § 13) BGB trotz im Übrigen identischer Umstände, und insbesondere trotz identischer Geschäftserfahrenheit des Gesellschaftergeschäftsführers, nach ständiger Rechtsprechung des XI. Zivilsenats dann zur Anwendung kommen, wenn der Gesellschafter den Darlehensvertrag selbst abschließt. Bei Lichte besehen ermögliche der Senat einem Einzelunternehmer also mittels der Wahl der Rechtsform der GmbH zugleich die „Flucht" in den Anwendungsbereich der besonderen Schutzvorschriften des Verbraucherkreditrechts.

Bei Personengesellschaften komme noch hinzu, dass die Geschäftsführung nach der gesetzlichen Grundkonzeption einen integralen Bestandteil der Gesellschafterstellung des unbeschränkt persönlich haftenden Gesellschafters bildet. Ein solcher ist zugleich geborener Geschäftsführung einer Personengesellschaft (§ 709 BGB, §§ 114, 161 Abs. 2 HGB). Demgemäß ist dem Recht der Personenhandelsgesellschaften die Vorstellung auch fremd, dass die Geschäftsführer auf der Basis eines besonderen Anstellungsvertrags mit der OHG/KG tätig sind und vergütet werden. Vielmehr gewährt ihnen das Gesetz mit Rücksicht auf ihre Stellung als geborene Geschäftsführer ein besonderes Entnahmerecht (§§ 122 Abs. 1, 161 Abs. 2 HGB). Die für gekorene Geschäftsführer denkmögliche Trennung zwischen den beiden Rollen Geschäftsführer und Gesellschafter habe im Personengesellschaftsrecht von vornherein keinen Platz.[26]

Antikritik[27] verweist demgegenüber darauf, dass die an eine „Quasi-Unternehmerschaft" des geschäftsführenden Gesellschafters einer werbenden GmbH im Einzelnen zu stellenden Anforderungen zweifelhaft seien und pauschale allgemeingültige Aussagen hierzu angesichts der vielfältigen gesellschaftsvertraglichen Gestaltungsmöglichkeiten nicht getroffen werden könnten. Zudem führe die gesellschaftsrechtliche Betrachtungsweise zu im Einzelnen unbilligen Ergebnissen. Die krasse Wertungsunstimmigkeiten bereinigende Lösung

---

[23] Zum Folgenden näher *Mülbert* in: FS Hadding, 2004, S. 575, 578 ff.

[24] *Rebmann* DZWir 1996, 459, 460; *Bydlinski/Thoß* EWiR 2001, 139, 140.

[25] S. nur *K. Schmidt* in: Scholz, GmbHG, 10. Aufl. 2007, § 47 Rn. 147.

[26] *Mülbert* in: FS Hadding, 2004, S. 575, 584 f.

[27] Zum Folgenden *Gerd Müller* in: FS Nobbe, 2009, S. 415, 428 ff.

schließlich, geschäftsführende GmbH-Gesellschafter per se nicht als Verbraucher anzusehen, verbiete sich schon deshalb, weil keine Rede davon sein könne, dass ein geschäftsführender Minderheitsgesellschafter einer GmbH diese kraft seiner Machtbefugnisse „beherrsche" oder nach der allgemeinen Verkehrsanschauung auf andere Art und Weise eine „unternehmerische Tätigkeit" ausübe.

In der Tat lässt sich nicht in Abrede stellen, dass die gesellschaftsrechtliche Verbundbetrachtung keine pauschalen, von der konkreten Einzelfallgestaltung unabhängigen Abgrenzungen zwischen Unternehmer- und Verbrauchergeschäftsführern liefert. Insbesondere in Konzernsachverhalten können sich zudem zusätzliche Unsicherheiten ergeben. Ist etwa der GmbH-Mehrheitsgesellschafter, der (nur) bei einer Tochtergesellschaft als Geschäftsführer tätig ist, noch Verbraucher? Und wie wäre das Vorstandsmitglied einer AG zu beurteilen, das Aktien seiner durch einen Beherrschungsvertrag konzernierten AG hält?

Auf der anderen Seite finden die aus dem Personengesellschaftsrecht resultierenden Einwände weder eine Erwähnung noch gar eine Widerlegung. Vor weiteren Ausdifferenzierungen der gesellschaftsrechtlichen Verbundbetrachtung im Lichte der Antikritik erscheint daher eine nochmalige Überprüfung des Ausgangspunkts im Grundsätzlichen angezeigt.

b) Handeln gekorener Organwalter als jenseits des § 13 BGB liegende Tätigkeit

Selbständiges Handeln im Sinne des § 13 BGB soll erfordern, dass die Tätigkeit in eigener Verantwortung, auf eigene Gefahr und auf eigene Rechnung erfolgt, dass sie mithin durch freie inhaltliche Gestaltung der Tätigkeit und Selbstbestimmung über Arbeitszeit, -ort und -pensum geprägt ist.[28]

Hiervon ausgehend begründet die Geschäftsführungstätigkeit eines GmbH-Geschäftsführers – und das gilt auch für das Vorstandsmitglied einer AG oder eines Vereins – nicht schon deshalb die Verbrauchereigenschaft, weil diese als organschaftliche Vertreter im Namen der Gesellschaft tätig werden. Die Stellvertretung durch eine natürliche Person liegt, weil im fremden Namen erfolgend, außerhalb der von § 13 BGB allein umfassten Geschäfte im eigenen Namen.[29] Zwar definiert § 13 BGB die Verbrauchereigenschaft anhand einer negativ umschriebenen, nicht eigens benannten Residualkategorie: alle Rechtsgeschäfte, die weder zum Zwecke einer gewerblichen noch einer selbständigen beruflichen Tätigkeit abgeschlossen werden. Insoweit kann es keine dritte Kategorie an Rechtsgeschäften geben, deren Abschluss eine Einstufung als „Zivilperson" im Sinne einer dritten Kategorie neben Verbrauchern und Unternehmen begründen könnte.[30] Davon zu unterscheiden ist die andere, vorliegend allein interessierende Einsicht, dass es bei der Verbraucherdefinition des § 13 BGB letztlich darum geht, dass eine Person dem besonderen Schutz der materiellen Verbraucherschutzvorschriften des BGB unterstellt werden soll und dass dieser erhöhte Schutz des Verbrauchers im Vorfeld und beim Abschluss von Rechtsgeschäften überhaupt nur in Rede stehen kann, wenn eine Person rechtsgeschäftlich für sich selbst agiert. Der Handelsvertreter etwa, der als Abschlussvertreter im Sinne des § 84 Abs. 1 S. 1 Alt. 2 HGB zum Abschluss von Rechtsgeschäften für den Unternehmer bevollmächtigt ist, wird nicht wegen der Fremdwirkung seiner auftragsgemäßen Abschlusstätigkeit zum Verbraucher. Dementsprechend scheidet Verbraucherhandeln auch aus, wenn eine natürli-

---

[28] MünchKommBGB/*Micklitz* 5. Aufl. 2006, 14 Rn. 24; ähnlich BAG NJW 2010, 2827 = NZA 2010, 939, 940 Rn. 23; *Schmitt-Rolfes* in: FS Hromadka, 2008, S. 397.

[29] *Mülbert* in: Assmann/Schneider, WpHG, 4. Aufl. 2006, § 37d Rn. 52; auch *Weick* in: Staudinger, BGB, Neub. 2004, § 13 Rn. 38. Missverständlich ist es daher, wenn bei der Stellvertretung von einer doppelten Verbrauchereigenschaft (*Masuch* BB 2003, Sonderbeilage 6, S. 16, 19) gesprochen wird. Als zusätzliches Erfordernis neben der Verbrauchereigenschaft des Vertretenen käme allenfalls in Betracht, dass der Vertreter beim unterstellten Abschluss des Geschäfts im eigenen Namen als Verbraucher anzusehen wäre.

[30] AA etwa *Weick* in: Staudinger, BGB, Neub. 2004, § 13 Rn. 49 aE, 53.

che Person als organschaftlicher Vertreter einer rechtsfähigen nicht-natürlichen Person auftritt.[31]

Hieraus folgt in einem zweiten Schritt unmittelbar, dass auch sonstige nichtrechtsgeschäftliche Geschäftsführungstätigkeit nicht dazu führen kann, den Geschäftsführer unter Hinweis auf die Geschäftsführung als „angestellte berufliche Tätigkeit" für die Gesellschaft zum Verbraucher zu erklären. Bei der organschaftlichen Vertretung liegt nicht nur ein kraft zweifacher organschaftlicher Zurechnung für die Gesellschaft wirkendes rechtsgeschäftliches Verhalten im Außenverhältnis vor,[32] sondern zugleich eine Geschäftsführungsmaßnahme im Innenverhältnis. Wenn aber dieses Verhalten jenseits des tatbestandlichen Anwendungsbereichs des § 13 BGB liegt, kann sonstige nichtrechtsgeschäftliche Geschäftsführungstätigkeit nicht allein deswegen eine unselbständige berufliche Tätigkeit im Sinne des § 13 BGB bilden, weil es hierbei am Auftreten im Rechtsverkehr fehlt.

In der Sache bedeutet es letztlich eine grundsätzliche Fehldeutung des Handelns eines gekorenen Organmitglieds, wenn dieses als „angestellte berufliche Tätigkeit" für die Gesellschaft charakterisiert wird. Organwalterhandeln ist vielmehr kraft Zurechnung eigenes Handeln der Gesellschaft selbst.[33] Wenn das grundsätzliche Einverständnis mit der Übernahme der Organwalterstellung und die Festlegung der finanziellen und sonstigen Konditionen hierfür gleichwohl in Gestalt eines freien Dienstvertrags erfolgen, dann nur deswegen, weil sich das – ausgeprägte[34] – Bewusstsein von den Besonderheiten des mit einem Organwalter geschlossenen Anstellungsvertrags bislang nicht zur Ausbildung eines eigenständigen Vertragstypus „Amtswahrnehmungsvertrag"[35] verfestigen konnte. Indem eine korporative Überlagerung des Anstellungsvertrags im Sinne eines Vorrangs von Satzung und Gesellschafterbeschlüssen mit Unterschieden im Detail in Judikatur[36] und Schrifttum[37] grundsätzlich anerkannt wird, findet die Eigenart einer schuldvertraglich umrahmten Organwaltertätigkeit einen sachgerechten Ausdruck. Das Handeln in der Rolle als Mitglied eines (Geschäftsführungs-)Organs hat strikt den hierfür geltenden gesellschaftsrechtlichen Maßstäben zu genügen. Diese mögen zwar einer Konkretisierung in einer ergänzenden schuldrechtlichen Vereinbarung zugänglich sein. Eine gegenläufige Wirkung dergestalt, dass schuldvertraglich die nach gesellschaftsrechtlichen Maßstäben bestehenden Handlungspflichten eingeschränkt oder gar abbedungen werden, kommt hingegen nicht in Betracht. Das Dienstverhältnis eines Organmitglieds besteht nämlich nicht um seiner selbst willen, also isoliert, sondern ist maßgeblich von der zu erfüllenden organschaftlichen Aufgabe geprägt.[38] Organwaltertätigkeit ist eben nicht „angestellte berufliche Tätigkeit", sondern zugerechnetes eigenes Handeln der Gesellschaft nach den hierfür geltenden gesetzlichen und satzungsmäßigen Maßstäben.

Konsequent zu Ende gedacht kann organschaftliches Handeln, und das gilt auch für den Fremdorganwalter, eine rechtsgeschäftliche Flankierung oder Fundierung sogar ganz

---

[31] *Weick* in: Staudinger, BGB, Neub. 2004, § 13 Rn. 54.

[32] S. nur *Schürnbrand* Organschaft im Recht der privaten Verbände, 2007, S. 45 f.

[33] S. nur *Schürnbrand* (vorige Fn.) S. 17 ff.; *Paefgen* in: Ulmer/Habersack/Winter, GmbHG, 2006, § 35 Rn. 4, 132 spricht sogar vom Geschäftsführer als dem *alter ego* der Gesellschaft.

[34] Prononciert *Goette* in: FS Wiedemann, 2002, S. 873, 874 f. (mit Fokussierung auf den Vorrang des Gesellschafts- gegenüber dem Arbeitsrecht im Falle von GmbH-Geschäftsführern).

[35] Begriff nach *Reuter* in: FS Zöllner, Bd. I, 1998, S. 487, 494.

[36] BGH NJW 2010, 2343, 2344 = NZG 2010, 827 = WM 2010, 1321; s. schon BGH NJW 1989, 2683 = WM 1989, 1246.

[37] Umfassend etwa *Paefgen* in: Ulmer/Habersack/Winter, GmbHG, 2006, § 35 Rn. 141 f.; *Kleindiek* in: Lutter/Hommelhoff, GmbHG, 17. Aufl. 2009, Anh. § 6 Rn. 3, 12 ff.; *Koppensteiner* in: Rowedder/Schmidt-Leithoff, GmbHG, 4. Aufl. 2002, § 35 Rn. 82 ff.; *Altmeppen* in: Roth/Altmeppen, GmbHG, 6. Aufl. 2009, § 6 Rn. 40 f.; *Raiser/Veil* Recht der Kapitalgesellschaften, 5. Aufl. 2010, § 32 Rn. 47; im Ergebnis wohl auch *Schneider/Sethe* in: Scholz, GmbHG, 10. Aufl. 2007, § 35 Rn. 159 ff.; etwas enger – keine nachträgliche Verschlechterung durch eine Satzungsänderung – *Zöllner/Noack* in: Baumbach/Hueck, GmbHG, 19. Aufl. 2010, § 35 Rn. 14.

[38] So treffend *Goette* in: FS Wiedemann, 2002, S. 873, S. 886.

entbehren. Erforderlich, aber auch hinreichend ist lediglich eine entsprechende Konkretisierung der Bedingungen für die Organwaltertätigkeit durch Gesetz und Satzung. Das GmbH-Recht lässt diese Gestaltung für den Geschäftsführer jedenfalls zu[39] und im AktG 1965 entspricht dies für den Aufsichtsrat der gesetzlichen Konzeption. Die Tätigkeit als Aufsichtsratsmitglied basiert allein auf dem durch Bestellung und Annahme zustande kommenden rein korporationsrechtlichen Rechtsverhältnis;[40] der Abschluss eines Dienstvertrags ist jedenfalls vom AktG 1965 nicht vorgesehen. Und dass die Tätigkeit eines Vorstandsmitglieds nur deswegen gegenteilig zu beurteilen sein soll, weil zusätzlich ein flankierender Dienstvertrag mit der Gesellschaft besteht, lässt sich ernstlich kaum annehmen. Im Übrigen lehrt das Beispiel des französischen Gesellschaftsrechts, dass das Konzept eines lediglich durch Gesetz und Satzung determinierten Organwalterhandelns auch in praktischer Hinsicht als alleinige Rechtsgrundlage der Organwaltertätigkeit von Vorstandsmitgliedern taugt.[41]

Mit der Einsicht, dass Organwalterhandeln – wie im Übrigen auch die Stellvertretung – als rein fremdwirkendes Handeln nicht dem auf rechtsgeschäftliches Handeln für sich selbst begrenzten Anwendungsbereich des § 13 BGB unterfällt,[42] erledigt sich zugleich das Argument, die Tätigkeit des GmbH-Geschäftsführers sei aufgrund des Weisungsrechts der Gesellschaftergesamtheit keine selbständige Tätigkeit im Sinne der Vorschrift, sondern unselbständige Tätigkeit. Gleichwohl sei noch angemerkt, dass nach der gegenteiligen Auffassung auch der Vorstand einer beherrschungsvertraglich konzernierten AG oder einer eingegliederten AG aufgrund des jeweils bestehenden Weisungsrechts (§§ 308, 322 Abs. 1 S. 2 AktG) ebenso wie Mitglieder eines Vereinsvorstands grundsätzlich als unselbständig Tätige anzusehen wären. Allerdings lässt sich jedenfalls das Weisungsrecht der GmbH-Gesellschafter in der Satzung[43] auch weithin einschränken. Der gegen die Verbundbetrachtung gerichtete, oben referierte Vorwurf, die an die „Quasi-Unternehmerschaft" des geschäftsführenden Gesellschafter einer werbenden GmbH im Einzelnen zu stellenden Anforderungen seien zweifelhaft und pauschale allgemeingültige Aussagen hierzu könnten angesichts der vielfältigen gesellschaftsvertraglichen Gestaltungsmöglichkeiten nicht getroffen werden, träfe daher im Ergebnis auch die Verfechter der These selbst, Organwaltertätigkeit sei wegen der Weisungsunterworfenheit unselbständige Tätigkeit im Sinne des § 13 BGB.

Unerheblich ist schließlich auch, dass sich die wirtschaftlichen Folgen der Organwaltertätigkeit ausschließlich im Vermögen der Gesellschaft und nicht im eigenen Vermögen des Organmitglieds niederschlagen. Daher soll vorliegend dahingestellt bleiben, ob die Tätigkeit auf eigene Rechnung ein notwendiges Merkmal selbständiger Tätigkeit im Sinne des § 13 BGB bildet. Exkursförmig sei insoweit nur darauf hingewiesen, dass etwa dem mit umfassender Verwaltungsvollmacht ausgestatteten Vermögensverwalter eine selbständige Tätigkeit kaum unter Hinweis darauf abzusprechen ist, dass die finanziellen Wirkungen seiner Entscheidungen seinen Kunden treffen, und dass ein solcher Verwalter selbst dann nicht zum Verbraucher wird, wenn er unentgeltlich tätig wird.

---

[39] *Zöllner/Noack* in: Baumbach/Hueck, GmbHG, 19. Aufl. 2010, § 35 Rn. 13, 163; *Schneider/Sethe* in: Scholz, GmbHG, 10. Aufl. 2007, § 35 Rn. 151, 153; s. auch *Goette* in: FS Wiedemann, 2002, S. 873, S. 875.

[40] S. etwa GroßkommAktG/*Hopt/Roth* 4. Aufl. 2006, § 101 Rn. 92 mwN; MünchKommAktG/*Habersack* 3. Aufl. 2008, § 101 Rn. 67; *Hüffer* AktG, 9. Aufl. 2010, § 101 Rn. 2; *Schürnbrand* (Fn. 32) S. 345 f.; *Drygala* in: Schmidt/Lutter, AktG, 2. Aufl. 2010, § 101 Rn. 2.

[41] S. *Arlt* Französische Aktiengesellschaft, 2006, S. 175.

[42] I.E. auch *Bühlow/Artz* Verbraucherkreditrecht, 7. Aufl. 2011, § 491 BGB Rn. 122a.

[43] S. nur *Paefgen* in: Ulmer/Habersack/Winter, GmbHG, 2006, § 37 Rn. 23.

c) Die Rechtslage bei Personengesellschaften als Bestätigung

Bestätigungen dafür, dass Organwalterhandeln jenseits der Tätigkeiten im Anwendungsbereich des § 13 BGB liegt und liegen muss, finden sich besonders nachdrücklich im Personengesellschaftsrecht.

Zunächst einmal ist nochmals zu betonen,[44] dass dem Personengesellschaftsrecht mit der Figur des geborenen Organwalters – die Gesellschafterstellung umfasst nach der gesetzlichen Grundkonzeption auch die Geschäftsführungs- und Vertretungsbefugnis – die Vorstellung ganz fremd ist, Geschäftsführung sei „angestellte berufliche Tätigkeit". Dementsprechend gewährt das Gesetz den persönlich haftenden Gesellschaftern einer OHG/KG mit Rücksicht auf deren Stellung als geborene Geschäftsführer ein besonderes Entnahmerecht (§§ 122 Abs. 1, 161 Abs. 2 HGB), so dass nach der gesetzlichen Konzeption von vornherein keine Notwendigkeit für einen zusätzlichen Anstellungsvertrag besteht.

Sodann sind die Unterschiede in den Blick zu nehmen, die nach der Judikatur zwischen der Aufnahme eines Betriebsmittelkredits durch den (Unternehmens-)Inhaber einer stillen Gesellschafter und den Gesellschaftergeschäftsführer einer Personen(handels)gesellschaft mit vorgesehener Weiterleitung an die Gesellschaft besteht.[45] Im ersten Fall handelt es sich um den Abschluss eines Kreditvertrags für eine selbständige Tätigkeit, im zweiten Fall soll dies nicht der Fall sein. Damit ermöglicht die Rechtsprechung einer für die Gesellschaft tätigen Person also, mit dem Wechsel von einer Innengesellschaft zu einer rechtsfähigen Außengesellschaft die „Flucht" unter den Schutz des Verbraucherkredits anzutreten. Mit Wertungen des Verbraucherkreditrechts lässt sich diese Divergenz schlechterdings nicht begründen.

Besonders aufschlussreich ist schließlich auch die vom II. Zivilsenat energisch beförderte Entwicklung der GbR von einer schuldrechtlich konzipierten Gesamthandsgesellschaft über das Zwischenstadium „teilrechtsfähige Gesellschaft mit dualem Vertretungsmechanismus" (Doppelverpflichtungstheorie) hin zum modernen Endstadium der rechtsfähigen GbR mit Organwaltern.[46] Nach der ursprünglichen Konzeption agierte ein alleinvertretungsberechtigter Gesellschafter als rechtsgeschäftlicher Vertreter für seine Mitgesellschafter und für sich selbst im eigenen Namen. Verbrauchereigenschaft konnte ihm danach allenfalls aufgrund des Handelns für sich selbst zukommen und selbst insoweit spricht alles dafür, dass die Wahrnehmung der Gesellschafterrolle durch Ausübung hierin verkörperter Rechte eine selbständige Tätigkeit bildet.[47] Auf der Grundlage der Doppelverpflichtungstheorie bzw., zutreffender, der Dreifachverpflichtungstheorie[48] war die Verbrauchereigenschaft eines alleingeschäftsführungs- und -vertretungsberechtigten Gesellschafters lediglich durch seine als organschaftlicher Vertreter getätigte Verpflichtung der GbR begründet, nicht hingegen durch den zugleich im eigenen Namen und im Namen seiner Mitgesellschafter erklärten Schuldbeitritt. Für die moderne Konzeption der rechtsfähigen GbR liegt es nach der Rechtsprechung hingegen ganz anders. Der Geschäftsführer übt eine „angestellte berufliche Tätigkeit" aus, was ihn zum Verbraucher macht.

Demgegenüber liegt es auch aus verbraucherschutzrechtlicher Perspektive auf der Hand, dass die rechtsdogmatische Konstruktion der GbR im Besonderen und der Personengesellschaften im Allgemeinen nicht darüber entscheiden kann, ob ein geschäftsführender Gesellschafter eine „angestellte berufliche Tätigkeit" bei der Gesellschaft ausübt und er also Verbraucher ist. Sachgerecht zu vermeiden ist diese Ungereimtheit freilich nur, indem das

---

[44] S. II.2.a bei Fn. 26.

[45] Für eine parallele Argumentation zur GmbH s. schon *Mülbert* in: FS Hadding, 2004, S. 575, 581; relativierend dazu *Gerd Müller* in: FS Nobbe, 2009, S. 415, 419f.

[46] Für einen Überblick s. etwa MünchKommBGB/*Ulmer* 5. Aufl. 2009, Vor § 705 Rn. 9 ff.; *Ulmer/Schäfer* ebenda § 714 Rn. 2 ff., 13 ff.

[47] Besonders deutlich wird dies für den Fall der Gesamtvertretung durch alle Gesellschafter.

[48] *Mülbert* AcP 199 (1999), 38, 68.

Organwalterhandeln wie dargelegt per se aus dem Anwendungsbereich des § 13 BGB ausgeklammert bleibt.

d) Folgerungen

Mit der Nichteinbeziehung der Organwaltertätigkeit in den Anwendungsbereich des § 13 BGB steht zunächst einmal fest, dass das (künftige) Organmitglied beim Abschluss des Anstellungsvertrags mit der Gesellschaft kein Verbraucher ist und also der selbständige Dienstvertrag auch keiner erweiterten AGB-Kontrolle nach Maßgabe des § 310 Abs. 3 BGB unterliegt.

Im Falle eines zu Sicherungszwecken erfolgenden Schuldbeitritts eines Organmitglieds zu einer Kreditverbindlichkeit der Gesellschaft kommt dem Beitretenden jedenfalls dann keine Verbrauchereigenschaft zu, wenn er lediglich GmbH-Fremdgeschäftsführer oder Vorstands- bzw. Aufsichtsratsmitglied ohne eigenen Anteilsbesitz ist, so dass eine analoge Anwendung der §§ 491 ff. BGB von vornherein ausscheidet. Hält das Organmitglied hingegen zugleich eine Beteiligung, ist auf den ersten Blick eine Differenzierung danach geboten, ob der Beitritt zur Gesellschaftsverbindlichkeit nach der – objektiv zu bestimmenden[49] – Zweckrichtung des Verhaltens im Zusammenhang mit der Organwaltertätigkeit oder aber der Beteiligung erfolgt, da das Halten eines GmbH-Geschäftsanteils regelmäßig lediglich als bloße Verwaltung eigenen Vermögens und also keine selbständige (gewerbliche) Tätigkeit im Sinne des § 13 BGB darstellt[50]. Um jedoch eine in wertender Perspektive nicht zu rechtfertigende potentielle Besserstellung von Organmitgliedern, die zugleich eine Beteiligung halten, gegenüber einem reinen Fremdorganwalter zu vermeiden, hat eine analoge Anwendung der §§ 491 ff. BGB im Falle eines an der Gesellschaft beteiligten Organmitglieds per se und unabhängig davon zu unterbleiben, welchen Umfang diese Beteiligung ausmacht.[51]

Für die Behandlung von Organkrediten liegt der Ausgangspunkt bei der Frage, ob die Kreditgewährung objektiv für Zwecke der Organwaltertätigkeit oder aber für einen anderen Zweck erfolgt. Im ersten Fall ist das kreditnehmende Organmitglied kein Verbraucher, im zweiten Fall hängt seine Verbrauchereigenschaft weiter davon ab, ob der mit der Kreditaufnahme verfolgte sonstige Zweck mit einer selbständigen beruflichen oder gewerblichen Tätigkeit im Zusammenhang steht oder nicht.

Was schließlich den Abschluss einer Schiedsvereinbarung mit einem Organmitglied anbelangt, ist die Einhaltung der gegenüber Verbrauchern zu beachtenden zusätzlichen Anforderungen des § 1031 Abs. 5 ZPO entbehrlich.

III. Anstellungsvertrag als Vertrag auf dem Gebiet des Gesellschaftsrechts?

Ob Anstellungsverträge zu den „Verträgen auf dem Gebiet des Gesellschaftsrechts" im Sinne des § 310 Abs. 4 S. 1 BGB gehören und damit der AGB-Kontrolle nach Maßgabe der §§ 305 ff. BGB insgesamt entzogen sind, hat das BAG im seinem einleitend erwähnten Urteil nicht einmal am Rande angesprochen.[52] Das muss nicht unbedingt überraschen,

---

[49] Zur Maßgeblichkeit der objektiven Kriterien s. BGH NJW 2008, 435, 436 = DStR 2008, 2512 = WM 2007, 2392; ferner *Ellenberger* in: Palandt, BGB, 70. Aufl. 2011, § 13 Rn. 4; MünchKommBGB/*Micklitz* 5. Aufl. 2006, § 13 Rn. 35.

[50] BGHZ 133, 71, 78 = NJW 1996, 2156 = DStR 1996, 1615 = WM 1996, 1615; BGHZ 133, 220, 223 = NJW 1996, 2865 = WM 1996, 81; BGHZ 165, 43, 48. = NJW 2006, 431 = DStR 2006, 574 = NZG 2006, 114 = WM 2006, 81; *Kleindiek* in: FS Otte, 2005, S. 185, 188; insoweit auch *Mülbert* in: FS Hadding, 2004, S. 575, 579 f.

[51] Zur fehlenden Schutzbedürftigkeit eines beitretenden Eigen- oder Fremdgeschäftsführers treffend *Gerd Müller* in: FS Nobbe, 2009, S. 415, 432 ff.

[52] S. auch BGH NJW 1989, 2683, 2685 = WM 1989, 1246, wo § 23 Abs. 1 AGBGB als Vorgängervorschrift des § 310 Abs. 4 S. 1 BGB keine Erwähnung fand.

nachdem das Schrifttum sich wohl nahezu einhellig gegen eine Unterstellung der Dienstverträge mit Geschäftsführern und Vorstandsmitgliedern unter die Ausnahmevorschrift ausspricht.[53] Gleichwohl könnte sich eine nochmalige Überprüfung dieses verfestigten Meinungsbilds als lohnend erweisen. Vorliegend muss es allerdings bei der Entfaltung einiger Grundlinien bewenden.

Anzusetzen ist bei dem Befund, dass über die ratio und erst recht die Reichweite dieser Ausnahmeregelung bis heute Unsicherheit bestehen. Während der BGH[54] diese Ausnahme mit einigen Literaturstimmen[55] weit versteht, tritt das wohl überwiegende Schrifttum explizit[56] oder jedenfalls implizit für eine enge Auslegung ein. Für den personalen Anwendungsbereich, also die von der Bereichsausnahme erfassten Gesellschaftsformen, steht allerdings im Wesentlichen nur die Behandlung der Innengesellschaften, insbesondere der stillen Gesellschaft (§ 230 HGB),[57] im Streit, wogegen die hier interessierenden Außengesellschaften allseits der Bereichsausnahme zugeordnet werden. Was den sachlichen Anwendungsbereich anbelangt, ist man sich im Grundsatz einig, dass nicht alle möglichen Inhalte des Gesellschaftsvertrags bzw. der Satzung einer Außengesellschaft gemäß § 310 Abs. 4 S. 1 BGB der AGB-Kontrolle entzogen sind. Kontrollfrei sind zwar die verbands- und organisationsrechtlichen Regelungsbestandteile. Soweit es sich dagegen um Regelungen handelt, die ein Austauschverhältnis zwischen Verband und Mitglied betreffen, sollen diese nur dann der AGB-Kontrolle entzogen sein, wenn es sich um materielle Satzungsbestandteile handelt und nicht um Regelungen, die keinen notwendigen Zusammenhang mit der Gesellschafterstellung aufweisen.[58] Nach der Rechtsprechung beurteilt sich dies anhand eines Drei-Kriterien-Tests: die Regelung beruht unmittelbar auf dem Gesellschaftsvertrag oder der Satzung, ist mitgliedschaftlicher Natur und dient dazu, den Gesellschaftszweck zu verwirklichen.[59]

Anstellungsverträge mit Organverwaltern fallen bei einer rein formalen Anwendung dieses Tests per definitionem aus der Bereichsausnahme heraus. Nimmt man allerdings in die Besonderheiten dieser als „Amtswahrnehmungsvertrag" (*Reuter*) charakterisierten Verträge in den Blick, nämlich den gerade auch von der Rechtsprechung betonten Vorrang des Korporationsrechts gegenüber den schuldrechtlichen Regelungen des Anstellungsvertrags,[60] muss man zu einer zumindest partiellen Einbeziehung in die Bereichsausnahme kommen. Die Vorrangthese trägt nämlich nicht nur dem Umstand Rechnung, dass sich die Tätigkeit von Organmitgliedern an den gesellschaftsrechtlich determinierten Maßstäben auszurichten hat, sondern auch dem damit korrespondierenden Umstand, dass das Gesellschaftsrecht nahezu durchweg eine rein innerkorporative, dh. allein mit gesellschaftsrechtli-

---

[53] Etwa *Grüneberg* in: Palandt, BGB, 70. Aufl. 2011, § 310 Rn. 49; *Berger* in: Prütting/Wegen/Weinreich, BGB, 5. Aufl. 2010, § 310 Rn. 17; *Schmitt-Rolfes* in: FS Hromadka, 2008, S. 395; *Bauer/Arnold* ZIP 2006, 2337, 2338; *Mirza Khanian* GmbHR 2011, 116; s. aber auch *Grobys* DStR 2002, 1002, 1004 f., wonach zwar die Bereichsausnahme nicht einschlägig sei, aber Vorstandsmitglieder/Geschäftsführer beim Abschluss des Anstellungsvertrags als Unternehmer (§ 14 BGB) tätig würden und daher nur eine beschränkte Inhaltskontrolle nach Maß des § 310 Abs. 1 BGB möglich sei.

[54] BGHZ 103, 219, 224 = NJW 1988, 1729, 1730 = WM 1988, 707.

[55] *Ulmer/Schäfer* in: Ulmer/Brandner/Hensen, AGB-Recht, 10. Aufl. 2006, § 310 BGB Rn. 124.

[56] Z.B. *Grunewald* in: FS Semler, 1993, S. 179, 181, 93; *Heermann* NZG 1999, 325, 328.

[57] Ablehnend BGHZ 127, 176, 182 ff. = NJW 1995, 192 = DStR 1995, 106 = WM 1995, 1994, 2246 (für typische stille Gesellschaft); aus dem Schrifttum nur *Harry Schmidt* in: Wolf/Lindacher/Pfeiffer, AGB-Recht, 5. Aufl. 2009, § 310 Abs. 4 Rn. 11 mN in Fn. 6 f. (ablehnend); *Ulmer/Schäfer* in: Ulmer/Brandner/Hensen, AGB-Recht, 10. Aufl. 2006, § 310 BGB Rn. 128 f.

[58] *Ulmer/Schäfer* in: Ulmer/Brandner/Hensen, AGB-Recht, 10. Aufl. 2006, § 310 BGB Rn. 122; *Harry Schmidt* in: Wolf/Lindacher/Pfeiffer, AGB-Recht, 5. Aufl. 2009, § 310 Abs. 4 BGB Rn. 14; *Roloff* in: Erman, BGB, 8. Aufl. 2008, § 310 Rn. 28.

[59] S. BGHZ 103, 219, 224 f. = NJW 1988, 1729, 1730 = WM 1988, 707; BGHZ 136, 394 = NJW 1998, 454 f.

[60] Dazu II.2.b bei Fn. 37 ff. mwN.

chen Mechanismen erfolgende Regelung ermöglicht, indem es selbst entsprechende Regelungsmechanismen für die Ausgestaltung der Organwaltertätigkeit zur Verfügung stellt. Die einzige Ausnahme hiervon besteht für die Vorstandsmitglieder einer AG, und zwar letztlich deswegen, weil § 23 Abs. 5 AktG die bei der GmbH mögliche umfassende Regelung der Geschäftsführertätigkeit durch echte[61] Satzungsbestimmungen ausschließt. Angesichts dieser funktionalen Austauschbarkeit von Satzungsregeln und anstellungsvertraglichen Regeln müssen solche Regelungen in einem Anstellungsvertrag, die auch als echte Satzungsregelung getroffen werden könnten – wobei im Falle der AG hierbei wegen § 23 Abs. 5 AktG eine hypothetische Betrachtung anzustellen ist –, von der Bereichsausnahme erfasst werden.

Die Grenzziehung im Einzelnen ist hier nicht zu leisten. Immerhin sei aber darauf hingewiesen, dass auch Vergütungsregelungen in die Bereichsausnahme fallen. Die gelegentlich anzutreffende These, dass Vergütungs- und andere Leistungsansprüche nicht Gegenstand einer echten Satzungsklausel sein könnten,[62] geht an der ausdrücklichen gegenteiligen Anordnung des § 115 AktG für Aufsichtsratsmitglieder vorbei. Zudem liegt in dieser Vorschrift einen Beleg dafür, dass echte Satzungsbestandteile nicht nur das Rechtsverhältnis mit solchen Organwaltern regeln können, die an der Gesellschaft beteiligt sind oder, noch strenger, denen ein Sonderrecht auf die Geschäftsführung eingeräumt ist, sondern auch das Rechtsverhältnis mit einem reinen Fremdorganwalter.[63] Demgegenüber fallen etwa Regelungen über die Beendigung des Anstellungsvertrags, etwa Koppelungsklauseln, nicht in die Bereichsausnahme und unterliegen also der Kontrolle nach Maßgabe der §§ 305 ff. BGB.

IV. Schlussbemerkungen

In ersten Reaktionen auf das in der Einleitung angesprochene Urteil des BAG wurde die wohl insbesondere an den II. Zivilsenat gerichtete Erwartung geäußert, dass „der BGH bei nächster Gelegenheit auf die Linie der Erfurter Kollegen einschwenken wird".[64] Um der Sache willen, das hoffen die vorgetragenen Überlegungen deutlich gemacht zu haben, wäre freilich das Gegenteil zu wünschen.

[61] *Zöllner/Noack* in: Baumbach/Hueck, GmbHG, 19. Aufl. 2010, § 35 Rn. 13f., 19; differenzierend *Kleindiek* in: Lutter/Hommelhoff, GmbHG, 17. Aufl. 2009, Anh. § 6 Rn. 1.

[62] *Reuter* in: FS Zöllner, Bd. I, 1998, S. 487, 492.

[63] Jedenfalls iE ebenso *Zöllner/Noack* in: Baumbach/Hueck, GmbHG, 19. Aufl. 2010, § 35 Rn. 14; aA – nur beim Gesellschaftergeschäftsführer – *Kleindiek* in: Lutter/Hommelhoff, GmbHG, 17. Aufl. 2009, Anh. § 6 Rn. 1.

[64] *Neufeld/Behrendt* FAZ vom 8. 9. 2010, Nr. 208, S. 21.

ULRICH NOACK

Zur Haftung des Aufsichtsrats für Zahlungen in der Insolvenzkrise der Gesellschaft

Übersicht

Der II. Zivilsenat hat in den Jahren 2009 und 2010 zwei bedeutsame Urteile zur Haftung des Aufsichtsratsmitglieds in der Gesellschaft gefällt. Die Entscheidung vom 16. 3. 2009 (II ZR 280/07)[1] betraf den Vorsitzenden des Aufsichtsrats einer Aktiengesellschaft, dem nach Insolvenzreife ein Darlehen teilweise zurückbezahlt wurde. Die Entscheidung vom 20. 9. 2010 (II ZR 78/09)[2] verneinte die Haftung der Mitglieder eines fakultativen Aufsichtsrats einer GmbH für Zahlungen nach Insolvenzreife der Gesellschaft.

Die beiden Urteile geben Anlass, die Verantwortlichkeit der Mitglieder des Aufsichtsrats einer AG bzw. GmbH für Zahlungen in der Insolvenzkrise näher zu beleuchten. Schon ein erster Blick offenbart, dass zwar die Haftung der Geschäftsleiter in dieser schwierigen Situation vielfach behandelt wird, während die Kontrolleure der Geschäftsleitung insoweit kaum in das Blickfeld von Rechtsprechung und Literatur geraten sind. Dies ist an sich wenig verwunderlich: Vorstand bzw. Geschäftsführer sind nun einmal die Adressaten der Zahlungsverbote nach § 92 Abs. 2 S. 1 AktG bzw. § 64 S. 1 GmbHG, ferner haben diese Personen als „Mitglieder des Vertretungsorgans" ggf. den Insolvenzantrag zu stellen (§ 15a InsO). Die Akteure sind damit eindeutig festgelegt. Die Mitglieder des Aufsichtsorgans werden von den genannten Normen nicht angesprochen. Nur in dem doch wohl seltenen Fall der Führungslosigkeit hat der Aufsichtsrat der AG (nicht aber derjenige der GmbH[3]) das Recht und die Pflicht zum Insolvenzantrag (§§ 15 Abs. 1 S. 2, 15a Abs. 3 InsO).

Im Folgenden soll es nicht um die in manchem benachbarte Frage einer Teilnahme an der Insolvenzverschleppung gehen, sondern die Konzentration gilt dem Grundproblem der

---

[1] BGH NZG 2009, 550.

[2] BGH NZG 2010, 1186 – Doberlug; dazu aus unterschiedlichen Positionen im Ergebnis ablehnend *Schürnbrand* NZG 2010, 1207 ff.; *Altmeppen* ZIP 2010, 1973 ff.; grundsätzlich zustimmend *Habersack* JZ 2010, 119; *Brötzmann* GmbHR 2010, 120; *Weller* GWR 2010, 541; *Stöber* BB 2010, 2659 f.; *Noack* LMK 2010, 310151.

[3] *Haas* in: Baumbach/Hueck, GmbHG, 19. Aufl. 2010, § 64 Rn. 8; *Hölzle* GmbHR 2007, 729, 731.

anfangs genannten BGH-Entscheidungen: Inwiefern besteht eine Haftung der Mitglieder eines – fakultativen bzw. obligatorischen – Aufsichtsrats, wenn die Geschäftsleitung (Vorstand; Geschäftsführer) nach Feststellung der Überschuldung bzw. Eintritt der Zahlungsunfähigkeit (Insolvenzreife) Zahlungen der Gesellschaft veranlasst, die nicht mit der Sorgfalt eines ordentlichen und gewissenhaften Geschäftsleiters vereinbar sind? Die jüngsten Urteile begründen die Position des Senats, die kurz gefasst lautet: fakultativer Aufsichtsrat haftet nicht, obligatorischer Aufsichtsrat haftet. Ob diese Zweiteilung das Richtige trifft? Nicht allein weil diese Urteile unter dem Vorsitz des Jubilars ergangen sind, lässt auf sein fortwährendes Interesse hoffen, sondern auch seine wissenschaftliche Befassung mit diesem Gegenstand.[4]

I. Haftung des Mitglieds eines fakultativen GmbH-Aufsichtsrats („Doberlug")

Die für die amtliche Sammlung bestimmte Entscheidung vom 20. 9. 2010[5] betraf die insolvente Stadtwerke *Doberlug-Kirchhain* GmbH in Brandenburg, also ein kommunales Unternehmen. Diese Besonderheit spielte im Ergebnis zwar keine Rolle, sie beleuchtet gleichwohl die Problematik eines „politischen" Aufsichtsgremiums (das nach den Plänen der Bundesregierung künftig öffentlich tagen soll). Die Gesellschaft war seit Jahresanfang 2002 insolvenzreif, worüber im Aufsichtsrat seit Frühjahr 2002 beraten wurde. Dennoch kam es zu Zahlungen bzw. Überweisungen auf ein debitorisch geführtes Konto.[6] Der Insolvenzverwalter nahm die Mitglieder des fakultativ gebildeten Aufsichtsrats gesamtschuldnerisch auf Erstattung von ca. 900.000 Euro in Anspruch, darunter den früheren und den jetzigen Bürgermeister sowie den Stadtverordnetenvorsteher. Für die Honoratioren also eine existenzbedrohende Angelegenheit,[7] zumal sie vom Brandenburgischen OLG in der Berufungsinstanz tatsächlich verurteilt wurden. Doch der BGH hob auf: „Die Klage ist unbegründet".

1. Verweistechnik des Gesetzes

Ausgangspunkt ist der Wortlaut der für einen solchen Aufsichtsrat geltenden Vorschriften. Ist nach dem Gesellschaftsvertrag der GmbH ein Aufsichtsrat bestellt (fakultativer Aufsichtsrat), sind vorbehaltlich anderweitiger Regelung etliche Vorschriften des Aktiengesetzes entsprechend anzuwenden (§ 52 Abs. 1 GmbHG). Dazu gehört auch § 116 AktG, der wiederum auf die sinngemäße Anwendung der Vorstandshaftung (§ 93 AktG) verweist. Allerdings nimmt das GmbHG diese Norm nur teilweise in Bezug: „in Verbindung mit § 93 Abs. 1 und 2 Satz 1 und 2". Damit *fehlt* ausgerechnet § 93 Abs. 3 AktG, dessen Nr. 6 eine Ersatzpflicht für Zahlungen des Vorstands während der Insolvenzreife anordnet. Das nach dem Wortlaut eindeutige Ergebnis ist die Nichthaftung der Mitglieder eines fakultativen Aufsichtsrats für derlei Zahlungen, die bei der GmbH von den Geschäftsführern bewirkt werden.

Der Wortlaut muss bei einer komplexen Verweisung nicht das letzte Wort bedeuten, zumal es sich um eine „sinngemäße Anwendung ... in Verbindung mit" handelt.[8] Aber die Aussparung der sog. Katalogtatbestände des § 93 Abs. 3 AktG ist doch unmissverständlich: darauf wird gerade nicht verwiesen. Eine entsprechende Anwendung des § 93 Abs. 3 Nr. 6 AktG käme nur in Betracht, wenn ein Redaktionsversehen zu konstatieren und

---

[4] *Goette* ZGR 1995, 648; *ders.* ZInsO 2001, 529; *ders.* in: FS Kreft, 2004, S. 53, 59 f.; *ders.* in: FS 50 Jahre BGH, 2000, S. 123, 137; *ders.* in: Hommelhoff/Hopt/v. Werder, Handbuch Corporate Governance, 2. Aufl. 2009, S. 717.

[5] BGH NZG 2009, 550.

[6] Dazu BGHZ 143, 184, 186 = NJW 2000, 668; BGH ZIP 2007, 1006, 1007.

[7] Vorbehaltlich einer öffentlich-rechtlich begründeten Haftungsübernahme nach der dortigen Kommunalverfassung.

[8] Zur Bedeutung des Gebots entsprechender Anwendung aktienrechtlicher Normen *Zöllner/Noack* in: Baumbach/Hueck, GmbHG, 19. Aufl. 2010, § 52 Rn. 30 und 74 (dort mit etwas missverständlicher Aussage).

darum von einer planwidrigen Regelungslücke zu sprechen wäre. Der Senat geht auf die Entstehungsgeschichte der Norm zurück und findet darin die Bestätigung für eine bewusste Entscheidung des damaligen Gesetzgebers;[9] so sah es auch eine vielzitierte Entscheidung des Reichsgerichts.[10] Ein dringender Anlass für eine gesetzesübersteigende Rechtsfortbildung wegen einer sonst unerträglichen, der Gerechtigkeitsidee widerstrebenden Lage besteht ersichtlich nicht. Eine solche Deutung ist auch nicht der Kommentarstelle im *Baumbach/Hueck* zu entnehmen, wo es heißt: „Dass § 93 III AktG nicht in die Verweisung einbezogen ist, bedeutet nicht, dass in dort geregelten Fällen kein Ersatzanspruch entsteht."[11] Damit sollte nicht der pauschalen analogen Anwendung das Wort geredet, sondern auf die GmbH-spezifische Einzelprüfung der Tatbestände verwiesen werden, wie dies umgekehrt auch bei der Vollverweisung auf § 93 AktG zu geschehen hat, die für den obligatorischen Aufsichtsrat gilt.[12] Soweit etwa § 43 Abs. 3 GmbHG entsprechende Bestimmungen enthält, wird die Verantwortlichkeit des Aufsichtsrats für die Überwachung des Geschäftsführers (auch) danach zu beurteilen sein.

Ebenfalls keiner entsprechenden Anwendung auf den Aufsichtsrat zugänglich ist § 64 S. 1 GmbHG. Ausdrücklicher Adressat des § 64 GmbHG sind die Geschäftsführer – und das ist eine aus guten Gründen so getroffene eindeutige Festlegung. Die Gesellschafter werden nur in dem stets problematischen Ausnahmefall einbezogen, dass sie als „faktische Geschäftsführer" agieren.[13] Nichts anderes kann für den fakultativen Aufsichtsrat gelten, den der BGH zutreffend in erster Linie als Gremium im Interesse der Gesellschafter einordnet. Wenn die Mitglieder eines solchen Gremiums die Geschäftsleitung faktisch übernehmen (im Einzelnen sehr umstritten), dann sind sie auf Grund ihrer angemaßten Führungsrolle, nicht aber als Aufsichtsräte haftbar. Im *Doberlug*-Fall gab es diesbezüglich offenbar keine Anhaltspunkte.

2. Schadensprävention durch den Aufsichtsrat?

Ein wichtiger Ansatzpunkt für eine mögliche Haftung ist allerdings die allgemeine Aufgabe des Aufsichtsrats, Schaden von der Gesellschaft abzuwenden. Wenn der Rat erkennt, dass die Geschäftsführer schadensstiftende Handlungen zu Lasten der Gesellschaft begehen, hat er einzuschreiten (wobei allerdings die im Ernstfall wesentliche Personalkompetenz in der Regel bei der Gesellschafterversammlung liegt). *Altmeppen* nennt es die „Kardinalpflicht eines jeden Aufsichtsorgans", die Geschäftsleiter auf die Rechtswidrigkeit ihres Umgangs mit Gesellschaftsvermögen hinzuweisen.[14] Dabei darf aber nicht verkannt werden, dass die Mitglieder des fakultativen Aufsichtsrats der Sache nach an Stelle der Gesellschafter agieren. Niemandem würde es einfallen, ein Überwachungsverschulden der Gesellschafter zu konstruieren, weil sie die Geschäftsführer ohne einschlägige Hinweise bzw. Weisungen gelassen haben. Wenn der fakultative Aufsichtsrat einige Aufgaben und Kompetenzen wahrnimmt, die sonst der Gesellschaftergesamtheit obliegen, kann sich daraus kein zusätzliches, dem Gesetz sonst unbekanntes Haftungsregime entwickeln.

Vor allem aber fehlt es an einem Schaden der Gesellschaft,[15] wenn Zahlungen bei Insolvenzreife fließen. Geschädigt werden die Gläubiger. *Altmeppen* stellt in seiner heftigen Kri-

---

[9] Mit *Schürnbrand* NZG 2010, 1207 ff. ist freilich festzuhalten, dass die Materialien insoweit nicht gerade ergiebig sind; s. auch *Bitter* WM 2001, 666.

[10] RGZ 161, 129, 139.

[11] *Zöllner/Noack* in: Baumbach/Hueck, GmbHG, 19. Aufl. 2010, § 52 Rn. 74.

[12] *Zöllner/Noack* in: Baumbach/Hueck, GmbHG, 19. Aufl. 2010, § 52 Rn. 209 („mit erheblichen Abwandlungen anwendbar").

[13] *Haas* in: Baumbach/Hueck, GmbHG, 19. Aufl. 2010, § 64 Rn. 9.

[14] *Altmeppen* ZIP 2010, 1973, 1977.

[15] Dezidiert aA *Baumert* FD-InsR 2010, 309586, der einen normativen Schaden zu begründen sucht (weil nach Insolvenzreife ein Geldabfluss nicht mehr erfolgen dürfe). Der Umstand, dass zugleich eine Forderung erlischt, wird als Fall der Vorteilsausgleichung behandelt.

tik des Urteils die Frage nach dem Schaden der GmbH und meint, dies hänge ausschließlich davon ab, ob die Befriedigungsaussichten der Gläubigergesamtheit durch diese Zahlungen verschlechtert wurden.[16] Diese Verschlechterung ist in der Regel zu konstatieren. Zwar scheidet durch die Zahlung einer der Gläubiger aus dem Rennen aus, aber durch dessen Befriedigung vermindert sich die Aktivmasse und damit die Aussichten der Übrigen.[17] Aber darauf kommt es nicht an. Der Senat stellt zutreffend fest: „Die verbotswidrigen Zahlungen dienen in der Regel der Erfüllung von Verbindlichkeiten der Gesellschaft und führen bei dieser nur zur Verkürzung der Bilanzsumme, nicht aber zu einem Vermögensschaden im Sinne der §§ 249 ff. BGB.[18] Verringert wird nur die Insolvenzmasse in dem nachfolgenden Insolvenzverfahren, was zu einem Schaden allein der Insolvenzgläubiger führt." Zwar wird zuweilen in der Literatur versucht, ein anderes („normatives") Schadensverständnis zu den § 93 Abs. 3 AktG, §§ 43 Abs. 3, 64 S. 1 GmbHG zu entwickeln, aber dafür konnten überzeugende Wertungskriterien bislang nicht genannt werden. Mit der Konstruktion der Liquidation eines Drittschadens[19] durch die Gesellschaft ist eine dogmatisch stimmige Einordnung getroffen. In der Praxis – so auch vorliegend – macht der Insolvenzverwalter diesen Schaden geltend.

Ergänzend sei hinzugefügt, dass bei gewisser „normativer" Betrachtung selbst Zahlungen auf unberechtigte(!) Forderungen zu keinem Schaden der Gesellschaft führten. Diese Betrachtung möge danach fragen, wer im Ergebnis die Vermögenseinbuße erleidet, weil ihm die Vermögensmasse wirtschaftlich zusteht. Das sind bei werbender Gesellschaft die Gesellschafter, die durch ungerechtfertigte Zahlungen im wirtschaftlichen Ergebnis geschädigt werden. Bei insolvenzreifer Gesellschaft sind immer die Gläubiger die Leidtragenden, da fortan ihnen das (schwindende) Gesellschaftsvermögen haftungsrechtlich zugewiesen ist. Diese Betrachtungsweise kann Zusammenhänge aufdecken und dahinter stehende Interessen klären. Für eine Schadensberechnung ist sie aber nicht geeignet, weshalb an der bilanziellen Betrachtungsweise festzuhalten ist, die mit der Differenzhypothese nach einem Vermögensdefizit des juristischen Person (und nicht der an ihr interessierten Personen) fragt.

Nicht einen Schaden reguliert, sondern den „Ersatzanspruch eigener Art"[20] will *Schürnbrand* gegen den fakultativen Aufsichtsrat durchgesetzt wissen. Er attestiert diesem Gremium im Ansatz zutreffend eine über das Gesellschaftsinnenverhältnis hinausweisende Bedeutung. Wenn sich die Gesellschafter für die Einrichtung eines Aufsichtsrats entscheiden, gehe damit ein „Signal an den Rechtsverkehr" aus. Dieser könne und werde darauf vertrauen, dass die Geschäftsführung besser überwacht werde und innerhalb der Gesellschaft ein höheres Maß an Transparenz herrsche. In der Tat ist der Aufsichtsrat mehr als ein interner Gesellschafterausschuss oder Beirat. Dies zeigt die Pflicht zur Kenntlichmachung und Publizität der Mitglieder des Aufsichtsrats durch die zum Handelsregister einzureichende Liste (§ 52 Abs. 2 GmbHG) und die Benennung des Vorsitzenden des Aufsichtsrats auf den Geschäftsbriefen (§ 35a GmbHG). Aber das „Signal" der hervorgehobenen Stellung begründet noch keine Überwachungshaftung im hier interessierenden Bereich, zumal das Gesetz eine solche (s. oben) nicht in Bezug genommen hat. Die Gläubiger dürfen nicht erwarten, allein wegen der Etablierung eines freiwilligen Aufsichtsrats indirekt (über die Geltendmachung für die Gesellschaftskasse) einen zusätzlichen Haftungsschuldner zu gewinnen. Diese „Härten" für die Mitglieder freiwilliger Aufsichtsräte sieht auch *Schürnbrand,* der die Intensität der Überwachungspflichten auf ein dem jeweiligen Unternehmen

[16] *Altmeppen* ZIP 2010, 1973, 1977 rechte Spalte.

[17] BGHZ 146, 264, 275 = NJW 2001, 1088; *Schulze-Osterloh* in: FS Bezzenberger, 2000, S. 415, 419 ff.; abweichend *K. Schmidt* ZHR 168 (2004), 637, 669 f.

[18] Hinweis auf *Habersack/Schürnbrand* WM 2005, 957, 959; *Kleindiek* in: Lutter/Hommelhoff, GmbHG, 17. Aufl. 2009, § 64 Rn. 4.

[19] *Habersack/Schürnbrand* WM 2005, 957, 959 linke Spalte; wohl auch *Casper* in: Ulmer/Habersack/Winter, GmbHG, 2008, § 64 Rn. 78 aE; dagegen *Weller* GWR 2010, 541.

[20] S. Fn. 2.

und seiner Situation angemessenes Maß begrenzen will.[21] Mit diesem im Einzelnen streitträchtigen Ansatz wird man in den meisten Fällen zum Ergebnis der Nichthaftung kommen, zumal die Einwirkungsmacht des fakultativen Aufsichtsrats mangels Personalkompetenz auch nicht gerade hoch ist.

Zwischenfazit: Der Hauptaussage der *Doberlug*-Entscheidung ist zuzustimmen. Die Mitglieder des fakultativen Aufsichtsrats sind gehalten, Schaden von der Gesellschaft abzuwehren, indem sie die Geschäftsführung überwachen – nicht aber sind sie der Gleichbehandlung der Gläubiger in der Insolvenzkrise der Gesellschaft verpflichtet.

II. Haftung des Mitglieds eines AG-Aufsichtsrats

Dem Urteil II ZR 280/07 lag vereinfacht als Sachverhalt zugrunde: In einer Aufsichtsratssitzung im Herbst 2001 waren wirtschaftliche Schwierigkeiten des Unternehmens erörtert worden; seit Jahresanfang 2002 war von einer Überschuldung der Aktiengesellschaft auszugehen. Im Frühjahr 2002 zahlte der Vorstand per Scheck ca. 150.000 Euro an den Vorsitzenden des Aufsichtsrats mit Bezug auf ein Darlehen aus. Der Insolvenzverwalter nimmt den Aufsichtsratsvorsitzenden auf Rückzahlung in Anspruch. Der Senat stellt zunächst klar, dass das Zahlungsverbot des § 92 Abs. 2 AktG bereits ab Eintritt der Insolvenzreife und nicht erst ab Ende der Insolvenzantragsfrist gilt.[22] Dann kommt er auf die Haftung des Beklagten zu sprechen. Das Zahlungsverbot des § 92 Abs. 2 AktG richte sich zwar nur an den Vorstand. „Den Aufsichtsrat treffen aber Informations-, Beratungs- und Überwachungspflichten. Er muss sich ein genaues Bild von der wirtschaftlichen Situation der Gesellschaft verschaffen und insbesondere in einer Krisensituation alle ihm … zur Verfügung stehenden Erkenntnisquellen ausschöpfen (Nachweise). Stellt er dabei fest, dass die Gesellschaft insolvenzreif ist, hat er darauf hinzuwirken, dass der Vorstand rechtzeitig einen Insolvenzantrag stellt und keine Zahlungen leistet, die mit der Sorgfalt eines ordentlichen und gewissenhaften Geschäftsleiters nicht vereinbar sind. Erforderlichenfalls muss er ein ihm unzuverlässig erscheinendes Vorstandsmitglied abberufen." Der zweite Leitsatz zieht daraus die Folgerung: „Verstößt er hiergegen schuldhaft, kann er der Gesellschaft gegenüber zum Schadensersatz verpflichtet sein."

Dieser Leitsatz könnte dahin missverstanden werden, dass der Senat einer schadensrechtlichen Deutung des § 93 Abs. 3 Nr. 6 AktG das Wort rede. Das ist freilich nicht der Fall; in der zeitlich nachfolgenden *Doberlug*-Entscheidung finden sich dazu klärende Ausführungen. Es handele sich um einen „Drittschaden", denn verringert werde nur die Insolvenzmasse in dem nachfolgenden Insolvenzverfahren, was zu einem Schaden allein der Insolvenzgläubiger führe (oben I); diesen Schaden setze das Gesetz in § 93 Abs. 3 Nr. 6 AktG einem Schaden der Gesellschaft gleich. Die Vorstellung einer Gleichsetzung oder Fiktion ist aber eher verdunkelnd, wo es doch nur um die Geltendmachung geht. Wie schon in früheren Entscheidungen wird insoweit von einem „Ersatzanspruch eigener Art"[23] gesprochen. Doch die dogmatische Diskussion kann auf sich beruhen, wenn man die aus rechtspraktischer Sicht entscheidende Frage stellt: Wieso und unter welchen Umständen hat das Mitglied des Aufsichtsrats einer AG für derlei vom Vorstand geleistete „Zahlungen" einzustehen?

---

[21] *Schürnbrand* NZG 2010, 1207, 1212.

[22] Ebenso bereits für § 64 S. 1 GmbHG: BGHZ 143, 184 = NJW 2000, 668; BGHZ 163, 134 = NJW 2005, 3062.

[23] BGHZ 146, 264, 278 = NJW 2001, 1280, 1283; BGH NJW 2003, 2316, 2317; *Goette* ZInsO 2001, 529, 535; *Röhricht* ZIP 2005, 505, 509; *Haas* in: Baumbach/Hueck, GmbHG, 19. Aufl. 2010, § 64 Rn. 7; *Haas* in: FS G. Fischer, 2008, S. 209, 212 ff.; zustimmend im Ergebnis auch *Habersack/ Schürnbrand* WM 2005, 957, 960 f. (verschuldensabhängiger Folgenbeseitigungsanspruch).

1. *Haftungsvoraussetzungen*

Wenn „Zahlungen entgegen § 92 Abs. 2 geleistet werden" (§ 93 Abs. 3 Nr. 6 AktG), sind die Vorstandsmitglieder zum Ersatz verpflichtet. Für die Verantwortlichkeit der Aufsichtsratsmitglieder gilt § 93 AktG weithin „sinngemäß" (§ 116 S. 1 AktG). Damit ist das Normgefüge als Rechtsgrundlage der Haftung schon beisammen. Für die sinngemäße Geltung ist die besondere Funktion des Aufsichtsrats zu berücksichtigen, der ein Kontroll- und gerade kein Geschäftsleitungsorgan ist.[24] Die Sorgfalt eines ordentlichen und gewissenhaften Geschäftsleiters (sic!), die § 93 Abs. 1 AktG voraussetzt, muss in die Überwachungsaufgabe des Aufsichtsrats gleichsam übersetzt werden; *Hüffer* spricht davon, die Leitfigur des ordentlichen Geschäftsleiters gegen die des ordentlichen Aufsichtsratsmitglieds auszutauschen.[25] Die besonderen Tatbestände des § 93 Abs. 3 AktG sehen als „Täter" immer nur den Vorstand vor – aber dies stehe der Haftung des Aufsichtsrats nicht entgegen, heißt es in den Kommentaren.[26] Die historische Auslegung bestätigt im Ansatz diesen Befund. Für die Haftungserstreckung wegen Insolvenzzahlungen gräbt der Senat tief in der Entstehungsgeschichte.[27] Die Begründung zu dem Entwurf eines Handelsgesetzbuches für das Deutsche Reich von 1895 legt zu § 249 HGB aF dar, bei Insolvenzreife trete die „verschärfte Einstandspflicht ... auch in dem Fall ein, daß mit Wissen und ohne Einschreiten des Aufsichtsraths Zahlungen geleistet sind ...". Die Ausdehnung der Überwachungspflicht hinsichtlich der Wahrung des Massesicherungsgebots war demnach beabsichtigt und nicht etwa im Schwung einer allgemeinen Bezugnahme miterfasst worden. Allerdings bestimmte § 249 Abs. 3 HGB aF ausdrücklich, dass die Aufsichtsratsmitglieder nur haften, wenn sie die Durchführung einer verbotenen Maßnahme des Vorstands kannten.[28] Bei fahrlässiger Unkenntnis waren sie nicht ersatzpflichtig. Insoweit brachte § 84 Abs. 3 AktG 1937 eine Verschärfung,[29] die sachlich im AktG 1965 beibehalten wurde.

Eine Erfolgshaftung des Aufsichtsrats, die nur an dem Tatbestand untersagter Zahlungen anknüpft, kommt nicht in Betracht. Immer muss ein Überwachungsverschulden vorliegen. Zwar gilt die Verteilung der Darlegungs- und Beweislast gemäß § 93 Abs. 2 S. 2 AktG auch für die Mitglieder des Aufsichtsrats. Doch sind die Besonderheiten zu beachten, die sich aus der sinngemäßen Anwendung ergeben. In der Praxis ist es der Insolvenzverwalter, der den Anspruch geltend macht. Er kann sich nicht darauf beschränken, die verbotswidrigen Zahlungen und die Untätigkeit des Aufsichtsrats darzutun. Vielmehr muss er vortragen, dass der Aufsichtsrat angesichts der gebotenen Informationslage die Insolvenzreife erkannt hat oder hätte erkennen müssen. Während für die Vorstandsverantwortlichkeit der Vortrag eines Sachverhalts genügt, der auf die Pflichtwidrigkeit des Vorstandshandelns schließen lässt, ist für die Aufsichtsratshaftung mehr zu verlangen. Es muss dargelegt werden, wieso das verklagte Aufsichtsratsmitglied Veranlassung gehabt hätte, schadensvorbeugend oder -verhindernd einzugreifen.[30]

2. *Erkenntnis*

Da die Pflicht zum „Hinwirken" mit Insolvenzreife entsteht, stellt sich die Frage, auf wessen Erkenntnis dieser Situation abzustellen ist. Nach der Rechtsprechung des BGH

---

24 *Zempelin* AcP 155 (1956), 209, 210ff.

25 *Hüffer* AktG, 9. Aufl. 2010, § 116 Rn. 2.

26 MünchKommAktG/*Habersack* 3. Aufl. 2008, § 116 Rn. 67, 68; Ferner GroßkommAktG/*Hopt*/*Roth* 4. Aufl. 2005, § 116 Rn. 292 ff.; *Hüffer* AktG, 9. Aufl. 2010, § 116 Rn. 8a; *Spindler* in: Spindler/Stilz, AktG, 2. Aufl. 2010, § 116 Rn. 120, 133.

27 BGH NZG 2010, 1186, 1188 Tz. 18f.

28 *Pinner* in: Staub, HGB, 12. Aufl. 1926, § 249 Rn. 3.

29 Dazu *Zempelin* AcP 155 (1956), 209, 225 f.; s. auch *Lieder* Der Aufsichtsrat im Wandel der Zeit, 2006, S. 331 ff.

30 KölnerKommAktG/*Mertens* 2. Aufl. 1996, § 116 Rn. 59; RGZ 161, 129, 134.

genügt für die Haftung des Geschäftsleiters bereits „die für ihn erkennbare Überschuldung (oder Zahlungsunfähigkeit)".[31] Dass Mitglieder des verantwortlichen Leitungsorgans die Kalamität bei gehöriger Sorgfalt hätten erkennen können, bedeutet aber noch nichts für eine mögliche Haftung der Mitglieder des Überwachungsorgans. Wenn Vorstand bzw. Geschäftsführer die Augen verschließen, ist in der Regel der Aufsichtsrat von Informationen noch mehr abgeschnitten. Es kann also nur darauf ankommen, ob der Aufsichtsrat auf Grund der vorhandenen oder der angesichts der Situation zu verlangenden weiteren Auskünfte ein eigenes Bild von der Insolvenzreife hätte gewinnen können.

Dies lenkt den Blick auf die Erkenntnismöglichkeiten des Aufsichtsrats. Sie führen notwendig über den Vorstand als Informationsschuldner. Ansätze im Schrifttum, die Direktkontakte zum Unternehmenspersonal ohne Vermittlung durch den Vorstand[32] oder den Zugriff auf das Management-IT-System befürworten,[33] sind von der Rechtsprechung noch nicht beurteilt worden und müssen als praktische Handlungsanweisung angesichts ihrer umstrittenen Zulässigkeit zunächst ausscheiden. Der Aufsichtsrat hat bei Krisenanzeichen die Überwachung zu intensivieren: durch eine erhöhte Sitzungsfrequenz und durch die Anforderung zusätzlicher Berichte. Verschleiert der Vorstand die Insolvenzreife, kann dem Aufsichtsrat nur dann ein Vorwurf gemacht werden, wenn er angesichts der Umstände zu forschendem Nachfragen Anlass gehabt hätte.

3. Hinwirken

Schwer zu handhaben ist das „Hinwirken", das der Senat dem Aufsichtsrat als Pflicht auferlegt. Dieses Hinwirken soll dahin gehen, dass keine Zahlungen im Sinne des § 92 Abs. 2 AktG, § 64 S. 1 GmbHG mehr fließen, sobald die Insolvenzreife vom Aufsichtsrat erkannt wurde. Doch wie könnte das erreicht werden? Schließlich gehören Zahlungen zur Geschäftsführung, die nicht dem Aufsichtsrat obliegt. Für eine Antwort muss man sich die Rechts- und Pflichtenlage des Organs in der Krise vergegenwärtigen. Schon bei regulärem Geschäftsverlauf kann sich der Aufsichtsrat nicht auf die vergangenheitsbezogene Kontrolle beschränken, sondern hat eben auch gehörigen „Rat" für die künftige Geschäftspolitik zu erteilen. Insoweit mag man davon sprechen, dass der Aufsichtsrat an der Leitungsaufgabe des Vorstands teilhabe.[34] In der Krise der Gesellschaft erhöhen sich die Anforderungen an den Aufsichtsrat; die Kontrolldichte nimmt sowohl nach dem zeitlichen Umfang (Sitzungen) als nach dem sachlichen zu.[35] *Semler* formuliert, die begleitende Überwachung werde zu einer gestaltenden Überwachung.[36] Insbesondere hat der Aufsichtsrat darauf hinzuwirken, dass der Vorstand ein Sanierungskonzept vorlegt. Darin sind die Ursachen der Krise zu analysieren und konkrete Maßnahmen vorzuschlagen.[37] Der Aufsichtsrat hat ferner darauf zu achten, dass der Vorstand seiner Pflicht nachkommt, unverzüglich eine Hauptversammlung einzuberufen, wenn ein Verlust in Höhe der Hälfte des Grundkapitals besteht oder bei pflichtgemäßem Ermessen anzunehmen ist (§ 92 Abs. 1 AktG; entsprechend in § 49 Abs. 2 GmbHG). Wenn der Vorstand nicht handelt, kann der Aufsichtsrat aus Sorge

---

[31] BGHZ 143, 185 = NJW 2000, 668.

[32] MünchKommAktG/*Habersack* 3. Aufl. 2008, § 111 Rn. 68; eingehend und differenzierend *Dreher* in: FS Ulmer, 2003, S. 87, 92 ff.

[33] *Zöllner* in: Noack/Spindler, Unternehmensrecht und Internet, 2001, S. 69, 86; ablehnend *Spindler* in: FS Hüffer, 2010, S. 985, 997 f. („außer in Extremfällen").

[34] *Hüffer* AktG, 9. Aufl. 2010, § 111 Rn. 5; MünchKommAktG/*Habersack* 3. Aufl. 2008, § 111 Rn. 12, 39 ff. und § 116 Rn. 20; Ziff. 5.1.1. DCGK.

[35] Ferner GroßkommAktG/*Hopt/Roth* 4. Aufl. 2005, § 116 Rn. 141; OLG Hamburg NZG 2001, 513, 516.

[36] *J. Semler* Leitung und Überwachung der AG, 2. Aufl. 1996, S. 131 ff.; *Steinbeck* Überwachungspflicht und Einwirkungsmöglichkeiten des Aufsichtsrats, 1992, S. 92 ff.; *Hüffer* NZG 2007, 47, 51 ff.

[37] *Lutter/Krieger* Rechte und Pflichten des Aufsichtsrats, 5. Aufl. 2008, Rn. 87 ff, 91.

um das Wohl der Gesellschaft selbst eine Hauptversammlung einberufen (§ 111 Abs. 3 AktG).

Diese allgemeinen Maßregeln verhindern freilich noch keine inkriminierte Zahlung. Die Geschäftsleitung verbleibt in den Händen des Vorstands, jedoch kann der Aufsichtsrat in grundsätzlich drei Stufen einwirken. Die erste ist der Hinweis, die zweite Stufe ein Zustimmungsvorbehalt und die dritte die Abberufung. Angesichts einer klar artikulierten Belehrung zur Insolvenzreife durch Beschluss des Aufsichtsrats dürften sich die meisten Vorstände beeindrucken lassen und ihr Handeln entsprechend ausrichten. Robustere Naturen sind an die Kette eines Vorbehalts der Zustimmung zu legen (§ 111 Abs. 4 S. 2 AktG). Allerdings kann sich dieser Vorbehalt nur auf „bestimmte Arten von Geschäften" beziehen, weshalb ein genereller Vorbehalt für jedwede Zahlungen unwirksam wäre. Maßnahmen des gewöhnlichen Geschäftsbetriebs können nicht unter einen Vorbehalt der Zustimmung gestellt werden.[38] Ad-hoc-Vorbehalte, die erst in der Krise aufgestellt werden und sich auf ein Einzelgeschäft beziehen, sind zwar als zulässig zu erachten.[39] Damit könnte wohl versucht werden, die nächste Lohnzahlung zu stoppen[40] – aber andere Zahlungen könnten weiterlaufen. Ein allgemeiner Vorbehalt für Zahlungen (dessen Zulässigkeit in der Krisensituation einmal unterstellt) wäre auch gar nicht zu administrieren: Wie sollte der Aufsichtsrat darüber befinden, ob die fragliche Zahlung mit der Sorgfalt eines ordentlichen und gewissenhaften Geschäftsleiters vereinbar ist?

Und schließlich ist als schärfstes Mittel die Abberufung in den Blick zu nehmen. Die „Unfähigkeit zur ordnungsgemäßen Geschäftsführung" ist immerhin ein wichtiger Grund, die Bestellung zum Vorstandsmitglied zu widerrufen (§ 84 Abs. 3 S. 2 AktG) und die Verletzung der Pflicht zum Insolvenzantrag sowieso. Die Abberufung, die der Senat empfiehlt („erforderlichenfalls"),[41] kann auch nach hinten losgehen, wenn in schwerer See der Kapitän von Bord gehen muss. Eine eher selten brauchbare Option ist die Delegation eines Aufsichtsratsmitglieds in den Vorstand, genauer: als Stellvertreter eines (etwa wegen Abberufung) fehlenden Vorstandsmitglieds (§ 105 Abs. 2 AktG).

4. Haftung des Einzelnen

Eine Haftung des Gesellschaftsorgans Aufsichtsrat im Ganzen gibt es nicht. Vielmehr ist es immer das einzelne Mitglied dieses Gremiums, das in Anspruch genommen werden kann.[42] Dessen Verantwortlichkeit ist demnach konkret festzustellen. Hat das Mitglied für das „Hinwirken" gestimmt und ist unterlegen, wird ihm letztlich kein Vorwurf gemacht werden können.[43] Eine Niederlegung des Mandats wird nur in krassen Ausnahmefällen zu erwarten sein,[44] denn mehr als „ein Zeichen setzen" geht von diesem Akt nicht aus.

Soweit die Haftung des Aufsichtsratsmitglieds nach den vorstehenden Grundsätzen zu bejahen ist, steht es in einem Gesamtschuldverhältnis mit den Vorstandsmitgliedern.[45] Im Binnenregress kann sich ergeben, dass die Verantwortlichkeit des Vorstandsmitglieds ganz überwiegt, so dass ein Ausgleich nach § 426 Abs. 1 BGB (bzw. vor der Inanspruchnahme eine entsprechende Freistellung)[46] verlangt werden kann.

---

[38] MünchKommAktG/*Habersack* 3. Aufl. 2008, § 111 Rn. 106.

[39] BGHZ 124, 111, 127 = NJW 1994, 520, 524.

[40] Mit ängstlichem Blick auf die Bemerkung des Senats NZG 2010, 1186, 1187 Tz. 13 aE.

[41] BGH NZG 2009, 550 Tz. 15 aE.

[42] *Spindler* in: Spindler/Stilz, AktG, 2. Aufl. 2010, § 116 Rn. 113.

[43] LG Berlin ZIP 2004, 73, 76; das Schrifttum hat Fälle im Visier, dass der Aufsichtsratsbeschluss zu einer Gesellschaftsschädigung führt und verlangt insoweit eine Aktivität gegen die Ausführung des Beschlusses; MünchKommAktG/*Habersack* 3. Aufl. 2008, § 116 Rn. 38.

[44] Ferner GroßkommAktG/*Hopt/Roth* 4. Aufl. 2005, § 116 Rn. 20; *Vetter* DB 2004, 2625; *Lutter/Krieger* (Fn. 37) Rn. 838.

[45] MünchKommAktG/*Habersack* 3. Aufl. 2008, § 116 Rn. 73.

[46] *Noack* in: Staudinger, BGB, Bearbeitung 2005, § 426 Rn. 48, 73 ff.

5. Zwischenfazit

Eine „Panik" der Mitglieder von AG-Aufsichtsräten auf Grund der „dramatischen Haftungsfalle"[47] ist also nicht veranlasst. Keineswegs haften Mitglieder des Aufsichtsrats für Zahlungen nach Insolvenzreife, sondern nur wenn sie nach pflichtgemäßer Prüfung feststellen (bzw. feststellen könnten), dass die Gesellschaft insolvenzreif ist und wenn sie daraufhin nicht auf den Vorstand in geeigneter Weise einwirken bzw. sich im Aufsichtsrat gegen die Einwirkung stellen. Eine offene Flanke ist freilich die Art und Weise des Einwirkens. Sie kann nicht stets in der Abberufung des Vorstandsmitglieds bestehen, da die Führungslosigkeit in der Krise keine brauchbare Option darstellt.

III. Haftung des obligatorischen (mitbestimmten) AR einer GmbH

Die hauptsächliche Bedeutung der *Doberlug*-Entscheidung liegt weniger in der Klarstellung, dass der fakultative GmbH-Aufsichtsrat in der Insolvenzsituation nicht für Zahlungen durch die Geschäftsführer haftet (unter I.). Sie liegt in der sehr deutlich gemachten Auffassung in der Begründung des Urteils, dass ein *obligatorischer* Aufsichtsrat bei dieser Sachlage allerdings hafte. Für den AG-Aufsichtsrat ist dem im Grundsatz zuzustimmen (unter II.), für den mitbestimmten (also obligatorischen) GmbH-Aufsichtsrat kann hier aber noch nicht gelten: *Karlsruhe locuta causa finita.*

Die Haftung der Mitglieder obligatorischer Aufsichtsräte stand an sich auch nicht zur Entscheidung, sondern wurde als *zusätzliches* Begründungselement angeführt. Der hauptsächliche Begründungsstrang verweist auf den Wortlaut der Mitbestimmungsgesetze (§ 1 Abs. 1 Nr. 3 DrittelbG, § 25 Abs. 1 Nr. 2 MitbestG), die den § 116 AktG in Bezug nehmen, der wiederum § 93 AktG unter Nicht-Ausschluss[48] von dessen Abs. 3 nennt. Aber diese pauschale Verweisungskette kann alleine nicht genügen. Dem Gesetzgeber war an der Gestaltung der Mitbestimmung gelegen, nicht aber an einer Haftungserweiterung für drittel- oder paritätisch besetzte GmbH-Aufsichtsräte. Daher wird eine einschränkende Auslegung diskutiert.[49] Die einzelnen Fälle des § 93 Abs. 3 AktG, auf den § 116 AktG verweist, sind nur mit erheblichen Abwandlungen anwendbar, insbesondere bleiben die Grundsätze des GmbH-Rechts vorrangig.[50] Die weitere vom Senat gegebene Begründung, dass der obligatorische Aufsichtsrat im Interesse der Allgemeinheit in die Pflicht genommen sei und er öffentliche Belange zu wahren habe, ist jedenfalls für den GmbH-Aufsichtsrat nicht überzeugend. Auf diese pauschalen, die Entscheidung schließlich nicht tragenden Sentenzen wäre besser verzichtet worden. Der mitbestimmte Aufsichtsrat ist zwar kein Gremium der Gesellschafter, aber dadurch wird die dualistische Struktur der GmbH nur partiell aufgebrochen. Die Interessen zukünftiger Anleger spielen bei der GmbH keine besondere Rolle. Die Interessen der Arbeitnehmer werden je nach Mitbestimmungsstatus unterschiedlich stark zur Geltung gebracht, während darüber hinaus keine „Allgemeinheit" ersichtlich ist, an welcher sich der obligatorische Aufsichtsrat zusätzlich zu orientieren hätte. Das mag unter einem bestimmten Blickwinkel für den AG-Aufsichtsrat angesichts seiner Rolle in der Organtrias dieser Gesellschaftsform anders zu beurteilen sein. Aber es ist nicht richtig, den GmbH-rechtlichen Aufsichtsrat dem aktienrechtlichen gleichzusetzen.[51] Insbesondere

---

[47] *Altmeppen* ZIP 2010, 1973, 1977.

[48] Ausgeschlossen wird § 93 Abs. 2 S. 3 AktG.

[49] *Altmeppen* ZIP 2010, 1973, 1978 (der im Ergebnis für die Verzichtbarkeit der Haftung durch Gesellschafterbeschluss plädiert – dies erscheint in der Insolvenzsituation wenig praktikabel).

[50] *Zöllner/Noack* in: Baumbach/Hueck, GmbHG, 19. Aufl. 2010, § 52 Rn. 209.

[51] *Ulmer* Der Einfluss des MitbestG auf die Struktur von Aktiengesellschaft und GmbH, 1979; *Zöllner/Noack* in: Baumbach/Hueck, GmbHG, 19. Aufl. 2010, § 52 Rn. 5.

ist er kein Geschenk für die Gläubiger, die von der Einrichtung eines solchen Aufsichtsrats nach der neuen Rechtsprechung reflexartig profitierten.

Man soll sich freilich nichts vormachen: Die Haftung der Mitglieder eines mitbestimmten GmbH-Aufsichtsrats für die inkriminierten Zahlungen ist nach dem Wortlaut der Verweisungen des Gesetzes und den obiter dicta des Senats sehr naheliegend. Aber es wird nicht so heiß gegessen wie gekocht: Dass ein Aufsichtsratsmitglied der Arbeitnehmerseite die Löhne, welche die Geschäftsführung noch ausbezahlt hat, zurückerstatten muss, ist ganz fernliegend. Der Jubilar weiß als hocherfahrener Mann der richterlichen Praxis und der akademischen Gelehrsamkeit, wie sich das Recht in den Büchern und das Recht in der Realität unterscheiden – die Diskrepanz sollte um der Dignität der Rechtsordnung willen nur nicht zu groß werden.

ANDREAS PENTZ

Verdeckte Sacheinlage und UG (haftungsbeschränkt)

Übersicht

Seite

I. Einleitung

Das zum 1. November 2008 in Kraft getretene MoMiG[1] hat erhebliche Eingriffe in das Kapitalschutzsystem des GmbH-Gesetzes mit sich gebracht. Eines der hiervon betroffenen Rechtsinstitute ist das der verdeckten Sacheinlage.

Nach früherem Recht waren bei Vorliegen einer verdeckten Sacheinlage die schuldrechtlichen und dinglichen Rechtsgeschäfte der Gesellschaft gegenüber entsprechend § 27 Abs. 3 AktG aF unwirksam und der Gesellschafter musste seine Bareinlage nochmals (genauer: erstmals ordnungsgemäß) leisten, weil seine vermeintliche Einlageleistung wegen des vereinbarten Rückflusses im Rahmen des die verdeckte Sacheinlage kennzeichnenden Umgehungsgeschäfts nicht zur endgültigen freien Verfügung der Geschäftsführungsorgane gelei-

[1] Gesetz zur Modernisierung des GmbH-Rechts und zur Bekämpfung von Missbräuchen (MoMiG) vom 23. 10. 2008, BGBl. I S. 2026; eine Zusammenfassung der Materialien hierzu findet sich bei *Goette* Einführung in das neue GmbH-Recht, 2008 bzw. *Gehrlein* Das neue GmbH-Recht, 2009.

stet worden war. Die jeweiligen weiteren Leistungen selbst mussten im Wege der §§ 985 ff. bzw. §§ 812 ff. BGB ausgeglichen werden.[2]

Nach neuem Recht ändert sich trotz seiner verunglückten Umschreibung in § 19 Abs. 4 S. 1 GmbHG am Tatbestand der verdeckten Sacheinlage selbst nichts.[3] Eine grundlegende Änderung des Rechts der verdeckten Sacheinlage gegenüber dem früheren Recht liegt jedoch zunächst darin, dass die in diesem Zusammenhang geschlossenen Verträge wirksam sind. Eine weitere Änderung gegenüber dem früheren Recht zur verdeckten Sacheinlage findet sich insoweit, als der Wert des verdeckt eingelegten Vermögensgegenstands (für den der Inferent gemäß § 19 Abs. 4 S. 5 GmbHG beweisbelastet ist) nunmehr auf die offene Einlageverbindlichkeit angerechnet wird. Bei der Gründung sind dabei die Wertverhältnisse zum Zeitpunkt der Anmeldung der Gesellschaft zur Eintragung in das Handelsregister bzw., falls die Überlassung des Vermögensgegenstands an die Gesellschaft erst später erfolgt, die zu diesem Zeitpunkt bestehenden Wertverhältnisse maßgeblich. Für die Kapitalerhöhung erklärt das Gesetz in § 56 Abs. 2 GmbHG die Bestimmungen in § 19 Abs. 4 GmbHG für entsprechend anwendbar. Dies bedeutet, dass es insoweit für die Anrechnung auf die Wertverhältnisse im Zeitpunkt der Anmeldung der Kapitalerhöhung zur Eintragung in das Handelsregister oder, falls dieser später liegt, auf den Zeitpunkt der Überlassung des Vermögensgegenstands ankommt.[4] Im Ergebnis lässt sich zum neuen Recht der verdeckten Sacheinlage sagen, dass der Tatbestand der gleiche geblieben ist, die Rechtsfolgen jedoch deutlich komplizierter als nach altem Recht geworden sind.[5]

Aktienrechtlich findet sich eine durch das ARUG[6] eingefügte (europarechtlich bedenkliche)[7] entsprechende Bestimmung in § 27 Abs. 3 AktG. Dass mit diesem neuen Recht, verkürzt formuliert, auf eine verdeckte Sacheinlage angelegte Kaufverträge zwar unzulässig sind, unzulässigerweise(!) abgeschlossene Kaufverträge aber ausgeführt werden müssen, ist ein offenkundiger Wertungswiderspruch. Dieser Widerspruch ist im Gesetz angelegt und bei der Rechtsanwendung zu berücksichtigen;[8] überzeugende Rechtssetzung sieht allerdings anders aus.[9]

---

[2] Näher zum alten Recht statt anderer *Pentz* in: Rowedder/Schmidt-Leithoff, GmbHG, 4. Aufl. 2002, § 19 Rn. 110 ff.; *Ulmer* in: Ulmer/Habersack/Winter, GmbHG, 2005, § 5 Rn. 164 ff., § 19 Rn. 85 ff.; *H. Winter/H. P. Westermann* in: Scholz, GmbHG, 10. Aufl. 2006, § 5 Rn. 76 ff.; *U.H. Schneider/H. P. Westermann* in: Scholz aaO § 19 Rn. 124 ff.

[3] BGHZ 180, 38 = NJW 2009, 2375 - Qivive bei Tz. 8; BGH NJW 2010, 1948 - Adcocom bei Tz. 11; näher *Pentz* in: FS K. Schmidt, 2009, S. 1265, 1273; *ders.* GmbHR 2009, 126, 127; GmbHR 2009, 505, 507 f.; für das Aktienrecht gilt insoweit nichts anderes, mit Recht *Hüffer* AktG, 9. Aufl. 2010, § 27 Rn. 25: „gewählte Umschreibung ist deshalb eine falsa demonstratio".

[4] BGH NJW 2010, 1948, 1953 Tz. 45 – Adcocom.

[5] *Pentz* GWR 2010, 285 f.

[6] Gesetz zur Umsetzung der Aktionärsrichtlinie (ARUG) vom 30.7.2009, BGBl. I S. 2479, in Kraft getreten am 1.1.2009.

[7] Die Bedenklichkeit rührt daher, dass die europarechtlich durch die Kapitalrichtlinie vorgegebenen und als umgehungsfest anzusehende (MünchKommAktG/*Pentz* 3. Aufl. 2008, § 27 Rn. 87) Unterscheidung zwischen Bar- und Sacheinlage durch das neue Recht im Ergebnis nivelliert wird; auf ein Sanktionsgefälle kommt es insoweit nicht an, aA *Bayer/J. Schmidt* ZGR 2009, 805, 832 f.; *Habersack* AG 2009, 557, 559 f.; *ders.* GWR 2009, 129, 132.

[8] S. auch BGH NJW 2010, 1948, 1954 Tz. 58 – Adcocom.

[9] Treffend *Goette* (Fn. 1) Einf. Rn. 31 mit Fn. 20: „Einen Gesetzgeber, der nun die Erfahrungen aus dem Steuerrecht mit Nichtanwendungsgesetzen auf das Gesellschaftsrecht überträgt, werden solche dogmatischen Zweifelsfragen weniger stören."; zur rechtsdogmatischen Kritik an der gewählten „Anrechnungslösung" und der Übergangsregelung in § 3 Abs. 4 EGGmbHG vgl. mit Unterschieden statt anderer *Mayer-Reimer/Wenzel* ZIP 2008, 1449, 1452; *Pentz* in: FS K. Schmidt, 2009, S. 1265, 1275 ff., 1281 ff.; *ders.* GmbHR 2009, 126, 127 ff.; *ders.* GmbHR 505, 506 f.; *Ulmer* ZIP 2009, 293, 294 ff.; *Veil/Werner* GmbHR 2009, 729 735; *Bayer* in: Lutter/Hommelhoff, GmbHG, 17. Aufl. 2009, § 19 Rn. 51; *Veil* in: Scholz, GmbHG, 10. Aufl. 2010, Nachtrag MoMiG, § 19 Rn. 19, jeweils mwN.

Das neue Recht der verdeckten Sacheinlage wirft mehr Fragen auf als es löst. Es ist daher zu begrüßen, dass der II. Zivilsenat des BGH unter dem Vorsitz des *Jubilars* ersichtlich jede sich bislang bietende Gelegenheit dazu genutzt hat, mit grundlegenden Entscheidungen die für die Praxis notwendige Klarheit zu schaffen.[10] Eine der nach neuem Recht nach wie vor stark umstrittenen und einer Klärung durch den BGH harrenden Fragen zum Recht der verdeckten Sacheinlage ist die nach der Anwendbarkeit des § 19 Abs. 4 GmbHG auf die Unternehmergesellschaft (haftungsbeschränkt). Hintergrund der Auseinandersetzung ist dabei § 5a Abs. 2 S. 2 GmbHG, wonach Sacheinlagen bei der Unternehmergesellschaft (haftungsbeschränkt) „ausgeschlossen" sind. Die Reichweite dieser Anordnung ist unklar: Folgt hieraus, dass aufgrund des Ausschlusses der Sacheinlage konsequenterweise auch verdeckte Sacheinlagen unzulässig oder gar unmöglich sind, und wenn ja, was sind dann die Rechtsfolgen eines Verstoßes? Oder aber folgt aus dem Paradigmenwechsel des neuen Rechts, das sich jetzt in § 19 Abs. 4 GmbHG mit der Zuführung eines Wertes begnügt, dass es trotz des Ausschlusses der Sacheinlage bei der Unternehmergesellschaft (haftungsbeschränkt) die Möglichkeit verdeckter Sacheinlagen gibt?

Man mag bereits über die Sinnhaftigkeit dieser ebenfalls durch das MoMiG eingeführten „kleinen" GmbH mit einem Mindestkapital von lediglich einem Euro streiten,[11] und nicht zuletzt der *Jubilar* hat – zu Recht[12] – schon frühzeitig und nachdrücklich vor einer Herabsetzung des Mindeststammkapitals gewarnt.[13] Das hinter der Zulassung einer solchen, als Antwort auf die englische Limited gemeinten, in ihrer Notwendigkeit allerdings nicht näher überprüften[14] Rechtsform stehende „caveat creditor"-Prinzip wirkt in einer wirtschaftlich immer schneller werdenden Welt eher lebensfremd. Wie wenig es zum Internet-Zeitalter passt, verdeutlicht beispielsweise der Umstand, dass bei dem weltgrößten Internethändler Amazon Corp. die externen Anbieter im Regelfall nicht unmittelbar offen gelegt werden und sich der interessierte Kunde die Rechtsform seines Anbieters nur über weitere Schritte ermitteln kann.[15] Wem die Unternehmergesellschaft (haftungsbeschränkt) vor diesem Hintergrund rechtspolitisch ein Dorn im Auge ist, mag im Ausgangspunkt geneigt sein, sie einer besonders strengen Handhabung zu unterziehen und die Lockerungen des § 19 Abs. 4 GmbHG für unanwendbar zu halten. Wer demgegenüber geschäftlich eher unerfahrene Personen als Nutzer dieser Rechtsform und den Charakter der Unternehmergesellschaft (haftungsbeschränkt) als Unterform der GmbH im Blick hat, wird – dem Zeitgeist[16] folgend – mehr dazu neigen, die Anwendung der seit einigen Jahren plötzlich als unangemessen hart empfundenen Rechtsfolgen unwirksamer Einlageleistungen auf gerade diesen Personenkreis für überzogen zu halten. Beide Auffassungen spiegeln sich deshalb auch in der derzeit geführten Diskussion wieder.

---

[10] BGHZ 180, 38 = NJW 2009, 2375 – Qivive; BGH NJW 2010, 343 – Eurobike; NJW 2010, 1948 – Adcocom.

[11] Statistisches bei *Bayer/Hoffmann* GmbHR 2009, 124 ff.; *Niemeier* Status:Recht 2009, 184 f.

[12] Kritisch auch bereits *Pentz* in: VGR (Hrsg.), Gesellschaftsrecht in der Diskussion 2006, 2007, S. 116, 123 ff.

[13] Stellungnahme im Rahmen der öffentlichen Anhörung zum MoMiG am 23.1.2008, abrufbar etwa unter http://www.jura.uni-duesseldorf.de/dozenten/noack/Rechtspolitik/data/Sachverständiger_Goette.pdf (noch zu der seinerzeit geplanten Herabsetzung des Mindeststammkapitals auf 10.000 Euro). Bemerkenswert ist, dass der als Warnhinweis gemeinte Zusatz „haftungsbeschränkt" verbreitet gar nicht geführt wird.

[14] Im Zeitpunkt der Einführung des MoMiG war die Limited bereits wieder auf dem Rückzug und für die UG (haftungsbeschränkt) bestand kein wirklicher Anlass, vgl. die Untersuchungen bei *Niemeier* ZIP 2007, 1794; *ders.* Status:Recht 2007, 246; *ders.* Status:Recht 2009, 165.

[15] Zu weiteren Bedenken gegen die UG (haftungsbeschränkt) und insbesondere zu den mit dem MoMiG vorgenommenen Haftungsverschiebungen zulasten der Geschäftsführer vgl. statt anderer nur *Goette* (Fn. 1) Einf. Rn. 11, 35 ff.; *Pentz* in: FS K. Schmidt, 2009, S. 115, 135 f.; *K. Schmidt* ZIP 2006, 1925, 1932 f.; *ders.* GmbHR 2008, 449 ff.; *ders.* BB 2008, 461 ff.

[16] S. in diesem Zusammenhang auch *Goette* (Fn. 1) Einf. Rn. 37 ff.

Nachdem der *Jubilar* auf die Klärungsbedürftigkeit dieser Frage bereits hingewiesen und sich – vorsichtig – im Sinne einer Anwendbarkeit des § 19 Abs. 4 GmbHG auf die Unternehmergesellschaft (haftungsbeschränkt) ausgesprochen hat,[17] hofft der *Verf.*, mit der nachstehenden Untersuchung auf das Interesse des *Jubilars* zu stoßen.

II. Meinungsstand zur Anwendung des § 19 Abs. 4 GmbHG bei der Unternehmergesellschaft (haftungsbeschränkt)

Untersucht man den Meinungsstand zur Anwendung des § 19 Abs. 4 GmbHG bei der Unternehmergesellschaft (haftungsbeschränkt), lassen sich drei Auffassungen unterscheiden. Am weitesten geht die Auffassung, nach der diese Regelung wegen § 5 Abs. 2 S. 2 GmbHG von vornherein ausscheidet (s. 1.). Soweit das Phänomen der verdeckten Sacheinlage auch bei der Unternehmergesellschaft (haftungsbeschränkt) für möglich gehalten wird, stehen sich zur Frage der Unanwendbarkeit bzw. der Anwendbarkeit des neuen Rechts zwei starke Auffassungen gegenüber (s. 2a, b).

1. Genereller Ausschluss des § 19 Abs. 4 GmbHG bei der Unternehmergesellschaft (haftungsbeschränkt)

Von vornherein nicht zur Frage der Anwendbarkeit von § 19 Abs. 4 kommt die Auffassung, nach der verdeckte Sacheinlagen bei der Unternehmergesellschaft (haftungsbeschränkt) schon im Ansatz nicht in Betracht kommen. Begründet wird dies damit, dass die Lehre von der verdeckten Sacheinlage darauf beruhe, dass eine Sacheinlage nach den dafür geltenden besonderen Regeln hätte erbracht werden können und dass diese besonderen Regeln bei einer die Sacheinlage verdeckenden Bargründung nicht eingehalten worden sind. Fehlten jedoch, wie dies bei der Unternehmergesellschaft (haftungsbeschränkt) wegen § 5 Abs. 2 S. 2 GmbHG der Fall sei, derartige Regeln für die Sacheinlage, könne von ihrer Nichtanwendung durch die Bargründung keine Rede mehr sein. In Betracht komme lediglich noch ein Fall des Hin- und Herzahlens.[18]

2. Kein genereller Ausschluss des § 19 Abs. 4 GmbHG bei der Unternehmergesellschaft (haftungsbeschränkt)

Im Rahmen der Auffassung, die die Anwendung des § 19 Abs. 4 GmbHG bei der Unternehmergesellschaft (haftungsbeschränkt) nicht schon von vornherein ausschließt, finden sich zwei konträr gegenüber stehende Ansichten:[19] Nach der ersten Meinung wird eine Anwendung des § 19 Abs. 4 GmbHG auf die Unternehmergesellschaft (haftungsbeschränkt) für ausgeschlossen gehalten (s. 1.), die anderen Auffassung bejaht demgegenüber die Anwendbarkeit dieser Bestimmung (s. 2.).

a) Unanwendbarkeit von § 19 Abs. 4 GmbHG

Die Auffassung, die eine Anwendbarkeit von § 19 Abs. 4 GmbHG auf die Unternehmergesellschaft (haftungsbeschränkt) verneint, versteht § 5a Abs. 2 S. 2 GmbHG im Sinne eines Verbots von Sacheinlagen. Wenn jedoch Sacheinlagen dort verboten seien, sei es wertungswidersprüchlich, offene Sachanlagen auszuschließen, verdeckte Sacheinlage jedoch über § 19 Abs. 4 GmbHG zuzulassen. § 5a Abs. 2 S. 2 GmbHG sei deshalb gegenüber § 19 Abs. 4

[17] *Goette* (Fn. 1) Einf. Rn. 44; *ders.* in: Goette/Habersack (Hrsg.), Das MoMiG in Wissenschaft und Praxis, 2009, 9.24.

[18] *Joost* ZIP 2007, 2242, 2244; ebenso *Schäfer* in: Bork/Schäfer, GmbHG, 2010, § 5a Rn. 23.

[19] Das Ergebnis bleibt letztlich offen bei *H. P. Westermann* in: Scholz, GmbHG, 10. Aufl. 2010, Nachtrag MoMiG, § 5a Rn. 19; *Roth* in: Roth/Altmeppen, GmbHG, 6. Aufl. 2009, § 5a Rn. 15.

GmbHG die speziellere Vorschrift und schließe diese aus. Konsequenterweise seien von dieser Vorschrift Sacheinlagen allgemeinen erfasst, also sowohl offene als auch verdeckte und ebenso eine Annahme an Erfüllungs Statt. Im Falle eines Verstoßes gegen das Verbot des § 5a Abs. 2 S. 2 GmbHG sei die zu Grunde liegende Vereinbarung nach § 134 BGB unwirksam und die Bareinlagepflicht wegen eines nicht offen gelegten Hin- und Herzahlens und mangels vollwertigen Rückgewähranspruchs nicht erfüllt.[20]

b) Anwendbarkeit von § 19 Abs. 4 GmbHG

Dem steht die Meinung gegenüber, die § 19 Abs. 4 GmbHG auch auf die Unternehmungsgesellschaft (haftungsbeschränkt) anwenden will. Diese Auffassung stützt sich auf verschiedene Erwägungen: Zunächst seien die allgemeinen Vorschriften der Kapitalaufbringung dem Wortlaut von § 5a GmbHG zufolge auch auf die Unternehmergesellschaft anzuwenden und § 5a Abs. 2 S. 2 GmbHG nicht als Verbot zu verstehen. Weiter habe das MoMiG die früheren Rechtsfolgen der verdeckten Sacheinlage abschaffen wollen, wodurch gerade auch rechtlich nicht beratene Gesellschafter besser gestellt werden sollten. Zudem solle das Sacheinlageverbot der Vereinfachung und der Beschleunigung des Gründungsprozesses dienen, nicht aber dem Gläubigerschutz, und eine Anwendung des strengeren Rechts ausgerechnet auf die Unternehmergesellschaft (haftungsbeschränkt) sei wertungsmäßig nicht begründbar und der durch § 19 Abs. 4 gewährleistete Gläubigerschutz hinreichend.[21]

III. Stellungnahme

1. Keine klare gesetzliche Vorgabe in § 5a GmbHG, Schweigen der Gesetzesmaterialien

Im Rahmen einer Stellungnahme ist in einem ersten Schritt zur Frage der Anwendbarkeit des Instituts der verdeckten Sacheinlage bzw. des § 19 Abs. 4 GmbHG auf die Unter-

[20] *Bormann* GmbHR 2007, 897, 901; *Bormann/Urlichs* GmbHR-Sonderheft Oktober 2008, 37, 42; *Gasteyer* NZG 2009, 1364, 1365; *Hirte* ZInsO 2008, 934; *König/Bormann* DNotZ 2008, 652, 656 f.; *Schall* ZGR 2009, 126, 152; *Ulmer* GmbHR 2010, 1298, 1301 ff.; *Wachter* GmbHR-Sonderheft Oktober 2008, 25, 32 f.; *Weber* BB 2009, 842, 845; *Friedel* in: Bormann/Kauka/Ockelmann (Hrsg.), Hdb. GmbH-Recht, 2009, Kap. 3 Rn. 37; *Heckschen* Das MoMiG in der notariellen Praxis, 2009, Rn. 191 f.; *Heckschen* in Heckschen/Heidinger, Die GmbH, 2. Aufl. 2009, § 5 Rn. 52; *Hirte* Kapitalgesellschaftsrecht, 6. Aufl. 2009, Rn. 5.45c; *Fastrich* in: Baumbach/Hueck, GmbHG, 19. Aufl. 2010, § 5a Rn. 12; MünchKommGmbHG/*Märtens* 2010, § 19 Rn. 172; *Wicke* GmbHG, 2008, § 5a Rn. 8; *Ziemons* in: BeckOK GmbHG § 19 Rn. 170; *Miras* Die Unternehmergesellschaft, 2008, Rn. 155, 350 ff. und *ders.* in: Michalski, GmbHG, 2. Aufl. 2010, § 5a Rn. 42 ff. – soweit dort allerdings hinsichtlich der Rechtsfolgen auf die Rechtsprechung vor Einführung des § 19 Abs. 4 GmbHG abgestellt wird, fehlt seit der Änderung des § 27 Abs. 3 AktG durch das ARUG – vgl. Fn. 6 – die hierfür notwendige (vgl. *Pentz* ZIP 2003, 2093, 2099 f.) Grundlage.

[21] Mit Unterschieden im Einzelnen *Gehrlein* Konzern 2007, 771, 779; *Habersack* GWR 2010, 107; *Heinze* GmbHR 2008, 1065, 1066, *Hennrichs* NZG 2009, 1161, 1164; *Herrler* DB 2008, 2347, 2349; *Römermann* NJW 2010, 905, 907; *Römermann/Passarge* ZIP 2009, 1497, 1502; *Veil* ZGR 2009, 623, 631 f.; *Wälzholz* GmbHR 2008, 841, 843 f.; *ders.* in: GmbH-Hdb. I, Rn. 556; *Witt* ZIP 2009, 1102, 1105; *Bunnemann* in: Bunnemann/Zirngibl, Auswirkungen des MoMiG auf bestehende GmbHs, 2008, § 6 Rn. 34; *Flore/Traut* Die Unternehmergesellschaft, 2009, S. 46; *Grigoleit/Rieder* GmbH-Recht nach dem MoMiG, 2009, Rn. 181; *Gehrlein* Das neue GmbH-Recht, 2009, Teil 1 Rn. 27; *Gehrlein/Witt* GmbH-Recht in der Praxis, 2. Aufl. 2008, 1. Kap. Rn. 79; *Goette* (Fn. 17) 9.24; *Bartels* in: Bork/Schäfer, GmbHG, 2010, § 19 Rn. 26; *Bayer* in: Lutter/Hommelhoff, GmbHG, 17. Aufl. 2009, § 19 Rn. 59; *Lutter* in: Lutter/Hommelhoff, GmbHG, 17. Aufl. 2009, § 5a Rn. 13; MünchKommGmbHG/*Rieder* 2010, § 5a Rn. 23; in diese Richtung tendierend auch *H. P. Westermann* in: Scholz, GmbHG, 10. Aufl. 2010, Nachtrag MoMiG, § 5a Rn. 19; *Roth* in: Roth/Altmeppen, GmbHG, 6. Aufl. 2009, § 5a Rn. 15.

nehmergesellschaft (haftungsbeschränkt) festzustellen, dass sich die Lösung weder unmittelbar noch mittelbar aus dem Gesetz oder den Materialien entnehmen lässt.

a) Wortlaut des § 5a GmbHG

Der Gesetzeswortlaut in § 5a Abs. 2 S. 2 GmbHG ist als solcher unergiebig. Dem Gesetz lässt sich auch kein mittelbarer Hinweis zu der hier zu untersuchenden Problematik entnehmen. Zwar könnte man in Anlehnung an die BGH-Rechtsprechung zur Frage der verdeckten Sacheinlage bei Dienstleistungen[22] die Auffassung vertreten, dass dann, wenn das Gesetz die Einbringung des konkreten Gegenstands als Sacheinlage nicht zur Verfügung stelle, keine Vorschriften umgangen würden. Vor diesem Hintergrund spräche durchaus einiges für die teilweise vertretene Auffassung,[23] § 5a Abs. 2 S. 2 GmbHG versperre von vornherein den Weg zur Lehre von der verdeckten Sacheinlage.

Abstrakt lässt sich dies jedoch allein am Wortlaut dieser Bestimmung noch nicht eindeutig beantworten, weil für eine derartige Aussage zunächst einmal der Sinn und Zweck dieser Bestimmung feststehen müsste. Denn wenn das Gesetz in § 5a Abs. 2 S. 2 GmbHG etwa nur Vereinfachungszwecke verfolgen sollte, wäre zumindest im Ansatz die Tür zu einer Anwendung von § 19 Abs. 4 GmbHG geöffnet. Denn in der Tat kann man sich – hier noch ungeachtet etwaiger Gegenargumente – durchaus fragen, ob es wertungsmäßig stimmig ist, den Kapitalschutz bei der Unternehmergesellschaft (haftungsbeschränkt) strenger auszugestalten als den bei der GmbH.

b) Schweigen der Gesetzesmaterialien

Den Gesetzesmaterialien lässt sich zur Frage der Anwendung des Instituts der verdeckten Sacheinlage bei der Unternehmergesellschaft (haftungsbeschränkt) bzw. der Anwendung des § 19 Abs. 4 GmbHG ebenfalls nichts entnehmen. Die Materialien[24] befassen sich weder im Zusammenhang mit § 5a GmbHG noch bei § 19 GmbHG mit der Frage der verdeckten Sacheinlage bei dieser Form der GmbH.

2. Gesetzessystematik und Wortlaut von § 19 Abs. 4 GmbHG

Nachdem der Wortlaut von § 5a GmbHG für die Beantwortung der dargestellten Problematik nicht ergiebig ist, stellt sich in einem zweiten Schritt die Frage, ob wenigstens aus der Gesetzessystematik und dem Wortlaut von § 19 Abs. 4 GmbHG Rückschlüsse für die Beantwortung der hier zu untersuchenden Fragen gezogen werden können. Vordergründig scheint beides zu passen:

Auf die Unternehmergesellschaft (haftungsbeschränkt) sind vorbehaltlich der durch § 5a GmbHG gemachten Ausnahmen im Grundsatz sämtliche Bestimmungen des GmbHG anwendbar; insoweit wäre der Weg für eine Anwendung von § 19 Abs. 4 GmbHG grundsätzlich frei.[25] Auch der Gesetzeswortlaut von § 19 Abs. 4 S. 1 GmbHG scheint zunächst auf die Unternehmergesellschaft (haftungsbeschränkt) zu passen. Denn die verdeckte Sacheinlage wird dort umschrieben als „eine Geldeinlage eines Gesellschafters", die „bei wirtschaftlicher Betrachtung und aufgrund einer im Zusammenhang mit der Übernahme der Geldeinlage getroffenen Abrede … als Sacheinlage zu bewerten" ist.

Wenn hiernach aber eine verdeckte Sacheinlage eine „Geldeinlage" ist, die lediglich als Sacheinlage bewertet werden muss, dann ließe sich mit Blick auf § 5a Abs. 2 S. 2 GmbHG

---

[22] BGHZ 180, 38 = NJW 2009, 2375 – Qivive; BGH NJW 2010, 1747 Tz. 15 – Eurobike mwN; zur Bedeutung der Sacheinlagefähigkeit s. auch *Bayer/Lieder* NZG 2010, 86 ff.; *Pentz* GmbHR 2009, 505, 508 ff.; *Habersack* GWR 2009, 129 ff.

[23] *Joost* ZIP 2007, 2242, 2244; ebenso *Schäfer* in: Bork/Schäfer, GmbHG, 2010, § 5a Rn. 23.

[24] Vgl. hierzu bei *Goette* (Fn. 17) S. 174 ff., 244 ff.

[25] Statt anderer *Schäfer* in: Bork/Schäfer, GmbHG, 2010, § 5a Rn. 7 f. mwN.

immerhin argumentieren, dass man es im Zusammenhang mit der verdeckten Sacheinlage – zumindest aus Sicht der Gesetzesformulierung – der Sache nach mit einer „Geldeinlage" zu tun habe. So verstanden stünde der Ausschluss von Sacheinlagen in § 5a Abs. 2 S. 2 GmbHG der Anwendung von § 19 Abs. 4 GmbHG nicht entgegen.

3. Argumentation aus Systematik und Wortlaut gleichwohl nicht überzeugend

Bei näherer Betrachtung verliert der Hinweis auf die Formulierung von § 19 Abs. 4 S. 1 GmbHG allerdings seine Überzeugungskraft:

Die in § 19 Abs. 4 S. 1 GmbHG gewählte Umschreibung der verdeckten Sacheinlage stellt entgegen der verbreitet zu findenden Darstellung in der Literatur keineswegs eine Übernahme der in der Rechtsprechung des II. Zivilsenats verwendeten Definition dar. § 19 Abs. 4 S. 1 GmbHG enthält vielmehr eine verunglückte Formulierung, die das tatsächlich Gewollte eher verdunkelt als erhellt. Denn nach der (zwar im Einzelnen geringfügig variierenden, im Kern aber gleichen) Umschreibung des II. Zivilsenats liegt eine verdeckte Sacheinlage dann vor,

> „wenn die gesetzlichen Regeln für Sacheinlagen dadurch unterlaufen werden, dass zwar eine Bareinlage beschlossen/verlautbart wird, die Gesellschaft aber bei wirtschaftlicher Betrachtung von dem Einleger aufgrund einer im Zusammenhang mit der Übernahme der Einlage getroffenen Verwendungsabsprache einen Sachwert erhalten soll."[26]

Mit einer „Geldeinlage", die als „Sacheinlage" zu bewerten ist, hat die verdeckte Sacheinlage mithin nichts zu tun. Es geht vielmehr um die Erfassung von Umgehungstatbeständen, in denen die gesetzliche Unterscheidung zwischen der Bar- und der Sachgründung im Ergebnis umgangen wird. Wenn der II. Zivilsenat gleichwohl auch nach der Kodifizierung der verdeckten Sacheinlage in § 19 Abs. 4 S. 1 GmbHG – zu Recht – an seiner herkömmlichen Definition festhält, liegt dies daran, dass mit der gesetzlichen Umschreibung keine Änderung gegenüber dem bisherigen Rechtszustand herbeigeführt, sondern die bisherigen Grundsätze beibehalten werden sollten.[27]

Mit dieser Feststellung befindet man sich nun wieder am Ausgangspunkt der Untersuchung, weil sich vor diesem Hintergrund nicht sagen lässt, ob aus der Formulierung des § 19 Abs. 4 S. 1 GmbHG tatsächlich Rückschlüsse gezogen werden können; der Wortlaut passt, der materielle Inhalt dagegen nicht.

4. Zum Sinn und Zweck des Ausschlusses der Sacheinlage

Mit Blick auf den vorstehenden Befund stellt sich die Frage, inwieweit aus dem Sinn und Zweck des Ausschlusses der Sacheinlage bei der Unternehmergesellschaft (haftungsbeschränkt) Rückschlüsse für die hier zu beantwortenden Fragen gezogen werden können. Die Gesetzesmaterialien sind indessen nicht eindeutig (s. a) und in der Literatur werden hierzu unterschiedliche Auffassungen vertreten (s. b):

a) Gesetzesmaterialien

Die erst im Regierungsentwurf vorgesehene Unternehmergesellschaft (haftungsbeschränkt) soll es den Materialien zufolge als „GmbH in der Variante der haftungsbeschränkten Unternehmergesellschaft … jungen Existenzgründern sehr einfach machen, ihre unter-

---

[26] BGH NJW 2010, 1948, 1949 Tz. 11 – Adcocom, mit Hinweis auf BGHZ 182, 103 Tz. 10 – cash pool II; BGHZ 180, 38 Tz. 38 – Qivive; BGHZ 175, 265 – Rheinmöve; BGHZ 173, 145 Tz. 14 – Lurgi I; BGHZ 170, 47 Tz. 11; BGHZ 166, 8 Tz. 11 – Cash Pool I; BGHZ 155, 329, 334; BGH NZG 2010, 343 Tz. 15 – Eurobike; NZG 2008, 311 Tz. 12.

[27] Näher *Pentz* in: FS K. Schmidt, 2009, S. 1265, 1273; *ders.* GmbHR 2009, 126, 127; GmbHR 2009, 505, 507 f.; weitere Kritik am Gesetzeswortlaut bei *Bayer* in: Lutter/Hommelhoff, GmbHG, 17. Aufl. 2009, § 19 Rn. 50.

nehmerischen Ziele in Angriff zu nehmen".[28] Zum Volleinzahlungsgebot bei der Kapitalaufbringung (§ 5a Abs. 2 S. 1 GmbHG) findet sich einerseits der Hinweis auf die Wahlmöglichkeit bei der Höhe des Stammkapitals, was eine Halbeinzahlung entbehrlich mache. Nachdem jede GmbH nach der Gründung jedoch gewisse Barmittel für die Anfangszeit benötige, könnten diese von den Gründern als „Mindeststammkapital"(?) gewählt, müssten dann jedoch auch in bar eingezahlt werden. Zum Ausschluss der Sacheinlage nach § 5a Abs. 2 S. 2 GmbHG konkret findet sich lediglich folgender Satz: „Sacheinlagen sind nicht erforderlich und deshalb nicht zulässig".[29]

Die Auffassung, bei der Unternehmergesellschaft (haftungsbeschränkt) bestehe für Sacheinlagen keine Erforderlichkeit, beruht, wie die seitherige Praxis zeigt, rechtstatsächlich auf einer Fehleinschätzung. Auch bei dieser Form der GmbH dürfte eher das Gegenteil richtig sein,[30] zumal § 20 UmwStG für die Einbringung von Betriebsvermögen den hierauf beruhenden Anteilserwerb verlangt. Ungeachtet dieses Umstands lassen sich aus dem zitierten Satz der Regierungsbegründung für die hier in Rede stehende Frage keine Rückschlüsse gewinnen. Denn es wird nicht deutlich, worauf die (angeblich) mangelnde Erforderlichkeit im Einzelnen beruhen soll und wie vor diesem Hintergrund der Ausschluss der Sacheinlage materiell einzuordnen ist. Es liegt nahe, dass die hiermit verbundenen Zweifelsfragen während der Gesetzgebungsarbeiten nicht gesehen geworden sind.[31]

b) Meinungsstand in der Literatur

In der Literatur wird zum Ausschluss der Sachgründung darauf verwiesen, dass diese Gründungsform dem Vereinfachungs- und Beschleunigungsziel des Gesetzes entgegenstünde[32] und die Gründer das Stammkapital in einer Höhe festsetzen sollten, die im Rahmen ihrer finanziellen Möglichkeiten zur Barzahlung liege.[33] Versteht man die Regelung des § 5a Abs. 2 S. 2 GmbHG in diesem Sinne, liegen ihr keine Aspekte des Gläubigerschutzes zugrunde. Nach anderer Auffassung jedoch erschöpft diese Betrachtung wegen § 2 Abs. 1a GmbHG den Gesetzeszweck noch nicht vollständig: Da bereits über Nr. 3 des Musterprotokolls Sacheinlagen ausgeschlossen seien, müsse der Bestimmung in § 5a Abs. 2 S. 2 GmbHG ein zusätzlicher Regelungsgrund zugrunde liegen, und dieser sei in der Missbrauchsanfälligkeit der Sacheinlage zu sehen; wenn die Gründer das Stammkapital nahezu beliebig bestimmen könnten, seien Sacheinlagen nicht erforderlich und aus diesem Grunde unzulässig.[34] So verstanden würde § 5a Abs. 2 S. 2 GmbHG auch den Gläubigerschutz umfassen.

5. Kein Abstellen auf „nicht beratene Gründer" als Adressaten

Nachdem sich auch zum Gesetzeszweck keine eindeutigen Vorgaben gewinnen lassen, stellt sich die Frage, ob der Lösungsansatz über den Kreis der – angeblichen – Adressaten der Unternehmergesellschaft (haftungsbeschränkt), nämlich der „rechtlich nicht beratenen Gründer", entwickelt werden kann.

Dieser in der Literatur vertretenen Lösungsansatz könnte sich immerhin darauf berufen, dass sich in den Gesetzesmaterialien im Zusammenhang mit der Neuregelung des Rechts der verdeckten Sacheinlage unter anderem der Hinweis findet, es dürfe „an den gesell-

---

[28] Begr. RegE, abgedruckt bei *Goette* (Fn. 17) S. 174.

[29] Begr. RegE, abgedruckt bei *Goette* (Fn. 17) S. 175 f.

[30] Kritisch auch *Miras* in: Michalski, GmbHG, 2. Aufl. 2010, § 5a Rn. 36; MünchKommGmbHG/*Rieder* 2010, § 5a Rn. 20.

[31] In diesem Sinne auch MünchKommGmbHG/*Rieder* 2010, § 5a Rn. 20.

[32] *Roth* in: Roth/Altmeppen, GmbHG, 6. Aufl. 2009, § 5a Rn. 15; MünchKommGmbHG/*Rieder* 2010, § 5a Rn. 19.

[33] *Miras* in: Michalski, GmbHG, 2. Aufl. 2010, § 5a Rn. 35.

[34] *Schäfer* in: Bork/Schäfer, GmbHG, 2010, § 5a Rn. 20.

schaftsrechtlichen Kenntnisstand der Beteiligten im Bereich kleinerer und mittelständischer Unternehmen keine überzogenen Erwartungen" gestellt werden. Die Betroffenen würden „sehr häufig von der Aufdeckung unerkannter verdeckter Sacheinlagen überrascht und von ihren Folgen hart getroffen", was „nicht Sinn einer gesetzlichen Regelung" sei (sein dürfe?).[35] Vor diesem Hintergrund könnte man tatsächlich die Auffassung vertreten, dass wenn schon „rechtlich beratene" GmbH-Gründer durch die Neuregelung entlastet werden sollten, dies erst recht für „rechtlich nicht beratene" Gründer einer Unternehmergesellschaft (haftungsbeschränkt) gelten müsse.

Ein überzeugender Lösungsansatz lässt sich allerdings auch hieraus nicht entwickeln. Zunächst sind Äußerungen in den Gesetzesmaterialien für die Rechtsanwendung nicht bindend,[36] auch wenn sie natürlich Hinweise zum Regelungsmodell geben können. Bedeutsamer ist allerdings der Umstand, dass der „rechtlich nicht beratene Gründer" als typischer Adressat des § 5a GmbHG nur auf einer nicht näher belegten Vermutung beruht. Die Praxis zeigt hier ein durchaus anderes Bild. Zum anderen gilt Entsprechendes hinsichtlich der (angeblichen) Eigenschaften des Nutzerkreises, die schon mit Blick auf die Notwendigkeit der notariellen Beurkundung[37] und die hiermit verbundene, der „echten" GmbH-Gründung entsprechenden Belehrung nicht überzeugt. Vor allem jedoch erscheint eine Ausgestaltung des vorliegend möglicherweise betroffenen Gläubigerschutzes daran, ob die Gründer einer Gesellschaft mehr oder weniger wissen, was sie tun, auch dogmatisch kaum überzeugend.

6. Eigener Ansatz: Analogie zu § 19 Abs. 4 GmbHG

Nach dem Vorstehenden lassen sich weder dem Gesetz noch seiner Systematik oder dem Sinn und Zweck von § 5a Abs. 2 S. 2 GmbHG eindeutige Vorgaben für die vorliegend zu untersuchende Problematik entnehmen. Im Ergebnis handelt es sich vor diesem Hintergrund bei der Frage nach der Anwendbarkeit des Instituts der verdeckten Sacheinlage und, darauf aufbauend, die nach der Anwendbarkeit von § 19 Abs. 4 GmbHG um ein *Analogieproblem*. Denn eine unmittelbare Anwendung von § 19 Abs. 4 GmbHG scheidet aus (s. a) und es geht im Kern um die Frage, ob die auf eine verdeckte Sacheinlage zugeschnittene Regelung auch auf eine andersartige Gestaltung angewandt werden kann (s. b), was angesichts der Vergleichbarkeit der betreffenden Gestaltungen und mangels entgegenstehender gesetzlicher Wertungen zu bejahen ist (s. c). In diesem Zusammenhang wird sich erweisen, dass in diesem Rahmen auf Aspekte der bisherigen Diskussion zurückgegriffen werden kann, wenn auch in einem teilweise anderen Kontext:

a) Keine unmittelbare Anwendung von § 19 Abs. 4 GmbHG

Eine unmittelbare Anwendung von § 19 Abs. 4 GmbHG auf die Unternehmergesellschaft (haftungsbeschränkt) scheidet aus. Zwar scheint der Gesetzeswortlaut in § 19 Abs. 4 S. 1 GmbHG insoweit zu passen, als die verdeckte Sacheinlage dort als „Geldeinlage" verstanden wird, die lediglich als „Sacheinlage" bewertet werden muss. Tatsächlich geht es bei diesem Phänomen jedoch ungeachtet der verunglückten Gesetzesformulierung um die Erfassung von Umgehungsgestaltungen (vgl. 3.), nämlich um solche, bei denen die Bestimmungen zur Sacheinlage durch die Aufspaltung eines wirtschaftlich einheitlichen Vorgangs in zwei oder mehrere Akte unterlaufen werden sollen.[38]

Wenn bei der Unternehmergesellschaft (haftungsbeschränkt) die Einbringung einer Sacheinlage wegen § 5a Abs. 2 S. 2 GmbHG rechtlich nicht möglich ist, scheitert eine unmittelbare Anwendung von § 19 Abs. 4 GmbHG an der hierfür erforderlichen Umge-

---

[35] Begr. RegE, abgedruckt bei *Goette* (Fn. 17) S. 245.

[36] *Larenz/Canaris* Methodenlehre der Rechtswissenschaft, 3. Aufl. 1995, S. 149 f.

[37] Statt aller *Lutter* in: Lutter/Hommelhoff, GmbHG, 17. Aufl. 2009, § 5a Rn. 7.

[38] *Pentz* in Rowedder/Schmidt-Leithoff, GmbHG, 4. Aufl. 2002, § 19 Rn. 111; *Pentz* in: FS K. Schmidt, 2009, S. 1265, 1269 ff., 1272 ff.

hung der Sacheinlagevorschriften. Denn wenn das Gesetz keine Sachgründung zur Verfügung stellt, können die hierfür geltenden Vorschriften auch nicht umgangen werden.

b) Maßgebliche Ausgangsfrage

Bei der Problematik der „verdeckten Sacheinlage" bei der Unternehmergesellschaft (haftungsbeschränkt) handelt es sich nicht um ein Problem der Nichteinhaltung von Sachgründungsvorschriften im Wege der Umgehung, sondern um ein Problem des Unterlaufens von § 5a Abs. 2 S. 2 GmbHG. Die maßgebliche Ausgangsfrage lautet damit, *ob der auf eine andere Gestaltung ausgerichtete § 19 Abs. 4 GmbHG entsprechend auf dieses Unterlaufen angewendet werden kann.* Diese Frage ist, um das Ergebnis vorwegzunehmen, zu bejahen.

c) Analogie zu § 19 Abs. 4 GmbHG

Die Zulässigkeit einer Analogie zu § 19 Abs. 4 GmbHG hängt im Ausgangspunkt davon ab, ob der geregelte Sachverhalt in den für die Wertung maßgeblichen Aspekten dem ungeregelten gleichgestellt werden kann bzw. muss, ob also allgemeine Normen oder dem Gesetz zu Grunde liegenden Wertungen und Prinzipien eine Gleichstellung des geregelten mit dem ungeregelten Fall gebieten. Es kommt darauf an, ob das Gesetz, gemessen an seiner eigenen Regelungsabsicht, in dem Sinne unvollständig ist, dass es eine Regelung vermissen lässt, die es seiner Teleologie nach aufweisen sollte.[39] In diesem Zusammenhang ist davon auszugehen, dass das Gesetz im Zweifel eine der Natur der Sache entsprechende Regelung beabsichtigt und die aus der Natur der Sache gewonnenen Prinzipien nicht nur als Mittel der Ausfüllung vorhandene Lücken dienen, sondern bereits als Maßstab für deren Feststellung zu verwenden sind.[40]

In diesem Rahmen sind im Folgenden zunächst die beiden Gestaltungen einander gegenüberzustellen und auf ihre Ähnlichkeit hin zu untersuchen. Insoweit wird sich erweisen, dass sich beide Gestaltungen in den maßgeblichen Wertungsaspekten stark ähneln (s. aa). In einem zweiten Schritt ist sodann der Frage nachzugehen, ob die den Regelungen zu Grunde liegenden Wertungen bzw. der Gesetzeszweck eine Analogie entgegenstehen. Hierzu wird sich zeigen, dass der Gesetzeszweck einer Analogie nicht nur nicht entgegensteht, sondern die Intention des neuen Rechts im Gegenteil eine Analogie zu § 19 Abs. 4 GmbHG gebietet (s. bb).

aa) Einander gegenüberstehende Gestaltungen

Betrachtet man die in § 5a Abs. 2 S. 2 GmbHG gegebene Gestaltung im Vergleich zu der § 19 Abs. 4 GmbHG zugrundeliegenden, ergibt sich im Ausgangspunkt Folgendes:

- In der § 5a Abs. 2 GmbHG zu Grunde liegenden Gestaltung schuldet der Inferent eine Bareinlage, weil das Gesetz von vornherein keine Sacheinlage zulässt.
- In der § 19 Abs. 4 GmbHG zu Grunde liegenden Gestaltung schuldet der Inferent eine Bareinlage, weil eine Sacheinlage in der Satzung nicht ordnungsgemäß festgesetzt worden ist. (Der Inferent wird lediglich später im Wege der Anrechnung von seiner Einlageschuld befreit).

Beide Fälle ähneln sich stark, weil beiden Regelungen ein Sacheinlageverbot zu Grunde liegt: Im Fall des § 5a Abs. 2 S. 2 GmbHG ist die Sacheinlage „ausgeschlossen". Jedenfalls für die Gründung[41] muss diese Formulierung als Verbot der Sacheinlage verstanden werden.

---

[39] Näher zu der für die Analogie erforderlichen Regelungslücke und die Nähe zum Gleichbehandlungsgebot *Larenz/Canaris* Methodenlehre der Rechtswissenschaft, 3. Aufl. 1995, S. 191 ff., 194 ff.

[40] *Canaris* Die Feststellung von Lücken im Gesetz, 2. Aufl. 1983, S. 120 f.

[41] Zur umstrittenen Reichweite dieses Verbots bei der Sachkapitalerhöhung im Zusammenhang mit dem Übergang zur „echten" GmbH vgl. statt anderer nur MünchKommGmbHG/*Rieder* 2010, § 5a Rn. 41 f.

Die in § 19 Abs. 4 GmbHG geregelte verdeckte Sacheinlage ist auch unter der Geltung des neuen Rechts nach wie vor verboten. Die teilweise vertretene Auffassung, § 19 Abs. 4 GmbHG regele nur die Folgen eines Formverstoßes, während § 5a Abs. 2 S. 2 GmbHG ein materielles Verbot darstelle,[42] überzeugt nicht. Dass das Gesetz (wertungswidersprüchlich) die Umgehungsgeschäfte akzeptiert, hat allein mit der Konstruktion der „Anrechnungslösung"[43] in § 19 Abs. 4 S. 3 GmbHG zu tun, für die die Wirksamkeit der schuldrechtlichen und dinglichen Geschäfte erforderlich ist. Das Verbot der verdeckten Sacheinlage bleibt jedoch auch nach neuem Recht unberührt.[44] Dies zeigt sich bereits an der strafrechtlichen bzw. zivilrechtlichen Verantwortlichkeit der Beteiligten (Geschäftsführer gemäß § 82 Abs. 1 Nr. 1 GmbHG, § 9a GmbHG; Inferenten gemäß § 9a Abs. 1 GmbHG, möglicherweise auch nach § 82 Abs. 1 Nr. 1 GmbHG) sowie daran, dass das Registergericht bei Kenntnis der verdeckten Sacheinlage die Eintragung nicht vornehmen darf.[45]

Die Lösung eines Verstoßes für den ersten Fall (§ 5a Abs. 2 S. 2 GmbHG) lässt sich dem Gesetz nicht unmittelbar entnehmen. Die Lösung des Gesetzes im zweiten Fall besteht darin, dass das Gesetz trotz des Verbots der (verdeckten) Sacheinlage über die „Anrechnungslösung" des § 19 Abs. 4 GmbHG die Erbringung einer Sacheinlage anstelle der satzungsgemäß geschuldeten[46] Bareinlage im Ergebnis zulässt. Eine grundlegend abweichende Gestaltung im Vergleich zu § 5a Abs. 2 S. 2 GmbHG ist materiell nicht ersichtlich. Das eine wie das andere Sacheinlageverbot wird verletzt.

Die Ähnlichkeit beider Gestaltungen legt es nahe, die wertungsmäßig gleichliegenden Tatbestände auch gleich zu behandeln. Abweichende Gesichtspunkte könnten sich nur aus dem Sinn und Zweck bzw. der Funktion des in § 5a Abs. 2 S. 2 GmbHG enthaltenen Verbots ergeben.

bb) Kein entgegenstehender Regelungszweck des § 5a Abs. 2 S. 2 GmbHG

Der Regelungszweck des § 5a Abs. 2 S. 2 GmbHG steht einer Analogie zu § 19 Abs. 4 GmbHG selbst dann nicht entgegen, wenn man auch den Gläubigerschutz als von ihm umfasst ansieht:

(1) Kein entgegenstehender Vereinfachungs- und Beschleunigungszweck

Soweit in der Literatur der Sinn und Zweck des § 5a Abs. 2 S. 2 GmbHG in der Vereinfachung und der Beschleunigung des Gründungsverfahrens gesehen wird,[47] ist offensichtlich, dass diese Aspekte einer Analogie zu § 19 Abs. 4 GmbHG nicht entgegenstehen. Denn eine solche Analogie setzt die Eintragung der Unternehmergesellschaft (haftungsbeschränkt) bereits voraus, weil die Anrechnung nach § 19 Abs. 4 S. 3 GmbHG vorher nicht eingreifen kann. Damit wird aber auch der Zweck, Eintragungen zu vereinfachen bzw. zu beschleunigen, in dieser Situation nicht tangiert, und nachträglich kann dieser Regelungszweck nicht mehr verletzt werden.

---

[42] *Miras* in: Michalski, GmbHG, § 5a Rn. 44; zustimmend *Gasteyer* NZG 2009, 1364, 1365.

[43] Zum umstrittenen rechtlichen Charakter der Anrechnung s. *Pentz* GmbHR 2010, 673, 683 mwN.

[44] Vgl. nur *Pentz* in: FS K. Schmidt, 2009, S. 1265, 1274.

[45] Statt anderer *M. Winter* in: Goette/Habersack, Das MoMiG in Wissenschaft und Praxis, 2009, 2.15, 2.38 f.; MünchKommGmbHG/*Märtens* 2010, § 19 Rn. 226; *Veil* in: Scholz, GmbHG, 10. Aufl. 2010, Nachtrag MoMiG, § 19 Rn. 56 f., jeweils mwN.

[46] Zu den hiermit verbundenen Folgeproblemen für die Satzungsauslegung und den Minderheitenschutz *Pentz* in: FS K. Schmidt, 2009, S. 1265, 1280 f.

[47] *Roth* in: Roth/Altmeppen, GmbHG, 6. Aufl. 2009, § 5a Rn. 15; MünchKommGmbHG/*Rieder* 2010, § 5a Rn. 19.

(2) Kein entgegenstehender Gläubigerschutz

Nichts Abweichendes gilt jedoch in dem Fall, wenn man darüber hinaus davon ausgeht, die Funktion des § 5a Abs. 2 S. 2 GmbHG erstrecke sich wegen der Missbrauchsanfälligkeit von Sacheinlagen auch auf den Gläubigerschutz:[48]

Zunächst überzeugt die für diesen zusätzlichen Schutzzweck gegebene Begründung in ihrem Hinweis auf § 2 Abs. 1a GmbHG und Nr. 3 des Musterprotokolls nicht unbedingt. Denn bei § 2 Abs. 1a GmbHG und Nr. 3 des Musterprotokolls einerseits und § 5a Abs. 2 S. 2 GmbHG andererseits handelt es sich bildlich gesehen um zwei Kreise, die sich in ihrem Anwendungsbereich überschneiden können, aber nicht müssen, weshalb aus § 2 Abs. 1a GmbHG keine zwingenden Schlüsse gezogen werden können.

Selbst wenn der Bestimmung jedoch auch die Befürchtung einer Missbrauchsanfälligkeit von Sacheinlagen zu Grunde liegen sollte und § 5a Abs. 2 S. 2 GmbHG auch den Gläubigerschutz intendieren sollte, wäre dies unter Wertungsaspekten kein Grund, der eine unterschiedliche Handhabung[49] der Unternehmergesellschaft (haftungsbeschränkt) gegenüber der „echten" GmbH rechtfertigen würde. Die Unternehmergesellschaft (haftungsbeschränkt) unterscheidet sich – soweit hier von Interesse – von der „echten" GmbH im Wesentlichen nur bei der Höhe des Mindestkapitals. Nur hieraus könnte deshalb auch die Mutmaßung abgeleitet werden, sie sei für den Rechtsverkehr potentiell gefährlicher, und dies veranlasse eine strengere Handhabung ihrer Kapitalaufbringung. Unter Wertungsaspekten lässt sich jedoch nicht rechtfertigen, dass bei der „echten" GmbH sowie (seit der Änderung des § 27 Abs. 3 AktG durch das ARUG)[50] bei der Aktiengesellschaft ein sehr viel höheres Stamm- bzw. Grundkapital einem *geringeren* Schutz unterliegen sollte als das im Verhältnis geringere Kapital bei der Unternehmergesellschaft (haftungsbeschränkt). Wenn sich das Gesetz bei der „echten" GmbH und bei der Aktiengesellschaft mit der „Anrechnungslösung" des § 19 Abs. 4 S. 3 GmbHG bzw. § 27 Abs. 3 S. 3 AktG sowie der Beweislastverteilung nach § 19 Abs. 4 S. 5 GmbHG und § 27 Abs. 3 S. 5 AktG zufriedengibt, fehlt es für die „kleine" GmbH an einem eine strengere Handhabung rechtfertigenden Bedürfnis.

cc) Ergebnis

Der Normzweck des § 5a Abs. 2 S. 2 GmbHG steht einer Analogie des § 19 Abs. 4 GmbHG auf ein Unterlaufen des bei der Unternehmergesellschaft herrschenden Sacheinlageverbots nicht entgegen. Es lässt sich auch keine einer solchen Analogie entgegenstehende Regelungsabsicht festmachen; die Problematik ist im Gesetzgebungsverfahren offensichtlich nicht hinreichend erkannt worden. Der gesetzliche Paradigmenwechsel in § 19 Abs. 4 GmbHG sowie der Umstand, dass in beiden Fällen gegen ein Sacheinlageverbot verstoßen wird, veranlassen unter Wertungsaspekten eine analoge Anwendung des § 19 Abs. 4 GmbHG auf ein Unterlaufen des bei der Unternehmergesellschaft (haftungsbeschränkt) herrschenden Sacheinlageverbots, nachdem sich bei dieser Form der GmbH kein strengerer Kapitalschutz rechtfertigen lässt als bei der „echten" GmbH bzw. der Aktiengesellschaft. Dieses Ergebnis mag zwar im Hinblick auf die Anordnung in § 5a Abs. 2 S. 2 GmbHG zunächst erstaunen. Es ist jedoch lediglich eine Folge aus der bereits in sich wertungswidersprüchlichen Regelung des § 19 Abs. 4 GmbHG, in der das Unterlaufen eines Verbots nicht über seine konsequente Durchsetzung, sondern lediglich über besondere Rechtsfolgen aufgefangen wird.

---

[48] *Schäfer* in: Bork/Schäfer, GmbHG, 2010, § 5a Rn. 20.

[49] Eine ähnliche Erwägung lag auch der früheren Analogie zu § 27 Abs. 3 AktG im GmbH-Recht tragend zu Grunde, vgl. *Pentz* ZIP 2003, 2093, 2099 f.

[50] S. bei Fn. 6.

IV. Zusammenfassung der wichtigsten Ergebnisse

1. Eine unmittelbare Anwendung von § 19 Abs. 4 GmbHG auf die Unternehmergesellschaft (haftungsbeschränkt) scheidet aus. Zwar scheint der Gesetzeswortlaut in § 19 Abs. 4 S. 1 GmbHG insoweit zu passen, weil er die verdeckte Sacheinlage als „Geldeinlage" umschreibt, die nur als Sacheinlage zu bewerten sei. Da bei der Unternehmergesellschaft (haftungsbeschränkt) die Einbringung einer Sacheinlage wegen § 5a Abs. 2 S. 2 GmbHG rechtlich nicht möglich ist, scheitert eine unmittelbare Anwendung von § 19 Abs. 4 GmbHG jedoch an der bei der verdeckten Sacheinlage tatbestandlich vorausgesetzten Umgehung der Sacheinlagevorschriften. Wenn das Gesetz bei der Unternehmergesellschaft (haftungsbeschränkt) keine Sachgründung zur Verfügung stellt, können die hierfür geltenden Vorschriften auch nicht umgangen werden.

2. § 19 Abs. 4 GmbHG ist jedoch auf einen Verstoß gegen das Sacheinlageverbot des § 5a Abs. 2 S. 2 GmbHG *analog* anzuwenden:

a) Beiden Bestimmungen (§ 5a Abs. 2 S. 2 GmbHG und § 19 Abs. 4 GmbHG) liegt ein Sacheinlageverbot zu Grunde. In der § 5a Abs. 2 GmbHG zu Grunde liegenden Gestaltung schuldet der Inferent eine Bareinlage, weil das Gesetz von vornherein keine Sacheinlage zulässt. In der § 19 Abs. 4 GmbHG zu Grunde liegenden Gestaltung schuldet der Inferent eine Bareinlage, weil eine Sacheinlage in der Satzung nicht ordnungsgemäß festgesetzt worden ist (der Inferent wird lediglich später durch die Anrechnung von seiner Einlageschuld befreit).

b) Ein Verstoß gegen das Sacheinlageverbot nach § 5a Abs. 2 S. 2 GmbHG ist gesetzlich nicht ausdrücklich geregelt. Den Verstoß gegen das Sacheinlageverbot bei der verdeckten Sacheinlage regelt das Gesetz in § 19 Abs. 4 GmbHG dahin, dass es die schuldrechtlichen und dinglichen Rechtsgeschäfte anerkennt und den Wert des verdeckt eingelegten Gegenstands auf die Bareinlageschuld anzurechnen ist.

Bei Zugrundelegung der Wertungsvorgabe des § 19 Abs. 4 GmbHG kann ein Verstoß gegen das Verbot nach § 5a Abs. 2 S. 2 GmbHG aufgrund der Ähnlichkeit der Sachverhalte in den für die gesetzliche Wertung maßgeblichen Aspekten nicht anders gehandhabt werden. Insbesondere steht der Sinn und Zweck des § 5a Abs. 2 S. 2 GmbHG einer Analogie zu § 19 Abs. 4 GmbHG nicht entgegen. Denn der Vereinfachungs- und Beschleunigungszweck wird nach der Eintragung der Unternehmergesellschaft (haftungsbeschränkt) durch eine Anrechnung analog § 19 Abs. 4 GmbHG nicht verletzt. Ob § 5a Abs. 2 S. 2 GmbHG auch Aspekte des Gläubigerschutzes zu Grunde liegen, ist zweifelhaft. Selbst wenn man dies jedoch so sehen wollte, wäre kein sachlich rechtfertigender Grund dafür erkennbar, die Kapitalaufbringung bei der Unternehmergesellschaft (haftungsbeschränkt) strenger zu handhaben als bei der „echten" GmbH bzw. der Aktiengesellschaft. Wenn sich das Gesetz bei der „echten" GmbH und bei der Aktiengesellschaft und dem dort zu schützenden höheren Stamm- bzw. Grundkapital mit der „Anrechnungslösung" des § 19 Abs. 4 S. 3 GmbHG bzw. des § 27 Abs. 3 S. 3 AktG sowie der Beweislastverteilung nach § 19 Abs. 4 S. 5 GmbHG und § 27 Abs. 3 S. 5 AktG zufriedengibt, fehlt es für die Unternehmergesellschaft (haftungsbeschränkt) an einem eine strengere Handhabung rechtfertigenden Bedürfnis.

3. Die analoge Anwendung von § 19 Abs. 4 GmbHG mag angesichts der Anordnung in § 5a Abs. 2 S. 2 GmbHG zunächst erstaunen. Die Analogie ist jedoch im Kern nur eine Folge aus der wertungswidersprüchlichen, so jedoch eindeutig gewollten Regelung in § 19 Abs. 4 GmbHG, in der das Unterlaufen eines Verbots nicht über seine konsequente Durchsetzung, sondern lediglich über besondere Rechtsfolgen aufgefangen wird.

HANS-JOACHIM PRIESTER

Abspaltung im faktischen Konzern – Umwandlungsrechtlicher Schutz und seine Grenzen

Übersicht

I. Ausgangspunkt

1. Thema

Umwandlungsmaßnahmen – Verschmelzungen, Spaltungen, Formwechsel – spielen in der Unternehmenspraxis nach wie vor eine bedeutende Rolle. Dabei dürfte die Mehrzahl der einschlägigen Fälle in Konzernen angesiedelt sein. Solchenfalls erleben wir ein Zusammentreffen zweier Rechtsmaterien, nämlich des Konzernrechts mit dem Umwandlungsrecht. Diese Thematik ist in jüngster Zeit stärker in das Blickfeld juristischen Interesses geraten.

Insoweit ist zunächst aus konzernrechtlicher Sicht danach zu differenzieren, ob wir es mit einem Vertragskonzern zu tun haben, die betroffene Gesellschaft also dem herrschenden Unternehmen durch einen Beherrschungs- und Gewinnabführungsvertrag verbunden ist oder um einem vertragslosen, faktischen Konzern. Unter dem Aspekt des Umwandlungsrechts muss zwischen den drei großen unter seinem Dach geregelten Varianten unterschieden werden.

Hier soll ein praxiswichtiger Teilbereich daraus, nämlich die Abspaltung im faktischen Konzern den Fokus bilden. Die Frage wird lauten: Ist der Schutz der abhängigen Gesellschaft bei einem solchen Vorgang aus dem Konzernrecht zu gewinnen oder aus dem etwa vorrangigen Umwandlungsrecht?

Wenn diese Überlegungen zu Ehren von *Wulf Goette* angestellt werden, hat dies seinen Grund darin, dass der faktische Konzern in der Rechtsprechung des von ihm geleiteten II. Zivilsenats beim BGH in den letzten Jahren den Gegenstand zweier bedeutender Entscheidungen gebildet hat, nämlich der großen Urteile „UMTS" und „MPS".[1]

2. *Ökonomischer Hintergrund*

Die Spaltung von Unternehmen ist das Gegenstück zur Verschmelzung. Dient diese der Schaffung größerer Unternehmungen, wird mit der Spaltung umgekehrt eine Aufteilung des Unternehmens in mehrere rechtliche Einheiten bezweckt. Die Gründe dafür sind sehr unterschiedlich.[2] Einmal kann es sich um die Schaffung divisionaler Strukturen, also darum handeln, bestimmte Aktivitäten in selbstständigen Rechtsträgern zu organisieren, die dann eigenständig – etwa unter verschiedenen Marken – auf dem Markt auftreten, an die Börse gebracht oder auch nur als Profit Center geführt werden sollen. Dabei wird es sich aus steuerrechtlichen Gründen zumeist um Betriebe oder Teilbetriebe handeln.[3] Handelsrechtlich könnten allerdings auch einzelne Gegenstände, etwa Grundstücke, Objekt eines Spaltungsvorganges sein.[4] Möglich ist ferner, dass mit der Schaffung selbstständiger rechtlicher Einheiten eine Haftungsabschottung beabsichtigt wird.

Unter Konzerngesichtspunkten können Spaltungsmaßnahmen aus der eigenständigen (stand alone) Gesellschaft heraus vorgenommen werden, mit der Folge, dass es dann nicht selten zur Bildung eines Konzerns kommt.[5] Möglich und in der Praxis wohl eher häufiger sind Spaltungsvorgänge im Rahmen von Konzernen und dienen dann deren Umstrukturierung.[6] Diese Fälle sind nachfolgend in den Blick zu nehmen.

---

[1] BGHZ 175, 365 = DStR 2008, 1104 = ZIP 2008, 785 – UMTS, dazu u.a. *Fleischer* NZG 2008, 371 ff.; *Wackerbarth* Der Konzern 2010, 261 ff., 387 ff. – BGHZ 179, 71 = DStR 2009, 234 = ZIP 2009, 70 – MPS; dazu u.a. *Goette* DStR 2009, 2602 ff.; *Kropff* NJW 2009, 814 ff.; *Mülbert* NZG 2009, 281 ff. – Beide Entscheidungen wurden auf der 60. Steuerrechtlichen Jahresarbeitstagung der Fachanwälte für Steuerrecht im Mai 2009 in Wiesbaden unter der Leitung unseres *Jubilars* vorgetragen und diskutiert; *Goette/Priester/Karsten Schmidt* JbFSt 2009/2010 S. 379 ff., S. 410 ff.

[2] Dazu schon Begr. RegE, abgedruckt bei *Ganske* Umwandlungsrecht, 1994, S. 16 f.; ferner etwa *Lutter* in: Lutter, UmwG, 4. Aufl. 2009, Einl. I Rn. 4 mwN; *Teichmann* in: Lutter, UmwG, 4. Aufl. 2009, § 123 Rn. 33 ff.

[3] Was § 15 Abs. 1 Satz 2 UmwStG für eine Fortführung der Buchwerte verlangt. Darüber hinaus muss allerdings auch das übertragende Unternehmen diese Voraussetzung erfüllen.

[4] *Priester* in: Lutter, UmwG, 4. Aufl. 2009, § 123 Rn. 70. Der Referentenentwurf zum UmwG (BAnz. 1992 Nr. 112a S. 80) hatte Gestaltungsmöglichkeit auf Betriebe beschränken wollen, war damit aber auf Kritik gestoßen; vgl. Arbeitskreis Umwandlungsrecht, ZGR 1993, 321, 328.

[5] In Abspaltungsfällen würde es sich dabei um einen Gleichordnungskonzern handeln.

[6] Begr. RegE, *Ganske* Umwandlungsrecht, 1994, S. 18.

3. Meinungsumschwung

Die rechtliche Behandlung von Spaltungen im vertragslosen Konzern, hier speziell der Abspaltung aus dem Vermögen einer abhängigen Aktiengesellschaft, ist lange Zeit nicht weiter erörtert worden. Vielmehr hieß es allgemein, ein Spaltungsbeschluss der Hauptversammlung könne eine nachteilige Maßnahme im Sinne von § 311 Abs. 1 AktG darstellen.[7]

Seit einigen Jahren zeichnet sich insoweit jedoch eine abweichende Beurteilung ab. Zu nennen sind insbesondere zwei Arbeiten jüngeren Datums.[8] Beide kommen mit Unterschieden im einzelnen zu dem Ergebnis, der Schutz der abhängigen Gesellschaft werde bei Rechtsvorgängen, die unter das Umwandlungsgesetz fallen, von diesem und nicht von §§ 311 ff. AktG besorgt. Ihrem Standpunkt haben sich seitdem mehrere neue Kommentierungen angeschlossen.[9]

Eine Stellungnahme zu diesen Positionen muss ihren Ausgangspunkt bei der klassischen Subsumtion unter die Regeln des faktischen Konzerns nehmen. Sodann gilt es zu prüfen, inwieweit im Umwandlungsgesetz eine lex specialis gesehen werden kann. Sollte das zu bejahen sein, bleibt die Frage nach etwaigen Schutzlücken im Umwandlungsrecht, die doch wieder einen Rückgriff auf das Konzernrecht erforderlich machen.

II. Subsumtion der Abspaltung unter § 311 AktG

1. Veranlassung

a) Grundsatz

Voraussetzung für ein Eingreifen von § 311 AktG ist als erstes, dass das herrschende Unternehmen die abhängige Gesellschaft zu einem Rechtsgeschäft oder einer Maßnahme veranlasst. Dabei wird der Begriff „Veranlassung" allgemein weit ausgelegt. Es genügt jede Einflussnahme, mag sie sich als Weisung darstellen oder auch nur als Ratschlag, Anregung oder Erwartung eines bestimmten Verhaltens.[10] Ausreichend sind also die gern zitierten „Kamingespräche".[11] Bedeutsam ist allein, dass sich die abhängige Gesellschaft aus ihrer Sicht veranlasst sehen durfte. Allerdings muss das Verhalten des herrschenden Unternehmens für dasjenige der abhängigen Gesellschaft zumindest mitursächlich sein.[12]

b) Hauptversammlungsbeschluss

Die Veranlassung der abhängigen Gesellschaft kann – und darauf kommt es hier an – auch durch Beschlussfassung in der Hauptversammlung erfolgen.[13] Das liegt auf der Hand

---

[7] *Habersack* in: Emmerich/Habersack, Aktien- und GmbH-Konzernrecht, 4. Aufl. 2005, § 311 AktG Rn. 29; *Hüffer* AktG, 8. Aufl. 2008, § 311 Rn. 17; KölnerKommAktG/*Koppensteiner* 3. Aufl. 2004, § 311 Rn. 25; MünchHdb. AG/*Krieger* 3. Aufl. 2007, § 69 Rn. 84; MünchKommAktG/*Kropff* 2. Aufl. 2000, § 311 Rn. 110 ff.; *H.F. Müller* in: Spindler/Stilz, AktG, 2007, § 311 Rn. 21; *Kerber* DB 2004, 1027, 1029 f.

[8] *Pfeuffer* Verschmelzungen und Spaltungen als nachteilige Rechtsgeschäfte im Sinne von § 311 Abs. 1 AktG?, Diss. Mainz 2006; *Tillmann/Rieckhoff* Nachteilsausgleichspflicht bei Abspaltungen im faktischen Konzern?, AG 2008, 486 ff.

[9] MünchKommAktG/*Altmeppen* 3. Aufl. 2010, § 311 Rn. 129; *Hüffer* AktG, 9. Aufl. 2010, § 311 Rn. 35a; *J. Vetter* in: K. Schmidt/Lutter, AktG, 2. Aufl. 2010, § 311 Rn. 68. In diesem Sinne allerdings schon früher *Adler/Düring/Schmaltz* Rechnungslegung und Prüfung im Unternehmen, 6. Aufl. 1997, § 311 AktG Rn. 30.

[10] LG Köln AG 2008, 327, 331; KölnerKommAktG/*Koppensteiner* 3. Aufl. 2004, § 311 Rn. 3.

[11] Etwa *Altmeppen* in: FS Priester, 2007, S. 1, 7.

[12] *Hüffer* AktG, 9. Aufl. 2010, § 311 Rn. 16.

[13] Allgemeine Ansicht, etwa *J. Vetter* in: K. Schmidt/Lutter, AktG, 2. Aufl. 2010, § 311 Rn. 35.

bei Geschäftsführungsbeschlüssen im Rahmen von § 119 Abs. 2 AktG. Für Beschlüsse über Strukturmaßnahmen hat das im Grundsatz aber ebenso zu gelten, denn sie verpflichten den Vorstand, die entsprechenden Verträge abzuschließen, in unserem Falle also den Spaltungsvertrag. Eine andere, später zu entscheidende, Frage ist freilich, inwieweit ein solcher Beschluss die Folgen des § 311 AktG auslöst.

2. Nachteil

a) Begriff

Als weitere Voraussetzung verlangt das Gesetz, dass das Rechtsgeschäft oder die Maßnahme für die abhängige Gesellschaft nachteilig sind. Dabei ist unter „Nachteil" im Sinne von § 311 AktG jede Minderung oder konkrete Gefährdung der Vermögens und der Ertragslage der Gesellschaft zu verstehen, soweit sie auf die Abhängigkeit zurückzuführen ist.[14]

Betrachtet man die Abspaltung unter diesem Gesichtswinkel, stellt sie sich für die abhängige Gesellschaft vermögensmäßig stets als einen Nachteil dar, da die Gegenleistung für die hingegebenen Vermögenswerte in Gestalt der Anteile am übernehmenden Rechtsträger nicht, wie bei der Ausgliederung, der Gesellschaft selbst, sondern ihren Aktionären zufließt (§ 123 Abs. 2 UmwG). Der Vorgang hat Ausschüttungs- bzw. Entnahmecharakter zu Gunsten der Anteilsinhaber des übertragenden Rechtsträgers.[15] Auch ökonomisch gesehen wird die Abspaltung regelmäßig für die Gesellschaft nachteilig sein, verliert sie doch einen Teil ihres wirtschaftlichen Substrats. In Ausnahmefällen mag das anders liegen, wenn etwa eine unrentable Sparte abgetrennt wird.

b) Nichtquantifizierbare

Regelmäßige Konsequenz einer solchen Nachteilszufügung wäre eine Ausgleichspflicht des herrschenden Unternehmens. Hier zeigt sich allerdings ein entscheidendes Moment: Voraussetzung für einen Ausgleich ist, dass wir es mit einzeln erfassbaren und bewertbaren Nachteilen zu tun haben. Das Recht des faktischen Konzerns wird vom Grundsatz des Einzelausgleichs geprägt.[16] Bei fehlender Quantifizierbarkeit des Nachteils wäre die Maßnahme rechtswidrig, weil die Zulässigkeit der Veranlassung von der Möglichkeit eines Ausgleichs abhängt.[17]

Problematisch sind unter diesem Gesichtswinkel insbesondere Konzernsstrukturmaßnahmen. Das gilt nicht zuletzt für den Bereich der Konzernintegration und der Spezialisierung im Konzern.[18] Als Instrument dafür kommen gerade auch Spaltungsvorgänge in Betracht. Genannt seien als Beispiele nur die Übertragung bestimmter operativer Funktionen wie der Vertriebstätigkeit, der eigenen Produktion oder der Forschung,[19] aber auch die Auslagerung der EDV.[20]

---

[14] BGHZ 141, 79, 84 – Buderus/Metallgesellschaft; *Habersack* in: Emmerich/Habersack, Aktien- und GmbH-Konzernrecht, 6. Aufl. 2010, § 311 Rn. 39 f.; *Hüffer* AktG, 9. Aufl. 2010, § 311 Rn. 25.

[15] *Teichmann* in: Lutter, UmwG, 4. Aufl. 2009, § 123 Rn. 15; *Priester* in: FS Schippel, 1996, S. 487, 488 f.

[16] MünchKommAktG/*Altmeppen* 3. Aufl. 2010, § 311 Rn. 2, 339.

[17] OLG Köln AG 2009, 416, 419 – Strabag/Züblin; *Habersack* (Fn. 14) § 311 Rn. 43; *Hüffer* AktG, 9. Aufl. 2010, § 311 Rn. 42; MünchHdb. AG/*Krieger* 3. Aufl. 2007, § 69 Rn. 80; *Ulmer* in: FS Hüffer, 2010, S. 999, 1002 ff.

[18] Dazu etwa *J. Vetter* in: K. Schmidt/Lutter, AktG, 2. Aufl. 2010, § 311 Rn. 71; *Austmann* ZGR 2009, 277, 290 ff.

[19] Beispiele und Nachweise bei *Hommelhoff* Die Konzernleitungspflicht. Zentrale Aspekte eines Konzernverfassungsrechts, 1982, S. 132.

[20] LG Darmstadt AG 1987, 218 – Adam Opel AG; dazu kritisch *Stein* ZGR 1988, 163, 181 ff.

Solche Maßnahmen entziehen sich regelmäßig der Quantifizierbarkeit. Aus der Sicht der §§ 311 ff. AktG müssten entsprechende Abspaltungen demnach prima vista als unzulässig unterbleiben – ein zugegebenermaßen überraschendes Ergebnis.

3. *Fehlende Ausgleichspflicht?*

a) Keine Pflichtverletzung?

Nach § 317 Abs. 2 AktG tritt die Ersatzpflicht nicht ein, wenn auch ein ordentlicher und gewissenhafter Geschäftsleiter einer unabhängigen Gesellschaft das Rechtsgeschäft vorgenommen oder die Maßnahme getroffen oder unterlassen hätte. Ob es solchenfalls bereits an einem Nachteil und damit zugleich am objektiven Tatbestand des § 317 Abs. 1 AktG fehlt, wird unterschiedlich beurteilt. Die tradierte herrschende Auffassung bejaht das.[21] Sie sieht sich freilich neuerdings der Kritik ausgesetzt:[22]

Bezogen auf unsere Konstellation der Umwandlungsmaßnahmen im faktischen Konzern wird im Schrifttum nun vertreten, eine Ausgleichspflicht könne das herrschende Unternehmen mangels relevanten Nachteils nicht treffen, weil dem Vorstand der abhängigen Gesellschaft bei der Durchführung der Maßnahme kein Entscheidungsspielraum zukomme, da er nur seiner Pflicht aus § 83 Abs. 2 AktG genüge, nämlich Beschlüsse der Hauptversammlung auszuführen.[23] Ein Nachteil könne lediglich dann angenommen werden, wenn es bei der Umwandlungsmaßnahme zu einem unangemessenen Umtauschverhältnis komme.[24]

Dieser Auffassung ist zu widersprechen. Vergleichsmaßstab für die Pflichtmäßigkeit des Vorstandshandelns auf der Ebene der abhängigen Gesellschaft ist die unabhängige Gesellschaft, sind also insbesondere Wettbewerber. Das hat der BGH in seinem UMTS-Urteil mit hinreichender Deutlichkeit ausgesprochen und seine Klageabweisung damit begründet, die Vorstände der übrigen Telekommunikationsunternehmen hätten die teuren Lizenzen gleichfalls gekauft.[25]

Unter dem Gesichtswinkel der hier zu beurteilenden Abspaltung kann es also nur darauf ankommen, ob der Vorstand einer unabhängigen Gesellschaft eine Auslagerung der betreffenden Vermögenswerte ebenfalls vorgenommen hätte.[26] Das dürfte jedoch allenfalls auf Ausnahmesituationen zutreffen.

b) Kein Erfordernis der Beschlussrechtfertigung

Eine Bewertung der Spaltung als nachteilig soll ferner dadurch ausgeschlossen sein, dass für die Vornahme einer Umwandlungsmaßnahme ein sachlicher Grund nicht erforderlich sei.[27] Ihre Rechtfertigung ergebe sich vielmehr aus dem Umwandlungsgesetz. Dem ist jedoch entgegenzuhalten: Die Anwendbarkeit von § 311 AktG setzt nicht voraus, dass es sich bei der nachteiligen Maßnahme um eine unzulässige handelt. Ihre Rechtmäßigkeit schließt einen Nachteilsausgleich keineswegs aus.[28]

---

[21] BGHZ 175, 365 Tz. 9; OLG Köln ZIP 2006, 997, 998 f.; *Habersack* (Fn. 14) § 311 Rn. 39 mwN.

[22] *Altmeppen* NJW 2008, 1553, 1554 f.; ebenso schon *ders.* ZHR 171 (2007), 320, 330 ff.; *ders.* in: FS Priester 2007, S. 1, 5 ff.

[23] *Habersack* (Fn. 14) § 311 Rn. 30 im Anschluss an *Pfeuffer* (Fn. 8) S. 124 ff., 152 f.

[24] *Pfeuffer* (Fn. 8) S. 188, 227 f.; ihm folgend *Habersack* (Fn. 14) § 311 Rn. 30.

[25] BGHZ 175, 365 Tz. 13.

[26] Ebenso mit Recht *Tillmann/Rieckhoff* AG 2008, 486, 489; zustimmend *Hüffer* AktG, 9. Aufl. 2010, § 311 Rn. 35a.

[27] OLG Frankfurt AG 2006, 249, 254. Ob man diese apodiktische Feststellung so stehen lassen kann, erscheint zwar fraglich (zur Frage der sachlichen Rechtfertigung von Verschmelzungsbeschlüssen *Lutter/Drygala* in: Lutter, UmwG, 4. Aufl. 2009, § 13 Rn. 31 ff.; *Zimmermann* in: Kallmeyer, UmwG, 4. Aufl. 2010, § 13 Rn. 12), muss hier aber nicht thematisiert werden.

[28] KölnerKommAktG/*Koppensteiner* 3. Aufl. 2004, Vor § 311 Rn. 6; *J. Vetter* in: K. Schmidt/Lutter, AktG, 2. Aufl. 2010, § 311 Rn. 6.

Mit diesem Hinweis auf das Umwandlungsrecht wird aber der Kernpunkt des Problems angeschnitten, nämlich die Frage, ob die §§ 311 ff. AktG überhaupt als Schutzinstrument für Spaltungen heranziehbar sind. Die Gegenthese lautet nämlich, die Vorschriften des Umwandlungsgesetzes bildeten insoweit eine lex specialis[29].

III. Reichweite des Umwandlungsrechts

1. Zielsetzung des UmwG

Das Umwandlungsgesetz von 1994 bildete den Hauptteil des „Gesetzes zur Bereinigung des Umwandlungsrechts" vom 28. 10. 1994 (BGBl. I S. 3210). Seine wesentliche Zielsetzung war damit zunächst einmal die Rechtsbereinigung durch Zusammenfassung der zuvor auf zahlreiche Einzelgesetze verstreuten Regelungen zur Verschmelzung und zum Wechsel der Rechtsform. Daneben wurde die Spaltung erstmals bundesrechtlich zugelassen.[30] Mit Letzterem sollten steuerrechtlich anerkannte Vorgänge zivilrechtlich umgesetzt, der EG-Spaltungsrichtlinie gefolgt und ein Gegengewicht zur möglichen Konzentration von Unternehmen geschaffen werden.[31] Wichtiges Moment war ferner die Einbeziehung einer Reihe weiterer Rechtsformen in das Umwandlungsrecht. [32]

Gemeinsamer Nenner aller dieser Bestimmungen war und ist weiterhin eine verfahrensmäßige Vereinfachung der Vorgänge mit dem Instrument der Gesamtrechtsnachfolge bei Verschmelzung und Spaltung[33] bzw. der Identitätswahrung beim Formwechsel im Zentrum. Das Umwandlungsgesetz hat damit zuvörderst rechtstechnischen Charakter.

Diese Zielsetzung der Erleichterung entsprechender Vorgänge wird auch dadurch unterstrichen, dass die allgemeinen handels- und gesellschaftsrechtlichen Instrumente ausdrücklich unberührt gelassen wurden.[34] Das gilt nicht zuletzt für die schon früher in Anspruch genommenen und auch weiterhin in geeigneten Fällen herangezogenen Möglichkeiten der Anwachsung, die eine beliebte Vorgehensweise bei Verschmelzung und auch beim Formwechsel von Personengesellschaften darstellen.[35] Aus der Sicht der Spaltung ist zu vermerken, dass die klassische Ausgliederung – also durch Übertragung im Wege der Einzelrechtsnachfolge – keineswegs der Vergangenheit angehört.[36]

Das bedeutet freilich nicht, dem Gesetzgeber sei vorzuwerfen, er habe Schutzbedürfnisse der Umwandlungsbeteiligten nicht berücksichtigt. Er hat die Interessen der Anteilseigner und der Gläubiger sowie – hier nicht weiter zu betrachten – der Arbeitnehmer[37] durchaus in den Blick genommen. Das zeigen sowohl die Materialien[38] als auch und vor allem die Gesetz gewordenen Regelungen.

---

[29] *Hüffer* AktG, 9. Aufl. 2010, § 311 Rn. 35a; *Tillmann/Rieckhoff* AG 2008, 486, 490 ff.

[30] Zuvor hatte es schon das allerdings nur auf die ehemals volkseigene Wirtschaft in den neuen Bundesländern anwendbare SpTruG vom 5. 4. 1991, BGBl. I S. 854, gegeben.

[31] Begr. RegE, *Ganske* Umwandlungsrecht, 1994, S. 16 f.

[32] Zu nennen sind insbesondere die Genosschenschaften und die eingetragenen Vereine.

[33] Hier in Gestalt der sog. partiellen Gesamtrechtsnachfolge; dazu nur *Teichmann* in: Lutter, UmwG, 4. Aufl. 2009, § 123 Rn. 11 f.

[34] Begr. RegE, *Ganske* Umwandlungsrecht, 1994, S. 34 f.

[35] Zum sog. Anwachsungsmodell beim Formwechsel *Dirksen* in: Kallmeyer, UmwG, 4. Aufl. 2010, § 219 Rn. 7 f.; *Schlitt* in: Semler/Stengel, UmwG, 2. Aufl. 2007, § 219 Rn. 18.

[36] Wie nicht zuletzt die Diskussion darüber zeigt, inwieweit bei ihr die Regeln des Umwandlungsgesetzes Anwendung zu finden haben; näher *Teichmann* in: Lutter, UmwG, 4. Aufl. 2009, § 123 Rn. 28 f.; eingehend *Priester* ZHR 163 (1999), 187 ff.

[37] Dazu nur *J. Semler/Stengel* in: Semler/Stengel, UmwG, 2. Aufl. 2007, Einl. A Rn. 27 f.; speziell für Spaltungsfälle *Schwab* in: Lutter, UmwG, 4. Aufl. 2009, § 134 Rn. 1 ff.

[38] Begr. RegE, *Ganske* Umwandlungsrecht, 1994, S. 11.

2. *Umwandlungsrechtliche Schutzinstrumente*

a) Schutz der Anteilseigner

Die Verbesserung des Anlegerschutzes gehört zu den ausdrücklichen Zielen des Umwandlungsgesetzes.[39] Die Anteilseigner sind zunächst einmal dadurch eingebunden, dass die Maßnahmen ihrer Zustimmung durch entsprechende Gesellschafterbeschlüsse bedürfen (§§ 13, 125, 193 UmwG), und zwar im Grundsatz mit mindestens Dreiviertelmehrheit.[40] Außerdem werden teilweise Sonderbeschlüsse bestimmter Gesellschaftergruppen (Basisvorschrift: § 65 Abs. 2 UmwG) und auch individuelle Zustimmungen (Grundvorschrift für Verschmelzung und Spaltung § 13 Abs. 2 UmwG, für den Formwechsel § 193 Abs. 2 UmwG) verlangt.

Bedeutsam ist ferner, dass die Entscheidungsfindung durch einen deutlichen Ausbau der Informationsrechte, nicht zuletzt durch das Erfordernis vorheriger Berichterstattung seitens der geschäftsführenden Organe erleichtert wurde (Verschmelzungsbericht § 8; Spaltungsbericht § 127; Umwandlungsbericht § 192 UmwG). Darüber hinaus wurden in großem Umfange Sachverständigenprüfungen zur Ermittlung des Anteilswerts angeordnet (Grundregelungen: §§ 9 ff.).

Minderheiten können sich zwar trotz dieser Vorkehrungen gegebenenfalls nicht durchsetzen. Sie besitzen aber die Möglichkeit der Beschlussanfechtung (§ 243 AktG).[41] Daneben haben sie Austrittsrechte (Verschmelzung: § 29 Abs. 1; Abspaltung: § 125 S. 1; Formwechsel: § 207 UmwG) und können Kompensationen für Vermögensverluste verlangen, deren Ermittlung in einem neu geregelten Spruchverfahren[42] überprüft werden kann.

b) Gläubigerschutz

Die Gläubiger der beteiligten Rechtsträger werden bei Spaltungsmaßnahmen vorrangig durch deren in § § 133, 134 UmwG geregelte gesamtschuldnerische Haftung geschützt. Sie werden im wirtschaftlichen Ergebnis für fünf Jahre so gestellt, als ob die Spaltung noch nicht vollzogen wäre. Der bisherige Verband bleibt ihnen also, wenngleich mit gewissen Abstrichen, für eine Anzahl von Jahren erhalten. Das Umwandlungsgesetz geht insoweit von einem „Einheitskonzept“ aus.[43]

Daneben ist Gläubigern noch nicht fälliger Forderungen, die durch die Umwandlungsmaßnahme gefährdet werden, nach dem auch bei Spaltungen anwendbaren § 22 UmwG Sicherheit zu leisten, soweit sie nicht Befriedigung verlangen können. Zur Sicherheitsleistung ist allerdings nur derjenige an der Spaltung beteiligten Rechtsträger verpflichtet, gegen den sich der Anspruch richtet (§ 133 Abs. 1 S. 2 Halbsatz 2 UmwG).

c) Kapitalschutz

Obgleich in den gesetzgeberischen Schutzzielkatalog nicht ausdrücklich aufgenommen, beschäftigt sich das Umwandlungsgesetz ferner, wenn auch vielleicht auch nur indirekt, mit dem Schutz des Nennkapitals bei Kapitalgesellschaften. Bei Abspaltungen auf Kapitalgesellschaften wird der übertragenden Gesellschaft Nettoaktivvermögen entzogen, denn bei der übernehmenden Gesellschaft muss ein positives Eigenkapital dargestellt werden, sei es als Gründungskapital, sei es als Kapitalerhöhungsbetrag.[44] Steht für diese Vermögensminde-

[39] Vgl. *Neye* ZIP 1994, 165, 166.

[40] Insbesondere §§ 43, 50, 65, 125 UmwG. Beim Formwechsel sind die Beschlussmehrheiten in den besonderen Vorschriften enthalten; *Decher* in: Lutter, UmwG, 4. Aufl. 2009, § 193 Rn. 7 f.

[41] Dazu etwa *Lutter/Drygala* in: Lutter, UmwG, 4. Aufl. 2009, § 13 Rn. 45 ff.

[42] Spruchverfahrensneuordnungsgesetz (SpruchG) vom 12. 6. 2003, BGBl. S. 838.

[43] *Schwab* in: Lutter, UmwG, 4. Aufl. 2009, § 134 Rn. 11.

[44] Dazu *Priester* in: Lutter, UmwG, 4. Aufl. 2009, § 139 Rn. 3.

rung bei der übertragenden Gesellschaft nicht hinreichend offenes Eigenkapital zur Verfügung, käme es bei dieser zu einer Unterbilanz und damit zu einem Angriff auf ihr Nennkapital.

Das Umwandlungsgesetz verbietet das allerdings nicht, sondern sorgt für eine Anpassung der Nennkapitals durch die – tatbestandlich freilich eng begrenzte – Gestattung einer vereinfachten Kapitalherabsetzung. Rechtsgrundlage bei der Aktiengesellschaft,[45] ist insoweit § 145 UmwG. Eine Grenze für solches Vorhaben wird allerdings durch die gesetzliche Mindestkapitalziffer des § 7 AktG gezogen, denn eine Kapitalherabsetzung unter diesen Betrag ist – jedenfalls ohne eine hier nicht in Betracht kommende gleichzeitige Kapitalerhöhung – nicht zulässig.

3. *Ausblendung des Konzerns*

Aus der Sicht unseres Themas hervorzuheben ist freilich, dass das Umwandlungsgesetz den Konzern ausgeblendet hat. Dies zeigt zunächst der Gesetzestext. Er sieht zwar in § 62 UmwG eine gewisse Verfahrenserleichterung bei der Verschmelzung von Kapitalgesellschaften für den Fall vor, dass einer übernehmenden Aktiengesellschaft mindestens 9/10 am Grund- oder Stammkapital der übertragenden Gesellschaft gehören. Dann ist im Regelfall bei ihr ein Hauptversammlungsbeschluss nicht erforderlich. Eine Konzernabhängigkeit der übernommenen Gesellschaft wird dafür aber nicht vorausgesetzt.

Das Umwandlungsgesetz hat den Konzern aber auch materiell nicht im Blick. Das hat Konsequenzen. So ist für Spaltungsmaßnahmen durchaus von Bedeutung, ob sie bei einer eigenständigen, konzernfreien Gesellschaft durchgeführt werden oder ein konzerneingebundenes Unternehmen betreffen. In der eigenständigen Gesellschaft kann man idealiter von einem Gleichlauf der Interessen der Anteilseigner ausgehen. Mit der Einbindung in ein verbundenes Unternehmen ändern sich Interessen und Ausrichtung der abhängigen Gesellschaft dagegen grundlegend.[46]

In der konzernfreien Aktiengesellschaft wird der Großaktionär die Spaltung tendenziell im Interesse der Gesellschaft beschließen, da er an deren Bestand und Gedeihen interessiert ist. Handelt es sich aber um eine abhängige Gesellschaft, kommt das möglicherweise vorrangige Interesse des herrschenden Unternehmens oder weiterer Konzernglieder hinzu, hinter denen dann die Belange der abhängigen Gesellschaft zurücktreten. Dieser „Konzernkonflikt“ wird vom Umwandlungsgesetz nicht thematisiert.

4. *Sonderrecht mit Schutzlücken*

a) Vorrangigkeit des UmwG

Trotz solcher Einschränkungen bietet es sich vom Grundsatz her an, im Umwandlungsgesetz eine die Bestimmungen der §§ 311 ff. AktG ausschließende Sonderregelung zu sehen. Immerhin haben wir es bei ihm mit dem zeitlich erkennbar jüngeren Gesetz zu tun, so dass der Grundsatz „lex posterior derogat legi priori“ eingreift. Vor allem aber, und das ist entscheidend, hat der Gesetzgeber mit dem Umwandlungsgesetz ein eigenes Schutzprogramm für die von ihm darin geregelten Umstrukturierungsmaßnahmen realisiert. Insofern ist den neueren Auffassungen zuzustimmen, die von einer Vorrangigkeit des Umwandlungsgesetzes gegenüber dem Aktienkonzernrecht ausgehen[47].

Das bedeutet: Eine vom Umwandlungsgesetz gedeckte Maßnahme – hier eine Abspaltung – löst einen Nachteilsausgleich nicht aus. Es greifen vielmehr allein die umwandlungsrechtlichen Schutzinstrumente ein. Das gilt nicht zuletzt auch für nichtquantifizierbare

---

[45] Die Parallelvorschrift für die GmbH findet sich in § 139 UmwG.

[46] *Wiedemann* Die Unternehmensgruppe im Privatrecht, 1988, S. 70.

[47] Nachweise in Fn. 8, 9.

Nachteile aus Strukturänderungen. Solche zu ermöglichen, ist das primäre Ziel dieses Gesetzes, so dass negative Konsequenzen daraus für die übertragende Gesellschaft von ihm gebilligt sind.

Eine andere Frage allerdings ist, ob damit jegliche Anwendbarkeit der §§ 311 ff. AktG ausgeschlossen ist. Daran sind zumindest Zweifel angebracht, denn die frühere Verjährungsvorschrift des aktienrechtlichen Verschmelzungsrechts in § 351 AktG aF nahm den § 317 AktG ausdrücklich in Bezug. Daran sollte die neugefasste Verjährungsvorschrift des § 27 UmwG, die ihn nicht mehr aufführt, nichts ändern.[48] Dies bedeutet im Umkehrschluss: Das Umwandlungsgesetz schließt die §§ 311 ff. nicht a limine aus.

b) Nicht erfasste Existenzgefährdung

Bei Abspaltung und Ausgliederung geht das Umwandlungsgesetz – anders als bei einer Aufspaltung – von einem Fortbestand des übertragenden Rechtsträgers aus, wie sich aus § 123 Abs. 2 und 3 UmwG klar ergibt. Die übertragende Gesellschaft soll als solche fortbestehen, wenngleich mit einem verminderten Vermögensbestand und einer eingeschränkten wirtschaftlichen Reichweite. Daraus ist abzuleiten, dass die Spaltung nicht zu einer Gefährdung des Bestandes der Gesellschaft führen darf. Anderenfalls würde die mit dem Umwandlungsrecht intendierte Zielsetzung konterkariert.

Blickt man unter diesem Gesichtswinkel auf das Umwandlungsgesetz, dann zeigt sich: Eine solche Existenzgefährdung der übertragenden Gesellschaft hat der Gesetzgeber mit seiner Neuregelung offenbar nicht in den Blick genommen. Das mag damit zusammenhängen, dass er eben dem Konzern keine besondere Aufmerksamkeit gewidmet hat. Bei der konzernfreien Gesellschaft werden die Anteilseigner im Regelfall dafür sorgen, dass deren Fortexistenz durch die Spaltungsmaßnahme nicht in Gefahr gerät. Im Konzern muss das aber nicht so sein.

IV. Anwendbarkeit der §§ 311 ff. AktG neben dem UmwG

1. Schutzziele der §§ 311 ff. AktG

a) Ökonomische Bestandssicherung

Ob neben ihren Aktionären und ihren Gläubigern die abhängige Aktiengesellschaft selbst ein Schutzobjekt der §§ 311 ff. AktG darstellt, ist sehr streitig. Dabei sind zwei zumindest im Ausgangspunkt durchaus unterschiedliche Grundkonzeptionen zu registrieren. Nach einer Sichtweise geht es allein um den vermögensmäßigen Bestand der abhängigen Gesellschaft. Diese Position hat vor allem *Hommelhoff* grundlegend herausgearbeitet.[49] Der Gegenstandpunkt sieht die wirtschaftlich-organisatorische Integrität der abhängigen Gesellschaft als Schutzziel an. Er wurde insbesondere von *Strohn* näher dargelegt. [50]

Das breite Meinungsbild im Schrifttum lässt sich zwischen diesen beiden Polen einordnen, mit unterschiedlicher Akzentuierung im einzelnen.[51] Für einen Schutz des Interesses, die eigenen Unternehmensziele unter Aufrechterhaltung aller für eine selbstständige unternehmerische Tätigkeit erforderlichen Funktionen zu verfolgen, lassen sich durchaus gute Gründe anführen: Schließlich ist die abhängige Gesellschaft nicht nur eine Vermögensgesamtheit, sondern eine unternehmerische Organisation. Diese Frage muss hier aber nicht entschieden werden, denn auch *Strohn* sieht das von ihm vertretene Integritätsinteresse erst

---

[48] *Grunewald* in: Lutter, UmwG, 4. Aufl. 2009, § 27 Rn. 2.

[49] *Hommelhoff* (Fn. 19) S. 135 ff.

[50] *Strohn* Die Verfassung der Aktiengesellschaft im faktischen Konzern, 1977, S. 16 ff.

[51] Nachweise bei MünchKommAktG/*Altmeppen* 3. Aufl. 2010, § 311 Rn. 10.

dann betroffen, wenn die abhängige Gesellschaft bei Auflösung der Konzernverflechtung nicht mehr selbstständig überlebensfähig wäre.[52]

b) Verbot der Existenzgefährdung

Auch wenn man von einem bloß vermögensmäßigen Schutz der abhängigen Gesellschaft auszugehen hätte, ist damit nicht entschieden, ob existenzvernichtende Eingriffe als zulässig angesehen werden können. Dieser Begriff spielt vor allem im GmbH-Recht eine wesentliche Rolle und ist dort in mehreren wichtigen Judikaten des BGH entwickelt worden[53]. Inwieweit sich diese Grundsätze auf das Aktienrecht übertragen lassen, ist streitig. Überwiegend wird angenommen, einer solchen Rechtsfortbildung bedürfe es dort nicht, da insoweit die Regelungen der §§ 311 ff. AktG herangezogen werden könnten.[54]

Damit stellt sich die Frage, ob § 311 AktG existenzgefährdende Weisungen verbietet und Verstöße dagegen die Rechtsfolgen des § 317 AktG auslösen. Auch darüber gehen die Ansichten wiederum auseinander. Die Mehrzahl der Autoren nimmt eine Unzulässigkeit der Existenzgefährdung an.[55] Das erscheint zutreffend. Wenn schon die Veranlassung zu nicht quantifizierbaren und deshalb nicht ausgleichsfähigen Nachteilen unstatthaft ist (vgl. II. 2. b), kann es bei der Steigerungsstufe einer existenzvernichtenn Veranlassung nicht anders liegen.

Für dieses Ergebnis spricht auch, dass nach überwiegender Auffassung selbst im Vertragskonzern existenzvernichtende Weisungen in restriktiver Auslegung von § 308 AktG nicht zulässig sind. So hat das OLG Düsseldorf[56] entschieden, die herrschende Gesellschaft dürfe dem beherrschten Unternehmen nachteilige Weisungen im Sinne von § 308 AktG nur in einem Umfang erteilen, der die abhängige Gesellschaft lebensfähig und für die Zeit nach Beendigung des Unternehmensvertrages überlebensfähig erhält. Der Beherrschungsvertrag begründet kein Recht auf Existenzvernichtung der abhängigen Gesellschaft, sondern nur auf deren Leitung.[57] Das Schrifttum liegt mehrheitlich auf der gleichen Linie.[58]

Das muss für den faktischen Konzern im Hinblick auf die dort fehlende Verlustausgleichspflicht gemäß § 302 AktG und die ebenfalls nicht geregelte Gläubigersicherung durch § 303 AktG erst recht gelten.

2. Unzulässigkeit existenzgefährdender Abspaltung

Geht man davon aus, dass existenzvernichtende Maßnahmen gegenüber einer abhängigen Aktiengesellschaft im faktischen Konzern unzulässig sind, wäre zu klären, ob das auch für Maßnahmen gilt, die im Umwandlungsgesetz geregelt sind.

Abspaltungen fallen – wie dargestellt – unter den Nachteilsbegriff des § 311 Abs. 1 AktG (unter II. 2. a). Da sie zu den nicht quantifizierbaren Strukturmaßnahmen gehören, wären sie unter dem Gesichtswinkel der Leitungsmacht im faktischen Konzern problematisch. Ihre Legitimationsbasis ist aber das Umwandlungsgesetz. Dieses deckt derartige Strukturmaßnahmen im Grundsatz ab.

Anders sieht es dagegen aus, wenn die Abspaltung die Lebensfähigkeit der abhängigen übertragenden Gesellschaft nachhaltig und wesentlich beeinträchtigt. Dies gilt jedenfalls dann, wenn nicht vertraglich dafür Sorge getragen wird, dass bei einem Ende des Abhän-

---

[52] *Strohn* (Fn. 50) S. 90, 100 f., 116.

[53] BGHZ 173, 246 – Trihotel; BGHZ 176, 204 – GAMMA.

[54] MünchKommAktG/*Altmeppen* 3. Aufl. 2010, § 317 Anh. Rn. 47 mwN.

[55] *Habersack* (Fn. 14) § 311 Rn. 57a; *J. Vetter* in: K. Schmidt/Lutter, AktG, 2. Aufl. 2010, § 311 Rn. 70, jeweils mwN.

[56] OLG Düsseldorf ZIP 1990, 1333, 1337 – DAB Hansa.

[57] *Langenbucher* in: K. Schmidt/Lutter, AktG, 2. Aufl. 2010, § 308 Rn. 36 im Anschluss an *Hommelhoff* (Fn. 19) S. 15.

[58] *Hüffer* AktG, 9. Aufl. 2010, § 308 Rn. 19 mwN.

gigkeitsverhältnisses entsprechende Restrukturierungsmaßnahmen getroffen werden.[59] Das dürfte aber in der Praxis wohl zumindest nicht der Regel entsprechen.

Für Fälle dieser Art gewährt das Umwandlungsgesetz keinen Schutz, so dass seine verdrängende Wirkung gegenüber den allgemeinen Regeln der §§ 311 ff. AktG hier nicht eingreift. Diese kommen vielmehr zum Zuge. Da aber bedeutet: Existenzgefährdende Abspaltungen sind unzulässig.

3. Konsequenzen

a) Vorstandspflichten

Der Vorstand der abhängigen Gesellschaft ist zwar nach § 83 Abs. 2 AktG verpflichtet, Beschlüsse der Hauptversammlung durchzuführen, hier also den Zustimmungsbeschluss zum Spaltungsvertrag. Er müsste also den Spaltungsvertrag abschließen, falls dieser einmal erst im Entwurf vorliegt, jedenfalls aber die für den Registervollzug notwendigen Schritte einleiten.

Vor der Ausführung hat er jedoch die Gesetzmäßigkeit des Beschlusses zu prüfen.[60]

Kommt er dabei zum Ergebnis, dass der Beschluss gesetzwidrig ist, kann er ihn durch Anfechtungsklage beseitigen (§§ 243, 245 Nr. 4 und 5 AktG). Ob er dazu verpflichtet ist, bestimmt sich nach Lage des Einzelfalles. Muss der Vorstand aber unter Anwendung der gebotenen Sorgfalt zum Ergebnis kommen, die Überlebensfähigkeit der Gesellschaft werde durch den Spaltungsvertrag jedenfalls für die Zeit nach Ende der faktischen Konzernierung gefährdet, wird er um die Anfechtungsklage nicht herumkommen.

b) Unterlassungsansprüche

Primäre Rechtsfolge eines Verstoßes gegen § 311 AktG ist nach § 317 Abs. 1 AktG eine Schadenersatzpflicht des herrschenden Unternehmens, die allerdings nach § 317 Abs. 2 AktG nicht eintritt, wenn auch ein ordentlicher Geschäftsleiter einer unabhängigen Gesellschaft die Maßnahme getroffen hätte. Das dürfte bei existenzgefährdenden Maßnahmen ausscheiden.

Aus der Sicht der abhängigen Gesellschaft stellt sich die Frage, ob die Maßnahme, hier also die existenzgefährdende Abspaltung, vor ihrem Vollzug abgewendet werden kann. Das ist zu bejahen. Die §§ 311, 317 AktG begründen auch Unterlassungsansprüche.[61] Auf Unterlassung kann jedenfalls dann geklagt werden, wenn die Veranlassung zu einer nachteiligen und nicht ausgleichsfähigen Maßnahme droht. Diesen Unterlassungsanspruch können – und das ist von entscheidender Bedeutung – gemäß § 317 Abs. 4 AktG auch die Aktionäre der abhängigen Gesellschaft geltend machen. Ihre Klage ist gegen das herrschende Unternehmen zu richten.[62]

V. Fazit

Bei Abspaltungen im faktischen Konzern schlägt das Umwandlungsrecht als Schutzinstrument die §§ 311 ff. AktG grundsätzlich aus dem Felde. Etwas anderes gilt nur dann, wenn die Abspaltung die Existenz der übertragenden Gesellschaft gefährdet. Solche Eingriffe verstoßen gegen das aktienkonzernrechtliche Verbot nicht ausgleichsfähiger Maßnahmen.

---

[59] *Hommelhoff* (Fn. 19) S. 309 ff. verlangt eine vertragliche Regelung entsprechender Pflichten.

[60] *Seibt* in: K. Schmidt/Lutter, AktG, 2. Aufl. 2010, § 83 Rn. 12.

[61] LG Köln AG 2008, 327, 334 – Strabag AG; *Habersack* (Fn. 14) § 317 Rn. 19; KölnerKommAktG/*Koppensteiner* 3. Aufl. 2004, § 317 Rn. 26 ff.; *H.-F. Müller* in: Spindler/Stilz, AktG, 2. Aufl. 2010, § 317 Rn. 13.

[62] MünchKommAktG/*Altmeppen* 3. Aufl. 2010, § 317 Rn. 50 f.

HILMAR RAESCHKE-KESSLER

60 Jahre höchstrichterliche Rechtsprechung zur Schiedsfähigkeit von Beschlussmängelstreitigkeiten – und neue offene Fragen

Übersicht

I. Einleitung

Die höchstrichterliche Aufsicht über die Schiedsgerichtsbarkeit teilen sich beim BGH zwei Senate. Die „allgemeine" Zuständigkeit über Streitigkeiten aus Schiedsvereinbarungen und Schiedssprüchen nach §§ 1025 ff. ZPO liegt seit langem beim III. Zivilsenat. Dagegen entscheidet der II. Zivilsenat traditionell über Rechtsstreitigkeiten aus statutarischen Schiedsklauseln nach § 1066 ZPO (= § 1048 ZPO aF), soweit sie Bestandteil oder Anhang eines Gesellschaftsvertrags sind und damit dem Gesellschaftsrecht zugerechnet werden, dem zentralen Gebiet des II. Zivilsenats. Dabei nimmt der II. Zivilsenat seine Kompetenz, über statutarische Schiedsvereinbarungen zu entscheiden, in der Regel nur eingeschränkt in Anspruch, nämlich nur dann, wenn der Kläger die Klage vor dem ordentlichen Gericht anhängig gemacht hatte und der Beklagte auf der Grundlage einer statutarischen Schiedsklausel die Einrede der Schiedsvereinbarung nach § 1032 ZPO erhoben hat[1]. Hat ein Schiedsgericht dagegen bei einer statutarischen Schiedsklausel bereits einen Schiedsspruch erlassen, entscheidet über die Rechtsbeschwerde im Verfahren über dessen Vollstreckbarerklärung oder Aufhebung nach §§ 1059, 1060, 1062 Abs. 1, 1065 ZPO, der III. Zivilsenat[2]. Der II. Zivilsenat nimmt damit die Kontrolle über die Wirksamkeit einer statutarischen Schiedsvereinbarung in der Regel im Vorfeld eines Schiedsverfahrens war. Dagegen obliegt dem III. Zivilsenat die nachträgliche Kontrolle darüber, ob ein Schiedsgericht zu Recht oder Unrecht seine Zuständigkeit auf der Grundlage einer statutarischen Schiedsklausel angenommen hatte.

---

[1] ZB BGHZ 132, 278 – Schiedsfähigkeit I.
[2] ZB BGHZ 159, 207.

Die Aufteilung der Zuständigkeiten zwischen beiden Senaten kann für das Ergebnis durchaus Bedeutung haben. Für den Außenstehenden scheint die Grundhaltung des III. Zivilsenats um Nuancen schiedsfreundlicher zu sein als die des II. Zivilsenats. Die Unterschiede mögen auch damit zu erklären sein, dass der III. Zivilsenat letztinstanzlich über die Anerkennung und Vollstreckbarerklärung ausländischer Schiedssprüche nach § 1061 ZPO zu entscheiden hat und so „internationaler" aufgestellt ist[3]. Hierauf ist zurückzukommen.

II. Der lange Weg zu Schiedsfähigkeit I[4]

Das alte Schiedsverfahrensrecht galt in Deutschland bis zum 31. 12. 1997. Unter seiner Geltung hing die objektive Schiedsfähigkeit eines Streitgegenstands von der Fähigkeit der Parteien ab, sich hierüber zu vergleichen (§ 1025 Abs. 1 ZPO aF). Die Bestimmung lautete: *„Die Vereinbarung, dass die Entscheidung einer Rechtsstreitigkeit durch einen oder mehrere Schiedsrichter erfolgen solle, hat insoweit rechtliche Wirkung, als die Parteien berechtigt sind, über den Gegenstand des Streites einen Vergleich zu schließen."* Im neuen Recht ist die Vergleichsfähigkeit nur noch bei nichtvermögensrechtlichen Streitigkeiten von Bedeutung (§ 1030 Abs. 1 S. 2 ZPO).

Einer der ganz wenigen Paragraphen des alten Schiedsverfahrensrechts, die im Wortlaut völlig unverändert in dem ab 1. 1. 1998 geltenden 10. Buch der ZPO[5] erhalten geblieben sind, ist § 1048 ZPO aF = § 1066 ZPO. Die Bestimmung lautet seit jeher: *„Für Schiedsgerichte, die in gesetzlich statthafter Weise durch letztwillige oder andere nicht auf Vereinbarung beruhende Verfügungen angeordnet werden, gelten die Vorschriften dieses Buches entsprechend."* Sie bezieht sich unter anderem auf statutarische Schiedsklauseln, die in den Satzungen oder Gesellschaftsverträgen von juristischen Personen des Privatrechts enthalten sind[6]. Durch den generellen Verweis in § 1048 ZPO aF auf die Vorschriften des damaligen 10. Buches der ZPO über das schiedsrichterliche Verfahren galt als selbstverständlich, dass für ein Schiedsverfahren, das auf der Grundlage einer statutarischen Schiedsklausel durchgeführt werden sollte, sämtliche Normen des 10. Buches der ZPO anwendbar sein sollten, soweit sie für den entscheidenden Streitfall einschlägig waren. Hieran hat sich unter der Geltung des neuen Schiedsverfahrensrechts ab 1. 1. 1998 mit der inhaltsgleichen Bestimmung in § 1066 ZPO nichts geändert.

1. II. Zivilsenat: Beschlussmängelstreitigkeiten nicht vergleichsfähig nach § 1025 Abs. 1 ZPO aF

Durch den generellen Verweis in § 1048 ZPO aF auf die „Vorschriften dieses Buches" waren Streitigkeiten, die in einer statutarischen Schiedsklausel dem staatlichen Gericht entzogen und einem Schiedsgericht zugewiesen werden sollten, nur insoweit objektiv schiedsfähig, als die Parteien berechtigt waren, über den Gegenstand ihres Streites einen Vergleich zu schließen[7]. Dass die objektive Schiedsfähigkeit eines Streites von der Fähigkeit der Parteien abhing, sich hierüber zu vergleichen, entsprach einem damals allgemein anerkannten internationalen Standard[8].

---

[3] Vgl. nur BGH WM 2010, 2234, 2235 Tz. 8.

[4] BGHZ 132, 278 – Schiedsfähigkeit I.

[5] Schiedsverfahrens-Neuregelungsgesetz vom 22. 12. 1997, BGBl. I S. 3224.

[6] Statt aller *Schütze* in: Wieczorek, ZPO, 2. Aufl. 1981, § 1048 Anm. A I b.

[7] *Schütze* in: Wieczorek, ZPO, 2. Aufl. 1981, § 1025 Anm. G.

[8] Vgl. nur Art. 5 des Schweizerischen Konkordats über die Schiedsgerichtsbarkeit von 1969: *„Gegenstand eines Schiedsverfahrens kann jeder Anspruch sein, welcher der freien Verfügung der Parteien unterliegt, sofern nicht ein staatliches Gericht nach einer zwingenden Gesetzesbestimmung in der Sache ausschließlich zuständig ist."*, abgedruckt bei *Lalive/Poudret/Reymond* Le Droit de l'Arbitrage, Lausanne, 1989, S. 50.

Die fehlende Vergleichsfähigkeit der Parteien ist denn auch der Anknüpfungspunkt, mit der der II. Zivilsenat 1951 die Schiedsfähigkeit von Streitigkeiten über Gesellschafterbeschlüsse verneint und dies mit der ausschließlichen Zuständigkeit des Landgerichts nach § 199 Abs. 3 AktG 1937[9] begründet hatte[10]. Die ausschließliche Zuständigkeit des Landgerichts für die Anfechtung von Beschlüssen entziehe die Entscheidung „der Parteiwillkür der Beteiligten". Daher könne nur das ordentliche Gericht darüber entscheiden, ob ein Beschluss der Hauptversammlung anfechtbar oder gegebenenfalls nichtig sei. In der Literatur war bereits vor dem Urteil vom 4. 7. 1951 die Auffassung vertreten worden, dass der Beschluss der Hauptversammlung einer Aktiengesellschaft allein durch das Gericht oder durch die Hauptversammlung selbst aufgehoben werden könne. Die Gesellschaft könne sich dagegen nicht auf die Aufhebung des Beschlusses vergleichen[11]. Es verwundert daher nicht, dass das Urteil in der älteren aktienrechtlichen Literatur ungeteilte Zustimmung gefunden hat[12]. *Schilling* hatte den ergänzenden Gesichtspunkt hinzugefügt, schon wegen der Urteilswirkung dürfe die Entscheidung nicht von der Auswahl des Schiedsrichters durch einen einzigen Anfechtungsberechtigten abhängig gemacht werden[13].

Bei Streitigkeiten über die Beschlüsse der Gesellschafterversammlung einer GmbH wendet die Rechtsprechung seit je die Bestimmungen aus dem Aktienrecht über die Anfechtung von Beschlüssen einer Hauptversammlung entsprechend an, weil im GmbH-Gesetz vergleichbare Vorschriften fehlen[14]. Damit galten auch nach einer einhellig in der älteren Literatur vertretenen Auffassung Streitigkeiten über die Gesellschafterbeschlüsse einer GmbH als nicht schiedsfähig[15]. Folgerichtig hat der II. Zivilsenat 1966 unter Bezugnahme auf sein Urteil von 1951 zu § 199 AktG 1937 eine statutarische Schiedsklausel im Gesellschaftsvertrag einer GmbH insoweit für nichtig gehalten, als sie auch die Anfechtung von Gesellschafterbeschlüssen einem Schiedsgericht zugewiesen hatte[16]. Dabei geht seine Begründung zur fehlenden Schiedsfähigkeit von Streitigkeiten über Gesellschafterbeschlüsse bei einer GmbH nicht über die des Urteils von 1951 hinaus. Sie enthält aber gleichwohl eine wichtige weiterführende Ergänzung. In dem Streitfall, der dem Urteil von 1966 zugrunde lag, war die statutarische Schiedsgerichtsklausel weit gefasst. Sie lautete: *„Über Streitigkeiten zwischen der Gesellschaft und den Gesellschaftern oder ihren Geschäftsführern, die Gesellschafter sind, sowie über Streitigkeiten der Gesellschafter unter sich aus dem Gesellschaftsverhältnis, entscheidet das Schiedsgericht. ....*" Der II. Zivilsenat hat dort die Schiedsklausel nur teilweise für nichtig gehalten und zwar nur insoweit, als sie sich auch auf die Anfechtung von Gesellschafterbeschlüssen erstreckt hatte[17].

Die obergerichtliche Rechtsprechung ist der Auffassung des BGH gefolgt, den Beschlussmängelstreitigkeiten fehle die Vergleichsfähigkeit, so dass sie zur ausschließlichen Zuständigkeit der staatlichen Gerichte gehörten[18].

---

9 § 199 Abs. 3 AktG 1937: *„Zuständig für die Klage ist ausschließlich das Landgericht, in dessen Bezirk die Gesellschaft ihren Sitz hat. Die mündliche Verhandlung findet nicht vor Ablauf der Monatsfrist des Absatzes 1 statt. Mehrere Anfechtungsprozesse sind zur gleichzeitigen Verhandlung und Entscheidung zu verbinden.*" Die Bestimmung entspricht weitgehend § 246 Abs. 3 AktG.

10 BGH LM AktG § 199 Nr. 1.

11 *Baumbach/Hueck* AktG, 7. Aufl. 1951, § 199 Anm. 4) B.

12 GroßkommAktG/*Schilling* 3. Aufl. 1973, § 246 Anm. 14; v. Godin/*Wilhelmi* AktG, 4. Aufl. 1971, § 246 Anm. 4.2; KölnerKommAktG/*Zöllner* 1. Aufl. 1985, § 246 Rn. 61.

13 GroßkommAktG/*Schilling* 3. Aufl. 1973, § 246 Anm. 14.

14 BGHZ 11, 231, 235 mwN.

15 *Schilling* in: Hachenburg, GmbHG, 6. Aufl. 1959, § 45 Anm. 15 und 32; Baumbach/*Hueck* GmbHG, 13. Aufl. 1970, Anh. § 47 lit. E. und F.

16 BGH WM 1966, 1132, 1133.

17 BGH WM 1966, 1133.

18 Exemplarisch OLG Hamm ZIP 1987, 780, 781 ff.

2. Der andere Ansatz des III. Zivilsenats

Der III. Zivilsenat hat in Kenntnis der Rechtsprechung des II. Zivilsenats nach einer mindestens teilweise anderen Lösung gesucht, ohne hierbei verpflichtet zu sein, gemäß § 132 Abs. 1 GVG den Großen Senat für Zivilsachen des BGH anzurufen. In einer Reihe von Entscheidungen, die mit einem Urteil aus dem Jahr 1979 beginnt und mit einer Entscheidung aus 2001 endet, hat er Feststellungsklagen über die Wirksamkeit von Gesellschafterbeschlüssen bei einer GmbH zwischen zwei Gesellschaftern für schiedsfähig gehalten und damit Schiedsvereinbarungen, die auch Beschlussmängelstreitigkeiten einem Schiedsgericht zuwiesen, für wirksam erachtet[19].

In dem Urteil von 1979 hatten Gesellschafter einer GmbH darüber gestritten, ob ein anderer – ein Familienverein – Gesellschafter der GmbH geworden sei und ob der in einer Gesellschafterversammlung neu gefasste Gesellschaftsvertrags unwirksam sei und stattdessen der alte Gesellschaftsvertrag weiterhin Geltung habe[20]. Unter ausdrücklichem Hinweis auf die Entscheidungen des II. Zivilsenats zur fehlenden Schiedsfähigkeit von Beschlussstreitigkeiten hat der III. Zivilsenat ausgeführt, dass im Streitfall nicht ein Gesellschafter gegen die Gesellschaft klage, wie es bei einer Anfechtungsklage nach § 246 AktG geboten sei. Vielmehr klage ein Gesellschafter gegen einen anderen auf Feststellung, dass ein Gesellschafterbeschluss unwirksam sei[21]. Der Unterschied sei erheblich. Die Anfechtungsklage sei eine Gestaltungsklage; das auf sie ergehende Urteil ein Gestaltungsurteil, das zwischen der Gesellschaft und sämtlichen Gesellschaftern wirke. Daneben sei eine Feststellungsklage eines Gesellschafters gegen einen anderen oder einen Dritten möglich, deren Zulässigkeit sich nach § 256 ZPO richte. Die Gesellschafter könnten sich in ihrem Verhältnis zueinander wirksam über den Gegenstand ihres Streites, etwa die Gültigkeit eines Gesellschafterbeschlusses, vergleichen. Eine Feststellungsklage wirke auch nur zwischen den Prozessbeteiligten[22].

In zwei Entscheidungen von 1979 und 1983, die die gleichen Parteien, die gleiche Schiedsvereinbarung und den gleichen Schiedsspruch betrafen, hat der III. Zivilsenat einen Schiedsspruch über eine Feststellungsklage zwischen zwei Gesellschaftern darüber für wirksam gehalten, ob eine der Parteien aus einer GmbH ausgeschlossen worden sei[23]. Bei einer Kommanditgesellschaft hat er 1987 eine Feststellungsklage mit dem Ziel für schiedsfähig gehalten, die eine Partei müsse sich im Verhältnis zu der anderen als Komplementärin der Gesellschaft behandeln lassen, weil die Parteien sich auch über den Schiedsklageantrag hätten vergleichen können[24]. Sogar bei einer Publikums-KG hat er 1997 eine statutarische Schiedsklausel in Verbindung mit einer gesonderten Schiedsvereinbarung mit jedem einzelnen Kommanditisten im Verhältnis zu einem Gesellschafter für wirksam gehalten, der seine Kommanditistenstellung durch Abtretung von einem Dritten erworben hatte[25]. Da die KG sich geweigert hatte, den Erwerber als Kommanditisten anzuerkennen, hatte der Erwerber ein Schiedsgericht angerufen. Das Schiedsgericht hatte im Schiedsspruch festgestellt, dass der Erwerber Kommanditist der KG geworden war. Nach Auffassung des III. Zivilsenats waren sowohl die statutarische Schiedsklausel als auch die Schiedsvereinbarung nach § 401 BGB mit dem abgetretenen Recht auf den Erwerber übergegangen.

In dem 2001 entschiedenen Fall hatten die Gesellschafter einer GmbH mit Schiedsvertrag die Zuständigkeit eines Schiedsgerichts für alle Streitigkeiten aus dem Gesellschaftsver-

---

[19] BGH NJW 1979, 2567, 2568 f., bei Nr. 4 und Leitsatz Nr. 3; NJW 2001, 2176 f. bei Nr. II. 1. b, insoweit nicht in BGHZ 147, 394.

[20] BGH NJW 1979, 2567, 2568 bei Nr. 3.

[21] BGH NJW 1979, 2567, 2569 bei lit. c.

[22] BGH NJW 1979, 2567, 2569 bei lit. c.

[23] BGH DB 1980, 201 f.; WM 1983, 1207 f.

[24] BGH BeckRS 1987, 31065648.

[25] BGH NJW 1998, 371 f.

trag vereinbart[26]. Lediglich für Anfechtungs- und Nichtigkeitsklagen sollte das Landgericht am Sitz der GmbH zuständig sein. Nachdem die Gesellschafterversammlung einem geschäftsführenden Gesellschafter die Befugnis zur Einzelvertretung entzogen hatte, hat dieser den Beschluss wegen arglistiger Täuschung angefochten. Die GmbH hatte beim Landgericht Klage erhoben mit dem Ziel festzustellen, dass der beklagte Gesellschafter nur noch zur gemeinschaftlichen Vertretung der Gesellschaft befugt sei. Der Beklagte hatte daraufhin die Einrede des Schiedsvertrags erhoben. Der III. Zivilsenat hat die Einrede durchgreifen lassen und die Zuständigkeit des staatlichen Gerichts verneint. Eine Beschlussmängelstreitigkeit liege nicht vor. Die Klägerin habe eine von der positiven Beschlussfeststellungsklage analog § 248 AktG zu unterscheidende allgemeine Feststellungsklage nach § 256 ZPO erhoben. Es handle sich um eine gewöhnliche Feststellungsklage nach § 256 ZPO mit Wirkung *inter partes.* Ein solches Streitverhältnis falle nach dem Wortlaut der Schiedsvereinbarung in die vereinbarte Zuständigkeit des Schiedsgerichts[27].

Die wiedergegebenen Urteile des III. Zivilsenats verdeutlichen die unterschiedliche Haltung beider Senate zur Schiedsfähigkeit von Gesellschafterstreitigkeiten. Sie lassen sich nur mit einem unterschiedlichen Verständnis der Funktion der Schiedsgerichtsbarkeit erklären.

III. Von Schiedsfähigkeit I zu Schiedsfähigkeit II

Führende Stimmen der jüngeren Literatur hatten die Auffassung des II. Zivilsenats zur fehlenden Schiedsfähigkeit von Streitigkeiten über Gesellschafterbeschlüsse kritisiert, auch wegen der dogmatisch nicht immer befriedigenden Auswege, die der III. Zivilsenat mit seiner Rechtsprechung gesucht und gefunden hatte. Die Kritik verteilte sich gleichmäßig auf die gesellschaftsrechtliche und die prozessrechtliche Literatur[28].

1. Schiedsfähigkeit I

Der II. Zivilsenat hat in seinem Urteil vom 29. 3. 1996[29], das er jetzt *Schiedsfähigkeit I* nennt[30], einen großen Teil seiner früheren Auffassung zur fehlenden Schiedsfähigkeit von Beschlussmängelstreitigkeiten aufgegeben. Die Entscheidung ist noch unter dem alten Schiedsverfahrensrecht ergangen, jedoch bereits vor dem Hintergrund der weit fortgeschrittenen Arbeiten zum neuen Recht. So setzt sie sich wiederholt mit dem Regierungsentwurf zum Schiedsverfahrens-Neuregelungsgesetz vom Juli 1996[31] auseinander[32]. Der Senat hält jetzt Beschlussmängelstreitigkeiten für vergleichsfähig[33]. Hierauf kommt es für das ab 1998 geltende Schiedsverfahrensrecht nicht mehr an. Denn nach neuem Recht ist gemäß § 1030 Abs. 1 ZPO jeder vermögensrechtliche Anspruch objektiv schiedsfähig. Ansprüche jeder Art, die sich aus einer Beteiligung an einer Gesellschaft ergeben, sind von

---

[26] BGH NJW 2001, 2176f.

[27] BGH NJW 2001, 2176f.

[28] Aus der gesellschaftsrechtlichen Literatur u.a. *K. Schmidt* ZGR 1988, 523ff.; *K. Schmidt* in: Scholz, GmbHG, 8. Aufl. 1993/95, § 45 Anm. 150; *Kornmeier* Vergleichsbefugnis und Schiedsfähigkeit, 1981, S. 62ff.; *Meyer-Landrut* GmbHG, 1. Aufl. 1987, § 47, Rn. 85; *Ulmer* in: Hachenburg, GmbHG, 8. Aufl. 1997, § 61 Rn. 37; aus der prozessrechtlichen Literatur u.a. *Schlosser* in: Stein/Jonas, ZPO, 21. Aufl. 1994, § 1025 Rn. 27f.; *Geimer* in: Zöller, ZPO, 19. Aufl. 1995, § 25 Rn. 38; Schwab/*Walter* Schiedsgerichtsbarkeit, 5. Aufl. 1995, S. 33ff.; noch nicht der moderneren Auffassung folgend MünchKommZPO/*Maier* 1. Aufl. 1992, § 1048 Rn. 8; *Schütze* in: Wieczorek, ZPO, 3. Aufl. 1995, § 1048 Rn. 4.

[29] BGHZ 132, 278.

[30] BGHZ 180, 221, Leitsatz.

[31] BT-Drucks. 13/5274.

[32] BGHZ 132, 278, 282, 283, 286, 287.

[33] BGHZ 132, 278, 282ff.

vornherein vermögensrechtlicher Natur. Eine GmbH verfolgt stets wirtschaftliche Zwecke. Die Beteiligung als Gesellschafter an einer GmbH ist ein Vermögensrecht. Ein Gesellschafterbeschluss, den ein Gesellschafter für anfechtbar oder nichtig hält, betrifft daher den Gesellschafter immer in seinen vermögensrechtlichen Belangen[34]. Ein großer Teil der Ausführungen in *Schiedsfähigkeit I* ist jedoch auch unter der Geltung des neuen Schiedsverfahrensrechts von Bedeutung. Insoweit werden sie nachfolgend wiedergegeben.

Die statutarische Schiedsklausel und die hiervon getrennte Schiedsvereinbarung zwischen den Gesellschaftern einer GmbH, die *Schiedsfähigkeit I* zugrundelag, stammten aus dem Jahr 1973 und waren ihrer Struktur nach lediglich auf ein Zwei-Parteien-Schiedsverfahren zugeschnitten. Gleichwohl sahen sie ausdrücklich vor, dass auch Streitigkeiten über Gesellschafterbeschlüsse durch ein Schiedsgericht zu entscheiden seien. Der II. Zivilsenat hat im Ergebnis die statutarische Schiedsklausel in Verbindung mit der gesonderten Schiedsvereinbarung in Bezug auf Beschlussmängelstreitigkeiten für unwirksam gehalten, weil sie die von ihm postulierten Forderungen für die prozessuale Gestaltung von Schiedsverfahren über Gesellschafterbeschlüsse nicht erfüllt hatten und weder das alte noch das neue Gesetz angemessene Lösungen bereit hielt.

Der II. Zivilsenat hat zunächst seine seit 1951 vertretene Auffassung aufgegeben, die in § 246 Abs. 3 AktG = § 199 Abs. 3 AktG 1937 angeordnete ausschließliche Zuständigkeit des Landgerichts schließe die Schiedsfähigkeit von Beschlussmängelstreitigkeiten aus[35]. Er sieht seitdem in der entsprechenden Anwendung von § 246 Abs. 3 AktG im GmbH-Recht nur noch eine Zuständigkeitsregelung für die staatlichen Gerichte, aber keine Entscheidung des Gesetzgebers zur Frage der Schiedsfähigkeit von Beschlussmängelstreitigkeiten. Er ist insoweit der bereits damals in der Literatur hM gefolgt, auf die er auch verwiesen hat[36]. Er hält die Möglichkeit für einen Gesellschafter, Beschlüsse der Gesellschafterversammlung durch ein Gericht auf ihre Rechtmäßigkeit überprüfen zu lassen, für einen zwingenden Bestandteil des gesetzlich gewährleisteten Individualrechtsschutzes. Dieser Rechtsschutz müsse jedoch nicht ausschließlich durch staatliche Gerichte gewährt werden. Beschlussmängelstreitigkeiten seien jedenfalls dann schiedsfähig, wenn das schiedsgerichtliche Verfahren mit dem Verfahren vor dem staatlichen Gericht gleichwertig sei und so gewährleiste, dass der Rechtsschutz der überstimmten Minderheit durch das Verfahren nicht eingeschränkt werde[37].

Der II. Zivilsenat zieht die Grenze für die objektive Schiedsfähigkeit eines Streites durch das staatliche Rechtsprechungsmonopol[38]. Nur die Streitgegenstände seien nicht schiedsfähig, die dem staatlichen Rechtsprechungsmonopol unterliegen, wie die der Parteidisposition entzogenen Statusverfahren in Familiensachen. Die Gesellschafter könnten einen Gesellschafterbeschluss fassen und ebenso einen einmal gefassten Beschluss wieder aufheben. Gesellschafterbeschlüsse unterliegen damit der privaten Disposition der Gesellschafter. Dann fehle es an einem Monopol der staatlichen Gerichte, um über die Rechtmäßigkeit eines streitigen Gesellschafterbeschlusses zu entscheiden.

Der II. Zivilsenat hat jedoch die Schiedsfähigkeit von Beschlussmängelstreitigkeiten nach altem Recht deswegen verneint, weil das damalige Schiedsverfahrensrecht nicht vermöge, analog § 246 Abs. 3 AktG eine Konzentration mehrerer Klagen vor einem einzigen Schiedsgericht sicherzustellen und weil ein Schiedsspruch nach dem Wortlaut von § 1040 ZPO aF = § 1055 ZPO lediglich zwischen den Parteien des Schiedsverfahrens wirke[39].

---

[34] Vgl. BGHZ 160, 127, 134 für einen Kapitalaufbringungsanspruch gegen einen GmbH-Gesellschafter; *Geimer* in: Zöller, ZPO, 28. Aufl. 2010, § 1030 Rn. 1, 9f.; *Schlosser* in: Stein/Jonas, ZPO, 22. Aufl. 2002, § 1030 Rn. 5 iVm. § 1034 Rn. 22.

[35] BGHZ 132, 278, 281.

[36] BGHZ 132, 278, 281.

[37] BGHZ 132, 278, 282.

[38] BGHZ 132, 278, 283.

[39] BGHZ 132, 278, 285 ff.

Damit sei ein Schiedsspruch nicht in der Lage, bei einem Beschlussmängelstreit analog § 248 Abs. 1 AktG für und gegen alle Gesellschafter zu wirken. Der ihm vom Gesetzgeber gerade zugedachten Aufgabe zur Rechtsfortbildung[40] hat sich der II. Zivilsenat jedoch in *Schiedsfähigkeit I* zunächst entzogen. Es sei nicht Aufgabe der Rechtsprechung, darüber zu befinden, wie das schiedsgerichtliche Verfahren und die Beteiligungsmöglichkeiten der Gesellschafter bei Beschlussmängelstreitigkeiten ausgestaltet sein müsse, um eine den §§ 246 ff. AktG vergleichbare Lage zu schaffen. Diese Aufgabe müsse dem Gesetzgeber überlassen bleiben[41].

2. *Schiedsfähigkeit II*[42]

Bei dem Urteil des II. Zivilsenats vom 6. 4. 2009 war eine Schiedsklausel im Gesellschaftsvertrag Gegenstand der Entscheidung, die aus dem Jahr 1989 stammte und damit ursprünglich noch dem alten Schiedsverfahrensrecht von vor 1998 unterlegen hatte[43]. Sie enthielt aber bereits die Regelung, dass mehrere Beteiligte auf einer Seite als eine Partei gelten und die Entscheidungen innerhalb einer Parteiseite mit einfacher Mehrheit nach Köpfen treffen können. Die statutarische Schiedsklausel entsprach damit den Anforderungen, die für ein normales Mehrparteienschiedsverfahren gelten[44]. Diese Klausel genügte jedoch nach Auffassung des II. Zivilsenats noch nicht der Aufgabe, bei Beschlussmängelstreitigkeiten die *inter omnes*-Wirkung von § 248 Abs. 1 AktG analog herzustellen und entsprach damit auch nicht den Anforderungen von *Schiedsfähigkeit I*[45].

Die Frage, die der II. Zivilsenat in *Schiedsfähigkeit II* gestellt und beantwortet hat, lautet: Welche verfahrensrechtlichen Voraussetzungen müssen erfüllt sein, damit eine im Gesellschaftsvertrag einer GmbH oder in einem hiervon gesonderten Vertrag enthaltene Schiedsvereinbarung wirksam ist, die Beschlussmängelstreitigkeiten einem Schiedsgericht zuweist? Er leitet seine Antworten aus dem Rechtsstaatsprinzip ab und fordert – wie bereits in *Schiedsfähigkeit I* – für alle der Schiedsvereinbarung unterworfenen Gesellschafter einen Rechtsschutz durch das Schiedsgericht, der dem Rechtsschutz durch staatliche Gerichte gleichwertig ist und dem Gesellschafter einen Mindeststandard an Mitwirkungsrechten im Verfahren sichert[46]. Das sind verfassungsrechtlich begründete Vorgaben. Diese Vorgaben können nach seiner Auffassung privatautonom durch die Gesellschafter im Gesellschaftsvertrag oder in einer gesonderten Vereinbarung außerhalb des Gesellschaftsvertrags erfüllt werden[47]. Eine Schiedsklausel in der Satzung der Gesellschaft, die auch Beschlussmängelstreitigkeiten einem Schiedsgericht zuweist, muss danach sechs Forderungen erfüllen:

(1) Alle Gesellschafter müssen der Schiedsklausel und damit stillschweigend dem Verzicht auf die Entscheidungsbefugnis des staatlichen Richters aus § 246 AktG zugestimmt haben[48]. Der BGH sieht bei Beschlussmängelstreitigkeiten nach §§ 241 ff. AktG den Zugang zum staatlichen Richter als Teil des aus dem Rechtsstaatsprinzip abgeleiteten Minderheitsschutzes. Dieser Zugang kann demnach jedem Gesellschafter nur mit dessen ausdrücklicher Zustimmung zur Schiedsklausel entzogen werden. Das ist bei Abschluss des Gesellschaftsvertrags zur Gründung der GmbH keine Besonderheit, da alle Gründungsgesellschafter den Gesellschaftsvertrag unterzeichnen müssen (§ 2 Abs. 1

[40] BT-Drucks. 13/5274 S. 35.

[41] BGHZ 132, 278, 289 f.

[42] BGHZ 180, 221.

[43] BGHZ 180, 221, 222 Tz. 4.

[44] Zur Mehrparteienschiedsgerichtsbarkeit statt aller *Schlosser* in: Stein/Jonas, ZPO, 22. Aufl. 2002, § 1034 Rn. 11 ff.

[45] BGHZ 132, 278, 285 ff.

[46] BGHZ 180, 221, 224 f. Tz. 10 und 225 f. Tz. 13.

[47] BGHZ 180, 221, 226 f. Tz. 14.

[48] BGHZ 180, 221, 228 Tz. 20.

GmbHG). Für das Gründungsstadium gilt immer der Grundsatz der Einstimmigkeit. § 53 Abs. 2 GmbHG ermöglicht erst nach abgeschlossener Gründung der Gesellschaft Satzungsänderungen mit einer Mehrheit von jeweils 75% der abgegebenen Stimmen, sofern der Gesellschaftsvertrag keine strengeren Anforderungen enthält.

(2) Jeder Gesellschafter muss sich an dem Verfahren zumindest als Nebenintervenient beteiligen können. Das setzt voraus, dass er über die Einleitung und den Verlauf des Schiedsverfahrens unverzüglich und fortlaufend unterrichtet wird[49]. Dabei geht der BGH als selbstverständlich davon aus, dass auch im Schiedsverfahren analog § 246 Abs. 2 AktG die Anfechtungs- oder Nichtigkeitsklage gegen die Gesellschaft zu richten ist. Beklagte ist damit stets die GmbH, vertreten durch ihre Geschäftsführer.

(3) An der Bildung des Schiedsgerichts müssen sämtliche Gesellschafter mitwirken können. Das betrifft sowohl die Auswahl als auch die Bestellung der Schiedsrichter. Hier handelt es sich um das klassische Problem der Mehrparteienschiedsgerichtsbarkeit[50], das in §§ 1025 ff. ZPO immer noch nicht angemessen gelöst ist und vor allem die ad-hoc-Schiedsgerichtsbarkeit betrifft. Die institutionellen Schiedsordnungen haben das Problem seit Jahren in ihren Schiedsordnungen als Folge der *Siemens vs. Dutco*-Entscheidung der *Cour de Cassation*[51] zufriedenstellend gelöst, s. nur § 13 DIS-SchiedsO[52].

(4) Über die Nichtigkeit oder Wirksamkeit des angefochtenen Beschlusses darf nur ein einziges Schiedsgericht entscheiden, nur das entspricht den Anforderungen von § 246 Abs. 3 S. 3 AktG[53]. Denn die verschiedenen Anfechtungs- und Nichtigkeitsgründe gegen den gleichen Beschluss, die von verschiedenen Gesellschaftern in mehreren selbständigen Klagen geltend gemacht werden können, betreffen einen einheitlichen Lebenssachverhalt[54]. Die Geltung des Schiedsspruchs für alle Gesellschafter und die Gesellschaft entsprechend § 248 Abs. 1 AktG muss dadurch gewährleistet sein, dass nur ein einziges Schiedsgericht entscheiden darf[55].

(5) Da der Zugang zum staatlichen Richter zum rechtsstaatlich garantierten Schutz des Minderheitsgesellschafters gehört, kann dieser nicht durch einen späteren Mehrheitsbeschluss entzogen werden. Daher unterliegt die Satzungsänderung, mit der erstmals eine Schiedsvereinbarung in die Satzung eingeführt werden soll, die auch Beschlussmängelstreitigkeiten einem Schiedsgericht zuweist, trotz § 53 Abs. 2 GmbHG dem Erfordernis der Einstimmigkeit. Der II. Zivilsenat hat jedoch ausdrücklich offen gelassen, mit welcher Mehrheit eine in der Satzung bereits vorhandene, aber fehlerhafte Schiedsklausel,

---

[49] BGHZ 180, 221 Tz. 20.

[50] Vgl. *Geimer* in: Zöller, ZPO, 28. Aufl. 2010, § 1029 Rn. 42.

[51] S. XV Yearbook Com. Arb. (1992), 124 ff.

[52] *„§ 13 Mehrheit von Parteien auf Kläger- oder Beklagtenseite*

13.1: Soweit die Parteien nichts anderes vereinbart haben, haben mehrere Kläger in ihrer Schiedsklage gemeinsam einen Schiedsrichter zu benennen.

13.2: Sind in der Schiedsklage zwei oder mehr Beklagte aufgeführt, so haben diese, soweit die Parteien nichts anderes vereinbart haben, gemeinsam einen Schiedsrichter innerhalb einer Frist von 30 Tagen nach Empfang der Klage durch die Beklagten zu benennen. Wird die Klage von den Beklagten zu unterschiedlichen Zeitpunkten empfangen, ist für die Fristberechnung der Empfang durch den Beklagten maßgeblich, der sie als letzter empfangen hat. Die Frist kann durch die DIS-Geschäftsstelle verlängert werden. Einigen sich die Beklagten nicht innerhalb der Frist, benennt nach Anhörung der Parteien der DIS-Ernennungsausschuss zwei Schiedsrichter, soweit die Parteien nichts anderes vorsehen. Eine von der Klägerseite vorgenommene Benennung wird durch die Benennung durch den DIS-Ernennungsausschuss gegenstandslos.

Die zwei von den Parteien oder vom DIS-Ernennungsausschuss benannten Schiedsrichter benennen den Vorsitzenden. § 12 Abs. 2 gilt entsprechend, wobei der Antrag einer Partei ausreichend ist.

13.3: Über die Zulässigkeit des Mehrparteienverfahrens entscheidet das Schiedsgericht.“

[53] BGHZ 180, 221, 229 Tz. 20.

[54] BGHZ 152, 1, 3 ff.

[55] BGHZ 180, 221, 230 ff. Tz. 23 ff.

die sich auch auf Beschlussstreitigkeiten bezieht, an die Anforderungen von *Schiedsfähigkeit II* angepasst werden kann[56].

(6) Die Verfahrensregeln, die den Anforderungen der §§ 246 ff. AktG entsprechen sollen, müssen vor Beginn des Schiedsverfahrens festliegen[57].

IV. Offene Fragen

Trotz *Schiedsfähigkeit II* bleiben für Schiedsverfahren über die Geltung von Gesellschafterbeschlüssen wichtige Fragen offen[58]. Das Urteil hat daher in der Literatur eine breite und lebhafte Diskussion ausgelöst[59].

1. „Alte" unvollkommene Klauseln per se unwirksam?

Die statutarischen Schiedsklauseln, die *Schiedsfähigkeit I*[60] und *Schiedsfähigkeit II*[61] zugrundelagen, wurden und werden in ähnlicher oder abgewandelter Form in Gesellschaftsverträgen verwendet. Das belegen bereits die in den gängigen Formularkommentaren verwendeten Muster[62]. Derartige Klauseln entsprechen regelmäßig selbst dann nicht den Anforderungen von *Schiedsfähigkeit I* und *II*, wenn sie ausdrücklich auch Beschlussmängelstreitigkeiten einem Schiedsgericht zuweisen, wie dies bereits bei der statutarischen Schiedsklausel von 1973 aus *Schiedsfähigkeit I* der Fall war[63]. Die einfache Antwort auf die gestellte Frage lautet: ja, derartige unvollkommene statutarische Schiedsklauseln sind nichtig, soweit sie Beschlussmängelstreitigkeiten betreffen. Bei näherem Hinsehen ergeben sich jedoch ernsthafte Zweifel, ob die einfache Antwort die richtige ist.

a) Hier ist als erstes in Erinnerung zu rufen, dass *Schiedsfähigkeit I* und *II* auf der Grundlage des alten Schiedsverfahrensrechts ergangen sind. Durch das Schiedsverfahrens-Neuregelungsgesetz[64] hat jedoch im Vergleich zum alten Schiedsverfahrensrecht ein grundsätzlicher Paradigmenwechsel stattgefunden. Der Gesetzgeber geht mit dem neuen 10. Buch der ZPO davon aus, dass die Schiedsgerichtsbarkeit einen der staatlichen Gerichtsbarkeit gleichwertigen Rechtsschutz bietet[65]. Das sieht auch der II. Zivilsenat in seiner Entscheidung von 2004, mit der er einen Streit über die Aufbringung des Stammkapitals einer GmbH als schiedsfähig bewertet hatte[66].

---

[56] BGHZ 180, 221, 235 Tz. 39.

[57] BGHZ 180, 221, 227 Tz. 15.

[58] Hierzu bereits *Wilske/Riegger* ZGR 2010, 733, 744 ff.; *Albrecht* NZG 2010, 486 ff.

[59] U.a. *Albrecht* NZG 2010, 486 ff.; *Borris* NZG 2010, 481 ff.; *Duve* NJW 2009, 1966 ff.; *Habersack* JZ 2009, 797 ff.; *Kröll* SchiedsVZ 2010, 144 f.; *Münch* ZZP 123 (2010), 3 ff.; *K. Schmidt* in: Gesellschaftsrecht in der Diskussion 2009, 2010, S. 97 ff.; *Triebel/Hafner* SchiedsVZ 2009, 313 ff.; *Wilske/Riegger* ZGR 2010, 733, 744 ff.

[60] BGHZ 132, 278, 279.

[61] BGHZ 180, 221, 222 f. Tz. 4.

[62] Statt aller: Münchener Vertragshandbuch Gesellschaftsrecht/*Meister/Klöcker* 6. Aufl. 2005, IV.21, § 29. Die dort verwendete Klausel lautet:
„§ 29 Schiedsgericht
Über alle Streitigkeiten zwischen Gesellschaftern oder zwischen der Gesellschaft und Gesellschaftern, welche diesen Gesellschaftsvertrag das Gesellschaftsverhältnis oder die Gesellschaft betreffen, entscheidet, soweit dem nicht zwingendes Recht entgegensteht, unter Ausschluss des ordentlichen Rechtswegs ein Schiedsgericht. Das gilt auch für Einwendungen von Gesellschaftern gegen Gesellschafterbeschlüsse und für Streitigkeiten über die Gültigkeit dieses Gesellschaftsvertrages oder einzelner seiner Bestimmungen oder des Schiedsvertrages. Einzelheiten regelt der in der Anlage beigefügte Schiedsvertrag."

[63] BGHZ 132, 278, 279.

[64] BGBl. 1997 I S. 3224.

[65] BT-Drucks. 13/5274 S. 34.

[66] BGHZ 160, 127, 133 f.

Daraus ergibt sich eine wichtige Konsequenz: Das Schiedsgericht kann in gleicher Weise Minderheitsschutz[67] gewährleisten wie ein staatliches Gericht. Da der II. Zivilsenat den Minderheitsschutz aus dem Rechtsstaatsprinzip hergeleitet hat[68], ist er Teil des deutschen *ordre public*. Ein verfahrensrechtlicher oder materiell-rechtlicher Verstoß des Schiedsgerichts gegen den *ordre public* führt zwangsläufig zur Aufhebung des Schiedsspruchs nach § 1059 Abs. 2 Nr. 2 b ZPO. Die Möglichkeit einer nachträglichen Kontrolle des Schiedsspruchs im Aufhebungsverfahren nach § 1059 ZPO oder im Vollstreckungsverfahren nach § 1060 ZPO durch die staatlichen Gerichte gewährleistet, dass ein Schiedsgericht während des Schiedsverfahrens und im Schiedsspruch den Anforderungen an den Minderheitsschutz gerecht wird.

b) Bei *Schiedsfähigkeit I* und *II* gab es zwischen den Parteien keinen Streit darüber, dass die statutarischen Schiedsklauseln jeweils formwirksam zustandegekommen waren. Ist aber eine Schiedsvereinbarung der Form nach wirksam zustandegekommen, steht selbst bei einem unvollkommenen Inhalt fest, dass die Parteien ihre Streitigkeiten zum Zeitpunkt des Vertragsschlusses dem staatlichen Gericht entziehen und einem Schiedsgericht zuweisen wollten. Dieser übereinstimmende Wille ist weitestmöglich durch das staatliche Gericht zu respektieren. Es gilt daher nicht nur der Grundsatz der weiten Auslegung einer Schiedsvereinbarung[69]. Um den ursprünglichen Willen der Parteien durchzusetzen und diese an ihrer einmal getroffenen vertraglichen Abrede festzuhalten, ist unter besonderen Umständen auch eine geltungserhaltende Auslegung erforderlich[70].

Auch der II. Zivilsenat sieht in *Schiedsfähigkeit II* die Möglichkeit einer ergänzenden Vertragsauslegung, er hat diese jedoch für den Streitfall ausgeschlossen[71]. Zur Ausfüllung der Regelungslücken kämen verschiedene Gestaltungsmöglichkeiten in Betracht. Es fehlten aber Anhaltspunkte dafür, welche dieser Regelungen die Parteien getroffen hätten.

Der Gesichtspunkt einer geltungserhaltenden Auslegung ermöglicht es, in der Zukunft, auch unvollkommene Schiedsklauseln nach den Anforderungen von *Schiedsfähigkeit I* und *II* auszulegen und anzuwenden. Dann ist es lediglich die Aufgabe des klagenden Gesellschafters, bei der Einleitung des Schiedsverfahrens dafür Sorge zu tragen, dass alle übrigen Gesellschafter sich an der Auswahl und Bestellung der Schiedsrichter beteiligen können[72]. Die gleiche Aufgabe kann ein Gericht oder eine Schiedsinstitution auf Antrag des Klägers bei einer etwa notwendigen Ersatzbestellung eines Schiedsrichters (§ 1035 ZPO wahrnehmen. Der Schiedskläger muss hierbei nur die Anforderungen von *Schiedsfähigkeit II* beachten und seine Klageschrift sämtlichen Mitgesellschaftern mit der Aufforderung zustellen lassen, sich binnen einer bestimmten Frist über einen Beitritt auf Seiten des Schiedsklägers oder der beklagten Gesellschaft zu entscheiden und sich mit ihm oder mit den übrigen Beklagten auf einen Schiedsrichter zu einigen[73]. Auch die vom II. Zivilsenat befürchtete Gefahr mehrerer paralleler Schiedsverfahren und damit ein Verstoß gegen das Gebot der Verfahrenskonzentration[74] besteht bei einer geltungserhaltenden ergänzenden Vertragsaus-

---

[67] BGHZ 180, 221, 226 ff. Tz. 13 ff.

[68] BGHZ 180, 221, 228 Tz. 17 ff.

[69] Vgl. nur BGH WM 1971, 308, 309 bei Nr. 2 a; BGH WM 1980, 464, 466 bei Nr. 3 b cc.

[70] Schweiz. Bundesgericht, BGE 129 III, 675, 681; BGE 130 III, 66, 71 ff. Das Schweizerische Bundesgericht genießt in der internationalen Schiedsgerichtsbarkeit einen exzellenten Ruf. Unter dem Gesichtspunkt des gerade in der Schiedsgerichtsbarkeit erstrebten internationalen Entscheidungsgleichklangs kommt dem Schweizerischen Bundesgericht schon deswegen eine Leitfunktion zu, weil weltweit in der Schweiz die meisten internationalen Schiedsverfahren stattfinden (vgl. ICC Bulletin 2010, Volume 21 Nr. 1, S. 12 f.) und das Bundesgericht für diese Verfahren das „aufsichtsführende" Gericht ist, vgl. Art. 191 Schweiz. IPRG.

[71] BGHZ 180, 221, 234 Tz. 35 ff.

[72] Vgl. BGHZ 180, 221, 229 Tz. 20.

[73] BGHZ 180, 221, 230 f. Tz. 26.

[74] BGHZ 180, 221, 230 Tz. 24 f.

legung nicht. Denn auch ein weiterer Kläger müsste mit seiner Klage die von *Schiedsfähigkeit II* aufgestellten prozessualen Anforderungen erfüllen und seine Klage ebenfalls allen Gesellschaftern zustellen lassen. Der erste Kläger wird dann an der Bildung eines Schiedsgerichts für die zweite Klage nicht mitwirken. Eine Ersatzbestellung des Schiedsgerichts für die zweite Klage durch das Gericht oder die Schiedsinstitution nach § 1035 ZPO scheidet aus, weil beide die prozessrechtlichen Vorgaben von *Schiedsfähigkeit II* zu beachten haben und im Wege der Ersatzbestellung kein zweites Schiedsgericht installieren dürfen. Auf der Grundlage von *Schiedsfähigkeit II* besteht bei einer unvollkommenen Schiedsklausel zwar die Möglichkeit, dass ein paralleles Schiedsverfahren eingeleitet wird, aber schon keine Gefahr mehr, dass ein zweites paralleles Schiedsgericht gebildet wird. Damit besteht auch keine Gefahr möglicher einander widersprechender Entscheidungen.

c) Bei einer ergänzenden geltungserhaltenden Vertragsauslegung einer unvollkommenen statutarischen Schiedsklausel ist auch zu berücksichtigen, dass *Schiedsfähigkeit II* das Verfahrensermessen des Schiedsgerichts aus § 1042 Abs. 4 ZPO einschränkt[75]. So muss das Schiedsgericht jederzeit weitere Gesellschafter im Verlauf des schiedsrichterlichen Verfahrens als streitgenössische Nebenintervenienten zulassen und alle Gesellschafter, die sich nicht am Schiedsverfahren beteiligt haben, fortlaufend über dessen Verlauf unterrichten. Insoweit ist sein Ermessen auf Null reduziert.

Es ist selbstverständlich, dass ein Schiedsgericht bei der Durchführung eines Schiedsverfahrens verfahrensrechtliche Vorgaben, die zum nationalen *ordre public* gehören, zu beachten hat. Tut es dies nicht, unterliegt sein Schiedsspruch der Aufhebung nach § 1059 Abs. 1 Nr. 2 b ZPO. Bei seiner Entscheidung zur Schiedsfähigkeit von Rechtsstreitigkeiten über die Aufbringung des Stammkapitals einer GmbH[76] hat der II. Zivilsenat den Schwerpunkt auf die nachträgliche Kontrolle des Schiedsgerichts gelegt. Für die Beachtung zwingender Verfahrensvorschriften durch das Schiedsgericht, wie sie durch *Schiedsfähigkeit I* und *II* postuliert wird, sollte aber nichts anderes gelten. Mit einer nachträglichen Kontrolle über §§ 1059, 1060 ZPO ist auch die Bindungswirkung eines Schiedsspruchs analog § 248 Abs. 1 AktG zu sichern. Denn *Schiedsfähigkeit I* und *II* enthalten das Verbot, gegen den gleichen Gesellschafterbeschluss ein zweites oder drittes Schiedsverfahren durchzuführen.

2. Aufspaltung in nationale und internationale Streitigkeiten über Beschlussmängel?

a) Nach den bindenden Vorgaben des Gesetzgebers gilt das neue 10. Buch der ZPO einheitlich für nationale und internationale Schiedsverfahren[77]. Gemäß Art. 1 Abs. 3 UNCITRAL-Modellgesetz ist ein Schiedsverfahren international, wenn wenigstens eine der Parteien eines Schiedsvertrags ihren Sitz in einem vom Sitz der anderen Parteien verschiedenen Staat hat[78]. Gelten die gesetzlichen Bestimmungen des Schiedsverfahrensrechts im 10. Buch der ZPO einheitlich für nationale und internationale Schiedsverfahren, ist es

---

[75] BGHZ 180, 221, 232 f. Tz. 31.

[76] BGHZ 160, 127, 132 f.

[77] BT-Drucks. 13/5274 S. 25.

[78] Art. 1 III UNCITRAL-MG in der Fassung von 1985:
„3. Ein schiedsrichterliches Verfahren ist international, wenn
a) die Parteien der Schiedsvereinbarung im Zeitpunkt des Abschlusses dieser Vereinbarung ihre Niederlassung in verschiedenen Staaten haben oder
b) einer der folgenden Orte außerhalb des Staates liegt, in dem die Parteien ihre Niederlassung haben:
i) der Ort des schiedsrichterlichen Verfahrens, sofern dieser in der Schiedsvereinbarung bestimmt oder nach der Schiedsvereinbarung zu bestimmen ist.
ii) jeder Ort, an dem ein wesentlicher Teil der Pflichten aus der Handelsbeziehung zu erfüllen ist, oder der Ort, mit dem der Gegenstand des Streites die engste Verbindung aufweist oder
c) die Parteien ausdrücklich vereinbart haben, daß der Gegenstand der Schiedsvereinbarung Beziehungen zu mehr als einem Land aufweist" – abgedruckt bei *Glossner/Bredow/Bühler* Das Schiedsgericht in der Praxis, 3. Aufl. 1990, S. 272 f.

unerwünscht, wenn die hierzu ergehende höchstrichterliche Rechtsprechung unterschiedlich ausfällt, je nachdem, ob es sich um ein nationales oder internationales Schiedsverfahren handelt. Der BGH sollte daher vor einer Entscheidung über eine Vorschrift des 10. Buches der ZPO aus einem rein nationalen Sachverhalt stets prüfen, ob die von ihm ins Auge gefasste Entscheidung auch in gleicher Weise für einen internationalen Sachverhalt angemessen ist.

b) Die Rechtsgrundsätze aus *Schiedsfähigkeit I* und *II* sind nicht nur auf Gesellschafterbeschlüsse von GmbHs anwendbar. Sie gelten vielmehr für alle personalistisch strukturierten Gesellschaften jeder Rechtsform einschließlich der kleinen AG[79]. Zahlreiche Gesellschaften jeder Rechtsform haben zwar ihren Sitz in Deutschland, sind aber entweder ganz oder teilweise im Besitz ausländischer Gesellschafter. Dann ist ihr Gesellschafterkreis international.

Die GmbHs, deren Schiedsklauseln Gegenstand von *Schiedsfähigkeit I* und *II* waren, hatten ausschließlich deutsche Gesellschafter. Beide Entscheidungen, insbesondere die Betonung einer möglichen Einschränkung des Rechtsschutzes durch Schiedsvereinbarungen[80], sind nur vor dem Hintergrund des in Deutschland zur Verfügung stehenden wirksamen und effizienten Rechtsschutzsystems durch die staatlichen Gerichte zu verstehen. Die Grundsätze von *Schiedsfähigkeit I* und *II* erweisen sich schon dann als im Ergebnis wenig praktikabel, wenn es um Beschlussmängelstreitigkeiten aus einem *joint venture* mit ausländischen Gesellschaften geht. Das ist am Beispiel eines amerikanischen Minderheitsgesellschafters und deutschen Mehrheitsgesellschafters zu zeigen.

Der deutsche Mehrheitsgesellschafter hat mit der erforderlichen Mehrheit eine Erhöhung des Stammkapitals beschlossen, etwa um mit der Kapitalzufuhr eine Produktion von Erzeugnissen durch das *joint venture* zu ermöglich, die auch der amerikanische Minderheitsgesellschafter produziert. Dieser hat daher dem Erhöhungsbeschluss widersprochen. Weil der Gesellschaftsvertrag des *joint venture* eine Schiedsklausel enthält, die zwar Beschlussmängelstreitigkeiten einem Schiedsgericht zuweist, aber im Übrigen nicht den Anforderungen von *Schiedsfähigkeit I* und *II* entspricht, erheben Mehrheitsgesellschafter und Gesellschaft sogleich Klagen vor dem Landgericht am Sitz der Gesellschaft, der Mehrheitsgesellschafter auf Feststellung der Wirksamkeit des Beschlusses nach § 1032 Abs. 2 ZPO und die Gesellschaft auf Zahlung. Das Landgericht ist nach deutscher Auffassung auch für eine Klage gegen den ausländischen Gesellschafter international zuständig[81]. Die Einrede der Schiedsvereinbarung durch den Minderheitsgesellschafter weist das Landgericht auf der Grundlage von *Schiedsfähigkeit I* und *II* zurück und verurteilt diesen zur Übernahme des auf ihn entfallenden erhöhten Kapitalanteils und zur entsprechenden Zahlung. Das deutsche Gerichtsurteil wäre in den Vereinigten Staaten nicht vollstreckbar. Denn es verstößt gegen den US-amerikanischen *ordre public.* Seit dem Urteil des US-amerikanischen *Supreme Court* von 1985 – *Mitsubishi v. Soler Chrysler*[82] haben die US-amerikanischen Gerichte zu unterstellen, dass bei einer formwirksam abgeschlossenen Schiedsvereinbarung das Schiedsgericht die Anforderungen des formellen und materiellen *ordre public* beachtet. US-amerikanische Gerichte dürfen keine Schiedsvereinbarung für unwirksam erklären, weil sie befürchten, ein Schiedsgericht könnte gegen den formellen oder materiellen *ordre public* verstoßen. US-Gerichte können erst in der nachträglichen Kontrolle im Exequatur- oder Nichtigkeitsverfahren überprüfen, ob dies tatsächlich geschehen ist[83].

Hätte dagegen ein Schiedsgericht den amerikanischen Minderheitsgesellschafter zur Übernahme des Kapitalanteils und zur Einzahlung des dementsprechenden Geldbetrags

---

[79] *Goette* GWR 2009, 103, 105; *Habersack* JZ 2009, 797, 799.

[80] BGHZ 180, 221, 228 Tz. 17 ff.

[81] Vgl. *Geimer* in: Zöller, ZPO, 28. Aufl. 2010, Art. 22 EuGVVO Rn. 21.

[82] 473 U.S. 614, 624 ff. (1985) *Mitsubishi v. Soler Chrysler-Plymouth.*

[83] Vgl. hierzu *Gerhard Wagner* Prozessverträge, 1998: Privatautonomie im Verfahrensrecht, S. 197 f.; *Gary Born* International Commercial Arbitration, 2001, S. 258 ff.

verurteilt, wäre der Schiedsspruch ohne weiteres nach dem *New Yorker Übereinkommen* von 1958 in den USA vollstreckbar gewesen. Die stringente Anwendung von *Schiedsfähigkeit I* und *II* auf unvollständige Schiedsklauseln mit der Folge der ausschließlichen Zuständigkeit der deutschen Gerichte beseitigt damit einen wesentlichen Vorteil der Schiedsgerichtsbarkeit, nämlich die weltweite Vollstreckungsfähigkeit von Schiedssprüchen auf der Grundlage des New Yorker Übereinkommens von 1958 (vgl. nur § 1061 Abs. 1 ZPO). Im Gegensatz hierzu ist die Vollstreckbarkeit von Gerichtsurteilen nicht weltweit gesichert. So gibt es zwischen Deutschland und den Vereinigten Staaten kein das gesamte Staatsgebiet der Vereinigten Staaten umfassendes Abkommen zur gegenseitigen Anerkennung und Vollstreckbarkeit von Urteilen[84].

Diese Überlegungen gelten erst recht, wenn es sich um eine Beschlussmängelstreitigkeit aus einem russisch-deutschen *joint venture* mit mehreren Gesellschaftern handelt. Die deutschen Gesellschafter wären nahezu rechtlos gestellt, wenn ein deutsches Gericht eine unvollständige Schiedsklausel, die auch Beschlussmängelstreitigkeiten einem Schiedsgericht zuweist, für nichtig erklärte. Auf der Korruptionsliste von *Transparency International* nimmt Russland Platz 154 ein[85]. Der russische Staat gilt einschließlich seiner Justiz als korrupt[86]. Ist eine statutarische Schiedsklausel unwirksam, hat ein deutscher Gesellschafter wenig Aussichten, vor einem russischen Gericht Rechtsschutz zu erhalten. Dagegen ist ein Schiedsspruch auch in Russland für vollstreckbar zu erklären, weil auch Russland Mitgliedstaat des New Yorker Übereinkommens von 1958 ist. Würde ein russisches Gericht gleichwohl einen gegen ein russisches Unternehmen gerichteten Schiedsspruch nicht für vollstreckbar erklären, wäre der Schiedsspruch in jedem anderen Land der Welt vollstreckungsfähig, in dem das russische Unternehmen über Vermögen verfügt.

c) Diesen Überlegungen steht § 1032 Abs. 2 ZPO nicht entgegen. Danach kann bei Gericht bis zur Bildung des Schiedsgerichts ein Antrag auf Feststellung der Zulässigkeit oder Unzulässigkeit eines schiedsrichterlichen Verfahrens gestellt werden. § 1032 Abs. 2 ZPO stammt nicht aus dem UNCITRAL-Modellgesetz, sondern ist eine autonome Ergänzung des deutschen Gesetzgebers[87].

Aus internationaler Sicht hat sich diese Bestimmung nicht bewährt, weil sie durch die Möglichkeit, jederzeit insbesondere auch die Unzulässigkeit eines schiedsgerichtlichen Verfahrens feststellen zu lassen, sich zur Sabotage bzw. Verzögerung einer Streitentscheidung durch das Schiedsgericht eignet. Der österreichische Gesetzgeber, der mit dem Schiedsrechts-Änderungsgesetz 2006[88] das UNCITRAL-Modellgesetz übernommen und hierbei die deutschen Vorarbeiten zur Reform des deutschen Schiedsverfahrensrechts sehr sorgfältig beachtet hatte, hat es deshalb abgelehnt, eine vergleichbare Bestimmung wie § 1032 Abs. 2 ZPO in das österreichische neue Schiedsverfahrensrecht zu übernehmen[89]. Ein Gericht sollte daher auch im Verfahren nach § 1032 Abs. 2 ZPO eine formwirksam abgeschlossene Schiedsvereinbarung möglichst weit und geltungserhaltend auslegen und es der nachträglichen Kontrolle nach §§ 1059, 1060 ZPO überlassen, ob das Schiedsverfahren die Anforderungen von *Schiedsfähigkeit I* und *II* erfüllt hat.

3. Ergänzung einer statutarischen Schiedsklausel gegen den Willen eines Gesellschafters?

Der II. Zivilsenat hatte in *Schiedsfähigkeit II* die Frage offen gelassen, ob und mit welcher Mehrheit eine unvollkommene statutarische Schiedsvereinbarung angepasst werden könne

[84] Übersicht bei *Geimer* in: Zöller, ZPO, 28. Aufl. 2010, Anh. V *Vereinigte Staaten von Amerika*.
[85] www.transparency.org.
[86] The Economist, Dezember 11–17, 2010, S. 14.
[87] BT-Drucks. 13/5274 S. 38.
[88] Österr. BGBl. I vom 13. 1. 2006, Nr. 7.
[89] *Oberhammer* SchiedsVZ 2006, 57, 60.

und hat dabei die bis dahin erschienene Literatur aufgeführt, die dies aus gesellschaftlicher Treuepflicht für möglich hält[90]. Die vom Senat offen gelassene Frage hat naturgemäß eine neue literarische Diskussion ausgelöst[91].

a) Ist die statutarische, aber den Anforderungen von *Schiedsfähigkeit I* und *II* noch nicht entsprechende Schiedsklausel formwirksam zustandegekommen, steht der wirkliche Wille der Gesellschafter fest, ihre Streitigkeiten dem staatlichen Gericht zu entziehen und einem Schiedsgericht zuzuweisen. An diesem wirklichen Willen muss sich ein Gesellschafter, der sich der Anpassung einer statutarischen Schiedsklausel an die Maßstäbe von *Schiedsfähigkeit I* und *II* widersetzt, festhalten lassen. Das ergibt sich nicht nur aus dem Gesichtspunkt der gesellschaftlichen Treuepflicht, sondern aus der Gleichsetzung des Rechtsschutzes durch die Gerichte und durch die Schiedsgerichte, die der Gesetzgeber mit dem Schiedsverfahrens-Neuregelungsgesetz herbeigeführt hat. Für den Gesellschafter, der bereits formwirksam einer statutarischen Schiedsklausel zugestimmt hatte, tritt damit keine Verschlechterung seines Rechtsschutzes ein, wenn er verpflichtet ist, eine bereits vorhandene statutarische Schiedsvereinbarung an die Anforderungen von *Schiedsfähigkeit I* und *II* anzupassen.

Damit lässt sich auch die Frage nach der notwendigen Mehrheit beantworten, mit der eine derartige Änderung einer statutarischen Schiedsklausel herbeigeführt werden kann. Es bleibt bei § 53 Abs. 2 GmbHG. Der Abänderungsbeschluss bedarf einer Mehrheit von drei Vierteln der abgegebenen Stimmen. Die Gesellschaft ist gut beraten, wenn sie für die Änderung die Schiedsklausel aus den „Ergänzenden Regeln für Gesellschaftsrechtliche Streitigkeiten" der DIS wählt[92]. Diese Regeln entsprechen den Anforderungen von *Schiedsfähigkeit I* und *II.*

Nach Auffassung des II. Zivilsenats kann die Abänderung einer unvollkommenen Klausel nur so lange erfolgen, wie noch kein konkreter Streit zwischen den Gesellschaftern entstanden ist[93]. Wendet man jedoch bei einer unvollständigen Klausel die Grundsätze einer erweiternden und geltungserhaltenden Auslegung an, kommt es hierauf nicht an. Denn auch die unvollständige statutarische Schiedsklausel erlaubt ein Schiedsverfahren über Beschlussmängelstreitigkeiten, sofern nur der Kläger und das Schiedsgericht die Grundsätze aus *Schiedsfähigkeit I* und *II* beachten.

b) Die erstmalige Zuweisung von Gesellschafterstreitigkeiten an ein Schiedsgericht ist dagegen eine Grundentscheidung. Niemand darf gegen seinen Willen dem staatlichen Richter entzogen werden[94]. Sie unterliegt daher dem Einstimmigkeitserfordernis. Eine Dreiviertelmehrheit nach § 53 Abs. 2 GmbHG reicht hierfür nicht aus.

V. Ergebnis

1. *Schiedsfähigkeit I* und *II* legen die prozessualen Anforderungen fest, die für die Entscheidung von Beschlussmängelstreitigkeiten bei personalistisch strukturierten Gesellschaften jeden Rechtstyps durch ein Schiedsgericht gelten. Diese gehören zum verfahrensrechtlichen *ordre public* und können daher nicht unterschritten werden.

2. Die Verfahrensgrundsätze aus *Schiedsfähigkeit I* und *II* ermöglichen auch die Durchführung von Schiedsverfahren über Beschlussmängelstreitigkeiten auf der Grundlage einer unvollständigen statutarischen Schiedsklausel, sofern sie vom Schiedskläger und vom Schiedsgericht beachtet und eingehalten werden.

---

[90] BGHZ 180, 221, 235 Tz. 39.

[91] U.a. *Albrecht* NZG 2010, 486f.; *Münch* ZZP 123 (2010), 3, 25, lit. d; *Triebel/Hafner* SchiedsVZ 2009, 313, 320; *Witte/Hafner* DStR 2009, 2052, 2055f.

[92] www.dis-arb.de, DIS-Musterklauseln; hierzu *Borris* SchiedsVZ 2009, 299 ff.

[93] BGHZ 180, 221, 235 Tz. 39.

[94] Vgl. BGHZ 180, 221, 228 Tz. 20.

3. Das Gericht hat eine unvollständige, aber formwirksam zustandegekommene statutarische Schiedsvereinbarung in Verfahren nach § 1032 Abs. 1 oder Abs. 2 ZPO weit und geltungserhaltend so auszulegen, dass auch Beschlussmängelstreitigkeiten hierunter fallen. Es hat dabei davon auszugehen, dass Schiedskläger und Schiedsgericht in einem zu führenden Schiedsverfahren über Beschlussmängelstreitigkeiten die Anforderungen von *Schiedsfähigkeit I* und *II* beachten und erfüllen. Die richterliche Kontrolle, ob dies tatsächlich geschehen ist, erfolgt erst nach Erlass des Schiedsspruchs im Aufhebungs- oder Vollstreckungsverfahren gemäß §§ 1059, 1060 ZPO.

4. Das 10. Buch der ZPO gilt einheitlich für nationale und internationale Schiedsverfahren. Eine Aufspaltung der höchstrichterlichen Rechtsprechung in Entscheidungen zur nationalen Schiedsgerichtsbarkeit und zur internationalen Schiedsgerichtsbarkeit ist zu vermeiden. Eine Unwirksamkeit einer formwirksamen, aber unvollständigen Schiedsvereinbarung als Folge von *Schiedsfähigkeit I* und *II* würde bei internationalen Gesellschaften die deutschen Gesellschafter häufig rechtsschutzlos stellen, weil eine Klage am Sitz des ausländischen Gesellschafters erfolglos bliebe.

5. Wegen der durch das Schiedsverfahrens-Neuregelungsgesetz postulierten Gleichwertigkeit des Rechtsschutzes durch ein Schiedsgericht mit dem Rechtsschutz durch das staatliche Gericht ist die Abänderung einer formwirksam zustandegekommenen statutarischen Schiedsklausel an die Anpassung der Anforderungen von *Schiedsfähigkeit I* und *II* mit Dreiviertelmehrheit gemäß § 53 Abs. 2 GmbHG möglich. Dagegen unterliegt die erstmalige Aufnahme einer statutarischen Schiedsklausel in die Satzung einer Gesellschaft dem Einstimmigkeitserfordernis.

JOCHEM REICHERT/NICOLAS OTT

Investorenvereinbarung mit der Zielgesellschaft – Möglichkeiten und Grenzen der Einflussnahme auf Gesellschaftsorgane

Übersicht

Seite

I. Problemaufriss

1. Praktische Relevanz und Eingrenzung

Vereinbarungen zwischen Investor und Zielgesellschaft anlässlich eines anstehenden Beteiligungserwerbs – kurz: Investorenvereinbarungen – haben in den vergangenen Jahren in der Praxis eine zunehmende Bedeutung erfahren. Zu den typischen Regelungsgegenständen von Investorenvereinbarungen zählen Bestimmungen über Modalitäten des beabsichtigten Beteiligungserwerbs, Abreden im Hinblick auf die strategische Ausrichtung und Aktionärsstruktur sowie Regelungen im Hinblick auf die künftige Corporate Governance der Zielgesellschaft.

Von gewöhnlichen Gesellschaftervereinbarungen, etwa in Form von Konsortialabreden unter Aktionären, unterscheiden sich Investorenvereinbarungen namentlich durch den Umstand, dass sich letztere nicht auf Regelungen im Gesellschafterkreis beschränken, sondern verbindliche Rechtsbeziehungen im Verhältnis zwischen den Gesellschaftern und der Gesellschaft zu begründen suchen. Mit dem Abschluss einer Investorenvereinbarung wird in der Regel mehr als eine informelle Abstimmung über das künftige Verhalten von Gesellschafter und Gesellschaft bezweckt; gewollt ist vielmehr der Abschluss einer rechtsverbindlichen Vereinbarung mit gegenseitiger Bindungswirkung.

Dabei werfen Investorenvereinbarungen verschiedene bislang wenig beleuchtete Rechtsfragen auf. Sieht man von der Frage nach deren grundsätzlicher Zulässigkeit ab, stehen dabei in aktien- bzw. konzernrechtlicher Hinsicht namentlich zwei Aspekte im Vordergrund: Zunächst die Frage, bis zu welchem Grad die (vertraglich zugesagte) Einflussnahme von Gesellschaftern auf die von ihnen gewählten Aufsichtsratsmitglieder zulässig ist. Weiterhin ist fraglich, ob, und wenn ja in welchem Umfang, Bindungen eines Gesellschafters gegenüber der Gesellschaft sowie deren Organe zulässig und mit dem zwingenden aktienrechtlichen Kompetenzgefüge vereinbar sind.

2. Ausgangspunkt: Grundsätzliche Zulässigkeit von Investorenvereinbarungen

Das Schrifttum hat sich bislang nur vereinzelt mit dem Phänomen der Investorenvereinbarung befasst. Die erschienenen Beiträge gehen dabei überwiegend von der grundsätzlichen Zulässigkeit von Investorenvereinbarungen aus, ohne sich indes näher mit den eingangs skizzierten Rechtsfragen auseinanderzusetzen.[1]

Auch die Rechtsprechung hatte bislang kaum Gelegenheit, sich mit der Wirksamkeit und Bindungswirkung von Investorenvereinbarungen zu befassen. Zwar hat das LG Hannover[2] in seinem Beschluss zur Bestellung des Aufsichtsratsvorsitzenden der Continental AG die grundsätzliche Zulässigkeit und Wirksamkeit von Investorenvereinbarung inzident vorausgesetzt, die insoweit einschlägigen Rechtsfragen indes nicht näher erörtert.

Dass Investorenvereinbarungen – als Ausdruck eines erheblichen praktischen Bedürfnisses – im Grundsatz zulässig sind und im Rahmen der allgemeinen aktien- und kapitalmarktrechtlichen Inhaltsgrenzen wirksam durch den Vorstand der Zielgesellschaft abgeschlossen werden können, lässt sich unseres Erachtens kaum bestreiten. Hierfür spricht zunächst, dass Verträge zwischen Aktionären und der Gesellschaft nach dem Gesetz nicht untersagt sind, wie § 136 Abs. 2 AktG zeigt, der den Bestand entsprechender Vereinbarungen voraussetzt und lediglich für einen Teilausschnitt die Nichtigkeitsfolge anordnet.

Ferner dienen Investorenvereinbarungen im Hinblick auf ihren konkreten Regelungsgegenstand vielfach dazu, den Einfluss eines Investors auf die Gesellschaft zu ordnen und quantitativ wie sachlich zu beschränken. Damit weisen Investorenvereinbarungen Parallelen zum sog. Entherrschungsvertrag auf, dessen aktien- und konzernrechtliche Zulässigkeit weitgehend anerkannt ist und dessen Abschluss nach hM mangels Eingriff in die Mitgliedschaftsrechte der Anteilsinhaber in die autonome Kompetenz des Vorstands der „entherrschten Gesellschaft" fällt.[3]

3. Typische Klauseln mit Konfliktpotential

Mit Feststellung der „grundsätzlichen" Zulässigkeit von Investorenvereinbarungen ist für die Rechtsanwendung allerdings noch nicht allzu viel gewonnen. Denn zweifellos rühren solche Vereinbarungen an zentralen Prinzipien des Aktienrechts. Der Vertragsgestaltung sind daher Grenzen gesetzt. Die nachfolgende Untersuchung kann naturgemäß nicht alle

---

[1] *Kiem* AG 2009, 301 ff.; *Seibt/Wunsch* Der Konzern 2009, S. 195 ff.; vgl. zu Investorenvereinbarungen bei sog. PIPE-Transaktionen *Schiessl* AG 2009, 385, 391; zu dreiseitigen Vereinbarungen zwischen Gesellschaft, Alt-Aktionären und Investor *Maidl/Kreifels* NZG 2003, 1091; vgl. ferner *Otto* AG 1991, 369, 376 ff.

[2] LG Hannover Beschl. v. 12.3.2009 – 21 T 2/09, ZIP 2009, 761; vgl. dazu die Besprechung von *Krauss* GWR 2009, 297.

[3] Vgl. KölnerKommAktG/*Koppensteiner* 3. Aufl. 2004, § 17 Rn. 114; MünchKommAktG/*Bayer* 3. Aufl. 2008, § 17 Rn. 108; für ein Zustimmungserfordernis der Anteilsinhaber *Möhring* in: FS Westermann, 1974, S. 427, 435 f.

denkbaren Regelungsgegenstände in den Blick nehmen. Sie beschränkt sich auf einige praxisrelevante Konstellationen. Zu differenzieren ist zunächst zwischen *Unterlassungsklauseln* und *Einwirkungsklauseln*. Im ersten Fall verpflichtet sich der Investor dazu, bestimmte Handlungen *nicht* vorzunehmen oder zu unterstützen. Vorliegend soll es vornehmlich um das Unterlassen von solchen Aktivitäten gehen, die auf einen vorzeitigen Austausch von Vorstandsmitgliedern der Zielgesellschaft zielen. Im zweiten Fall verpflichtet sich der Investor dazu, darauf *hinzuwirken* oder sich darum zu bemühen, dass seine Vertreter in den Organen der Zielgesellschaft ein bestimmtes Vorhaben – eben beispielsweise wiederum den Austausch von Vorstandsmitgliedern – nicht zu betreiben. Möglicherweise gelingt es der Zielgesellschaft, eine noch schärfere Formulierung durchzusetzen, nämlich in der Form, dass der Investor für ein bestimmtes Verhalten seiner Vertreter „sorgt" oder er es „gewährleistet". Unabhängig davon, ob die schwache oder die starke Variante gewählt wurde, ist an Regelungen zu denken, die dem Investor die Pflicht auferlegt, für jeden Fall des Zuwiderhandelns verschuldensunabhängig eine Vertragsstrafe zu entrichten.

Regelmäßig wird der Investor zu einem derartigen Entgegenkommen nur deshalb bereit sein, weil er als Gegenleistung erwartet, dass der Vorstand der Zielgesellschaft seinen Widerstand gegen die in Aussicht genommene Übernahme aufgibt. Auch diese Erwartung bzw. die korrespondierende Verpflichtung muss rechtlich bewertet werden. Meist wird ein Großinvestor darauf drängen, dass er eigene Anteilseignervertreter in den Aufsichtsrat der Zielgesellschaft entsendet. Auch dieser Umstand ist in die Frage nach der Zulässigkeit einer faktischen Bindung von Aufsichtsratsmitgliedern durch Investorenvereinbarungen einzubeziehen.

II. Vereinbarkeit mit der gesetzlichen Garantie der Unabhängigkeit von Aufsichtsratsmitgliedern

Zu verproben ist die Vereinbarkeit von Investorenverträgen mit dem Grundsatz der unabhängigen und weisungsfreien Amtswahrnehmung durch den Aufsichtsrat. Zunächst soll daher der Grundsatz als solcher und seine Ausprägungen skizziert werden, bevor dann in einem zweiten Teil konkrete Konstellationen zur Überprüfung gestellt werden.

1. Allgemeiner Teil

a) Grundsatz der unabhängigen und weisungsfreien Amtswahrnehmung

Seine Aufgaben und Kompetenzen sind dem Aufsichtsrat gemäß § 111 Abs. 5 AktG zur höchstpersönlichen Erledigung zugewiesen. Der Grundsatz der höchstpersönlichen Amtswahrnehmung umfasst nach einhelliger Auffassung das Gebot, das Aufsichtsratsmandat unabhängig, frei und eigenverantwortlich auszuüben. Die Mitglieder des Aufsichtsrats sind verpflichtet, stets kraft eigener Willensbildung zu handeln. Diese gesellschafsrechtliche Verpflichtung kann – so die gesicherte Auffassung in Rechtsprechung und Schrifttum – durch Weisungen nicht überwunden werden. Vielmehr schließt § 111 Abs. 5 AktG ein „imperatives", weisungsgebundenes Aufsichtsratsmandat zwingend aus.[4]

[4] Vgl. BGH Urt. v. 29.1.1962 – II ZR 1/61, BGHZ 36, 296, 306; BGH Urt. v. 26.3.1984 – II ZR 171/83, BGHZ 90, 381, 398; BGH Urt. v. 18.9.2006 – II ZR 137/05, ZIP 2006, 2077, 2079; MünchKommAktG/*Habersack* 3. Aufl. 2008, § 111 Rn. 136; KölnerKommAktG/*Mertens* 2. Aufl. 1996, § 111 Rn. 90; GroßkommAktG/*Hopt/Roth* 4. Aufl. 2006, § 111 Rn. 745; *Ulmer/Habersack* in: Ulmer/Habersack/Henssler, MitbestG, 2. Aufl. 2006, § 25 Rn. 78.

b) Ausschließliche Bindung an das Unternehmensinteresse

Dabei hat der Aufsichtsrat, wie auch Ziff. 5.5.1 DCGK zum Ausdruck bringt, sein Handeln stets am Unternehmensinteresse auszurichten; dieses bildet Verhaltensmaxime und Orientierungsrahmen für die Wahrnehmung des Aufsichtsratsmandats und begrenzt damit zugleich die Verfolgung von persönlichen Partikular- oder Gruppeninteressen im Aufsichtsrat.[5]

Das Aufsichtsratsmitglied darf zwar die Interessen eines von ihm repräsentierten Aktionärs oder einer Aktionärsgruppe in die Beratung einbringen. Selbst ein Interessenkonflikt schließt die Mitgliedschaft im Aufsichtsrat nach hM nicht aus. Allerdings muss das Aufsichtsratsmitglied seine Entscheidungen stets am Unternehmensinteresse orientieren und darf sich nach dem gesetzlichen Leitbild des § 111 Abs. 5 AktG nicht an von ihm repräsentierten Interessen leiten lassen. Dies gilt jedenfalls, soweit diese Interessen dem Unternehmensinteresse zuwiderlaufen. Daher darf das Aufsichtsratsmitglied einen Interessenkonflikt nicht zu Lasten des Unternehmensinteresses auflösen. Kommt es zum konkreten Konflikt, so verlangt das Gesetz strikte Loyalität gegenüber den Interessen des Unternehmens. Die Berufung auf eine Interessenkollision kann das Aufsichtsratsmitglied grundsätzlich nicht entlasten.[6]

Die Bindung des Aufsichtsratsmitglieds an das Unternehmensinteresse gilt auch für den praktisch bedeutsamen Fall der vertikalen personellen Verflechtung. Gehört ein Vertreter des herrschenden Unternehmens zugleich dem Aufsichtsrat der abhängigen Gesellschaft an, so hat sich dieser bei seinen Entscheidungen stets von den Interessen desjenigen Pflichtenkreises leiten zu lassen, in dem er gerade tätig wird. Im Rahmen der Amtswahrnehmung als Aufsichtsratsmitglieder der abhängigen Gesellschaft sind mithin auch Repräsentanten der herrschenden Unternehmen vorrangig der abhängigen Gesellschaft und ihren Interessen verpflichtet. Interessen aus dem Pflichtenkreis der Obergesellschaft dürfen nur insoweit berücksichtigt werden, als sie mit diesen nicht konfligieren.[7]

c) Unzulässigkeit rechtsgeschäftlicher Einflussnahme

Wie aufgezeigt misst das AktG dem Schutz der eigenverantwortlichen Amtsführung des Aufsichtsratsmitglieds nach §§ 111 Abs. 5, 116 AktG einen hohen Stellenwert bei. Vor diesem Hintergrund entspricht es im Kern einhelliger Auffassung, dass rechtsgeschäftliche Vereinbarungen jeder Art, welche geeignet sind, die Entschließungsfreiheit des Aufsichtsratsmitglieds einzuschränken, gemäß §§ 134, 138 BGB nichtig sind.

§ 111 Abs. 5 AktG schließt insoweit zunächst Weisungsbindungen im eigentlichen Sinne aus. Aufsichtsratsmitglieder können und dürfen sich nicht wirksam verpflichten, ihr Amt entsprechend den Weisungen eines anderen auszuüben. Von § 111 Abs. 5 AktG erfasst sind darüber hinaus alle Ersatzformen einer Weisungsbindung, so etwa ein Vertrag, durch den sich das Aufsichtsratsmitglied bei Nichtbefolgung von Anweisungen oder Wünschen des

---

[5] Allgemeine Auffassung; vgl. BGH Urt. v. 28.11.1988 – II ZR 57/88, BGHZ 106, 54, 65; BGH Urt. v. 5.6.1975 – II ZR 156/73, BGHZ 64, 325, 329; s. ferner MünchKommAktG/*Habersack* 3. Aufl. 2008, § 111 Rn. 136; vgl. speziell zu Ziff. 5.5.1 DCGK *Kremer* in: Ringleb/Kremer/Lutter/v.Werder, DCGK, 3. Aufl. 2008, Ziff. 5.5.1, Rn. 1091 ff.

[6] Vgl. BGH Urt. v. 21.12.1979 – II ZR 244/78, NJW 1980, 1629, 1630; MünchKommAktG/*Habersack* 3. Aufl. 2008, § 111 Rn. 136; KölnerKommAktG/*Mertens* 2. Aufl. 1996, § 116 Rn. 23; *Löbbe* Unternehmenskontrolle im Konzern, 2003, S. 67 ff., jeweils mwN. Außerhalb der Wahrnehmung ihrer Organfunktion trifft die Aufsichtsratsmitglieder dagegen nur eine allgemeine Rücksichtnahmepflicht gegenüber der Gesellschaft, wie sie nach § 242 BGB aus dem Schuldverhältnis mit dieser folgt; vgl. etwa *Mertens* aaO Rn. 23, 29.

[7] Vgl. BGH Urt. v. 29.1.1962 – II ZR 1/61, BGHZ 36, 296, 306 f.; BGH Urt. v. 21.12.1979 – II ZR 244/78, NJW 1980, 1629, 1630 (jeweils zum Aufsichtsrat); Urt. v. 9.3.2009 – II ZR 170/07, NZG 2009, 744 (zu Vorstandsdoppelmandaten); vgl. ferner MünchHdb. AG/*Krieger* 3. Aufl. 2007, § 69 Rn. 35; MünchKommAktG/*Kropff* 2. Aufl. 2000, § 311 Rn. 289; *Fleischer* in: Spindler/Stilz, AktG, 2007, § 76 Rn. 94; *Löbbe* (Fn. 6) S. 67 ff.

von ihm repräsentierten Aktionärs oder sonstiger Dritter zur Leistung von Vertragsstrafe oder zur Amtsniederlegung verpflichtet. Weisungsbindungen können dabei nach hM rechtswirksam auch nicht mit interner Wirkung zwischen Gebundenem und Dritten begründet werden.[8]

Von der Weisungsbindung gegenüber den Aufsichtsratsmitgliedern selbst sind Vereinbarungen im Gesellschafterkreis zu unterscheiden, in welchen sich Aktionäre verpflichten, auf Mitglieder des Aufsichtsrats einzuwirken, um diese zu einem bestimmten Tun oder Unterlassen zu bewegen.

Die Zulässigkeit solcher Einwirkungsverpflichtungen (die in der Kautelarpraxis häufig als „Bemühensklauseln" ausgestaltet werden) ist umstritten. Nach einer Mindermeinung im gesellschafsrechtlichen Schrifttum soll die aktionärsseitige Verpflichtung zur Einwirkung auf den Aufsichtsrat stets unwirksam (bzw. ohne Bindungswirkung) sein, da einer solchen regelmäßig das Risiko einer Beeinträchtigung der freien Entschließung des Aufsichtsrats innewohne. Damit käme Einwirkungsverpflichtungen nur unter dem Aspekt der – faktischen – Selbstbindung Bedeutung zu, wohingegen der Verletzungsfall sanktionslos bliebe.[9]

Demgegenüber geht die ganz hM von der grundsätzlichen Zulässigkeit von Einwirkungsverpflichtungen aus. Ein zur Nichtigkeit führender Verstoß gegen § 138 BGB liege erst dann vor, wenn die Vereinbarung nach Inhalt und Struktur gerade darauf angelegt sei, unzulässigen Entscheidungsdruck auf die Organe der Gesellschaft hervorzurufen, und damit gegen das Prinzip der Unabhängigkeit der Mandatsträger verstoße.[10]

Als Indiz für eine rechtswidrige Verhaltenssteuerung gilt dabei insbesondere die Regelung eines konkreten Sanktionsmechanismus für den Fall des Klauselverstoßes. Die Unzulässigkeit von Einwirkungsverpflichtungen wird danach zunächst dann angenommen, wenn bei Nichterreichen des erstrebten Erfolges eine zwingende Verpflichtung zur Abberufung oder Nichtwiederwahl des betreffenden Aufsichtsratsmitglieds besteht, da sich eine solche Regelung bei Lichte als „kaum verhülltes indirektes Weisungsrecht" darstelle.[11]

Unzulässig ist nach hM ferner eine Absicherung der Vereinbarung durch Vertragsstrafe, da der Sanktionsdruck den Aktionär zu Maßnahmen veranlassen könne, die geeignet seien, die freie Entschließung des Aufsichtsrats zu beeinträchtigen. Eine solche Verhaltenssteuerung durch Druckausübung sei rechtswidrig und unwirksam. Aus demselben Grund verbiete sich eine Schadensersatzpflicht im Verletzungsfall.[12]

d) Zulässigkeit tatsächlicher Einflussnahme

Während jede Form der rechtsgeschäftlichen Einflussnahme auf die freie Entschließung von Aufsichtsratsmitgliedern verboten ist, wird die rein faktische Einflussnahme (etwa in Form von Ratschlägen, Anregungen, Erwartungen eines bestimmten Verhaltens oder – unverbindlichen – Weisungen) in den Grenzen der §§ 311, 317 AktG von der ganz hM als zulässig erachtet. Das Prinzip der Eigentümerkontrolle, welches gemäß § 311 AktG auch

---

[8] MünchKommAktG/*Habersack* 3. Aufl. 2008, § 111 Rn. 137; KölnerKommAktG/*Mertens* 2. Aufl. 1996, § 111 Rn. 90; *Fleischer* in: Spindler/Stilz, AktG, 2007, § 84 Rn. 10; *Ulmer/Habersack* in: Ulmer/Habersack/Henssler, MitbestG, 2. Aufl. 2006, § 25 Rn. 79; *Raiser* ZGR 1978, 391, 399 f.

[9] *Lutter/Krieger* Rechte und Pflichten des Aufsichtsrats, 5. Aufl. 2008, Rn. 335; *Krieger* Personalentscheidungen des Aufsichtsrats, 1981, S. 52.

[10] Ganz hM, vgl. MünchKommAktG/*Spindler* 3. Aufl. 2008, § 84 Rn. 15; KölnerKommAktG/*Mertens/Cahn* 3. Aufl. 2010, § 84 Rn. 9; *Baumnn/Reiß* ZGR 1989, S. 157, 192; *Mayer* MittBayNot 2006, 281, 288; *Sickinger* in: Münchener Anwaltshandbuch Aktienrecht, 2005, § 11 Rn. 29; *Niewiarra* BB 1998, 1961, 1963 f.; *Seibt/Wunsch* Der Konzern 2009, 195, 204; *Seibt* in: Beck'sches Formularbuch Mergers & Acquisitions, 2008, S. 1048.

[11] Vgl. etwa *Sickinger* (vorige Fn.) § 11 Rn. 29; *Mayer* MittBayNot 2006, 281, 288.

[12] Vgl. MünchKommAktG/*Spindler* 3. Aufl. 2008, § 84 Rn. 15; *Lutter/Krieger* (Fn. 9) Rn. 335; *Krieger* (Fn. 9) S. 52; KölnerKommAktG/*Mertens* 1985, § 84 Rn. 8; aA wohl allein KölnerKommAktG/*Mertens* 2. Aufl. 1996, § 84 Rn. 9.

für die faktisch konzernierte oder abhängige Gesellschaft gilt, basiert gerade auf der Einflussnahme des herrschenden Unternehmens über den Aufsichtsrat, der nicht nur über die Personalhoheit über den Vorstand der abhängigen Gesellschaft verfügt, sondern auch wesentliche Maßnahmen der Geschäftsführung an seine Zustimmung binden kann.[13]

Nach der Rechtsprechung des BGH gilt es daher als zulässig, bei der Besetzung des Aufsichtsrats gezielt auf solche Personen zurückzugreifen, die bereit sein werden, den Vorstellungen der Aktionäre zu folgen. Auch einer Repräsentanz der (Groß-) Aktionäre im Aufsichtsrat steht das Aktienrecht aufgeschlossen gegenüber; die §§ 291 ff., 311 ff. AktG lassen es in diesem Zusammenhang gar zu, den Aufsichtsrat auf der Anteilseignerseite ausschließlich mit Repräsentanten des herrschenden Unternehmens zu besetzen.[14]

Umgekehrt ist aus Aufsichtsratsperspektive zu beachten, dass die Vorschriften über die Zusammensetzung des Organs gerade darauf angelegt sind, die Repräsentanten konfligierender Interessen in die Unternehmenspolitik einzubinden. Dies bedeutet, dass das Gesetz die Rücksichtnahme der Aufsichtsratsmitglieder auf diejenigen Unternehmen, Institutionen, Verbände oder Gruppen, denen sie ihre Mitgliedschaft im Aufsichtsrat verdanken, nicht grundsätzlich verbietet. Aus der Bindung des Aufsichtsrats an das Unternehmensinteresse folgt mithin nicht, dass tatsächliche Loyalitäten in Bezug auf die Interessen bestimmter Personen und Gruppen, wie diese in der Praxis namentlich bei personellen Verflechtungen im faktischen Konzern vielfach bestehen, bei der Entscheidungsfindung gänzlich auszublenden wären. Im Gegenteil dürfen die Mitglieder des Aufsichtsrats tatsächlichen Loyalitäten grundsätzlich folgen, sofern sich diese bei verständiger Würdigung im Rahmen des Unternehmensinteresses der Gesellschaft bewegen.[15]

Die Mitglieder des Aufsichtsrats unterliegen danach zwar einer vorrangigen Verpflichtung auf das Unternehmensinteresse. Steht den Mitgliedern des Aufsichtsrats indes aufgrund der erheblichen Spannweite des Unternehmensinteresses ein Beurteilungsspielraum zu, so stellt es aus Sicht des Aufsichtsratsmitglieds keine Pflichtverletzung dar, wenn dieses zwar keinen rechtlichen, wohl aber tatsächlichen Loyalitäten im Aktionärskreis folgt, sofern deren Vereinbarkeit mit dem Unternehmensinteresse im Einzelfall als gesichert gilt. Die Einbringung von Partikular- oder Gruppeninteressen in die Entscheidungsfindung des Aufsichtsrates ist daher nicht schon als solche ein Verstoß gegen die Treuepflicht. Dieser beginnt erst dort, wo ein solches Interesse nicht mehr als Kompromiss des Unternehmenswohls in Betracht gezogen werden kann, sondern als eine Schädigung des Unternehmens bzw. als eine nicht durch das Unternehmensinteresse legitimierte Schädigung der Aktionäre angesehen werden muss.[16]

---

[13] Vgl. etwa MünchKommAktG/*Spindler* 3. Aufl. 2008, § 84 Rn. 15; MünchKommAktG/*Habersack* 3. Aufl. 2008, § 100 Rn. 54, § 111 Rn. 138; *Ulmer/Habersack* in: Ulmer/Habersack/Henssler, MitbestG, 2. Aufl. 2006, § 25 Rn. 80; KölnerKommAktG/*Mertens/Cahn* 3. Aufl. 2010, § 84 Rn. 9.

[14] AA OLG Hamm Beschl. v. 3.11.1986 – 8 U 59/86, NJW 1987, 1030 – „Banning". Die „Banning"-Entscheidung des OLG hat jedoch in der Rechtsprechung und der Literatur keine Gefolgschaft gefunden, vgl. LG Mannheim Urt. v. 17.1.1990 – 21 O 9/89, AG 1991, 29; KölnerKommAktG/*Koppensteiner* 3. Aufl. 2004, Vor § 311 Rn. 27; *Zöllner* in: Baumbach/Hueck, GmbHG, 19 Aufl. 2010, SchlAnh. KonzernR Rn. 91; *Löbbe* (Fn. 6) S. 391 ff., jeweils mwN. Folgerichtig sieht auch Ziff. 5.4.2 DCGK in der Aktionärsstellung keinen die Unabhängigkeit des Aufsichtsrats ausschließenden Faktor; vgl. etwa MünchKommAktG/*Habersack* 3. Aufl. 2008, § 100 Rn. 54, 57; *Ulmer/Habersack* in: Ulmer/Habersack/Henssler, MitbestG, 2. Aufl. 2006, § 25 Rn. 80; einschränkend *Krieger* (Fn. 9) S 48 f.

[15] KölnerKommAktG/*Mertens* 2. Aufl. 1996, Vor § 95 Rn. 10; *Löbbe* (Fn. 6) S. 68 ff.; *Raiser* ZGR 1978, 391, 396; grundlegend *Decher* Personelle Verflechtungen im Aktienkonzern, 1990, S. 72 ff.

[16] Vgl. KölnerKommAktG/*Mertens* 2. Aufl. 1996, Vor § 95 Rn. 10; MünchKommAktG/*Habersack* 3. Aufl. 2008, § 100 Rn. 63; *Löbbe* (Fn. 6) S. 68 ff.

2. *Besonderer Teil*

Aus den vorstehenden Erwägungen folgt für die Zulässigkeit sog. Gremienabreden in Investorenvereinbarungen, dass Abreden zwischen Aktionären und der Gesellschaft über die Besetzung des Vorstands auf Grundlage der ganz hM jedenfalls dann unzulässig und damit nichtig sind, wenn diese darauf abzielen, Mitglieder des Aufsichtsrats rechtlich zu binden oder durch unzulässigen Entscheidungsdruck zu einem bestimmten Entscheidungsverhalten zu veranlassen. Demgegenüber ist eine faktische Ermessenssteuerung durch Investorenvereinbarungen im Rahmen bestehender Beurteilungsspielräume zulässig, sofern durch Struktur und Inhalt der Regelung die vorrangige Bindung des Aufsichtsratsmitglieds an das Unternehmensinteresse gewahrt bleibt. Im Folgenden wird dieser Maßstab an die gängigen Klauseln in Investorenvereinbarungen angelegt.

a) Rechtmäßigkeit von Unterlassungsklauseln

Zunächst stellt sich die Frage, ob Unterlassungsklauseln dem Grundsatz der unabhängigen und weisungsfreien Amtswahrnehmung zuwider laufen. Dabei ist zwischen der unmittelbaren und der mittelbaren Bindungswirkung solcher Klauseln zu unterscheiden.

aa) Unmittelbare Bindungswirkung

Mit Blick auf die unmittelbare rechtliche Bindungswirkung erscheinen Unterlassungsklauseln unproblematisch, sofern sie – wie vorliegend unterstellt – sich an den Investor und nicht an die Aufsichtsratsmitglieder richten. Wenn also der Investor sich dazu verpflichtet, von allen Aktivitäten Abstand zu nehmen, die den Austausch des gegenwärtigen Vorstandes zum Ziel haben, dann trifft die Pflicht de jure eben nur den Investor. Der Pflichtenkreis des Aufsichtsrats – einschließlich der Mitglieder, die für den Investor in dem Gremium sitzen – wird durch diese Klausel nicht berührt.

bb) Mittelbare Bindungswirkung

Doch mit diesem Ergebnis ist die Prüfung nicht beendet, denn es könnte aus etwaigen personellen Verflechtungen zwischen dem Investor und der Zielgesellschaft eine mittelbare Bindungswirkung der Unterlassungsverpflichtung resultieren, welche die freie Entschließung der Mitglieder des Aufsichtsrats beeinträchtigen und damit zur Unwirksamkeit der Unterlassungsverpflichtung führen könnte. Solche personellen Verflechtungen kommen in der Praxis häufig vor. So werden die Investorenvertreter im Aufsichtsrat der Zielgesellschaft oft in einem Loyalitätsverhältnis zum Investor stehen, zB dadurch, dass sie dessen Geschäftsführung oder Gesellschafterkreis angehören. Eine mittelbare Bindungswirkung kommt unter diesen Voraussetzungen dann in Betracht, wenn ein Verhalten in Ausübung des Aufsichtsratsmandats – namentlich die Mitwirkung an der Beendigung der Bestellung eines Vorstandsmitglieds – zugleich einen Verstoß gegen die Unterlassungspflicht gegenüber der Zielgesellschaft begründet. Dies wiederum setzt voraus, dass das Verhalten der Investorenvertreter im Aufsichtsrat der Zielgesellschaft dem Investor zugerechnet werden kann.

Zur Klärung der Frage, ob eine solche Zurechnung zu erfolgen hat, bietet sich ein Rückgriff auf den Meinungsstand in Rechtsprechung und Schrifttum zur Frage der Haftung der „entsendenden" Gesellschaft bei Schädigung der aufnehmenden Gesellschaft durch pflichtwidriges Verhalten des entsandten oder kraft ihres Einflusses bestellten Aufsichtsratsmitglieds gemäß § 31 BGB an.[17]

Der BGH lehnt eine solche Verhaltenszurechnung in ständiger Rechtsprechung ab. Nach Auffassung des Senats ist eine Haftung der entsendenden Gesellschaft für die pflichtgemäße

---

[17] Nach § 31 BGB haftet eine juristische Person für Handlungen, die ihre Organe im Zuge der diesen zustehenden Verrichtungen, dh. in „amtlicher Eigenschaft" vorgenommen haben; vgl. dazu MünchKommBGB/*Reuter* 5. Aufl. 2006, § 31 Rn. 33 ff.

Wahrnehmung des übertragenen Amtes unvereinbar mit der unabhängigen und eigenverantwortlichen Rechtsstellung eines als Person in dieses Amt berufenen Organmitgliedes oder Vertreters. Die berufene Person begehe die Pflichtverletzung in ihrer Eigenschaft als Organmitglied der benachteiligten Gesellschaft und nicht in Ausübung der ihr als Vorstandsmitglied der entsendenden Gesellschaft (auch dann, wenn diese durch das Handeln begünstigt wird) zustehenden Verrichtung iSd. § 31 BGB.[18]

Demgegenüber spricht sich die wohl hM im gesellschafsrechtlichen Schrifttum für eine Haftung der entsendenden Gesellschaft aus, sofern das von ihr entsandte oder kraft ihres Einflusses bestellte Organmitglied seinen Pflichten gegenüber der aufnehmenden Gesellschaft gerade dadurch verletzt, dass es das Interesse der abordnenden Körperschaft pflichtwidrigerweise dem Interesse der aufnehmenden Körperschaft überordnet und dabei deren Schädigung – zumindest bedingt vorsätzlich – in Kauf nimmt. Die Pflicht des entsandten Aufsichtsratsmitglieds, die Interessen der aufnehmenden Gesellschaft zu wahren, bedinge es, von vornherein Interessenkollisionen zu vermeiden und notfalls das Mandat niederzulegen; geriere sich das Aufsichtsratsmitglied dagegen als Interessenwahrer der entsendenden Gesellschaft, stelle es sich außerhalb dieses Pflichtenkreises und begehe die schädigende Handlung gerade nicht als Organmitglied der benachteiligten Gesellschaft, da es seine Doppelrolle nicht akzeptiere. Dies lasse eine Zurechnung nach § 31 BGB als zulässig und geboten erscheinen.[19]

Legt man die vorstehend skizzierte Auffassung des BGH zugrunde, so muss eine Zurechnung des (Abstimmungs-)Verhaltens der Investorenvertreter im Aufsichtsrat der Zielgesellschaft (und damit eine Haftung des Investors in unmittelbarer oder entsprechender Anwendung von § 31 BGB) von vorneherein ausscheiden, da die entsprechende Handlung dem Pflichtenkreis der Zielgesellschaft entstammt und gerade nicht in Ausführung einer Verrichtung gegenüber dem Investor erfolgt. Doch auch dann, wenn man der Literauffassung folgen wollte, käme eine Zurechnung nur in Betracht, wenn sich ein Mitglied des Aufsichtsrats – insoweit den Interessen des Investors folgend – bewusst über die Belange der Zielgesellschaft hinwegsetzen und deren Unternehmensinteresse zuwider handeln würde. Letzteres wäre allenfalls dann denkbar, wenn die Abberufung eines Vorstandsmitglieds im Interesse der Zielgesellschaft zwingend geboten wäre, während die Investorenvereinbarung dessen Verbleib im Amt verlangt.

Fehlt es also regelmäßig an einer Zurechungsmöglichkeit zwischen Investor und Investorenvertreter im Aufsichtsrat und scheidet demnach ein Verstoß gegen die Unterlassungsklausel allein aufgrund des Handelns der Investorenvertreter aus, so folgt daraus, dass die freie Entschließung des Aufsichtsrats durch die Existenz einer Unterlassungsklausel nicht beeinträchtigt wird.

b) Rechtmäßigkeit von Einwirkungsklauseln

Wie bereits erwähnt, geht die ganz hM im gesellschaftsrechtlichen Schrifttum zu Recht von der grundsätzlichen Zulässigkeit von vertraglichen Einwirkungsverpflichtungen aus. Ein zur Nichtigkeit führender Verstoß gegen § 138 BGB soll indes vorliegen, wenn die Verpflichtung nach Inhalt und Struktur darauf abzielt, unzulässigen Entscheidungsdruck auf die Organe der Gesellschaft hervorzurufen.

---

[18] BGH Urt. v. 29.1.1962 – II ZR 1/61, BGHZ 36, 296, 309 ff.; BGH Urt. v. 26.3.1984 – II ZR 171/83, BGHZ 90, 381, 397 f.; ebenso GroßkommAktG/*Kort* 4. Aufl. 2008, § 76 Rn. 175. Diese Auffassung kann sich auf die Gesetzgebungsgeschichte des § 101 Abs. 2 AktG stützen, da eine solche Haftung bei Einführung des Entsendungsrechts durch § 99 AktG ursprünglich erwogen, aber aufgrund der eigenständigen Pflichten des Organmitglieds verworfen wurde.

[19] Vgl. etwa KölnerKommAktG/*Mertens/Cahn* 3. Aufl. 2010, § 76 Rn. 76; KölnerKommAktG/*Koppensteiner* 3. Aufl. 2004, § 309 Rn. 41; MünchKommAktG/*Spindler* 3. Aufl. 2008, § 76 Rn. 60; ebenso *Ulmer* in: FS Stimpel, 1985, 705, 715 ff.

aa) Handlungspflicht und Erfolgsgarantie

Aus Gründen der Rechtssicherheit bietet es sich an, das unbestimmte Kriterium des „unzulässigen Entscheidungsdrucks" in der Weise zu konkretisieren, dass – von Sonderfällen abgesehen – Einwirkungsverpflichtungen nur dann unwirksam sind, wenn der Investor einen Erfolg in Form eines bestimmten (Abstimmungs-)Verhaltens des Aufsichtsrats schuldet und nicht schon dann, wenn er sich lediglich um ein bestimmtes Ergebnis bemühen soll, die Intensität dieses Bemühens aber in seinem freien Ermessen steht. Umgekehrt bestehen bei Investorenvereinbarungen, die vom Investor mehr verlangen als die Vornahme einer Einwirkungshandlung – was durch Formulierungen wie „dafür sorgen" oder „gewährleisten" (statt „hinwirken" oder „bemühen") indiziert sein kann – erbliche Zweifel an der Wirksamkeit der Vereinbarung, da durch den Erfolgsdruck zumindest die Unabhängigkeit der Aufsichtsratsmitglieder, die sich dem Investor verbunden fühlen, immanent gefährdet erscheint.[20]

bb) Sanktionierung durch Vertragsstrafeklausel

Unzulässig und damit nichtig ist nach hM im gesellschaftsrechtlichen Schrifttum ferner eine Absicherung der Einwirkungsverpflichtung durch Vertragsstrafe, da der hieraus resultierende Sanktionsdruck den Investor zu Maßnahmen veranlassen könne, die geeignet seien, die freie Entschließung des Aufsichtsrats zu beeinträchtigen. Eine solche Verhaltenssteuerung durch Druckausübung sei rechtswidrig und unwirksam.[21]

In dieser Allgemeinheit vermag die Auffassung allerdings nicht zu überzeugen. So führt nicht die Absicherung durch Vertragsstrafe als solche, sondern lediglich deren Anknüpfung an das Ausbleiben eines Erfolges in Form eines bestimmten (Abstimmungs-)Verhaltens des Aufsichtsrats zu einer rechts- und kompetenzwidrigen Verhaltenssteuerung. Knüpft die Vertragsstrafe demgegenüber lediglich an das Ausbleiben der Einwirkungshandlung selbst an, steht die Vermeidung der Vertragsstrafe durch Vornahme der Einwirkungshandlung im Belieben des Verpflichteten, ohne insoweit die Notwendigkeit der Ausübung übermäßigen Drucks auf das Entscheidungsverhalten des Aufsichtsrats zu begründen. Vor diesem Hintergrund sprechen die besseren Gründe dafür, die hM dahingehend zu verstehen, dass eine Vertragsstraferegelung nicht per se zur Unzulässigkeit der Einwirkungsverpflichtung führt, sondern dies nur für den Fall gelten soll, dass die Vertragsstrafe an das Ausbleiben des Einwirkungserfolgs anknüpft.[22]

c) Faktische Ermessenssteuerung durch Voreingenommenheit?

Ferner ist zu beachten, dass die Investorenvereinbarung – unabhängig von der Frage einer formellen Bindungswirkung – infolge der tatsächlichen Loyalität der Anteilseignervertreter im Aufsichtsrat gegenüber dem Investor als Anteilseigner dazu geeignet ist, zu einer faktischen Verhaltenssteuerung in Form einer Voreingenommenheit zugunsten der Wahrung des Vereinbarungsinhalts zu führen. Fraglich ist, ob eine solche zwar rechtlich unverbindliche, jedoch faktisch ermessenssteuernde Wirkung der Investorenvereinbarung für sich genommen ausreicht, um die freie Willensbildung und Entschließung des Aufsichtsratsmitglieds infrage zu stellen.

[20] Vgl. etwa *Lutter/Krieger* (Fn. 9) Rn. 335; MünchKommAktG/*Spindler* 3. Aufl. 2008, § 84 Rn. 15, wonach „sich eine Schadensersatzpflicht verbietet". S. ferner *Seibt/Wunsch* Der Konzern 2009, 195, 204.

[21] MünchKommAktG/*Spindler* 3. Aufl. 2008, § 84 Rn. 15; *Lutter/Krieger* (Fn. 9) Rn. 335; *Krieger* (Fn. 9) S. 52; KölnerKommAktG/*Mertens* 1985, § 84 Rn. 8; wohl auch *Noack* Gesellschaftervereinbarungen, 1993, S. 280. aA soweit ersichtlich allein KölnerKommAktG/*Mertens* 2. Aufl. 1996, § 84 Rn. 9.

[22] In diese Richtung wohl auch *Seibt/Wunsch* Der Konzern 2009, S. 195, 204: „Da ein Indiz für eine solche rechtswidrige Verhaltenssteuerung vor allem Sanktionen sein können, zB Vertragsstrafen für den Fall des Nichterreichens des Erfolgs, sollte von deren Aufnahme abgesehen werden".

Insoweit besteht eine gewisse Parallelität zu sog. statutarischen Vorschlagsrechten, die anderen Organen oder außenstehenden Dritten das Recht einräumen, dem Aufsichtsrat in Hinblick auf die Person des zu bestellenden Vorstandsmitglieds einen unverbindlichen Personalvorschlag zu unterbreiten, ohne insoweit eine rechtliche Bindung des Aufsichtsrat zu intendieren.

Die Zulässigkeit solcher Vorschlagsrechte ist umstritten. Eine verbreitete Auffassung im Schrifttum lehnt jede Form der Institutionalisierung von Empfehlungen als unzulässig ab. Ein Vorschlags- oder Zustimmungsrecht anderer Organe oder Dritter soll danach selbst dann unzulässig sein, wenn es ausdrücklich als den Aufsichtsrat nicht bindend gekennzeichnet ist. Zwar seien unverbindliche Vorschläge gestattet; die Einräumung eines „unverbindlichen Vorschlagsrechts" sei dagegen aufgrund von dessen institutionellem Charakter bereits geeignet, einen unangemessenen Druck auf die Entscheidung des Aufsichtsrates auszuüben und damit die zwingend vorgeschriebene Entschließungsfreiheit des Organs zu beeinträchtigen.[23]

Demgegenüber erachtet die Gegenauffassung statutarische Vorschlagsrechte als zulässig, sofern ausdrücklich geregelt oder jedenfalls konkludent ersichtlich ist, dass diese den Aufsichtsrat nicht binden sollen.[24]

Der zuletzt genannten Auffassung ist zuzustimmen. Die unverbindliche Institutionalisierung von Empfehlungen ohne Bindungswirkung zulasten des Aufsichtsrats verstößt im Grundsatz nicht gegen das Gesetz. Entscheidend ist, dass die faktische Einflussnahme von Aktionären auf „ihre" Aufsichtsratsmitglieder de facto üblich und de iure in den Grenzen der §§ 311, 317 AktG anerkannt ist und umgekehrt auch die Aufsichtsratsmitglieder berechtigt sind, in bestimmten Grenzen tatsächliche Loyalitäten in Bezug auf die Interessen der sie wählenden Personen oder Unternehmen zu beachten.

Das Aktienrecht schützt die Unabhängigkeit des Aufsichtsrats mithin vorrangig im formellen Sinn. Unzulässig sind demnach rechtsgeschäftliche Bindungen jeder Art, welche die Entschließungsfreiheit des Aufsichtsrats beeinträchtigen und das Aufsichtsratsamt als imperatives Mandat ausgestalten; dasselbe gilt für quasi-obligatorische Bindungen, die durch Sanktionsdruck erzeugt werden. Demgegenüber wird die faktische Voreingenommenheit des Aufsichtsratsmitglieds zugunsten des ihn wählenden Aktionärs vom Gesetz grundsätzlich toleriert, sofern dieses seine vorrangige Bindung an das Unternehmensinteresse der Gesellschaft respektiert. Legt man ein solches Verständnis des Unabhängigkeitsbegriffs zugrunde, so stellt sich auch die faktische „Ermessenssteuerung" durch (investoren-) vertragliche Regelungen als zulässig dar, sofern sie sich in einem dem Aufsichtsrat zustehenden Beurteilungsspielraum bewegt und nicht darauf abzielt, diesen zu einem dem Unternehmensinteresse der Gesellschaft zuwiderlaufenden Verhalten zu verleiten.

Bei Investorenvereinbarungen kommt eine rechtswidrige Verhaltenssteuerung im vorstehenden Sinne nur in Betracht, wenn die Vereinbarung den Verbleib eines Vorstandsmitglieds verlangt, während das Unternehmensinteresse dessen Abberufung gebietet. Grundsätzlich steht dem Aufsichtsrat bei Vorliegen eines wichtigen Grundes Ermessen dahingehend zu, ob er den Vorstand abberuft oder nicht. Nach ganz überwiegender und auch zutreffender Meinung in der Literatur kann das Unternehmensinteresse in bestimmten Fällen die Abberufung eines Vorstandsmitglieds indes ausnahmsweise gebieten (mit der Folge einer Reduzierung des Abberufungsermessens auf Null), insbesondere wenn ein

---

[23] Vgl. *Lutter/Krieger* (Fn. 9) Rn. 334; *Krieger* (Fn. 9) S. 51; KölnerKommAktG/*Mertens/Cahn* 3. Aufl. 2010, § 84 Rn. 9; *Fleischer* in: Spindler/Stilz, AktG, 2007, § 84 Rn. 10; wohl auch *Hüffer* AktG, 8. Aufl. 2008, § 84 Rn. 5; GroßkommAktG/*Kort* 4. Aufl. 2008, § 84 Rn. 36.

[24] MünchHdb. AG/*Wiesner* 3. Aufl. 2007, § 20 Rn. 5; MünchKommAktG/*Spindler* 3. Aufl. 2008, § 84 Rn. 14; *Hefermehl* in: Geßler/Hefermehl/Eckardt/Kropff, 1973, AktG, § 84 Rn. 9; *Hoffmann/Lehmann/Weinmann* MitbestG, 1978, § 31 Rn. 9; *Seibt* in: Schmidt/Lutter, AktG, 2008, § 84 Rn. 11.

wichtiger Grund iSd. § 84 Abs. 3 S. 2 AktG in Form einer groben Pflichtverletzung oder der Unfähigkeit zur ordnungsgemäßen Amtsführung verwirklicht ist.[25]

Um das Verdikt einer unzulässigen Verhaltenssteuerung zu vermeiden, sollte daher bei der Gestaltung der Investorenvereinbarung darauf geachtet werden, dass das Recht zur Abberufung aus wichtigem Grund nach § 84 Abs. 3 S. 2 AktG ausdrücklich vorbehalten bleibt, indem eine entsprechende Kautele eingefügt wird.

III. Vereinbarkeit mit der zwingenden Kompetenzordnung der Aktiengesellschaft

Schranken für eine Investorenvereinbarung mit Unterlassungs- und/oder Einwirkungsklauseln können sich auch noch aus anderen aktienrechtlichen Fundamentalnormen ergeben, namentlich aus dem Grundsatz der weisungsfreien Stimmrechtsausübung der Aktionäre und der ausschließlichen Personalkompetenz des Aufsichtsrat.

1. Weisungsfreie Stimmrechtsausübung der Aktionäre

Wenn eine Investorenvereinbarung eine Verpflichtung des Investors gegenüber der Zielgesellschaft enthält, alle Handlungen zu unterlassen, die dem Zweck dienen, eine vorzeitige Beendigung der Amtstätigkeit der amtierenden Vorstandmitglieder herbeizuführen, ist diese Vereinbarung – anders gewendet – darauf ausgerichtet, eine Bindung des Aktionärs gegenüber der Gesellschaft zu schaffen, die auf den Beibehalt der gegenwärtige Zusammensetzung des Vorstandes zielt. Hierin könnte eine nach dem Normzweck des § 136 Abs. 2 AktG untersagte Usurpation von Hauptversammlungskompetenzen durch die Verwaltung liegen. Der Vorschrift kommt daher zentrale Bedeutung für die inhaltliche Ausgestaltung und Wirksamkeit von Investorenvereinbarungen zu.[26]

§ 136 Abs. 2 AktG ordnet die Nichtigkeit von Stimmbindungen eines Aktionärs gegenüber der Gesellschaft sowie deren Verwaltung an. Bezweckt wird damit die Unterbindung der Einflussnahme der Verwaltung auf die Hauptversammlung. Das Ziel des Verbots gemäß § 136 Abs. 2 AktG besteht darin, einer Verwässerung des Aktionärseinflusses bei denjenigen Beschlussgegenständen vorzubeugen, die zwingend der Hauptversammlung überantwortet wurden, um die Kontrollfunktion der Hauptversammlung zu erhalten und die Kompetenzordnung der Aktiengesellschaft zu schützen.[27]

Man könnte argumentieren, eine Investorenvereinbarung mit entsprechender Unterlassungsklausel falle nicht in den Anwendungsbereich des § 136 Abs. 2 AktG weil sie, anders als vom Wortlaut des § 136 Abs. 2 AktG vorausgesetzt, kein inhaltlich offenes Weisungsrecht der Verwaltung der Zielgesellschaft begründet, sondern lediglich eine vertragliche Vorfestlegung des Investors zugunsten eines konkreten Verhaltens vorsieht.

Eine solche restriktive, am Wortlaut haftende Interpretation stünde nach hM im Schrifttum indes in Widerspruch zu Sinn und Zweck der in § 136 Abs. 2 AktG getroffenen Regelung. Diese solle gerade – vor dem Hintergrund der aktiengesetzlich abschließend geregelten und gegeneinander abgewogenen Organkompetenzen – verhindern, dass die

[25] HM, vgl. etwa GroßkommAktG/*Kort* 4. Aufl. 2008, § 84 Rn. 147; KölnerKommAktG/*Mertens*/*Cahn* 3. Aufl. 2010, § 84 Rn. 122. Demgegenüber soll dem Aufsichtsrat im Fall eines Vertrauensentzugs durch die Hauptversammlung grds. ein Ermessensspielraum zustehen; insoweit aA MünchHdb. AG/*Wiesner* 3. Aufl. 2007, § 20 Rn. 51.

[26] Vgl. *Kiem* AG 2009, 301, 308.

[27] Vgl. Begr. RegE AktG bei *Kropff* S. 201; s. ferner *Hüffer* AktG, 8. Aufl. 2008, § 136 Rn. 25; GroßkommAktG/*Grundmann* 4. Aufl. 2008, § 136 Rn. 75; *Otto* AG 1991, 369, 376; MünchKommAktG/*Schröer* 2. Aufl. 2004, § 136 Rn. 71: Stimmbindungsverträge, die gegen § 136 Abs. 2 AktG verstoßen, sind nichtig. Dasselbe gilt für ein Vertragsstrafeversprechen, das weisungswidriges Abstimmungsverhalten sanktioniert; auch besteht keine Schadensersatzpflicht bei weisungswidrigem Abstimmen.

Verwaltung einen unerwünschten Einfluss auf die Willensbildung der Hauptversammlung nehme. Dabei stelle die Gesetzesbegründung klar, dass „alle Möglichkeiten der Verwaltung, das Abstimmungsergebnis zu beeinflussen", beschnitten werden sollten. Da solche unerwünschten Beeinflussungsmöglichkeiten des Abstimmungsverhaltens durch den Vorstand auch dann begründet werden könnten, wenn das Abstimmungsverhalten bereits im Zeitpunkt des Vertragsschlusses – mehr oder weniger – konkretisiert feststehe, müssten derartige Fälle bei teleologischer Gesetzesinterpretation von § 136 Abs. 2 AktG erfasst sein.[28]

Legt man die vorstehend dargestellte Auffassung zugrunde, wofür insbesondere das in der Gesetzesbegründung zum Ausdruck kommende weite Normverständnis spricht, so wird die Unterlassungsklausel zwar im Grundsatz vom Geltungsbereich des § 136 Abs. 2 AktG erfasst. Allerdings beschränkt sich der unmittelbare Anwendungsbereich des Einflussnahmeverbotes auf solche Regelungsgegenstände, die zwingend in die Entscheidungskompetenz der Hauptversammlung fallen. Hieraus folgt, dass etwa die individualvertragliche Verpflichtung gegenüber der Verwaltung, faktischen Einfluss auf den Aufsichtsrat zu nehmen, um diesen zu einem bestimmten Abstimmungsverhalten zu veranlassen, vom direkten Geltungsbereich des Einflussnahmeverbotes nach § 136 Abs. 2 AktG nicht erfasst ist.[29]

Der Anwendungsbereich von § 136 Abs. 2 AktG ist allenfalls dann berührt, wenn sich aus der Unterlassungsklausel eine Verpflichtung des Investors ergibt, in der Hauptversammlung gegen einen Vertrauensentzug zulasten des Vorstands zu stimmen. Um einer solchen Auslegung der Klausel den Boden zu entziehen, sollte sie den bereits oben empfohlenen Zusatz enthalten, dass § 84 Abs. 3 AktG von der vertraglichen Regelung unberührt bleibt. Nach dieser Norm liegt ein wichtiger, zur Abberufung berechtigender Grund neben der groben Pflichtverletzung und der Unfähigkeit zur ordnungsgemäßen Geschäftsführung insbesondere auch im Vertrauensentzug durch die Hauptversammlung, sofern das Vertrauen nicht offenbar aus unsachlichen Gründen entzogen wird. Stellt die Investorenvereinbarung selbst die uneingeschränkten Geltung des § 84 Abs. 3 AktG klar, so folgt daraus, dass der Investor nach der investorenvertraglichen Regelung frei sein soll, dem Vorstand durch Beschluss der Hauptversammlung das Vertrauen zu entziehen, und damit die Voraussetzungen für eine Abberufung durch den Aufsichtsrat zu schaffen.

2. *Ausschließliche Personalkompetenz des Aufsichtsrats*

Die Kompetenz zur Bestellung und Abberufung von Vorstandsmitgliedern ist dem Aufsichtsrat ausschließlich und zwingend zur höchstpersönlichen Entscheidungsfindung zugewiesen (vgl. §§ 84 Abs. 1, 3, 23 Abs. 5 AktG). Er kann sie daher weder auf die Hauptversammlung übertragen noch dem Mehrheits- oder Alleinaktionär überlassen.[30]

Vor diesem Hintergrund könnte in einer Klausel, in der sich der Investor dazu verpflichtet, die gegenwärtige Zusammensetzung des Vorstands – auch über den Zeitraum des Übernahmeverfahrens hinaus – unverändert zu belassen, eine unzulässige „Jobgarantie" bzw. ein „Freifahrtschein" des amtierenden Vorstandes zu sehen sein, dahin gehend, dass er auch im Falle einer nicht sorgfaltsgerechten, wirtschaftlich unbefriedigenden oder konfliktbehafteten Ausfüllung seiner Tätigkeit nicht mit einer Beendigung der Bestellung rechnen muss. Eine solche – durch den faktischen Einfluss des Großaktionärs abgesicherte – „Jobgarantie" in Form eines Nichtabberufungspakts hätte zur Folge, dass der Vorstand

---

[28] Vgl. etwa MünchKommAktG/*Schröer* 2. Aufl. 2004, § 136 Rn. 71; *Otto* AG 1991, 369, 376 f.; s. ferner Begr. RegE AktG bei *Kropff* S. 201; aA wohl *Zöllner* ZHR 155 (1991), 168, 183.

[29] Vgl. etwa *Kiem* AG 2009, 301, 308, wonach insbesondere vertragliche Regelungen zwischen Gesellschaft und Aktionär, auf eine Änderung der Firma, der Satzung, des Sitzes oder sonstiger Bestandteile zu verzichten, unwirksam sein sollen.

[30] Allgemeine Auffassung, vgl. etwa *Fleischer* in: Spindler/Stilz, AktG, 2007, § 84 Rn. 9, 94; *Seibt* in: Schmidt/Lutter, AktG, 2008, § 84 Rn. 8, 46; *Hüffer* AktG, 8. Aufl. 2008, § 84 Rn. 5; KölnerKommAktG/*Mertens/Cahn* 3. Aufl. 2010, § 84 Rn. 7; MünchKommAktG/*Spindler* 3. Aufl. 2008, § 84 Rn. 12, 105; MünchHdb. AG/*Wiesner* 3. Aufl. 2007, § 20 Rn. 18.

(mittelbar) Einfluss auf die Personalpolitik des ihn überwachenden Aufsichtsrats bekäme, was im Widerspruch sowohl zur ausschließlichen Personalkompetenz als auch zur Überwachungsfunktion des Aufsichtsrats stünde.[31] Insbesondere das Recht zur Abberufung aus wichtigem Grund ist unabdingbar und kann nach einhelliger Auffassung weder durch die Satzung noch durch Individualvereinbarung erweitert oder eingeengt werden.[32]

Indes erscheint die Auslegung einer solchen Klausel als uneingeschränkte „Jobgarantie" ohne weitere Zusätze und Indizien nicht zwingend. In jedem Fall scheidet eine derartige Interpretation aus, wenn die Investorenvereinbarung ausdrücklich bestimmt, dass die vertragliche Regelung das Recht zur Abberufung aus wichtigem Grund nach § 84 Abs. 3 AktG nicht berührt.

Ebenso wie die Abberufung aus wichtigem Grund, fällt die einvernehmliche Beendigung der Vorstandsbestellung in die Alleinkompetenz des (Gesamt-)Aufsichtsrats.[33] Sie ist zulässig und in der Praxis weithin gebräuchlich. Es fragt sich nun, ob die aktionärsseitige Verpflichtung gegenüber der Gesellschaft, kraft faktischen Einflusses darauf hinzuwirken, dass eine vorzeitige Beendigung der Vorstandsbestellung unterbleibt, solange nicht ein wichtiger Grund iSd. § 84 Abs. 3 AktG verwirklicht ist (Einwirkungsklausel), einen Eingriff in die zwingende Personalkompetenz des Aufsichtsrats darstellt. Im Hinblick darauf lässt sich argumentieren, die Möglichkeit, auf eine einvernehmliche Beendigung der Vorstandsbestellung hinzuwirken, falle ebenso wie die Abberufung in die ausschließliche Zuständigkeit des Aufsichtsrats und bilde bei materieller Betrachtung einen wichtigen Bestandteil der diesem zugewiesenen Personalkompetenz, so dass jede Abrede zwischen Hauptaktionär und Gesellschaft, durch welche diese Möglichkeit faktisch eingeschränkt oder gar ausgeschlossen werde, die ausschließliche Personalkompetenz des Aufsichtsrats unterlaufe und damit gegen die zwingende aktiengesetzliche Kompetenzzuweisung verstoße.

Indes vermag eine solche Auffassung vor dem Hintergrund der in § 84 Abs. 3 AktG getroffenen Regelung nicht zu überzeugen. In § 84 Abs. 3 AktG schränkt das Gesetz die Möglichkeit der Abberufung einerseits im Interesse des Vorstands ein, um dessen Leitungsautonomie institutionell abzusichern. Andererseits stellt das Gesetz im Interesse der Gesellschaft sicher, dass das Vorstandsmandat mit sofortiger Wirkung beendet werden kann, wenn die Fortführung der Organtätigkeit bis zum Ablauf der Bestellungsdauer unzumutbar ist. Diese gegenläufigen Positionen fasst das Gesetz in der in § 84 Abs. 3 AktG getroffenen (und nach allgemeiner Auffassung nicht dispositiven) Regelung zusammen, wonach für eine vorzeitige Beendigung der Bestellung das Vorliegen eines wichtigen Grunds erforderlich und ausreichend ist. Vor diesem Hintergrund betrachtet erschöpft sich die Einwirkungsklausel in einer bloßen Wiedergabe bzw. Verfestigung des ohnehin bestehenden aktiengesetzlichen Leitbildes. Angesichts dessen liegt kein Eingriff in die zwingende gesetzliche Kompetenzordnung der Aktiengesellschaft vor.

Ein solcher lässt sich auch mit Blick auf die Überwachungsfunktion des Aufsichtsrats nicht begründen, da das Recht zur Abberufung aus wichtigem Grund bei sorgfaltswidrigem Vorstandshandeln erhalten bleibt und damit eine mittelbare Einflussnahme des Vorstands auf die Personalentscheidungen des Aufsichtsrats im unmittelbarem Sachzusammenhang mit der diesem zugewiesenen Überwachungsfunktion ausgeschlossen ist.

---

[31] Ferner käme eine entsprechende Anwendung des Verbots nach § 136 Abs. 2 AktG in Betracht, sofern man den Anwendungsbereich der Norm mit einer im Schrifttum vertreten Auffassung nicht auf das Abstimmungsverhalten in der Hauptversammlung beschränken, sondern auf jede der abschließend geregelten innergesellschaftlichen Kompetenzordnung zuwiderlaufenden Zuständigkeitsverlagerung zugunsten des Vorstands erstrecken wollte; so etwa *Otto* AG 1991, 369, 377.

[32] S. BGH Urt. v. 28.1.1953 – II ZR 256/51, BGHZ 8, 348, 361; vgl. ferner MünchKommAktG/*Spindler* 3. Aufl. 2008, § 84 Rn. 12, 114; KölnerKommAktG/*Mertens/Cahn* 3. Aufl. 2010, § 84 Rn. 123; *Seibt* in: Schmidt/Lutter, AktG, 2008, § 84 Rn. 8, 48.

[33] *Hüffer* AktG, 8. Aufl. 2008, § 84 Rn. 37; MünchHdb. AG/*Wiesner* 3. Aufl. 2007, § 20 Rn. 57; *Lutter/Krieger* (Fn. 9) Rn. 377.

IV. Vereinbarkeit mit übernahmerechtlichen Vorschriften

Abschließend ist auch noch die Möglichkeit in Betracht zu ziehen, dass Investorenvereinbarungen mit Unterlassungs- bzw. Einwirkungsklauseln gegen übernahmerechtliche Vorschriften verstoßen, namentlich gegen das Verbot der Gewährung ungerechtfertigter Leistungen an den Vorstand (§ 33d WpÜG).

Gemäß § 33d WpÜG ist es dem Bieter und mit ihm gemeinsam handelnden Personen verboten, Vorstands- oder Aufsichtsratsmitgliedern der Zielgesellschaft im Zusammenhang mit dem Übernahmeangebot ungerechtfertigte Geldleistungen oder andere ungerechtfertigte geldwerte Vorteile zu gewähren oder in Aussicht zu stellen.[34]

§ 33d WpÜG ist dem Umstand geschuldet, dass angesichts der erheblichen wirtschaftlichen Bedeutung von Unternehmensübernahmen nicht auszuschließen ist, dass der Bieter in bestimmten Situationen versuchen wird, den Vorstand oder den Aufsichtsrat der Zielgesellschaft während des Übernahmeverfahren durch das Versprechen von Vorteilen zu einem bestimmten Verhalten zu veranlassen. Um zu vermeiden, dass hierdurch Zweifel an der Unabhängigkeit der Entscheidungen des Vorstands oder des Aufsichtsrats der Zielgesellschaft entstehen, enthält § 33d WpÜG ein Verbot nichtgerechtfertigter Vorteilsgewährungen. Es handelt sich hierbei um ein gesetzliches Verbot iSd. § 134 BGB. Eine nichtgerechtfertigte Vorteilszusage ist daher nichtig und eine bereits gewährte Leistung rückforderbar.[35]

Geldwerte Vorteile iSd. § 33d WpÜG sind alle Leistungen, die die wirtschaftliche Lage des Empfängers objektiv verbessern, ohne dass dieser hierauf einen Rechtsanspruch hat.[36]

Hierunter fallen daher insbesondere die Aufbesserung der Bezüge, die Verlängerung des Vertrages, die Verschaffung einer besseren Position bei der Zielgesellschaft oder dem Bieter sowie die Einräumung einer Beteiligung an der Zielgesellschaft. Inwieweit auch die Zusage einer Weiterbeschäftigung unter gleichen Bedingungen einen geldwerten Vorteil darstellt, wird uneinheitlich beantwortet. Die Regierungsbegründung zum WpÜG führt insoweit aus, dass es „gerechtfertigt sein könne", dem Vorstand der Zielgesellschaft eine Weiterbeschäftigung in Aussicht zu stellen.[37]

Der Verweis auf eine mögliche Rechtfertigung setzt dabei denknotwendig die Annahme eines geldwerten Vorteils durch die Regierungsbegründung voraus. Auch im Schrifttum wird die Zusage der Weiterbeschäftigung teilweise als geldwerter Vorteil aufgefasst.[38]

---

[34] Um insoweit Transparenz zu schaffen, sind alle geldwerten Vorteile, die der Verwaltung der Zielgesellschaft gewährt oder in Aussicht gestellt werden, in der Angebotsunterlage zu veröffentlichen (vgl. § 11 Abs. 2 S. 3 Nr. 3 WpÜG).

[35] Begr. RegE zu § 33 Abs. 3 WpÜG (= § 33d WpÜG nF), abgedruckt in: *Fleischer/Kalss* Das neue Wertpapiererwerbs- und Übernahmegesetz, 2002, S. 649.

[36] *Kiem* in: Baums/Thoma, WpÜG, 2008, § 33d Rn. 10; *Krause/Pötzsch* in: Assmann/Pötzsch/Schneider, WpÜG, 2005, § 33 Rn. 332; KölnerKommWpÜG/*Seydel* 2003, § 11 Rn. 76; *Steinmeyer* in: Steinmeyer/Häger, WpÜG, 2. Aufl. 2007, § 33d Rn. 4.

[37] Begr. RegE zu § 33 Abs. 3 WpÜG (= § 33d WpÜG nF), abgedruckt in: *Fleischer/Kalss* Das neue Wertpapiererwerbs- und Übernahmegesetz, 2002, S. 649.

[38] Ausdrücklich – soweit ersichtlich – nur *Häger/Steinhardt* in: Steinmeyer/Häger, WpÜG, 2. Aufl. 2007, § 11 Rn. 81. Im Sinne der Begr. RegE den geldwerten Vorteil nicht ausdrücklich bejahend, aber wohl voraussetzend *Steinmeyer* aaO § 33d Rn. 6; *Kiem* in: Baums/Thoma, WpÜG, 2008, § 33d Rn. 17 ff.; *Schwennicke* in: Geibel/Süßmann, WpÜG, 2. Aufl. 2008, § 33d Rn. 3; MünchKommAktG/*Schlitt* 2. Aufl. 2004, § 33 WpÜG Rn. 299; *Krause/Pötzsch* in: Assmann/Pötzsch/Schneider, WpÜG, 2005, § 33 Rn. 337.

Andere Stimmen in der Literatur sehen demgegenüber in einer Beschäftigungszusage als solcher keinen geldwerten Vorteil, da das Verwaltungsmitglied durch derartige Zusage nicht besser gestellt werde als vor dem Angebot.[39]

Letztlich sprechen die besseren Gründe dafür, mit der zuletzt genannten Literaturmeinung bereits den geldwerten Vorteil einer Beschäftigungszusage abzulehnen, da die Vergütungsansprüche der Verwaltungsmitglieder durch die Übernahme unberührt bleiben (zumal die bloße Störung des Vertrauensverhältnisses regelmäßig nicht zur Kündigung des Anstellungsverhältnisses berechtigt) und die bloße Aufrechterhaltung des status quo ante aus Sicht des Vorstands keinen Vorteil begründet.

Geht man entgegen dieser Auffassung gleichwohl vom Vorliegen eines geldwerten Vorteils aus, stellt sich die Frage, inwieweit dieser gerechtfertigt ist. Eine Weiterbeschäftigungszusage kann nach der Regierungsbegründung im Hinblick darauf gerechtfertigt sein, dass „die Qualität des amtierenden Managements einen wesentlichen Faktor für die Bewertung des Unternehmens darstellt und unter Umständen die Übernahme insgesamt oder der gebotene Preis nur im Fall der Weiterbeschäftigung einzelner oder aller Organmitglieder der Zielgesellschaft vertretbar ist".[40]

Dieser Ansatz der Regierungsbegründung ist in der Literatur überwiegend auf Kritik gestoßen. Diese spricht sich dafür aus, auf das Unternehmensinteresse der Zielgesellschaft unter Ausblendung der Übernahmelage abzustellen und daher nur solche Vorteile zuzulassen, die die Zielgesellschaft dem Vorstand auch hätte selbst gewähren können. Dies wird damit begründet, dass eine darüber hinausgehende Leistung durch den Bieter bereits den Anschein der unsachlichen Beeinflussung erwecke.[41]

Unter Zugrundelegung der Regierungsbegründung bedarf es mithin der Prüfung, inwieweit die Weiterbeschäftigungszusage auch aus Sicht der Zielgesellschaft und ihrer Aktionäre auf nachvollziehbaren Erwägungen beruht und nicht lediglich auf die Beeinflussung des Vorstands gerichtet ist. Dient die Weiterbeschäftigungszusage – wie nicht selten – in erster Linie dem Zweck, die Unabhängigkeit der Zielgesellschaft gegenüber dem Investor zu wahren, stellt sie sich mithin als Bestandteil eines Konzepts zur „Entherrschung" des Bieters dar, so erscheint sie gerechtfertig.

V. Resümee

Investorenvereinbarungen werfen zahlreiche von Rechtsprechung und Literatur bislang nicht eindeutig beantwortete Rechtsfragen auf. Das gilt insbesondere für solche Vereinbarungen, die den Einfluss des Investors auf den Aufsichtsrat der Zielgesellschaft im Hinblick auf die künftige Zusammensetzung des Vorstands festschreiben. Klar ist, dass § 111 Abs. 5 AktG eine echte Weisungsbindung ausschließt, Aufsichtsratsmitglieder also nicht verpflichtet werden können, ihr Amt entsprechend den Weisungen eines anderen auszuüben. Klar ist aber auch, dass rein faktische Einflussnahmen auf den Aufsichtsrat in den Grenzen der §§ 311, 317 AktG zulässig sind und das Gesetz Rücksichtnahmen von Aufsichtsratsmitgliedern auf diejenigen Unternehmen, Institutionen, Verbände oder Gruppen, denen sie ihre Mitgliedschaft im Aufsichtsrat verdanken, toleriert, sofern jene die vorrangige Bindung an das Unternehmensinteresse der Gesellschaft respektieren.

---

[39] FK-WpÜG/*Renner* 3. Aufl. 2008, § 11 Rn. 80; KölnerKommWpÜG/*Hirte* 2003, § 33 Rn. 187; *Thoma* in: Baums/Thoma, WpÜG, 2008, § 11 Rn. 79; wohl auch KölnerKommWpÜG/*Seydel* 2003, § 11 Rn. 76.

[40] Begr. RegE zu § 33 Abs. 3 WpÜG (= § 33d WpÜG nF), abgedruckt in: *Fleischer/Kalss* Das neue Wertpapiererwerbs- und Übernahmegesetz, 2002, S. 649 f.

[41] KölnerKommAktG/*Hirte* 2003, § 33 Rn. 187 und 189; *Krause/Pötzsch* in: Assmann/Pötzsch/Schneider, WpÜG, 2005, § 33 Rn. 336; MünchKommAktG/*Schlitt* 2. Aufl. 2004, § 33 WpÜG Rn. 298; enger *Steinmeyer* in: Steinmeyer/Häger, WpÜG, 2. Aufl. 2007, § 33d Rn. 5.

Im Lichte dieser beiden Grundsätze müssen Investorenvereinbarungen bewertet werden. Dabei ist zwischen Erfolgs- und Handlungspflichten zu differenzieren. Eine Investorenvereinbarung, die vorsieht, dass der Investor einen Erfolg in Form eines bestimmten (Abstimmungs-)Verhaltens des Aufsichtsrats schuldet, wird in der Regel nicht zulässig sein. Umgekehrt spricht grundsätzlich nichts gegen eine Vereinbarung, die den Investor lediglich dazu verpflichtet, auf den Aufsichtsrat „einzuwirken", sofern die Intensität des Bemühens in seinem freien Ermessen steht. Selbst wenn die – nicht erfolgsbezogene – Einwirkungspflicht durch eine Vertragsstraferegelung abgesichert sein sollte, bewirkt das nicht die Unzulässigkeit der Klausel, weil es an einer rechtswidrigen Verhaltenssteuerung fehlt.

Da die Kompetenz zur Bestellung und Abberufung von Vorstandsmitgliedern dem Aufsichtsrat ausschließlich und zwingend zur höchstpersönlichen Entscheidungsfindung zugewiesen ist, sollte eine Investorenvereinbarung, die Einwirkungspflichten auf den Aufsichtsrat im Hinblick auf die Zusammensetzung des Vorstands beinhaltet, in jedem Fall die Klarstellung enthalten, dass das Recht des Aufsichtsrats zur Abberufung aus wichtigem Grund nach § 84 Abs. 3 AktG durch die vertragliche Regelung ebenso wenig berührt wird wie ein Vertrauensentzug durch die Hauptversammlung.

MARKUS S. RIEDER

Vom juristischen Gewissen zum Straftäter? Rechtsstellung, Verantwortung und Schutz von Compliance-Beauftragten

Übersicht

Der BGH-Fall des wegen Betruges verurteilten Rechtsabteilungsleiters[1] hat für einen gewaltigen Nachhall in Praxis und Wissenschaft gesorgt.[2] Wie kann jemand, der als das

---

[1] BGH Urt. v. 17.7.2009 – 5 StR 394/08 = NJW 2009, 3173.

[2] Ohne Anspruch auf Vollständigkeit: *Campos Nave/Vogel* BB 2009, 2546; *Wybitul* BB 2009, 2590; *Held* CCZ 2009, 231; *Herzog/Stephan* ZRFC 2009, 242; *Rübenstahl* NZG 2009, 1341; *Aldenhoff* GmbHR 2009, R369; *Steffek* ZRFC 2009, 249; *Favoccia/Richter* AG 2010, 137; *Ransiek* AG 2010, 147; Anm. zu BGH NJW 2009, 3173 von *Thomas* CCZ 2009, 239; *Grau/Blechschmidt* BB 2009, 2143, 2145; *Stoffers* NJW 2009, 3173, 3176; *Rolshoven/Hense* BKR 2009, 422, 425; *Kraft* wistra 2010, 81; *Rönnau/Schneider* ZIP 2010, 53.

„juristische Gewissen“[3] eines Unternehmens galt, zum Gehilfen eines Betruges werden? Hat der 5. Strafsenat richtig entschieden? Was bedeutet der Fall für die Verantwortung von Compliance-Beauftragten allgemein, dh. über Fragen des Kernstrafrechts hinaus? Insbesondere Sanktionen nach Ordnungswidrigkeitenrecht, disziplinarische Konsequenzen und Schadensersatzpflichten rücken in den Mittelpunkt des Interesses. All dies wirft die Frage auf, welche Möglichkeiten bestehen, gegebene Haftungsrisiken zu minimieren, sei es im Rahmen der Stellenbeschreibung, sei es im Rahmen von D&O-Versicherungsschutz und Freistellungsvereinbarungen. Schließlich ist die Problematik nicht ohne Auswirkungen auf eine ganze Reihe weiterer Unternehmensfunktionen.

Dem *Jubilar,* der sich im Richteramt und als Autor vielfach wegweisend zur Verantwortung unternehmerischer Entscheidungsträger geäußert hat,[4] ist dieser Beitrag in dankbarer Verbundenheit gewidmet.

I. Der BSR-Fall des BGH: Krasse Fehlentscheidung oder Sturm im Wasserglas?

1. Sachverhalt, Entscheidungsgründe und obiter dicta

Der Sachverhalt des BGH-Falles ist schnell erzählt: Eine öffentliche Einrichtung in Berlin, die Berliner Stadtreinigungsbetriebe (im Folgenden: BSR), erhob Gebühren, die aufgrund eines Rechenfehlers deutlich zu hoch waren. Der Angeklagte W – Leiter der Rechtsabteilung und der Innenrevision, Tarifexperte und „juristisches Gewissen“ der BSR – war Leiter der Projektgruppe „Tarifberechnung“ in der Tarifperiode, in der der Fehler erstmals und zunächst unbemerkt gemacht wurde. Als der Fehler später auffiel, gehörte W der Projektgruppe zwar nicht mehr an, nahm aber gleichwohl gelegentlich an deren Sitzungen teil. Die Projektgruppe erkannte den Fehler, korrigierte ihn indes auf Weisung des Mitangeklagten G nicht. G war Vorstandsmitglied der BSR und W's Vorgesetzter. W wusste, dass der Fehler nicht korrigiert werden sollte, unternahm aber nichts, um die Fortsetzung des Fehlers zu verhindern. W nahm insbesondere an der Aufsichtsratssitzung, in der die neue Tarifberechnung abgesegnet wurde, als Protokollführer teil ohne einzuschreiten. Weder die übrigen Vorstandsmitglieder noch die Mitglieder des Aufsichtsrates wussten von dem Fehler. In der Folge überhob die BSR Gebühren in Höhe von ca. 23 Mio. Euro von den Bürgern Berlins. Das Landgericht Berlin verurteilte G wegen Betruges zu einer Freiheitsstrafe von zwei Jahren und sechs Monaten. Es verurteilte W als Gehilfen zu einer Geldstrafe von zunächst 9000 Euro, die wegen überlanger Verfahrensdauer auf 1500 Euro reduziert wurde. Der BGH hob die Verurteilung des G auf und verwies zurück. Er bestätigte die Verurteilung des W.

In den Entscheidungsgründen stellte der Senat entscheidend darauf ab, dass die BSR als öffentliches Unternehmen aus verfassungsrechtlichen Gründen zu einer rechtmäßigen Gebührenerhebung verpflichtet war.[5] Nach Ansicht des Senats traf W als Tarifexperten und „juristisches Gewissen“ der BSR unter diesen Umständen eine Handlungspflicht, als er erfuhr, dass der Tariffehler fortgesetzt werden sollte.[6] Der BGH leitete die Handlungs-

---

[3] So die Formulierung in BGH NJW 2009, 3173, 3175 Rn. 30.

[4] Zuletzt etwa in BGH Urt. v. 16.3.2009 – II ZR 280/07 = NJW 2009, 2454; Urt. v. 16.2.2009 – II ZR 185/07 = NJW 2009, 2207 – Kirch/Deutsche Bank; Urt. v. 1.12.2008 – II ZR 102/07 = NJW 2009, 850 – MPS; Urt. v. 29.9.2008 – II ZR 162/07 = NJW 2009, 295; Beschl. v. 14.7.2008 – II ZR 202/07 = NJW 2008, 3361; Urt. v. 5.5.2008 – II ZR 38/07 = NJW 2008, 2504; ferner *Goette* Leitung, Aufsicht, Haftung – zur Rolle der Rechtsprechung bei der Sicherung einer modernen Unternehmensführung, in: FS 50 Jahre BGH, 2000, S. 123; *ders.* Anm. zu BGH Urt. v. 11.12.2006 – II ZR 243/05 = DStR 2007, 354, 356; *ders.* Anm. zu BGH Urt. v. 14.5.2007 – II ZR 48/06 = DStR 2007, 1174; *ders.* ZInsO 2005, 1; *ders.* ZInsO 2001, 529; *ders.* ZGR 1995, 648.

[5] BGH NJW 2009, 3173, 3175 Rn. 29.

[6] BGH NJW 2009, 3173, 3175 Rn. 31.

pflicht aus der von W übernommenen Pflichtenstellung ab.[7] Er lehnte es dagegen ab, eine Handlungspflicht bereits auf die Beteiligung des W an der ursprünglichen Entstehung des Fehlers (Ingerenz) zu stützen.[8]

Soweit, so gut. Dies hätte an sich der ganze Inhalt der Entscheidung sein können. Erstaunlicherweise ließ es der BGH dabei nicht bewenden. Der Senat sah sich veranlasst, in Überlegungen, die sämtlich als *obiter dicta* zu qualifizieren sind,[9] zu einer möglichen Garantenpflicht von Compliance-Beauftragten Stellung zu nehmen. Nach Auffassung des Senats soll Compliance-Beauftragte „regelmäßig" die Pflicht treffen, Rechtsverstöße zu verhindern, einschließlich solcher Verstöße, die aus dem Unternehmen heraus gegen Dritte begangen werden:

> Eine solche, neuerdings in Großunternehmen als „Compliance" bezeichnete Ausrichtung, wird im Wirtschaftsleben mittlerweile dadurch umgesetzt, dass sog. „Compliance Officers" geschaffen werden […]. Deren Aufgabengebiet ist die Verhinderung von Rechtsverstößen, insbesondere auch von Straftaten, die aus dem Unternehmen heraus begangen werden und diesem erhebliche Nachteile durch Haftungsrisiken oder Ansehensverlust bringen können […]. Derartige Beauftragte wird regelmäßig strafrechtlich eine Garantenpflicht iSd. § 13 Abs. 1 StGB treffen, solche im Zusammenhang mit der Tätigkeit des Unternehmens stehende Straftaten von Unternehmensangehörigen zu verhindern. Dies ist die notwendige Kehrseite ihrer gegenüber der Unternehmensleitung übernommenen Pflicht, Rechtsverstöße und insbesondere Straftaten zu unterbinden […].[10]

Abgesehen davon äußerte sich der Senat allgemein dahingehend, die Frage nach einer Garantenstellung hänge davon ab, welche konkreten Aufgaben eine Person übernommen hat, insbesondere ob dies auch für die Verhinderung von Verstößen aus dem Unternehmen heraus gelte. Ein Dienst- oder Arbeitsverhältnis allein soll hierfür nicht ausreichen. Erforderlich sei vielmehr ein *besonderes Vertrauensverhältnis.*[11] Besondere Bedeutung kann insoweit der Stellenbeschreibung des Betroffenen zukommen.[12]

2. Einige allgemeine Anmerkungen

Die obiter dicta des Senats zur vermeintlichen „regelmäßigen" Pflicht eines Compliance-Beauftragten, Straftaten zu verhindern, unabhängig davon, ob sie gegen das Unternehmen oder aus dem Unternehmen heraus gegen Dritte gerichtet sind, stellen eine unzulässige und nicht näher belegte Verallgemeinerung dar.[13] Demgegenüber ist festzuhalten, dass es – jedenfalls bis dato und in Deutschland – kein allgemeines oder allgemein anerkanntes Berufsbild „des" Compliance-Beauftragten gibt.[14] Schon gar nicht trifft es zu, dass Compliance-Beauf-

---

[7] BGH NJW 2009, 3173, 3175 Rn. 30; kritisch zur Argumentation des BGH jedoch *Kraft* wistra 2010, 81, 83 f.

[8] BGH NJW 2009, 3173, 3174 Rn. 20 f.

[9] Ebenso Anm. zu BGH NJW 2009, 3173 von *Grau* BB 2009, 2143, 2145; *Rolshoven/Hense* BKR 2009, 422, 425; *Campos Nave* BB 2009, 2059; *Campos Nave/Vogel* BB 2009, 2546; *Favoccia/Richter* AG 2010, 137; *Ransiek* AG 2010, 147, 148.

[10] BGH NJW 2009, 3173, 3175 Rn. 27.

[11] BGH NJW 2009, 3173, 3174 Rn. 25.

[12] BGH NJW 2009, 3173, 3175 Rn. 26.

[13] Die vom BGH in diesem Zusammenhang zitierten Fundstellen – Hauschka/*Bürkle* Corporate Compliance – Hdb. der Haftungsvermeidung in Unternehmen, 2007, § 8 Rn. 2 ff. und *Kraft/Winkler* CCZ 2009, 29, 32 – geben für die vom Senat postulierte „regelmäßige" und weit reichende Garantenstellung nichts her. *Bürkle* stellt lediglich ein Standard-Modell als Grundlage für die Beauftragten-Compliance mittelständischer Unternehmen dar, ein „ausdifferenziertes Patentrezept" für eine Compliance-Struktur in allen Unternehmen könne es nicht geben. *Kraft/Winkler* versuchen Parallelen zwischen dem Compliance-Beauftragten und dem Betriebsbeauftragten für Umweltschutz herauszuarbeiten. Wie hier *Favoccia/Richter* AG 2010, 137, 138; *Rönnau/Schneider* ZIP 2010, 53; *Kraft* wistra 2010, 81, 84.

[14] *Lackhoff/Schulz* CCZ 2010, 81, 86; auch *Herzog/Stefan* ZRFC 2009, 242, die die notwendigen Grundlagen des Berufsbildes eines Compliance-Beauftragten herausarbeiten. *„Die inhaltliche Ausgestaltung findet dann entsprechend der unternehmerischen Anforderungen statt."* Es verbleibt somit bei der Darstellung grundsätzlicher Leitlinien.

tragte „regelmäßig" eine allgemeine Pflicht zur Verhinderung von Rechtsverstößen übernähmen. Im Gegenteil: Die Stellenbeschreibungen von Compliance-Beauftragten bzw. die korrespondierenden Aufgabenbeschreibungen in Compliance-Programmen definieren in der Regel ein Bündel spezifischer Aufgaben des Compliance-Beauftragten. Diese betreffen typischerweise die Einrichtung und Fortentwicklung der Compliance-Organisation des Unternehmens, einschließlich zugehöriger Richtlinien und deren Umsetzung, die Durchführung von Schulungen, periodische Berichterstattung an die Unternehmensleitung sowie die Zusammenarbeit und Schnittstellen mit verwandten Funktionen (zB Rechtsabteilung, Steuern, Rechnungslegung, Innenrevision). Sie betreffen ferner in der Regel das Verhalten bei der Feststellung von Regelverstößen, deren Untersuchung, die insoweit geltenden Berichtswege, die Zusammenarbeit mit Strafverfolgungsbehörden, disziplinarische und sonstige Sanktionen gegen die Betroffenen sowie Konsequenzen für die Fortentwicklung des Compliance-Programms nach Bewältigung von Regelverstößen.[15]

Eine allgemeine strafrechtliche Garantenpflicht lässt sich aus dem so gar nicht existierenden Berufsbild daher nicht ableiten.[16] Das darf freilich nicht darüber hinwegtäuschen, dass es anderweitige – außerstraftrechtliche – Handlungspflichten für Compliance-Beauftragte gibt:

- Soweit Geschäftsleiter betroffen sind, gilt für sie die gesellschaftsrechtliche Legalitätspflicht, dh. die Pflicht, dafür Sorge zu tragen, dass das Unternehmen und seine Mitarbeiter die geltenden Gesetze einhalten (§ 93 Abs. 1 AktG, § 43 Abs. 1 GmbHG, Ziff. 4.1.3 DCGK). Soweit Geschäftsleiter diese Aufgabe nicht selbst wahrnehmen, ist sie ordnungsgemäß – beispielsweise auf den Compliance-Beauftragten – zu delegieren, den die Aufgabe dann kraft seines Dienstverhältnisses trifft. Der Dienstvertrag allein begründet aber – wie der Senat zutreffend erkennt – gerade noch keine *strafrechtliche* Garantenpflicht.[17]
- § 130 OWiG enthält für Geschäftsleiter die Verpflichtung zu ordnungsgemäßer Organisation und Kontrolle und begründet einen Bußgeldtatbestand, wenn infolge mangelhafter Organisation und Kontrolle Straftaten aus dem Unternehmen heraus begangen werden. Daneben statuieren eine Reihe von Spezialvorschriften Handlungspflichten zur Sicherstellung der Compliance-Funktion in Unternehmen, insbesondere die Organisationspflicht für Wertpapierdienstleistungsunternehmen nach § 33 Abs. 1, 4 WpHG iVm. §§ 12, 13 WpDVerOV.[18]
- Sowohl Geschäftsleiter als auch Arbeitnehmer trifft eine allgemeine gesellschafts- bzw. dienstrechtliche Treue- und Interessenwahrungspflicht gegenüber der Gesellschaft. Dies schließt die Pflicht ein, die Gesellschaft von Umständen in Kenntnis zu setzen, die die Betroffenen bei ihrer Dienstausübung wahrnehmen und die einen Schaden für das Unternehmen bedeuten könnten.[19] Auch insoweit handelt es sich allerdings um eine rein zivilrechtliche Handlungspflicht.

---

[15] Hierzu – erneut ohne Anspruch auf Vollständigkeit – etwa *Moosmayer* Compliance – Praxisleitfaden für Unternehmen, 2010, S. 36 ff.; Hauschka/*Bürkle* Corporate Compliance – Hdb. der Haftungsvermeidung in Unternehmen, 2. Aufl. 2010, § 8 Rn. 11 ff.; *Herzog/Stephan* ZRFC 2009, 242; *Illing/Umnuß* CCZ 2009, 1, 4 ff.; *Lösler* WM 2008, 1098.

[16] Insofern ist es bedauerlich, dass der BGH die Frage ausdrücklich offen lässt, ob es sich um einen Beschützer- oder Überwachungsgaranten handelt. Eine überzeugende dogmatische Herleitung der Garantenstellung lässt die Entscheidung, wie noch zu zeigen sein wird, ebenfalls vermissen. Ebenso *Dannecker/Dannecker* JZ 2010, 981, 983, 988; s. auch *Kraft/Winkler* CCZ 2009, 29, 31.

[17] BGH NJW 2009, 3173, 3174 Rn. 25.

[18] Vgl. dazu eingehend Schwarz/Zimmer/*Fett* KMRK, 4. Aufl. 2010, § 23 Rn. 1 ff.

[19] BAG Urt. v. 3.7.2003 – 2 AZR 235/02 = NJW 2004, 1547, 1548; Urt. v. 18.6.1970 – 1 AZR 520/69 = NJW 1970, 1861; BGH Urt. v. 23.2.1989 – IX ZR 236/86 = NJW-RR 1989, 614, 615; ErfK/*Preis* 11. Aufl. 2011, § 611 BGB Rn. 707, 744; Schaub/*Linck* Arbeitsrechts-Hdb., 13. Aufl. 2009, § 55 II Rn. 44; *Weidenkaff* in: Palandt, BGB, 69. Aufl. 2010, § 611 Rn. 40; *Edenfeld* in: Erman, BGB, 12. Aufl. 2008, § 611 Rn. 508.

– Schließlich ist der Aufsichtsrat einer Aktiengesellschaft verpflichtet, etwaigen Pflichtverletzungen des Vorstands nachzugehen, das Bestehen von Schadensersatzansprüchen zu prüfen und bestehende Ansprüche durchzusetzen, sofern nicht ausnahmsweise gewichtige Gründe des Gesellschaftswohles gegen eine Anspruchsdurchsetzung sprechen.[20]

Dieser Überblick über denkbare Handlungspflichten zeigt, dass die Verortung der Verantwortlichkeit von Compliance-Beauftragten einer tiefergehenden Befassung bedarf, ehe von einer Strafbarkeit wegen Unterlassens gesprochen werden kann. Vor allem aber muss eine Frage adressiert werden, die der BGH überhaupt nicht angesprochen hat: Die Frage nach der sog. *Geschäftsherrenhaftung* im Strafrecht.

II. Strafrechtliche Garantenstellung des Compliance-Beauftragten kraft delegierter Geschäftsherrenhaftung?

1. Der Streit um die strafrechtliche Geschäftsherrenhaftung

In der strafrechtlichen Literatur – eine höchstrichterliche Grundsatzentscheidung gibt es bislang nicht[21] – ist seit langem umstritten, ob es eine Garantenstellung kraft sog. Geschäftsherrenhaftung gibt. Die Befürworter dieser Auffassung sehen den Geschäftsleiter in der strafrechtlichen Garantenpflicht, vom Unternehmen ausgehende Straftaten zu verhindern.[22] Sie begründen diese Auffassung insbesondere mit der Befehlsgewalt und Organisationsherrschaft des Geschäftsleiters. Der Geschäftsleiter habe jedenfalls die Pflicht und die Möglichkeit, durch bindende Anweisungen und Kontrollen betriebsbezogene Straftaten zu verhindern. Die Gegenansicht verneint eine allgemeine Geschäftsherrenhaftung, insbesondere unter Hinweis auf spezielle, ausdrücklich normierte Handlungspflichten, wie etwa § 357 StGB, § 41 WStG und § 130 OWiG, und einen darauf gestützten Umkehrschluss.[23] Weitgehend unstreitig war dagegen bislang, dass, wenn überhaupt, dann nur Geschäftsleiter eine solche Haftung treffen kann.[24] Mit der nicht näher begründeten Annahme, den Compliance-Beauftragten treffe eine allgemeine Garantenpflicht, wie sie dem Senats-Urteil vom 17. Juli 2009 entnommen werden kann, würde daher komplettes Neuland betreten.

Richtigerweise sind zwei Fragen zu stellen:

1. Gibt es eine allgemeine strafrechtliche Geschäftsherrenhaftung?

Wenn ja:

2. Wurde diese Geschäftsherrenhaftung wirksam auf den Compliance-Beauftragten delegiert?

---

[20] BGH Urt. v. 21.4.1997 – II ZR 175, 95 = NJW 1997, 1926, 1927 f. – ARAG/Garmenbeck; MünchKommAktG/*Habersack* 3. Aufl. 2008, § 111 Rn. 34 ff.; *Hüffer* AktG, 9. Aufl. 2010, § 111 Rn. 4a; GroßkommAktG/*Hopt/Roth* 4. Aufl. 2006, § 111 Rn. 352 ff.

[21] Vgl. auch *Mosbacher/Dierlamm* NStZ 2010, 268, 269; *Spring* GA 2010, 222; in BGH Urt. v. 29.08.2008, 2 StR 587/07, BGHSt 52, 323 = NJW 2009, 89, 91, wurde eine Garantenpflicht zur Aufdeckung schwarzer Kassen behauptet, jedoch nicht begründet.

[22] S. etwa *Roxin* Strafrecht, Allgemeiner Teil, Bd. II, 2003, § 32 Rn. 137; *Stree/Bosch* in: Schönke/Schröder, StGB, 28. Aufl. 2010, § 13 Rn. 53; *Lackner/Kühl* StGB, 27. Aufl. 2011, § 13 Rn. 14; KK-OWiG/*Rengier* 3. Aufl. 2006, § 8 Rn. 47 ff.; *Krekeler/Werner* Unternehmer und Strafrecht, 2006, Rn. 17; *Schünemann* ZStW 96 (1984), 287, 318; *Rogall* ZStW 98 (1986), 573, 617.

[23] SK/*Rudolphi/Stein* StGB, 8. Aufl. 2009, § 13 Rn. 35a; LK/*Weigend* StGB, 12. Aufl. 2007, § 13 Rn. 56; *Otto* Jura 1998, 409, 413; *Schall* NJW 1990, 1263, 1270; *Spring* GA 2010, 222, 227; *Stoffers* NJW 2009, 3173, 3176. Auf die Lehre von der mittelbaren Täterschaft kraft Organisationsherrschaft stellt hingegen *Dierlamm* in: Görling/Inderst/Bannenberg, Compliance, Aufbau – Management – Risikobereiche, 2010, § 6 Rn. 108, ab.

[24] *Roxin* Strafrecht, Allgemeiner Teil, Bd. 2, 2003, § 32 Rn. 142, wonach eine umfassende Organisations- und Kontrollpflicht nur die oberste Geschäftsleitung trifft. Kritisch zur Ableitung einer Organ-/Vertreterhaftung aus der Garantenstellung des Unternehmensinhabers MünchKommStGB/*Radtke* 2003, § 14 Rn. 23.

Zur ersten Frage verhält sich die Entscheidung des 5. Strafsenats überhaupt nicht. Das Urteil kann so interpretiert werden, dass der Senat – dem der Streit um die Geschäftsherrenhaftung nicht unbekannt sein kann – die Frage im bejahenden Sinn beantworten würde.[25] [26] Dies ist auch richtig. So wie im Rahmen von Verkehrssicherungspflichten anerkannt ist, dass der Betrieb eines Unternehmens Gefahren für Sachen, Leib und Leben hervorrufen kann, die es zu verhindern gilt, lässt sich heute nicht mehr bestreiten, dass der Betrieb eines Unternehmens auch die Gefahr von Straftaten – einschließlich solcher gegen Dritte – birgt. Diesen Gefahrenherd zu beherrschen ist Aufgabe des Geschäftsherrn.[27]

Geschäftsherr ist im Ausgangspunkt jedes Mitglied des Geschäftsleitungsorgans, dh. bei der GmbH jeder Geschäftsführer, bei der AG jedes Vorstandsmitglied (§ 14 Abs. 1 StGB, § 9 Abs. 1 OWiG).[28] Besteht innerhalb der Geschäftsleitung eine Ressortaufteilung, hat jedes Geschäftsleitungsmitglied primär eine strafrechtliche Geschäftsherrenverantwortung für sein Ressort. Entsprechend den gesellschaftsrechtlichen Grundsätzen für die wechselseitige Kontrolle von Geschäftsleitungsmitgliedern besteht auch für ressortfremde Gefahren eine Geschäftsherrenverantwortung, soweit konkrete Anhaltspunkte für Fehlverhalten in einem anderen Ressort vorliegen.[29] Bei positiver Kenntnis von Straftaten besteht daher eine Pflicht zum Einschreiten, unabhängig davon, ob die Straftat im eigenen oder in einem fremden Ressort auftritt. Fehlt es an positiver Kenntnis, kommt es im eigenen Ressort auf das Vorliegen fahrlässiger Organisationsmängel, in Bezug auf fremde Ressorts auf die fahrlässige Missachtung von konkreten Anhaltspunkten für Straftaten an. Letzteres ist selbstredend nur für Unterlassungsdelikte von Relevanz, die fahrlässig begangen werden können. Dies ist selten. Eine fahrlässige Tatbestandsverwirklichung durch Unterlassen kommt beispielsweise im Falle eines Geschäftsführers in Betracht, der offensichtlichen Anhaltspunkten für eine strafbare umweltgefährdende Abfallbeseitigung (§ 326 StGB) durch den Mitgeschäftsführer nachzugehen unterlässt.[30]

Eine weiterreichende Geschäftsherrenhaftung dürfte Compliance-Beauftragte treffen, die Mitglied der Geschäftsleitung sind, wie dies in einigen großen Unternehmen in letzter Zeit eingeführt wurde.[31] Bei ihnen liegt in der Tat die Annahme nahe, dass sie eine Verhinderungsverantwortung für das gesamte Unternehmen haben, soweit nichts anderes bestimmt ist. Denkbar ist aber auch insoweit, bestimmte Risikobereiche aus dem Verantwortungsbereich des Compliance-Beauftragten auszuklammern, wie beispielsweise Rechnungslegung, Steuern oder Produktsicherheit; dies sind Bereiche, für die regelmäßig eine Spezialzuständigkeit innerhalb des Unternehmens besteht.

---

[25] Eine so verstandene Geschäftsherrenhaftung umfasst gleichwohl nur eine Garantenpflicht zur organisatorischen Verhinderung von aus dem betrieblichen Organisationsbereich herrührenden Gefahrenquellen, nicht jedoch eine weitergehende Haftung für eigenverantwortliches Handeln von Betriebsangehörigen.

[26] So zutreffend *Stree/Bosch* in: Schönke/Schröder, StGB, 28. Aufl. 2010, § 13 Rn. 53.

[27] So auch *Roxin* Strafrecht, Allg. Teil, Bd. 2, 2003, § 32 Rn. 137; *Rönnau/Schneider* ZIP 2010, 53, 56.

[28] MünchKommStGB/*Radtke* 2003, § 14 Rn. 74; KK-OWiG/*Rogall* 3. Aufl. 2006, § 9 Rn. 43; *Moosmayer* Compliance – Praxisleitfaden für Unternehmen, 2010, S. 14; *Krekeler/Werner* Unternehmen und Strafrecht, 2006, Rn. 2; *Bürkle* CCZ 2010, 4, 5.

[29] Hauschka/*Schmidt-Husson* Corporate Compliance – Hdb. der Haftungsvermeidung in Unternehmen, 2. Aufl. 2010, § 7 Rn. 10; *Moosmayer* Compliance – Praxisleitfaden für Unternehmen, 2010, S. 15; *Hegnon* CCZ 2009, 57, 59. Zu den gesellschaftsrechtlichen Grundsätze für die wechselseitige Kontrolle von Geschäftsleitungsmitgliedern s. MünchKommAktG/*Spindler* 3. Aufl. 2008, § 77 Rn. 59 und § 93 Rn. 132; *Hüffer* AktG, 9. Aufl. 2010, § 77 Rn. 14 ff. und § 93 Rn. 13a.

[30] Eine ähnliche Konstellation lag dem Fall des BGH Urt. v. 1.7.1997 – 1 StR 244/97 = NStZ 1997, 545, 546, zugrunde. Dort wurde eine Strafbarkeit des Angeklagten mangels Anhaltspunkten für ein strafbares Verhalten jedoch verneint. *Kraft* wistra 2010, 81, 85, weist zutreffend darauf hin, dass in den „klassischen Compliance-Regelungsbereichen" der Korruptions- oder Vermögensdelikte eine fahrlässige Begehungsweise regelmäßig nicht in Betracht kommt.

[31] Vgl. zB Siemens AG, die das Vorstandsressort *„Corporate Legal und Compliance"* geschaffen hat.

Ist der Compliance-Beauftragte dagegen nicht Mitglied der Geschäftsleitung, trifft ihn in aller Regel keine originäre Geschäftsherrenverantwortung.[32] § 14 Abs. 2 Nr. 2 StGB ist regelmäßig nicht einschlägig, da es an der insoweit erforderlichen Eigenverantwortlichkeit, von Ausnahmesituationen abgesehen, fehlen dürfte.[33] Der Compliance-Beauftragte ist zwar oftmals beispielsweise für die Untersuchung und Meldung von Regelverstößen federführend zuständig. Ein Letztentscheidungsrecht über die zu ergreifenden Konsequenzen (Strafanzeige, disziplinarische Maßnahmen, Verfolgung von Ersatzansprüchen etc.) steht ihm regelmäßig nicht zu.[34] Anders als beispielsweise die verschiedenen betrieblichen Beauftragten – etwa für Datenschutz (§§ 4f f. BDSG), Immissionsschutz (§§ 53 ff. BImSchG) oder Strahlenschutz (§§ 31 ff. StrlSchV) – soll der Compliance-Beauftragte üblicherweise gerade nicht der Letztverantwortliche für die Gestaltung des Compliance-Programms und die Untersuchung und Bewältigung von Regelverstößen sein. Stattdessen sollte diese Letztverantwortung schon aus Gründen der gesellschaftsrechtlichen Legalitätspflicht bei der Geschäftsleitung verbleiben. Denn obwohl eine Delegation der operativen Verantwortlichkeit für die Verhinderung betriebsbezogener Straftaten im Sinne einer Geschäftsherrenhaftung auf einen nicht der Geschäftsleitung angehörenden Compliance-Beauftragten möglich ist, verbleibt es bei der originären Verantwortung der Geschäftsleitung, wenngleich sich diese in eine allgemeine Aufsichtspflicht wandelt. Schon um eine zivil- oder strafrechtliche Eigenhaftung einzugrenzen sowie um Widersprüche zur gesellschaftsrechtlichen Leitungsverantwortung der Geschäftsleitung zu vermeiden, sollten die Geschäftsleiter daher das *Heft des Handelns* nicht vollständig aus der Hand geben.[35]

2. Delegation der Geschäftsherrenhaftung kraft Stellenbeschreibung und tatsächlicher Aufgabenübernahme

Damit rückt die zweite Frage in den Mittelpunkt des Interesses: Wurde im *konkreten Einzelfall* die strafrechtliche Geschäftsherrenhaftung auf den Compliance-Beauftragten übertragen und von diesem tatsächlich übernommen?

a) Bedeutung und Inhalt der Stellenbeschreibung

Für die Beantwortung dieser Frage kommt es auf die Umstände des Falles an, vorrangig auf die Stellenbeschreibung des Compliance-Beauftragten, falls eine solche existiert. Anders als der 5. Strafsenat annimmt, gibt es gerade kein typisches Berufsbild des Compliance-Beauftragten. Ebenso wenig besteht eine unternehmerische Praxis, die Geschäftsherrenhaftung üblicherweise auf den Compliance-Beauftragten zu übertragen. In Bezug auf die Stellenbeschreibung kommt es – abgesehen von den seltenen Fällen einer hierauf bezogenen

---

[32] Bei einer möglichen Garantenpflicht des Compliance-Beauftragten kann es sich nach richtiger Ansicht stets nur um eine abgeleitete sekundäre Garantenpflicht handeln. Vgl. *Mosbacher/Dierlamm* NStZ 2010, 268, 269; *Rönnau/Schneider* ZIP 2010, 53, 57; *Lackhoff/Schulz* CCZ 2010, 81, 86; *Dannecker/Dannecker* JZ 2010, 981, 988; *Dann/Mendel* NJW 2010, 3265, 3267; aA *Kraft* wistra 2010, 81, 84.

[33] *Kraft/Winkler* CCZ 2009, 29, 32; *Moosmayer* Compliance – Praxisleitfaden für Unternehmen, 2010, S. 39; *Rübenstahl* NZG 2009, 1341, 1344; *Ransiek* AG 2010, 147, 152; KK-OWiG/*Rogall* 3. Aufl. 2006, § 130 Rn. 4.

[34] Ebenso *Roxin*, Strafrecht, Allg. Teil, Bd. 2, 2003, § 32 Rn. 137; *Rogall* ZStW 98 (1996), 573, 617 f.; *Lösler* WM 2008, 1098, 1104; *Rönnau/Schneider* ZIP 2010, 53, 58 ff.; aA *Dannecker/Dannecker* JZ 2010, 981, 989 f., die es ausreichen lassen wollen, wenn der deliktische Erfolg verhindert werden könne; ein Weisungsrecht sei dafür nicht erforderlich.

[35] Ähnlich *Moosmayer* Compliance – Praxisleitfaden für Unternehmen, 2010, S. 39; *Fecker/Kinzl* CCZ 2010, 13, 16; Anm. zu BGH NJW 2009, 3173 von *Rolshoven/Hense* BKR 2009, 422, 427; *Lösler* WM 2008, 1098, 1104; *Spindler* WM 2008, 905, 909; *U. H. Schneider* ZIP 2003, 645, 647 („zentrale Aufgabe der Unternehmensleitung“).

ausdrücklichen Regelung – darauf an, ob der Compliance-Beauftragte mit der Aufgabe betraut sein soll, Straftaten aus dem Unternehmen heraus – seien sie gegen das Unternehmen oder gegen Dritte gerichtet – zu verhindern. Bei dieser Annahme ist Vorsicht geboten. Aus einzelnen Aufgaben des Compliance-Beauftragten, wie beispielsweise der Einführung und Umsetzung des Compliance-Programms oder der Untersuchung von Regelverstößen, kann keinesfalls bereits auf eine Delegation der strafrechtlichen Geschäftsherrenhaftung geschlossen werden. Die Erfüllung dieser Aufgaben schuldet der Compliance-Beauftragte gegenüber dem Unternehmen. Dass dem Compliance-Beauftragten diese Aufgaben übertragen werden, ist gemeinhin der Legalitätspflicht der Geschäftsleiter und deren Verantwortung nach § 130 OWiG geschuldet.[36] Ohne Hinzutreten weiterer Umstände kann nicht angenommen werden, dass damit auch eine strafrechtliche Garantenpflicht gegenüber Dritten verbunden sein soll. Als Faustregel wird man daher annehmen dürfen, dass eine Übertragung der strafrechtlichen Geschäftsherrenhaftung auf den Compliance-Beauftragten einer ausdrücklichen Regelung bedarf.

Problematisch können die Fälle sein, in denen es an einer detaillierten Stellenbeschreibung fehlt und lediglich eine Person ohne nähere Aufgabenkonkretisierung zum Compliance-Beauftragten ernannt wird. Dies kommt in kleineren und mittelgroßen Unternehmen durchaus häufiger vor. In diesen Fällen können aus dem Fehlen einer ausdrücklichen Regelung zur Geschäftsherrenhaftung keine Umkehrschlüsse gezogen werden. Vielmehr ist insoweit eine Auslegung anhand sämtlicher Umstände des Einzelfalles erforderlich. Wegen der damit – auch und gerade für den Compliance-Beauftragten – verbundenen Rechtsunsicherheit kann vor dieser Gestaltung nur eindringlich gewarnt werden. Ein Compliance-Beauftragter, dem dies zugemutet wird, sollte schon aus Gründen des Selbstschutzes vor Antritt seiner Aufgabe auf einer konkreten Stellenbeschreibung bestehen, erforderlichenfalls selbst eine solche verfassen und von der Geschäftsleitung absegnen lassen.

b) Tatsächliche Aufgabenübernahme

Neben der Aufgabenübertragung ist – wie auch der BGH einräumt[37] – eine tatsächliche Übernahme der Aufgabe erforderlich. Dies dürfte in den Fällen unproblematisch sein, in denen eine ausdrückliche Aufgabenübertragung, beispielsweise in der Stellenbeschreibung, erfolgt ist. Tritt der Compliance-Beauftragte eine solchermaßen ausgestaltete Stelle an, trifft ihn die strafrechtliche Geschäftsherrenhaftung. Problematischer können die Fälle sein, in denen sich aus der Stellenbeschreibung keine Delegation der Geschäftsherrenhaftung begründen lässt. Hier kann sich aus den Umständen des Falles ergeben, dass dem Compliance-Beauftragten gleichwohl kraft tatsächlicher Aufgabenübernahme eine strafrechtliche Garantenpflicht zuwächst.[38] Erforderlich ist, dass der Compliance-Beauftragte über die in seiner Stellenbeschreibung definierten Aufgaben hinaus eine allgemeine Verantwortung für die Abwehr von aus dem Unternehmen heraus begangenen Straftaten übernimmt. Wenngleich dies nicht ausgeschlossen werden kann, dürften solche Fälle allerdings selten sein. Hierfür reicht auf keinen Fall aus, dass der Compliance-Beauftragte – entsprechend seiner Stellenbeschreibung – gegen Compliance-Verstöße einschreitet, diese an die Geschäftsleitung meldet und entsprechende Sanktionen vorschlägt. Auch ein besonders hartes Durch-

---

[36] KK-OWiG/*Rogall* 3. Aufl. 2006, § 130 Rn. 3, 40; *Meier-Greve* BB 2009, 2555; *Reichert/Ott* ZIP 2009, 2173; *Ransiek* AG 2010, 147, 148; Hauschka/*Hauschka* Corporate Compliance – Hdb. der Haftungsvermeidung in Unternehmen, 2. Aufl. 2010, § 1 Rn. 22; *Kremer/Klahold* ZGR 2010, 113, 118 ff. mwN; für eine allgemeine Rechtspflicht zur Errichtung einer Compliance-Organisation *U. H. Schneider* ZIP 2003, 645.

[37] BGH NJW 2009, 3173, 3174 Rn. 25.

[38] AA *Mosbacher/Dierlamm* NStZ 2010, 268, 269, die eine bloße tatsächlich Aufgabenübernahme ohne Delegation nicht zur Begründung einer abgeleiteten sekundären Garantenpflicht ausreichen lassen.

greifen des Compliance-Beauftragten – etwa im Sinne einer „zero tolerance policy"[39] – rechtfertigt für sich genommen noch nicht die Annahme einer strafrechtlichen Garantenstellung; denn auch ein solches Durchgreifen erfolgt in Erfüllung der *gegenüber dem Unternehmen* übernommenen vertraglichen Aufgaben und üblicherweise nicht in dem Bestreben, Dritte vor Straftaten aus dem Unternehmen heraus zu schützen. Es bedarf besonderer tatsächlicher Anhaltspunkte, um annehmen zu können, dass der Compliance-Beauftragte im Drittinteresse tätig werden will. Dies mag im vom BGH entschiedenen Fall mithilfe der verfassungsrechtlichen Anforderungen an die Rechtmäßigkeit der Gebührenerhebung begründet werden können.[40] Der Fall stellt insoweit allerdings eine Ausnahmekonstellation dar, die keinesfalls auf jedes private Unternehmen übertragen werden kann. Eine Willensäußerung des Compliance-Beauftragten, im Drittinteresse tätig werden zu *wollen,* dürfte praktisch nicht vorkommen.

c) Enthaftung der Geschäftsleitung oder Verdopplung des Haftungsrisikos?

Aus Sicht des Geschäftsleiters stellt sich die Frage, ob die Einsetzung eines Compliance-Beauftragten und die Delegation der strafrechtlichen Geschäftsherrenhaftung den Geschäftsleiter von dieser Haftung vollständig befreien, oder ob diese bzw. ein gewisser Rest hiervon beim Geschäftsleiter verbleibt. Eine Befreiung des Geschäftsleiters würde voraussetzen, dass die Verantwortung gemäß § 14 Abs. 2 Nr. 2 StGB vollständig auf den Compliance-Beauftragten delegiert wird. Um das zu erreichen, müsste der Compliance-Beauftragte mit Eigenverantwortung auch für die Erledigung von festgestellten Compliance-Verstößen (Strafanzeige, disziplinarische Maßnahmen, Anspruchsverfolgung) ausgestattet werden.[41] Dies ist regelmäßig weder gewollt noch zweckmäßig (vgl. I.1. aE). Im Normalfall bleibt daher eine grundsätzliche strafrechtliche (Mit-)Verantwortung des Geschäftsherrn bestehen. Wird der Compliance-Beauftragte in die strafrechtliche Geschäftsherrenhaftung einbezogen, kommt es insoweit in der Tat zu einer Vermehrung der strafrechtlichen Haftungsadressaten.[42]

III. Weitere Strafbarkeitsvoraussetzungen

1. Unterlassen möglicher und zumutbarer Verhinderungsmaßnahmen

Besteht ausnahmsweise eine strafrechtliche Garantenpflicht des Compliance-Beauftragten, ist zu fragen, welche Verhinderungsmaßnahmen der Compliance-Beauftragte zu

---

[39] Vgl. hierzu *Hauschka* ZIP 2004, 877, 882; Hauschka/*Lampert* Corporate Compliance – Hdb. der Haftungsvermeidung in Unternehmen, 2. Aufl. 2010, § 9 Rn. 33; *U. H. Schneider* ZIP 2003, 645, 649; *Pelz* ZRFC 2009, 259, 262 f.

[40] So BGH NJW 2009, 3173, 3175 Rn. 29.

[41] Werden Compliance-Verstöße aufgedeckt, sind die getroffenen Maßnahmen zur Erfüllung der Compliance-Funktion dahingehend zu überprüfen, inwiefern sie noch geeignet, angemessen und wirksam sind. Darüber hinaus ist die Geschäftsleitung angehalten, kontinuierlich die implementierten Compliance-Maßnahmen zu überprüfen. Zuletzt hat das Institut der Wirtschaftsprüfer in Deutschland e.V. (IDW) einen Entwurf *IDW Prüfungsstandard: Grundsätze ordnungsgemäßer Prüfung von Compliance Management Systemen (IDW EPS 980)* veröffentlicht, der den Inhalt freiwilliger Prüfungen von Compliance-Programmen darstellt. Eine Überprüfung anhand des IDW Prüfungsstandards in der vorliegenden Fassung wird in der Regel nicht geeignet sein, die gewünschte Enthaftungswirkung für die Geschäftsleitung und damit mittelbar auch für Compliance-Beauftragte zu bewirken. Vgl. dazu eingehend *Rieder/Jerg* CCZ 2010, 201.

[42] Auch *Krieger/Günther* NZA 2010, 367, 369; *Fleischer* BB 2008, 1070, 1072; aA *Dierlamm* in: Görling/Inderst/Bannenberg, Compliance, Aufbau – Management – Risikobereiche, 2010, § 6 Rn. 122, wonach der Compliance-Beauftrage in vollem Umfang in die Garantenstellung der Geschäftsleitung einrückt.

ergreifen hat, um sich nicht dem Vorwurf der Unterlassungsstrafbarkeit auszusetzen. Auch insoweit lassen sich keine pauschalen Aussagen treffen. Entscheidend kommt es auf die Aufgabenverteilung innerhalb des Unternehmens an. Regelmäßig dürfte dem Compliance-Beauftragten bereits die Kompetenz fehlen, gegen eine geplante oder in Ausführung befindliche Straftat eigenhändig einzuschreiten. Im Fall des BGH hätte der Angeklagte W sicherlich nicht Anweisungen an die Abteilung geben können, die Gebührenbescheide erstellt und versendet. Stattdessen wird es regelmäßig erforderlich aber auch ausreichend sein, dass der Compliance-Beauftragte seine Erkenntnisse entsprechend den – beispielsweise im Compliance-Programm oder in der Stellenbeschreibung – definierten Berichtslinien an seinen Vorgesetzten meldet. Oftmals wird dies ein Mitglied der Geschäftsleitung oder die Geschäftsleitung als Ganzes sein. Erfolgt die Meldung, ist der Compliance-Beauftragte seiner strafrechtlichen Handlungspflicht grundsätzlich nachgekommen. Zu weitergehenden Verhinderungsmaßnahmen ist er üblicherweise weder berechtigt noch verpflichtet. Insbesondere besteht in der Aktiengesellschaft ohne ausdrückliche gegenteilige Regelung keine Pflicht zur Meldung an den Aufsichtsrat, selbst wenn der Compliance-Beauftragte zu der Auffassung gelangen sollte, der Vorstand bleibt – auch als gesamtes Organ – untätig. Noch weniger kann eine allgemeine Pflicht angenommen werden, Strafanzeige zu erstatten.[43]

Weitergehendes Tätigwerden ist möglicherweise von einem Compliance-Beauftragten zu verlangen, der Mitglied der Geschäftsleitung ist. Insoweit geht die Rechtsprechung zur strafrechtlichen Produktverantwortung davon aus, dass derjenige aufgrund eines pflichtwidrigen gefahrbegründenden Vorverhaltens strafrechtlich verantwortlich ist, der die Abwendung des drohenden Schadens unterlässt.[44] Auch bei Aufteilung der Geschäftsbereiche unter mehreren Geschäftsleitern ist jeder Geschäftsleiter verpflichtet, alles ihm Mögliche und Zumutbare zu tun, um eine Gefährdung der Verbraucher durch das Inverkehrbringen gefährlicher Produkte zu verhindern. Übertragen auf einen in der Geschäftsleitung installierten Compliance-Beauftragten bedeutet dies, dass dieser aufgrund seiner Geschäftsherrenhaftung verpflichtet ist, alle möglichen und zumutbaren Maßnahmen zur Verhinderung zumindest der betriebsbezogenen Straftaten zu ergreifen, von denen er Kenntnis erlangt. Dies kann in seltenen Ausnahmefällen sogar eine Pflicht zur Stellung einer Strafanzeige begründen, sofern sich das kriminelle Verhalten nicht durch mildere Mittel beenden lässt.[45] Wirtschaftliche Gesichtspunkte, wie Kosten der Rechtsverfolgung oder Imageschäden, haben im Hinblick auf die Legalitätspflicht der Geschäftsleitung bei Abwägung der in Rede stehenden Maßnahmen grundsätzlich zurückzutreten.[46]

2. *Kausalität des Unterlassens*

Das Unterlassen der gebotenen Verhinderungsmaßnahmen muss für den Eintritt des tatbestandlichen Erfolges kausal sein.[47] Erforderlich ist nach der hM grundsätzlich, dass durch das gebotene Einschreiten der Erfolg mit an Sicherheit grenzender Wahrscheinlichkeit verhindert worden wäre.[48] Eine bloße Risikoerhöhung durch das Unterlassen ist – anders als

---

[43] Zur Pflicht bzw. zum Recht des Vorstands bzw. des Compliance-Beauftragten, ein Straf- oder Ordnungswidrigkeitsverfahren zu initiieren vgl. *Reichert/Ott* ZIP 2009, 2173, 2177; *Fecker/Kinzl* CCZ 2010, 13, 18; *Bürkle* CCZ 2010, 4, 11; *Dann/Mengel* NJW 2010, 3265, 3267.

[44] BGH Urt. v. 6.7.1990 – 2 StR 549/89 = NJW 1990, 2560 – Lederspray; Urt. v. 19.7.1995 – 2 StR 758/94 = NJW 1995, 2933 – Glykol.

[45] Ähnlich *Reichert/Ott* ZIP 2009, 2173, 2177.

[46] So im Falle der strafrechtlichen Produkthaftung BGH NJW 1990, 2560, 2564.

[47] *Lackner/Kühl* StGB 27. Aufl. 2011, Vor § 13 Rn. 12; MünchKommStGB/*Freund* 2003, Vor §§ 13 ff. Rn. 305; KK-OWiG/*Rengier* 3. Aufl. 2006, § 8 Rn. 55.

[48] *Lackner/Kühl* StGB, 27. Aufl. 2011 Vor § 13 Rn. 12; MünchKommStGB/*Freund* 2003, Vor §§ 13 ff. Rn. 308; KK-OWiG/*Rengier* 3. Aufl. 2006, § 8 Rn. 55; BGH NJW 1990, 2560, 2565 (Fn. 43); Urt. v. 16.2.2000 – 2 StR 582/99 = NStZ 2000, 414.

in den Fällen des § 130 OWiG – entgegen einer in der Literatur vertretenen Auffassung nicht ausreichend.[49]

In den Fällen, in denen es darum geht, eine aus dem Unternehmen heraus konkret geplante oder bereits in Ausführung befindliche Straftat zu verhindern, wird man im Regelfall annehmen können, dass die gebotene Meldung durch den Compliance-Beauftragten den Taterfolg verhindert hätte, da die Geschäftsleitung kraft ihres umfassenden Handlungs- und Weisungsrechts gegen die Tatausführung hätte einschreiten können und im Hinblick auf ihre gesellschaftsrechtliche Legalitätspflicht und strafrechtliche Geschäftsherrenhaftung auch eingeschritten wäre.[50] Dies wäre wahrscheinlich auch im BGH-Fall die „Rettung" für den Angeklagten W gewesen. Für die Annahme, die Geschäftsleitung hätte nicht gehandelt oder ihr Handeln wäre erfolglos geblieben, sind besondere Anhaltspunkte erforderlich, wie etwa, dass die gesamte Geschäftsleitung in die Tat verwickelt ist. Die Tatbeteiligung einzelner Geschäftsleitungsmitglieder reicht insoweit nicht aus.

Geht es dagegen um den Vorwurf, Mängel in der Compliance-Organisation hätten die letztlich begangene Tat begünstigt, scheidet eine Unterlassungsstrafbarkeit des Compliance-Beauftragten – unabhängig von einer möglichen Bebußung der Mitglieder der Geschäftsleitung aus §§ 30 Abs. 1 Satz 1, 130 OWiG – regelmäßig aus. Es wird sich kaum jemals feststellen lassen, dass bestimmte Organisationsmaßnahmen eine konkrete Tat *mit an Sicherheit grenzender Wahrscheinlichkeit* verhindert hätten.[51] Bei hinreichender krimineller Energie einzelner „schwarzer Schafe" lassen sich organisatorische Hemmnisse und Barrieren regelmäßig überwinden. Auch das beste Compliance-Programm der Welt kann beispielsweise nicht verhindern, dass Schmiergelder über „Berater" und vergleichbare Dritte abgewickelt werden. Noch so eindringliche Schulungen sind kein Garant dafür, dass es, wenn die „Versuchung" hinreichend groß ist, nicht doch zu kartellrechtswidrigen Absprachen kommt.

3. *Täterschaft und Teilnahme*

Steht mithin fest, dass eine strafrechtliche Garantenpflicht des Compliance-Beauftragten auf Grundlage der Geschäftsherrenhaftung nur in seltenen Ausnahmefällen angenommen werden kann, stellt sich die Anschlussfrage, welche Form der Tatbeteiligung in jenen Ausnahmefällen in Betracht kommt. Der BGH hat den eingangs erwähnten Angeklagten als Gehilfen verurteilt. Die Abgrenzung zwischen Täterschaft und Teilnahme ist bekanntlich zwischen Rechtsprechung und Literatur seit langem umstritten. Die Rechtsprechung nimmt im Ausgangspunkt eine subjektive Abgrenzung nach der Formel „Wollte der Betroffene die Tat als eigene?" vor.[52] Die Literatur stellt demgegenüber weit überwiegend auf das objektive Kriterium der Tatherrschaft ab.[53] Bei Unterlassungsstraftaten ist zwischen der

---

[49] Für die Risikoerhöhungslehre insbesondere *Roxin* Strafrecht, Allg. Teil, Bd. 2, 2003 § 31 Rn. 54 ff.; dagegen *Lackner/Kühl* StGB, 27. Aufl. 2011, Vor § 13 Rn. 14a; *Stree/Bosch* in Schönke/Schröder, StGB, 28. Aufl. 2010, § 13 Rn. 61.

[50] So auch *Dann/Mengel* NJW 2010, 3265, 3268.

[51] Anm. zu BGH NJW 2009, 3137 (Fn. 1) von *Thomas* CCZ 2009, 239, 240; *Kraft/Winkler* CCZ 2009, 29, 33. Ebenso *Krieger/Günther* NZA 2010, 367, 368, die jedoch zutreffend darauf hinweisen, dass eine Abgrenzung zwischen bedingtem Vorsatz und grober Fahrlässigkeit nicht immer offensichtlich ist und insofern ein strafrechtliches Risiko verbleibt.

[52] Vgl. nur RGSt 74, 84 – Badewannenfall; BGH Urt. v. 19.10.1962 – 9 StE 4/62 = NJW 1963, 355, 356 – Staschynskij; BGH Urt. v. 26.11.1986 – 3 StR 107/86 = NStZ 1987, 224, 225; BGH NJW 2009, 3173, 3175 Rn. 31.

[53] Grundlegend *Roxin* Täterschaft und Tatherrschaft, 8. Aufl. 2006, S. 60 ff. (zur Entwicklung des Begriffs „Tatherrschaft"), S. 127 ff. (Handlungsherrschaft), S. 142 ff. (Willensherrschaft), S. 275 ff. (funktionelle Tatherrschaft); *ders.* Strafrecht, Allg. Teil, Bd. 2, 2003, § 25 Rn. 27 ff.; sowie MünchKommStGB/*Joecks* 2003, § 25 Rn. 10, 29; *Lackner/Kühl* StGB, 20. Aufl. 2011, Vor § 25 Rn. 6 mwN.

Beihilfe durch Unterlassen und der Beihilfe zum Unterlassen zu unterscheiden. Beihilfe zum Unterlassen kommt regelmäßig nur in Form einer psychischen Beihilfe in Betracht.[54] Inwiefern eine Beihilfe durch Unterlassen in Bezug auf ein Begehungsdelikt in Betracht kommt, ist umstritten, jedoch mit der hM in Rechtsprechung und Schrifttum zu bejahen.[55] Eine Strafbarkeit ist jedenfalls dann gegeben, wenn die vorsätzlich-rechtswidrige Haupttat durch ein Dazwischentreten des garantenpflichtigen Gehilfen nicht oder nicht so hätte begangen werden können.

Nach diesen Grundsätzen wird sich der Tatbeitrag des Compliance-Beauftragten in den meisten Fällen als Beihilfe darstellen.[56] Dass der Compliance-Beauftragte eine von ihm bemerkte, aber nicht verhinderte Tat als eigene will, dürfte ebenso selten sein, wie der Fall, dass er die Tatherrschaft über die Ausführung der Tat bzw. gegenüber dem rechtswidrig handelnden Mitarbeiter ein Weisungsrecht und damit eine Einwirkungsmöglichkeit hat.[57] Anstiftung durch Unterlassen dürfte ebenfalls regelmäßig ausscheiden.

IV. Verantwortung nach § 130 OWiG

Bisweilen wird die Auffassung vertreten, auch ein Compliance-Beauftragter, der nicht dem Geschäftsleitungsorgan angehört, könne einer Haftung nach § 130 OWiG unterliegen. Begründet wird dies damit, dass der Compliance-Beauftragte – jedenfalls im Einzelfall – von § 9 Abs. 2 Nr. 2 OWiG erfasst sein könne.[58] Nach der hier vertretenen Auffassung scheidet dies im Regelfall aus. § 9 Abs. 2 Nr. 2 OWiG setzt wie § 14 Abs. 2 Nr. 2 StGB eine im Normalfall nicht gegebene Eigenverantwortung des Compliance-Beauftragten voraus (vgl. II.1. und II.2.c).

Für einen der Geschäftsleitung angehörenden Compliance-Beauftragten gilt § 130 OWiG dagegen ohne Weiteres. Auf die insoweit erforderlichen Organisationsmaßnahmen wurde bereits hingewiesen (vgl. I.2.). Ebenso wurde darauf hingewiesen, dass für § 130 OWiG kein strenger Kausalzusammenhang wie bei § 13 StGB (Erfolgsverhinderung mit an Sicherheit grenzender Wahrscheinlichkeit) gilt. Vielmehr folgt bereits aus dem Wortlaut der Vorschrift, dass es ausreicht, wenn die Straftat durch das Fehlen angemessener Organisationsmaßnahmen *nicht verhindert oder wesentlich erleichtert* wurde. Dies kann im Ergebnis stets nur anhand der Umstände des Einzelfalles beurteilt werden. Allerdings wird man mit einer gewissen Generalisierung sagen können, dass die üblichen Inhalte von Compliance-Programmen, beispielsweise zum Umgang mit Beraterverträgen, zu Reisekosten, Sponsoring, Bewirtung von Kunden etc., allgemein für geeignet gehalten werden, entsprechende Verstöße zu verhindern.[59] Der Kausalitätsnachweis im Rahmen des § 130 OWiG dürfte daher im Fall von Compliance-Beauftragte, die der Geschäftsleitung angehören, keine allzu große Hürde darstellen.

---

[54] *Lackner/Kühl* StGB, 27. Aufl. 2011, § 27 Rn. 6 mwN.

[55] Ein solcher Fall lag der BSR-Entscheidung des 5. Senats zugrunde. Vgl. BGH NJW 2009, 3173, 3175 Rn. 31; *Cramer/Heine* in: Schönke/Schröder, StGB 28. Aufl. 2010, § 27 Rn. 15 f.; MünchKommStGB/*Joecks* 2003, § 27 Rn. 85.

[56] So auch *Dannecker/Dannecker* JZ 2010, 981, 987; *Dierlamm* in: Görling/Inderst/Bannenberg, Compliance, Aufbau – Management – Risikobereiche, 2010, § 6 Rn. 123.

[57] Ebenso *Lackhoff/Schulz* CCZ 2010, 81, 83.

[58] So *Rönnau/Schneider* ZIP 2010, 53, 60, die trotz einer regelmäßig fehlenden Entscheidungs- und Weisungsbefugnis eine selbständige Aufgabenwahrnehmung annehmen. AA *Kraft/Winkler* CCZ 2009, 29, 32.

[59] Anm. zu BGH NJW 2009, 3173 von *Thomas* CCZ 2009, 239, 240.

V. Zivilrechtliche Verantwortung

Neben der möglichen Haftung von Compliance-Beauftragten nach Straf- und Ordnungswidrigkeitenrecht darf nicht aus dem Blick geraten, dass die zivilrechtliche Verantwortung für Fehlverhalten einen mindestens ebenso wichtigen, wenn nicht sogar vorrangigen Stellenwert einnimmt. Insoweit ist insbesondere zwischen der disziplinarischen Verantwortung für Fehlverhalten und der Verpflichtung zum Schadensersatz zu unterscheiden.

1. Disziplinarische Verantwortung

Verletzt ein Compliance-Beauftragter seine Dienstpflichten, setzt er sich dem Risiko einer verhaltensbedingten Kündigung aus (§ 1 Abs. 2 S. 1 Alt. 2 KSchG). Insoweit bedarf es allerdings grundsätzlich der vorherigen Abmahnung. Die Abmahnung kann entbehrlich sein, wenn eine schwere Pflichtverletzung vorliegt, deren Rechtswidrigkeit für den Arbeitnehmer ohne Weiteres erkennbar ist und bei der eine Hinnahme des Verhaltens durch den Arbeitgeber offensichtlich ausgeschlossen ist.[60] Bezogen auf Compliance-Beauftragte bedeutet dies, dass eine verhaltensbedingte Kündigung sicherlich bei einer strafrechtlichen Verurteilung oder bei Vorliegen eines Bußgeldbescheides nach § 130 OWiG in Betracht kommt.[61] In einem solchen Fall mag sogar die außerordentliche Kündigung – unter Einhaltung der Zweiwochenfrist des § 626 Abs. 2 BGB – möglich sein.[62] Neben der Tatkündigung gestattet das Arbeitsrecht auch die Verdachtskündigung, allerdings in jedem Fall nur nach vorheriger Anhörung.[63]

Ist der Compliance-Beauftragte Mitglied der Geschäftsleitung, ist zwischen Organ- und Dienststellung zu unterscheiden. Eine erhebliche Pflichtverletzung ermöglicht im Regelfall die sofortige Beendigung der Organstellung (§ 38 Abs. 2 S. 2 GmbHG, § 84 Abs. 3 S. 2 AktG).[64] Für die sofortige Beendigung des Dienstverhältnisses ist zusätzlich eine Interessenabwägung erforderlich.[65] Diese wird allerdings bei einer Straftat oder Ordnungswidrigkeit nach § 130 OWiG regelmäßig zugunsten des Unternehmens ausfallen.[66]

In der Literatur wird vor dem Hintergrund der vorgenannten Grundsätze teilweise erwogen oder gar empfohlen, den Compliance-Beauftragten mit einem besonderen Kündigungsschutz auszustatten.[67] Dies dürfte im Regelfall verfehlt sein. Es liegt nahe, dass es im Unternehmen als falsches Signal verstanden wird, wenn ausgerechnet der Compliance-Beauftragte milderen Sanktionen als andere Unternehmensangehörige ausgesetzt ist. Im Gegenteil: Die verschiedenen Datenskandale der jüngeren Vergangenheit haben gezeigt,

---

[60] BAG Beschluss v. 10.2.1999 – 2 ABR 31/98 = NZA 1999, 708; ErfK/*Müller-Glöge* 11. Aufl. 2011, § 626 BGB Rn. 29; Schaub/*Linck* Arbeitsrechts-Hdb., 13. Aufl. 2009, § 132 Rn. 25.

[61] Schaub/*Linck* Arbeitsrechts-Hdb., 13. Aufl. 2009, § 132 Rn. 28; BAG Urt. v. 13.12.1984 – 2 AZR 454/83 = NZA 1985, 288.

[62] ErfK/*Müller-Glöge* 11. Aufl. 2011, § 626 BGB Rn. 133.

[63] BAG Urt. v. 30.4.1987 – 2 AZR 283/86 = NZA 1987, 699; ErfK/*Müller-Glöge* 11. Aufl. 2011, § 626 BGB Rn. 178; Schaub/*Linck* Arbeitsrechts-Hdb., 13. Aufl. 2009, § 127 Rn. 139.

[64] MünchKommAktG/*Spindler* 3. Aufl. 2008, § 84 Rn. 113; *Zöllner/Noack* in: Baumbach/Hueck, GmbHG, 19. Aufl. 2010, § 38 Rn. 12 f.; im GmbH-Recht ist die Abberufung vorbehaltlich abweichender Regelungen gemäß § 38 Abs. 1 GmbHG ohnehin ohne Vorliegen von Gründen möglich.

[65] *Hüffer* AktG, 9. Aufl. 2010, § 84 Rn. 39; ErfK/*Müller-Glöge* 11. Aufl. 2011, § 626 BGB Rn. 40, 60.

[66] ErfK/*Müller-Glöge* 11. Aufl. 2011, § 626 BGB Rn. 133; eine grobe Pflichtverletzung, die zum Widerruf der Organstellung berechtigt, wird regelmäßig auch einen wichtigen Grund im Sinne von § 626 BGB darstellen, vgl. MünchKommAktG/*Spindler* 3. Aufl. 2008, § 84 Rn. 167, 172.

[67] *Illing/Umnuß* CCZ 2009, 1, 6; *Fecker/Kinzl* CCZ 2010, 13, 19; *Bürkle* CCZ 2010, 4, 12; kritisch *Spindler* WM 2008, 905, 910; *Dann/Mengel* NJW 2010, 3265, 3268.

dass Compliance nicht um jeden Preis, sondern nur unter Beachtung geltenden Rechts umgesetzt werden kann und darf.

2. *Schadensersatzpflichten*

Die Verletzung dienstlicher Pflichten begründet im Ausgangspunkt eine Schadensersatzhaftung des Arbeitnehmers gegenüber dem Arbeitgeber aus dem Dienstvertrag (§§ 280, 241 Abs. 2 BGB). Im Hinblick auf den Haftungsumfang gelten im Arbeitsverhältnis die von der Rechtsprechung des BAG entwickelten Sonderregeln des innerbetrieblichen Schadensausgleichs, wonach eine volle Haftung nur bei Vorsatz und grober Fahrlässigkeit in Betracht kommt, bei mittlerer Fahrlässigkeit ein Schadensteilung stattfindet und bei leichtester Fahrlässigkeit die Haftung des Arbeitnehmers ausscheidet.[68] Die Beweislast für das Verschulden trägt – abweichend von der allgemeinen Beweislastverteilung nach § 280 Abs. 1 S. 2 BGB – der Arbeitgeber.[69] Besteht ein Schadensersatzanspruch, ist die Geschäftsleitung – in Anlehnung an die für das Verhältnis Aufsichtsrat – Vorstand geltende ARAG/Garmenbeck-Rechtsprechung des BGH – grundsätzlich verpflichtet, diesen durchzusetzen, es sei denn, gewichtige Gründe des Gesellschaftswohls sprächen dagegen.[70] Persönliche Motive, etwa die Schonung eines „verdienten Mitarbeiters" bleiben dabei nach richtiger Ansicht in der Regel außer Betracht.[71]

Diese Grundsätze gelten auch für Verfehlungen von Compliance-Beauftragten. Schadensersatzansprüche des Unternehmens gegen den Compliance-Beauftragten können beispielsweise Bußgelder, Ersatzansprüche geschädigter Dritter, Kosten von Untersuchungs- und Aufklärungsmaßnahmen oder die Freistellung von sonstigen Ansprüchen Dritter gegen das Unternehmen umfassen. Angesichts des beträchtlichen Umfangs möglicher Schadensersatzansprüche wäre es allerdings unbillig, einen Compliance-Beauftragten härteren Haftungsmaßstäben zu unterwerfen als andere Arbeitnehmer.[72]

Strengere Maßstäbe gelten für Compliance-Beauftragte, die der Geschäftsleitung angehören. Für sie gelten die Vorschriften über die Organhaftung gemäß § 43 Abs. 2 GmbHG, § 93 Abs. 2 AktG, die eine Haftung für vermutetes Verschulden – und zwar jede, auch leichteste Fahrlässigkeit – statuieren.[73] Das Unternehmen braucht lediglich die Handlung des Geschäftsleiters darzulegen, die einen Schaden des Unternehmens verursacht haben soll. Es ist dann am Geschäftsleiter darzulegen und zu beweisen, dass er nicht pflichtwidrig oder jedenfalls nicht schuldhaft gehandelt hat, oder dass der Schaden auch bei pflichtgemäßem Handeln eingetreten wäre.[74] Für die Anspruchsdurchsetzung gelten die bereits erwähnten ARAG/Garmenbeck-Grundsätze. Zur eigenverantwortlichen Prüfung und Geltendmachung von Schadensersatzansprüchen wegen Compliance-Verstößen eines Vorstandsmitgliedes ist in der Aktiengesellschaft der Aufsichtsrat verpflichtet.[75]

---

[68] BAG GS Beschluss v. 27.9.1994 – GS 1/89 (A) = NJW 1995, 210, 211; BAG Urt. v. 5.2.2004, 8 AZR 91/03 = NJW 2004, 2469, 2470.

[69] ErfK/*Preis* 11. Aufl. 2011, § 619a BGB Rn. 21.

[70] BGH NJW 1997, 1926, 1928; *Favoccia/Richter* AG 2010, 137, 145; GroßkommAktG/*Hopt* 4. Aufl. 2008, § 93 Rn. 112.

[71] *Hasselbach/Seibel* AG 2008, 770, 774; BGH NJW 1997, 1926, 1927; aA *Reichert/Ott* ZIP 2009, 2173, 2179; *Favoccia/Richter* AG 2010, 137, 145; letztere sprechen sich für eine Art "Sanktionsauswahlermessen" aus.

[72] *Krieger/Günther* NZA–2010, 367, 368, 371 f. legen sich hierzu nicht eindeutig fest.

[73] MünchKommAktG/*Spindler* 3. Aufl. 2008, § 93 Rn. 158; *Zöllner/Noack* in: Baumbach/Hueck, GmbHG, 19. Aufl. 2010, § 43 Rn. 17.

[74] *Goette* ZGR 1995, 648, 674; *Hüffer* AktG, 9. Aufl. 2010, § 93 Rn. 16; *Zöllner/Noack* in: Baumbach/Hueck, GmbHG, 19. Aufl. 2010, § 43 Rn. 36.

[75] BGH NJW 1997, 1926, 1927.

VI. Möglichkeiten der Risikobegrenzung

1. Gestaltungsüberlegungen für die Stellenbeschreibung des Compliance-Beauftragten

Betrachtet man die Stellenbeschreibung des Compliance-Beauftragten lediglich aus dem Blickwinkel der strafrechtlichen Geschäftsherrenhaftung, erscheint das Gestaltungsziel – die Vermeidung einer solchen Haftung – im Vordergrund zu stehen. Dieser Gedanke allein darf dem Verfasser der Stellenbeschreibung allerdings nicht die Feder führen. Er hat zusätzlich zu bedenken, dass die Stellenbeschreibung auch dem weiteren – in gewisser Weise gegenläufigen – Ziel dient, der Organisationsverantwortung der Geschäftsleitung nach § 43 Abs. 1 GmbHG, § 93 Abs. 1 AktG und § 130 OWiG nachzukommen. Um eine insoweit ordnungsgemäße Aufgabendelegation zu erreichen, ist erforderlich, dass dem Compliance-Beauftragten – oder einer anderen geeigneten Stelle – die Gestaltung und Umsetzung eines Compliance-Programms sowie die Ermittlung und Aufklärung von Compliance-Vorfällen aufgegeben werden. Eine zu enge Stellenbeschreibung kann daher dazu führen, dass die betreffende Aufgabe nicht ordnungsgemäß delegiert ist und die Verantwortung hierfür nach Gesellschafts- und Ordnungswidrigkeitenrecht bei der Geschäftsleitung verbleibt.[76]

Unter Berücksichtigung dieses Spannungsverhältnisses lassen sich folgende allgemeine Gestaltungsempfehlungen aussprechen, die allerdings in jedem Einzelfall einer konkreten Überprüfung unterzogen werden müssen:

- Die Stellenbeschreibung sollte in einem ersten Schritt diejenigen Elemente des Compliance-Programms benennen, für die der Compliance-Beauftragte verantwortlich sein soll, wie etwa die Erstellung von Richtlinien, die Umsetzung des Compliance-Programms in bestimmten Unternehmensbereichen oder Tochtergesellschaften[77] oder die Durchführung von Schulungen. Dagegen kann es sein, dass der Compliance-Beauftragte für die Untersuchung von Compliance-Verstößen nicht oder nicht ausschließlich zuständig sein soll. Insoweit kann beispielsweise eine Tätigkeit der Innenrevision oder eines speziellen Unternehmensgremiums (Compliance Board, Aufsichtsratsauschuss) gewünscht sein.[78]
- Die Stellenbeschreibung sollte ferner die Risikobereiche identifizieren, die in die Zuständigkeit des Compliance-Beauftragten fallen. Dies können beispielsweise die Bereiche Korruptionsbekämpfung und Kartellrecht sein.[79] Dagegen liegt es nahe, den Umgang mit etwaigen Risiken im Hinblick auf Steuern, Rechnungslegung oder Produktsicherheit den hierfür bestehenden Fachabteilungen zuzuordnen.
- Ein weiteres wesentliches Element bildet die Definition der Reaktionspflichten des Compliance-Beauftragten bei der Feststellung von Compliance-Verstößen. Im Regelfall sollte dies eine Meldung an die Geschäftsleitung sein. Soweit eine Beteiligung von Mitgliedern der Geschäftsleitung an dem Compliance-Verstoß in Rede steht, sollte eine Meldung an den

[76] MünchKommAktG/*Spindler* 3. Aufl. 2008, § 93 Rn. 132; KK-OWiG/*Rengier* 3. Aufl. 2006, § 8 Rn. 39; § 130 Rn. 40 ff.; Umnuß/*Unger* Corporate Compliance Checklisten – Rechtliche Risiken in Unternehmen erkennen und vermeiden, 2008, 5. Kap. B VI Rn. 101; *Fleischer* CCZ 2008, 1, 2; *Hegnon* CCZ 2009, 57, 58; Hauschka/*Schmidt-Husson* Corporate Compliance – Hdb. der Haftungsvermeidung in Unternehmen, 2. Aufl. 2010, § 7 Rn. 20.

[77] Zur konzerndimensionalen Bedeutung von Compliance-Programmen vgl. *Kremer/Klahold* ZGR 2010, S. 113 ff.; sowie *U. H. Schneider* NZG 2009, 1321 ff.

[78] *Bürkle* CCZ 2010, 4, 7; Hauschka/*Bürkle* Corporate Compliance – Hdb. der Haftungsvermeidung in Unternehmen, 2. Aufl. 2010, § 8 Rn. 54, der zudem auf die teilweise Übereinstimmung der Aufgaben von Compliance und Interner Revision hinweist; *Schwager* ZRFC 2009, 172 ff.

[79] Diese beiden Bereiche bilden in der Praxis die wesentlichen Schwerpunkte der meisten Compliance-Programme in Industrieunternehmen, vgl. *Kremer/Klahold* ZGR 2010, 113, 121; *Moosmayer* Compliance – Praxisleitfaden für Unternehmen, 2010, S. 24; Hauschka/*Lothert* Corporate Compliance – Hdb. der Haftungsvermeidung in Unternehmen, 2. Aufl. 2010, § 18 Rn. 17; § 18 Rn. 24; *Hauschka* BB 2004, 1178; *Fleischer* CCZ 2008, 1, 2.

Aufsichtsrat bzw. in Ermangelung eines solchen an die Gesellschafter(versammlung) vorgesehen werden. Bei größeren Aufsichtsräten kann sich die Meldung an einen Ausschluss, beispielsweise das Präsidium oder den Prüfungsausschuss, anbieten.
– Die drei vorgenannten Punkte dürften die wesentlichen Elemente für eine ordnungsgemäße Delegation von Pflichten nach Gesellschafts- und Ordnungswidrigkeitenrecht bilden.[80] Um gleichzeitig das Risiko einer strafrechtlichen Geschäftsherrenhaftung zu verringern, sollte klargestellt werden, dass die Pflichten des Compliance-Beauftragten lediglich gegenüber dem Unternehmen, nicht gegenüber Einzelpersonen (Arbeitnehmern oder sonstigen Dritten) bestehen.[81]
– Eine Klarstellung, dass eine etwaige strafrechtliche Geschäftsherrenhaftung nicht auf den Compliance-Beauftragten übertragen wird, sollte erwogen werden. In jedem Fall sind Aussagen zu vermeiden, die auf eine weitreichende Verantwortung für die Verhinderung von Compliance-Verstößen hindeuten. Auch entsprechende „mission statements" für die Compliance-Abteilung sollten insoweit mit Vorsicht bedacht werden.[82]

2. D&O-Versicherung; Freistellungsvereinbarungen

Die aufgezeigten Haftungsrisiken haben die Frage laut werden lassen, ob Compliance-Beauftragten durch D&O-Versicherungen und Freistellungsvereinbarungen vermehrter Schutz zuteil werden kann und soll.[83] Die Einbeziehung des Compliance-Beauftragten in die D&O-Versicherung ist im Ausgangspunkt unproblematisch möglich. In vielen Fällen wird der Compliance-Beauftragte ohnehin bereits von einer bestehenden Police erfasst sein. Nicht ohne Weiteres abgedeckt sind die Risiken eines Strafverfahrens. Insoweit ist eine separate Strafrechtsschutzversicherung erforderlich. Diese deckt die Kosten eines Strafverfahrens, insbesondere eines Strafverteidigers ab. Strafrechtliche Sanktionen – insbesondere Geldstrafen und Bußgelder – sind dagegen regelmäßig nicht versicherbar. Der Versicherungsschutz erstreckt sich zudem entsprechend § 103 VVG nicht auf vorsätzliche Pflichtverletzungen.[84]

Soweit Arbeitnehmer betroffen sind, können für nicht vorsätzliches Verhalten (vgl. § 276 Abs. 3 BGB) auch Freistellungsvereinbarungen abgeschlossen werden. Diese sind in Deutschland bislang wenig verbreitet, dagegen beispielsweise in den USA Gang und Gäbe.[85] Typischerweise soll eine Freistellungsvereinbarung die notwendige Unabhängigkeit des Compliance-Beauftragten bei der Aufgabenwahrnehmung gewährleisten, ohne dass dieser ständig eine Kostentragung fürchten muss.[86] Der Inhalt einer möglichen Freistellungsvereinbarung lässt sich abstrakt nicht bestimmen, sondern hängt von den konkreten Umständen ab. Beispielsweise ist aber eine Abwandlung der Grundsätze des innerbetrieblichen Schadensausgleichs möglich, indem eine Freistellung von auf normaler Fahrlässigkeit beruhenden Schadensersatzansprüchen Dritter oder des Unternehmens vereinbart wird.[87] Ferner decken Freistellungsvereinbarungen typischerweise die Kostenbelastungen des

---

[80] *Bürkle* CCZ 2010, 4, 5; *Wybitul* BB 2009, 2590, 2593; *Illing/Umnuß* CCZ 2009, 1, 7; *Kraft/Winkler* CCZ 2009, 29, 33.

[81] Ebenso *Fecker/Kinzl* CCZ 2010, 13, 17; *Kraft/Winkler* CCZ 2009, 29, 33; *Kraft* wistra 2010, 81, 85; *Wybitul* BB 2009, 2590, 2593.

[82] Vgl. zutreffend *Kraft* wistra 2010, 81, 85; *ders./Winkler* CCZ 2010, 29, 33. Insofern ist jedoch zu beachten, dass es dann bei der ausschließlichen Geschäftsherrenhaftung der Geschäftsleitung verbleibt.

[83] *Held* CCZ 2009, 231; *Favoccia/Richter* AG 2010, 137, 146.

[84] *Held* CCZ 2009, 231, 232; Hauschka/*Pant* Corporate Compliance – Hdb. der Haftungsvermeidung in Unternehmen, 2. Aufl. 2010, § 13 Rn. 14. Entschädigungen mit Strafcharakter können, soweit kein Versicherungsverbot entgegen steht, ebenso erfasst sein wie bedingt vorsätzliche Pflichtverletzungen, wenn und soweit dieses nicht zugleich ein strafrechtliches Verhalten darstellen.

[85] Vgl. *Fleischer* WM 2005, 909, 910.

[86] *Favoccia/Richter* AG 2010, 137, 146.

[87] *Favoccia/Richter* AG 2010, 137, 146.

Betroffenen aus gegen ihn angestrengten Verfahren ab, sehen Vorschuss- und Erstattungsregeln vor und enthalten Bestimmungen über wechselseitige Informations- und Kooperationspflichten bei der Durchführung und Erledigung von Zivil- und Strafverfahren.

Hinsichtlich Compliance-Beauftragten, die Mitglieder der Geschäftsleitung sind, können sich die folgenden Einschränkungen ergeben:

- Vorstandsmitglieder einer Aktiengesellschaft unterliegen in Bezug auf eine D&O-Versicherung einem zwingenden Selbstbehalt von mindestens 10% des Schadens bis mindestens zur Höhe des Eineinhalbfachen der festen jährlichen Vergütung des Vorstandsmitglieds (§ 93 Abs. 2 S. 3 AktG). Diese Vorschrift gilt seit 4. August 2009 (BGBl. I S. 2509). Der Selbstbehalt kann durch das Vorstandsmitglied auf persönlicher Basis versichert werden. Allerdings darf die Gesellschaft die hierfür zu zahlenden Versicherungsprämien nicht übernehmen.[88]
- Freistellungsvereinbarungen für Vorstandsmitglieder einer Aktiengesellschaft unterliegen ebenfalls Einschränkungen. Mit Blick auf § 93 Abs. 4 AktG ist eine Freistellung für Folgen schuldhaft begangener Organpflichtverletzungen nicht zulässig.[89] Soweit Freistellungen zulässig sind, empfiehlt sich eine Beschlussfassung des Aufsichtsratsplenums (vgl. § 107 Abs. 3 S. 3 AktG).[90]

VII. Auswirkungen auf weitere Unternehmensfunktionen

Die BSR-Entscheidung des 5. Strafsenats wirft schließlich die Frage auf, welche strafrechtlichen Auswirkungen sich auf weitere Unternehmensfunktionen ergeben. Dies ist insbesondere dann von Bedeutung, wenn einzelne Risikobereiche der Zuständigkeit des Compliance-Beauftragten entzogen und den jeweiligen Fachabteilungen zugeordnet sind (vgl. VI.1.). Am Beispiel des Leiters der Innenrevision hat der BGH zwar eine Garantenstellung trotz regelmäßig erheblicher Überschneidungen im Aufgabengebiet bezweifelt.[91] Gleichwohl ist nicht ausgeschlossen, dass aufgrund der tatsächlichen Übernahme eines Pflichtenkreises andere Unternehmensfunktionen einer strafrechtlichen Verantwortlichkeit ausgesetzt sein können.[92]

1. Geschäftsleiter und Ressortverantwortung

Die Übertragung der Compliance-Funktion als gesellschaftsrechtliche Leitungsaufgabe[93] im Rahmen einer vorstandsinternen Geschäftsverteilung hat die volle Handlungsverantwortung für die zugewiesene Aufgabe zur Folge (Ressortverantwortung), entbindet die übrigen Mitglieder der Geschäftsleitung jedoch nicht von der allgemeinen Aufsichtspflicht im Rahmen ihrer Gesamtverantwortung (vgl. III.1.).[94] Dies gilt ebenso gegenüber einem Compliance-Beauftragten, der nicht der Geschäftsleitung angehört.

---

[88] *Franz* DB 2009, 2764, 2772; *Albers* CCZ 2009, 222, 225; bereits zu Ziff. 3.8 DCGK *Vetter* in: Marsch-Barner/Schäfer, Hdb. der börsennotierten AG, 2. Aufl. 2009, § 29 Rn. 76.

[89] Vgl. dazu *Fleischer* WM 2005, 909, 917; GroßkommAktG/*Hopt* 4. Aufl. 2008, § 93 Rn. 517; *Hasselbach/Seibel* AG 2008, 770.

[90] *Hasselbach/Seibel* AG 2008, 770, 776 f.

[91] BGH NJW 2009, 3173, 3175, Rn. 28.

[92] So zutreffend *Bürkle* CCZ 2010, 4, 8.

[93] *Fleischer* CCZ 2008, 1, 3; *U. H. Schneider* ZIP 2003, 645, 647; Hauschka/*Pelz* Corporate Compliance – Hdb. der Haftungsvermeidung in Unternehmen, 2. Aufl. 2010, § 6 Rn. 34; Hauschka/*Schmidt-Husson* Corporate Compliance – Hdb. der Haftungsvermeidung in Unternehmen, 2. Aufl. 2010, § 7 Rn. 13 ff.

[94] *Hegnon* CCZ 2009, 57, 58; MünchKommAktG/*Spindler* 3. Aufl. 2008, § 77 Rn. 37; *Hüffer* AktG, 9. Aufl. 2010, § 77 Rn. 14 f.; *Hauschka* AG 2004, 461, 462 f.; *Fleischer* NZG 2003, 449, 451 f.

Grundsätzlich liegt es im gesellschaftsrechtlichen Ermessen der Geschäftsleitung bzw. des Ressortverantwortlichen (§ 93 Abs. 1 S. 2 AktG, *Business Judgement Rule*), welche Maßnahmen – abhängig von den individuellen Verhältnissen des jeweiligen Unternehmens – zur Erfüllung der Compliance-Funktion ergriffen werden (Organisationsermessen).[95] Die im konkreten Fall zu treffenden Vorkehrungen stehen unter dem Vorbehalt der Angemessenheit und Zumutbarkeit.[96] Jedenfalls verpflichtend werden aber die nach § 130 OWiG erforderlichen Maßnahmen sein.[97] Eine generelle Pflicht zur Errichtung einer Compliance-Organisation ohne Berücksichtigung der tatsächlichen Verhältnisse und Risiken des Unternehmens lässt sich unter Verweis auf § 130 OWiG oder andere Spezialnormen (§ 52a Abs. 2 BImSchG, § 33 Abs. 1 WpHG) nicht begründen.[98]

2. Innenrevision

Die Aufgabenbereiche der Innenrevision und des Compliance-Beauftragten werden sich regelmäßig insoweit überschneiden bzw. ergänzen, als beide die Einhaltung von Normen überwachen.[99] Während die Tätigkeit des Compliance-Beauftragten jedoch in der Regel als prozessintegrierte Kontrolle ausgestaltet ist, wird die Innenrevision in erster Linie prozessunabhängig und rückblickend tätig.[100] Insoweit empfiehlt es sich, die Kompetenz und Erfahrung der Innenrevision für die Aufklärung von Verdachtsmomenten zu nutzen. Oftmals wird erst die zeitlich später erfolgende Prüfungsaktivität der Innenrevision Anhaltspunkte für mögliche Rechtsverstöße des Unternehmens oder seiner Angehöriger aufdecken.

Eine Garantenstellung des internen Revisors, iSd. § 13 Abs. 1 StGB Straftaten aus dem Unternehmen zu Lasten Dritter zu unterbinden, wird sich regelmäßig nicht begründen lassen, es sei denn, es bestehen Anhaltspunkte für eine delegierte Geschäftsherrenhaftung.[101]

3. Rechtsabteilung

In vielen Unternehmen ist die Compliance-Funktion der Rechtsabteilung zugeordnet.[102] Insoweit kann dem Leiter der Rechtsabteilung nur geraten werden, diese Aufgabe sorgfältig und gewissenhaft wahrzunehmen. Andernfalls treffen ihn die dargestellten straf- und zivilrechtlichen Haftungsrisiken, die aus der Übernahme der Compliance-Funktion

---

[95] Vgl. nur MünchKommAktG/*Spindler* 3. Aufl. 2008, § 93 Rn. 130; *Spindler* WM 2008, 905, 909; *Hauschka* ZIP 2004, 877, 878.

[96] *Bürkle* BB 2007, 1797, 1798; *Fleischer* CCZ 2008, 1, 3.

[97] So zutreffend Hauschka/*Pelz* Corporate Compliance – Hdb. der Haftungsvermeidung in Unternehmen, 2. Aufl. 2010, § 6 Rn. 33; vgl. im Einzelnen KK-OWiG/*Rogall* 3. Aufl. 2006, § 130 Rn. 40, 51 ff. Im Rahmen von § 130 OWiG erforderlich ist eine sorgfältige Auswahl von Mitarbeitern und Aufsichtspersonen, sachgerechte Aufgabenverteilung und Organisation, ausreichende Instruktion und Aufklärung, laufende Überwachung und Kontrolle sowie eine Sanktionierung von Verstößen.

[98] Hauschka/*Hauschka* Corporate Compliance – Hdb. der Haftungsvermeidung in Unternehmen, 2. Aufl. 2010, § 1 Rn. 23; *Hauschka* ZIP 2004, 877, 878; *Illing/Umnuß* CCZ 2009, 1, 2; *Rodewald/Unger* BB 2007, 1629; aA *U. H. Schneider* ZIP 2003, 645, 647; *Bürkle* BB 2007, 1797, 1798.

[99] BGH NJW 2009, 3173, 3175 Rn. 28; *Bürkle* CCZ 2010, 4, 8.

[100] *Amling/Bantleon* DStR 2008, 1300, 1301; *Bürkle* CCZ 2010, 4, 8; *Dannecker/Dannecker* JZ 2010, 981, 986.

[101] *Kraft* wistra 2010, 81, 83; *Bürkle* CCZ 2010, 4, 8; *Hauschka* AG 2004, 461, 467; offen Hauschka/*Obermayr* Corporate Compliance – Hdb. der Haftungsvermeidung in Unternehmen, 2. Aufl. 2010, § 17 Rn. 105; *Dannecker/Dannecker* JZ 2010, 981, 986.

[102] Für eine Ansiedlung der Compliance-Funktion in der Rechtsabteilung *Rodewald/Unger* BB 2007, 1629, 1630. Auch im BSR-Urteil war der Angeklagte Leiter der Rechtsabteilung. Insofern verwundert es, dass der BGH NJW 2009, 3173, 3175, Rn. 28, lediglich bestehende Überschneidungen mit dem Aufgabengebiet der Innenrevision thematisiert.

resultieren. Sofern ein unabhängiger Compliance-Beauftragter im Unternehmen installiert ist, lässt sich eine Garantenpflicht des Leiters der Rechtsabteilung regelmäßig nicht begründen. Die rechtliche Beurteilung potentieller Verstöße sowie die Beratung der Geschäftsleitung im Hinblick auf erforderliche Sanktionsmaßnahmen begründet keine strafrechtliche Garantenstellung. Die Rechtsabteilung nimmt insoweit primär eine Schutzfunktion zugunsten des Unternehmens, seiner Organe und seines Managements wahr.[103]

4. *Rechnungslegung und Steuern*

Eine Garantenstellung der Fachabteilungen Rechnungslegung und Steuern besteht regelmäßig nicht, selbst wenn diese Risikobereiche nicht in die Zuständigkeit des Compliance-Beauftragten fallen. Rechnungslegung- und Steuerabteilung schulden ihre Tätigkeit im Rahmen der gesellschaftsrechtlichen Buchführungspflichten (§§ 238 ff., 264 HGB) und der steuerrechtlichen Pflichten in erster Linie dem Unternehmen. Die Buchführungspflicht richtet sich an die Gesamtheit der Organmitglieder als gemeinschaftliche Schuld. Im Wege der Geschäftsverteilung kann die Erfüllung auf einzelne Organmitglieder übertragen werden, nicht jedoch durch Rechtsgeschäft oder Satzung auf Personen, die nicht Organmitglied sind.[104] Dies kommt auch in den strafrechtlichen Normen (§§ 283 Abs. 1 Nr. 5, 7, 283b StGB) zum Ausdruck, die als echte Sonderdelikte an die handelsrechtliche Buchführungspflicht anknüpfen. Die Steuerstrafdelikte knüpfen zwar nicht durchgehend an das Tatbestandsmerkmal des Steuerschuldners an.[105] Gleichwohl handelt die Steuerabteilung ausschließlich im Interesse des steuerpflichtigen Unternehmens. Eine Verpflichtung, betriebsbezogene Rechtsverstöße zu Lasten Dritter zu unterbinden, ist der Rechungslegung- und Steuerabteilung regelmäßig nicht zugewiesen. Das buchführungs- und steuerpflichtige Unternehmen bedient sich lediglich der Fachkenntnis der einzelnen Abteilungen. Für eine Garantenstellung der Leiter für Rechnungslegung und Steuern kraft delegierter Geschäftsherrenhaftung bleibt somit kein Raum.

5. *Produktsicherheit*

Nach der Rechtsprechung zur strafrechtlichen Produktverantwortung sind die Mitglieder der Geschäftsleitung verpflichtet, alle zumutbaren und angemessenen Maßnahmen zu ergreifen, um die Herstellung und den Vertrieb fehlerhafter, den Verbraucher gefährdender Produkte zu verhindern (vgl. III.1.).[106] Dies umfasst die Pflicht, vom Unternehmen ausgehende Verstöße gegen die einschlägigen Vorschriften zur Produktsicherheit zu verhindern. Aufgrund der besonderen Risikogeneigtheit im Bereich der Produktsicherheit trifft die Mitglieder der Geschäftsleitung gemäß der gesellschaftsrechtlichen Gesamtverantwortung eine besonderer Aufsichts- und Interventionspflicht.[107] Insofern überschneiden sich das Aufgabengebiet von Compliance und Produktsicherheit. Überträgt die Geschäftsleitung die Verantwortung für den Bereich der Produktsicherheit an einen Ressortverantwortlichen oder Beauftragten, kommt eine Garantenpflicht kraft delegierter Geschäftsherrenhaftung dennoch nicht ohne Weiteres in Betracht. Die strafrechtliche Produkthaftung stellt letztlich einen Sonderfall der Geschäftsherrenhaftung dar. Ob diese auf eine Person unterhalb der Geschäftsleitungsebene delegiert ist, hängt, wie beim Compliance-Beauftragten, von den Umständen des Einzelfalles ab, ist aber auch hier im Regelfall zu verneinen.

---

[103] Hauschka/*Hauschka/Spiekermann* Corporate Compliance – Hdb. der Haftungsvermeidung in Unternehmen, 2. Aufl. 2010, § 14 Rn. 5, 27; *Dannecker/Dannecker* JZ 2010, 981, 986.

[104] MünchKommHGB/*Reiner* 2. Aufl. 2008, § 264 Rn. 9; Hauschka/*Epe/Liese* Corporate Compliance – Hdb. der Haftungsvermeidung in Unternehmen, 2. Aufl. 2010, § 10 Rn. 25.

[105] § 370 AO (Steuerhinterziehung) ist als „Jedermannsdelikt" einzustufen, während sich § 378 AO (leichtfertige Steuerverkürzung) ausdrücklich an den Steuerpflichtigen richtet.

[106] BGH NJW 1990, 2560; Urt. v. 2.8.1995 – 2 StR 221/94 = NJW 1995, 2930.

[107] *Krekeler/Werner* Unternehmen und Strafrecht, 2006, Rn. 1081 f.; BGH NJW 1990, 2560, 2565.

VIII. Fazit

1. Der BGH-Fall wurde im Ergebnis richtig entschieden.

2. Dagegen wäre es falsch anzunehmen, dass Compliance-Beauftragte regelmäßig eine strafrechtliche Garantenstellung trifft. Richtig ist vielmehr, dass Compliance-Beauftragte üblicherweise einer rein zivilrechtlichen (gesellschaftsrechtlichen bzw. dienstvertraglichen) Handlungspflicht unterliegen, sich abzeichnende oder bereits stattfindende Compliance-Verstöße bei ihren Vorgesetzten anzuzeigen und auf die Verhinderung von deren weiterer Ausführung hinzuwirken.

3. Die Stellenbeschreibung sollte die Aufgaben des Compliance-Beauftragten spezifisch beschreiben und allgemeine Aussagen zur Verhinderung von Compliance-Verstößen durch den Compliance-Beauftragten vermeiden.

4. Die Einbeziehung von Compliance-Beauftragten in die D&O-Versicherung ist nachdrücklich zu empfehlen. Freistellungsvereinbarungen sind im Einzelfall zu erwägen. Für Compliance-Beauftragte, die Organmitglieder sind, gelten insoweit Einschränkungen.

5. Der BGH-Fall zeigt, dass Compliance-Beauftragte den Mut haben müssen, unpopuläre Entscheidungen zu treffen. Unternehmen müssen ein Klima schaffen, in dem dieser Mut möglich ist.

6. Und schließlich: Der beste Schutz gegen strafrechtliche Risiken ist die sorgfältige Pflichterfüllung durch den Compliance-Beauftragten.

BODO RIEGGER/DIRK WASMANN

Das Stichtagsprinzip in der Unternehmensbewertung

Übersicht

Seite

I. Aufriss des Problems

Etliche gesellschaftsrechtliche (insbesondere aktien- und umwandlungsrechtliche) Umstrukturierungen dürfen nur vorgenommen werden, wenn den Minderheitsgesellschaftern eine angemessene Kompensation für die damit verbundenen Rechtsverluste oder -beeinträchtigungen gewährt wird. Ein Beherrschungs- und/oder Gewinnabführungsvertrag etwa muss für die außenstehenden Aktionäre der Untergesellschaft nach § 304 AktG einen angemessenen Ausgleich durch eine wiederkehrende Geldleistung dafür vorsehen, dass sie – beim reinen Beherrschungsvertrag – eine möglicherweise geschmälerte Dividende oder – beim Vertrag mit voller Gewinnabführung – gar keine Dividende mehr bekommen. Außerdem ist den außenstehenden Aktionären der Erwerb ihrer Aktien gegen angemessene Abfindung anzubieten (§ 305 AktG). Vergleichbare Bestimmungen finden sich für den Ausschluss von Minderheitsaktionären (§ 327b AktG), für Umwandlungen nach dem Umwandlungsgesetz (§§ 15, 34, 122h, 122i, 176 bis 181, 184, 186, 196, 212 UmwG), für die Gründung oder Sitzverlegung einer SE (§§ 6,7, 9, 11 und 12 des SE-AusfG) und für die Zuzahlung an Mitglieder bei der Gründung einer europäischen Genossenschaft (§ 7 SCE-AusfG). Hinzu kommen Strukturmaßnahmen, bei denen die Rechtsprechung eine solche Kompensation verlangt.[1]

In allen diesen Fällen ist eine Bewertung der betroffenen Unternehmen erforderlich. Zur Ermittlung dieses Unternehmenswertes gibt es verschiedene Methoden, etwa das Ertragswertverfahren, das Discounted Cash-Flow-Verfahren und das Substanzwertverfahren.[2] Dabei herrscht in der Praxis die Ertragswertmethode vor (bei börsennotierten Gesellschaften ergänzt durch die Ermittlung des Börsenkurses).[3] Einzelheiten dieser Methode legt das Institut der Wirtschaftsprüfer (IDW), dem ca. 85% aller deutschen Wirtschaftsprüfer

[1] Etwa beim Börsenrückzug (Delisting), vgl. BGH NJW 2003, 1032 – Macrotron; vgl. hierzu und zu weiteren (möglichen) Anwendungsfällen KölnerKommSpruchG/*Wasmann* 2005, § 1 Rn. 17 ff. mwN.

[2] Vgl. statt aller KölnerKommSpruchG/*Riegger* 2005, Anh. § 11 Rn. 4 mwN.

[3] Vgl. nur KölnerKommSpruchG/*Riegger* 2005, Anh. § 11 Rn. 4 mwN.

angehören, in Bewertungsstandards fest. Dem ersten Standard – HFA 2/1983[4] – folgten der IDW S 1 idF 2000[5] und der IDW S 1 idF 2005.[6] Der derzeit aktuelle Standard ist der IDW S 1 idF 2008.[7] Die Rechtsprechung akzeptiert, dass solche Standards der Bewertung zugrunde gelegt werden.[8]

So verschieden die einzelnen Methoden der Unternehmenswertermittlung auch sein mögen, haben sie doch eines gemeinsam: Sie müssen sich auf einen bestimmten Stichtag beziehen; denn Werte sind zeitabhängig.[9] Diesen Stichtag legt das Gesetz in vielen Fällen selbst fest (zB in § 305 Abs. 3 AktG, § 327b Abs. 1 AktG, § 30 Abs. 1 UmwG); wo nicht, ist er „adäquat zum Anlass und Zweck der Bewertung festzulegen".[10] Der Stichtag ist für die Abgrenzung der in der Bewertung zu berücksichtigenden Ergebnisse/Cash-Flows und für die Frage maßgeblich, auf welchen Stichtag die ermittelten Ergebnisse/Cash-Flows abzuzinsen sind. Vor allem aber ist der Stichtag für die Abgrenzung des bei der Bewertung zu berücksichtigenden Informationsstandes von Bedeutung.

Wir nehmen diese besondere Bedeutung zum Anlass, im Folgenden der Frage nachzugehen, welche Umstände und Informationen wegen des Stichtagsprinzips bei der Unternehmensbewertung berücksichtigt werden müssen oder gerade nicht berücksichtigt werden dürfen.

II. Einzelne Aspekte des Stichtagsprinzips

1. Die Filterfunktion des Stichtagsprinzips

Dem Stichtagsprinzip kommt eine wichtige Filterfunktion zu: Mit dem Bewertungsstichtag wird festgelegt, in welchem Zustand und unter Berücksichtigung welcher Informationen und Erwartungen das Unternehmen zu bewerten ist[11], anders herum formuliert, welche Informationen nicht berücksichtigt werden dürfen. Für den Unternehmenswert ist danach das Unternehmen allein in dem Zustand zu betrachten, „wie es am Stichtag steht und liegt".[12]

Werden die Bewertungsarbeiten vor dem Stichtag abgeschlossen – wie es bei der Ermittlung der gesetzlich geschuldeten Kompensationen bei Umstrukturierungsmaßnahmen der Fall ist, weil hier schon vor dem Stichtag die Bewertungs- und Prüfungsberichte dazu vorliegen müssen (vgl. beispielhaft nur §§ 293a, 293e, 293f, 319 Abs. 3, 320, 327c AktG) – muss daher am Stichtag die Aktualität der Ergebnisse noch einmal geprüft und der Wert gegebenenfalls angepasst werden.[13] Wird die Angemessenheit der Kompensation nach dem Stichtag geprüft – im Spruchverfahren gemäß §§ 1 ff. SpruchG oft erst Jahre nach dem Stichtag –, müssen Umstände ausgeblendet bleiben, die erst nach dem Stichtag eingetreten sind.

So sehr über diese Grundsätze Einigkeit besteht, sind Einzelheiten doch umstritten. Dabei spielen folgende Fragen für die Praxis eine bedeutsame Rolle:

– Kommt es für die Berücksichtigung von Umständen allein auf deren objektives Vorliegen, auf die Kenntnis davon oder das Kennenmüssen an (dazu unten 2.)?

---

[4] WPg 1983, 468.

[5] WPg 2000, 825.

[6] WPg 2005, 1303.

[7] FN-IDW 2008, 271.

[8] Vgl. nur BVerfG DB 1999, 1693, 1695 (zum HFA 2/1983); BGHZ 147, 108, 117 (zum IDW S 1 idF 2000); OLG Stuttgart ZIP 2010, 274, 275 (LS 3 – zum IDW S 1 idF 2008).

[9] Vgl. statt aller *Großfeld* Recht der Unternehmensbewertung, 5. Aufl. 2009, S. 74 mwN.

[10] WP Handbuch 2008, Band II, 13. Aufl. 2007, Rn. A 51.

[11] Vgl. statt aller *Simon/Leverkus* in: Simon, SpruchG, 2007, Anh. § 11 Rn. 30 mwN.

[12] BGH AG 2003, 627, 629.

[13] Vgl. zur Praxis der dazu entwickelten Stichtagserklärungen *Simon/Leverkus* in: Simon, SpruchG, 2007, Anh. § 11 Rn. 33 Fn. 53.

- Gilt das Stichtagsprinzip auch für die Berücksichtigung von Gesetzen und Gesetzesvorhaben (dazu unten 3.)?
- Gilt das Stichtagsprinzip auch hinsichtlich der zu berücksichtigenden Bewertungsmethoden (dazu unten 4.)?

2. Objektives Vorliegen, Kenntnis oder Kennenmüssen von Umständen

In der Praxis wird bisweilen die Auffassung vertreten, das Stichtagsprinzip gebiete, dass bei einer nachträglichen Prüfung der Bewertung sämtliche am Stichtag objektiv gegebenen Umstände berücksichtigt werden, dh. auch solche, die erst nach dem Stichtag bekannt oder erkennbar wurden. Diese Sichtweise geht u.E. fehl:

Zwar sind nach der ständigen Rechtsprechung des BGH auch erst nach dem Stichtag eintretende Entwicklungen zu berücksichtigen, wenn sie schon in den am Stichtag bestehenden Verhältnissen angelegt waren (Wurzeltheorie).[14] Dies folgt daraus, dass die Ertragswertermittlung zukunftsbezogen ist,[15] als tragfähiges Fundament für die Zukunftsschätzung aber nur die Verhältnisse am Bewertungsstichtag in Betracht kommen.[16] Was am Stichtag aber nicht bekannt ist und auch niemand bekannt sein muss, kann aus Sicht des Stichtags nicht wertbildend sein. Vielmehr können nur solche Umstände berücksichtigt werden, die schon am Stichtag, dh. aus Sicht des Stichtags, absehbar bzw. erkennbar waren;[17] denn nur solche Umstände hätten die Wertbildung auch tatsächlich beeinflussen können. Zwar darf man vor künftigen Entwicklungen nicht bewusst die Augen verschließen. Berücksichtigt werden darf aber nur, was schon am Stichtag bei angemessener Sorgfalt als Informationsstand hätte erlangt werden können.[18]

Eine weitere Einschränkung der berücksichtigungsfähigen Umstände kann sich durch das Prinzip der stand alone-Bewertung ergeben, welches mit dem Stichtagsprinzip aber nicht verwechselt werden darf: Die gesetzlich geschuldete Kompensation soll die Kompensationsberechtigten so stellen, als würde es nicht zur Strukturmaßnahme kommen. Werteffekte, die erst durch die Strukturmaßnahme selbst bewirkt werden (etwa echte Verbundvorteile), sind deshalb bei dieser Wertermittlung außen vor zu lassen, und zwar auch dann, wenn die Umsetzung der Strukturmaßnahme mit größtmöglicher Sicherheit zu erwarten ist.[19]

3. Die Bedeutung des Stichtagsprinzips für die Berücksichtigung von Gesetzen und Gesetzesvorhaben

In der Praxis wird zum Teil bezweifelt, dass das Stichtagsprinzip auch für die Berücksichtigung von Gesetzen und Gesetzesvorhaben gelte. Das ist schon im Ansatz nicht nachvollziehbar. Denn zu den Umständen, die ein Unternehmen prägen, gehören nicht nur die tatsächlichen Strukturen, sondern auch die rechtlichen Rahmenbedingungen. Demgemäß führt der BGH aus, dass nach dem Stichtagsprinzip „nur die Organisationsverhältnisse und

---

[14] Vgl. nur BGHZ 138, 136, 140; BGHZ 140, 35, 38; KölnerKommSpruchG/*Riegger* 2005, Anh. § 11 Rn. 11 mwN.

[15] BGHZ 140, 35, 38.

[16] BGHZ 140, 35, 38.

[17] BayObLG DB 2001, 1928, 1929; OLG Köln NZG 1999, 1222, 1226; OLG Stuttgart AG 2004, 43, 44; OLG München AG 2005, 486, 488; OLG Celle AG 2007, 865, 866; LG Bremen AG 2003, 214; für die Wertermittlung im Rahmen von Pflichtteilsansprüchen so auch schon BGH NJW 1973, 509, 511.

[18] So explizit IDW S 1 idF 2008 (Fn. 7) Tz. 23; ebenso *Adolff* Unternehmensbewertung im Recht der börsennotierten Aktiengesellschaft, 2007, S. 371 f.; *Emmerich* in: Emmerich/Habersack, Aktien- und GmbH-Konzernrecht, 6. Aufl. 2010, § 305 Rn. 56a ff. (allerdings mit kritischer Einstellung dazu und einen „großzügigeren" Maßstab fordernd); *Seetzen* WM 1994, 45, 46.

[19] Vgl. nur BGH NJW 1998, 1866, 1867; OLG Stuttgart NZG 2000, 744, 745 f.; KölnerKomm-SpruchG/*Riegger* 2005, Anh. § 11 Rn. 13 mwN.

die wirtschaftlichen und *rechtlichen* Strukturen des Unternehmens maßgeblich sind, die am Bewertungsstichtag vorhanden waren".[20]

Hinsichtlich des (Ertrag-)Steuerrechts heißt es demgemäß im IDW S 1 idF 2008: „Bei Auseinanderfallen des Bewertungsstichtags und des Zeitpunkts der Durchführung der Bewertung ist daher nur der Informationsstand zu berücksichtigen, der bei angemessener Sorgfalt zum Bewertungsstichtag hätte erlangt werden können. Dies gilt auch für den Informationsstand über die Ertragsteuerbelastung der finanziellen Überschüsse, dh. maßgeblich ist das am Bewertungsstichtag geltende bzw. das mit Wirkung für die Zukunft vom Gesetzgeber beschlossene Steuerrecht."[21] Es sind keine Anhaltspunkte ersichtlich, weshalb für das sonstige Recht anderes gelten sollte als für das Steuerrecht.

Zu klären ist damit nur noch, inwieweit am Stichtag noch nicht in Kraft getretene Gesetze zu berücksichtigen sind. Der IDW S 1 idF 2008, der insbesondere den Neuregelungen der Unternehmensteuerreform 2008 Rechnung trägt, soll ausweislich seiner Fußnote 1[22] nur für Stichtage ab dem 7. 7. 2007 gelten, weil der Bundesrat der Unternehmensteuerreform am 6. 7. 2007 zugestimmt hat. Man wird daraus aber nicht als generelles Prinzip ableiten dürfen, dass es für die Berücksichtigung von Gesetzesvorhaben bei nicht der Zustimmung des Bundesrats unterliegenden Gesetzen nur auf den Beschluss des Bundestags und bei den der Zustimmung des Bundesrats unterliegenden Gesetzesvorhaben stets auf dessen Beschlussfassung ankomme. Vielmehr wird man allgemein fragen müssen, wie sicher – wiederum aus Sicht des Stichtags, dh. nicht in einer ex post-, sondern in einer ex ante-Betrachtung – es ist, dass ein Gesetzesvorhaben umgesetzt wird. Ist dies hinreichend wahrscheinlich, sollte das Gesetzesvorhaben berücksichtigt werden. Gilt etwa am Stichtag die – erforderliche – Zustimmung des Bundesrats ebenso als sicher wie die Ausfertigung durch den Bundespräsidenten, spricht nichts dagegen, ein Gesetzesvorhaben auch dann zu berücksichtigen, wenn der Bundesrat zum Stichtag noch nicht zugestimmt hat. Umgekehrt kann es ausnahmsweise Fälle geben, in denen selbst ein am Stichtag vom Bundesrat schon beschlossenes Gesetzesvorhaben noch nicht zu berücksichtigen ist, weil aus Sicht des Stichtags anzunehmen ist, dass der Bundespräsident es nicht ausfertigen wird, weil er es für verfassungswidrig hält. Außerdem wird man für die Berücksichtigung von Gesetzesvorhaben verlangen müssen, dass sich die später beschlossenen Regelungen zum Stichtag schon im Einzelnen abgezeichnet hatten.[23]

Nur im scheinbaren Widerspruch zu diesen Überlegungen steht, dass der BGH gemäß seiner „Ytong-Entscheidung" für feste Ausgleichszahlungen nach § 304 Abs. 1 Satz 1, Abs. 2 Satz 1 AktG verlangt, dass der Unternehmensvertrag den voraussichtlich verteilungsfähigen durchschnittlichen Bruttogewinnanteil je Aktie abzüglich der von der Gesellschaft hierauf zu entrichtenden (Ausschüttungs-)Körperschaftsteuer in Höhe des *jeweils* gültigen Steuertarifs zusichert.[24] Zwar sollen damit auch Änderungen der Körperschaftsteuer *nach dem Stichtag* berücksichtigt werden, die am Stichtag weder bekannt noch vorhersehbar waren. Wie der BGH selbst betont, geschieht dies aber nur hinsichtlich des Auszahlungsbetrages, während der Ausgleich selbst als Bruttogröße strikt nach dem Stichtagsprinzip zu ermitteln ist: „Etwaige Änderungen des Körperschaftsteuersatzes beeinflussen nur den tatsächlichen Auszahlungsbetrag; durch sie verwirklichen sich jedoch nicht die Risiken der „stichtagsabhängigen" Prognoseentscheidung bei der Ermittlung des aus dem Unternehmenswert abgeleiteten verteilungsfähigen Bruttogewinns."[25]

---

[20] BGH AG 2003, 627, 629.
[21] IDW S 1 (Fn. 7) Tz. 23.
[22] IDW S 1 idF 2008 (Fn. 7).
[23] Vgl. dazu OLG Stuttgart WM 2010, 654 = BeckRS 2010, 900.
[24] BGH AG 2003, 627.
[25] BGH AG 2003, 627, 629.

4. Die Bedeutung des Stichtagsprinzips für die anzuwendenden Bewertungsmethoden

Wie einleitend ausgeführt, legt das Institut der Wirtschaftsprüfer Einzelheiten der Unternehmensbewertung in Bewertungsstandards fest, die in unregelmäßigen Abständen durch neue Standards ersetzt werden, sei es aufgrund von Gesetzesänderungen, sei es aufgrund neuer Erkenntnisse. Die wohl umstrittenste Frage im Zusammenhang mit dem Stichtagsprinzip ist die, ob in Spruchverfahren Bewertungsstandards Berücksichtigung finden dürfen oder gar müssen, die zwar vor der gerichtlichen Entscheidung, aber erst nach dem Stichtag verabschiedet wurden.

a) Im Wesentlichen hat sich der Meinungsbildungsprozess hierzu wie folgt entwickelt:

aa) Soweit ersichtlich, hatte sich als erstes Gericht das LG Bremen im Jahre 2002 mit der Frage zu befassen, ob ein erst nach dem Bewertungsstichtag veröffentlichter Bewertungsstandard (nämlich der IDW S 1 idF 2000 statt des zum Stichtag bestehenden HFA 2/1983) im gerichtlichen Verfahren Berücksichtigung finden kann. Das LG Bremen bejahte dies, weil das Stichtagsprinzip „nur für den Erkenntnisstand über bewertungsrelevante Umstände, nicht jedoch auch für Bewertungsmethoden" gelte.[26] Die gleiche Auffassung vertrat in einem obiter dictum das OLG Celle zur Frage, ob statt des IDW S 1 idF 2000 der erst nach dem Stichtag verabschiedete IDW S 1 idF 2005 Anwendung finden kann.[27] Ziel des Spruchverfahrens sei es, den wahren Unternehmenswert zu ermitteln. Es spreche daher viel dafür, die neueste Bewertungsmethode anzuwenden, „weil diese am ehesten geeignet scheint, das mit dem Spruchverfahren verfolgte Ziel zu erreichen".[28] Auch das LG Frankfurt sprach sich für die Berücksichtigung neuer Methoden aus.[29]

bb) In einer Entscheidung aus dem Jahr 2005 vertrat das BayObLG demgegenüber die Meinung, dass sich für die Frage, welche Bewertungsstandards in einem länger dauernden Spruchverfahren zugrunde zu legen seien, die Grundsätze des intertemporalen Rechts nutzbar machen ließen. Aus Art. 170 EGBGB, wonach für ein Schuldverhältnis, das vor dem Inkrafttreten des Bürgerlichen Gesetzbuchs entstanden ist, die bisherigen Gesetze maßgebend bleiben, lasse sich der allgemeine Rechtsgedanke ableiten, dass ein Schuldverhältnis nach seinen Voraussetzungen, seinem Inhalt und seinen Wirkungen dem Recht unterstehe, das zum Zeitpunkt seiner Entstehung gilt. Dieser Rechtsgedanke lasse sich auf die Frage übertragen, welche Bewertungskriterien für die Entscheidung im Spruchverfahren herangezogen werden können. Bei einem im Jahr 1989 eingeleiteten Spruchverfahren spreche schon dies dafür, bei einer Entscheidung im Jahr 2005 noch die Grundsätze des Bewertungsstandards HFA 2/1983 anzuwenden, hingegen nicht die Grundsätze des zwischenzeitlich veröffentlichten IDW S 1 idF 2000.[30] Zu berücksichtigen sei außerdem, dass Spruchverfahren handhabbar zu halten und gemäß Art. 6 EMRK in angemessener Zeit durchzuführen seien. Auch dies verbiete es zu fordern, dass zwischenzeitliche Änderungen der betriebswirtschaftlichen Auffassungen im Verfahren gutachtlich nachvollzogen werden müssten. Nach alledem sei der am Stichtag geltende Standard weiterhin anzuwenden.[31]

cc) Das OLG Düsseldorf begründete in einer Entscheidung aus dem Jahr 2006 mit dem aus Art. 170 EGBGB abgeleiteten Rechtsgedanken, dass zumindest auch der am Stichtag

---

[26] LG Bremen AG 2003, 214, 215.

[27] OLG Celle AG 2007, 865, 866; das Verfahren wurde für den Kompensationsschuldner vom Mitautor *Wasmann* betreut.

[28] OLG Celle AG 2007, 865, 866.

[29] LG Frankfurt AG 2007, 42, 45.

[30] BayObLG NZG 2006, 156 f.

[31] BayObLG NZG 2006, 156, 157.

geltende Bewertungsstandard herangezogen werden dürfe.[32] In einer Entscheidung aus dem Jahr 2008 ergänzte es, dass der am Stichtag bestehende Standard IDW S 1 idF 2000 ebenso vertretbare Ansätze enthalte wie der IDW S 1 idF 2005, so dass kein Anlass bestehe, den mittlerweile aktuellen Standard idF 2005 anzuwenden.[33] Im Jahre 2009 sprach es sich dann wegen des Stichtagsprinzips für die Weiterverwendung des zum Stichtag bestehenden Standards aus und wollte die Berücksichtigung eines neuen Standards allenfalls zulassen, wenn dieser zu besseren Erkenntnissen führe (was im konkreten Fall hinsichtlich des IDW S 1 idF 2000 gegenüber dem HFA 2/1983 nicht gegeben sei).[34]

dd) Das OLG München betonte im Jahr 2006 seinerseits, dass nach dem allgemeinen Rechtsgedanken des Art. 170 EGBGB grundsätzlich der zum Stichtag geltende Standard anzuwenden sei. Allerdings bestünden „keine grundsätzlichen rechtlichen Einwände dagegen, methodische Präzisierungen aus dem neuesten Standard oder darin beseitigte Fehler und Unklarheiten für eine aktuelle Bewertung nutzbar zu machen, wie zB die Berücksichtigung der persönlichen Ertragsteuern".[35] Führe die Berücksichtigung von Grundsätzen eines neuen Standards aber dazu, dass die Kompensationsberechtigten schlechter stünden, habe die Berücksichtigung jedenfalls dann zu unterbleiben, wenn die neuen Grundsätze keine „nachvollziehbare methodische Verbesserung darstellten".[36]

ee) Das OLG Stuttgart[37] hatte die Frage, ob neue Standards zu berücksichtigen sind, zunächst offen gelassen;[38] es sah sich weder dazu verpflichtet noch daran gehindert, einen erst nach dem Bewertungsstichtag verabschiedeten Bewertungsstandard heranzuziehen; insbesondere könne nicht von einer nicht hinnehmbaren Verfahrensverzögerung gesprochen werden, wenn die Heranziehung des aktuellen Standards keine umfassende Neubegutachtung erfordere, sondern sich nur auf einzelne Rechenparameter auswirke. Mittlerweile hat es sich für die Berücksichtigung ausgesprochen.[39]

ff) Das OLG Frankfurt hat sich jüngst gegen die Berücksichtigung von erst nach dem Stichtag verabschiedeten Bewertungsstandards ausgesprochen. Zwar sei das Gericht nicht grundsätzlich gehindert, neuere Erkenntnisse zu berücksichtigen, jedoch auch nicht verpflichtet, veränderten Auffassungen zu folgen. Gegen eine Berücksichtigung spreche unter anderem, dass Entscheidungen im Spruchverfahren vorhersehbar sein müssten und dem Spruchverfahren die Steuerungsfunktion zukomme, die Kompensationsschuldner von einer Festsetzung zu geringer Kompensationen abzuhalten. Außerdem müsse sich die Kompensation nach dem Grenzpreis richten, zu dem der Kompensationsgläubiger zum Stichtag ohne Nachteil aus der Gesellschaft hätte ausscheiden können. Dieser Grenzpreis, der letztlich als Verkehrswert des Anteils zu verstehen sei, könne sich aber nur auf der Grundlage der zum Stichtag zugänglichen Erkenntnisse bilden. Deshalb sei in der Regel der zum Bewertungsstichtag gültige Standard heranzuziehen.[40]

gg) Höchstrichterliche Rechtsprechung, die sich ausdrücklich mit der Frage beschäftigt, welcher Standard anzuwenden ist, gibt es – soweit ersichtlich – nicht. Auffällig ist allerdings, dass das Bundesverfassungsgericht in seiner DAT/Altana-Entscheidung aus dem Jahr 1999 für den Stichtag im Jahr 1988 noch den HFA 2/1983 erwähnte,[41] während der BGH in seiner DAT/Altana-Entscheidung aus dem Jahr 2001 für denselben Stichtag den zwischenzeitlich

---

[32] OLG Düsseldorf BeckRS 2007, 6686 S. 4.

[33] BeckRS 2008, 17151 S. 3.

[34] OLG Düsseldorf WM 2009, 2220, 2225.

[35] OLG München AG 2007, 411, 412.

[36] OLG München AG 2007, 411, 412.

[37] OLG Stuttgart NZG 2007, 112, 115 f.; NZG 2007, 302, 309 – dieses Verfahren wurde für den Kompensationsschuldner vom Mitautor *Riegger* betreut.

[38] Ebenso OLG Karlsruhe AG 2009, 47, 50.

[39] OLG Stuttgart BeckRS 2011, 1677.

[40] OLG Frankfurt AG 2010, 798, 800.

[41] BVerfG DB 1999, 1693, 1695 Fn. 14.

erlassenen IDW S 1 idF 2000 nennt.[42] Dies könnte ein Hinweis darauf sein, dass der BGH den zum Zeitpunkt der Entscheidung aktuellen Standard heranziehen würde.[43]

hh) Das Schrifttum hat sich überwiegend für die Berücksichtigung aktueller Standards ausgesprochen.[44] *Bungert*[45] und ihm folgend die Präsidentin des OLG Düsseldorf *Paulsen*[46] wollen die Methoden neuerer Standards allerdings nur berücksichtigen, soweit es sich um Methodenanpassungen handelt, die durch vor oder am Stichtag veränderte normative Rahmenbedingungen veranlasst sind, während bloße Methodenverbesserungen, die lediglich auf betriebswirtschaftlichen Neuerkenntnissen beruhen, nicht berücksichtigt werden sollen. *Dörschell/Franken* wollen den IDW S 1 idF 2005 für Stichtage vor seiner Verabschiedung nur anwenden, soweit zum Stichtag bereits das Halbeinkünfteverfahren galt.[47] Dafür ist offensichtlich auch *Emmerich,* der neue Standards nur mit der Einschränkung berücksichtigen will, „dass im Rahmen der Nachsteuerbewertung die jeweilige steuerrechtliche Situation und der darauf abgestellte Standard zu beachten bleiben".[48] *Großfeld* will die Methoden neuer Standards nur berücksichtigen, soweit sie schon zum Stichtag „im Horizont der Beteiligten" lagen und eine hinreichende Überzeugungskraft haben.[49]

b) Wir beurteilen die Rechtslage wie folgt:

aa) Bewertungsstandards sind keine Rechtsnormen und damit keine Gesetze im Sinne des BGB und des EGBGB (Art. 2 EGBGB). Deshalb kann Art. 170 EGBGB, der seinerseits nur „Gesetze" erfasst, nicht herangezogen werden.[50] Das EGBGB verbietet die Berücksichtigung aktueller, dh. erst nach dem Stichtag verabschiedeter Standards mithin nicht. Auch das Stichtagsprinzip steht ihrer Berücksichtigung nicht entgegen. Es gilt nämlich nicht für die zu berücksichtigenden Methoden. Unstrittig ist etwa die Berücksichtigung des Börsenkurses eine eigene, vom Ertragswertverfahren zu unterscheidende Methode der Bewertung. Der BGH hat in der DAT/Altana-Entscheidung[51] ausdrücklich ausgeführt, dass der Börsenkurs auch für solche Stichtage heranzuziehen sei, zu denen sich das Bundesverfassungsgericht noch nicht für dessen Beachtung ausgesprochen hatte, sondern noch die Rechtsprechung des BGH im Raume stand, wonach Börsenkurse wegen ihrer spekulativen Elemente nicht zu berücksichtigen seien.[52] Für die Berücksichtigung neuer („Unter"-)Methoden im Rahmen des Ertragswertverfahrens kann nichts anderes gelten.[53] Damit ist auch das Argument des OLG Frankfurt, aktuelle Methoden dürften deshalb nicht berücksichtigt werden, weil sie die Vorhersehbarkeit der Entscheidung beeinträchtigten und in den Grenzpreis am Stichtag nicht einfließen konnten, hinfällig.[54] Denn vor der DAT/Altana-Entscheidung des Bundesverfas-

---

[42] BGHZ 147, 108, 117.

[43] Darauf haben erstmals hingewiesen *Wasmann/Gayk* BB 2005, 955, 957.

[44] *Hüttemann* WPg 2008, 822, 823 ff.; *Lenz* WPg 2006, 1160 ff.; KölnerKommSpruchG/*Riegger* 2005, Anh. § 11 Rn. 40; *Simon/Leverkus* in: Simon, SpruchG, 2007, Anh. § 11 Rn. 45; *Veil* in: Spindler/Stilz, AktG, 2. Aufl. 2009, § 305 Rn. 80; *Wagner/Jonas/Ballwieser/Tschöpel* WPg 2006, 1005, 1007; *Wasmann/Gayk* BB 2005, 955, 956 f.; *Wittgens* AG 2007, 106, 112; *Wittgens/Redeke* ZIP 2007, 2015, 2016.

[45] WPg 2008, 811 ff.

[46] In: MünchKommAktG, 3. Aufl. 2010, § 305 Rn. 94.

[47] DB 2005, 2257 f.

[48] In: Emmerich/Habersack (Fn. 18) § 305 Rn. 52c.

[49] *Großfeld* (Fn. 9) S. 55.

[50] Ebenso OLG Karlsruhe AG 2009, 47, 50. Vgl. hierzu und zum Folgenden jetzt auch OLG Stuttgart BeckRS 2011, 1677.

[51] BGHZ 147, 108, 123 f.

[52] BGH DB 1967, 834; ausführlich zur Entwicklung der Börsenkursrechtsprechung *Wasmann* in: FS Beuthien, 2009, S. 267 ff.

[53] So auch schon LG Frankfurt AG 2007, 42, 45 und *Simon/Leverkus* in: Simon, SpruchG, 2007, Anh. § 11 Rn. 46.

[54] OLG Frankfurt AG 2010, 798, 800.

sungsgerichts musste und konnte niemand damit rechnen, dass der Börsenkurs die Untergrenze der Abfindung bilden werde.[55] Die vom OLG Frankfurt angesprochene Steuerungsfunktion des Spruchverfahrens[56] wäre – wenn es sie in der vom OLG Frankfurt behaupteten Form geben sollte – ebenfalls nicht berührt: Führt ein neuer Standard zu höheren Werten, besteht die Gefahr der Festlegung zu geringer Kompensationen von vornherein nicht. Aber auch dann, wenn er zu niedrigeren Werten führt, verleitet dies nicht schon am Stichtag zu einer zu geringen Kompensation, weil deren Angemessenheit vom gerichtlich bestellten Prüfer ja noch unter dem seinerzeit geltenden Standard geprüft wird. Eine spätere Herabsetzung der Kompensation im Spruchverfahren scheidet regelmäßig aus.[57] Das Gebot, Verfahren in angemessener Zeit zu entscheiden, mag in Einzelfällen einer Berücksichtigung neuer Methoden entgegenstehen, dies aber dann nicht, wenn mit ihrer Berücksichtigung kein nennenswerter zeitlicher Mehraufwand verbunden wäre. Weitere Argumente, die gegen eine Berücksichtigung neuerer Standards sprechen könnten, sind nicht ersichtlich. U.E. besteht daher im Regelfall kein Verbot, sie heranzuziehen.

bb) Noch nicht beantwortet ist damit die Frage, ob neue Bewertungsstandards stets herangezogen werden müssen. Selbstverständlich dürfte sein, dass neue Bewertungsstandards nicht anzuwenden sind, soweit sie auf normativen Änderungen beruhen, die sich erst nach dem Stichtag entwickelt haben. Wir sind daher mit *Dörschell/Franken*[58] der Auffassung, dass der IDW S 1 idF 2005, der dem Halbeinkünfteverfahren Rechnung trägt, nur für Stichtage heranzuziehen ist, für die das Halbeinkünfteverfahren galt. Der neue Standard IDW S 1 idF 2008 trägt dem System der Abgeltungsteuer Rechnung und ist daher nur für Stichtage anzuwenden, die diesem System unterfallen.[59] Sind die Voraussetzungen für die Anwendbarkeit eines neuen Standards gegeben, sollten aber nicht nur Methodenanpassungen berücksichtigt werden, sondern auch Methodenverbesserungen. Zwar ist den Gerichten keine bestimmte Bewertungsmethode vorgegeben,[60] erst recht also nicht die zwingende Berücksichtigung oder Nichtberücksichtigung bestimmter Standards. Das richterliche Schätzungsermessen (§§ 738 Abs. 2 BGB, 287 ZPO) wird u.E. aber nur dann sachgemäß ausgeübt, wenn zur Ermittlung der „angemessenen" Kompensation die aktuellsten Erkenntnisse berücksichtigt werden, und zwar unabhängig davon, ob sie zu einem höheren oder niedrigeren Wert führen. Dies gilt insbesondere dann, wenn sie methodische Ungereimtheiten oder gar Fehler der zum Stichtag vorherrschenden Methode beseitigen (wie es der IDW S 1 idF 2005 gegenüber dem IDW S 1 idF 2000 im Hinblick auf das Halbeinkünfteverfahren tat[61]). Die Kompensationsgläubiger sind im Regelfall – wie schon oben aa) ausgeführt – bereits dadurch geschützt, dass die einmal festgelegte Kompensation im Spruchverfahren nicht herabgesetzt, sondern nur erhöht werden kann.[62] Anwendbar sind demnach auch solche neuen besseren Methoden, die lediglich in Entwürfen neuer Standards enthalten sind, soweit sie schon hinreichend anerkannt sind.[63]

---

[55] BGHZ 147, 108, 124.

[56] OLG Frankfurt AG 2010, 798, 800.

[57] Vgl. dazu *Simon/Leverkus* in: Simon, SpruchG, 2007, Anh. § 11 Rn. 47.

[58] DB 2005, 2257 f.

[59] So ausdrücklich Fn. 1 des IDW S 1 idF 2008 (Fn. 7): Stichtage ab dem 7. 7. 2007 (vgl. oben 4.).

[60] Das betont insbesondere BVerfG DB 1999, 1693, 1695; vgl. auch KölnerKommSpruchG/*Riegger* 2005, Anh. § 11 Rn. 4 mwN.

[61] KölnerKommSpruchG/*Riegger* 2005, Anh. § 11 Rn. 40.

[62] Vgl. nochmals *Simon/Leverkus* in: Simon, SpruchG, 2007, Anh. § 11 Rn. 47.

[63] LG Düsseldorf EWiR § 16 UmwG 1/06, 27 m. zust. Anm. *Siepelt*; LG Stuttgart Beschluss vom 21. 4. 2008, Az. 34 AktE 5/05 KfH, S. 10 (unveröffentlicht); *Lenz* WPg 2006, 1160, 1165 ff.; KölnerKommSpruchG/*Riegger* 2005, Anh. § 11 Rn. 37; *Wagner/Jonas/Ballwieser/Tschöpel* WPg 2006, 1005, 1007; *Wasmann/Gayk* BB 2005, 955, 957; aA BayObLG NZG 2006, 156, 157 – sämtliche Fundstellen betreffen den Entwurf ES 1 idF 2004 zum IDW S 1 idF 2005, für den Entwurf ES 1 idF 2007 zum IDW S 1 idF 2008 kann aber nichts anderes gelten.

III. Zusammenfassung

Aufgrund des Stichtagsprinzips sind bei der Bewertung nur solche Umstände zu berücksichtigen, die am Stichtag bei angemessener Sorgfalt vorhersehbar waren. Das gilt auch für die Berücksichtigung von Gesetzesvorhaben. Das Stichtagsprinzip verbietet demgegenüber nicht die Berücksichtigung von Bewertungsstandards, die erst nach dem Stichtag verabschiedet werden. Im Gegenteil ist deren Heranziehung regelmäßig geboten, jedenfalls dann, wenn sie Ungereimtheiten oder gar Bewertungsfehler des zum Stichtag bestehenden Bewertungsstandards beseitigen.

CARSTEN SCHÄFER

Zur angemessenen Verteilung der Prozesskosten bei Beschlussmängelstreitigkeiten im GmbH-Recht

Übersicht

Seite

I. Einleitung

Wulf Goette hat sich zu vielem profund geäußert, aber wenn es nicht täuscht, liegt ihm das GmbH-Recht besonders am Herzen,[1] so dass es nicht fernliegt, ihm eine kleine Studie aus diesem Gebiet zum Geschenk zu machen. Es soll um eine Frage gehen, die auf den ersten Blick vielleicht ein wenig detailverliebt wirkt, bei näherem Hinsehen aber doch recht grundsätzliche Probleme aufwirft. Die Rede ist von der materiellen Kostenverteilung bei Beschlussmängelstreitigkeiten, welche die GmbH im Interesse ihrer Gesellschafter führt, oder genauer, ob und unter welchen Voraussetzungen die Gesellschaft im Falle ihres Unterliegens einen Erstattungsanspruch gegen ihre Gesellschafter hat. Möglicherweise wirkt die Frage allzu praktisch, als dass sie einer eingehenderen Auseinandersetzung für würdig zu befinden wäre – zumindest legt der Blick in das recht spärliche Schrifttum diesen Eindruck nahe. Der Eindruck täuscht aber, wie die nachfolgenden Ausführungen zeigen sollen. Auszugehen ist dabei von einem gewiss etwas zugespitzten Beispiel, das aber die Fragestellung gut verdeutlicht:

In einer zweigliedrigen Gesellschaft fasst der eine Gesellschafter gegen den anderen einen Einziehungsbeschluss und verkennt dabei leicht fahrlässig, dass die Einziehungsvoraussetzungen nicht vorliegen, sei es, weil die statutarischen Anforderungen nicht eingehalten wurden, sei es, weil ein wichtiger Grund nur vermeintlich vorlag. Der ausgeschlossene Gesellschafter wehrt sich gegen den Beschluss mit einer gegen die Gesellschaft gerichteten Anfechtungsklage; der Geschäftsführer der Gesellschaft wird bei seiner Verteidigung gegen die Anfechtungsklage in vielfacher Hinsicht durch den anderen Gesellschafter „unter-

[1] Vgl. nur *Wulf Goette* Die GmbH, 2. Aufl. 2002; *ders.* Einführung in das neue GmbH-Recht, 2008; *ders./Kleindiek* Eigenkapitalersatzrecht in der Praxis – nach MoMiG, 6. Aufl. 2010; Münchener Kommentar zum GmbHG (hrsg. von *Fleischer* und *Wulf Goette* Bd. I: §§ 1–34, 2010).

stützt". Der Einziehungsbeschluss wird infolge seiner Rechtswidrigkeit antragsgemäß für nichtig erklärt. Die Gesellschaft, die als Beklagte die Kosten des Verfahrens trägt, fragt sich, ob sie Erstattung vom anderen (beschlussfassenden) Gesellschafter verlangen kann. – Ausgehend von dieser Konstellation soll im Folgenden der Frage nachgegangen werden, unter welchen Voraussetzungen eine solche materielle Kostenerstattungspflicht der Gesellschaft in Betracht kommt.

II. Zur Begründung eines materiellen Kostenerstattungsanspruchs der GmbH

1. Ausgangspunkt

a) Konkretisierung der Fragestellung

Wie schon einleitend erwähnt, ergibt sich die formelle Kostenlast der Gesellschaft ohne weiteres daraus, dass nach deutschem Zivilprozessrecht nur die Parteien, nicht aber am Prozess nicht beteiligte Dritte, am Ende des Verfahrens mit der – prozessualen – Kostenpflicht belastet werden können und dass überdies die unterlegene Partei sämtliche Kosten trägt, auch die dem Prozessgegner entstandenen Anwaltskosten (§ 91 ZPO). Das Prozessrecht regelt aber naturgemäß nur diese prozessuale Kostenpflicht und schließt daher nach materiellem Recht begründete Kostenerstattungsansprüche keineswegs aus.[2] Dass die Gesellschaft, nicht etwa ihre Gesellschafter, die Parteirolle in Beschlussmängelstreitigkeiten übernimmt, ergibt sich im Übrigen zwar nicht aus dem GmbHG, das eine solche Klage gar nicht kennt, wohl aber aus § 246 Abs. 2 S. 1 AktG, der nach hM im GmbH-Recht ebenso zu analoger Anwendung kommt wie – jedenfalls im Grundsatz – die übrigen Normen des aktienrechtlichen Beschlussmängelrechts (§§ 241 ff. AktG).[3]

Aus der Parteistellung (nur) der GmbH auf der Passivseite ergibt sich zwangsläufig, dass im Falle eines Erfolges der Anfechtungsklage auch nur die GmbH dem siegreichen Kläger zur *prozessualen* Kostenerstattung verpflichtet sein kann. Es sei aber nochmals betont, dass sich diese Folge weder aus dem Aktien- noch aus dem GmbH-Recht ergibt, zumal insbesondere das Aktienrecht auf besondere Kostenerstattungsregeln für die Anfechtungsklage verzichtet. Die einzige Norm mit einem indirekten Bezug zum Kostenthema stellt § 247 AktG dar. Sie enthält besondere Regeln zur Streitwertbestimmung, um den Anfechtungskläger nicht durch ein unverhältnismäßiges Kostenrisiko abzuschrecken. Zwar wird die entsprechende Anwendung der Streitwertbegrenzung auf ein Zehntel des Stammkapitals bzw. 500.000 Euro (§ 247 Abs. 1 AktG) im GmbH-Recht mit Recht abgelehnt; auch hier bejaht wird hingegen die Möglichkeit eines gespaltenen Streitwerts gemäß Abs. 2, 3. Sie bewirkt eine gewisse Entlastung des *unterlegenen Anfechtungsklägers.*[4] Die mit dieser Regelung verbundenen Aspekte stehen hier freilich nicht in Frage; vielmehr geht es um das entgegengesetzte Problem einer Kostenpflicht der *unterlegenen Gesellschaft.* Dass der Aktiengesetzgeber sich eine Konstellation, in der diese Frage praktisch werden würde, für die AG nicht hat vorstellen können, erscheint angesichts der Ausrichtung des Aktienrechts auf die (börsennotiere) Publikumsgesellschaft gut nachvollziehbar, besagt aber nur wenig in Hin-

---

[2] Vgl. BGH NJW 1957, 303; MünchKommZPO/*Giebel* 3. Aufl. 2008, Vor § 91 Rn. 14 ff.; *Baumbach/Lauterbach/Albers/Hartmann* ZPO, 68. Aufl. 2010, Übers. § 91 Rn. 44; *Herget* in: Zöller, ZPO, 28. Aufl. 2010, Vor § 91 Rn. 11, 15; *Musielak* ZPO, 7. Aufl. 2009, Vor § 91 Rn. 15 f.

[3] Vgl. nur BGHZ 104, 66 (st. Rspr.); *Raiser* in: Ulmer/Habersack/Winter, GmbHG, 2006, Anh. § 47 Rn. 220; *Karsten Schmidt* in: Scholz, GmbHG, 10. Aufl. 2007, § 45 Rn. 149; im Ergebnis auch *Zöllner* in: Baumbach/Hueck, GmbHG, 19. Aufl. 2010, Anh. § 47 Rn. 5; *Casper* in: Bork/Schäfer, GmbHG, 2010, § 47 Rn. 62 f.

[4] S. nur mwN *Zöllner* in: Baumbach/Hueck, GmbHG, 19. Aufl. 2010, Anh. § 47 Rn. 171.

blick auf die typischerweise personalistisch strukturierte GmbH,[5] bei der die Einflussnahmemöglichkeiten einzelner Gesellschafter ungleich größer ist.

Mangels gesellschaftsrechtlicher Sonderregelung gilt die Suche also einem möglichen *materiell-rechtlichen* Erstattungsanspruch der Gesellschaft gegen diejenigen Gesellschafter, die für den für nichtig erklärten Beschluss und/oder die Prozessführung durch die Gesellschaft verantwortlich sind. Hierbei ist einerseits zu beachten, dass die aktiengesetzlichen Beschlussanfechtungsregeln im GmbH-Recht nur *entsprechend* gelten, was die Berücksichtigung GmbH-rechtlicher Besonderheiten, namentlich des personalistischen Charakters der Gesellschaft, nicht nur erlaubt, sondern sogar gebietet. Zum anderen ist möglicherweise auch von Bedeutung, dass im Beispielsfall der Beschluss ausschließlich mit den Stimmen eines Gesellschafters gegen den anderen gefasst wurde, was die Auseinandersetzung gleichsam als den Paradefall eines Streits zwischen zwei (gleich starken) Gesellschaftern erscheinen lässt.

b) Meinungsstand

Zur Frage der Kostenerstattung im Falle eines Unterliegens der GmbH im Anfechtungsprozess liegen bislang lediglich zwei Urteile des LG Karlsruhe vor.[6] Das Gericht begründet darin die Kostentragungspflicht des für die Beschlussfassung verantwortlichen Gesellschafters ausführlich als ein fundamentales Gebot der Gerechtigkeit und beschränkt sie daher nicht auf Fälle einer schuldhaften Pflichtverletzung. Es stellt fest,

> „daß eine Kostenbeteiligung des Gesellschafters, der obsiegt hat, auf dem Weg über die Kostentragungspflicht der Gesellschaft der prozessualen Waffengleichheit widersprechen würde und daß zumindest in einer Zwei-Mann-GmbH die auch kostenmäßige Behandlung der Gesellschaft als Prozeßpartei eine aus der Vorstellung der juristischen Person abgeleitete bloße Rechtskonstruktion wäre, die zu offensichtlich ungerechten Ergebnissen führen würde."[7]

Zum verfassungskräftig gesicherten Grundsatz der prozessualen Waffengleichheit gehöre insbesondere auch „eine Waffengleichheit hinsichtlich der Verfahrenskosten". Deshalb sei auch eine lediglich schadensersatzrechtlich begründete und daher von einer schuldhaften Pflichtverletzung abhängige Erstattungspflicht zu eng. Um die Waffengleichheit zu gewährleisten, sei vielmehr ein verschuldensunabhängiger Kostenerstattungsanspruch der Gesellschaft anzunehmen.[8]

Das Schrifttum hat sich mit der Frage eher am Rande beschäftigt. *Zöllner* stimmt dem Judikat im Grundsatz zu;[9] namentlich bezeichnet er es als zutreffendes Ergebnis, „dass [die] Korrektur ungerechter Kostenverteilung durch Kostenersatzpflicht der ‚eigentlich prozessunterlegenen' Partei zu erfolgen hat". Zwar seien deren Voraussetzungen im Einzelnen noch „weithin ungeklärt", aber jedenfalls bei Verschulden als treupflichtwidrige Schädigung der Gesellschaft zu bejahen. Speziell für den Ausschließungsbeschluss pflichtet auch

[5] S. dazu nur die Feststellung von *Ulmer* in: Ulmer/Habersack/Winter, GmbHG, 2005, Einl. A Rn. 7.

[6] LG Karlsruhe Urt. v. 31.3.1998 – O 179/96 KfH I, DB 1998, 1024 = GmbHR 1998, 687; bestätigt durch Urt. v. 19.1.2001 – O 123/00 KfH I, NZG 2001, 169 = GmbHR 2001, 391. – Das Urteil des OLG Düsseldorf GmbHR 1994, 172 wird im Folgenden nicht besonders erörtert, weil es keinen Beschlussmängelstreit betrifft; das Gericht bejaht dort einen materiellen Kostenerstattungsanspruch wegen schuldhafter Treupflichtverletzung gegen einen Gesellschafter, weil dieser den Geschäftsführer zu einer aussichtslosen Feststellungsklage gegen einen Mitgesellschafter angewiesen hatte. Ob eine Ersatzpflicht auch in anderen Fällen in Betracht kommt, brauchte das OLG nicht zu entscheiden; es hat dazu konsequentermaßen auch keine Aussagen getroffen.

[7] LG Karlsruhe GmbHR 1998, 687, 689 (Fn. 6).

[8] LG Karlsruhe GmbHR 1998, 687, 689 f. (Fn. 6) unter Berufung auf BVerfG, Beschl. v. 3.12.1986 – 1 BvR 872/82, BVerfGE 74, 78, 92 und Beschl. v. 16.1.1991 – 1 BvR 933/90, NJW-RR 1991, 1134 sowie BGH Beschl. v. 19.11.1984 – GZS 1/84, BGHZ 93, 12, 16.

[9] *Zöllner* in: Baumbach/Hueck, GmbHG, 19. Aufl. 2010, Anh. § 47 Rn. 173.

Ulmer dem Urteil im Ergebnis bei, betont aber zugleich, dass „ein Ausgleich über die Schadensersatzpflicht derjenigen Gesellschafter gegenüber der GmbH herzustellen [ist], die willkürlich oder ohne sorgfältige Abwägung den Ausschließungsbeschluss herbeigeführt und die Gesellschaft dadurch treuwidrig zur Klageerhebung veranlasst haben".[10]

Schließlich hat auch *Joost* eine Kostentragungspflicht desjenigen Gesellschafters befürwortet, in dessen vorrangigem Interesse der Anfechtungsstreit geführt wird.[11] Freilich suchte er dieses Ziel in den 1980er Jahren durch eine von der hM abweichende Zuweisung der Beklagtenrolle in Anfechtungsprozessen zu erreichen. Er plädierte nämlich dafür, das Beschlussmängelverfahren, wie in der Personengesellschaft, zwischen den Gesellschaftern und somit ohne Beteiligung der Gesellschaft auszutragen. Dieses Konzept hat sich bekanntlich nicht durchgesetzt. Wie indes zu zeigen sein wird, lässt sich das Ziel einer angemessenen Verteilung der Kostenlast aber auch auf Basis der hM verwirklichen, derzufolge die Klage infolge der beschriebenen Analogie zu § 246 AktG stets gegen die Gesellschaft zu richten ist.

2. *Zur Begründung eines Anspruchs der Gesellschaft auf Kostenersatz*

a) Einführung

Im Folgenden werden zwei Wege zur Begründung eines Anspruchs der Gesellschaft auf Kostenerstattung untersucht, nämlich über eine Treupflichtverletzung (s. b) und über die analoge Anwendung des § 670 BGB (s. c). Während in der Literatur als Anspruchsgrundlage bislang vor allem ein Schadensersatzanspruch wegen Treupflichtverletzung diskutiert wird,[12] hat sich das LG Karlsruhe, wie erwähnt, für einen verschuldensunabhängigen Erstattungsanspruch gegen den beschlussfassenden Gesellschafter ausgesprochen, weil nur so der Grundsatz der prozessualen Waffengleichheit verwirklicht werden könne. Es wird zu fragen sein, ob bzw. für welche Fälle dieser auf prozessuale Erwägungen gestützte Gedanke mit dem materiellen Recht verzahnt werden kann. Hinsichtlich des Schadensersatzanspruchs stellt sich außerdem die Frage, ob er – insbesondere zum Schutze der Willensbildung in der GmbH – von einem grobem Verschulden abhängig gemacht werden muss.

b) Zur schadensersatzrechtlichen Begründung des Anspruchs

aa) Ausgangspunkt

Für einen gegen den beschlussfassenden Gesellschafter gerichteten Schadensersatzanspruch der GmbH auf Ersatz der Prozesskosten muss dieser die Kostenbelastung der Gesellschaft (den Schaden) pflichtwidrig und schuldhaft herbeigeführt haben. Als Anknüpfungspunkt für eine Pflichtverletzung kommt zum einen die Beschlussfassung als solche in Betracht; dann muss dem Gesellschafter zu diesem Zeitpunkt wenigstens erkennbar sein, dass er einen rechtswidrigen Beschluss fasst. In Betracht kommt aber auch die Prozessführung durch die GmbH, mit der diese sich gegen die Anfechtungsklage zur Wehr setzt, sofern der beschlussfassende Gesellschafter hierauf Einfluss nehmen kann, sei es durch Anweisung des zuständigen Geschäftsführers, sei es durch Erledigung des Streits durch einen Korrekturbeschluss. Denn die Prozesskostenbelastung entsteht erst dadurch in vollem Umfang, dass sich die Gesellschaft auf die Klage einlässt (oder gar ein Rechtsmittel einlegt); denn durch ein sofortiges Anerkenntnis iSd. § 93 ZPO kann die Kostenlast noch vollständig

---

[10] *Ulmer* in: Ulmer/Habersack/Winter, GmbHG, 2006, Anh. § 34 Rn. 32 mit zustimmender Bezugnahme auf LG Karlsruhe GmbHR 1998, 687, 689.

[11] *Joost* ZGR 1984, 71, 92 f., 96.

[12] Vgl. namentlich *Ulmer* in: Ulmer/Habersack/Winter, GmbHG, 2006, Anh. § 34 Rn. 32; so im Ansatz wohl auch *Zöllner* in: Baumbach/Hueck, GmbHG, 19. Aufl. 2010, Anh. § 47 Rn. 173 (die aber beide zugleich dem Urteil des LG Karlsruhe ausdrücklich zustimmen).

abgewendet – oder jedenfalls stark gemindert – werden.[13] Damit erhält der beschlussfassende Gesellschafter aufgrund der Klageerhebung weitere Gelegenheit, die Rechtmäßigkeit des Beschlusses zu überprüfen und ggf. auf das Prozessverhalten der Gesellschaft einzuwirken, was zur Beurteilung seiner Pflichtverletzung nicht außer Acht bleiben kann. Auf Verschuldensebene reicht im Allgemeinen für die Begründung eines Anspruchs wegen Pflichtverletzung bekanntlich *einfache* Fahrlässigkeit (§ 276 BGB).[14] Vielleicht erfahren diese allgemeinen Grundsätze aber eine Einschränkung durch Besonderheiten der Beschlussfassung, auf die es Rücksicht zu nehmen gilt. Darum soll es im Folgenden gehen.

bb) Beschränkung des Verschuldens auf grobe Fahrlässigkeit?

(1) Ausgangspunkt

Als Ausgangspunkt ist festzuhalten, dass der BGH bei Ansprüchen wegen Verletzung der Treupflicht im GmbH-Recht bislang keine besonderen, namentlich keine höheren Haftungsvoraussetzungen statuiert hat; es gelten vielmehr auch hier die allgemeinen Regeln, wonach für einen Schadensersatzanspruch wegen Pflichtverletzung einfache Fahrlässigkeit ausreicht (§ 276 Abs. 1 BGB), sofern „eine strengere oder mildere Haftung weder bestimmt noch aus dem Inhalt des Schuldverhältnisses [...] zu entnehmen ist". Eine solche Abweichung gilt in Hinblick auf § 708 BGB zwar im Grundsatz für das Personengesellschaftsrecht,[15] nicht jedoch im GmbH-Recht, wo bislang praktisch einhellig auf den allgemeinen Maßstab des § 276 BGB, für Weisungsbeschlüsse in Geschäftsführungsangelegenheiten auf § 43 GmbHG abgestellt wird.[16] Beispielhaft sei auf das „ITT"-Urteil verwiesen, wonach die treuwidrige Einwirkung auf die Geschäftsführung zu einem Schadensersatzanspruch der GmbH gegen den Gesellschafter führt.[17]

Man könnte nun einen milderen, nur grobes Verschulden umfassenden Sorgfaltsmaßstab zum Schutz der Stimmrechtsausübung erwägen, also aus ähnlichen Gründen, wie sie der BGH in seiner berühmten „Girmes"-Entscheidung für eine spezifische Treupflichtverletzung von Minderheitsaktionären im Sanierungsfall befürwortet hat. Eine andere Idee könnte sein, aus der geringeren Treubindung der Gesellschafter bei Wahrnehmung sog. uneigennütziger Rechte[18] Schlussfolgerungen auch für den Sorgfaltsmaßstab zu ziehen. Bei näherem Zusehen vermögen allerdings beide Aspekte keine Abweichung von den allgemeinen Regeln (und von der bisher wohl einhelligen Meinung) zu rechtfertigen.

(2) Allgemeine Privilegierung der Stimmrechtsausübung?

Zunächst gibt es keinen guten Grund dafür, das Stimmrechtsverhalten von GmbH-Gesellschaftern allgemein zu privilegieren. Es ist schon wenig plausibel, dass der über entsprechende Einflussmöglichkeiten verfügende Gesellschafter bei der Ausübung seines

---

[13] Zur Zulässigkeit eines (sofortigen) Anerkenntnisses s. nur *Zöllner* in: Baumbach/Hueck, GmbHG, 19. Aufl. 2010, Anh. § 47 Rn. 175.

[14] Ohne Beschränkung auf *grobes* Verschulden namentlich auch *Zöllner* in: Baumbach/Hueck, GmbHG, 19. Aufl. 2010, Anh. § 47 Rn. 173 („bei Verschulden") und *Ulmer* in: Ulmer/Habersack/Winter, GmbHG, 2006, Anh. § 34 Rn. 32 („ohne sorgfältige Abwägung"), jeweils bezogen auf die Beschlussfassung.

[15] Dazu nur MünchKommBGB/*Ulmer* 5. Aufl. 2009, § 705 Rn. 242 (in Bezug auf Treupflichtverletzungen); zu Einschränkungen vgl. MünchKommBGB/*Ulmer/Schäfer* 5. Aufl. 2009, § 708 Rn. 5.

[16] S. nur *Raiser* in: Ulmer/Habersack/Winter, GmbHG, 2005, § 14 Rn. 92.

[17] BGH Urt. v. 5.6.1975 – II ZR 23/74, BGHZ 65, 15 = NJW 1976, 191, 192 (es lag zwar kein förmlicher Beschluss, sondern eine bloße „Anordnung" des Mehrheitsgesellschafters vor; diesen Unterschied hat der BGH aber ausdrücklich als irrelevant bezeichnet); ebenso *H. Winter/Seibt* in: Scholz, GmbHG, 10. Aufl. 2006, § 14 Rn. 62; *Pentz* in: Rowedder/Schmidt-Leithoff, GmbHG, 4. Aufl. 2002, § 13 Rn. 85; *Raiser* in: Ulmer/Habersack/Winter, GmbHG, 2005, § 14 Rn. 92, jeweils mwN.

[18] Vgl. nur MünchKommBGB/*Ulmer* 5. Aufl. 2009, § 705 Rn. 226.

Stimmrechts sollte *generell* weniger sorgfältig sein dürfen als bei der Ausübung sonstiger Verwaltungsrechte. Auch das zum Aktienrecht ergangene „Girmes"-Urteil des BGH[19] enthält insofern keine verallgemeinerungsfähige Aussage, die sich auf das GmbH-Recht übertragen ließe. Das Urteil betrifft bekanntlich die börsennotierte Aktiengesellschaft und die dort seinerzeit heftig umstrittene Frage, ob Kleinaktionäre überhaupt einer Treupflichtbindung unterliegen. In Frage stand, dass diese wegen ihrer Weigerung, einem bestimmten Sanierungskonzept für ihre AG zuzustimmen, trotz Kleinstbeteiligung die Haftung für sämtliche aus dem Scheitern des Konzepts und der nachfolgenden Insolvenz der Gesellschaft herrührenden Schäden zu ersetzen hatten. Der BGH hat sich den diffizilen Rechtsfragen vorsichtig genähert und eine Treupflichtbindung auch der Kleinstaktionäre jedenfalls dann bejaht, wenn diese sich auf eine „einheitliche Stimmausübung" verständigen. Außerdem entschied der Senat, dass Aktionäre sich das Verhalten ihrer Stimmrechtsvertreter in vollem Umfang zurechnen lassen müssen. Offenbar wegen des enormen, völlig außer Verhältnis zur eigenen Beteiligung stehenden Haftungsrisikos hat er andererseits aber die Haftung auf vorsätzliches Verhalten begrenzt. Zwar hat der Senat offen gelassen, „ob der Verschuldensmaßstab für die Haftung aus Treupflichtverletzung im Aktienrecht [sic!] generell auf Vorsatz zu beschränken ist, wie das in der dem Deliktsrecht zuzuordnenden Vorschrift des § 117 Abs. 1 AktG geschehen ist".[20] Die Beschränkung auf das Aktienrecht schien dem Senat aber selbstverständlich, wie denn auch seine Begründung aktienrechtsspezifisch ausgefallen ist: Die Privilegierung ergebe sich für die Stimmrechtsausübung aus § 117 Abs. 7 Nr. 1 AktG [aF].

Ob diese Begründung heute noch Bestand hätte, mag dahinstehen. Immerhin ist die maßgebliche Stimmrechtsausübungsregel in § 117 Abs. 7 Nr. 1 AktG [aF] durch das UMAG 2005 gestrichen worden, weil man das darin enthaltene Haftungsprivileg für (Groß-)Aktionäre als unangemessen empfand.[21] Jedenfalls kommt eine auf das Deliktsrecht (bzw. eine Analogie zu § 117 AktG) beschränkte Haftung im GmbH-Recht nicht in Betracht, so dass es hier von vornherein an einer Basis für die entsprechende Anwendung des § 117 *Abs. 1* AktG fehlt; sie ist denn auch, soweit ersichtlich, bislang noch nicht vorgeschlagen worden. Nicht übertragbar sind auch die ergänzenden Erwägungen des Senats, das Privileg sei zum Schutze der Kleinaktionäre vor unabsehbarer Haftung geboten, weil diese anderenfalls von einer Stimmrechtsausübung ganz abgeschreckt werden könnten, was auch der Gesellschaft selbst schadete. Sie passen ersichtlich nicht ins GmbH-Recht, wo Kleinstbeteiligungen, „hektische Hauptversammlungen" und ein vom Laien schwer abzuschätzendes, überbordendes Informationsmaterial nicht zu den typischen Erscheinungsformen gehören. Auch niedrige Hauptversammlungspräsenzen oder die Gefahr „negativer Auswirkungen auf das Kaufverhalten" des Anlegerpublikums am Kapitalmarkt[22] treffen auf die typischerweise personalistische und zudem kapitalmarktferne GmbH nicht zu, und erst recht gilt dies für die zweigliedrige Gesellschaft aus dem Beispielsfall, bei der es um eine angemessene Risikoverteilung zwischen zwei (gleichberechtigten) Gesellschaftern geht.

Hinzu kommt, dass die Stimmrechtsausübung als solche nicht zwingend beeinträchtigt wird, sofern der Ersatz eines Schadens in Frage steht, der erst dadurch entsteht, dass sich die Gesellschaft – auf Veranlassung eines Gesellschafters – auf einen Beschlussmängelstreit einlässt, den Beschluss also *verteidigt*; denn nur um die hierbei entstehenden, die Gesellschaft belastenden Kosten geht es. Für das Verschulden kommt es deshalb, wie schon einleitend erwähnt (s. aa), nicht allein auf den Zeitpunkt der Beschlussfassung an; vielmehr lässt es sich auch darauf stützen, dass die beschlussfassenden Gesellschafter nichts unternommen haben, einen rechtswidrigen Beschluss wieder aus der Welt zu schaffen bzw. die GmbH

[19] BGHZ 129, 136.
[20] BGHZ 129, 136, 162 f.
[21] Dazu nur *Hüffer* AktG, 9. Aufl. 2010, § 117 Rn. 13 mwN.
[22] Zu all' diesen Erwägungen s. BGHZ 129, 136, 163.

von deren weiteren Prozessführung abzuhalten, obwohl sie mittlerweile vorprozessual bzw. in der Klageschrift auf die Rechtswidrigkeit des Beschlusses hingewiesen worden sind. Gesellschafter, die es unterlassen, diese Hinweise sorgfältig zu prüfen, bedürfen keiner Privilegierung zum Schutze ihrer Stimmrechtsausübung mehr; sie hatten ausreichend Zeit, ihren Fehler nachträglich zu erkennen und zu korrigieren, indem sie die Gesellschaft ggf. anweisen, den anderen Gesellschafter „klaglos" zu stellen, oder den Beschluss als solchen aufheben. Übt der beschlussfassende Gesellschafter, wie im Beispielsfall, statt dessen seinen Einfluss dahin aus, die Prozessführung der Gesellschaft zu bestimmen und diese zur Verteidigung, vielleicht gar zum Einlegen von Rechtsmitteln zu veranlassen, so besteht kein Grund, ihn wegen der vorherigen Beschlussfassung entgegen allgemeinen Regeln von einer Schadensersatzpflicht grundsätzlich frei zu halten. Auch mit Rücksicht auf die Art des Schadens ist eine Lockerung der Treubindung somit nicht veranlasst.

(3) Privilegierung eigennütziger Rechtsausübung?

Der zweite Aspekt, die Ausübung eines eigennützigen Rechts, erlaubt gleichfalls keine generelle Haftungsmilderung. Von vornherein greift diese Überlegung nur dann ein, wenn es um die Abstimmung über *Struktur- oder Grundlagenänderungen* geht, nicht aber in Geschäftsführungsangelegenheiten. Diese Voraussetzung ist im Beispielsfall erfüllt, der einen Ausschließungsbeschluss betrifft, so dass einige zusätzliche Gedanken angebracht erscheinen.

Indessen hat die Einstufung als eigennütziges oder uneigennütziges Recht richtigerweise zwar Bedeutung für die Intensität der Treubindung, namentlich also für die Frage der Pflichtverletzung, nicht jedoch für den Verschuldensmaßstab. So wird im Personengesellschaftsrecht üblicherweise und zu Recht betont, dass uneigennützige Rechte (wie das Geschäftsführungsrecht) einer besonders strengen Treubindung unterliegen, weshalb den gemeinsamen Interessen hier absoluter Vorrang vor den eigenen zukomme,[23] zugleich wird aber der Sorgfaltsmaßstab, hiervon unabhängig, einheitlich aus § 708 BGB hergeleitet.[24] Im GmbH-Recht, wo § 708 BGB keine Anwendung findet, wird, gleichsam konträr zu dessen eigennützigen Charakter, gerade für den (uneigennützigen) Geschäftsführungsbereich eine Haftungserleichterung insofern befürwortet, als auch die hierüber Beschluss fassenden Gesellschafter in den Genuss der Business Judgment Rule (analog § 93 Abs. 1 S. 2 AktG) kommen müssten, während es im Übrigen mit dem allgemeinen Sorgfaltsmaßstab des § 276 BGB sein Bewenden habe.[25] Es zeigt sich also: Grad der Pflichtbindung und Sorgfaltsmaßstab entsprechen einander keineswegs notwendig.

Speziell für den *Ausschließungsbeschluss* kommt überdies keine Reduktion der Treupflicht gegenüber dem (auszuschließenden) Mitgesellschafter in Betracht, so dass im Ergebnis eine Haftungsprivilegierung auch deshalb ausscheidet. Zu berücksichtigen ist nämlich, dass die Ausschließung besonders gravierend in die Rechtsstellung des betroffenen Gesellschafters eingreift und deshalb auch keineswegs im (freien) Ermessen der Mitgesellschafter liegen kann; diese können sie vielmehr nur dann beschließen, wenn ein wichtiger Grund wirklich vorliegt bzw. ein statutarischer Einziehungstatbestand (§ 34 Abs. 2 GmbHG) erfüllt ist.[26] Die Ausschließung ist folglich eine an strikte Voraussetzungen „gebundene" Entscheidung. Ein durch Senkung des Sorgfaltsmaßstabes zu schützendes Ermessen bei der Stimmrechtsausübung existiert hier also von vornherein nicht: Der Beschluss *muss* zwar nicht gefasst werden, wenn ein Ausschließungs- bzw. Einziehungsgrund vorliegt (und sich die übrigen Gesellschafter einig sind), er *kann* aber nur unter dieser Voraussetzung gefasst werden; es besteht insofern eine strikte Rechtsbindung. Der beschlussfassende Gesellschafter, der einen *rechtswidrigen* Einziehungs- bzw. Ausschließungsbeschluss fasst und hierdurch sowie durch

[23] Vgl. nur MünchKommBGB/*Ulmer* 5. Aufl. 2009, § 705 Rn. 226 f.

[24] MünchKommBGB/*Ulmer* 5. Aufl. 2009, § 705 Rn. 242.

[25] *Raiser* in: Ulmer/Habersack/Winter, GmbHG, 2005, § 14 Rn. 92.

[26] S. nur *Ulmer* in: Ulmer/Habersack/Winter, GmbHG, 2005, Anh. § 34 Rn. 11 ff.

die weitere Prozessführung einen Schaden verursacht, darf hinsichtlich der Voraussetzungen der Ausschließung also keineswegs besonders nachlässig vorgehen, er muss vielmehr *sorgfältig* prüfen, ob diese auch tatsächlich erfüllt sind.

Nochmals verstärkt treten diese Aspekte bei der Ausschließung aus einer *zweigliedrigen* Gesellschaft hervor, wenn dort ein Gesellschafter durch Geltendmachung eines wichtigen Grundes den anderen aus der Gesellschaft zu drängen sucht. Zu Recht wird betont, dass in derartigen Fällen das Verhalten desjenigen Gesellschafters, der die Gesellschaft nach der Ausschließung allein fortführen will, besonders eingehender Prüfung bedarf.[27] Eine Lockerung des Sorgfaltsmaßstabs wäre damit schwerlich zu vereinbaren.

cc) Fazit und Folgerungen für den Schadensersatzanspruch

Gilt somit für auf eine Kostenerstattung gerichtete Schadensersatzansprüche der Gesellschaft kein besonderer, von § 276 Abs. 1 BGB abweichender Sorgfaltsmaßstab, so kommt es zum einen darauf an, ob dem beschlussfassenden Gesellschafter Fahrlässigkeit hinsichtlich des rechtswidrigen Beschlusses vorzuwerfen ist, ob er also die Rechtswidrigkeit erkennen konnte, und zwar entweder im Zeitpunkt der Beschlussfassung oder zu einem späteren Zeitpunkt während der Prozessführung, so dass wenigstens ein Teil der durch die Prozessführung entstehenden Kosten nicht entstanden wäre, wenn der Gesellschafter für eine Aufhebung des Beschlusses bzw. eine (prozessuale) Erledigung des Anfechtungsstreits gesorgt hätte. Hierzu wird man ihn aufgrund der Treupflicht und wegen der (ihm erkennbaren) Rechtswidrigkeit im Rahmen seiner Möglichkeiten grundsätzlich für verpflichtet anzusehen haben, so dass es auch ausreicht, wenn der Gesellschafter die Rechtswidrigkeit des Beschlusses – etwa aufgrund der in der Anfechtungsklage vorgetragenen Begründung oder eines erstinstanzlichen Urteils – zu einem späteren Zeitpunkt erkennen konnte, zu dem hinsichtlich der Kosten noch nicht „alles verloren" war. Demnach reicht es für die Begründung des hier untersuchten Schadensersatzanspruchs wegen Treupflichtverletzung aus, dass der beschlussfassende Gesellschafter bis zum maßgeblichen Zeitpunkt erkennen konnte, dass der mit seinen Stimmen gefasste Beschluss rechtswidrig ist. Im Beispielsfall erkannte der Gesellschafter schon im Zeitpunkt der Beschlussfassung, dass die Einziehungsvoraussetzungen nicht vorlagen, zumal im Falle der Ausschließung eines Gesellschafters besondere Sorgfalt aufzuwenden ist. Ausreichend wäre es aber auch, wenn die Erkennbarkeit zu einem späteren Zeitpunkt eintritt (zB demjenigen der Klagezustellung).

Auf einen Rechtsirrtum kann sich der beschlussfassende Gesellschafter nach der insofern recht strengen Rechtsprechung nicht ohne weiteres berufen. Zwar hat etwa der Schuldner den Verzug dann nicht zu vertreten, wenn die Leistung aufgrund eines *unverschuldeten* Tatsachen- oder Rechtsirrtums unterbleibt. Aus der hierzu ergangenen Rechtsprechung erhellt aber, dass letztlich der Schuldner das Risiko einer falschen Beurteilung der *Sach*lage trägt;[28] und Entsprechendes gilt bei *Rechts*irrtümern jedenfalls dann, wenn der Schuldner die Rechtslage nicht genau geprüft bzw. keinen sachkundigen Rat eingeholt hat.[29] Auch auf eine (im Ergebnis) unrichtige anwaltliche Auskunft darf sich der Schuldner nicht unbesehen verlassen. Dies gilt jedenfalls, soweit ihm selbst die Umstände bekannt sind, die die Leistungsverweigerung aus Sicht des redlichen Verkehrs als pflichtwidrig erscheinen lassen.[30] Selbst wenn die Rechtsfrage ungeklärt oder so umstritten ist, dass eine hM nicht klar erkennbar ist, darf der Schuldner nicht ohne weiteres auf die ihm günstigere Ansicht vertrauen.[31] Für (objektive) Treupflichtverletzungen kann insofern nichts anderes gelten,

[27] *Ulmer* in: Ulmer/Habersack/Winter, GmbHG, 2005, Anh. § 34 Rn. 15.

[28] MünchKommBGB/*Ernst* 5. Aufl. 2007, § 286 Rn. 113.

[29] MünchKommBGB/*Ernst* 5. Aufl. 2007, § 286 Rn. 109; BGH Urt. v. 18.12.1073 – VI ZR 113/71, NJW 1974, 312, 315; Urt. v. 1.12.1981 – VI ZR 200/80, NJW 1982, 635, 637.

[30] MünchKommBGB/*Ernst* 5. Aufl. 2007, § 286 Rn. 110; BGH Urt. v. 15.5.1979 – VI ZR 230/76, NJW 1979, 1882.

[31] MünchKommBGB/*Ernst* 5. Aufl. 2007, § 286 Rn. 112.

zumal im Falle der Ausschließung eines anderen Gesellschafters; auch hier trägt der Gesellschafter im beschriebenen Umfang das Risiko einer Fehleinschätzung.

Ihrer Anlage gemäß gelten die vorstehend beschriebenen Regeln keineswegs nur für die Zweipersonengesellschaft; es kommt also im Prinzip nicht darauf an, wie viele Gesellschafter den rechtswidrigen Beschluss fassen; jeder von ihnen begeht eine objektive Treupflichtverletzung und haftet deshalb der Gesellschaft auf Ersatz der ihr durch die Rechtsverteidigung unnötigerweise entstehenden Kosten, sofern sich seine Stimme auf das Zustandekommen des Beschlusses ausgewirkt hat. Das Verschulden muss freilich für jeden Mitwirkenden eigenständig geprüft werden, die Erkennbarkeit der Rechtwidrigkeit kann demgemäß durchaus unterschiedlich zu beurteilen sein, namentlich zu verschiedenen Zeitpunkten anzunehmen bzw. bei einzelnen – den Angelegenheiten der Gesellschaft ferner stehenden – Gesellschaftern ganz zu verneinen sein. Sollte es sich bei der Gesellschaft, abweichend vom Idealtypus, um eine Publikumsgesellschaft handeln, wird man für die Treubindung überdies zu verlangen haben, dass sie sich – wie im „Girmes"-Fall – auf eine einheitliche Stimmrechtsausübung im konkreten Fall verständigen, um gemeinsam eine ausreichende Mehrheit zu erreichen. Mehrere Ersatzpflichtige haften der Gesellschaft im Übrigen als Gesamtschuldner, im Innenverhältnis nach dem Verhältnis ihrer Beteiligungsquoten.

In *sachlicher bzw. personaler Hinsicht* gibt es in Bezug auf die Art der Beschlüsse wie auch bezüglich des Zuschnitts der Gesellschaft nach diesem Ansatz somit keine Einschränkungen. Abgesehen von Publikumsgesellschaften bzw. solchen mit großer Gesellschafterzahl, bei der entsprechend der „Girmes"-Doktrin über eine Milderung des Sorgfaltsmaßstabs nachgedacht werden müsste, gilt vielmehr für alle Gesellschaften und für sämtliche Beschlussgegenstände, für Grundlagenentscheidungen ebenso wie für Geschäftsführungsmaßnahmen, dass diejenigen Gesellschafter der Gesellschaft auf Erstattung der Prozesskosten haften, die entweder schon bei der Beschlussfassung fahrlässig gehandelt haben oder sich zu einem späteren Zeitpunkt nicht um die Korrektur des Beschlusses bemüht haben, obwohl ihnen die Rechtswidrigkeit erkennbar wurde. Bei Beschlüssen in Geschäftsführungsangelegenheiten steht aber auch den Gesellschaftern die Business Judgment Rule (§ 93 Abs. 1 S. 2 AktG analog) zur Seite.

c) Der Kostenerstattungsanspruch als verschuldensunabhängiger Aufwendungsersatzanspruch (analog § 670 BGB)

aa) Zur effizienten Verteilung der materiellen Kostenlast bei Gesellschafterstreitigkeiten

Wie eingangs erwähnt, plädiert das LG Karlsruhe, über die bisher gefundenen Ergebnisse hinausgehend, für einen *verschuldensunabhängigen* Kostenerstattungsanspruch und stützt diesen auf den Grundsatz der prozessualen Waffengleichheit. Der Fall betraf – wie im hier gewählten Beispiel – eine Zweipersonengesellschaft; die beiden Gesellschafter stritten um einen (unwirksamen) Bilanzfeststellungs- bzw. Gewinnverwendungsbeschluss.[32] Das Gericht belastete nach Erledigung der Hauptsache die wegen Unwirksamkeit des Beschlusses unterlegene Gesellschaft mit den Kosten des Verfahrens (§ 91a ZPO), betonte jedoch zugleich, dass ihr ein Kostenerstattungsanspruch gegen den „mit der Gesellschaft prozessierenden" Gesellschafter zustehe.

Anknüpfungspunkt für einen verschuldensunabhängigen Erstattungsanspruch sind eine Reihe richtiger Überlegungen, die das LG Karlsruhe in seiner eingehend begründeten Entscheidung angestellt hat. Mag ihre Verknüpfung mit dem rein *prozessualen* Grundsatz der Waffengleichheit fragwürdig erscheinen, so entbehrt das Konzept im Ergebnis nicht an Überzeugungskraft. Denn es ist nicht zu bestreiten, dass bei Zuweisung der Parteirolle an die Gesellschaft das Prozesskostenrisiko ungleichmäßig verteilt wird. Das gilt besonders in

---

[32] LG Karlsruhe GmbHR 1998, 687, 689 f.

der Zweipersonengesellschaft mit hälftiger Beteiligung, bei der die von der Gesellschaft zu tragenden Kosten letztlich zur Hälfte vom obsiegenden Anfechtungskläger zu tragen sind: Der klagende Gesellschafter trägt somit nicht nur sein eigenes Kostenrisiko für den Fall der Klageabweisung zu 100%; vielmehr ist er – kraft seiner Beteiligung – auch zu 50% an den der Gesellschaft auferlegten Kosten beteiligt, wenn seine Klage erfolgreich ist. Umgekehrt braucht der beschlussfassende Gesellschafter schlimmstenfalls mit einer Kostenbelastung von 50% zu rechnen.

Eine solche Kostenverteilung ist offenbar ungerecht – das LG Karlsruhe bezeichnet sie als „unbillig". Man kann auch nüchterner formulieren, dass sie durch Ausblendung eines Teils des „Schadens" das Gesamtrisiko nicht zutreffend zuweist und deshalb ineffizient ist. Nach der effizientesten Ausgleichsregel hat nämlich der jeweilige Veranlasser für den „Schaden" – hier also die Prozesskosten – aufzukommen. Im Falle eines *rechtswidrigen* Beschlusses ist dies der beschlussfassende Gesellschafter, sonst der Anfechtungskläger. Eine effiziente Risikoverteilung ist jedoch nicht zu erreichen, wenn man bei der prozessualen Kostenverteilung verharrt. Denn der beschlussfassende Gesellschafter trägt danach nur einen Teil des von ihm verursachten „Schadens" (der Prozesskosten), nämlich in Höhe seiner Beteiligungsquote. Hierdurch werden schädliche Anreize geschaffen, auf Seiten der Gesellschaft auch erfolglose Prozesse zu führen bzw. rechtswidrige Beschlüsse zu fassen und die Gesellschaft sodann zur Verteidigung gegen die Anfechtungsklage anzuhalten.

Es ist deshalb geboten, diese ineffiziente Risikoverteilung mit Mitteln des materiellen Zivilrechts auszugleichen, um eine angemessene Steuerungswirkung zu erzielen. Weder das Beschlussmängelrecht noch die prozessuale Kostenverteilungsregel schließen einen materiellen Kostenerstattungsanspruch der Gesellschaft gegen den für die Kostenbelastung verantwortlichen Gesellschafter im Falle eines Gesellschafterstreits aus. Aus der Beteiligtenrolle der GmbH im Anfechtungsstreit folgt kein Verdikt materiell-rechtlicher Erstattungsansprüche; denn der eingetretene Schaden ist allein durch die beschlussfassenden Gesellschafter veranlasst und im Falle eines Streits der Gesellschafter um die Grundlagen ihrer Gesellschaft bzw. um sonstige gemeinsame Angelegenheiten auch diesen materiell zuzuordnen, während die Gesellschaft allenfalls in ganz untergeordnetem Maße „eigene" Interessen verfolgt; der formale Aspekt, dass die Gesellschafterversammlung als Organ der GmbH gehandelt hat, tritt insofern klar zurück. Selbst das Aktienrecht trifft zur *materiellen* Kostenverteilung im Verhältnis zwischen der Gesellschaft auf der einen und dem für die Beschlussfassung verantwortlichen Gesellschaftern auf der anderen Seite keine abschließende Aussage für den Fall des Unterliegens der Gesellschaft; es beschäftigt sich allein mit dem umgekehrten Fall, nämlich der möglichen Kostenlast des unterlegenen Anfechtungsklägers, und zwar wiederum allein in *prozessualer* Hinsicht. Die den Streitwert betreffende Sonderregelung des § 247 AktG hat in allen ihren Absätzen vor allem zum Ziel, den in „Polizeifunktion" auftretenden Anfechtungskläger vor einem für ihn nicht tragbaren Kostenrisiko zu bewahren.[33] Nur aus diesem Grund verändert § 247 Abs. 2 AktG durch einen sog. gespaltenen Streitwert das von § 91 ZPO ausgehende prozessuale Kostenrisiko in gewissem Umfang zu Lasten der Gesellschaft. Auch insofern bleibt es aber dabei, dass das Aktienrecht allein die *allgemeine prozessuale Regel* im Auge hat, wonach die unterliegende Partei sämtliche Kosten zu tragen hat (§ 91 ZPO). So selbstverständlich es ist, dass eine prozessuale Kostenerstattungspflicht nur die am Prozess Beteiligten treffen kann, so wenig ist damit ein materieller Kostenersatzanspruch der Gesellschaft ausgeschlossen, mag er auch bei der *Publikums*-Aktiengesellschaft in aller Regel ausscheiden, weil dort kaum je von einem Gesellschafterstreit im hier vorgestellten Sinn die Rede sein kann und der Vorstand zudem hinsichtlich des Prozesses keinerlei Einfluss seitens der beschlussfassenden Mehrheit unterliegt. Für die viel stärker personalistisch ausgerichtete GmbH, die sich im Innenverhältnis der Rechtslage in

---

[33] Dazu nur *Hüffer* AktG, 9. Aufl. 2010, § 247 Rn. 1 f.; eine „soziale Zielrichtung" gilt namentlich für § 247 Abs. 2, aaO Rn. 2.

der Personengesellschaft stark annähert,[34] muss dies aber nicht gelten; hier gilt erst recht, dass dem nur analog anwendbaren Aktienrecht keine Wertung zu entnehmen ist, die eine materielle Kostenerstattungspflicht der Gesellschaft im Falle eines Gesellschafterstreits ausschließt.

bb) Kein Ausschluss materieller Kostenerstattungsansprüche durch § 246 AktG (analog)

Die Zuweisung der Beklagtenrolle an die Gesellschaft durch § 246 AktG, zumal im Rahmen der analogen Anwendung auf die GmbH, hat nicht zum Ziel, der Gesellschaft im Falle ihres Unterliegens endgültig die Kostenlast aufzuerlegen. Diese Kostenlast ist, wie gesehen, lediglich eine Konsequenz aus der *allgemeinen* prozessualen Kostenverteilungsregel (§ 91 ZPO). Vielmehr dient die Parteirolle der Gesellschaft vor allem dazu, die alternativ bei Gesellschafterstreitigkeiten über die Grundlagen und sonstigen gemeinsamen Angelegenheiten ernsthaft in Betracht kommende Beklagtenrolle *sämtlicher* übriger Gesellschafter zu vermeiden, die zu ganz erheblichen Schwierigkeiten führte.[35] Diese Probleme haben selbst im Personengesellschaftsrecht zu Vorschlägen geführt, die Beklagtenrolle überall dort der Gesellschaft zuzuweisen, wo es um die Wahrnehmung eines Gesamtinteresses geht, obwohl hier grundsätzlich die Gesellschafter gegeneinander zu klagen haben (worauf hier nicht weiter einzugehen ist).[36] Außerdem ist die Parteirolle der Gesellschaft das prozessual effektivste Mittel, divergierende Entscheidungen zu vermeiden, wie sie sonst in der Mehrpersonengesellschaft drohen. Mit anderen Worten ist die Parteirolle der Gesellschaft der beste Weg, die Einheitlichkeit der Entscheidung sicherzustellen, die wiederum Voraussetzung für die *inter-omnes-Wirkung* des Urteils ist und damit für die endgültige Erledigung des Streits um die Wirksamkeit von Gesellschafterbeschlüssen.[37] Auf diesen Zusammenhang, namentlich auf die Gründe einer „zweckmäßigen Verfahrensorganisation", hat das LG Karlsruhe in dem erwähnten Urteil deshalb durchaus zu Recht hingewiesen.[38]

Aus dem Ziel der prozessökonomisch wirksamsten Organisation des Anfechtungsverfahrens lässt sich aber für die Frage der endgültigen Kostentragung nichts gewinnen; *keines* der erwähnten Ziele erfordert es vielmehr, dass die Prozesskosten auch im materiellen Sinne der Gesellschaft endgültig auferlegt werden. Das gilt wiederum erst recht in der zweigliedrigen GmbH, wo schon die Zuweisung der Klagerolle an die Gesellschaft nicht unbedingt erforderlich wäre, weil sich sämtliche hiermit verfolgten Zwecke auch dadurch verwirklichen ließen, dass der anfechtende den (einzigen) beschlussfassenden Gesellschafter verklagt. Dass die hM insofern gleichwohl – zu Recht – an der Parteirolle der Gesellschaft festhält, beruht allein auf Gründen der Rechtssicherheit.[39]

cc) Zur Zuweisung der Kostenlast aufgrund Handelns im Drittinteresse (§ 670 BGB analog)

Als materiell-rechtliche Grundlage für einen verschuldensunabhängigen Erstattungsanspruch der Gesellschaft bietet sich in erster Linie eine Analogie zu § 670 BGB an; auf diese Weise lässt sich die unter aa) beschriebene effizienteste Verteilung der Kostenlast am überzeugendsten mit dem materiellen Recht verknüpfen. Nach dieser Vorschrift hat im Falle eines fremdnützigen Handelns der Beauftragte Anspruch auf Ersatz aller im Interesse des Auftraggebers getätigten Aufwendungen, und zwar gerade auch für den Fall, dass der Beauftragte unentgeltlich tätig wird. Der in § 670 BGB verankerte Gedanke wird allgemein als so selbstverständlich und notwendig bezeichnet, dass er auch ohne besondere gesetzliche

[34] Statt aller nur *Ulmer* in: Ulmer/Habersack/Winter, GmbHG, 2005, Einl. A Rn. 7.

[35] Das zeigt etwa die Diskussion um die Parteirollen bei der Auflösungsklage in der Personenhandelsgesellschaft, dazu nur *Schäfer* in: Staub, HGB, 5. Aufl. 2009, § 133 Rn. 48 ff.; zur Ausschließungsklage ebd. § 140 Rn. 36 ff.

[36] Nachweise bei *Schäfer* in: Staub, HGB, 5. Aufl. 2009, § 133 Rn. 48.

[37] Dazu nur *Zöllner* in: Baumbach/Hueck, GmbHG, 19. Aufl. 2010, Anh. § 47 Rn. 176 f.

[38] GmbHR 1998, 687, 690.

[39] S. nur *Zöllner* in: Baumbach/Hueck, GmbHG, 19. Aufl. 2010, Anh. § 47 Rn. 163.

Anordnung in vergleichbaren Interessenlagen anzuwenden sei.[40] Eine solche vergleichbare Interessenlage lässt sich, zumal in der Zweipersonenkonstellation des Beispielsfalls, leicht feststellen: Die Fremdnützigkeit des – unentgeltlichen – Handelns der Gesellschaft liegt im Falle von *Grundlagenentscheidungen oder sonstigen gemeinsamen Angelegenheiten* (zB Gewinnverwendungsbeschlüssen) auf der Hand, weil in diesem Falle die Prozessführung einem Teil der Gesellschafter ermöglichen soll, ihre Interessen gegen den anderen Teil durchzusetzen. Das ist im Falle einer Ausschließung des einen Gesellschafters durch den anderen offensichtlich, gilt aber auch sonst, wo es nicht um Geschäftsführungsentscheidungen, sondern um die Veränderung der Grundlagen der Gesellschaft bzw. sonstige gemeinsame Angelegenheiten der Gesellschafter geht.[41] Soweit die Gesellschaft in solchen Fällen durch ihre Prozessführung die Position eines Gesellschafters gegen diejenige des anderen verteidigt, handelt sie jedenfalls ganz überwiegend in dessen Interesse. Damit erweist sich der Gedanke des § 670 BGB als das Mittel der Wahl, um zu einer angemessenen Risikoverteilung unter den Beteiligten zu gelangen: Die Gesellschaft kann sich wegen der ihr im Interesse des beschlussfassenden Gesellschafters getätigten Aufwendungen bei diesem erholen.

Dies alles wird man erst recht annehmen müssen, wenn der vorrangig interessierte Gesellschafter über den Geschäftsführer zusätzlich erheblichen Einfluss auf die Prozessführung der Gesellschaft ausübt. Es wäre sogar erwägenswert, den vorrangig am Ausgang des Verfahrens interessierten Gesellschafter als verpflichtet anzusehen, der Gesellschaft als Streitgenosse beizutreten, um auf diese Weise seinen Einfluss auf die Prozessführung transparent zu machen, was automatisch zu seiner auch prozessualen Kostenbeteiligung führen würde (§§ 101 Abs. 2, 100 ZPO) und sogar seine alleinige Kostentragungspflicht bedeutete, wenn nur er als Streitgenosse Rechtsmittel einlegt (§ 97 Abs. 1 ZPO). Unabhängig hiervon verstärkt jedenfalls die Einflussnahme auf die Prozessführung der Gesellschaft den Gedanken, dass diese „im Auftrag“, dh. im überwiegenden Interesse des Gesellschafters, Aufwendungen gemacht hat, so dass die analoge Anwendung des § 670 BGB wegen der auftragsähnlichen Einflussnahme weiter an Plausibilität gewinnt (ohne dass es hierauf aber noch entscheidend ankäme).

dd) Keine Beschränkung des verschuldensunabhängigen Ersatzanspruchs auf die Zweipersonengesellschaft

Sprechen somit jedenfalls für die Zweipersonengesellschaft die besseren Gründe für einen auf eine Analogie zu § 670 BGB gestützten verschuldensunabhängigen Kostenerstattungsanspruch in Gestalt eines Aufwendungsersatzes, sofern die Gesellschaft im Beschlussmängelstreit den Beschluss verteidigt, so bleibt wiederum die Frage, ob der Anspruch hierauf beschränkt ist. Maßgeblich sind insofern einerseits die unter aa) beschriebenen Effizienzerwägungen, andererseits das für § 670 BGB maßgebliche Handeln im Drittinteresse. Letzteres verlangt, dass die Gesellschaft im überwiegenden Gesellschafterinteresse agiert. Wie schon ausgeführt, ist dies – bei der gebotenen typisierenden Betrachtungsweise – in allen Fällen eines Gesellschafterstreits, namentlich also bei sämtlichen Grundlagenbeschlüssen sowie in sonstigen gemeinsamen Angelegenheiten wie der Bilanzfeststellung und Gewinnverwendung der Fall, nicht jedoch im Geschäftsführungsbereich. Für Prozesskosten, die durch Verteidigung gegen die einen Geschäftsführungsbeschluss bekämpfende Anfechtungsklage entstehen, ist somit für einen verschuldensunabhängigen Erstattungsanspruch kein Raum; insofern bleibt nur der unter b) beschriebene Schadensersatzanspruch.

Etwas weniger sinnfällig ist die Abgrenzung in *personaler Hinsicht,* namentlich die Frage, ob der Anspruch auch jenseits der beispielhaften Konstellation einer Zweipersonengesellschaft Anerkennung finden kann. Mit Rücksicht auf das Ziel einer effizienten Zuweisung

[40] Vgl. zum Normzweck des § 670 BGB und seiner verallgemeinerungsfähigen Bedeutung nur MünchKommBGB/*Seiler* 5. Aufl. 2009, § 670 Rn. 3; *Czub* in: Bamberger/Roth, BGB, 2. Aufl. 2008, § 670 Rn. 1; s. auch Mot. bei *Mugdan* II S. 951 ff. und BGH NJW 1960, 1568.

[41] Zu dieser Kategorie s. nur *Schäfer* in: Staub, HGB, 5. Aufl. 2009, § 119 Rn. 14.

des Schadens nach dem Veranlassungsprinzip (s. aa) muss insofern maßgeblich sein, dass im Wesentlichen diejenigen den Schaden – in Gestalt der Prozesskosten – tragen, die ihn veranlasst haben und mithin der oder diejenigen Gesellschafter, die den rechtswidrigen Beschluss gefasst bzw. auf die Prozessführung der Gesellschaft Einfluss genommen haben. Bei der wiederum gebotenen typisierenden Betrachtungsweise wird man dies auch dann noch annehmen können, wenn die gegen den Beschluss opponierenden Gesellschafter – also diejenigen, die Klage erhoben oder mindestens mit Nein gestimmt haben – zu 10% oder weniger an der Gesellschaft beteiligt sind und deshalb auch nur zu einem entsprechend geringen Anteil die (Prozess-)Kosten der Gesellschaft indirekt tragen müssten. Oder anders gewendet: Tragen die beschlussfassenden Gesellschafter zu 90% oder mehr die durch die Prozessführung entstehenden Kosten, so kann man zum einen noch von einer effizienten Schadenszuordnung ausgehen und zum anderen infolge der Typisierung einen gewissen Vereinfachungseffekt für die Rechtsanwendung erzielen sowie vor allem Klagen nur gering beteiligter Gesellschafter sicher ausnehmen. Für die Unerheblichkeitsschwelle erscheint es plausibel, an das im GmbH-Recht übliche Minderheitsquorum anzuknüpfen (§ 50 Abs. 1 GmbHG, § 39 Abs. 5 InsO), wobei aber gewiss auch andere Zahlen denkbar wären. In jedem Falle sollte das Ziel sein, einen (verschuldensunabhängigen) Erstattungsanspruch auszuschließen, sofern die Beschlussmängelklage von nur gering beteiligten Gesellschaftern geführt wird oder, allgemeiner gesprochen, geringe (indirekte) Kostenbelastungen auszuscheiden, weil insofern ohnehin keine messbare Präventionswirkung zu erwarten ist. Außerdem wird man den Anspruch bei Publikumsgesellschaften generell ablehnen wollen, weil das Veranlassungsprinzip hier naturgemäß an seine Grenzen stößt.

3. Fazit und Folgerungen für den Beispielsfall

Ist die GmbH im Beschlussmängelstreit unterlegen und werden ihr deshalb gemäß § 91 ZPO die Kosten auferlegt, so kommt unter zwei Aspekten ein Kostenerstattungsanspruch gegen Gesellschafter in Betracht: Er kann für alle Beschlussangelegenheiten auf Treupflichtverletzung gestützt werden, sofern den beschlussfassenden Gesellschaftern ein Verschuldensvorwurf zu machen ist, sie also entweder schon bei Beschlussfassung die Unwirksamkeit des Beschlusses erkennen konnten oder jedenfalls zu einem späteren Zeitpunkt, an dem wenigstens ein Teil der Kosten durch Erledigung des Streits noch hätte abgewendet werden können (in diesem Fall ist der Anspruch der Höhe nach auf den entsprechenden Teilbetrag begrenzt). Die Gesellschafter, die dazu ohne Mitwirkung ihrer Mitgesellschafter nicht in der Lage sind, können der Haftung entgehen, sofern sie sich um die Korrektur des rechtswidrigen Beschlusses gegenüber ihren Mitgesellschaftern bzw. dem Geschäftsführer bemüht haben. Entsprechend den allgemeinen Regeln ist einfache Fahrlässigkeit (Erkennbarkeit der Rechtswidrigkeit) zur Begründung des Anspruchs ausreichend.

Daneben kommt bei einem Rechtsstreit um Beschlüsse in Grundlagen- und sonstigen gemeinsamen Angelegenheiten der Gesellschafter ein verschuldensunabhängiger Erstattungsanspruch analog § 670 BGB in Betracht, namentlich also in den Fällen, in denen die Gesellschaft die Verteidigung des Beschlusses im (überwiegenden) Interesse der beschlussfassenden Gesellschafter übernimmt. Der Anspruch dient einer effizienten Verteilung des Schadens(risikos) nach dem Veranlassungsprinzip. Er ist demgemäß zu begrenzen auf diejenigen Fälle, in denen auch der Anfechtungskläger selbst – bzw. die dem rechtswidrigen Beschluss nicht zustimmenden Gesellschafter – kraft seiner Gesellschafterstellung indirekt erheblich an den Kosten beteiligt wäre. Aus Typisierungs- und Vereinfachungsgründen wird man dies immer dann annehmen können, wenn der Kläger (ggf. gemeinsam mit den nicht zustimmenden Gesellschaftern) zu mehr als 10% an der Gesellschaft beteiligt ist.

Sofern es sich bei der GmbH ausnahmsweise um eine Publikumsgesellschaft handelt, scheidet ein verschuldensunabhängiger Kostenerstattungsanspruch gegen die Gesellschaft von vornherein aus. Hinsichtlich eines auf Treupflichtverletzung gestützten Schadensersatzanspruchs spricht überdies einiges dafür, diesen dann entsprechend der „Girmes"-Doktrin von vorsätzlichem Handeln abhängig zu machen.

Die Nichterfüllung des Erstattungsanspruchs ist ihrerseits eine (Treu-)Pflichtverletzung, für die unter dem Aspekt des Verzuges auf Zins und Schadensersatz gehaftet wird. Das gilt insbesondere, wenn die Gesellschaft daraufhin in Zahlungsschwierigkeiten geraten sollte.[42]

Im *Beispielsfall,* der den Ausschließungsbeschluss des einen gegen den anderen Gesellschafter betrifft, ist der beschlussfassende Gesellschafter der GmbH unter beiden Aspekten zur Erstattung der ihr aus der Anfechtungsklage erwachsenen Prozesskosten verpflichtet: Ihm war die Rechtswidrigkeit des Beschlusses schon bei der Beschlussfassung erkennbar, so dass er eine Treupflichtverletzung sowohl gegenüber der prozessführenden Gesellschaft wie auch dem Mitgesellschafter gegenüber beging. Eine Reduktion des Sorgfaltsmaßstabs scheidet insofern aus; es fehlt schon allgemein jede Rechtfertigung dafür, eine unsorgfältige Stimmrechtsausübung in der normalen (personalistischen) GmbH zu privilegieren. Hinzu kommt, dass gerade die Ausschließung eines Gesellschafters keinen Raum für Unsorgfältigkeit lässt. Zusätzlich ist der Erstattungsanspruch auch analog § 670 BGB begründet, weil die Gesellschaft die Rechtsverteidigung des Beschlusses im ganz überwiegenden Interesse des beschlussfassenden Gesellschafters übernommen hat; denn bei der Ausschließung handelt es sich zweifellos um eine Grundlagenangelegenheit, und sie ist überdies gleichsam der Prototyp eines Gesellschafterstreits. Ferner muss eine effiziente Zuordnung des Risikos vermeiden, dass der Schadensveranlasser einen Gutteil des Schadens auf den betroffenen Gesellschafter abwälzen kann, was im Falle einer Zweipersonengesellschaft in besonderem Maße der Fall wäre, beließe man es hier bei der prozessualen Kostenverteilung.

III. Zusammenfassung der Ergebnisse

1. Ein Kostenersatzanspruch der im Beschlussmängelstreit unterlegenen GmbH gegen ihre Gesellschafter kann zunächst auf die Verletzung der Treupflicht gestützt werden, sofern die beschlussfassenden Gesellschafter entweder schon bei der Beschlussfassung die Unwirksamkeit des Beschlusses erkennen konnten oder dies zu einem späteren Zeitpunkt der Fall war, an dem wenigstens ein Teil der Kosten durch eine Erledigung des Streits noch hätte abgewendet werden können (in diesem Fall ist der Anspruch der Höhe nach auf den entsprechenden Teilbetrag begrenzt).

2. Die Haftung – abweichend von allgemeinen Regeln – auf grobes Verschulden oder gar Vorsatz zu beschränken, kommt nicht in Betracht:

a) Weder ist eine Haftungsmilderung zur Privilegierung der Stimmrechtsausübung in Relation zu anderen Verwaltungsrechten allgemein zu rechtfertigen, noch kann dies auf den Aspekt der Ausübung eigennütziger Rechte gestützt werden. Bei Beschlüssen über Geschäftsführungsangelegenheiten kommt allerdings auch den Gesellschaftern die Business Judgment Rule (analog § 93 Abs. 1 S. 2 AktG) zugute.

b) Dem Aktienrecht – zumal bei seiner entsprechenden Anwendung auf die GmbH – kann keine klare Wertung dahin entnommen werden, dass die an die Parteirolle der Gesellschaft geknüpfte prozessuale Kostentragungspflicht materielle Erstattungsansprüche im Verhältnis zwischen der Gesellschaft und ihren Gesellschaftern ausschließt.

c) Dies alles gilt in besonderem Maße für den Ausschließungsbeschluss in der Zweipersonengesellschaft aus dem Beispielsfall.

3. Sofern der Streit Beschlüsse in Grundlagen- und sonstigen gemeinsamen Angelegenheiten der Gesellschafter betrifft, kommt daneben auch ein verschuldensunabhängiger

---

[42] S. etwa BGH Urt. v. 3.7.1978 – II ZR 180/76, WM 1978, 1205, 1206; Urt. v. 25.9.1986 – II ZR 262/85, BGHZ 98, 276 = NJW 1987, 189, 190; BGH NJW 1985, 974, 974 f. zum Verzicht auf die Verzinsung von Gesellschafterdarlehen in der Publikumsgesellschaft.

Erstattungsanspruch analog § 670 BGB in Betracht; denn in diesen Fällen übernimmt die Gesellschaft die Verteidigung des Beschlusses im (überwiegenden) Interesse der beschlussfassenden Gesellschafter. Der Anspruch dient einer effizienten Verteilung des Schadens(risikos) nach dem Veranlassungsprinzip. Es gilt deshalb zu verhindern, dass der Anteilskläger selbst an den Kosten in wesentlichem Umfang kraft seiner Gesellschafterstellung indirekt beteiligt wird. Hier wird vorgeschlagen, dies immer dann anzunehmen, wenn der Kläger (ggf. gemeinsam mit anderen widersprechenden Gesellschaftern) zu mehr als 10% an der Gesellschaft beteiligt ist.

4. Sofern es sich bei der GmbH ausnahmsweise um eine Publikumsgesellschaft handelt, scheidet ein verschuldensunabhängiger Kostenerstattungsanspruch gegen die Gesellschaft von vornherein aus. Hinsichtlich des auf Treupflichtverletzung gestützten Schadensersatzanspruchs spricht dann überdies einiges dafür, diesen entsprechend der „Girmes"-Doktrin von vorsätzlichem Handeln abhängig zu machen.

KARSTEN SCHMIDT

Unbeschränkte Außenhaftung/unbeschränkte Innenhaftung

– Stimmigkeitsprobleme der Haftungsabwicklung –

Übersicht

I. Grundlagen

1. Zum Grundsatz der unbeschränkten Haftung

Das Unternehmensrecht kennt einen Grundsatz der unbeschränkten Haftung:[1] Wo wir es nicht mit nichtwirtschaftlichen Tätigkeiten zu tun haben (in dieser Besonderheit liegt die Grundlage des vereins- und stiftungsrechtlichen Haftungssonderrechts[2]), gibt es keine

[1] Vgl. nur BGHZ 142, 315, 319 = NJW 1999, 3483, 3484 = NZG 1999, 1095, 1096; *Karsten Schmidt* Gesellschaftsrecht, 4. Aufl. 2002, § 18 IV 1; *Wiedemann* Gesellschaftsrecht, Bd. II, 2004, S. 657 f., 728 ff; ausführlich *André Meyer* Der Grundsatz der unbeschränkten Verbandsmitgliederhaftung, 2006, S. 104 ff.

[2] Vgl. nur MünchKommBGB/*Reuter* 5. Aufl. 2006, Vor §§ 21, 22 Rn. 9 ff., Vor § 80 Rn. 131 ff.

Haftungsbeschränkung ohne Wahrung spezifischer Legitimationsvoraussetzungen.[3] Diese auf vielfältigen Wertprämissen beruhende hM wird hier vorausgesetzt.[4] Sie praktisch umzusetzen, ist Aufgabe der Gesetzgebung und Rechtsprechung, insbesondere des mehr als fünf Jahre lang von *Wulf Goette* geführten II. Zivilsenats. Diese Aufgabe schließt eine im engsten Sinne „juristische", scheinbar rein rechtstechnische Frage ein: die nach der Außen- oder Innenabwicklung der unbeschränkten Haftung.[5] Davon ist hier zu handeln.

2. Unbeschränkte und beschränkte Haftung

Von der unbeschränkten Haftung soll die Rede sein. Dass auch die beschränkte Haftung Innen- und Außenhaftung sein kann, ist nicht weniger unverkennbar. Wenn man, wie der Gesetzgeber,[6] den Begriff „Haftung" nicht technisch-perfektionistisch auf die Haftung für fremde Schuld begrenzt (die GmbH wäre in diesem Sinne nach § 13 Abs. 2 GmbHG eine „Gesellschaft ohne Haftung"),[7] steht die beschränkte Kommanditistenhaftung (§§ 171 Abs. 1, 172 Abs. 4 HGB) modellhaft für die beschränkte Außenhaftung, die Verantwortlichkeit der GmbH-Gesellschafter für die Aufbringung und Erhaltung des Stammkapitals (§§ 19, 31 GmbHG) demgegenüber als Modell für die beschränkte Innenhaftung. Ihrer Schärfe nach gleichen sich die beiden Modelle nicht vollständig, vielmehr ist die GmbH-Haftung im Detail strenger. Wir sehen dies

- erstens an der nicht summenmäßig begrenzten Haftung für verbotene Ausschüttungen (§ 31 Abs. 1 GmbHG),
- zweitens an der wechselseitigen Ausfallhaftung der Gesellschafter (§§ 24, 31 Abs. 3 GmbHG),
- drittens an dem immer noch nicht gänzlich beseitigten Verbot der verdeckten Sacheinlage (§ 19 Abs. 4 GmbHG) und
- viertens an der Verjährungsfrist des § 19 Abs. 6 GmbHG (die bemerkenswerterweise in § 31 Abs. 5 GmbHG keine Entsprechung findet).

Erkennbar dominiert zwischen der KG und GmbH die Verschiedenheit, weshalb ja die analoge Anwendung der §§ 30, 31 GmbHG auf die GmbH & Co. KG[8] so viel bedeutet. Doch ist dies nur ein Seitenblick. Es leuchtet ein, dass die beschränkte Haftung typischerweise bloß Innenhaftung ist, wie ja sogar das Verständnis der Kommanditgesellschaft historisch das einer offengelegten stillen Gesellschaft – also das einer Innengesellschaft – war.[9] Bei der unbeschränkten Haftung, um die es hier gehen wird, gilt es, ganz umgekehrt, dem zunächst im Verborgenen liegenden Aspekt der Innenhaftung und Innenabwicklung und seinem Verhältnis zur Außenhaftung Genüge zu tun.

---

[3] Grundlegend *Wiedemann* in: Wiedemann/Bär/Dabin, Die Haftung des Gesellschafters in der GmbH, 1968, S. 6 ff.

[4] *Karsten Schmidt* Zur Stellung der OHG im System der Handelsgesellschaften, Diss. Bonn 1972, S. 102 ff.

[5] Hierzu und zu den Funktionen der Haftung vgl. grundlegend *Wiedemann* Gesellschaftsrecht, Bd. I, 1980, S. 535 ff.

[6] Auch die aus heutiger Sicht akzessorische Mithaftung der Personengesellschafter war in der Sicht des Gesetzgebers eine Haftung für eigene Schuld; vgl. zum Ersten Entwurf, noch vor der Einführung des Gesamthandsprinzips, Motive in: Mugdan II, 1899, S. 340 f. (Vertretung der Mitgesellschafter), S. 351 (Liquidation); das gilt selbst für § 128 HGB (vgl. *Lutz* Protokolle der Kommission zur Berathung eines allgemeinen, deutschen Handelsgesetzbuches, 1858–1867, S. 165, 1002).

[7] *Karsten Schmidt* Gesellschaftsrecht, 4. Aufl. 2002, § 18 IV 3 a.

[8] So im Ergebnis (nicht in der Methode) die st. Rspr. seit BGHZ 60, 324 = NJW 1973, 1036; zur Anwendung auf den Nur-Kommanditisten vgl. BGHZ 110, 355 = NJW 1990, 1725; zur Methode vgl. *Karsten Schmidt* Gesellschaftsrecht, 4. Aufl. 2002, § 56 V 1 b.

[9] Zur Historie vgl. *Jander* Komplementär und Kommanditist in der verbandsrechtlich verselbständigten Kommanditgesellschaft, Diss. Hamburg 2008, S. 14 ff.; *Karsten Schmidt* JZ 2009, 425, 426 f.

3. Außenhaftung und Innenhaftung: unterschiedlich beschwerlich ... auch unterschiedlich gefährlich?

a) Unbeschränkte Außenhaftung und unbeschränkte Innenhaftung sind im Ergebnis nicht unterschiedlich streng, aber sie werden – wer hätte das gedacht? – unterschiedlich exekutiert. Vergleichen wir einmal als Standardbeispiele die unbeschränkte Außenhaftung eines persönlich haftenden Gesellschafters (§ 128 bzw. §§ 161 Abs. 2, 128 HGB) mit der unbeschränkten Verlustausgleichspflicht eines herrschenden Unternehmens (§ 302 AktG), so fallen zunächst die Unterschiede ins Auge. Den direkt zugreifenden Gesamtschuldgläubiger einen „Pascha" zu nennen, wie *Philipp Heck* dies einst tat,[10] käme uns heute vielleicht nicht in den Sinn, aber der durch keine Rücksichtnahmepflichten gehinderte Direktzugriff des Gesellschaftsgläubigers[11] ist nun einmal etwas durchaus anderes als das Angebot, Innenhaftungsansprüche der Gesellschaft gegen die Haftungsschuldner zu pfänden. Für den haftenden Gesellschafter bedeutet dieser Direktzugriff eine Verschärfung des Liquiditätsrisikos. Und doch ist hinsichtlich des aggregierten Gesamthaftungsrisikos das Haftungsvolumen dasselbe, mögen nun die Gesellschafter gesamtschuldnerisch mit Innenausgleich oder von vornherein nur im Innenverhältnis haften.

b) Der Unterschied zwischen der Außen- und Innenhaftung liegt, einem vom Verfasser im Zusammenhang mit der Vorgesellschaftshaftung verwendeten Bild[12] zufolge, in der Drehrichtung des Haftungs- und Regresskarussells. Die unbeschränkte Außenhaftung lässt jeden Gesellschafter unbeschränkt und gesamtschuldnerisch für die Gesellschaftsschulden einstehen und überlässt ihm, da eine Erstattung durch die Gesellschaft (§ 110 HGB) in Haftungsfällen ein eher theoretischer Fall ist, die Mühsal, Regress bei den Mithaftenden als Teilschuldnern einzusammeln (§ 426 Abs. 1 BGB). Die Innenhaftung ist regelmäßig eine nur teilschuldnerische mit Ausfallhaftung (vgl. § 24 GmbHG). Dieses Konzept überlässt es der Gesellschaft, ihrem Insolvenzverwalter oder einem pfändenden Gesellschaftsgläubiger, den Haftungsbetrag bei den Haftenden einzusammeln, und mutet ihm bei Ausfällen sogar zu, eventuell nochmals neue Runden im Gesellschafterkreis zu drehen.

II. Außenhaftung oder Innenhaftung?

1. Rechtspolitische Vorgaben

Der soeben herausgestellte Unterschied bestimmt die rechtspolitische Entscheidung für das Außen- oder Innenhaftungsmodell. Der Vergleich zwischen einem herrschenden Unternehmen als Komplementär einer Personengesellschaft (Außenhaftung nach §§ 161 Abs. 2, 128 HGB) und der verlustausgleichspflichtigen Konzernspitze im Recht des Vertragskonzerns bei Kapitalgesellschaften (Innenhaftung nach § 302 AktG) lässt dies klar erkennen. Die persönliche Komplementärhaftung und der Verlustausgleich bewirken einen qualitativ ebenbürtigen Gläubigerschutz, aber der Abwicklungsmodus ist vollkommen unterschiedlich. Nach § 302 AktG haftet die Konzernmutter nur im Innenverhältnis, gleich als führte die Tochter ihr Unternehmen zwar im eigenen Namen, jedoch nur treuhänderisch für Rechnung der Mutter. Das ist positivrechtlich so angeordnet und überzeugt, denn die Konzernhaftung nach § 302 AktG geht von einer Tochter-AG – oder GmbH[13] – aus,

---

[10] *Heck* Grundriss des Schuldrechts, 1929, S. 234.

[11] BGH NZG 2007, 822 = JuS 2007, 1153 (*Karsten Schmidt*).

[12] *Karsten Schmidt* ZIP 1996, 353, 357; *ders.* ZHR 156 (1992), 93, 113; zusammenfassend *ders.* Gesellschaftsrecht, 4. Aufl. 2002, S. 1023; *ders.* in: Scholz, GmbHG, 10. Aufl. 2006, § 11 Rn. 82; zustimmend *Sandberger* in: FS Fikentscher, 1998, S. 389, 411.

[13] Zur analogen Anwendung des § 302 AktG vgl. BGHZ 103, 1, 4 f. = NJW 1988, 1328; BGHZ 118, 37, 39 = NJW 1992, 505; BGHZ 142, 382, 384 = NJW 2000, 210.

die die gesetzlichen Legitimationsvoraussetzungen der Haftungsbeschränkung im Außenverhältnis trotz Fehlens eines unbeschränkt haftenden geschäftsführenden Gesellschafters erfüllt. Aber nicht alle Gestaltungen sind so einfach.

2. Der Streitfall Vorgesellschaft

a) Im Fall der Vorgesellschafterhaftung hat der Gesetzgeber nicht vorgesorgt. Er hat vielmehr alles getan, um die Haftungsfrage gar nicht erst aufkommen zu lassen. Die aus heutiger Sicht veraltete Formulierung der §§ 41 Abs. 1 S. 1 AktG, 11 Abs. 1 GmbHG war ein bewusst gesetztes Signal, dass der Aktiengesellschaft und der GmbH vor ihrer Eintragung nicht bloß die Anerkennung „als solche", d.h. als Gesellschaft „mit beschränkter Haftung", sondern jedwede Art Rechtspersönlichkeit klar versagt sein sollte. Für Gesellschaftsverbindlichkeiten und für eine Gesellschafterhaftung neben der gesetzlichen Handelndenhaftung (§ 41 Abs. 1 S. 2 AktG, § 11 Abs. 2 GmbHG) war nach diesem Verständnis kein Raum, weshalb der BGH vor dem Urteil BGHZ 47, 25 = NJW 1967, 828 eine Gesellschafterhaftung nur durch Gleichstellung der Gesellschafter mit vorbelastend handelnden Organen, also durch den umstrittenen „weiten Handelndenbegriff" begründen zu können glaubte.[14] Mit der nun schon jahrzehntelang andauernden Praxis ist aber die Handelndenhaftung als reine Organhaftung anzusehen.[15] Sie trägt eine Gesellschafterhaftung der Gründer nicht.

b) Es hat lange gedauert, bis der BGH daneben die unbeschränkte Haftung der Vor-Gesellschafter anerkannte. Die bis Mitte der 90er Jahre vertretene Annahme einer auf die Einlagen beschränkten persönlichen Haftung,[16] lief im Kern auf eine unausgesprochene Ablehnung jeder über die versprochenen Einlagen hinausgehenden Haftung hinaus, wie sie gleichfalls vertreten wurde.[17] Eine zur Rechtfertigung dieser Rechtsprechung vorgeschlagenen Analogie zur Kommanditistenhaftung[18] konnte diese Haftungsbegrenzung nur vergleichend erläutern, nicht aber rechtfertigen. Es war deshalb ein großer Schritt nach vorn, als durch das Urteil BGHZ 134, 333 = NJW 1997, 1507 die unbeschränkte Haftung der Gesellschafter für Vor-Verbindlichkeiten der GmbH anerkannt wurde. Dennoch trug das Urteil provisorische Züge insofern, als es die persönliche Gründerhaftung „erst mit dem Scheitern der Eintragung" entstehen lassen wollte[19] und diese Haftung obendrein als bloße Innenhaftung ausgestaltete.[20] Die endlich anerkannte Gründerhaftung sollte also, ähnlich wie die in BGHZ 80, 129 = NJW 1981, 1373 grundlegend entwickelte Vorbelastungshaftung, spontan an einem Stichtag, nämlich entweder am Eintragungsstichtag (BGHZ 80, 129 = NJW 1981, 1373) oder im Moment des Scheiterns der Gründung (BGHZ 134, 333, 341 = NJW 1997, 1507, 1510) gleichsam aus dem Nichts entstehen. Vor allem wurde sie als Innenhaftung konzipiert, die erst im Fall des qualifizierten Scheiterns

[14] RGZ 55, 302, 304; 70, 296, 301; BGH NJW 1955, 1228; zuletzt noch *Beuthien* ZIP 1996, 313.

[15] BGHZ 51, 30, 35 = NJW 1969, 509, 510 f.; BGHZ 66, 359, 360 f. = NJW 1976, 1685; BGHZ 89, 129, 135 = NJW 1981, 1373, 1374; zum Funktionswandel der Handelndenhaftung vgl. *Karsten Schmidt* GmbHR 1973, 146 ff.

[16] BGHZ 65, 378, 382 ff. = NJW 1976, 419, 420; BGHZ 72, 45, 48 f. = NJW 1978, 1978, 1979; BGHZ 80, 129, 135 = NJW 1981, 1373, 1376 (zweifelnd); BGHZ 91, 148, 152 = NJW 1984, 2164.

[17] OLG Dresden ZIP 1996, 718; *Huber* in: FS Robert Fischer, 1979, S. 263, 282 ff.; *Meyer-Landrut* in: Meyer-Landrut/Müller/Niehus, GmbHG, 1987, § 11 Rn. 9; *Weimar* GmbHR 1988, 294 ff.

[18] So noch *Ulmer* ZGR 1981, 593, 610; *Ulmer* wurde später neben *Meister, Lieb* und *Stimpel* ein Vorreiter des Innenhaftungsmodells.

[19] BGHZ 134, 333, 341 = NJW 1997, 1507, 1510 m. Anm. *Altmeppen*.

[20] BGHZ 134, 333, 338 ff. = NJW 1997, 1507, 1508 m. Anm. *Altmeppen*; zustimmend etwa *Hueck/Fastrich* in: Baumbach/Hueck, GmbHG, 19. Aufl. 2010, § 11 Rn. 29; MünchKommGmbHG/*Merkt* 2010, § 11 Rn. 79; *Schroeter* in: Bork/Schäfer, GmbHG, 2010, § 11 Rn. 51; *Ulmer* in: Ulmer/Habersack/Winter, GmbHG, 2005, § 11 Rn. 79 ff.

irgendwann – ex ante kaum feststellbar – zur Außenhaftung der dann nur noch „unechten Vorgesellschaft“ mutiert.[21]

c) Schon bei mehrfacher Gelegenheit wurde ausgeführt, was gegen diese Rechtsprechung zu sagen ist.[22] Sie basiert auf der Annahme, eine Außenhaftung sei im Grundsatz zu streng.[23] Das trifft nicht zu, weil sich doch nur das Regresskarussell verschieden herum dreht.[24] Unterschiedlich ist der Abwicklungsmodus. Das Innenhaftungskonzept erlegt einem Gläubiger der Vorgesellschaft die Last auf, festzustellen, ob aus der „echten“ Vorgesellschaft (Innenhaftung) schon eine „unechte“ geworden ist, und im Fall einer „echten“ Vorgesellschaft deren pro-rata-Ansprüche gegen die Gründer zu pfänden und durchzusetzen, ohne die individuellen Kapital- und Verlustbeteiligungen zu kennen.

Den Vorzug verdient, gerade auch vor der Realität der ohnedies meist um eine Außenhaftung der Gründer geführten Haftungsprozesse eine Umkehrung der von der hM angenommenen Regel: Solange sich die Gesellschafter das Privileg des § 13 Abs. 2 GmbHG nicht durch Eintragung verdient haben, haften sie für vorbelastende Gesellschaftsverbindlichkeiten als Gesamtschuldner, und erst die Eintragung macht aus dieser Außenhaftung eine dem § 735 BGB entsprechende inhaltsgleiche Innenhaftung für die Altverbindlichkeiten. Die Außenhaftung ist gelebtes und richtiges Recht. Dass die Gesellschafter einer erfolgreich agierenden Vorgesellschaft die Außenhaftung nicht fürchten müssen, beruht nicht auf Rechtsgründen, sondern wie bei der OHG lediglich darauf, dass diese Haftung in solchen Fällen nicht geltend gemacht wird.[25]

3. Existenzvernichtungshaftung: ein Seitenblick

a) Ein lebhaft beackertes Feld in der Diskussion „Außenhaftung / Innenhaftung“ ist die Durchgriffsmaterie.[26] Auch sie ist ein Musterbeispiel dafür, dass eine Innenhaftung im Haftungsvolumen der Außenhaftung entsprechen kann. Nichts anderes belegte in dem „Video“-Urteil unseligen Andenkens der bestürzende Satz:[27] „Das hat freilich zur Folge, dass bei Gesellschaften mit beschränkter Haftung der mindestens mehrheitlich beteiligte Gesellschafter, der gleichzeitig alleiniger Geschäftsführer ist, schon immer dann persönlich für die Verluste der Gesellschaft einzustehen und – wegen der entsprechenden Anwendung des § 303 AktG – unter Umständen den Gläubigern zu haften hat, wenn er sich noch anderweitig unternehmerisch betätigt.“ Bestürzend war auch die Nonchalance, mit der der Senat seinerzeit den auf der Hand liegenden Widerspruch zu § 13 Abs. 2 GmbHG abtat. Mit dem beruhigenden Hinweis, es handle sich ja nur um eine Innenhaftung, war die zu Recht besorgte Geschäftswelt nicht zu beruhigen. Zwei Jahrzehnte liegt das zurück. Dazwischen liegt neben anderen vieldiskutierten Urteilen das an „Bremer Vulkan“[28]

---

[21] BGHZ 152, 290 = NJW 2003, 429 = JZ 2003, 626 m. Anm. *Langenbucher.*

[22] *Karsten Schmidt* Gesellschaftsrecht, 4. Aufl. 2002, § 34 III 3 c aa; *ders.* in: Scholz, GmbHG, 10. Aufl. 2006, § 11 Rn. 83 ff.; *ders.* ZHR 156 (1992), 93, 99 ff.; vgl. zB auch *Roth* in: Roth/Altmeppen, GmbHG, 6. Aufl. 2009, § 11 Rn. 55; *Schmidt-Leithoff* in: Rowedder/Schmidt-Leithoff, GmbHG, 4. Aufl. 2002, § 11 Rn. 98.

[23] BGHZ 134, 333, 340 = NJW 1997, 1507, 1509 mit Berufung auf *Ulmer* ZIP 1996, 733, 736.

[24] Das wird sogar eingeräumt bei BGHZ 134, 333, 341 = NJW 1997, 1507, 1509 m. Anm. *Altmeppen.*

[25] Nicht überzeugend deshalb die Verwunderung über den „Nachdruck, mit dem die Anhänger der Außenhaftung sich nach wie vor gegen die höchstrichterliche Rechtsfortbildung wenden“ (*Ulmer* in: Ulmer/Habersack/Winter, GmbHG, 2005, § 11 Rn. 79); hiervon abgesehen: Es wird nicht ein Zuviel, sondern ein Zuwenig an Rechtsfortbildung gerügt.

[26] Hier gilt der Grundsatz: Durchgriffsprobleme und Durchgriffslösungen sind nicht dasselbe; vgl. *Karsten Schmidt* Gesellschaftsrecht, 4. Aufl. 2002, § 9.

[27] BGHZ 115, 187, 195 = NJW 1991, 3142, 3144 – Video.

[28] BGHZ 149, 10 = NJW 2001, 3622 = NJW 2001, 3622 – Bremer Vulkan.

anknüpfende „KBV"-Urteil,[29] das unter den weitaus engeren Voraussetzungen eines existenzgefährdenden Eingriffs eine OHG-ähnliche Durchgriffs-Außenhaftung annahm, die „die Gesellschaftsgläubiger deshalb außerhalb des Insolvenzverfahrens grundsätzlich berechtigt, ihre Forderungen unmittelbar gegen die an den Eingriffen in das Gesellschaftsvermögen mitwirkenden Gesellschafter geltend zu machen, soweit sie von der Gesellschaft keine Befriedigung erlangen können". Lässt man sich nicht durch den Gegensatz Innenhaftung/Außenhaftung blenden, so erkennt man, dass hier eine mit gleicher Strenge ausgestattete Haftung an ganz andere Anforderungen geknüpft wurde als im Fall „Video".

b) Dass die Existenzvernichtungshaftung gleichwohl als Innenhaftung angelegt bleiben sollte, ist längst erkannt. Sieht man von der angreifbaren Anspruchsgrundlage (§ 826 BGB) ab, so wird die neuerliche Richtungsänderung der Rechtsprechung durch „Trihotel"[30] und „Gamma"[31] im Ergebnis mit Recht als ein Konsolidierungsprozess begrüßt.[32] Die Existenzvernichtungshaftung kann ungeachtet ihrer Gläubigerschutzrichtung als eine auf den Integritätsschutz der Gesellschaft zielende Verhaltenshaftung nur eine Innenhaftung sein. Aber damit endet auch der vergleichende Blick auf die Existenzvernichtungshaftung. Sie ist, anders als die bei „Video" noch angenommene unbeschränkte Haftung für eine Abstimmung von Außen- und Innenhaftung nur begrenzt geeignet, weil sie schlicht eines nicht ist: eine unbeschränkte Haftung für alle Gesellschaftsverbindlichkeiten.

4. Zwischenergebnis

Die gesetzlich nicht geregelte Vorbelastungshaftung im Gründungsrecht ist, anders als die Existenzvernichtungshaftung, ein Musterbeispiel für den Abstimmungsbedarf zwischen Außenhaftung und Innenhaftung. Diese Abstimmung ist nach der hier vertretenen Auffassung auch gewährleistet. Im Kern ist ja dem Grundlagenurteil BGHZ 134, 333, 337 = NJW 1997, 1507, 1509 zuzustimmen:[33] „Ein Haftungsgleichlauf vor und nach Eintragung ... erscheint ... unabdingbar." Nach der Eintragung bleibt von dieser Haftung nur noch die seit BGHZ 80, 129 = NJW 1981, 1373 anerkannte Unterbilanz-Innenhaftung, die aber nichts anderes ist als die nach innen gewendete unbeschränkte Haftung für Altverbindlichkeiten.

III. Außenhaftung und Innenabwicklung

1. Gesellschaftsrechtliche Innenabwicklung

Grundmodelle für die Innenabwicklung der Außenhaftung enthalten die §§ 735 und 739 BGB.[34] In der aufgelösten Gesellschaft sind die Gesellschafter nach § 735 BGB verlustdeckungspflichtig (ein Indiz dafür übrigens, dass die Abwicklung einer Personengesellschaft entgegen der hM[35] den Innenausgleich einschließt[36]), und auch ein ausscheidender Gesellschafter muss im Fall einer Unterdeckung (gleichsam als Kehrseite der Abfindung) anteilig für den Fehlbetrag aufkommen (§ 739 BGB). Anders als § 13 Abs. 2 GmbHG im Fall der

[29] BGHZ 151, 181 = NJW 2002, 3024 – KBV.

[30] BGHZ 173, 246 = NJW 2007, 2689 – Trihotel.

[31] BGHZ 176, 204 = NJW 2008, 2437 – Gamma.

[32] Exemplarisch *Osterloh-Konrad* ZHR 172 (2008), 274, 289.

[33] Der NJW-Abdruck enthält einen irreführenden Schreibfehler: „Haftungsausgleich" statt „Haftungsgleichlauf".

[34] Dazu *Wertenbruch* in: Westermann, Hdb. der Personengesellschaften, Stand 2009, Rn. 1782 ff.; *Wiedemann* Gesellschaftsrecht, Bd. II, 2004, S. 573, 577 f.

[35] Vgl. nur BGH NJW 1984, 435; NJW 1978, 424; NJW 2009, 2205, 2206.

[36] MünchKommHGB/*Karsten Schmidt* 2. Aufl. 2006, § 155 Rn. 16 ff.; *ders.* ZHR 153 (1989), 270, 296 f.

eingetragenen GmbH hindert freilich keine der beiden Bestimmungen den nach §§ 736 Abs. 2 BGB, 159, 160 HGB zeitlich limitierten Direktzugriff der Altgläubiger im Auflösungs- oder Ausscheidensfall. Dies ändert sich nur im Fall der Insolvenzverfahrenseröffnung, denn diese überführt die Verfügungs- und Prozessführungsbefugnis über die Außenhaftungsansprüche gemäß § 93 InsO auf den Insolvenzverwalter. In § 93 InsO ist die Notwendigkeit einer Abstimmung zwischen der materiellrechtlichen Außenhaftung und deren insolvenzrechtlicher Innenabwicklung geradezu modellhaft vorgegeben.

2. Außenhaftung als Innenhaftung: § 93 InsO

Diese Bestimmung, nach der die persönliche Gesellschafterhaftung in der Insolvenz der Gesellschaft ausschließlich vom Insolvenzverwalter und nicht von den durch sie geschützten Gläubigern geltend gemacht werden kann, ist ein Kind der Insolvenzrechtsreform.[37] § 93 InsO versteht sich als Ausdehnung der fast 100 Jahre älteren Regelung über die Kommanditistenhaftung in der Insolvenz (§ 171 Abs. 2 HGB)[38] auf die unbeschränkte Haftung.[39] So nützlich diese Regelung und so einleuchtend ihr Konzept aber ist, so überraschend war nach dem Inkrafttreten der Insolvenzordnung die Fülle der durch sie ausgelösten Folgeprobleme.[40] Die meisten hängen mit der Frage zusammen, ob die unbeschränkte Haftung, wenn ihre Exekution durch § 93 InsO in das Innenverhältnis verlegt wird (Zahlung zu Händen des Insolvenzverwalters statt an den individuellen Gläubiger), unverändert bleiben kann. Bekanntlich ist die Haftung nach § 128 HGB
– unmittelbar (= gegenüber den Gläubigern),
– primär (= nicht subsidiär gegenüber der Gesellschaftsschuld),
– stoffgleich (= auf Erfüllung und nicht nur auf Geld gerichtet) und
– gesamtschuldnerisch (= nicht bloß pro rata).

Kann nun diese Haftung auch bei der Abwicklung nach § 93 InsO noch eine primäre, stoffgleiche und gesamtschuldnerische Haftung für jede der persönlichen Haftung unterliegende Gesellschaftsverbindlichkeit sein? Das ist umstritten.

a) Die hM geht davon aus, dass sich an dem Haftungskonzept des § 128 HGB durch die Geltendmachung nach § 93 InsO nichts ändert.[41] Das ist, was den Umfang der haftungsgedeckten Verbindlichkeiten anlangt, auch richtig. § 93 InsO folgt dem § 128 HGB, nicht umgekehrt. Was aber den Abwicklungsmodus anlangt, erfährt die in das Innenverhältnis verlegte Haftungsabwicklung entgegen der wohl noch hM eine Änderung im Grundsätzlichen.

Die auch in der Insolvenz angeblich noch akzessorische Primärhaftung für alle haftungsbegründenden Verbindlichkeiten führt nach der hM dazu, dass der Insolvenzverwalter einer regulären Kommanditgesellschaft dem persönlich haftenden Gesellschafter jede Insolvenzverbindlichkeit der Gesellschaft zur Erfüllung durchreichen kann[42] und nur durch den Arglisteinwand gehindert ist, die Masse durch Inanspruchnahme des persönlich haftenden

---

[37] Insolvenzordnung vom 5.10.1994, BGBl. I S. 2866.

[38] Dazu MünchKommHGB/*Karsten Schmidt* 2. Aufl. 2007, §§ 171/172 Rn. 100 ff.; *Strohn* in: Ebenroth/Boujong/Joost/Strohn, HGB, 2. Aufl. 2008, § 171 Rn. 94 ff.

[39] § 93 InsO geht zurück auf einen Vorschlag des *Verf.* in: Verhandlungen des 54. DJT, Bd. I, 1982, S. D 47; dazu auch *Bork* in: Kölner Schrift zur InsO, 3. Aufl. 2009, S. 1021 ff.

[40] Vgl. nur *Armbruster* Die Stellung des haftenden Gesellschafters in der Insolvenz der Personenhandelsgesellschaft ..., Diss. Freiburg 1993/94, S. 141 f.; *Brinkmann* Die Bedeutung der §§ 92, 93 InsO für den Umfang der Insolvenz- und Sanierungsmasse, Diss. Heidelberg 2001, S. 95 ff.; *Karsten Schmidt* ZHR 174 (2010), 163, 184 ff.

[41] Vgl. etwa *Habersack* in: Staub, HGB, 5. Aufl. 2009, § 128 Rn. 75; *v. Gerkan/Haas* in: Röhricht/v. Westphalen, HGB, 3. Aufl. 2008, § 128 Rn. 20; *Koller* in: Koller/Roth/Morck, HGB, 6. Aufl. 2007, § 128 Rn. 7; vgl. außerdem *Wissmann* Persönliche Mithaft in der Insolvenz, 2. Aufl. 1998, Rn. 342 f.

[42] *App* in: FK-InsO, 5. Aufl. 2009, § 93 Rn. 6c; *Kroth* in: Braun, InsO, 2. Aufl. 2004, § 93 Rn. 18, 21.

Gesellschafters zu bereichern.[43] So sieht es die hM. Die nach § 93 InsO geltend zu machenden Einzelforderungen behalten, wie der II. Zivilsenat ausgeführt hat, ihre Selbständigkeit und müssen je einzeln substantiiert dargelegt werden.[44] Dies ist nach der hM für die Inanspruchnahme nicht nur erforderlich, sondern auch ausreichend. Konsequenterweise wird für jede vom Verwalter nach § 93 InsO geltend gemachte Forderung geprüft, ob sie begründet ist oder ob zB Einwendungen nach § 129 HGB geltend gemacht werden können.[45]

b) Dem steht das vom Verfasser entwickelte Ausfallhaftungsmodell gegenüber: Danach ist die persönliche Haftung des Gesellschafters in der Insolvenz nur noch auf Zahlung gerichtet (also nicht mehr auf Leistung in Natur) und auf die Unterdeckung der Masse beschränkt.[46] Die materiellrechtlich unveränderten Haftungsansprüche der einzelnen Gläubiger nehmen unter der Prozessstandschaft des Verwalters gleichsam neue, konsolidierte Gestalt an. Eine auf §§ 128 HGB, 93 InsO gestützte Insolvenzverwalterklage kann demnach überhaupt nicht, wie die Direktklage eines einzelnen Gläubigers, auf eine einzelne Forderung gegen die Gesellschaft oder auf mehrere einzelne Forderungen gestützt werden, sondern stets nur auf die Unterdeckung der Masse, bezogen auf die der Haftung nach § 128 HGB unterliegenden Verbindlichkeiten.[47] Schlüssig ist eine auf § 93 InsO gestützte Klage demgemäß nur, wenn der Insolvenzverwalter ein Doppeltes darlegt: Haftungsverbindlichkeiten des Gesellschafters gemäß § 128 HGB in Höhe der Klagsumme und eine entsprechende Unterdeckung der Masse. Ein Teil des Schrifttums scheint zu einer vermittelnden Ansicht zu tendieren. Diese Meinungsvariante belässt dem Verwalter – vor allem bei Doppelinsolvenz auch des persönlich haftenden Gesellschafters – das Recht zur vollen Geltendmachung und überlässt den Ausgleich dem Verteilungsverfahren.[48]

c) Der Meinungsstreit ist bisher unentschieden.[49] Klare Signale aus der Praxis fehlen noch. Einen Hinweis gibt immerhin der II. Zivilsenat im Urteil BGHZ 165, 85. Nach diesem beschränkt sich „der Umfang der ... entsprechend § 93 InsO geltend zu machenden Forderungen ... im Ergebnis auf den Betrag, der zur Gläubigerbefriedigung erforderlich ist“, weshalb „eine etwa vorhandene Masse abzusetzen“ ist.[50] Deutlicher sieht der IX. Senat in einem neueren Urteil gute Gründe für die Annahme, „dass der Vorschrift die Konzeption zugrunde liegt, die Gesellschafter sollten lediglich den Differenzbetrag zwischen dem vorhandenen Gesellschaftsvermögen und den Verbindlichkeiten der Gesellschaft aufbringen“.[51] Diese Auffassung wird, wenn sie sich durchsetzt, durchschlagende Auswirkungen auf die Haftungsabwicklung nach § 93 InsO haben. Für eine schlüssige Klage des Insolvenzverwalters nach §§ 128 HGB, 93 InsO genügt es dann nicht, eine unbeglichene Gesell-

---

[43] Vgl. etwa OLG Hamm ZIP 2007, 1233, 1240; *Haas* in: Röhricht/v. Westphalen, HGB, 3. Aufl. 2008, § 128 Rn. 20; *Habersack* in: Staub, HGB, 5. Aufl. 2009, § 128 Rn. 74 f.; *Hopt* in: Baumbach/Hopt, HGB, 34. Aufl. 2010, § 128 Rn. 46; *Koller* in: Koller/Roth/Morck, HGB, 6. Aufl. 2007, § 128 Rn. 7; *Kayser* in: HK-InsO, 4. Aufl. 2006, § 93 Rn. 40; *Kroth* in: Braun, InsO, 2. Aufl. 2004, § 93 Rn. 19; *Spliedt* in: Anwaltshandbuch Insolvenzrecht, 2. Aufl. 2008, § 3 Rn. 115; Begrenzung des Arglisteinwands auf krasse Fälle bei *App* in: FK-InsO, 5. Aufl. 2009, § 93 Rn. 6c.

[44] BGH ZIP 2007, 79, 80.

[45] Vgl. statt vieler *Hillmann* in: Ebenroth/Boujong/Joost/Strohn, HGB, 2. Aufl. 2008, § 128 Rn. 70.

[46] MünchKommHGB/*Karsten Schmidt* 2. Aufl. 2007, § 128 Rn. 86; *ders./Bitter* ZIP 2000, 1077, 1085 f.; *ders.* KTS 2001, 373, 392; *ders.* ZGR 174 (2010), 163, 184 ff.; zustimmend oder doch sympathisierend MünchKommInsO/*Brandes* 2. Aufl. 2007, § 93 Rn. 25; s. auch zur Kommanditistenhaftung in der Insolvenz BGHZ 109, 334, 344 = NJW 1990, 1109, 1111.

[47] Diese Begrenzung trifft naturgemäß auch ausgeschiedene Gesellschafter.

[48] Deutlich *Mohrbutter* in: Mohrbutter/Ringstmeier, Hdb. der Insolvenzverwaltung, 8. Aufl. 2007, § 6 Rn. 524; *Kayser* in: HK-InsO, 4. Aufl. 2006, § 93 Rn. 46.

[49] Undeutlich *Hirte* in: Uhlenbruck, InsO, 13. Aufl. 2010, § 93 Rn. 23.

[50] BGHZ 165, 85, 96 = NJW 2006, 1344, 1347.

[51] BGH NJW 2010, 69, 72 = ZIP 2009, 2204, 2207 Tz. 26; der Senat weist hin auf *Karsten Schmidt* KTS 2001, 373, 393; *Cranshaw* in: jurisPR-InsR 21/2007 Anm. 4 unter C; *Marotzke* ZInsO 2008, 57, 61.

schaftsverbindlichkeit gegenüber dem Gläubiger X oder Y vorzutragen oder dem Gesellschafter die zur Tabelle angemeldeten Insolvenzverbindlichkeiten in Rechnung zu stellen. Erforderlich ist vielmehr, dass die Überschuldung der Masse in Höhe der Klagesumme durch Insolvenzverbindlichkeiten (und durch von § 128 HGB erfasste Masseverbindlichkeiten) dargelegt wird.[52] Dies wird im Fall einer krassen Pleite einfach sein, nicht selten aber eine bilanzielle Überschuldungsmessung, also die Vorlage eines Status, voraussetzen. Selbstverständlich ist es dem Insolvenzverwalter unbenommen, Teilklagen zu erheben und in weiteren Prozessen unverbrauchtes Haftungsvolumen und eine noch auszugleichende Unterdeckung geltend zu machen.[53] Der konzeptionelle Unterschied gegenüber der hM, die die Gesellschafter auf das Ganze haften lässt und die Verrechnung mit der Masse ihnen überlässt, ist jedenfalls unverkennbar.

d) Auch auf die Gesellschafterhaftung in einer insolventen Vorgesellschaft[54] ist § 93 InsO analog anzuwenden.[55] Damit zeigt sich erneut, dass die Bedenken des Urteils BGHZ 134, 333 = NJW 1997, 1507 gegen die angebliche Unzumutbarkeit einer Außenhaftung der Gründer unbegründet sind. Der II. Zivilsenat hat damals – die Insolvenzordnung war schon verkündet, wenn auch noch nicht in Kraft getreten – die Befürchtung zum Ausdruck gebracht, „dass ein Wettlauf der Gläubiger einsetzt und ... ungleiche Befriedigungschancen der Gläubiger entstehen". Genau dies verhindert aber § 93 InsO, und wie gezeigt verhindert er richtigerweise auch, dass die Vorgesellschafter über die Unterdeckung hinaus auf Zahlung aller Insolvenzverbindlichkeiten in Anspruch genommen werden.

3. Gesamtschuldnerische Haftung oder Teilschuldnerschaft?

Lässt man sich auf die hier angenommene Überlagerung der Abwicklung nach § 93 InsO durch das Innenverhältnis ein, so ist auch die in § 128 HGB angeordnete Gesamtschuldnerhaftung der persönlich haftenden Gesellschafter in der Gesellschaftsinsolvenz keine Selbstverständlichkeit mehr. Beispielgebend könnte hier das in §§ 24, 31 Abs. 3 GmbHG und vor allem in § 735 BGB angelegte Ausfallhaftungsmodell wirken, wie es ja auch auf die Innenhaftung von Vorgesellschaftern übertragen worden ist.[56] Die Innenabwicklung der Außenhaftung könnte die persönlich haftenden Gesellschafter im Insolvenzfall also zu Teilschuldnern mit wechselseitiger Ausfallhaftung machen. Richtigerweise muss es jedoch bei der Gesamtschuld auch unter den Auspizien des § 93 InsO bleiben.[57] Wäre es anders, wäre ja nur die sog. Sperrwirkung des § 93 InsO von Nutzen (also der Ausschluss individueller Gläubigerklagen), während die darin enthaltene sog. Ermächtigungswirkung (die Einziehungs- und Klagebefugnis des Insolvenzverwalters) nichts anderes[58] wäre als eine Wiederholung des § 735 BGB. Insofern bleibt es also bei der hM.

4. Sonderstellung des ausgeschiedenen Gesellschafters in Sanierung und Insolvenz

Die hier zu § 93 InsO vertretene Ansicht kommt auch dem ausgeschiedenen Gesellschafter in der Insolvenz zugute.[59] Es ist bei dieser Gelegenheit an eine Kontroverse aus Anlass

---

[52] Für einen Bewertungsspielraum deshalb *Kroth* in: Braun, InsO, 2. Aufl. 2004, § 93 Rn. 21.

[53] So bereits *Karsten Schmidt/Bitter* ZIP 2000, 1077, 1087; *Karsten Schmidt* ZHR 174 (2010), 163, 185 ff.

[54] Zur Insolvenzrechtsfähigkeit vgl. BGH NJW-RR 2004, 258 = GmbHR 2003, 1488.

[55] Vgl. nur *H-Fr. Müller* in: Jaeger, InsO, 2007, § 93 Rn. 17.

[56] BGHZ 134, 333 = NJW 1997, 1507; dazu *Karsten Schmidt* ZIP 1997, 671.

[57] *Kroth* in: Braun, InsO, 2. Aufl. 2004, § 93 Rn. 23; MünchKommHGB/*Karsten Schmidt* 2. Aufl. 2007, § 128 Rn. 86; *ders.* ZHR 174 (2010), 163, 188.

[58] Genau genommen sogar ein Minus, denn auszugleichen wäre nur die Überschuldung der Masse ohne Passivierung der Einlagen.

[59] Zur Anwendbarkeit im Fall des Ausscheidens vgl. *v. Gerkan/Haas* in: Röhricht/v. Westphalen, HGB, 3. Aufl. 2008, § 128 Rn. 24; *Hirte* in: Uhlenbruck, InsO, 13. Aufl. 2010, § 93 Rn. 10.

des berühmten Urteils „Sanieren oder Ausscheiden" zu erinnern. In dieser 2009 entschiedenen Sache hatte der II. Zivilsenat bekanntlich die folgenden Grundsätze formuliert:[60]

> „Beschließen die Gesellschafter einer zahlungsunfähigen und überschuldeten Publikumspersonengesellschaft mit der im Gesellschaftsvertrag für Änderungen des Vertrages vereinbarten Mehrheit, die Gesellschaft in der Weise zu sanieren, dass das Kapital ‚herabgesetzt' und jedem Gesellschafter freigestellt wird, eine neue Beitragspflicht einzugehen (‚Kapitalerhöhung'), dass ein nicht sanierungswilliger Gesellschafter aber aus der Gesellschaft ausscheiden muss, so sind die nicht zahlungsbereiten Gesellschafter aus gesellschafterlicher Treuepflicht jedenfalls dann verpflichtet, diesem Gesellschafterbeschluss zuzustimmen, wenn sie infolge ihrer mit dem Ausscheiden verbundenen Pflicht, den auf sie entfallenden Auseinandersetzungsfehlbetrag zu leisten, finanziell nicht schlechter stehen, als sie im Falle der sofortigen Liquidität stünden."

Es sind dies Grundsätze, die bei einer GmbH auf klare Zustimmung rechnen können,[61] nicht anders für den Kommanditisten. Beim persönlich haftenden Gesellschafter ist dagegen das Ausscheiden mit der Crux der Verlustausgleichspflicht gemäß § 739 BGB verbunden. Diese war im Fall „Sanieren oder Ausscheiden" deshalb nicht ohne Delikatesse, weil zur Verhinderung von Trittbretteffekten bei der Feststellung der vom Ausscheidenden zu tragenden Verluste Zerschlagungswerte angesetzt werden, nicht die von den sanierungswilligen Gesellschaftern angestrebten Fortführungswerte.[62] Dies wiederum hat bei unbeschränkter Haftung Effekte, die die Sanierungswilligen aus der Sicht der Ausscheidenden zu Trittbrettfahrern auf ihre Kosten machen könnten.[63] Hier knüpfte eine auf der Steuerrechtlichen Jahresarbeitstagung 2010 von *Schüppen* an dem Urteil geübte Generalkritik an.[64] Der *Jubilar* und der Verfasser dieses Beitrags haben diese Kritik gemeinsam zurückgewiesen.[65] Aber es blieb doch noch *Schüppens* Befürchtung, der nach der Spielregel „Sanieren oder Ausscheiden" ausscheidende und verlustausgleichspflichtige Gesellschafter müsse – jetzt jedes Einflusses auf das Geschehen ledig – am Ende vielleicht zusehen, wie sich seine pessimistische Einschätzung des Sanierungskonzepts verwirkliche. Breche die Gesellschaft am Ende doch noch zusammen, so könne der Insolvenzverwalter nach § 93 InsO gegen die persönlich haftenden Gesellschafter vorgehen, und zwar auch gegen den Ausgeschiedenen, soweit unbeglichene Altverbindlichkeiten zur Tabelle angemeldet sind. So fragt sich denn: Ist gegen eine solche Doppelhaftung ein Kraut gewachsen? Die hM hätte es mit der Antwort schwer, denn sie wird den Einwand des Ausgeschiedenen gegen die Inanspruchnahme, er sei doch nach § 738 Abs. 1 S. 2 BGB von Altverbindlichkeiten freizuhalten, als aus dem Innenverhältnis herrührend nicht als entlastend anerkennen. Der ausgeschiedene Gesellschafter würde, obwohl sein Haftungsanteil schon beglichen ist, neben den verbliebenen Gesellschaftern weiterhaften und müsste eine hieraus resultierende Überlast mühsam bei den letzteren einsammeln.

Die hier vertretene Auffassung kann dies verhindern. Entweder nämlich war der nach § 739 BGB im Zuge der Sanierung beglichene Nachschuss richtig berechnet; dann schuldet der Altgesellschafter auch nach §§ 128, 160 HGB, 93 InsO gar nichts mehr. Oder der Nachschuss war zu gering; dann ist es nur recht und billig, ihn die Differenz nachzahlen zu lassen. Mehr riskiert der Ausgeschiedene nicht.

---

[60] BGHZ 183, 1 = BB 2010, 10 m. Anm. *Wahl/Schulz* = EWiR 2009, 739 m. Anm. *Armbrüster* = GmbHR 2010, 32 m. Anm. *Ulrich* = GWR 2009, 441 m. Anm. *Schwennicke* = NJW 2010, 65 = JZ 2010, 153; dazu *Goette* in: VGR (Hrsg.), Das Gesellschaftsrecht in der Diskussion 2009, 2010, S. 3, 5 f.; *Karsten Schmidt* JZ 2010, 125 ff.; *Westermann* NZG 2010, 321.

[61] Dazu *Priester* ZIP 2010, 497.

[62] *Priester* ZIP 2010, 497, 502.

[63] Zu den hieraus folgenden Transparenzanforderungen vgl. *Karsten Schmidt* JZ 2010, 125, 128 f.

[64] Vgl. Diskussionsbericht in: JbFSt 2010/2011, 2011, S. 407.

[65] Vgl. ebd. S. 407 ff.

IV. Die Innenhaftung lernt von der Außenhaftung

1. Das Problem und die These

a) Weitaus größer noch als der Einfluss des Innenrechts auf die persönliche Außenhaftung, jedoch viel zu wenig bemerkt, ist die Abstimmung in der umgekehrten Richtung, insbesondere bezüglich der Nachhaftungsbegrenzung in der Insolvenz bzw. beim Ausscheiden eines Gesellschafters. Es gibt einen das Unternehmensrecht durchziehenden Grundsatz, wonach die unternehmerische Nachhaftung für Altverbindlichkeiten nach Ablauf von fünf Jahren endet, wenn der die unbeschränkte Haftung begründende Haftungsstatus beendet wird.[66] Neben der in dieser Hinsicht wenig überzeugenden Regelung des § 159 HGB[67] ist hierfür hinzuweisen auf die §§ 26, 160 HGB, § 736 Abs. 2 BGB, §§ 45, 133 Abs. 3, 224 UmwG. In jedem dieser Fälle gilt die Ausschlussfrist von fünf Jahren, deren Lauf mit der Eintragung und Bekanntmachung, aber auch schon vorher mit positiver Kenntnis,[68] bei nicht eintragungsfähigen Rechtsträgern (§ 736 Abs. 2 BGB!) mit der Kenntnis beginnt.[69] Die Bestimmungen markieren den allgemeinen Grundsatz, dass die Nachhaftung für Altverbindlichkeiten, sofern nicht die Nachhaftungsfrist entsprechend den Verjährungsregeln der §§ 204 ff. BGB gehemmt ist, mit Ablauf von fünf Jahren endet. Das gilt selbstverständlich auch für die Innenabwicklung der Außenhaftung nach § 93 InsO. Aber gilt dasselbe auch für die Innenhaftung?

b) Die Innenhaftung kennt nicht die Verfristung nach dem Modell des § 160 HGB, wohl aber die Verjährung. Die hier angestellten Überlegungen legen nun aber die These nahe, dass für diese Verjährung in Fällen der persönlichen Gesellschafter-Innenhaftung nicht die regelmäßige Dreijahresfrist des § 195 BGB, sondern in Anlehnung an die Nachhaftungsvorschriften eine Fünfjahresfrist gilt. Das würde allerdings bedeuten, dass sich die Nachhaftungsvorschriften, vom Gesetzgeber im Außenverhältnis vor dem Hintergrund der Endloshaftung als Haftungsprivilegien gemeint, im Innenverhältnis vor dem Hintergrund des § 195 BGB in Verschärfungen verwandeln: Die Verjährungsfrist wird verlängert. Der hM entspricht dies freilich nicht.

2. Nachhaftungsbegrenzung und §§ 735, 739 BGB

Der BGH hat jüngst entschieden, dass Ansprüche auf Deckung eines Fehlbetrags gegen ausgeschiedene Personengesellschafter (§ 739 BGB) der Regelverjährung nach drei Jahren nach § 195 BGB unterliegen und dass der Lauf der Verjährung nicht die Erstellung einer Abschichtungsbilanz voraussetzt.[70] Eine Innenabwicklung der Außenhaftung findet danach schon drei Jahre nach Kenntniserlangung nicht mehr statt, obwohl doch die Altgläubiger fünf Jahre lang auf die persönliche Haftung zugreifen können. Das verwundert. Um der Stimmigkeit willen sollte diese Diskrepanz durch eine an § 160 HGB angelehnte Verjährungsfrist beseitigt werden.[71] Nicht viel anders verhält es sich bei Liquidation und Insolvenz (§ 735 BGB), nur dass hier § 159 HGB an die Stelle des § 160 HGB tritt. Wollte man dieser Ansicht nicht folgen und die Dreijahresfrist zugrunde legen, so müsste über das

---

[66] *Karsten Schmidt* in: FS Ulmer, 2003, S. 557, 567.

[67] Der Gesetzgeber hat hier den Auflösungsstichtag gewählt, obgleich die bloße Auflösung den Status der unbeschränkten Haftung gerade nicht beendet; die Regelung überzeugt deshalb nur im Fall der Insolvenzverfahrenseröffnung.

[68] BGHZ 174, 7 = NJW 2007, 3784; dazu etwa *Habersack* in: Staub, HGB, 5. Aufl. 2009, § 128 Rn. 16; vgl. bereits *Altmeppen* NJW 2000, 2529 ff.; MünchKommHGB/*Karsten Schmidt* 2. Aufl. 2007, § 160 Rn. 27.

[69] Vgl. MünchKommBGB/*Ulmer/Schäfer* 5. Aufl. 2009, § 736 Rn. 27.

[70] BGH DB 2010, 1872 = ZIP 2010, 1637.

[71] *Karsten Schmidt* DB 2010, 2093 ff.

Vermögen der aufgelösten Gesellschaft bloß das Insolvenzverfahren eröffnet zu werden, und oh Wunder: Der Insolvenzverwalter könnte nach §§ 128, 159 HGB iVm. § 93 InsO auf die fünfjährige Nachhaftung zugreifen. Das ist unstimmig. Den Vorzug verdient eine sich an §§ 736 Abs. 2, 159, 160 HGB orientierende Verjährungsfrist, beginnend mit dem Zeitpunkt der Auflösung (Fall des § 735 BGB) bzw. mit dem Ausscheiden (Fall des § 739 BGB).[72]

3. *Verjährung der Unterbilanzhaftung*

Dass die §§ 736 Abs. 2 BGB, 159, 160 HGB für die hier angenommene OHG-ähnliche Außenhaftung von GmbH-Gründern einer gescheiterten Kapitalgesellschaftsgründung (s. II. 2.) entsprechend gelten, versteht sich. Allerdings kommt diese Nachhaftungsbegrenzung im Außenverhältnis kaum zum Zuge, denn wer lässt nach dem Scheitern der Gründung schon fünf Jahre verstreichen? Viel wichtiger und nur scheinbar geklärt ist dagegen die Verjährung des gründungsrechtlichen Anspruchs der eingetragenen Gesellschaft auf Ausgleich der Unterbilanz aus Vorbelastungen im Gründungsstadium. Der BGH hat sich in BGHZ 105, 300, 305 = NJW 1989, 710, 711 mit der hM[73] auf eine Analogie zu § 9 Abs. 2 GmbHG festgelegt. Er hält daran erkennbar bis heute fest,[74] und diskussionslos folgt ihm die hM.[75] Indes: Die Verjährungsfrist war damals eine fünfjährige, doch ist sie nach dem vieldiskutierten gesellschaftsrechtlichen Verjährungsdebakel der Schuldrechtsreform[76] durch das Gesetz zur Anpassung von Verjährungsvorschriften an das Gesetz zur Modernisierung des Schuldrechts vom 9. Dezember 2004 (BGBl. I S. 3214) der Zehnjahresfrist des § 19 Abs. 6 GmbHG angepasst worden.[77] Damit hat sich die die Analogie tragende Prämisse verändert: Bis 2004 war die fünfjährige Frist des § 9 Abs. 2 GmbHG aF gegenüber der damals 30jährigen Einlagenverjährung ein bemerkenswertes, nur mit der zunehmend schwierigen Feststellbarkeit des Haftungstatbestands begründbares Privileg.[78] Heute stellt die Abweichung von § 195 BGB eine Verschärfung dar, und wir müssen viel genauer darüber nachdenken, warum die Verjährung von der dreijährigen Regelverjährung abweichen soll. Im Fall des § 9 Abs. 2 GmbHG beruht die Angleichung an § 19 Abs. 6 GmbHG auf der Überlegung, dass im Fall einer überbewerteten Sacheinlage das Wertdeckungsversprechen des Inferenten und damit die Einlageschuld in Höhe der Wertdifferenz nicht erfüllt ist.[79] Dagegen hat die Unterbilanzhaftung für Vorbelastungen der GmbH nichts mit der Wertdeckungszusage des individuellen Gesellschafters zu tun. Sie ist die nach innen gewendete unbeschränkte Haftung für Altschulden aus der Gründungsperiode und ist das Resultat des bei BGHZ 134, 333, 337 mit Recht anerkannten Haftungsgleichlaufs vor und nach der Eintragung. Ihre Verjährung hat sich deshalb nicht an der Einlagenverjährung zu orientieren, sondern an den Nachhaftungsbegrenzungsregeln der §§ 26, 159, 160 HGB, § 736 Abs. 2 BGB, §§ 45, 131 Abs. 3, 224 UmwG. Es gilt eine fünfjährige Verjährungsfrist.

---

[72] Ebd.; auf die Registereintragung und Bekanntmachung kommt es auch bei einer Handelsgesellschaft im Innenverhältnis nicht an.

[73] Zum alten Rechtsstand zuletzt *Ulmer* in: Ulmer/Habersack/Winter, GmbHG, 2005, § 11 Rn. 117 mN.

[74] Vgl. BGH NZG 2008, 147 = ZIP 2008, 217, 218.

[75] Vgl. nur *Hueck/Fastrich* in: Baumbach/Hueck, GmbHG, 19. Aufl. 2010, § 11 Rn. 64; *Roth* in: Roth/Altmeppen, GmbHG, 6. Aufl. 2009, § 11 Rn. 17.

[76] Dazu statt vieler *Hüttemann* in: Dauner-Lieb/Konzen/Karsten Schmidt, Das neue Schuldrecht in der Praxis, 2003, S. 686 ff.; *Altmeppen* DB 2002, 879 ff.

[77] Das entging dem *Verf.* in: Scholz, GmbHG, 10. Aufl. 2006, § 11 Rn. 131 (im Ergebnis intuitiv richtig, aber handwerklich ein peinlicher Patzer!); vgl. jetzt 11. Aufl. 2011, § 11 Rn. 149.

[78] Vgl. zu dieser Rechtfertigung Begr. RegE GmbH-Novelle, BT-Drucks. 8/1347 S. 35.

[79] Vgl. *Roth* in: Roth/Altmeppen, GmbHG, 6. Aufl. 2009, § 11 Rn. 11.

4. Nachhaftungsbegrenzung und § 302 AktG, insbesondere zur Verjährung nach § 302 Abs. 4 AktG

a) Die Deutung der Verlustübernahmepflicht als einer nach innen gekehrten unbeschränkten Haftung für Gesellschaftsschulden kann nicht ohne Einfluss auf den Umfang und die Feststellung der nach Beendigung der Konzernlage auszugleichenden Verluste sein. Angenommen, über das Vermögen der Tochtergesellschaft wird unterjährig das Insolvenzverfahren eröffnet, so wird der Umfang der auszugleichenden Verluste mit Hilfe einer Zwischenbilanz – besser: eines Verlustausgleichsstatus – ermittelt.[80] Zweierlei wird hier üblicherweise diskutiert: der für die Abgrenzung der zu tragenden Verluste relevante Bilanzstichtag[81] und der Ansatz der Aktiven in dem maßgebenden Status (Fortführungswerte oder Liquidationswerte?).[82] Die Einstellung von Liquidationswerten kann zur Übernahme kalkulatorischer Abwicklungsverluste, also der Buchungsverluste am Eröffnungsstichtag, führen.[83] Das ist ein bekanntes Problem. Viel weniger diskutiert wird die Frage, welche Verbindlichkeiten in diesem Status zu passivieren sind.[84] Erfasst sind gewiss nur die Altverbindlichkeiten. Aber gibt es, wie bei der Außenhaftung des Personengesellschafters, eine Nachhaftung für Dauerschuldverhältnisse, auch soweit sie Verbindlichkeiten erst nach der Beendigung des Unternehmensvertrags generieren?[85] Wie insbesondere verhält es sich im Fall der Insolvenz? Soll man die Insolvenzabwicklungskosten als Resultat der Konzernleitung der Muttergesellschaft aufladen,[86] oder darf man entgegenhalten, dass diese Kosten außerhalb der Haftungsperiode entstehen?[87] Hier überall zeigt sich, dass es nicht genügt, unabhängig vom Haftungs-Normzweck des § 302 AktG schlicht nach der periodischen Zuordnung zu entscheiden, für welche Passiva gehaftet wird. Vielmehr ist umgekehrt vorzugehen: Bei der bilanziellen Ermittlung der abschließenden Verlustdeckungshaftung dürfen auf der Passivseite nur solche Verbindlichkeiten als zur Vorabwicklungsperiode gehörig berücksichtigt werden, für die die Muttergesellschaft nach dem Normzweck des § 302 AktG auch geradestehen soll. Auch für diese Innenhaftung sollten wir nämlich von der Außenhaftung lernen:[88] So wenig wie ein persönlich haftender Gesellschafter im Außenverhältnis für die vom Insolvenzverwalter begründeten Masseverbindlichkeiten und für die Insolvenzverfahrenskosten persönlich haftet,[89] haftet auch das herrschende Unternehmen nach § 302 AktG für diese Abwicklungskosten.[90] Erst wenn das beachtet wird, ist die periodische Zuordnung nach dem Enthaftungsstichtag richtig in dem Sinne, dass wir sie für den Umfang der Verlustdeckungshaftung als ausschlaggebend betrachten können.

---

[80] MünchKommAktG/*Altmeppen* 3. Aufl. 2010, § 302 Rn. 24; *Hüffer* AktG, 9. Aufl. 2010, § 302 Rn. 13.

[81] Überblick bei MünchKommAktG/*Altmeppen* 3. Aufl. 2010, § 302 Rn. 24.

[82] Überblick bei KölnerKommAktG/*Koppensteiner* 3. Aufl. 2004, § 302 Rn. 37.

[83] Vgl. dazu etwa MünchKommAktG/*Altmeppen* 3. Aufl. 2010, § 302 Rn. 39; *Emmerich* in: Emmerich/Habersack, Aktien- und GmbH-Konzernrecht, 5. Aufl. 2008, § 302 Rn. 39; GroßkommAktG/*Hirte* 4. Aufl. 2005, § 302 Rn. 23; zur diesbezüglichen Berücksichtigung prospektiver Abwicklungsverluste vgl. *Karsten Schmidt* ZGR 1983, 513, 533; *ders.* in: FS Werner, 1984, S. 777, 793 f.; kritisch *Samer* Beherrschungs- und Gewinnabführungsverträge gemäß § 291 AktG in Konkurs und Vergleich der Untergesellschaft, Diss. Freiburg 1989, S. 239 ff.; eingehend zum Ganzen *Berthold* Unternehmensverträge in der Insolvenz, 2004, S. 95 ff.

[84] Problemsicht wohl bei *Stephan* in: Karsten Schmidt/Lutter, AktG, 2008, § 302 Rn. 37.

[85] Vgl. zur Außenhaftung des Gesellschafters *Karsten Schmidt* ZHR 174 (2010), 163, 177 f.

[86] Belege hierzu bei MünchKommAktG/*Altmeppen* 3. Aufl. 2010, § 302 Rn. 30.

[87] Belege bei MünchKommAktG/*Altmeppen* 3. Aufl. 2010, § 302 Rn. 29.

[88] *Karsten Schmidt* ZHR 174 (2010), 163, 173 ff.

[89] BGH NJW 2009, 2010, 69, 70 f. = ZIP 2009, 2204, 2205 (freilich mit defizitärer, rein insolvenzrechtlicher Begründung); dazu eingehend *Karsten Schmidt* ZHR 174 (2010), 163 ff.

[90] *Verf.* hatte dies in ZHR 174 (2010), 163, 175 noch offen gelassen.

b) Bindend, aber rechtspolitisch angreifbar ist die gleichfalls durch das Gesetz vom 9. Dezember 2004[91] eingeführte Sonderverjährung der Verlustübernahmepflicht in zehn Jahren nach der Eintragung und Bekanntmachung der Beendigung eines zur Verlustübernahme verpflichtenden Unternehmensvertrags nach § 302 Abs. 4 AktG. Dies kann bedeutsam werden, wenn der Verwalter in der Insolvenz der vormals vertraglich beherrschten Tochtergesellschaft binnen einer Dekade ungedeckte Jahresverluste gegenüber der Mutter geltend macht. Die Verjährungsfrage war vorher umstritten.[92] Dass es bei der durch die Schuldrechtsreform an die Stelle der 30jährigen Verjährung getretenen dreijährigen Verjährungsfrist nicht bleiben durfte,[93] leuchtet ein. Man hätte aber erwägen sollen, welches das richtige Vorbild ist: die zehnjährige Verjährung von Einlageschulden (§§ 54 Abs. 4 AktG, 19 Abs. 6 GmbHG) oder die fünfjährige Enthaftung gemäß §§ 26, 160 HGB, § 736 Abs. 2 BGB, §§ 45, 133 Abs. 3, 224 UmwG. Es ist nicht schwer zu erraten, dass hier der zweiten Lösung der Vorzug gegeben wird. Die Verlustübernahme ist nach der heute hM keine Wirksamkeitsvoraussetzung für den Unternehmensvertrag.[94] Die regelmäßig in Unternehmensverträgen stipulierte Verlustübernahme ist nicht vertragliches Einlageversprechen, sondern Ausdruck einer periodischen gesetzlichen Einstandspflicht, begründet durch den Status der Herrschaft über das abhängige Unternehmen und/oder der Gewinnübernahmeberechtigung.[95] So wenig wie im Fall der Umwandlung einer von der Mutter als Komplementärin beherrschten KG-Tochter in eine Kapitalgesellschaft (fünfjährige Enthaftung nach § 224 UmwG) ist deshalb eine fünf Jahre überdauernde Forthaftung des vormals herrschenden Unternehmens für durch Altverbindlichkeiten begründete Verluste gerechtfertigt. Die neue Zehnjahresfrist ist also unverhältnismäßig lang.

5. Seitenblicke auf die Treugeberhaftung und die atypische stille Gesellschaft

a) Um eine naturgemäß reine (und meist nur beschränkte) Innenhaftung geht es bei der Treuhand am Gesellschaftsanteil. Dass der Treugeber, anders als der Treuhänder, im Außenverhältnis nicht als Gesellschafter haftet, hat der BGH überzeugend entschieden.[96] Es kann also nur um das Innenverhältnis gehen. Umso bemerkenswerter ist die Anwendung der §§ 159, 160 HGB im Verhältnis zwischen dem Treuhänder und dem mittelbar haftenden Treugeber. Dass der Treuhandgesellschafter selbst im Fall seines eigenen Ausscheidens (§ 160 HGB) bzw. im Fall einer Auflösung der Gesellschaft (§ 159 HGB) fünf Jahre lang nachhaftet, ist – so unterschiedlich die Rechtskonstruktion dieser beiden Bestimmungen angelegt ist – nicht zu bestreiten. Jedoch auch zu Lasten des Treugebers werden die §§ 159, 160 HGB auf seine Regresspflicht angewendet. In einem Urteil des OLG Stuttgart vom 18. März 2010 lesen wir etwa:[97]

> „Was den hier maßgeblichen Freistellungsanspruch des Treuhandkommanditisten gegen den Treugeber betrifft, so kann dieser nicht vor eingetretener Verjährung jenes Hauptanspruchs nach § 172 Abs. 4 HGB verjähren, da derjenige, der sich nur mittelbar über einen Treuhandkommanditisten an einer Publikumsgesellschaft beteiligt, nicht besser stehen soll, als wenn er unmittelbar an dieser Gesellschaft beteiligt wäre (vgl. OLG Nürnberg WM 2009, 942, 947 = BeckRS 2009, 4123 unter Hinweis auf BGHZ 76, 127 = NJW 1980, 1163). Wollte man den Verjährungsbeginn des Freistellungsanspruchs des Treuhandkommanditisten auf den Zeitpunkt der Ausschüttungen festlegen, so würde bei Publi-

---

[91] BGBl. I S. 3214

[92] Angaben bei *Emmerich* in: Emmerich/Habersack, Aktien- und GmbH-Konzernrecht, 5. Aufl. 2008, § 302 Rn. 42.

[93] Vgl. Fn. 76.

[94] Vgl. nur MünchKommAktG/*Altmeppen* 3. Aufl. 2010, § 291 Rn. 75.

[95] *Karsten Schmidt* Gesellschaftsrecht, 4. Aufl. 2002, § 31 III 2 d; *ders.* ZGR 1983, 518 f.; zustimmend *Hüffer* AktG, 9. Aufl. 2010, § 302 Rn. 4.

[96] BGHZ 178, 271 = NJW-RR 2009, 254; zustimmend *Hopt* in: Baumbach/Hopt, HGB, 34. Aufl. 2010, § 105 Rn. 34.

[97] OLG Stuttgart NZG 2010, 716, 718 = ZIP 2010, 1694, 1696.

kumsgesellschaften mit Zwischenschaltung eines Treuhandkommanditisten der Anspruch des Gläubigers nach §§ 171, 172 HGB wirtschaftlich leer laufen, wenn der Treuhandkommanditist vermögenslos ist. Deswegen kann der Schutz des haftenden Kapitals nur sichergestellt werden, wenn auch der Freistellungsanspruch des Treuhandkommanditisten in analoger Anwendung von § 159 Abs. 1 HGB erst mit der Auflösung der Gesellschaft – und nicht bereits mit der Auszahlung der Gewinne – zu verjähren beginnt (OLG Nürnberg WM 2009, 942 = BeckRS 2009, 4123; ebenso bereits OLG Rostock Urt. v. 19. 12. 2007 – 6 U 132/07, BeckRS 2008, 13693)."

In ähnlicher Weise sollte man auf einen aus dem Investment ausscheidenden Treugeber im Innenverhältnis § 160 HGB sinngemäß anwenden. Er haftet dem Treuhänder für Altverbindlichkeiten der Gesellschaft fünf Jahre lang nach, dies zwar nicht im Sinne einer zwingenden, gesetzlichen Nachhaftung gegenüber den Gläubigern, wohl aber im Sinne einer dispositiven Innenhaftung gegenüber dem Treuhandgesellschafter.

b) Ähnliches gilt schließlich für die typisch-atypische[98] stille Gesellschaft, insbesondere in ihrer zugespitzten Gestaltung als GmbH & Still. Mit Recht hat zwar der BGH am 1. März 2010 entschieden, dass ein atypischer stiller Gesellschafter, auch wenn er im Innenverhältnis wie ein Kommanditist gestellt ist, keiner Gesellschafterhaftung nach §§ 171, 172 HGB unterliegt.[99] Eine Nachhaftung im Außenverhältnis (§ 160 HGB) kommt also nicht in Betracht. Auch im Innenverhältnis hat der BGH eine Anwendung der §§ 54 Abs. 4 AktG, 19 Abs. 6 GmbHG auf die Einlageschuld abgelehnt.[100] Doch kann man über die Angemessenheit einer nach § 195 BGB nur dreijährigen Frist trefflich streiten, weil es sich gewissermaßen um die Kehrseite des analog §§ 159, 160 HGB entschiedenen Enthaftungsproblems handelt: Ist nämlich der atypische stille Gesellschafter ausgeschieden und ist die auf ihn entfallende Verlustbeteiligung in der Abschichtungsbilanz zu gering angesetzt worden, so sollte die verbleibende Verlustdeckungsverpflichtung analog § 160 HGB fünf Jahre lang andauern, dies allerdings wiederum nicht im Sinne einer zwingenden gesetzlichen Nachhaftung, sondern im Sinne eines der Disposition im Innenverhältnis unterliegenden Innenregresses. Nicht dispositiv ist diese Innenhaftung allerdings, wenn bei einer „GmbH & Still" § 30 GmbHG auf die Rückführung von Gesellschaftsvermögen an die stillen Gesellschafter sinngemäß angewendet wird.[101]

V. Schluss

1. Zur Abstimmungsaufgabe

Der Beitrag handelte von unerledigten Abstimmungsaufgaben im Bereich der unbeschränkten Gesellschafterhaftung. Er stellte sowohl bezüglich der Abgrenzung von Außenhaftung und Innenhaftung als auch bezüglich der wechselseitigen Angleichung beider Formen der Haftungsabwicklung Vorschläge zur Diskussion, die als Anregungen an die Rechtsprechung aufgefasst werden sollten.

2. Thesen

a) Unbeschränkte Außenhaftung und unbeschränkte Innenhaftung unterscheiden sich in der Frage des direkten Gläubigerzugriffs und in den Abwicklungsmodi. Aus der Gesellschafterperspektive unterscheiden sie sich bezüglich der Liquiditätsrisiken (weil sich das Leistungs- und Regresskarussell verschieden herum dreht), nicht dagegen im Umfang der Haftung. Nach den Zugriffs-, Liquiditäts- und Regressbedingungen und nicht nach dem

---

[98] *Schulze-Osterloh* in: FS Kruse, 2001, S. 377 ff.

[99] BGH NZG 2010, 823 = JuS 2010, 924 (*Karsten Schmidt*) = ZIP 2010, 1341; ebenso schon OLG Schleswig NZG 2009, 256 = ZIP 2009, 421; *Karsten Schmidt* NZG 2009, 361.

[100] Vgl. ebd.

[101] Dazu BGHZ 106, 7 = NJW 1989, 982.

Haftungsumfang richtet sich auch, in welchen Fällen eine (in der Regel gesamtschuldnerische) Außenhaftung oder eine (in der Regel nur teilschuldnerische) Innenhaftung rechtspolitisch den Vorzug verdient.

b) Die unbeschränkte Haftung von Vorgesellschaftern für Gesellschaftsverbindlichkeiten ist nicht bloß ausnahmsweise (so immer noch der BGH), sondern im Grundsatz eine Außenhaftung. Dies ist entgegen BGHZ 134, 333, 340 = NJW 1997, 1507, 1508 ein „gebotenes Maß an Schutz" für die Gläubiger. Dass diese die Gründer bei einer glatt verlaufenden Gründung nicht als Gesamtschuldner verklagen werden, beruht auf ihrer forensischen Klugheit, nicht auf dem Fehlen einer Außenhaftung. Den vom BGH im Insolvenzfall befürchteten „Wettlauf der Gläubiger" verhindert eine analoge Anwendung des § 93 InsO. Die persönliche Haftung für Verbindlichkeiten der Vorgesellschaft setzt sich nach der eine Außenhaftung beendenden (§ 13 Abs. 2 GmbHG) Eintragung der Gesellschaft inhaltsgleich in Gestalt der seit dem Grundlagenurteil BGHZ 89, 129 = NJW 1981, 1373 ausgeformten Unterbilanz-Innenhaftung fort. Diese verjährt nicht analog § 9 Abs. 2 GmbHG in nunmehr zehn Jahren (so aber die hM, im Anschluss an BGHZ 105, 300, 305 = NJW 1989, 710, 711), sondern entsprechend den Nachhaftungsbegrenzungsregeln (§§ 26, 159, 160 HGB, § 736 Abs. 2 BGB, §§ 45, 131 Abs. 3, 224 UmwG) nach Ablauf von fünf Jahren.

c) Die Existenzvernichtungshaftung der Gesellschafter ist entgegen dem insoweit überholten „KBV"-Ansatz (BGHZ 151, 181 = NJW 2002, 3024) eine Innenhaftung (BGHZ 173, 246 = NJW 2007, 2689 „Trihotel"; BGHZ 176, 204 = NJW 2008, 2437 „Gamma"), jedoch keine unbeschränkte Haftung für Gesellschaftsverbindlichkeiten. Sie liegt deshalb nur am Rande des hier angeschnittenen Themas.

d) Die Innenabwicklung der Außenhaftung in den Fällen der §§ 735, 739 BGB ist mit der Außenhaftung abzustimmen. Sie unterliegt nicht der dreijährigen Regelverjährung (so aber BGH DB 2010, 1872 = ZIP 2010, 2637), sondern es gilt analog §§ 159, 160 HGB eine Fünfjahresfrist.

e) Auch die Innenabwicklung der Außenhaftung im Insolvenzverfahren nach § 93 InsO ist auf die Regeln der materiellrechtlichen Innenhaftung (§§ 735, 739 BGB) abzustimmen. Die Gesellschafterhaftung gemäß § 128 HGB bzw. §§ 161 Abs. 2, 128 HGB und ebenso die Haftung analog § 128 HGB (GbR und Vorgesellschaft) bleibt zwar auch unter dem Regime des § 93 InsO eine gesamtschuldnerische, aber sie mutiert zu einer Unterdeckungshaftung. Auch die Anwendung des § 93 InsO auf ausgeschiedene Gesellschafter führt so zu stimmigen Lösungen.

f) Die Verlustausgleichshaftung nach § 302 AktG funktioniert bei der Beendigung des Beherrschungs- oder Gewinnabführungsvertrags wie eine Nachhaftung für Altverbindlichkeiten. Nachhaftungsgrundsätze entscheiden auch darüber, welche Verbindlichkeiten im letzten Verlustdeckungsstatus passiviert werden. Die zehnjährige Sonderverjährung nach § 304 Abs. 4 AktG ist rechtspolitisch ein Fehlgriff (stimmig wäre in Anlehnung an die Nachhaftungsgrenzen eine Fünfjahresfrist).

g) Die Innen-Nachhaftung von Treugebern und atypisch stillen Gesellschaftern ist mangels entgegenstehender Regelung den fünfjährigen Nachhaftungsregeln nach §§ 159, 160 HGB anzugleichen, freilich nur in Gestalt einer dispositiven Regelung. Die Nichtanwendung der §§ 54 Abs. 4 AktG, 19 Abs. 5 GmbHG auf Einlagepflichten in der „Kapitalgesellschaft & Still" (BGH NZG 2010, 832 = ZIP 2010, 1341) bedarf weiterer Überprüfung.

UWE H. SCHNEIDER

Interessenkonflikte im Aufsichtsrat

Übersicht

Seite

I. Verhinderung und Bewältigung von Interessenkonflikten im Aufsichtsrat als Problem guter Corporate Governance

Die Verhinderung oder zumindest die Bewältigung von Interessenkonflikten im Aufsichtsrat ist wahrlich kein ganz neues Thema. Die damit einhergehenden Fragestellungen sind aber aufs Neue ins Scheinwerferlicht geraten und eines der Hauptthemen der aktuellen deutschen, europäischen und internationalen Corporate Governance Diskussion. Exemplarisch ist die Abbildung dieser Diskussion in den Empfehlungen des DCGK, im UK Corporate Governance Code 2010, im UK Stewardship Code, in der EU-Empfehlung vom 15. Februar 2005 zu den Aufgaben von Aufsichtsratsmitgliedern börsennotierter Gesellschaften[1] und im Grünbuch Corporate Governance in Finanzinstituten und Vergütungspolitik der EU-Kommission vom 2. Juni 2010.[2] Bezeichnend für die Tiefe der Diskussion sind auch die „Grundsätze zum Umgang mit Interessenkonflikten", die man bei vielen Unternehmen findet. Interessenkollisionen und ihre Verhinderung und Bewältigung sollen auch, wie der Vorsitzende der Regierungskommission Deutscher Corporate Governance Kodex *Klaus-Peter Müller* angekündigt hat,[3] in der Sitzungsperiode 2010/2011 in den prüfenden Blick der Kommission genommen werden.

Worum geht es dabei? Viel wird zwar über Interessenkollisionen nachgedacht und geschrieben, ohne dass aber dabei näher ausgeführt wird, was als Interessenkollision anzuse-

[1] Empfehlung der Kommission vom 15.2.2005 zu den Aufgaben von nicht geschäftsführenden Direktoren/Aufsichtsratsmitgliedern/börsennotierter Gesellschaften sowie zu den Ausschüssen des Verwaltungs-/Aufsichtsrats (2005/162/EG).

[2] KOM (2010) 284 vom 2.6.2010.

[3] Rede von *Klaus-Peter Müller* anlässlich der 9. Konferenz DCGK – „Europäische Perspektiven auf globale Herausforderungen" vom 17.6.2010, abrufbar unter www.corporate-governance-code.de.

hen ist. Entscheidend ist das Folgende:[4] Auf dem Prüfstand stehen nicht die persönlichen Interessenkollisionen bei einem einzelnen Organmitglied, nämlich die Wahl zwischen zwei Handlungsalternativen, also etwa, wenn zu entscheiden ist, soll konsumiert oder gespart, soll in eine sichere Kapitalanlage mit niedrigem Zins oder in eine Anlage mit höherem Zins bei niedrigerem Rating investiert werden. Da muss man, wie es etwas holprig heißt, „priorieren", also wertend sich entscheiden. Zu handeln ist vielmehr von Konflikten zwischen den Interessen der Gesellschaft und den Interessen des Organmitglieds einerseits und den Pflichtkollisionen andererseits, nämlich den Interessenkollisionen aufgrund unterschiedlicher Rollenerwartungen und widerstreitender rechtlicher Interessenbindungen in geschäftlichen oder persönlichen Beziehungen. Jeder lebt in unterschiedlichen Rollen als Staatsbürger, als Angehöriger einer Familie, als Arbeitnehmer, als Vertragspartner, als Anleger und als Organmitglied bei einem oder mehreren Unternehmen. In jeder Rolle sieht sich der Betreffende unterschiedlichen Erwartungen ausgesetzt. Jede Rolle bringt Rechtspflichten. Deren Widersprüche sind aufzulösen.

Was sind das für Fälle? Da sind die alltäglichen Konflikte, wie etwa die Erwartungen an den Staatsbürger, die gelegentlich im Widerspruch zu den Organpflichten stehen. Soll das Unternehmen viel Steuern bezahlen oder wenig? Und offenkundig sind die Widersprüche zwischen den Pflichten als Familienvater und den Pflichten als Mitglied des Vorstands oder als Mitglied des Aufsichtsrats. Soll man an der Sitzung des Aufsichtsrats teilnehmen oder die unpässliche Großmutter pflegen? Solche Konflikte – manche sprechen von schwachen Interessenkollisionen oder von bloßen Interessengegensätzen[5] – sind Leichtgewichte im Vergleich zu den Konflikten, bei denen Handlungspflichten im offensichtlichen Widerspruch stehen. Exemplarisch ist der Fall Bsirske/Lufthansa. *Frank Bsirske* rief Ende des Jahres 2002 in seiner Eigenschaft als Vorsitzender der Gewerkschaft Ver.di zum Warnstreik auf, obwohl er zugleich stellvertretender Vorsitzender des Aufsichtsrates der Lufthansa AG war. Durch den Warnstreik soll der Lufthansa AG ein dreistelliger Millionenschaden entstanden sein. Der Gewerkschaftsführer, der einen Streik gegen ein Unternehmen organisiert, gerät in einen „signifikanten",[6] sprich schweren Interessenkonflikt, wenn er zugleich dem Aufsichtsrat des Unternehmens als Arbeitnehmervertreter angehört; denn er erfährt, wie das Unternehmen die Streikfolgen mindern will. Und das kann er für sein Verhalten im Arbeitskampf nutzen. Im Verhältnis zu dem Unternehmen wäre dies aber treuwidrig; denn er würde Kenntnisse, die er als Mitglied des Aufsichtsrats erworben hat, zu Streikzwecken nutzen. Und weiter: Das Vorstandsmitglied der Holding ist dem herrschenden Unternehmen und dessen Interessen verpflichtet, aber zugleich auch den Interessen der Tochtergesellschaft, wenn er deren Aufsichtsrat angehört. Was hat Vorrang? Und endlich: Ein Aufsichtsratsmitglied ist zugleich gesetzlicher Vertreter eines anderen Unternehmens, zB eines Zulieferers oder eines Kreditinstituts. Der Aufsichtsrat soll über ein Rechtsgeschäft zwischen beiden Unternehmen Beschluss fassen. Wie muss sich das Aufsichtsratsmitglied verhalten?

Es gibt unterschiedliche Wege, wie man diese Konflikte auflösen kann. Davon handeln die folgenden Überlegungen. Sie sind *Wulf Goette* gewidmet. Seine Verdienste um die Fortentwicklung des Gesellschafts- und Konzernrechts werden in dieser Festschrift vielfältig gewürdigt. Mit Recht. Besonders herausgestellt werden soll an dieser Stelle, dass *Wulf Goette* sich ganz und gar offen und zu jeder Diskussion bereit zeigt, wenn es um praxisnahe

---

[4] S. auch *J. Macey* The Nature of Conflicts of Interest Within the Firm, Journal of Corporation Law 31 (2006), 613; *U. Rodrigues* From Loyalty to Conflict: Adressing Fiduciary Duty at the Officers Level, University of Florida Law Review 61 (2009), 1; Zur Diskussion im Aktienrecht s. etwa MünchKommAktG/*Habersack* 3. Aufl. 2008, § 100 Rn. 51 und zuletzt *Seibt* in: FS Hopt, 2010, S. 1363 (veröffentlicht nach Abschluss des Manuskripts für diesen Beitrag).

[5] *Martinek* WRP 2008, 51, 54 mwN in Fn. 15.

[6] So die Formulierung im Erwägungsgrund 7 in der Empfehlung der EU-Kommission vom 15.2.2005 (2005/162/EG).

Lösungen geht. Und noch etwas ist besonders hinzuzufügen: *Wulf Goette* hat das Verhältnis von Gesellschaftsrecht und Kapitalmarktrecht neu geordnet. Es zeigt sich nämlich zunehmend, dass die Entwicklungen in den einzelnen Rechtsgebieten nicht abgestimmt verlaufen, dass es zu Überlagerungen kommt und gelegentlich zu Widersprüchen. Hier war sein klarer Blick gefordert.

II. Lösungswege

Es gibt unterschiedliche Wege, wie man sich Interessenkollisionen nähert, ob und wie man sie auflöst. In Betracht kommen Vorschriften zur Verhinderung von Interessenkonflikten und Regeln zur Bewältigung von Interessenkonflikten, insbesondere die einfache Offenlegung von Interessenkonflikten, die Unterwerfung unter ein Verfahren zur Lösung von Interessenkonflikten, ein Stimmverbot, ein Teilnahmeverbot, das Ruhenlassen der Organmitgliedschaft und die Abberufung bzw. die Amtsniederlegung. Einigkeit besteht, dass gegensätzliche, sich widersprechende Interessensbindungen sich nicht aufheben. Zutreffend heißt es vielmehr in einer Entscheidung des II. Zivilsenats des BGH vom 21. Dezember 1978:[7] „Interessenkollisionen sind, wenn ein Aufsichtsratsmitglied zwei Gesellschaften angehört, auch grundsätzlich nicht in dem Sinne entlastend, dass die Pflichterfüllung gegenüber der einen die Pflichtverletzung gegenüber der anderen Gesellschaft rechtfertigen könnte." Widerstreitende Pflichten führen weder zur Pflichtenbefreiung noch zum Wegfall des Verschuldens. Andere Wege müssen gefunden werden.

Vorgesehen ist teilweise nur eine Offenlegung, damit die Beteiligten wissen, dass Interessenkonflikte bestehen. So soll nach Ziff. 5.5.2 DCGK jedes Aufsichtsratsmitglied Interessenkonflikte „insbesondere solche, die auf Grund einer Beratung oder Organfunktion bei Kunden, Lieferanten, Kreditgebern oder sonstigen Geschäftspartnern entstehen können" dem Aufsichtsrat gegenüber offenlegen. Und nach Ziff. 5.5.3 DCGK soll der Aufsichtsrat in seinem Bericht an die Hauptversammlung über aufgetretene Interessenkonflikte und deren Behandlung informieren.[8] Weitergehend wird verlangt, dass die Beteiligten sich einem Verfahren zur Auflösung der Konflikte unterwerfen. So lautet Principle II des UK Stewardship Code: „Institutional investors should have a robust policy on managing conflicts of interest in relation to stewardship and this policy should be publicly disclosed". Am weitesten gehen Vorschriften, durch die verhindert werden soll, dass Interessenkonflikte entstehen. Sie reichen von der Forderung nach „unabhängigen Aufsichtsratsmitgliedern" bis hin zu Bestellungshindernissen. Und schließlich sollen Teilnahmeverbote und Stimmrechtsausschlüsse im Einzelfall verhindern, dass sich Interessenkollisionen auswirken. Nur wenn dies längerfristig nicht möglich ist, wird die Möglichkeit zur Abberufung oder zur Amtsniederlegung diskutiert. Dazu heißt es in Ziff. 5.5.3 S. 2 DCGK: „Wesentliche und nicht nur vorübergehende Interessenkonflikte in der Person eines Aufsichtsratsmitglieds sollen zur Beendigung des Mandats führen". Solche institutionellen Regeln gehen einher mit Pflichten des einzelnen Aufsichtsratsmitglieds, Interessenkollisionen zu vermeiden.

All dem liegt der Gedanke zugrunde, dass Interessenkonflikte dauerhaft sein können oder sich auf einen Einzelfall beschränken. Und offenkundig ist zugleich, dass Interessenkollisionen unterschiedliches Gewicht haben können. Dabei sollte man sich vergegenwärtigen, dass die Grenzen zwischen zu vernachlässigenden und schwerwiegenden Interessenkonflikten fließend sind. Zur Konkretisierung hilft nur die Bildung von Fallgruppen. Aber reicht das? Im Weiteren wird angedacht, dass im Interesse der Rechtssicherheit der Aufsichtsrat die Grenzfälle abschließend entscheidet.

---

7 BGH NJW 1980, 1629 = WM 1980, 162, 163; *Ulmer* NJW 1980, 1603; *Hoffmann-Becking* ZHR 150 (1986), 570, 576 f.

8 S. dazu LG Hannover NZG 2010, 744, 746 ff.; s. auch BGHZ 180, 9 = NZG 2009, 342; BGHZ 182, 272 = NZG 2009, 1270.

III. Dauerkonflikt im Aufsichtsrat

Interessenkonflikte im Aufsichtsrat sind zwar ein Dauerthema. Aufgegriffen und diskutiert werden aber nur einzelne Konflikte. Richtig ist dagegen, dass Interessenkonflikte allgegenwärtig sind. So besteht auch ein Interessenkonflikt für das Organmitglied, das seiner Gesellschaft verpflichtet ist und dem Organmitglied, das als Staatsbürger das öffentliche Interesse wahrnehmen soll. Niemand hat aber bisher daran gedacht, daraus weitergehende Folgerungen abzuleiten. Erwartet wird vielmehr, dass man sich in der jeweiligen Rolle dem Unternehmensinteresse unterwirft und die rollentypischen Pflichten erfüllt. In Frage steht dabei, unter welchen Voraussetzungen ein Interessenkonflikt so bedeutsam wird, dass die Rechtsordnung nicht mehr teilnahmslos zusehen kann.

Zu einem Dauerkonflikt führt schon die Zusammensetzung des mitbestimmten Aufsichtsrats.[9] Das gilt für die Vertreter der Anteilseigner, die nach hM nicht allein die Interessen der Investoren verfolgen sollen.[10] Und das gilt entsprechend für die Vertreter der Arbeitnehmer, die zwar die besonderen Interessen der Arbeitnehmer in den Blick nehmen sollen. Beide, sowohl die Vertreter der Anteilseigner wie die Vertreter der Arbeitnehmer, sind zuvörderst dem Unternehmensinteresse verpflichtet. Die Interessen der Investoren und die Interessen der Arbeitnehmer sind aber nicht zwangsläufig identisch mit den Interessen des Unternehmens. Diesen Interessenkonflikt nimmt das Gesetz aber hin.[11] Es begründet kein Stimmverbot. Das bedeutet jedoch nicht, dass die Rechtsordnung für jede Interessenkollision im Aufsichtsrat blind ist. Das Gegenteil ist der Fall. Nur leider sind die gesetzlichen Vorschriften unzulänglich und die Rechtsprechung hatte nicht allzu häufig Gelegenheit, zu Fragen der Interessenkonflikte im Aufsichtsrat Stellung zu nehmen. Aus allgemeinen Rechtsgrundsätzen lassen sich jedoch Grundregeln herausarbeiten. Zu unterscheiden ist dabei

- zwischen der *Konfliktvermeidung* im Vorfeld, nämlich durch die Berufung unabhängiger Aufsichtsratsmitglieder und den Bestellungshindernissen einerseits
- sowie der *Konfliktbewältigung* durch ein Teilnahmeverbot, durch Stimmverbote, durch besondere Verhaltenspflichten, die Aufsichtsratsmitgliedern auferlegt sind die Möglichkeit der Abberufung aus wichtigem Grund und die Amtsniederlegung andererseits.

Dabei lassen sich die internationalen Erfahrungen nicht blind übertragen, weil etwa im mitbestimmten Aufsichtsrat hieran angepasste Lösungen zu suchen sind und weil bei Konzernlagen die Ausübung der Konzernleitung gesichert bleiben muss.

IV. Wege der Konfliktvermeidung

1. Unabhängigkeit der Aufsichtsratsmitglieder

Seit einigen Jahren wird an unterschiedlicher Stelle die Unabhängigkeit einer angemessenen Zahl von Aufsichtsratsmitgliedern gefordert – oder zumindest empfohlen. Begründet wird eine entsprechende Anregung in der EU-Empfehlung vom 15. Februar 2005 zu den Aufgaben von Aufsichtsratsmitgliedern börsennotierter Gesellschaften damit, dass der Schutz der Interessen aller Aktionäre und Dritter, unabhängig von der formalen Struktur, eine effektive und hinreichend unabhängige Aufsicht über die Geschäftsführung erfordert. Was ist damit gemeint? „Unabhängigkeit sollte verstanden werden als die Abwesenheit

---

[9] *Martinek* WRP 2008, 51, 55.

[10] S. aber auch *Mülbert* ZGR 1997, 129, 130 ff.; GroßkommAktG/*Kort* 4. Aufl. 2003, § 76 Rn. 54, 64; *Seibt* in: Schmidt/Lutter, AktG, 2008, § 76 Rn. 12; *Fleischer* AG 2001, 171, 181.

[11] Vgl. LG Hannover ZIP 2009, 761, 762.

jeglicher signifikanter Interessenskonflikte".[12] Im Anhang II der Empfehlung wird sodann das Profil der unabhängigen Aufsichtsratsmitglieder näher gezeichnet. Unterscheiden kann man dabei zwischen finanzieller, struktureller und emotionaler Unabhängigkeit.[13] So heißt es etwa, die betreffende Person dürfe zu der Gesellschaft oder einem verbundenen Unternehmen kein Geschäftsverhältnis in bedeutendem Umfang unterhalten oder im letzten Jahr unterhalten haben (finanzielle Unabhängigkeit). Und weiter heißt es, die betreffende Person dürfe keinesfalls ein Anteilseigner mit einer Kontrollbeteiligung sein oder einen solchen vertreten (strukturelle Unabhängigkeit). Schließlich sieht die Kommissionsempfehlung auch vor, dass die betreffende Person kein Familienangehöriger anderer von dem Profilkatalog abhängiger Personen sein darf (emotionale Unabhängigkeit).

Einen anderen Weg zur Bestimmung der Unabhängigkeit wählt der UK Corporate Governance Code 2010. Dort heißt es, dass der Board im Jahresbericht jeden „non executive director" kennzeichnen sollte, den er als unabhängig betrachtet. „The board should determine whether the director is independent in character and judgement and whether there are relationships or circumstances which are likely to affect, or could appear to affect, the director's judgement." Diese Empfehlung hat den Vorteil, dass durch den Board eine einzelfallabhängige Entscheidung getroffen werden kann.

Bedenken bestehen gegen die zuvor genannte EU-Empfehlung; denn bei paritätisch mitbestimmten Unternehmen fragt man sich, ob eine einheitliche Leitung noch gesichert ist, wenn auf Seiten der Anteilseignervertreter „unabhängige Aufsichtsratsmitglieder" aufgenommen werden müssen.[14]

Das Aktiengesetz in seiner heutigen Fassung verzichtet daher darauf, eine Mindestzahl unabhängiger Mitglieder des Aufsichtsrats festzuschreiben. Verlangt wird nach § 100 Abs. 5 AktG nur bei bestimmten Gesellschaften ein unabhängiges Mitglied des Aufsichtsrats, das über Sachverstand auf den Gebieten Rechnungslegung oder Abschlussprüfung verfügt. Im Übrigen verlangt Ziff. 5.4.2 DCGK, dass dem Aufsichtsrat eine nach seiner Einschätzung „ausreichende Anzahl unabhängiger Mitglieder" angehören soll.

Weitergehende rechtspolitische Forderungen wären wenig überzeugend; denn sie müssten einhergehen mit einer breitflächigen Konkretisierung der Unabhängigkeit. Bisher heißt es lediglich, ein Aufsichtsratsmitglied sei als unabhängig anzusehen, wenn es in keiner geschäftlichen oder persönlichen Beziehung zu der Gesellschaft oder deren Vorstand steht, die eine Interessenkollision begründet. Die Kodexänderungen müssten zudem die Besonderheiten des Konzerns berücksichtigen.

2. Bestellungshindernisse

Das Gesetz sieht statt dessen besondere persönliche Voraussetzungen für die Mitgliedschaft im Aufsichtsrat vor. Solche besonderen Bestellungshindernisse ergeben sich aus § 100 AktG. Mitglied im Aufsichtsrat kann *erstens* nicht sein, wer zugleich Mitglied im Vorstand ist. Die Mitgliedschaft im Vorstand bzw. die Tätigkeit als Geschäftsführer und das Aufsichtsratsamt schließen sich gegenseitig aus. Und dies gilt auch bei Abhängigkeitslagen. Wer Mitglied des geschäftsführenden Organs in einer von der Gesellschaft abhängigen anderen Gesellschaft ist oder wer zum Prokuristen, Generalbevollmächtigten oder Generalhandlungsbevollmächtigten berufen ist, kann nicht zugleich Aufsichtsratsmitglied des herrschenden Unternehmens sein (§ 100 Abs. 2 Nr. 2, § 105 Abs. 1 AktG). *Zweitens* sieht § 100 Abs. 2 Nr. 1 AktG vor, dass niemand zum Mitglied eines Aufsichtsrats bestellt werden kann,

---

[12] Erwägungsgrund 7 der EU-Empfehlung vom 15.2.2005 zu den Aufgaben von nicht geschäftsführenden Direktoren/Aufsichtsratsmitgliedern/bösennotierter Gesellschaften sowie zu den Ausschüssen des Verwaltungs-/Aufsichtsrats (2005/162/EG).

[13] Näher dazu *U.H. Schneider/Nowak* in: FS 50 Jahre DVFA, 2010, S. 393.

[14] Vgl. Stellungnahme Group of German Experts on Corporate Law, ZIP 2003, 863, 869; *Hüffer* ZIP 2006, 637, 642; *Habersack* ZHR 168 (2004), 373, 377 f.; *Lieder* NZG 2005, 569, 571 f.

der schon in zehn anderen Gesellschaften Mitglied des Aufsichtsrats ist. Das Gesetz regelt insoweit im Einzelnen, wie sich die Mandate berechnen. Schließlich enthält § 100 Abs. 2 Nr. 3 AktG Begrenzungen für die Bestellung zum Mitglied eines Aufsichtsrats bei Überkreuzverflechtungen.

Drittens kann nicht zum Aufsichtsratmitglied bestellt werden, wer gesetzlicher Vertreter einer anderen Gesellschaft ist, deren Aufsichtsratsmitglied Vorstandsmitglied der Gesellschaft ist. Und *viertens* kann zum Mitglied des Aufsichtsrats einer börsennotierten Gesellschaft nicht bestellt werden, wer in den letzten zwei Jahren Vorstandsmitglied dieser Gesellschaft war, es sei denn, seine Wahl erfolgt auf Vorschlag von Aktionären, die mehr als 25% der Stimmrechte an der Gesellschaft halten (§ 100 Abs. 2 Nr. 4 AktG).

Streitig ist, ob es weitere im Gesetz nicht geregelte Bestellungshindernisse gibt oder ob der gesetzliche Katalog der Bestellungshindernisse abschließend ist.[15] Teilweise wird die Ansicht vertreten, es liege, obwohl im Gesetz nicht vorgesehen, auch dann ein zwingendes Bestellungshindernis vor, wenn „in zentralen Tätigkeitsbereichen" der Unternehmen eine Wettbewerbslage (Konkurrenzsituation) bestehe.[16] Die höchstrichterliche Rechtsprechung[17] folgt dem nicht. Nur wenn eine „krass gesellschaftswidrige" Lage eingetreten sei, sei ein zwingender Grund zur Abberufung gegeben (§ 103 Abs. 3 AktG). Dagegen ist es nach hM[18] jedenfalls kein Nichtigkeitsgrund für den Bestellungsbeschluss, wenn der Kandidat bereits bei einem Wettbewerbsunternehmen Mitglied des Aufsichtsrats ist. Auch der Deutsche Corporate Governance Kodex geht von der Wirksamkeit der Bestellung aus; denn in Ziff. 5.4.2 DCGK heißt es insbesondere, dass Aufsichtsratsmitglieder keine Organfunktion bei wesentlichen Wettbewerbern des Unternehmens ausüben „sollen". Und die Verwendung des Wortes „soll" kennzeichnet nur Empfehlungen des Kodex. Sie aber wären überflüssig, wenn die Bestellung schon kraft Gesetzes nichtig wäre.

Unabhängig hiervon lässt sich aus der genannten höchstrichterlichen Entscheidung aber entnehmen, dass es auch ungeschriebene Bestellungshindernisse gibt. Dafür spricht auch, dass zwar ein einzelner schwerwiegender Interessenkonflikt nur zu einem Stimmrechtsausschluss führt. Wenn aber ein Mitglied des Aufsichtsrats sich in einem Dauerkonflikt befindet und deshalb eine verantwortliche Wahrnehmung des Mandats nicht mehr gesichert ist, kann das Aufsichtsratsmitglied nicht nur durch die Hauptversammlung durch Mehrheitsbeschluss abberufen werden. Möglich ist auch die Abberufung durch eine Aktionärsminderheit im Wege des gerichtlichen Abberufungsverfahrens (§ 103 Abs. 3 S. 3 AktG),[19] denn es liegt ein wichtiger Grund, nämlich eine „krass gesellschaftswidrige" Lage vor. Es ist zudem von sich aus gehalten, das Amt niederzulegen.[20] Geht man hiervon aus, besteht

---

[15] Dafür *Langenbucher* ZGR 2007, 571, 585; MünchKommAktG/*Habersack* 3. Aufl. 2008, § 100 Rn. 33; dagegen *Lutter/Krieger* Rechte und Pflichten des Aufsichtsrats, 5. Aufl. 2008, Rn. 22; *Spindler* in: Spindler/Stilz, AktG, 2007, § 100 Rn. 30; *Martinek* WRP 2008, 51, 55 ff.; *Hüffer* AktG, 9. Aufl. 2010, § 100 Rn. 1.

[16] *Lutter/Krieger* (Fn. 15) Rn. 22; *Lutter* in: FS Beusch, 1993, S. 509; *Lutter/Kirschbaum* ZIP 2005, 103, 105; *Säcker* in: FS Rebmann, 1989, S. 781, 788 f.; aA *Hüffer* AktG, 9. Aufl. 2010, § 100 Rn. 2; *U.H. Schneider* BB 1995, 1; *Langenbucher* ZGR 2007, 571, 585; Begr. RegE KonTraG, BT-Drucks. 13/9712 S. 17.

[17] BGHZ 39, 116, 123; vgl. aber OLG Frankfurt NZG 2008, 272; OLG Stuttgart NZG 2007; *Hüffer* AktG, 9. Aufl. 2010, § 103 Rn. 10; GroßkommAktG/*Hopt/Roth* 4. Aufl. 2005, § 103 Rn. 56 f. (lediglich Unzumutbarkeit gefordert).

[18] MünchKommAktG/*Habersack* 3. Aufl. 2008, § 105 Rn. 34; *U.H. Schneider* BB 1995, 365, 367 f.; *Hüffer* AktG, 9. Aufl. 2010, § 103 Rn. 13b; *Dreher* JZ 1990, 896, 898 f.; *Ulmer* NJW 1980, 1603, 1606 f.; BGHZ 39, 116, 123.

[19] S. dazu *U.H. Schneider/Nietsch* in: FS Westermann, 2008, S. 1447, 1460 f.

[20] MünchKommAktG/*Habersack* 3. Aufl. 2008, § 100 Rn. 72; *Hüffer* AktG, 9. Aufl. 2010, § 116 Rn. 5; *Dreher* JZ 1990, 896, 902; *Deckert* DZWiR 1996, 406, 409; MünchHdb. AG/*Hoffmann-Becking* 3. Aufl. 2007, § 33 Rn. 67; *Marsch-Barner* in: Semler/v. Schenck, Arbeitshandbuch für Aufsichtsratsmitglieder, 3. Aufl. 2009, § 12 Rn. 146; *Spindler* in: Spindler/Stilz, AktG, 2007, § 100 Rn. 30.

auch schon zum Zeitpunkt der Bestellung eine entsprechende Lage, also eine dauerhaft schwere Interessenkollision, so begründet dies ein Bestellungshindernis.[21]

Dagegen begründen schwere persönliche Verfehlungen, etwa eine Bestrafung wegen Betrugs oder Untreue, oder eine fehlende fachliche Eignung kein Bestellungshindernis.[22] § 76 Abs. 3 AktG und § 6 GmbHG schließen nur die Bestellung zum Mitglied des Vorstands oder zum Geschäftsführer aus, wenn er wegen der in § 76 Abs. 3 AktG, § 6 Abs. 2 S. 2 Nr. 3 GmbHG genannten Straftaten verurteilt worden ist. Eine entsprechende gesetzliche Regelung für Aufsichtsratsmitglieder fehlt aber im Gesellschaftsrecht. Der durch das Aufsichtsstärkungsgesetz eingeführte § 36 Abs. 3 KWG[23] verlangt zwar, dass die Mitglieder des Aufsichtsrats zuverlässig sein müssen. Und verlangt wird weiter, dass sie „die zur Wahrnehmung der Kontrollfunktion sowie zur Beurteilung und Überwachung der Geschäfte, die das Unternehmen betreibt, erforderliche Sachkunde besitzen". Dabei handelt es sich aber nur um aufsichtsrechtliche Anforderungen. Gesellschaftsrechtlich mag weitergehender rechtspolitischer Handlungsbedarf bestehen; denn der Aufsichtsrat trägt unternehmerische Mitverantwortung. Er arbeitet zum Wohle des Unternehmens mit dem Vorstand eng zusammen (so auch Ziff. 3.1 DCGK). Das verlangt de lege ferenda auch für Aufsichtsratsmitglieder, dass ein Bestellungshindernis gegeben ist, wenn die in § 76 Abs. 3 AktG, § 6 Abs. 2 GmbHG genannten Straftaten begangen wurden. Solange eine entsprechende gesetzliche Regelung für Aufsichtsratsmitglieder fehlt, lässt sich aber auch nicht aus ungeschriebenen Regeln ein Bestellungshindernis ableiten.

V. Konfliktbewältigung

1. Meinungsstand

Der Rechtsanwender findet im Gesetz keine Hilfe, wie er bei schweren Interessenkollisionen den Konflikt im Aufsichtsrat bewältigen kann. Das Gesetz enthält keine Regelungen über ein Teilnahme- oder Informationsverbot. Ein großer Teil der Lehre geht aber davon aus, dass bei schwerwiegenden Interessenkollisionen ein (teilweiser) Ausschluss des betreffenden Aufsichtsratsmitglieds von einer Aufsichtsratssitzung oder vom Informationsfluss in Betracht kommt.[24] Die Gegenauffassung[25] verweist auf die erhebliche Rechtsunsicherheit, die durch die „vermeintlichen" Teilnahmeverbote entstehen könnte. Unabhängig hiervon hafte ein ausgeschlossenes Aufsichtsratsmitglied für gesellschaftsschädliche Beschlüsse, auch wenn es an der Willensbildung nicht teilgenommen habe; denn die Gesamtverantwortung des Aufsichtsrats würde auch durch ein Teilnahmeverbot nicht durchbrochen.

Im Gesetz findet sich auch keine Regelung über Stimmverbote bei Beschlüssen des Aufsichtsrats. Daraus darf nach hM jedoch nicht geschlossen werden, dass keine Stimmverbote bestehen.[26] Vielmehr handle es sich um eine Lücke im Gesetz. Und diese Lücke ist

---

[21] Ebenso LG Hannover NZG 2010, 744, 745; ZIP 2009, 760, 762; OLG Hamburg ZIP 1990, 311, 313; BGHZ 180, 9 = NZG 2009, 342, 346.

[22] Vgl. *Hüffer* AktG, 9. Aufl. 2010, § 100 Rn. 2; *Wirth* ZGR 2005, 327, 336.

[23] Das Entsprechende gilt gemäß § 7a Abs. 4 VAG für Aufsichtsratsmitglieder insbesondere von Versicherungsunternehmen.

[24] *Semler/Stengel* NZG 2003, 1, 3 f.; KölnerKommAktG/*Mertens* 4. Aufl. 2005, § 109 Rn. 8; *Lutter/Krieger* (Fn. 15) Rn. 905; *Deckert* DZWiR 1996, 406, 409; *Ulmer* NJW 1980, 1603, 1605; *Säcker* in: FS Rebmann, 1989, S. 781, 793; *U.H. Schneider/Nowak* in: FS v. Rosen, 2008, S. 577, 590.

[25] *Dreher* JZ 1990, 896, 901.

[26] Vgl. *Spindler* in: Spindler/Stilz, AktG, 2007, § 108 Rn. 26; GroßkommAktG/*Hopt/Roth* 4. Aufl. 2005, § 108 Rn. 53; *Hüffer* AktG, 9. Aufl. 2010, § 108 Rn. 9 mwN.

nach herrschender Ansicht durch analoge Anwendung von § 34 BGB zu schließen.[27] Deshalb soll ein Aufsichtsratsmitglied nach hM nicht stimmberechtigt sein,

- wenn die Beschlussfassung des Aufsichtsrats die Vornahme eines Rechtsgeschäfts, zB den Abschluss eines Darlehensvertrags (§ 115 AktG) mit ihm oder mit einer Gesellschaft betrifft, bei der „nahezu vollständige Interessenidentität" besteht;[28] oder
- wenn der Beschluss die Einleitung oder Erledigung eines Rechtsstreits zwischen ihm und der Gesellschaft zum Thema hat;[29] und
- wenn der Beschluss die gerichtliche Abberufung des betreffenden Aufsichtsratsmitglieds betrifft (§ 103 Abs. 3 AktG).[30]

Im Übrigen bestehe kein Stimmrechtsausschluss wegen Interessenkollisionen.[31] Die Aufzählung in § 34 BGB sei abschließend. Insbesondere sei weder § 181 BGB entsprechend[32] noch § 136 AktG entsprechend[33] anzuwenden.

Kein Stimmverbot soll daher bestehen

- bei Beschlüssen über Rechtsgeschäfte mit einer Gesellschaft, bei der das Aufsichtsratsmitglied zum Organmitglied bestellt ist;[34]
- bei korporationsrechtlichen Beschlüssen, also für den Fall das sich das Aufsichtsratsmitglied zur Wahl zum Aufsichtsratsvorsitzenden oder in eine sonstige Funktion des Aufsichtsrats stellt[35] und bei Beschlüssen, bei denen sich ein Aufsichtsratsmitglied zur Wahl in den Vorstand stellt.[36]

Weitergehend wird andererseits auch die Auffassung vertreten, die Verfolgung eigener Interessen reiche aus, um ein Stimmverbot im Aufsichtsrat zu begründen.[37]

2. *Stimmrechtsausschluss bei schwerer Interessenkollision*

Die analoge Anwendung von § 34 BGB überzeugt. Der Ansicht, ein Stimmrechtsausschluss bestehe aber nur in den in § 34 BGB genannten Fällen, ist nicht zu folgen. § 34 BGB enthält vielmehr ein allgemeines Rechtsprinzip. Es lautet, dass an der Willensbildung und Entscheidungsfindung nicht mitwirken soll, wer sich in einem schweren Interessenkonflikt befindet. Die in § 34 BGB aufgeführten Fälle sind nur Anwendungsfälle im Rahmen der Konkretisierung, was als schwere Interessenkollision anzusehen ist.

---

[27] BayObLGZ 2003, 92 m. Anm. *Leuering* EWiR 2003, 847 und *U.H. Schneider* WuB II A § 103 AktG 1.07; OLG Stuttgart AG 2007, 873, 876; ansteller aller GroßkommAktG/*Hopt/Roth* 4. Aufl. 2005, § 108 Rn. 53; MünchKommAktG/*Habersack* 3. Aufl. 2008, § 108, Rn. 29; MünchHdb. AG/*Hoffmann-Becking* 3. Aufl. 2007, § 31 Rn. 66; *Hüffer* AktG, 9. Aufl. 2010, § 108 Rn. 9; *Lutter/Krieger* (Fn. 15) Rn. 899; aA *Behr* AG 1984, 281, 285.

[28] *Lutter/Krieger* (Fn. 15) Rn. 728; *Spindler* in: Spindler/Stilz, AktG, 2007, § 108 Rn. 28.

[29] BayObLG AG 2003, 427, 428; *Hüffer* AktG, 9. Aufl. 2010, § 108 Rn. 9; *Lutter/Krieger* (Fn. 15) Rn. 728; MünchKommAktG/*Habersack* 3. Aufl. 2008, § 108 Rn. 29.

[30] BayObLG AG 2003, 427, 428; *Lutter/Krieger* (Fn. 15) Rn. 728; *Hüffer* AktG, 9. Aufl. 2010, § 108 Rn. 9; MünchKommAktG/*Habersack* 3. Aufl. 2008, § 108 Rn. 29.

[31] BayObLG AG 2003, 427, 428; *Spindler* in: Spindler/Stilz, AktG, 2007, § 108 Rn. 26; *Lutter/Krieger* Rechte und Pflichten des Aufsichtsrats, 4. Aufl. 2002, Rn. 606; *Dreher* JZ 1990, 896, 898; *Stadler/Berner* NZG 2003, 49, 50; *Keusch/Rotter* NZG 2003, 671, 672.

[32] AA *Wilhelm* NJW 1983, 912, 913 (Stimmrecht des Aufsichtsratsmitglieds, das selbst zum Vorstandsmitglied bestellt werden soll).

[33] *Spindler* in: Spindler/Stilz, AktG, 2007, § 108 Rn. 26; aA *Krebs* Interessenkonflikte bei Aufsichtsratsmandaten in der Aktiengesellschaft, 2002, S. 137 f.

[34] *Lutter/Krieger* (Fn. 15) Rn. 728; MünchKommAktG/*Habersack* 3. Aufl. 2008, § 108 Rn. 30.

[35] *Hüffer* AktG, 9. Aufl. 2010, § 108 Rn. 9; *Spindler* in: Spindler/Stilz, AktG, 2007, § 108 Rn. 30; *Lutter/Krieger* (Fn. 15) Rn. 728; MünchKommAktG/*Habersack* 3. Aufl. 2008, § 108 Rn. 32.

[36] *Lutter/Krieger* (Fn. 15) Rn. 343, 728; MünchHdb. AG/*Hoffmann-Becking* 3. Aufl. 2007, § 31 Rn. 66; aA *Hüffer* AktG, 9. Aufl. 2010, § 108 Rn. 9; MünchKommAktG/*Habersack* 3. Aufl. 2008, § 108 Rn. 32; *Drygala* in: Schmidt/Lutter, AktG, 2008, § 108 Rn. 12.

[37] *Keusch/Rotter* NZG 2003, 671, 672.

Damit steht man freilich vor der weiteren Herausforderung, Maßstäbe für die Konkretisierung zu formulieren. Dazu sollte man sich nochmals vor Augen führen, welche Interessenkonflikte hier in Frage stehen.

1. Ein schwerer Interessenkonflikt liegt nicht vor, wenn das Aufsichtsratsmitglied zugleich in einer anderen Rolle gegensätzlichen Erwartungen unterliegt. Also darf ein Arbeitnehmervertreter auch bei laufendem Streik am Beschluss über Maßnahmen mitwirken, die die Streikfolgen mindern sollen. Eine andere Frage ist es, ob dies guter Corporate Governance entspricht. Und dies wird man ablehnen müssen, mit der Folge, dass das Aufsichtsratsmitglied sich der Stimme enthalten kann oder auf die Ausübung seines Stimmrechts verzichten sollte, ohne dass dies eine Pflichtverletzung darstellen würde.

2. Für das Vorliegen einer schweren Interessenkollision reicht auch nicht aus, dass ein Aufsichtsratsmitglied verpflichtet ist, Interessen Dritter zu verfolgen. Also ist ein Aufsichtsratsmitglied nicht vom Stimmrecht deshalb ausgeschlossen, weil es zugleich bei anderen Unternehmen zum Aufsichtsratsmitglied bestellt ist.

3. Voraussetzung für das Vorliegen einer schweren Interessenkollision ist es vielmehr, dass im konkreten Fall widerstreitende Rechtspflichten bestehen. Davon ist auszugehen, wenn ein Aufsichtsratsmitglied zugleich Organmitglied oder leitender Angestellter eines Unternehmens ist, mit dem ein Rechtsgeschäft abgeschlossen werden soll. Davon ist auch auszugehen, wenn ein Arbeitnehmervertreter zugleich Gewerkschaftsführer ist, ein Streik durchgeführt wird und über die Streikfolgen beschlossen wird. Und das ist anzunehmen, wenn bei einem Übernahmeangebot das Aufsichtsratsmitglied zugleich Organmitglied des Bieters ist.

3. Teilnahmeverbot bei schweren Interessenkollisionen

Das Entsprechende gilt für das Teilnahmeverbot. Eine schwere Interessenkollision führt zum Teilnahmeverbot und zum Verlust des Informations- und Auskunftsrechts, wenn nicht erst die Mitwirkung an der Willensbildung und Entscheidungsfindung sondern bereits die Kenntnis von vertraulichen Informationen den schweren Konflikt begründet. Beispielhaft ist die Kenntnis über Abwehrmaßnahmen im Übernahmekampf aber auch die Kenntnis von Konkurrenzangeboten wenn im Aufsichtsrat über ein Rechtsgeschäft diskutiert und beschlossen werden soll, das die Gesellschaft mit einem Unternehmen abschließen will, bei dem das Aufsichtsratsmitglied zugleich Organmitglied ist.

4. Stimmrechtsausschluss bei Konzernlagen

Typischerweise sind im Konzern Mitglieder der Geschäftsleitung des herrschenden Unternehmens oder deren leitende Angestellte zugleich entweder Mitglieder des Vorstands – das interessiert hier nicht – oder Mitglieder des Aufsichtsrats der Tochter- oder Enkelgesellschaften.[38] Auf diese Weise wird die einheitliche Leitung und die konzernweite Überwachung möglich. Da im faktischen Konzern die Organe auf das Unternehmensinteresse des einzelnen Konzernunternehmens verpflichtet sind, entsteht ein Dauerkonflikt.[39] Wird das Vorstandsmitglied für das herrschende Unternehmen tätig, so hat es dessen Interessen wahrzunehmen. Wird das Mitglied des Aufsichtsrats des abhängigen Unternehmens tätig, so hat es dessen Interessen zu verfolgen. Beide Interessen können sich aber widersprechen. Das verhindert jedoch keine Doppelmitgliedschaften;[40] denn Konzernlagen begründen keine Bestellungshindernisse. Das dritte Buch des Aktiengesetzes geht vielmehr von

---

[38] S. dazu *Hoffmann-Becking* ZHR 150 (1986), 570; *Decher* Personelle Verflechtungen im Aktienkonzern, 1990; *U.H. Schneider* in: FS Raiser, 2005, S. 341.

[39] S. dazu etwa *Fischbach* Die Haftung des Vorstands im Aktienkonzern, 2009, S. 75, 260, 380.

[40] *Streyl* Zur konzernrechtlichen Problematik von Vorstands-Doppelmandaten, 1992; *Fischbach* Die Haftung des Vorstands im Aktienkonzern, 2009, S. 333; *Hoffmann-Becking* ZHR 150 (1986), 570, 574; *Martens* ZHR 159 (1995), 567, 587; *Martinek* WRP 2008, 51, 65.

der faktischen Konzernbildung aus. Und dazu gehören Doppelmitgliedschaften als Mittel zur Sicherung der einheitlichen Leitung.

Im Einzelfall stellt sich aber die Frage, ob bei der Tochtergesellschaft ein Stimmrechtsausschluss für Aufsichtsratsmitglieder besteht, wenn das Mitglied zugleich Vorstandsmitglied des herrschenden Unternehmens ist und wenn über die Umsetzung von Maßnahmen des herrschenden Unternehmens insbesondere über den Abschluss von konzerninternen Rechtsgeschäften, etwa im Rahmen von § 111 Abs. 4 AktG, Beschluss gefasst wird.

Die Frage ist höchstrichterlich nicht entschieden und in der Lehre streitig. Gegen ein Stimmverbot könnte sprechen, dass das deutsche Recht ein eingeständiges Konzernrecht entwickelt hat und jedenfalls die beherrschte Aktiengesellschaft[41] auf andere Weise, zB durch die Pflicht zur Aufstellung eines Abhängigkeitsberichts geschützt ist.[42] Teilweise wird dagegen ein Stimmverbot zwar bejaht aber nur „wenn die verlangte Maßnahme dem Interesse der Tochter widerspricht und für sie nachteilig ist".[43] Das ist nicht konsequent; denn die Interessenkollision besteht unabhängig davon, ob die Maßnahme oder das Rechtsgeschäft nachteilig ist oder nicht. Weil darüber aber losgelöst von Interessenkollisionen entschieden werden soll, rechtfertigt und verlangt dies für diesen konkreten Fall schwerer Interessenkollision ein Stimmverbot.[44]

5. *Entscheidung durch den Aufsichtsrat*

Hier wird nicht übersehen, dass die Konkretisierung von allgemeinen Rechtsprinzipien zur Rechtsunsicherheit führt; denn im Einzelfall mag zweifelhaft sein, ob ein schwerer Interessenkonflikt besteht oder nicht. Ist ein Aufsichtsratsmitglied zugleich Aufsichtsratsmitglied bei einem Wettbewerbsunternehmen, so besteht zweifelsfrei ein Stimmrechtsausschluss, wenn Beschluss über ein Rechtsgeschäft zwischen diesen beiden Gesellschaften gefasst werden soll. Das trifft aber nicht den typischen Konfliktfall. Bei Wettbewerbsunternehmen geht es vielmehr auch um die Ausweitung der Forschung, die Ergänzung der Produktpalette, die Änderung der Vertriebswege, alles Fragen die auch unmittelbar Wirkung im Wettbewerbsverhältnis haben. Soll dies zu einem Stimmrechtsausschluss führen? Es wäre unerträglich, wenn dies erst im großen zeitlichen Abstand durch die Gerichte geklärt werden würde. Ja vielfach käme es nicht einmal dazu.

Was ist zu tun? Im UK Corporate Governance Code ist vorgesehen, dass der Board darüber entscheidet, ob ein Mitglied als unabhängig zu betrachten ist oder nicht. Dahinter steht der kluge Gedanke, dass in Zweifelsfällen nicht erst in späterer Zeit Gerichte sondern zeitnah ein Organ abschließend entscheiden soll. Und das sollte nicht der Aufsichtsratsvorsitzende sein.[45] Der Aufsichtsratsvorsitzende entscheidet in alleiniger Zuständigkeit nur über Fragen der Geschäftsordnung. Hier dagegen geht es um ein materiell-rechtliches Problem. Zuständig hierfür ist der Gesamtaufsichtsrat. Seine Entscheidung bringt Rechtssicherheit. Das bedeutet nicht, dass ausnahmslos die Entscheidung der Gerichte hinfällig wird. Sie bleiben für die Grenzen des Beurteilungsspielraums zuständig und das sind vor allem die Fälle fehlerhafter Sachverhaltsermittlung und die Fälle des Rechtsmissbrauchs. Vielmehr geht es nur um die Grenzfälle, in denen der Aufsichtsrat zu entscheiden hat, ob er einen Interessenkonflikt annimmt oder nicht.

---

[41] Zu den Stimmverboten im GmbH-Konzern *U.H. Schneider* ZHR 150 (1986), 609.

[42] So *Martinek* WRP 2008, 51, 66.

[43] So *Hoffmann-Becking* ZHR 150 (1986), 570, 582.

[44] So auch schon *U.H. Schneider* in: FS Raiser, 2005, S. 341, 354; dem folgend GroßkommAktG/*Hopt/Roth* 4. Aufl. 2005, § 108 Rn. 60.

[45] So auch GroßkommAktG/*Hopt/Roth* 4. Aufl. 2005, § 108 Rn. 66; aA (Aufsichtsratsvorsitzender als Versammlungsleiter) *Drygala* in: Schmidt/Lutter, AktG, 2008, § 108 Rn. 12; MünchKommAktG/*Habersack* 3. Aufl. 2008, § 108 Rn. 33.

VI. Zusammenfassung

1. Interessenkonflikte im Aufsichtsrat sind eines der Hauptthemen der aktuellen deutschen, europäischen und internationalen Corporate Governance Diskussion.

2. Die hier zu behandelnden Interessenkonflikte entstehen aufgrund unterschiedlicher Rollenerwartungen und rechtlich verpflichtender widerstreitender Interessenbindungen in geschäftlichen oder persönlichen Beziehungen.

3. „Interessenkollisionen sind, wenn ein Aufsichtsratsmitglied zwei Gesellschaften angehört, auch grundsätzlich nicht in dem Sinne entlastend, dass die Pflichterfüllung gegenüber der einen die Pflichtverletzung gegenüber der anderen Gesellschaft rechtfertigen könnte" (BGH WM 1980, 163).

4. Im Aufsichtsrat sind Interessenkonflikte allgegenwärtig. Insbesondere führt schon die Zusammensetzung des mitbestimmten Aufsichtsrats zu einem Dauerkonflikt. Dies begründet aber weder Bestellungshindernisse noch Stimmrechtsausschlüsse.

5. Aus allgemeinen Rechtsgrundsätzen lassen sich jedoch weitergehende Grundregeln herausarbeiten. Zu unterscheiden ist dabei zwischen der Konfliktvermeidung und der Konfliktbewältigung.

6. Der Konfliktvermeidung dient die Forderung nach der Unabhängigkeit der Aufsichtsratsmitglieder und dienen Bestellungshindernisse.

7. Das Aktiengesetz in seiner heutigen Fassung verzichtet darauf, eine Mindestzahl unabhängiger Mitglieder des Aufsichtsrats festzuschreiben. Verlangt wird nach § 100 Abs. 5 AktG nur bei bestimmten Gesellschaften ein unabhängiges Mitglied des Aufsichtsrats, das über Sachverstand auf den Gebieten Rechnungslegung oder Abschlussprüfung verfügt.

8. Das Aktiengesetz sieht eine Reihe von besonderen persönlichen Voraussetzungen für die Mitgliedschaft im Aufsichtsrat vor, deren Fehlen zu Bestellungshindernissen führt. Die gesetzliche Regelung ist nicht abschließend. Ein Bestellungshindernis besteht auch dann, wenn ein Aufsichtsratsmitglied aufgrund eines dauerhaft schweren Interessenkonflikts sein Amt nicht verantwortlich ausüben kann.

9. Das Aktiengesetz enthält keine Regelungen zur Konfliktbewältigung bei schweren Interessenkollisionen. Es enthält keine Regelungen über ein Teilnahme- oder Informationsverbot und es enthält keine Regelungen über einen Stimmrechtsausschluss.

10. Nach hM ist § 34 BGB analog anwendbar. Die in § 34 BGB aufgeführten Fälle sind aber nur Anwendungsfälle im Rahmen der Konkretisierung, was als schwere Interessenkollision anzusehen ist. Die in § 34 BGB aufgeführten Fälle sind nicht abschließend.

11. Ein schwerer Interessenkonflikt liegt nicht vor, wenn das Aufsichtsratsmitglied zugleich in einer anderen Rolle gegensätzlichen Erwartungen unterliegt. Für das Vorliegen einer schweren Interessenkollision reicht auch nicht aus, dass ein Aufsichtsratsmitglied verpflichtet ist, Interessen Dritter zu verfolgen. Voraussetzung für das Vorliegen einer schweren Interessenkollision ist es vielmehr, dass im konkreten Fall widerstreitende Rechtspflichten bestehen.

12. Der Aufsichtsrat entscheidet abschließend, ob eine schwere Interessenkollision vorliegt und damit ein Stimmrechtsausschluss besteht. Der Beschluss ist inhaltlich durch die Gerichte nicht überprüfbar. Gerichtlich nachprüfbar sind nur bestimmte Grenzen.

13. Bei dauerhaft schwerer Interessenkollision kann ein Aufsichtsratsmitglied nicht nur durch Mehrheitsbeschluss durch die Hauptversammlung abberufen werden. Möglich ist auch eine Abberufung aus wichtigem Grund durch eine Aktionärsminderheit im Wege des gerichtlichen Abberufungsverfahrens. Das Aufsichtsratsmitglied ist seinerseits verpflichtet, sein Amt niederzulegen.

ULRICH SEIBERT

Das Gesetzgebungsverfahren und die politischen Verhandlungen zum Gesetz zur Angemessenheit der Vorstandsvergütung (VorstAG) vom Kabinettbeschluss bis zu seinem Inkrafttreten (März bis August 2009)

Übersicht

Am 11. März 2009 hatte das Bundeskabinett die Formulierungshilfe für das spätere Gesetz zur Angemessenheit der Vorstandsvergütung (VorstAG) vom 31. Juli 2009 (BGBl. I S. 2509) verabschiedet. Den Entstehungsprozess des Entwurfs bis zur Kabinettreife habe ich in einem Beitrag in der Festschrift für Hüffer, Die Koalitionsarbeitsgruppe „Managervergütungen“: Rechtspolitische Überlegungen zur Beschränkung der Vorstandsvergütung (Ende 2007 bis März 2009)* dargestellt. Das weitere Gesetzgebungsverfahren und vor allem die begleitenden politischen Verhandlungen brachten recht überraschende Wendungen und Änderungen am Gesetzentwurf. Diese Entwicklungen von März 2009 bis zum Inkrafttreten des Gesetzes am 5. August 2009 sollen hier nachgezeichnet werden. Es wird davon ausgegangen, dass dieses Thema dem *Jubilar* Freude bereitet oder zumindest auf sein Interesse stößt, da er als Sachverständiger vor dem Rechtsausschuss des Deutschen Bundestages sehr engagiert am Entstehen des Gesetzes mitgewirkt und auf seine endgültige Fassung Einfluss genommen hat.

I. Vorarbeiten parteiinterner Arbeitsgruppen

1. SPD-Arbeitsgruppe

Die Diskussion um die Angemessenheit der Vergütung von Vorständen deutscher Aktiengesellschaften hatte in konjunkturellen Hochzeiten mit dem Hinweis auf eine „Gerech-

* München 2010, S. 955 ff.

tigkeitslücke" begonnen[1] und wurde zunächst folgerichtig von der SPD aktiv als politisches Thema aufgegriffen. Eine am 10. Dezember 2007 eingesetzte Arbeitsgruppe der SPD-Fraktion „Angemessenheit und Transparenz von Managerbezahlungen" tagte unter Leitung des finanzpolitischen Sprechers und stellvertretenden Vorsitzenden der SPD-Fraktion im Bundestag, *Joachim Poß*, am 20. Dezember 2007, 18. Januar, 13. März, 10. und 23. April und am 7. Mai 2008. Weitere Mitglieder der Arbeitsgruppe waren die Bundesministerin der Justiz *Brigitte Zypries,* die Parlamentarische Staatssekretärin im Bundesfinanzministerium *Nicolette Kressl,* der rechtspolitische Sprecher der SPD-Bundestagsfraktion *Joachim Stünker* sowie der parlamentarischer Geschäftsführer der SPD-Fraktion *Christian Lange* – und ferner noch der Bundestagsabgeordnete *Ludwig Stiegler* und der rheinland-pfälzische Finanzminister *Dr. Ingolf Deubel.* Die beiden letzteren waren in der späteren Koalitionsarbeitsgruppe (s. 2.) nicht mehr vertreten. Ich hatte die Ehre, als fachlicher Experte Frau Ministerin *Zypries* in diese Arbeitgruppe zu begleiten.

Der Abgeordnete *Poß* präsentierte die ausgearbeiteten Vorschläge der Gruppe dem SPD-Parteipräsidium am 28. April 2008.[2] Am 9. Juni 2008 wurde ein weitgehend identischer Abschlussbericht vorgestellt.[3] Die – sogleich noch näher darzustellenden – gesellschaftsrechtlichen Vorschläge sind in den Medien relativ gut aufgenommen worden, der Vorschlag zur steuerlichen Nichtabsetzbarkeit von 50% der eine Million Euro pro Jahr übersteigenden Betriebsausgaben für Vorstandsbezüge und -abfindungen ist dagegen auf harsche Kritik gestoßen.[4]

2. CDU/CSU-Arbeitsgruppe

CDU und CSU setzten darauf folgend ebenfalls eine eigene Arbeitsgruppe unter der Leitung ihres finanzpolitischen Sprechers, *Otto Bernhardt,* ein. Mitglieder waren daneben der stellvertretende Fraktionsvorsitzende *Dr. Hans-Peter Friedrich* sowie die Abgeordneten *Dr. Jürgen Gehb,* rechtspolitischer Sprecher der CDU/CSU-Fraktion, *Laurenz Meyer,* wirtschaftspolitischer Sprecher der CDU/CSU-Fraktion, und *Max Straubinger,* arbeits- und sozialpolitischer Sprecher der CSU-Landesgruppe. Die unterschiedlichen Positionen von SPD und CDU/CSU zu einzelnen Punkten des Reformvorhabens werden im Folgenden jeweils erwähnt.

II. Koalitionsarbeitsgruppe „Managervergütung"

Aus den beiden Arbeitsgruppen wurde darauf folgend eine Koalitionsarbeitsgruppe gebildet. Diese tagte am 29. September und 16. Oktober 2008 und am 22. und 29. Januar 2009 und hat in der letzten Sitzung konkrete Beschlüsse zur Novellierung der aktienrechtlichen Regelungen über Vorstandsvergütungen gefasst.

Eine Reihe von Vorschlägen beider Seiten (s. sogleich) erwies sich als nicht konsensfähig und musste daher als streitig stehenbleiben. Denn der verbleibende Zeitrahmen für die Verabschiedung eines Vorstandsvergütungsgesetzes war extrem eng: Am 3. Juli 2009 würde der letzte mögliche Sitzungstag für eine 2. und 3. Lesung des Gesetzes im Deutschen Bundestag sein. Danach würde vor der Wahl am 27. September 2009 „nichts mehr gehen". Es war also klar: Nur wenn man sich im Wesentlichen auf die unstreitigen Punkte (die

---

[1] Vgl. als symptomatisch den Artikel „Populismus pur" oder Gerechtigkeitslücke? auf www.tagesschau.de (10.12.2007); wN zu Presseartikeln bei *Wilsing/Kleißl* BB 2008, 2422 in Fn. 1.

[2] Eine Zusammenfassung findet sich in WM 2008, 1046.

[3] Der Abschlussbericht der Gruppe ist zB abzurufen unter http://www.lange-spd.de/cms/upload/Downloads/konkreteempfehlungenabfindungenmanagergehalter24.4.08.pdf.

[4] S. Meinungsäußerungen führender Politiker abgedruckt auf Spiegel-online, Artikel vom 28.4.2008 „SPD will Manager-Gier zügeln – Union skeptisch".

immerhin schon einiges Gewicht hatten) beschränkte, konnte das Vorhaben mit einiger Aussicht noch eingebracht und rechtzeitig abgeschlossen werden. Die Koalitionsarbeitgruppe gelangte daher zu dem Schluss, dem Koalitionsausschuss am 4. März 2009 lediglich das Paket der sieben einvernehmlichen Punkte vorzuschlagen und die Streitpunkte gesondert zu präsentieren. Ein Gesetzesentwurf sollte als Fraktionsinitiative dann im März 2009 eingebracht werden.

III. Kabinettsbeschluss zum VorstAG

Im Koalitionsausschuss vom 4. März 2009 entschied man sich dann allerdings, den Gesetzentwurf nicht wie zunächst vorgesehen, unmittelbar als Fraktionsentwurf einzubringen, sondern am 11. März 2009 zunächst vom Kabinett als „Formulierungshilfe" (und also nicht als Regierungsentwurf) für die Fraktionen verabschieden zu lassen. So ist es geschehen. Die Formulierungshilfe eines Gesetzes zur Angemessenheit der Vorstandsvergütung (VorstAG) in der Fassung des Kabinettsbeschlusses enthielt Änderungen in folgenden Bereichen:[5]

- § 87 Abs. 1 AktG (Angemessenheit der Vergütung – insbesondere Langfristigkeit der Anreize),
- § 87 Abs. 2 AktG (Herabsetzung der Vorstandsvergütung),
- § 107 Abs. 3 AktG (Wechsel von Vorstandsmitgliedern in den Prüfungsausschuss),
- § 107 Abs. 3 AktG (Zuständigkeit des Aufsichtsratsplenums für die Vorstandsvergütung),
- § 116 AktG (Haftung des Aufsichtsrats),
- § 193 AktG (Haltefristen für Aktienoptionsprogramme),
- § 285 HGB (Offenlegung der Vergütung).

Der Gesetzentwurf ist anschließend als Fraktionsentwurf eingebracht worden, um die Zeit für einen ersten Durchgang durch den Bundesrat zu sparen und so dem Gesetzgebungsvorhaben noch Aussichten auf eine Verabschiedung in der 16. Wahlperiode zu geben.[6]

Weiterhin beschloss der Koalitionsausschuss, parallel zur Behandlung des Entwurfs im Gesetzgebungsverfahren eine Arbeitsgruppe unter Teilnahme des Bundesministeriums der Justiz (BMJ) und auf Einladung der Fraktionsvorsitzenden der Koalitionsfraktionen einzurichten, in der die bislang offen und streitig gebliebenen Punkte (hälftiges steuerliches Abzugsverbot auf Vorstandsgehälter und Abfindungen sowie eine Ergänzung von § 76 Abs. 1 AktG um das „Unternehmensinteresse", eventuell auch zusätzliche Punkte von CDU/CSU) behandelt werden sollten.

IV. Fortsetzung der Koalitionsarbeitsgruppe nach dem Kabinettsbeschluss

Diese Fortsetzungsarbeitsgruppe wurde auf Seiten der SPD immer noch vom Abgeordneten *Poß* geleitet, auf Seiten der CDU/CSU übernahm allerdings plötzlich der *Abgeordnete Wolfgang Bosbach die Leitung,* stellvertretender Vorsitzender der CDU/CSU-Fraktion. Dies wurde seitens der CDU/CSU als Aufwertung der Arbeitsgruppe gewertet. Mitglieder waren nun der bayerische Staatsminister der Finanzen *Georg Fahrenschon,* MdB *Dr. Hans-Peter Friedrich,* stellv. Fraktionsvorsitzender der CDU/CSU Bundestagsfraktion, MdB *Dr. Jürgen Gehb,* rechtspolitischer Sprecher der CDU/CSU-Fraktion, *Dr. Karl-Theodor Frei-*

[5] Zu den geplanten Neuregelungen vgl. u.a. *Hollstein* jurisPR-HaGesR 5/2009, Anm. 4.

[6] Zu den Regelungen des Entwurf im Detail vgl. zB *Hanau* NJW 2009, 1652, der zu einer wohlwollenden Bewertung gelangt. Zu den kritischen Stimmen s. die Nachweise bei *Hohaus/Weber* DB 2009, 1515 in Fn. 4. Die erste Lesung im Bundestag fand in der 212. Sitzung am 20.3.2009 statt (vgl. Plenarprotokoll 16/212 S. 23013D bis 23026A).

herr zu Guttenberg, Bundeswirtschaftsminister und MdB, wie zuvor Frau *Nicolette Kressl,* Parlamentarische Staatssekretärin im Bundesfinanzministerium, *Hans-Ulrich Krüger,* MdB, finanzpolitischer Sprecher der SPD-Bundestagsfraktion, wie bereits bisher *Christian Lange,* MdB, Parlamentarischer Geschäftsführer der SPD-Fraktion, *Laurenz Meyer,* wirtschaftspolitischer Sprecher der CDU/CSU-Fraktion, die SPD-Abgeordnete *Marianne Schieder,* für den Verbraucherschutz, wie schon bisher MdB *Joachim Stünker,* rechtspolitischer Sprecher der SPD-Bundestagsfraktion, und Bundesjustizministerin *Brigitte Zypries.* Wie bei der vorangegangenen Arbeitsgruppe der SPD-Fraktion und der anschließenden Koalitionsarbeitsgruppe hatte ich die Ehre und Verantwortung als Berater und fachlicher Experte an den politischen Beratungen teilnehmen zu dürfen, den Abgeordneten Rede und Antwort zu stehen und die jeweiligen Formulierungshilfen für die Sitzungen vorzubereiten.

Die Arbeitsgruppensitzungen fanden wie schon zuvor regelmäßig um 7.30 Uhr im Marie-Elisabeth-Lüders-Haus statt, meist mit pittoreskem Blick auf den morgendlichen Reichstag und einem Frühstück mit belegten Brötchen. Zusätzlich gab es noch gelegentliche Vorbesprechungen der jeweiligen Fraktionen. Der Zeitplan war aufgrund des nahenden Endes der Legislaturperiode sehr eng gesteckt. Die SPD traute dem Koalitionspartner nicht recht und fürchtete bisweilen, er werde am Ende noch alles platzen lassen. Zugleich zeigte aber die sehr hochrangige Besetzung der Arbeitsgruppe seitens der CDU/CSU, dass man dort den Ernst der Lage – man befand sich mitten in der Finanzmarktkrise – erkannt hatte und sich bewusst war, dass die Menschen eine politische Antwort auf gefühlte und in den Medien angeprangerte Missstände im Bereich Vorstandsvergütung erwarteten. Ein „Aussitzen", wie die Wirtschaft es sich wohl erhofft hatte, war politisch nicht möglich. Also versuchte die CDU/CSU-Seite sich spät, aber nun besonders aktiv zu zeigen und brachte auch neue, eigene Vorschläge in die Verhandlungen ein.

1. Sitzung am 23. April 2009

Schon in der ersten Sitzung der Koalitionsarbeitsgruppe am 23. April 2009 wurde eine Einigung gleich zu mehreren offenen Fragen erzielt. Bei der Möglichkeit einer Herabsetzung der Vorstandsvergütung in § 87 Abs. 2 AktG[7] wurde beschlossen, den Begriff der „Unbilligkeit" wieder stärker auf das betreffende Unternehmen zu beziehen.[8] In den Entwurfstext sind also die Wörter „für die Gesellschaft" wieder eingefügt worden, um die Auslegung des Begriffs der Unbilligkeit klarer zu fokussieren.[9] Ferner wurde beschlossen, im Entwurf zu § 116 AktG (Haftung des Aufsichtsrats) den Satz: „In diesem Fall ist der Mehrbetrag zu einer angemessenen Vergütung als Mindestschadensersatz zu erstatten" zu streichen. Der Bundesverband der deutschen Industrie (BDI) hatte berechtigten Bedenken Ausdruck verliehen, dass diese Regelung als Strafschaden hätte (miss)verstanden werden können. Auch der Schadensrechtler im Bundesministerium der Justiz hatte für eine Streichung plädiert.[10]

Die CDU/CSU hatte des Weiteren Probleme mit der angedachten Absenkung der Ruhegehälter von bereits ausgeschiedenen Vorstandsmitgliedern und der Hinterbliebenenversorgung. Der Verfasser wies auf die Begründung zu § 87 Abs. 2 AktG hin, die ausdrücklich ausführte, dass die „Unbilligkeit" einer Vergütung nur bei „Zurechenbarkeit" der Verschlechterung der Lage der Gesellschaft angenommen werden könne, weshalb eine

[7] Ausführlich dazu *Bauer/Arnold* AG 2009, 717, zur Anwendung auf Altverträge insbesondere S. 730.

[8] Zur Neuregelung im Vergleich zur bisherigen Regelung s. auch *Bosse* BB 2009, 1650, 1651.

[9] Gerade aufgrund dieser auf das einzelne Unternehmen zugeschnittenen Regelung werden richtige unternehmerische Entscheidungen des Vorstands zur Neuausrichtung des Unternehmens nicht zu einer Absenkung der Vorstandsgehälter wegen „Unbilligkeit" führen können, wie *Mutter* AG 2009, R 130 anscheinend befürchtet.

[10] Diese begrüßend zB *Bosse* BB 2009, 1650, 1653.

Herabsetzung der Ruhegehälter nach Ausscheiden des Vorstandsmitglieds also nur für eine kurze Zeitspanne wahrscheinlich sei. Frau Ministerin *Zypries* schlug als Kompromiss eine Befristung der Absenkungsmöglichkeit auf drei Jahre vor, und so ist es dann später auch Gesetz geworden.

Zur Überraschung der SPD-Seite wünschte die CDU/CSU zu § 93 Abs. 2 AktG einen gesetzlichen Selbstbehalt bei D&O-Versicherungen.[11] Eine solche Regelung sollte, obwohl der Zusammenhang mit dem Thema Vorstandsvergütung lediglich am Rande gegeben war, ebenso in das VorstAG eingestellt werden und zwar auf der Basis der von der SPD-Arbeitsgruppe früher beschlossenen Formulierungshilfe. Die SPD-Seite hatte diesen Gedanken nämlich auch schon gehabt, war zu Anfang damit aber nicht auf Gegenliebe bei der CDU/CSU gestoßen[12] und hatte daraufhin den Vorschlag fallen lassen, nicht unbedingt zu meinem persönlichen Bedauern. Nun tauchte der Vorschlag plötzlich wieder auf. Der Selbstbehalt sollte in der Höhe der jährlichen Gesamtvergütung des jeweiligen Vorstandsmitglieds entsprechen.

Und noch ein überraschender Wunsch wurde von der CDU/CSU-Seite platziert und von der SPD hingenommen: Das unverbindliche Votum der Hauptversammlung zu Vergütungsfragen.[13] Nach kurzer Erörterung in der Arbeitsgruppe kam man überein, folgende Voraussetzungen aufzustellen: Der Antrag, diesen Punkt auf die Tagesordnung der Hauptversammlung zu setzen, sollte nicht (notwendig) von der Gesellschaft, sondern von einer Aktionärsminderheit mit mindestens 5% des stimmberechtigten Kapitals gestellt werden. Zur Diskussion in der Hauptversammlung gestellt werden sollte die (bestehende) Vergütungsstruktur.[14] Das Hauptversammlungsvotum hierzu sollte unverbindlich und eine Anfechtung desselben ausgeschlossen sein. Das BMJ hatte sich zu diesem bereits in der SPD-Arbeitsgruppe diskutierten Punkt immer offen gezeigt,[15] war allerdings hinsichtlich der Erfolgsaussichten skeptisch gewesen, weil sowohl BDI als auch der Deutsche Gewerkschaftsbund sich massiv gegen eine solche Hauptversammlungszuständigkeit gewandt hatten – jeweils aus unterschiedlichen Gründen freilich.

Auch ein letzter sehr bedeutender Punkt erblickte schon in dieser ersten Sitzung der Fortsetzungsarbeitsgruppe das rechtspolitische Licht: Die Einführung einer zweijährigen Karenzzeit für den Wechsel vom Vorstand in den Aufsichtsrat derselben Gesellschaft, allerdings mit einer Ausnahmevorschrift für Familienunternehmen.[16] Die Regelung sollte eine Beschränkung des Wechsels von zwei Jahren vorsehen, lediglich auf börsennotierte Gesellschaften Anwendung finden und eine Ausnahme für Vorstandsmitglieder mit wesentlichen Beteiligungen (ca. 20%) vorsehen. In der Folge dieser weitergehenden Regelung wurde die cooling off-Periode für die Mitgliedschaft im Prüfungsausschuss in § 107 Abs. 3 AktG-

---

[11] Dazu ausführlich zB *Koch* AG 2009, 637 ff. und *Fiedler* MDR 2009, 1077 ff. mwN. Zu offenen Fragen vgl. *Lange* VW 2009, 918 f.; kritisch zur Regelung allgemein *Olbrich/Kassing* BB 2009, 1659 ff.; gar mit verfassungsrechtlichen Bedenken wartet *Schulz* VW 2009, 1410 ff. auf.

[12] Inzwischen gibt es sogar Stimmen aus der Praxis, die bedauern, dass nicht auch ein Selbstbehalt für Aufsichtsratsmitglieder gesetzlich festgeschrieben wurde, vgl. *van Kann/Kaluweit* DStR 2009, 1587, 1589. Dies hat auch *Goette* in der Anhörung vor dem 143. Rechtsausschuss schon bemängelt (Protokoll S. 2). Der Deutsche Corporate Governance Kodex empfiehlt allerdings einen Selbstbehalt auch bei Aufsichtsratsmitgliedern.

[13] Zu diesem neuen „Say on Pay" der Hauptversammlung im deutschen Recht und den Vorbildern im Vereinten Königreich vgl. *Fleischer/Bedkowski* AG 2009, 677 mwN in Fn. 2.

[14] Nach *Vetter* ZIP 2009, 1307, 1309 soll aber ein Beschluss der Hauptversammlung, der eine Maximalhöhe der Vorstandsvergütung festlegt, auch nach dem Inkrafttreten des VorstAG das gesetzlich festgelegte Kompetenzgefüge überschreiten und daher nichtig sein.

[15] Eine solche Regelung empfiehlt auch die EU-Kommission, vgl. Empfehlung der Kommission vom 30.4.2009 (2009/385/EG), ABl. EU 2009 Nr. L 120 S. 28 Nr. 6 (in Ergänzung der Empfehlungen 2004/913/EG und 2005/162/EG).

[16] Dazu auch *Seibert* DB 2009, 1167, 1170.

RegE wieder gestrichen; eine solche könne dem Deutschen Corporate Governance Kodex überlassen werden und eine zu kleinteilige gesetzliche Regelung wurde nicht gewünscht.

Eine solche Karenzzeit war in den letzten Jahren in der politischen Diskussion mehrfach aufgeflackert und dann immer wieder mit dem Hinweis auf den Kompetenzverlust im Aufsichtsrat verhindert worden. Diesmal ließen sich die Abgeordneten durch dieses Argument nicht abbringen. Möglicherweise hatten sie nach der Krise gewisse generelle Zweifel an der Kompetenz der Aufsichtsräte und meinten, es könne nur besser werden. Sicher war auch der Verdacht der Schwäche deutscher Aufsichtsräte mitentscheidend, denen man nicht zutraute, sich gegen die massiv vorgetragene Erwartung starker Vorstände, nach Ende ihrer operativen Tätigkeit in den Vorstand wechseln zu wollen, zur Wehr zu setzen. Mit dem Wechselverbot bzw. der Verlagerung des Vorschlagsrechts auf die Aktionäre nahm man den Aufsichtsräten also diese Last.

Zumindest gewisse Sympathien fand auch der Gedanke, in § 100 Abs. 2 AktG eine Verringerung der Zahl der von einer Person gleichzeitig wahrnehmbaren Aufsichtsratsmandate anzuordnen. Eine solche Begrenzung auf zB maximal fünf Mandate wäre allerdings eine Rasenmäherlösung. Das stimmte die Abgeordneten nachdenklich. Es wurden Kompromissmöglichkeiten diskutiert: Bei einer Absenkung auf fünf Mandate pro Person könnte man die Doppelanrechnung von Aufsichtsratsvorsitzen ganz streichen. Oder: Man könnte die Beschränkung auf fünf Mandate auf aktive Vorstandsmandate in anderen Unternehmen beschränken. Das ganze Vorhaben wurde aber von der CDU/CSU-Seite alsbald wieder zu den Akten gelegt.

Neben diesen schnellen Einigungen zeichnete sich allerdings auch schon in der ersten Sitzung ab, dass eine Verkleinerung der Aufsichtsräte (auf zB zwölf Mitglieder) weiterhin nicht mehrheitsfähig sein würde,[17] ebenso wenig wie eine Begrenzung des Betriebsausgabenabzugs für Vorstandsvergütungen und -abfindungen oder ein Verweis auf das Unternehmenswohl (der Aktionäre, der Arbeitnehmer und der Allgemeinheit) in § 76 Abs. 1 AktG. Diese drei Punkte durften damit als vorläufig beerdigt angesehen werden. Sie wurden im Wahlkampf 2009 aber von den Parteien wieder aufgegriffen.

2. Sitzung am 7. Mai 2009

Auch diese Sitzung wurde von den Abgeordneten *Poß* und *Bosbach* geleitet, wobei auffällig war, wie stark und engagiert sich MdB *Bosbach* einschaltete. Zunächst wurde § 87 AktG (Angemessenheit der Vorstandsvergütung) besprochen: Die Formulierung des Entwurfs, wonach die Vergütung eines Vorstandsmitglieds in einem angemessenen Verhältnis zu der „üblichen Vergütung" stehen müsse, wurde kontrovers diskutiert. Es wurde vor allem befürchtet, dass die Formulierung des Regierungsentwurfs zu einem „Aufschaukelungseffekt"[18] der jeweiligen Vergütungshöhen führen könne.[19] Dies versuche die Begründung des Entwurfs zwar zu vermeiden, das wurde anerkannt, dies sei aber schwierig. Übereinstimmend wurde daher beschlossen, in § 87 AktG zu formulieren: „,...dafür zu sorgen, dass diese [Gesamtbezüge] in einem angemessenen Verhältnis zu den Aufgaben und Leistungen des Vorstandsmitglieds und zur Lage der Gesellschaft stehen und die übliche Vergütung nicht ohne besondere Gründe übersteigen".[20]

---

[17] *Seibert* DB 2009, 1167, 1170.

[18] *Noack* spricht von der Gefahr einer „Erhöhungs-Spirale", vgl. BB 32-2009, M1; ausführlich zur „Üblichkeit" *Suchan/Winter* DB 2009, 2531, 2533.

[19] Umgekehrt wurde – meines Erachtens zu Unrecht – ebenso befürchtet, dass Deutschland durch im internationalen Vergleich zu niedrige Vorstandsgehälter, den angeblichen Wettbewerb um „die besten Köpfe" verlieren würde, vgl. auch *Seibert* Audit Committee Quarterly III/2009, 12; ebenso *Spindler* NJOZ 2009, 3282, 3283; aA wohl *K.P.Müller* in der Anhörung des 143. Rechtsausschusses (Protokoll S. 34 f.) und auch *Hohenstatt* ZIP 2009, 1349, 1357.

[20] *Bosse* weist zur Bestimmung der „Üblichkeit" in BB 2009, 1650 auf den Überblick auf der Webseite www.verguetungsregister.de hin. Eine ausführliche Studie von *Rapp/Schaller/Wolff* zur Höhe und Zusammensetzung der in Deutschland bezahlten Vorstandsvergütungen, auch außerhalb der DAX30-Unternehmen, findet sich in AG 2009, R 156 ff.

Eine zunächst erörterte Formulierung, nach der variable Vergütungsbestandteile nicht vor Ablauf der Vertragslaufzeit ausgezahlt werden sollten, ist wieder verworfen worden. Zu Recht, denn es kommt nicht so sehr auf den Zeitpunkt der Auszahlung an als auf die Teilnahme an späteren Verschlechterungen der Parameter. Man einigte sich auf die neue Formulierung: „Variable Vergütungsbestandteile sollen eine mehrjährige Bemessungsgrundlage haben und erst am Ende des Bemessungszeitraums ausgezahlt werden".[21]

Bei der Frage des Selbstbehalts bei D&O-Versicherungen (Formulierungshilfe zu § 93 Abs. 2 AktG) war die Bezugsgröße „Gesamtbezüge" umstritten. MdB *Bosbach* meinte, dieser Betrag sei für die Versicherungsunternehmen nicht kalkulierbar, da in den Gesamtbezügen auch die variablen Bezüge enthalten seien. Frau Ministerin *Zypries* wies zutreffend darauf hin, dass der Selbstbehalt zwischen Aufsichtsrat und Vorstand auszuhandeln sei,[22] wobei gemäß Begründung des Entwurfs die Gesamtbezüge pauschaliert oder geschätzt werden könnten. Für die Versicherung ergäbe sich dann ein fester Betrag, auf den abgestellt werden könnte. Für die SPD-Seite schien es wichtig, in der Regelung auf die Gesamtvergütung abzustellen, da diese deutlich höher als die festen Bestandteile der Vorstandsvergütung ist. Es wurde auch erörtert, ob ein Bezug nur auf die Festvergütung ein Gegengewicht zu der Neuregelung zu den variablen Vergütungsbestandteilen (s. oben) darstellen könne, da diese möglicherweise zu einer Anhebung der Festvergütungen führen würde.[23]

Eine gewisse Aporie entstand zu der Frage, wie die „Familiengesellschaftsklausel" zur cooling off-Periode beim Wechsel vom Vorstand einer Gesellschaft in ihren Aufsichtsrat formuliert werden sollte. Alle waren sich einig, dass bedeutende Familienaktionäre von einer Wechselbeschränkung ausgenommen werden müssten, da es bei diesen schließlich um die Verwaltung eigenen Vermögens gehe und auch verfassungsrechtliche Fragen berührt seien. Auch konnte es natürlich nicht darauf ankommen, ob der jeweilige Aufsichtsratskandidat die Aktien selbst in seinem Portfolio hält, oder ob sie beispielweise in der Familie gepoolt sind. Im Verlauf der Diskussion nahmen die Zurechnung und die Einbeziehung weiterer Fallvarianten unübersichtliche Ausmaße an. Die Formulierung, die so entstand, war ganz grauenhaft. Aufsichtsrat sollte danach nicht sein können,

> „4. wer in den letzten zwei Jahren Vorstandsmitglied derselben börsennotierten Gesellschaft war, es sei denn, er hält mehr als den vierten Teil der Stimmrechte der Gesellschaft. Stimmrechte entsprechend § 30 Abs. 1 und 2 des Wertpapiererwerbs- und Übernahmegesetzes werden zugerechnet. Zugerechnet werden auch die von einer Gesellschaft gehaltenen Stimmrechte, sofern an dieser Gesellschaft neben dem ehemaligen Vorstandsmitglied ausschließlich natürliche Personen beteiligt sind, mit denen es im Sinne des § 15 Abs. 1 Nr. 2 bis 9 der Abgabenordnung verwandt oder verschwägert ist."

So konnte die Formulierung nicht bleiben. Ich habe deshalb nach der Anhörung im Rechtsausschuss einen kompletten Schwenk vorgeschlagen. Aufsichtsrat könne danach nicht sein,

> „4. wer in den letzten zwei Jahren Vorstandsmitglied derselben börsennotierten Gesellschaft war, es sei denn, seine Wahl ist auf Vorschlag von Aktionären erfolgt, die mehr als den vierten Teil der Stimmrechte an der Gesellschaft halten."

Das wurde ohne weitere Diskussion so übernommen.[24] Ferner wurde beschlossen, dass eine Anhörung zum Entwurf eines VorstAG am 25. Mai 2009 stattfinden sollte. Man

---

[21] Vgl. insbesondere zum Verhältnis zwischen festem und variablen Vergütungsanteil und der Bemessungsgrundlage der variablen Teile, *Deilmann/Otte* GWR 2009, 261 ff.

[22] *Bosse* BB 2009, 1650, 1652 spricht in diesem Zusammenhang von „Gestaltungsfreiheit", hält allerdings einen höheren Selbstbehalt als gesetzlich vorgesehen aufgrund des Ausfallrisiko, das die Gesellschaft trägt, regelmäßig für problematisch. Die Gesellschaft kann allerdings dieses Ausfallrisiko ihrerseits wieder versichern, vgl. *Koch* AG 2009, 137, 647.

[23] Dies vermuten zB auch *Hohaus/Weber* DB 2009, 1515, 1520.

[24] Kritisch inzwischen *Bosse* BB 2009, 1650, 1652 f., der darauf hinweist, dass ein originäres Vorschlagsrecht von Aktionären bisher im AktG nicht existiert, sondern lediglich als Minderheitenverlangen nach einem Vorschlag des Aufsichtsrats ausgestaltet ist.

einigte sich, zusätzlich zum bestehenden Sachverständigenschlüssel, einen Sachverständigen des Gesamtverbandes der Deutschen Versicherungswirtschaft einzuladen, der zu dem Thema Selbstbehalt (und Gesamtbezüge) befragt werden sollte.

3. Anhörung im Rechtsausschuss

Am 25. Mai 2009 um 14.00 Uhr fand in Berlin, im Paul-Löbe-Haus, Raum 4300 unter Vorsitz des Abgeordneten *Andreas Schmidt* im Rahmen der 143. Sitzung des Rechtsausschusses des Deutschen Bundestages eine öffentliche Anhörung zu drei verschiedenen Drucksachen statt:[25]

a) Gesetzentwurf der Fraktionen der CDU/CSU und SPD[26]
– Entwurf eines Gesetzes zur Angemessenheit der Vorstandsvergütung (VorstAG);
– BT-Drucks. 16/12278.

b) Antrag der Abgeordneten *Mechthild Dyckmans, Dr. Karl Addicks, Christian Ahrendt,* weiterer Abgeordneter und der Fraktion der FDP
– Professionalität und Effizienz der Aufsichtsräte deutscher Unternehmen verbessern,
– BT-Drucks. 16/10885.

c) Antrag der Abgeordneten *Christine Scheel, Kerstin Andreae, Birgitt Bender,* weiterer Abgeordneter und der Fraktion BÜNDNIS 90/DIE GRÜNEN
– Exzesse bei Managergehältern verhindern, BT-Drucksache 16/12112.

Den Sachverständigen war noch kurz vor der Anhörung eine Synopse mit dem Fraktionsentwurf (in der Fassung des Regierungsentwurfs) einschließlich der zwischenzeitlich gefassten weiteren Beschlüsse zu Änderungen oder gänzlichen Neuregelungen zugeleitet worden. Als Sachverständige erschienen:

1. *Prof. Dr. Wulf Goette,* Vorsitzender Richter am Bundesgerichtshof, Karlsruhe.
2. *Dietmar Hexel,* Mitglied des Geschäftsführenden DGB-Bundesvorstands, Berlin.
3. *Prof. Dr. Heribert Hirte,* LL. M., Universität Hamburg, Fakultät für Rechtswissenschaft.
4. *Dr. Fritz Kempter,* Rechtsanwalt, München (für die Bundesrechtsanwaltskammer).
5. *Dr. Thomas Kremer,* Mitglied des Vorstands des BDI-Rechtsausschusses e. V., Chefjustiziar der ThyssenKrupp AG, Düsseldorf (für den BDI).
6. *Prof. Dr. Dres. h.c. Marcus Lutter,* Zentrum für Europäisches Wirtschaftsrecht der Universität, Rechts- und Staatswissenschaftliche Fakultät, Bonn.
7. *Klaus-Peter Müller,* Vorsitzender der Regierungskommission Deutscher Corporate Governance Kodex; c/o Commerzbank AG, Frankfurt am Main.
8. *Prof. Dr. Gregor Thüsing,* LL. M., Institut für Arbeitsrecht und Recht der Sozialen Sicherheit, Bonn.
9. *Dr. Walter Tesarczyk,* Mitglied des Vorstandes der Allianz Versicherungs-AG, München.

Die Anhörung kann hier nicht en detail nachgezeichnet werden, das amtliche Protokoll hat 51 Seiten. Jedenfalls blieb der Eindruck, dass der Entwurf des VorstAG in der Fassung der Synopse insgesamt viel Lob erhielt. Der Langfristigkeits- oder Nachhaltigkeitsgedanke fand Zuspruch. Dass man als Reaktion auf die Finanzmarktkrise im Hinblick auf die Vergütung der Vorstände etwas unternehmen müsse, schien Konsens. Beispielhaft seien die Ausführungen von Herrn *Prof. Hirte* erwähnt:

> „... es ist völlig richtig und das wurde schon zum Ausdruck gebracht, dass wir es hier mit Entwicklungen zu tun haben, die der Gesetzgeber nicht tatenlos hinnehmen kann. Deshalb ist das, was wir hier vorliegen haben, eine insgesamt gesehen richtige Reaktion. Sie ist mit Augenmaß erfolgt und sie ist nicht der Gefahr erlegen, was ja durchaus möglich gewesen wäre, sozusagen das Kind mit dem Bade auszuschütten. Deshalb also auch dem Bundesjustizministerium, das diese Vorschläge entwickelt hat, diese Formulierungshilfen erarbeitet hat, zunächst mal vielen Dank."

---

[25] Abgedruckt im Protokoll der 143. Sitzung des Rechtsausschusses.

[26] Der RegE zum VorstAG war nach dem Kabinettsbeschluss nicht weiterverfolgt worden.

Ein Lob aus völlig freien Stücken, das den Abgeordneten *Poß* veranlasste, in einem Schreiben vom 22. Juni, also nach der Verabschiedung des VorstAG im Bundestag, an mich zu betonen:

„Nach meiner langjährigen Erfahrung im Deutschen Bundestag kommt es durchaus nicht oft vor, dass in einer Sachverständigenanhörung die Formulierungsarbeiten eines Ministeriums von den Experten besonders gelobt werden."

Und er hat diese Einschätzung auch in seiner Rede zur 2. und 3. Lesung des Gesetzes hervorgehoben. Das bringt zum Ausdruck, dass die Zusammenarbeit mit den Abgeordneten, so unterschiedlich sie ihrer aktienrechtlichen Vorbildung und Couleur nach waren, außerordentlich angenehm war, dass die nicht wenigen Frühstücke zwar etwas früh angesetzt, aber doch erfreuliche Erlebnisse waren. Es zeigte sich auch, dass die Abgeordneten, was vielleicht bisweilen falsch eingeschätzt wird, zwar sehr spontan und politisch kreativ waren, auf fachlichen Rat aber sensibel reagierten. Auch wenn das VorstAG also nicht den üblichen und „ordentlichen" Verlauf eines Gesetzgebungsverfahrens genommen hat, also vom Referentenentwurf zum Regierungsentwurf usw., so hat doch auch dieser sehr viel politischere Weg dank glücklicher Umstände zu einem guten Ende geführt.

Allerdings gab es auch abweichende Stimmen. So hat der Vertreter des BDI in der Anhörung praktisch jeden Punkt des Gesetzentwurfs abgelehnt und dadurch einen sehr unflexiblen Eindruck hinterlassen. *K.-P. Müller* als Vorsitzender der Regierungskommission Corporate Governance zeigte sich verstimmt durch die diversen Eingriffe des Gesetzentwurfs in Regelungsbereiche, die bisher der Kodex (mehr oder weniger) behandelt hatte. Er führte unter anderem aus:

„Der vorliegende Gesetzentwurf wirft daher letztlich die Frage auf, welche Rolle die Bundesregierung und der Bundestag dem Deutschen Corporate Governance Kodex in Zukunft beimessen wollen. Mit fortschreitender Regelung durch den Gesetzgeber würde der Kodex weniger der flexiblen Standardsetzung nach nationalen sowie internationalen Maßstäben dienen, sondern stattdessen zu einer Sammlung wesentlicher gesetzlicher Vorschriften umfunktioniert. Dazu aber, meine Damen und Herren, bedarf es keiner hochrangig besetzten Kommission. Vor dem Hintergrund der bisherigen sehr positiven Wirkung des Kodex auf die heutige Unternehmenswirklichkeit in Deutschland – denken Sie im Vergleich an die Zeit vor 15 oder 20 Jahren – verdient es der Kodex aber, weiter gestärkt zu werden."[27]

Daraus kann man – wenn man will – eine leise Drohung oder Andeutung lesen, dass er der Kommission nicht mehr zur Verfügung stehen werde, wenn weitere Eingriffe in den Kodex erfolgen sollten. Man kann ihm da nur Recht geben.

Insgesamt sehr positiv fiel die Stellungnahme des *Jubilars* aus, der einleitete: „...die dreifache Zielsetzung dieses Entwurfs ‚Schärfung des Bewusstseins der beteiligten Organe für die Wahrung der Angemessenheit der Gesamtbezüge der Vorstandsmitglieder vor und nach Eintritt der Krise der Gesellschaft', die ‚Wiederherstellung der verhaltenssteuernden Wirkung von Haftung für schuldhaft pflichtwidriges Managerverhalten' und drittens ‚Verbot des unmittelbaren Wechsels vom Vorstand in den Aufsichtsrat' sind aus meiner Sicht im Ansatz zu begrüßen."[28]

Zur Konkretisierung der Angemessenheit der Höhe der Vorstandsvergütung in § 78 AktG-E meinte er allerdings: „Aus richterlicher Sicht umschreibt das Wort ‚angemessen' alles Erforderliche. Weitere Differenzierungen erscheinen mir weder geboten noch unbedingt zielführend."[29] Herr *Prof. Thüsing* erwiderte darauf charmant: „Der Richter will, dass der weiche Begriff der „Angemessenheit" erhalten bleibt, weil er ihn gut konkretisie-

---

[27] Protokoll der 143. Sitzung des Rechtsausschusses S. 16.

[28] Protokoll der 143. Sitzung des Rechtsausschusses S. 1; *ders.* hat auch schon in ZGR 2008, 436, 448 f. die „Selbstbedienungsmentalität" mancher Manager scharf kritisiert, allerdings auch schon an dieser Stelle darauf hingewiesen, dass es „die" angemessene Vergütung eines Managers nicht gebe.

[29] Protokoll der 143. Sitzung des Rechtsausschusses S. 2.

ren kann. Jetzt gibt es aber irgendwann – *Herrn Goette* trauen wir das alle zu – eine Zeit nach *Goette,* und da ist die Frage, haben wir zu seinen Nachfolgern das gleiche Vertrauen?" (Allgemeine Heiterkeit).[30]

4. Letzte Arbeitsgruppensitzung am 29. Mai 2009

Die Zeit bis zum Ende der Legislaturperiode wurde knapp, aber das Vorhaben lag noch gut im Zeitplan. In der letzten Arbeitgruppensitzung am 29. Mai 2009 wurden einige wenige Konsequenzen aus der Anhörung gezogen: Die Vorgabe in § 87 Abs. 1 AktG, variable Vergütungsbestandteile an der nachhaltigen Unternehmensentwicklung auszurichten, wurde deutlicher gefasst. Der Begriff der „Langfristigkeit" wurde fallengelassen, da dieser schon in dem der „Nachhaltigkeit" steckte.[31] Insbesondere Herr *Prof. Thüsing* hatte sich während der Anhörung dazu geäußert[32] und hatte mit seinen Ausführungen Eindruck gemacht. Die Regelung zur nachträglichen Herabsetzung von Vorstandsvergütungen (§ 87 Abs. 2 AktG-E) sollte nicht mehr als Muss-Vorschrift, sondern als Soll-Vorschrift flexibler gefasst werden. Es wurde wohl an den Fall gedacht, dass einem Vorstand eine wesentliche Verschlechterung der Lage der Gesellschaft zwar zuzurechnen ist, dass er aber dringend benötigt wird, um den Karren wieder aus dem Dreck zu ziehen und nach Ansicht des Aufsichtsrats der einzige mögliche Kandidat für diese Aufgabe ist. Man kann argumentieren, dass die Weiterzahlung der Vergütung in einem solchen Fall auch nicht „unbillig" ist, aber die Abgeordneten wollten hier einen letzten Rest von Spielraum für den Aufsichtsrat belassen.

In § 93 Abs. 2 AktG wurde die Ausgestaltung des obligatorischen Selbstbehalts bei D&O-Versicherungen konkretisiert. Bemessungsgrundlage des Selbstbehalts sollte nun das 1,5-Fache des vereinbarten Jahresfestgehalts sein.[33] Das war ein klarer Kompromiss und die Zahl 1½ ist wahrhaftig nicht schön, wie ja so häufig Kompromisse ungerade Ergebnisse bringen. In § 93 Abs. 2 AktG wurde zudem der Selbstbehalt bei der D&O-Versicherung detaillierter geregelt: Bei jedem Schadensfall[34] hat sich das Vorstandsmitglied mit einem vertraglich festzulegenden Prozentsatz an dem Schaden zu beteiligen, der mindestens 10% betragen muss. Absolute Obergrenze ist ein Betrag, der mindestens dem Eineinhalbfachen der jährlichen Festvergütung entsprechen muss. Auch wurde eine Übergangsvorschrift für das Inkrafttreten der Selbstbehaltsregelung vorgesehen, die auf laufende Verträge Rücksicht nimmt.[35]

Die geplante Karenzzeitregelung beim Wechsel ehemaliger Vorstandsmitglieder in den Aufsichtsrat einer börsennotierten Aktiengesellschaft (§ 100 Abs. 2 AktG) wurde gestrafft. Vereinbart wurde eine zweijährige Beschränkung der Wechselmöglichkeit, es sei denn die Wahl in den Aufsichtsrat erfolgt auf Vorschlag von Aktionären, die über mindestens ein Viertel der Stimmrechte an der Gesellschaft verfügen. In Anlehnung an die entsprechende Forderung des DCGK hat der Aufsichtsrat, sofern variable Vergütungsbestandteile vereinbart werden, für diese eine Begrenzungsmöglichkeit im Falle außerordentlicher Entwicklungen vorzusehen.

Die massive Kritik des BDI am Entwurf des VorstAG verhallte ungehört. Bei den Abgeordneten hatte sich eine verärgerte Gegenreaktion eingestellt, die man etwa in den Satz

---

[30] Protokoll der 143. Sitzung des Rechtsausschusses S. 31.

[31] *Wagner/Wittgens* BB 2009, 906, 908 sind dagegen anscheinend der Meinung, dass bei hochinnovativen Unternehmen mit kurzen Produktzyklen langfristige Anreize nicht nachhaltig sind.

[32] Protokoll der 143. Sitzung des Rechtsausschusses S. 21 f., 31. So auch später *Thüsing* AG 2009, 517, 519.

[33] Die Frage, ob Vorstände sich privat gegen ein Schadensereignis versichern können, wurde vom Gesetzgeber offen gelassen. Eine klare Gesetzesumgehung wäre es aber, sollte der Aufsichtsrat in Zukunft Vorständen einen Ausgleich für diese Versicherung zugestehen; so auch schon *Seibert* Audit Committee Quarterly III/2009, 13. *Ihlas* VW 2009, 1360 f. merkt allerdings an, dass die selbstbezahlte Einzelpolice bisher in der deutschen Unternehmenswirklichkeit eine „Fata Morgana" sei.

[34] *Dauner-Lieb/Tettinger* halten den Gesetzeswortlaut diesbezüglich für ungenau, vgl. ZIP 2009, 1555, 1556.

[35] *Seibert* WM 2009, 1489, 1492.

fassen könnte: „Die haben aber auch gar nichts verstanden." Zu dieser Reaktion hatte auch ein Brief vom 13. Mai 2009 – gezeichnet von zwölf gewichtigen deutschen Aufsichtsräten[36] – beigetragen. Ein Brief, der nicht nur inhaltlich wenig zwingend war, sondern auch erkennbar aus dem „old boys network" stammte, das von manchen als Teil des Problems angesehen wurde. Ein Brief, der auch die Wirtschaft gespalten hat, indem zB der ehemalige Vorsitzende der Regierungskommission Corporate Governance ihn unterzeichnet hatte, nicht aber andere Mitglieder der Kommission und auch nicht ihr aktiver Vorsitzender, was den Eindruck einer bewussten Schwächung des Kommissionsvorsitzenden *K.-P. Müller* erweckte. All das hat dem Anliegen des BDI und der Betreffenden vermutlich geschadet und ganz gewiss nicht genutzt.

V. Abschließende Beratung im Rechtsausschuss und der Abschluss des Gesetzgebungsverfahrens

Als Folge der Anhörung und der letzten Arbeitsgruppensitzung am 29. Mai 2009 wurde der Entwurf vom BMJ überarbeitet und in Form einer Synopse an die Abgeordneten versandt. Die Synopse enthielt alle oben erwähnten Änderungen des Fraktionsentwurfs.

In der 146. Sitzung des Rechtsausschusses am Mittwoch, dem 17. Juni 2009, 9.30 Uhr, hat der Rechtsausschuss mit den Stimmen der Fraktionen der CDU/CSU und SPD gegen die Stimmen der Fraktionen FDP, DIE LINKE und BÜNDNIS 90/DIE GRÜNEN beschlossen, zu empfehlen, den Gesetzentwurf der Fraktionen der CDU/CSU und SPD Entwurf eines Gesetzes zur Angemessenheit der Vorstandsvergütung (VorstAG), BT-Drucksache 16/12278, in der Fassung der Ausschussdrucksache 16(6)320 anzunehmen.[37] Zum Antrag der Fraktion der FDP „Professionalität und Effizienz der Aufsichtsräte deutscher Unternehmen verbessern" BT-Drucksache 16/10885 wurde mit den Stimmen der Fraktionen der CDU/CSU und SPD gegen die Stimmen der Fraktion der FDP bei Stimmenthaltung der Fraktionen DIE LINKE und BÜNDNIS 90/DIE GRÜNEN Ablehnung empfohlen.[38] Die 2. und 3. Lesung des Gesetzes zur Angemessenheit der Vorstandsvergütung (VorstAG) im Deutschen Bundestag fand am 18. Juni 2009 statt,[39] das Gesetz passierte den Bundesrat am 10. Juli 2009 ohne Anrufung des Vermittlungsausschusses[40] und trat im Wesentlichen am 5. August 2009 in Kraft (Gesetz vom 31. Juli 2009, BGBl. I S. 2509).[41]

---

[36] Es handelte sich um *Dr. Bethke, Dr. Cromme, Ulrich Hartmann, Dr. Martin Kohlhaussen, Dr. Gerd Krick, Joachim Milberg, Dr. Manfred Schneider, Prof. Dr. Wilhelm Simson, Dr. Gunther Thielen, Rainer Thieme, Dr. h.c. Eggert Voscherau* und *Dipl.-Ing. Albrecht Woeste.*

[37] Beschlussempfehlung und Bericht in BT-Drucks. 16/13433.

[38] Beschlussempfehlung und Bericht ebenfalls in BT-Drucks. 16/13433. Der Finanzausschuss hatte am 17.6.2009 auch die Ablehnung des Antrags der Abgeordneten Christine Scheel, Kerstin Andreae, Birgitt Bender, weiterer Abgeordneter und der Fraktion BÜNDNIS 90/DIE GRÜNEN – BT-Drucks. 16/12112 – „Exzesse bei Managergehältern verhindern" empfohlen, vgl. BT-Drucks. 16/13425.

[39] Plenarprotokoll 16/227 S. 25144A vom 18.6.2009 – Annahme in der Ausschussfassung (16/12278, 16/13433).

[40] BR-Drucks. 592/09 vom 19.6.2009; BR-Drucks. 592/09 (B) vom 10.7.2009.

[41] Übersicht der Neuregelungen geben zB *Fleischer* NZG 2009, 801; *Jahn* GWR 2009, 13; *Hohenstatt* ZIP 2009, 1349 oder *Lingemann* BB 2009, 1918; *Seibert* EuZ – Zeitschrift für Europarecht (Schweiz) 2009, 146 f.; *Fleischer* NZG 2009, 801, 806; *Thüsing* AG 2009, 517, 529; *Hohaus/Weber* DB 2009, 1515, 1520; insgesamt kritisch *Nikolay* NJW 2009, 2640 ff. Ablehnend zu der Frage der Übertragbarkeit der Regelungen des VorstAG auf die (paritätisch mitbestimmte) GmbH *Döring/Grau* DB 2009, 2139 ff.; *Greven* BB 2009, 2154; differenziert *Gaul/Janz* GmbHR 2009, 959. *Wagner/Wittgens* BB 2009, 906, 911 sehen „trotz" der Regelungen des VorstAG noch genügend Spielraum für Aufsichtsräte, die Vergütungsstruktur des Vorstands nach ihren Wünschen zu bestimmen.

JOHANNES SEMLER

Überlegungen zur Praktikabilität der Organhaftungsvorschriften

Übersicht

I. Vorbemerkung

Mitglieder des Vorstands und des Aufsichtsrats einer Aktiengesellschaft haften für jeden Schaden, der aus einer Pflichtverletzung entsteht. Im Streitfall haben sie nachzuweisen, dass sie die Sorgfalt eines ordentlichen und gewissenhaften Organmitglieds angewandt haben, wenn sie eine Ersatzpflicht vermeiden wollen. Schon leichte Fahrlässigkeit bei der Wahrnehmung ihrer Pflichten löst eine Haftung aus.

Trotz dieser sehr scharfen Haftungsbestimmung kommen Regressverfahren gegen aktive Organmitglieder in der Praxis kaum vor. Es gibt – von ganz wenigen Ausnahmen abgesehen – weder außergerichtliche noch gerichtliche Bemühungen, von im Amt befindlichen Organmitgliedern Ersatz für verursachte oder nicht verhinderte Schäden zu erhalten.

Regressverfahren gegen ausgeschiedene Organmitglieder kommen gelegentlich vor, sind aber selten. Dies ist umso verwunderlicher, als bei den besonders herausragenden Sorgfaltspflichtverletzungen der vergangenen drei Jahre, also nach der Finanzkrise, die hohen Staatsbeteiligungen an den geschädigten Unternehmen keine Schwierigkeiten bereitet hätten, die notwendigen Mehrheiten für die Durchsetzung zivilrechtlicher Ansprüche darzustellen.

Dem Gesetzgeber ist dies wohl bewusst. Aber er ist eher bestrebt, die materiellen Grundlagen des Schadensersatzrechts im Bereich der Binnenhaftung zu verschärfen (was nicht nötig ist) als wirkungsvolle Änderungen im Verfahrensrecht einzuführen (was dringend erforderlich ist). Es genügt nicht, das Quorum für die Einleitung von Sonderprüfungen und Schadensersatzklagen zu senken. Im Verfahren selbst hat der Gesetzgeber Hindernisse eingebaut, die ein wirkungsvolles Durchgreifen gegen nachlässige Organmitglieder hindern. Auch hat die Rechtsprechung und ihr folgend der Gesetzgeber Tatbestände hervorgehoben, die dem zur Anspruchsverfolgung verpflichteten Organ gestatten, von einer Regressnahme Abstand zu nehmen: Nach § 148 Abs. 1 Nr. 4 AktG lässt das Gericht die Klage nur zu, „wenn der Geltendmachung des Ersatzanspruchs keine überwiegenden Gründe des Gesellschaftswohls entgegenstehen".

Möglicherweise muss das ganze System des Binnenhaftungsrechts verändert werden, um wirkungsvolle Sanktionen gegen nachlässige Organmitglieder durchsetzen zu können.[1] Mit Augenbrauenkorrekturen am geltenden Schadensersatzsystem ist es jedenfalls nicht getan, wenn Pflichtvergessenheit und Pflichtwidrigkeit wirkungsvoll bekämpft werden sollen. Es geht darum, schuldhaft verursachte Fehler im Management zu ahnden. Nur dann, wenn dies gelingt, werden die Haftungsandrohungen wirksam werden. Bis heute sind sie ein Haifisch ohne Zähne.

Gewiss kann es nicht Aufgabe des Aktienrechts sein, dem Staat anstelle der Privateigentümer eine Funktion zur Verfolgung von privatrechtlich begründeten und im Kreis von Privatpersonen entstandenen Haftungsansprüchen zuzuweisen. Sicherlich ist es nicht Aufgabe des Staates, einen privaten Schädiger zu verfolgen, der einer anderen Privatperson Schaden zugefügt hat, wenn der Geschädigte trotz rechtlichen Könnens nichts gegen den Schädiger unternimmt. Zumindest muss der Gesetzgeber aber prüfen, ob nicht andere Hemmnisse als das notwendige Quorum für die Vorbereitung und die Einleitung von Organhaftungsklagen deren Einsatz behindern. Der Staat darf nicht ohne zu handeln zusehen, wenn sich in einem gesellschaftsrechtlichen Raum Verhältnisse entwickeln, die gesetzwidriges Handeln generell unverfolgt lassen. Die Mafia muss bekämpft werden, auch wenn sich ihre Missetaten nicht gegen den Staat richten.

In einer Aktiengesellschaft ist eine Verfolgung von schuldhaftem Fehlverhalten eines Organmitglieds vor allem dann nötig, wenn das schadenstiftende Verhalten zugleich einen Verstoß gegen das Unternehmensinteresse darstellt. Das Unternehmensinteresse zeigt die

[1] Vgl. hierzu *Lutter* in: FS Schneider, 2011, S. 763; *Peltzer* Finanzplatz 2009, Mai, S. 10; *ders.* NZG 2009, 1336; *ders.* Börsenzeitung 130/2010, 8; *ders.* in: FS Schneider, 2011, S. 953.

Handlungs-Maxime für Vorstands- und Aufsichtsratsmitglieder.[2] Die Mitglieder des Vorstands und des Aufsichtsrats müssen es bei ihren Entscheidungen beachten. Dass dies geschieht, ist nicht nur ein privatrechtliches Anliegen. Die Befolgung des Unternehmensinteresses bei Entscheidungen der Organe einer Aktiengesellschaft ist auch ein öffentliches Anliegen. Dieses gebietet, dass Verstöße gegen das Gebot der Wahrung des Unternehmensinteresses in irgendeiner Weise verfolgt werden. Dies bedingt nicht nur, dass Schadensersatzansprüche gegen die Verursacher geltend gemacht werden können, sondern auch, dass ein entsprechendes Verfahren reibungslos durchgeführt werden kann.

Mit diesem Festschriftbeitrag können nur Denkanstöße gegeben werden. Falls das Modell Anklang finden sollte, bedarf es eingehender weiterer Überlegungen.

II. Das Rechtssystem der organschaftlichen Binnenhaftung in der Aktiengesellschaft

Sorgfaltspflicht und Verantwortlichkeit der Vorstandsmitglieder sind im Aktiengesetz eingehend geregelt (§ 93 AktG). Für Aufsichtsratsmitglieder gebietet das Gesetz eine sinngemäße Anwendung der für Vorstandsmitglieder geltenden Vorschriften (§ 116 AktG).

Das Gesetz legt zunächst eine allgemeine Sorgfaltspflicht der Vorstandsmitglieder fest (§ 93 Abs. 1 S. 1 AktG). Es statuiert eine Pflicht zur Verschwiegenheit über vertrauliche Angaben und Geheimnisse der Gesellschaft (§ 93 Abs. 1 S. 3 AktG). Wer seine Pflichten verletzt und sei es auch nur leicht fahrlässig, ist der Gesellschaft gegenüber zum Ersatz des durch seine Pflichtverletzung entstandenen Schadens verpflichtet (§ 93 Abs. 2 S. 1 AktG).

Eine ganze Reihe von Vorgängen werden vom Gesetz aufgezählt, deren Missachtung auf jeden Fall zur Schadensersatzpflicht führt (§ 93 Abs. 3 AktG). Für Aufsichtsratsmitglieder ist (unnötigerweise, weil schon nach § 93 Abs. 2 AktG ohnehin haftungsbegründend) eine besondere Schadensersatzpflicht festgelegt, wenn sie für Vorstandsmitglieder eine „unangemessene Vergütung" festsetzen (§ 116 S. 3 AktG).

Wer Schadensersatzansprüche erhebt, muss nachweisen, dass ein bestimmtes Verhalten eines Organmitglieds einen Schaden verursacht oder trotz bestehender Handlungspflicht nicht verhindert hat. Sache des betreffenden Organmitglieds ist es, nachzuweisen, dass sein Verhalten der Sorgfalt eines ordentlichen und gewissenhaften Organmitglieds entsprochen hat (§ 93 Abs. 2 S. 2 AktG).

1. Rechtliche Möglichkeiten der Sachverhaltsermittlung

Voraussetzung eines erfolgversprechenden Vorgehens gegen Organmitglieder im Schadensfall ist eine vorangehende, möglichst vollständige Aufklärung des Sachverhalts.

Wer Schadensersatzansprüche gelten machen will, muss zunächst die Pflichtveröffentlichungen des betroffenen Unternehmens sorgfältig durcharbeiten und zwar nicht nur des Jahres, in dem sich der schadenstiftende Vorgang ereignet hat, sondern auch die der Vorjahre. Dazu muss er wissen, welche Bekanntmachungen das Gesetz vorsieht.

Das Aktiengesetz legt – völlig unabhängig von Schadensersatzansprüchen – umfassende Informationspflichten der Gesellschaft fest. Jeder Aktionär soll sich über die Entwicklung und die Lage des Unternehmens, an dem er beteiligt ist, und dessen wesentliche Entwicklungen informieren können. Er soll auch schadenstiftende Handlungen kennen lernen, die sich während der Entwicklung des Unternehmens in der Berichtszeit zugetragen haben. Die Pflicht zur Veröffentlichung solcher Vorgänge wird in der Praxis zwar durchweg nicht gesehen, ist aber in den Gesetzen angelegt. Wenn das bezweifelt wird, muss das Gesetz entsprechend ergänzt werden. Das Unterlassen von Berichten über schadenstiftendes Verhalten von Organmitgliedern in der Praxis beweist nicht die fehlende Notwendigkeit einer

[2] Vgl. *Semler* in: FS Hopt, 2010, S. 1391.

solchen Berichterstattung. Sie ist vielmehr ein Zeichen des in den Aktiengesellschaften eingerissenen Schlendrians, der von den Abschlussprüfern nicht gerügt und von der Prüfstelle für Rechnungslegung (§ 342b HGB) bisher nicht ausreichend aufgegriffen wird.

a) Schriftliche Berichterstattung des Unternehmens

aa) Allgemeines

Der Vorstand muss alsbald nach Fertigstellung der Abschlussunterlagen die Hauptversammlung der Gesellschaft einberufen. Er muss die Abschlussunterlagen – Jahresabschluss (Bilanz sowie Gewinn- und Verlustrechnung nebst Anhang), den Lagebericht, den Bericht des Aufsichtsrats und den Gewinnverwendungsvorschlag des Vorstands sowie ggf. den Konzernabschluss, den Konzernlagebericht und den sich hierauf beziehenden Bericht des Aufsichtsrats – nach Maßgabe der Vorschriften des Gesetzes (§§ 175 ff. HGB) vorlegen.

bb) Jahresabschluss

Der Jahresabschluss „hat unter Beachtung der Grundsätze ordnungsmäßiger Buchführung ein den tatsächlichen Verhältnissen entsprechendes Bild von der Vermögens-, Finanz- und Ertragslage der Gesellschaft zu vermitteln" (§ 264 HGB). Die Auswirkungen eines Fehlverhaltens von Organmitgliedern sind einzuarbeiten. Ohne diese Einarbeitung würde der Jahresabschluss kein „den tatsächlichen Verhältnissen entsprechendes Bild" geben. Schadenstiftendes Verhalten von Organmitgliedern wirkt sich stets auf Bilanz- oder Erfolgsposten aus.

Für die Form der Darstellung legt das Gesetz zwingende Schemata vor (§§ 266, 275 HGB). Die Inhalte einzelner Bilanz- und Erfolgsposten sowie deren Bewertung werden vom Gesetz vorgeschrieben. In den Anhang sind eine Reihe von Angaben aufzunehmen, die das Gesetz vorschreibt (§§ 284 f. HGB). Führen besondere Umstände dazu, dass der Jahresabschluss ein den tatsächlichen Verhältnissen entsprechendes Bild nicht vermittelt, so sind im Anhang zusätzliche Angaben zu machen (§ 264 Abs. 2 S. 2 HGB). Wenn schadensstiftendes Verhalten die Entwicklung einzelner Posten beeinflusst hat, ist dies darzulegen.

cc) Lagebericht

Im Lagebericht sind der Geschäftsverlauf (einschl. Geschäftsergebnis) und die Lage der Gesellschaft so darzustellen, dass ein den tatsächlichen Verhältnissen entsprechendes Bild vermittelt wird. Er hat eine ausgewogene und umfassende, dem Umfang und der Komplexität der Geschäftstätigkeit entsprechende Analyse des Geschäftsverlaufs und der Lage der Gesellschaft zu enthalten.

Hier ist auch die Erklärung von kapitalmarktorientierten Unternehmen zur Unternehmensführung (§ 289a HGB) zu publizieren.[3] Diese Unternehmen müssen eine solche, aus drei Teilen bestehende Erklärung abgeben. Die Gesellschaft muss

- sich zur Entsprechenserklärung (§ 161 AktG) äußern,
- Angaben zu über die gesetzlichen Anforderungen hinausgehenden Unternehmensführungspraktiken machen,
- die Arbeitsweise von Vorstand und Aufsichtsrat sowie die Zusammensetzung und die Arbeitsweise von deren Ausschüssen beschreiben.

dd) Berichterstattung aufgrund von Empfehlungen des DCGK

Der Kodex nennt Fälle, in denen die Gesellschaft zu besonderer Berichterstattung verpflichtet ist.

Bedeutsam ist die Verpflichtung, über *Interessenkonflikte* zwischen Vorstand und Aufsichtsrat zu berichten (Ziff. 5.5.3 DCGK). Tatbestände, die gegenüber Vorstand oder Auf-

[3] Vgl. dazu *Kocher* DStR 2010, 1034.

sichtsrat oder einzelnen Mitgliedern der Organe haftungsbegründend sein können, werden regelmäßig zugleich Interessenkonflikte darstellen und damit berichtspflichtig sein.

ee) Aufsichtsratsbericht

Der Aufsichtsrat muss über das Ergebnis seiner Prüfung der Abschlussunterlagen, ggf. auch der Konzernabschlussunterlagen schriftlich an die Hauptversammlung berichten (§ 171 Abs. 2 AktG). Er muss sich über seine Prüfungstätigkeit während des Geschäftsjahres und (bei börsennotierten Gesellschaften) über innerorganisatorische Angelegenheiten nach Maßgabe des Gesetzes äußern. Er muss zum Ergebnis der Abschlussprüfung Stellung nehmen (§ 171 Abs. 2 S. 1 AktG).

Zu Vorgängen, die möglicherweise eine Organhaftung begründen, muss er sich in doppelter Hinsicht äußern. Er muss zum einen darlegen, dass sich ein derartiger Vorfall ereignet und wie der Vorstand reagiert hat, und er muss zum anderen sein eigenes Überwachungs-Verhalten darstellen und ggf. rechtfertigen.

b) Mündliche, ergänzende Berichterstattung

Das Gesetz schreibt zu einer Reihe von Vorgängen vor, dass schriftliche Berichte mündlich erläutert werden sollen. Es ist zu beachten, dass durch mündliche Erläuterungen mangelhafte Aussagen in den schriftlichen Berichten nicht geheilt werden können. Versäumte Pflichtinformationen in der schriftlichen Berichterstattung können nicht mündlich nachgeholt werden. Allerdings wird es sich meist empfehlen, im mündlichen Bericht zusätzliche Erläuterungen zu dem betreffenden, schriftlich erwähnten Vorgang zu geben und vor allem dazu Stellung zu nehmen, ob aus der Sicht des Berichterstatters ein schuldhaftes Verhalten anzunehmen ist.

aa) Erläuterung des Vorstandsberichts zum Jahresabschluss

Der Vorstand soll zu Beginn der Verhandlungen der Hauptversammlung seine Vorlagen mündlich erläutern (§ 176 Abs. 1 S. 2 AktG). In den Vorlagen für die Hauptversammlung erwähnte haftungsbegründende Vorgänge können hier im Einzelnen nicht dargestellt werden.

bb) Erläuterung des Aufsichtsratsberichts

Der Aufsichtsrat soll zu Beginn der Verhandlungen der Hauptversammlung seine Vorlagen mündlich erläutern (§ 176 Abs. 1 S. 2 AktG). Dabei ist auch auf schadenstiftendes Verhalten von Organmitgliedern einzugehen.

c) Fragen in der Hauptversammlung und Antworten des Vorstands

Jeder Aktionär ist berechtigt, in der Hauptversammlung Fragen zu Gegenständen zu stellen, die nach der Tagesordnung behandelt werden sollen. Der Vorstand muss diese Fragen beantworten (§ 131 Abs. 1 AktG), sofern er sich nicht auf ein Auskunftsverweigerungsrecht beruft und von Rechts wegen berufen darf (§ 131 Abs. 3 AktG). Ein Hinweis des fragenden Aktionärs, dass er die Auskunft zur Vorbereitung der Durchsetzung eines Schadensersatzanspruchs benötigt, hindert die Berufung auf ein Auskunftsverweigerungsrecht nicht.

d) Prüfstelle für Rechnungslegung (§ 342b HGB)

Die Prüfstelle für Rechnungslegung ist eine halb private, halb staatliche Einrichtung. Die Bundesministerien für Justiz und für Finanzen können eine privatrechtlich organisierte Einrichtung zur Prüfung von Verstößen gegen Rechnungslegungsvorschriften durch Vertrag anerkennen und ihr die im Gesetz vorgesehenen Aufgaben übertragen. Dies ist geschehen.

Die Prüfung umfasst sowohl die Ordnungsmäßigkeit des Zahlenwerks als auch die Vollständigkeit der im Einzelfall gebotenen Erläuterungen. Wenn von einem Unternehmen über erfolgte Schadensverursachungen nicht berichtet worden ist, entsprechen der Jahresabschluss oder der Lagebericht nicht den gesetzlichen Vorschriften.

Nach Abschluss der Prüfung hat die Prüfstelle dem Unternehmen das Ergebnis der Prüfung mitzuteilen. Das Ergebnis der Prüfung und ggf. das Einverständnis des Unternehmens mit dem Prüfungsergebnis sind von der Prüfstelle der Bundesanstalt für Finanzdienstleistungsaufsicht (BaFin) mitzuteilen (§ 342b Abs. 6 HGB).

Wenn das geprüfte Unternehmen seine Mitwirkung an der Prüfung verweigert oder mit dem Ergebnis der Prüfung nicht einverstanden ist, werden die im WpHG vorgesehenen Prüfungsbefugnisse wirksam. Das Prüfungsrecht geht auf die BaFin über (§ 37p WpHG).

Ergibt die Prüfung durch die BaFin, dass die Rechnungslegung (und dazu gehören auch die vom Gesetz vorgesehenen Erläuterungen) fehlerhaft ist, so stellt die BaFin den Fehler fest. Sie ordnet an, dass das Unternehmen den von der Bundesanstalt oder den von der Prüfstelle im Einvernehmen mit dem Unternehmen festgestellten Fehler bekannt zu machen hat. Die BaFin kann auf Antrag des Unternehmens in besonderen Fällen von einer Veröffentlichung absehen (§ 37q Abs. 2 WpHG).

Für die Entscheidung von Streitigkeiten zwischen der geprüften Gesellschaft und der BaFin sind die Verwaltungsgerichte zuständig.

2. *Sonderprüfungen*

a) Allgemeine Sonderprüfung (§ 142 AktG)

Die gesetzlich vorgesehenen Informationen reichen im Allgemeinen nicht aus, um Grundlagen für eine Haftungsklage gegen Organmitglieder zu gewinnen. Das Gesetz sieht deswegen ein weiteres Mittel für die Sachverhaltsfeststellung vor: Die *Sonderprüfung.*

b) Bestellung von Sonderprüfern

Sonderprüfer zur Prüfung von Vorgängen bei der Geschäftsführung können unmittelbar von der Hauptversammlung oder auf Antrag einer Minderheit von Aktionären durch das Gericht bestellt werden. Eine allgemeine Sonderprüfung ist nicht statthaft, wenn es um die Untersuchung einer unzulässigen Unterbewertung geht. In solchen Fällen kann nur eine besondere Sonderprüfung nach § 258 AktG stattfinden (§ 142 Abs. 3 AktG).

aa) Sonderprüfung auf Beschluss der Hauptversammlung

Die Hauptversammlung kann zur Prüfung von Vorgängen bei der Geschäftsführung mit einfachen Mehrheit Prüfer (Sonderprüfer) bestellen (§ 142 Abs. 1 S. 1 AktG). Dies wird die Hauptversammlung insbesondere dann tun, wenn die von Vorstand und Aufsichtsrat schriftlich und mündlich erteilten Informationen den einen derartigen Antrag stellenden Aktionären nicht ausreichend erscheinen, um ein klares Bild von den behandelten Vorgängen zu erhalten.

Die Bestellung von Sonderprüfern ist ohne besondere Ankündigung zulässig, wenn sie mit einem Tagesordnungspunkt im unmittelbaren Zusammenhang steht. Dies wird im Allgemeinen bei der Behandlung des Tagesordnungspunktes „Entlastung" der Fall sein. Allerdings ist zu beachten, dass sich die Entlastung durchweg nur auf das abgelaufene Geschäftsjahr bezieht. Wenn ein Vorgang außerhalb des Entlastungszeitraums oder ein Vorgang, der mit der Entlastung nicht zusammenhängt, untersucht werden soll, bedarf es im Allgemeinen eines gesonderten Tagesordnungspunktes. Hier ist zu beachten, dass das Quorum für die Aufnahme eines zusätzlichen Tagesordnungspunktes höher festgelegt ist als das für die Beantragung einer Sonderprüfung (§ 122 Abs. 2 AktG: 5% des Grundkapitals oder 500.000 Euro; § 142 Abs. 2: 1% des Grundkapitals oder 100.000 Euro).

Wenn die Hauptversammlung Sonderprüfer bestellt hat, hat das Gericht auf Antrag einer Aktionärsminderheit von 1% des Grundkapitals oder von Aktionären, deren Anteile am Grundkapital 100.000 Euro erreichen, einen anderen Sonderprüfer zu bestellen, wenn dies aus einem in der Person des bestellten Sonderprüfers liegenden Grund geboten erscheint. Ein solcher Grund liegt namentlich vor, wenn der bestellte Sonderprüfer nicht die für den Gegenstand der Sonderprüfung erforderlichen Kenntnisse hat, wenn seine Befangenheit zu besorgen ist oder wenn Bedenken wegen seiner Zuverlässigkeit bestehen.

bb) Bestellung von Sonderprüfern auf Antrag einer Minderheit

Wenn die Hauptversammlung den Antrag von Aktionären auf Bestellung von Sonderprüfern abgelehnt hat, kann das Gericht auf Antrag einer Minderheit von 1% des Grundkapitals oder von Aktionären, deren Anteile am Grundkapital 100.000 Euro erreichen, Sonderprüfer bestellen. Voraussetzung ist, dass der zu prüfende Vorgang nicht länger als fünf Jahre zurück liegt und dass Tatsachen vorliegen, die den Verdacht rechtfertigen, dass bei dem Vorgang Unredlichkeiten oder grobe Verletzungen des Gesetzes oder der Satzung vorgekommen sind. Die Antragsteller müssen nachweisen, dass sie seit mindestens drei Monaten vor dem Tag der Hauptversammlung Inhaber der Aktien sind und dass sie die Aktien bis zur Entscheidung über ihren Antrag halten werden (§ 142 Abs. 2 AktG). Der Antrag auf gerichtliche Bestellung von Sonderprüfern setzt voraus, dass die Tagesordnung der Hauptversammlung eine Beschlussfassung über eine Prüferbestellung folgerichtig zulässt oder eine solche Bestellung als eigenen Tagesordnungspunkt aufführt.

c) Bericht über die Sonderprüfung

„Die Sonderprüfer haben über das Ergebnis der Prüfung schriftlich zu berichten." (§ 145 Abs. 6 AktG). „Auf Antrag des Vorstands hat das Gericht zu gestatten, dass bestimmte Tatsachen nicht in den Bericht aufgenommen werden, wenn überwiegende Belange der Gesellschaft dies gebieten und sie zur Darlegung der Unredlichkeiten oder groben Verletzungen gemäß § 142 Abs. 2 nicht unerlässlich sind." Wenn Zweck und Zielrichtung der Sonderprüfung bei der Bestellung des Sonderprüfers in den Beschluss aufgenommen werden, kann es eigentlich über die Frage, was der Sonderprüfer berichten darf, keinen Streit geben.

d) Behandlung des Sonderprüfungsberichts nach Abschluss der Prüfung und in der Hauptversammlung

Der unterzeichnete Bericht ist dem Vorstand der geprüften Gesellschaft und dem Handelsregister einzureichen. Jeder Aktionär der geprüften Gesellschaft kann von der Gesellschaft eine Abschrift des Berichts verlangen. Der Bericht ist vom Vorstand dem Aufsichtsrat abschriftlich zur Verfügung zu stellen und als Gegenstand der Tagesordnung für die nächste Hauptversammlung anzukündigen (§ 145 Abs. 6 AktG).

e) Sonderprüfung wegen unzulässiger Unterbewertung (§ 258 AktG)

Wenn Anlass zu der Annahme besteht, dass

- in einem festgestellten Jahresabschluss bestimmte Posten nicht unwesentlich unterbewertet sind,
- der Anhang die vorgeschriebenen Angaben nicht oder nicht vollständig enthält, der Vorstand in der Hauptversammlung trotz Nachfrage die geforderten Angaben nicht gemacht hat und die Aufnahme der Frage in die Niederschrift verlangt worden ist,

so hat das Gericht auf Antrag Sonderprüfer zu bestellen (§ 258 Abs. 1 AktG). Die Sonderprüfer haben über das Ergebnis ihrer Prüfung schriftlich zu berichten (§ 259 Abs. 1 S. 1 AktG).

f) Mitteilungen an die BaFin (§ 261a AktG)

Wenn die betroffene Gesellschaft börsennotierte Wertpapiere ausgegeben hat, muss das Gericht der BaFin
- den Eingang eines Antrags auf Bestellung eines Sonderprüfers,
- jede rechtskräftige Entscheidung über die Bestellung von Sonderprüfern,
- den Prüfungsbericht,
- eine rechtskräftige gerichtliche Entscheidung über abschließende Feststellungen der Sonderprüfer (§ 260 AktG)

mitteilen (§ 261a AktG).

Hier zeigen sich Ansätze zur systemwidrigen Entwicklung der BaFin zu einem staatlichen Aktienamt. *Principiis obsta*!

3. *Außerrechtliche Informationsquellen*

Häufig berichten die Medien über ein Fehlverhalten von Organmitgliedern. Allerdings dürfen berichtete Fakten weiteren Schritten nur mit Vorsicht zu Grunde gelegt werden. Medienberichte sind nicht mit einer Vermutung ihrer Richtigkeit behaftet. Aber Medienberichte können Anlass zu Rückfragen bei der Gesellschaft geben.

III. Geltendmachung offenbarer Ansprüche

Pflichtverletzungen und Vernachlässigung der gebotenen Sorgfalt führen bei Schadensfolge grundsätzlich zu Schadensersatzansprüchen der Gesellschaft gegen das Organmitglied, das schuldhaft den Schaden verursacht oder nicht verhindert hat (Binnenhaftung).[4] Ansprüche eines Aktionärs gegen den Schädiger (Außenhaftung) sind nur gegeben, wenn das Organmitglied sittenwidrig gehandelt hat (§ 826 BGB) oder Spezialgesetze eine solche Außenhaftung vorsehen. Auf Einzelheiten kann aus Raumgründen in diesem Aufsatz nicht eingegangen werden.

1. *Grundlagen der Verfolgung von Ansprüchen aus der Binnenhaftung*

Schadensersatzansprüche gegen Organmitglieder können von den Aktionären, von den Verwaltungsorganen und von Dritten (Gläubigern) geltend gemacht werden. Organmitglieder müssen solche Ansprüche geltend machen.[5] Sie können (und müssen) von einer Verfolgung der Ansprüche absehen, wenn der Geltendmachung des Ersatzanspruchs überwiegende Gründe des Gesellschaftswohls entgegenstehen (vgl. § 148 Abs. 1 Nr. 4 AktG).

2. *Einleitung des Verfahrens*

Das Gesetz sieht für die Einleitung des Verfahrens mehrere Möglichkeiten vor. Vorstand und Aufsichtsrat können (und müssen) kraft Amtes Schadensersatzansprüche verfolgen. Die Aktionäre können als „geborene Verfolger von Schadensersatzansprüchen kraft Mitgliedschaft" gegen schadenstiftende Organmitglieder vorgehen. Eine Minderheit von Aktionären kann sich vom Gericht eine Klagebefugnis einräumen lassen. In einem bereits laufenden Verfahren kann die betroffene Gesellschaft die Verfolgung der Ansprüche übernehmen.

a) Anspruchsverfolgung durch die Verwaltungsorgane der Gesellschaft

Wenn der Aufsichtsrat Fehlleistungen des Vorstands feststellt, die der Gesellschaft einen Schaden zugefügt haben, muss er den Vorstand oder das für das Fehlverhalten zuständige

[4] Vgl. dazu *Semler* AG 2005, 321.
[5] Vgl. *Redeke* ZIP 2008, 1549.

Vorstandsmitglied zum Schadensersatz auffordern und erforderlichenfalls diesen Schadensersatz gerichtlich geltend machen.[6] Entsprechendes gilt umgekehrt für Mitglieder des Vorstands bei einem Fehlverhalten des Aufsichtsrats. Die Organmitglieder sind „geborene Verfolger von Schadensersatzansprüchen kraft Amtes".

Der Aufsichtsrat muss zunächst prüfen, ob das Verhalten auf einem gesetzmäßigen Beschluss der Hauptversammlung beruht (§ 93 Abs. 4 S. 1 AktG). Dann gibt es keine Schadensersatzpflicht des handelnden Vorstands. Beschlüsse des Aufsichtsrats entlasten den Schädiger nicht. Der Aufsichtsrat muss weiter prüfen, ob überwiegende Gründe des Gesellschaftswohls der Anspruchsverfolgung entgegenstehen. Kein Aufsichtsrat ist verpflichtet oder auch nur berechtigt, die Gesellschaft zu schädigen, um das Fehlverhalten eines Vorstandsmitglieds oder des Organs Vorstand zu ahnden, wenn das Gesetz dies nicht ausdrücklich vorsieht. Dieser Grundsatz muss allerdings eng ausgelegt werden. Das Ansehen eines Unternehmens wird durch Bekanntwerden eines Regressverfahrens gegen ein Vorstandsmitglied und dessen Fehlleistungen wohl immer geschädigt. Diese unmittelbare Folge einer Einleitung von Schadensersatzverfahren können der Gesetzgeber und der BGH[7] nicht gemeint haben, wenn sie damit ein Unterlassen von Haftungsverfolgung rechtfertigen wollen. Auch dürfte der Umstand, dass das Ansehen der mit Schadensersatzansprüchen überzogenen Person durch ein solches Verfahren wohl stets leidet, kein Grund für das Absehen von einem Schadensersatzverfahren sein. Richtig werden nur mögliche Schäden berücksichtigt werden dürfen, die sich nicht unmittelbar aus der Anspruchsverfolgung, sondern als Begleiterscheinung einer Anspruchsverfolgung ergeben können.

Für das Verfahren legt das Gesetz einige Besonderheiten fest. Ein Vergleich zwischen der Gesellschaft und dem Schädiger ist erst nach drei Jahren seit Entstehung des Anspruchs und nur mit Zustimmung der Hauptversammlung zulässig. Ein zustimmender Hauptversammlungsbeschluss ist nicht wirksam, wenn eine Minderheit von 10% oder mehr des Aktienkapitals dem Vergleich widerspricht.[8]

b) Anspruchsverfolgung durch Hauptversammlungsbeschluss

Ansprüche auf Schadensersatz gegen Organmitglieder müssen binnen sechs Monaten seit Beschlussfassung geltend gemacht werden, wenn die Hauptversammlung dies mit einfacher Mehrheit beschließt (§ 147 Abs. 1 AktG).

Zur Geltendmachung solcher Ansprüche kann die Hauptversammlung besondere Vertreter bestellen (§ 147 Abs. 2 AktG). Auf Antrag von Aktionären, die über 10% des Grundkapitals oder eine Nominalbeteiligung von 1 Mio. Euro verfügen, muss das Gericht andere Personen zur Vertretung der Gesellschaft berufen, wenn dem Gericht dies für eine gehörige Geltendmachung des Anspruchs zweckmäßig erscheint.

Für das Verfahren gelten die oben dargestellten Besonderheiten.

c) Anspruchsverfolgung durch eine Minderheit von Aktionären nach gerichtlicher Klagezulassung

Aktionäre, die über 1% des Grundkapitals oder über nom. 100.000 Euro Anteile am Grundkapital verfügen, können beantragen, sie als Kläger für die Geltendmachung von Ersatzansprüchen zuzulassen, wenn sie nachweisen,

- dass sie ihre Aktien vor Kenntnisnahme der Pflichtverstöße erworben haben,
- dass sie die Gesellschaft vergeblich aufgefordert haben, selbst Klage zu erheben,
- dass Tatsachen vorliegen, die den Verdacht begründen, der Gesellschaft sei durch Unredlichkeit oder grobe Verletzung des Gesetzes oder der Satzung ein Schaden entstanden,

---

6 BGHZ 135, 244 = NJW 1997, 1926 – ARAG; *Redeke* ZIP 2008, 1549.

7 BGHZ 135, 244 = NJW 1997, 1926 – ARAG.

8 Vgl. hierzu *Semler* AG 2005, 321.

– der Geltendmachung des Anspruchs keine überwiegenden Gründe des Gesellschaftswohls entgegenstehen.

Diese Möglichkeit zur Anspruchsverfolgung hat keine praktische Bedeutung erlangt.[9]

d) Anspruchsverfolgung durch die Gesellschaft nach Verfahrensübernahme (Substitutionsrecht der Gesellschaft)

Die Gesellschaft, deren Organ der Schädiger ist oder deren Organ der Schädiger angehört, kann jederzeit den der Gesellschaft zustehenden Anspruch selbst verfolgen (§ 148 Abs. 3 AktG). Wenn dem Verlangen stattgegeben wird, endet das gerichtlich angeordnete Verfahren. Die bisherigen Kläger sind im Verfahren der Gesellschaft beizuladen.

IV. Wodurch wird die Durchsetzung von Schadensersatzansprüchen nach geltendem Recht behindert/verhindert?

Auf Hindernisse, die das geltende Recht einer wirksamen Inanspruchnahme von schuldhaft fehlerhaftem Verhalten entgegen stellen, wurde mehrfach hingewiesen. *Peltzer* hat die wesentlichen Hindernisse ausführlich und zutreffend dargestellt. Es genügt, sie stichwortartig noch einmal zusammengefasst hervorzuheben.

- Die Bedeutung des Quorums erschöpft sich nicht in der Festlegung einer Mindestbeteiligung. Auch die Bestimmungen über die Kostentragungspflicht sind in diesem Zusammenhang von entscheidender Bedeutung.[10]
- Das Verfahrenshindernis des einer Inanspruchnahme entgegenstehenden überwiegenden Wohls der Gesellschaft ist ein Blankoscheck, der jede Inanspruchnahme verhindern kann.[11]
- Die Bedingungen für den Abschluss einer vergleichsweisen Regelung lassen von einer Verfolgung fehlerhaften schadenstiftenden Verhaltens Abstand nehmen.
- Das Substitutionsrecht der Gesellschaft bei anhängigen Verfahren lässt potentielle Anspruchsteller von einer Anspruchsverfolgung Abstand nehmen.[12]
- Die Einleitung der Sonderprüfung durch Hauptversammlungsbeschluss.[13]

V. Die praktische Umsetzung der Anspruchsverfolgung

Das Gesetz (§ 93 AktG) und ihm folgend die Rechtsprechung[14] legen fest, dass bei einem schadenstiftenden Verhalten eines Vorstandsmitglieds der Aufsichtsrat und bei einem schadenstiftenden Verhalten eines Aufsichtsratsmitglieds der Vorstand verpflichtet ist, Ersatzansprüche gegen das jeweils andere Organ geltend zu machen.[15]

Diese Feststellung ist zwar rechtlich richtig, aber in der Praxis eine reine Chimäre. Kein aktiver Vorstand wird gegen seinen im Amt befindlichen Aufsichtsrat und ebenso wenig ein aktiver Aufsichtsrat gegen ein im Amt befindliches Vorstandsmitglied vorgehen. Die Vorschriften haben – wobei etwaige Ausnahmen die Regel bestätigen – nur Bedeutung, wenn gegen ausgeschiedene oder ausscheidende Vorstandsmitglieder oder Aufsichtsratsmitglieder Regress genommen werden soll.

---

[9] Eingehende Nachweise finden sich bei *Peltzer* in: FS Schneider, 2011, S. 953, 955.
[10] Vgl. *Peltzer* in: FS Schneider, 2011, S. 953, 956, 960.
[11] Vgl. *Peltzer* in: FS Schneider, 2011, S. 953, 957, 961; *Redeke* ZIP 2008, 1549, 1551.
[12] Von einer „entmutigenden" Regelung spricht *Peltzer* in: FS Schneider, 2011, S. 953, 959, 968.
[13] *Peltzer* in: FS Schneider, 2011, S. 953, 965.
[14] BGHZ 135, 244 = NJW 1997, 1926 – ARAG.
[15] Vgl. dazu *Thümmel* DB 2004, 471.

Die Leitung einer Aktiengesellschaft beruht auf einer vertrauensvollen Zusammenarbeit von Vorstand und Aufsichtsrat. Diese Grundnorm (Ziff. 3.1 DCGK) lässt sich nicht einhalten, wenn die Organmitglieder gegeneinander prozessieren.

VI. Gedanken zur Änderung des geltenden Rechts

Sowohl von Vertretern der Wissenschaft[16] als auch von Vertretern der Praxis[17] wird die Neuregelung der Organhaftung gefordert, die eine wirksame Durchsetzung von Schadensersatzansprüchen geschädigter Unternehmen sicher stellt.

1. Allgemeine Überlegungen

Rechtssystematisch ist es richtig, die Initiative zur Geltendmachung von Schadensersatzansprüchen von den Aktionären ausgehen zu lassen.[18] Eine Hauptversammlung ist allerdings ein zu unbewegliches Organ, um die Rechtskonformität des Organverhaltens allein auf eine Überwachung durch die Hauptversammlung (oder eine Minderheit von Aktionären) abzustützen. Die Einsetzung eines besonderen Vertreters sollte stets vorgesehen werden. Systematisch ist es ebenso richtig, die Rechtmäßigkeitskontrolle über das Verhalten eines Organs (oder eines Organmitglieds) auf das jeweils andere Organ oder auch unbeteiligte Angehörige des Organs, dem der Schadensverursacher angehört, als Teil der von Amts wegen bestehenden Organverpflichtung zu sehen.

Aber in der Praxis funktioniert das eben nicht. Wer ein rechtmäßiges Handeln der Organe durch eine wirksame Überwachung sicherstellen will, muss neben diesen beiden Wegen weitere Kontrollmöglichkeiten schaffen.

Bisher kennt das Gesetz nur für Gläubiger einen eigenen Weg zur Durchsetzung von Ansprüchen. Sie haben gewisse Haftungsansprüche, wenn die Organmitglieder ihre Pflichten „gröblich" verletzt haben. Zu beachten ist jedoch, dass die Gläubigerrechte nicht eingeräumt worden sind, weil die Gläubiger in irgendeiner Weise Repräsentanten des Unternehmensinteresses sind. Ihre Ansprüche sind vielmehr Folge eines bestehenden Schuldverhältnisses.

Die Gesellschaft und die von ihr gewählten Gesetzgebungsorgane werden auf die Dauer nicht zulassen (können), dass in Aktiengesellschaften gegen geltendes Recht verstoßen wird. Wenn die Rechtswissenschaft keine gangbaren Wege zur Verhinderung und Ahndung solcher Gesetzesverstöße aufzeigt, wird von der Gesetzgebung letztlich ein staatliches Aktienamt geschaffen werden, um für die Herstellung gesetzmäßigen Verhaltens in allen Aktiengesellschaften zu sorgen. Ansätze zu einer solchen Entwicklung finden wir schon heute in den Bestimmungen des § 261a AktG, durch die unabhängige deutsche Gerichte systemwidrig zu Hilfstruppen der BaFin deklassiert werden. Offenbar glaubt der Gesetzgeber nicht mehr daran, dass deutsche börsennotierte Aktiengesellschaften ihnen auferlegten Meldepflichten nachkommen werden. Eine weitere Ausdehnung staatlicher Eingriffsmöglichkeiten gilt es zu verhindern.

Die freie Entwicklung von Aktiengesellschaften im Rahmen der Bedingungen der sozialen Marktwirtschaft darf nicht unterbunden werden. Die Rechtswissenschaft muss Wege vorstellen, die zu einer wirksamen Bekämpfung von Misswirtschaft in Aktiengesellschaften gangbar sind.

Eine Neuregelung des Haftungsrechts sollte für alle Aktiengesellschaften und nicht nur für börsennotierte Gesellschaften gelten. Das Haftungsrecht muss Teil der Zivilrechtsordnung bleiben und im Bedarfsfall der Zivilgerichtsbarkeit unterliegen. Der II. Senat des BGH sollte auch in Haftungsfällen oberste Instanz der Gerichtsbarkeit bleiben. Dies würde

---

[16] *Lutter* in: FS Schneider, 2011, S. 763, 767 ff.

[17] *Peltzer* in: FS Schneider, 2011, S. 953, 960 ff.

[18] *Peltzer* in: FS Schneider, 2011, S. 953, 964.

anders werden, wenn die BaFin in das Haftungssystem eingebunden würde. Da es sich bei der BaFin um eine staatliche Verwaltungsbehörde handelt, landen Streitigkeiten mit der BaFin vor den Verwaltungsgerichten.

Auch eine andere Entwicklung gilt es zu beachten: Haftungsfragen sollten auch nicht dem Grunde nach als Untreue-Fälle primär von den Strafgerichten beurteilt werden.[19] Gewiss wird es Fälle geben, in denen der Täter strafrechtliche Verantwortung trägt. Aber zunächst sollte ein Zivilgericht entscheiden, ob überhaupt ein pflichtwidriges Verhalten des Organmitglieds vorliegt.

Dies gibt Gelegenheit, eine allgemeine Bemerkung zur Organhaftung zu machen. Sie klingt, wenn man die bisherigen Überlegungen Revue passieren lässt, widersinnig. Aber sie ist trotzdem richtig. Eine Organhaftung sollte grundsätzlich nur Platz greifen, wenn das Fehlverhalten des Organmitglieds das Gesetz „gröblich" verletzt hat, also auf grobe Fahrlässigkeit beschränkt werden.[20] Die Gesellschaft ist, um an eine Verallgemeinerung anzuknüpfen, nicht an der Verfolgung aller Nachlässigkeiten von Unternehmensorganen interessiert, schon gar nicht an Gesetzesverletzungen, die nur leicht fahrlässig erfolgt sind. Ein schutzwertes Interesse besteht aber dann, wenn die Leitungsorgane eines Unternehmens (Vorstand und Aufsichtsrat) oder einzelne Mitglieder dieser Organe durch ihr Verhalten „gröblich gegen das Unternehmensinteresse" verstoßen und mit diesem Verstoß das Unternehmen schädigen.

Und eine weitere Anmerkung: Die Sinnlosigkeit des Selbstbehalts bei der D&O-Versicherung sollte erkannt werden. Es geht nicht an, dass die verhaltenssteuernde Wirkung der Haftung durch eine von der Gesellschaft selbst bezahlte Versicherung unterlaufen wird. Die ganze Haftungsdiskussion verliert dadurch ihren Sinn.

2. Ein möglicher weiterer Weg zur Haftbarmachung von Organmitgliedern

Die gesetzliche Leitmaxime für das Handeln der Verwaltungsorgane in der Aktiengesellschaft ist das Unternehmensinteresse. Darüber darf es eigentlich keinen Streit geben. Sowohl das BVerfG als auch der BGH haben betont, dass nicht das Aktionärsinteresse allein, sondern das Gesellschaftsinteresse das Handeln der Verwaltungsorgane bestimmen müsse. Gegenwärtig hat die Forderung nach Beachtung des Unternehmensinteresses vor allem einen plakativen Charakter. Es mangelt an Durchsetzungsnormen. Bei der Einführung wirksamer Haftungsvorschriften sollte die Verletzung des Unternehmensinteresses als Tatbestandsmerkmal berücksichtigt werden.

Zusätzliche Normen zur Durchsetzung bestehender Haftungsansprüche sollten hier ansetzen. Schadenstiftendes Verhalten eines Organmitglieds, das nicht das Unternehmensinteresse verletzt, mag getrost den geborenen Haftungsinitianten überlassen bleiben. Wenn das schadenstiftende Verhalten aber zugleich einen Verstoß gegen das Unternehmensinteresse darstellt,[21] liegt es im Allgemeininteresse, dass es verfolgt wird.

a) Gerichtlich begleitetes Verfahren zur Durchsetzung von Schadensersatzansprüchen

Man könnte an ein gerichtlich begleitetes Verfahren denken, das von einem gerichtlich bestellten besonderen Vertreter geführt wird. Als besonderer Vertreter kommt nur eine natürliche Person in Betracht, die die Befähigung zum Richteramt hat und über Erfahrungen in der Führung oder Beratung von Unternehmen verfügt. Dieser besondere Vertreter hat alle Rechte, die er benötigt, um das Unternehmen in einem Rechtsstreit gegen ein

[19] *Lutter* NZG 2010, 601.

[20] Auch dann sind Abgrenzungen nicht einfach. *Hüffer* AktG, 9. Aufl. 2010, § 93 Rn. 4b, schreibt: „Hauptproblem der Vorstandshaftung liegt, wenn es um Verletzung der allgemeinen Sorgfaltspflicht geht, in ihrer Abgrenzung von bloßen Fehlschlägen und Irrtümern." Vgl. hierzu auch BAG HV-Info 1988, 1515–1519.

[21] Zur praktischen Bedeutung des Unternehmensinteresses vgl. *Semler* in: FS Hopt, 2010, S. 391.

Organmitglied zu vertreten, dem ein schuldhaftes schadenstiftendes Verhalten vorgeworfen wird. Mit der Bestellung des besonderen Vertreters erlöschen Geschäftsführungsbefugnis und Vertretungsmacht anderer Organe und Organmitglieder für den Bereich, für den der besondere Vertreter bestellt worden ist. Der besondere Vertreter kann die gerichtliche Anordnung einer Sonderprüfung beantragen, wenn er sie zur ordnungsmäßigen Durchführung seiner Aufgabe für erforderlich hält. Er hat das Recht, die Einvernahme von Zeugen durch einen Richter und ggf. deren Vereidigung zu beantragen. Die Bestellung des besonderen Vertreters kann von den Antragstellern, den Aktionären der Gesellschaft oder der Gesellschaft nicht widerrufen werden. Dazu ist allein das Bestellungsgericht zuständig. Seine Bestellung bleibt erhalten, auch wenn sich die Rechtsform des Unternehmens ändert oder Minderheitsaktionäre aufgrund eines Squeeze-out ausscheiden und der Hauptaktionär erklärt, auf eine Verfolgung des eingeklagten Anspruchs keinen Wert zu legen. Die Bestellung endet mit der rechtskräftigen Entscheidung eines Gerichts, mit der über die Schadensersatzverpflichtungen des wegen fehlerhaften Verhaltens belangten Organmitglieds entschieden wird.

Der besondere Vertreter hat zugleich mit den anderen Organen der Gesellschaft (Vorstand und Aufsichtsrat) über seine Tätigkeit im abgelaufenen Geschäftsjahr an die Hauptversammlung schriftlich zu berichten und in der Hauptversammlung seinen Bericht mündlich zu erläutern. Er unterliegt jedoch keinem Entlastungsverfahren. Allerdings haftet er für eine ordnungsmäßige Erledigung der ihm vom Gericht übertragenen Aufgabe. Er hat Vorsatz und grobe Fahrlässigkeit zu vertreten.

Der besondere Vertreter ist berechtigt, sich namens der Gesellschaft mit dem Organmitglied über den Streitgegenstand zu vergleichen. Der Vergleich bedarf der Bestätigung durch das Gericht, aber keiner Zustimmung der Hauptversammlung oder anderer Organe der Gesellschaft.

b) Einleitung des gerichtlich begleiteten Verfahrens gegen Organmitglieder

Die Einleitung eines gerichtlich begleiteten Verfahrens gegen Organmitglieder, denen fehlerhaftes Verhalten vorgeworfen wird, erfolgt auf Antrag von Aktionären, deren Anteile im Zeitpunkt der Antragstellung zusammen den einhundertsten Teil des Grundkapitals oder einen anteiligen Betrag von 100.000 Euro erreichen. Sie müssen nachweisen, dass sie seit mindestens drei Monaten Inhaber der Aktien sind. Bis zur Entscheidung über ihren Antrag müssen sie ihre Aktien behalten. Danach sind sie frei, die Aktien zu verkaufen.

c) Dokumentation und Berichterstattung

Das Verhalten der Organe in Haftungsfragen muss nachvollziehbar sein. Deswegen müssen die entsprechenden Beschlüsse und die getroffenen Maßnahmen sorgfältig dokumentiert werden.[22]

Jeder Beschluss eines Organs (Vorstand oder Aufsichtsrat) im Zusammenhang mit einer schadenverursachenden Fehlleistung von Organmitgliedern muss in die Sitzungsniederschrift aufgenommen werden. Der behandelte Sachverhalt und die Gründe für die Entscheidung müssen festgehalten werden. Bei Verstößen gegen das Unternehmensinteresse ist auch der Gang der Verhandlung darzustellen.

Diese Beschlüsse müssen in den jeweiligen Jahresberichten (Lagebericht und Aufsichtsratsbericht) berichtet und erläutert werden. Wenn aus überwiegenden Gründen des Gesellschaftswohls auf die Geltendmachung von Ersatzansprüchen verzichtet worden ist, muss auch der Gang der Verhandlung geschildert werden.

---

[22] Dazu auch *Lutter* in: FS Schneider, 2011, S. 763, Anm. 29.

d) Kostentragung

Für die Antragstellung sollten die allgemeinen Grundsätze für die Kostentragung in der Freiwilligen Gerichtsbarkeit gelten. Der Streitwert sollte allgemein im Gesetz bestimmt werden und zwar so, dass einerseits Antragsteller nicht durch die Höhe der sie treffenden Kosten abgeschreckt werden und andererseits die Kosten nicht eine so geringe Rolle spielen, dass mutwillige Antragstellungen erwartet werden können.

Im Übrigen ist davon auszugehen, dass die Geltendmachung der Binnenhaftung eine Angelegenheit der Gesellschaft ist. Grundsätzlich sollte deswegen die Gesellschaft alle Kosten tragen. Das Gericht sollte die Möglichkeit haben, einem Beteiligten am Verfahren Kosten ganz oder teilweise aufzuerlegen.

VII. Schlussbemerkung – Zusammenfassung

1. Nach geltendem Aktienrecht haftet jedes Organmitglied für Schäden, die aus seinem fehlerhaften Verhalten erwachsen.

2. Das Aktienrecht enthält eingehende Vorschriften für die regelmäßige Berichterstattung der Gesellschaft, für die Möglichkeit zusätzlicher Informationsbeschaffung und die Durchsetzung von Schadensersatzansprüchen. Die Fülle der im Gesetz angebotenen Informationsmöglichkeiten gibt einem Aktionär, der für die Gesetzmäßigkeit der Verwaltung eintreten möchte, ausreichende Grundlagen für eigene Entschließungen über die Zweckmäßigkeit einer etwaigen Haftungsverfolgung.

3. In der Praxis funktionieren die vom Gesetzgeber aufgezeigten Möglichkeiten zur Durchsetzung von Schadensersatzansprüchen nicht. Es ist lebensfremd anzunehmen, dass die Mitglieder eines Organs gegen Mitglieder eines anderen Organs gerichtlich vorgehen. Das geltende Quorum ist kein Hindernis für die gerichtliche Geltendmachung von Schadensersatzansprüchen. Aber es gibt andere Bestimmungen und Vorkehrungen, die eine Durchsetzung der Ansprüche erschweren. Es bedarf einer völligen Neuausrichtung der Haftungsvorschriften.

4. Um groben Nachlässigkeiten und groben Fehlleistungen von Organmitgliedern, die zugleich einen Verstoß gegen das Unternehmensinteresse darstellen, wirksam zu begegnen, sollte zukünftig ein gerichtlich begleitetes Verfahren mit Einsatz und Hilfe eines besonderen Vertreters vorgesehen werden.

5. Dieses Verfahren sollte nach Einleitung durch einen Aktionärsantrag unabhängig vom Antragsteller durch einen gerichtlich bestellten besonderen Vertreter fortgeführt werden. Änderungen an der rechtlichen Struktur des Unternehmens oder der Mitgliederstruktur sollten keine Auswirkungen auf das Verfahren haben.

GERALD SPINDLER

Ungeschriebene Hauptversammlungszuständigkeiten – wohin führt der Weg?

Übersicht

I. Einleitung

Über kaum eine Entscheidung des II. Zivilsenats dürfte so viel geschrieben worden sein wie über die „Holzmüller“-Entscheidung, mit der der BGH zum ersten Mal ungeschriebene Hauptversammlungszuständigkeiten begründete.[1] Allerdings hatte der Senat erst unter dem Vorsitz des *Jubilars* Gelegenheit, die Rechtsprechung auf neue dogmatische Grundlagen zu stellen und die einzelnen Voraussetzungen für die Kompetenzverteilung zwischen Verwaltungsorganen der AG und der Hauptversammlung näher herauszuarbeiten, insbesondere den Anwendungsbereich der „Holzmüller“-Doktrin wieder zurückzunehmen. Dennoch sorgten die Finanzmarktkrise und die dadurch notwendig gewordenen Hilfen des Staates, unter dessen gleichzeitiger Beteiligung an den Unternehmen, für neuen Zündstoff in der Diskussion, wie das jüngste Urteil des LG Frankfurt hinsichtlich der Übernahme der Dresdner Bank AG durch die Commerzbank AG zeigt.[2] Grund genug, um einen Rück- und Ausblick auf die Entwicklung der ungeschriebenen Hauptversammlungszuständigkeiten zu werfen, der hoffentlich auf das Interesse des geschätzten *Jubilars* stoßen möge.

[1] BGHZ 83, 122 = NJW 1982, 1703.
[2] LG Frankfurt NZG 2010, 391 = ZIP 2010, 429.

II. Rechtsfortbildung, Gebundenes Ermessen oder Analogie?

Auf den ersten Blick regelt § 119 Abs. 1 AktG gemeinsam mit § 76 AktG klar die Kompetenzabgrenzung zwischen Vorstand und Hauptversammlung; nur in den vom Gesetz vorgesehenen Fällen ist die Hauptversammlung zur Entscheidung befugt. Dennoch wurden schon früh die Grundprobleme des Eingriffs in Mitgliedschaftsrechte durch strukturbezogene Maßnahmen des Vorstands vor allem im Rahmen von Konzernbildung und -leitung erkannt, die in dieser Weise kaum durch die bestehenden Vorschriften kompensiert werden können. Auf der Grundlage verschiedener Einzel- und Gesamtanalogien zu aktien- und umwandlungsrechtlichen Kompetenzvorschriften zugunsten der Hauptversammlung wurden schon vor „Holzmüller" ungeschriebene Hauptversammlungszuständigkeiten entwickelt, insbesondere bei der Ausgliederung wesentlicher Geschäftszweige auf eine Tochtergesellschaft oder andere Konzernumstrukturierungen.[3] Die Lösung des BGH in der sog. „Holzmüller"-Entscheidung bzw. dem „Seehafen"-Urteil ist bekannt:[4] Danach soll der Vorstand im Rahmen von § 119 Abs. 2 AktG verpflichtet sein, der Hauptversammlung „grundlegende Entscheidungen (vorzulegen), die (...) so tief in die Mitgliedsrechte der Aktionäre und deren im Anteilseigentum verkörpertes Vermögensinteresse eingreifen, dass der Vorstand vernünftigerweise nicht annehmen kann, er dürfe sie in ausschließlich eigener Verantwortung treffen, ohne die Hauptversammlung zu beteiligen".[5] Dieser Ansatz stieß zunächst überwiegend auf Kritik,[6] während in den unteren Instanzen der BGH weitgehend Gefolgschaft fand.[7] Der II. Zivilsenat hat unter dem Vorsitz des *Jubilars* diese Rechtsprechung jedoch in dem „Gelatine"-Urteil auf eine neue dogmatische Grundlage gestellt, indem er nunmehr von einer offenen Rechtsfortbildung spricht.[8]

Trotz der weiten Zustimmung[9] ist der Ansatz einer offenen Rechtsfortbildung aber auch auf Kritik gestoßen, da methodisch vorzugswürdiger eine Teilanalogie zu geltenden organisationsrechtlichen Normen der Aktiengesellschaft sei.[10] Teilweise ist die Annahme ungeschriebener Hauptversammlungszuständigkeiten auch gar als Gewohnheitsrecht charakterisiert worden.[11] Allerdings sollte der Streit über die richtige dogmatische Einordnung seit der Abkehr von § 119 Abs. 2 AktG auch nicht überbewertet werden: Denn sowohl der

---

[3] Bereits entwickelt von *Kropff* in: FS Geßler, 1971, S. 111 ff.; *Lutter* DB 1973, Beilage 21, S. 12 ff.; *Lutter* in: FS Barz, 1974, S. 199; *Lutter* in: FS Westermann, 1974, S. 347; *Ulmer* AG 1975, 15; *U. H. Schneider* ZHR 143 (1977), 485, 496 f.

[4] BGHZ 83, 122 = AG 1982, 158.

[5] BGHZ 83, 122, 131 = AG 1982, 158.

[6] *Beusch* in: FS Werner, 1984, S. 1 ff.; *Götz* AG 1984, 85, 90; *Heinsius* ZGR 1984, 383, 388 ff.: „Wüste der "; *Henze* in: FS Ulmer, 2003, S. 211, 218 ff.; *Joost* ZHR 163 (1999), 164, 179 ff.; *Martens* ZHR 147 (1983), 377, 380 ff.; *Priester* ZHR 163 (1999), 187, 195; *Semler* BB 1983, 1566, 1570 ff.; *Sünner* AG 1983, 169 ff.; *Werner* ZHR 147 (1983), 429 ff.; *Werner* AG 1990, 1, 16 f.; *Westermann* ZGR 1984, 352, 371 ff.; *H.P. Westermann* in: FS Koppensteiner, 2001, S. 259, 270 ff.; *Zimmermann/Pentz* in: FS W. Müller, 2001, S. 151, 160 ff.; GroßkommAktG/*Mülbert* 4. Aufl. 1999, § 119 Rn. 24.

[7] OLG Köln ZIP 1993, 110, 113; LG Köln AG 1992, 238, 239; OLG München AG 1995, 232, 233; LG Heidelberg AG 1999, 135, 137; LG Hannover DB 2000, 1607; OLG Celle AG 2001, 357, 358; OLG Karlsruhe DB 2002, 1094.

[8] BGHZ 159, 30, 43 = AG 2004, 384; dazu auch die weitere, in der Literatur oftmals als „II" titulierte Entscheidung, BGH ZIP 2004, 1001.

[9] *Adolff* ZHR 169 (2005), 310, 319; *Arnold* ZIP 2005, 1573; *Fleischer* NJW 2004, 2335, 2336; *Fuhrmann* AG 2004, 339, 341; *Götze* NZG 2004, 585, 588; *Liebscher* ZGR 2005, 1, 2; *Reichert* AG 2005, 150.

[10] *Fleischer* NJW 2004, 2335, 2337; *Koppensteiner* Der Konzern 2004, 381, 384 f.; methodische Kritik insbesondere bei *Weißhaupt* AG 2004, 585, 586.

[11] *Staake* Ungeschriebene Hauptversammlungskompetenzen in börsennotierten und nicht börsennotierten Aktiengesellschaften, 2009, S. 61 ff., 85 f.

Ansatz über Teil- oder Gesamtanalogien lässt genauso viel Spielraum, etwa die Konsequenzen einer Nichtigkeit im Außenverhältnis zu vermeiden,[12] wie dies über die offene Rechtsfortbildung der Fall ist. Die Rückbindung an Analogien zu einzelnen Normen hätte zudem den (kleinen) Vorteil, die Fallgruppen deutlicher herausarbeiten zu können, wobei stets zu bedenken ist, dass es nicht um einen Individualschutz des Aktionärs aufgrund des Eingriffs in sein Mitgliedschaftsrecht geht, sondern um den durch die Organzuständigkeit vermittelten Schutz, also eine Kompetenzabgrenzung.[13] Doch lässt sich dies alles auch mit einer offenen Rechtsfortbildung erreichen, allerdings mit einer Prise größerer Rechtsunsicherheit – die indes durch die wesentlich erhöhten Anforderungen der neueren Rechtsprechung deutlich verringert worden ist. Mit der weitgehenden Gleichstellung zu satzungsähnlichen Vorgängen bzw. Änderungen ist auch geklärt, dass der Beschluss einer Dreiviertelmehrheit des vertretenen Grundkapitals bedarf[14] und keine Auswirkungen auf die Vertretungsmacht des Vorstands eintreten dürfen.[15]

Kein Thema der ungeschriebenen Zuständigkeiten der Hauptversammlung sind auch Vorlagen an die Hauptversammlung durch den Aufsichtsrat, wenn dieser ausnahmsweise originäre Geschäftsführungskompetenzen inne hat, insbesondere bei Vergütungsfragen. Zwar bestehen gute Gründe, dem Aufsichtsrat nach § 119 Abs. 2 AktG analog hier eine Vorlagebefugnis einzuräumen;[16] doch regelt § 120 Abs. 4 AktG eindeutig, dass die Hauptversammlung hier lediglich ihre Meinung äußern kann. Eine zwingende Beschlusskompetenz der Hauptversammlung, wie sie gerade bei den ungeschriebenen Hauptversammlungszuständigkeiten besteht, folgt daraus gerade nicht.

Grundsätzlicher ist die Kritik an dem vom II. Zivilsenat angenommenen Schutzzweck der ungeschriebenen Zuständigkeiten der Hauptversammlung, zum einen dem Schutz vor zwangsläufigen Mediatisierungen des Einflusses der Aktionäre durch Ausgliederungen auf nachgelagerte Beteiligungsgesellschaften, zum anderen vor einer durch grundlegende Entscheidungen des Vorstands eintretenden nachhaltigen Schwächung ihrer Beteiligung.[17] Denn angesichts der Möglichkeit der Aktionäre, ihre Aktie am Kapitalmarkt für börsennotierte Gesellschaften zu veräußern, und angesichts der Tatsache veränderter Aktionärsleitbilder wird für die börsennotierte Aktiengesellschaft grundsätzlich die Notwendigkeit eines verbandsrechtlichen Schutzes negiert.[18] Letztlich wird damit grundsätzlich das Verhältnis von rechtlichem Schutz im Innenverhältnis zu kapitalmarktmäßiger Kompensation zur Diskussion gestellt[19] – doch wird dabei die Funktion von Rechten als preisbildender Faktor auch auf Kapitalmärkten verkannt, da auch Organzuständigkeiten, die von Aktionären geltend gemacht werden können, eine „fleet in being" und Kontrollmöglichkeit darstellen können. Ferner können exit-Möglichkeiten nur dann ein Substitut für Kontrollrechte und Kompetenzen darstellen, wenn Kapitalmärkte tatsächlich effizient arbeiten, insbesondere

---

[12] Ähnlich *Fleischer* NJW 2004, 2335, 2337; aA hingegen *Pentz* BB 2005, 1397, 1403; *Zimmermann/Pentz* in: FS W. Müller, 2001, S. 151, 163.

[13] S. dazu auch *Goette* AG 2006, 522, 523 f.

[14] Zu diesen Erwägungen BGHZ 159, 30, 45 f. = AG 2004, 384; *Hüffer* AktG, 9. Aufl. 2010, § 119 Rn. 20; *Habersack* in: Emmerich/Habersack, Aktien- und GmbH-Konzernrecht, 6. Aufl. 2010, Vor § 311 Rn. 50; *Kiesewetter/Spengler* Der Konzern 2009, 451, 456; *Mecke* Konzernstruktur und Aktionärsentscheid, 1992, S. 196; *Böttcher/Blasche* NZG 2006, 569, 573; *Lutter* in: FS Fleck, 1988, S. 169, 181 ff.; *Lutter/Leinekugel* ZIP 1998, 225, 229 f.; *Zimmermann/Pentz* in: FS W. Müller, 2001, S. 169, 181 ff.

[15] BGHZ 159, 30, 42 = AG 2004, 384; zuvor *Altmeppen* ZIP 2004, 999, 1000 f. mwN; zweifelnd *Habersack* (Fn. 14) Vor § 311 Rn. 53.

[16] Insoweit überzeugend *Schüppen* ZIP 2010, 905, 909 f.

[17] BGHZ 159, 30, 40 = AG 2004, 384.

[18] So umfassend *Staake* Ungeschriebene Hauptversammlungszuständigkeiten in börsennotierten und nicht börsennotierten Aktiengesellschaften, 2009, S. 197 ff.

[19] Dazu bereits grundlegend *Mülbert* Aktiengesellschaft, Unternehmensgruppe und Kapitalmarkt, 2. Aufl. 1996, S. 154 ff.

die Märkte für Unternehmensübernahmen, wofür nach wie vor stringente Nachweise fehlen und gerade im Rahmen der Finanzmarktkrise doch erhebliche Zweifel angebracht sind. Institutionelle bzw. rechtliche Rahmenbedingungen und Kapitalmärkte stehen daher in einem komplexen Wechselverhältnis, so dass auch Organzuständigkeiten durchaus ihre Bedeutung behalten, selbst wenn sich das Aktionärsleitbild geändert haben sollte. Daher dürften ungeschriebene Hauptversammlungszuständigkeiten auch für institutionelle Investoren – und damit mittelbar ebenso für Kleinaktionäre – durchaus eine Rolle spielen.

III. Reichweite ungeschriebener Zuständigkeiten

1. Qualitative Anforderungen

Auch wenn der BGH bislang die konkrete Reichweite der ungeschriebenen Zuständigkeit offen lässt,[20] lassen sich der Rechtsprechung doch wichtige Anhaltspunkte entnehmen, wonach ungeschriebene Hauptversammlungszuständigkeiten „nur ausnahmsweise und in engen Grenzen" anzuerkennen sind.[21] Vor allem die vom Senat herausgestellte „Satzungsnähe"[22] beschränkt den qualitativen Anwendungsbereich der ungeschriebenen Zuständigkeiten auf fundamentale Strukturentscheidungen, vergleichbar den Entscheidungen über die Ausrichtung der Gesellschaft oder dem Abschluss von Unternehmensverträgen, Spaltungen oder Umwandlungen. Daher bedarf es immer der entsprechenden Auswirkungen auf die Struktur der Gesellschaft, insbesondere der Veränderung des Einflusses der Aktionäre in ihrem Organ (Mediatisierungseffekt).[23]

Diesem Ansatz ist uneingeschränkt zuzustimmen, da er zu Recht die Essenz der für Aktionäre eingeräumten Kompetenzen herausdestilliert – etwa im Gegensatz zur GmbH – und sonst das Kompetenzverhältnis zwischen Vorstand und Hauptversammlung aufgeweicht würde. Demnach kann allein die rein wirtschaftliche Bedeutung einer Maßnahme nicht genügen;[24] ansonsten könnte jede noch so riskante Maßnahme der Geschäftsführung zur Kompetenz der Hauptversammlung gehören. Das erlaubte Risikofeld des Vorstands wird aber durch den Unternehmensgegenstand in der Satzung abgebildet und umrissen – wird dieser Gegenstand, wie heute in der Praxis wohl üblich, außerordentlich breit und schwammig gefasst, ist dies (leider) das Risiko der Aktionäre, die es in der Hand haben, diesen Gegenstand auch enger zu fassen. Zudem würden sich ganz erhebliche Abgrenzungsprobleme ergeben, wann eine Maßnahme wirtschaftlich derart bedeutend wäre, dass sie der Hauptversammlung zur Entscheidung vorzulegen wäre. Dies gilt auch für Investitionen in soziale oder gemeinnützige Aktivitäten – die Forderung nach einer ungeschriebenen Hauptversammlungszuständigkeit, sofern sich diese Maßnahmen nicht unmittelbar in entsprechenden (berechenbaren) Gewinnen der AG niederschlagen,[25] widerspricht dem Grundsatz, dass derartige Investitionen in die Geschäftsleitungskompetenz des Vorstands fallen – und mit derselben Logik wäre jede Investition, wenn sie nicht unmittelbaren ökonomischen Erfolg zeitigt, ebenfalls vorzulegen, etwa Investitionen in langfristige Bildung und Bindung von Humankapital, die ferner durch das Unternehmensinteresse in der Regel gerechtfertigt sind, sofern sie nicht jeden Bezug zur Gesellschaft vermissen lassen und nicht verkehrsübliche Größenordnungen übersteigen.[26] Investitionen in soziale

---

[20] BGHZ 159, 30, 41 = AG 2004, 384.

[21] BGHZ 159, 30 = AG 2004, 384.

[22] BGHZ 159, 30, 44 f. = AG 2004, 384.

[23] OLG Stuttgart AG 2006, 693, 695; *Böttcher/Blasche* NZG 2006, 569, 573; s. aber auch *Goette* AG 2006, 522, 525: keine Festlegung auf ausschließlich Mediatisierungseffekte.

[24] So aber offenbar OLG Schleswig AG 2006, 120, 123; kritisch zu Recht *Kort* AG 2006, 272, 274.

[25] So *Mülbert* AG 2009, 766, 774.

[26] Näher dazu MünchKommAktG/*Spindler* 3. Aufl. 2008, § 76 Rn. 88.

Zwecke, die den Erwerbszweck der Gesellschaft indes insgesamt verändern, sind dann nicht mehr von dem durch die Satzung gezogenen Rahmen gedeckt.

2. Quantitative Anforderungen

Hält man sich die Bedeutung der qualitativen Anforderungen vor Augen, ist es auf den ersten Blick nicht leicht nachvollziehbar, warum noch in quantitativer Hinsicht[27] eine Eingriffsschwelle bei einer Größenordnung von ca. 75% des Gesellschaftsvermögens (und nicht des Konzerns)[28] erforderlich sein soll – unabhängig davon, welche Berechnungsgröße hierfür gewählt wird.[29] Wenn die Wirkungen auf die Mitgliedschafts*rechte* der Aktionäre, vermittelt durch die Organkompetenz, entscheidend sind, könnte es im Prinzip nicht noch auf quantitative Größen ankommen; anders formuliert hängt auch eine Satzungsänderung nicht davon ab, welche wirtschaftliche Bedeutung ihr zukommt – es genügt die Änderung der Rahmenbedingungen für die Struktur der Gesellschaft. Dem steht allerdings entgegen, dass eine rein auf die Mediatisierung von Aktionärsrechten bzw. Organkompetenzen reduzierte Sichtweise tendenziell zu einer Lähmung der Gesellschaft führen könnte, da selbst kleinste Maßnahmen hierunter fallen könnten. Eine entsprechende Schwelle sollte daher hoch angesetzt werden.[30] Erforderlich ist daher immer eine Gesamtbetrachtung;[31] Einigkeit sollte darüber bestehen, dass etwa Funktionsausgliederungen mit weniger als 1% des Gesamtgeschäfts nicht ins Gewicht fallen.[32] Wirtschaftliche bzw. quantitative Bedingungen sind daher zwar nicht notwendige, aber hinreichende Voraussetzungen für die Annahme einer Hauptversammlungszuständigkeit.

IV. Offene Fragen

Trotz der grundlegenden Klärungen im „Gelatine"-Urteil und nach fast 30 Jahren intensiver Diskussion verbleiben etliche offene Fragen, insbesondere der gesamte Komplex der Beteiligungspolitik in einem Konzern:

1. Beteiligungspolitik und Konzernstrukturierungen

Probleme werfen sowohl der Beteiligungserwerb als auch die Veräußerung von Beteiligungen auf, da sie in wirtschaftlicher Betrachtungsweise häufig die gleichen Wirkungen wie Funktionsausgliederungen oder -eingliederungen aufweisen.

---

[27] Zu den genauen Zahlen im „Holzmüller"-Fall s. OLG Hamburg ZIP 1980, 1000, 1005 = DB 1981, 74; s. auch *Goette* DStR 2004, 927, 928; *Fleischer* NJW 2004, 2335, 2337.

[28] LG München I ZIP 2006, 2036, 2040; wohl auch BGHZ 159, 30, 44 f. = AG 2004, 384 – Gelatine; *Simon* DStR 2004, 1482, 1485; *Hüffer* AktG, 9. Aufl. 2010, § 119 Rn. 18b; *Habersack* (Fn. 14) Vor § 311 Rn. 46 mwN; für Konzern dagegen: *Feldhaus* BB 2009, 562, 567 f., ebenso *Kiesewetter/Spengler* Der Konzern 2009, 451, 456 unter unzutreffender Berufung auf das Gelatine-Urteil, hier Tz. 55.

[29] Dazu *Bungert* BB 2004, 1345, 1347; s. auch *Fuhrmann* AG 2004, 339, 341; *Hoffmann* in: Spindler/Stilz, 2007, § 119 Rn. 34.

[30] BGHZ 159, 30, 44 = AG 2004, 384; ähnlich *Hüffer* in: FS Ulmer, 2003, S. 279, 295 f.; *Hüffer* AktG, 9. Aufl. 2010, § 119 Rn. 18b; für 50% dagegen *Wahlers* Konzernbildungskontrolle durch die Hauptversammlung der Obergesellschaft, 1994, S. 217 ff.; MünchKommAktG/*Kubis* 2. Aufl. 2004, § 119 Rn. 47; *Groß* AG 1994, 266, 272; *Veil* ZIP 1998, 361, 369; *Reichert* ZHR Beiheft 68 (1999), 25, 45.

[31] *Goette* AG 2006, 522, 526; *Habersack* (Fn. 14) Vor § 311 Rn. 47; *Kiesewetter/Spengler* Der Konzern 2009, 451, 454.

[32] OLG Frankfurt AG 2010, 39 Tz. 27.

a) Beteiligungserwerb

Für den Beteiligungserwerb liegen die Abgrenzungsprobleme zu einer Ausgliederung auf der Hand: Warum sollte es einen Unterschied machen, ob eine wirtschaftlich bedeutende Abteilung auf eine neu gegründete Tochtergesellschaft ausgegliedert wird oder ob entsprechende Beteiligungen akquiriert werden? Während einige daher aufgrund der Ähnlichkeit zur Ausgliederung eine ungeschriebene Hauptversammlungszuständigkeit annehmen,[33] lehnen andere dies ab, da es sich nur um eine Investitionsmaßnahme handele.[34]

Betrachtet man allerdings den entscheidenden Mediatisierungseffekt für die Aktionärsrechte, wird deutlich, dass es allein auf die Zwischenschaltung einer juristischen Person ankommen kann. Daher muss auch bei einem reinen Beteiligungserwerb im Grundsatz eine Zuständigkeit der Hauptversammlung angenommen werden, da auf diesem Wege der unmittelbare Zugriff auf dividendenfähige Gewinne entzogen wird.[35] Zwar kann die Satzung im Rahmen des Unternehmensgegenstands den Vorstand allgemein zum Erwerb von Beteiligungen ermächtigen; doch geht es hier um den unternehmerischen, die Struktur der Gesellschaft umgestaltenden Beteiligungserwerb.[36] Allerdings ist hier gerade die Schwelle zur Strukturentscheidung – und damit das quantitative Element – besonders wichtig, um den Befürchtungen, dass auf diesem Wege eine „allgemeine Mittelverwendungskontrolle" durch die Hauptversammlung bei gleichzeitiger Aushöhlung der Leitungsbefugnis des Vorstands Einzug in das Aktienrecht halten konnte,[37] Rechnung zu tragen.[38] Anders ausgedrückt muss die Entscheidung in die Nähe der Umbildung der Gesellschaft zu einer (fast) Holding-Gesellschaft rücken. Die Satzung spielt allerdings insofern eine entscheidende Rolle, wenn das Unternehmen eine Beteiligung hält, die nicht mehr vom Unternehmensgegenstand gestattet ist; dann muss der Vorstand die Beteiligung veräußern, um die Satzungsverletzung zu beseitigen.[39]

Virulent wird diese Frage jüngst auch hinsichtlich der mit staatlichen Beihilfen verknüpften Beteiligung des Staates an Gesellschaften im Rahmen der Finanzmarktkrise. Erhält hier der Staat aufgrund seiner massiven finanziellen Unterstützung entsprechende Mitspracherechte, von der Sperrminorität bis hin zum unmittelbaren Einfluss auf die Geschäftspolitik des Vorstands, muss auch hier von einer Hauptversammlungszuständigkeit ausgegangen werden, wenn diese Konsequenzen durch den beabsichtigten Beteiligungserwerb einer Tochtergesellschaft für die Muttergesellschaft aufgrund deren Schieflage eintreten und ohne Mitwirkung der Hauptversammlung erfolgen (hier der SoFFin im Rahmen der Finanzmarktkrise). Der Beteiligungserwerb führt damit letztlich zu einer durchaus mit einem

---

[33] LG Stuttgart AG 1992, 236, 237 f.; *Habersack* (Fn. 14) Vor § 311 Rn. 42; *Hirte* Bezugsrechtsausschluss und Konzernbildung, 1985, S. 177 f.; *Knoll* Die Übernahme von Kapitalgesellschaften, 1992, S. 157 f.; *Henze* in: FS Ulmer, 2003, S. 211, 229 f.; *Geßler* in: FS Stimpel, 1985, S. 771, 786 f.; *Lutter* in: FS Stimpel, 1985, S. 825, 847 (unter Abkehr von *Lutter* DB 1973, Beilage 21 S. 7); *Liebscher* ZGR 2005, 1, 23 f.

[34] OLG Frankfurt AG 2008, 862, 864, s. ferner OLG Frankfurt GWR 2009, 113 sowie OLG Frankfurt Der Konzern 2010, 180; LG Heidelberg AG 1999, 135, 137; MünchHdb. AG/*Krieger* 3. Aufl. 2007, § 69 Rn. 10; MünchHdb. AG/*Semler* 3. Aufl. 2007, § 34 Rn. 39; MünchKommAktG/*Kubis* 2. Aufl. 2004, § 119 Rn. 67; *Reger* in: Bürgers/Körber, AktG, 2008, § 119 Rn. 17; *Renner* NZG 2002, 1091, 1093.

[35] *Habersack* (Fn. 14) Vor § 311 Rn. 42; *Hofmeister* NZG 2008, 47, 50 f.; aA *Bungert* BB 2004, 1345, 1350; *Götze* NZG 2004, 585, 588.

[36] *Habersack* (Fn. 14) Vor § 311 Rn. 42; *Habersack* AG 2005, 137, 144; *Hofmeister* NZG 2008, 47, 50 f.; aA *Joost* ZHR 163 (1999), 164, 183.

[37] S. vor allem MünchKommAktG/*Kubis* 2. Aufl. 2004, § 119 Rn. 67; dazu bereits *Werner* ZHR 147 (1983), 429, 447; *Groß*, AG 1994, 266, 273; *Renner* NZG 2002, 1091, 1093.

[38] Ebenso *Habersack* (Fn. 14) Vor § 311 Rn. 42; *Götze* NZG 2004, 585, 588; *Henze* in: FS Ulmer, 2003, S. 211, 230; *Kiesewetter/Spengler* Der Konzern 2009, 451, 455.

[39] MünchKommAktG/*Kubis* 2. Aufl. 2004, § 119 Rn. 62; OLG Stuttgart AG 2006, 693, 695 f.

Vertragskonzern vergleichbaren Lage (etwa hinsichtlich der Mitspracherechte bei wichtigen Entscheidungen) für die Aktionäre der erwerbenden Gesellschaft,[40] so dass eine strukturelle Veränderung der Aktionärsrechte eintritt. Auch wenn es sich um ggf. nur kurzfristig bedingte und zeitlich begrenzte Strukturveränderungen handeln sollte, ändert dies nicht viel an den Eingriffen in die Mitgliedschaftsrechte. Zwar war der Gesetzgeber der Finanzmarktkrise bestrebt, möglichst Hauptversammlungskompetenzen zu beschneiden, um rasche Entscheidungsverfahren etwa für Kapitalmaßnahmen zu gewährleisten; doch hat er dies nicht auf alle Hauptversammlungskompetenzen erstreckt, zumal gerade bei ungeschriebenen Hauptversammlungszuständigkeiten von vornherein klargestellt ist, dass die fehlende Zustimmung keine Außenwirkung entfaltet, mithin nichts an der Wirksamkeit der Maßnahme ändert.

Allerdings kann dies nur für solche Fälle gelten, in denen nicht Gefahr im Verzug ist; andernfalls könnte der Vorstand nicht, wie etwa während der Finanzkrise, binnen weniger Tage handeln.[41] Die Zustimmung der Hauptversammlung muss dann indes nachträglich eingeholt werden – zu einer Nichtigkeit der Handlung führt dies genauso wenig wie in den übrigen Fällen der ungeschriebenen Zuständigkeiten; selbst eine Haftung des Vorstands kann entfallen, wenn es keine realistische Chance zur Einholung der Zustimmung der Hauptversammlung vor der entsprechenden Maßnahme gab.

b) Veräußerung

Aber auch die Behandlung der Veräußerung von Unternehmensteilen und Beteiligungen ist nicht endgültig geklärt: Prima vista scheint § 179a AktG gegen ungeschriebene Zuständigkeiten zu sprechen, sondern sieht eine gesetzliche Hauptversammlungszuständigkeit nur bei Veräußerung des ganzen Vermögens einer Gesellschaft vor.[42] Andererseits kann eine fast vollständige Veräußerung schwerer in das Mitgliedschaftsrecht als eine Ausgliederung eingreifen.[43]

Entscheidend muss aber wiederum der Mediatisierungseffekt sein,[44] der indes bei der Veräußerung von Unternehmensteilen oder Beteiligungen fehlt, da der Wert der Anteile an einer anderen Gesellschaft durch Veräußerung gerade wieder in das Vermögen der Gesellschaft fließt, so dass die Aktionäre unmittelbare Rechte daran ausüben können.[45] Von einer Verkürzung der Aktionärsrechte kann daher bei der Veräußerung von Beteiligun-

---

[40] LG Frankfurt ZIP 2010, 429, 431 f. – Commerzbank; ablehnend *Gubitz/Nikoleyczik* NZG 2010, 539, 541 ff.

[41] Insoweit ist die Kritik von *Gubitz/Nikoleyczik* NZG 2010, 539, 541 f. berechtigt.

[42] *Habersack* in: Emmerich/Habersack, Aktien- und GmbH-Konzernrecht, 2. Aufl. 2004, Vor § 311 Rn. 43; KölnerKommAktG/*Koppensteiner* 3. Aufl. 2004, Vor § 291 Rn. 93 ff.; *Reger* in: Bürgers/Körber, AktG, 2008, § 119 Rn. 16; *Habersack* AG 2005, 137, 144 ff.; *Goette* AG 2006, 522, 527; *Falkenhausen* ZIP 2007, 24, 25; *Kiesewetter/Spengler* Der Konzern 2009, 451, 453; s. schon *Werner* ZHR 147 (1983), 429, 447.

[43] OLG Stuttgart AG 2003, 527, 532; OLG Celle AG 2001, 357; OLG Karlsruhe AG 2003, 388, 389; OLG München AG 1995, 232, 233; LG Hannover, AG 2001, 150; MünchKommAktG/*Kubis* 2. Aufl. 2004, § 119 Rn. 63; *Hoffmann* in: Spindler/Stilz, 2007, § 119 Rn. 31; *Bungert* BB 2004, 1345, 1350; *Henze* in: FS Ulmer, 2003, S. 211, 231; *Reichert* ZHR Beiheft 68 (1999), 26, 69 f.; MünchHdb. AG/*Krieger* 3. Aufl. 2007, § 69 Rn. 10; *Lutter* AG 2000, 349, 350; *Hommelhoff* Die Konzernleitungspflicht, 1982, S. 447; *Timm* Die Aktiengesellschaft als Konzernspitze, 1980, S. 138 ff.; *Hüffer* AktG, 9. Aufl. 2010, § 119 Rn. 18a.

[44] BGH ZIP 2007, 24, Nichtannahmebeschluss von OLG Stuttgart ZIP 2005, 1415; *Goette* AG 2006, 522, 527.

[45] OLG Köln ZIP 2009, 1469 Tz. 113; *Goette* AG 2006, 522, 527; *Habersack* AG 2005, 137, 145; *Reichert* AG 2005, 150, 155; *Habersack* (Fn. 14) Vor § 311 Rn. 43; *Arnold* ZIP 2005, 1573, 1576 f.; *Reichert* AG 2005, 150, 155; *Kiesewetter/Spengler* Der Konzern 2009, 451, 453 f.; *Hofmeister* NZG 2008, 47, 50 ff.

gen keine Rede sein; das Gegenteil ist der Fall. Bei Veräußerungen unter Wert bleiben Schadensersatzansprüche gegen den Vorstand.

Anders ist nur zu entscheiden, wenn die Beteiligung einen unternehmerischen Schwerpunkt des gesamten Konzerns[46] und damit des Unternehmensgegenstands darstellt: Hier muss die Hauptversammlung ebenfalls zustimmen, weil mit der Veräußerung der Unternehmensgegenstand geändert bzw. sogar ganz aufgegeben würde.[47]

c) Gruppen- bzw. Konzernumbildung

Aus der Maßgeblichkeit des Mediatisierungseffekts bei gleichzeitiger wirtschaftlicher Bedeutung resultieren auch bei Umgestaltung bestehender Konzerne ungeschriebene Hauptversammlungszuständigkeiten,[48] etwa wenn Beteiligungen aus einer Tochtergesellschaft herausgelöst und in eine andere Gesellschaft des Konzerns eingebracht werden, so dass die bisherige Tochtergesellschaft zur Enkelgesellschaft wird[49] und dadurch die neue Enkelgesellschaft noch weiter von den Aktionären der Obergesellschaft entfernt ist, die Mediatisierung also noch vertieft wird.[50]

Das kann allerdings nur dort gelten, wo nicht bereits mehrfach gestufte Beteiligungen vorhanden waren, etwa nicht bei einer bloßen Verringerung eines vorher 100%igen Anteils einer Tochter- an einer Enkelgesellschaft.[51] Ein weiteres Korrektiv besteht wiederum in dem Erfordernis des wirtschaftlichen Gewichts für die Obergesellschaft, so dass Konzernumstrukturierungen unterhalb der Grenze von 75% des Gesellschaftsvermögens nicht zur Zuständigkeit der Hauptversammlung führen, mithin nur essentielle konzernpolitische Maßnahmen erfasst werden können.

d) Entscheidungen in nachgeordneten Gesellschaften

Da nicht nur Maßnahmen des Vorstands unmittelbar in der Obergesellschaft Auswirkungen auf die Mitgliedschaftsrechte haben können, sondern auch solche auf der Ebene von (wichtigen) Tochter- oder Enkelgesellschaften mit entsprechenden Folgen für die Aktionäre der Obergesellschaft, ist es grundsätzlich denkbar, dass auch Maßnahmen der Unternehmensleitung in nachgeordneten Gesellschaften die Zuständigkeit der Hauptversammlung der Obergesellschaft auslösen können.[52] Dabei können von vornherein solche Maßnahmen in den Tochtergesellschaften unberücksichtigt bleiben, die auch auf Ebene der Obergesellschaft nicht von der Hauptversammlung entschieden werden müssten.[53] Ausschlaggebend muss wiederum sein, ob für die Anteilseigner der Obergesellschaft eine weitere Mediatisierung eintritt, also insbesondere weitere Ausgliederungen auf der Ebene der Tochtergesellschaft auf Enkelgesellschaften etc. – dabei kann es durchaus zu doppelten Zuständigkeiten der Hauptversammlungen von Ober- sowie Tochtergesellschaft kommen. Auf der jeweili-

[46] *Lutter/Leinekugel* ZIP 1998, 225, 227.

[47] OLG Köln 15ZIP 2009, 1469 Tz. 101; OLG Stuttgart AG 2005, 693, 695 f.; OLG Hamburg JZ 1981, 231, 232 f.; *Hommelhoff* Die Konzernleitungspflicht, 1982, S. 70; *Reichert* AG 2005, 150, 156; MünchKommAktG/*Kubis* 2. Aufl. 2004, § 119 Rn. 62; s. auch *Holzborn* in: Spindler/Stilz, 2007, § 179 Rn. 64; *Hüffer* AktG, 9. Aufl. 2010, § 179 Rn. 9a; MünchKommAktG/*Stein* 2. Aufl. 2005, § 179 Rn. 106; *Kiesewetter/Spengler* Der Konzern 2009, 451, 457 ff.; *Feldhaus* BB 2009, 562, 566.

[48] *Habersack* (Fn. 14) Vor § 311 Rn. 45; MünchKommAktG/*Kubis* 2. Aufl. 2004, § 119 Rn. 73; GroßkommAktG/*Mülbert* 4. Aufl. 1999, § 119 Rn. 31; kritisch *Götze* NZG 2004, 585, 589.

[49] UrtBGHZ 159, 30, 40 = AG 2004, 384; ferner *Habersack* (Fn. 14) Vor § 311 Rn. 45; *Bungert* BB 2004, 1345, 1348.

[50] Ausführlich – auch zu weiteren Beispielen – *Habersack* (Fn. 14) Vor § 311 Rn. 45.

[51] OLG Hamm, AG 2008, 421 Tz. 34 ff.

[52] BGH NJW 1982, 1703, 1707; MünchKommAktG/*Kubis* 2. Aufl. 2004, § 119 Rn. 68 ff.; *Habersack* (Fn. 14) Vor § 311 Rn. 48; *Ebenroth* AG 1988, 1, 3; *Rehbinder* ZGR 1983, 93, 95; *Mecke* Konzernbildung und Aktionärsentscheid, 1992, S. 178 ff.

[53] *Habersack* (Fn. 14) Vor § 311 Rn. 49.

gen Ebene müssen die Maßnahmen aber bezogen auf das Gesellschaftsvermögen der betroffenen Gesellschaft, zB der Obergesellschaft, entsprechendes Gewicht (in der Regel 75%) besitzen; der ausschlaggebende qualitative Faktor zeigt sich hier bei der Berechnung des Schwellenwerts, für den Beteiligungen nicht prozentual abgezogen werden dürfen, so dass etwa trotz erheblichen wirtschaftlichen Gewichts einer Maßnahme bei einer überragend bedeutenden Tochtergesellschaft (also zB bei Holding-Konstruktionen) aufgrund der nur 51%igen Beteiligung die Schwelle sonst nicht erreicht würde. Ansonsten würde der Mediatisierungseffekt untergewichtet.[54]

2. Listing und Delisting: Ein Fall von „Holzmüller"

Bekanntlich hat der II. Zivilsenat für den Rückzug einer Aktiengesellschaft von einer Börse („Delisting") ebenfalls eine ungeschriebene Kompetenz der Hauptversammlung begründet – indes auf dogmatisch anderer Grundlage und mit teilweise anderen Rechtsfolgen. Hier stellt sich oftmals die Frage, ob nicht beide Fallgruppen letztlich doch einer gemeinsamen Wurzel entspringen:

a) Delisting als Fall der ungeschriebenen Hauptversammlungszuständigkeit

Die zentrale Frage ist auch beim Delisting die nach der Reichweite der autonomen Geschäftsführungsbefugnis des Vorstands. Der Rückzug von „der Börse" kann vollständig, dh. von allen Börsenplätzen, oder teilweise, dh. von einem oder einigen Börsenplätzen, sein.[55] Im Gegensatz dazu entfallen beim sog. „unechten" oder „kalten" Delisting durch Rechtsformwandel, Verschmelzung, Eingliederung o. ä. die Voraussetzungen für eine Notierung an der Börse, so dass die Aktien vom Markt genommen werden müssen.[56]

Auch hier sind sich Rechtsprechung und Schrifttum weitestgehend einig, dass der Rückzug von einem Markt und die daraus folgenden Einschränkungen der Handelbarkeit einer Aktie im Innenverhältnis der Zustimmung der Hauptversammlung bedarf.[57] Wie dieses Ergebnis allerdings dogmatisch zu begründen ist, darüber scheiden sich die Geister: Bekanntlich geht der BGH unter dem Beifall zahlreicher Stimmen einen anderen Weg als in den „Holzmüller"- und „Gelatine"-Fällen und nimmt einen durch Fungibilitätsverlust ausgelösten Eingriff in Art. 14 Abs. 1 GG an.[58] Daran bestehen allerdings erhebliche Zweifel: Zunächst ist es schon aus verfassungsrechtlicher Sicht problematisch, allein in einem Fungibilitätsverlust einen Eigentumseingriff zu sehen, da es dem Gesetzgeber offensteht, den Inhalt des Eigentums auszuformen – das Anteilseigentum Aktie ist aber nicht notwendigerweise mit seiner Handelbarkeit verknüpft, erst recht nicht auf einem geregelten Markt. Selbst bei einem Delisting könnte der Aktionär immer noch seine Anteile verkaufen,

---

[54] Zum Ganzen *Kiesewetter/Spengler* Der Konzern 2009, 451, 454; *Arnold* ZIP 2005, 1573, 1577.

[55] *Bungert* BB 2000, 53, 53; *Eßers/Weisner* DStR 2003, 985, 985; *Zetzsche* NZG 2000, 1065, 1065.

[56] MünchKommAktG/*Kubis* 2. Aufl. 2004, § 119 Rn. 82; *Hüffer* AktG, 9. Aufl. 2010, § 119 Rn. 21; *Eßers/Weisner* DStR 2003, 985, 985; *Steck* AG 1998, 460, 462 ff.; *Meyer-Landrut/Kiem* WM 1997, 1361, 1366 f.; *Streit* ZIP 2002, 1279, 1280 ff.; *Even/Vera* DStR 2002, 1315, 1316 ff.

[57] ZRBGHZ 153, 47, 53 = AG 2003, 273, 275; MünchKommAktG/*Kubis* 2. Aufl. 2004, § 119 Rn. 84; *Eßers/Weisner* DStR 2003, 985, 990; *K. Schmidt* NZG 2003, 601, 603; *Schwark/Geiser* ZHR 161 (1997), 739, 761 ff.; *Hellwig/Bormann* ZGR 2002, 465, 473 ff.; *Geyrhalter/Zirngibl* DStR 2004, 1048, 1050; *Krämer/Theiß*, AG 2003, 225, 228 ff.; im Ergebnis auch *Lutter/Leinekugel* ZIP 1998, 805, 806; anders allerdings *Mülbert* ZHR 165 (2001), 104, 129 ff.; *Bungert* BB 2000, 53, 55 ff.; *Wirth/Arnold* ZIP 2000, 111, 114 ff.; *Henze* in: FS Ulmer, 2003, S. 211, 240 ff.; *Böttcher/Blasche* NZG 2006, 569, 571; *Gutte* Das reguläre Delisting, 2006, S. 176.

[58] 11BGHZ 153, 47, 55 = AG 2003, 273, 274; MünchKommAktG/*Kubis* 2. Aufl. 2004, § 119 Rn. 84; *Zetzsche* NZG 2000, 1065, 1066; *Mülbert* ZHR 165 (2001), 104, 129; *Krämer/Theiß* AG 2003, 225, 235 ff.; ausführlich *Thomas* Delisting und Aktienrecht, 2009, S. 183 ff.; anders hingegen *Pluskat* WM 2002, 833, 834 f.

wenngleich unter wesentlich erschwerten Umständen. Wollte man allein die faktische Erschwerung eines Verkaufs als Eingriff in das Eigentum ansehen, würden theoretisch sämtliche Entscheidungen des Vorstands, die einen Einfluss auf wertbildende Faktoren und damit auf die Handelbarkeit der Aktie hätten, betroffen.[59] Hinzu kommt, dass der allein auf Art. 14 Abs. 1 GG gegründete Ansatz nur schwerlich zu erklären vermag, wieso eine Organzuständigkeit und ein – allerdings qualifizierter – Mehrheitsbeschluss den Schutz des einzelnen Anteilseigners gewährleisten kann – und nur dieser ist von Art. 14 Abs. 1 GG erfasst, da es um den Eingriff in das Anteilseigentum des Einzelnen geht, nicht um eine Organkompetenz.[60]

Richtigerweise sollte das Delisting dagegen als Anwendungsfall der ungeschriebenen Hauptversammlungszuständigkeiten betrachtet werden.[61] Denn es greift ähnlich in die Mitgliedschaftsrechte der Aktionäre ein, wie der Abschluss eines Unternehmensvertrags oder andere Strukturveränderungen – woraus sich auch zwanglos die übrigen Rechtsfolgen, insbesondere der Abfindungsregelungen ergäben. Allerdings muss dabei auch die Entwicklung der Kapitalmärkte im Auge behalten werden: Nicht jede Änderung eines Listings sowie nicht jeder Rückzug von einem Teilsegment eines Markts bedarf bereits der Zustimmung durch die Hauptversammlung. Zwar soll nach einem obiter dictum des BGH in der „Macrotron"-Entscheidung auch der Rückzug der Gesellschaft vom regulierten Markt aufgrund der gravierenden wirtschaftlichen Nachteile nicht durch eine Einbeziehung der Aktien in den Freiverkehr ausgeglichen werden.[62] Doch kommt es maßgeblich darauf an, wie sich die Verkehrsfähigkeit der Aktie gestaltet: So sehen etwa die Börsen inzwischen eigene Standards für den Handel im Freiverkehr vor, der zu einer weitgehenden Verkehrsfähigkeit führt. Zu Recht haben daher sowohl einige Instanzgerichte das sog. Downlisting bzw. den Wechsel in den (geregelten) Freiverkehr, nicht als fundamentalen Eingriff in das Mitgliedschaftsrecht des Aktionärs bewertet, daher auch keine Zuständigkeit der Hauptversammlung angenommen.[63] Ebenso wenig kann der Rückzug von einem Teilsegment innerhalb eines regulierten Markts, etwa vom Prime zum General Standard der Frankfurter Wertpapierbörse, in die Kompetenz der Hauptversammlung fallen (sog. Downgrading).[64] Lediglich die Fälle, in denen es dem Aktionär de facto völlig unmöglich gemacht wird außerhalb der üblichen Marktplätze und Handelsmöglichkeiten noch einen Abnehmer für seine Aktie zu finden, werden von der Hauptversammlungszuständigkeit erfasst.

---

[59] Ebenso *Habersack* (Fn. 14) Vor § 311 Rn. 38, der im Gegensatz zur nachträglichen Anteilsvinkulierung die Verkehrsfähigkeit der Aktien beim Delisting gerade nicht als betroffen ansieht; kritisch hinsichtlich einer Herleitung des Zustimmungserfordernisses aus Art. 14 Abs. 1 GG unter anderem auch *Schlitt* ZIP 2004, 533, 535f.; *K.Schmidt* NZG 2003, 601, 603; *Lutter* JZ 2003, 684, 686.

[60] *Hüffer* AktG, 9. Aufl. 2010, § 119 Rn. 24, sieht daher eine Zuordnung zum Holzmüller-Komplex als durchaus zutreffend; im Ergebnis ebenso *Benecke* WM 2004, 112, 1124 f.; *Liebscher* ZGR 2005, 1, 19 f.

[61] *Hüffer* AktG, 9. Aufl. 2010, § 119 Rn. 24 auf der Grundlage eines Individualschutzverständnisses; *Hüffer* in: FS Ulmer, 2003, S. 279, 294; *Benecke* WM 2004, 1122, 1124 f.: Gesamtanalogie zu umwandlungsrechtlichen Normen, ebenso *Picot* Die Rechte der Aktionäre beim Delisting, 2009, S. 61 ff., *Staake* Ungeschriebene Hauptversammlungszuständigkeiten in börsennotierten und nicht börsennotierten Aktiengesellschaften, 2009, S. 161 ff.; *de Vries* Delisting, 2002, S. 89 ff.; *Kleindiek* in: FS Bezzenberger, 2000, S. 653, 655 ff.; explizit einen Holzmüller-Fall ablehnend BGHZ 153, 47, 53 = AG 2003, 273, 274; *Henze* in: FS Ulmer, 2003, S. 211, 242; *Henze* in: FS Raiser, 2005, S. 145, 150 ff.

[62] BGHZ 153, 47, 53 = AG 2003, 273, 274.

[63] Für die KGaA OLG München AG 2008, 674 = BB 2008, 1303, 1305 – Lindner II – m. zust. Anm. *Feldhaus* BB 2008, 1307; KG ZIP 2009, 1116 = BB 2009, 1496, 1497 m. zust. Anm. *Dürr* BB 2009, 1498; *Seibt/Wollenschläger* AG 2009, 807, 814; aA offenbar LG Köln AG 2009, 835, 836.

[64] *Seibt/Wollenschläger* AG 2009, 807, 813; *Schlitt* ZIP 2004, 533, 541; *Krämer/Theiß* AG 2003, 225, 232; aA wohl *Heidel* BB 2003, 548.

b) Folgerungen

Als notwendige Beschlussmehrheit hat der BGH in der „Macrotron"-Entscheidung die einfache Stimmenmehrheit ausreichen lassen.[65] Wie indes eine einfache Mehrheit geeignet sein soll, den Eingriff in das Anteilseigentum zu kompensieren, bleibt unklar – und ist im Hinblick auf andere vergleichbare Fälle der Strukturentscheidungen wenig konsequent und kaum mit Art. 14 Abs. 1 GG als dogmatischen Ansatz zu begründen. Wenn schon die ungeschriebene Hauptversammlungszuständigkeit mit dem Eingriff in einfachgesetzliche Mitgliedschaftsrechte begründet wird und hierfür satzungsändernde Beschlussmehrheiten verlangt werden, ist es nicht einsichtig, warum bei Eingriffen in Art. 14 Abs. 1 GG ein „Weniger" genügen soll. Wenn die Fungibilität fast völlig eingeschränkt wird, liegt eher ein Fall vor, der mit den Gefahren für außenstehende Aktionäre bei Unternehmensverträgen oder Satzungsänderungen vergleichbar ist, so dass eine qualifizierte Mehrheit analog zu §§ 293 Abs. 1 S. 2, 319 Abs. 2 S. 2 AktG zu verlangen ist.[66]

Die Analogien zu den unternehmensvertraglichen Vorschriften würden es auch erlauben, zugunsten der Minderheitsaktionäre die Pflicht zur Unterbreitung eines Abfindungsangebots vorzusehen.[67] Neben einer Anfechtungsklage steht dem Aktionär damit das Spruchverfahren offen,[68] was auf eine Analogie zu § 34 iVm. §§ 29 Abs. 1 S. 2, 212 iVm. § 207 UmwG gegründet werden kann[69] und dem hier vertretenen Ansatz der Nähe zu Strukturveränderungen entspricht. Einer sachlichen Rechtfertigung – und damit einer Inhaltskontrolle – bedarf der zustimmende Hauptversammlungsbeschluss dann aufgrund der Abfindung nicht.[70]

Die Zuständigkeit der Hauptversammlung für den Börsenrückzug ändert jedoch nichts daran, dass, wie in den anderen Fällen der ungeschriebenen Hauptversammlungszuständigkeiten, der Vorstand nach außen unbeschränkt vertretungsberechtigt ist, insbesondere hinsichtlich der Befugnis, entsprechende Anträge bei den Börsenzulassungsstellen zu stellen.[71]

c) Unechtes „kaltes" Delisting

Beim unechten oder „kalten" Delisting bestehen oftmals eindeutige gesetzliche Regelungen – zB in §§ 179a Abs. 1, 320 Abs. 1 AktG, §§ 13, 65 UmwG –, die eine Zustimmung

---

[65] BGHZ 153, 47, 53 = AG 2003, 273, 274 = ZIP 2003, 387, 389; ebenso im Ergebnis *Hüffer* AktG, 9. Aufl. 2010, § 119 Rn. 24; *Adloff/Tieves* BB 2003, 797, 800; *Schwark/Geiser* ZHR 161 (1997), 739, 763; *Benecke* WM 2004, 1122, 1125.

[66] Im Ergebnis wie hier MünchKommAktG/*Kubis* 2. Aufl. 2004, § 119 Rn. 85; *K. Schmidt* NZG 2003, 601, 603; *Zetzsche* NZG 2000, 1065, 1066, 1070; *Kleindiek* in: FS Bezzenberger, 2000, S. 653, 657 ff.; *Steck* AG 1998, 460, 462; *Hellwig* ZGR 1999, 781, 799; *Bürgers* NJW 2003, 1642, 1643; noch strenger *Vollmer/Grupp* ZGR 1995, 459, 474 f., die sogar eine Mehrheit von 90% verlangen.

[67] BGHZ 153, 47, 53 = AG 2003, 273, 275 = ZIP 2003, 387, 390; *Hüffer* AktG, 9. Aufl. 2010, § 119 Rn. 25; MünchKommAktG/*Kubis* 2. Aufl. 2004, § 119 Rn. 86, 88; *Hellwig/Bormann* ZGR 2002, 465, 487 ff.; *Zetzsche* NZG 2000, 1065, 1068 f.

[68] BVerfG AG 2000, 40; *Hüffer* AktG, 9. Aufl. 2010, § 119 Rn. 23.

[69] BGH AG 2003, 273, 274 = NJW 2003, 1032, 1034; BayObLG AG 2005, 288, 291 f.; *Hellwig/Bormann* ZGR 2002, 465, 487 ff.; *Kleindiek* in: FS Bezzenberger, 2000, S. 653, 665 f.; *Krämer/Theiß* AG 2003, 225, 240; *Kruse* WM 2003, 1843, 1845 ff.; *Land/Behnke* DB 2003, 2531, 2533; *Hüffer* AktG, 9. Aufl. 2010, § 119 Rn. 25.

[70] BGHZ 153, 47, 53 = AG 2003, 273, 275 = ZIP 2003, 387, 390; *Hüffer* AktG, 9. Aufl. 2010, § 119 Rn. 24; MünchKommAktG/*Kubis* 2. Aufl. 2004, § 119 Rn. 86; *Zetzsche* NZG 2000, 1065, 1067; *Hellwig* ZGR 1999, 781, 800; *Vollmer/Grupp* ZGR 1995, 459, 475; offen *Lutter* in: FS Zöllner, Bd. I, 1998, S. 363, 381.

[71] OLG München AG 2001, 364, 365; *Hüffer* AktG, 9. Aufl. 2010, § 119 Rn. 24; *Heidelbach* in: Schwark, 3. Aufl. 2004, § 38 BörsG Rn. 33 ff.; *Eßers/Weisner* DStR 2003, 985, 990.

der Hauptversammlung ohnehin vorsehen.[72] Bestehen dennoch Schutzlücken, zB bei Verschmelzung auf eine nicht-börsennotierte AG, können diese durch eine analoge Anwendung von § 29 Abs. 1 S. 2 UmwG geschlossen werden,[73] da der Unterschied in den Auswirkungen auf das Mitgliedschaftsrecht zwischen regulärem Delisting und Verschmelzung mit kaltem Delisting kaum auszumachen ist.[74]

d) Der umgekehrte Fall: der Börsengang (Listing)

Behandelt man aber die Fälle des kalten Delistings mit dem „echten" Delisting aufgrund der schwerwiegenden Folgen für das Mitgliedschaftsrecht gleich, liegt es nahe, auch den umgekehrten Fall, nämlich die Entscheidung über den Börsengang einer Aktiengesellschaft als so schwerwiegende Strukturveränderung für die Gesellschaft zu begreifen, dass er der Zustimmung der Hauptversammlung bedarf. Denn das Aktienrecht zeichnet sich zunehmend durch eine Dichotomisierung in ein Recht für börsennotierte und nicht-börsennotierte Aktiengesellschaften aus, mit zum Teil erheblichen Differenzierungen,[75] etwa beim Recht der Vorstandsvergütung.[76] Die AG verliert mit der Börsennotierung etliche Möglichkeiten der Gestaltung ihres Innverhältnisses und unterliegt wesentlich strengeren Transparenz- und Publizitätsanforderungen,[77] insbesondere der Pflicht zu Comply-or-Explain nach dem DCGK, § 161 AktG. All dies rechtfertigt es, den Wechsel in das Regime der börsennotierten Gesellschaft als strukturändernde Maßnahme zu begreifen, für die die Hauptversammlung zuständig ist. Im Konzern dagegen führt allein die Tatsache des Börsengangs einer (zuvor ausgegliederten) Tochtergesellschaft noch nicht zu dessen Zustimmungsbedürftigkeit auf der Ebene der Obergesellschaft,[78] sofern sich nicht die zuvor dargelegten Mediatisierungseffekte vertiefen.

3. Informationspflichten

Ungeklärt ist schließlich nach wie vor, welche Pflichten zur Information der Aktionäre im Vorfeld des Beschlusses im Rahmen einer ungeschriebenen Hauptversammlungszuständigkeit bestehen.[79] Indes können die von der Rechtsprechung in anderem Zusammenhang

---

[72] MünchKommAktG/*Kubis* 2. Aufl. 2004, § 119 Rn. 89; *Hüffer* AktG, 9. Aufl. 2010, § 119 Rn. 26; *Vollmer/Grupp* ZGR 1995, 459, 474 ff.; *Steck* AG 1998, 460, 462 ff.; *Meyer-Landrut/Kiem* WM 1997, 1361, 1362 f.

[73] *Pluskat* BKR 2007, 54 ff.; *Simon/Burg* Der Konzern 2009, 214, 215 ff.

[74] OLG Düsseldorf AG 2005, 480; *Hüffer* AktG, 9. Aufl. 2010, § 119 Rn. 26; *Hoffmann* in: Spindler/Stilz, 2007, § 119 Rn. 45; MünchKommAktG/*Kubis* 2. Aufl. 2004, § 119 Rn. 89; *Grunewald* ZIP 2004, 542, 544; *Adolff/Tieves* BB 2003, 797, 805; *Even/Vera* DStR 2002, 1315, 1318; *Seibt/Heiser* ZHR 165 (2001), 466, 487; *Zetzsche* NZG 2000, 1065 ff.; *Schlitt* ZIP 2004, 533, 540; *Pluskat* BKR 2007, 54, 56; offen gelassen von OLG Stuttgart AG 2006, 420, 421, OLG Stuttgart AG 2010, 42; dagegen *Mülbert* ZHR 165 (2001), 104, 137 f.

[75] Eingehend *Bayer* Gutachten E zum 67. DJT, 2008, E 42 ff. ; dazu *Spindler* AG 2008, 598, 602 ff.

[76] Hierzu näher *Hohenstatt* ZIP 2009, 1349, 1351, 1355; *Spindler* NJOZ 2009, 3282, 3284; *Fleischer* NZG 2009, 801, 802; *Hüffer* AktG, 9. Aufl. 2010, § 87 Rn. 4c; KölnerKommAktG/*Mertens/Cahn* 3. Aufl. 2010, § 87 Rn. 22.

[77] GroßkommAktG/*Mülbert* 4. Aufl. 1999, § 119 Rn. 30; *Lutter/Leinekugel* ZIP 1998, 805, 806; *Vollmer/Grupp* ZGR 1995, 459, 466; *Trapp/Schick* AG 2001, 381, 382 f.; *Lutter* in: FS Zöllner, Bd. I, 1998, S. 363, 380; *Lutter/Drygala* in: FS Raisch, 1995, S. 239, 241; aA MünchKommAktG/*Kubis* 2. Aufl. 2004, § 119 Rn. 80; *Hopt* in: FS Drobnig, 1998, S. 525, 536 f.; *Reichert* AG 2005, 150, 157.

[78] LG München I, ZIP 2006, 2036, 2040; *Habersack* WM 2001, 545, 546 f.; *Hüffer* AktG, 9. Aufl. 2010, § 119 Rn. 18c; kritisch *Lutter* AG 2000, 342, 343 ff. weil den Aktionären der Muttergesellschaft regelmäßig kein Bezugs- bzw. Vorerwerbsrecht eingeräumt wird.

[79] Dies bedauernd *Fuhrmann* AG 2004, 339, 341; eingehend dazu *Grün* Informationspflichten des Vorstands bei „Holzmüller-Beschlüssen", 2007, S. 70 ff.

entwickelten Leitlinien herangezogen werden,[80] insbesondere dass der Vorstand der Gesellschaft der Hauptversammlung alle Informationen zur sachgerechten Willensbildung zukommen lassen muss.[81] Auch hier zeigt sich, dass Analogien eher Anhaltspunkte dafür zu geben vermögen, was im Umfeld einer ungeschriebenen Zuständigkeit der Hauptversammlung rechtlich gefordert ist. So muss entsprechend § 124 Abs. 2 S. 2 AktG der wesentliche Inhalt eines Vertrags, der den Beschlussgegenstand darstellt, bekannt gemacht werden, jedenfalls für die Fälle, in denen der Vorstand die Hauptversammlung aus freiem Ermessen oder auf der Grundlage eines im Vertrag vorgesehenen Zustimmungserfordernisses anruft,[82] was auch für die ungeschriebene Hauptversammlungszuständigkeit fruchtbar gemacht werden kann.[83] Denn allen Informationspflichten ist gemein, dass der Aktionär auf die Inhalte der Hauptversammlung rechtzeitig und sachgerecht vorbereitet werden soll.[84]

In ähnlicher Weise sollten die Fragen einer Berichtspflicht des Vorstands in Analogie zu aktien- und umwandlungsrechtlichen Normen, insbesondere §§ 186 Abs. 4, 293a AktG, 127, 8, 63 UmwG, behandelt werden.[85] Allein der Hinweis, dass die Befassung der Hauptversammlung letztlich eine Geschäftsführungsmaßnahme betreffe, für die keine Berichtspflicht eingreife,[86] verfängt nicht – denn dieser Einwand stammt aus der Zeit der einschränkenden Auslegung des § 119 Abs. 2 AktG; der eigentliche Grund für die ungeschriebenen Zuständigkeiten, nämlich die Strukturveränderungen der Gesellschaft, wird damit überdeckt. Allerdings ziehen selbst Veräußerungen iSd. § 179a AktG keine Berichtspflichten nach sich, so dass für die weniger starken Eingriffe in „Holzmüller/Gelatine"-Fällen ebenfalls keine Berichtspflicht begründbar erscheint.[87] Gleiches gilt für Satzungsänderungen. Daher kann eine Berichtspflicht nicht nur auf die Intensität einer Maßnahme und ihrer Auswirkungen gestützt werden.[88]

Daher sind Differenzierungen angebracht: Sofern nur ein Konzept zur Abstimmung in der Hauptversammlung vorgelegt wird, muss die Hauptversammlung für eine sachgerechte Willensbildung alle notwendigen Informationen erhalten, so dass ein Vorstandsbericht in Analogie zu den genannten aktien- und umwandlungsrechtlichen Normen zu fordern ist,[89]

---

[80] So auch MünchKommAktG/*Kubis* 2. Aufl. 2004, § 119 Rn. 50; *Hüffer* AktG, 9. Aufl. 2010, § 124 Rn. 11; *Tröger* ZIP 2001, 2029, 2030; *Schockenhoff* NZG 2001, 921, 922.

[81] Treffend insoweit *Hüffer* AktG, 9. Aufl. 2010, § 119 Rn. 19.

[82] DazuBGH BGHZ 146, 288, 291 ff. = AG 2001, 261 – „Altana/Milupa"; OLG Schleswig AG 2006, 120, 123; im Ergebnis auch *Kort* AG 2006, 272, 275.

[83] OLG München AG 1995, 232, 233; OLG Schleswig AG 2006, 120, 123; LG Frankfurt AG 2001, 431, 432 f.; *Lutter* in: FS Fleck, 1988, S. 169, 176; *Henze* in: FS Ulmer, 2003, S. 211, 234; *Weißhaupt* AG 2004, 586, 588; *Hüffer* AktG, 9. Aufl. 2010, § 119 Rn. 19; MünchKommAktG/*Kubis* 2. Aufl. 2004, § 119 Rn. 50; *Habersack* (Fn. 14) Vor § 311 Rn. 52; MünchHdb. AG/*Krieger* 3. Aufl. 2007, § 69 Rn. 11; *Grün* Informationspflichten des Vorstands bei „Holzmüller-Beschlüssen", 2007, S. 81 ff.

[84] S. dazu Begr. RegE, *Kropff* AktG S. 173 ff.; KölnerKommAktG/*Zöllner* 1970, § 124 Rn. 2; *Hüffer* AktG, 9. Aufl. 2010, § 124 Rn. 1; MünchKommAktG/*Kubis* 2. Aufl. 2004, § 124 Rn. 1; *Tröger* NZG 2002, 211 ff.

[85] Für eine derartige Berichtspflicht OLG Frankfurt AG 1999, 378, 379 f.; LG Frankfurt AG 1998, 45, 49; LG Karlsruhe AG 1998, 99, 101; *Lutter* in: FS Fleck, 1988, S. 169, 176 ff.; *Groß* AG 1996, 111, 116; *Lutter/Leinekugel* ZIP 1998, 805, 814; *Bungert* BB 2004, 1345, 1351; dagegen allerdings LG Hamburg AG 1997, 238; *Hüffer Hüffer* in: FS Ulmer, 2003, S. 279, 300; *ders.* AktG, 9. Aufl. 2010, § 119 Rn. 19; *Priester* ZHR 163 (1999), 187, 201 f.

[86] So *Hüffer* AktG, 9. Aufl. 2010, § 119 Rn. 19.

[87] Dazu *Bungert* NZG 1998, 367, 369; *Kort* ZIP 2002, 685, 687 f.; *Weißhaupt* AG 2004, 585, 589.

[88] So aber *Groß* AG 1996, 111, 116; *Lutter* in: FS Fleck, 1988, S. 169, 176.

[89] Ebenso MünchKommAktG/*Kubis* 2. Aufl. 2004, § 119 Rn. 51; *Weißhaupt* AG 2004, 585, 589 f.; ähnlich *Götze* NZG 2004, 585, 589; dazu auch bereits OLG München AG 2001, 364, 366; *Kort* ZIP 2002, 685, 687 f.

der auch auszulegen und auf Anforderung schriftlich zu übersenden ist.[90] Davon zu trennen ist schließlich die Frage, ob eine Pflicht zur Auslegung von Verträgen bzw. Vertragsentwürfen besteht. Dies wurde als Ergebnis einer Gesamtanalogie zu §§ 179a Abs. 2, 293f Abs. 1 Nr. 1, 293g Abs. 1 AktG, 63 Abs. 1 Nr. 1, 64 Abs. 1 UmwG zum Teil bejaht,[91] vom BGH jedoch explizit abgelehnt.[92] Zwar wird man nicht in jedem Fall eine Vertragsauslegung fordern können, allerdings wird zur Herstellung eines adäquaten Kenntnisstands der Hauptversammlung bei konkreten Verträgen oder Vertragsentwürfen die Notwendigkeit einer Auslegung kaum bezweifelt werden können.[93] Die Zurückhaltung von für die Hauptversammlung nötigen Informationen kann auch mit etwaigen Geheimhaltungsinteressen grundsätzlich nicht gerechtfertigt werden, da bei Annahme einer ungeschriebenen Hauptversammlungszuständigkeit eine derart bedeutende Maßnahme in Rede steht, die vollumfänglich zur Kenntnis der Hauptversammlung als Basis für die spätere Abstimmung gelangen muss.[94] Nur die Betroffenheit des ausdrücklich zugesagten Geheimnisschutzes zugunsten eines Dritten vermag in diesem Bereich im Einzelfall Einschränkungen zu rechtfertigen.[95] Selbstverständlich muss zudem in den Fällen, in denen der Vertrag von vornherein unter der Bedingung der Zustimmung oder dem Vorbehalt der Genehmigung der Hauptversammlung abgeschlossen wurde,[96] dieser die Möglichkeit zur Einsichtnahme gegeben werden. Maßstab für diese gesteigerten Informationspflichten sind insoweit die Mitteilungspflichten, die für die von Gesetzes wegen zustimmungsbedürftigen Verträge gelten,[97] nicht schon allein die Komplexität des betreffenden Vertragswerks.[98]

V. Fazit

Lässt man den kleinen Rundgang durch das Gelände der ungeschriebenen Hauptversammlungszuständigkeiten Revue passieren, überrascht es, dass trotz fast dreier Jahrzehnte an Diskussion und einiger richtungsweisender Entscheidungen des II. ZS, auch unter dem Vorsitz des *Jubilars*, noch keineswegs alle Fragen geklärt sind, vielmehr sich einige Fragen im Laufe der Zeit im neuen Licht darstellen. Festschriften sind auch ein Zeitpunkt des Innehaltens und der Rückschau – in diesem Sinne sollte die Rechtsprechung die vom II. Zivilsenat gelegten Fundamente der Mediatisierung von Aktionärsrechten als entscheidendes Momentum aufnehmen und konsequent für alle Fälle anwenden, gewürzt mit der nötigen Prise an Einschränkungen aus wirtschaftlicher Sicht, um die Zuständigkeiten nicht ausufern zu lassen. Vor allem die Fälle rund um die Notierung an regulierten Marktplätzen

---

[90] Dazu LG Karlsruhe AG 1998, 99; *Groß* AG 1996, 111, 116; *Lutter* in: FS Fleck, 1988, S. 169, 175 f.; *Henze* in: FS Ulmer, 2003, S. 211, 232; *Lutter/Leinekugel* ZIP 1998, 805, 814; *Schäfers* Informationsrechte von Aktionären, 2007, S. 130 ff.

[91] So noch OLG Frankfurt AG 1999, 378, 379 f.; *Grün* Informationspflichten des Vorstands bei „Holzmüller-Beschlüssen", 2007, S. 105 ff.

[92] BGHZ 146, 288, 295 = AG 2001, 261.

[93] OLG Schleswig AG 2006, 120, 124; MünchKommAktG/*Kubis* 2. Aufl. 2004, § 119 Rn. 51; MünchHdb. AG/*Krieger* 3. Aufl. 2007, § 69 Rn. 14; *Schockenhoff* NZG 2001, 921, 923 f.; *Reichert* ZHR Beiheft 68 (1999), 26, 60 f.; zurückhaltender *Hüffer* AktG, 9. Aufl. 2010, § 119 Rn. 19: „nur unter besonderen Umständen des Einzelfalls"; anders *Kort* AG 2006, 272, 275.

[94] MünchKommAktG/*Kubis* 2. Aufl. 2004, § 119 Rn. 51; im Ergebnis ebenso *Weißhaupt* AG 2004, 585, 591; *Schäfers* Informationsrechte von Aktionären, 2007, S. 132; OLG München AG 1996, 327 f.; jedenfalls im Falle der freiwilligen Vorlage an die Hauptversammlung nach § 119 Abs. 2 AktG ebenso BGHZ 146, 288, 297 = AG 2001, 261.

[95] Ähnlich *Weißhaupt* AG 2004, 585, 591; *Henze* in: FS Ulmer, 2003, S. 211, 234; *Zeidler* NZG 1998, 91, 93; *Groß* AG 1996, 111, 116 f.; *Habersack* (Fn. 14) Vor § 311 Rn. 52.

[96] BGH NJW 2001, 1277, 1278 f. = AG 2001, 261.

[97] BGHZ 146, 288, 295 = AG 2001, 261; OLG Dresden AG 2003, 433, 434.

[98] So aber OLG Schleswig AG 2006, 120, 123 f.

sollten nicht anders als die sonstigen Strukturmaßnahmen behandelt werden, einhergehend mit entsprechenden Berichtspflichten, die sich auf Analogien zum geltenden Recht stützen können.

EBERHARD STILZ

Unternehmensbewertung und angemessene Abfindung – Zur vorrangigen Maßgeblichkeit des Börsenkurses –

Übersicht

I. Einleitung

Der II. Zivilsenat des BGH hat unter Beteiligung des *Jubilars* auch auf dem Gebiet der Unternehmensbewertung an einer grundlegenden Neuorientierung der Rechtsprechung mitgewirkt. Die DAT/Altana – Entscheidungen des BVerfG[1] und des BGH[2] haben abrupt[3] das von der Rechtsprechung[4] unter Beifall der ganz hM im rechtswissenschaftlichen Schrifttum aufgestellte Tabu der Heranziehung des Börsenpreises für die Bemessung von Abfindung und Ausgleich im Spruchverfahren beseitigt. Während bis dahin der Börsenkurs im Spruchverfahren weitestgehend[5] unbeachtet geblieben war, wird er seither in

---

[1] BVerfGE 100, 289 = AG 1999, 566 = ZIP 1999, 1436 = NJW 1999, 3769.

[2] BGHZ 147, 108 = AG 2001, 417 = ZIP 2001, 734 = NJW 2001, 2080.

[3] *Schwark* in: FS Lutter, 2000, S. 1529, 1541.

[4] Nachweise bei GroßkommAktG/*Hirte/Hasselbach* 4. Aufl. 2005, § 305 Rn. 126.

[5] Eine Ausnahme stellte die Entscheidung BayObLG ZIP 1998, 1872 = NZG 1998, 946, allerdings für eine besondere Konstellation, dar.

jeder Entscheidung mit erörtert und wird seine Relevanz in der Literatur nicht mehr grundsätzlich in Frage gestellt.[6]

Rund ein Jahrzehnt nach diesen Entscheidungen ist aber festzustellen, dass sich die Realität der Spruchverfahren und die Bemessung der Abfindungen dadurch nicht wesentlich verändert haben. Noch immer dauern Spruchverfahren unverhältnismäßig lange[7] und noch immer binden sie viel zu viel von der knappen Ressource richterlicher[8] Arbeitskraft. Bereits ein Vergleich der Aktenzeichen mit den Daten veröffentlichter Entscheidungen zeigt, dass Spruchverfahren in aller Regel viele Jahre in Anspruch nehmen – und zwar in jeder Instanz. Spitzenreiter ist beim OLG Stuttgart ein Verfahren, das vom Landgericht nach knapp zehn Jahren entschieden wurde,[9] und das nun seit rund drei Jahren beim OLG anhängig ist. Selbstverständlich ist 1998, 946, allerdings für eine besondere Konstellation, dar.mit einer Verfassungsbeschwerde gegen die Entscheidung des OLG, wie immer sie auch ausgeht, zu rechnen.

Der unvermindert hohe Zeitaufwand für diese Verfahren ist nicht verwunderlich, weil die Aufgabe der Rechtsprechung durch die DAT/Altana-Rechtsprechung keineswegs einfacher geworden ist. Die nach der richtungweisenden Entscheidung des BVerfG teilweise zu vernehmende Hoffnung, die Komplexität der Anteilsbewertung werde nun geringer,[10] hat getrogen.[11] Noch immer sehen sich die Gerichte gehalten, umfangreiche Ertragswertgutachten aufzuarbeiten und unzählige Streitfragen wirtschaftswissenschaftlicher Experten[12] zu entscheiden.

Eine Ursache dafür ist in der Entscheidung für die Meistbegünstigung des Aktionärs zu finden. Der BGH hatte das BVerfG so verstanden, dass der aus dem Börsenkurs abgeleitete Wert nur als Mindestbetrag Grundlage einer angemessenen Abfindung sein könne. Sei der „Schätzwert" höher als der „Börsenwert", habe der Aktionär Anspruch auf den jeweils höheren Betrag.[13] Damit hat der BGH die verfassungsrichterliche Vorgabe weit interpretiert, die Begrifflichkeiten nicht klar getroffen und so im Ergebnis den mutigen Schritt voran wieder zur Hälfte zurück genommen.[14] Wer entscheiden will, welcher von beiden Werten höher ist, muss notwendig beide Werte feststellen und vergleichen. Nicht nur die Gerichtsverfahren sind damit um weitere Problemfelder angereichert, also noch komplexer geworden, sondern auch die Aufgabe der Unternehmen bei der Findung eines angemessenen Angebots ist seither noch unwägbarer.

Gewiss wäre der höhere Aufwand für sich genommen kein Argument gegen die Meistbegünstigung. Der Weg, den die Rechtsprechung seit DAT/Altana eingeschlagen hat, ist aber nicht nur rechtlich nicht geboten, sondern auch inkonsequent. Zunächst einmal gilt es festzustellen, welchen Wert der BGH mit dem Begriff des Schätzwerts meint und welcher sachliche Gehalt diesem Begriff zukommt (s. II). Dem werden sodann marktanalytische Methoden gegenüber gestellt (s. III.) und schließlich wird eine konsequente Vorge-

---

[6] Zum aktuellen Stand der Diskussion *Mülbert* in: FS Hopt, 2010, S. 1039; *Tonner* in: FS K. Schmidt, 2008, S. 1581; *Emmerich* in: Emmerich/Habersack, Aktien- und GmbH-Konzernrecht, 6. Aufl. 2010, § 305 Rn. 42 ff.; MünchKommAktG/*Paulsen* 3. Aufl. 2010, § 305 Rn. 44 ff.; *Veil* in: Spindler/Stilz, AktG, 2. Aufl. 2010, § 305 Rn. 49 ff.

[7] *Emmerich* (Fn. 6) Vor § 1 SpruchG Rn. 7.

[8] Nicht zu vergessen allerdings auch den Servicebereich, der in diesen Verfahren mit oft dreistelliger Beteiligtenzahl ganz erheblich gefordert ist und bei den Gerichten generell immer stärker ausgedünnt wird.

[9] Dabei wurden nahezu 900.000 Euro als Vorschuss an Sachverständige ausbezahlt.

[10] *Lutter/Bezzenberger* AG 2000, 433, 438.

[11] Vgl. schon *Stilz* ZGR 2001, 875 ff., 891 ff., 898; *Hüffer* in: FS Hadding, 2004, S. 461, 473 f.

[12] Die keineswegs nur von den eigentlichen Gutachtern, sondern zum Großteil von den Wirtschaftswissenschaftlern unter den Antragstellern vorgebracht werden.

[13] BGH ZIP 2001, 736 rechte Spalte.

[14] Verfassungsrechtlich geboten ist diese Auffassung nicht, vgl. OLG Stuttgart AG 2009, 707 = ZIP 2009, 1059 (juris Rn. 213 ff.). Zur Kritik der „Meistbegünstigung" zB *Emmerich* (Fn. 6) § 305 Rn. 42 ff.; *Stilz* ZGR 2001, 875, 891 ff.

hensweise vorgeschlagen (s. IV.). Den Abschluss bilden zwei kurze Anregungen zur Weiterentwicklung des Spruchverfahrens (s. V.).

II. Kritik der Ertragswertmethoden[15]

1. Ausgangspunkt der Rechtsprechung

In seiner DAT/Altana-Entscheidung geht der BGH zutreffend davon aus, der Verkehrswert der Aktie sei in der Regel identisch mit ihrem Börsenwert. Daran schließt aber der Satz an „Da er stets die untere Grenze der wirtschaftlich vollen Entschädigung bildet, muss dem außenstehenden Aktionär grundsätzlich mindestens der Börsenwert als Barabfindung gezahlt werden".[16] Daran erstaunt schon, dass eine volle Entschädigung eine untere Grenze haben soll. Vor allem aber könnte ein Zirkelschluss vorliegen, weil vorausgesetzt wird, was begründet werden soll, dass nämlich der Börsenwert nur die Untergrenze einer angemessenen Abfindung sein könne.

Dem Börsenwert der Aktie stellt der BGH anschließend den aus einer Bewertung des Unternehmens als Ganzes nach einer anerkannten betriebswirtschaftlichen Methode zu ermittelnden „Schätzwert" gegenüber. Dieser sei durch „sachverständige Begutachtung (vgl. dazu IDW Standard, Wpg 2000, 825, 827)" zu ermitteln und stehe, falls höher als der Börsenwert, dem Aktionär (quotal) zu. Deshalb sucht die Rechtsprechung weiterhin wie vor dem durch die DAT/Altana-Entscheidungen bewirkten „Paradigmenwechsel"[17] den Ertragswert von Unternehmen in mehr oder weniger enger Anlehnung an den jeweiligen IDW Standard.[18]

Daran ist natürlich richtig, dass die Ertragswertmethoden betriebswirtschaftlich anerkannt sind. Der Standardsatz in gerichtlichen Entscheidungen lautet: Die Ertragswertmethode ist als eine geeignete Methode der Unternehmensbewertung allgemein anerkannt[19] und verfassungsrechtlich unbedenklich.[20] Daran kann und soll hier nicht gerüttelt werden. Es soll aber versucht werden zu zeigen, weshalb gegenüber den mit diesen Methoden gefundenen Werten große Vorsicht angezeigt ist und sie nicht zu „wahren", „wirklichen" oder „inneren" Werten hochstilisiert werden dürfen.

2. Ertragswertverfahren – die Rechnung mit Unbekannten

Ertragswertverfahren unterschiedlicher Ausprägung[21] versuchen, eine Antwort auf die Frage zu finden, wie viel unsichere künftige finanzielle Überschüsse (Erträge) des Unter-

---

[15] Der Begriff wird hier wegen seiner Gebräuchlichkeit im juristischen Schrifttum für alle Barwertkalkülmethoden verwendet; in der Betriebswirtschaftslehre wird unterschieden zwischen den am Unternehmensertrag (in der Regel EBIT) bzw. an Ausschüttungen orientierten Ertragswertmethoden ieS und den Discounted Cashflow-Methoden (DCF; Einnahmeüberschussverfahren), die an betriebliche Cashflows, also an Zahlungsflüsse, anknüpfen; vgl. zB *Großfeld* NZG 2002, 353; *Kruschwitz/Löffler/Essler* Unternehmensbewertung für die Praxis, 2009, S. 11 ff.; *Ballwieser* Unternehmensbewertung, 2. Aufl. 2007, S. 8 ff. *Ebke* in: FS K. Schmidt, 2009, S. 293 ff. Beide Verfahren gehören zur Gruppe der sog. fundamentalanalytischen Methoden, denen empirische (kapital-) marktorientierte Methoden gegenüber stehen, vgl. *Betsch/Groh/Lohmann* Corporate Finance, 2. Aufl. 2000, S. 185 ff., insbesondere 195 ff. und 211 ff.

[16] ZIP 2001, 734, 736, linke Spalte.

[17] *Schwark* in: FS Lutter, 2000, S. 1529, 1541 ff., 1550.

[18] Aktuell: IDW S1 in der Fassung von 2008, WPg Supplement 3/2008, S. 271 ff.

[19] Vgl. zB BGH NJW 2003, 3272, 3273; OLG Stuttgart AG 2007, 128 = NZG 2007, 112 (juris Rn. 30); OLG Düsseldorf Beschl. v. 29.7.2009, I-26 W 1/08 (AktE), juris Rn. 34; *Hüffer* AktG, 9. Aufl. 2010, § 305 Rn. 19.

[20] BVerfG NJW 1999, 3769, 3771; ZIP 2007, 1600; *Hüttemann* ZGR 2001, 454, 457.

[21] Die Ausführungen gelten entsprechend für die am Zahlungsstrom orientierten DCF-Verfahren.

nehmens gegewärtig wert sind. Die Summe der abgezinsten, in Zukunft zu erwartenden periodenbezogenen Erträge oder Zahlungsströme (Cashflows)[22] wird mit dem Unternehmenswert gleichgesetzt. Das bedeutet zum einen, dass der „Wert" eines Unternehmens ausschließlich in seiner finanziellen Ertragskraft gesehen, es also auf die Funktion einer Einkunftsquelle für die Eigentümer reduziert wird.[23] Zum anderen erschließen sich aus dieser Definition bereits die beiden grundlegenden Problemkomplexe der Methodik: Zunächst einmal müssen nämlich (a) künftige Überschüsse ermittelt, sodann (b) der Zeitfaktor durch eine Abzinsung wett gemacht werden.[24] Diese scheinbar harmlosen Aufgaben erweisen sich, je detaillierter sie angegangen werden, als fast beliebig komplex. Das kann hier nur stichwortartig illustriert werden.

a) Künftiger Ertrag[25]

Auf der ersten Stufe[26] geht es, wie gesagt, um den künftigen Ertrag. Auf welche Definition des Unternehmensertrags dabei auch immer abgestellt wird, handelt es sich stets um eine Formel, in die offensichtlich zahlreiche positive und negative Summanden einfließen. Nahezu jeder einzelne dieser Werte ist unsicher, für die meisten gilt das sogar in hohem Maß. Man denke nur an schwankende Absatzmärkte und Rohstoffpreise oder an die steuerlichen und sonstigen gesetzlichen Rahmenbedingungen für Unternehmen. Für jeden einzelnen Faktor muss aber eine eindeutige Zahl gefunden und in die Rechnung eingestellt werden. In größeren Unternehmen ist die Planung deshalb ein höchst komplexer Vorgang, in den alle Abteilungen eingebunden sind und der einen immensen Aufwand erfordert. Immer aber wird für jeden einzelnen Faktor eine Bandbreite von Werten objektiv vertretbar sein, innerhalb derer das Unternehmen jeweils einen spezifischen Wert nach internen unternehmerischen Gesichtspunkten auswählt.

Der am Ende „berechnete" Ertrag ist deshalb schon für das nachfolgende Jahr das Ergebnis unzähliger, einer Prüfung auf Richtigkeit nicht zugänglicher Annahmen im Rahmen ebenso vieler Bandbreitenentscheidungen – und er erweist sich in aller Regel ebenfalls schon im nachfolgenden Jahr als unzutreffend. Man muss sich nun vor Augen führen, dass die Ertragswertberechnung aber keineswegs nur die kurzfristig zu erwartenden Erträge voraussetzt, sondern schon in diesem Punkt Annahmen „für alle Zeiten" fordert. Die damit einhergehende Zumutung wird nicht wirklich dadurch besser, dass spätere Erträge aufgrund der Abzinsung immer weniger ins Gewicht fallen. Denn immerhin wirkt sich der Algorithmus noch so aus, dass die für die Phase der ewigen Rente unterstellten Erträge den Endwert noch zu einem hohen Prozentsatz bestimmen.

All dies würde bereits gelten, wenn das zu bewertende Unternehmen nur ein Produkt anbieten würde. Die Regel ist das keineswegs. Wirtschaftsprüfer haben deshalb in der Regel die Planung für unterschiedliche Produktlinien und eine Vielzahl von Produkten zu prüfen und zu bewerten. Wenn sie nun beispielsweise die Planung bei acht von zehn Produkten für vertretbar, bei zwei weiteren dagegen für unplausibel halten, werden sie in ihre Berechnungen für diese beiden Produkte andere Zahlen einsetzen und so zu anderen prognostizierten Gesamterträgen kommen. Dies erscheint nur auf den ersten Blick als folgerichtig. Offen bleibt, wie sich solche Einzelkorrekturen auf die jeder Planung innewohnende Gesamtabwägung auswirken würden. Dazu bedürfte es auch einer Bandbreitenbetrachtung

---

[22] IDW S1 (Fn.18) Tz. 4; *Popp* AG 2010, 1; *Weber* ZGR 2004, 280.

[23] *Kruschwitz/Löffler/Essler* (Fn. 15) S. 6, die dem Unternehmen deshalb insoweit eine Ähnlichkeit mit einer Milchkuh attestieren.

[24] Der Wert des nicht betriebsnotwendigen Vermögens ist hinzuzurechnen.

[25] Zur Prognoseproblematik schon *Aha* AG 1997, 26; *Hommelhoff* JbFfSt 1987/88, 197, 187; *Ebke* in: FS K. Schmidt, 2009, S. 293 ff.; vgl. auch OLG Stuttgart AG 2007, 128 = NZG 2007, 112 (juris Rn. 28 f.) mwN.

[26] Betriebswirtschaftlich: im Zähler des Bewertungskalküls.

für die akzeptierten Teile der Planung und einer detaillierten Auseinandersetzung mit den unternehmensinternen betriebs- und volkswirtschaftlichen Annahmen.

Es ist also festzuhalten, dass schon der in die Rechnung einzustellende künftige Ertrag eine Fiktion darstellt. In jedem Spruchverfahren lässt sich aus einem Vergleich der erzielten Ergebnisse mit der Planung ablesen, wie sehr diese die Realität verfehlt.[27] Angesichts der Komplexität der Unternehmens- und Wirtschaftentwicklung und der Subjektivität der Prognosen lässt sich die objektivierte Wahrscheinlichkeit einer Entwicklung noch nicht einmal für kurze Zeiträume belegen.[28]

b) Abzinsung

Die zweite Stufe[29] betrifft an sich den Preis der besten alternativen Anlagemöglichkeit. Dies drückt sich in einem Kapitalisierungszinssatz aus, der sich aus mehreren Elementen zusammensetzt, nämlich aus dem quasi-risikolosen Basiszinssatz, dem Risikozuschlag, dem persönlichen Steuersatz und dem Wachstumsabschlag.[30] Für jedes einzelne dieser Elemente herrscht methodischer Streit und praktische Unsicherheit.[31] Beispielsweise erfordert die Feststellung des Basiszinssatzes eine Auseinandersetzung mit verschiedenen Zinsstrukturmodellen und finanzmathematischen Methoden.[32] Ein besonders zweifelhaftes Kapitel ist sodann das der Risikoeinschätzung. Klarzustellen ist, dass es hier keineswegs darum geht, die in den Annahmen auf der ersten Ebene (Zähler) verborgenen Unsicherheiten auszugleichen. Das ist auch gar nicht möglich, weil sich die Unsicherheit des Blicks in die Zukunft der rechnerischen Annäherung entzieht. Vielmehr geht es um den Versuch, das Risiko der Investition in ein Unternehmen derjenigen von Anlagen mit sog. risikolosem Zinssatz gegenüber zu stellen und einen Wert zu finden, der das im ersten Fall höhere Risiko ausdrückt.[33]

Mit der Frage, wie dies geschehen kann, beschäftigen sich eine ganze Reihe schon im Ansatzpunkt unterschiedlicher wirtschaftswissenschaftlicher Theorien. Heute am Gebräuchlichsten dürfte das Capital Asset Pricing Model (CAPM) sein, zunehmend in der Form des Tax-CAPM.[34] Beides sind anerkannte Methoden, sie führen aber zu – im Einzelfall erheblich – unterschiedlichen Ergebnissen. Ebenso ist nach der Entscheidung für eine Form des CAPM die Ermittlung der dafür erforderlichen Faktoren (Marktrisikoprämie und Betafaktor) wiederum von mit guten Gründen umstrittenen Annahmen geprägt. Einen Überblick über die Zweifelsfragen, die alleine die Feststellung des Betafaktors begleiten, vermitteln neuere obergerichtliche Entscheidungen.[35] Es gibt aber auch Gerichte, die das CAPM nicht anwenden, sondern mit einem pauschalen Zuschlag von 1 oder 2% arbeiten, weil das CAPM diesem Vorgehen nicht überlegen und nicht weniger willkürlich sei.[36] In

---

[27] OLG Stuttgart ZIP 2010, 274 (juris Rn. 137).

[28] So zur Fortführungsprognose *Spindler* AG 2006, 677, 687.

[29] Betriebswirtschaftlich: Der Nenner des Bewertungskalküls.

[30] Detailliert dazu *Dörschell/Franken/Schulte* Der Kapitalisierungszinsatz in der Unternehmensbewertung, 2009.

[31] Vgl. *Kruschwitz/Löffler* Wpg 2008, 803.

[32] Instruktiver Eindruck von der Komplexität bei *Obermaier* Unternehmensbewertung, Basiszins und Zinsstruktur, in: Regensburger Diskussionsbeiträge zur Wirtschaftswissenschaft, Nr. 408, November 2005; zur Schätzung von Zinsstrukturkurven durch die Deutsche Bundesbank vgl. grundlegend deren Monatsbericht Oktober 1997, S. 61 ff.

[33] Dabei ist zu unterscheiden zwischen dem Kapitalstrukturrisiko (Beta levered) und dem operativen Risiko (Beta unlevered).

[34] Vgl. zB *Kruschwitz/Löffler/Essler* (Fn. 15) S. 25 ff.

[35] Detailliert und mwN OLG Stuttgart ZIP 2010, 274 (juris Rn. 201 ff. und 233 ff.); eindrucksvoll auch *Ehrhardt/Nowak* sowie *Wenger* in: AG Sonderheft Fair Valuation, 2005, 3 ff. und 9 ff.; zur theoretischen Fundierung *Adolff* Unternehmensbewertung im Recht der börsennotierten Aktiengesellschaft, 2007, S. 25 ff.

[36] OLG München AG 2008, 30 (juris Rn. 25 ff.) mwN.

der Tat ist unbestritten, dass eine rechtliche Verpflichtung zur Anwendung des CAPM nicht besteht. Das CAPM kann aber in der Praxis zu wesentlich höheren oder niedrigeren Zuschlägen führen.[37] Wegen der Hebelwirkung des Kapitalisierungszinssatzes kann alleine diese Methodenwahl einen Ergebnisunterschied bezüglich des Unternehmenswerts von gut 20% nach sich ziehen. Ähnliches ließe sich von anderen „Stellschrauben“ bei der Findung eines Kapitalisierungszinssatzes berichten. Hinzu kommt, dass sich die Effekte jeweils zulässig gewählter „Einstellungen“ durchaus kumulieren können.

3. Der Ertragswert als Konstrukt und Fiktion

a) Scheinrationalität[38] des Ertragswerts

Mit den hier nur beispielhaft angesprochenen Themen hat sich die Rechtsprechung in Spruchverfahren im Einzelnen auseinanderzusetzen. In voller Tiefe durchschaubar und rechnerisch wie methodisch nachvollziehbar ist die Problematik in allen ihren Verästelungen dennoch auch für wirtschaftwissenschaftlich bewanderte Richter kaum. Man hat allerdings den Eindruck, dass dies oft auch für Sachverständige nicht wesentlich anders gilt. Auch der Laie kann aber mit einfachen Excel-Programmen ein erstaunliches Experiment durchführen: Man lasse die Detailkomplexität beiseite, nehme nur einige wesentliche Grobfaktoren des Rechenkalküls, bestimme für diese jeweils gut vertretbare Bandbreiten und gebe die daraus resultierenden minimalen und maximalen Werte in die Formel ein. So werden Ergebnisse „berechnet“, bei denen der größte Wert den kleinsten um ein Vielfaches übertreffen kann.[39]

Mit Hilfe des Ertragswertverfahrens lassen sich also auch bei methodisch korrekter Anwendung und unter Einsatz vertretbarer Prognosen sehr unterschiedliche Ergebnisse „berechnen“ und als Unternehmenswert darstellen.[40] Der scheinbar naheliegende Ausweg, mit Mittelwerten zu rechnen, ist trügerisch. Schon die Feststellung eines Mittelwerts selbst wäre schwierig, hängt sie doch von der Bestimmung der Bandbreite ab. Auch methodisch ist ein Mittelwert kaum vertretbar, wenn unterschiedliche Ergebnisse auf grundsätzlich verschiedenen Berechnungsmodellen beruhen. Vor allem aber kann einer Abfindung, die aus jeweils gut vertretbaren Werten errechnet ist, nicht die Angemessenheit abgesprochen werden mit der Begründung, dass sich auf ebenso vertretbarem Wege oder mit anderen vertretbaren Einzelannahmen auch eine höhere Abfindung berechnen lasse.

b) Der „wahre“ Wert

Der Glaube, mit Ertragswertmethoden den „wahren“ Wert eines Unternehmens finden zu können, sollte deshalb endgültig aufgegeben werden.[41] Man kann nicht finden, was es nicht gibt.[42] Fraglich ist, was begrifflich an dessen Stelle treten sollte.

---

[37] Vgl. OLG Stuttgart einerseits AG 2007, 128 (juris Rn. 46 ff.) und andererseits AG 2008, 783 (juris Rn. 78 ff.).

[38] So *Luttermann* EWiR 2007, 613 f.; NZG 2007, 611 ff.; ähnlich zB *Lutter/Bezzenberger* AG 2000, 433, 436, bezogen auf die Ertragswertberechnung: „Die ganze Unternehmensbewertung steckt voller Ungewissheiten ...“ oder *Hüffer* ZHR 172 (2008), 572, 582: „Deutlich zu relativieren ist allerdings die Aussagefähigkeit von Ertragswertbegutachtungen“.

[39] Beispiel für die Veränderung eines einzelnen Parameters bei *Gerber/König* BB 2010, 348, 349: wird der Basiszinssatz um 0,37% erhöht, verringert sich der Unternehmenswert um 4,6%.

[40] Zu Sensitivitätsanalysen und Bandbreitenwerten *Kuhner* AG 2006, 713, 719 f.

[41] OLG Frankfurt AG 2010, 751, 753; so schon *Busse von Colbe* in: FS Lutter, 2000, S. 1053, 1055 ff.; *Stilz* ZGR 2001, 875, 881 f.; *Grunewald* NZG, 2009, 332, 334.

[42] *Großfeld* Recht der Unternehmensbewertung, 5. Aufl. 2009, S. 7; mindestens aber ist der „wahre“ Ertragswert eine „hoffnungslose Unbekannte“, so *Emmerich* (Fn. 6) § 305 Rn. 40; selbst von Wirtschaftswissenschaftlern ist seine Ermittlung als „Ratespiel“ bezeichnet worden, vgl. *Westerfelhaus* NZG 2001, 673, 675; zum Prognoseproblem in der Betriebswirtschaftslehre *Kuhner* AG 2006, 713 ff.

aa) Quer durch Rechtsprechung und Literatur begegnet dem Leser eine reichlich verwirrende Begriffsvielfalt. Einerseits ist die Rede vom Preis (Grenzpreis, Schiedspreis), andererseits von Werten (Schätzwert, Verkehrswert, Arbitriumswert, innerer Wert, Ertragswert, Börsenwert u.v.a.m.) und drittens von verschiedenen Wert- und Preistheorien oder -ermittlungsmethoden.

Für die Praxis kommt es darauf an zu klären, welcher Wert gesucht wird, davon sauber die Methoden zu trennen, die gerade für diesen Wert bzw. Bewertungszweck adäquat sind.[43] Soweit es um eine Wertfindung als Grundlage der angemessenen Entschädigung nach Aktien- oder Umweltgesetzen geht, ist schließlich zu beachten, dass die mit Hilfe einer solchen Methode gefundene Zahl noch nicht das rechtliche Ergebnis ist, sondern grundsätzlich nur eine (Schätz-) Grundlage für die richterliche Entscheidung sein kann. Zunächst ist der einschlägige Wertbegriff nach rechtlichen Gesichtspunkten zu definieren; ebenso ist die Methodenwahl eine Rechtsfrage. Für die Ermittlung eines Ergebnisses (also zur Ableitung einer Zahl) liefern sodann die Wirtschaftswissenschaften Instrumentarien und schließlich erfolgt bei der Schätzung nach § 287 ZPO wiederum eine rechtliche Bewertung. Wird all dies in einem Begriff miteinander verknotet, kann die Folge sein, dass auch in Rechtsfragen betriebswirtschaftlichen Gutachten gefolgt wird.

Ein Beispiel dafür ist die Verwendung des Begriffs vom *Schätzwert*. Soll etwa mit diesem Begriff nur etwas über die Methode gesagt, also ein im Wege der Schätzung gefundenes Ergebnis beschrieben werden? Geht es um die an die zahlenmäßige Ableitung eines Werts anknüpfende richterliche Festlegung eines angemessenen Betrags nach § 287 ZPO? Oder sollen damit alle fundamentalanalytischen Methoden gemeint sein, wie dies manchmal in gerichtlichen Entscheidungen anklingt? Im Grunde ist der Begriff ganz entbehrlich. Bewerten heißt nicht nur, wie oft formuliert wird, vergleichen, sondern stets auch schätzen. Nicht nur im hier untersuchten Zusammenhang greifen Unternehmensbewertungen auch auf Schätzungen zurück; bereits die Ertragsprognosen und die Verzinsungsannahmen sind nichts anderes.[44]

Wenn von Werttheorien und -ermittlungsmethoden die Rede ist, muss zwischen dem wirtschaftswissenschaftlichen Fundament[45] der Theorien und ihrem formalen Ansatzpunkt[46] unterschieden werden.[47] Diese Unterscheidung kann auch dem Praktiker nicht gleichgültig sein, weil sich nur auf der Grundlage einer sauberen systematischen Einordnung Inkonsistenzen bei der Wahl und Anwendung einer Methode vermeiden lassen. Schließlich ist zu differenzieren nach dem Bewertungsanlass, für den jeweils zu prüfen ist, welche Anforderungen das einfache Recht oder das Verfassungsrecht stellen und welche Methoden dem genügen können. Auf dieser Differenzierung gründet etwa der Ansatz des OLG Stuttgart für den angemessenen Wert bei Verschmelzungen.[48]

bb) Das Ertragswertverfahren nach IDW S1 lässt sich auf dieser Grundlage einordnen als ein überschussorientiertes Bewertungsverfahren, das eine „objektivierende" Unternehmensbewertung anstrebt und – im hier gegebenen Zusammenhang – einen „Einigungswert"[49] zum Ziel hat.[50] Man kann es auch so ausdrücken: Das Ertragswertverfahren verhilft

---

[43] Unternehmensbewertung ist funktional, dient also einem Bewertungszweck, der deshalb vorrangig zu klären ist; vgl. auch OLG Frankfurt AG 2010, 751.

[44] Vgl. *Emmerich* (Fn. 6) § 305 Rn. 60.

[45] Hierher gehören die Begriffe der objektiven, subjektiven, objektivierenden und grenzpreisorientierten Werttheorien.

[46] Damit sind substanzorientierte, überschussorientierte oder preisvergleichende Methoden angesprochen.

[47] Zum Ganzen *Adolff* (Fn. 35) S. 159 ff.

[48] OLG Stuttgart AG 2006, 421, 423 f.; vgl. *Stilz* in: FS Mailänder, 2006, S. 423, 427 ff.; *Hüffer* ZHR 172 (2008), 572, 581; *ders.* AktG, 9. Aufl. 2010, § 305 Rn. 17a, § 255 Rn. 12 f.; *Baums* in: Gedächtnisschrift Malte Schindhelm, 2009, S. 63, 74; *Habersack* AG 2009, 1, 13.

[49] IDW S1 Tz. 12.

[50] Zu dem dabei zu verzeichnenden theoretischen Bruch *Adolff* (Fn. 35) S. 178 f.

zu einem von mehreren möglichen Anhaltspunkten für eine Grenzpreisfindung, falls es einen realen Verkehrswert nicht gibt. Es handelt sich also um einen Notbehelf, mit Hilfe dessen allerdings eine große Bandbreite von Werten begründet werden kann. Faszinierend daran ist offenbar, dass hier gerechnet wird und am Ende ein eindeutiger Wert steht, genau bis auf den Euro. Das scheint den Blick darauf zu verstellen, dass dieser Wert zwar eindeutig, aber – nicht theoretisch, sehr wohl aber praktisch – nahezu beliebig ist.

cc) Wird ein Preis im Rahmen eines Verkehrsgeschäfts frei ausgehandelt, so ist damit grundsätzlich die beste Methode angewandt worden, um den Verkehrswert zu bestimmen.[51] Bei den meisten Bewertungsanlässen im Spruchverfahren fehlt es aber an einem realen Verkehrsgeschäft für das Unternehmen als Ganzes. Wer auch für diese Fälle an der Fiktion festhalten will, dem Unternehmen komme ein bestimmter objektiver Wert zu, muss sich jedenfalls von der Vorstellung frei machen, dieser Wert lasse sich errechnen. Er lässt sich auch nicht „finden“, sondern er muss auf der Grundlage zahlreicher Einzelentscheidungen mit voluntativen Elementen[52] festgelegt werden. Von einem „wahren“ Wert ließe sich allenfalls reden, wenn damit das für den jeweiligen Anlass auf vertretbarer theoretischer Grundlage und nach einer konsistent angewendeten Methode ermittelte Ergebnis gemeint sein soll. Auch wenn das Ertragswertverfahren als eine für Bewertungsanlässe im Spruchverfahren vertretbare und als die in Deutschland vorherrschende Methode angesehen werden muss, sind auch andere Methoden vertretbar. Wenn aber verschiedene Methoden zu Gebote stehen und sich zudem mit jeder Methode konsistent unterschiedliche Ergebnisse begründen lassen, müsste man eine große Pluralität „wahrer“ Werte anerkennen. Deshalb sollte man diese irreführende Etikettierung ganz vermeiden.

c) Der doppelte Boden der Unternehmenspraxis

Wenn dennoch in Deutschland bei allen Vorgängen, die zu Abfindungs- oder Ausgleichsansprüchen für Aktionäre führen, Ertragswertgutachten vorgelegt werden, so hat dies seinen Grund mindestens auch darin, dass die Unternehmen nach unserer Rechtsprechungslage fürchten müssen, auf anderem Wege keinen Nachweis dafür führen zu können, dass der angebotene Wert angemessen sei.[53]

Ein typischer Vorgang ist dann der folgende: bei einem Verschmelzungsvorgang wird nach gebotener due diligence und eingehender Verhandlung schließlich ein Wert[54] gefunden, auf den sich beide Seiten einigen können; dabei wird ganz wesentlich der Börsenkurs und das Kurs/Gewinn-Verhältnis im Vordergrund stehen, weil sonst kaum eine Mehrheit in den Hauptversammlungen von dem Ergebnis zu überzeugen wäre. Dieses Verhandlungsergebnis wird aber, wenn wenigstens ein deutsches Unternehmen beteiligt ist, – jedenfalls formell – unter den Vorbehalt gestellt, dass der Wert im Wege von Ertragswertberechungen bestätigt wird. Letzteres gelingt allerdings relativ rasch und sicher, was angesichts der dargestellten Gestaltungsmöglichkeiten der Methode nicht überrascht.

---

[51] So das Verhandlungsmodell des OLG Stuttgart AG 2006, 421.

[52] Voluntative Entscheidungen sind nicht nur bei den Prognosewerten, sondern auch bei der Methodenwahl und ihrer Anwendung erforderlich.

[53] Dieser Weg ist indessen verfassungsrechtlich nicht geboten, vgl. BVerfGE 100, 289, 307, 309; OLG Frankfurt AG 2010, 751, 752; *Mülbert* in: FS Hopt, 2010, S. 1039; *Decher* ZIP 2010, 1673, 1678.

[54] Nicht außer Acht bleiben darf dabei, dass der Preis immer nur ein Punkt der Einigung ist. Ohne die Einigung in vielen weiteren Punkten, etwa zu Name und Sitz des neuen Unternehmens, hat er keinen Bestand. Schon deshalb ist es zweifelhaft, wenn aus einem solchen Verhandlungspaket später ein einzelner Punkt wieder herausgebrochen und verändert wird.

III. Vorrang marktanalytischer Methoden

1. Fortbestehende Vorbehalte gegen die Relevanz von Börsenkursen

Die trotz allem zu beobachtende hingebungsvolle Befassung der Rechtsprechung mit dem Ertragswertkalkül oder dem DCF[55] könnte noch einen tieferen Grund haben. Trotz der vom BVerfG eingeleiteten Hinwendung zu Börsenwertbetrachtungen scheint es so, als lebe die jahrzehntelang einhellige Ablehnung marktanalytischer Methoden in manchen Argumenten noch fort. So ist noch immer zu lesen, auch der Markt könne Unternehmen falsch einschätzen, die Börse hänge auch von Zufällen ab, könne von Großaktionären beeinflusst werden und wirtschaftlich nicht greifbaren Regeln folgen; deshalb bleibe es beim Anspruch auf Entschädigung nach den prognostizierten Zukunftserfolgen des Unternehmens.[56]

Woraus sich ein solcher Anspruch ergibt, wäre indessen erst zu begründen.[57] Es erstaunt jedenfalls, wenn die Gefahr einer Fehleinschätzung des Marktes thematisiert wird, ohne wenigstens gleichzeitig auf die sich regelmäßig als unzutreffend erweisenden Prognosen bei der Ertragswertberechnung einzugehen.[58] Sicher dürfte jedenfalls sein, dass jeder Aktienhandel ein realer, grundsätzlich wirtschaftlich determinierter Geschäftsvorgang ist und der einzelne Kurs aus solchen realen Vorgängen methodisch sauber festgestellt werden kann.[59] Wer meint, dass der Markt ein Unternehmen falsch einschätzen kann, muss zunächst wissen,[60] was die richtige Einschätzung ist. Es trifft zwar zu, dass sich Kurse ändern[61] und damit auch die Auffassung des Markts über den Börsenwert. Der nachfolgende Wert ist aber nicht richtiger als der vorhergehende, sondern wiederum eine Resultante der jeweils aktuellen Marktlage, die sich einer Bewertung als richtig oder falsch schon grundsätzlich entzieht.

2. Gesuchte Größe – Verkehrswert

a) Für alle Fälle der im Spruchverfahren zu bestimmenden angemessenen Abfindung ist der volle Wert[62] des Anteils maßgeblich. In Fortführung der für die Personengesellschaft entwickelten Grundsätze geht die hM[63] davon aus, dass dabei – ungeachtet der im Falle der Aktie bestehenden abstrakten Fungibilität des Anteils – an den durch die Aktie vermittelten quotalen Anteil am Unternehmen anzuknüpfen ist.[64]

---

[55] So auch ein erheblicher Teil der Literatur, vgl. zB GroßkommAktG/*Hirte/Hasselbach* 4. Aufl. 2005, § 305 Rn. 127 ff., 133.

[56] GroßkommAktG/*Hirte/Hasselbach* 4. Aufl. 2005, § 305 Rn. 138; MünchKommAktG/*Paulsen* 3. Aufl. 2010, § 305 Rn. 83.

[57] Zur Widerlegung KG NZG 2007, 71 = ZIP 2007, 75 (juris Rn. 29); OLG Stuttgart AG 2009, 707 = ZIP 2009, 1059 (juris Rn. 213 ff.) mwN; OLG Fankfurt AG 2010, 751.

[58] OLG Stuttgart AG 2009, 707 = ZIP 2009, 1059 (insbesondere juris Rn. 215 ff., 218) mwN.

[59] *Hüttemann* ZGR 2001, 454, 468 f.

[60] Und zwar zum exakt gleichen Zeitpunkt.

[61] Sogar innerhalb eines Tages, abhängig unter anderem von Zeitpunkt, Stückzahl und Handelsplatz, vgl. *Weber* ZGR 2004, 280, 294.

[62] *Mülbert* in: FS Hopt, 2010, 1064 ff.; hier geht es lediglich darum, dass bei einem privatnützigen Eingriff in das Aktieneigentum eine Unterschreitung des Verkehrswerts nicht zulässig wäre; vgl. *Stilz* ZGR 2001875, 882.

[63] Vgl. nur *Hüffer/Schmidt-Aßmann* in: Hüffer/Schmidt-Aßmann/Weber, Anteilseigentum, Unternehmenswert und Börsenkurs, 2005, S. 25 ff.; KölnerKommAktG/*Koppensteiner* 4. Aufl. 2005;, § 305 Rn. 100; aA zB *Welf Müller* in: FS Röhricht, 2005, S. 1015, 1023 ff.; *Tonner* in: FS K. Schmidt, 2008, S. 1581, 1587 f.

[64] Im Einzelnen *Hüffer* in: FS Hadding, 2004, S. 464 ff.; zur doppelten Dimension des Anteilseigentums und zur Attraktivität der Bewertungsobjekte überzeugend *Mülbert* in: FS Hopt, 2010, S. 1067 ff.

Das muss auch nicht in Frage stellen,[65] wer den Vorrang einer marktanalytischen Betrachtung für richtig hält. Dabei kommt es nicht darauf an, ob der Börsenkurs als Marktpreis für den quotalen Unternehmensanteil aufgefasst werden kann.[66] Auch wenn der volle Wert des Anteils nach dem Unternehmenswert bestimmt wird, bleibt die gesuchte Größe ein Verkehrswert. Demgegenüber beschreiben die Begriffe von Schätzwert, Ertragswert, Börsenwert usf. nicht das Bewertungsziel, sondern die Methode. Immer aber geht es um die Frage, welchen Preis ein Anteil (oder ein Unternehmen), den der Eigentümer nicht verkauft hat (wenn er also nicht „desinvestiert"), im Geschäftsverkehr mutmaßlich erzielt haben würde. Die auf der Suche nach diesem Preis zur Verfügung stehenden Methoden berechnen diesen nicht wirklich, sondern sind „mehr oder weniger unvollkommene Näherungsinstrumente".[67]

b) Lässt sich dem entgegenhalten, der Aktionär, der nicht verkauft habe und nicht verkaufen wolle, könne nicht auf den Verkehrswert verwiesen werden? Er könne das verlangen, was die künftigen Überschüsse des Unternehmens heute wert seien?

Wäre die Frage schlüssig, gäbe es keinen rechten Grund, dem Aktionär einen Börsenwert als Minimalabfindung zuzuerkennen. Dann dürfte man ihn insoweit darauf verweisen, dass er die Möglichkeit des Verkaufs, der „Desinvestition" zu Marktpreisen, vor Wirksamwerden der Maßnahme hatte.[68] Damit fiele man aber nicht nur hinter den Wandel durch die DAT/Altana-Entscheidungen zurück, sondern würde sich auch argumentativ im Kreise drehen. Denn auch Überschussbewertungsmethoden wollen und können nicht isoliert den heutigen Wert künftiger Erträge berechnen. Auch sie haben vielmehr das Ziel, mithilfe einer Reihe von Annahmen ein Hilfsmittel für die aktuelle Bestimmung des Verkehrswerts zu liefern, wenn ein solcher Wert nicht aufgrund eines realen Geschäftsvorgangs feststeht. Umgekehrt spiegelt letztlich auch der Börsenkurs die Einschätzung des Barwerts künftiger Erträge wider.[69] Um Einschätzungen, Prognosen geht es in beiden Fällen.

Gäbe es also einen Anspruch auf Vergütung der abgezinsten künftigen Überschüsse für die nicht freiwillig desinvestierenden Aktionäre, so wäre dessen Höhe nicht zu berechnen, sondern auf der Grundlage des aktuellen Verkehrswerts zu schätzen. Für die Ermittlung dieser Grundlage stehen aber wiederum mehrere Methoden zur Verfügung, darunter eben auch marktanalytische Methoden.

c) Bei dieser Sicht lösen sich auch die theorieimmanenten Schwächen des Börsenwerts auf, die *Hüffer* [70] an sich treffend beschrieben hat. Das Markturteil muss sich nicht am Kurs eines einzelnen Stichtags orientieren. Auch dieser Kurs wäre nur eine Resultante aus einzelnen Verkehrsgeschäften; etwa bei der Bewertung von Grundstücken werden Vergleichsgeschäfte in recht weitem zeitlichen Zusammenhang berücksichtigt. Entscheidend bleibt, dass ein Kurs oder ein Mittelwert aus einer Vielzahl von Kursen nicht „den" Wert des Unternehmens oder eines Anteils an ihm im Geschäftsverkehr repräsentiert, sondern eine Grundlage für die Schätzung gibt.[71] Das ist bei marktnahen Betrachtungen nicht anders als bei fundamentalanalytischer Annäherung. Ein bestimmter Preis für eine Aktie lässt sich in der Regel an der Börse erzielen, wenn ein unbeschränkter Verkaufsauftrag erteilt wird. Dieser einzelne Preis repräsentiert aber nicht den Wert der nicht verkauften Aktie(n), sondern gibt nur einen Anhalt dafür, welchen Preis diese Aktien erzielt hätten oder noch erzielen würden, also welchen Verkehrswert sie mutmaßlich haben. Entscheidend ist dabei nicht, ob bei den früheren Verkehrsgeschäften das idealtypische Bild eines

---

[65] Vgl. *Tonner* in: FS K. Schmidt, 2008, S. 1581 ff.; *Mülbert* in: FS Hopt, 2010, S. 1067 ff.
[66] Dagegen mit guten Gründen *Hüffer* in: FS Hadding, 2004, S. 472.
[67] *Baums* in: Gedächtnisschrift Malte Schindhelm, 2009, S. 63, 78.
[68] Vgl. *Mülbert* in: FS Hopt, 2010; S. 1073.
[69] OLG Stuttgart AG 2009, 707 = ZIP 2009, 1059 (juris Rn. 218) mwN.
[70] In: FS Hadding, 2004, S. 472 f.
[71] So auch *Hüffer* ZHR 172 (2008), 572, 576 ff. mwN.

informierten, funktionierenden Markts festzustellen war.[72] Auch dies würde wieder auf die Suche nach „dem" richtigen Preis hinaus laufen. Überdies könnten Abweichungen vom Idealtyp bei der Schätzung berücksichtigt werden.

Nicht entscheidend ist schließlich, ob der Sachverständige beim Ertragswertkalkül tatsächlich über bessere und sicherere Informationen verfügt als der Markt. Diese These[73] überzeugt ohnedies schon in der Sache nicht. Oben ist dargelegt worden, wie vielfältig gerade Ertragswertgutachter ihre Ausgangswerte und ihre Methoden gestalten können. „Sicher" sind ihre Ausgangswerte schon deshalb nicht, weil es in der Regel nicht um Informationen über Fakten, sondern um Prognosen geht.[74] Überdies legen sie ihren Untersuchungen in aller Regel die Unternehmensplanungen zugrunde, die auch dem Markt zur Verfügung stehen; dessen Einschätzung wird nicht bestimmt von Kleinaktionären, sondern von der Analyse der Großaktionäre, Banken und Experten. Zieht der Markt aus den Vergangenheitsdaten, dem aktuellen Marktgeschehen und den unternehmenseigenen Prognosen andere Schlüsse als Jahre später ein Gutachter, stellt sich nicht die Frage, wer Recht hat, sondern wer dem realen, am Stichtag aktuellen Verkehrswert näher steht.[75]

d) So ist denn der Börsenwert auch nach Auffassung des BGH „Ausgangspunkt" der Bewertung und zwar deshalb, weil „der Verkehrswert in der Regel mit dem Börsenwert identisch ist".[76] Der BGH hat in seiner Grundsatzentscheidung bekanntlich zudem zurecht klargestellt, dass dabei nicht auf den Börsenkurs zum Stichtag der Hauptversammlung, sondern auf einen auf den Stichtag bezogenen Durchschnittskurs abzustellen ist.[77] Er hat nun die Gelegenheit wahrgenommen, in Abkehr von DAT/Altana-Entscheidung festzustellen, dass es dabei in der Regel auf einen Zeitraum vor der Bekanntgabe der Maßnahme ankommt.[78]

Unabhängig davon kann der Zeitraum für die Feststellung eines relevanten Börsenwerts nicht für alle Fälle strikt auf drei Monate begrenzt werden. Das gilt erst recht, wenn man mit der hier vertretenen Auffassung nicht den Börsenwert mit dem Verkehrswert gleichsetzt, sondern auch in ihm nur eine Grundlage für die Schätzung des entscheidenden Werts sieht (näher IV.). Die reale Börsenentwicklung des Unternehmens in dem Jahr vor der Maßnahme kann hilfsweise eine mindestens ebenso gute Schätzgrundlage für die Ermittlung der angemessenen Abfindung sein wie eine spekulative Ertragswertberechnung.[79]

---

[72] So allerdings *Schwark* in: FS Lutter, 2000, S. 1529, 1537 ff.; *Baums* in: Gedächtnisschrift Malte Schindhelm, 2009, S. 63, 75 ff. mwN.

[73] *Henze* in: FS Lutter, 2000, S. 1101, 1111; dagegen überzeugend zB *Busse von Colbe* in: FS Lutter, 2000, S. 1053, 1057 ff.; *Welf Müller* in: FS Röhricht, 2005, S. 1015, 1023 ff.; *Emmerich* (Fn. 6) § 305 Rn. 42 ff.

[74] Vgl. OLG Stuttgart AG 2009, 707 = ZIP 2009, 1059 (juris Rn. 219).

[75] Im Ergebnis gegen die Einwände auch *Tonner* in: FS K. Schmidt, 2008, S. 1581, 1587 ff. mwN; kritisch gegenüber dem Argument größerer Sachnähe der Unternehmensplanung auch *Baums* in: Gedächtnisschrift Malte Schindhelm, 2009, S. 63, 76, der zurecht darauf verweist, dass die eigene Planungsrechnung auch auf „überaus optimistischen Annahmen" beruhen könne, die der Markt nicht teilen müsse, und für deren Beurteilung Analysten sogar spezifischere Kenntnisse haben könnten.

[76] BGHZ 147, 108 = AG 2001, 417 = ZIP 2001, 734 = NJW 2001, 2080 (juris Rn. 18); s. oben II. 1.

[77] Vorige Fn. (juris Rn. 24 ff.).

[78] Beschl. v. 19.7.2010 – II ZB 18/09 – Stollwerck AG 2010, 629 = NZG 2010, 939; vgl. die Vorlagen des OLG Düsseldorf AG 2010, 35 = ZIP 2009, 2055 und des OLG Stuttgart AG 2010, 513 = ZIP 2010, 274.

[79] Berücksichtigung früherer Zeiträume auch bei OLG Stuttgart ZIP 2008, 883 (juris Rn. 57 ff.); eine gewisse Flexibilität zeigt auch die jüngste BGH-Entscheidung (vorige Fn.), die auf den dreimonatigen Zeitraum nur „grundsätzlich" – s. Rn. 10 – oder „im Regelfall" – s. Rn. 12 – abhebt.

IV. Im Wege der Schätzung zu ermittelnder Wert

1. Schätzung

Demnach sollte davon ausgegangen werden, dass der Verkehrswert zu suchen ist,[80] gleich, ob es primär um den Verkehrswert des Unternehmens oder unmittelbar um den der Aktie geht. Keine der möglichen „Berechnungsmethoden"[81] liefert am Ende ein Ergebnis, das unmittelbar die angemessene Entschädigung darstellt. Das liegt nicht nur daran, dass mit jeder Methode verschiedene Ergebnisse vertretbar abgeleitet werden können, sondern hängt auch damit zusammen, dass es einen einzelnen, alleine richtigen Verkehrswert ohne ein reales Verkehrsgeschäft nicht gibt.

Deshalb haben die Gerichte am Ende eine Schätzung der angemessenen Abfindung nach § 287 ZPO vorzunehmen. Eine solche Schätzung bedeutet, dass das Ergebnis mit der Wirklichkeit zwar nicht übereinstimmen, aber möglichst nahe an diese heranführen soll.[82] Nach deutschem Rechtsverständnis ist es den Gerichten auch auf der Grundlage von § 287 ZPO untersagt, ohne greifbare Anhaltspunkte frei in der Luft hängende Spekulationen anzustellen.[83] Deshalb kann nicht davon abgesehen werden, methodensauber und mit allem verfahrensökonomisch vertretbaren Aufwand Grundlagen für diese Schätzung zu beschaffen. Gleichzeitig muss aber festgehalten werden, dass eine mit Rechen- und Theorieaufwand verbrämte Scheingenauigkeit die Schätzung nicht ersparen kann.

2. Methodenvielfalt

Danach kann das Gericht im Spruchverfahren auf alle anerkannten Methoden als Grundlage für seine Schätzung zurück greifen.[84] Dennoch befassen sich die Gerichte in der Realität der Spruchverfahren bisher nahezu ausschließlich[85] mit Ertragswert- und DCF-Verfahren, seit den DAT/Altana-Entscheidungen des BVerfG und des BGH[86] soweit erforderlich ergänzt um Börsenkursbetrachtungen. Dass auf anderen Rechtsgebieten ebenso Bewertungen – auch von Unternehmen und Unternehmensanteilen – stattfinden, wird selten reflektiert. Dabei kann die Bewertung etwa im Familienrecht und Steuerrecht für den Einzelnen weit größere wirtschaftliche Bedeutung haben als etwa für den Kleinaktionär beim Squeeze out. Unterschiede, auch verfassungsrechtlicher Art, und Parallelen auszuwerten, kann im Rahmen dieses Beitrags nicht geleistet werden.

Immerhin sei die Überlegung gestattet, ob die gesetzlichen Wertfindungsmodelle, die §§ 31 Abs. 1, 39 Abs. 3, 39a WpÜG, §§ 3 ff. WpÜG-AngebotsVO[87], § 33a AktG[88] oder § 11 Abs. 1, §§ 95 ff. und §§ 199 ff. BewG[89] zugrunde liegen, für die im Spruchverfahren zu bewältigende Aufgabe gänzlich unbrauchbar sind (s. IV. 4. d). Die dort gesetzlich gere-

---

[80] So auch OLG Frankfurt AG 2010, 751, 753.

[81] Dabei handelt es sich eher um mathematische „Rhetorik", *Großfeld* (Fn. 42) S. 6 ff.

[82] BGH WM 1992, 36, 38 (juris Rn. 7).

[83] BGHZ 91, 243, 256 (juris Rn. 55).

[84] Zur Methodenoffenheit BVerfGE 100, 289 = NJW 1999, 3769 (juris Rn. 61); OLG Stuttgart AG 2009, 707 = ZIP 2009, 1059 (juris Rn. 215); zum Börsenkurs als Schätzgrundlage OLG Stuttgart AG 2007, 128 = NZG 2007, 112 (juris Rn. 29); zur Systematisierung der wichtigsten Bewertungsmethoden *Adolff* (Fn. 35) S. 190 ff.

[85] Eine Ausnahme stellt die vom OLG Stuttgart in die Rechtsprechung eingeführte Verhandlungslösung für Verschmelzungsfälle dar (AG 2006, 421) sowie der vom OLG Frankfurt herausgearbeitete Vorrang des Börsenwerts, AG 2010, 751 ff.

[86] Fn. 1 und 2.

[87] Vgl. dazu *Habersack* ZIP 2003, 1123 *Mülbert* in: FS Hopt, 2010, S. 1069; *Paefgen* in: FS Westermann, 2008, S. 1221; OLG Stuttgart AG 2009, 707 = ZIP 2009, 1059.

[88] *Merkner/Decker* NZG 2009, 887.

[89] *Möllmann* BB 2010, 407; *Krumm* NJW 2010, 187.

gelten Methoden wird man dann nicht übergehen müssen, wenn man der hier vertretenen Argumentation folgt, wonach es primär darum geht, vernünftige Grundlagen für eine Schätzung des Verkehrswerts zu finden.

3. Meistbegünstigung

Für einen Rechtssatz, wonach sich die Schätzung grundsätzlich an einem Ertragswert zu orientieren habe, aber durch einen aus Börsenkursen abgeleiteten Wert nach unten begrenzt sei, ist jedenfalls kein Raum.[90] Wenn für die Schätzgrundlage an eine Rangfolge zu denken wäre, müsste der Vorrang umgekehrt der markt- und damit verkehrsgeschäftsnahen Börsenkursbetrachtung zukommen.[91] Ertragswertableitungen können angesichts der in II. dargestellten Verhältnisse statt dessen nur eine mit kritischen Vorbehalten hinzunehmende Hilfslösung sein, wenn marktnähere Möglichkeiten ausfallen.

Auch dann sollte man sich aber immer der Unwägbarkeiten der Ertragswert- oder DCF-Verfahren in ihrer Ausprägung nach IDW-Standard S1 bewusst sein. Zur Kontrolle kann auf vereinfachte Multiplikatorenverfahren zurück gegriffen werden, die anstelle von Prognosen über Zukunftserträge die realen Ergebnisse der vergangenen drei bis fünf Jahre heranziehen und mit mittleren Multiplikatoren aus einer Peer Group-Bewertung arbeiten.[92]

4. Rechtssicherheit

a) Nicht zu verkennen ist, dass alle Beteiligten eine gewisse Vorhersagbarkeit der Ergebnisse von Spruchverfahren brauchen. Unternehmen müssen abschätzen können, mit welchen Wertfestsetzungen sie zu rechnen haben, auch weil sie die voraussichtlichen Kosten einer beabsichtigten Maßnahme kalkulieren müssen. Aktionäre müssen beurteilen können, ob eine angebotene Abfindung angemessen ist oder ob sich ein Spruchverfahren lohnt.

Das spricht gegen eine konturenlose Betonung des Schätzungsermessens der Gerichte. Aber es erfordert keineswegs den Vorrang von Ertragswertgutachten. Dies erhellt bereits aus der dargestellten Unwägbarkeit solcher Gutachten und zeigt sich in der Praxis auch daran, dass gerade auf solche Gutachten gestützte Angebote im Spruchverfahren häufig verändert werden. Demgegenüber kann zwar auch über die Ableitung eines Werts aus Börsenkursen gestritten werden, doch stehen dabei wenigstens die einzusetzenden Rechengrößen als Vergangenheitsdaten fest und beruhen nicht auf imponderablen Prognosen. Zudem wird so die Abzinsungsproblematik mit ihrem oben (s. II. 2. b) skizzierten Bündel theoretischer Zweifelsfragen und weiteren praktischen Prognoseproblemen verzichtbar.

b) Richtig ist indessen, dass die Frage, welcher Zeitraum für die Marktanalyse herangezogen und in welcher Weise bei der Ableitung eines Werts vorgegangen werden soll, nicht dem Einzelfall überlassen bleiben darf. Gründe der Rechtssicherheit haben den BGH in seiner DAT/Altana-Entscheidung veranlasst, auf einen Durchschnittskurs abzustellen; das Erfordernis der Nähe zum Stichtag ließ es nach Auffassung des Senats als geboten erscheinen, dafür einen sehr kurzen Zeitraum von nur drei Monaten zu wählen.[93]

Aus Gründen der Vorhersehbarkeit und Berechenbarkeit des Ergebnisses wird man dem zwar als Ausgangspunkt folgen können. Weder solche noch andere Gründe erlauben es aber, Börsenkurse bei der Wertermittlung wieder völlig auszublenden und statt dessen unvermittelt auf die Rechnung mit den vielen Unbekannten der Ertragswertmethoden zu

---

[90] Im Einzelnen OLG Stuttgart AG 2009, 707 = ZIP 2009, 1059 (juris Rn. 213 ff.) mwN.

[91] KG NZG 2007, 71 = ZIP 2007, 75 (juris Rn. 29); OLG Stuttgart AG 2009, 707 = ZIP 2009, 1059 (juris Rn. 215 ff.); OLG Frankfurt AG 2010, 751, 753; *Steinhauer* AG 1999, 299 ff.; *Emmerich* (Fn. 6) § 305 Rn. 44; MünchHdb. AG/*Krieger* 3. Aufl. 2007, § 70 Rn. 135; *Veil* in: Spindler/Stilz, AktG, 2. Aufl. 2010, § 305 Rn. 55, jeweils mwN.

[92] IDW S1 Tz. 144; *Großfeld* Unternehmensbewertung und Anteilsbewertung im Gesellschaftsrecht, 4. Aufl. 2002, S. 217 ff.; *Decher* ZIP 2010, 1673, 1676 f.

[93] BGHZ 147, 108 = NJW 2001, 2080 (juris Rn. 24).

setzen, wenn sich in dieser Zeitspanne keine für die Bewertung aussagekräftigen Kurse ermitteln lassen. Denn es gibt keine betriebswirtschaftliche Erkenntnis, wonach marktanalytische Methoden nur für einen kurzen Betrachtungszeitraum ergiebig wären.[94] Das Argument, der Referenzkurs müsse auf den Tag bezogen werden, an dem die Hauptversammlung der beherrschten AG dem Abschluss des Unternehmensvertrages zugestimmt hat,[95] spricht nicht gegen die Berücksichtigung auch früherer Kursverläufe. Denn natürlich geht es auf der Grundlage welcher Methode auch immer darum, eine tragfähige, wirtschaftswissenschaftlich vertretbare Grundlage für die Schätzung des Werts am Stichtag zu finden. Im Übrigen führt auch die scheinbar klare Stichtagsbezogenheit des Ertragswertverfahrens in die Irre. Im Gegenteil muss gerade bei diesem Verfahren zur Bestimmung der Ausgangswerte – oft weit – in die Vergangenheit zurück gegriffen werden;[96] die Ableitung der Wahrscheinlichkeitsszenarien für die Zukunft basiert auf der Analyse der Vergangenheit.[97]

c) Eine Lösung, die Rechtssicherheit und Sachgerechtigkeit zu einem Ausgleich bringt, bestünde in einer Verständigung auf ein gestuftes Vorgehen. Auf der ersten Stufe gälte es festzustellen, ob im Zeitraum von drei Monaten vor der Bekanntgabe der beabsichtigten Maßnahme hinreichend aussagekräftige Börsenkurse festzustellen sind. Dabei kann es nicht schematisch darauf ankommen, ob ein bestimmtes Handelsvolumen erreicht wird, ausreichend ist ein realer Handel „oder zumindest eine zu einigermaßen konstantem Kurs anhaltende Nachfrage".[98] Kommt die Prüfung zu einem negativen Ergebnis,[99] wäre auf einer zweiten Stufe dem Kursverlauf im Gesamtjahr vor der Bekanntgabe nachzugehen und ggf. daraus ein Verkehrswert abzuleiten.[100] Erst wenn auch dieser Kursverlauf nicht hinreichend aussagekräftig erscheint, sind auf einer dritten Stufe andere preisvergleichende Methoden[101] oder prognostische Überschussmethoden heranzuziehen.

Eine Verständigung auf ein solches Vorgehen ist allerdings in der Praxis nur schwer zu erreichen. Die Unternehmen sehen sich gehalten, die von ihnen angebotene Abfindung anhand der in der Rechtsprechung anerkannten Methoden darzustellen. Die Gerichte wiederum müssen in erster Linie die vom Unternehmen vorgelegte Berechnung prüfen.[102] So hat sich der deutsche Sonderweg der Ertragswertberechnung etabliert, der erst dann verlassen wird, wenn das BVerfG oder der BGH nach dem ersten Schritt der DAT/Altana-Rechtsprechung den hier vorgeschlagenen zweiten Schritt machen und von der Meistbegünstigungsthese abrücken.

---

[94] Für längere Zeiträume insbesondere *Luttermann* ZIP 1999, 45, 5; *ders.* EWiR 2010, 133, 134; *J. Vetter* AG 1999, 566, 571 f.; *ders.* DB 2001, 1347, 1351; *Hüffer* AktG, 9. Aufl. 2010, § 305 Rn. 24 f.; *W. Baums* Der Ausgleich nach § 304 AktG, 2006, S. 150 ff.; *Veil* in: Spindler/Stilz, AktG, 2. Aufl. 2010, § 305 Rn. 62.

[95] So noch BGHZ 147, 108 = NJW 2001, 2080 (juris Rn. 24); jetzt zutreffend BGH AG 2010, 629, insbesondere Rn. 19, 28.

[96] ZB wegen der Entwicklung der bisherigen Ertragsreihen oder zur Zinsschätzung; zur Vergangenheitsanalyse bei überschussorientierten Verfahren allgemein vgl. *Großfeld* (Fn. 92) S. 77; aus der Rechtsprechung zB OLG Düsseldorf AG 2008, 498 (juris Rn. 26).

[97] *Kuhner* AG 2006, 713, 714 ff.

[98] OLG Stuttgart AG 2008, 783 = ZIP 2008, 883 (juris Rn. 53); LG Frankfurt NZG 2007, 40 (juris Rn. 12 f.); OLG Frankfurt AG 2010, 751; *Großfeld* (Fn. 42) S. 314.

[99] Was auch für den umgekehrten Fall extremer Marktturbulenzen anzunehmen wäre.

[100] Vgl. zur Berücksichtigung längerfristiger Verläufe zB OLG Stuttgart AG 2009, 707 = ZIP 2009, 1059 (juris Rn. 55).

[101] *Adolff* (Fn. 35) S. 243 ff.

[102] Wobei sie allerdings nicht zwingend und ausschließlich auf die von den Unternehmen selbst angewandte Methode verwiesen sind, vgl. *Baums* Rechtsfragen der Bewertung bei Verschmelzung börsennotierter Gesellschaften, Institute for Law and Finance, Working Paper Series No. 104, 06/ 2009, S. 29.

d) Es darf aber auch die Frage aufgeworfen werden, ob nicht eine Regelung durch den Gesetzgeber vorzugswürdig wäre. Die Frage liegt umso näher, als der Gesetzgeber im WpÜG bereits vereinfachte Wertfindungsregelungen für Pflichtangebote sowie in der Folge der Übernahmerichtlinie bzw. der Aktionärsrechtrichtlinie für den übernahmerechtlichen Squeeze Out bzw. die Sachkapitalerhöhung geschaffen hat. Diese Regeln sind zwar nicht ganz unumstritten, aber im Ergebnis verfassungsrechtlich haltbar.[103] Gerade der Reformbedarf, der in einigen Punkten für das WpÜG gesehen wird,[104] sollte zum Anlass genommen werden, eine praktikable und konsistente Wertfindungsregelung über die genannten Einzelgebiete hinaus auch für konzernrechtliche Abfindungstatbestände zu suchen. So ließe sich auch ein Weg finden, der aus der Sackgasse herausführt, in die uns die beschränkte nationale Sichtweise hineingeführt hat.

V. Bemerkungen zum Verfahren

Dem Praktiker mögen abschließend zwei kurze Anmerkungen zur Weiterentwicklung des Spruchverfahrens erlaubt sein.

1. Beschleunigung

Zu den großen Nachteilen des Spruchverfahrens zählt bekanntlich dessen lange Dauer (s. I. mwN). Nicht nur für aktienrechtliche Beschlussmängelstreitigkeiten, sondern auch für Spruchverfahren hat der Bundesrat deshalb die Eingangszuständigkeit der Oberlandesgerichte gefordert.[105] Das ARUG hat dies in § 246a Abs. 1 S. 3 AktG bereits für Freigabeverfahren aufgegriffen. Es ist zu hoffen, dass der Gesetzgeber nicht nur für Beschlussmängelklagen,[106] sondern auch für Spruchverfahren nun den zweiten Schritt nachfolgen lässt und der aufwändigen Doppelarbeit in zwei Tatsacheninstanzen ein Ende setzt.[107] Es ist im wohlverstandenen Interesse aller Beteiligter, wenn auf diese Weise schneller rechtskräftig geklärt wird, wie hoch der Abfindungsbetrag ist.

Das gilt erst recht, wenn derzeit beabsichtigt ist, Rechtsschutz gegen überlange Dauer gerichtlicher Verfahren zu schaffen.[108] Der Referentenentwurf des BMJ stellt auf die Gesamtdauer des Verfahrens über alle Instanzen hinweg ab. Es sollte dem Gesetzgeber aber nicht nur darum gehen, den Rechtssuchenden vor „zu langsam arbeitenden Gerichten und Staatsanwaltschaften“[109] zu schützen. Davor müsste die Prüfung stehen, ob der Gesetzgeber selbst die Strukturen so gestaltet hat, dass den Gerichten ein zügiger rechtskräftiger Verfahrensabschluss möglich ist.

Wie hier zu zeigen versucht wurde, führen im Spruchverfahren schon die materiellrechtlichen Vorgabe (bzw. deren Fehlen) dazu, dass die Verfahren auch für spezialisierte Spruchkörper oft kaum mehr beherrschbar sind. Erst recht aber gebietet diese Situation es, der Doppelarbeit durch Landgericht und Oberlandesgericht ein Ende zu setzen.

---

[103] OLG Stuttgart AG 2009, 707 = ZIP 2009, 1059 mwN.

[104] Vgl. nur *Baums/Hecker* in: Baums/Thomas, WpÜG, Vor § 35 Rn. 131 ff.; *Frhr. v. Falkenhausen* ZHR 174 (2010), 203 ff. *Paefgen* in: FS Westermann, 2008, S. 1221.

[105] BR-Drucks. 901/07; vgl. dazu *Goll/Schwörer* ZRP 2008, 77, 78.

[106] *Habersack/Stilz* ZGR 2010, 710.

[107] Überzeugend *Hüffer* ZHR 172 (2008), 572, 584 f.

[108] Das BMJ hat am 15.3.2010 den Referentenentwurf eines Gesetzes über den Rechtsschutz bei überlangen Gerichtsverfahren und strafrechtlichen Ermittlungsverfahren veröffentlicht.

[109] So auf der Homepage des BMJ nachzulesen.

2. *Gemeinsamer Vertreter*

Bedarf es wirklich eines[110] gemeinsamen Vertreters im Spruchverfahren? Handelt es sich dabei um einen „übertriebenen Akt der Fürsorge" für die Aktionäre oder ist dieses im Zivilverfahren sonst nicht bekannte Organ „zur Wahrung ihrer Rechte" geboten?[111]

Zwar erstreckt sich die Entscheidung des Gerichts im Spruchverfahren auch auf nicht am Verfahren beteiligten Anteilsinhaber. Indessen greift sie nicht zu deren Nachteil in die ihnen bereits vom Unternehmen gewährte Abfindung ein, sondern kann diese nur erhöhen. Weshalb aber muss derjenige, der die angebotene Abfindung akzeptiert und sich an einem auf deren Anhebung gerichteten Verfahren nicht beteiligt, durch einen ihm unbekannten Anwalt „vertreten" werden? Die gerichtliche Entscheidung nimmt ihm nichts, sondern wirkt auch ohne sein Zutun allenfalls für ihn. Es ist nicht recht nachvollziehbar, weshalb dem, der binnen der langen Frist von § 4 SpruchG selbst keine Erhöhung begehrt, in einem von anderen angestrengten gerichtlichen Verfahren ein „Vertreter" bestellt werden muss, von dem er nichts weiß. Immerhin können durch den gemeinsamen Vertreter spürbare Kosten entstehen, und seine zusätzliche Rolle im Verfahren macht dieses nicht einfacher.

Es bleibt das Argument, ohne den gemeinsamen Vertreter könnten sich die Antragsteller mit dem Antragsgegner auf einen – auf sie selbst beschränkten, womöglich weit überhöhten – Zahlbetrag einigen und die Anträge zurücknehmen; die nicht am Verfahren beteiligten Aktionäre würden dann leer ausgehen.[112] Die Frage darf indessen aufgeworfen werden, ob die passiven Aktionäre davor wirklich geschützt werden müssen. Dass die angebotene Abfindung nicht angemessen war, steht in einem solchen Fall gerade nicht fest. Dafür spricht auch keine Vermutung. Wenn es aber nicht um die Rechtswahrung der passiven Aktionäre, sondern um die Missbrauchsprophylaxe geht, könnte der Gesetzgeber jedenfalls leicht auf anderem Wege Abhilfe schaffen, etwa durch die gesetzliche Erstreckung eines Vergleichs auf alle außenstehenden Aktionäre.

---

[110] Oder sogar je eines gesonderten für Ausgleich und Abfindung.
[111] *Büchel* NZG 2003, 793, 797.
[112] *Büchel* NZG 2003, 793, 796; *Lutter/Bezzenberger* AG 2000, 433, 441.

PETER ULMER

Austrittsrecht aus wichtigem Grund in der OHG/KG?

Übersicht

I. Einführung

1. Die Regelungsunterschiede der §§ 723 BGB, 133 HGB mit Blick auf das Austrittsverlangen von Gesellschaftern aus wichtigem Grund

a) Zu den seit langem anerkannten Grundsätzen des Zivilrechts gehört das Recht jedes Partners eines Dauerschuldverhältnisses, sich bei Vorliegen eines wichtigen Grundes vorzeitig aus der Vertragsbeziehung zu lösen.[1] Das hat der Gesetzgeber der Schuldrechtsreform 2002 durch Aufnahme des neuen § 314 BGB betr. die außerordentliche Kündigung derartiger Verträge ausdrücklich anerkannt. Für Personengesellschaften war dieses Recht im Grundsatz schon mehr als 100 Jahre zuvor kodifiziert worden, allerdings mit zum Teil signifikanten Unterschieden. So sieht § 723 Abs. 1 S. 2 BGB für befristete Gesellschaften[2] ein vorzeitiges, außerordentliches Kündigungsrecht jedes Gesellschafters aus wichtigem Grund vor; es führt zur Auflösung der Gesellschaft, außer wenn der Gesellschaftsvertrag das Ausscheiden des

[1] Dazu statt aller MünchKommBGB/*Gaier* 5. Aufl. 2007, § 314 Rn. 1; *Beitzke* Nichtigkeit, Auflösung und Neugestaltung von Dauerrechtsverhältnissen, 1948, S. 21; *Larenz* Schuldrecht I, 14. Aufl. 1987, § 2 VI S. 29 ff.

[2] Unter Einschluss von unbefristeten Gesellschaften mit längerfristigen, keinen alsbaldigen Ausstieg ermöglichenden Kündigungsterminen, vgl. MünchKommBGB/*Ulmer/Schäfer* 5. Aufl. 2009, § 723 Rn. 3.

Kündigenden bei Fortbestand der Gesellschaft unter den übrigen Gesellschaftern vorsieht (§ 736 Abs. 1 BGB). Demgegenüber bestimmen §§ 133 Abs. 1, 161 Abs. 2 HGB[3] für Gesellschafter einer OHG oder KG, dass sie zur Geltendmachung eines wichtigen Grundes Klage gegen die Mitgesellschafter auf Auflösung der Gesellschaft erheben müssen. Das Ausscheiden eines Gesellschafters iVm. dem Fortbestand der Gesellschaft als Klageziel ist kraft Gesetzes nur für den Ausschluss eines störenden Gesellschafters nach § 140 HGB vorgesehen.[4] Zwar sind beide Vorschriften trotz des mit dem jeweiligen Gestaltungsklageerfordernis verfolgten Interesses an Rechtssicherheit dispositiv; sie können im Gesellschaftsvertrag sowohl durch entsprechende einseitige Gestaltungsrechte[5] als auch mit unterschiedlichen Rechtsfolgen ersetzt werden.[6] Ohne solche Abweichungen soll es aber für den Grundfall des § 133 HGB grundsätzlich auch dann bei der Auflösung als unter Umständen übermäßige Rechtsfolge bleiben, wenn der wichtige Grund nicht die Gesellschaft, sondern den klagenden Gesellschafter persönlich betrifft und er deshalb in erster Linie am eigenen Ausscheiden interessiert sein dürfte.

b) Unverkennbar ist allerdings, dass in der Literatur zu §§ 133, 140 HGB die – hier interessierende – Auflösungsklage seitens eines seinerseits ausscheidenswilligen Gesellschafters lange Zeit nur eine untergeordnete Rolle spielte, vergleicht man sie mit der Auflösungsklage wegen eines die Gesellschaft betreffenden wichtigen Grundes, aber auch mit der Ausschlussklage gegen einen störenden Mitgesellschafter; Rechtsprechung zur Auflösung wegen eines wichtigen Grundes auf Seiten des Klägers ist kaum bekannt geworden. Dementsprechend befassen sich die Kommentare zu § 133 HGB im wesentlichen nur einerseits mit wichtigen, zur Auflösung führenden Gründen betreffend die Gesellschaft[7] und andererseits – so auch zu § 140 HGB[8] – mit solchen in der Person eines störenden Mitgesellschafters.[9] Auf wichtige Gründe bei ausscheidenswilligen Gesellschaftern[10] als Kläger gehen sie kaum ein.[11] Auch wurde die Problematik der gesetzlichen Anordnung einer Auflösungsklage in Fällen, in denen es dem Kläger der Sache nach nur um das eigene Ausscheiden und die Erlangung des Abfindungsguthabens geht, bis zum Handelsrechtsreformgesetz 1998 nicht thematisiert. Anderes galt in neuerer Zeit für das Ausscheidensverlangen von fehlerhaft einer Publikums-KG beigetretenen Gesellschaftern; ihm trägt die höchstrichterliche Rechtsprechung[12] mit einhelliger Zustim-

[3] Ebenso zuvor schon Art. 125, 170 Abs. 2 ADHGB.

[4] Zum Verhältnis zwischen Auflösungs- und Ausschlussklage, bei denen es sich jeweils um Gestaltungsklagen unter Beteiligung aller Gesellschafter auf der Aktiv- bzw. Passivseite handelt, vgl. nur *Schäfer* in: Staub, HGB, 5. Aufl. 2009, § 133 Rn. 13 f. und § 140 Rn. 15.

[5] Insbesondere also durch ein Kündigungsrecht aus wichtigem Grund unter Fortsetzung der Gesellschaft zwischen den übrigen, vgl. *Schäfer* in: Staub, HGB, 5. Aufl. 2009, § 133 Rn. 73, 76 f.

[6] Die Zulässigkeit abweichender Regelungen im Gesellschaftsvertrag entspricht – in den Grenzen des § 133 Abs. 3 HGB – ganz hM, vgl. nur BGHZ 31, 295, 298 ff.; *Schäfer* in: Staub, HGB, 5. Aufl. 2009, § 133 Rn. 68 ff.

[7] Vgl. etwa MünchKommHGB/*K. Schmidt* 2. Aufl. 2006, § 133 Rn. 15 ff.; *Lorz* in: Ebenroth/Boujong/Joost, HGB, 2008, § 133 Rn. 19 f.; *Schäfer* in: Staub, HGB, 5. Aufl. 2009, § 133 Rn. 16 ff.; *Hopt* in: Baumbach/Hopt HGB, 34. Aufl. 2010, § 133 Rn. 5, 10.

[8] Dazu statt aller MünchKommHGB/*K. Schmidt* 2. Aufl. 2006, § 140 Rn. 16 ff., 39 ff.; *Schäfer* in: Staub, HGB, 5. Aufl. 2009, § 140 Rn. 6 ff.

[9] MünchKommHGB/*K. Schmidt* 2. Aufl. 2006, § 133 Rn. 19 ff.; *Lorz* in: Ebenroth/Boujong/Joost, HGB, 2008, § 133 Rn. 13 ff.; *Schäfer* in: Staub, HGB, 5. Aufl. 2009, § 133 Rn. 23 ff.; *Hopt* in: Baumbach/Hopt HGB, 34. Aufl. 2010, § 133 Rn. 7 ff.

[10] Zu denken ist etwa an (1) schwere Krankheit oder hohes Alter des Hauptkapitalgebers als Gesellschafter einer risikoträchtigen Gesellschaft, (2) dauerhaft minderheitenfeindlich ausgerichtete, insbesondere zum Aushungern der Minderheit führende Mehrheitspolitik, (3) existentielles finanzielles Angewiesensein eines Gesellschafters auf Liquidation seiner Beteiligung oder (4) Entstehen einer für den betroffenen Gesellschafter unzumutbaren Konkurrenzsituation durch mehrheitliche Änderung (Ausweitung) des Unternehmensgegenstands der Gesellschaft.

[11] Kurze Hinweise immerhin bei *Schäfer* in: Staub, HGB, 5. Aufl. 2009, § 133 Rn. 30; Andeutungen auch bei MünchKommHGB/*K. Schmidt* 2. Aufl. 2006, § 133 Rn. 25.

[12] St. Rspr. seit BGHZ 63, 338, 345 f. (1974); so denn auch BGHZ 148, 201, 207; 153, 214, 223 u.a.

mung der Literatur[13] bekanntlich durch rechtsfortbildende Anerkennung eines außerordentlichen Kündigungsrechts abweichend von § 133 HGB Rechnung.

2. Das unveränderte Beibehalten des § 133 HGB in der Handelsrechtsreform 1998 als Problem

Das Handelsrechtsreformgesetz 1998 ließ die seit alters bestehenden Unterschiede zwischen den auf einen wichtigen Grund gestützten Ausscheidensregelungen in GbR und OHG/KG unberührt. Denn trotz des in § 131 Abs. 3 HGB nF vollzogenen Paradigmenwechsels von der Personen- zur Unternehmenskontinuität beim Eintritt eines der in Abs. 3 S. 1 Nr. 1 bis 6 genannten, der fortdauernden Mitgliedschaft eines Gesellschafters entgegenstehenden Ereignisses,[14] dh. trotz des Übergangs von der Auflösung der OHG/KG zu ihrem Fortbestand ohne den Ausscheidenden als gesetzlicher Regelfall, sah der Gesetzgeber davon ab, im Falle der Gestaltungsklage des § 133 HGB die Rechtsfolge der Auflösung der Gesellschaft aus wichtigem Grund auf diejenigen Fälle zu beschränken, in denen der Klagegrund in den Verhältnissen der Gesellschaft lag. Auch die Neufassung des § 131 Abs. 3 Nr. 3 HGB betreffend den Fortbestand der OHG/KG bei Kündigung seitens eines Gesellschafters änderte daran nichts. Denn diese Vorschrift betrifft nach zutreffender ganz hM[15] nur die Rechtsfolge, die eintritt, wenn Gesellschafter von einem ihnen zustehenden Kündigungsrecht Gebrauch machen, bei OHG und KG also in erster Linie vom ordentlichen Kündigungsrecht für unbefristete Gesellschaften nach § 132 HGB. Sie begründet aber kein Recht ausscheidenswilliger Gesellschafter zur außerordentlichen Kündigung, wenn ein solches nicht an anderer Stelle geregelt, insbesondere im Gesellschaftsvertrag vorgesehen ist.

Diese – in der Regierungsbegründung nicht problematisierte – Zurückhaltung des Gesetzgebers gegenüber einer Änderung des § 133 HGB erstaunt aus einem doppelten Grunde. Denn einerseits stellt sich die Frage der Unternehmenskontinuität nicht nur in den Fällen ordentlicher Kündigung des Gesellschaftsvertrags durch einen Gesellschafter, sondern auch bei seinem einseitigen Ausscheidensverlangen wegen eines Grundes, der nur für ihn persönlich das weitere Verbleiben in der Gesellschaft unzumutbar macht. Und andererseits dürfte unverkennbar sein, dass das von der hM dem § 133 HGB entnommene Erfordernis, zur Durchsetzung des Ausscheidenswunsches Gestaltungsklage auf Auflösung der Gesellschaft zu erheben, für den Ausscheidenswilligen nicht selten eine unverhältnismäßige Belastung bedeutet, ja dass es für die gerichtliche Prüfung des wichtigen Grundes sogar zu einer sachwidrigen Fragestellung führt. Denn ginge es um das Ausscheiden des Klägers als angestrebte Rechtsfolge, könnte sich das Gericht darauf beschränken, zwischen dessen Verlangen nach vorzeitigem Austritt und demjenigen der Mitgesellschafter nach personell unverändertem Fortbestand der Gesellschaft und Vermeidung eines Kapitalabflusses abzuwägen. Demgegenüber nötigt die Auflösungsklage des § 133 HGB das Gericht zu der deutlich komplexeren Abwägung des Ausscheidensverlangens des Klägers mit der Zerschlagung der Gesellschaft, dh. eines Klageziels, das vom Kläger in derartigen Fällen vielfach gar nicht gewollt ist,[16] ihm vom Gesetzgeber nach dem Wortlaut des§ 133 HGB Abs. 1 aber geradezu aufgezwungen wird.[17]

---

[13] Vgl. nur MünchKommHGB/*Grunewald* 2002, § 161 Rn. 131; *Schäfer* in: Staub, HGB, 5. Aufl. 2009, § 133 Rn. 3 f.; *Schilling* in Staub, HGB, 4. Aufl. 1987, Anh. § 161 Rn. 11; *Hopt* in: Baumbach/Hopt HGB, 34. Aufl. 2010, Anh. § 177a Rn. 58; *K. Schmidt* Gesellschaftsrecht, 4. Aufl. 2002, § 50 II 4 d.

[14] Begr. RegE, BT-Drucks. 13/8444 S. 39, 41 f.

[15] Vgl. statt aller *Schäfer* in: Staub, HGB, 5. Aufl. 2009, § 131 Rn. 100; MünchKommHGB/*K. Schmidt* 2. Aufl. 2006, § 131 Rn. 78.

[16] Anderes kommt dann in Betracht, wenn eine auf Ausscheidensfälle bezogene gesellschaftsvertragliche Abfindungsbeschränkung zu einer spürbar hinter dem anteiligen Liquidationserlös zurückbleibenden Abfindung führt (vgl. III. 6.).

[17] Die Norm spricht nur von der Auflösung als Klageziel. Hiervon abweichend wird teilweise zwar auch ein auf das eigene Ausscheiden des Klägers gerichteter Anspruch zugelassen (so *Lorz* in:

3. *Fragestellung*

Vor diesem Hintergrund überrascht es nicht, dass in der Literatur seit 1998 die Frage diskutiert wird, ob und unter welchen Voraussetzungen bereits de lege lata Möglichkeiten bestehen, zur Anerkennung eines außerordentlichen Austrittsrechts von OHG/KG-Gesellschaften abweichend von § 133 HGB zu kommen. Soweit es um den Sonderfall des Kündigungsrechts des § 723 Abs. 1 S. 3 Nr. 2 iVm. § 1629a BGB geht, d.h. um die Haftungsbegrenzung volljährig gewordener BGB-Gesellschafter, steht die hM schon heute auf dem Standpunkt, dass dieses Recht nicht nur BGB-Gesellschaften, sondern auch volljährig gewordenen OHG-Gesellschaftern zusteht und dass es sie nicht etwa zur fristgerechten (§ 723 Abs. 1 S. 4 BGB) Erhebung einer Auflösungsklage nach § 133 Abs. 1 HGB zwingt.[18]

Wie im Folgenden zu zeigen ist (s. II. 3.), verdient die Anerkennung eines außerordentlichen Kündigungsrechts volljährig gewordener Gesellschafter auch in der OHG/KG im Grundsatz Zustimmung, obwohl auch insoweit der Gesetzgeber auf eine Anpassung der §§ 131 bis 133 HGB verzichtet hat. Entsprechendes gilt für das rechtsfortbildend vom BGH entwickelte Kündigungsrecht von Gesellschaftern, die fehlerhaft einer Publikums-KG beigetreten waren und sich hierauf der Gesellschaft gegenüber als Ausscheidensgrund berufen.[19] Zu fragen bleibt freilich, ob und inwieweit der in diesen Fällen zu beobachtende Übergang von der Auflösungsklage zur außerordentlichen Kündigung nicht auch für sonstige Fälle eines auf wichtige Gründe gestützten Ausscheidensverlangens herangezogen werden kann, d.h. ob er gegenüber dem durch das Gestaltungsklageerfordernis der §§ 133, 140 HGB verfolgten Rechtssicherheitsinteresse Vorrang verdient und welche Auswirkungen er auf die dem Ausscheidenden zustehende Abfindung hat.

4. *Widmung*

Die Möglichkeiten und Grenzen der Rechtsfortbildung mit Blick auf § 133 HGB in einer Festschrift zu untersuchen, die dem langjährigen Vorsitzenden des Gesellschaftsrechtssenats des BGH gewidmet ist, liegt aus einem doppelten Grunde nahe. Denn einerseits ist der Senat seit vielen Jahrzehnten zu Recht dafür bekannt, mit seinen rechtsfortbildenden Grundsatzurteilen wesentlich dazu beigetragen zu haben, dass es der Rechtsordnung auch ohne ständiges Eingreifen des Gesetzgebers gelang, den vielfältigen Wandlungen der Wirtschaftspraxis und den Neuerungen der Vertragsgestaltung angemessen Rechnung zu tragen.[20] Und zum anderen gibt es nicht wenige Urteile gerade auch aus der Zeit des Senatsvorsitzenden *Goette* und wissenschaftliche Beiträge aus seiner Feder, die seine Aufgeschlossenheit für die Fortbildung des Rechts und dessen Ausrichtung auf neue Frage-

---

Ebenroth/Boujong/Joost, HGB, 2008, § 133 Rn. 3; *Koller* in: Koller/Roth/Morck, HGB, 5. Aufl. 2005, § 133 Rn. 3). Jedoch soll es auch insoweit bei der Geltendmachung durch Gestaltungsklage bleiben. Dagegen MünchKommHGB/*K. Schmidt* 2. Aufl. 2006, § 132 Rn. 38, § 133 Rn. 73.

[18] So unter Berufung auf § 131 Abs. 3 S. 1 Nr. 3 HGB *Schäfer* in: Staub, HGB, 5. Aufl. 2009, § 133 Rn. 32; *Windbichler* Gesellschaftsrecht, 22. Aufl. 2008, § 13 Rn. 26, *Grunewald* ZIP 1999, 597, 599; im Ergebnis ebenso *Hopt* in: Baumbach/Hopt HGB, 34. Aufl. 2010, § 133 Rn. 1 und 7; *Koller* in: Koller/Roth/Morck, HGB, 5. Aufl. 2005, § 132 Rn. 5; *Westermann* Hdb. der Personengesellschaften, Stand 2001, Rn. I 1098; wohl auch MünchKommHGB/*K. Schmidt* 2. Aufl. 2006, § 128 Rn. 66 und § 132 Rn. 5. AA – für Geltendmachung des Volljährigkeitseintritts über § 133 HGB – noch *Habersack* FamRZ 1999, 1, 7; *Klumpp* ZEV 1998, 409, 413; *Reimann* DNotZ 1999, 179, 207; auch neuerdings wohl noch *Lorz* in: Ebenroth/Boujong/Joost, HGB, 2008, § 133 Rn. 23 f.

[19] Vgl. Nachweise in Fn. 12, 13. Für Ausweitung dieser Rechtsprechung auf den fehlerhaften Beitritt auch zu typischen Personengesellschaften zutreffend *K. Schmidt* Gesellschaftsrecht, 4. Aufl. 2002, § 50 II 4 d; *Schäfer* in: Staub, HGB, 5. Aufl. 2009, § 133 Rn. 4, 39.

[20] Zur höchstrichterlichen Rechtsfortbildung im Gesellschaftsrecht vgl. nur *Ulmer* in: FS 50 Jahre BGH, Bd. II, 2000, S. 273 ff.

stellungen beleuchten.[21] Auch wenn sich *Goette* während seiner aktiven Richterzeit keine Gelegenheit bot, über das Verhältnis des unverändert gebliebenen § 133 HGB zum Kontinuitätsziel des Handelsrechtsreformgesetzes 1998 zu entscheiden, erscheint doch nicht ausgeschlossen, dass diese Frage den Senat in nicht zu ferner Zukunft beschäftigen könnte, dh. zu einer Zeit, in der damit gerechnet werden kann, dass die Kontinuität der unter dem bisherigen Vorsitzenden entwickelten Rechtsprechung noch spürbar ist.

II. Der Meinungsstand zur Frage eines Kündigungsrechts aus wichtigem Grund abweichend von § 133 HGB

1. Festhalten am status quo ante (hM)

Die nach wie vor überwiegende, auch heute noch als herrschend zu bezeichnende Ansicht zur Frage eines außerordentlichen Kündigungsrechts von OHG/KG-Gesellschaftern verneint ein solches Recht trotz des Paradigmenwechsels des Handelsrechtsreformgesetzes 1998, sofern der Gesellschaftsvertrag keine von § 133 HGB abweichende Regelung enthält. Als erster hat sich in diesem Sinne *Habersack* unter Hinweis auf das unveränderte Festhalten des Gesetzgebers an § 133 HGB geäußert.[22] Die Mehrzahl der HGB-Kommentare ist ihm darin gefolgt.[23] Und auch die Neuauflagen der Lehrbücher zum Gesellschaftsrecht liegen – trotz Erwähnung der abweichenden Grundtendenz des Handelsrechtsreformgesetzes 1998 – überwiegend auf dieser Linie,[24] wobei Ausnahmen einerseits für das Kündigungsrecht im Fall fehlerhaften Beitritts zu einer Publikums-KG,[25] andererseits für die außerordentliche Kündigung seitens eines volljährig gewordenen Gesellschafters anerkannt werden.[26]

Dem Übergang des Gesetzgebers zum Prinzip der Unternehmenskontinuität durch Neufassung des § 131 HGB und dem aus der Sicht der Beteiligten nicht selten unverhältnismäßigen Erfordernis einer Auflösungsklage bei Vorliegen eines wichtigen Austrittsgrundes wollen einige Vertreter dieser hM allerdings im Rahmen des § 133 Abs. 1 HGB Rechnung tragen. Dabei finden sich zwei Varianten. Die eine beruft sich auf die zu § 133 HGB seit langem entwickelte, in ständiger Rechtsprechung praktizierte Theorie des milderen Mittels;[27] sie soll den Gerichten das Recht einräumen, im Fall grundsätzlicher Anerkennung des wichtigen Grundes anstelle der Auflösung der Gesellschaft auf Ausscheiden des klagenden Gesellschafters als milderes Mittel zu erkennen, wenn der wichtige Grund die

---

[21] Von den gesellschaftsrechtlichen Grundsatzurteilen des Senats unter dem Vorsitz von *Goette* verdienen (ohne Anspruch auf Vollständigkeit) Erwähnung insbesondere die folgenden Entscheidungen: BGHZ 168, 201 – Voreinzahlung auf künftige Kapitalerhöhung; 170, 284 – Otto; 173, 145 – Lurgi: 173, 246 – Trihotel; 175, 265 – Rheinmöve; 176, 204 – Gamma; 179, 71 – MPS; 180, 38 – Qivive; 180, 221 – Schiedsfähigkeit II; 183, 1 – Sanieren oder Ausscheiden; NJW 2010, 343 – Eurobike.

[22] *Habersack* in: Die Reform des Handelsstands und der Personengesellschaften (Fachtagung der Bayer-Stiftung), 1999, S. 73, 91 f.

[23] So *Lorz* in: Ebenroth/Boujong/Joost, HGB, 2008, § 133 Rn.3, 9; *Schäfer* in: Staub, HGB, 5. Aufl. 2009, § 131 Rn. 9, § 132 Rn. 5 und § 133 Rn. 1; *v. Gerkan/Haas* in: Röhricht/Graf von Westphalen, HGB, 3. Aufl. 2008, § 131 Rn. 34 und § 132 Rn. 1; *Kamanabrou* in Oetker, HGB, 2009, § 131 Rn. 33; *Koller* in: Koller/Roth/Morck, HGB, 5. Aufl. 2005, § 133 Rn. 1.

[24] *Windbichler* Gesellschaftsrecht, 22. Aufl. 2008, § 13 Rn. 26; so auch *K. Schmidt* Gesellschaftsrecht, 4. Aufl. 2002, § 50 II 4 d; *Wiedemann* Gedächtnisschrift Lüderitz, 2000, S. 839, 844 f.; anders dann aber *ders.* Gesellschaftsrecht, Bd. II, 2004, § 8 IV 2, S. 747 f.

[25] Vgl. nur *K. Schmidt* Gesellschaftsrecht, 4. Aufl. 2002, § 50 II 4 d und die Nachweise in Fn. 12, 13.

[26] Statt aller *Windbichler* Gesellschaftsrecht, 22. Aufl. 2008, § 13 Rn. 26; vgl. auch Nachweise in Fn. 18.

[27] Vgl. dazu nur *Schäfer* in: Staub, HGB, 5. Aufl. 2009, § 133 Rn. 13 f. mN.

Funktionsfähigkeit der Gesellschaft unberührt lässt und die Mitgesellschafter an ihr festhalten wollen.[28] Darüber hinausgehend will eine zweite Ansicht, das Klageziel des § 133 HGB als solches modifizierend, dem Austrittswilligen neben oder anstelle der Auflösungsklage unmittelbar das Recht einräumen, von sich aus auf den eigenen Austritt zu klagen.[29] Sie nähert sich damit der Anerkennung eines einseitigen Kündigungsrechts an, unterscheidet sich davon allerdings durch das Festhalten an der Gestaltungsklage zur Durchsetzung des Austrittsrechts.

2. Anerkennung eines außerordentlichen Austrittsrechts

Als grundlegender, auch auf die Diskussion zum Handelsrechtsreformgesetz ausstrahlender Befürworter eines Austrittsrechts aus wichtigem Grund für Gesellschafter einer personalistisch strukturierten Gesellschaft ist *Röhricht* zu nennen.[30] In einem schon sieben Jahre vor der Handelsrechtsreform erschienenen Festschriftbeitrag, der zwar speziell den Austritt von GmbH-Gesellschaftern zum Thema hatte, inhaltlich aber auch das Recht der Personenhandelsgesellschaften einbezog, sprach er sich für das Recht überstimmter Gesellschafter aus, bei grundlegender Umgestaltung des Gesellschaftsverhältnisses auszuscheiden; es bilde bei allen Verbandsformen einen wichtigen Grund zum einseitigen Ausscheiden, wenn eine andere Art des Austritts, insbesondere eine solche durch Anteilsverwertung, dem Überstimmten nicht möglich sei.[31] Auch wenn der Autor sich dabei nicht ausdrücklich auf die Vorschrift des § 133 HGB bezog, sondern sich darauf beschränkte, den Weg zu der sodann in BGHZ 116, 359, 369 vollzogenen rechtsfortbildenden Anerkennung eines GmbH-Austrittsrechts zu bereiten, wurde der Beitrag in der nachfolgenden Diskussion zum Handelsrechtsreformgesetz 1998 doch zu Recht dahin verstanden, dass er sich für die Anerkennung eines außerordentlichen Austrittsrechts auch für Gesellschafter einer OHG oder KG aussprach.[32]

Nach Inkrafttreten des Handelsrechtsreformgesetz 1998 war es als erster *Hopt,* der sich unter Hinweis auf den mit der Reform verbundenen Paradigmenwechsel nachdrücklich für die Anerkennung eines Austrittsrechts von OHG/KG-Gesellschaftern aus wichtigem Grund trotz unveränderten Wortlauts des § 133 HGB aussprach.[33] Er führte dafür drei Gründe an:

1. den Wortlaut der einschlägigen Vorschriften der §§ 131, 133 HGB, dh. die Erfassung jeder (sic) Kündigung durch § 131 Abs. 3 S. 1 Nr. 3 HGB und die Beschränkung des § 133 HGB auf die Auflösungsklage,
2. den mit § 133 HGB für den Auflösungsfall einer OHG oder KG verfolgten, für das einseitige Ausscheiden unerheblichen Normzweck der Verkehrssicherheit im Gläubigerinteresse,
3. die rechtsfortbildende Zulassung der Austrittskündigung bei der Publikums-KG.

Folge der Anerkennung eines derartigen Austrittsrechts de lege lata sei es, dass die Rechtsinstitute der zum Austritt führenden außerordentlichen Kündigung, der Auflösungs-

---

[28] *Lorz* in: Ebenroth/Boujong/Joost, HGB, 2008, § 133 Rn. 9; so wohl auch *Westermann* (Fn. 18) Rn. I 1098; MünchKommHGB/*K. Schmidt* 2. Aufl. 2006, § 133 Rn. 52, 55.

[29] So *Lorz* in: Ebenroth/Boujong/Joost, HGB, 2008, § 133 Rn. 3, 9; *Koller* in: Koller/Roth/Morck, HGB, 5. Aufl. 2005, § 133 Rn. 3; aA wegen Unzulässigkeit eines solchen Klageziels MünchKommHGB/*K. Schmidt* 2. Aufl. 2006, § 132 Rn. 38 und § 133 Rn. 73.

[30] *Röhricht* in: FS Kellermann, 1991, S. 361 ff. So im Grundsatz auch schon *Reuter* Privatrechtliche Schranken der Perpetuierung von Unternehmen, 1973, S. 390 ff.

[31] *Röhricht* in: FS Kellermann, 1991, S. 371 ff., 377 ff.

[32] Vgl. nur die Bezugnahme auf *Röhricht* durch *Hopt* als führender Vertreter des Austrittsrechts (Nachweise in Fn. 34).

[33] *Hopt* in: Baumbach/Hopt HGB, 34. Aufl. 2010, § 133 Rn. 1; so erstmals schon *ders.* in 30. Aufl. 2000, aaO.

klage nach § 133 HGB und der Ausschluss- bzw. Übernahmeklage nach § 140 HGB gut abgrenzbar nebeneinander stünden.[34]

Unterstützung fanden die Thesen von *Hopt* alsbald durch *Westermann*. [35] Unter maßgeblicher Hervorhebung des mit § 131 Abs. 3 HGB nF verfolgten Normzwecks, die Auflösung der Gesellschaft und die Zerschlagung der gemeinsam geschaffenen Werte in Fällen zu vermeiden, in denen es (nur) um Austrittsgründe eines einzelnen Partners gehe, plädierte auch er für die (rechtsfortbildende) Anerkennung eines einseitigen Austrittsrechts, während sich die Auflösungsklage auf solche Fälle beschränken sollte, in denen der wichtige Grund so gewichtig sei, dass er die Fortsetzung der Gesellschaft unter den übrigen Gesellschaftern ausschließe.[36] Die einige Jahre später im selben Handbuch erschienene Darstellung von *Wertenbruch* zu diesem Thema hat sich dieser Ansicht freilich allenfalls halbherzig angeschlossen.[37]

Mit einem gewissen Vorbehalt sind unter den Befürwortern des einseitigen Austrittsrechts schließlich zwei weitere Autoren zu nennen. Sie haben die Problematik des Paradigmenwechsels zu § 131 HGB bei unveränderter Beibehaltung des § 133 HGB zwar erkannt, sich aber nicht zu einem eindeutigen Vorrang des Austrittsrechts gegenüber der Auflösungsklage durchgerungen. Das gilt einerseits für *Wiedemann,* der zunächst für das Festhalten an der Auflösungsklage trotz des Paradigmenwechsels eingetreten war.[38] Abweichend hiervon plädierte er zwar später dafür, zwischen gesellschaftsbezogenen (dann § 133 HGB) und gesellschafterbezogenen (dann einseitiges Austrittsrecht) wichtigen Gründen zu unterscheiden.[39] Sein ergänzender Hinweis, der austrittswillige Gesellschafter könne auf ein Austrittsverlangen beschränkt werden, wenn nicht besondere Gründe für die Auflösung sprächen,[40] ist für die Abgrenzung allerdings nur bedingt hilfreich. Andererseits hat es auch *Karsten Schmidt* seinen Lesern nicht ganz leicht gemacht. Denn nachdem er sich vor dem Hintergrund des Paradigmenwechsels zunächst damit begnügt hatte, das von der Rechtsprechung anerkannte Kündigungsrecht von fehlerhaft einer Publikums-KG beigetretenen Gesellschaftern auf sonstige Fälle des fehlerhaften Beitritts auszudehnen,[41] sprach er sich später dafür aus, je nach Lage des Einzelfalls und Art des Austrittsgrundes danach zu differenzieren, ob es den Mitgesellschaftern zugemutet werden könne, die Gesellschaft entweder ohne den kündigenden Gesellschafter fortzusetzen oder aber zur Auflösung zu bringen.[42] Der Sache nach läuft diese Differenzierung darauf hinaus, die Rechte des Ausscheidenswilligen von der gerichtlichen Beurteilung des wichtigen Grundes abhängig zu machen und den Kläger damit bei seinem Vorgehen letztlich zu einer Doppelstrategie zu zwingen.

3. Der Sonderfall des Kündigungsrechts volljährig gewordener OHG-Gesellschafter

Wie schon erwähnt, geht die ganz hM mit Blick auf das im Jahr 1998 durch das Minderjährigenhaftungsbeschränkungsgesetz[43] in § 723 Abs. 1 S. 3 Nr. 2 BGB eingefügte Sonderkün-

---

[34] So *Hopt* in: Baumbach/Hopt HGB, 34. Aufl. 2010, § 133 Rn. 1.

[35] *Westermann* (Fn. 18) Rn. I 1098.

[36] *Westermann* (Fn. 18) Rn. I 1098.

[37] *Wertenbruch* Hdb. Rn. I 1640 k (Stand 2009), spricht sich zwar dafür aus, wegen des seit HRefG 1998 vorrangigen Fortbestands der Gesellschaft bei gesellschafterbezogenen wichtigen Gründen wesentlich zurückhaltender als früher zur Rechtsfolge der Auflösung zu kommen. Als Alternative führt er jedoch nur den Ausschluss störender Gesellschafter nach § 140 HGB an, ohne auch die Möglichkeit eines Austrittsrechts aus wichtigem Grund zu bedenken.

[38] Vgl. Nachweise in Fn. 24.

[39] *Wiedemann* Gesellschaftsrecht, Bd. II, 2004, § 8 IV 2, S. 747 f.

[40] *Wiedemann* Gesellschaftsrecht, Bd. II, 2004, § 8 IV 2, S. 748.

[41] *K. Schmidt* Gesellschaftsrecht, 4. Aufl. 2002, § 50 II 4 d.

[42] MünchKommHGB/*K. Schmidt* 2. Aufl. 2006, § 132 Rn. 37 ff., 44.

[43] Gesetz zur Beschränkung der Haftung Minderjähriger (MHbeG) vom 25.8.1998, BGBl. I S. 2487.

digungsrecht volljährig gewordener Gesellschafter davon aus, dass es trotz seiner Nichterwähnung in dem fast gleichzeitig erlassenen Handelsrechtsreformgesetz[44] auch für die Kündigung durch einen OHG-Gesellschafter[45] gilt und ihm der Vorrang vor einer auf § 133 HGB gestützten Auflösungsklage zukommt.[46] Dem ist zuzustimmen, ohne dass es dazu einer generellen Abgrenzung zwischen Kündigungsrecht aus wichtigem Grund und Auflösungsklage bedarf. Auch kommt es für dieses Ergebnis nicht auf die in der Begründung zum MHbeG[47] erwähnte „Ausstrahlung" des neuen Kündigungsrechts auf die Auslegung des § 133 HGB an. Entscheidend ist vielmehr, dass das Eingreifen des § 723 Abs. 1 S. 3 Nr. 2 BGB im Handelsrecht allein schon auf dem Weg über § 105 Abs. 3 HGB gesichert ist. Denn der mit dem neuen Kündigungsrecht bezweckte Schutz volljährig gewordener Gesellschafter verfolgt einen grundsätzlich anderen Normzweck als die auf das Vorliegen eines wichtigen Grundes gestützte Auflösungsklage. Für sein Eingreifen genügt die theoretische Möglichkeit, dass die Haftung des volljährig gewordenen Gesellschafters für Verbindlichkeiten der Gesellschaft aus der Zeit vor diesem Stichtag zu dessen Überschuldung führt.[48] Die regelmäßig unproblematische Prüfung dieses Kündigungsgrundes und die Bejahung eines damit nach § 723 Abs. 1 S. 3 Nr. 2 BGB iVm. § 131 Abs. 3 Nr. 3 HGB verbundenen Austrittsrechts sind typischerweise nicht mit solcher Rechtsunsicherheit verbunden, dass sie die Zwischenschaltung einer Gestaltungsklage erforderlich machen könnten.[49] Für § 133 HGB ist insoweit daher kein Raum; den Rückgriff auf § 723 Abs. 1 BGB steht nicht entgegen. Allerdings gestatten diese Besonderheiten des MHbeG-Kündigungsrechts es auch nicht, daraus ohne weiteres auf die Anerkennung eines allgemeinen Kündigungsrechts aus wichtigem Grund vorrangig vor oder konkurrierend mit der Auflösungsklage des § 133 HGB zu schließen. Hierzu bedarf es vielmehr weiterer Überlegungen (s. III.).

III. Stellungnahme

1. Überblick

Die Frage, ob und inwieweit es bei der Interpretation der §§ 131, 133 HGB mit Blick auf das Geltendmachen eines wichtigen Austrittsgrundes eines rechtsfortbildenden Neuansatzes bedarf, lässt sich nicht schon unter Berufung auf den Wortlaut dieser Normen oder auf einen einzelnen sonstigen Auslegungsparameter beantworten. Vielmehr macht die Antwort den Rückgriff auf die Entstehungsgeschichte und den Normzweck dieser Normen sowie auf die Systematik der Vorschriften des Vierten Titels des Zweiten HGB-Buches (Auflösung der Gesellschaft und Ausscheiden von Gesellschaftern, §§ 131 bis 144 HGB) erforderlich. Das soll im Folgenden vor dem Hintergrund der von den Befürwortern und Gegnern einer Neuinterpretation jeweils angeführten Gründe unternommen werden. Gesetzestechnisch geht es, wie unter 5. c zu zeigen ist, letztlich um die Frage, ob die Vorschriften der §§ 131, 133 HGB aus heutiger Sicht eine in sich abgeschlossene, wenn auch vertragsdispositive Regelung für das Geltendmachen solcher wichtiger Gründe enthalten, die für einzelne Gesellschafter die weitere Mitgliedschaft in der Gesellschaft unzumutbar machen, so dass für einen Rückgriff auf § 723 Abs. 1 S. 2 BGB über § 105 Abs. 3 HGB kein Raum ist,

[44] Gesetz vom 22. 6.1998, BGBl. I S. 1474.

[45] Für Kommanditisten besteht das Kündigungsrecht nur, wenn sie wegen rückständiger Pflicht- oder offener Hafteinlage einem Haftungsrisiko im Zeitpunkt der Volljährigkeit ausgesetzt sind (so zutreffend *Schäfer* in: Staub, HGB, 5. Aufl. 2009, § 133 Rn. 33; *Lorz* in: Ebenroth/Boujong/Joost, HGB, 2008, § 133 Rn. 25).

[46] Vgl. die Nachweise in Fn. 18.

[47] BT-Drucks. 13/5624 S. 10.

[48] Vgl. nur *Schäfer* in: Staub, HGB, 5. Aufl. 2009, § 133 Rn. 31 ff., 33.

[49] So die hM (Fn. 18); aA anscheinend *Lorz* in: Ebenroth/Boujong/Joost, HGB, 2008, § 133 Rn. 21 ff., 23 f.

oder ob § 133 HGB restriktiver Interpretation dahin bedarf, dass er sich nur auf wichtige Gründe bei der Gesellschaft selbst sowie (unter Einschluss des § 140 HGB) auf solche bei einem störenden, nicht von sich aus zum Ausscheiden bereiten Mitgesellschafter bezieht, während er dem aus § 723 Abs. 1 S. 2 BGB abzuleitenden Recht einzelner Gesellschafter zur Kündigung ihrer Mitgliedschaft aus wichtigem Grund nicht entgegensteht.

2. *Wortlaut der §§ 131, 133 HGB*

Der Wortlaut der §§ 131 Abs. 3 S. 1 Nr. 3 nF, 133 Abs. 1 HGB ist, wie schon erwähnt, das erste Argument, auf das *Hopt* als gewichtigster Befürworter eines außerordentlichen, zum Ausscheiden des Gesellschafters führenden Kündigungsrechts seine These stützt. In der Tat könnten die beiden Vorschriften in diesem Sinn verstanden werden. Denn § 131 Abs. 3 S. 1 Nr. 3 HGB bestimmt die „Kündigung des Gesellschafters" als einen der Gründe, die zum Ausscheiden des betroffenen Gesellschafters aus der fortbestehenden Gesellschaft führen, und § 133 HGB beschränkt sich nach seinem Wortlaut auf das Recht, aus wichtigem Grund Auflösungsklage zu erlauben, dh. auf das klageweise Vorgehen eines Gesellschafters mit anderer, nicht auf sein Ausscheiden gerichteter Zielsetzung.

Vor dem Hintergrund der sonstigen Auslegungskriterien ist indessen offenkundig, dass die Wortlautinterpretation, isoliert gesehen, nicht sehr weit führt, und auch *Hopt* beschränkt sich zur Begründung seiner Austrittsthese zu Recht nicht hierauf.[50] Denn was § 131 Abs. 3 S. 1 Nr. 3 HGB angeht, besteht aus systematischen Gründen Einigkeit, dass es sich dabei im Unterschied zu §§ 132, 134 HGB nicht um die Regelung eines neuen Kündigungsgrundes handelt, sondern um diejenige der Rechtsfolgen bei Ausübung eines anderweit begründeten Kündigungsrechts. Und mit Blick auf § 133 HGB lehrt dessen bisherige, historisch gewachsene Interpretation, dass die Auflösungsklage nach dieser Vorschrift sich – vorbehaltlich der Ausschlussklage nach § 140 HGB – auf sämtliche Fälle des Geltendmachens eines wichtigen Grundes beziehen sollte und dass der Gesetzgeber daneben kein einseitiges Austrittsrecht zulassen wollte, auch wenn Umstände in der Person des Klägers als wichtiger Auflösungsgrund für die Anwendung der Norm bisher ohne nennenswerte Bedeutung waren (s. III 1. b). Angesichts der unveränderten Beibehaltung des § 133 HGB im Handelsrechtsreformgesetz 1998 und angesichts des Umstands, dass auch die Regierungsbegründung insoweit keinen Paradigmenwechsel erkennen lässt, muss eine vom Wortlaut ausgehende Interpretation sich auf das Ergebnis beschränken, dass der Wortlaut der §§ 131, 133 HGB zwar der Anerkennung eines außerordentlichen, durch Kündigung geltend zu machenden Austrittsrechts nicht entgegensteht, dass er jedoch auch keine Anhaltspunkte für einen auf ein solches Austrittsrecht gerichteten gesetzgeberischen Willen liefert.

3. *Normzweckargumente*

a) Der Paradigmenwechsel von der Personen- zur Unternehmenskontinuität einer Handelsgesellschaft als eines der zentralen Reformziele des Handelsrechtsreformgesetz 1998 steht angesichts der Neufassung des § 131 HGB und insbesondere angesichts der neuen, in § 131 Abs. 3 Nr. 1 bis 6 aufgelisteten Ausscheidensgründe außer Zweifel; er wurde zu Recht auch in der Regierungsbegründung ausdrücklich hervorgehoben.[51] Dafür, dass dieser gewandelte Normzweck des § 131 Abs. 3 HGB nF auch zur Neuinterpretation des § 133 HGB führen und dass er den Anwendungsbereich des dort geregelten Auflösungsbegehrens entsprechend reduzieren sollte, sind den reformierten Vorschriften und ihrer Begründung indessen Anhaltspunkte nicht zu entnehmen. Zwar ist den Befürwortern einer

---

[50] *Hopt* in: Baumbach/Hopt HGB, 34. Aufl. 2010, § 133 Rn. 1 führt daneben auch den Normzweck des § 133 HGB sowie die Rechtsprechung zum Kündigungsrecht von fehlerhaft einer Publikums-KG beigetretenen Gesellschaftern an.

[51] BT-Drucks. 13/8444 S. 41 f.

restriktiven, persönliche Austrittsgründe ausklammernden Interpretation des § 133 HGB einzuräumen, dass sie in der Logik des Paradigmenwechsels läge. Jedoch spricht das Schweigen des Gesetzgebers zu diesem Punkt eher für den gesetzgeberischen Willen, für den Anwendungsbereich dieser Vorschrift am status quo ante festzuhalten. Das schließt es zwar nicht ohne weiteres aus, zur Neuinterpretation des Inhalts des § 133 HGB unter teleologischen Gesichtspunkten zu kommen. Das Handelsrechtsreformgesetz 1998 und seine Neuerungen erweisen sich hierfür jedoch besten Falles als ambivalent.

b) Das Bild könnte sich ändern, wenn man den mit der Gestaltungsklage des § 133 HGB seit alters verfolgten Normzweck dieser Vorschrift, dh. das Streben nach Rechts- und Verkehrssicherheit, in Betracht zieht.[52] Denn so naheliegend es ist, dass der Gesetzgeber die klageweise begehrte Auflösung der Gesellschaft aus wichtigem Grund im Interesse der Sicherheit für die Gläubiger und den Rechtsverkehr, aber auch zum Schutz der Mitgesellschafter vor einem unerwünschten Schwebezustand, von einem rechtskräftigen Gestaltungsurteil abhängig machen wollte und dass Entsprechendes nach § 140 HGB auch zum Schutz eines auf Ausschließung verklagten Gesellschafters gelten sollte, so wenig leuchtet es doch ein, entsprechender Rechtsschutz könne auch in Fällen einseitigen Ausscheidens aus wichtigem Grund geboten sein. Für den allgemeinen Rechtsverkehr erscheint ein solcher Schutz angesichts des Fortbestands der Gesellschaft und angesichts der Forthaftung – in den Grenzen der §§ 15, 128. 160 HGB – auch des Ausscheidenden selbst ohne Belang, und auch die übrigen Gesellschafter bedürfen keines derartigen Schutzes, da sie auch beim einseitigen Ausscheiden die „Herren der Gesellschaft" bleiben und da sich das strittige Vorliegen eines Austrittsgrundes unproblematisch im Rahmen einer Zahlungsklage des Austrittswilligen auf Abfindung oder im Rahmen einer Feststellungsklage betr. den wichtigen Grund klären lässt. Was schließlich den Austrittswilligen selbst angeht, so ist bei ihm – anders als beim auszuschließenden Gesellschafter – ein spezifisches, die Gestaltungsklage rechtfertigendes Schutzbedürfnis nicht ersichtlich. Im Gegenteil wirkt sich das Erfordernis einer Gestaltungsklage für ihn eher störend aus, da es ihn solange daran hindert, seine durch den Austritt begründeten Rechte geltend zu machen, bis über den Austritt als solchen rechtskräftig entschieden ist. Der Normzweck der Gestaltungsklage läuft insoweit daher leer.

c) Als Ergebnis der Normzweckuntersuchung ist nach allem zweierlei festzuhalten. Aus dem Handelsrechtsreformgesetz 1998 und aus seinen Motiven lässt sich ein zu teleologischer Reduktion des § 133 HGB führender neuer, Austrittsgründe aus dem Bereich der Auflösungsklage ausklammernder Normzweck nicht ableiten; die Neuregelungen sind insoweit ambivalent. Wohl aber zeigt die teleologische Prüfung des in § 133 HGB schon seit alters vorgesehenen Gestaltungsurteils für die Auflösungsklage, dass es dessen Schutzwirkung dann nicht bedarf, wenn nur das Ausscheiden des klagenden Gesellschafters in Frage steht, während die Mitgesellschafter nicht gehindert sind, die Gesellschaft beim Austritt aus wichtigem Grund ohne den Kläger fortzusetzen (vgl. 5 b).

4. *Analogiemöglichkeiten*

Wie bereits erwähnt, wurde das zum Ausscheiden führende Kündigungsrecht eines Gesellschafters aus wichtigem Grund abweichend von § 133 HGB schon bisher in zwei Fällen anerkannt: bei fehlerhaftem Beitritt zu einer Publikums-KG sowie bei Eintritt der Volljährigkeit eines Gesellschafters, der aus seiner bisherigen Beteiligung als Minderjähriger dem Risiko einer Haftung für Gesellschaftsverbindlichkeiten ausgesetzt ist. Es fragt sich, ob diese Fälle nicht Anlass zu einer entsprechenden Eingrenzung des § 133 HGB auch in sonstigen Fällen eines wichtigen Austrittsgrundes bieten können.[53]

---

[52] Dazu statt aller *Schäfer* in: Staub, HGB, 5. Aufl. 2009, § 133 Rn. 2; MünchKommHGB/*K. Schmidt* 2. Aufl. 2006, § 133 Rn. 2.

[53] Tendenziell in diesem Sinn *Hopt* in: Baumbach/Hopt HGB, 34. Aufl. 2010, § 133 Rn. 1; ähnlich auch schon *K. Schmidt* Gesellschaftsrecht, 4. Aufl. 2002, § 50 II 4 d.

Diese Frage ist indessen zu verneinen, selbst wenn man mit Blick auf das Vorliegen eines Austrittsgrundes von einer Regelungslücke im HGB als Analogievoraussetzung ausgehen wollte.[54] Gegen den Analogieschluss spricht schon, dass beide für eine solche Analogie in Betracht kommenden Einzelfälle bereits im Ausgangspunkt durch jeweils unterschiedliche Interessenlagen gekennzeichnet sind. So hat der BGH[55] sich zur rechtsfortbildenden Anerkennung des fristlosen Kündigungsrechts für getäuschte Gesellschafter einer Publikums-KG deshalb entschlossen, weil diesen angesichts der besonderen Struktur der Gesellschaft und der Fehlerhaftigkeit ihres Beitritts die Verweisung auf eine zeitaufwendige, für sie mit Mühen und Kosten verbundene Auflösungsklage nicht zugemutet werden könne. Der Sache nach ging es also um die teleologisch begründete Nichtanwendung des § 133 HGB auf derartige täuschungsbedingte Beitrittsfälle. Für ihre Ausdehnung auf den fehlerhaften Beitritt zu sonstigen Gesellschaften[56] mögen zwar gute Gründe sprechen; mit dem Austritt eines Gesellschafters wegen eines nachträglich eingetretenen persönlichen Ausscheidensgrundes ist der Fall jedoch nicht vergleichbar. Und im Blick auf das Kündigungsrecht eines volljährig gewordenen, der Gesellschafterhaftung ausgesetzten Gesellschafters nach § 723 Abs. 1 S. 3 Nr. 2 BGB folgt dessen Vorrang als lex specialis gegenüber § 133 HGB schon daraus, dass insoweit mangels Sonderregelung im HGB die Verweisung des § 105 Abs. 3 HGB eingreift, ganz abgesehen davon, dass es beim Eintritt der Volljährigkeit um ein eindeutiges, keinen rechtlichen Zweifeln ausgesetztes Kriterium geht, zu dessen Feststellung es keines rechtskräftigen Gestaltungsurteils bedarf. Auch dieser Fall eignet sich daher nicht zur Begründung eines Analogieschlusses in Situationen, in denen das Ausscheiden eines Gesellschafters wegen eines persönlichen, die weitere Mitgliedschaft für ihn unzumutbar machenden Umstands in Frage steht.

5. Zwischenbilanz und Folgerungen

a) Die bisherigen Untersuchungen zur Anerkennung eines Kündigungsrechts aus wichtigem Grund vor dem Hintergrund des Paradigmenwechsels des Handelsrechtsreformgesetz 1998 haben zu keinem eindeutigen, für die Einschränkung des Anwendungsbereich des § 133 HGB sprechenden Ergebnis geführt. Wortlaut und Normzweck des Handelsrechtsreformgesetzes erwiesen sich insoweit als ambivalent, und die beiden von Rechtsprechung bzw. Gesetzgebung in neuerer Zeit anerkannten Kündigungsrechte zugunsten des beim Beitritt getäuschten und des volljährig gewordenen Gesellschafters sind zu speziell, als dass man hierauf eine Analogie für alle sonstigen Fälle eines Austritts aus wichtigem Grund abweichend von § 133 HGB stützen könnte. So gesehen müsste die Antwort auf die dem Beitrag zugrundeliegende Frage, ob und unter welchen Voraussetzungen abweichend von § 133 HGB ein allgemeines Austrittsrecht von Gesellschafters einer OHG oder KG aus wichtigem Grund anzuerkennen ist, also negativ, dh. im Sinne der hM zum Handelsrechtsreformgesetz 1998, ausfallen.

Dass dieses Ergebnis für den Regelfall eines austrittswilligen Gesellschafters wenig befriedigt, liegt aus den im Folgenden (unter b) genanten Gründen auf der Hand. Das gibt Anlass zu einem Appell an die Rechtsprechung, der Situation durch teleologische Reduktion des

---

[54] Die Begr. RegE (BT-Drucks. 13/9444 S. 65 f.) schließt eine analoge Anwendung einzelner neuer Ausscheidensgründe nicht grundsätzlich aus, hält sie aber, wie das Beispiel der Anwendung der Nr. 1 (Tod eines Gesellschafters) auf die Auflösung/Vollbeendigung einer Gesellschafter-Gesellschaft zeigt, nur in Bezug auf bestimmte Einzeltatbestände des § 131 Abs. 3 HGB für möglich (so auch MünchKommHGB/*K. Schmidt* 2. Aufl. 2006, § 131 Rn. 56, 91 mit Beispielen in Rn. 67 f. und 73 f.). Der Übergang von der Auflösungsklage zur Behandlung wichtiger Austrittsgründe als ungeschriebene Kündigungsgründe mit der Rechtsfolge des § 131 Abs. 3 S. 1 Nr. 3 HGB würde diesen Rahmen deutlich sprengen.

[55] BGHZ 63, 338, 345 f.

[56] Dafür *K. Schmidt* Gesellschaftsrecht, 4. Aufl. 2002, § 50 II 4 d; *Schäfer* in: Staub, HGB, 5. Aufl. 2009, § 133 Rn. 4, 39.

§ 133 HGB unter Rückgriff auf das für BGB-Gesellschafter bestehende Kündigungsrecht aus wichtigem Grund Rechnung zu tragen und dadurch den betroffenen Gesellschaftern einer OHG oder KG den Austritt aus der ohne sie fortbestehenden Gesellschaft zu ermöglichen. Methodisch geht es dabei um einen sachadäquaten, den Interessen aller Beteiligten gerecht werdenden Akt der Rechtsfortbildung vor dem Hintergrund des § 314 BGB n. F. und unter Berücksichtigung des mit dem Handelsrechtsreformgesetz 1998 eingeleiteten Paradigmenwechsels (vgl. c). Zu prüfen bleibt freilich, ob dem austrittswilligen Gesellschafter daneben auch der Weg über eine Auflösungsklage erhalten bleiben sollte (vgl. 6.).

b) Die Sachgründe, die dagegen sprechen, einen austrittswilligen Gesellschafter grundsätzlich auf die Auflösungsklage gegen seine Mitgesellschafter anstelle eines einseitigen Austrittsrechts zu verweisen, sind offensichtlich. Denn die Auflösungsklage

1. macht das Ausscheiden von einer schwerfälligen, für den Austrittswilligen mit erheblichem Zeitverlust im Vergleich zum sofortigen Ausscheiden verbundenen Gestaltungsklage abhängig, ohne dass das Klageziel Anlass für ein derartiges, vom prozessualen Regelfall der Leistungs- bzw. Feststellungsklage abweichendes Vorgehen im Interesse der Rechts- oder Verkehrssicherheit bieten würde. Denn die für Gläubiger und sonstige Dritte aus der Sicht des § 133 HGB relevante Frage, ob und wann es zur Auflösung der Gesellschaft kommt, stellt sich angesichts des Austrittsbegehrens des betroffenen Gesellschafters und des typischen Fortsetzungsinteresses der Mitgesellschafter nicht. Und zur rechtlichen Klärung der Frage, ob der Austrittswillige über einen den Austritt rechtfertigenden wichtigen Grund verfügt, bedarf es keiner Gestaltungsklage. Für sie genügt es vielmehr, dass die Beteiligten von den gewöhnlichen prozessualen Rechtsbehelfen Gebrauch machen können; der Normzweck des § 133 HGB greift nicht ein (s. III. 3. b).
2. nötigt dem austrittswilligen Gesellschafter mit der Auflösung der Gesellschaft ein Klageziel auf, das im Regelfall deutlich über sein eigentliches Begehren nach vorzeitigem Ausscheiden hinausgeht und ihm die Prozessführung unnötig erschwert. Zudem muss er damit rechnen, dass die Mitgesellschafter bei Erfolg seiner Auflösungsklage die Fortsetzung der Gesellschaft beschließen, wozu sie nicht nur bei entsprechender Ermächtigung im Gesellschaftsvertrag berechtigt sind, sondern unter Treupflichtgesichtspunkten auch dann, wenn sie dafür einstimmig unter Abfindung des Auflösungsklägers zu Verkehrswerten votieren.[57]
3. führt zu einer vom eigentlichen Streitstand (einseitiger Austritt) abweichenden, auf Abwägung zwischen wichtigem Grund des Austrittswilligen und Fortsetzungsinteresse der Mitgesellschafter gerichteten Prüfung des wichtigen Grundes durch das Gericht, obwohl das Recht zur Fortsetzung der Gesellschaft als solches typischerweise nicht umstritten ist und es nur darum geht, den Kläger aus dem Verband zu entlassen.

Den Einwänden zu (2.) und (3.) ließe sich zwar schon dadurch Rechnung tragen, dass in derartigen Fällen neben oder anstelle der Auflösungsklage auch eine Austrittsklage abweichend von § 133 HGB zugelassen wird. Indessen bliebe eine derartige Rechtsfortbildung auf halbem Wege stehen, da sie die unter (1.) genannten Einwände gegen das Erfordernis einer Gestaltungsklage unberührt ließe. Schon deshalb vermag auch ein solcher in der Literatur anzutreffender Lösungsvorschlag nicht zu überzeugen; höchstrichterliche Rechtsfortbildung zur Anerkennung eines kündigungsbedingten Austrittsrechts aus wichtigem Grund bleibt gefragt.

c) Methodisch bereitet die Begründung der vorstehend empfohlenen Rechtsfortbildung für Fälle eines Austrittsgrundes keine Schwierigkeiten. Sie setzt an bei der teleologischen Reduktion des § 133 HGB auf solche Fälle, in denen es dem auf Beendigung seiner Mitgliedschaft aus wichtigem Grund abzielenden Gesellschafter ausnahmsweise nicht um sein

---

[57] So auch *Schäfer* in: Staub, HGB, 5. Aufl. 2009, § 131 Rn. 67 f.; *Lorz* in: Ebenroth/Boujong/Joost, HGB, 2008, § 131 Rn. 34.

einseitiges Ausscheiden geht, sondern in denen er aus besonderen Gründen die Auflösung der Gesellschaft erreichen will. Denn nach den getroffenen Feststellungen steht nur insoweit die Liquidation der Gesellschaft, d.h. eine Konstellation in Frage, für die sich die Gestaltungsklage als geeignet anbietet. Geht man diesen ersten Schritt, so weist die dadurch eröffnete Anwendung von § 105 Abs. 3 HGB als zweiter Schritt den Weg zur außerordentlichen Kündigung der Gesellschaft aus wichtigem Grund nach § 723 Abs. 1 S. 2 BGB, ohne dass dem § 133 HGB entgegensteht. Der dritte, die Rechtsfolge der Kündigung betreffende Schritt führt schließlich zurück ins HGB und sichert über § 131 Abs. 3 S. 1 Nr. 3 den Fortbestand der Gesellschaft unter Ausscheiden des Kündigenden.

6. *Austrittskündigung und Auflösungsklage als alternative Rechtsbehelfe?*

Lässt man aus den vorgenannten Gründen unter entsprechender Beschränkung des Anwendungsbereichs des § 133 HGB die Austrittskündigung als Regelfall zu, so fragt sich abschließend, ob Gesellschaftern, die ihre Mitgliedschaft in einer werbenden Gesellschaft aus persönlichen Gründen beenden wollen, künftig nur das Austrittsrecht bleibt oder ob und unter welchen Voraussetzungen sie weiterhin auch Auflösungsklage gegen die Mitgesellschafter mit dem Ziel der Liquidation der Gesellschaft erheben können. An einem solchen Vorgehen können die Betroffenen je nach Fallgestaltung dann ein berechtigtes Interesse haben, wenn sich damit für sie günstigere Rechtsfolgen verbinden, so wenn der Gesellschaftsvertrag für das Ausscheiden eines Gesellschafters eine Abfindungsbeschränkung vorsieht, während ihm im Zuge der Liquidation sein Anteil am Liquidationserlös[58] uneingeschränkt zusteht, oder wenn er nur im Auflösungsfall Anspruch auf Rückgabe von zur Nutzung eingebrachten Gegenständen hat.

Die bisher herrschende, vom umfassenden Anwendungsbereich des § 133 HGB ausgehende Meinung hat mit der Zulassung der Auflösungsklage in derartigen Fällen keine Probleme. Führt die Interessenabwägung dazu, dass der wichtige Grund zwar das Austritts-, nicht aber das Auflösungsverlangen deckt, soll das Gericht – nach der Theorie vom milderen Mittel – unter teilweiser Klageabweisung auf Austritt des Klägers anstelle der beantragten Auflösung erkennen können.[59] Zu einem entsprechenden Ergebnis gelangen diejenigen Stimmen, die durch rechtsfortbildende Erweiterung des Klageziels des § 133 HGB neben bzw. an Stelle der Auflösungs- auch eine Austrittsklage zulassen wollen:[60] Sie überlassen es grundsätzlich dem Kläger, das Klageziel zu wählen, während es Sache des Gerichts ist, zu prüfen, ob der vom Kläger geltend gemachte wichtige Grund das Auflösungsverlangen deckt oder nur ein Recht zum Austritt begründet. Die Kehrseite dieser „liberalen" Auffassungen besteht freilich darin, den austrittswilligen Gesellschafter in jedem Fall auf die Erhebung einer Gestaltungsklage zu verweisen und ihn ggf. zur Einwilligung in sein Ausscheiden oder zur „Herabstufung" seiner Auflösungs- in eine Austrittsklage im Wege der Klageänderung (§ 263 ZPO) zu veranlassen.

Folgt man der hier vertretenen Lösung, dh. dem Geltendmachen des Austrittsrechts aus wichtigem Grund durch fristlose Kündigung seitens des betroffenen Gesellschafters, so handelt es sich nach Zielsetzung und Art des Vorgehens um ein eindeutiges aliud gegenüber der Auflösungsklage des § 133 HGB. Der Weg zur Auflösungsklage ist dem Austrittswilligen wegen der teleologischen Reduktion des § 133 HGB daher grundsätzlich versperrt. Für ihn ist nur dann Raum, wenn der betroffene Gesellschafter ausnahmsweise, insbeson-

---

[58] Das entspricht in Fällen, in denen das Gesellschaftsunternehmen nicht zerschlagen, sondern als Ganzes verwertet werden kann, regelmäßig dem Verkehrswert des Anteils (vgl. *Schäfer* in: Staub, HGB, 5. Aufl. 2009, § 133 Rn. 76).

[59] In diesem Sinne einerseits *Westermann* (Fn. 18) Rn. I 1098, andererseits *Lorz* in: Ebenroth/Boujong/Joost, HGB, 2008, § 131 Rn. 9.

[60] Dafür *Lorz* in: Ebenroth/Boujong/Joost, HGB, 2008, § 131 Rn. 9; *Koller* in: Koller/Roth/Morck, HGB, 5. Aufl. 2005, § 133 Rn. 3.

dere wegen der sich damit für ihn verbindenden nachteiligen Abfindungsfolgen, ein berechtigtes Interesse an Auflösung der Gesellschaft hat und sich nicht auf das einseitige Ausscheiden verweisen lassen will. Insoweit steht der Erhebung einer Auflösungsklage nichts im Wege und das Gericht wird ihr stattgeben, wenn die Prüfung des wichtigen Grundes dazu führt, abweichend vom Regelfall das - für die Gesellschaft nachteilige - Auflösungsinteresse des Klägers anstelle der Beendigung seiner Mitgliedschaft durch Austritt aus der fortbestehenden Gesellschaft zu bejahen. Fällt diese Prüfung negativ aus, so droht dem Kläger freilich die Klageabweisung, wenn er nicht im Wege der Klageänderung unter Zustimmung des Gerichts von der Gestaltungs- zur Leistungsklage auf Zahlung der Abfindung als Kündigungsfolge übergeht. Ein auf Austritt erkennendes Gestaltungsurteil als milderes Mittel zu der vom Kläger beantragten Auflösung[61] ist aus dieser Sicht ausgeschlossen. Das ist der unvermeidliche Preis der hier vertretenen Ansicht, da diese vom grundsätzlichen Vorrang des einseitigen Austrittsrechts gegenüber der qualitativ davon zu unterscheidenden, auf § 133 HGB gestützten Auflösungsklage ausgeht und im Ausscheiden des Gesellschafters ein aliud gegenüber der Auflösung aus wichtigem Grund sieht.

IV. Ergebnisse

1. Trotz des im Handelsrechtsreformgesetz 1998 durch § 131 Abs. 3 HGB nF vollzogenen Paradigmenwechsels von der Auflösung der OHG oder KG zu ihrer Fortsetzung unter Ausscheiden solcher Gesellschafter, deren weiterer Mitgliedschaft einer der in § 131 Abs. 3 angeführten Umstände entgegenstehen, geht die hM nach wie vor vom Eingreifen des unverändert gebliebenen § 133 HGB in Fällen aus, in denen ein Gesellschafter sich auf einen wichtigen Austrittsgrund beruft. Sie verweist den betroffenen Gesellschafter mangels abweichender Regelungen im Gesellschaftsvertrag darauf, den wichtigen Grund durch eine auf Auflösung der Gesellschaft gerichtete, der Sache nach überdimensionierte Gestaltungsklage geltend zu machen.

2. Die für die Anerkennung eines Kündigungsrechts ausscheidenswilliger Gesellschafter plädierende Gegenansicht stützt sich in erster Linie auf den Wortlaut der §§ 131 Abs. 3 S. 1 Nr. 3 nF, 133 HGB. Indessen setzt die neugefasste Norm des § 131 Abs. 3 S. 1 Nr. 3 HGB das – hier fehlende – Bestehen eines an anderer Stelle geregelten Kündigungsrechts voraus; sie beschränkt sich darauf, als Rechtsfolge der Kündigung anstelle der Auflösung der Gesellschaft das Ausscheiden des Kündigenden unter Fortsetzung der Gesellschaft zwischen den übrigen Gesellschaftern vorzusehen. Und die in § 133 HGB geregelte Auflösungsklage hat durch das Handelsrechtsreformgesetz keine Änderung erfahren; ihr unveränderter Wortlaut kann daher die Beschränkung des Anwendungsbereichs auf echte, sich auf die Gesellschaft selbst beziehende Auflösungsgründe nicht ohne weiteres rechtfertigen.

3. Auch für die Änderung des bisher mit § 133 HGB verfolgten Normzwecks, bei umstrittener Auflösung der Gesellschaft aus wichtigem Grund durch ein Gestaltungsurteil für Rechtssicherheit und Verkehrsschutz zu sorgen, lassen sich dem Handelsrechtsreformgesetz 1998 keine Anhaltspunkte entnehmen. Wohl aber läuft dieser Normzweck dann leer, wenn man sich entschließt, für den Regelfall wichtiger Ausscheidensgründe als angemessene Rechtsfolge anstelle der Auflösung der Gesellschaft rechtsfortbildend ihre Fortsetzung zwischen den Mitgesellschaftern unter Ausscheiden des betroffenen Gesellschafters anzuerkennen. Denn insoweit steht der Verkehrsschutz zugunsten der Gesellschaftsgläubiger nicht in Frage, und für die Mitgesellschafter ist die mit dem Ausscheiden eines Gesellschafters verbundene Rechtsunsicherheit nicht größer als im Fall sonstiger gesellschaftsrechtlicher Streitigkeiten.

---

[61] Vgl. II 1. und die Nachweise in Fn. 28.

4. Ein Analogieschluss zu anderen Fällen, in denen die hM ausnahmsweise ein einseitiges Kündigungsrecht durch betroffene Gesellschafter anerkennt (fehlerhafter Beitritt zur Publikums-KG; Eintritt der Volljährigkeit eines voll haftenden Gesellschafters), auf den Austritt eines Gesellschafters aus sonstigen wichtigen Gründen scheidet unabhängig vom Bestehen einer Regelungslücke schon deshalb aus, weil es insoweit an der Vergleichbarkeit der jeweiligen Interessenlagen fehlt.

5. Für die Zulassung eines kündigungsbedingten Austrittsrechts aus wichtigem Grund lassen sich entgegen der hM jedenfalls drei Sachgründe anführen, nachdem der Paradigmenwechsel des Handelsrechtsreformgesetzes dem grundsätzlichen Übergang von der Auflösung der Gesellschaft zum Ausscheiden betroffener Gesellschafter durch Neufassung des § 131 Abs. 3 HGB den Weg gebahnt hat. Es sind dies (1.) die Entbehrlichkeit einer Gestaltungsklage für den einseitigen Austritt als typischerweise angestrebte Rechtsfolge, (2.) das Institut der Auflösung als übermäßiges, meist auch aus Sicht des Klägers ungeeignetes Klageziel sowie (3.) der Austrittsgrund als für die Auflösung der Gesellschaft nicht selten unerheblicher wichtiger Grund. Methodisch geht es darum, den Anwendungsbereich des § 133 HGB durch richterliche Rechtsfortbildung auf die eigentlichen Auflösungsfälle wegen gesellschaftsbezogener wichtiger Gründe zu reduzieren und für den Fall des Geltendmachens persönlicher Ausscheidensgründe den Weg über § 105 Abs. 3 HGB zum außerordentlichen Kündigungsrecht des § 723 Abs. 1 S. 2 BGB zu öffnen.

6. Vorbehalten bleiben diejenigen Fälle, in denen der aus persönlichen Gründen an der Beendigung seiner Mitgliedschaft interessierte Gesellschafter ausnahmsweise ein berechtigtes Interesse an der Auflösung der Gesellschaft hat und in denen der wichtige Grund dieses Interesse deckt. Zu denken ist insbesondere an vertragliche Abfindungsklauseln, die für den Fall einseitigen Ausscheidens zu einer spürbaren Schlechterstellung des betroffenen Gesellschafters im Vergleich zur Rechtslage bei Auflösung der Gesellschaft führen. Insoweit sollte dem betroffenen Gesellschafter der Weg zur Auflösungsklage offenbleiben, sofern der wichtige Grund auch diese Rechtsfolge deckt, d.h. die Auflösung für die Mitgesellschafter zumutbar ist. Ist das nicht der Fall, so riskiert der Kläger freilich die Klagabweisung, wenn er sich nicht entschließt, im Wege der Klageänderung mit Zustimmung des Gerichts von der auf Auflösung gerichteten Gestaltungsklage auf die Geltendmachung der Abfindung mittels Leistungsklage überzugehen. Für ein Wahlrecht zwischen Auflösungs- und Zahlungsklage ist angesichts der unterschiedlichen Klageziele und -voraussetzungen kein Raum; im Regelfall bewendet es vielmehr ungeachtet der äußerlich unveränderten Fortgeltung des § 133 HGB beim Kündigungsrecht des Austrittswilligen aus wichtigem Grund und bei der Geltendmachung der daraus resultierenden Rechtsfolgen im Wege der Leistungsklage.

7. Nach allem ist die Frage nach dem Bestehen eines außerordentlichen Austrittsrechts von OHG/KG-Gesellschaftern aus der fortbestehenden Gesellschaft zu bejahen. Das Handelsrechtsreformgesetz 1998 hat es versäumt, diese sich aus systematischen Gründen aufdrängende Rechtsänderung herbeizuführen. Daher ist es die Aufgabe höchstrichterlicher Rechtsfortbildung, dafür zu sorgen, dass der Paradigmenwechsel des Handelsrechtsreformgesetzes sich auch insoweit Bahn bricht.

ROLAND WACKER

Aktuelles zum Einfluss des Gesellschafts- und Zivilrechts auf die ertragsteuerrechtliche Rechtsfähigkeit von Personengesellschaften

Übersicht

Seite

I. Einleitung

Seit nunmehr fünf Jahren nimmt der Verfasser gemeinsam mit Prof. *Goette* an jährlichen Diskussionsveranstaltungen des Deutschen Anwaltsinstituts teil, die zu wechselnden Generalthemen auch den Verflechtungen von Gesellschafts- und Steuerrecht gewidmet sind. Es liegt deshalb nahe, an diese Bemühungen anzuknüpfen und anhand einiger ausgewählter Einzelfälle aus der jüngeren Judikatur des BFH dem Grundproblem nachzugehen, ob und in welchem Umfang die Wertungen des Zivilrechts – insbesondere die geänderte Rechtsprechung des BGH zur Anerkennung der Rechtsfähigkeit von Außen-GbR – Einfluss auf die Beantwortung ertragsteuerrechtlicher Fragestellungen nehmen. Dass dabei das Steuerrecht nicht selten eigene Wege geht und – wie ich meine – auch gehen muss, wird der Vorsitzende des Gesellschaftsrechtssenats des BGH zwar nicht gerne hören; dem freundschaftlichen Band mit dem *Jubilar* wird es aber – wie schon in der Vergangenheit – keinen Abbruch tun.

II. Einkommen- und Körperschaftsteuer

1. Allgemeines

a) Normbefund

Der Begriff des Gewerbebetriebs ist nach § 15 Abs. 2 EStG durch eine selbständige nachhaltige Betätigung gekennzeichnet, die mit der Absicht, Gewinn zu erzielen, unternommen wird und sich als Beteiligung am allgemeinen wirtschaftlichen Verkehr darstellt, vorausgesetzt, die Betätigung ist weder als Ausübung von Land- und Forstwirtschaft (§ 13 EStG) noch als Ausübung eines freien Berufs noch als eine andere selbständige Arbeit (§ 18 EStG) anzusehen. Gewerbliche Einkünfte in diesem Sinne können gemäß § 15 Abs. 1 S. 1 Nr. 1 EStG von Einzelunternehmern sowie nach § 15 Abs. 1 S. 1 Nr. 2 EStG als Gewinnanteile von den Gesellschaftern einer OHG, KG oder einer anderen Gesellschaft, bei der der Gesellschafter als Unternehmer (Mitunternehmer) des Betriebs anzusehen ist, erzielt werden. Als Mitunternehmer kommen neben einkommensteuerpflichtigen natürlichen Personen zB auch Kapitalgesellschaften in Betracht, die mit ihren Gewinnanteilen der Körperschaftsteuer unterliegen (§§ 1 Nr. 1, 8 Abs. 1 KStG). In beiden Fällen gehören zu den gewerblichen Einkünften des Mitunternehmers neben den Gewinnanteilen auch die Vergütungen, die der Gesellschafter von der Gesellschaft für seine Tätigkeit im Dienst der Gesellschaft oder für die Hingabe von Darlehen oder für die Überlassung von Wirtschaftsgütern bezieht (§ 15 Abs. 1 S. 1 Nr. 2 S. 2 EStG).

Sonderregelungen hält das Gesetz zum einen für den Fall der doppelstöckigen Personengesellschaft bereit; § 15 Abs. 1 S. 1 Nr. 2 S. 2 EStG qualifiziert – in Reaktion auf den Beschluss des Großen des Senats vom 25. Februar 1991[1] (s. II.1.b) – den Gesellschafter einer Oberpersonengesellschaft als Mitunternehmer der Unterpersonengesellschaft (sog. mittelbarer Mitunternehmer), wenn er und die Oberpersonengesellschaft jeweils als Mitunternehmer der Betriebe der Personengesellschaften anzusehen sind, an denen sie unmittelbar beteiligt sind. Zum anderen ordnet § 15 Abs. 3 EStG – gleichfalls sondergesetzlich – an, dass eine Personengesellschaft in vollem Umfang „als Gewerbebetrieb gilt“, wenn sie entweder – zB neben einer vermögensverwaltenden oder freiberuflichen Tätigkeit – auch gewerblich tätig wird (Abs. 3 Nr. 1 EStG; sog. Abfärbewirkung[2]) oder zwar keine gewerbliche Tätigkeit ausübt, aber zur ihren persönlich haftenden Gesellschaftern nur Kapitalgesellschaften gehören und nur diesen oder Personen, die nicht Gesellschafter sind, die Befugnis zur Geschäftsführung zusteht (Abs. 3 Nr. 2; sog. gewerblich geprägte Personengesellschaft[3]).

b) Entwicklung der Rechtsprechung des BFH

Während es für Einzelunternehmer und Kapitalgesellschaften selbstverständlich ist, dass sie Träger ihres unternehmerischen Vermögens und damit – im Sinne des Ertragsteuerrechts – auch Subjekte der mittels dieses Vermögens erzielten gewerblichen Einkünfte sind, blickt das ertragsteuerrechtliche Verständnis der Personengesellschaften auf eine wechselhafte Rechtsprechung zurück.

---

[1] GrS 7/89, BFHE 163, 1, BStBl. II 1991, 691. § 15 Abs. 1 S. 1 Nr. 2 S. 2 EStG wurde durch das Steueränderungsgesetz 1992 – (StÄndG 1992) – vom 25.2.1992 (BGBl. I S. 297, BStBl. I 1992, 146) in das EStG eingefügt.

[2] Zur Verfassungsmäßigkeit s. Beschluss des BVerfG vom 15.1.2008 – 1 BvL 2/04, BVerfGE 120, 1: legitime Vereinfachung.

[3] Zur Entstehungsgeschichte sowie zur Verfassungsmäßigkeit der Regelung vgl. BFH Urt. v. 20.11.2003 IV R 5/02, BFHE 204, 471, BStBl. II 2004, 464; vom 25.9.2008 IV R 80/05, BFHE 223, 86, BStBl. II 2009, 266.

aa) Der BFH ging zunächst – im Anschluss an den RFH[4] – von der Bilanzbündeltheorie aus, nach der der Betrieb der Personengesellschaft gedanklich in Einzelunternehmen der Gesellschafter aufzugliedern war;[5] er hat demgemäß auch die zivilrechtliche Rechtsfähigkeit von Personenhandelsgesellschaften für Zwecke der Ertragsbesteuerung ihrer Gesellschafter (Einkommen- und Körperschaftsteuer) als unbeachtlich angesehen.[6] Diese Deutung ist seit Mitte der 70er-Jahre des letzten Jahrhunderts[7] vom BFH zu Recht zugunsten einer additiven Gewinnermittlung aufgegeben worden, die im Einklang mit dem Wortlaut des § 15 Abs. 1 S. 1 Nr. 1 S. 1 EStG zwischen dem – auf der Grundlage des Maßgeblichkeitsgrundsatzes (§ 5 Abs. 1 EStG)[8] zu bestimmenden – Anteil am Steuerbilanzgewinn der Personengesellschaft und den diesem Gewinnanteil hinzuzurechnenden Sondervergütungen unterscheidet.[9] Die den Mitunternehmern zustehenden Geschäftsführervergütungen (einschließlich Pensionszusagen gemäß § 6a EStG) vermindern hiernach ebenso wie die von der Personengesellschaft geschuldeten Miet- oder Darlehensentgelte den Steuerbilanzgewinn der Gesellschaft; sie erhöhen aber als sog. Sondervergütungen – zeit- und betragskongruent – die Gewinnanteile der Gläubiger (Mitunternehmer) und damit den sog. Gesamtgewinn der Mitunternehmerschaft. Im sog. Gepräge-Beschluss vom 25. Juni 1984 hat der Große Senat (des BFH) deshalb unter anderem dargelegt, dass der Personengesellschaft sowohl bei Feststellung der Einkunftsart als auch bei der Ermittlung des Gewinns – oder eines Überschusses im Falle der Erzielung privater Einkünfte (zB aus Vermietung oder Verpachtung) – Rechtsfähigkeit (dh. Steuerrechtssubjektfähigkeit) zukomme und die Bilanzbündeltheorie überwunden sei.[10]

bb) Mit Beschluss vom 25. Februar 1991,[11] nach dem eine KG (Oberpersonengesellschaft = O-KG) nicht nur Gesellschafterin einer Unterpersonengesellschaft (U-KG), sondern iSd. § 15 Abs. 1 S. 1 Nr. 2 EStG auch deren Mitunternehmerin sein kann mit der Folge, dass die Gesellschafter der O-KG bei der U-KG keine mitunternehmerschaftliche Stellung erlangen (vgl. nunmehr aber § 15 Abs. 1 S. 1 Nr. 2 S. 2 EStG idF des StÄndG 1992; s. II.1.a), ist der Große Senat noch einen Schritt weiter gegangen; aus dem Gedanken der Einheit der Personengesellschaft sei – so die Entscheidung – abzuleiten, dass die unternehmerisch tätige Personengesellschaft nicht nur für Zwecke der Gewinnermittlung, sondern auch mit Rücksicht die *Gewinnerzielung* rechtssubjektfähig sei.[12] Bemerkenswert ist allerdings, dass diese vor allem aus dem Zivilrecht gewonnene Beurteilung nicht auf Personenhandelsgesellschaften beschränkt, sondern auch auf mitunternehmerisch tätige Obergesellschaften in der Rechtsform einer GbR erstreckt wurde; obgleich zum Zeitpunkt der Entscheidung des Großen Senats[13] umstritten

---

[4] Vgl. zur Rechtsentwicklung die Nachweise in BFH Beschl. v. 25.2.1991 GrS 7/89, BFHE 163, 1, BStBl. II 1991, 691 zu C.II.2.

[5] BFH vom 14.1.1958 I 159/57 U, BFHE 66, 193, BStBl. III 1958, 75. Vgl. auch BFH Beschl. v. 19.10.1970 GrS 1/70, BFHE 101, 62, BStBl. II 1971, 177: „Jeder Gesellschafter hat seinen eigenen Betrieb, belastet durch die Rechte seiner Mitgesellschafter (…). Das bedeutet, dass der Mitunternehmer ebenso wenig wie ein Einzelunternehmer von seiner Gesellschaft ein Gehalt beziehen kann"; *Knobbe-Keuk* Bilanz- und Unternehmenssteuerrecht, 9. Aufl. 1993, § 9 I 1, S. 362 mwN.

[6] BFH Beschl. in BFHE 163, 1, BStBl. II 1991, 691 zu C.III.2.

[7] ZB Urt. v. 4.4.1974 I R 73/72, BFHE 112, 351, BStBl. II 1974, 645; v. 28.1.1976 I R 84/74, BFHE 119, 234, BStBl. II 1976, 744; v. 21.10.1976 IV R 210/72, BFHE 120, 239, BStBl. II 1977, 145; sowie Beschl. in BFHE 132, 244, BStBl. II 1981, 164.

[8] Vgl. heute § 5 Abs. 1 EStG idF des Bilanzrechtsmodernisierungsgesetzes vom 25.5.2009, BGBl. I S. 1102.

[9] BFH Beschl. in BFHE 163, 1, BStBl. II 1991, 691 zu C.II.3; instruktiv *Groh* ZIP 1989, 89.

[10] GrS 4/82, BFHE 141, 405, BStBl. II 1984, 751, insbesondere zu C.III.3/5.

[11] GrS 7/89, BFHE 163, 1, BStBl. II 1991, 691.

[12] BFH Beschl. in BFHE 163, 1, BStBl. II 1991, 691 zu C.III.2.; in diese Richtung ähnlich – wenn auch nicht ganz eindeutig – bereits Beschluss in BFHE 141, 405, BStBl. II 1984, 751 zu C.III.3.a/b; s. dazu auch *Groh* ZIP 1989, 89, 93.

[13] Zur Beurteilung im Anschluss an die geänderte Rechtsprechung des BGH (Versäumnisurteil vom 29.1.2001 II ZR 331/00 BGHZ 146, 341 = NJW 2001, 1056; Kostenbeschluss vom 18.2.2002 II

war, ob eine GbR auch die Stellung einer Kommanditistin einnehmen könne, seien – so das Gericht – auch BGB-Gesellschaften wegen des Grundsatzes der Gleichheit der Besteuerung sowie angesichts dessen, dass die steuerliche Qualifikation vornehmlich am wirtschaftlichen Gehalt der Betätigung der Personengesellschaft auszurichten sei, als Obergesellschaften und als Mitunternehmerinnen anzuerkennen.[14] Dies schließe jedoch – so der Große Senat weiter – nicht aus, dass bei einzelnen Steuervergünstigungen, die auf Vorgänge bei der Unterpersonengesellschaft zurückgingen, der Gedanke der Einheit der Gesellschaft zugunsten der Vielheit der Gesellschafter zurücktreten müsse, wenn dies für eine zweckentsprechende (personenbezogene) Anwendung dieser Vorschriften erforderlich sei; in einem solchen Fall befürwortete der Große Senat mithin auch einen Durchgriff durch doppel- und mehrstöckige Strukturen.

cc) Den (vorläufigen) Schlusspunkt in der Entwicklung der BFH-Rechtsprechung leitete der Beschluss des Großen Senats vom 3. Mai 1993 ein. Mit ihm wurde entschieden, dass der gewerbesteuerliche Verlustabzug (§ 10a GewStG) entfalle, soweit er einem aus der Personengesellschaft ausgeschiedenen Gesellschafter (Mitunternehmer) zuzurechnen gewesen sei. Zur Begründung betont der Große Senat, dass der Mitunternehmer sich vom Einzelunternehmer nur dadurch unterscheide, dass er seine unternehmerische Tätigkeit nicht alleine, sondern zusammen mit anderen Mitunternehmern in gesellschaftsrechtlicher Verbundenheit ausübe. Demgemäß sei nicht die Gesellschaft als solche Unternehmerin des Betriebes. Träger des Unternehmens seien vielmehr die Gesellschafter (Mitunternehmer); die Ergebnisse (Gewinne und Verluste) seien ihnen anteilig als „originäre eigene Einkünfte" zuzurechnen. Dem stehe auch nicht entgegen, dass der BFH stärker als früher die relative rechtliche Selbstständigkeit und Einheit der Personengesellschaft betont habe. Aus diesem Gesichtspunkt ergebe sich vornehmlich, dass die Gesellschafter in ihrer gesellschaftsrechtlichen Verbundenheit die Merkmale des Besteuerungstatbestandes verwirklichten (Mehrung des Gesellschaftsvermögens) und im Falle der Beteiligung einer Personengesellschaft (Obergesellschaft) an einer anderen Personengesellschaft (Untergesellschaft) nicht die Ober-Gesellschafter, sondern die Obergesellschaft als solche Gesellschafterin (Mitunternehmerin) der Untergesellschaft sei.[15] Diese Sicht wurde schließlich mit Beschluss des BFH vom 3. Juli 1995 ausdrücklich bekräftigt. Zwar hält der Große Senat auch mit dieser Entscheidung daran fest, dass eine Personengesellschaft Mitunternehmerin eines Gewerbebetriebs sein könne. Im Übrigen präzisiert der Beschluss unmissverständlich, dass die Personengesellschaft Steuerrechtssubjekt nur „bei der Feststellung der Einkunftsart und der Einkünfteermittlung" sei. „Subjekt der Einkünfteerzielung" sei aber auch bei gemeinschaftlich erzielten Gewinnen oder Überschüssen immer der „einzelne Gesellschafter". Da der Betrieb auf Rechnung und Gefahr der Mitunternehmer geführt werde, seien den Gesellschaftern die Ergebnisse der gemeinschaftlichen Tätigkeit anteilig als „originäre Einkünfte" zuzurechnen.[16]

c) Einwirkungen der geänderten BGH-Rechtsprechung zur Teilrechtsfähigkeit von (Außen-)BGB-Gesellschaften?

aa) Versucht man den beschriebenen Entwicklungs- und Erkenntnisstand – näherungsweise lässt sich von einer dialektisch eroberten „Mitte" sprechen – in die Rechtsbilder des Zivilrechts zu übertragen, so bietet sich ein Rückgriff auf die traditionelle Gesamthandlehre

---

ZR 331/00 NJW 2002, 1207) vgl. BGH Urt. v. 16.7.2001 II ZR 23/00 BGHZ 148, 291 (BGB-Außengesellschaft kann Kommanditistin sein; zustimmend MünchKommBGB/*Ulmer* 5. Aufl. 2009, § 705 Rn. 317) sowie § 162 Abs. 1 S. 2 HGB nF (Registerpublizität). Zur Komplementärstellung vgl. – bejahend – LG Berlin vom 8.4.2003 102 T 6/03 DB 2003, 1380; gleicher Ansicht MünchKommHGB/*K. Schmidt* 2. Aufl. 2006, § 105 Rn. 99 ff.; ablehnend MünchKommBGB/*Ulmer* aaO.

[14] BFH Beschl. in BFHE 163, 1, BStBl. II 1991, 691 zu C. IV.

[15] GrS 3/92, BFHE 171, 246, BStBl. II 1993, 616.

[16] GrS 1/93, BFHE 178, 86, BStBl. II 1995, 617.

an, nach der das gemeinschaftliche Vermögen („Objekt") den Gesellschaftern („Rechtsträger") auf der Grundlage eines vertraglichen Schuldverhältnisses zur gesamten Hand zusteht (§ 718 Abs. 1 BGB) und die Geschäftsführer einer GbR in Vertretung aller Gesellschafter mit der Regelfolge ihrer gesamtschuldnerischen Haftung handeln (§ 714 BGB).[17] Hierbei korrespondiert dem gesamthänderisch gebundenen Vermögen die partielle Rechtsfähigkeit der Personengesellschaft mit Rücksicht auf die Qualifikation und Ermittlung der ertragsteuerrechtlich anzusetzenden Einkünfte; der Rechtsträgerschaft der Gesellschafter gemäß der traditionellen zivilrechtlichen Sicht entspricht die Aussage des BFH, dass die Gesellschafter originär, dh. kraft eigener mitunternehmerschaftlicher Tätigkeit Einkünfte zB aus Gewerbebetrieb erzielen.

bb) Bleibt man bei diesem Bild, stellt sich die Frage, ob die geänderte Rechtssprechung des BGH, nach der – in Abkehr von der traditionellen Gesamthandslehre – BGB-Außengesellschaften als solche rechtsfähig sind und demgemäß die Gesellschafter für Verbindlichkeiten der Gesellschaft in Übereinstimmung den für Offene Handelsgesellschaften geltenden Regeln (§ 124 iVm. §§ 128 ff. HGB) akzessorisch haften,[18] nicht auch den BFH zur Rückkehr zu den Grundsätzen des Beschlusses vom 25. Februar 1991[19] und damit – unter erneuter Änderung seiner Rechtsprechung (s. II.1.b) – zur Anerkennung der Rechtsfähigkeit von Personengesellschaften auch im Hinblick auf die Einkunftserzielung veranlassen müsste.

cc) Die Frage ist in mehreren Verfahren vor dem BFH aufgeworfen worden. Das Gericht hat sie durchgängig verneint. Danach lässt die grundsätzliche Rechtsfähigkeit von BGB-Außengesellschaft beispielsweise den Grundsatz unberührt, dass Zinsen für Darlehen, die der Gesellschafter der GbR gewährt, nach § 15 Abs. 1 S. 1 Nr. 2 S. 1 Halbs. 2 EStG als Sondervergütung den Gewinnanteil des Gesellschafters sowie den Gesamtgewinn der Mitunternehmerschaft erhöhen.[20] Auch bleibt es dabei, dass die bei der (BGB-)Gesellschaft zu passivierende Darlehensschuld nach dem Grundsatz der korrespondierenden Bilanzierung – betrags- und zeitgleich – im Sonderbetriebsvermögen (I) des Darlehensgebers (Mitunternehmers) als Forderung auszuweisen und – entgegen der handelsrechtlichen Beurteilung – ertragsteuerrechtlich wie Eigenkapital zu behandeln ist; ein etwaiger Wertverlust kann deshalb nicht im Wege der Forderungsberichtigung, sondern erst bei Beendigung der Mitunternehmerstellung geltend gemacht werden.[21] Ebenso lässt die geänderte BGH-Rechtsprechung unberührt, dass die Tarifbegünstigung bei Veräußerung von Mitunternehmeranteilen gemäß §§ 16, 34 EStG im Regelfall daran gebunden ist, dass sämtliche stillen Reserven der (mit-)unternehmerischen Beteiligung und damit auch diejenigen, die auf die im Sonderbetriebsvermögen der Gesellschafter gehaltenen Grundstücke entfallen, realisiert werden. Dies gilt selbst dann, wenn die einer Freiberufler-GbR (§ 18 EStG) überlassenen Grundstücke im Gesamthandseigentum einer Schwester-GbR stehen;[22] da sich – so der BFH – die Vorschrift des § 39 Abs. 2 Nr. 2 AO, nach der Wirtschaftsgüter, die mehreren zur gesamten Hand zustehen, den Beteiligten anteilig zugerechnet werden, soweit eine getrennte Zurechnung für die Besteuerung erforderlich ist (sog. Bruchteilsbetrachtung), „gezielt vom Zivilrecht löse", könne sich die neuere Rechtsprechung des BGH auf die

---

[17] S. im Einzelnen MünchKommBGB/*Ulmer* 5. Aufl. 2009, § 705 Rn. 297; BVerfG v. 12. 10. 2010 1BvL 12/07, DStR 2010, 2393 Tz. 62.

[18] Vgl. Versäumnisurteil vom 29.1.2001 II ZR 331/00 BGHZ 146, 341 = NJW 2001, 1056 sowie bestätigender Kostenbeschluss vom 18.2.2002 II ZR 331/00 NJW 2002, 1207; zur Folge-Rechtsprechung s. ausführlich MünchKommBGB/*Ulmer* 5. Aufl. 2009, § 705 Rn. 303 ff.

[19] GrS 7/89, BFHE 163, 1, BStBl. II 1991, 691.

[20] BFH Beschl. v. 3.2.2005 VIII B 25/04, BFH/NV 2005, 1257.

[21] BFH Beschl. v. 9.12.2009 IV B 129/08, BFH/NV 2010, 640.

[22] Zur hinreichenden „Identitätsausstattung" der Vermietungs-GbR s. MünchKommBGB/*Ulmer* 5. Aufl. 2009, § 705 Rn. 306.

Auslegung der Vorschrift (§ 39 Abs. 2 Nr. 2 AO) nicht auswirken.[23] Hiermit übereinstimmend hat der BFH mit Urteil vom 18. Mai 2004[24] zu einer vermögensverwaltenden BGB-Gesellschaft, die ein Grundstück des Gesamthandsvermögens an einen ihrer Gesellschafter vermietet, dargelegt, dass dieser nach der Bruchteilsbetrachtung das Grundstück entsprechend seinem Gesellschaftsanteil aus eigenem Recht, dh. auf der Grundlage von ertragsteuerrechtlich fingiertem Miteigentum, nutze und der Mietvertrag mit der Gesellschaft steuerrechtlich insoweit keine Anerkennung finden könne. Weiterhin hat der BFH im Zusammenhang mit der Gewährung erhöhter Abschreibungen für Sanierungsmaßnahmen (§ 7h EStG) daran festgehalten, dass die Tatbestandsmerkmale von Vergünstigungen, die an den Steuerpflichtigen (als Anspruchsinhaber) anknüpfen, nicht gesellschafts-, sondern gesellschafterbezogen auszulegen seien; er hat sich hierbei auch auf die Regelung des § 7a Abs. 7 EStG[25] gestützt, die eine getrennte Betrachtung ausdrücklich vorschreibe.

dd) Den genannten Entscheidungen ist beizupflichten.

(1) Die Änderung der BGH-Rechtsprechung kann deshalb das Grundverständnis des Ertragsteuerrechts zur Behandlung von Personengesellschaften nicht beeinflussen, weil die Personengesellschaft weder Subjekt der Einkommensteuer (§ 1 Abs. 1 S. 1 EStG) noch der Körperschaftsteuer (§ 1 Abs. 1 KStG) ist.[26] Demgemäß bedürfte es in einer auf Stimmigkeit angelegten Dogmatik der besonderen Begründung, weshalb Einzelunternehmer ebenso wie Kapitalgesellschaften die von ihnen jeweils selbst erzielten gewerblichen (betrieblichen) Einkünfte (§ 2 Abs. 1 S. 1 EStG; iVm. § 1 Abs. 2 KStG), die Personengesellschafter aber die Einkünfte eines anderen Rechtssubjekts – nämlich diejenigen der Gesellschaft – zu versteuern haben. Die Regelungen des § 15 Abs. 1 S. 1 EStG geben hierfür keinen Anhalt. Sie gehen – im Gegenteil – vielmehr, wie der in Nr. 2 S. 1 der Vorschrift verwendete Begriff des „Mit-Unternehmers" zeigt, von dem Unternehmer als der Rechtsperson aus, die – sei es als Träger eines Einzelunternehmens (Nr. 1) oder eines mitunternehmerschaftlich geführten Betriebs (Nr. 2) – die gewerblichen Einkünfte (§ 15 Abs. 2 EStG) erzielt (§ 2 Abs. 1 S. 1 EStG).[27] Unternehmer ist danach in beiden – vom Großen Senat des BFH zu Recht als „gleichrangig"[28] bezeichneten – Fällen die Person, die (mit-)unternehmerische Initiative entfalten kann und (mit-)unternehmerisches Risiko trägt. Demgemäß ist auch in der Gesellschafterstellung kein hinreichendes Merkmal für die Zurechnung von gewerblichen Einkünften gemäß § 15 Abs. 1 S. 1 Nr. 2 EStG zu sehen; hinzutreten müssen vielmehr – in der Person des Gesellschafters – die Merkmale, die ihn als (Mit-)Unternehmer kennzeichnen.[29]

(2) Bestätigung findet diese Einschätzung nicht nur darin, dass die in § 15 Abs. 1 S. 1 Nr. 2 S. 1 EStG angeordnete Hinzurechnung von Sondervergütungen (zB Darlehens- oder Mietzinsen), die sowohl der möglichst weitgehenden Annäherung der Besteuerung von Einzel- und Mitunternehmern[30] als auch – innerhalb der Gruppe von Mitunternehmern –

---

[23] BFH Urt. v. 10.11.2005 IV R 29/04, BFHE 211, 305, BStBl. II 2006, 173.

[24] IX R 83/00, BFHE 206, 162, BStBl. II 2004, 898; ebenso Urt. v. 18.5.2004 IX R 42/01, BFH/NV 2005, 168.

[25] S. 1 der Vorschrift lautet: „Ist ein Wirtschaftsgut mehreren Beteiligten zuzurechnen und sind die Voraussetzungen für erhöhte Absetzungen oder Sonderabschreibungen nur bei einzelnen Beteiligten erfüllt, so dürfen die erhöhten Absetzungen und Sonderabschreibungen nur anteilig für diese Beteiligten vorgenommen werden".

[26] Zur aktuellen Reformdiskussion – zB KSt-Pflicht von Personengesellschaften, Optionsmodelle – vgl. die Beiträge zum 35. Berliner Steuergespräch „Besteuerung der Personengesellschaften – unpraktikabel und realitätsfremd?" in FR Heft16/2010.

[27] *Reiß* in: Kirchhof/Söhn/Mellinghoff, EStG, § 15 A 9 ff.

[28] Beschluss in BFHE 171, 246, BStBl. II 1993, 616 zu C.III.6.a/aa.

[29] Vgl. zB BFH Urt. v. 28.10.1999 VIII R 70/97, BStBl. II 2000, 183: Kommanditist ohne Gewinnbeteiligung ist kein Mitunternehmer.

[30] BFH Urt. v. 6.12.2000 VIII R 21/00, BFHE 194, 97, BStBl. II 2003, 194.

der Gleichbehandlung von Gesellschafterbeiträgen gegen Gewinnanteil und entgeltlichen Gesellschafterleistungen dient,[31] Einkünfte betrifft, die im eigenen Rechtskreis des Gesellschafters erzielt werden. Hinzu kommt, dass – über den Hinzurechnungstatbestand des § 15 Abs. 1 S. 1 Nr. 2 S. 1 EStG hinaus – nach zutreffender Rechtsprechung des BFH auch weitere WG zum Sonderbetriebsvermögen des mitunternehmerisch beteiligten Gesellschafters und damit zum gewerblichen (betrieblichen) Gesamtvermögen der Mitunternehmerschaft zu rechnen sind (zB Grundstücke, die der Gesellschaft ohne Entgelt überlassen werden; Anteile an Kapitalgesellschaften, die dem Betrieb oder der Beteiligung dienen) und auch diese Beurteilung schlüssig nur auf die (Mit-)Unternehmereigenschaft des Gesellschafters gestützt werden kann. Zu Recht hat der BFH die Rechtsgrundlage dafür, auch Sonderbetriebsvermögen in die Gewinnermittlung der Mitunterunternehmer einzubeziehen, „vornehmlich" auf die – für Einzel- und Mitunternehmer gleichermaßen zu beachtende – Grundregel des § 4 Abs. 1 EStG zur Gewinnermittlung auf der Grundlage des Betriebsvermögensvergleichs, dh. darauf gestützt, dass alle hierbei zu berücksichtigenden Wirtschaftsgüter – ungeachtet dessen, ob sie im Gesamthands- oder im Eigenvermögen des Gesellschafters gehalten werden – den Mitunternehmern als Subjekte der Einkunftserzielung (Unternehmensträger) zuzuordnen sind.[32]

(3) Nicht durchzugreifen vermag ferner der – insbesondere auf Diskussionsveranstaltungen nicht selten erhobene – Einwand, die ertragsteuerrechtliche Unternehmereigenschaft ergebe sich daraus, dass dem Zivilrecht entlehnte Tatbestandsmerkmale einer Steuerrechtsnorm im zivilrechtlichen Sinne zu interpretieren seien.[33] Letzteres erweist sich schon deshalb als verfehlt, weil Zivilrecht und Steuerrecht nebengeordnete, gleichrangige Rechtsgebiete sind, die denselben Sachverhalt aus einer anderen Perspektive und unter anderen Wertungsgesichtspunkten beurteilen.[34] Demgemäß ist – trotz aller Unsicherheiten um die Lehre von der Relativität der Rechtsfähigkeit[35] – unbestritten, dass die Rechtsfähigkeit einer natürlichen Person oder eines juristischen Gebildes mit Rücksicht auf den jeweiligen Normzweck, also normspezifisch, zu prüfen ist,[36] und es demgemäß auch nicht zu beanstanden war, dass der BFH – wie die Rechtsprechungsentwicklung zeigt (s. II.1.b) – bereits vor der Änderung der Rechtsprechung des BGH in der Teilrechtsfähigkeit der Personenhandelsgesellschaften (§ 124 HGB) keinen Umstand gesehen hat, der ihn dazu zwinge, diese Gesellschaften auch ertragsteuerrechtlich als Rechtssubjekte der Gewinnerzielung anzusehen.[37] Nichts anderes kann folglich für die nunmehr teilrechtsfähigen BGB-Außengesellschaften gelten.[38] Auch insoweit muss es – aus den dargestellten systematischen und teleologischen Gründen – dabei bleiben, dass ertragsteuerrechtlich die Gesellschafter Träger des Unternehmens sind. Hinzu kommt, dass zu den eine Mitunternehmerschaft iSd. § 15

---

[31] *Wacker* in: Schmidt, EStG, 29. Aufl. 2010, § 15 Rn. 161.

[32] BFHE 171, 246, BStBl. II 1993, 616 zu C.III.6a/bb.

[33] Ähnlich iS einer „Annäherung" des Ertragsteuerrechts an zivilrechtliche Grundentscheidungen *Hennrichs* FR 2010, 721; vgl. auch *Prinz* FR 2010, 736, 741 ff.

[34] BVerfG Beschl. v. 27.12.1991 – 2 BvR 72/90, BStBl. II 1992, 212: kein Vorrang des Zivilrechts, sondern bloße „Vorherigkeit".

[35] Vgl. auch BGH Urt. v. 29.1.2001 – II ZR 331/00 BGHZ 146, 341 = NJW 2001, 1056 zu A.I.2: „beschränkte Rechtssubjektivität der bürgerlich-rechtlichen Gesellschaft"; allgemein zB *K. Schmidt* Gesellschaftsrecht, 4. Aufl. 2002, § 8 V 1 a, S. 212 f.; *Ulmer* ZIP 2001, 585, 588 f.

[36] *K. Schmidt* Gesellschaftsrecht, 4. Aufl. 2002, § 8 V 1 a, S. 212 f.

[37] Gleiches gilt – nebenbei bemerkt – für Zwecke der Erbschaft- und Schenkungsteuer; vgl. BFH Urt. v. 11.11.2009 – II R 31/07, BFHE 228, 158, BStBl. II 2010, 504: „Nach der Rechtsprechung des Senats sind bei freigebigen Zuwendungen in das Vermögen einer Gesamthandsgemeinschaft die Gesamthänder als vermögensmäßig bereichert anzusehen, unabhängig von der Frage, ob zivilrechtlich ggf. die Gesamthand Erbin oder Beschenkte ist …".

[38] Vgl. auch die vorsichtige Formulierung des Urt. v. 29.1.2001 – II ZR 331/00, BGHZ 146, 341 = NJW 2001, 1056: Außen-GbR besitzt Rechtsfähigkeit, „soweit sie durch Teilnahme am Rechtsverkehr eigene Rechte und Pflichten begründet" (Leitsatz 1).

Abs. 1 S. 1 Nr. 2 EStG begründenden „anderen Gesellschaften“ nicht nur BGB-Außengesellschaften, sondern zB auch atypisch stille Innengesellschaften (zB Beteiligung am Geschäftsbetrieb einer Personen- oder Kapitalgesellschaft) und weitergehend auch die wirtschaftlich einem gesellschaftsrechtlichen Verbund vergleichbaren Gemeinschaftsverhältnisse, wie zB die Erben-, Güter- und Bruchteilsgemeinschaften, zu rechnen sind.[39] Da aber selbst das Zivilrecht diesen Gesellschaften und Gemeinschaften keine Rechtsfähigkeit zuspricht,[40] mithin das Zivilrecht weder ein einheitliches Modell der Gesamthand noch ein homogenes Modell der Gemeinschaften zur Verfügung stellt[41], würde die ertragsteuerliche Rezeption dieser unterschiedlicher Bilder in eklatanter Weise mit dem Anliegen des § 15 Abs. 1 S. 1 Nr. 2 EStG kollidieren, alle Formen mitunternehmerschaftlicher Verbindungen – vor allem aus Gründen der Gleichmäßigkeit der Besteuerung[42] – den nämlichen materiell-rechtlichen Regeln zu unterwerfen (sog. Gleichwertigkeit der Mitunternehmerschaften).[43]

ee) Nicht ausgeschlossen wird hierdurch freilich, dass die geänderte BGH-Rechtsprechung Einfluss auf die Auslegung steuerrechtlicher Normen nimmt, die entweder nach ihrem Wortlaut oder nach ihrem Zweck an die zivilrechtliche Beurteilung anknüpfen. Einwirkungen dieser Art sind beispielsweise[44] im Hinblick auf die gewerbliche Prägung vermögensverwaltender Personengesellschaften zu konstatieren. Die hierfür erforderliche Voraussetzung, dass zu den persönlich haftenden Gesellschaftern nur Kapitalgesellschaften gehören (§ 15 Abs. 3 Nr. 2 EStG; s. II.1.a), wird – im Gegensatz zur früheren Rechtslage (Doppelverpflichtungslehre)[45] – nunmehr (akzessorische Haftung analog § 128 HGB) bei einer GmbH & Co. GbR, an der auch natürliche Personen beteiligt sind, selbst im Falle einer individualvertraglichen Haftungsbegrenzung in der Regel nicht mehr erfüllt sein.[46]

---

[39] BFHE 141, 405, BStBl. II 1984, 751 zu C. V.3.b/bb; *Wacker* in: Schmidt, EStG, 29. Aufl. 2010, § 15 Rn. 171 mwN.

[40] BGH Urt. v. 17.10.2006 – VIII ZB 94/05, NJW 2006, 3715 (Erbengemeinschaft) MünchKommBGB/*Ulmer* aaO, § 705 Rn. 292 mwN; zur Miteigentümergemeinschaft s. zB *Sprau* in: Palandt, BGB, 69. Aufl. 2010, § 741 Rn. 9; anders jedoch BGH Urt. v. 2.6.2005 V ZB 32/05, BGHZ 163, 154 zur Wohnungseigentümergemeinschaft.

[41] *K. Schmidt* Gesellschaftsrecht, 4. Aufl. 2002, § 8 III 3, S. 200; *Wacker* DStR 2005, 2014.

[42] BFH Beschl. v. 25.2.1991 GrS 7/89, BFHE 163, 1, BStBl. II 1991, 691 zu C.V.

[43] *Wacker* in: Schmidt, EStG, 29. Aufl. 2010, § 15 Rn. 174 mwN.

[44] Weitere Beispiele möglicher „Einwirkung“: § 15a Abs. 5 Nr. 2 EStG läuft mangels Vergleichbarkeit der Haftung des Gesellschafters einer Außen-GbR mit derjenigen eines Kommanditisten in der Regel leer (s. *Wacker* in: Schmidt, EStG, 29. Aufl. 2010, § 15a Rn. 202); die Anspruchsberechtigung der „Personengesellschaften und Gemeinschaften“ nach § 1 Abs. 1 S. 3 InvZulG und § 1 Abs. 1 S. 2 FördG war meines Erachtens bereits vor der Änderung der BGH-Rechtsprechung zu beachten (vgl. BFH Urt. v. 22.8.2007 III R 3/06, BFH/NV 2008, 345); die subjektive Gewerbesteuerpflicht von Außen-GbR nach § 5 Abs. 1 S. 3 GewStG war gleichfalls bereits vor der Rechtsprechungskorrektur des BGH anzuerkennen (BFH Beschl. v. 29.7.2004 IV B 232/02, BFH/NV 2005, 352); zur USt s. BFH Beschl. v. 18.9.2001 V B 227/00, BFH/NV 2002, 158 (Vorgründungsgesellschaft ist als BGB-Gesellschaft rechtsfähige Unternehmerin) sowie Abschn. 16 UStR; zur Haftung nach § 191 AO kraft Gesetzes s. BFH Urt. v. 9.5.2006 VII R 50/05, BFHE 213, 194, BStBl. II 2007, 600 (§ 128 HGB analog; Anschluss an BGH-Rechtsprechung); zur Klagebefugnis nach § 48 Abs. 1 Nr. 1 FGO von vermögensverwaltenden Personengesellschaften (Prozessstandschaft) s. BFH Urt. v. 18.5.2004 IX R 83/00, BFHE 206, 162, BStBl. II 2004, 898: Folge der ertragsteuerrechtlichen Teilrechtsfähigkeit und Einklang mit geänderter BGH-Rechtsprechung.

[45] MünchKommBGB/*Ulmer* 5. Aufl. 2009, § 714 Rn. 58; einschränkend aber bereits BGH Urt. v. 27.9.1999 II ZR 371/98, BGHZ 142, 315.

[46] S. – auch mit Blick auf § 13a ErbStG (aF/nF) – BFH Urt. v. 4.2.2009 II R 41/07, BFHE 225, 85, BStBl. II 2009, 600; *Wacker* in: Schmidt, EStG, 29. Aufl. 2010, Rn. 227; BMF vom 28.7.2000, BStBl. I 2000, 1198; vom 28.8.2001 BStBl. I 2001, 614 (Anwendungs- und Übergangsregelungen); zur Korrektur bestandskräftiger Feststellungsbescheide nach § 174 Abs. 3 AO (Ansatz eines Entnahmegewinns aufgrund missglückten Buchwerttransfers) s. aber ablehnend BFH Urt. v. 14.1.2010 IV R 33/07, BFHE 228, 122, BStBl. II 2010, 586.

d) Zusammenfassung und grundsätzliche Folgerungen

Fasst man das Bisherige zusammen, so ist festzuhalten, dass der BFH im Bereich der betrieblichen Einkünfte die Gesellschafter (oder Gemeinschafter) unabhängig von der Rechtsform der mitunternehmerschaftlichen Verbindung (Außen-/Innengesellschaft; wirtschaftlich vergleichbares Gemeinschaftsverhältnis) als Träger des Unternehmens ansieht; nur sie sind – gleich einem Einzelunternehmer – Subjekte der Einkunftserzielung. Eine – meines Erachtens allerdings zu hinterfragende (s. III.2.b) – Ausnahme erkennt die Rechtsprechung lediglich für die Beteiligung einer (Ober-)Personengesellschaft (einschließlich BGB-Gesellschaften) an einer Unterpersonengesellschaft an.

Der (grundsätzlich) individuellen Unternehmensträgerschaft, die zugleich zwanglos zu erklären vermag, dass die Mitunternehmerstellung des Gesellschafters an das zusätzliche Merkmal seiner (individuellen) Gewinnerzielungsabsicht gebunden ist,[47] ist die in § 15 Abs. 1 S. 1 Nr. 2 EStG (ggf. iVm. §§ 13 Abs. 7, 18 Abs. 4 S. 2 EStG) angelegte[48] und damit gleichfalls normspezifisch gerechtfertigte Teilrechtsfähigkeit des Gesellschafterverbunds[49] zur Seite gestellt, nach der über die Art der gemeinschaftlich erzielten (betrieblichen oder privaten) Einkünfte nur die im Verbund verwirklichten Tatbestandsmerkmale entscheiden. Hierzu gehört zwar auch die Frage der persönlichen Qualifikation der Gesellschafter für die von ihnen gemeinschaftlich ausgeübte Tätigkeit mit der Folge, dass sie nach der Abfärberegelung des § 15 Abs. 3 Nr. 1 EStG (s. I.1.a) nur dann – nicht der Gewerbesteuer unterliegende – freiberufliche Einkünfte (§ 18 EStG) erzielen, wenn *sämtliche* mitunternehmerisch Beteiligten die hierfür erforderliche berufsrechtlichen Voraussetzungen erfüllen.[50] Gleiches gilt für den die Situation einer Betriebsaufspaltung kennzeichnenden einheitlichen Betätigungswillen, der darauf gerichtet ist, mittels der Überlassung einer wesentlichen Betriebsgrundlage durch die sog. Besitzgesellschaft (zB GbR) an die von Besitzgesellschaftern beherrschte Betriebsgesellschaft (zB GmbH) eine gewerbliche Betätigung auszuüben.[51] Nicht in die Qualifikation der gemeinschaftlich erzielten Einkünfte einzubeziehen sind hingegen sonstige wirtschaftliche Betätigungen der Gesellschafter (zB im Rahmen eines Einzelunternehmens oder anderer Gesellschaften). Erfüllt demnach die in einer Person- oder Personenhandelsgesellschaft gemeinsam ausgeübte Tätigkeit nicht die Voraussetzungen für die Annahme eines Gewerbebetriebs (§ 15 Abs. 2 EStG) und unterliegt sie auch nicht der gewerblichen Abfärbung oder Prägung gemäß § 15 Abs. 3 EStG, muss – bezogen auf diesen Personenverbund – die Feststellung gewerblicher Einkünfte der Gesellschafter ausscheiden (§ 180 Abs. 1 Nr. 2 lit. a AO) ausscheiden.[52] Unberührt hiervon bleibt indes, dass die Anteile an einer solchen vermögensverwaltenden Personengesellschaft im Betriebsvermögen eines Gesellschafters gehalten werden und damit dessen betriebliche Gewinne

---

[47] *Wacker* in: Schmidt, EStG, 29. Aufl. 2010, § 15 Rn. 265.

[48] Hierfür spricht vor allem die Unterscheidung zwischen dem nach handelsrechtlichen Grundsätzen zu ermittelnden Gewinnanteil des Gesellschafters und den hinzurechnenden Sondervergütungen (vgl. dazu auch BFH Beschl. v. 10.11.1980 GrS 1/79, BFHE 132, 244, BStBl. II 1981, 164 zu C. I.1/2; in BFHE 141, 405, BStBl. II 1984, 751 zu C. III.3.a). Diese Differenzierung des § 15 Abs. 1 S. 1 Nr. 2 EStG setzt notwendigerweise zum einen die Existenz eines gemeinsam geführten gewerblichen Betriebs (Tatbestand auf der Ebene des Verbunds) voraus, für den ein einheitlicher – gleichfalls im Verbund der Gesellschafter (Gemeinschafter) erzielter – Gewinn zu ermitteln ist; sie bedingt zum anderen die Anerkennung fremdüblicher Vertragsbeziehungen zwischen den Gesellschaftern und dem Gesellschafterverbund.

[49] Gemäß dem Verständnis der traditionellen Gesamthandslehre (einheitliches Sondervermögen der Gesellschafter).

[50] BFH Urt. v. 28.10.2008 VIII R 69/06, BStBl. II 2009, 642 (einschließlich mittelbar über eine Oberpersonengesellschaft beteiligte Gesellschafter); zu weiteren Einzelheiten s. *Wacker* in: Schmidt, EStG, 29. Aufl. 2010, § 18 Rn. 43.

[51] *Wacker* in: Schmidt, EStG, 29. Aufl. 2010, § 15 Rn. 800.

[52] BFH Beschl. v. 11.4.2005 GrS 2/02, BFHE 209, 399, BStBl. II 2005, 679.

erhöhen oder vermindern können (sog. Zebra-Situation). Ebenso bleibt unberührt, dass die im Rahmen der – für sich gesehen vermögensverwaltenden – Personengesellschaft verwirklichten Merkmale im Zusammenspiel mit den sonstigen eigenen Betätigungen des Gesellschafters geeignet sind, in dessen Person einen eigenen (einzelunternehmerischen) Gewerbebetrieb (zB in Form des gewerblichen Grundstückshandels) zu begründen.[53]

Hiernach gewerbliche (betriebliche) Einkünfte der Mitunternehmer sind zudem – als zweite Ausprägung der Teilrechtsfähigkeit des gesamthänderisch oder gemeinschaftlich verbundenen Vermögens – einheitlich zu ermitteln, dh. nach § 4 EStG (ggf. iVm. § 5 EStG) entweder auf der Grundlage eines auch das Sonderbetriebsvermögen erfassenden[54] Betriebsvermögensvergleichs (Abs. 1) oder nach den Grundsätzen der betrieblichen Überschussrechnung (Abs. 3). Hieraus hat die Rechtsprechung unter anderem abgeleitet, dass fremdübliche Veräußerungsgeschäfte zwischen der Personengesellschaft anzuerkennen und Forderungen des Gesellschafters gegen die Gesellschaft (zB auf Arbeitsentgelt, Zinsen) nicht entsprechend den Anteilsquoten aufzuspalten sind.[55] Auch diese Aussage steht jedoch zum einen unter dem Vorbehalt, dass die jeweilige Gewinnermittlungsnorm nicht – wie beispielsweise im Falle der Inanspruchnahme von Abschreibungspräferenzen oder der Rücklage nach § 6b EStG – eine gesellschafterbezogene Deutung erfordert. Zum anderen kann es nicht nur bei vermögensverwaltenden (s. II.2.d), sondern auch bei betrieblichen Personenzusammenschlüssen – wiederum normspezifisch – geboten sein, das Gesamthandsvermögen nach der Bruchteilsbetrachtung des § 39 Abs. 2 Nr. 2 AO für Zwecke der Besteuerung der Gesellschafter in Miteigentumsanteile aufzulösen. Letzteres – und damit der Rückgriff auf den der Rechtsträgerschaft des Mitunternehmers entsprechenden Transparenzgedanken – ist zB im Falle der Veräußerung des Gesellschaftsanteils eines Mitunternehmers[56] geboten. Die Transparenzvorstellung ist aber auch dann zu entfalten, wenn über die in § 6 Abs. 5 EStG nicht geregelte und auch innerhalb des BFH umstrittene Frage zu entscheiden ist, ob einzelne Wirtschaftsgüter zwischen den Gesamthandsvermögen von Schwesterpersonengesellschaften zu Buchwerten zu übertragen sind.

2. *Einzelfälle*

a) Treuhandmodell

aa) Ein-Unternehmer-Gesellschaften

An der XA-KG (KG) war als Komplementärin die C-GmbH sowie als Kommanditistin die A-GmbH beteiligt. Die KG ist durch Ausgliederung eines Teilbetriebs aus dem Vermögen der Komplementärin gemäß § 123 Abs. 3 Nr. 2 UmwG 1995 hervorgegangen. Der Kommanditanteil der A-GmbH (Treuhänderin) wurde aufgrund eines steuerrechtlich anzuerkennenden Treuhandverhältnisses für die C-GmbH (Treugeberin) gehalten. Wenngleich Gegenstand des Rechtsstreits die vom Finanzamt bejahte Gewerbesteuerpflicht der KG war (s. III.2.a), hatte der BFH als Vorfrage zu klären, ob überhaupt eine mitunternehmerschaftliche Verbindung zwischen der A-GmbH sowie der C-GmbH (Komplementärin) vorlag. Der BFH hat dies mit Urteil vom 3. Februar 2010[57] – im Einklang mit früheren Entscheidungen des Gerichts – abgelehnt und zu Recht darauf hingewiesen, dass aufgrund der (ertragsteuerrechtlichen) Unternehmereigenschaft der Gesellschafter (als Subjekte der Einkunftserzielung) der Tatbestand der mitunternehmer-

[53] Zu Einzelheiten s. *Wacker* in: Schmidt, EStG, 29. Aufl. 2010, § 15 Rn. 73.
[54] BFH Urt. v. 11.12.1986 IV R 222/84, BFHE 149, 149, BStBl. II 1987, 553 zu 4.a.
[55] *Wacker* in: Schmidt, EStG, 29. Aufl. 2010, § 15 Rn. 164 mwN.
[56] BFH Urt. v. 25.2.2010 IV R 49/08, BFHE 228, 486, BStBl. II 2010, 726 mwN.
[57] IV R 26/07, BFHE 228, 365, BStBl. II 2010, 751.

schaftlich erzielten Gewinnanteile iSd. § 15 Abs. 1 S. 1 Nr. 2 EStG nur dann erfüllt werde, wenn der Betrieb auf Rechnung und Gefahr mehrerer Unternehmer („Mit"-Unternehmer) geführt werde. Fehle es hieran aufgrund einer Treuhandabrede über den Kommanditanteil,[58] erziele die Treugeberin (C-GmbH; Komplementärin) gewerbliche Einkünfte kraft „einzelunternehmerischer Tätigkeit" (§ 15 Abs. 1 S. 1 Nr. 1 EStG iVm. § 8 Abs. 1 S. 1 KStG); eine gesonderte und einheitliche Gewinnfeststellung (§ 180 Abs. 1 Nr. 2 lit. a AO) sei daher ausgeschlossen.

bb) Folgerungen

Der Entscheidung ist ungeachtet dessen zuzustimmen, dass sie sich gegen die zB im Rahmen von § 2 UStG[59] respektierte „zivilrechtliche Existenz" der Personengesellschaft stellt. Zu beachten ist hierbei, dass – worauf der BFH ausdrücklich hinweist – in der dem Urteilssachverhalt spiegelbildlichen Situation, dass die Rechte aus dem Komplementäranteil treuhänderisch für den Kommanditisten wahrgenommen werden, ein mitunternehmerschaftlich geführter Betrieb vorliegt, da eine solche Treuhandabrede die Mitunternehmerstellung des Komplementärs (Treuhänders), der mit Rücksicht auf die Regelung des § 170 HGB von der Vertretung der Gesellschaft nicht ausgeschlossen werden kann und das Risiko der Haftungsinanspruchnahme für Verluste der KG zu tragen hat, regelmäßig unberührt lässt.[60]

Doch zurück zum Besprechungsfall, also zur Treuhandabrede über einen Kommanditanteil. Aus der alleinigen Unternehmerstellung der Treugeberin (Komplementärin) folgt zunächst, dass die Vermögensgegenstände (Wirtschaftsgüter) der KG in den ertragsteuerrechtlichen Gewinnermittlungskreis der Komplementärin einzubinden sind. Rechtsgrundlage hierfür ist einerseits die sog. Bruchteilsbetrachtung des § 39 Abs. 2 Nr. 2 AO sowie andererseits die für Treuhandverhältnisse zu beachtende Zurechung der WG zum Eigenvermögen des Treugebers (§ 39 Abs. 2 Nr. 1 S. 2 AO). Beide Zurechnungstatbestände bewirken in ihrem Zusammenspiel, dass – unter Durchbrechung der zivilrechtlichen Struktur des gesamthänderisch gebundenen Vermögens der KG (§ 124 HGB) – die Treugeberin als alleiniges Subjekt der Einkunftserzielung so zu behandeln ist, als würden alle positiven und negativen Wirtschaftsgüter der KG ihrem Eigenvermögen angehören.[61] Hieraus ergibt sich ferner, dass Vertragsbeziehungen zwischen der KG und Treugeberin ertragsteuerrechtlich nicht anzuerkennen sind (zB keine BA der KG, keine Sonderbetriebseinnahmen; bei Vermögenstransfers keine Gewinnrealisierungen) und die Teilbetriebsausgliederung der Komplementärin gemäß § 123 Abs. 3 Nr. 2 UmwG 1995 keinen Wechsel in der ertragsteuerrechtlichen Zuordnung des ausgegliederten Vermögens bewirkt hat. Mit anderen Worten: die steuerlichen Buchwerte sind bei Begründung des Treuhandmodells ungeachtet dessen fortzuführen, ob Gegenstand der Ausgliederung ein Teilbetrieb oder Mitunternehmeranteil iSd. § 24 UmwStG[62] ist oder ob nur einzelne Wirtschaftgüter übertragen werden.

---

[58] Treuhänderisch gehaltene Kommanditanteile vermitteln der Treunehmerin (hier: A-GmbH) nach ständiger Rechtsprechung nicht die Stellung einer Mitunternehmerin.

[59] BFH Urt. v. 18.12.1980 V R 142/73, BFHE 132, 497, BStBl. II 1981, 408; A 16 Abs. 2 UStR.

[60] BFH Urt. v. 17.11.1987 VIII R 83/84, BFHE 152, 230; *Haep* in: Herrmann/Heuer/Raupach, § 15 EStG Rn. 424.

[61] Zur Zinsschränke (§ 4h EStG) s. *Benz/Goß* DStR 2010, 839, 845: Treuhand-KG unterhält keinen Betrieb; bei Abschluss eines Treuhandvertrags unter Umständen Untergang des Zins- und EBITDA-Vortrags nach § 4h Abs. 5 S. 2 EStG.

[62] *Benz/Goß* DStR 2010, 839, 845; *Wacker* NWB 27/2010, 2133; zum bisherigen Streitstand s. *Schmitt/Hörtnagl/Stratz* Umwandlungsgesetz, Umwandlungssteuergesetz, 5. Aufl. 2009, § 24 UmwStG Rn. 112. Damit erübrigen sich Ausführungen zu der vom FA befürworteten Rückwirkung nach § 24 Abs. 4, Halbs. 2 iVm. § 20 Abs. 7 und 8 UmwStG 1995. Im Übrigen scheitert die Anwendung von § 24 UmwStG auch daran, dass die Komplementärin (Treugeberin) nicht – wie in der Vorschrift gefordert – die Stellung einer Mitunternehmerin der Treuhand-KG erlangt hat.

Auch bedarf es keines Rückgriffs auf die Regelungen des § 6 Abs. 5 S. 1 oder 3 Nr. 1 EStG.[63 / 64]

b) Schuldzinsenabzug gemäß § 4 Abs. 4a EStG

Nach § 4 Abs. 4a EStG sind betrieblich veranlasste Schuldzinsen – vorbehaltlich der Sonderregelung zur Finanzierung von Anlagevermögen (S. 5) – bei Vorliegen einer sog. Überentnahme nicht abziehbar (S. 1). Eine Überentnahme ist der Betrag, um den die Entnahmen die Summe des Gewinns und der Einlagen des Wirtschaftsjahres übersteigen (S. 2). Die nicht abziehbaren Schuldzinsen werden typisiert mit 6% der Überentnahme ermittelt (S. 3), jedoch sieht S. 4 der Vorschrift einen sog. Mindest-Schuldzinsenabzug vor, nach dem höchstens der um 2050 Euro verminderte Betrag der im Wirtschaftsjahr angefallenen Schuldzinsen dem Gewinn hinzuzurechnen ist.

Die Vorschrift wurde von der Finanzverwaltung zunächst „gesellschaftsbezogen" ausgelegt. Zur Bestimmung der Überentnahme war deshalb auf den Gesamtgewinn der Mitunternehmerschaft sowie die Summe der Einlagen und Entnahmen aller Mitunternehmer abzustellen; ein hieraus sich ergebender Hinzurechnungsbetrag wurden den Gesellschaftern – vorbehaltlich einer abweichenden Verteilungsabrede – nach dem allgemeinen (handelsrechtlichen) Gewinnverteilungsschlüssel zugerechnet.[65]

Der BFH hat sich dem – zu Recht – verweigert. Zwar korrigiere § 4 Abs. 4a EStG – so das Urteil vom 29. März 2007[66] – betriebsbezogen den Gewinn der jeweiligen Mitunternehmerschaft mit der Folge, dass auch der Mindestabzugsbetrag (2050 Euro) den Gesellschaftern nur anteilig zustehen könne. Dies schließe jedoch – im Einklang mit der Rechtsprechung zu Abschreibungsvergünstigungen sowie Rücklagen nach § 6b EStG – eine gesellschafterbezogene Beurteilung des Überentnahmebegriffs nicht aus. Hierfür spreche nicht nur, dass auch die das Sonderbetriebsvermögen betreffenden Einlagen und Entnahmen sowie die im Sonderbetriebsbereich erzielten Gewinne Eingang in den Korrekturbetrag nach § 4 Abs. 4a EStG 1999 fänden. Hinzu kommt vor allem, dass das für die Gewinnhinzurechung ausschlaggebende Moment in dem Umstand des Kapitalentzugs, dh. darin zu sehen sei, ob die Entnahme das aus Einlagen und Gewinnen gebildete Eigenkapital überschreite. Da aber nicht nur die Entnahme von Sonderbetriebsvermögen, sondern auch diejenige von Wirtschaftsgütern des Gesamthandsvermögens – als durch das Gesellschafts-

[63] Wird das Treuhandmodell nicht durch die (zivilrechtliche) Übertragung der WG der Komplementärin in das Gesamthandsvermögen der Treuhand-KG, sondern dadurch begründet, dass der Kommanditanteil an einer KG (Mitunternehmerschaft) aufgrund einer Treuhandabrede nunmehr für die Komplementärin gehalten wird, so ist dies – sofern hierfür ein Entgelt vereinbart wird (zB zur Vermeidung einer vGA) – als Veräußerung des Kommanditanteils zu werten (§ 16 EStG). Dementsprechend sind die Buchwerte der auf die Kommanditbeteiligung entfallenden anteiligen WG der Treuhand-KG aufzustocken. Da aber zugleich die Mitunternehmerschaft endet, sind alle WG der Treuhand-KG – trotz ihrer zivilrechtlichen Fortexistenz – steuerrechtlich im eigenen Vermögenskreis der Komplementärin auszuweisen (s. oben). Neben die Aufstockung bezüglich der der Kommanditbeteiligung zuzuordnenden WG-Anteile tritt hierbei die Buchwertfortführung bezüglich der WG-Anteile, die der Komplementärbeteiligung zuzurechnen waren (analog § 6 Abs. 3 EStG oder analog § 16 Abs. 3 S. 2 EStG; insoweit gleicher Ansicht *Benz/Goß* DStR 2010, 839, 843). Eine rückwirkende Begründung dürfte im Regelfall nicht in Betracht kommen (aA *Benz/Goß* DStR 2010, 839, 844).

[64] Wird das Treuhandmodell durch Aufhebung des Treuhandvertrags (bezügl. Kommanditbeteiligung) beendet, geht das wirtschaftliche Eigentum am Vermögen der Treuhand-KG aus dem Vermögenskreis der Komplementärin in denjenigen der Treuhand-KG über. Die hM verbindet hiermit (die sonstigen Voraussetzungen dieser Vorschrift unterstellt; zB Vorliegen eines Teilbetriebs) einen Einbringungsvorgang nach § 24 UmwStG, obwohl auch dieser Vorgang die zivilrechtliche Vermögenszuordnung nicht berührt (vgl. *Benz/Goß* DStR 2010, 839, 844). Eine rückwirkende Beendigung gemäß UmwStG scheidet in der Regel aus (grundsätzlich gleiche Ansicht *Benz/Goß* aaO 844).

[65] BMF vom 17.11.2005, BStBl. I 2005, 1019, Rn. 25, 30 ff.

[66] IV R 72/02, BFHE 217, 514, BStBl. II 2008, 420.

verhältnis veranlasster Vorgang – Gegenstand der individuellen Tatbestandsverwirklichung sei und deshalb der Entnahmewert des Wirtschaftsguts (in aller Regel) vom Kapitalanteil (bzw. Kapitalkonto) des Mitunternehmers abgeschrieben werde, sei es folgerichtig, auch die Vorschrift des § 4 Abs. 4a EStG im Sinne einer gesellschafterbezogenen Gewinnhinzurechnung zu konkretisieren. Sie bestimme sich mithin nach dem Anteil des einzelnen Mitunternehmers am Gesamtgewinn der Mitunternehmerschaft (einschl. Ergebnisse aus Sonder- und Ergänzungsbilanzen) und der Höhe seiner (betriebsbezogenen) Einlagen und Entnahmen (wiederum einschließlich Sonderbetriebsvermögen).

Das Urteil ist meines Erachtens – trotz seiner tatbestandlichen Differenzierungen – nicht nur methodisch, sondern auch in der Sache überzeugend, da es einkommensteuerrechtlich zu verursachungsgerechten Mehrbelastungen führt; ausgeschlossen ist damit allerdings der interpersonelle Ausgleich von Über- und Unterentnahmen. Anderes ergibt sich meines Erachtens auch nicht daraus, dass es unter Umständen angezeigt sein kann, für Zwecke der Gewerbesteuer, die gleichfalls durch die Hinzurechnung nach § 4 Abs. 4a EStG beeinflusst wird (§ 7 GewStG) und von allen Gesellschaftern nach dem handelsrechtlichen Gewinnverteilungsschlüssel zu tragen ist (§ 5 Abs. 1 S. 3 GewStG), eine gesonderte Lastenvereinbarung zu treffen (sog. Steuerklausel);[67] Letzteres spricht schon deshalb nicht gegen das Besprechungsurteil, weil nach der bisherigen Einschätzung der Finanzbehörden eine solche Sonderabrede nicht nur die gewerbe-, sondern auch die einkommensteuerlichen Verwerfungen der gesellschaftsbezogenen Betrachtung zu berücksichtigen hatte. Die Entscheidung ist zwischenzeitlich auch von der Verwaltung akzeptiert worden.[68]

c) Grundstücksausgliederung in Schwesterpersonengesellschaften zu Buchwerten?

aa) Zu dem praktisch bedeutsamen Transfer von WG zwischen den Betriebsvermögen des Steuerpflichtigen (Einzelbetrieb; mitunternehmerschaftlich geführte Betriebe) enthält § 6 Abs. 5 EStG in Anlehnung an die frühere Rechtsprechung sowie dem hierauf fußenden Mitunternehmererlass[69] in der ab dem Jahre 2001 geltenden Fassung folgende Einzelregelungen, nach denen die Aufdeckung der stillen Reserven zum Zwecke der Erleichterung von Unternehmensumstrukturierungen vermieden wird (Zwang zur Buchwertfortführung):

„(1.) Wird ein einzelnes Wirtschaftsgut von einem Betriebsvermögen in ein anderes Betriebsvermögen desselben Steuerpflichtigen überführt, ist bei der Überführung der Wert anzusetzen, der sich nach den Vorschriften über die Gewinnermittlung ergibt, sofern die Besteuerung der stillen Reserven sichergestellt ist. (2.) S. 1 gilt auch für die Überführung aus einem eigenen Betriebsvermögen des Steuerpflichtigen in dessen Sonderbetriebsvermögen bei einer Mitunternehmerschaft und umgekehrt sowie für die Überführung zwischen verschiedenen Sonderbetriebsvermögen desselben Steuerpflichtigen bei verschiedenen Mitunternehmerschaften. (3.) S. 1 gilt entsprechend, soweit ein Wirtschaftsgut

1. unentgeltlich oder gegen Gewährung oder Minderung von Gesellschaftsrechten aus einem Betriebsvermögen des Mitunternehmers in das Gesamthandsvermögen einer Mitunternehmerschaft und umgekehrt,
2. unentgeltlich oder gegen Gewährung oder Minderung von Gesellschaftsrechten aus dem Sonderbetriebsvermögen eines Mitunternehmers in das Gesamthandsvermögen derselben Mitunternehmerschaft oder einer anderen Mitunternehmerschaft, an der er beteiligt ist, und umgekehrt oder
3. unentgeltlich zwischen den jeweiligen Sonderbetriebsvermögen verschiedener Mitunternehmer derselben Mitunternehmerschaft

übertragen wird".

---

[67] S. hierzu zB *Carlé/Demuth* KÖSDI 2008, 15979.

[68] BMF-Schreiben vom 7.5.2008 BStBl. I 2008, 588; vom 4.11.2008, BStBl. I 2008, 957; jeweils mit Übergangsregelungen. Zur Aufteilung des Mindestabzugsbetrag nach den Schuldzinsenanteilen vgl. Wacker, NWB F 3, 14725 (2007, 3223).

[69] BMF vom 20.12.1977, BStBl. I 1978, 8.

bb) Im Urteil vom 25. November 2009[70] hatte der I. Senat darüber zu entscheiden, ob die – der Einbringung von Gesellschaftsanteilen an der KG I in eine GmbH vorgelagerte – Ausgliederung einzelner Grundstücke aus dem Gesamthandsvermögen der KG I in dasjenige ihrer personenidentischen Schwesterpersonengesellschaft (GbR) zur Realisierung der stillen Reserven führt.

Der I. Senat hat dies bejaht und sich dazu, dass der Grundstückstransfer nicht § 6 Abs. 5 EStG (nF) unterstehe, dahin geäußert, dass die hiervon abweichende Rechtsprechung zur früheren Rechtslage (bis einschließlich 1998)[71] auf die Neufassung des § 6 Abs. 5 EStG nicht übertragen werden könne. Die Vorschrift sei im Streitfall (Transfer zwischen Schwesterpersonengesellschaften) nicht unmittelbar anwendbar; insbesondere könne der Vorgang nicht als Überführung „von einem Betriebsvermögen in ein anderes Betriebsvermögen desselben Steuerpflichtigen" behandelt werden (§ 6 Abs. 5 S. 1 EStG nF). Die gesetzlichen Unterscheidungen verdeutlichten vielmehr, dass der Gesetzgeber die Mitunternehmerschaft als selbständiges Steuersubjekt mit einem eigenen – von den Betriebsvermögen der Mitunternehmer zu unterscheidenden – Betriebsvermögen verstehe. Dem entspreche, dass die Übertragung von Wirtschaftsgütern in das Gesamthandsvermögen als Veräußerung zu behandeln sei. Auch eine entsprechende Anwendung der Bestimmung scheide aus. Zwar sprächen hierfür bei einer inhaltlichen und interessenorientierten Betrachtung gute Gründe, da § 6 Abs. 5 S. 3 EStG nF auf dem Gedanken beruhe, dass es einer sofortigen Besteuerung nicht bedürfe, wenn das übertragene Wirtschaftsgut weiterhin zur Erzielung steuerpflichtiger Einkünfte genutzt werde und die mit ihm verbundenen stillen Reserven nicht vollständig auf Dritte verschoben würden. Das gelte namentlich im Hinblick auf Gestaltungen, bei denen an den beiden Gesellschaften dieselben Personen beteiligt seien. Ein Analogieschluss setze jedoch eine planwidrige Unvollständigkeit des Gesetzes voraus. Dies sei aber zu verneinen, weil § 6 Abs. 5 EStG nF die Sachverhalte der erfolgsneutralen Übertragung in einem detaillierten Katalog aufzähle. Nach der Entstehungsgeschichte sei der Katalog abschließend und erfasse insbesondere nicht die Übertragung von Wirtschaftsgütern auf eine Schwestergesellschaft; ein entsprechender Ergänzungsantrag der Fraktion der CDU/CSU habe im Finanzausschuss keine Mehrheit gefunden (BT-Drucks. 14/7343 S. 3).

cc) Meines Erachtens bestehen gegen die Ansicht des I. Senats Bedenken.[72] Letzteres bereits deshalb, weil der Katalog des § 6 Abs. 5 S. 3 EStG nach seinem Wortlaut gerade nicht abschließend ist und deshalb auch keine Notwendigkeit besteht, hiervon abweichenden Vorstellungen des Gesetzgebers im Rahmen der Norminterpretation zu folgen.[73] Hinzu kommt, dass die Einzelaussagen der Vorschrift (§ 6 Abs. 5 S. 2 und 3 EStG) erkennbar auf der Vorstellung der Unternehmensträgerschaft der Mitunternehmer und dem hiermit verknüpften Transparenzprinzip fußen. Zu bedenken ist des Weiteren, dass § 6 Abs. 5 EStG selbst dann die Verlagerung stiller Reserven und damit eine Verletzung des sog. Subjektprinzips hinnimmt, wenn Wirtschaftsgüter zwischen den Sonderbetriebsvermögen verschiedener Mitunternehmer bei der nämlichen Mitunternehmerschaft übertragen werden.

---

[70] I R 72/08, BFHE 227, 445, BStBl. II 2010, 471.

[71] BFH Urt. v. 6.9.2000 IV R 18/99, BFHE 193, 116, BStBl. II 2001, 229.

[72] *Schmidt/Wacker* EStG, § 15 Rn. 683 mwN; gleiche Ansicht *Wendt* FR 2010 S. 386.

[73] Vgl. zB BFH Urt. v. 14.5.1991 VIII R 31/88, BFHE 164, 516, BStBl. II 1992, 167: „Nach der übereinstimmenden Rechtsprechung des BVerfG … und des BFH … ist für die Auslegung von Steuergesetzen der objektivierte Wille des Gesetzgebers maßgebend, wie er sich aus dem Gesetzeswortlaut und aus dem Sinnzusammenhang der Vorschrift ergibt. Der subjektive Wille der am Gesetzgebungsverfahren beteiligten Personen kann für die Auslegung nur insofern von Bedeutung sein, als er die Richtigkeit einer nach den sonstigen Grundsätzen ermittelten Auslegung bestätigt oder Zweifel behebt, die sonst nicht ausgeräumt werden könnten. Die Motive und Vorstellungen der Mitglieder der gesetzgebenden Körperschaften können nur dann berücksichtigt werden, wenn sie im Gesetz selbst einen hinreichend bestimmten Ausdruck gefunden haben".

dd) Hiermit übereinstimmend hat der IV. Senat des BFH im Verfahren des vorläufigen Rechtsschutzes (Aussetzung der Vollziehung) mit Beschluss vom 15. April 2010[74] die Versagung der Buchwertübertragung nicht als iSd. § 69 FGO ernsthaft zweifelhaft angesehen,[75] sondern darüber hinaus zu Recht darauf hingewiesen, dass es angesichts der grundsätzlichen Rückkehr des § 6 Abs. 5 EStG nF zum sog. Mitunternehmer-Erlass sowie der dieser Anweisung zugrunde liegenden Rechtsprechung einen Gleichheitsverstoß (Verstoß gegen das verfassungsrechtliche Gebot der Folgerichtigkeit) begründen würde, auch in Fällen der Wahrung des Steuersubjektprinzips einen Zwang zur Aufdeckung der stillen Reserven anzunehmen.[76] Der Beschluss konnte ohne eine vorherige Anfrage beim I. Senat ergehen. Über die Rechtsfrage wird jedoch erst im Hauptsacheverfahren – und dann selbstverständlich erst nach vorheriger Abstimmung mit dem I. Senat des BFH – endgültig entschieden werden können.

d) Veräußerungsgeschäfte zwischen vermögensverwaltenden Personengesellschaften und ihren Gesellschaftern

Mit Urteil vom 2. April 2008[77] hatte der BFH erneut dazu Stellung zu nehmen, ob dann, wenn Grundstücke von den Miteigentümer an „ihre" weder gewerblich tätige noch gewerblich geprägte – also vermögensverwaltende – Personengesellschaft veräußert werden (bzw. die Grundstücke in die Gesellschaft eingebracht werden), entsprechend den zivilrechtlichen Vorgaben auch ertragsteuerrechtlich von einem Rechtssubjektswechsel auszugehen ist. Der IX. Senat hat dies unter Verweis auf die bisherige Spruchpraxis verneint und erkannt, dass der Grundbesitz auch nach Übertragung in das Gesamthandsvermögen den Gesellschafter aufgrund der Fiktion des § 39 Abs. 2 Nr. 2 AO (Bruchteilsbetrachtung) anteilig (dh. gleich Miteigentümern) zuzurechnen sei. Ein Anschaffungsvorgang, der die Abschreibungsbemessungsgrundlage für den vermieteten Grundbesitz erhöhe, sei deshalb – aus Sicht des Ertragssteuerrechts – nur insoweit anzuerkennen, als sich die Anteile der Gesellschafter an den jeweiligen Grundstücken gegenüber den bisherigen Beteiligungsquoten erhöht hätten.

Der Entscheidung ist beizupflichten, obwohl – wie erwähnt – Veräußerungsgeschäfte zwischen den Gesellschaftern und gewerblichen oder gewerblich geprägten Personengesellschaft auch steuerrechtlich anzuerkennen sind. Die hiervon abweichende Behandlung vermögensverwaltender Personengesellschaften nach der sog. Bruchteilsbetrachtung ist nicht inkonsequent, sondern die – normspezifisch – gebotene Folgerung aus den Regelungszwecken verschiedener Vorschriften des Einkommensteuerrechts, die nach ihrem Normzweck unabhängig davon, ob der Steuerpflichtige über Miteigentums- oder Gesamthandsanteile verfügt, darauf zielen, auch private Veräußerungsgewinne zu belasten (vgl. zB §§ 17, 23 EStG sowie neuerdings § 20 Abs. 2 EStG).[78] Hieran aufbauend sind Veräußerungstatbestände nur im Verhältnis der Gesellschafter zueinander denkbar, also zB dann, wenn A, der neben B an der A/B-GbR zu 50% beteiligt ist, der Gesellschaft ein Grundstück, das bisher in seinem Alleineigentum steht, zu fremdüblichen Bedingungen veräußert und der Kaufpreis (100) zuvor von beiden Gesellschaftern jeweils zur Hälfte in die GbR eingelegt wurde. Nach der Bruchteilsbetrachtung ist auch in dieser abgewandelten Situation ein Anschaffungsvorgang zwischen den Gesellschaftern und der GbR ausgeschlossen; die ertragsteuerrechtliche Konversion des Gesamthandseigentums der GbR in Miteigentumsanteile ihrer Gesellschafter mündet vielmehr zwangsläufig in die Wertung, dass A seinem Mitgesellschaf-

---

[74] IV B 105/09, DStR 2010, 1070.

[75] Vgl. zum Prüfungsmaßstab *Koch* in: Gräber, FGO, 7. Aufl. 2010, § 69 Rn. 86; kritisch *Gosch* DStR 2010, 1173.

[76] Gleicher Ansicht *Bode* DB 2010, 1156; *Wit* DStR 2010, 1072; *Wacker* NWB 2010, 2382.

[77] IX R 18/06, BFHE 221, 1, BStBl. II 2008, 679.

[78] Zu Einzelheiten vgl. *Wacker* DStR 2005, 2014.

ter (B) das hälftigen Miteigentum am Grundstück zu einem Kaufpreis von 50 entgeltlich übertragen (veräußert) hat.[79]

III. Gewerbesteuer

1. Allgemeines

Nach dem Beschluss des Großen Senats vom 3. Mai 1993[80] sind die Gesellschafter einer Personengesellschaft nicht nur Subjekt der Einkunftserzielung iSd. Einkommen- und Körperschaftsteuergesetzes (s. II.1.b), sondern – vorausgesetzt sie tragen Unternehmerrisiko und können (Mit-)Unternehmerinitiative entfalten – auch in gewerbesteuerrechtlicher Sicht die Unternehmer des Betriebs. Dies ergibt sich vor allem daraus, dass § 2 Abs. 1 S. 2 GewStG zur Bestimmung des Steuergegenstands (Gewerbebetrieb) auf den Begriff des „gewerblichen Unternehmens iSd. EStG“ und damit auf die Regelungen des § 15 Abs. 1 bis 3 EStG sowie deren unternehmerbezogene Deutung durch die Rechtsprechung des BFH verweist. Die Qualifikation der Mitunternehmer als Unternehmer des Betriebs bildet unter anderem die Rechtsgrundlage für die Einbeziehung des Sonderbetriebsvermögens (Sonderbetriebsergebnisse) in den nach den Vorschriften des EStG und KStG zu ermittelnden Gewerbeertrag (§ 7 GewStG). Sie hat ferner zur Folge, dass die Mitunternehmer in eigener Person sachlich gewerbesteuerpflichtig und somit auch Träger des Verlustabzugs nach § 10a GewStG sind; dies gilt selbst dann, wenn – wie bei einer atypisch stillen Gesellschaft – der Mitunternehmer (stille Gesellschafter) nicht dinglich am Vermögen der Mitunternehmerschaft beteiligt ist.[81] Von der sachlichen Gewerbesteuerpflicht der Gesellschafter ist die gewerbesteuerrechtliche Steuerschuldnerschaft (persönliche Gewerbesteuerpflicht) zu trennen, die nach § 5 Abs. 1 S. 3 EStG grundsätzlich die Personengesellschaft trifft.

2. Einzelfälle

a) Keine Gewerbesteuerpflicht der Ein-Unternehmer-KG

Mit dem bereits zu II.2.a angesprochenen Urteil vom 3. Februar 2010[82] hat der BFH nicht nur erkannt, dass dann, wenn sämtliche Kommanditanteile aufgrund steuerrechtlich anzuerkennender Treuhandabreden für den einzigen Komplementär gehalten werden, eine Mitunternehmerschaft im Sinne des § 15 Abs. 1 S. 1 Nr. 2 EStG – mangels der mitunternehmerschaftlichen Beteiligung von zumindest zwei Personen – nicht gegeben ist und deshalb der Komplementär einzelunternehmerische Einkünfte (§ 15 Abs. 1 S. 1 Nr. 1 EStG) aus dem ihm nach § 39 Abs. 2 Nr. 2 AO zuzurechnenden Gesamthandsvermögen der KG erzielt. Im Verfahren war des Weiteren zu entscheiden, ob eine solche Ein-Unternehmer-KG persönlich gewerbsteuerpflichtig ist. Die hierfür einschlägige Vorschrift des § 5 Abs. 1 GewStG ordnet neben der „Steuerschuldnerschaft des Unternehmers“ (S. 1) in S. 3 an: „Ist die Tätigkeit einer Personengesellschaft Gewerbebetrieb, so ist Steuerschuldner die Gesellschaft“. Letztere Vorschrift hat das Finanzamt – gestützt auf bundeseinheitliche Verwaltungsweisungen – zivilrechtlich ausgelegt und gegenüber der KG einen Gewerbesteuer-Messbetrag in Höhe von rund 141.000 Euro festgesetzt.

---

[79] S. dazu auch *Wacker* DStR 2005, 2014, 2018 mit weiteren Beispielen.

[80] GrS 3/92, BFHE 171, 246, BStBl. II 1993, 616 zu C.III.9.

[81] BFH Urt. v. 25.7.1995 VIII R 54/93, BFHE 178, 448, BStBl. II 1995, 794; Urt. v. 22.1.2009 IV R 90/05, BFHE 224, 364, DStR 2009, 683.

[82] IV R 26/07, BFHE 228, 365, BStBl. II 2010, 751.

aa) Entscheidung des BFH

Der BFH hat diese Sicht verworfen. Dem stehe nicht nur der Verweis des § 2 Abs. 1 S. 2 GewStG auf den Unternehmerbegriff des EStG (s. III.1.), sondern auch Wortlaut und Systematik des § 5 Abs. 1 GewStG entgegen. Auch diese Vorschrift gehe in S. 1 von der Unternehmerstellung der Gesellschafter aus und weise in S. 3 zum Zwecke der Erleichterung des vollstreckungsrechtlichen Zugriffs auf das Steuerobjekt lediglich die – von der Unternehmerstellung (sachliche Gewerbesteuerpflicht) zu trennende – persönliche Steuerschuldnerschaft der (Außen-)Personengesellschaft an. § 5 Abs. 1 S. 3 GewStG sei deshalb als Ausnahmeregelung zu verstehen, die nicht bereits dann greife, wenn zum Gesamthandsvermögen die objektiven Grundlagen eines Gewerbebetriebs gehörten. Der Tatbestand, dass „die Tätigkeit einer Personengesellschaft Gewerbebetrieb ist", erfordere vielmehr eine gesellschafterbezogene Auslegung. Er setze voraus, dass der Gewerbebetrieb auf Rechnung und Gefahr mehrerer Personen (Mitunternehmer) geführt werde, und weise nur für diesen Sachverhalt die persönliche Steuerschuldnerschaft der Persongesellschaft zu. Bestätigung finde – so der BFH weiter – diese Einschätzung in der Anweisung des § 7 S. 1 GewStG, der zufolge bei der Bestimmung des Gewerbeertrags von dem nach den Vorschriften des EStG oder KStG zu ermittelnden Gewinn auszugehen sei. Da die Ermittlung eines Gewinns auf der Stufe der Personengesellschaft nach einkommensteuerrechtlichen oder körperschaftsteuerrechtlichen Grundsätzen deren beschränkte Rechtsfähigkeit und damit einen mitunternehmerischen Verbund ihrer Gesellschafter voraussetze (s. II.2.a), würde die Ansicht des Finanzamts dazu führen, dass im Falle der Ein-Unternehmer-Gesellschaft dem auf der Stufe der Personengesellschaft postulierten Gewerbebetrieb kein Gewerbeertrag zugeordnet werden könnte. Die Ansicht der Finanzbehörden würde damit zugleich auch die vollstreckungsrechtliche Zielsetzung des § 5 Abs. 1 S. 3 GewStG durchgängig verfehlen.

bb) Folgerungen

Das Besprechungsurteil, dessen zutreffenden Ausführungen – wie die amtliche Veröffentlichung im Bundesteuerblatt zeigt – sich nunmehr auch die Finanzverwaltung angeschlossen hat, eröffnet organschaftsähnliche Konsolidierungseffekte jedenfalls insoweit, als ein mit den der Treuhand-KG überlassenen WG erzielter Gewinn (so die Situation im Streitfall) als Teil der Einkünfte (des Einkommens) der Treugeberin anzusetzen ist (originäre Einkunftserzielung) und damit auch zu einer Verlustverrechnung führen kann. Zweifelsfrei ist meines Erachtens ferner, dass Entsprechendes bezüglich des mit dem zivilrechtlichen Vermögen der Treuhand-KG erzielten Verlusts gilt, soweit er auf die eigene Komplementärbeteiligung der Treugeberin entfällt. Fraglich erscheint allerdings, ob ein durch die Kommanditbeteiligung (Treuhandanteil) vermittelter Verlustanteil nicht insoweit den (Verwertungs-)Restriktionen des § 15a EStG unterworfen ist, als die Verluste die im ertragsteuerrechtlichen Eigenvermögen der Treugeberin ausgewiesenen Buchwerte (genauer: Buchwertanteile) übersteigen. Zwar sind insoweit die Voraussetzungen der Grundregel des § 15a Abs. 1 EStG nicht erfüllt (keine Mitunternehmerstellung der Treugeberin; keine Steuerbilanz auf der Stufe der Treuhand-KG). Zu erwägen – und meines Erachtens auch zu befürworten – ist aber die Generalklausel in § 15a Abs. 5 (Einleitungssatz sowie unter Umständen Nr. 4) EStG, da die ertragsteuerrechtliche Zuordnung der WG der Treuhand-KG zum eigenen Vermögenskreis des Treugebers (originäre eigenständige Gewinnermittlung) die zivilrechtliche Haftungsbegrenzung nicht beseitigt. Ähnlich ungesichert ist die Rechtslage bezüglich der Gewerbesteuer. Der BFH hat hierzu mit Urteil vom 28. Mai 1997[83] entschieden, dass § 15a EStG für den Fehlbetrag nach § 10a GewStG keine Bedeutung zukomme. § 15a EStG sei – so das Urteil – keine Gewinnermittlungs-, sondern lediglich eine Verlustzurechnungsvorschrift; zudem müsse berücksichtigt werden, dass der Personengesellschaft nach § 5 Abs. 1 S. 3 GewStG die persönliche Steuerschuldnerschaft zukomme.

---

[83] VIII R 39/97, BFH/NV 1997, 857.

Ergänzend hat der BFH aber darauf hingewiesen, dass § 15a EStG bei der Ermittlung des Gewerbeertrags einer Personengesellschaft dann von Bedeutung werden könne, wenn diese selbst an einer anderen Personengesellschaft beteiligt sei. Das hierzu in Bezug genommene Schrifttum bejaht die Geltung des § 15a EStG auch für Zwecke der Gewerbesteuer beispielsweise, wenn eine Personengesellschaft ihrerseits als Kommanditistin an einer anderen Personengesellschaft beteiligt ist; eines Rückgriffs auf die Hinzurechnungsvorschrift des § 8 Nr. 8 GewStG bedürfe es nicht.[84] Folgt man dem, wird für Verluste im Zusammenhang mit WG, die zivilrechtlich einer – nicht subjektiv gewerbesteuerpflichtigen – Treuhand-KG (Ein-Unternehmer-Personengesellschaft) überlassen werden, und auf den Treuhandanteil (Kommanditanteil) entfallen, nichts anderes gelten können.[85]

b) Verlustabzug und doppelstöckige Personengesellschaft

aa) Allgemeine Grundsätze

Der Vortrag gewerbesteuerlicher Verluste in spätere Erhebungszeiträume nach § 10a GewStG ist nicht nur an die Identität des Unternehmens, sondern auch diejenige des Unternehmers, dh. daran geknüpft, dass der Steuerpflichtige, der den Verlustabzug in Anspruch nimmt, sowohl zur Zeit der Verlustentstehung als auch im Jahr der Entstehung des positiven Gewerbeertrags Unternehmensinhaber gewesen ist.[86] Steuerpflichtiger in diesem Sinne ist bei einstöckigen Strukturen der sachlich gewerbesteuerpflichtige Mitunternehmer (Gesellschafter) der Personengesellschaft als Träger des Unternehmens. Dementsprechend geht beim Ausscheiden von Gesellschaftern aus einer Personengesellschaft[87] der Verlustabzug gemäß § 10a GewStG verloren, soweit der Fehlbetrag anteilig auf die ausgeschiedenen Gesellschafter entfällt.[88]

bb) Rechtsprechung zu doppelstöckigen Personengesellschaften

Wie zu III.2.a erläutert, ist nach gegenwärtigem Stand der BFH-Rechtsprechung die Personengesellschaft zwar grundsätzlich nicht mehr als Subjekt der Gewinnerzielung (Unternehmensträgerin) anzuerkennen. Anders soll dies jedoch bei doppel- oder mehrstöckigen Personengesellschaftsstrukturen (zB O-KG ist Kommanditisten der U-KG; beide Gesellschaften sind nach § 5 Abs. 1 S. 3 EStG subjektiv gewerbesteuerpflichtig) sein. Die O-KG sei – so ausdrücklich der Beschluss vom 3. Mai 1993, GrS 3/92, BFHE 171, 246, BStBl. II 1993, 616 – nicht nur Gesellschafterin, sondern auch Mitunternehmerin der U-KG. Hieran habe auch die in Reaktion auf den Beschluss 25. Februar 1991[89] beschlossene Gesetzesergänzung in § 15 Abs. 1 S. 1 Nr. 2 S. 2 EStG nichts geändert. Die durch das Steueränderungsgesetz 1992[90] eingefügten Regelungen, nach denen ein mittelbar über eine oder mehrere Personengesellschaften beteiligter Gesellschafter dem unmittelbar betei-

---

[84] *v. Beckerath* in: Kirchhof/Söhn, EStG, Stand 2009, § 15a Rn. A 86.

[85] *Wacker* NWB 2010, 2133, 2140; aA aber *Lüdemann* in: HHR § 15a EStG Rn. 69: § 15a für die Gewerbesteuer aufgrund § 8 Nr. 8 GewStG ohne Einfluss.

[86] Beschluss des Großen Senats des BFH vom 3.5.1993 GrS 3/92, BFHE 171, 246, BStBl. II 1993, 616, zu C.II.1.

[87] Unerheblich hierfür ist zum einen, ob das Ausscheiden auf einem Austritt des Gesellschafters mit der Folge der Anwachsung (§ 738 BGB) oder auf einer Anteilsübertragung beruht (BFH Beschl. in BFHE 171, 246, BStBl. II 1993, 616, zu C.III.8. und 9.). Zum anderen kommt es auch nicht darauf an, ob der bisherige Gesellschafter auf der Grundlage eines entgeltlichen Rechtsgeschäfts aus der Gesellschaft ausscheidet oder ob der Anteil – wie beispielsweise bei vorweggenommener Erbfolge oder im Erbfall – unentgeltlich übergeht (BFH Urt. v. 7.12.1993 VIII R 160/86, BFHE 173, 371, BStBl. II 1994, 331; Urt. v. 14.12.1989 IV R 117/88, BFHE 159, 528, BStBl. II 1990, 436).

[88] Vgl. auch § 10a S. 4 und 5 GewStG nF: Verlustzurechnung nach allgemeinem GuV-Schlüssel.

[89] GrS 7/89, BFHE 163, 1, BStBl. II 1991, 691.

[90] Vom 25.2.1992, BGBl. I 1992, 297. Die Neuregelung war erstmals für nach dem 31.12.1991 endende Wirtschaftsjahr anzuwenden (§ 52 Abs. 18 EStG 1992).

ligten Gesellschafter gleichsteht (Halbs. 1) und er als Mitunternehmer des Betriebs der Gesellschaft anzusehen ist, an der er mittelbar beteiligt ist, wenn er und die Personengesellschaften, die seine Beteiligung vermitteln, jeweils als Mitunternehmer der Betriebe der Personengesellschaften anzusehen sind, an denen sie unmittelbar beteiligt sind (Halbs. 2), habe hieran nichts geändert. Ausweislich der Gesetzesmaterialien habe der Zweck der Neuregelung ausschließlich darin bestanden, die BFH-Rechtsprechung dahin zu korrigieren, dass auch Sondervergütungen der U-KG an die Obergesellschafter (zB Geschäftsführervergütungen) durch die Hinzurechnung als Sonderbetriebseinnahmen den gewerbesteuerpflichtigen Gewinn der Untergesellschaft nicht schmälern und außerdem die der U-KG überlassenen Wirtschaftsgüter wieder als Sonderbetriebsvermögen der Obergesellschafter erfasst und deren stille Reserven bei Veräußerung oder Entnahme besteuert werden sollten. Der sachliche Anwendungsbereich des § 15 Abs. 1 S. 1 Nr. 2 S. 2 EStG nF sei demnach auf den Sonderbetriebsbereich des Gesellschafters der Obergesellschaft bei der Untergesellschaft zu beschränken.[91]

Aus diesem Verständnis ergibt sich mit Blick auf den gewerbesteuerlichen Verlustvortrag (§ 10a GewStG) zum einen, dass dieser – bezüglich des U-KG – erhalten bleibt, wenn lediglich ein (entgeltlicher oder unentgeltlicher) Wechsel im Kreis der Gesellschafter der O-KG eintritt.[92] Anderseits lässt das Einrücken des bisher unmittelbar an der U-KG beteiligten Mitunternehmers in eine nur noch mittelbare Mitunternehmerstellung (zB A bringt seinen Anteil an der U-KG in die O-KG ein) die Unternehmeridentität grundsätzlich entfallen; eine Verlustverrechnung ist der U-KG nach ständiger Rechtsprechung nur noch für die im Sonderbetriebsbereich des A entstandenen Verluste gestattet.[93] Die Finanzverwaltung hat sich dem angeschlossen.[94]

cc) Stellungnahme

Die Rechtsprechung vermag bereits in methodischer Hinsicht nicht zu überzeugen, da die Rechtssubjektivität einer Personengesellschaft für den Bereich der Beteiligungseinkünfte (O-KG ist Kommanditistin der U-KG) nicht weiter reichen kann, als für die Einkünfte, die im Zusammenhang mit einem in ihrem Gesamthandsvermögen gehalten Betrieb erwirtschaftet werden. Lehnt man es aber für letzteren Konstellation – wie dargelegt zutreffend – ab, dass die Personengesellschaft selbst einen gewerblichen (betrieblichen) Gewinn erziele, so muss Gleiches für „ihre" Beteiligungseinkünfte gelten; auch insoweit können mit anderem Worten nur die an den Obergesellschaften beteiligten Gesellschafter (Mitunternehmer) – dh. die „letztlich" beteiligten einkommensteuerpflichtigen natürlichen Personen oder der Körperschaftsteuer unterliegenden Rechtsgebilde (zB Kapitalgesellschaften) – Subjekt der Einkunftserzielung sein.[95] Demgemäß sind – ungeachtet dessen, dass sowohl für die U-KG als auch die O-KG ein Feststellungsverfahren nach § 180 Abs. 1 Nr. 2 lit. a AO durchzuführen ist (verfahrensrechtliche Zweistufigkeit) – nicht nur die laufenden

[91] BFH Beschl. v. 31.8.1999 VIII B 74/99, BFHE 189, 525, BStBl. II 1999, 794; zustimmend BFH Urt. v. 6.9.2000 IV R 69/99, BFHE 193, 151, BStBl. II 2001, 731.

[92] BFH Urt. in BFHE 193, 151, BStBl. II 2001, 731.

[93] BFH Beschl. in BFHE 189, 525, BStBl. II 1999, 794; vgl. zuletzt – einschließlich Rückwirkung gemäß § 2 UmwStG – Urt. v. 3.2.2010 – IV R 59/07, GmbHR 2010, 886; dazu Anm *Wacker* HFR 2010, 849.

[94] Vgl. R 10a. Abs. 3 S. 9 Nr. 8 GewStR 2009. Meines Erachtens inkonsequent allerdings S. 6 der Anweisung, nach der „im Fall der Anwachsung auf die Mutterpersonengesellschaft, ... diese vom Gewerbeertrag einen verbleibenden Fehlbetrag der Tochterpersonengesellschaft insoweit kürzen (kann), als dieser Betrag gemäß § 10a S. 4 und 5 GewStG auf die Mutterpersonengesellschaft entfällt". Die Anweisung lässt außer Acht, dass auf der Grundlage der BFH-Rechtsprechung die Verkürzung der Konzernstruktur notwendigerweise mit einem Wechsel der Unternehmerträgerschaft verbunden ist.

[95] Gleicher Ansicht – der allerdings vom Großen Senat (aaO) nicht bestätigte – Vorlagebeschluss vom 12.10.1989 IV R 5/86, BFHE 158, 64, BStBl. II 1990, 168 zu II.3.

Beteiligungserträge der O-KG bei den Obergesellschaftern als originäre Erträge anzusetzen; darüber hinaus ist auch die Veräußerung des Anteils an der U-KG durch die O-KG als Veräußerung von Mitunternehmeranteilen (bzw. Gesellschaftsanteile) und damit ertragsteuerrechtlich als Veräußerung der Anteile der Gesellschafter der O-KG an den Wirtschaftsgütern der U-KG zu werten.[96]

Tatsächlich hat der BFH – soweit er nicht über den Verlustabzug nach § 10a GewStG zu entscheiden hatte – sich dieser Transparenzvorstellung auch geöffnet. So hat er im Zusammenhang mit der Frage, ob alle Gesellschafter einer Unterpersonengesellschaft die Merkmale einer freiberuflichen Tätigkeit erfüllen (§ 18 EStG), auf die Qualifikationsmerkmale der Gesellschafter der Oberpersonengesellschaft abgestellt,[97] es im Falle der Veräußerung der Anteile an der Oberpersonengesellschaft für Zwecke der Inanspruchnahme der Freibetrags- und Tarifbegünstigung nach den §§ 16, 34 EStG als unschädlich angesehen, wenn Mitunternehmeranteile der Obergesellschaft an Unterpersonengesellschaften zu Buchwerten ausgegliedert werden,[98] und schließlich – und vor allem – bereits mit Urteil vom 1. Juli 2004[99] erkannt, dass ein bei der Veräußerung der Anteile an der Obergesellschaft entstandener Gewinn mit den bis dahin im Rahmen einer Unterpersonengesellschaft erzielten und bisher aufgrund der Sonderregelung des § 15 Abs. 4 (Sätze 1 und 2) EStG (betreffend gewerbliche Tierzucht) nicht ausgeglichenen Verlusten zu verrechnen ist, soweit der „Veräußerungsgewinn anteilig mittelbar auf Wirtschaftsgüter der Untergesellschaft" entfällt; spiegelbildlich hierzu hat er es für den Erwerber des Anteils an der Obergesellschaft nicht beanstandet, dass für diesen eine Ergänzungsbilanz „bei der Untergesellschaft" gebildet wurde.[100]

Dieser zweiten Rechtsprechungslinie ist meines Erachtens auch im Rahmen des Gewerbesteuerrechts zu folgen. Sie gewährleistet nicht nur, dass die im Zusammenhang mit dem Erwerb des Anteils an einer Oberpersonengesellschaft angefallenen Anschaffungskosten – ebenso wie etwaige Refinanzierungsaufwendungen – den nachgeordneten Gesellschaften veranlassungsgerecht und somit ohne Verwerfungen für die jeweils betriebsbezogen zu ermittelnden Gewerbeerträge zugeordnet werden.[101] Sie gewährleistet zudem, dass – abweichend von der bisherigen Rechtsprechung – einerseits der Verlustvortag erhalten bleibt, *soweit* der bisher unmittelbar an der Unterpersonengesellschaft Beteiligte zB aufgrund eines Einbringungsvorgangs in die Stellung des mittelbaren Mitunternehmers zurücktritt oder – umgekehrt – der Gesellschafter der Oberpersonengesellschaft unmittelbar an der Unterpersonengesellschaft beteiligt wird (zB Wegfall der zwischengeschalteten Obergesellschaft durch Ausscheiden der Komplementärin). Andererseits muss – wiederum in Abkehr von der bisherigen Sicht des BFH – der Verlustabzug bei der Unterpersonengesellschaft auch dann entfallen, wenn und soweit die Gesellschaftsanteile an der Oberpersonengesellschaft veräußert oder unentgeltlich übertragen werden (Ausnahme: Veräußerer ist an erwerbender Personengesellschaft beteiligt). Letztere Beurteilung vermeidet zudem,

---

[96] Vorlagebeschluss vom 12.10.1989 IV R 5/86, BFHE 158, 64, BStBl. II 1990, 168; vgl. auch jüngst BFH Urt. v. 25.2.2010 IV R 49/08, BFHE 228, 486, BStBl. II 2010, 726. Der Große Senat vom 25.2.1991 GrS 7/89, BFHE 163, 1, BStBl. II 1991, 691 (zu C.II.3.b/ee und ff) spricht demgegenüber – meines Erachtens methodisch schwankend – von einer Beteiligungskette, die zu einer „mittelbaren Zuweisung des Veräußerungsgewinns" führe; zudem erforderten die personenbezogenen Vergünstigungen der §§ 16, 34 EStG einen „Durchgriff bei mehrstöckigen Personengesellschaften".

[97] Urt. v. 28.10.2008 VIII R 69/06, BFHE 223, 206, BStBl. II 2009, 642; gleicher Ansicht *Wacker* in: Schmidt, EStG, 29. Aufl. 2010, § 18 Rn. 43 mwN.

[98] Urt. v. 25.2.2010 IV R 49/08, BFHE 228, 486, BStBl. II 2010, 726.

[99] IV R 67/00, BFHE 206, 557, BStBl. II 2010, 157.

[100] Grundsätzlich zustimmend nunmehr OFD Niedersachen vom 12.4.2010 S 2133a-34- St 221, juris: Ergänzungsbilanz der *O-KG* bei der U-KG; s. zum Streitstand auch *Wacker* in: Schmidt, EStG, 29. Aufl. 2010, § 15 Rn. 471, § 16 Rn. 582, jeweils mwN.

[101] Vgl. zur sog. Durchstockung auch *Mückl* DB 2009, 1088.

dass – so die bisherige Einschätzung der Rechtsprechung – die Anteilsveräußerung den im Zusammenhang mit dem eigenen Betrieb der Obergesellschaft erzielten Verlust(-anteil) untergehen lässt (Wegfall der Unternehmeridentität), der in der Untergesellschaft angefallene Verlust aber fortgeführt werden kann.[102]

Könnte – so die für die Praxis nicht ganz unwichtige Schlussfrage – der BFH eine solche Rechtsprechungskorrektur auch ohne eine abermalige Anrufung des Großen Senats bewerkstelligen? Meines Erachtens ist auch dies zu bejahen. Zum einen fehlt es einer Abweichung iSd. § 11 Abs. 2 FGO, wenn sich die Rechtslage geändert hat;[103] zum anderen ist von Letzterem gerade aufgrund der Einfügung des § 15 Abs. 1 S. 1 Nr. 2 S. 2 EStG auszugehen. Der hiervon abweichenden Einschätzung des BFH ist nicht nur entgegenzuhalten, dass der BFH an der Kernaussage des BFH-Beschluss vom 25. Februar 1991,[104] nach der die Personengesellschaft auch ertragsteuerrechtlich Unternehmensträgerin sein sollte, gerade nicht mehr festgehalten hat. Hinzu kommt vor allem, dass die einengende Auslegung des § 15 Abs. 1 S. 1 Nr. 2 S. 2 EStG, dh. die Annahme, der mittelbar beteiligte Gesellschafter sei nur im Hinblick auf den Bereich des Sonderbetriebsvermögen Mitunternehmer weder zwingend noch geboten[105] ist. Im Gegenteil: Im Einklang mit dem Wortlaut der Vorschrift, nach dem der mittelbar Beteiligte nicht als „Sonder-Mitunternehmer", sondern schlicht als „Unternehmer des Betriebs der (Unterpersonen-) Gesellschaft anzusehen ist", erläutern die Gesetzesmaterialen die Neuregelung wie folgt (Hervorhebung durch Verfasser):

> „Die vorgesehene Änderung des § 15 Abs. 1 S. 1 Nr. 2 lässt den steuerlichen Durchgriff auch bei mehrstöckigen Personengesellschaften zu. Der nur *mittelbar beteiligte Gesellschafter* und Mitunternehmer wird *wie ein unmittelbar beteiligter* Gesellschafter und Mitunternehmer *behandelt. Dadurch* können die oben beschriebenen nachteiligen Folgen für die Gewerbe – und Einkommensteuer, die sich aufgrund des BFH-Beschlusses ergeben, vermieden werden. Die *Zurechnung der Gewinnanteile* der Unterpersonengesellschaft zur Besteuerung bei den Obergesellschaftern wird *zweifelsfrei gestellt* und die Hinzurechnung von Sondervergütungen der Untergesellschaft an die Obergesellschafter zugelassen."[106]

Der Gesetzgeber hat sich hiernach nicht für das Institut des „Sonder-Mitunternehmers", sondern dafür entschieden, mittelbare und unmittelbare Beteiligungsstrukturen gleichzustellen[107] und „dadurch" – dh. auf der Grundlage seines weiten Ansatzes – *unter anderem* auch die Hinzurechnung von Sondervergütungen zum gewerblichen Gewinn der Unterpersonengesellschaft sicherzustellen. Demgemäß hat der Gesetzgeber mit dem Tatbestandsmerkmal, dass die „(Ober-)Personengesellschaften … jeweils als Mitunternehmer(in) der Betriebe (der Untergesellschaften) anzusehen sind" (§ 15 Abs. 1 S. 1 Nr. 2 S. 2 EStG), die Oberpersonengesellschaften nicht – wie von der BFH-Rechtsprechung angenommen – als selbständige Gewinnerzielungssubjekte (betreffend „ihrer" Beteiligungseinkünfte) qualifi-

---

[102] Nur ergänzend: Nach § 10a S. 10 (Halbs. 2) Nr. 2 GewStG in der Fassung des Jahresteuergesetzes 2009 (vom 19.12.2008, BGBl. I S. 2794) entfällt der Verlustabzug bei einer Unterpersonengesellschaft ganz oder anteilig, wenn an der Oberpersonengesellschaft eine Kapitalgesellschaft beteiligt ist und deren Anteilseigner ihre Kapitalgesellschaftsanteile iSd. § 8c KStG „schädlich" veräußern. Auch wenn die Vorschrift – spezialgesetzlich – den gewerbesteuerlichen Regelfolgen einer Vermögensausgliederung in nachgeordnete Personengesellschaften begegnen will (vgl BT-Drucks. 16/11108), ist sie einer systematischen Einordnung in das Regelungsgefüge des § 10a GewStG nur dann zugänglich, wenn – in Abkehr von der bisherigen Rechtsprechung – auch die Veräußerung von Anteilen an der Oberpersonengesellschaft durch eine Kapitalgesellschaft (oder natürliche Person) den Verlustabzug bei der Unterpersonengesellschaft entfallen lässt; die Voraussetzungen des § 8c KStG sind in diesem Fall selbstverständlich nicht zu beachten.

[103] BFH Urt. v. 12.9.2001, IX R 39/97, BFHE 198, 74, BStBl. II 2003, 569.

[104] GrS 7/89, BFHE 163, 1, BStBl. II 1991, 691.

[105] Gleiche Ansicht *Bordewin* DStR 1996, 1594.

[106] BT-Drucks. 12/1108 S. 58 f.

[107] Ähnlich *Mückl* DB 2009, 1088, 1092.

ziert; vielmehr ist das Merkmal systemkonform, dh. in Überstimmung mit dem gesellschafterbezogenen Betriebsbegriff dahin auszulegen, dass es lediglich den mitunternehmerischen Verbund ihrer Gesellschafter umschreibt. Die hiermit einhergehende Transparenzvorstellung erfasst deshalb auch drei- und mehrstöckige Strukturen mit der Folge, dass den Gesellschaftern der Oberpersonengesellschaft die Mitunternehmereigenschaft für sämtliche Betriebe der nachgeordneten Personengesellschaften zuzuweisen ist.

MARC-PHILIPPE WELLER

Die „Wechselbalgtheorie“

Übersicht

Seite

„Wechselbalg: Der mittelalterliche Aberglaube dachte sich darunter das Kind einer Hexe oder ähnlichen fabelhaften Unholdes, welches im Umgange mit dem Teufel erzeugt und in unbewachten Augenblicken an die Stelle eines neugeborenen menschlichen Kindes untergeschoben, dieses aber dafür entführt worden sein sollte.“[1]

I. Problemstellung

Die rechtliche Behandlung ausländischer Gesellschaftsformen mit Verwaltungssitz in Deutschland gehört zu den „Klassikern“ im „Mienenfeld“[2] zwischen Gesellschaftsrecht und IPR. Motive für den Einsatz einer ausländischen Rechtsform für Inlandsaktivitäten gibt es viele (s. II.). Besonders intrikate dogmatische Fragen stellen sich, wenn Drittstaaten-

---

[1] Brockhaus-Lexikon, 1837, Bd. 4, S. 675.
[2] So *Goette* in: Gesellschaftsrechtliche Vereinigung (Hrsg.), Bd. 13, 2008, S. 5.

gesellschaften[3] aus Deutschland heraus gesteuert werden, wenn etwa die Geschäftsleitung hier situiert ist. Problemerhellend ist eine Konstellation, die jüngst den II. Zivilsenat des BGH[4] unter Vorsitz des *Jubilars* beschäftigt hat: Eine Schweizer Aktiengesellschaft mit Verwaltungssitz in Deutschland hatte eine Trabrennbahn verpachtet und machte Pachtzinsansprüche geltend. Die zahlungsunwillige Pächterin wendete unter anderem ein, die Klage sei unzulässig, weil die Klägerin als ausländische Gesellschaft mit Verwaltungssitz im Inland nicht rechts- und damit nach § 50 ZPO auch nicht parteifähig sei.

Haben Drittstaatengesellschaften ihren Verwaltungssitz im Inland, ist internationalprivatrechtlich deutsches Gesellschaftsrecht zur Anwendung berufen (s. III.). Hierdurch kommt die sog. „Wechselbalgtheorie“[5] zum Zuge. Diese vom II. Zivilsenat des BGH[6] entwickelte, später auch vom IX. Zivilsenat des BGH[7] übernommene Theorie kann als Fortentwicklung der traditionellen Sitztheorie verstanden werden. Der *Jubilar* hat sich mehrfach mit ihr auseinander gesetzt.[8] Die Wechselbalgtheorie führt dazu, dass sich eine ausländische Kapitalgesellschaft aus der Perspektive der deutschen Rechtsordnung in eine inländische Personengesellschaft (GbR oder OHG) umwandelt. Um im etymologischen Bild zu bleiben: Den Gesellschaftern als „Eltern“ der ausländischen Gesellschaft wird eine deutsche Personengesellschaft gleichsam als Wechselbalg „untergeschoben“, die ausländische Gesellschaft dagegen „entzogen“. Auf kollisionsrechtlicher Ebene führt die Wechselbalgtheorie zum Phänomen „hinkender Rechtsverhältnisse“, welche nicht unproblematisch sind. Als noch diffiziler erweisen sich die Konsequenzen der Metamorphose auf Sachrechtsebene: Zwar ist die zugezogene Gesellschaft als inländische Personengesellschaft rechts- und parteifähig. Zu erheblichen Friktionen kommt es jedoch im Hinblick auf die persönliche Haftung der Gesellschafter sowie in Bezug auf die organschaftliche Vertretung, wenn es sich bei der umzuwandelnden Auslandsgesellschaft um eine Kapitalgesellschaft handelt, für die nach ihrem Gründungsrecht die Prinzipien der beschränkten Gesellschafterhaftung und der Drittorganschaft gelten. Diese Friktionen können teilweise durch Rückgriff auf die sog. Zwei-Stufen-Theorie des IPR abgemildert werden. Ihr zufolge ist die Internationalität des Sachverhalts nicht nur auf Ebene des Kollisionsrechts (bei der Ermittlung des anwendbaren Rechts), sondern auch auf Sachrechtsebene (bei der Anwendung des materiellen Gesellschaftsrechts) zu berücksichtigen. Insbesondere sind Sachrechtsnormen an die Internationalität des Falles anzupassen. Dies soll im Hinblick auf die Vertretung der Gesellschaft und die Haftung ihrer Gesellschafter illustriert werden (s. IV.). Im Einzelnen:

II. Motive für den Einsatz von Auslandsgesellschaften

Der Entscheidung, anstelle einer deutschen Gesellschaftsform eine ausländische Rechtsform als Rechtsträger eines im Inland agierenden Unternehmens einzusetzen, können unterschiedliche Motive zugrunde liegen. Zum einen kann die ausländische Rechtsform unter Haftungsgesichtspunkten vorteilhafter sein als das vergleichbare deutsche Pendant. Ein Beispiel hierfür ist

---

[3] Als Drittstaatengesellschaften gelten im Folgenden alle ausländischen Gesellschaften, die sich im Hinblick auf die Ermittlung ihres Gesellschaftsstatuts weder auf die Niederlassungsfreiheit des AEUV bzw. EWR-Vertrages noch auf einen völkerrechtlichen Vertrag mit gesellschaftskollisionsrechtlichem Inhalt stützen können und daher gemäß Art. 3 EGBGB nach dem autonomen deutschen IPR (Sitztheorie) zu beurteilen sind.

[4] BGH Urt. v. 27.10.2008 – II ZR 158/06, NJW 2009, 289 – Trabrennbahn.

[5] So der Terminus von *Goette* (Fn. 2) S. 5; ebenso zB *Paefgen* in: Westermann (Hrsg), Handbuch der Personengesellschaften; 47. Lieferung 2010, Rn. I 4108.

[6] BGH Urt. v. 1.7.2002 – II ZR 380/00, NJW 2002, 3539 – Jersey-Limited; bestätigt durch BGH Urt. v. 27.10.2008 – II ZR 158/06, BGHZ 178, 192 = NJW 2009, 289 – Trabrennbahn.

[7] BGH Beschl. v. 8.10.2009 – IX ZR 227/06, AG 2010, 79 – Singapur-Limited.

[8] *Goette* DStR 2002, 1679 f.; *ders.* (Fn. 2) S. 5.

die englische oder US-amerikanische Limited Liability Partnership (LLP), die gegenüber der deutschen Partnerschaftsgesellschaft eine umfassende gesellschaftsrechtliche Haftungsbeschränkung zugunsten ihrer Gesellschafter mit sich bringt.[9] Dies mag ein Grund dafür gewesen sein, dass sich die Münchener Traditionskanzlei Nörr Stiefenhofer Lutz jüngst in eine LLP umgewandelt hat.[10] Weitere Gesichtspunkte können die Flexibilität im Innenverhältnis sowie die Attraktivität der Leitungsstruktur des ausländischen Gesellschaftsstatuts sein (Stichworte: monistisches System, Unternehmensmitbestimmung), welche etwa die in der Bundeshauptstadt domizilierende Fluggesellschaft Air Berlin dazu bewogen haben, die Rechtsform einer englischen public limited company (plc) anstelle einer AG anzunehmen.[11] Ähnliche Beweggründe dürften bei der Drogeriemarktkette Müller mit Verwaltungssitz in Ulm eine Rolle spielen, welche als Limited & Co. KG organisiert ist. Nicht zuletzt können auch steuerliche Gründe für die Gründung einer Auslandsgesellschaft sprechen, etwa die Einsetzung einer ausländischen Holding zwecks Vermeidung der in vielen Staaten unbekannten Gewerbesteuer.[12]

III. Die Bestimmung des Gesellschaftsstatuts von Drittstaatengesellschaften

1. IPR als Metaordnung

Bedient sich ein vornehmlich in Deutschland tätiges Unternehmen einer ausländischen Rechtsform, liegt ein Sachverhalt mit Auslandsberührung vor. Aufgrund des Auslandsbezugs konkurrieren mehrere Rechtsordnungen um ihre Anwendbarkeit auf den in Frage stehenden Fall, es kommt zu einer „Kollision der Rechtsordnungen“. Diese muss durch eine rechtliche Metaordnung aufgelöst werden, die in ihrer Gesamtheit als „Kollisionsrecht“ bzw. – so etwa Art. 3 EGBGB – als „Internationales Privatrecht“ (IPR) bezeichnet wird. Anders als das Intertemporale Recht, welches ebenfalls eine Metaordnung darstellt, die sich jedoch mit der Lösung von Konflikten beschäftigt, die aus dem zeitlichen Nacheinander von Rechtsnormen resultieren, befasst sich das IPR mit der räumlich-territorialen Kollision von Normen.[13] Dabei zielt das IPR angesichts der ihm zugrunde liegenden Maxime der internationalen Entscheidungsgerechtigkeit auf eine räumlich gerechte Zuordnung der Rechte, Rechtslagen und Rechtsverhältnisse.[14]

2. IPR als Mehrebenensystem

Die Maxime internationaler Entscheidungsgerechtigkeit würde erreicht, wenn es ein einheitliches Weltrecht für das IPR gäbe, wie es als Ideal von *Zitelmann*[15] im 19. Jahrhundert gefordert wurde. Allerdings hat sich ein solcher universaler Ansatz unter dem Eindruck der Nationalstaatenbildung nicht durchgesetzt.[16] Diese ging nicht nur mit der Kodifikation jeweils eigener Sachrechtsordnungen einher (wie etwa das Bürgerliche Gesetzbuch für Deutschland zeigt), sondern auch mit einem jeweils autonom-national fundierten IPR. Es hat sich auf diese Weise ein partikularistischer IPR-Ansatz entwickelt, wonach internationalprivatrechtliche Fragestellungen primär durch Kollisionsnormen auf nationalstaatlicher Ebene zu lösen sind. Seither ist IPR im Grundsatz innerstaatliches Recht, welches etwa in Deutschland vornehmlich im EGBGB geregelt ist.[17]

---

[9] Zu den Vorteilen einer LLP *Weller/Kienle* DStR 2005, 1060 ff. und 1102 ff.; relativierend im Hinblick auf die Gesellschafterhaftung *Henssler/Mansel* NJW 2007, 1393 ff.

[10] Vgl. die Pressemitteilung von Noerr vom 21.12.2009, abrufbar unter www.noerr.com.

[11] *Hommelhoff* ZGR 2010, 48, 55.

[12] *Mensching/Tyarks* GmbHR 2010, 466.

[13] *v. Bar/Mankowski* Internationales Privatrecht, 2. Aufl. 2003, § 4 Rn. 171.

[14] *Hess* Intertemporales Privatrecht, 1998, S. 363 f.

[15] *Zitelmann* Allgemeine österreichische Gerichtszeitung 1888, 193 ff.

[16] *v. Bar/Mankowski* (Fn. 13) § 3 Rn. 5 ff.

[17] BVerfGE 31, 58, 73; *v. Bar/Mankowski* (Fn. 13) § 3 Rn. 1 ff.

Dieser partikularistische IPR-Ansatz erfährt freilich in jüngerer Zeit bedeutende Ausnahmen. Zum einen haben die Mitgliedstaaten der Europäischen Gemeinschaft bzw. Union durch den Vertrag von Amsterdam (1999) die Kompetenz zur Angleichung des Kollisionsrechts eingeräumt (Art. 65 EGV aF), die auch in den Vertrag von Lissabon (2009) übernommen wurde (Art. 81 AEUV). Das Europäische Kollisionsrecht gewinnt seitdem zunehmend an Bedeutung,[18] wie nicht zuletzt die Vereinheitlichung des Internationalen Vertragsrechts durch die Rom I-VO und des IPR der außervertraglichen Schuldverhältnisse durch die Rom II-VO belegt. Zum anderen gibt es Kollisionsregeln in völkerrechtlichen Verträgen, die zu beachten sind, sobald sie den innerstaatlichen Vollzugsbefehl erhalten haben.[19]

Insgesamt besteht das Rechtsgebiet IPR mithin aus drei großen Rechtsquellen: (1.) dem Europäischen Kollisionsrecht, (2.) dem völkerrechtlichen Kollisionsrecht und (3.) dem autonomen deutschen Kollisionsrecht.[20] Art. 3 EGBGB bringt diese dreifache Rechtsquellendogmatik des IPR anschaulich zum Ausdruck.

Welche der drei Rechtsquellen in diesem Mehrebenensystem jeweils einschlägig ist, hängt von ihrem räumlichen, sachlichen und persönlichen Anwendungsbereich ab. Im Fall überlappender Anwendungsbereiche haben die europarechtlichen Kollisionsregeln in der Normenhierarchie Vorrang gegenüber den völkerrechtlichen und den autonomen deutschen Kollisionsregeln.[21] Dies ergibt sich zwar nicht aus dem nur deklaratorisch wirkenden Art. 3 Nr. 1 EGBGB,[22] aber aus dem – unionsrechtlich fundierten – Anwendungsvorrang des EU-Rechts.[23] Völkerrechtliche Kollisionsregeln genießen ihrerseits Vorrang vor dem autonomen nationalen IPR (Art. 3 Nr. 2 EGBGB).[24] Autonomes deutsches IPR kommt mithin nur zum Zuge, wenn weder eine europäische noch eine völkerrechtliche Kollisionsregel einschlägig ist. Wie zu zeigen sein wird, ist dies bei den vorliegend interessierenden Drittstaatengesellschaften der Fall.

3. Rechtsquellen des Gesellschaftskollisionsrechts

Die drei vorgenannten Rechtsquellen sind unter Berücksichtigung der Normenhierarchie auch dann heranzuziehen, wenn es darum geht, das auf eine Gesellschaft anwendbare Gesellschaftsstatut, die lex societatis, zu ermitteln. Denn das Internationale Gesellschaftsrecht bzw. Gesellschaftskollisionsrecht ist Teil des IPR mit der Konsequenz, dass die allgemeine Rechtsquellenlehre Anwendung findet. Hiernach ist zwischen dem europäischen Gesellschaftskollisionsrecht (Gründungstheorie), dem völkerrechtlichen Gesellschaftskollisionsrecht (Gründungstheorie) und dem autonomen deutschen Gesellschaftskollisionsrecht (Sitztheorie) zu differenzieren.[25]

---

[18] *Mansel/Thorn/Wagner* IPRax 2009, 1 ff.; *dies.* IPRax 2010, 1 ff.

[19] Vgl. etwa *Krause* Auswirkungen des Welthandelsrechts auf das Internationale Kollisionsrecht, 2008.

[20] Vgl. allgemein zu den Rechtsquellen im IPR und ihrem Rangverhältnis *v. Hoffmann/Thorn* IPR, 9. Aufl. 2007, § 1 Rn. 72 ff.

[21] *Kegel/Schurig* IPR, 9. Aufl. 2004, § 4 II, S. 225.

[22] Anders als Art. 3 Nr. 2 EGBGB hat Art. 3 Nr. 1 EGBGB lediglich eine *deklaratorische* Funktion. Denn der Anwendungsvorrang des EU-Kollisionsrechts folgt nicht aus dem nationalen Recht, sondern aus dem Unionsrecht selbst, *v. Bar/Mankowski* (Fn. 13) § 3 Rn. 37.

[23] Näher zum Anwendungsvorrang des EU-Rechts *Wiedmann* in: Gebauer/Wiedmann (Hrsg.), Zivilrecht unter europäischem Einfluss, 2. Aufl. 2010, Kap. 2, Rn. 2 ff., 11 ff.

[24] Kollisionsregeln in völkerrechtlichen Verträgen werden gemäß Art. 59 Abs. 2 GG durch den Erlass eines Bundesgesetzes innerstaatlich verbindlich. Sie haben dann den Rang einfachen Bundesrechts. Gegenüber dem an sich gleichrangigen deutschen autonomen IPR ordnet aber Art. 3 Nr. 2 EGBGB *konstitutiv* den Vorrang der Kollisionsregeln völkerrechtlicher Provenienz an, vgl. auch *v. Bar/Mankowski* (Fn. 13) § 3 Rn. 47 f.

[25] Vgl. zum Folgenden bereits MünchKommGmbHG/*Weller* 2010, Einl. Rn. 338 ff.

a) *Europäisches Gesellschaftskollisionsrecht (Gründungstheorie)*

aa) *Anwendungsbereich*

Seine Grundlage hat das europäische Gesellschaftskollisionsrecht in der Niederlassungsfreiheit nach Art. 49, 54 AEUV bzw. Art. 31, 34 EWRV.[26] Es gilt in räumlicher Hinsicht für Gesellschaften aus anderen EU-Mitgliedstaaten sowie für Gesellschaften aus den EWR-Staaten Liechtenstein, Norwegen und Island, nicht dagegen für Gesellschaften aus sonstigen Staaten. Der sachliche bzw. persönliche Anwendungsbereich setzt voraus, dass die Gesellschaft wirksam nach den Vorschriften ihres Heimatstaates entstanden ist. Dabei können sich lediglich solche Gesellschaften auf die Niederlassungsfreiheit berufen, die (auch) wirtschaftlich tätig sind, vgl. Art. 54 Abs. 2 AEUV („Erwerbszweck verfolgen").[27]

bb) *Die Niederlassungsfreiheit als versteckte Kollisionsregel*

Die Niederlassungsfreiheit enthält nach vorzugswürdiger Meinung[28] für Gesellschaften, die nach der Rechtsordnung eines EU-Mitgliedstaats wirksam gegründet worden sind, zwar nicht für Wegzugskonstellationen („Daily Mail, Cartesio"), sehr wohl aber für Zuzugskonstellationen („Centros, Überseering, Inspire Art") eine versteckte Kollisionsregel in Gestalt der Gründungstheorie.[29] Auf dieser Basis werden etwa englische Gesellschaften mit Verwaltungssitz in Deutschland – siehe die vorgenannten Beispiele Air Berlin plc oder Noerr LLP – anerkannt.

Begründen lässt sich die Ansicht vom kollisionsrechtlichen Gehalt der Niederlassungsfreiheit durch eine Kombination zweier Begründungsstränge: (1.) Zum einen können die EuGH-Urteile Centros,[30] Überseering[31] und Inspire Art[32] so verstanden werden, dass das ursprünglich für die Warenverkehrsfreiheit (Art. 34 AEUV) entwickelte Herkunftslandprinzip über die Niederlassungsfreiheit (Art. 49, 54 AEUV) auch auf Gesellschaften zu erstrecken ist.[33] Letzteres ist stringent, sind doch alle vier Grundfreiheiten nach moderner Auffassung rechtsdogmatisch vergleichbar strukturiert.[34] (2.) Darüber hinaus machen die

---

[26] Die Niederlassungsfreiheit in Art. 31, 34 EWRV hat ebenfalls einen kollisionsrechtlichen Gehalt in Gestalt der Gründungstheorie. Denn die Art. 31, 34 EWRV statuieren entsprechend der Zielsetzung des EWR-Vertrages, die Mitgliedstaaten des EWR (Liechtenstein, Norwegen, Island) in die Regelungen des EU-Binnenmarktes mit einzubeziehen, eine den Art. 49, 54 AEUV inhaltsgleiche Regelung zur Niederlassungsfreiheit. Dementsprechend gelten die EuGH-Entscheidungen Centros, Überseering und Inspire Art auch für die Interpretation der Niederlassungsfreiheit im EWR (Auslegungsgleichklang), BGH Urt. v. 19.9.2005 – II ZR 372/03, NJW 2005, 3351; näher zur Dogmatik der unmittelbaren Wirkung der EWR-Niederlassungsfreiheit im innerstaatlichen Recht *Weller* ZGR 2006, 748 ff.

[27] Vgl. auch *Koch* ZHR 173 (2009), 101, 112 ff.

[28] *Behrens* IPRax 2003, 193, 204 f.; *Eidenmüller* ZIP 2002, 2233, 2241; *Leible/Hoffmann* RIW 2002, 925, 930 ff., 936; *dies.* ZIP 2003, 925, 926; *G.H. Roth* Vorgaben der Niederlassungsfreiheit für das Kapitalgesellschaftsrecht, 2010, S. 17; *Weller* Europäische Rechtsformwahlfreiheit und Gesellschafterhaftung, 2004, S. 29 ff., 51 ff., 95 ff.; aA *Rehm* in: Eidenmüller (Hrsg.), Ausländische Kapitalgesellschaften im deutschen Recht, 2004, § 2 Rn. 66 ff.; *Kindler* IPRax 2009, 189, 191; *Mansel* RabelsZ 2006, 651, 671 ff.: Die Niederlassungsfreiheit beinhalte eine *Ergebnisvorgabe,* der entweder in Form eines *Rechtsanwendungsbefehls/Verweisung* (in Gestalt der Gründungstheorie), einer *verfahrensrechtlichen Anerkennung* oder aber in Form eines *Anerkennungsstatuts* Rechnung getragen werden könne.

[29] Zur Differenzierung zwischen Wegzugs- und Zuzugskonstellationen *Weller* IPRax 2003, 324, 327 f.

[30] EuGH Urt. v. 9.3.1999, Rs. C-212/97, Slg. 1999, I-1459.

[31] EuGH Urt. v. 5.11.2002, Rs. C-208/00, Slg. 2002, I-9919.

[32] EuGH Urt. v. 30.9.2003, Rs. C-167/01, Slg. 2003, I-10155.

[33] Vgl. *G.H. Roth* Vorgaben der Niederlassungsfreiheit für das Kapitalgesellschaftsrecht, 2010, S. 6 ff., 17; *Weller* Europäische Rechtsformwahlfreiheit und Gesellschafterhaftung, 2004, S. 29 ff., 51 ff., 95 ff.

[34] Grundlegend zur Konvergenz der Grundfreiheitendogmatik EuGH Urt. v. 30.11.1995, Rs. C-55/94 – Gebhard.

genannten Urteile deutlich, dass der EuGH eine kollisionsrechtliche Aufspaltung des Gesellschaftsstatuts – etwa in Innen- und Außenverhältnis der Gesellschaft[35] – mit der Niederlassungsfreiheit grundsätzlich für nicht vereinbar hält. Positiv gewendet läuft diese Sicht des EuGH auf die Lehre vom gesellschaftsrechtlichen Einheitsstatut[36] hinaus. Sie deckt sich nicht zuletzt mit dem die Niederlassungsfreiheit konkretisierenden EU-Sekundärrecht, vgl. Art. 1 Abs. 2 (f) Rom I-VO. Diese Bestimmung grenzt das Gesellschaftsstatut vom Vertragsstatut ab. Dabei zeigt der Katalog der dem Gesellschaftsstatut zuzurechnenden Fragestellungen, dass auch der europäische Normgeber einer Aufspaltung des Gesellschaftsstatuts ablehnend gegenüber steht.

Kombiniert man nun das Herkunftslandprinzip mit dem gesellschaftsrechtlichen Einheitsstatut, kann die Anerkennung einer ausländischen Rechtsform im Inland rechtskonstruktiv nur auf der Ebene des *Kollisionsrechts* über die Gründungstheorie erfolgen. Deren Anknüpfungsmomente – etwa der Ort der Registereintragung – führen nicht nur zum Herkunftsland der Gesellschaft; sie sorgt mit ihrer ganzheitlichen Erfassung aller als gesellschaftsrechtlich zu qualifizierenden Fragen auch dafür, dass das Petitum vom Einheitsstatut gewahrt wird.[37] Die Alternative, auf *Sachrechtsebene* ein Anerkennungsstatut speziell für Auslandsgesellschaften zu schaffen[38] (zB in Gestalt eines spezifisch auf Auslandsgesellschaften zugeschnittenen Gesetzes wie im Fall Inspire Art[39]), wäre demgegenüber mit der EuGH-Rechtsprechung nicht vereinbar. Denn auf die Auslandsgesellschaft fände dann deutsches Sachrecht Anwendung. Anders als vom EuGH[40] gefordert würde die *ausländische* Gesellschaft dann jedoch nicht *als solche* und damit nicht als Verband respektiert, dessen rechtliche Ausgestaltung sich nach dem Sachrecht des Gründungsortes zu richten hat.[41]

b) Völkerrechtliches Gesellschaftskollisionsrecht (Gründungstheorie)

Das völkerrechtliche Gesellschaftskollisionsrecht gilt für Gesellschaften aus Staaten außerhalb der EU und des EWR, mit denen Deutschland in einem Staatsvertrag eine entsprechende Kollisionsregel vereinbart hat.[42] Ein Paradebeispiel hierfür ist Art. XXV Abs. 5 S. 2 Freundschafts-, Handels- und Schifffahrtsvertrag zwischen der Bundesrepublik Deutschland und den Vereinig-

[35] Vgl. zu verschiedenen in der Literatur vertretenen Theorien, welche auf eine Aufspaltung des Gesellschaftsstatuts hinauslaufen, *Weller* Europäische Rechtsformwahlfreiheit und Gesellschafterhaftung, 2004, S. 25 ff.

[36] Hierzu MünchKommGmbHG/*Weller* 2010, Einl. Rn. 387 ff.

[37] Im Grenzbereich zum Insolvenzrecht ist die genaue sachliche Reichweite der Gründungsrechtsanknüpfung allerdings noch nicht geklärt, vgl. *Kienle* in: Süß/Wachter (Hrsg.), Hdb. des internationalen GmbH-Rechts, 2006, § 3 Rn. 164 ff.; *G.H. Roth* Vorgaben der Niederlassungsfreiheit für das Kapitalgesellschaftsrecht, 2010, S. 40 ff.; *Weller* IPRax 2011, Heft 2.

[38] Für dessen Zulässigkeit *Mansel* RabelsZ 2006, 651, 671 ff.

[39] Vgl. das „Wet op de formeel buitenlandse vennootschappen" (= „Gesetz über formal ausländische Gesellschaften") vom 17.12.1997, niederländisches Staatsblad 1997 Nr. 697.

[40] Für die Rechtsfähigkeit leitet der EuGH die Anknüpfung an das Gründungsrecht ausdrücklich aus den Art. 43, 48 EGV aF ab, vgl. EuGH Urt. v. 5. 11. 2002, Rs. C-208/00 – Überseering, Slg. 2002, I-9919, 2. Leitsatz: „Macht eine Gesellschaft, die nach dem Recht des Mitgliedstaats gegründet worden ist, in dessen Hoheitsgebiet sie ihren satzungsmäßigen Sitz hat, in einem anderen Mitgliedstaat von ihrer Niederlassungsfreiheit Gebrauch, so ist dieser andere Mitgliedstaat *nach den Art. 43 und 48 EG verpflichtet,* die *Rechtsfähigkeit* und damit die Parteifähigkeit zu achten, die diese Gesellschaft *nach dem Recht ihres Gründungsstaats* besitzt." (Hervorhebung durch *Verf.*).

[41] *Weller* Europäische Rechtsformwahlfreiheit und Gesellschafterhaftung, 2004, S. 51 ff.

[42] Überblick zu den Staatsverträgen mit gesellschaftskollisionsrechtlichem Gehalt bei MünchKommGmbHG/*Kindler* 5. Aufl. 2010, IntGesR Rn. 328 f.

ten Staaten von Amerika vom 29. Oktober 1954.[43] Diese Bestimmung enthält nach hM eine – ebenfalls versteckte – Kollisionsregel in Form der Gründungstheorie.[44]

Dagegen kann aus dem General Agreement on Trade in Services (GATS) keine Verpflichtung der Bundesrepublik Deutschland abgeleitet werden, die Gründungstheorie auf Gesellschaften eines GATS-Vertragsstaates anzuwenden.[45] Entsprechendes gilt für den Grundrechtsschutz juristischer Personen nach der Europäischen Menschenrechtskonvention (EMRK). Diese enthält keine versteckte Kollisionsregel in Gestalt der Gründungstheorie.[46]

c) Autonomes deutsches Gesellschaftskollisionsrecht (Sitztheorie)

Gesellschaften aus Staaten wie etwa der Schweiz, die weder in den Anwendungsbereich des EU- oder EWR-Vertrages noch in denjenigen völkerrechtlicher Abkommen fallen (sog. Drittstaatengesellschaften), sind gemäß Art. 3 letzter Halbs. EGBGB am Maßstab des autonomen deutschen IPR zu beurteilen. Nach langjähriger Rechtsprechung[47] und der überwiegenden Meinung in der Literatur[48] gilt hier die Sitztheorie. Der BGH hat deren Geltung in den Entscheidungen Trabrennbahn[49] und Singapur-Limited[50] vor Kurzem bekräftigt. Angesichts der wohl schon gewohnheitsrechtlichen Verfestigung der Sitztheorie könnten die Gerichte nicht ohne Weiteres von ihr abrücken; vielmehr wäre es dem Gesetzgeber vorbehalten, anstelle der Sitztheorie die Gründungstheorie als Kollisionsregel vorzusehen.[51] Ein diesbezüglicher Anlauf in Gestalt eines Referentenentwurfes für ein Gesetz zum Internationalen Privatrecht der Gesellschaften, Vereine und juristischen Personen vom 7. Januar 2008,[52] welcher die Gründungstheorie als allseitige autonome gesellschaftsrechtliche Kollisionsregel vorsieht (vgl. Art. 10 Abs. 1 EGBGB-Entwurf[53]), konnte sich im parlamentarischen Prozess bislang freilich nicht durchsetzen.

---

[43] BGBl. 1956 II S. 488; hierzu *Kaulen* Die Anerkennung von Gesellschaften unter Art. XXV Abs. 5 S. 2 des deutsch-US-amerikanischen Freundschafts-, Handels- und Schifffahrtsvertrags von 1954, 2008; *Tomschin* Die Anerkennung US-amerikanischer Gesellschaften in Deutschland, Diss. Mannheim 2010 (im Erscheinen).

[44] BGH Urt. v. 13. 10. 2004 – I ZR 245/01, IPRax 2005, 340 – Gedios; hierzu *Stürner* IPRax 2005, 305.

[45] BGH Urt. v. 27.10.2008 – II ZR 158/06, BGHZ 178, 192 Tz. 17 – Trabrennbahn; ausführlich zum Verhältnis GATS und Internationales Gesellschaftsrecht *Krause* Auswirkungen des Welthandelsrechts auf das Internationale Kollisionsrecht, 2008, S. 188 ff., 225 ff.

[46] BGH Urt. v. 27.10.2008 – II ZR 158/06, BGHZ 178, 192, Tz. 18 – Trabrennbahn.

[47] BGH NJW 2005, 1648; BGH NJW 2003, 2609; BGH NJW 2003, 1607; BGH NJW 2002, 3539; BGH DStR 2000, 1064; BGHZ 134, 116, 118 = NJW 1997, 657; BGH NJW 1996, 54, 55; BGH NJW 1995, 1032; BGH NJW 1994, 939, 940; BGH NJW 1993, 2744, 2745; BGHZ 118, 151, 167 = NJW 1992, 2026; BGH NJW 1992, 618; BGH NJW 1990, 3092; BGHZ 97, 269, 272 = NJW 1986, 2194; BGHZ 78, 318, 334 = NJW 1981, 522; BGHZ 53, 181, 183 = NJW 1970, 998; BGHZ 51, 27, 28 = NJW 1969, 188; BGHZ 25, 134, 144 = NJW 1957, 1433.

[48] *v. Bar/Mankowski* (Fn. 13) § 7 Rn. 31 ff.; *Kienle* IPR, 2. Aufl. 2010, Rn. 375; *Ebke* in: FS 50 Jahre BGH, 2000, S. 799, 806; *Fleischer/Schmolke* JZ 2008, 233, 237 f.; *Hellgard/Illmer* NZG 2009, 94, 95; *Jayme* IPRax 1996, 87, 88; *Kindler* IPRax 2009, 189, 190; *Mansel/Thorn/Wagner* IPRax 2009, 1, 4; *Merkt* RabelsZ 59 (1995), 545, 561 f.; *Weller* IPRax 2003, 324, 328; *Werner* GmbHR 2009, 191, 193, 196.

[49] BGH Urt. v. 27.10.2008 – II ZR 158/06, BGHZ 178, 192, Tz. 21.

[50] BGH Beschl. v. 8.10.2009 – IX ZR 227/06, AG 2010, 79.

[51] *Weller* IPRax 2009, 202, 208; vgl. auch *Fleischer* AcP 209 (2009), 597, 610, 624 ff.

[52] Zum Referentenentwurf *Bollacher* RIW 2008, 200 ff.; *Clausnitzer* NZG 2008, 321 ff.; *Leuering* ZRP 2008, 73, 75 ff.; *Köster* ZRP 2008, 214; *Kußmaul/Richter/Ruiner* DB 2008, 451; *Schneider* BB 2008, 566; *Wagner/Timm* IPRax 2008, 81 ff.

[53] Art. 10 EGBGB-Entwurf lautet: „Gesellschaften, Vereine und juristische Personen des Privatrechts unterliegen dem Recht des Staates, in dem sie in ein öffentliches Register eingetragen sind. Sind sie nicht oder noch nicht in ein öffentliches Register eingetragen, unterliegen sie dem Recht des Staates, nach dem sie organisiert sind."

Der Anknüpfungspunkt der Sitztheorie ist der Ort, an dem sich der effektive Verwaltungssitz der Gesellschaft befindet. Dessen Definition geht auf *Sandrock* [54] zurück. Entscheidend ist hiernach der „Ort, wo die grundlegenden Entscheidungen der Unternehmensleitung effektiv in laufende Geschäftsführungsakte umgesetzt werden".[55] Die Sitztheorie hat aufgrund ihrer rein objektiven, subjektiver Parteiautonomie entzogenen Anknüpfung an den tatsächlichen Sitz den Vorzug der Sachnähe zur Rechtsordnung des Staates, in dem sich regelmäßig der Interessenmittelpunkt einer Gesellschaft befindet.[56] Ihr rechtspolitischer Zweck liegt darin, dass sie dem Staat, in dem der Verwaltungssitz liegt und der dementsprechend hauptsächlich „betroffen" ist, mittels seiner zur Anwendung berufenen Gesellschaftsrechtsordnung eine wirksame Kontrolle über die auf seinem Territorium tatsächlich agierenden Gesellschaften ermöglicht.[57] Die Sitztheorie versteht sich vornehmlich als Schutztheorie zugunsten der Gläubiger.[58] Im Unterschied zur Gründungstheorie, welche aufgrund ihrer minimalen Anknüpfungskriterien einer kollisionsrechtlichen Parteiautonomie gleichkommt[59] und damit die Wahl eines Gesellschaftsstatuts mit niedrigerem Gläubigerschutzniveau ermöglicht, knüpft die Sitztheorie das Gesellschaftsstatut objektiv an und verhindert dadurch eine Umgehung wichtiger gesellschafts- und ordnungspolitischer Wertentscheidungen. Sie hat sich in Deutschland nicht zuletzt deshalb etabliert, weil sie das hier geltende System der Normativbestimmungen absichert.[60]

d) Bilanz: Kollisionsrechtsspaltung als Konsequenz des Mehrebenensystems des IPR

Betrachtet man die drei Rechtsquellenschichten in ihrer Zusammenschau, offenbart sich eine mehrfache Spaltung des Gesellschaftskollisionsrechts: Je nachdem, ob das europäische, das völkerrechtliche oder das autonome deutsche Gesellschaftskollisionsrecht einschlägig ist, findet die Sitz- oder aber die Gründungstheorie Anwendung.[61] Die Rechtsprechung nimmt diese Spaltung des Gesellschaftskollisionsrechts ungeachtet des in der Literatur immer wieder vorgetragenen Petitums nach einer einheitlichen Gründungsrechtsanknüpfung,[62] die auch für Drittstaatengesellschaften gelten würde, ausdrücklich in Kauf.[63]

In der Tat hat die Kollisionsrechtsspaltung ihre Ursache im Mehrebenensystem des IPR. Dieses steht der von der Literatur geforderten einheitlichen Gründungsrechtsanknüpfung entgegen. Wie Art. 3 Nr. 1 und Nr. 2 EGBGB erhellen, verdrängen Kollisionsnormen des EU-Rechts sowie des Völkerrechts das autonome deutsche Kollisionsrecht. Gibt es jedoch für *einen* Systembereich (wie zB das „Gesellschaftsrecht") *mehrere* Kollisionsnormen auf *verschiedenen* Rechtsquellen-Ebenen, liegt es in der Logik begründet, dass es keine einheitli-

[54] *Sandrock* in: FS Beitzke, 1979, S. 669, 683.

[55] BGH Urt. v. 21.3.1986 – V ZR 10/85, BGHZ 97, 269, 272; ebenso *Großfeld* in: Staudinger, 1998, IntGesR Rn. 228; *v. Hoffmann/Thorn* IPR, § 7 Rn. 25.

[56] *v.Bar* IPR, Bd. II, 1991, Rn. 621.

[57] *Heldrich* in: Palandt, BGB, 67. Aufl. 2008, Anh. Art. 12 EGBGB Rn. 1.

[58] MünchKommBGB/*Kindler* 5. Aufl. 2010, IntGesR Rn. 421; *Großfeld* in: Staudinger, 1998, IntGesR Rn.40 ff.

[59] Zur Gründungstheorie als Spielart der Parteiautonomie *Jayme* Die Kodifikationsidee am Beispiel kollisionsrechtlicher Parteiautonomie, in: Jud/Rechberger/Reichelt (Hrsg.), Kollisionsrecht in der Europäischen Union, 2008, S. 63, 67.

[60] Dagegen sind öffentlich-rechtliche Steuerungselemente, über die der Gläubigerschutz für den Fall der Geltung der Gründungstheorie alternativ realisiert werden könnte, in Deutschland weniger ausgeprägt als in vielen Staaten, die der Gründungstheorie folgen. Vgl. zu Gläubigerschutzmechanismen in den USA *Kaulen* Deutsch-US-amerikanischer Freundschaftsvertrag, 2008, S. 88 ff.; *Ebenroth/Einsele* ZVglRWiss. 87 (1988), 217 ff.; zu Gläubigerschutzkonzepten im Vereinigten Königreich *Zimmer* Internationales Gesellschaftsrecht, 1996, S. 278 ff., 285 ff.

[61] *Fleischer/Schmolke* JZ 2008, 233, 236 ff.

[62] S. etwa *Kieninger* NJW 2009, 292, 293; *Koch/Eickmann* AG 2009, 73, 75; *Lieder/Kliebisch* BB 2009, 338, 341 f.

[63] BGH Urt. v. 27.10.2008 – II ZR 158/06, NJW 2009, 289, Tz. 21 f. – Trabrennbahn.

che Anknüpfungsregel gibt, sondern vielmehr je nach Anwendungsbereich der Kollisionsnorm zu differenzieren ist (zB zwischen EU-, EWR- und Drittstaatengesellschaften).

Die Notwendigkeit einer präzisen Differenzierung zwischen den Rechtsquellen gilt umso mehr, als ganz unterschiedliche praktische Ergebnisse daraus resultieren können, dass die Ausgestaltung der Gründungstheorie je nach Regelgeber/Rechtsquelle erheblich variiert.[64] So wird der Terminus „Gründungstheorie“ international gesehen für unterschiedliche Anknüpfungsmomente verwendet,[65] das Gesellschaftsstatut kann inhaltlich je nach Regelgeber unterschiedlich weit reichen[66] und nicht zuletzt gelten für jede Regelungsebene andere Auslegungsmethoden.[67]

Kurzum: „Gründungstheorie“ ist nicht gleich „Gründungstheorie“. Vielmehr kommt es auf deren Design durch den jeweils kompetenten Regelungsgeber an. Die methodisch korrekte Ermittlung der einschlägigen gesellschaftsrechtlichen Kollisionsnorm im Mehrebenensystem des IPR ist mithin von zentraler Bedeutung. Verweist die so gefundene Kollisionsnorm für eine Drittstaatengesellschaft auf deutsches Recht, wird die Wechselbalgtheorie virulent. Deren Wirkungsweise soll im Folgenden näher beleuchtet werden.

IV. Die Wechselbalgtheorie

1. Von der ausländischen Kapital- zur inländischen Personengesellschaft

a) Nicht-Anerkennung wegen numerus clausus der Gesellschaftsformen

Verlegen Drittstaatengesellschaften ihren Verwaltungssitz nach Deutschland, ist das anwendbare Gesellschaftsstatut aus Sicht des autonomen deutschen IPR nach der Sitztheorie zu ermitteln. Da diese auf den effektiven Verwaltungssitz als Anknüpfungspunkt abstellt, ist deutsches Sachrecht, dh. das materielle deutsche Gesellschaftsrecht, zur Anwendung berufen. Das deutsche Gesellschaftsrecht ist geprägt vom numerus clausus der Gesellschaftsformen. Weil ausländische Gesellschaften dem inländischen Kanon an Rechtsformen nicht bekannt sind, hat der numerus clausus zur Konsequenz, dass erstere im Inland „nicht anerkannt“ werden.[68] Was die Nicht-Anerkennung einer Auslandsgesellschaft im Einzelnen bedeutet, wurde in der historischen Entwicklung freilich unterschiedlich beantwortet:

b) Rechtliche „Inexistenz“ der ausländischen Gesellschaft

Noch bis vor wenigen Jahren wurde die ausländische Gesellschaft als „rechtlich inexistent“[69] erachtet. Ihr wurde im Inland die Rechtsfähigkeit abgesprochen; die Teilnahme am Rechtsverkehr war ihr somit verwehrt.[70] Mangels Rechtsfähigkeit waren nicht nur alle durch die ausländische Gesellschaft abgeschlossenen Rechtsgeschäfte unwirksam;[71] der aus-

---

[64] Vgl. auch *Leible* in: FS Werner, 2009, 256, 260: „Vielzahl von Spielarten“ der Gründungstheorie.

[65] Näher zu den denkbaren Anknüpfungspunkten der Gründungstheorie *Kaulen* IPRax 2008, 389, 390 ff.; *Zimmer* RabelsZ 67 (2003), 298, 299 ff.

[66] *G.H. Roth* Vorgaben der Niederlassungsfreiheit für das Kapitalgesellschaftsrecht, 2010, S. 39 ff.; zur Reichweite des Gesellschaftsstatuts aus Sicht des deutschen IPR MünchKommBGB/*Kindler* 5. Aufl. 2010, IntGesR Rn. 543 ff.

[67] *Brödermann* NJW 2010, 807, 810, 813.

[68] *K. Schmidt* Gesellschaftsrecht § 1 II 8, S. 27. Zu den unterschiedlichen Bedeutungen des Begriffs der Anerkennung MünchKommBGB/*Kindler* 5. Aufl. 2010, IntGesR Rn. 316 ff.

[69] OLG München Urt. v. 31.10.1994 – 26 U 2596/94, NJW-RR 1995, 703, 704.

[70] BGH Urt. v. 21.3.1986 – V ZR 10/85, BGHZ 97, 269, 272; BayObLG Beschl. v. 18.7.1985 – BReg. 3 Z 62/85, DNotZ 1986, 174, 176; *Großfeld* in: Staudinger, 1998, IntGesR Rn. 20, 58 ff.

[71] BGH Urt. v. 30.1.1970 – V ZR 139/68, BGHZ 53, 181; *Großfeld* in: Staudinger, 1998, IntGesR Rn. 427, 437.

ländischen Gesellschaft fehlte überdies die für ein Handeln vor Gericht notwendige Parteifähigkeit gemäß § 50 Abs. 1 ZPO.[72]

c) Umqualifizierung der Auslands- in eine Inlandsrechtsform

Im Jahr 2002 hat der II. Zivilsenat des BGH[73] diese einschneidenden Rechtsfolgen der (traditionellen) Sitztheorie in Übereinstimmung mit Stimmen aus der Literatur[74] abgemildert: Rechtsfolge der (modifizierten) Sitztheorie sei nur die Nicht-Anerkennung der von den Gesellschaftern intendierten *ausländischen* Rechtsform und die Nicht-Anwendbarkeit des *ausländischen* Gesellschaftsstatuts. Allerdings sei der Zusammenschluss der Gesellschafter gemäß dem nach der Sitztheorie anwendbaren inländischen Gesellschaftsrecht (System der Normativbestimmungen) objektiv als deutsche Rechtsform zu qualifizieren.

In Betracht kommen insoweit die Personengesellschaftsformen GbR und OHG.[75] Diese können auf Grundlage bloßen rechtserheblichen Zusammenwirkens entstehen. Ihre Gründung setzt im Gegensatz zu den Kapitalgesellschaften GmbH und AG weder formbedürftige Akte (zB die notarielle Beurkundung des Gesellschaftsvertrages) noch eine konstitutive Handelsregistereintragung voraus (vgl. §§ 2 Abs. 1, 11 Abs. 1 GmbHG, §§ 23 Abs. 1, 41 Abs. 1 AktG); beides wird die Auslandsgesellschaft nicht vorweisen können.[76] Der mit einer Verwaltungssitzverlegung einhergehende Wechsel des auf die Gesellschaft anwendbaren Gesellschaftsstatuts zieht mithin ex lege eine „Metamorphose" der ausländischen Gesellschaft in eine inländische Personengesellschaft nach sich.[77] Dieser Vorgang hat der modifizierten Sitztheorie den Namen Wechselbalgtheorie eingetragen.[78]

Der Wechselbalgtheorie ist insofern zuzustimmen, als sie eine Auslandsgesellschaft mit inländischem Verwaltungssitz nicht mehr als rechtliches Nullum wertet, kennt doch der Kanon der deutschen Gesellschaftsrechtsformen für Personenzusammenschlüsse nicht das Attribut „rechtlich inexistent". Vielmehr ist ein solcher im Inland real operierender Personenzusammenschluss, der die für eine juristische Person einzuhaltenden strengen Gründungsvoraussetzungen des deutschen Rechts nicht erfüllt, seinem objektiven Verbandszweck entsprechend entweder – bei Betrieb eines Handelsgewerbes – als OHG (§§ 1, 105, 123 Abs. 2 HGB) oder aber jedenfalls als GbR (§ 705 BGB) zu qualifizieren.[79] Sowohl OHG als auch GbR sind rechts- und parteifähig.[80] Anders als zu Zeiten der traditionellen Sitztheorie kann die zugezogene Gesellschaft folglich als eigenständiges Rechtssubjekt am Rechtsverkehr teilnehmen und Rechtspositionen vor Gericht erstreiten. Abgesehen von der Rechts- und Parteifähigkeit wirft die Wechselbalgtheorie jedoch sowohl in kollisionsrechtlicher als auch in sachrechtlicher Hinsicht nicht unproblematische Konsequenzen auf, die im Folgenden skizziert werden sollen.

---

[72] *Thorn* IPrax 2001, 102, 106.

[73] BGH Urt. v. 1.7.2002 – II ZR 380/00, NJW 2002, 3539; hierzu *Goette* DStR 2002, 1679; *Behrens* IPRax 2003, 193, 199; *Kindler* IPRax 2003, 41.

[74] *Eidenmüller/Rehm* ZGR 1997, 89, 90 f.; *Zimmer* Internationales Gesellschaftsrecht, 1996, S. 300.

[75] *Goette* DStR 2002, 1679, 1680.

[76] *Eidenmüller/Rehm* ZGR 1997, 89, 91.

[77] Vgl. auch *Leible/Hoffmann* DB 2002, 2203, 2204; *W.-H.Roth* IPRax 2003, 117, 123.

[78] *Goette* (Fn. 2) S. 5.

[79] *Goette* DStR 2002, 1679, 1680; *Eidenmüller/Rehm* ZGR 1997, 89, 91; *Leible/Hoffmann* DB 2002, 2203, 2205; *Kindler* IPRax 2003, 41, 42.

[80] Die Rechts- und Parteifähigkeit der OHG folgt aus § 124 HGB, diejenige der GbR aus der ARGE Weißes Ross-Doktrin gemäß BGH Urt. v. 29.1.2001 – II ZR 331/00, NJW 2001, 1056. Zum unterschiedlichen Grad an rechtlicher Verselbständigung von Gesellschaften *Roth/Weller* Handels- und Gesellschaftsrecht, 7. Aufl. 2010, Rn. 134 ff.

2. *Kollisionsrechtliche Konsequenzen: „hinkende Rechtsverhältnisse"*

Aus kollisionsrechtlicher Sicht führt die Umwandlung einer ausländischen Gesellschaft in eine Personengesellschaft deutschen Rechts zum Problem „hinkender Rechtsverhältnisse". Darunter versteht man Rechtserscheinungen, die von einem Recht als gültig, von einem anderen jedoch als ungültig angesehen werden.[81] Aus Sicht des Heimatstaates bleibt die ausländische Gesellschaft nämlich als ausländische bestehen, sofern dieser kollisionsrechtlich der Gründungstheorie folgt und seinen Rechtsformen auch sachrechtlich die Verwaltungssitzverlegung ins Ausland erlaubt.[82] Es kommt dann aus neutraler Sicht nicht zu einem Statutenwechsel, sondern zu einer Statutenverdoppelung.[83] Ähnlich wie bei der aus dem Internationalen Enteignungsrecht bekannten Figur der Spaltgesellschaft, mit Hilfe derer der BGH einen im Ausland erfolgenden enteignenden Eingriff in Mitgliedschaftsrechte die Anerkennung für das im Inland belegene Gesellschaftsvermögen versagt, indem er für das Inlandsvermögen die Existenz einer abgespaltenen Gesellschaft fingiert,[84] führt auch die Wechselbalgtheorie dazu, dass ein und dieselbe Gesellschaft im Zuzugsstaat ein vom Gründungsstaat abweichendes, eigenes Rechtsformleben führt.[85] Diese „Duplizierung"[86] der Rechtsformen bedingt, dass für ein und dasselbe Gebilde in prozess- und vollstreckungsrechtlicher Hinsicht zwei verschiedene Parteien existieren, was entsprechende Konsequenzen für die internationale Zuständigkeit sowie den Streitgegenstand und damit für Rechtshängigkeit und Rechtskraft hat (Stichwort: Gefahr der Doppeltitulierung).[87]

3. *Sachrechtliche Konsequenzen: Friktionen zwischen Kapital- und Personengesellschaftsrecht*

Die aus der Perspektive des deutschen Rechts erfolgende Umqualifizierung der ausländischen Gesellschaft in eine inländische Personengesellschaft zieht eine Reihe sachrechtlicher Probleme nach sich.

a) Die Inlandsgesellschaft als Vertragspartei

Schließt die zugezogene Gesellschaft unter ihrer ausländischen Rechtsform einen Vertrag, stellt sich die Frage, ob statt der im Inland nicht anerkannten Auslandsgesellschaft die objektiv bestehende deutsche Personengesellschaft Vertragspartei wird.[88] Dies wird man im Regelfall bejahen können.[89] Für die Inlandsgesellschaft als Vertragspartei streiten die Grundsätze über unternehmensbezogene Geschäfte: Rechtsgeschäfte im Rahmen eines Unternehmens oder einer freiberuflichen Tätigkeit berechtigen und verpflichten im Zweifel den wahren Rechtsträger des Unternehmens – und zwar ungeachtet dessen, ob dieser beim Vertragsschluss als solcher aufgetreten oder in puncto Offenkundigkeitsprinzip korrekt vertreten worden ist.[90]

---

[81] *Kropholler* IPR, 6. Aufl. 2006, § 35 I, S. 235.

[82] *W.-H. Roth* IPRax 2003, 117, 124; *Dubovizkaja* GmbHR 2003, 694, 695.

[83] *Behrens* IPRax 2003, 193, 200.

[84] BGH Urt. v. 11.7.1957 – II ZR 318/55, BGHZ 25, 134 ff.; BGH Beschl. v. 21.5.1974, GSZ 7/72, BGHZ 62, 340, 343 ff.; BGH Urt. v. 4.6.2002 – XI ZR 301/01, IPRax 2003, 447, 448.

[85] *Behrens* IPRax 2003, 193, 200; *Binz/Mayer* BB 2005, 2361, 2363 f.; *Ebke* JZ 2003, 927, 928.

[86] *Binz/Mayer* BB 2005, 2361, 2363.

[87] *Binz/Mayer* BB 2005, 2361, 2364 f.; *Henze* BB 2000, 2053, 2054; *Walden* EWS 2001, 256, 259.

[88] Hierzu *Eidenmüller/Rehm* ZGR 1997, 89, 92 ff.

[89] *Wachter* GmbHR 2009, 140, 142; aA *Eidenmüller/Rehm* ZGR 1997, 89, 93 ff., 96.

[90] Vgl. BGH Urt. v. 18.12.2007 – X ZR 137/04, NJW 2008, 1214 f. m. Anm. *Witt* NJW 2008, 1215 f.

b) Vertretung der Inlandsgesellschaft

aa) §§ 714 BGB, 125 HGB

Die Wechselbalgtheorie hat zur Folge, dass sich die organschaftliche Vertretung der zugezogenen Gesellschaft nach den Bestimmungen des deutschen Personengesellschaftsrechts richtet.[91] Bei der organschaftlichen Vertretung handelt es sich um einen dem Gesellschaftsstatut, nicht etwa dem rechtsgeschäftlichen Vertretungsstatut, zuzuschlagenden Fragenkomplex.[92]

Sofern die ausländische Gesellschaft als GbR behandelt wird, greift der Grundsatz der Gesamtvertretung aller Gesellschafter (§ 714 BGB iVm. § 709 BGB). Dagegen gilt das Prinzip der Einzelvertretung, sofern es sich um eine OHG handelt (§ 125 HGB). Allerdings kann der Gesellschaftsvertrag der GbR bzw. OHG eine abweichende Vertretungsregelung vorsehen (§§ 710 BGB, 125 HGB).

bb) Die Satzung der Auslandsgesellschaft als „Datum" für die Vertretungsbefugnis in der Inlandsgesellschaft

Fraglich ist, ob Regelungen zur Vertretung in der Satzung der ausländischen Gesellschaft zugleich gesellschaftsvertragliche Regelungen in Bezug auf die GbR/OHG darstellen können. In der Literatur wird dies bejaht.[93] Auch der BGH hat im Fall Trabrennbahn einer Alleinvertretungsklausel in der Satzung der Schweizer AG Bedeutung für die Vertretungsverhältnisse in der deutschen Personengesellschaft beigemessen.[94]

Dem ist zuzustimmen. Die Satzung der ausländischen Kapitalgesellschaft ist nach kollisionsrechtlicher Methodik ein „Datum", welches nach der Datumtheorie[95] auf der zweiten Stufe der Fallprüfung zu beachten ist. Nach der Zwei-Stufen-Theorie[96] hat das IPR hiernach nicht nur auf der ersten Stufe mittels Kollisionsnormen eine einzelstaatliche Rechtsordnung für anwendbar zu erklären.[97] Vielmehr ist der Internationalität des Sachverhaltes auch auf der zweiten Stufe der Sachnormen Rechnung zu tragen. Für diese zweite Stufe halten die allgemeinen Lehren des IPR Instrumente – wie beispielsweise die Substitution, die Anpassung oder eben die hier einschlägige Datumtheorie[98] – bereit, um die auf natio-

[91] BGH Urt. v. 27.10.2008 – II ZR 158/06, NJW 2009, 289 Tz. 25 – Trabrennbahn.

[92] MünchKommGmbHG/*Weller* 2010, Einl. Rn. 389.

[93] *Gottschalk* ZIP 2009, 948, 951; *Hellgardt/Illmer* NZG 2009, 94, 95.

[94] BGH Urt. v. 27.10.2008 – II ZR 158/06, NJW 2009, 289, Tz. 25.

[95] Grundlegend zur Datumtheorie *Jayme* GS Ehrenzweig, 1976, S. 37 ff. Nach der Datumtheorie sollen ausländische Rechtserscheinungen (wie hier die Satzung einer Gesellschaft) in Deutschland nicht nur dann zu beachten sein, wenn eine deutsche Kollisionsnorm dies anordnet, sondern auch als Datum im Rahmen des Tatbestandes einer deutschen Norm beachtlich werden und diesen konkretisieren. Kritisch zur Datumtheorie MünchKommBGB/*Sonnenberger* 5. Aufl. 2009, Einl. IPR Rn. 608 f., welcher indes über die „teleologische Normauslegung" überwiegend zu vergleichbaren Ergebnissen gelangt.

[96] Hierzu *Jayme* Rechtsvergleichung – Ideengeschichte und Grundlagen von Emerico Amari zur Postmoderne, 2000, S. 137, 143 f.; *ders.* in: FS Müller-Freienfels, 1986, S. 367 ff.; *E. Lorenz* in: FS Werner Lorenz, 1991, S. 441, 464 ff.

[97] *v. Bar/Mankowski* (Fn. 13) § 4 Rn. 1 ff.

[98] In Art. 17 Rom II-VO findet sich ein spezifischer Ausdruck der Datumtheorie. Die insbesondere bei Verkehrsunfällen im Ausland relevant werdende Regel besagt, dass die am Unfallort geltenden Sorgfalts- und Verhaltensstandards (zB Verkehrsregeln) als Datum auch dann zu beachten sind, wenn eine andere Rechtsordnung auf den Unfall Anwendung findet (zB die Rechtsordnung des gewöhnlichen Aufenthalts von Schädiger und Geschädigtem im selben Staat). Beispiel: Zwei in Deutschland lebende Personen sind bei ihrem Urlaub in Italien in einen Unfall verwickelt. Nach Art. 4 Abs. 2 Rom II-VO ist auf die deliktischen Ansprüche deutsches Recht anwendbar; allerdings sind die italienischen Verkehrsregeln nach Art. 17 Rom II-VO im Rahmen des deutschen Deliktsrechts zu beachten. Vergleichbar ist daher der für die Auslandsgesellschaft geschlossene Gesellschaftsvertrag im Rahmen des deutschen Gesellschaftsrechts zu berücksichtigen.

nale Sachverhalte zugeschnittenen Rechtsordnungen in adaptierter Form auf internationale Fallgestaltungen anzuwenden.[99]

Die Satzung der ausländischen Gesellschaft ist eine im Ausland verwirklichte Rechtserscheinung (Datum), welche im Rahmen der zur Anwendung berufenen deutschen Rechtsordnung (konkret im Rahmen der §§ 710 BGB, 125 HGB) funktionsäquivalent als Ausdruck der Privatautonomie zu berücksichtigen ist. Vertretungsregelungen in der Satzung der ausländischen Gesellschaft gelten hiernach zugleich – soweit nach deutschem Recht Dispositionsfreiheit besteht – als personengesellschaftsvertragliche Bestimmungen im Hinblick auf die Vertretung in der GbR bzw. OHG.

cc) Verkehrsschutz über § 15 Abs. 1 HGB

Weicht im Fall einer OHG die gesellschaftsvertragliche Vertretungsregel von der gesetzlichen Einzelvertretung gemäß § 125 Abs. 1 HGB ab – etwa im Sinne einer echten oder unechten Gesamtvertretung (§ 125 Abs. 2 S. 1 und Abs. 3 S. 1 HGB) –, ist dies eine im Handelsregister einzutragende Tatsache (§ 106 Abs. 2 Nr. 4 iVm. § 107 HGB). Solange die Abweichung dort nicht eingetragen ist, wird der Rechtsverkehr über die Publizitätswirkungen des Handelsregisters geschützt.[100] Einschlägig ist § 15 Abs. 1 HGB. Diese Bestimmung betrifft die negative Publizität: Geschützt wird der gute Glaube Dritter daran, dass eintragungspflichtige, aber in concreto nicht im Handelsregister eingetragene Tatbestände auch nicht verwirklicht sind. Soweit sie sich zum Nachteil des gutgläubigen Dritten auswirken würden, werden sie als nicht existent behandelt, dh. es gilt die Rechtslage, die dem Schweigen des Registers, mithin der gesetzlichen Rechtslage, entspricht. Gläubiger der Gesellschaft können sich also auf die gesetzlich vorgesehene Einzelvertretungsmacht des handelnden OHG-Gesellschafters berufen. Ist die zugezogene Gesellschaft als GbR zu qualifizieren, greift der Verkehrsschutz über das Handelsregister indes nicht.

dd) Umdeutung der organschaftlichen Bestellung in eine rechtsgeschäftliche Vertretung

Als problematisch kann sich im Rahmen der Wechselbalgtheorie schließlich der Grundsatz der Selbstorganschaft erweisen, wonach Geschäftsführung und Vertretung nicht ausschließlich auf Dritte übertragen werden dürfen.[101] Agiert in der zugezogenen Gesellschaft dagegen ein Fremdgeschäftsführer, was insbesondere bei ausländischen Kapitalgesellschaften denkbar ist, stellt sich die Frage nach seiner Vertretungsbefugnis. Man wird hier als Minus zur organschaftlichen Vertretung eine Vertretung auf Basis einer rechtsgeschäftlichen Vollmacht (§§ 164, 167 BGB) annehmen können.[102] Rechtskonstruktiv lässt sich dieses Ergebnis durch eine Umdeutung (§ 140 BGB) des organschaftlichen Bestellungsaktes in eine Vollmachterteilung begründen.[103] Die Vollmachterteilung als das umgedeutete Rechtsgeschäft entspricht typischerweise dem Parteiwillen (hier: dem Willen der Gesellschafter) zum Zeitpunkt der Vornahme des nichtigen Rechtsgeschäfts (hier: der Bestellung zum Organ).[104] Denn der Wille der Gesellschafter geht regelmäßig dahin, ihrem Zusammenschluss Handlungsfähigkeit im Außenverhältnis zu verleihen, was zwingend die Bestellung eines organschaftlichen oder rechtsgeschäftlichen Vertreters voraussetzt.

---

[99] Vgl. zu weiteren Methoden der Adaptation des Sachrechts an die Internationalität des Sachverhalts *v. Bar/Mankowski* (Fn. 13) § 4 Rn. 17 ff.; MünchKommBGB/*Sonnenberger* 5. Aufl. 2009, Einl. IPR Rn. 581 ff.

[100] Ausführlich hierzu *Roth/Weller* (Fn. 80) Rn. 46 ff.

[101] *Roth/Weller* (Fn. 80) Rn. 236 ff.

[102] *Hellgardt/Illmer* NZG 2009, 94, 95; aA *Binz/Mayer* BB 2005, 2361, 2364.

[103] Offen gelassen von *Gottschalk* ZIP 2009, 948, 951.

[104] Zu dieser Voraussetzung der Umdeutung *Jauernig* in: Jauernig, BGB, 13. Aufl. 2009, § 140 Rn. 5.

Gegen die Umdeutung kann man entgegen einer verbreiteten Literaturmeinung[105] nicht einwenden, sie widerspreche dem mutmaßlichen Willen der Gesellschafter zur Zeit der Vornahme des Rechtsgeschäfts, weil durch die Vollmachterteilung eine persönliche Haftung der Gesellschafter drohe. Diese Begründung verfängt schon deshalb nicht, weil sie die in Frage stehenden Rechtsgeschäfte vermischt. Umzudeuten ist allein das von den Gesellschaftern vorgenommene Rechtsgeschäft der *Bestellung* zum Organ in eine Bestellung zum Vertreter. Hiervon zu trennen ist das spätere Rechtsgeschäft des Vertreters (nicht der Gesellschafter!), das dieser mit Wirkung für und gegen die Gesellschaft schließt (§ 164 BGB). Die persönliche Gesellschafterhaftung ist überdies lediglich eine *gesetzliche* (nicht: rechtgeschäftliche) Folge des Vertretergeschäftes (resultierend aus § 128 HGB), und daher auch aus diesem Grund für die Umdeutung irrelevant (unbeachtlicher Rechtsfolgenirrtum).

c) Haftung der Gesellschafter für Gesellschaftsverbindlichkeiten

aa) Haftung für Neuverbindlichkeiten

Die Behandlung der zugezogenen Gesellschaft als inländische Personengesellschaft hat zur Folge, dass die Gesellschafter persönlich und unbeschränkt für die Gesellschaftsverbindlichkeiten haften:[106] Bei der OHG folgt die persönliche Haftung aus § 128 HGB,[107] bei der GbR gemäß der Akzessorietätstheorie analog § 128 HGB.[108]

Diesbezüglich erzielt die Wechselbalgtheorie freilich nur für kleine Kapitalgesellschaften sachgerechte Ergebnisse. Dagegen kann eine ausländische Publikumsgesellschaft schwerlich in eine vom Grundsatz der persönlichen Haftung der Gesellschafter geprägte Personengesellschaft umqualifiziert werden. Insbesondere für Kapitalanleger in Publikumsgesellschaften wäre eine auf der Akzessorietätstheorie basierende persönliche Haftung für Gesellschaftsverbindlichkeiten kaum tragbar.[109] Man kann sich auch insofern mit der Zwei-Stufen-Theorie des Internationalen Privatrechts – diesmal indes mit der kollisionsrechtlichen Figur der Anpassung[110] – behelfen und die nicht handelnden Minderheitsgesellschafter analog den nicht handelnden Mitgliedern eines nicht rechtsfähigen Idealvereins[111] bzw. analog den nicht handelnden Mitgliedern eines wirtschaftlich tätigen Idealvereins (Kolpingwerk-Entscheidung)[112] behandeln mit der Folge, dass sie für Gesellschafts-/Vereinsverbindlichkeiten in der Regel nicht persönlich haften.[113]

bb) Haftung für Altverbindlichkeiten

Fraglich ist ferner, ob zu den Gesellschaftsverbindlichkeiten, für die die Gesellschafter der zugezogenen Gesellschaft nach § 128 HGB haften, nur diejenigen zu rechnen sind, welche zeitlich *nach* der Verlegung des Verwaltungssitzes nach Deutschland begründet wurden, oder ob auch die zuvor entstandenen „Altverbindlichkeiten" darunter fallen.[114]

---

[105] *Eidenmüller/Rehm* ZGR 1997, 89, 97; ebenso *Binz/Mayer* BB 2005, 2361, 2364; *Lamsa*, BB 2009, 16, 18.

[106] BGH Urt. v. 27.10.2008 – II ZR 158/06, NJW 2009, 289, Tz. 23 (obiter dictum) – Trabrennbahn.

[107] *Habersack* in: Staub, HGB, § 124 Rn. 3 ff., 23 ff., § 128 Rn. 17 ff.

[108] BGH Urt. v. 29.1.2001 – II ZR 331/00, NJW 2001, 1056, 1061; Urt. v. 18.2.2002 – II ZR 331/00, NJW 2002, 1207 – ARGE Weißes Ross; *K. Schmidt* NJW 2003, 1897, 1898.

[109] *Eidenmüller/Rehm* ZGR 1997, 89, 103.

[110] Hierzu *Looschelders* Die Anpassung im IPR, 1995; MünchKommBGB/*Sonnenberger* 5. Aufl. 2009, Einl. IPR Rn. 581 ff.

[111] BGH Urt. v. 30.6.2003 – II ZR 153/02, NJW-RR 2003, 1265.

[112] BGH Urt. v. 10.12.2007 – II ZR 239/05, NZG 2008, 670.

[113] Vgl. auch *Eidenmüller/Rehm* ZGR 1997, 89, 103, welche die Haftung der Kapitalanleger – ähnlich wie bei einem Kommanditisten – auf die Höhe der Einlageverpflichtung beschränken wollen.

[114] Offen gelassen von *Gottschalk* ZIP 2009, 948, 951; *Heidenhein* NZG 2002, 1141, 1142 f.; *Lamsa* BB 2009, 16, 17.

Richtigerweise ist eine Haftung für Altverbindlichkeiten zu verneinen. Dafür spricht zunächst das supra beschriebene Phänomen der Statutenverdoppelung: Die deutsche Personengesellschaft entsteht erst im Moment der Verwaltungssitzverlegung der ausländischen Gesellschaft nach Deutschland. Aus Sicht der Gründungsrechtsordnung erlöscht die ausländische Gesellschaft jedoch nicht, sondern bleibt bestehen. Die deutsche Personengesellschaft ist mithin keine Rechtsnachfolgerin der ausländischen Gesellschaft, sondern tritt neben diese.[115]

Gestützt wird diese Überlegung ferner durch die Grundsätze des Intertemporalen Rechts.[116] Bedeutung erlangt dabei die Maxime der lex temporis actus.[117] Sie verlangt die Gleichzeitigkeit von zu beurteilendem Vorgang und anwendbarem Recht als Bewertungsmaßstab. Das zum Zeitpunkt einer Handlung jeweils temporär geltende Sachrecht ist hiernach zur Anwendung berufen. Dies führt zu einer zeitlich gespaltenen Anknüpfung: Jede Rechtsänderung (die zB aus einem Statutenwechsel resultiert) führt ex nunc zu einem Wechsel des anwendbaren Rechts.[118] Ihre Legitimation bezieht die Maxime der lex temporis actus aus der Doppelfunktion von Recht als Befolgungs- und Beurteilungsregel: Befolgen Rechtsunterworfene bei ihrem Verhalten bestimmte Normen, die zum Zeitpunkt ihres Verhaltens gelten, sollen sie nicht nachträglich mit einem veränderten Beurteilungsmaßstab konfrontiert werden.[119] Das zeitlich spätere Recht darf insofern keine Rückwirkung entfalten (Rückwirkungsverbot).[120]

Allerdings gelten das Prinzip der lex temporis actus und das Rückwirkungsverbot nicht uneingeschränkt; vielmehr kann das Rechtsangleichungsgebot als gegenläufiges Prinzip des Intertemporalen Rechts Ausnahmen notwendig machen.[121] Das Rechtsangleichungsgebot begrenzt die fortdauernde Anwendbarkeit der lex prior und führt zur ausschließlichen Anknüpfung an die lex praesens.[122] So kann aus Sicht des neuen (späteren) Gesetzes das Bedürfnis nach einer Neuregelung schon bestehender Rechtspositionen (zB aus Dauerschuldverhältnissen) erwachsen, um – ggf. nach einer gewissen Übergangszeit – zu einer Rechtsvereinheitlichung zu gelangen. Aus Sicht des Rechtsverkehrs ist eine Rechtsangleichung ebenfalls erstrebenswert, weil durch die Reduktion der Anzahl der anwendbaren Sachrechte die Rechtssicherheit erhöht wird.[123]

Gleichwohl ist zu beachten, dass auch aus Sicht des Rechtsangleichungsgebotes ein Eingriff in bestehende Rechtspositionen grundsätzlich nicht ex tunc, sondern pro futuro erfolgen soll, um dem Gesichtspunkt des vergangenheitsbezogenen Bestands- und Vertrauensschutzes der Betroffenen gerecht zu werden.[124] Im vorliegenden Kontext ist dem Rechtsangleichungsgebot daher Genüge getan, wenn ab dem Moment der Verwaltungssitzverlegung die §§ 128, 130 HGB für alle ab diesem Zeitpunkt begründeten Verbindlichkeiten gelten. Für die zuvor begründeten Verbindlichkeiten haften die Gesellschafter dagegen nicht persönlich.

---

[115] Für diese Überlegung danke ich Frau Rechtsreferendarin *Jennifer Bernhard,* Universität Mannheim.

[116] Das Intertemporale Recht ist von einer Reihe von Prinzipien geprägt, die sich induktiv aus konkreten Kollisionsnormen und typisierten Interessenkonstellationen der Normunterworfenen ermitteln lassen, grundlegend hierzu *Hess* Intertemporales Privatrecht, 1998, S. 361 ff.

[117] *Hess* Intertemporales Privatrecht, 1998, S. 366 f.

[118] MünchKommBGB/*Sonnenberger* 5. Aufl. 2009, Einl. IPR Rn. 678, 680; *v. Hoffmann/Thorn* (Fn. 20) § 5 Rn. 102.

[119] *Hess* Intertemporales Privatrecht, 1998, S. 366.

[120] *Hess* Intertemporales Privatrecht, 1998, S. 367; vgl. auch MünchKommBGB/*Sonnenberger* 5. Aufl. 2009, Einl. IPR Rn. 678, 680.

[121] *Hess* Intertemporales Privatrecht, 1998, S. 366.

[122] *Hess* Intertemporales Privatrecht, 1998, S. 368, 375.

[123] *Hess* Intertemporales Privatrecht, 1998, S. 375.

[124] *Hess* Intertemporales Privatrecht, 1998, S. 373; *v. Hoffmann/Thorn* (Fn. 20) § 5 Rn. 102.

Auch aus Sicht der Beteiligten besteht hierfür kein Bedürfnis: Die Gesellschafter dürfen vor einer Verwaltungssitzverlegung aufgrund ihres Haftungsprivilegs darauf vertrauen, nicht persönlich in Anspruch genommen zu werden; die Gesellschaftsgläubiger rechnen zu diesem Zeitpunkt ebenfalls nicht mit einer persönlichen Gesellschafterhaftung. Würde man gleichwohl eine persönliche Haftung der Gesellschafter für Altverbindlichkeiten annehmen, erschiene das aus Gläubigersicht als unverdienter Glücksfall. Glücksfällen will eine Rechtsordnung freilich prinzipiell nicht Vorschub leisten – sie widersprächen der Funktion des Rechts als verlässlicher „Planungsmacht" (*Schelksy*).[125]

V. Zusammenfassung in Thesen

1. Für die Bestimmung des Gesellschaftsstatuts ist gemäß dem Mehrebenensystem des IPR zwischen dem europäischen, völkerrechtlichen und autonomen deutschen Gesellschaftskollisionsrecht zu differenzieren: (a) Für Gesellschaften aus EU- und EWR-Mitgliedstaaten gilt in Zuzugsfällen die Gründungstheorie. Diese folgt unmittelbar aus der Niederlassungsfreiheit (Art. 49, 54 AEUV bzw. Art. 31, 34 EWR-Vertrag), die insofern eine versteckte Kollisionsregel enthält. (b) Für Gesellschaften aus sonstigen Staaten gilt die Gründungstheorie, sofern sie in einem völkerrechtlichen Staatsvertrag vereinbart wurde. (c) Für Gesellschaften aus Staaten, die sich weder auf den AEUV bzw. EWR-Vertrag noch auf einen Staatsvertrag berufen können (sog. Drittstaatengesellschaften) gilt die Sitztheorie des autonomen deutschen Rechts.

2. Auf Drittstaatengesellschaften mit effektivem Verwaltungssitz im Inland findet über die Sitztheorie das materielle deutsche Gesellschaftsrecht Anwendung.

3. Die zugezogene Drittstaatengesellschaft ist dem numerus clausus an inländischen Gesellschaftstypen unbekannt. Sie wird daher in Deutschland nicht als ausländische Gesellschaft anerkannt. Allerdings ist sie nicht als rechtlich inexistent zu behandeln. Vielmehr ist der Zusammenschluss der Gesellschafter nach jüngerer Auffassung, die als modifizierte Sitz- bzw. Wechselbalgtheorie bezeichnet wird, als rechts- und parteifähige Personengesellschaft deutschen Rechts zu qualifizieren, wobei der Gesellschaftszweck darüber entscheidet, ob es sich um eine GbR oder eine OHG handelt.

4. Während sich die ausländische Gesellschaft aus der Perspektive des deutschen Rechts durch Verwaltungssitzverlegung ins Inland ex lege in eine inländische Personengesellschaft umwandelt, bleibt sie aus der Perspektive ihres Heimatstaates als solche bestehen, sofern dieser der Gründungstheorie folgt und seinen Gesellschaften auch sachrechtlich den Wegzug erlaubt. Aus neutraler Perspektive kommt es mithin zu einer Verdoppelung des Gesellschaftsstatuts, was die kollisionsrechtliche Problematik „hinkender Rechtsverhältnisse" mit den typischen Folgeproblemen im Prozess- und Vollstreckungsrecht aufwirft (Stichwort: doppelte Parteistellung für ein und dasselbe tatsächliche Gebilde).

5. Schließt die zugezogene Gesellschaft unter ihrer ausländischen Rechtsform einen Vertrag, wird gleichwohl die inländische Personengesellschaft über die Grundsätze des unternehmensbezogenen Geschäfts Vertragspartei.

6. Die organschaftliche Vertretung der zugezogenen Gesellschaft richtet sich nach den Bestimmungen des deutschen Personengesellschaftsrechts (§§ 714 BGB, 125 HGB). Dabei ist die Satzung der ausländischen Gesellschaft eine im Ausland verwirklichte Rechtserscheinung (Datum), welche nach der Zwei-Stufen-Theorie des IPR im Rahmen der zur Anwendung berufenen §§ 710 BGB, 125 HGB zugleich als gesellschaftsvertragliche Vertretungsregel anzusehen ist, die vom gesetzlichen Prinzip der Gesamtvertretung (GbR) bzw.

---

[125] Das Recht hat nach *Schelsky* JbRSoz. 1 (1970), S. 37, 73, die Funktion, „die Zukunft festzulegen. Es ist die Planungsmacht schlechthin, die dem Menschen zur Gestaltung seiner sozialen Beziehungen zur Verfügung steht."

Einzelvertretung (OHG) abweichen kann. Bei der OHG kann sich der Rechtsverkehr allerdings auf den Gutglaubensschutz gemäß § 15 Abs. 1 HGB berufen, solange die Abweichung von der Einzelvertretung nicht im Handelsregister eingetragen ist.

7. Wurde in der zugezogenen Auslandsgesellschaft einem Fremdgeschäftsführer Vertretungsmacht eingeräumt, kann der diesbezügliche organschaftliche Bestellungsakt wegen des im deutschen Recht geltenden Grundsatzes der Selbstorganschaft nicht zugleich als Einräumung organschaftlicher Vertretungsmacht in der GbR bzw. OHG gewertet werden. Allerdings kann der organschaftliche Bestellungsakt nach § 140 BGB in eine rechtsgeschäftliche Vollmachterteilung (§ 167 BGB) umgedeutet werden.

8. Die Behandlung der zugezogenen Gesellschaft als inländische OHG oder GbR hat zur Folge, dass die Gesellschafter nach § 128 HGB (analog) persönlich und unbeschränkt für die Gesellschaftsverbindlichkeiten haften. Ausnahmen sollten zugunsten bloßer Kapitalanleger in Publikumsgesellschaften gemacht werden, was über die kollisionsrechtliche Figur der Anpassung möglich erscheint.

9. Die persönliche Gesellschafterhaftung bezieht sich nur auf solche Gesellschaftsverbindlichkeiten, die zeitlich *nach* der Verlegung des Verwaltungssitzes nach Deutschland begründet wurden. Für zuvor entstandene Altverbindlichkeiten haften die Gesellschafter dagegen nicht. Hierfür spricht unter anderem die lex temporis actus-Regel als Maxime des Intertemporalen Kollisionsrechts.

Der II. Zivilsenat des BGH gilt ob der Komplexität des in seine Zuständigkeit fallenden Gesellschaftsrechts zu recht als einer der „königlichen Senate“ am BGH. Als königliches Kabinettstück wird man indes die von ihm konzipierte „modifizierte Sitztheorie“ angesichts der mit ihr einhergehenden Fallstricke nicht ohne Weiteres ansehen können. Vor diesem Hintergrund trifft die vom *Jubilar* vorgenommene Charakterisierung der „modifizierten Sitztheorie“ als „Wechselbalgtheorie“ durchaus einen wahren Kern. Zur Erinnerung: Die Etymologie sieht in einem Wechselbalg „das Kind einer Hexe oder ähnlichen fabelhaften Unholdes, welches im Umgange mit dem Teufel erzeugt“ wurde.[126]

---

[126] S. Fn. 1.

HARM PETER WESTERMANN

Zur personellen und sachlichen Reichweite von Schiedsvereinbarungen über gesellschaftsrechtliche Streitigkeiten

Übersicht

I. Gegenstand der Überlegungen

1. Die Ausgangslage nach „Schiedsfähigkeit II"

Das viel diskutierte Urteil „Schiedsfähigkeit II", das vom II. Zivilsenat des BGH unter dem Vorsitz des *Jubilars* gesprochen worden ist,[1] hat im Kapitalgesellschaftsrecht, vielleicht aber auch im sonstigen Gesellschaftsrecht, ein Tor aufgemacht, durch das demnächst zu gehen jetzt viele Personen mit zahlreichen Gegenständen überlegen werden, die bis vor kurzem an eine schiedsrichterliche Entscheidung ihrer Angelegenheiten nicht gedacht haben. Das Urteil betraf Beschlussmängelklagen in der GmbH, deren Unterwerfung unter eine Schiedsvereinbarung für zulässig erklärt, aber im Einzelnen von verschiedenen, nach Ansicht des Schrifttums und der Gestaltungspraxis[2] nicht leicht erfüllbaren Voraussetzungen in Bezug auf die Gestaltung einer satzungsmäßigen Schiedsklausel abhängen soll. Inwieweit bei Einhaltung dieser Erfordernisse bei der AG satzungsmäßige Schiedsklauseln wirksam werden können, was früher für ganz abwegig gehalten wurde,[3] und ob andererseits bei Personengesellschaften die bisher verhältnismäßig großzügige Zulassung von Entscheidun-

---

[1] BGH NJW 2009, 1962 m. Anm. *Habersack* JZ 2009, 744; s. auch *Duve/Keller* ZIP 2009, 1003; *Böttcher/Haller* NZG 2009, 700; *Wolff* NJW 2009, 2021; zuletzt *Riegger/Wilske* ZGR 2010, 733 ff.; *Saenger/Splittgerber* DZWiR 2010, 177 ff.

[2] S. etwa *Nietsch* ZIP 2009, 2269 ff.; *Saenger/Splittgerber* DZWiR 2010, 177, 179 f., *K. Schmidt* in: Gesellschaftsrechtliche Vereinigung (Hrsg.), Gesellschaftsrecht in der Diskussion 2009, 2010, S. 97 ff., 110 ff.; zu diesem Problemkreis eingehende und ergänzende Regeln der DIS-Schiedsgerichtsordnung und dazu *Borris* SchiedsVZ 2009, 2999 ff.; *Schwedt/Lillja/Schaper* NZG 2009, 1201 ff.

[3] S. die gründliche Monographie von *M. Schröder* Schiedsgerichtliche Konfliktbeilegung bei aktienrechtlichen Beschlussmängelklagen, 1999; zur heutigen Situation *Borris* NZG 2010, 482 ff.; *Saenger/Splittgerber* DZWiR 2010, 177, 180 ff.

gen durch ein privates Schiedsgericht etwas kritischer betrachtet werden muss als bisher, ist nur eine der Folgefragen, die sich an „Schiedsfähigkeit II" knüpfen, und die, was die AG anbelangt, auch der *Jubilar* bereits formuliert hat.[4] Nun ist in dem reichhaltigen Schrifttum, das sich an das Urteil „Schiedsfähigkeit I" anschloss, die Problematik fast ausschließlich an den Beschlussmängelstreitigkeiten exemplifiziert worden.[5] Wenn aber für Klagen, deren Schiedsfähigkeit bisher als der Eckpunkt des Fragenkomplexes angesehen wurde, aufgrund des Urteils „Schiedsfähigkeit II" der Weg zu einem vereinbarten Schiedsgericht grundsätzlich frei ist, liegt es nahe, dieselben Fragen auch für mehrere andere Streitigkeiten im Innenverhältnis von Gesellschaften zu stellen, wobei für alle Gesellschaftsformen auch die Beteiligung der jeweiligen Gesellschaft, vielleicht sogar ihrer Organe und/oder Organpersonen zu prüfen ist – das kommt also jedenfalls für Anfechtungs-, Nichtigkeits- und positive Beschlussmängelklagen in Betracht, könnte aber auch noch weiter reichen.

Nun besteht weitgehend Einigkeit darüber, dass bei der großen Publikums-AG, erst recht bei der börsennotierten und/oder kapitalmarktorientierten, diese Themen theoretisch bleiben werden, weil Lösungen, die notwendigerweise alle Gesellschafter, auch nach der Schaffung einer entsprechenden Schiedsklausel beigetretene, erfassen müssen, hier praktisch nicht durchzusetzen sein werden.[6] Aber auch bei der GmbH, möglicherweise den „großen" Personengesellschaften in der Rechtsform der GmbH & Co. KG oder auch der Gesellschaft bürgerlichen Rechts, kann etwas daran liegen, einen größeren Personenkreis und womöglich auch nicht zum Gesellschafterkreis gehörende Personen in Schiedsgerichtsverfahren einbeziehen zu können. Das lenkt das Interesse auf individualvertragliche Schiedsvereinbarungen, die anlässlich des Abschlusses eines Gesellschaftsvertrages, aber etwa auch im Zusammenhang mit dem Beitritt von Gesellschaftern, etwa eines einen gewissen Sonderstatus anstrebenden oder auch schon einnehmenden Investors, geschlossen werden.[7] Dafür bieten sich traditionell Aktionärsvereinbarungen an, es kann aber auch einmal zweckmäßig sein, ist unter Umständen sogar notwendig, die Gesellschaft selber, die allein bestimmte in Vereinbarungen geregelte Pflichten, etwa zur Information, erfüllen kann, an einer solchen Vereinbarung teilnehmen zu lassen.

Auch bei solchen Schiedsvereinbarungen ist schon auf den ersten Blick zweifelhaft, welche möglichen Streitpunkte durch sie einem privaten Schiedsgericht unterworfen werden können, und wie erreicht werden kann, dass die Gesellschaft und sämtliche Gesellschafter an einen Schiedsspruch gebunden sind. Es muss auch gewährleistet sein, dass nicht über ein und denselben Streitpunkt Rechtsstreitigkeiten unter verschiedenen Parteien mit möglicherweise unterschiedlichem Ausgang stattfinden. Die Interessen, die im Hinblick auf einen Streitgegenstand bestehen, können nämlich auch unter den Gesellschaftern, die sich zum Angriff auf eine bestimmte im Gesellschaftsleben getroffene Maßnahme zusammengefunden haben, noch durchaus voneinander abweichen. Trotz der durch das Urteil „Schiedsfähigkeit II" geschaffenen Klarheit in den Grundlagen befinden wir uns also noch in einem nicht allzu weit fortgeschrittenen Stadium der Klärung der praktischen Tragweite hier eröffneter Gestaltungsmöglichkeiten.[8]

---

[4] *Goette* GWR 2009, 103; *Raeschke-Kessler/Wiegand* AnwBl. 2007, 396, 399; ähnlich, auf die wachsende Bedeutung der Beschlussmängelklagen im Aktienrecht gestützt, meine Bemerkungen im Vorwort des in Fn. 3 genannten Buches von *M. Schröder.*

[5] Dazu näher *K. Schmidt* BB 2001, 1857 ff.; *ders.* ZGR 1988, 523 ff.; *Timm* ZIP 1996, 445 ff.

[6] Darüber besteht Einigkeit bei *Reichert* in: FS Ulmer, 2003, S. 511, 528 ff.; *Saenger/Splittgerber* DZWiR 2010, 177, 180 f.; nach *K. Schmidt* AG 1995, 551, 553 kommt ein Schiedsgericht zur Entscheidung über Hauptversammlungsbeschlüsse nur für die „kleine AG" in Betracht.

[7] Dabei kann etwa die Erteilung von Informationen über den für Aktionäre gesetzlich vorgesehenen Umfang hinausgehen, zu diesem Aspekt der „Investor Relations" *Fleischer* ZGR 2009, 505, 520 ff.

[8] Dazu eingehend *Riegger/Wilske* ZGR 2010, 733, 744 ff.; *Saenger/Splittgerber* DZWiR 2010, 177, 180 f.

2. Praktischer Anwendungsbereich

Angesichts der nicht geringen Zahl von Unklarheiten und Schwierigkeiten fragt sich natürlich, ob sich die Mühen, die mit einer Aufarbeitung dieses Themenkreises verbunden sind, wirklich lohnen können. Wenn man etwa sieht, welchen Umfang die von der Deutschen Institution für Schiedsgerichtsbarkeit (DIS) aus Anlass der neuen Judikatur erarbeitete Musterklausel hat (zwölf Paragraphen, abgedruckt auf vier Spalten der SchiedsVZ),[9] und welche Ergänzungen und Verfeinerungen wahrscheinlich doch noch nötig sind,[10] wäre es verständlich, wenn sich die Einstellung durchsetzte, doch lieber die Finger davon zu lassen und sich in den geeigneten Konstellationen mit Absprachen in Individualverträgen zufrieden zu geben und außerhalb des dafür mit einiger Sicherheit offen stehenden Bereichs vertrauensvoll zu den staatlichen Gerichten zu gehen. Es sieht allerdings nicht so aus, als werde sich diese etwas resignative Einstellung durchsetzen, die Bedürfnisse, die Möglichkeiten der Schiedsgerichtsbarkeit zu nutzen, sind ziemlich ausgeprägt. Es verwundert daher auch nicht, dass auch die DIS-Regeln allgemein für Kapitalgesellschaften, also auch Aktiengesellschaften, anwendbar sein sollen,[11] wenn auch nur für Gesellschaften für einen überschaubaren Kreis untereinander bekannter Personen. Zwar ist die Annahme, der Rechtsschutz sei hier schneller erreichbar, wohl nicht sehr realistisch, wie die zahlreichen Stolpersteine gerade in Schiedsgerichtsverfahren[12] zeigen; aber in Unternehmen, die in schwierigen Märkten operieren und aufgrund ihrer absoluten oder – in ihrer Region – relativen Größe Vertrauen in ihre Solidarität anstreben müssen, liegt viel daran, Publizität gesellschaftsinterner Streitigkeiten – also unter Gesellschaftern und Managern – zu vermeiden.[13] Die an die Stelle der staatlichen Gerichte – möglicherweise mehrerer Instanzen – tretenden Spruchkörper sind vermutlich nicht durchweg von höherem Sachverstand als staatliche Gerichte, aber der Umstand, als Prozesspartei wenigstens einen gewissen Einfluss auf die Besetzung der Schiedsrichterbank zu haben, trägt zur Akzeptanz der schiedsgerichtlichen Tätigkeit erheblich bei. Im internationalen Bereich – man denke an die beim Beitritt eines ausländischen Investors zu einer Gesellschaft ausgehandelten Bedingungen – dürfte dies eine besondere Rolle spielen, wobei die subtilen Unterschiede zwischen satzungsmäßigen und individualvertraglichen Regelungen, obwohl sie verfahrensrechtlich zentral wichtig sind, offenbar weniger beachtet werden.

Diese Überlegungen könnten auch Einfluss auf die Wahl der Gegenstände haben, die einem Schiedsgericht sollten unterbreitet werden können. So wird man gerade Streitigkeiten zwischen Managern und ihrer Gesellschaft (etwa um die zur Zeit besonders publikumswirksamen Haftungs- und Vergütungsfragen) gern aus dem Blickpunkt der Öffentlichkeit fernhalten wollen, ähnlich wie die derzeit drohenden und ziemlich heftig umstrittenen Pflichten von Gesellschaftern einer Personengesellschaft, zur Sanierung des Unternehmens beizutragen.[14] Es lohnt sich also vielleicht doch, zu untersuchen, wie weit die neue Gestaltungsfreiheit in Bezug auf die Schiedsgerichtsfähigkeit im Innenverhältnis der Gesellschaften geht.[15]

---

[9] S. die „Ergänzenden Regeln für gesellschaftsrechtliche Streitigkeiten" mit Vorschlag einer Satzungsklausel, SchiedsVZ 2009, 311 ff.; weitere Klauselvorschläge bei *Lenz* GmbHR 2000, 552 ff.; *Berger* ZHR 164 (2000), 295.

[10] Kurze Hinweise bei *Borris* NZG 2010, 481, 486.

[11] *Borris* NZG 2010, 481, 486.

[12] Dazu kürzlich *H.P. Westermann,* in: FS Hopt, 2010, S. 2975 ff.

[13] Dazu sehr eingehend unter Berücksichtigung der zentralen Verfahrensgrundsätze des Schiedsgerichtswesens *M. Schröder* (Fn. 3) S. 10 ff., 15 ff.

[14] Dazu hier nur *K. Schmidt* JZ 2010, 125 ff.; *H.P. Westermann* NZG 2010, 321 ff.; *Wagner* NZG 2009, 1379 ff.

[15] Die Außenstreitigkeiten der Gesellschaften gehören nicht hierher, so auch *K. Schmidt* in: Gesellschaftsrechtliche Vereinigung (Fn. 2) S. 100.

II. Gestaltung durch satzungsmäßige Schiedsklauseln

1. Wirksamkeitserfordernisse bei der GmbH

Es ist bekannt, dass im GmbH-Recht die Anfechtung von Beschlüssen der Gesellschafterversammlung praktisch ganz im Vordergrund steht, die jetzt einem Schiedsgericht vorgelegt werden kann, wenn die vom BGH festgelegten Anforderungen erfüllt sind, also:[16] Unterwerfung aller Gesellschafter unter eine individuelle Schiedsvereinbarung oder Bindung aller an eine diesbezügliche Satzungsvorschrift; Information aller Gesellschafter über die Einleitung eines schiedsgerichtlichen Verfahrens, wobei sie Gelegenheit erhalten müssen, sich am Verfahren als Partei oder im Zuge einer Nebenintervention zu beteiligen; Möglichkeit aller am Verfahren teilnehmenden Gesellschafter, an der Bestellung und Auswahl der Schiedsrichter mitzuwirken; Sicherstellung der Konzentration mehrerer denselben Gesellschafterbeschluss betreffender Rechtsstreitigkeiten vor einem Schiedsgericht. Das letztere Erfordernis ist rechtlich am schwersten zu erfüllen, da es für eine Verfahrensverbindung, wie sie im Aktienrecht durch staatliche Gerichte aufgrund des § 246 Abs. 2 S. 5 AktG hergestellt werden kann, bei Einsetzung eines Schiedsgerichts keine ohne weiteres heranzuziehende Grundlage gibt,[17] die aber möglicherweise durch eine entsprechende Satzungsklausel geschaffen werden kann.[18]

2. Übertragung auf die AG

Dies alles ist bis jetzt allerdings nur für das GmbH-Recht einigermaßen geklärt, an die Entscheidung von Streitfragen im Innenverhältnis einer AG hatte bis vor kurzem kaum jemand gedacht.

a) Da § 1066 ZPO nur für Schiedsklauseln passt, die „in gesetzlich statthafter Weise" geschaffen wurden, kommt es für die Einhaltung der vom BGH aufgestellten Zulassungsvoraussetzungen auf den Inhalt des materiellen Aktienrechts an,[19] der insoweit einige Hindernisse zu begründen scheint. Das am schwersten wiegende Argument gegen eine Schiedsfähigkeit aktienrechtlicher Streitigkeiten wurde früher in der Satzungsstrenge gemäß § 23 Abs. 5 AktG gesehen, die es verbiete, von § 246 Abs. 3 AktG, der einen ausschließlichen Gerichtsstand für Anfechtungsklagen bestimmt, durch Satzung abzuweichen.[20] Schon seit längerem ist dieser Einwand aber abgeschwächt durch die Einsicht, dass § 246 Abs. 3 AktG eine Regelung für eine vor einem staatlichen Gericht erhobene Anfechtungsklage ist und nichts für die Frage besagt, ob dieses Gericht durch ein Schiedsgericht ersetzt werden kann.[21] Während die praktischen Probleme der Schaffung und Anwendung einer für Beschlussmängelklagen unter Beteiligung auf Kläger- oder Beklagtenseite mehrerer Gesellschafter aus einem großen Aktionärskreis passenden Kozeption hier und bei kapitalmarktorientierten Gesellschaften kaum

---

[16] Zusammenstellung bei *Borris* NZG 2010, 481, 484; *Böttcher/Helle* NZG 2009, 700 ff.; *Riegger/Wilske* ZGR 2010, 733, 747 ff.

[17] *Nietsch* ZIP 2009, 2269 ff.; *Borris* NZG 2010, 481, 484 (der aber auf die Möglichkeit einer dies regelnden Satzungsklausel hinweist).

[18] Die hier in Fn. 9 bereits erwähnten Ergänzenden Regeln der DIS für gesellschaftsrechtliche Streitigkeiten schlagen in § 9 („Zuständigkeitskonzentration bei Parallelverfahren") eine Sperrung zeitlich späterer Verfahren durch das vorausgegangene Verfahren vor.

[19] So auch *Albrecht* NZG 2010, 486, 487.

[20] OLG Hamm ZIP 1987, 780; s. aber *K. Schmidt* ZGR 1988, 523, 52; GroßkommAktG/*ders.* 4. Aufl. 1996, § 146 Rn. 121; so auch MünchKommAktG/*Hüffer* 3. Aufl. 2010, § 246 Rn. 30; dagegen aber schon *Lüke/Blenske* ZGR 1988, 253, 254; *Schröder* (Fn. 3) S. 130 ff.; zweifelnd noch *K. Schmidt* BB 2001, 1857, 1861; *Reichert* in: FS Ulmer, 2003, S. 511, 521; anders jetzt *Saenger/Splittgerber* DZWiR 2010, 177, 181 f.

[21] So jetzt auch der BGH im Urteil „Schiedsfähigkeit II"; *Reichert* in: FS Ulmer, 2003, S. 511, 533; *Borris* NZG 2010, 482; grundlegend dazu *K. Schmidt* ZGR 1988, 523, 526 ff.

lösbar erscheinen, kann dies bei Familien-AG mit nur wenigen Aktionären oder bei einer Kooperation einiger Investoren mit den Initiatoren und Managern eines den Markteintritt erst anstrebenden neuen Unternehmens anders sein. Da auch bei solchen Gründungen an einen späteren Gesellschafterwechsel gedacht werden muss, könnte hier eine Satzungsreglung gegenüber einer reinen Aktionärsvereinbarung vorzugwürdig erscheinen.

So könnte man sich vorstellen, dass auch bei anderen Streitigkeiten als einer Beschlussanfechtung ein Bedürfnis nach einer schiedsgerichtlichen Streitentscheidung besteht, etwa über die Pflicht oder das Recht des Vorstandes, die Veräußerung vinkulierter Anteile zu genehmigen, über die korrekte Ausnutzung eines genehmigten Kapitals, über die Pflicht des Vorstandes, gemäß § 122 AktG auf Verlangen einer Minderheit die Hauptversammlung einzuberufen – hier wäre vorstellbar, die gerichtliche Zuständigkeit nach § 122 Abs. 3 AktG einem Schiedsgericht zu überlassen. Ein Fall von ebenso eilbedürftigen wie so gut wie möglich ohne Öffentlichkeit zu verhandelnden Streitfragen kann bei paritätischer Besetzung des Aufsichtsrats einer „kleinen" Gesellschaft auftreten: Bei der Prüfung der Genehmigung eines Vertrages zwischen einem seiner Mitglieder und der Gesellschaft nach § 114 AktG kann die Frage auftreten, ob es sich um einen „Arbeitsvertrag" im Sinne dieser Norm handelt;[22] oder: der Aufsichtsrat hat gegen die Stimmen eines Teils seiner Mitglieder die Amtszeit eines seit einem Jahr amtierenden Vorstandes in Abweichung von § 84 Abs. 1 S. 3 AktG für weitere fünf Jahre verlängert, pikanterweise uno actu mit einer Abberufung, bei der „wichtiger Grund" die Absicht eben dieser Verlängerung war.[23] Häufiger ist es auch vorgekommen, dass es keine Mehrheit für eine Vorstandsbestellung gab, so dass in Verfahren des § 85 AktG das Gericht aushelfen musste. Nicht selten wird in diesen Fällen auch die Hauptversammlung entscheidungsunfähig sein, so wenn Streit über die Wahl des Abschlussprüfers besteht, für die es dann möglicherweise schon an dem nach § 124 Abs. 3 S. 1 AktG dem Aufsichtsrat obliegenden Vorschlag fehlt. Alle diese Auseinandersetzungen vertragen schwerlich die längere Unsicherheit, die mit einem unter Umständen mehrinstanzlichen Verfahren vor den staatlichen Gerichten verbunden sein kann und eine satzungsmäßige Schiedsklausel, die nicht nur die Aktionäre, sondern auch die Aufsichtsräte bindet, würde nicht als Sünde wider den Geist erscheinen.

b) Wenn das alles so ist, sollte in der Tat die Zulässigkeit eines Schiedsverfahrens für Streitigkeiten im Innenverhältnis von Aktiengesellschaften neu durchdacht werden, was auch der *Jubilar* für diskutabel erklärt hat.[24] Die Ansprüche an die Schiedsklausel unterscheiden sich nicht wesentlich von denen, die für eine Beschlussanfechtung im GmbH-Recht gestellt worden sind, aber an einige Folgefragen müsste noch gedacht werden. So ist die Entscheidung über die personelle Reichweite einer satzungsmäßigen Schiedsklausel einstweilen noch teilweises Neuland. Wenn man davon ausgeht, dass auch bei Existenz einer solchen Satzungsbestimmung die Aktionäre an den Ausschluss der Anrufung des ordentlichen Gerichtsweg nur kraft ihrer individuellen Zustimmung gebunden sind,[25] fragt sich, ob auch die Aufsichtsratsmitglieder eine Regelung zu respektieren haben, die Streitigkeiten über die Rechtswidrigkeit ihrer Handlungen zum Gegenstand haben könnte. Diese Frage könnte auf andere Organe, etwa die Vorstandsmitglieder ausgedehnt werden, die mit der Gesellschaft im Zusammenhang mit der Regelung ihrer Bezüge oder ihrer Abberufung, für die jeweils der Aufsichtsrat zuständig ist, in Streit geraten könnten.

---

[22] Zu diesem Problem bereits *H.P. Westermann* in: Festgabe Hennerkes, 2009, S. 21, 26.

[23] S. den Fall LG Frankenthal BB 2010, 1626 m. Anm. *Bastian*.

[24] *Goette* GWR 2009, 103; ebenso *Borris* NZG 2010, 481, 482; Andeutungen auch bei *K. Schmidt* BB 2001, 1857, 1861; anders in Bezug auf Klagen gegen Hauptversammlungsbeschlüsse noch *ders.* AG 1995, 551 ff.

[25] *Albrecht* NZG 2010, 486, 487 mit dem Hinweis, das Recht zur Anfechtung rechtswidriger Beschlüsse sei ein „unentziehbares Schutzrecht" (BGHZ 14, 264, 273).

Kein Einwand gegen die Zulässigkeit eines Schiedsgerichtsverfahrens folgt nach heutigem Prozessrecht, wie *K. Schmidt* schon verschiedentlich herausgearbeitet hat,[26] aus Bestimmungen des materiellen Rechts, die der Gesellschaft einen Vergleich über etwaige Streitpunkte verbieten oder unabdingbare Rechte begründen, so in Bezug auf Einlagepflichten[27] oder das Informationsrecht nach § 51a GmbHG – ähnliche Einwände sind bei zahlreichen vorstellbaren aktienrechtlichen Auseinandersetzungen zu erwarten. Wenn es weiter zutrifft, dass neben Leistungs- und Feststellungsklagen, die auf Nichtigkeit eines Beschlusses gerichtet sind, auch Gestaltungsklagen nicht per se von der Beurteilung durch ein Schiedsgericht ausgeschlossen sind,[28] ist für die soeben beispielhaft zusammengestellten praktisch wichtigen Streitigkeiten die Reichweite einer satzungsmäßigen Schiedsklausel groß genug. Auch Feststellungsklagen in Bezug auf korporative Streitigkeiten sind schiedsfähig.[29] Dass die Einfügung einer solchen Regelung in die Satzung auch Gesellschafter bindet, die der Gesellschaft später beigetreten sind, wenn nur den Anforderungen an ihre inhaltliche Gestaltung genügt ist, kann heute ebenfalls als gesichert unterstellt werden;[30] für eine Nebenabrede, die eine Schiedsklausel enthält, gilt freilich etwas anderes,[31] aber sie bindet ohnehin nur die Vertragsschließenden. Je größer allerdings der Gesellschafterkreis ist, umso schwieriger wird das Erfordernis einer Mitwirkung aller Gesellschafter an der Bestellung der Schiedsrichter zu erfüllen sein, so dass die Schiedsklausel selber das Ernennungsverfahren notfalls durch Bestimmung einer von vornherein eingeschalteten neutralen Stelle regeln sollte.[32] Da nach alledem solche Regelungen nur für Gesellschaften mit einem kleinen und nicht auf Wechsel angelegten Mitgliederkreis ernstlich in Betracht kommen,[33] die aber häufig mit dem Problem der paritätischen Besetzung der Organe behaftet sind, lohnt es sich vielleicht, die Ausdehnung der Ergebnisse zur „Schiedsfähigkeit" auch auf andere Beteiligte, unter Umständen andere Organe der Gesellschaft als Haupt- oder Gesellschafterversammlung, ins Auge zu fassen.

c) Streitigkeiten im Aufsichtsrat – ob mitbestimmt oder nicht – sind nicht unbedingt selten, sind aber kaum einmal vor Gericht gekommen. Es ist aber anerkannt, dass ein oder mehrere Aufsichtsratsmitglieder ein rechtliches Interesse daran haben können, Entscheidungen des Gremiums auf ihre rechtliche Wirksamkeit überprüfen zu lassen,[34] etwa in dem unter 1. erwähnten Beispielsfall der Verlängerung der Organstellung von Vorstandsmitgliedern unter Verstoß gegen § 84 Abs. 1 S. 3 AktG. Angestrebt würde also eine Entscheidung, die die Unwirksamkeit des Bestellungsbeschlusses feststellt. Beklagt wäre die Gesellschaft[35] (möglicherweise vertreten gerade durch die betroffenen Vorstandsmitglieder), die Entscheidung müsste die Gesellschaft und die Aufsichtsratsmitglieder binden, die unter Beachtung der vom Gericht für richtig gehaltenen Rechtslage erneut zu beschließen hätten. Wenn eine satzungsmäßige Schiedsklausel Streitigkeiten innerhalb von Organen der Gesellschaft oder zwischen einzelnen Organpersonen und der Gesellschaft umfasst, sind die Aktionäre

---

[26] In VGR, Gesellschaftsrecht in der Diskussion 2009, 2010, S. 102 ff.; s. auch *dens.* ZGR 1988, 523, 526 ff.; *dens.* AG 1995, 551, 552 ff.

[27] Dazu dann aber BGHZ 160, 127 = JZ 1005, 154 m. Anm. *Schlosser.*

[28] BGHZ 132, 278, 281; *Altmeppen* in: Roth/Altmeppen, GmbHG, 6. Aufl. 2009, § 47 Rn. 153; *K. Schmidt* AG 1995, 551, 552; *ders.* ZGR 1988, 523 ff. hat allerdings für Gestaltungsurteile, die von einem Schiedsgericht erlassen sind, eine Vollstreckbarerklärung nach § 1060 ZPO gefordert.

[29] Näher *Reichert* in: FS Ulmer, 2003, S. 511, 534.

[30] *Borris* NZG 2010, 481 unter Hinweis auf § 1066 ZPO; s. auch *Reichert* in: FS Ulmer, 2003, S. 511, 529; *Goette* DStR 2000, 938 f.; *Zöllner* in: Baumbach/Hueck, GmbHG, 19. Aufl. 2010, Anh. § 47 Fn. 39.

[31] *Ebbing* NZG 1999, 755 f.; *K. Schmidt* ZHR 162 (1999), 277 ff.; *Geimer* in: Zöller, ZPO, 28. Aufl. 2010, § 1006 Rn. 1.

[32] *K. Schmidt* in: Gesellschaftsrechtliche Vereinigung (Fn. 2) S. 125.

[33] So schon *Reichert* in: FS Ulmer, 2003, S. 511, 515 ff.

[34] BGHZ 135, 244, 247; *Bürgers/Israel* in: Bürgers/Körber, AktG, 2008, § 109 Rn. 126.

[35] BGHZ 122, 342, 344.

und „ihr“ Organ, die Hauptversammlung, an den Spruch des Gerichts ebenso gebunden wie an eine unangefochtene Entscheidung des Aufsichtsrats. Auf die Einfügung der Schiedsklausel hat allerdings das Aufsichtsratsmitglied, wenn es nicht zugleich Aktionär ist, keinen Einfluss (gehabt), so dass zu überlegen ist, ob ihm hierdurch nicht ohne sein Zutun der „gesetzliche Richter“ genommen wird.[36] Indessen geht es bei einer Feststellungsklage eines Aufsichtsratsmitglieds nicht um seine Interessen, sondern um diejenigen der Gesellschaft an einer gesetz- und satzungsmäßigen Ausübung der Aufsichtsratstätigkeit, und die Art der Wahrung dieser Funktionen, aber auch der Beilegung von Streitigkeiten, sollte mit Wirkung für die Gesellschaft, die ja eintritt, die Satzung festlegen können;[37] es handelt sich nämlich um eine verbandsrechtliche, nicht um eine auf Vertragsschluss beruhende Bindung. Allerdings muss auch hier die Schiedsklausel die Konzentration mehrerer Angreifer auf ein- und denselben Aufsichtsratsbeschluss gewährleisten, während es für die Bestellung der Schiedsrichter genügt, dass der oder die Kläger und die Gesellschaft je ein Mitglied des Schiedsgerichts benennen, einer Information von Aktionären oder der Hauptversammlung bedarf es nicht.

Für andere Fälle wird die Satzung, wenn sie eine möglichst umfassende Regelung treffen will, etwas größeren Aufwand treiben müssen. Der Streit um die Pflicht des Vorstandes zur Einberufung einer Hauptversammlung, der, wie § 1030 Abs. 1 ZPO verlangt, wohl vermögensrechtlicher Natur ist, da er der Information über und Mitwirkung an Entscheidungen dieses Gremiums gilt, zwingt zwar auf der Grundlage des § 120 AktG das Gericht nicht zu schwierigen Abwägungen nach Maßgabe ausfüllungsbedürftiger Begriffe, sondern verlangt eigentlich nur die Prüfung einfacher, das Quorum und einige Formalien umfassender Umstände – immerhin ist bei der Bestellung eines Versammlungsleiters ein Ermessen gegeben[38] –, aber doch muss auch hier gesichert sein, dass mehrere mit demselben petitum antretende Anträge dem satzungsmäßigen Schiedsgericht unterbreitet werden, während die Schiedsrichterbestellung dem Antragsteller und auf der anderen Seite dem Vorstand obläge. So wenig praktikabel und notwendig eine derartige Ausdehnung der Schiedsgerichtsbarkeit erscheint, so interessant könnte sie bei Streitigkeiten über die Abberufung von Aufsichtsratsmitgliedern oder Vorständen erscheinen.

d) Hier tritt allerdings die ein wenig neuartige Frage auf, ob der Schiedsgerichtsbarkeit auch Entscheidungen der Registergerichte oder sonst auf bloßen Antrag hin ergehende und dann mit der Beschwerde anfechtbare Sprüche übertragen werden können, was doch einigermaßen überraschen würde, weil es sich hier – in der hergebrachten Formulierung – um „freiwillige Gerichtsbarkeit“ handelt, für die der Staat ein Rechtsprechungsmonopol eher beanspruchen wird als für die Entscheidung korporativer Streitigkeiten unter Gesellschaftsmitgliedern.

Es dürfte klar sein, dass ein privates Schiedsgericht keine zu Registereintragungen führenden Entscheidungen treffen kann, und auch die Fälle gerichtlicher Ersatzbestellung von Organpersonen (§§ 104, 85 AktG, für Abschlussprüfer § 318 HGB), obwohl auch hier Streitigkeiten von erheblicher Bedeutung ausgetragen werden können, beruhen nicht auf einem kontradiktorischen Verfahren. Früher hätte man für diese Streitgegenstände die objektive Vergleichsfähigkeit geleugnet, obwohl klar ist, dass sich das für eine Entscheidung zuständige Gremium auch noch während eines Verfahrens auf Ersatzbestellung auf bestimmte Personen einigen und damit das gerichtliche Verfahren überflüssig machen kann. Nun wird in der Tat von einer – vielleicht auch: herrschenden – Meinung angenommen, dass die

---

[36] S. die Überlegungen von *Albrecht* NZG 2010, 486, 487.

[37] So schon der BGH im Urteil „Schiedsfähigkeit I“, ZIP 1996, 830, 832; s. auch *K. Schmidt* ZGR 1988, 523, 530 f.; zweifelnd *Lachmann,* Handbuch für die Schiedsgerichtspraxis, 2. Aufl. 2002, Rn. 227 (allerdings noch vor „Schiedsfähigkeit II“); zur Bindung der Gesellschaft an eine statutarische Schiedsklausel auch *Reichert* in: FS Ulmer, 2003, S. 511, 530 gegen *Bergmann* RWS-Forum GesR 2001, 227, 233.

[38] *Reger* in: Bürgers/Körber, AktG, 2008, § 122 Rn. 20; *Hüffer* AktG, 9. Aufl. 2010, § 122 Rn. 11.

Schiedsfähigkeit sich gemäß § 13 GVG auf die ordentliche streitige Gerichtsbarkeit beschränke.[39] Man wird aber auch sehen müssen, dass bei nicht wenigen der hier betroffenen Entscheidungen echte Parteistreitigkeiten stattfinden oder stattgefunden haben; in solchen Fällen kann durchaus darüber nachgedacht werden, ob nicht doch auch ein Schiedsgericht, auf dessen Zusammensetzung die streitenden Gesellschafter den entscheidenden Einfluss gehabt haben, sachgemäße Entscheidungen treffen kann.[40] Daran ändert es nichts, dass etwa bei den Fällen gerichtlicher Ersatzbestellung von Organen dem Gericht nicht verschiedene, einen Anspruch erhebende oder ihn zurückweisende Personen in einer hierdurch bestimmten Rolle einander gegenüberstehen, sondern dass die durch das Fehlen ihrer gesetzmäßigen Organzusammensetzung behinderte Gesellschaft in deren Namen (und Interesse) einen Antrag auf Abhilfe betreiben wird. Aber auch hier hat das Gericht die hinter den Streitigkeiten stehenden natürlichen Personen, also bei Auseinandersetzungen um die Vorstandsbestellung die Aktionäre, bei Streitigkeiten um die Bestellung des Aufsichtsratsvorsitzenden die Aufsichtsratsmitglieder, anzuhören, und die Entscheidung hat Bindungswirkung für Gesellschafter und Organe, an deren Stelle das Gericht – somit auch ein Schiedsgericht – gewissermaßen als Notorgan getreten sein würde. Schließlich ist darauf hinzuweisen, dass die Organbestellung etwa bei der AG außerordentlich dringlich sein kann und ein Gericht der freiwilligen Gerichtsbarkeit den hinter den Streitigkeiten stehenden Konflikten mindestens so gut nachgehen kann wie das staatliche Gericht. Im Ergebnis sollte also auch insoweit die Möglichkeit schiedsgerichtlicher Entscheidungen bejaht werden.

e) Anders können die Dinge in Bezug auf die Abberufung von Organpersonen aus ihrer Stellung liegen. Bei Personengesellschaften ist die Möglichkeit, Abberufungs- und Ausschließungsklagen einem Schiedsgericht zu unterwerfen, anerkannt und wird häufig genutzt. Hier sind allerdings die Parteien sämtlich Gesellschafter, so dass sie einer die Zuständigkeit eines Schiedsgerichts begründeten Regelung des Gesellschaftsvertrages unterworfen sind; das würde bei der GmbH dann auch für die Einziehung eines Geschäftsanteils gemäß § 34 GmbHG gelten. Hier und bei der AG betrifft dagegen die Abberufung eines Organs nicht nur seine korporationsrechtlichen Rechte und Pflichten, sondern seine persönliche Stellung, so dass zweifelhaft ist, ob eine satzungsmäßige Schiedsklausel die Organperson bindet, weil in der Annahme des Amts, obwohl sie – vermutlich – in Kenntnis der Satzung geschieht, nicht unbedingt eine Unterwerfung unter eine Beschränkung des staatsgerichtlichen Rechtschutzes gegen eine Amtsenthebung liegt. Insoweit müsste also wohl doch eine individualvertragliche Schiedsvereinbarung geschlossen werden. Wieder anders kann es liegen, wenn innerhalb des Organs, das die Abberufung zu beschließen hat, Meinungsverschiedenheiten, etwa über das Vorliegen eines „wichtigen Grundes" oder die aus seiner Bejahung zu ziehenden Schlüsse bestehen: hier bietet sich an, bei entsprechender Gestaltung der satzungsmäßigen Schiedsklausel mit den Anforderungen, die sich jetzt aus dem Urteil „Schiedsfähigkeit II" ergeben, derartige Vorfragen durch ein Schiedsgericht klären zu lassen.[41] Das würde zwar dem Organ den Rechtsschutz durch eine gegen die Abberufung gerichtete Klage nicht abschneiden können, und die Klärung der Vorfrage durch das Schiedsgericht würde auch einen bis dahin nicht gefassten Beschluss nicht herstellen, so dass in diesem Fall doch wieder die Lösung über eine individualvertragliiche Schiedsvereinbarung praktischer ist. Wieder anders aber, wenn das Schiedsgericht die Voraussetzungen eines Abberufungsbeschlusses verneint hat. Immerhin kann es zweckmä-

[39] LG Mönchengladbach JZ 1987, 99, 108 m. abl. Anm. *Bork* und *K. Schmidt* ZIP 1998, 218 f. (für Informationserzwingungsverfahren nach § 51a GmbHG); MünchKommZPO/*Münch* 3. Aufl. 2008, § 1029 Rn. 77; aA OLG Zweibrücken ZMR 1986, 63; *Bork* ZZP 100, 249, 252; schon früher *Habscheid* ZZP 66, 188; s. auch Wieczorek/*Schulze* ZPO § 1025 aF Rn. 11; kritisch auch bereits *H.P. Westermann* in: Böckstiegel (Hrsg.), Schiedsgerichtsbarkeit in gesellschaftsrechtlichen und erbrechtlichen Angelegenheiten, 1995, S 31, 43 f.

[40] In diese Richtung *Geimer* in: Zöller, ZPO, 28. Aufl. 2010, Vor § 1025 Rn. 1.

[41] Dazu – in Bezug auf vertragliche Schiedsklauseln – *Reichert* in: FS Ulmer, 2003, S. 511, S. 534.

ßig sein, während des Laufs eines aufgrund einer satzungsmäßigen Schiedsklausel betriebenen Schiedsgerichtsverfahrens den Prozess zwischen der Gesellschaft und der Organperson nach § 148 ZPO auszusetzen.[42] Einstweiligen Rechtsschutz würde für AG-Vorstände ohnehin nach dem diesbezüglichen Verständnis des § 84 Abs. 3 S. 4 AktG[43] ausscheiden.

3. Praktische Schwierigkeiten

Die Differenzierungen in Bezug auf die Art der einem Schiedsgericht zulässigerweise vorzulegenden Streitgegenstände machen es notwendig, sich über die Folgerungen hieraus für die obligatorische Beteiligung am Verfahren, dh. schon die Information über die Einleitung, klar zu machen. Beabsichtigt ein Gesellschafter eine Beschlussmängelklage, müssen die Mitgesellschafter verständigt werden, damit sie Gelegenheit erhalten, sich auf Kläger- oder Beklagtenseite als Kläger oder streitgenössische Nebenintervenienten einzuschalten.[44]

a) Bei der AG wird es auch im Hinblick auf ein eingeleitetes Schiedsgerichtsverfahren für ausreichend gehalten, dass die Erhebung einer Anfechtungsklage gemäß § 246 Abs. 4 AktG in den Gesellschaftsblättern bekannt gemacht wird, was die Monatsfrist für eine Beteiligung an dieser Klage in Lauf setzt.[45] Die erwähnten Regeln der DIS sehen für die Schiedsklausel die Pflicht zur Unterrichtung sämtlicher „Betroffener" und eine Frist für ihre Erklärung über eine Teilnahme vor, womit erreicht werden soll, dass auch alle „Betroffenen" an der Auswahl der Schiedsrichter mitwirken können. Damit stellt sich bei entsprechender Gestaltung der satzungsmäßigen Schiedsklausel auch nicht mehr das Problem, dass an sich die Parteien eines Schiedsgerichts entscheiden dürfen, ob sie Dritte als Nebenintervenienten zulassen.[46] „Betroffen" ist bei den Beschlussmängelklagen auch die Gesellschaft selbst.[47] Ob dann bei der AG wegen der Rechtskrafterstreckung nach § 248 Abs. 1 AktG Vorstände und Aufsichtsräte gesondert informiert werden müssen, ist zweifelhaft, wenn die Gesellschaft selbst als „Betroffene" informiert war und beitreten konnte.[48] Bei der GmbH ist jedenfalls für die Geschäftsführer, die ein eigenes Recht zur Beschlussanfechtung nicht haben sollen,[49] aber zweifelhaft, ob die Schiedsklausel zu ihrer Einbeziehung in das Informationsverfahren und die Schiedsrichterbestellung zwingen muss. Bejaht man dies, so ist es dringend geboten, in der Schiedsklausel auch die Folgen der Beteiligung mehrerer Personen auf Kläger- oder Beklagtenseite, entweder als Einführung einer Mehrheitsklausel oder in Gestalt der Schiedsrichterbestellung durch eine neutrale Stelle, zu regeln.

b) Soll ein Aufsichtsratsbeschluss durch ein Aufsichtsratsmitglied oder – bei vorhandenem Rechtsschutzinteresse[50] – durch Aktionäre angefochten werden, ist durch die Zustellung der Klage bzw. die Aufforderung zur Schiedsrichterbestellung an die Gesellschaft die Information der Vorstände bzw. der Geschäftsführer gesichert. Ob sie ein Recht zur persönlichen Beteiligung am Prozess haben und dann auch an der Besetzung des Schiedsgerichts

---

[42] Auch dazu *Reichert* in: FS Ulmer, 2003, S. 511, 534.

[43] OLG Stuttgart AG 1985, 193; KölnerKommAktG/*Mertens* 2. Aufl. 1989, § 84 Rn. 97; *Hüffer* AktG, 9. Aufl. 2010, § 84 Rn. 32; *Bürgers/Israel* in: Bürgers/Körber, AktG, 2008, § 84 Rn. 33.

[44] BGH NJW 2009, 1962, 1964 f.; näher zu diesem auch im Prozess vor staatlichen Gerichten bestehenden Konzept *Zöllner* in: Baumbach/Hueck, GmbHG, 19. Aufl. 2010, Anh. § 47 Rn. 33.

[45] *Borris* NZG 2010, 481, 484; s. auch *Reichert* in: FS Ulmer, 2003, S. 511, 523.

[46] Näher dazu *K. Schmidt* ZGR 1988, 523, 534; *Mohrbutter* KTS 1957, 34.

[47] *Borris* SchiedsVZ 2009, 299, 305 f.; kritisch wegen der dadurch für die Gesellschaft entstehende Verzögerungsmöglichkeit *Böttcher/Helle* NZG 2009, 701.

[48] *Reichert* in: FS Ulmer, 2003, S. 511, 520 f. geht davon aus, dass es der Rechtskrafterstreckung gemäß § 248 Abs. 1 AktG nicht bedarf, die vielmehr schon aus § 1055 ZPO (und damit auch für die GmbH) folge; der Autor nimmt aber auf S. 523 an, dass bei der AG die Mitglieder des Aufsichtsrats und die Vorstände unterrichtet werden müssten.

[49] BGHZ 76, 154, 159; *Bayer* in: Lutter/Hommelhoff, GmbHG, 17. Aufl. 2009, Anh. § 47 Rn. 32.

[50] *Bürgers/Israel* in: Bürgers/Körber, AktG, 2008, § 109 Rn. 21; MünchKommAktG/*Semler* 2. Aufl. 1996, § 109 Rn. 274.

mitwirken müssen, ist nicht pauschal zu beurteilen. Im erwähnten Fall eines Streits um die Genehmigung eines Berater- oder sonstigen Vertrages zwischen einem Aufsichtsratsmitglied und der Gesellschaft durch den Aufsichtsrat (§ 114 AktG) ist die Beteiligung der anderen Aufsichtsratsmitglieder sicher notwendig, die der Vorstandsmitglieder eher entbehrlich, da sie ja den Vertrag billigen; anders, wenn es um die Zustimmung des Aufsichtsrats zu Maßnahmen der Geschäftsführung (§ 111 Abs. 4 AktG) geht, die sie in ihrer Amtsführung bindet und rechtlich bedenklich sein kann, etwa bei Meinungsverschiedenheiten darüber, ob eine Entscheidung vom Zustimmungserfordernis erfasst ist, oder wenn der Aufsichtsrat von einem Recht, Zustimmungserfordernisse aufzustellen (§ 111 Abs. 4 S. 2 AktG), in exzessiver Weise Gebrauch gemacht haben soll.[51] Die Möglichkeit des Vorstandes, gegen die Verweigerung einer Zustimmung die Hauptversammlung anzurufen (§ 111 Abs. 4 S. 3 AktG), ersetzt eine eigene Beteiligung am Prozess um die Geltung des Zustimmungsvorbehalts jedenfalls dann nicht, wenn der Vorstand davon ausgehen muss, die zur Überwindung des Widerspruchs nötige Hauptversammlungsmehrheit nicht hinter sich zu haben. Auch im Fall einer Klage gegen die vorzeitige Wiederbestellung eines AG-Vorstands durch einen Aufsichtsratsbeschluss sind von der Einleitung eines Schiedsgerichtsverfahrens sicher die Gesellschaft und wohl auch die betroffenen Vorstandsmitglieder zu informieren. Die erwähnte Schiedsklausel, die sich die DIS vorstellt, legt die Entscheidung, wer in ihrem Sinne „Betroffener" ist, zunächst in die Hand des Schiedsklägers;[52] ob seine Ansicht über die in das geplante Verfahren einzubeziehenden Personen richtig ist, muss das Schiedsgericht im Rahmen seiner Kompetenz-Kompetenz entscheiden.

Streitigkeiten über die korporative Stellung von Gesellschaftern bzw. Aktionären werden häufig im Rahmen von Beschlussmängelklagen ausgetragen werden, etwa bei Unzufriedenheit mit der Gewinnverwendungspolitik der Mehrheit oder bei Meinungsverschiedenheiten über die Höhe der Beteiligung einzelner Gesellschafter. Das ist aber nicht immer so, manchmal muss ein Aktionär wegen des Verhaltens des Vorstandes gegen die Gesellschaft vorgehen, so im Streit um die Frage, ob der Vorstand nach einer von der Hauptversammlung beschlossenen Kapitalerhöhung die Übernahmeerklärung eines Aktionärs korrekt behandelt hat.[53] In der Personengesellschaft kommt das bekannte Problem hinzu, dass Streitigkeiten über die korporative Stellung von Gesellschaftern nicht mit der Gesellschaft, sondern unter den Gesellschaftern ausgetragen werden müssen; hier könnte aber eine satzungsmäßige Schiedsklausel zugleich die Passivlegitimation der Gesellschaft bestimmen, was zugelassen wird.[54]

c) Insgesamt kann man sagen, dass für Kapital- wie für Personengesellschaften die sachliche Reichweite von satzungsmäßigen Schiedsklauseln zwar nicht unbegrenzt ist, aber doch Erweiterungen über die Beschlussmängelklagen hinaus erlaubt. Das verschärft allerdings die Verantwortung der mit der Satzung befassten Juristen weiter, jedenfalls dann, wenn es bei der im Urteil „Schiedsfähigkeit II" geforderten umfassenden und strengen ex ante-Kontrolle der Schiedsklausel bleibt, wogegen aber Kritik geäußert worden ist,[55] die insbesondere dann ernst genommen werden muss, wenn eine einverständliche Nachbesserung einer in einem Verfahren angewendeten Schiedsklausel auf Bedenken stoßen sollte.[56] Um es mit

---

[51] Zu den Anforderungen an die Gestaltung des Zustimmungskatalogs KölnerKommAktG/*Mertens* 2. Aufl. 1989, § 111 Rn. 62 ff.; *Bürgers/Israel* in: Bürgers/Körber, AktG, 2008, § 111 Rn. 23.

[52] Näher dazu *Borris* SchiedsVZ 2009, 299, 306.

[53] In einem dem *Verf.* bekannten Fall hatte der Vorstand nach beschlossener Kapitalerhöhung die Übernahmeerklärung eines Aktionärs als verfristet unberücksichtigt gelassen, nach Ansicht dieses Aktionärs mit dem Ziel, die Paritäten zu verändern.

[54] BGH WM 2002, 57; zur verfahrensmäßigen Behandlung *H.P. Westermann* in: Westermann/Wertenbruch, Hdb. der Personengesellschaften, Rn. I 555, 557.

[55] Von *K. Schmidt* in: Gesellschaftsrechtliche Vereinigung (Fn. 2) S. 97, 120 f.

[56] Zur Nachbesserung von satzungsmäßigen Schiedsklauseln *K. Schmidt* BB 2001, 1857, 1862; *Reichert/Harbarth* NZG 2003, 279, 381; *Albrecht* NZG 2010, 486, 487; *K. Schmidt* NZG 2010, 123 ff.

dem diesem Beitrag einleitenden Bild auszudrücken: Durch das Tor geht mehr als man nach der bisherigen Judikatur geglaubt hat – aber der Torweg ist holprig.

III. Gesonderte Schiedsvereinbarungen

1. Bedeutung für die Rechtsformen des Gesellschaftsrechts

Die verbreiteten Aktionärsvereinbarungen mit Stimmbindungen, Zubilligung von Rechten bei der Organbestellung, Zusagen bezüglich der Gewinnverwendung, so schwierig ihre tatsächliche Durchsetzung manchmal sein mag, können durchaus – und werden häufig – mit einer Schiedsklausel ausgestattet sein. Die Problematik liegt in einigen Punkten etwas anders als bei den satzungsmäßigen Regeln.

Die Gestaltungsklagen müssen im Personengesellschaftsrecht schon aus den bekannten materiell-rechtlichen Gründen alle Gesellschafter auf Kläger- oder Beklagtenseite einbezogen haben.[57] In Bezug auf Beschlussmängelklagen liegt im Personen- wie im Kapitalgesellschaftsrecht gleich viel an der Herbeiführung der erga-omnes-Wirkung, und für Gestaltungsklagen gilt nichts anders. Fraglich ist dagegen, wie es mit der Einbeziehung der Gesellschaft, möglicherweise auch ihrer Organe, zu halten ist.

Bei GmbH und AG können Rechte und Pflichten aus einem Pool-Vertrag durchaus und mit Aussicht auf praktische Wirkung eines vollstreckbaren Schiedsspruchs unter Gesellschaftern ausgetragen werden; bei Auseinandersetzungen um die korporative Stellung einzelner oder einer Gruppe von Gesellschaftern einer Personengesellschaft muss der an sich nur diese selber betreffende Streit, wie gezeigt, durch eine Vorschrift des Gesellschaftsvertrages auf die Ebene der Gesellschaft gehoben werden. Die sicherlich unschädliche Einbeziehung auch der Gesellschaft in die Schiedsvereinbarung hieße ja nicht, dass diese auch in einem diesen Gegenstand betreffenden Streit als Partei beteiligt sein muss. Ein Prozess um die Abberufung von Organen, im Personengesellschaftsrecht nur im Rahmen von Gestaltungsklagen möglich, ließe sich bei GmbH und AG aufgrund einer von der Gesellschaft und den Geschäftsführern und Vorständen geschlossenen Vereinbarung vor ein Schiedsgericht bringen, vor dessen Forum dann aber die auch bei der Verhandlung bei einem staatlichen Gericht auftretenden Rechtsfragen relevant würden: Eine verbreitete, wenn nicht herrschende Meinung räumt einem abberufenen Gesellschafter/Geschäftsführer das Recht zur Anfechtung des gemäß § 38 GmbHG ergangenen Gesellschafterbeschlusses, aber auch eine auf Feststellung der Nichtigkeit dieses Beschlusses gerichtete Klage ein,[58] während der Fremdgeschäftsführer nur auf Feststellung der Nichtigkeit soll klagen können.[59] Die Vertretung der Gesellschaft im Prozess ist, wenn nicht die Abberufung einem Aufsichtsrat übertragen ist oder andere Geschäftsführer vorhanden sind, ein fast unlösbares Problem.[60] Das verschiebt sich natürlich bei Zuständigkeit eines Schiedsgerichts für eine derartige Streitigkeit nicht, immerhin könnte aber schon die Schiedsklausel, wenn sie auch Fälle der Abberufung erfassen soll, die Vertretungsfrage regeln. Wenn dann die Organperson und die Gesellschafter eine Schiedsvereinbarung abgeschlossen haben, muss die Gesellschaft als potentielle Beklagte in einen Streit um die Wirksamkeit der Abberufung ebenfalls einbezogen werden.

---

[57] *H.P. Westermann* in: Westermann/Wertenbruch, Hdb. der Personengesellschaften, Rn. I 331 ff.

[58] *Zöllner/Noack* in: Baumbach/Hueck, GmbHG, 19. Aufl. 2010, § 38 Rn. 41; *U.H. Schneider* in: Scholz, GmbHG, 10. Aufl. 2006, § 38 Rn. 58a, 69; aus der Rechtsprechung OLG Brandenburg GmbHR 2005, 993.

[59] *U.H. Schneider* in: Scholz, GmbHG, 10. Aufl. 2006, § 38 Rn. 58b; *Kleindiek* in: Lutter/Hommelhoff, GmbHG, 17. Aufl. 2009, § 38 Rn. 27; *Zöllner/Noack* in: Baumbach/Hueck, GmbHG, 19. Aufl. 2010, § 38 Rn. 41; aA aber *Raiser/Veil* Recht der Kapitalgesellschaften, 4. Aufl. 2005, § 31 Rn. 60.

[60] Für Bestellung eines besonderen Prozessvertreters entsprechend § 46 Nr. 8 GmbHG *U.H. Schneider* in: Scholz, GmbHG, 10. Aufl. 2006, § 38 Rn. 69.

Daneben gibt es Konstellationen, in denen auch vor einem Schiedsgericht sinnvollerweise nur die Gesellschaft verklagt werden kann, so die oben erwähnten Streitigkeiten aus einer mit einem Beteiligungsvertrag verbundenen Aktionärsvereinbarung, an der die Gesellschaft, der zu einer Kapitalerhöhung zuzulassende Investor und mehrere (nicht alle) Aktionäre teilnehmen. Soweit es dabei um die Einräumung von Informationsrechten geht, ist nur die Gesellschaft zur Erfüllung imstande, die fehlende Beteiligung des ganzen Aktionärskreises an der zugrunde liegenden Vereinbarung begründet Zweifel, ob dem Investor in seiner Rolle als Aktionär, nicht nur für die due diligence, eine Sonderstellung eingeräumt werden kann. Aber das ist ein Problem des § 53a und vielleicht des § 131 Abs. 4 AktG, kein verfahrensrechtliches. Soweit ein solcher Vertrag Vorkaufsrechte und „Mitnahmerechte" des Investors in Bezug auf Beteiligungen anderer Aktionäre im Falle eines Ausstiegs des Investors enthält, ist jedoch das Beteiligungsverhältnis aller Aktionäre betroffen, so dass schon die vereinbarte Schiedsklausel sie alle binden muss, in diesem Fall dann auch die Gesellschaft, der gegenüber wie im Verhältnis der Aktionäre untereinander verbindlich feststehen muss, wie die Beteiligungsverhältnisse sind.

2. Ausstrahlungen von „Schiedsfähigkeit II" auf die Personengesellschaft?

Die Diskussion um die Zuständigkeit eines Schiedsgerichts für Beschlussmängelstreitigkeiten in der GmbH zieht weitere Kreise. So wurde kürzlich für eine Familien-KG, bei der alle zur Familie gehörenden Kommanditisten und Komplementäre auf Kläger- oder Beklagtenseite beteiligt waren, nicht aber ein weiterer nicht zur Familie gehörender Komplementär ohne Kapitalanteil, die Frage aufgeworfen, ob dies mit den Grundsätzen der „Schiedsfähigkeit" vereinbar ist. Streitgegenstand ist im konkreten Fall nicht eine Umgestaltung, sondern die Feststellung, dass die beklagten Familiengesellschafter durch ihr Verhalten bei bestimmten Beschlüssen, mit dem sie das Zustandekommen einer von der Gegenseite für nötig gehaltenen Maßnahme verhindert hatten, gegen die gesellschaftliche Treupflicht verstoßen hätten. Es könnte sich um eine sozusagen verkappte Beschlussmängelklage handeln, obwohl nicht – was seit dem Urteil „Sanieren oder Ausscheiden"[61] auch vorstellbar erscheint – die Feststellung begehrt wird, der Beschluss sei wegen der Treuwidrigkeit der ablehnenden Stimmen (oder im Zuge einer Fiktion einer treupflichtgemäßen Zustimmung) als zustandegekommen zu betrachten. In der Tat könnte man auf den Gedanken kommen, dass die Feststellung der Treupflichtwidrigkeit solcher Stimmabgaben, die das Zustandekommen des betreffenden Beschlusses verhinderten, auch den familienfremden Komplementär – ebenso eine Komplementär-GmbH – betrifft und bindet; dem ließe sich durch eine Nebenintervention auf Kläger- oder Beklagtenseite Rechnung tragen, aber dann vielleicht tatsächlich mit der Konsequenz, dass dieser Gesellschafter durch die Schiedsvereinbarung die nötigen Informationen erhalten und die Gelegenheit haben müsste, sich am Verfahren zu beteiligen.

Das Ergebnis wäre erstaunlich, und es würde die inzwischen schon für „alte" satzungsmäßige Schiedsklauseln vielfach angestellten Überlegungen über eine Heilung oder eine ergänzende Vertragsauslegung[62] auf die individualvertraglichen Schiedsabreden ausdehnen. Das wäre aber eine Fehlentwicklung. Die Parteien, die eine materielle Regelung ihrer korporativen Rechtsverhältnisse mit einer Schiedsvereinbarung versehen, entscheiden frei, auf welche Personen und welche Gegenstände sich die Bindungswirkung einer solchen Regelung erstrecken soll, sie sind folglich auch frei darin, auf eine perfekte, dh. unter allen Umständen „greifende" erga-omnes-Wirkung eines Schiedsspruchs zu verzichten, wenn sie meinen, dass ein Beteiligter – im Beispielsfall der nicht familienangehörige Komplementär – die im Eignerkreis getroffene Entscheidung akzeptieren wird. Eine dem eigentlichen

[61] BGHZ 183, 1 = ZIP 2009, 2289 und dazu die Nachweise in Fn. 14.

[62] Kritisch zur Ablehnung ergänzender Vertragsauslegung im Urteil „Schiedsfähigkeit II" *K. Schmidt* in: Gesellschaftsrechtliche Vereinigung (Fn. 2) S. 120.

Verfahren vorgelagerte – nota bene ziemlich intensive – ex ante-Kontrolle der Schiedsvereinbarung, wie sie sich für satzungsmäßige Schiedsklauseln nach dem Urteil „Schiedsfähigkeit II" abzeichnet,[63] muss ihm hier nicht aufgezwungen werden, dem durch die Vereinbarung nicht Gebundenen bliebe der Weg vor den gesetzlichen (staatlichen) Richter nicht versperrt.

3. *Schiedsgerichtsparteien als „Verbraucher"*

Die Praxis lehrt auch, dass die Einigkeit, Meinungsverschiedenheiten vor einem privaten Schiedsgericht auszutragen, oft schwindet, wenn die Dinge sich auf einen konkreten Streit hin entwickeln und die Perspektive eines in erster und letzter Instanz entscheidenden Schiedsgerichts nicht mehr so attraktiv erscheint. Unter den Einwänden, die dann gegen die Wirksamkeit einer Schiedsklausel erhoben werden, taucht neuerdings gelegentlich der Hinweis auf, einzelne an ihr beteiligte Gesellschafter oder auch Anspruchsgegner seien „Verbraucher", so dass die Formgültigkeit der Abrede von der Einhaltung der zusätzlichen Erfordernisse des § 1031 Abs. 5 ZPO abhänge, an die – durchaus verständlich – bei dem manchmal schon länger zurückliegenden Abschluss der Verträge niemand gedacht hat. Ein neuer Stolperstein in dem eingangs geschilderten Torbogen?

a) Die Frage mag beim ersten Hinsehen überraschen, ist aber praktisch nicht ohne Bedeutung, wenn man bedenkt, dass gerade zum Aktionärskreis kleiner Kapitalgesellschaften auch solche Personen gehören können, die „Verbraucher" iSd. § 13 BGB sind, so dass § 1031 Abs. 5 ZPO beachtet werden muss. Das gilt übrigens auch bei Personengesellschaften, wo allerdings der Komplementär aufgrund seiner Kaufmannseigenschaft aus dieser Betrachtung ausscheidet, während der Kommanditist, der bekanntlich nicht Kaufmann ist,[64] unter den Verbraucherbegriff fallen kann, wenn er – und das gilt dann auch für GmbH-Gesellschafter und Aktionäre –im Rahmen der Gesellschaft bloße private Vermögensverwaltung betreibt, die keine gewerbliche Tätigkeit darstellt.[65] Bei der Beteiligung an einem in der Rechtsform der Personengesellschaft geführten Fonds mag man bisweilen zweifeln, doch handelt es sich insoweit wohl durchweg um reine Vermögensverwaltung.[66] Daher konzentriert sich die Prüfung auf die Frage, ob durch die Übernahme von Organfunktionen, die ja im Gründungsstadium auch erst geplant sein kann, ein (aktueller oder künftiger) Gesellschafter/Geschäftsführer durch den hierfür benötigten planmäßigen Betrieb über die private Vermögensverwaltung, die nach wie vor sein Ziel sein kann, hinausgeht und eine selbständige berufliche Tätigkeit ausübt oder aufnimmt. Es ist ohne weiteres vorstellbar, dass gerade in dieser Phase der Vorbereitung einer Zusammenarbeit in der Gesellschaft ein Schiedsvertrag geschlossen wird, wobei es natürlich sein kann, dass die Beteiligten, als sie an dieses Vorhaben herangingen, bereits durch ihre vorherigen anderweitigen Aktivitäten gewerblich tätig waren und die Gesellschaftsgründung einschließlich des Abschlusses der Schiedsvereinbarung diesem Bereich zuzuordnen ist.

Was nun die Abgrenzung zwischen Verbraucherstatus und gewerblicher oder selbständiger beruflicher Tätigkeit für Organmitglieder von Kapitalgesellschaften anbelangt, so ist für GmbH-Geschäftsführer als weitgehend geklärt anzusehen, dass der Betreffende beim Abschluss von Verträgen im eigenen Namen im Grundsatz als Verbraucher iSd. § 13 BGB

---

[63] So im Gefolge von BGHZ 180, 221 OLG Bremen GmbHR 2010, 247.

[64] BGHZ 45, 285 (mit Blick auf eine Schiedsvereinbarung); BGH NJW 1980, 1049; NJW 1982, 570; *Hopt* in: Baumbach/Hopt, HGB, 34. Aufl. 2010, § 161 Rn. 5.

[65] BGHZ 74, 273, 276; BGH NJW 2002, 368; *Kessal-Wulf* in: Staudinger, BGB, 2004, § 491 Rn. 38; *Pfeiffer* in: Soergel, BGB, 13. Aufl. 2002, § 13 Rn. 32; MünchKommBGB/*Micklitz* 5. Aufl. 2006, § 13 Rn. 45.

[66] Von der Verbrauchereigenschaft ging der EuGH in der Schulte-Entscheidung (NJW 2005, 3551) aus; s. auch BGH ZIP 2005, 254; *Armbrüster* ZIP 2006, 406.

angesehen wird.[67] An dieser Einordnung mag man allerdings zweifeln, wenn der GmbH-Geschäftsführer schon im Zeitpunkt des Vertragsabschlusses eine selbständige berufliche Tätigkeit ausübte, in deren Zusammenhang er die Rolle als Geschäftsführer einer GmbH übernahm. Wenn im Schrifttum für Vorstandsmitglieder einer AG ähnliche Kriterien herangezogen werden,[68] so muss man wie auch beim GmbH-Geschäftsführer beim Erwerb einer Gesellschafterstellung differenzieren.[69] Ohne solche Differenzierungen, also verhältnismäßig pauschal, geht eine Entscheidung des OLG Hamm[70] davon aus, der Vorstand einer AG übe keine selbständige berufliche Tätigkeit iSd. des § 13 BGB aus, es ging in diesem Fall aber lediglich um einen Anstellungsvertrag zwischen dem Vorstandsmitglied und der Gesellschaft, bei dessen Abschluss man wohl tatsächlich sagen musste, dass der künftige Vorstand weder im Zeitpunkt des Vertragsabschlusses noch später eine selbständige berufliche Tätigkeit ausübte.

An dieser Betrachtung ändert sich wohl nichts dadurch, dass man versucht sein könnte, gemeinsame Vorbereitungen für die Gründung einer AG, solange es noch nicht zu einer Vor-Gesellschaft gekommen ist, als gewerblich im Sinne der vorstehenden Überlegungen zu qualifizieren. Die Schiedsvereinbarung wird in solchen Fällen im Zusammenhang mit einer Abrede stehen, durch die die Beteiligten ihre Rechtsbeziehungen als zukünftige GmbH-Gesellschafter oder Aktionäre regeln. Dies lässt sich, wenn die Beteiligten nicht vorher bereits in dieser Richtung gewerblich tätig waren, kaum anders als eine (noch) private vermögensrechtliche Vereinbarung deuten, durch die schuldrechtliche Pflichten geschaffen wurden. Auch wenn man, was bei solchen Verträgen begrifflich durchaus denkbar ist, bereits eine Gesellschaft bürgerlichen Rechts mit dem Zweck der Gründung einer Handelsgesellschaft annimmt, ist fraglich, ob auf diese Weise alle Teilhaber der Gesellschaft bürgerlichen Rechts aus dem Bereich der privaten Vermögensverwaltung herausgetreten sind.

Die Qualifikation eines Aktionärs und Vorstands einer AG als „Verbraucher" im hier behandelten Sinne ist im Schrifttum, wie es auch den soeben angestellten Überlegungen entspricht, differenziert behandelt worden.[71] Es ging dabei allerdings in erster Linie um die Behandlung von Darlehensverträgen als Teil gewerblicher Vermögensverwaltung und damit um die Anwendung der §§ 491 ff. BGB. Am Anfang steht dann allerdings richtigerweise wieder die Betrachtung, das bloße Halten einer Beteiligung sei unabhängig von ihrer Höhe grundsätzlich der privaten Vermögensanlage zuzuordnen.[72] Es heißt dann aber weiter, eine gewerbliche Tätigkeit liege vor, wenn ein (Mehrheits-)Aktionär die unternehmerische Tätigkeit der AG durch seine gesellschaftsrechtlich vermittelten Einflussmöglichkeiten steuert und für diese Zwecke eine Organisation gewerblichen Zuschnitts unterhält.[73] Danach kommt es also darauf an, ob der Partner einer Aktionärsvereinbarung bzw. der darin enthaltenen Schiedsabrede über die bloße Übernahme eines Vorstandsmandats hinausgehen soll und will, etwa indem seine Tätigkeit und die Art der in der Vereinbarung übernommenen Verpflichtungen der Gründung und Finanzierung des Unternehmens dienen sollten. Dann war möglicherweise gerade der Abschluss dieses Vertrages ein Teil eines unternehmerischen Konzepts und damit kein Verbrauchergeschäft.

b) Ist an einer solchen Vereinbarung (einschließlich der individualvertraglichen Schiedsklausel) die Gesellschaft selber, die ja in diesem Stadium bereits entstanden sein kann, neben allen oder einzelnen Gesellschaftern und somit auch den Gesellschafter/Geschäftsführern

---

[67] BGHZ 133, 71, 77; BGHZ 133, 220, 223; BGH NJW 2000, 3133, 3135; *Kessal-Wulf* in: Staudinger, BGB, 2004, § 491 Rn. 37; MünchKommBGB/*Micklitz* 5. Aufl. 2006, § 13 Rn. 49.

[68] MünchKommBGB/*Micklitz* 5. Aufl. 2006, § 13 Rn. 49.

[69] *Saenger* in: Erman, BGB, Aufl. 2008, § 13 Rn. 14.

[70] Urt. v. 18.7.2007 – 8 Sch.2/07.

[71] Dazu und zum Folgenden *Mülbert* in: FS Hadding, 2004, S. 575 ff.

[72] *Mülbert* in: FS Hadding, 2004, S.582 ff.

[73] *Mülbert* in: FS Hadding, 2004, S. 583.

beteiligt, so könnte man in der Praxis auf den Gedanken kommen, einen Rechtsstreit vor einem Schiedsgericht mit der Gesellschaft zu führen, wenn diese imstande ist, Ansprüche des Schiedsklägers zu erfüllen oder ihr gegenüber eine Feststellung getroffen werden kann. Der im vorigen behandelten Schwierigkeit, die sich daraus ergeben könnte, dass unter Umständen doch der eine oder andere Unterzeichner der Vereinbarung Verbraucher iSd. § 13 BGB gewesen ist, könnte man auf diese Weise entgehen; zu prüfen bleibt allerdings noch, ob durch die Teilnahme eines oder mehrerer „Verbraucher" die Schiedsabrede, unter anderem auch die mit der Gesellschaft, die Formkaufmann ist, insgesamt hinfällig wurde. Dies hat der BGH in einem früheren Urteil[74] einmal angenommen, wobei es allerdings noch darum ging, dass besondere Vorschriften für den Fall bestanden, dass ein Teilnehmer an einer Schiedsabrede nicht Kaufmann iSd. HGB war. Für die jetzige Vorschrift des § 1031 Abs. 5 ZPO, für die es nicht auf die Kaufmanns-, sondern lediglich auf die Verbrauchereigenschaft ankommt, wird aber diese Rechtsprechung bisweilen entsprechend angewendet.[75] Das Urteil des BGH ist allerdings nicht ganz deutlich in diesem Sinne zu verstehen.

Der BGH beschränkte sich in seiner Entscheidung nämlich auf einen Satz, wie es auch die angegebene Literatur tut, wobei der Hinweis auf § 139 BGB besagt, dass gewöhnlich die Teil- zur Gesamtnichtigkeit führt, wenn nicht ein anderer Wille der Parteien anzunehmen ist. In diesem Zusammenhang wurde auch noch kurz darauf hingewiesen, es könne nicht im Interesse der Vertragschließenden gelegen haben, für die verschiedenen Teilnehmer einer Schiedsabrede eine unterschiedliche Jurisdiktion einzuführen. In der Tat ist nicht von der Hand zu weisen, dass bei einem solchen Verständnis der Schiedsabrede zwar die beklagte Gesellschaft gebunden wäre, während die anderen an der Abrede beteiligten Personen vor dem staatlichen Gericht verklagt werden müssten. Es spricht also in der Tat manches dafür, dass die Beteiligung auch nur eines „Verbrauchers" an der Schiedsabrede die Durchführung eines Schiedsgerichtsverfahrens unter allen Beteiligten behindert, wenn nicht § 1031 Abs. 5 ZPO beachtet ist.

IV. Schlussbetrachtung

Die Vehemenz, mit der sich Praktiker und Wissenschaftler mit den Auswirkungen des Urteils „Schiedsfähigkeit II" auseinandergesetzt haben, ließ von vornherein erwarten (vielleicht auch: befürchten), dass in diesem Bereich viel spekuliert werden würde. Ob dies eingetroffen ist, unter anderem auch in dem vorstehenden Beitrag, kann nicht gut dessen Autor beurteilen. Das Bedürfnis nach einer Lösung der vorhandenen Probleme und nach der Eröffnung neuer Gestaltungsmöglichkeiten scheint aber, wie gerade auch die lebhafte literarische Diskussion zeigt, doch stark zu sein. Es könnte deshalb nachvollziehbar sein, einmal ohne die Bindung an einen oder mehrere praktische Fälle – obwohl diese ja die Phantasie anzuregen pflegen[76] – die Gedanken an das, was geschehen und möglicherweise erreicht werden könnte, ein wenig frei schweifen zu lassen. Dabei musste allerdings in Kauf genommen werden, dass einzelne Teilprobleme durch ihren Schwierigkeitsgrad abschreckend wirken können – man braucht nur an die allgemein höchst verwickelten Fragen um die Mehrparteien-Schiedsgerichtsbarkeit zu denken. Aber mit einer juristischen Untersuchung verhält es sich, was ihre „Wissenschaftlichkeit" anbelangt, anders als mit naturwissenschaftlichen Forschungen, indem Feststellungen, dass etwas „nicht geht" und warum, nicht per se eine geringere Würdigkeit aufweisen.

---

[74] BGHZ 45, 282, 283.

[75] *Lachmann* Hdb. für die Schiedsgerichtspraxis, 2. Aufl. 2002, Rn. 253; wohl auch *Drittmann/Hanefeld* in: Böckstiegel/Kröll/Nacimiento, Arbitration in Germany, 2008, zu § 1031 ZPO Rn. 23.

[76] Zur Beschäftigung eines Hochschullehrers mit der juristischen Praxis s. den Erfahrungsbericht (zugleich eine Apologie) von *H.P. Westermann* in: liber amicorum W. Happ, 2006, S. 337 ff.

HERBERT WIEDEMANN

Gedanken zur Mitgliedschaft und zu den mitgliedschaftlichen Rechtsverhältnissen[1]

Übersicht

Der *Jubilar* hat die Tradition der deutschsprachigen Jurisprudenz fortgesetzt, das allgemeine Rechtsbewusstsein durch Rechtsprechung und Rechtslehre gemeinsam zu entwickeln, und er hat beide Institutionen in seiner Person zugleich verkörpert. Als Mitglied des II. Zivilsenats des BGH und später als sein Vorsitzender hat er den Aufschwung des deutschen Gesellschaftsrechts in den letzten Jahrzehnten maßgebend gefördert und als Autor in Kommentaren und Beiträgen nicht nur das Gespräch mit den Kollegen gesucht, sondern seine Erfahrungen dem ganzen Berufsstand vermittelt. Die damit geschaffene Transparenz der höchstrichterlichen Rechtsprechung dient der Rechtsklarheit und dem Rechtsfrieden und verabschiedet sich endgültig von der Geheimjustiz vergangener Zeiten. Der Dank dafür darf hier mit einem Beitrag zum allgemeinen Gesellschaftsrecht erstattet werden, der dem Netzwerk mitgliedschaftlicher Rechtsverhältnisse und ihrer Zusammenfassung in der Mitgliedschaft nachgeht.

I. Die Mitgliedschaft als subjektives Recht

1. Systematische Einordnung

a) Rückschauend hat es lange Zeit gedauert, bis die Mitgliedschaft als subjektives Recht allgemeine Anerkennung fand. Noch in der Nachkriegszeit gingen Rechtsprechung und Rechtslehre davon aus, dass die Stellung in einem privaten Verband als Rechtsverhältnis zu verstehen sei, wofür sich in § 38 BGB ein gesetzlicher Anhalt bot. Die in den §§ 15 GmbHG und 68 AktG vorgesehene Möglichkeit, über die Beteiligung zu verfügen und sie zu belasten, wurde als Ausnahme betrachtet. Dass wir heute überwiegend anders denken und die Mitgliedschaften neben Forderungen und Immaterialgüterrechten in den Rang des nach Art. 14 GG geschützten Eigentums einordnen, beruht auf zwei unterschiedlichen Entwicklungssträngen, die in die Entfaltung des deutschen Gesellschaftsrechts in der zweiten Jahrhunderthälfte eingebunden sind. Ein Fortschritt wurde von den Grundsatzentscheidungen des II. Zivilsenats des BGH eingeleitet, die die Übertragung und Vererbung von Beteiligungen an Personengesellschaften auch über

[1] Für ihre Unterstützung bei der Anfertigung des Beitrags dankt der Verfasser Frau Referendarin *Eva Maria Kaiser* Mitarbeiterin Universität zu Köln.

§ 177 HGB hinaus zuließen und damit frühzeitig den Blick auf ihren Rechtscharakter als eigenständiges Rechtsobjekt lenkten.[2] Das wissenschaftliche Schrifttum widmete dem Problem dann geradezu einen „Sonderforschungsbereich", der bewusst oder unbewusst auf der neuen Perspektive basierte, dem Gesellschafter ein Vermögensgut zur Nutzung und Verfügung zuzuordnen.[3] Ein zweiter Entwicklungsstrang bahnte sich etwa gleichzeitig in den wissenschaftlichen Forschungen an, die den Rechtsfiguren und Strukturen der Gesellschaften horizontal formübergreifend und zwischen den nationalen Rechtsordnungen vergleichend nachgingen und dem Rechtsgebiet damit seine heutige Dimension eröffneten.[4] Naturgemäß wurde auch die Diskussion zur Mitgliedschaft von dieser Strömung erfasst. Da die Qualität als subjektives Recht für Aktien und GmbH-Anteile nicht zweifelhaft war und die Verwandtschaft von GmbH- und Kommanditanteilen zu Tage lag, wurde auch die einheitliche Struktur der Mitgliedschaft und ihre Qualität als subjektives Recht bestätigt.[5]

b) Die systematische Einordnung der Verbandsmitgliedschaft als absolutes Recht entspricht nach den sorgfältigen Vorarbeiten jetzt der überwiegenden Ansicht in Rechtsprechung und Schrifttum.[6] Für Beteiligungen an Handelsgesellschaften und Vereinen lässt sich dies nach BGHZ 83, 123 (Holzmüller) und BGHZ 110, 323 (Schärenkreuzer) und nach den Ausführungen von *Habersack*[7] kaum mehr bestreiten. Dabei ist die dogmatische Einordnung unabhängig davon, ob man das subjektive Recht als Willens- und Handlungsmacht, als rechtlich geschütztes Interesse oder als alleinige Zuweisung eines Rechtsgutes erfassen will.[8] Weder die Übertragbarkeit noch die Belastbarkeit ist eine unabdingbare Voraussetzung des subjektiven Rechts und ebenso wenig ist es das Vorhandensein eines in irgendeiner Weise fassbaren Gegenstandes – das beweisen die verschiedenen Rechtspositionen, die von einem weiten Eigentumsbegriff in Art. 14 GG geschützt werden.

Die Kritik an der Systematik hat sich denn auch weniger an ihrer mangelnden Qualität, als an ihrer Andersartigkeit als Rechtsverhältnis entzündet. Die Sonderverbindungen zwischen den Personengesellschaftern könnten nicht gleichzeitig als subjektives Recht gelten. Das würde der Aufgabe dieser Rechtsverhältnisse weder methodisch noch sachlich gerecht. Der methodische Einwand lautet, dem Rechtsverhältnis zu einer anderen Person fehle die für das absolute Recht charakteristische Alleinzuständigkeit. Dem ist nicht zu folgen. Forderungen und andere relative Rechte werden herkömmlich als Schutzobjekte nach § 823 Abs. 1 BGB und als Eigentumsrechte nach Art. 14 GG eingestuft, weil sie wie die dinglichen Rechte gegenüber Dritten Abwehr- und Schutzbefugnisse gewähren. Staatsanleihen und Schuldverschreibungen werden auch wie Aktien oder Edelmetalle als Anlagegüter gehandelt. Schwerer wiegt der sachliche Einwand, man dürfe die Andersartigkeit der Mitgliedschaft in einer Personengesellschaft und in einer Körperschaft nicht übersehen, weil sonst die enge vertragliche Verbundenheit zwischen den Gesellschaftern vernachlässigt werde.[9] Die nicht zu leugnende Verschiedenartigkeit von Mitgliedschaften und Beteiligun-

---

[2] BGHZ 13, 179; BGHZ 22, 186.

[3] Dazu *Ulrich Huber* Vermögensanteil, Kapitalanteil und Gesellschaftsanteil an Personengesellschaften des Handelsrechts, 1970; *Wiedemann* Die Übertragung und Vererbung von Mitgliedschaftsrechten an Handelsgesellschaften, 1965.

[4] Frühzeitig *Würdinger* Recht der Personalgesellschaften, 1937, Recht der Kapitalgesellschaften, 1943; *A. Hueck* Gesellschaftsrecht, 1948.

[5] Grundlegend *Lutter* AcP 180 (1980), 84 ff.

[6] *Schön* in: FS Ulmer, 2003, S. 1359; *Flume* Die juristische Person, 1983, § 8 I, S. 258 ff.; *K. Schmidt* Gesellschaftsrecht, 4. Aufl. 2002, § 19 I, S. 549 ff.; *Wiedemann* Gesellschaftsrecht, Bd. II, 2004, S. 431 ff. kritisch *Hadding* in: FS Reinhardt, 1972, S. 249.

[7] *Habersack* Die Mitgliedschaft als subjektives und „sonstiges" Recht, 1996, S. 28 ff.

[8] Vgl. *Larenz/Wolf* Allgemeiner Teil des deutschen Bürgerlichen Rechts, 8. Aufl. 1997, § 14 Rn. 18 ff.

[9] Gegen eine Einheitsbetrachtung der Mitgliedschaft *Flume* Die juristische Person, 1983, § 8 I, S. 269; MünchKommBGB/*Reuter* 5. Aufl. 2006, § 38 Rn. 1 ff.

gen hängt indes weder von der Rechtsform noch von der Vermögensordnung als juristische Person ab, sondern vom Verbandszweck und vom Mitgliederkreis, insbesondere von dessen Größe. Der Grad gesellschaftlicher Förder- und Treuepflichten ändert sich nicht mit der Umwandlung einer zweigliedrigen OHG in eine GmbH oder umgekehrt.

Der Kritik ist indes zuzugeben, dass die These von der einheitlichen Mitgliedschaft auf Kosten ihrer inhaltlichen Aussagekraft geht – eine Erfahrung, die man auch bei anderen Rechtsfiguren wie der Organstellung gemacht hat.[10] Der Gesetzgeber hat die Vereinheitlichung in den Vorschriften der §§ 190 ff. UmwG seinerseits gefördert, indem er die Bedeutung der Rechtsform für das Weiterleben des Unternehmens (besser: des Rechtsträgers) abschwächte. Dem stehen unverkennbare Vorteile gegenüber, wenn die Erfahrungen einer Gesellschaftsform auf eine andere entsprechend angewendet werden können, wie dies in der Familie der personalistischen Gesellschaften Brauch geworden ist.

2. *Inhalt der Mitgliedschaft*

a) Die Mitgliedschaft beinhaltet die Zugehörigkeit zu und vielfach auch die Stellung in einer Gesellschaft oder Körperschaft. Sie vermittelt eine Fülle einzelner Rechte und Pflichten, die teils von der Rechtsordnung, teils von den Mitgliedern autonom vorgegeben werden und laufend ihrer Ausgestaltung und Anpassung unterliegen. Gesellschaftsvertrag und Satzung sind geradezu Prototyp des ständig ausführungsbedürftigen Vertrages, dessen Vollzug die Mitgliedschaftsrechte absichern. Für deren Einteilung gab und gibt es in der Rechtslehre verschiedene Vorschläge; erfolgreich ist eine Unterscheidung nach vier Hauptgruppen: *Teilnahme* an der Willensbildung der Gesellschaftergesamtheit und ggf. an der Geschäftsführung; *Teilhabe* an der Vermögensnutzung und dem Geschäftsertrag. Man kann insofern von personellen und vermögensrechtlichen Elementen der Mitgliedschaft sprechen. Sie werden ergänzt durch *Informations-* und *Kontrollrechte* und die jedem absoluten Recht eigenen *Schutzbefugnisse.* Vergleichbar dem Sacheigentum sind die aufgezählten Einzelbefugnisse unselbständige Bestandteile des Rechts, die für sich weder abgetreten noch belastet werden können. Die Mitgliedschaft ist nicht nur horizontal einheitlich strukturiert, sie bildet auch in ihren einzelnen Ausprägungen eine zwingende vorgegebene Einheit.[11] Sie wird erst mit Wirksamwerden einer Austritts- oder Ausschlusskündigung aufgelöst. Vorher kann über das Gewinnstammrecht nicht verfügt werden, sondern nur über eine Gläubigerforderung auf konkrete Gewinnausschüttung (vgl. § 717 S. 2 BGB). Wird für den Geschäftsanteil ein Nießbrauch oder Pfandrecht bestellt, können einzelne Mitgliedsrechte abgespalten oder sogar verdoppelt werden; darin liegt jedoch keine Ausnahme, weil diese Erscheinungen auf einer Verfügung über das gesamte subjektive Recht basieren.

b) Das BVerfG entwickelte in seiner Rechtsprechung zur Abfindung zwangsweise ausgeschlossener Aktionäre ein eigenes Verständnis des Aktieneigentums iSd. Art. 14 GG. In ständiger Rechtsprechung[12] zu den verschiedensten Fällen des zwangsweisen Ausschlusses von Minderheitsaktionären beschränkt es den Verfassungsschutz auf den bloßen Vermögenswert und gewährt der Mitgliedschaft von Kleinaktionären grundsätzlich keinen Bestandsschutz.[13] In der Begründung verweist der erste Senat immer wieder auf das mangelnde Interesse des Kleinaktionärs am Erhalt seiner Mitgliedsstellung, obwohl sich die Gesetzesregelungen nicht auf börsennotierte Gesellschaften beschränken. Ob die Verfassung zwischen schutzwürdigem und nicht schutzwürdigem Anteilseigentum unterscheidet und ob der Grenzverlauf dem einfachen Gesetzgeber anheim gestellt werden

---

[10] Vgl. *Schürnbrand* Die Organschaft im Recht der privaten Verbände, 2008, S. 9 ff. und passim.

[11] Dazu *Wiedemann* Gesellschaftsrecht, Bd. II, 2004, § 3 III 2, S. 216; *ders.* in: FS Zöllner, Bd. I, 1998, S. 635, 639 ff.

[12] Vgl. die Zusammenstellung bei *Tonner* in: FS K. Schmidt, 2009, S. 1581.

[13] Vgl. dazu zuletzt *Tonner* in: FS K. Schmidt, 2009, S. 1581; *Wiedemann* in: FS K. Schmidt, 2009, S. 1731.

kann, erscheint mir zweifelhaft. Eine mehrfach zitierte Begründung für die dogmatische Struktur des Mitgliedschaftsrechts und für den Bedeutungsschwund bei Kleinbeteiligungen findet sich im Mitbestimmungsurteil des I. Senats und darf hier kurz in Erinnerung gerufen werden:

BVerfGE 50, 290, 342 (MitbestG): „Das Anteilseigentum ist in seinem mitgliedschaftsrechtlichen und seinem vermögensrechtlichen Element gesellschaftsrechtlich vermitteltes Eigentum (vgl. BVerfGE 14, 263, 276 – Feldmühle; 25, 371, 407 – Rheinstahl): Neben dem Sozialordnungsrecht (BVerfGE 25, 371, 407) bestimmt und begrenzt das Gesellschaftsrecht die Rechte des Anteilseigners; nach diesem wird das Vermögensrecht durch das Mitgliedschaftsrecht „vermittelt"; der Eigner kann sein Eigentum regelmäßig nicht unmittelbar nutzen und die mit ihm verbundenen Verfügungsbefugnisse wahrnehmen, sondern er ist hinsichtlich der Nutzung auf den Vermögenswert beschränkt, während ihm Verfügungsbefugnisse – abgesehen von der Veräußerung oder Belastung – nur mittelbar über die Organe der Gesellschaft zustehen."

Die Begriffsbestimmung ist für sich genommen problematisch.[14] Aus der Sicht des Gesellschaftsrechts gibt es ein „gesellschaftsrechtlich vermitteltes Eigentum" allenfalls bei Gesamthandsgemeinschaften, aber gerade nicht in der Vermögensordnung einer juristischen Person. Mit dem vermögensrechtlichen Trennungsprinzip und mit der Weisungsfreiheit des Vorstands sind durch die Organe vermittelte Eigentumsbefugnisse des Aktionärs schlechthin unvereinbar; alle Vermögensrechte sind damit transformiert in der Mitgliedschaft des Aktionärs enthalten, die ihm vergleichbar dem Sacheigentum Nutzungs- und Verfügungsrechte gewährt. Bei der Beurteilung des Zitats ist allerdings zu berücksichtigen, dass es sich im Mitbestimmungsurteil nicht um Enteignung von Anteilsrechten, sondern um die Abstimmung der Unternehmens- mit der Sozialordnung handelt. Im Rahmen der Sozialbindung des Eigentums kann man – die Rechtsstellung des Unternehmensträgers und der Mitglieder zusammenfassend – durchaus von wirtschaftlichem Eigentum der Anteilseignerseite sprechen, womit die Sonderstellung der Kapitalinvestoren betont werden soll.[15] Für den Schutz einzelner Aktionäre gegen enteignungsähnliche Eingriffe der Mehrheitsgesellschafter taugt diese Betrachtungsweise nicht. Gegenstand der „Privatenteignungen" ist der Entzug der Mitgliedschaft insgesamt, und dies im Interesse der Mehrheitsaktionäre und nicht zum Schutz der Sozialordnung. Gilt der Eingriff dem Entzug des absoluten Rechts, ist dieses auch Schutzobjekt des Art. 14 Abs. 1 GG und sollte deshalb nur unter sachlichen Voraussetzungen entzogen werden können, die dem staatlichen Eingriff in Art. 14 Abs. 3 GG vergleichbar sind.[16] Der staatliche Eingriff muss situationsbedingt durch das gemeine Wohl und durch eine angemessene Entschädigung gerechtfertigt werden. Überträgt man beide Tatbestandsvoraussetzungen – und nicht nur die zweite – auf private Eingriffe in das Aktieneigentum, müssen sich dafür entsprechende Sachgründe nachweisen lassen. Für die Gestaltung im Einzelnen kann dem einfachen Gesetzgeber ein weiter Ermessensspielraum eingeräumt werden, dessen Grenzen indes überschritten sind, wenn das Gesetz den Mitgesellschaftern einen sachgrundlosen Rechtsverlust erlaubt. Eine pauschale Ermächtigung der – womöglich ad hoc gezimmerten – qualifizierten Aktionärsmehrheit Kleinaktionäre auszuzahlen, wird dem Grundrechtsschutz nicht gerecht. Ob etwas anderes gilt, wenn im Gesellschaftsvertrag oder in der Satzung im voraus bestimmte Tatbestände für den Rechtsverlust vorgesehen sind und Mitgründer und Aktienerwerber bewusst eine geschmälerte Rechtsposition antreten, muss hier offen bleiben.

---

[14] Kritisch unter anderen Gesichtspunkten *Mülbert/Leuschner* ZHR 170 (2006), 615, 637 ff.

[15] Vgl. dazu die viel zitierte Formel der Begr. RegE bei *Kropff* AktG, 1965, S. 14 f.

[16] Anders die st. Rspr. des BVerfG, vgl. statt aller BVerfGE 14, 263, 273 ff. – Feldmühle; BVerfGE 100, 289 – DAT/Altana; schutzgerechter formuliert jetzt BVerfG ZIP 2010, 571, 574.

II. Die mitgliedschaftlichen Rechtsverhältnisse

1. Die Sonderstellung der Mitgliedsverhältnisse

Das Unternehmen unterhält als Rechtsträger mannigfaltige Vertragsverhältnisse zu Dritten – als Mitarbeiter und Kreditgeber und als Lieferanten und Kunden. Es ist im Gesellschaftsrecht üblich geworden, diese Vertragspartner als Interessen- oder Bezugsgruppen und im angelsächsischen Sprachgebrauch als *stakeholder* oder *constituencies* zusammenzufassen[17] und gleichzeitig auf das unternehmerische Umfeld der Gemeinde und des Bundesstaats auszudehnen. Eine im anglo-amerikanischen Rechtskreis verbreitete Doktrin bezieht in dieses Netzwerk auch die innerverbandlichen Rechtsbeziehungen zu den Managern und zu den Aktionären ein und deutet das ganze Unternehmen als *network of contracts.*[18] Alle genannten Vertragspartner verbindet eine Investition in das Unternehmen: Gesellschafter erbringen Einlagen, Direktoren übernehmen die Leitungsverantwortung, die Mitarbeiter stellen ihre Berufstätigkeit, die Kreditinstitute ihre Finanzkraft zur Verfügung. Alle sind sie, wenn auch ganz unterschiedlich, am Wohl und Wehe der Firma interessiert. Eine klassische Zusammenfassung finden wir bei *Easterbrook/Fischel*:

Easterbrook/Fischel, The Economic Structure of Corporate Law, 1983, 16, „The corporate venture has many real contracts. [...] Just so with the rules in force when the firm raises money – whether by issuing debt, the terms of which often are negotiated at great length over a table, or by issuing equity, the terms of which affect the price of the issue. Many changes in the rules are approved by large investors after negotiation with management. And of course the rules that govern how rules change are also real contracts. The articles of incorporation typically allow changes to be made by bylaw or majority vote; they could as easily prevent changes, or call for supermajority vote, or allow change freely but require nonconsenting investors to be bought out. That the articles allow uncompensated changes through voting is a contractual choice. And many remaining terms of the corporate arrangement are contractual in the sense that they are „presets" of fallback terms specified by law and not varied by the corporation."

Das Bild vom korporativen Marktplatz, an dem die verschiedenen Vertragspartner ihre Leistungen anbieten und aushandeln, ermöglicht einen veränderten und breiteren Blickwinkel als die herkömmliche Unternehmensordnung. Entwickelt am Modell der für Amerika typischen Publikumsgesellschaft mit Streubesitz vermittelt es in der rechtlichen Beurteilung nicht nur die Anteilseigner und die Arbeitnehmer, vielmehr auch andere am Marktgeschehen beteiligte Bezugsgruppen zu berücksichtigen – eine in der Ökonomie immer schon verbreitete Vorstellung, da sie die Publikumsaktionäre als outsider und die Belegschaft als insider einstuft. Die mit der Vertragsdoktrin verbundenen Erwartungen gehen im Innenverhältnis in Richtung größerer Vertragsfreiheit (Freizeichnung der Direktoren); gegenüber Dritten wird eine erhöhte Verantwortung (*social responsability*) angemahnt. In beiderlei Hinsicht stoßen wir auf uns bekannte, wenn auch in anderem Zusammenhang eingesetzte Argumente: die Mitbestimmung in Großunternehmen soll Vereinbarungen zugänglich sein[19] und die Verwaltung der Aktiengesellschaft ist bereits inoffiziell für Drittinteressen verantwortlich (vgl. die Präambel zum DCGK 2009). Trotz dieser Übereinstimmungen kann das deutsche und europäische Modell der großen Kapitalgesellschaft als Körperschaft der Kapitaleigner nicht verdrängt werden und dies unter mehreren Gesichtspunkten. Die Organisationsformen des Gesellschaftsverbandes und des Gemeinschaftsvermögens sind einer vertragsrechtlichen Analyse nicht zugänglich, auch

[17] Dazu *Williamson* Die ökonomischen Institutionen des Kapitalismus, 1990, S. 266 ff.

[18] Vgl. dazu den Nachdruck des wesentlichen Schrifttums, ausgewählt von *Peter J. Buckley/Jonathan Michie* (Hrsg.), Firms, Organizations and Contracts, A Reader in Industrial Organization, 1996, mit einem Vorwort von *Coase.*

[19] Vgl. Arbeitskreis „Unternehmerische Mitbestimmung", ZIP 2009, 885.

nicht mit der Hilfserwägung, es handele sich durchweg um freiwillige Erklärungen. Wahlen und Beschlüsse der Gesellschaftsorgane haben eigenständige Voraussetzungen und Rechtsfolgen und unterliegen gewiss nicht den Gesetzen der Preisbildung. Weiter lassen sich die mitgliedschaftlichen Rechtsverhältnisse nicht in eine Reihe mit den übrigen Vertragsbeziehungen des Unternehmens einstellen, weil die Kapitaleigner am Unternehmen in ganz anderer Art beteiligt sind als Arbeitnehmer, Kreditgeber, Lieferanten und Abnehmer. Ihr Erkennungszeichen ist seit den Ursprüngen der Kapitalgesellschaft die Unternehmensführung und die Gewinn- und Verlustbeteiligung. Das leitet zu dem wichtigsten Einwand über, dass mit der Einreihung der Investoren und Manager in die anderen Vertragspartner ein „Verlust der Mitte" droht; zugespitzt formuliert gibt es nur noch Drittverhältnisse. Auch wenn das Modell einer Gesellschaft zur gemeinschaftlichen Förderung von Vermögensinteressen mit der Größe des Mitgliederkreises verblasst und das Unternehmen sich in börsennotierten Aktiengesellschaften zu verselbständigen sucht, bleibt die Handelsgesellschaft als institutionelle Grundlage des Kapitalismus erhalten, weil sie idealiter die Rechtsträgerschaft mit der Unternehmensleitung und der Risikoübernahme verbindet. Das gewährt den Gesellschaftern eine mit anderen Vertragsverhältnissen nicht vergleichbare Einflussnahme und führt beim Zusammenbruch folgerichtig zum Totalverlust ihrer Investition. Die Rechtsform der mitgliedschaftlich strukturierten Rechtsträgerschaft haben wohl alle westlichen Industrieländer beibehalten, bewerten dann allerdings den Einsatz von Unternehmensleitung und Vermögen und entsprechend von Verantwortung und Risikobeteiligung recht unterschiedlich.

2. *Klagen aus den Mitgliedsverhältnissen*

Die Mitgliedschaft enthält regelmäßig zwei verschiedenartige Rechtsverhältnisse: eine Rechtsbeziehung zwischen dem Mitglied und der Gesellschaft selbst und jeweils eine Rechtsbeziehung zu den anderen Mitgesellschaftern,[20] die allerdings in der Einmann-Gesellschaft latent bleibt. Die Unterschiede im System und im Inhalt zeigen sich spätestens, wenn ein Gesellschafter seine Rechte im Klagewege verfolgt oder wenn seine Pflichten mithilfe des Gerichts durchgesetzt werden sollen, da für Aktiv- bzw. Passivlegitimation und Rechtskraft unterschiedliche Regeln eingreifen. Dieser zunächst klare Ansatz wird getrübt, weil das deutsche Recht zusätzlich Differenzierungen vornimmt, und zwar nach den einzelnen Gesellschaftsformen und nach den aktuellen Streitgegenständen. Im Personengesellschaftsrecht werden nur die vermögensrechtlichen Streitigkeiten im Rechtsverhältnis mit der Gesellschaftergesamtheit ausgetragen; die verbandsrechtlichen Meinungsverschiedenheiten – zB über die Auslegung des Gesellschaftsvertrages oder die Befugnisse der Gesellschaftermehrheit – müssen die Personengesellschafter grundsätzlich untereinander ausmachen. In Körperschaften mit großer Mitgliederzahl dagegen wäre dies unmöglich oder untunlich und die Klagebefugnisse sind deshalb weitgehend dem Rechtsverhältnis zwischen Mitglied und Verband zugewiesen. Darüber hinaus gilt es Differenzierungen zu berücksichtigen, die sich für einzelne Sachbereiche herauskristallisiert haben. Es sind dies unter anderem:[21]

Beschlussmängelstreitigkeiten sind für die Aktiengesellschaft und die GmbH gesetzlich bzw. richterrechtlich geordnet, allerdings nur für Gesellschafterbeschlüsse und nicht für Beschlüsse anderer Gesellschaftsorgane.[22] Da sich Anfechtungs- oder Nichtigkeitsklagen gegen die Kapitalgesellschaft selbst richten müssen, sieht das Gesetz konsequent in §§ 248 Abs. 1, 249 AktG eine Rechtskrafterstreckung auf alle Aktionäre und Organmitglieder vor. Für alle übrigen Verbände fehlt eine entsprechende Zuweisung und die Gesellschafter müs-

---

[20] Dazu *Wiedemann* Gesellschaftsrecht, Bd. II, 2004, § 3 I 1, S. 166 f.
[21] Vgl. dazu die Darstellung bei *Ulrich/Jäckel* NZG 2009, 1132.
[22] St. Rspr.; BGHZ 122, 342; BGHZ 164, 249, 252 – Commerzbank II.

sen selbst Vorsorge treffen, in welchem Rechtsverhältnis die Streitigkeit ausgetragen werden soll.[23]

Statusstreitigkeiten ergeben sich nicht selten in der Folge von Eintritt, Kündigung oder Rechtsnachfolge von Teilhabern[24] oder bei Wahl, Abberufung oder Amtsniederlegung von Organmitgliedern.[25] Für den Streit um die richtige Besetzung des aktienrechtlichen Aufsichtsrats schlägt § 98 AktG ein eigenes Verfahren vor, um die gesetzestreue Besetzung des Kontrollorgans zu gewährleisten.[26] Im Übrigen überlässt es der Gesetzgeber der Rechtsprechung und Rechtslehre, im Rahmen der allgemeinen Feststellungsklage nach § 256 ZPO eine Klärung der Mitgliedschaft oder Organzugehörigkeit herbeizuführen.

Zuständigkeitsstreitigkeiten[27] sind erst mit der sog. Holzmüller-Entscheidung in BGHZ 83, 122 ins allgemeine Bewusstsein gerufen worden. Sie betreffen Zweifelsfragen, ob sich die Geschäftsführung oder Verwaltung an die Grenzen ihrer Zuständigkeit gehalten hat und ob sie innerhalb ihres Aufgabenbereichs mit der Sorgfalt eines ordentlichen Geschäftsleiters tätig wurden. Auch die Diskussion zum Bestimmtheitsgrundsatz als Voraussetzung für Mehrheitsbeschlüsse lässt sich hier erwähnen.[28]

Unberührt bleiben in diesem Panorama Leistungsklagen vermögensrechtlicher Art, weil sich ihre Zuweisung zu einem Rechtsverhältnis aus dem Anspruchsinhalt ergibt. Unerörtert bleiben außerdem die vielbehandelten Gestaltungsklagen im Recht der Personengesellschaften. Im Folgenden sollen Zulässigkeit und Wirkungen von Feststellungsklagen, die im Rechtsverhältnis der Mitgliedschaft zum Gesamtverband erhoben werden, für Personengesellschaften und Kapitalgesellschaften getrennt besprochen werden.

a) In den *Personengesellschaften* gibt es wie bereits erwähnt nach herkömmlicher Dogmatik eine Zweiteilung der Zuständigkeiten. Für Streitigkeiten in vermögensrechtlichen Angelegenheiten, also für Sozialansprüche und Sozialverpflichtungen, ist das Rechtsverhältnis zwischen Personenverband und klagendem oder beklagtem Gesellschafter maßgebend. Das gilt auch für die actio pro socio, seitdem die Klagebefugnis eines der anderen Mitglieder als Prozessstandschaft gedeutet wird.[29] Dagegen müssen Meinungsverschiedenheiten über Grundlagenfragen, insbesondere Vertrags- und Strukturänderungen und andere Gesellschafterbeschlüsse grundsätzlich im Rechtsverhältnis zwischen den Mitgliedern ausgetragen werden.[30] Die höchstrichterlichen Entscheidungen betrafen Beschlussmängelklagen, Statusstreitigkeiten und, wenn man die Bestimmtheitsproblematik dazu rechnet, auch Zuständigkeitsabgrenzungen. Ausnahmsweise ließ der II. Zivilsenat Klagen im Rechtsverhältnis zwischen einem Gesellschafter und der Gesellschaftergesamtheit zu, wenn der Gesellschaftsvertrag eine solche Zuständigkeit eingeführt habe oder sie sich aus dem Inhalt des Statuts oder aus einem Gesellschafterbeschluss ergebe. Das würde für gesetzestypische und für Publikumspersonengesellschaften gleichermaßen gestattet und zwar mit der Begründung, die Mitglieder hätten den

[23] Vgl. etwa BGH WM 1966, 1036 (KG); NJW 1983, 1056 (KG); NZG 2006, 306 (PublKG); NJW 2006, 2854 (PublKG).

[24] BGH NJW 1984, 2104; NJW 1990, 41 (Verein); WM 1990, 309 (dazu *Bork* ZGR 1991, 125).

[25] BGH WM 1990, 1240 (GmbH); WM 1990, 2128 (GmbH); BGHZ 121, 257 (GmbH); BGH NJW-RR 2006, 182 (GmbH).

[26] Zur analogen Anwendung von § 98 AktG BGH NJW 2006, 510 (KGaA).

[27] BGHZ 83, 122 – Holzmüller; BGHZ 136, 133, 140 (Siemens/Nold); BGHZ 164, 249, 254 – Commerzbank II; BGH NJW 1990, 2627 (GmbH); NJW 1994, 459 (GbR); NJW 2007, 589 (Vor-AG).

[28] Dazu *Goette* in: FS Sigle, 2000, S. 145; *Wiedemann* in: FS Hopt, 2010, S. 1491; *K. Schmidt* ZGR 2008, 1, 8.

[29] Vgl. MünchKommBGB/*Ulmer* 5. Aufl. 2009, § 705 Rn. 208, 209; *K. Schmidt* Gesellschaftsrecht, 4. Aufl. 2002, § 21 IV, S. 629 ff. Leistungs- oder Feststellungsklagen gegen einen außenstehenden Dritten gehören heute unbestritten zur Zuständigkeit der Geschäftsführung; BGH NJW 1994, 459 (GbR).

[30] *Schwab*, Das Prozessrecht gesellschaftsinterner Streitigkeiten, 2005, S. 421 mwN.

Personenverband selbst ermächtigt, über derartige Grundlagenfragen zu disponieren.[31] Ein zwischen dem klagenden Gesellschafter und der Gesellschaft ergangenes Urteil soll dann die Folge haben, dass die übrigen Gesellschafter schuldrechtlich verpflichtet sind, sich an die in diesem Rechtsstreit getroffene Entscheidung zu halten. Der BGH vermerkt zur umgekehrten Situation der Bindung der Gesellschaft an eine rechtskräftige Entscheidung zwischen offenen Handelsgesellschaftern etwas lakonisch, die Gesellschaft könne nicht nach einem anderen Recht bestehen und leben, als es die Gesellschafter verlangen oder zwischen ihnen rechtskräftig entschieden ist.[32]

Bemerkenswert ist, wie sich auch in diesem Zusammenhang die Verselbständigung der Gesellschaft als eine den Vertragsparteien zur Verfügung gestellte Organisationsform anbahnte. Nach Anerkennung ihrer Rechts- und Parteifähigkeit in BGHZ 146, 341 (Bauarbeitsgemeinschaft)[33] kann man erwägen, der Gesellschaftergesamtheit auch eine (vermutete) Allzuständigkeit in Gesellschaftsangelegenheiten zuzusprechen – vorausgesetzt es lassen sich für die Organisationseinheit ausreichende Abgrenzungskriterien finden. Im Ergebnis läuft dies auf eine Gleichbehandlung der nicht vermögensrechtlichen Angelegenheiten mit der Zuständigkeit in Vermögensfragen hinaus. Die Absicht, eine Organisationseinheit zu schaffen, muss sich im Gesellschaftsvertrag niederschlagen und abweichend von § 708 BGB ein eigenes Geschäftsführungsorgan, abweichend von § 709 BGB die Möglichkeit von Mehrheitsbeschlüssen in der Gesellschaftergesamtheit oder eine atypische Zusammensetzung des Mitgliederkreises in einer Publikumsgesellschaft vereinbart sein.[34] Die Zuständigkeitskonzentration liegt im Interesse aller Gesellschafter, weil sie die Rechtssicherheit erhöht und widersprechende Entscheidungen verhindert. Allerdings sollten dabei auch die Interessen der einzelnen Gesellschafter durch Information und Verfahrensbeteiligung gesichert sein.[35] Die tatbestandlichen Vorbedingungen der Aktiv- und Passivlegitimation des Personenverbandes im Innenverhältnis gleichen weitgehend den Merkmalen, die die Rechtsfähigkeit einer Personengesellschaft begründen.

In Fortführung der Entwicklung lässt sich die Selbständigkeit des organisierten Personenverbandes dahin entfalten, dass bereits die Zuständigkeit und die Parteirolle der Gesellschaft materiell-rechtlich für die Mitglieder und Organe verbindlich wirkt, wenn über die streitige Angelegenheit logisch oder sachlich einheitlich zu entscheiden ist.

b) Für die *Kapitalgesellschaften* scheint die Rechtslage übersichtlicher zu sein, weil die Organisation als juristische Person die Allzuständigkeit des Rechtsträgers auch in Gesellschaftsangelegenheiten nach sich zieht. Außerdem gibt es für Beschlussmängelklagen in den §§ 241 ff. AktG Sondervorschriften, die nach herrschender – wenn auch nicht recht überzeugender[36] – Ansicht analog für die GmbH gelten sollen. Die §§ 241 ff. AktG betreffen nur anfechtbare oder nichtige Beschlüsse der Hauptversammlung bzw. der Gesellschafterversammlung, so dass Status- und Kompetenzkonflikte nicht erfasst sind. Die höchstrichterliche Rechtsprechung hat diese Lücken tatkräftig ausgefüllt und dabei dem Charakter der Privatgesellschaft einerseits und des Publikumsvereins andererseits Rechnung getragen.

aa) Im GmbH-Recht brauchen die Gesellschafter die Sachlegitimation der GmbH selbst in die Satzung nicht einzuführen; sie besteht ex lege. Innerverbandliche Meinungsverschiedenheiten lassen sich deshalb stets mit einer Feststellungsklage klären, die entweder von der

---

[31] BGH WM 1966, 1036 (KG); WM 1990, 309 (GmbH & Co. KG); NJW 2006, 2854 (PublKG); NJW-RR 2007, 757 (KG); zum Ganzen *Bork* ZGR 1991, 125.

[32] BGHZ 48, 175, 177 (OHG).

[33] Zur Entwicklung vgl. MünchKommBGB/*Ulmer* § 705 Rn. 303 ff.; *Wiedemann* Gesellschaftsrecht, Bd. II, 2004, § 7 III 2, S. 646 ff.

[34] Insoweit im Ergebnis übereinstimmend *K. Schmidt* ZGR 2008, 1, 18.

[35] Vorbildlich Deutsche Institution für Schiedsgerichtsbarkeit, Ergänzende Regeln für gesellschaftsrechtliche Streitigkeiten, NZG 2009, 1296, 1297.

[36] *Zöllner* in: Baumbach/Hueck, GmbHG, 19. Aufl. 2010, Anh. § 47 Rn. 3 ff.; *Wiedemann* Gesellschaftsrecht, Bd. I, 1980, S. 153, 466 f.

GmbH erhoben oder gegen sie gerichtet wird. Die Situationen sind denjenigen in den Personengesellschaften vergleichbar: ein GmbH-Gesellschafter will verbindlich feststellen lassen, dass ein Mitglied ausgeschlossen wurde oder ein Geschäftsleiter sein Amt verloren habe[37] oder dass die Geschäftsführung bei einem Vertragsschluss ohne Zustimmung der Gesellschafterversammlung ihre Zuständigkeit überschritten habe.[38] Zur Zulässigkeit der Klagen setzte der II. Zivilsenat die Rechtsfigur der Drittfeststellungsklage ein, mit der die Rechtslage in einem Rechtsverhältnis geklärt werden soll, das sich auf das Rechtsverhältnis der Parteien auswirkt.[39] Als zusätzliche Prozessvoraussetzung ist dies berechtigt, wenn die GmbH selbst an dem Verfahren nicht beteiligt ist[40] oder ein echtes Drittverhältnis, also ein Rechtsverhältnis mit einer außenstehenden Person im Streit steht. Im Innenbereich der Kapitalgesellschaft ist eine prozessuale Zusatzprüfung eigentlich überflüssig, weil jeder GmbH-Gesellschafter in einem Verfahren mit der GmbH die Zugehörigkeit zu und die Zuständigkeit von Gesellschaftsorganen klären lassen kann. Will man einen Gesellschafter daran hindern, sich in Auseinandersetzungen mit anderen Mitgliedern oder mit Organträgern nur einzumischen, so fehlt es ausnahmsweise am Feststellungsinteresse.

Problematisch bleibt die *gesellschaftsrechtliche* Erstreckung der Rechtskraft auf Mitglieder und Organe der GmbH. Dafür spricht eine Anlehnung an § 249 Abs. 1 AktG, wenn man mit der allgemeinen Ansicht die aktienrechtliche Beschlussmängelregelung in die GmbH überträgt. Dagegen spricht der formalisierte Ausnahmecharakter dieser Vorschriften, die für eine aktienrechtliche Feststellungsklage gerade nicht gelten sollen. In Ermangelung höchstrichterlicher Rechtsprechung empfiehlt es sich, in die Satzung einer GmbH eine Klausel aufzunehmen, wonach Urteile in Status- und Kompetenzstreitigkeiten für alle Gesellschafter und Organe verbindlich sein sollen, und die innerverbandliche Rechtssicherheit zu stärken. Das entspricht im Ergebnis der Verwandtschaft zwischen der personalistischen GmbH und der typischen Personengesellschaft.

bb) Einen eindrucksvollen Höhepunkt erreichte die richterliche Rechtsfindung im Aktienrecht mit der Entscheidung vom 22. Oktober 2005 in der Sache Mangusta/Commerzbank II.[41] Das Urteil billigte jedem Aktionär eine Unterlassungs- und Feststellungsklage zu, mit der die Rechtmäßigkeit eines Rechtsgeschäftes oder Rechtsaktes der Verwaltung einer AG geklärt werden kann. Im gegebenen Fall betraf dies den Vollzug eines Genehmigten Kapitals durch Vorstand und Präsidialrat des Aufsichtsrats. Der Kläger begehrte festzustellen, dass die Verwaltungsorgane der Bank bei der Ausgabe neuer Aktien die ihnen eingeräumte Ermächtigung überschritten und damit sein Mitgliedschaftsrecht beeinträchtigt hätten. Die Kapitalerhöhung war allerdings schon vor Klageerhebung durchgeführt und in das Handelsregister eingetragen worden; der Senat hielt eine Rückabwicklung für ausgeschlossen.[42] Trotzdem erklärte der BGH das klägerische Begehren in Art einer „Fortsetzungsfeststellungsklage" für zulässig und verwies die Sache zur näheren Aufklärung an das Berufungsgericht zurück. Er stützte sich dabei auf das epochale Holzmüller-Urteil in BGHZ 83, 122, 125 – und fand wie sein Vorbild ein vielfältiges, auch kritisches Echo. Die Kernsätze der Begründung lauten:

BGHZ 164, 249, 254: „Maßgebliche Erwägung für die Zulassung eines derartigen gerichtlichen Rechtsschutzes gegen unrechtmäßiges, kompetenzüberschreitendes Organhandeln war, dass die durch die ‚Siemens/Nold'-Entscheidung beabsichtigte und bewirkte Erleichterung bei der Herbeiführung eines Ermächtigungsbeschlusses zur Schaffung von genehmigtem Kapital nicht zu einer die Mitgliedschaftsrechte der Aktionäre, darunter insbesondere das Bezugsrecht, ungerechtfertigt verkürzenden,

---

[37] BGH NJW-RR 2006, 182: auflösungsbedingte Geschäftsführerbestellung (GmbH & Co. KG).

[38] BGH NJW 1990, 2627 (GmbH & Co. KG): Streit um die Wirksamkeit einer Organstellung und eines Dienstvertrages.

[39] Dazu *Bartels* ZGR 2008, 723, 736; *Ulrich/Jäckel* NZG 2009, 1132.

[40] BGHZ 121, 257 (GmbH).

[41] BGHZ 164, 249; dazu *Goette* DStR 2006, 139, 141.

[42] Weitergehend zugunsten einer durch die fehlerhafte Gesellschaftslehre begrenzte Rückabwicklung *Kubis* DStR 2006, 188; *Schürnbrand* ZHR 171 (2007), 731.

unkontrollierten Blankettermächtigung der Geschäftsleitung führen darf. Mit dem Absenken der Anforderungen an den Ermächtigungsbeschluss zur Schaffung genehmigten Kapitals wurde allein auf die Erfordernisse des Wirtschaftslebens reagiert, Beteiligungs- und Erwerbschancen schnell und flexibel nutzen zu können. Keinesfalls aber sollte der vom Gesetzgeber beabsichtigte Schutz der Aktionäre herabgesetzt und der Kompetenzbereich des Vorstands zu Lasten der Hauptversammlung erweitert werden. Angesichts der Lockerung der präventiven Schranken bei der Erteilung der Ermächtigung muss sichergestellt sein, dass im Rahmen der Ausübung der Ermächtigung eine angemessene, systemkonforme gerichtliche Kontrollmöglichkeit zur Verfügung steht; diese besteht – neben der im Hinblick auf das Zeitmoment nur beschränkt möglichen (vorbeugenden) Unterlassungsklage – vornehmlich in der allgemeinen Feststellungsklage gemäß § 256 ZPO."

Die weitere Diskussion widmete sich drei Schwerpunkten, nämlich (1) der Zulässigkeit der Drittfeststellungsklage,[43] (2) den Tatbestandsmerkmalen des Feststellungsinteresses[44] und (3) der Rechtskraftwirkung eines Feststellungsurteils.[45] Zunächst kann die Rechtmäßigkeit eines Verwaltungshandelns ohne weiteres im Mitgliedsverhältnis zwischen Aktionär und Aktiengesellschaft gerichtlich geklärt werden, da die Gesellschaft ja nur durch ihre Organe tätig werden kann und ihr deshalb deren Verhalten im Innen- und Außenverhältnis zugerechnet wird. Es ist ohne Belang, ob das Verwaltungshandeln in einem Beschluss, in einem sonstigen Rechtsgeschäft oder in tatsächlichen Maßnahmen besteht. Schwieriger ist es, die Frage nach weiteren Voraussetzungen für einen Rechtsschutz der Aktionäre zu beantworten. Da es für Feststellungsklagen, mit denen das pflichtgemäße Verhalten der Verwaltung aufgeklärt werden soll, keine Sondervorschriften gibt, scheinen sie jedem sich betroffen fühlenden Aktionär zur Verfügung zu stehen. Das trifft nicht zu. Eine gesellschaftsrechtliche Popularklage, mit der auch unternehmensleitende Entscheidungen gerichtlich überprüft werden könnten, findet in der Judikatur keinerlei Anhalt. Nur Rechts- und Satzungsverstöße können auf den Prüfstand gestellt werden und auch dies grundsätzlich nur bei innergesellschaftlichen Entscheidungen oder Maßnahmen von Vorstand und Aufsichtsrat. Ob der Kläger zusätzlich besondere Pflichtverletzungen wie Kompetenzüberschreitungen, oder drohende Einbußen in seiner Mitgliedschaft geltend machen muss, ist noch ungesichert. Je nachdem, ob man die Betonung des gerichtlichen Rechtsschutzes auf die Kontrollaufgabe[46] oder auf die Schutzfunktion[47] legt, wird die Antwort anders lauten. Der Unterschied lässt sich auch dahin formulieren, dass im ersten Fall die Interessen der Mitgliedergesamtheit, im zweiten das Interesse des Einzelaktionärs auf dem Spiel stehen. Die beiden Leitentscheidungen des II. Zivilsenats repräsentieren die aufgezeigten Fallvarianten: das Holzmüllerurteil verlangt lediglich eine Zuständigkeitsanmaßung zulasten der Hauptversammlung, der Commerzbank-II-Entscheid beruht auf einem rechtswidrigen Entzug des Bezugsrechts. Solange Feststellungsklagen nicht missbräuchlich eingesetzt werden, kann die Rechtsprechung den notwendigen Rechtsschutz in beiden Alternativen gewähren und gemeinnützige wie eigennützige Klagen gestatten. Das letzte Problem untersucht die Auswirkungen eines Feststellungsurteils in der Aktiengesellschaft. Auf der Grundlage eines obsiegenden Urteils kann der Kläger seinen individuellen Schaden geltend machen, der ihm in seinen Vermögens- und Herrschaftsrechten entstanden ist.[48] In diesem Verfahren erwachsen die Tatsachenfeststellungen aus dem Vorprozess in Rechtskraft. Ob es Fernwirkungen des Feststellungsurteils auf Mitgliedschaftsverhältnisse mit anderen Aktionä-

[43] Ausführlich dazu *Bartels* ZGR 2008, 723, 740 ff.

[44] Vgl. die Besprechungen u.a. von *Busch* NZG 2006, 81; *Drinkuth* AG 2006, 142; *Henze* in: FS Priester, 2007, S. 201; *Hirte* EWiR 2006, 65; *Krämer/Kiefner* ZIP 2006, 301; *Kubis* DStR 2006, 188; *Lutter* JZ 2007, 371; *Paschos* DB 2005, 2731; *Schürnbrand* ZHR 171 (2007), 731; *Waclawik* ZIP 2006, 397; *Wilsing* ZGR 2006, 721.

[45] Dazu *Goette* DStR 2006, 139, 142; *Noack* LMK 2006, 169673.

[46] Vgl. dazu *Wilsing* ZGR 2006, 721, 740 ff.

[47] Dafür *Drinkuth* AG 2006, 142; *Krämer/Kiefner* ZIP 2006, 301; *Paschos* DB 2005, 2731.

[48] Zum individuellen Schadensersatzanspruch bei Verletzung der Mitgliedschaft vgl. *Busch* NZG 2006, 81, 87; *Hirte* EWiR 2006, 65.

ren geben soll, hatten die Karlsruher Richter noch nicht zu entscheiden. Bemerkenswert ist jedoch ihr Hinweis, dass der Feststellungskläger nun erwarten darf, die Feststellung der Nichtigkeit der Entschließung von Vorstand und Aufsichtsrat und damit der Pflichtwidrigkeit ihres Handelns dürfte die Verwaltung nicht unbeachtet lassen: weitere Kapitalerhöhungen müssten unterbleiben und bereits eingetretene Schädigungen seien zu kompensieren; auch ohne (prozessuale) Rechtskrafterstreckung habe das die Rechtswidrigkeit feststellende Urteil gesellschaftsrechtliche Auswirkungen auf die Verfolgung konkreter Sekundäransprüche im Klagewege und es könnte bei der Verfolgung von Ansprüchen nach § 147 AktG Berücksichtigung finden.[49] Damit wird die Tür zu einer faktischen Rechtskrafterstreckung auf Mitaktionäre in vergleichbarer Situation aufgestoßen – wobei der Senat mit Recht davon ausgeht, sein Ansehen und seine Überzeugungskraft werde auch einem obiter dictum zum Erfolg verhelfen.

---

[49] BGHZ 164, 249, 256, dazu *Goette* DStR 2006, 139, 143 mit Hinweis auf die Holzmüller-Entscheidung.

SCHRIFTENVERZEICHNIS

I. Monographien

1. Gesamtschuldbegriff und Regreßproblem, Bonner Rechtswissenschaftliche Abhandlungen, Band 104, 1974, 181 S.
2. Die GmbH nach der BGH-Rechtsprechung, DStR-Schriftenreihe, 1997, 277 S.
3. Die GmbH – Darstellung anhand der Rechtsprechung des BGH, 2. Auflage 2002, 394 S.
4. Eigenkapitalersatzrecht in der Praxis, RWS-Skript Nr. 317, 2000, 129 S. (zusammen mit Hommelhoff)
5. Dito, 2. Auflage 2001, 129 S.
6. Dito, 3. Auflage 2003, 147 S. (zusammen mit Hommelhoff und Kleindiek)
7. Dito, 4. Auflage 2005, 127 S. (zusammen mit Kleindiek)
8. Dito, 5. Auflage 2007, 145 S. (zusammen mit Kleindiek)
9. Gesellschafterfinanzierung nach MoMiG und das Eigenkapitalersatzrecht in der Praxis, 6. Auflage 2010, 180 S. (zusammen mit Kleindiek)
10. Kapitalaufbringung und Kapitalschutz in der GmbH, 2004, 111 S.
11. Einführung in das neue Recht der GmbH, 2008, 430 S.
12. Das MoMiG in Wissenschaft und Praxis, 2009, 334 S. (zusammen mit Habersack)

II. Kommentare

1. Binnenschiffahrtsfrachtrecht, Kommentar zu den transportrechtlichen Bestimmungen des Binnenschiffahrtsgesetzes, 1995, 227 S. (Sonderdruck aus MünchKommHGB, Band 7, 1. Auflage 1997)
2. Ebenroth/Boujong/Joost, Kommentar zum HGB, 1. Auflage 2001, Autor zu §§ 110–113 und 119
3. Ebenroth/Boujong/Joost/Strohn, Kommentar zum HGB, 2. Auflage 2007, Autor zu §§ 110–113 und 119
4. MünchKommGmbHG, 1. Auflage 2010, Band 1, Band 3, Mitherausgeber und Autor
5. MünchKommAktG, Band 9/2, 2. Auflage 2006, Mitherausgeber
6. Dito, 3. Aufl 2008 ff., Mitherausgeber und Autor zu § 161

III. Aufsätze

1. Konkurrenz der Regreßwege über § 255 BGB und § 426 BGB? – Zugleich ein Beitrag zum Verständnis des § 255 BGB – VersR 1974, 526–529
2. Zum Entwurf eines Gesetzes zur Änderung der Schiedsmannsordnung NW – SchsZtg 1983, 2–10, 20–23
3. Das Gesetz zur Änderung der Schiedsmannsordnung NW – SchsZtg 1983, 113–119, 129–135
4. Die Verwaltungsvorschriften zur Schiedsmannsordnung NW 1984 – SchsZtg 1983, 177–182
5. Nochmals: Der Minderjährige als Beschuldigter in Strafsachen vor dem Schiedsmann? – SchsZtg 1984, 145–146
6. Erste Erfahrungen mit der neugefassten SchO NRW und den zugehörigen Verwaltungsvorschriften – SchsZtg 1985, 65–67, 81–89

7. Haftungsvoraussetzungen im qualifiziert faktischen Konzern – DStR 1993, 568–572
8. Zur persönlichen Haftung des Geschäftsführers einer GmbH gegenüber Dritten aus Geschäften, die nach Eintritt der Konkursreife mit ihnen geschlossen werden – DStR 1994, 1048–1053
9. Die Rechtsfolgen eigenkapitalersetzender Nutzungsüberlassung – DStR 1994, 1658–1662
10. Zur Verteilung der Darlegungs- und Beweislast der objektiven Pflichtwidrigkeit bei der Organhaftung – ZGR 1995, 648–674
11. Fehlerhafte Personengesellschaftsverhältnisse in der jüngeren Rechtsprechung des Bundesgerichtshofs – DStR 1996, 266–271
12. Der Stand der höchstrichterlichen Rechtsprechung zur Kapitalaufbringung im GmbH-Recht – DStR 1997, 924–932
13. Zur Insolvenzsicherung von Versorgungszusagen für „Mitunternehmer" – ZIP 1997, 1317–1324
14. Der Stand der höchstrichterlichen Rechtsprechung zur Kapitalerhaltung und zum Rückgewährverbot im GmbH-Recht – DStR 1997, 1495–1500
15. Die Haftung der Gründer einer GmbH bis zur Eintragung – ein Überblick – ZNotP 1997, 82–88
16. Die höchstrichterliche Rechtsprechung zur Behandlung eigenkapitalersetzender Leistungen im GmbH-Recht – DStR 1997, 2027–2035
17. Die Rechtsprechung des BGH zum Gesellschaftsrecht im Jahr 1997 – ZNotP 1998, 42–58
18. Das Organverhältnis des GmbH-Geschäftsführers in der Rechtsprechung des BGH – DStR 1998, 938–943
19. Das Anstellungsverhältnis des GmbH-Geschäftsführers in der Rechtsprechung des BGH – DStR 1998, 1137–1143
20. Die Haftung des GmbH-Geschäftsführers in der Rechtsprechung des BGH – DStR 1998, 1308–1314
21. Die Rechtsprechung des BGH zum Gesellschaftsrecht im Jahr 1998 – ZNotP 1999, 50–69
22. Die Rechtsprechung des BGH zum Gesellschaftsrecht im Jahr 1999 – ZNotP 2000, 42–62
23. Zur Umdeutung der fristlosen in eine ordentliche Kündigung des Geschäftsführer-Anstellungsvertrages – DStR 2000, 525–526
24. Die Rechtsprechung des BGH zum Gesellschaftsrecht im Jahr 2000 – ZNotP 2001, 122–142 und ZAP Fach 15 (2001), 359–382
25. Ausschließung und Austritt aus der GmbH in der Rechtsprechung des Bundesgerichtshofs – DStR 2001, 533–542
26. Haftung des Geschäftsführers in Krise und Insolvenz der GmbH – ZInsO 2001, 529–537
27. Haftung im qualifiziert faktischen GmbH-Konzern – Verbleibende Relevanz nach dem TBB-Urteil? – Rechtsprechungsbericht – ZHR Beiheft 70, 11–24
28. Mindestanforderungen an die Gesellschafterstellung in der BGB-Gesellschaft – MedR 2002, 1–5
29. Die Rechtsprechung des BGH zum Gesellschaftsrecht im Jahr 2001 – ZNotP 2002, 366–386 und ZAP Fach 13, 395
30. Aktuelle Rechtsprechung zur GmbH – Kapitalschutz und Organhaftung – DStR 2003, 887–895
31. Kaufmacht und Kartellrecht – ZWeR 2003, 135–152 (vgl. auch in Baudenbacher, Neueste Entwicklungen im Europäischen und Internationalen Kartellrecht, 10. St. Galler Internationales Kartellrechtsforum, 2003, S. 243–267)

32. Haftungsgefahren bei der Verwendung von Vorratsgesellschaften und „leeren" GmbH-Mänteln – DStR 2004, 461–466
33. Wo steht der BGH nach „Centros" und „Inspire Art"? – DStR 2005, 197–201
34. Aktuelle Rechtsprechung des BGH zum Aktienrecht – DStR 2005, 561–564 und 603–608
35. Aus der neueren Rechtsprechung des BGH zum GmbH-Recht – ZIP 2005, 1481–1489
36. Zur jüngeren Rechtsprechung des II. Zivilsenats zum Gesellschaftsrecht – DStR 2006, 139–146
37. Die aktuelle höchstrichterliche Rechtsprechung zum Gesellschaftsrecht – VGR 2005, 1–21
38. Krisenvermeidung und Krisenbewältigung in der GmbH – Überblick – ZGR 2006, 261–280
39. Organisation und Zuständigkeit – Symposium U.H. Schneider – AG 2006, 522–527
40. Zu den Folgen der Anerkennung ausländischer Gesellschaften mit tatsächlichem Sitz im Inland für die Haftung ihrer Gesellschafter und Organe – ZIP 2006, 541–546
41. 3. Insolvenzrechtstag – Gesellschaftsrecht und Insolvenzrecht, Rechtsprechungsbericht – KTS 2006, 217–237
42. Die aktuelle höchstrichterliche Rechtsprechung zum Gesellschaftsrecht – VGR 2006, 1–33
43. Aktuelle Rechtsprechung des BGH zum Aktienrecht – DStR 2006, 2132–2140
44. Die GmbH-Reform – Status:Recht 2007, 236–238
45. Aktuelle BGH-Rechtsprechung zur Freiberuflersozietät – AnwBl. 2007, 637–644
46. Kein Jahrhundertwerk – DATEV-Magazin 2008, 11–13
47. Die aktuelle höchstrichterliche Rechtsprechung zum Gesellschaftsrecht – VGR 2007, 1–45
48. Das neue GmbH-Recht nach dem MoMiG – DRiZ 2007, 313–314
49. Neuere aktienrechtliche Rechtsprechung des II. Zivilsenats des Bundesgerichthofes – DStR 2007, 2264–2267
50. Aktuelle Rechtsprechung des II. Zivilsenats zum Gesellschafts- und Insolvenzrecht – ZInsO 2007, 1177–1183
51. Gesellschaftsrechtliche Grundfragen im Spiegel der Rechtsprechung – Symposium Wiedemann am 26. 10. 2007 in Bonn – ZGR 2008, 436–453
52. Chancen und Risiken der GmbH-Reform – WPg 2008, 231–238
53. Grußwort 150 Jahre ZHR – ZHR 172 (2008), 514–521
54. Editorial: Endlich: ein – allerdings verbesserungsbedürftiger – Verordnungsentwurf für die SPE – WPg 2008, Heft 19 S. I
55. Neuere aktienrechtliche Rechtsprechung des II. Zivilsenats des BGH – DStR 2008, 2483–2488
56. Aktuelle Entwicklungen im deutschen Kapitalgesellschaftsrecht im Lichte der höchstrichterlichen Rechtsprechung – DStR 2009, 51–57
57. Die aktuelle höchstrichterliche Rechtsprechung zum Gesellschaftsrecht – VGR 2008, 1–52
58. Neuere aktienrechtliche Rechtsprechung des II. Zivilsenats des BGH – DStR 2009, 2601–2610
59. Erste Entscheidungen des Bundesgerichtshofs zum MoMiG – GWR 2009, 1–2
60. Neue Entscheidung des Bundesgerichtshofes: Beschlussmängelstreitigkeiten im GmbH-Recht sind schiedsfähig – GWR 2009, 103–105
61. Umschreibungsstopp – Einzelentlastung – Entsprechenserklärung – GWR 2009, 459–461
62. Sanieren oder Ausscheiden – GWR 2010, 1–3

63. Die aktuelle höchstrichterliche Rechtsprechung zum Gesellschaftsrecht – VGR 2009, 1–55
64. Leitlinien der Managerhaftung aus Sicht der höchstrichterlichen Rechtsprechung – in Das Unternehmerbild in der Sozialen Marktwirtschaft und die Managerhaftung, 2009, S. 140–149 und S. 157 ff. (Podiumsdiskussion)
65. Die neuere aktienrechtliche Rechtsprechung des II. Zivilsenats des BGH – DStR 2010, 2579–2588
66. Haftungsrisiken des Aufsichtsrats – Audit Committee KPMG Quarterly IV, 2010, S. 12–13

IV. Kleine Schriften (zB Festschriftbeitrag, Buchbeitrag, Kongressvortrag)

1. Satzungsdurchbrechung und Beschlußanfechtung – RWS-Forum Gesellschaftsrecht 1995, S. 113–129
2. Auslandsbeurkundungen im Kapitalgesellschaftsrecht – FS Boujong, 1996, S. 131–143
3. und DStR 1996, 709–713 und MittRhNotK 1997, 1–6 (Vortrag auf der Jahresversammlung des Vereins für das Rheinische Notariat in Mönchengladbach am 9. 11. 1996)
4. Der Stand der BGH-Rechtsprechung zu Abfindungsklauseln in Gesellschaftsverträgen – StbJb 1996/97, S. 221–238
5. Einige Aspekte des Eigenkapitalersatzrechts aus richterlicher Sicht – ZHR 162 (1998), 223–231
6. Die neuere Rechtsprechung des Bundesgerichtshofs zum Gesellschaftsrecht – RWS-Forum Gesellschaftsrecht 1999, S. 1–21
7. Aktuelle Rechtsprechung des Bundesgerichtshofs zur betrieblichen Altersversorgung – Aba-Herbsttagung 1999 – BetrAV 2000, S. 28–32
8. Zur Preismißbrauchsaufsicht wegen Preisspaltung – FS Geiß, 2000, S. 593–603
9. Zum Zeitpunkt des Wirksamwerdens des Zwangseinziehungsbeschlusses – FS Lutter, 2000, S. 399–411
10. Leitung, Aufsicht, Haftung – zur Rolle der Rechtsprechung bei der Sicherung einer modernen Unternehmensführung – FS 50 Jahre BGH, 2000, S. 123–142
11. Minderheitenschutz bei gesellschaftsvertraglicher Abweichung vom Einstimmigkeitsprinzip – FS Sigle, 2000, S. 145–161
12. Wirtschaftssachen vor dem Bundesgerichtshof – in „Die Praxis des Richterberufs", 2000, S. 19–32
13. Der Geschäftsführerdienstvertrag zwischen Gesellschafts- und Arbeitsrecht in der Rechtsprechung des Bundesgerichtshofs – FS Wiedemann, 2002, S. 873–888
14. „Nichtbefassungsbeschluß" und § 50 GmbHG – FS Ulmer, 2003, S. 129–140
15. Haftung – in „Corporate Governance Handbuch", 2003, S. 749–774
16. Dito, 2. Auflage 2009, S. 713–742
17. Zur systematischen Einordnung des § 64 Abs 2 GmbHG – FS Kreft, 2004, S. 53–64 = ZInsO 2005, 1–5
18. Wo steht der BGH nach „Centros" und „Inspire Art" – in Rainer Schröder (Hrsg.), Die GmbH im europäischen Vergleich, 2005, S. 149–159
19. Zur analogen Anwendung des § 242 Abs 2 AktG im GmbH-Recht – FS Röhricht, 2005, S. 115–128
20. Zur Voreinzahlung auf künftige Kapitalerhöhung bei der GmbH – FS Priester, 2007, S. 95–106
21. Zu den Folgen der Eintragung eines squeeze out Beschlusses vor Ablauf der Eintragungsfrist – FS Karsten Schmidt, 2009, S. 469–484

22. Zur neueren Rechtsprechung des II. Zivilsenats des BGH zu Ausgleich und Abfindung – Festgabe Bodo Riegger, 2008, S. 21–27
23. Zu den Rechtsfolgen unrichtiger Entsprechenserklärungen – FS Hüffer, 2009, S. 225–235
24. Zum Schicksal der Sozialverbindlichkeiten beim Gesellschafterwechsel in der Personengesellschaft – FS Krämer, 2009, S. 253–263
25. Die Änderungen durch das MoMiG aus richterlicher Sicht – in R. Schröder (Hrsg.), Die Reform des GmbH-Rechts, 2009, S. 9–23
26. Gläubigerschutz nach dem MoMiG – in Teichmann (Hrsg.), Aktuelle Entwicklungen im Gesellschaftsrecht (NotRV Würzburg 15. 5. 2009), S. 8–27
27. Zur Orientierung der Vorstandsvergütung an der Lage der Muttergesellschaft – FS Hopt, 2010, S. 689–701
28. Zur individualvertraglich vereinbarten entsprechenden Anwendbarkeit des Kündigungsschutzgesetzes in organschaftlichen Anstellungsverträgen – FS U.H. Schneider, 2011 (noch nicht veröffentlicht)
29. Beitrag – Gedächtnisschrift Martin Winter, 2011 (noch nicht veröffentlicht)
30. Beitrag – FS Wellensiek, 2011 (noch nicht veröffentlicht)
31. Beitrag – FS Hommelhoff, 2012 (noch nicht veröffentlicht)

V. Buchbesprechungen

1. K. Schmidt, Gesellschaftsrecht, 2. Auflage – WM 1992, 843
2. F. Kübler, Gesellschaftsrecht, 4. Auflage – WM 1995, 1128
3. Baumbach/Hueck, GmbHG, 16. Auflage – WM 1997, 195
4. Bemm/v. Waldstein, RheinschiffahrtspolizeiVO, 3. Auflage – JR 1997, 130
5. Herber, Seehandelsrecht, 1999 – NZV 1999, 199
6. Schmidt/Uhlenbruck, Die GmbH in Krise, 2. Auflage 1999 – NZI 1999, 358
7. Baumbach/Hueck, GmbHG, 17. Auflage – NJW 2001, 3609
8. Sudhoff, GmbH & Co. KG, 5. Auflage – NJW 2002, 2694
9. Zugehör/Fischer/Sieg/Schlee, Handbuch Anwaltshaftung – DStR 2007, Heft 15, S. XV

VI. Entscheidungsanmerkungen und -rezensionen

regelmäßige Veröffentlichung von bearbeiteten, kommentierten oder rezensierten Entscheidungen in DStR seit September 1990, insbesondere Anmerkungen in:

DStR 1994

1. 1092	BGH, Urt. v. 1. 3. 1993	II ZR 81/94
2. 146	BGH, Beschl. v. 20. 9. 1993	II ZA 4/93
3. 30	BGH, Urt. v. 27. 9. 1993	II ZR 25/93
4. 107	BGH, Beschl. v. 15. 11. 1993	II ZR 32/93
5. 368	BGH, Beschl. v. 15. 11. 1993	II ZR 42/93
6. 106	BGH, Beschl. v. 15. 11. 1993	II ZR 88/93
7. 32	BGH, Beschl. v. 15. 11. 1993	II ZR 207/92
8. 329	BGH, Urt. v. 16. 11. 1993	XI 214/92
9. 469	BGH, Urt. v. 25. 11. 1993	I ZR 281/91
10. 436	BGH, Urt. v. 25. 11. 1993	VII ZR 17/93
11. 144	BGH, Beschl. v. 29. 11. 1993	II ZR 47/93
12. 214	BGH, Beschl. v. 29. 11. 1993	II ZR 61/93
13. 401	BGH, Urt. v. 6. 12. 1993	II ZR 242/92

14.589	BGH, Urt. v. 7. 12. 1993	VI ZR 152/92
15.179	BGH, Urt. v. 13. 12. 1993	II ZR 89/93
16.257	BGH, Urt. v. 20. 12. 1993	II ZR 217/92
17.512	BGH, Beschl. v. 10. 1. 1994	II ZR 11/93
18.661	BGH, Urt. v. 31. 1. 1994	II ZR 83/93
19.623	BGH, Urt. v. 7. 2. 1994	II ZR 191/92
20.756	BGH, Urt. v. 10. 2. 1994	IX ZR 109/93
21.869	BGH, Beschl. v. 28. 2. 1994	II ZR 121/93
22.831	BGH, Beschl. v. 28. 2. 1994	II ZR 167/93
23.714	BGH, Urt. v. 7. 3. 1994	II ZR 52/93
24.1623	BGH, Beschl. v. 16. 5. 1994	II ZR 173/93
25.1129	BGH, Beschl. v. 6. 6. 1994	II ZR 221/93
26.1199	BGH, Urt. v. 13. 6. 1994	II ZR 259/92
27.1469	BGH, Urt. v. 4. 7. 1994	II ZR 114/93
28.1388	BGH, Urt. v. 4. 7. 1994	II ZR 197/93
29.1164	BGH, Beschl. v. 4. 7. 1994	II ZR 210/93
30.1816	BGH, Urt. v. 19. 9. 1994	II ZR 237/93
31.1622	BGH, Beschl. v. 10. 10. 1994	II ZR 2/94
32.1859	BGH, Urt. v. 10. 10. 1994	II ZR 220/93
33.1860	BGH, Urt. v. 10. 10. 1994	II ZR 285/93
34.1746	BGH, Beschl. v. 24. 10. 1994	II ZR 91/94
35.1858	BGH, Urt. v. 24. 10. 1994	II ZR 231/93
36.1902	BGH, Urt. v. 7. 11. 1994	II ZR 270/93

EWiR 1994

837	BAG, Urt. v. 8. 3. 1994	9 AZR 197/92

DStR 1995

1. 224	BGH, Urt. v. 10. 10. 1994	II ZR 18/94
2. 106	BGH, Urt. v. 10. 10. 1994	II ZR 32/94
3. 147	BGH, Urt. v. 17. 10. 1994	II ZR 159/93
4. 498	BGH, Urt. v. 7. 11. 1994	II ZR 248/93
5. 382	BGH, Urt. v. 14. 11. 1994	II ZR 209/93
6. 188	BGH, Urt. v. 28. 11. 1994	II ZR 77/93
7. 66	BGH, Beschl. v. 28. 11. 1994	II ZR 54/94
8. 266	BGH, Urt. v. 6. 12. 1994	XI ZR 173/94
9. 501	BGH, Urt. v. 12. 12. 1994	II ZR 206/93
10.653	BGH, Urt. v. 19. 12. 1994	II ZR 174/93
11.814	BGH, Urt. v. 19. 12. 1994	II ZR 10/94
12.424	BGH, Urt. v. 9. 1. 1995	II ZR 24/94
13.191	BGH, Beschl. v. 9. 1. 1995	II ZR 51/94
14.461	BGH, Beschl. v. 9.1./16. 2. 1995	II ZR 140/94
15.537	BGH, Urt. v. 30. 1. 1995	II ZR 45/94
16.1276	BGH, Beschl. v. 30. 1. 1995	II ZR 105/94
17.613	BGH, Urt. v. 13. 2. 1995	II ZR 15/94
18.945	BGH, Beschl. v. 20. 2. 1995	II ZB 19/94
19.1033	BGH, Urt. v. 20. 2. 1995	II ZR 143/93
20.856	BGH, Urt. v. 6.3. 1995	II ZR 97/94
21.696	BGH, Beschl. v. 6. 3. 1995	II ZR 101/94

22.1278	BGH, Beschl. v. 6. 3. 1995	II ZR 111/94
23.774	BGH, Urt. v. 27. 3. 1995	II ZR 140/93
24.1117	BGH, Urt. v. 27. 3. 1995	II ZR 30/94
25.989	BGH, Urt. v. 27. 3. 1995	II ZR 136/94
26.1070	BGH, Urt. v. 6. 4. 1995	II ZR 108/94
27.894	BGH, Beschl. v. 6. 4. 1995	II ZR 135/94
28.1360	BGH, Urt. v. 17. 5. 1995	VIII ZR 94/94
29.1034	BGH, Beschl. v. 22. 5. 1995	II ZR 50/94
30.1316	BGH, Beschl. v. 22. 5. 1995	II ZR 201/94
31.1072	BGH, Beschl. v. 29. 5. 1995	II ZR 159/94
32.1395	BGH, Beschl. v. 19. 6. 1995	II ZR 112/94
33.1359	BGH, Beschl. v. 19. 6. 1995	II ZR 228/94
34.1481	BGH, Beschl. v. 20. 6. 1995	XI ZB 9/95
35.1397	BGH, Beschl. v. 22. 6. 1995	LwZB 1/95
36.1639	BGH, Urt. v. 26. 6. 1995	II ZR 109/94
37.1158	BGH, Beschl. v. 3. 7. 1995	II ZR 104/94
38.1120	BGH, Beschl. v. 3. 7. 1995	II ZR 187/04
39.1721	BGH, Urt. v. 28. 9. 1995	II ZR 87/94
40.1843	BGH, Beschl. v. 28. 9. 1995	II ZR 217/94
41.1722	BGH, Beschl. v. 28. 9. 1995	II ZR 257/94
42.1844	BGH, Beschl. v. 28. 9. 1995	II ZR 267/94
43.1801	BGH, Beschl. v. 28. 9. 1995	II ZR 61/95
44.1764	BGH, Beschl. v. 4. 10. 1995	II ZR 87/95
45.1883	BGH, Urt. v. 5. 10. 1995	III ZR 10/95
46.1924	BGH, Urt. v. 11. 10. 1995	VIII ZR 25/94
47.1763	BGH, Beschl. v. 16. 10. 1995	II ZR 292/94

DStR 1996

1. 271	BGH, Urt. v. 13. 11. 1995	II ZR 113/94
2. 31	BGH, Beschl. v. 13. 11. 1995	II ZR 235/94
3. 387	BGH, Urt. v. 13. 11. 1995	II ZR 288/94
4. 273	BGH, Urt. v. 16. 11. 1995	IX ZR 14/95
5. 29	BGH, Beschl. v. 20. 11. 1995	II ZR 96/95
6. 153	BGH, Urt. v. 30. 11. 1995	III ZR 249/94
7. 69	BGH, Beschl. v. 4. 12. 1995	II ZR 37/95
8. 553	BGH, Urt. v. 4. 12. 1995	II ZR 281/94
9. 111	BGH, Beschl. v. 11. 12. 1995	II ZR 268/94
10.1056	BGH, Urt. v. 18. 12. 1995	II ZR294/93
11.1175	BGH, Urt. v. 18. 12. 1995	II ZR 277/94
12.929	BGH, Beschl. v. 10. 1. 1996	IV ZB 21/94
13.879	BGH, Beschl. v. 15. 1. 1996	II ZR 22/95
14.713	BGH, Beschl. v. 22. 1. 1996	II ZR 191/94
15.1254	BGH, Urt. v. 29. 1. 1996	II ZR 286/94
16.1536	BSG, Urt. v. 1. 2. 1996	2 RU 7/95
17.839	BGH, Urt. v. 12. 2. 1996	II ZR 279/94
18.676	BGH, Urt. v. 26. 2. 1996	II ZR 114/95
19.1211	BGH, Urt. v. 26. 2. 1996	II ZR 77/95
20.515	BGH, Beschl. v. 4. 3. 1996	II ZR 123/94
21.1014	BGH, Urt. v. 12. 3. 1996	VI ZR 96/95
22.1296	BGH, Urt. v. 18. 3. 1996	II ZR 10/95
23.1015	BGH, Beschl. v. 22. 4. 1996	II ZR 303/94

24.974	BGH, Beschl. v. 6. 5. 1996	II ZR 134/95
25.1574	BGH, Urt. v. 13. 5. 1996	II ZR 275/94
26.1491	BGH, Urt. v. 14. 5. 1996	XI ZR 257/94
27.1294	BGH, Urt. v. 20. 5. 1996	II ZR 190/95
28.1576	BGH, Urt. v. 22. 5. 1996	VIII ZR 194/95
29.1416	BGH, Urt. v. 10. 6. 1996	II ZR 98/95
30.1372	BGH, Urt. v. 8. 7. 1996	II ZR 258/95
31.2029	BGH, Urt. v. 15. 10. 1996	VI ZR 319/95

DStR 1997

1. 82	BGH, Urt. v. 30. 9. 1996	II ZR 177/95
2. 336	BGH, Beschl. v. 7. 10. 1996	II ZR 238/95
3. 39	BGH, Urt. v. 17. 10. 1996	IX ZR 97/96
4. 80	BGH, Urt. v. 4. 11. 1996	II ZR 48/95
5. 172	BGH, Urt. v. 18. 11. 1996	II ZR 207/95
6. 252	BGH, Urt. v. 9. 12. 1996	II ZR 240/95
7. 377	BGH, Urt. v. 16. 12. 1996	II ZR 200/95
8. 709	BGH, Urt. v. 16. 12. 1996	II ZR 242/95
9. 503	BGH, Beschl. v. 13. 1. 1997	II ZR 304/95
10.883	BGH, Beschl. v. 13. 1. 1997	II ZR 120/96
11.586	BGH, Urt. v. 20. 1. 1997	II ZR 192/95
12.546	BGH, Urt. v. 21. 1. 1997	VI ZR 338/95
13.625	BGH, Urt. v. 27. 1. 1997	II ZR 123/94
14.459	BGH, Urt. v. 27. 1. 1997	II ZR 213/95
15.1090	BGH, Urt. v. 3. 2. 1997	II ZR 71/96
16.788	BGH, Urt. v. 17. 2. 1997	II ZR 41/96
17.588	BGH, Beschl. v. 17. 2. 1997	II ZR 259/96
18.1053	BGH, Urt. v. 17. 2. 1997	II ZR 278/95
19.1012	BGH, Beschl. v. 24. 2. 1997	II ZB 11/96
20.790	BGH, Urt. v. 10. 3. 1997	II ZR 158/95
21.880	BGH, Urt. v. 21. 4. 1997	II ZR 175/95
22.1051	BGH, Beschl. v. 21. 4. 1997	II ZB 14/96
23.1174	BGH, Urt. v. 28. 4. 1997	II ZR 282/95
24.1613	BGH, Urt. v. 28. 4. 1997	II ZR 20/96
25.1336	BGH, Beschl. v. 28. 4. 1997	II ZR 162/96
26.932	BGH, Urt. v. 12. 5. 1997	II ZR 50/96
27.1254	BGH, Urt. v. 26. 5. 1997	II ZR 69/96
28.1377	BGH, Urt. v. 2. 6. 1997	II ZR 81/96
29.1338	BGH, Urt. v. 2. 6. 1997	II ZR 101/96
30.1135	BGH, Urt. v. 2. 6. 1997	II ZR 181/96
31.1298	BGH, Urt. v. 16. 6. 1997	II ZR 154/93
32.1460	BGH, Urt. v. 23. 6. 1997	II ZR 132/95
33.1216	BGH, Urt. v. 23. 6. 1997	II ZR 220/95
34.1296	BGH, Urt. v. 23. 6. 1997	II ZR 353/95
35.1257	BGH, Beschl. v. 7. 7. 1997	II ZR 221/96
36.1653	BGH, Urt. v. 10. 7. 1997	IX ZR 24/97
37.1413	BGH, Urt. v. 14. 7. 1997	II ZR 238/96
38.1584	BGH, Urt. v. 14. 7. 1997	II ZR 168/96
39.1501	BGH, Urt. v. 15. 7. 1997	XI ZR 154/96
40.2035	BGH, Urt. v. 8. 9. 1997	II ZR 55/96
41.2036	BGH, Urt. v. 8. 9. 1997	II ZR 165/96

42.1735	BGH, Beschl. v. 8. 9. 1997	II ZR 262/96
43.1776	BGH, Beschl. v. 8. 9. 1997	II ZR 220/96
44.1817	BGH, Urt. v. 15. 9. 1997	II ZR 97/96
45.1896	BGH, Urt. v. 15. 9. 1997	II ZR 170/96
46.1860	BGH, Urt. v. 15. 9. 1997	II ZR 269/96
47.1980	BGH, Urt. v. 24. 9. 1997	XII ZR 234/95
48.1857	BGH, Urt. v. 29. 9. 1997	II ZR 245/96
49.1937	BGH, Beschl. v. 3. 11. 1997	II ZR 328/96
50.2038	BGH, Beschl. v. 17. 11. 1997	II ZR 327/96

EWiR 1997

849	BAG, Urt. v. 22. 1. 1997	10 AZR 908/94

DStR 1998

1. 177	LSG Ba-Wü Urt. v. 25. 7. 1997	L 4 Kr 1317/96
	LAG Köln Urt. v. 21. 3. 1997	4 Sa 1288/96
2. 88	BGH, Urt. v. 3. 11. 1997	II ZR 353/96
3. 131	BGH, Urt. v. 3. 11. 1997	II ZR 200/96
4. 128	BGH, Urt. v. 17. 11. 1997	II ZR 77/97
5. 426	BGH, Urt. v. 17. 11. 1997	II ZR 224/96
6. 576	BGH, Beschl. v. 17. 11. 1997	II ZR 367/96
7. 499	BGH, Urt. v. 28. 11. 1997	V ZR 178/96
8. 861	BGH, Urt. v. 1. 12. 1997	II ZR 232/96
9. 498	BGH, Urt. v. 8. 12. 1997	II ZR 203/96
10.459	BGH, Urt. v. 8. 12. 1997	II ZR 236/96
11.348	BGH, Urt. v. 8. 12. 1997	II ZR 216/97
12.304	BGH, Beschl. v. 12. 1. 1998	II ZR 23/97
13.383	BGH, Urt. v. 12. 1. 1998	II ZR 82/93
14.577	BGH, Urt. v. 18. 2. 1998	XII ZR 39/96
15.539	BGH, Beschl. v. 12. 1. 1998	II ZR 378/96
16.617	BGH, Urt. v. 26. 1. 1998	II ZR 279/96
17.898	BGH, Beschl. v. 4. 3. 1998	II ZB 5/97
18.730	BGH, Urt. v. 16. 3. 1998	II ZR 303/96
19.1105	BGH, Urt. v. 16. 3. 1998	II ZR 323/96
20.900	BGH, Urt. v. 24. 3. 1998	XI ZR 4/98
	BGH, Beschl. v. 16. 3. 1998	II ZB 19/97
21.1026	BGH, Urt. v. 25. 3. 1998	VIII ZR 185/96
22.651	BGH, Urt. v. 30. 3. 1998	II ZR 146/96
23.1314	BGH, Urt. v. 30. 3. 1998	II ZR 12/97
24.1129	BFH, Urt. v. 7. 4. 1998	VII R 82/97
25.1645	BAG, Urt. v. 6. 5. 1998	5 AZR 612/97
26.1227	BGH, Urt. v. 18. 5. 1998	II ZR 355/95
27.1228	BGH, Urt. v. 18. 5. 1998	II ZR 380/96
28.1101	BGH, Urt. v. 15. 6. 1998	II ZR 318/96
29.1647	BGH, Urt. v. 15. 6. 1998	II ZR 101/97
30.1484	BGH, Urt. v. 29. 6. 1998	II ZR 353/97
31.1225	BGH, Urt. v. 6. 7. 1998	II ZR 284/94
32.1398	BGH, Urt. v. 13. 7. 1998	II ZR 131/97
33.1726	BGH, Beschl. v. 10. 9. 1998	II ZB 21/98

34.1688	BGH, Urt. v. 14. 9. 1998	II ZR 172/97
35.1803	BGH, Urt. v. 21. 9. 1998	II ZR 89/97
36.1841	BGH, Beschl. v. 28. 9. 1998	II ZB 19/98
37.1724	BGH, Urt. v. 5. 10. 1998	II ZR 182/97
38.1925	BGH, Urt. v. 8. 10. 1998	IX ZR 257/97
39.1884	BGH, Urt. v. 12. 10. 1998	II ZR 164/97

EWiR 1998

785	BAG, Urt. v. 11. 3. 1998	2 AZR 287/97

DStR 1999

1. 251	BGH, Beschl. v. 12. 10. 1998	II ZB 11/98
2. 250	BGH, Urt. v. 22. 10. 1998	VII ZR 99/97
3. 206	BGH, Urt. v. 9. 11. 1998	II ZR 190/97
4. 246	BGH, Urt. v. 9. 11. 1998	II ZR 213/07
5. 171	BGH, Beschl. v. 16. 11. 1998	II ZR 2/98
6. 383	BGH, Urt. v. 23. 11. 1998	II ZR 254/97
7. 35	BGH, Urt. v. 7. 12. 1998	II ZR 382/96
8. 247	BGH, Urt. v. 7. 12. 1998	II ZR 266/97
9. 290	BGH, Urt. v. 9. 12. 1998	XII ZR 170/96
10.465	BGH, Urt. v. 11. 1. 1999	II ZR 247/07
		IX ZR 208/97
11.810	BGH, Urt. v. 8. 2. 1999	II ZR 261/97
12.553	BGH, Beschl. v. 1. 3. 1999	II ZR 362/97
13.643	BGH, Urt. v. 1. 3. 1999	II ZR 305/97
14.769	BGH, Urt. v. 1. 3. 1999	II ZR 205/98
15.988	BGH, Urt. v. 8. 3. 1999	II ZR 159/98
16.510	BGH, Beschl. v. 15. 3. 1999	II ZR 337/97
17.949	BGH, Beschl. v. 15. 4. 1999	IX ZB 57/98
18.861	BGH, Urt. v. 19. 4. 1999	II ZR 365/97
19.1576	BGH, Beschl. v. 19. 4. 1999	II ZR 114/98
20.495 (DStRE)	BGH, Urt. v. 22. 4. 1999	IX ZR 352/98
21.1537	BGH, Beschl. v. 3. 5. 1999	II ZR 35/98
22.1822	BGH, Beschl. v. 3. 5. 1999	II ZR 368/97
23.1202	BGH, Urt. v. 17. 5. 1999	II ZR 139/98
24.1238	BGH, Urt. v. 17. 5. 1999	II ZR 293/98
25.1282	BGH, Urt. v. 17. 5. 1999	II ZR 243/98
26.1283	BGH, Urt. v. 17. 5. 1999	II ZR 76/98
27.1119	BGH, Beschl. v. 7. 6. 1999	II ZB 25/98
28.1240	BGH, Urt. v. 7. 6. 1999	II ZR 285/98
29.1366	BGH, Urt. v. 21. 6. 1999	II ZR 47/98
30.1743	BGH, Urt. v. 21. 6. 1999	II ZR 27/98
31.1198	BGH, Urt. v. 28. 6. 1999	II ZR 272/98
32.1409	BGH, Beschl. v. 5. 7. 1999	II ZR 260/98
33.1449	BGH, Urt. v. 5. 7. 1999	II ZR 126/98
34.1368	BGH, Beschl. v. 12. 7. 1999	II ZR 86/98
35.1451	BGH, Beschl. v. 12. 7. 1999	II ZR 111/98
36.1951	BGH, Urt. v. 20. 9. 1999	II ZR 345/97
37.1704	BGH, Urt. v. 27. 9. 1999	II ZR 371/98

38. 1781	BGH, Urt. v. 27. 9. 1999	II ZR 305/98
39. 1863	BGH, Urt. v. 30. 9. 1999	IX ZR 139/98

DStR 2000

1. 164	BGH, Urt. v. 18. 11. 1999	IX ZR 402/97
2. 210	BGH, Urt. v. 29. 11. 1999	II ZR 273/98
3. 255	BGH, Urt. v. 13. 12. 1999	II ZR 152/98
4. 390	BGH, Urt. v. 24. 1. 2000	II ZR 268/98
5. 527	BGH, Urt. v. 31. 1. 2000	II ZR 309/98
6. 564	BGH, Urt. v. 10. 1. 2000	II ZR 251/98
7. 647	BGH, Urt. v. 14. 2. 2000	II ZR 155/98
8. 695	BGH, Urt. v. 14. 2. 2000	II ZR 218/98
9. 697	BGH, Beschl. v. 3. 4. 2000	II ZR 379/98
10. 740 ff.	BGH, Urt. v. 18. 1. 2000	XI ZR 71/99 und
	BSG, Urt. v. 8. 12. 1999	12 KR 10/98 R und
	BSG, Urt. v. 8. 12. 1999	12 KR 12/99 R
11. 781	BGH, Urt. v. 8. 12. 1999	II ZR 234/99
12. 783	BGH, Urt. v. 17. 2. 2000	IX ZR 50/98
13. 937	BGH, Urt. v. 3. 4. 2000	II ZR 373/98
14. 1021	BGH, Urt. v. 8. 5. 2000	II ZR 308/98
15. 1965	BGH, Beschl. v. 20. 3. 2000	II ZR 322/98
16. 1149	BGH, Urt. v. 29. 5. 2000	II ZR 380/98
17. 1152	BGH, Urt. v. 29. 5. 2000	II ZR 47/99
18. 1234	BGH, Urt. v. 29. 5. 2000	II ZR 118/98
19. 1273	BGH, Urt. v. 8. 5. 2000	II ZR 302/98
20. 1318	BGH, Urt. v. 16. 5. 2000	VI ZR 90/99
21. 1401	BGH, Urt. v. 26. 6. 2000	II ZR 370/98
22. 1443	BGH, Urt. v. 19. 6. 2000	II ZR 73/99
23. 1524	BGH, Urt. v. 26. 6. 2000	II ZR 21/99
24. 1703	BGH, Urt. v. 17. 7. 2000	II ZR 39/99
25. 1783	BGH, Urt. v. 3. 7. 2000	II ZR 381/98
26. 1879	BGH, Urt. v. 27. 6. 2000	XI ZR 174/99
27. 1963	BGH, Urt. v. 18. 9. 2000	II ZR 365/98
28. 2002	BGH, Urt. v. 24. 7. 2000	II ZR 202/98
29. 2100	BGH, Urt. v. 18. 9. 2000	II ZR 15/99
30. 2140	BGH, Urt. v. 2. 10. 2000	II ZR 64/99
31. 2193	BGH, Urt. v. 2. 10. 2000	II ZR 54/99

EWiR 2000

215	BAG, Urt. v. 15. 12. 1999	10 AZR 165/98

DStR 2001

1. 139	BGH, Urt. v. 18. 12. 2000	II ZR 191/99
2. 175	BGH, Urt. v. 8. 1. 2001	II ZR 88/99
3. 222	BGH, Urt. v. 14. 11. 2000	VI ZR 149/99
4. 310	BGH, Urt. v. 29. 1. 2001	II ZR 331/00
5. 408	BGH, Urt. v. 27. 1. 2000	II ZR 83/00
6. 494	BGH, Urt. v. 13. 11. 2000	II ZR 52/99

7. 495	BGH, Beschl. v. 15. 1. 2001	II ZR 33/99
8. 858	BGH, Urt. v. 19. 3. 2001	II ZR 249/99
9. 861	BGH, Urt. v. 29. 1. 2001	II ZR 360/99
10. 1086	BGH, Urt. v. 30. 4. 2001	II ZR 328/00
11. 1260	BGH, Beschl. v. 2. 10. 2000	II ZR 114/99
12. 1262	BGH, Urt. v. 13. 6. 2001	VIII ZR 176/00
13. 1312	BGH, Beschl. v. 18. 12. 2000	II ZR 171/99
14. 1395	BGH, Urt. v. 9. 7. 2001	II ZR 228/99
15. 1537	BGH, Beschl. v. 2. 10. 2000	II ZR 164/99
16. 1577	BGH, Urt. v. 2. 7. 2001	II ZR 264/99
17. 1853	BGH, Urt. v. 17. 9. 2001	II ZR 178/99
18. 1898	BGH, Urt. v. 17. 9. 2001	II ZR 245/99

DStR 2002

1. 227	BGH, Urt. v. 24. 9. 2001	II ZR 90/00
2. 228	BGH, Urt. v. 24. 9. 2001	II ZR 69/00
3. 319	BGH, Urt. v. 17. 12. 2001	II ZR 383/99
4. 366	BGH, Urt. v. 25. 10. 2001	IX ZR 17/01
5. 412	BGH, Urt. v. 17. 12. 2001	II ZR 222/99
6. 556	BGH, Urt. v. 10. 12. 2001	II ZR 89/01
7. 686	BGH, Beschl. v. 18. 2. 2002	II ZR 331/00
8. 735	BGH, Urt. v. 4. 3. 2202	II ZR 77/00
9. 816	BGH, Urt. v. 21. 1. 2002	II ZR 2/00
10. 1678	BGH, Urt. v. 1. 7. 2002	II ZR 380/00
11. 1870	BGH, Urt. v. 15. 7. 2002	II ZR 192/00
12. 1999	BGH, Urt. v. 22. 7. 2002	II ZR 90/01
13. 2232	BGH, Urt. v. 4. 1. 2002	II ZR 204/00

DStR 2003

1. 43	BGH, Urt. v. 28. 10. 2002	II ZR 353/00
2. 127	BGH, Urt. v. 4. 11. 2002	II ZR 224/00
3. 300	BGH, Beschl. v. 9. 12. 2002	II ZB 12/02
4. 344	BGH, Urt. v. 4. 11. 2002	IX ZR 236/99
5. 519	BGH, Urt. v. 4. 11. 2002	II ZR 210/00
6. 604	BGH, Urt. v. 17. 3. 2003	II ZR 340/01
7. 652	BGH, Urt. v. 17. 2. 2003	II ZR 281/00
8. 746	BGH, Urt. v. 24. 2. 2003	II ZR 243/02
9. 846	BGH, Urt. v. 28. 1. 2003	XI ZR 243/02
10. 1134	BGH, Urt. v. 31. 3. 2003	II ZR 150/02
11. 1357	BGH, Urt. v. 13. 1. 2003	II ZR 58/00
12. 1673	BGH, Urt. v. 7. 7. 2003	II ZR 241/02
13. 2131	BGH, Urt. v. 22. 9. 2003	II ZR 229/02
14. 2175	BGH, Urt. v. 3. 11. 2003	II ZR 158/01

DStR 2004

1. 50	BGH, Urt. v. 16. 10. 2003	IX ZR 55/02
2. 286	BGH, Beschl. v. 30. 7. 2003	5 StR 221/03
3. 369	BGH, Urt. v. 1. 12. 2003	II ZR 161/02

4. 739	BGH, Urt. v. 18. 12. 2003	IX ZR 199/02
5. 785	BGH, Urt. v. 9. 2. 2004	II ZR 218/01
6. 927	BGH, Urt. v. 26. 4. 2004	II ZR 155/02
7. 2112	BGH, Urt. v. 13. 9. 2004	II ZR 137/02
8. 2113	BGH, Urt. v. 13. 10. 2004	I ZR 245/01
9. 2208	BGH, Urt. v. 11. 10. 2004	II ZR 403/02

DStR 2005

1. 204	BGH, Urt. v. 29. 7. 2004	II ZR 65/03
2. 297	BGH, Urt. v. 8. 11. 2004	II ZR 202/03
3. 613	BGH, Urt. v. 31. 1. 2005	II ZR 240/02
4. 706	BGH, Urt. v. 14. 3. 2005	II ZR 129/03
5. 800	BGH, Urt. v. 14. 3. 2005	II ZR 153/03
6. 1326	BGH, Urt. v. 9. 5. 2005	II ZR 287/02

DStR 2006

1. 52	BGH, Beschl. v. 19. 9. 2005	II ZB 11/04
2. 106	BGH, Urt. v. 21. 11. 2005	II ZR 140/04
3. 245	BGH, Beschl. v. 19. 12. 2005	II ZR 234/04
4. 335	BGH, Urt. v. 12. 12. 2005	II ZR 327/04
5. 337	BGH, Urt. v. 25. 10. 2005	XI ZR 402/03
6. 667	BGH, Urt. v. 22. 12. 2005	IX ZR 190/02
7. 714	BGH, Urt. v. 16. 1. 2006	II ZR 65/04
8. 1006	BGH, Urt. v. 13. 3. 2006	II ZR 295/04
9. 1052	BGH, Beschl. v. 13. 3. 2006	II ZR 165/04
10. 1099	BGH, Urt. v. 25. 4. 2006	XI ZR 29/05
11. 2186	BGH, Beschl. v. 9. 10. 2006	II ZR 303/05
12. 2270	BGH, Urt. v. 16. 10. 2006	II ZR 101/05

DStR 2007

1. 124	BGH, Urt. v. 20. 11. 2006	II ZR 279/05
2. 263	BGH, Beschl.v. 23. 10. 2006	II ZR 298/05
3. 356	BGH, Urt. v. 11. 12. 2006	II ZR 243/05
4. 452	BGH, Beschl. v. 7. 12. 2006	IX ZB 257/05
5. 916	BGH, Urt. v. 19. 3. 2007	II ZR 300/05
6. 1092	BGH, Beschl. v. 8. 1. 2007	II ZR 267/05
7. 1176	BGH, Urt. v. 14. 5. 2007	II ZR 48/06
8. 1266	BGH, Beschl. v. 18. 6. 2007	II ZB 23/06
9. 1493	BGH, Beschl. v. 14. 5. 2007	II ZR 182/06
10. 1593	BGH, Urt. v. 16. 7. 2007	II ZR 3/04
11. 1878	BGH, Urt. v. 18. 6. 2007	II ZR 86/06
12. 2022	BGH, Beschl. v. 2. 7. 2007	II ZR 181/06

DStR 2008

1. 112	BGH, Urt. v. 5. 11. 2007	II ZR 230/06
2. 831	BGH, Urt. v. 11. 2. 2008	II ZR 171/06
3. 933	BGH, Beschl. v. 26. 11. 2007	II ZA 14/06

4. 1100	BGH, Beschl. v. 5. 5. 2008	II ZR 292/06
5. 1599	BGH, Beschl. v. 2. 6. 2008	II ZR 67/07
6. 2120	BGH, Beschl. v. 28. 1. 2008	II ZR 290/06

DStR 2009

1. 59	BGH, Urt. v. 27. 10. 2008	II ZR 158/06
2. 121	EuGH, Urt. v. 16. 12. 2008	C-210/06
3. 702	BGH, Urt. v. 26. 1. 2009	II ZR 269/07
4. 757	BGH, Urt. v. 26. 1. 2009	II ZR 217/07
5. 1439	BGH, Urt. v. 5. 3. 2009	IX ZR 85/07
6. 2113	BGH, Beschl. v. 13. 7. 2009	II ZR 272/08
7. 2547	BGH, Beschl. v. 8. 6. 2009	II ZR 111/08

DStR 2010

1. 63	BGH, Urt. v. 26. 10. 2009	II ZR 222/08
2. 123	BGH, Beschl. v. 9. 11. 2009	II ZR 46/09
3. 179	BGH, Urt. v. 5. 11. 2009	IX ZR 239/07
4. 563	BGH, Urt. v. 1. 2. 2010	II ZR 173/08
5. 610	BGH, Beschl. v. 7. 12. 2009	II ZR 239/08
6. 764	BGH, Beschl. v. 18. 1. 2010	II ZR 61/09
7. 878	EuGH (Friz/v.d. Heyden)	C-215/08
8. 1087	BGH, Urt. v. 22. 3. 2010	II ZR 12/08
9. 1635	BGH, Beschl. v. 19. 7. 2010	II ZB 18/09
10. 1796	BGH, Beschl. v. 10. 5. 2010	II ZB 3/09
11. 1850	BGH, Beschl. v. 15. 3. 2010	II ZR 4/09
12. 2045	BGH, Beschl. v. 12. 7. 2010	II ZR 269/07
13. 2146	BGH, Beschl. v. 14. 6. 2010	II ZB 15/09
14. 2588	BGH, Beschl. v. 7. 6. 2010	II ZR 210/09